Karl Ludwig Peter

Zeittafeln der griechischen Geschichte zum Handgebrauch und als Grundlage des Vortrags in höheren Gymnasialklasse

Karl Ludwig Peter

Zeittafeln der griechischen Geschichte zum Handgebrauch und als Grundlage des Vortrags in höheren Gymnasialklasse

ISBN/EAN: 9783743629615

Hergestellt in Europa, USA, Kanada, Australien, Japan

Cover: Foto ©Paul-Georg Meister /pixelio.de

Weitere Bücher finden Sie auf **www.hansebooks.com**

Zeittafeln
der
Griechischen Geschichte
zum Handgebrauch

und

als Grundlage des Vortrags in höheren Gymnasialklassen

mit fortlaufenden Belegen und Auszügen aus den Quellen.

Von

Carl Peter,

Doktor der Theologie und Philosophie, Konsistorialrat und Rektor der Landesschule Pforta a. D.

Sechste verbesserte Auflage.

Halle a. S.,
Verlag der Buchhandlung des Waisenhauses.
1886.

Vorrede zur sechsten Auflage.

Der geneigte Leser wolle mir gestatten, den nachfolgenden Vorbemerkungen zu gegenwärtigen Zeittafeln einige Worte über die persönlichen Erfahrungen vorauszuschicken, die mich zur Abfassung derselben veranlaßt haben.

Als ich vor mehr als einem halben Jahrhundert in die Lage kam, auf dem Pädagogium in Halle einen Teil des historischen Unterrichts zu übernehmen und zwar namentlich in einer der oberen Klassen die alte Geschichte zu lehren, hatte ich selbstverständlich auch in betreff dieses Teils der Geschichte allerlei, sowohl Quellenschriften als Bearbeitungen derselben, gelesen. Es war dies die Zeit, in welcher die Werke von Niebuhr und Otfried Müller das Interesse von neuem auf die griechische und römische Geschichte gelenkt und eine lebhafte Bewegung auf dem Gebiete der hierauf gerichteten Forschungen hervorgebracht hatten, indem auf dem durch diese Werke gelegten Grunde teils fortgebaut, teils aber auch nicht minder dagegen angekämpft wurde. Ich selbst war damals von jugendlicher Bewunderung erfüllt für die große Gelehrsamkeit und die gestaltende Kraft, die beide Werke auszeichnet; indessen fühlte ich doch immer die Notwendigkeit, die darin niedergelegten Ideeen selbst zu prüfen, und diese Notwendigkeit empfand ich jetzt um so stärker, wo ich in dem Falle war, meinen Schülern eine eigene Ansicht vorzutragen, und so fand ich mich aufs lebhafteste zu einem gründlichen Studium der Quellen angeregt, deren erfrischende, belebende Kraft ich um so mehr empfand, je mehr ich mich in sie vertiefte.

Indem ich aber den Wert und Nutzen des Studiums der Quellen immer deutlicher erkannte, so führte mich dies auf den Gedanken, ob nicht auch auf die Schüler unserer Gymnasien etwas von den glücklichen Wirkungen des Quellenstudiums übertragen, ob nicht auch ihnen — selbstverständlich, so weit es ihr Bildungsstand erlaubt — nicht nur eine allgemeine Kenntnis der Quellen, sondern auch ein Eindruck von deren Frische und Lebendigkeit verschafft werden könne.

Dies ist der Ursprung der vorliegenden griechischen und der bald darauf folgenden römischen Zeittafeln, von denen die ersteren im Jahre 1835, die anderen im Jahre 1841 zuerst erschienen sind. Um jenen Zweck zu erreichen, ist in denselben nicht nur den einzelnen Perioden eine allgemeine Übersicht über die Quellen nebst einer kurzen Bezeichnung ihres relativen Wertes vorausgeschickt, sondern es sind auch zu den im Text angeführten Thatsachen überall in den Anmerkungen die geeignet scheinenden Nachweise über die Quellen im einzelnen gegeben und zugleich über die vorzugsweise zu beachtenden Momente der Ereignisse Andeutungen und zwar, wo es möglich und zweckmäßig erschien, unter wörtlicher Mitteilung besonders lehrreicher Stellen der Quellenschriftsteller hinzugefügt.

Mit dem hieraus für die Schüler zu ziehenden Gewinn soll sich aber noch ein anderer, in meinen Augen nicht minder wertvoller Vorteil verbinden. Die Zeittafeln sollen nämlich den Schülern zugleich das Hilfsmittel bieten, um geeignete Partieen aus den Quellen selbst zu bearbeiten und ihren Mitschülern vorzutragen und sich so selbstthätig an dem Geschichtsunterricht zu beteiligen, was unzweifelhaft zur Belebung dieses Unterrichts beitragen und nicht nur für die Vortragenden, sondern, obwohl in geringerem Grade, auch für ihre Mitschüler von Vorteil sein würde; denn selbstverständlich werden diese Schülervorträge sich enger an die Quellen anschließen und ihren Gegenstand ausführlicher behandeln, als es der Lehrer in seiner zusammenfassenden Darstellung thun würde. Warum sollten nicht z. B. bei Herodot der erste persische Krieg mit der Schlacht bei Marathon (VI. 94—120), die Schlachten bei Salamis (VIII, 83—95), bei Plataiä (IX, 1—83) und nicht wenige andere Partieen, die es verdienen, im Detail gekannt zu werden, von den Schülern nachgelesen und von ihnen vorgetragen werden? Und warum sollte nicht auch — um Thukydides nicht zu erwähnen, der meist für zu schwer gehalten werden möchte — aus Xenophon und Plutarch (aus ersterem z. B. die Befreiung Athens durch Thrasybul nach Hellen. II. 4 oder die Schlacht bei Kunaxa nach Anab. I, 8—10) manches zum Gegenstand des Vortrags durch die Schüler dienen können? Auch dürfte es vielleicht nicht unthunlich sein, um noch einer andern Art der Benutzung der Zeittafeln zu gedenken, dafs den Schülern auf Grund der in denselben enthaltenen Notizen und Mitteilungen aus den Quellen ein Vortrag über die Gesetzgebung des Lykurg oder Solon oder einige andere ähnliche Gegenstände aufgegeben würde, wobei ich, wie überall bei diesen Vorträgen der Schüler, als selbstverständlich voraussetze, dafs etwaige Irrtümer und Mifsgriffe von dem Lehrer berichtigt werden. Ebenso bietet auch die römische Geschichte vielfachen Stoff zu freien Vorträgen der Schüler. Aus Livius wird z. B. die Belagerung Roms durch Porsena (II, 9—13), die Auswanderung des Volks auf den heiligen Berg (II, 23—33), die Eroberung und Verbrennung Roms durch die Gallier (V, 33 bis 49), die Clades Caudina (IX, 1—11), die Schlacht bei Cannä (XXII, 40—50), die Eroberung von Neukarthago durch Scipio (XXVI, 41—51), die Schlacht bei Zama (XXX, 29—35) und noch manches andere sich vollkommen für unsern Zweck eignen, und nicht minder werden sich auch aus Cäsar und Sallust leicht geeignete Particen ausscheiden lassen. Ich meine, dafs sich hierdurch auch an den Schülern die erfrischende, belebende Wirkung der Quellen bewähren wird, zugleich aber wird hierdurch, um auch dies beiläufig zu erwähnen, der Geschichtsunterricht mit der Lektüre der Klassiker in eine für beide Unterrichtsgegenstände fördernde und das Interesse an beiden steigernde Verbindung gesetzt werden, und auch für die deutschen Aufsätze werden sich dabei passendere Aufgaben ergeben, als wenn z. B. den Schülern das Thema gestellt wird: Welches ist die Aufgabe der Tragödie, welches die der Komödie? oder: Wie verhalten sich zu einander die Begriffe Natur und Kultur? u. dergl. mehr.

Freilich wird der ganze Zweck der Zeittafeln sich hauptsächlich nur in der obersten Klasse der Gymnasien erreichen lassen, und hierdurch wird, so wird man vielleicht einwenden, der Unterricht in der neueren und neuesten Geschichte, der gewöhnlich für diese Klasse bestimmt wird, eine nachteilige Einschränkung erleiden. Allein abgesehen davon, dafs dem wirklichen Erfordernis für diese Seite der Geschichte in den vorhergehenden Klassen genügt werden kann und das Weitere der Universität zu reservieren ist, für welche ja überhaupt das Gymnasium hinsichtlich der höheren Aufgaben der Wissenschaft nur vorzubereiten und vorzubilden hat, so wird hierdurch dem Bedenken vorgebeugt, welches mehrfach geäufsert wird und auch mir nicht unbegründet zu sein scheint, dafs nämlich durch einen eingehenden Vortrag der neueren und neuesten Geschichte den Schülern auf einer Bildungsstufe, wo sie zu eigenem Urteil noch nicht vollkommen reif sind, durch den Lehrer leicht eine Auffassung eingeprägt wird, durch die sie entweder für die Folgezeit in der Entwickelung des eigenen historischen Urteils gehindert werden, oder gegen die sich später ein Skeptizismus regt, der sich dann zugleich gegen die gesamte historische Bildung wendet. Sollte es daher für die Erweckung des historischen Sinns und für die grundlegende Bildung des historischen Urteils nicht förderlicher sein, wenn der Gymnasiast — z. B. durch Herodot — unmittelbar in eine vergangene Zeit mit ihren Vorstellungs- und Empfindungskreisen versetzt wird, als wenn ihm von der neueren und neuesten Zeit eine Auffassung vorgetragen wird, die für ihn zunächst keine andere Gewähr hat als die Persönlichkeit des Lehrers?

Zum Schlufs erlaube ich mir noch zu bemerken, dafs ich hinsichtlich der Völker- und Personen-Namen, soweit es, ohne der deutschen Sprache Gewalt anzuthun, geschehen konnte, wie schon in den früheren Auflagen, so auch jetzt die griechischen Formen beibehalten habe, was man hoffentlich aus Rücksicht auf den praktischen Zweck der Zeittafeln nicht ungerechtfertigt finden wird. Endlich glaube ich auch hier nicht unerwähnt lassen zu dürfen, dafs der Teil „Kunst und Litteratur" in der 2. Auflage von meinem ehemaligen Kollegen, Prof. Corssen, und seit der 4. Auflage von meinem Sohne Hermann Peter bearbeitet worden ist.

Jena, im August 1886.

Einleitung.

Einteilung, Bodenbeschaffenheit und älteste Bevölkerung von Griechenland.

Griechenland ('Ελλάς) ist der südlichste Teil der grofsen östlichen Halbinsel von Europa, welche sich zwischen dem adriatischen und schwarzen Meere im Süden der Donau ins Mittelmeer erstreckt. Im Norden wird es von dem keraunischen und kambunischen Gebirge, im Westen vom ionischen und sicilischen, im Süden vom myrtoischen oder libyschen, im Osten vom ägäischen Meere begrenzt. Seine gröfste Länge (zwischen dem 41. und 36. Grade) beträgt etwa 450 km (= 60 Meilen), die Breite (zwischen dem 17. und 22. Grade) wechselt zwischen 340 und 150 km (= 45 und 20 Meilen). Der Flächeninhalt beläuft sich auf etwa 100 000 qkm (= 1800 Quadratmeilen).

Dieses ganze Land zerfällt zunächst in zwei Teile, in die in sich zusammenhängende eigentliche Masse, Nord- und Mittelgriechenland, und in die durch das Eindringen des Meeres von Osten und Westen gebildete, nur durch eine schmale Landenge mit jener Masse zusammenhängende Halbinsel Peloponnesos. Aufserdem werden noch zahlreiche im Osten und Westen gelegene Inseln zu Griechenland gerechnet.

Nord- und Mittelgriechenland wird hinsichtlich seiner Gestalt und Beschaffenheit durch einen Gebirgszug bestimmt, welcher, ein Hauptglied des die ganze grofse Halbinsel bedeckenden Gebirges bildend, sich an die dalmatischen Alpen anschliefst und von da als Wasserscheide zwischen dem adriatischen und ägäischen Meere in südöstlicher Richtung bis zum südöstlichsten Punkte von Mittelgriechenland, dem Vorgebirge Sunion, fortläuft. Beim Eintritt in die Grenzen Griechenlands entsendet derselbe unter dem 40. Gr. n. Br. vom Lakmon als Knotenpunkte die genannten Grenzgebirge, das keraunische und kambunische; dann setzt er seinen Lauf unter dem Namen Pindos bis zum 39. Grade fort. Hier entsendet er, einen neuen Knotenpunkt in dem Tymphrestos bildend, wiederum zwei Querketten, den Othrys und Öta, die beide in paralleler Richtung in geringer Entfernung voneinander nach dem ägäischen Meere laufen. Südlich vom Tymphrestos setzt sich dann der Hauptgebirgszug in den Gipfeln des Parnassos, des Helikon, des Kithäron, des Parnes und des Hymettos bis zu seinem Endpunkte, dem sunischen Vorgebirge, fort.

Im Westen dieses Gebirgszuges ist das ganze Land meist mit Parallelketten desselben erfüllt. Dieser Teil ist deshalb weit weniger gegliedert als der östliche, und da er ferner wenig Häfen besitzt, da er auch den Kultureinflüssen, die in ältester Zeit alle von Osten kommen, abgewendet ist, so hat er an der Entwickelung der griechischen Kultur geringen und fast nur durch Kolonieen anderer günstiger gelegener Staaten vermittelten Anteil genommen. Da jene Parallelketten die ganze Länge des westlichen Teiles durchlaufen, so erklärt es sich, dafs sich hier der längste unter allen Flüssen Griechenlands findet, der Acheloos (j. Aspropotamos), welcher auf dem Lakmon entspringend, in den korinthischen Meerbusen mündet.

Desto reicher und mannigfaltiger ist der Osten entwickelt. Hier stofsen wir, von Norden nach Süden herabgehend, zunächst auf ein ausgedehntes fruchtbares Thalbecken, welches im Norden von dem kambunischen Gebirge, im Westen vom Pindos, im Süden vom Othrys, im Osten vom Pelion und Ossa (in welchen beiden Gebirgen sich der Othrys nördlich bis zum kambunischen Gebirge fortsetzt) rings eingeschlossen wird. Dieses Thalbecken wird vom Peneios in weitem Bogen durchströmt, welcher auf dem Lakmon entspringt und durch das enge Thal Tempe zwischen dem Olymp, dem 3250 m (= 10 000 Fufs) hohen östlichsten Gipfel des kambunischen Gebirges, und dem etwa 2000 m (= 6000 Fufs) hohen Ossa seinen Ausweg in das Meer (die einzige Öffnung des Kessels) gefunden hat. Die von den Höhen überall in Fülle herabströmenden Gewässer bilden die 2 Seeen, Nessonis am Fufse des Ossa, und Böbeïs am Fufse des Pelion.

Zwischen Othrys und Öta folgt hierauf die schmale, sich nur allmählich einigermafsen erweiternde, aber ebenfalls sehr fruchtbare Thalrinne des Spercheios, welcher auf dem Tymphrestos entspringt und das Thal bis zum Meere hin in zwei ziemlich gleiche Hälften zerschneidet. Der Öta tritt bis dicht ans Meer heran und läfst, indem er steil gegen dasselbe abfällt, nur einen schmalen Streifen Landes, den Engpafs der Thermopylen[1]), übrig. Die Küste des Landes, sonst bis hierher ganz hafenlos, wird in der Gegend der Mündung des Spercheios durch den malischen (j. Meerbusen von Zeïtuni) und etwas nördlich davon zwischen dem Othrys und Pelion durch den pagasäischen Meerbusen (j. Meerbusen von Volo) durchbrochen.

Südlich vom Öta finden wir wieder ein Thalbecken von ähnlicher Beschaffenheit wie das des Peneios, jedoch von geringerer Ausdehnung, das des Kephissos und des Asopus. Dasselbe ist vom Öta, Parnass, Helikon, Kithäron, Parnes und im Osten vom Knemis eingeschlossen. Nur der Asopos findet einen Ausweg zwischen dem Parnes und Knemis: der Kephissos sammelt sich in dem See Kopaïs, der nur einen unterirdischen Abflufs hat; andere Gewässer bilden einen zweiten See, Hylike. Aufser diesem Becken enthält aber das Land südlich vom Öta noch das Gebirgsland des Parnass und des westlich davon in gerader südlicher Richtung hinstreichenden Korax, ferner den Südabhang des Öta selbst, das Gebirgsland des Knemis und endlich noch ein halbinselartiges Land, welches sich vom Kithäron und Parnes bis zum Vorgebirge Sunion ins Meer erstreckt und meist (im Osten) gebirgig ist, daneben aber auch einige fruchtbare Ebenen enthält. Längs der ganzen Ostküste südlich vom Öta erstreckt sich die gebirgige Insel Euböa (j. Negroponte), nur durch einen schmalen Euripos vom Festlande getrennt. Die Südküste des Landes zeichnet sich durch schöne Häfen aus.

Die Grenze zwischen Nord- und Mittelgriechenland wird durch den Öta und durch den tief in die Westküste einschneidenden Meerbusen von Ambrakia (j. von Arta) gebildet. Von dem Peloponnes wird Mittelgriechenland durch den saronischen und korinthischen Meerbusen (j. Meerbusen von Ägina und von Lepanto) getrennt. Die Verbindung mit dem Peloponnes bildet der Isthmos von Korinth, ein schmaler niedriger Bergrücken, der an der schmalsten Stelle noch nicht völlig eine Meile breit ist, und vor dem sich im Norden das Geraneiagebirge, im Süden das Oneiongebirge vorlagert, jenes Mittelgriechenland, dieses den Peloponnes abschliefsend.

Der Peloponnes selbst ist, wie das übrige Griechenland, durchaus ein Gebirgsland, aber von wesentlich verschiedener Konstruktion. Den Kern desselben bildet ein platenuartiges Mittelland von einer Ausdehnung von etwa 5000 qkm (= 90 Quadratmeilen), welches die Gestalt eines ziemlich regelmäfsigen Quadrats hat und von hohen sich nur im Westen auf eine kurze Strecke öffnenden Randgebirgen umschlossen ist. Der Lauf dieser Randgebirge wird durch die Berge Pholoë, Lampeia, Erymanthos, Aroania, Kyllene (2300 m = 7308 Fufs hoch), Artemision, Parthenion, Parnon und Lykäon bezeichnet. Die übrige Halbinsel besteht teils in Abstufungen der Randgebirge (so besonders im Westen und Norden), teils (im Osten und Süden) in Zweiggebirgen, die, von den Randgebirgen auslaufend, sich zum Teil weit ins Meer erstrecken. Das bedeutendste dieser Zweiggebirge ist der Taygetos, welcher vom Südrande des Mittellandes sich bis zum Vorgebirge Tänaron erstreckt und eine Höhe von 2400 m oder 7416 Fufs erreicht. Östlich davon setzt sich der Parnon nach Süden bis zum Vorgebirge Malea fort, im Westen läuft der Ägaleos von der Südwestecke der Randgebirge aus; das vierte der Zweiggebirge schliefst sich an die Nordostecke derselben an und läuft in östlicher Richtung bis zum Vorgebirge Skylläon fort. Das Meer dringt zwischen diese Ketten ein und bildet tiefe Meerbusen (den argolischen, lakonischen und messenischen). Daher die überaus reiche Küstenentwickelung des Peloponnes (670 km oder 89½ Meile auf 21 500 qkm

---

1) Dessen Beschreibung bei *Herodot*. VII, 120. 176 und 198—201.

oder 392 Quadratmeilen)²). Gröfsere Flüsse hat die Bodenbeschaffenheit nicht gestattet; sie sind meist Küstenflüsse von kurzem Lauf und wenig Wasser, und nur der Eurotas zwischen Taygetos und Parnon, der Pamisos zwischen Taygetos und Ägaleos und der Alpheios, der in der Südostecke der Randgebirge am Parnon entspringend sich dann durch das Mittelland hindurchwindet und an jener offenen Stelle zwischen dem Pholoe und Lykäon einen Ausweg aus demselben findet, verdienen als von gröfserer Bedeutung genannt zu werden.

Im ganzen ist der Boden von Griechenland von der Art, dafs ihm, abgesehen von den Thälern von meist geringer Ausdehnung, nur durch angestrengte Arbeit ein gröfserer Ertrag abgewonnen werden kann, aber das Klima ist fast überall mild und für den Mangel des Bodens leistet die Schiffahrt reichen Ersatz, zu welcher die weite Ausdehnung und der Hafenreichtum der Küste einladet. Eine weitere Eigentümlichkeit von Griechenland bietet die grofse Verschiedenheit des Klimas und des Bodens und die Teilung des ganzen Landes in kleinere, durch Höhenzüge voneinander geschiedene Stücke, welche die Vereinigung der Bevölkerung zu einem Ganzen erschwerte. Der Peloponnes unterschied sich von dem übrigen Griechenland durch seine feste innere Abgeschlossenheit und wurde daher häufig als die Akropolis von ganz Griechenland angesehen.

Wie die Beschaffenheit des Festlandes, so ist auch im ganzen die der Inseln, welche sich teils an der West- und Südküste hinziehen (Kerkyra, Leukas, Ithaka, Kephallenia, Zakynthos, Kythera), teils das ägäische Meer erfüllen. Ein Teil dieser letztern bildet die Gruppe der um Delos herumliegenden Kykladen; die übrigen kleineren Inseln im ägäischen Meere werden unter dem Namen der Sporaden zusammengefafst. Nach Süden wird dieses Inselgebiet durch die beiden grofsen Inseln Kreta und Kypros abgeschlossen.

Die Einteilung des Festlandes in Landschaften ist folgende:

I. Nordgriechenland zerfällt in die 2 Landschaften Epeiros und Thessalia, die durch den Pindos geschieden sind, und von denen letztere aufser den beiden Thälern des Peneios und Spercheios noch das Gebirgsland des Pelion und Ossa, Magnesia, umfafst.

II. Mittelgriechenland (Hellas im engeren Sinne genannt) enthält 8 Landschaften: 1) Akarnanien; 2) Ätolien, die beiden westlichsten, durch den Korax von dem übrigen Mittelgriechenland, voneinander durch den Acheloos getrennt; 3) Lokris, und zwar zunächst das erste Drittteil dieser Landschaft, welches auf den Südabhängen des Korax liegt, das Lokris der Ozoler; die beiden andern Drittteile, das epiknemidische und opuntische Lokris, liegen auf dem Ostabhange des Knemis und des sich an diesen anschliefsenden Mykalessos; 4) Phokis, auf den Ost- und Südabhängen des Parnassos und am mittleren Lauf des Kephissos; 5) Doris, am Südabhange des Öta und am oberen Laufe des Kephissos bis zum Parnass hin; 6) Böotien, jenes vom Öta, Parnass, Helikon, Kithäron, Parnes und Knemis eingeschlossene Thalbecken; 7) Attika, die südlich vom Kithäron und Parnes gelegene Halbinsel (nicht ganz 2200 qkm oder 40 Quadratmeilen grofs mit einer Küstenlänge von 180 km oder 24 Meilen); 8) Megaris, im Gebiet des Geraneiagebirges.

III. Der Peloponnes umfafst folgende 6 Landschaften: 1) Arkadien, das mittlere Hochland; 2) Achaja, die nördliche Abdachung der Randgebirge Arkadiens; 3) Argolis, nebst Sikyon, Korinth und Phlius, der östlichste, teils in der Abdachung der Kyllene, teils am öneischen Gebirge gelegene, teils das Gebiet jener östlichen Zweigkette der arkadischen Randgebirge umfassende Teil der Halbinsel; 4) Lakonika, das Gebiet des Parnon und des Taygetos und des Flusses Eurotas; 5) Messenien, das Land westlich vom Taygetos bis an den Nedafluss im Nordwesten; 6) Elis, teils Abdachung des Lykäon, teils an der Öffnung der Randgebirge flaches Küstenland, teils Abdachung und Verzweigung des Pholoe und Erymanthos.

Als älteste Bevölkerung von ganz Griechenland wird meist das pelasgische Volk bezeichnet, welches aus dem mittleren Asien kommend und dem grofsen weitverbreiteten indo-germanischen Volksstamme angehörig, sich in einer vor aller historischen Kunde vorausgehenden Zeit teils unter dem allgemeinen Namen der Pelasger (von denen die tyrrhenischen Pelasger einen besonderen Zweig bilden), teils

---

2) Daher auch die Blattgestalt des Peloponnes, s. *Strab.* p. 83. 335: ἔστι ἡ Πελοπόννησος, ἐοικυῖα φύλλῳ πλατάνου τὸ σχῆμα, und so oft bei den Alten.

1*

unter den Namen Leleger, Kaukonen, Kureten, Karer, teils unter den besonderen Namen von Zweigvölkern über ganz Griechenland und über die Küsten der benachbarten Meere ausbreitete[3]).

Epeiros hat von der ältesten Zeit an eine pelasgische Bevölkerung gehabt (die namhaftesten der dortigen pelasgischen Völkerschaften sind die Gräker, Chaoner, Thesproter und Molosser) und dieselbe auch bis in die späteste Zeit behalten[4]); es ist der hellenischen Entwickelung immer fremd geblieben[5]). Nur die Seller am Westabhange des Tomarosgebirges und im Süden des Sees Pambotis (j. See von Janina) machen hiervon eine Ausnahme, sofern dieselben teils durch das in ihrem Gebiet gelegene Orakel von Dodona, teils durch ihre Wanderungen auf ganz Griechenland in der älteren Zeit einen nicht unbedeutenden Einfluß ausgeübt haben[6]).

Thessalien, vor der Einwanderung der Thessaler[7]) Hämonien genannt von Hämon, dem Sohne oder Vater des Pelasgos[8]), hatte in der ältesten Zeit teils Pelasger[9]), teils pelasgische Zweigvölker, nämlich Lapithen, Perrhäber, Phlegyer, Magneten, Phthier, Achäer, Doloper, Änianen zu Bewohnern[10]). Am pagasäischen Meerbusen zu Iolkos und Halos wohnten die Minyer[11]).

---

3) Dass die Pelasger dem indogermanischen Volksstamme angehören, geht aus der Stammverwandtschaft der griechischen Sprache mit den übrigen indogermanischen Sprachen hervor. Die Griechen selbst sahen freilich die älteste Bevölkerung als ureinheimisch und ursprünglich an und nannten sich deshalb αυτόχθονες und γηγενείς. Über die Ausbreitung der Pelasger ist eine Hauptstelle Strab. p. 220 u. 221: Τοὺς δὲ Πελασγούς, ὅτι μὲν ἀρχαῖόν τι φῦλον κατὰ τὴν Ἑλλάδα πᾶσαν ἐπιπολάσαν καὶ μάλιστα παρὰ τοῖς Αἰολεῦσι τοῖς κατὰ Θετταλίαν, ὁμολογοῦσιν ἅπαντες σχεδόν τι. Daher sagt auch Herodot (II, 56): Τῆς νῦν Ἑλλάδος, πρότερον δὲ Πελασγίης καλευμένης. vgl. Thucyd. I, 3, und gedenkt (VIII, 44) der alten Zeit als derjenigen, wo die Pelasger ganz Griechenland inne gehabt. Über die tyrrhenischen Pelasger ist die Hauptstelle Thuc. IV, 109: Καὶ τι καὶ Χαλκιδικὸν ἔνι βραχύ, τὸ δὲ πλεῖστον Πελασγικόν τῶν καὶ Λῆμνόν ποτε καὶ Ἀθήνας Τυρσηνῶν οἰκησάντων. Kaukon wird Apollod. III, 8, 1 unter den Söhnen des Lykaon und Eukelo des Pelasgos angeführt, womit die Kaukonen unter den allgemeinen Begriff des pelasgischen Volksstammes gebracht werden. In betreff der Leleger, Kureten und Karer (vielleicht auch der Thraker) ist die Zugehörigkeit zu dem pelasgischen Stamme nicht durch besondere Zeugnisse der Alten zu belegen, sondern nur aus ihrer ganz gleichen Stellung zu schliefsen. Vgl. die folgenden Anmerkungen.

4) s. Strab. p. 221: πολλοὶ δὲ καὶ τὰ Ἠπειρωτικὰ ἔθνη Πελασγικὰ εἰρήκασιν, ὡς καὶ μέχρι δεῦρο ἐπαρξάντων.

5) Deshalb rechnen die Alten selbst Epeiros gewöhnlich nicht zu Griechenland, s. Strab. p. 323. 334. Dio Cass. LIII, 12.

6) Die Seller wurden auch Heller und Helloper genannt und waren ebenfalls ein pelasgisches Volk, s. Strab. p. 327 u. 328. Das Orakel in Dodona war uralt und ehedem das einzige in Griechenland (Herod. II, 52: τὸ γὰρ δὴ μαντήιον τοῦτο νενόμισται ἀρχαιότατον τῶν ἐν Ἕλλησι χρηστηρίων εἶναι καὶ ἦν τὸν χρόνον τοῦτον μοῦνον), und war dem Zeus gewidmet, der deshalb Hom. Il. XVI, 234 der Dodonäische und Pelasgische genannt wird; die Seller selbst sind seine ὑποφῆται, s. ebend. v. 236. Über dieses Orakel s. hauptsächlich Hesiod. fragm. 80 ed. Göttling., Herod. II, 52—57. Strab. p. 328. Pausan. I, 17, 5. VIII, 23, 4. Der Besitz des ältesten Orakels und der uralte Dienst des Zeus läßt uns das Gebiet der Seller als einen ursprünglichen Sitz griechischer Kultur erscheinen. Wie hoch dort der Ackerbau, diese jedenfalls von den Pelasgern mitgebrachte Grundlage alter Kultur, geachtet wurde, geht aus der merkwürdigen Anrufung der Mutter Erde hervor, welche die Priesterinnen in Dodona zuerst gebraucht haben sollen: Γᾶ καρποὺς ἀνίει, διὸ κλῄζετε μητέρα Γαῖαν, Paus. X, 12, 5. Über die Wanderungen der Seller s. S. 9. Anm. 6 u. 7.

7) s. S. 16. Anm. 27.

8) Über den alten Namen Hämonia s. Strab. p. 443. Dionys. Hal. I, 17 u. a. Über die Verwandtschaft des Hämon mit Pelasgos (d. h. so viel als über die Zugehörigkeit der Hämonier zu dem pelasgischen Stamme) s. Eustath. zu Hom. Il. II, 681. Steph. Byz. s. v. Ἁμονία. Nach der Verbreitung der Ätoler wurde die Landschaft auch Ätolis genannt, s. Herod. VII, 176.

9) Thessalien wird überall als ein Hauptsitz der Pelasger bezeichnet. s. z. B. die Stelle des Strabo oben Anm. 3. Daher auch noch später ein Teil des Landes Pelasgiotis hiefs, daher auch das Πελασγικὸν Ἄργος daselbst, s. Hom. Il. II, 681. vgl. Aeschyl. Suppl. 250 ff., daher endlich auch der dreimal in Thessalien vorkommende Städtename Larissa, s. Strab. p. 440, der überall wiederkehrt, wo sich eine pelasgische Bevölkerung vorfindet, s. ebend., wo als die Mutter oder die Tochter des Pelasgos zurückgeführt zu werden pflegt, s. Paus. II, 23, 9. Eustath. zu Il. II, 681. Dionys. Hal. I, 17.

10) Das Land war später in die vier Landschaften eingeteilt: Phthiotis im Südosten, Pelasgiotis im Nordosten, Hestiäotis im Westen, Thessaliotis in der Mitte, Strab. p. 430. In Phthiotis wohnten die Phthier und Achäer, welche dadurch als pelasgisch bezeichnet werden, daß Achäos und Phthios Brüder des Pelasgos und Söhne der Larissa genannt werden, Dionys. Hal. I, 17; die Lapithen in der Ebene von Pelasgiotis und die Perrhäber im Gebirge werden unter dem Gesamtnamen Pelasgioten zusammengefaßt, Strab. p. 441. In Pelasgiotis und Gyrton wohnten auch die Phlegyer, Strab. p. 330. 442. Diese und die Magneten im Gebirgsland des Pelion und Ossa und die Doloper und Änianen am Nordabhang des Öta sind ebenfalls für pelasgisch zu halten, wenn dies auch nicht ausdrücklich von ihnen gemeldet wird.

11) Über diese s. Anm. 14 und S. 13 Anm. 21.

In Mittelgriechenland bilden die Leleger den Hauptbestandteil der alten Bevölkerung. Diese wohnen in Akarnanien, Ätolien, in ganz Lokris, in Megaris und in Böotien[12]). In Ätolien wohnen aufserdem noch Kureten[13]); in Böotien noch Hektenen, Aonen, Temmiker, Hyanter, Thraker, Pelasger und die Minyer von Orchomenos[14]). Die Bevölkerung von Attika ist pelasgisch[15]). Doris ist in der ältesten Zeit der Wohnsitz der pelasgischen Dryoper[16]).

Die Hauptkulturländer für die älteste Zeit, daher auch die Hauptsitze der ältesten Sage sind in Mittelgriechenland Böotien und Attika. Beide erscheinen ursprünglich als verbunden[17]); Megaris ist in der ältesten Zeit nur ein Teil von Attika[18]).

Der Peloponnes ist in der ältesten Zeit ein vorzugsweise pelasgisches Land und hiefs daher ursprünglich auch Pelasgia[19]).

Als eigentliches Heimatland der Pelasger wurde das Kern- und Mittelland der Halbinsel, Arkadien, angesehen[20]). Hier wurde Pelasgos geboren und aus seinem Stamme entsprang im dritten Gliede der Heros Eponymos des Landes, Arkas[21]); hier blieb auch die Bevölkerung ungemischt pelasgisch bis in

---

12) Die Hauptstelle über die Leleger überhaupt und über ihre oben angegebene Ausbreitung ist *Strab.* p. 321 u. 322: Τοὺς δὲ Λέλεγας τινὲς μὲν τοῖς αὐτοὺς Καρσὶν εἰκάζουσιν, οἱ δὲ συνοίκους μόνον καὶ συστρατιώτας. — ὅτι μὲν οὖν Λέλεγες ἦσαν οὗτοι, καὶ αὐτὸ τὸ κατοικεῖσθαι τοὺς Καρσὶ νομίζεται ἂν σημεῖον ὅτι δὲ πλάνητες καὶ μετ' ἐκείνων καὶ χωρὶς καὶ ἐκ παλαιοῦ, καὶ αἱ Ἀριστοτέλους πολιτεῖαι δηλοῦσιν ἐν μὲν γὰρ τῇ Ἀκαρνάνων ψησὶ τὸ μὲν ἔχειν αὐτῆς Κουρῆτας, τὸ δὲ προσεσπέριον Λέλεγας, εἶτα Τηλεβόας· ἐν δὲ τῇ Αἰτωλῶν τοὺς νῦν Λοκροὺς Λέλεγας καλεῖ, κατασχεῖν δὲ καὶ τὴν Βοιωτίαν αὐτοὺς φησιν· ὁμοίως δὲ καὶ ἐν τῇ Ὀπουντίων καὶ Μεγαρέων· ἐν δὲ τῇ Λευκαδίων καὶ αὐτόχθονά τινα Λέλεγα ὀνομάζει, τοῦτου δὲ θυγατριδοῦν Τηλεβόαν, τοῦ δὲ παῖδας δύο καὶ εἴκοσι Τηλεβόας, ὧν τινας οἰκῆσαι τὴν Λευκάδα· μάλιστα δ' ἄν τις Ἡσιόδῳ πιστεύσειεν οὕτως περὶ αὐτῶν εἰπόντι· „ἤτοι γὰρ Λοκρὸς Λελέγων ἡγήσατο λαῶν, τούς ῥά ποτε Κρονίδης Ζεὺς, ἄφθιτα μήδεα εἰδώς, λεκτοὺς ἐκ γαίας λάας πόρε Δευκαλίωνι". Leleger und Karer sind nach *Herod.* I, 171. *Strab.* p. 661 dasselbe Volk und jenes nur der ältere Name.

13) s. *Strab. a. a. O.* Deren Hauptsitz ist Pleuron, *Hom. Il.* II, 531, von wo sie blutige Kämpfe mit den Ätolern in Kalydon bestehen. Pleuron und Kalydon der Schauplatz des Mythus vom kalydonischen Eber, s. *Hom. Il.* IX, 529—600. II, 641. *Apollodor.* I, 8. *Paus.* VIII, 45, 4. Vgl. *Ovid. Met.* VIII, 260 ff.

14) s. *Strab.* p. 401. 410. *Paus.* IX. 5, 1. Alte Namen von Böotien: Aonia, Messapia. Ogygia. Kadmeis. *Steph. By.: s. v. Βοιωτία,* vgl. *Strab.* p. 407. *Thuk.* I. 12. Über die Minyer s. *Herod.* I, 146. *Strab.* p. 414: καὶεῖ δὲ Μινύειον τὸν Ὀρχομενὸν ἀπὸ ἔθνους, τοῦ Μινυῶν· ἐντεῦθεν δὲ ἀπῳκηκέναι τινὲς τῶν Μινυῶν εἰς Ἰωλκόν φασιν, ὅθεν τοὺς Ἀργοναύτας Μινύας λεχθῆναι. Vgl. S. 11. Anm. 21.

15) Die Athener rühmten sich, allein unter allen Griechen, in ihrem Lande ureingeboren zu sein, s. *Herod.* VII, 161 (μοῦνοι δ' οὔτε οὐ μεταναστάντες Ἕλληνες). *Thuk.* I, 2. II, 36. *Plat. Menex.* p. 237. B. Über ihr Pelasgertum s. *Herod.* VIII, 44: Ἀθηναίοι δὲ ἐπὶ μὲν Πελασγῶν τὴν νῦν Ἑλλάδα καλεομένην ἦσαν Πελασγοί οὐνομαζόμενοι Κραναοί. Alte Namen der Landschaft: Akte oder Aktäa, Atthis, Mopsopia, Ionia, Poseidonia, *Strab.* p. 397. *Paus.* I, 2, 5.

16) Die Dryoper werden dadurch als pelasgisch bezeichnet, dafs Dryops der Sohn des Arkas, s. *Arist. bei Strab.*

p. 373, oder der Enkel des Lykaon genannt wird. *Tzetzes zu Lykophr.* 480. Die Landschaft hiefs daher auch ursprünglich Dryopis. (Von Phokis werden aufser den Phokern keine andern alten Bewohner genannt; wahrscheinlich ist auch hier die älteste Bevölkerung pelegisch).

17) Die Sagen von Ogyges und Kekrops sind beiden Landschaften gemeinschaftlich, s. *Paus.* IV, 5, 1. 33, 1. *Strab.* p. 407. Über die Ogygische Flut, welche 1020 J. vor der ersten Olympiade stattgefunden haben soll, s. Akusilaos, Hellanikos und Philochoros bei *Euseb. Praep. Evang.* X. 10. p. 489. Für Attika insbesondere verdient noch die Sage vom Streite des Poseidon und der Athene um den Besitz des Landes erwähnt zu werden, worüber s. *Herod.* VIII, 55. *Apollod.* 14. 1. *Paus.* I, 24, 3. 5. Über die weitere reiche Gestaltung der Sagen beider Länder seit Kadmos und Kekrops s. S. 8 Anm. 2 u. 3., S. 10 Anm. 8., S. 13 Anm. 22., S. 14 Anm. 24. In den übrigen Mittelgriechenland hat, von der Sage vom kalydonischen Eber abgesehen (s. Anm. 13), der Mythus nirgends eine Stelle gefunden.

18) s. *Paus.* I, 19, 5. 39, 4. *Strab.* p. 393. *Plut. Thes.* 25.

19) Pelasgia der Name des ganzen Peloponneses, *Ephoros* bei *Strab.* p. 221. Ein anderer alter Name der Halbinsel ist Apia, *Paus.* II, 5, 5. *Plin.* II. N. IV. 4, 5. (*Hom. Il.* I, 270. III, 492), vielleicht auch Argos, *Apollod.* II. 1, 2. *Dionys. Hal.* I, 17. Der Name Peloponnes kommt zuerst im Hymnos auf Apollo vor, 250. 290.

20) *Ephoros* bei *Strab.* p. 221. Daher auch Arkadien Pelasgia hiefs, *Paus.* VIII. 1. 2.

21) Pelasgos, Sohn der Erde, zeugte den Lykaon, dieser zeugte 22 (oder 31 oder 51) Söhne, worunter Nyktimos, Kaukon und die beiden ersten Gründer pelasgischer Niederlassungen in Italien, Oinotros und Peuketios, und eine Tochter Kallisto; der letzteren und des Zeus Sohn war Arkas, welcher wiederum 3 Söhne hatte. Azas, Apheidas und Elatos. S. *Paus.* VIII, 1—4. *Apollod.* III, 8—9. *Dionys. Hal.* I, 11. Über Pelasgos berichtet *Paus.* (a. a. O. 1, 2): Πελασγὸν δὲ καὶ λέγει τοῦδε ἐς αὐτόν. „Ἀντίθεον Πελασγὸν ἐν ὑψικόμοισιν ὄρεσσι γαῖα μέλαιν' ἀνέδωκεν, ἵνα θνητῶν γένος εἴη". Πελασγὸς δὲ βασιλεύσας τοῦτο μὲν ποιήσασθαι καλύβας ἐπενόησεν, ὡς μὴ ῥιγοῖεν τε καὶ ὕοιντο οἱ ἄνθρωποι μηδὲ ὑπὸ τοῦ καύματος ταλαιπωροῖεν· τοῦτο δὲ τοὺς χιτῶνας τοὺς ἐκ τῶν δερμάτων τῶν ὑῶν — οὕτως ἔστιν ὁ ἐξευρών, καὶ δὴ

die späteste Zeit[22]). Das Land zerfiel vermöge seiner Naturbeschaffenheit in viele einzelne Kantone und bildete während der Blütezeit Griechenlands fortwährend ein von der geschichtlichen Entwickelung desselben abgeschiedenes, auf sich beschränktes Gebiet[23]).

Achaja, ursprünglich Ägialos oder Ägialea genannt[24]), ist für die Bevölkerung der ältesten Zeit in die beiden Hälften westlich und östlich des Vorgebirges Rhion zu teilen. In der ersteren Hälfte wohnen ursprünglich Kaukonen und ätolische Epeier[25]), in der östlichen Hälfte Ägialeer[26]). Von letzterer Hälfte aus verbreiten sich später die Ioner über die ganze Landschaft, welche nunmehr den Namen Ionia erhält[27]).

In der Landschaft Argolis, welche vermöge ihrer Naturbeschaffenheit in eine Anzahl selbständiger Stadtgebiete zerfällt (auch Sikyon, Phlius und Korinth gehören zu denselben), beschränken sich die bemerkenswerten Nachrichten über die älteste Bevölkerung lediglich auf das im Innern des argolischen Meerbusens gelegene Argos, welches neben Arkadien als ein Hauptsitz der Pelasger erscheint[28]).

In Lakonika und Messenien bilden Leleger die ursprüngliche gemeinschaftliche Bevölkerung[29]).

Die ältesten Bewohner von Elis sind die Kaukonen[30]), nachher die Epeier, welche sich vom Norden, und die Pylier, welche sich vom Süden her ausbreiten, und welche beide die Kaukonen auf die Gebirge von Triphylien und auf die Gegend von Dyme beschränken[31]).

Auf den Inseln bestand die älteste Bevölkerung meist aus Karern[32]).

καὶ τῶν φίλων τὰ ἐπὶ χώρα καὶ πᾶσί τε καὶ μέρος αὐτῷ ἰδιώθησαν, ἀλλὰ καὶ ἀλλοτρίους ἴσως αὐτοτράπους τοῖς ἀνθρώποις, τοιαῦτ᾽ μὲν ἐπαινεῖν ὁ Παλκαρίος.

22) *Herod.* VIII, 73. *Paus.* V, 1, 1.
23) Die Teilung in kleine unabhängige Staaten, schon durch die vielen Söhne des Lykaon angedeutet, blieb bis zur Zeit des Epaminondas. Von diesen treten nur Tegea und Mantinea schon in früherer Zeit hervor; die übrigen bewahren in völliger Zurückgezogenheit die alte Sitte und Lebensweise, so daß sämtliche Arkader noch um 600 v. Chr. eichelessende Männer genannt werden, *Herod.* I, 66. *Paus.* VIII, 1, 2.
24) Ägialos, *Paus.* II, 5, 5. VII, 5, 1. *Strab.* p. 333. 383. 386. *Hom.* II. II, 574 (?); Ägialea, *Apollod.* II, 1, 1, 4. *Tzetzes zu Lykophr.* 177. So genannt vom König Ägialeus, *Apollod.* II. 1. 1. *Paus.* VII, 5, 1.
25) Daher Dyme vom Hekatäos Epeiis, *Strab.* p. 341, von andern auch Kaukonis genannt wurde, *ebend.* p. 342.
26) Ιάκυροι Αἰγιαλεῖς, *Herod.* VII, 94.
27) *Strab.* p. 333. 383. *Herod.* VII, 94. Über die Ioner s. 8. 11 *Anm.* 12 u. 13.
28) Dies ergiebt sich aus den Stammtafeln der Herrscher von Argos, *Paus.* II, 15, 5. *Apollod.* II, 1, die mit Inachos oder Phoroneus als Stammvater beginnen und in denen überall ein Pelasgos, ein Argos, desgleichen auch eine Larissa (Name der Burg von Argos) erscheint. Daher auch „Pelasgisches Argos", *Strab.* p. 369. In jenen Stammtafeln auch Io, Tochter des Inachos, *Herod.* I, 1, oder des Iasos, *Paus.* und *Apollod. a. a. O.*, vgl. *Aeschyl. Prometh.* 827 ff. Ferner Niobe, Tochter des Phoroneus, über welche s. *Hom.* II. XXIV, 602 ff. *Paus.* I, 21, 5. VIII, 2, 3. Danaos erscheint in denselben als Abkömmling des Inachos im zehnten Geschlecht, vgl. *Sqwrell.* p. 62—66. *Euseb. Praep. Evang.* p. 187—491. Über ihn s. *unten.*
29) s. *Paus.* III, 1. IV, 1. *Apollod.* III, 10, 3 ff. Hiernach ist Lelex der Stammvater der Herrscher von Lakonika; indem ihm aber in Lakonika sein ältester Sohn Myles als Herrscher nachfolgt und ein anderer Sohn, Polykaon, nach Messenien auswandert und dort seine Herrschaft begründet, so werden dadurch die Bewohner von Lakonika und Messenien als stammverwandt und beide als lelegisch bezeichnet. In der Reihe der Abkömmlinge des Lelex in Lakonika werden noch Eurotas, Lakedämon, Amyklas, Sparte, Taygete genannt, lauter Namen, die in Örtlichkeiten dieser Landschaft ihren Grund haben. (In Bezug auf Messenien ist noch bemerkenswert, daß dort auch Kaukonen wohnen, was die Sage dadurch ausdrückt, daß ein Kaukon zur Messene, der Gemahlin des Polykaon, gekommen sein soll.)
30) Kaukon, Sohn des Lykaon. *Apollod.* III, 8, 1. Über die Kaukonen in Elis s. *Strab.* p. 345: οἱ μὲν γὰρ καὶ ὅλην τὴν τῶν Ἠλείων ἀπὸ τῆς Μεσσηνίας μέχρι Δύμης Καυκωνίαν λεχθῆναί φασιν. Vgl. *Hom. Od.* III, 366.
31) Strabo führt an der in der vorigen Anm. angeführten Stelle fort: Ἀντίμαχος γοῦν καὶ Ἐπειοὺς καὶ Καύκωνας ἅπαντας προσαγορεύειν, τοὺς δὲ ἄλλην μὲν μὴ κατασχεῖν αὐτούς, ὅζαν δὲ μιγνυμένους αὐτοῖς, τοὺς μὲν πρὸς τῇ Μεσσηνίᾳ κατὰ τὴν Τριφυλίαν, τοὺς δὲ πρὸς τῇ Δύμῃ, und man sieht, daß durch diese verschiedenen Angaben der oben unterschiedene doppelte Stand der Bevölkerung bezeichnet wird, vgl. *Strab.* p. 336. Über die Kämpfe der Epeier und Pylier s. *Strab.* p. 351. Vgl. *Hom.* II. XI, 670 ff. XXIII, 630 ff. Die Genealogie der Beherrscher der Epeier ist nach *Paus.* V, 1, 2 folgende: Aethlios, Sohn des Zeus — Endymion — Päon, Epeios, Ätolos — Eleios, Enkel des Epeios. Ätolos, der Bruder des Epeios, wandert nach dem von ihm benannten Ätolien aus. *Paus.* V, 1, 6.
32) Kar, Sohn des Phoroneus, *Paus.* I, 40, 5. Über die Karer als älteste Bewohner der Inseln sind den Hauptstellen *Thuk.* I, 4 u. 8. Auf Leukas wohnten Leleger, die aber nach Herodot und Strabo nicht unterschieden sind von den Karern, s. *Anm.* 12.

Erste Periode.
Von den ältesten Zeiten bis zur Wanderung der Dorier und Herakliden.
X bis 1104 v. Chr.

Vorgeschichtliches Zeitalter.

Pelasgische Völker, die ältesten Bewohner Griechenlands, bis zu welchen unsere (sagenhafte) Kunde zurückreicht, legen unter fortwährenden Wanderungen, gefördert durch die Kämpfe miteinander wie durch den erst empfangenen, dann glücklich überwundenen Einfluß des Auslandes, den ersten Grund zur Kultur. Die Entwickelung zur eigentümlichen hellenischen Nationalität wird durch einige mehr oder minder gemeinsame kriegerische Unternehmungen und durch eine hauptsächlich hieraus entspringende, sich künstlerisch gestaltende Nationalsage vorbereitet. Mit der Niederlassung der Dorier und Herakliden im Peloponnes wird überall der Anfang zur Gründung fester Wohnsitze gemacht und damit zugleich die Bedingung für eine stetige innere Entwickelung hergestellt.

Quellen. Die geschichtliche Kenntnis dieses Zeitraums ist, so weit sie überhaupt möglich, aus der hellenischen Sage zu schöpfen, die teils in den aus ihr hervorgegangenen epischen Dichtungen des Homer, Hesiod und in den sogenannten homerischen Hymnen vorliegt, teils in den geographischen Schriften des Strabo (geb. um 60 v. Chr., sein Werk, 17 Bücher Γεωγραφικά, ist in den ersten Jahren der Regierung des Kaisers Tiberius verfaßt) und des Pausanias (Ἑλλάδος περιήγησις, um 150 n. Chr.), teils in dem Sammelwerk des Apollodor (βιβλιοθήκη, in 3 Büchern, um 140 v. Chr.), teils in späteren Schriften verschiedenen Inhalts, wie in den Biographieen des Plutarch (geb. 50 n. Chr.), bei Diodor von Sizilien (um Chr. Geb.), in den Ὀνομαστικόν des Julius Pollux (um 180 n. Chr.), bei Eusebios, einem Zeitgenossen Constantins d. Gr. (παντοδαπή ἱστορία in 2 Büchern, wovon ein Teil des ersten Buches in der παγχρηστὴς ἀποδείξεως παρασκευή des Eusebios selbst, das 2te Buch in der lat. Übers. des Hieronymus und beide Bücher in einer armenischen Übersetzung erhalten sind), bei Synkellos (ἐκλογὴ χρονογραφίας um 800 n. Chr.) und in den Scholien des Eustathios und Anderer zu Homer, des Tzetzes zu Lykophron (im 12. Jahrh. n. Chr.), wenn auch nur bruchstückweise erhalten ist. Für die Chronologie bietet noch einige auf der Insel Paros gefundene, daselbst im 3. Jahrh. v. Chr. gefertigte, jetzt in Oxford befindliche Marmortafel; sie enthielt eine Reihe von Daten aus der griechischen Geschichte von den ältesten Zeiten bis zum J. 264 mit chronologischen Bestimmungen; das erhaltene Stück reicht jedoch nur bis zum Jahr 355 (gedruckt u. a. in C. Müllers fragm. histor. Graec. vol. I.). Außerdem finden sich einzelne Notizen in den Fragmenten der sog. Logographen Hekatäos, Pherekydes, Akusilaos, Hellanikos, ferner in denen des Ephoros; endlich auch und zwar in größerer Menge und von bedeutenderem Wert bei Herodot und Thukydides.

J. v. Chr.	(Sagenhafte) Geschichte.	Genen der Hellenen.
1533	Einwanderung des Kekrops aus Sais in Niederägypten nach Athen.²	
1500		
1466	Einwanderung des Danaos aus Chemmis in Oberägypten nach Argos.⁴	
1433		
1400	Flut des Deukalion.⁶	Deukalion.⁷

---

1) Die chronologischen Bestimmungen beruhen für diese Periode einerseits auf den mit ziemlicher Übereinstimmung überlieferten Genealogieen der berühmtesten Geschlechter (von denen nach Herod. II, 142 je 3 auf ein Jahrhundert zu rechnen), andererseits auf der Berechnung der Zeit des trojanischen Kriegs, über welche letztere s. S. 11. Anm. 25.

2) Die Sagen von den Einwanderungen des Kekrops, Danaos, Kadmos und Pelops sind in späterer Zeit entstanden und haben nur insofern eine gewisse geschichtliche Bedeutung, als sie die Überzeugung der Griechen selbst von einem in der ältesten Zeit stattgefundenen Einfluß des Orients auf die Entwickelung Griechenlands darstellen. Die Sage von der Einwanderung des Kekrops ist ihrer Entstehung nach die jüngste unter diesen Sagen. Theopompus (im 4. Jahrh. v. Chr.) erwähnte zuerst eine Kolonie der Ägyptier in Athen (Fr. 172 ed. Müller); daß Kekrops aus Sais gekommen, findet sich erst bei Philochorus u. a. späteren Schriftstellern. Die ältere Sage, davon ausgehend, daß die Athener eingeboren und unvermischt mit Fremden seien (s. S. 5 Anm. 15), machte den Kekrops zu einem zweigestaltigen Wesen, das oben Mensch, von der Hüfte abwärts aber Schlange gewesen [Demosth.] Epit. p. 1398. Justin. II, 6. und erzählte vom Erechtheus (oder vom Erichthonios, Isocr. Panath. p. 248 d. Apollod. III, 14, 6. Paus. I, 2, 5), daß er der Sohn der Erde sei, Hom. II. II, 546. Herod. VIII, 55. [Nach dem Marm. Par. fällt der Regierungsantritt des Kekrops ins J. 1581, nach Eusebios ins J. 1557, nach Hellanikos und Philochorus ins J. 1607.]

3) Die Hauptstellen über das Geschlecht der Könige in Athen sind Apollod. III, 14. 15. 16. Paus. I, 2, 5, 6, 9. Strab. p. 397. Von Kekrops soll die Burg von Athen Kekropia ihren Namen bekommen haben. Derselbe starb übrigens ohne einen männlichen Erben zu hinterlassen; daher folgte ihm Kranaos (κατάγαιον ὄν, Apollod. III, 14, 5); des Kranaos Tochter Atthis (von der angeblich der Name Attika) verheirathete sich mit Amphiktyon, der aber von Erichthonios gestürzt wurde. Über die Namen des Landes und Volkes vgl. Herod. VIII, 44: Ἰωνίαν δὲ ἐπὶ μὲν Πελασγῶν ἐχόντων τὴν νῦν Ἑλλάδα καλεομένην ἦσαν Πελασγοὶ ὀνομαζόμενοι Κραναοί, ἐπὶ δὲ Κέκροπος βασιλέος ἐπεκλήθησαν Κεκροπίδαι, ἐκδεξαμένου δὲ Ἐρεχθέος τὴν ἀρχὴν Ἀθηναῖοι μετωνομάσθησαν, Ἴωνος δὲ τοῦ Ξούθου στρατάρχεω γενομένου Ἀθηναίοισι ἐκλήθησαν ἀπὸ τούτου Ἴωνες.

4) S. Herod. II, 43. 91. Paus. II, 16. 1 und am ausführlichsten Apollod. II, 1. Danaos ist nach dieser letzteren Stelle gleich seinem Bruder Ägyptos, vor dem er aus Chemmis flieht, ein Abkömmling der Jo, s. S. 6 Anm. 28 (Jo — Epaphos — Libye — Belos — Ägyptos, Danaos). In Argos übergiebt ihm nach seiner Ankunft Gelanor die Herrschaft, die er darauf an Lynkeus, den Gemahl seiner Tochter Hypermnestra, vererbt. Über seine 50 Töchter vgl. noch Strab. p. 371: ἢ (nämlich die Brunnen in Argos) ταῖς Δαναίου ἀνάπτουσιν, ὡς ἐκείνων ἐκφηνάντων, ἐφ' οὗ καὶ τὸ ἔπος εἰπεῖν τοῦτο, „Ἄργος ἄνυδρον ἐὸν Δαναοὶ θέσαν Ἄργος ἔνυδρον", und über Danaos selbst ebend.: τὴν δὲ ἀκρόπολιν τῶν Ἀργείων οἰκῆσαι λέγεται Δαναός, ὃς τοσοῦτον τοὺς πρὸ αὐτοῦ δυναστεύσαντας ἐν τοῖς τόποις ὑπερβαλέσθαι δοκεῖ, ὥστε κατ' Εὐριπίδην „Δαναοὺς κεκλῆσθαι νόμον ἔθηκ' ἀν' Ἑλλάδα."

5) Apollod. II, 1 ff. Paus. II, 16.

6) Der älteste Sitz der Sage von der Flut des Deukalion war das Thal von Dodona (vgl. S. 4. Anm. 6). s. Aristot. Me-

logie der berühmten Königsgeschlechter in

Argos.	Athen.
	Kekrops.³
	Kranaos.
Danaos.⁵	Atthis.
Hypermnestra — Lynkeus.	Erichthonios.
Abas.	Pandion.

teorol. I, 14: ὁ καλούμενος ἐπὶ Δευκαλίωνος κατακλυσμός· καὶ γὰρ οὗτος περὶ τὸν Ἑλληνικὸν ἐγένετο μάλιστα τόπον καὶ τούτου περὶ τὴν Ἑλλάδα τὴν ἀρχαίαν· αὕτη δ' ἐστὶν ἡ περὶ Δωδώνην καὶ τὸν Ἀχελῷον· οὕτως γὰρ καλλικχφὸ τὸ ῥεῦμα μετεβέβληκεν· ᾤκουν γὰρ οἱ Σελλοὶ ἐνταῦθα καὶ οἱ καλούμενοι τότε μὲν Γραικοί, νῦν δ' Ἕλληνες. Mit Deukalion und seinen Nachkommen selbst wanderte die Sage nach Thessalien, *Apollod.* I. 7, 2 (in diesem Falle landete dann die Arche des Deukalion nach Hellanikos *Schol. Pindar. Ol.* IX, 64 an dem Othrys oder auch nach *Apollod. a. a. O.* am Parnass auf dem Gipfel Lykorea), und noch weiter nach Lokris, Böotien, selbst nach Attika, wobei überall der Parnaß als Landungsort des Deukalion angesehen wurde, *Schol. Pind. a. a. O., Strab.* p. 322. 425. *Paus.* 1, 18, 7. 40. 1. X. 6, 1. *Marm. Par.*

7) Deukalion, der Sohn des Prometheus (des Feuerspenders und somit Urhebers der Kultur), s. *Apollod.* I, 7, 2. Hesiod und Hellanikos bei *Schol. Apollon.* III, 1085. 1086, wohnte nach *Arist. a. a. O.* in Dodona, starb nach *Schol. Pind. a. a. O.* in Opus, oder in Kynos, s. *ebend.* u. *Strab.* p. 425, oder in Lykoreia in Phokis, s. *Marm. Par.*, oder in Delphoi, s. *Plut. Quaest. Gr.* p. 292; nach *Dionys. Hal.* I, 17 soll er (vom Parnaß her) in Thessalien eingewandert sein, vgl. *Strab.* p. 432. Nach der gewöhnlichen Tradition soll aber erst sein Sohn Hellen eine Niederlassung gegründet haben. Über diesen und seine Nachkommen s. Hesiod bei *Tzetzes zum Lykophr.* 284: Ἕλληνος δ' ἐγένοντο θεμιστοπόλοι βασιλῆες· | Δῶρός τε Ξοῦθός τε καὶ Αἴολος ἱππιοχάρμης, | Αἰολίδαι δ' ἐγένοντο θεμιστοπόλοι βασιλῆες | Κρηθεὺς ἰδ' Ἀθάμας καὶ Σίσυφος αἰολομήτης | Σαλμωνεύς τ' ἄδικος καὶ ὑπέρθυμος Περιήρης. Als ältester Sohn gilt in der Regel Äolos, dem deshalb auch die väterliche Herrschaft in Thessalien verbleibt, während die beiden andern Söhne auswandern und sich neue Wohnsitze aufsuchen, s. *Strab.* 383. Konon bei *Phot.* p. 437. Über die Art und Weise, wie Thukydides sich die Ausbreitung der Hellenen und die ältesten ethnographischen Verhältnisse überhaupt vorstellte, s. die klassische Stelle I. 3: Πρὸ γὰρ τῶν Τρωικῶν οὐδὲν φαίνεται πρότερον κοινῇ ἐργασαμένη ἡ Ἑλλάς· δοκεῖ δέ μοι, οὐδὲ τοὔνομα τοῦτο ξύμπασά πω εἶχεν, ἀλλὰ τὰ μὲν πρὸ Ἕλληνος τοῦ Δευκαλίωνος καὶ πάνυ οὐδὲ εἶναι ἡ ἐπίκλησις αὕτη, κατὰ ἔθνη δὲ ἄλλα τε καὶ τὸ Πελασγικὸν ἐπὶ πλεῖστον ἀφ' ἑαυτῶν τὴν ἐπωνυμίαν παρέχεσθαι, Ἕλληνος δὲ καὶ τῶν παίδων αὐτοῦ ἐν τῇ Φθιώτιδι ἰσχυσάντων καὶ ἐπαγομένων αὐτοὺς ἐπ' ὠφελίᾳ ἐς τὰς ἄλλας πόλεις, καθ' ἑκάστους μὲν ἤδη τῇ ὁμιλίᾳ μᾶλλον καλεῖσθαι Ἕλληνας, οὐ μέντοι πολλοῦ γε χρόνον ἐδύνατο καὶ ἅπασιν ἐκνικῆσαι. τεκμηριοῖ δὲ μάλιστα Ὅμηρος· πολλῷ γὰρ ὕστερον ἔτι καὶ τῶν Τρωικῶν γενόμενος, οὐδαμοῦ τοὺς ξύμπαντας ὠνόμασεν οὐδ' ἄλλους ἢ τοὺς μετ' Ἀχιλλέως ἐκ τῆς Φθιώτιδος, οἵπερ καὶ πρῶτοι Ἕλληνες ἦσαν, Δαναοὺς δὲ ἐν τοῖς ἔπεσι καὶ Ἀργείους καὶ Ἀχαιοὺς ἀνακαλεῖ· οὐ μὴν οὐδὲ βαρβάρους εἴρηκε διὰ τὸ μηδὲ Ἕλληνάς πω, ὡς ἐμοὶ δοκεῖ, ἀντίπαλον ἐς ἓν ὄνομα ἀποκεκρίσθαι· οἱ δ' οὖν ὡς ἕκαστοι Ἕλληνες κατὰ πόλεις τε ὅσοι ἀλλήλων ξυνίεσαν καὶ ξύμπαντες ὕστερον κληθέντες —, womit auch Herodot übereinstimmt, wenn er VIII, 44 Ion einen στρατάρχης der Athener nennt. Die Stellen des Homer s. *Il.* II, 684. XVI. 595. *Od.* I, 344. XI, 495. XV, 80. Über die ursprünglichen Wohnsitze der Hellenen s. *Strab. a. a. O.* und p. 431. [Nach Apollodor bei *Strab.* p. 370 kommt der Name Hellenen als Gesamtname der Griechen zuerst bei Hesiod und Archilochos vor, also um 8. Jahrh. v. Chr., und es ist sehr wahrscheinlich, daß in eben dieser Zeit mit dem wachsenden Nationalgefühl der Hellenen sich zugleich auch der Glaube an die gemeinschaftliche Abstammung von Hellen und Deukalion bildete und festsetzte.]

1366	Einwanderung des Kadmos aus Phönikien nach Theben.[8]	Hellen.
1333		Äolus[10], Doros[11], Xuthos.
1300	.	Ion. Achäos.[12]
1266	Einwanderung des Pelops aus Kleinasien nach Elis.[13]	

8) Kadmos, Sohn des Agenor, *Eurip. Bacch.* v. 171, aus Tyros in Phönikien, *Herod.* II, 49. *Eurip. Phoen.* v. 639 (nach Andern aber aus Sidon, *Eurip. Bacch. a. a. O.* oder sogar aus Thebe in Ägypten, *Diodor.* I, 23, *Paus.* IX, 12, 2), wurde von seinem Vater ausgesandt, um die von Zeus geraubte Europa zu suchen, und kam über Kreta, Rhodos (*Diod.* V, 58), Thera (*Herod.* IV, 147), Samothrake, Lemnos, Thasos (*Herod.* II, 44, VI, 47) nach Böotien, wo er auf Veranlassung des Orakels zu Delphoi und unter Leitung desselben die Kadmea gründete und durch Aussäen der Drachenzähne ein neues Geschlecht, das der Σπαρτοί, schuf, s. *Paus.* IX, 12, 1. *Schol. Eurip. Phoen.* 638. *Aristoph. Ran.* 1256. [Kadmos (von dem phönik. Wort Kedem, Morgenland) ist der Repräsentant der phönikischen Kolonisationen auf den Inseln und dem Festland der Griechen und des Einflusses der Phöniker auf die Entwickelung der Griechen. Aufser auf den genannten Punkten, wo überall zum Zweck des Handels und des Bergbaus Kolonieen gegründet wurden, werden noch Kypros und Kythera als Sitze phönikischer Niederlassungen genannt, s. *Herod.* I, 105. Aufserdem weist noch der Dienst der Aphrodite Urania (= der Astarte der Phöniker) in Athen und Korinth (*Paus.* I, 14, 6. *Strab.* p. 379), der Dienst des Melikertes (= dem phönikischen Gotte Melkarth) an letzterem Orte (*Plut. Thes.* 25). die Menschenopfer bei den Minyern (s. *unten Anm.* 21) und die Unterwerfung von Attika und Megara unter die Herrschaft Kretas (s. *unten Anm.* 16 u. 20) auf eine Zeit hin, wo an allen diesen Orten phönikische Niederlassungen einen herrschenden Einfluß übten. Als Beispiel ihres Einflusses auf die Kultur der Griechen pflegt die ihnen zugeschriebene Einführung der Buchstabenschrift hervorgehoben zu werden, s. besonders *Herod.* V, 58: Οἱ δὲ Φοίνικες οὗτοι οἱ σὺν Κάδμῳ ἀπικόμενοι — ἐσήγαγον διδασκάλια ἐς τοὺς Ἕλληνας καὶ δὴ καὶ γράμματα, οὐκ ἐόντα πρὶν Ἕλλησι ὡς ἐμοὶ δοκέειν, πρῶτα μὲν τοῖσι καὶ ἅπαντες χρέωνται Φοίνικες, μετὰ δὲ χρόνου προβαίνοντος ἅμα τῇ φωνῇ μετέβαλον καὶ τὸν ῥυθμὸν τῶν γραμμάτων. Παρείχοντο δὲ ἀφίσι τὰ πολλὰ τῶν χωρίων τοῦτον τὸν χρόνον Ἑλλήνων Ἴωνες, οἳ παραλαβόντες διδαχῇ παρὰ τῶν Φοινίκων τὰ γράμματα μεταρρυθμίσαντές σφεων ὀλίγα ἐχρέωντο χρεώμενοι δὲ ἐφάτισαν, ὥσπερ καὶ τὸ δίκαιον ἔφερε, ἐσαγαγόντων Φοινίκων ἐς τὴν Ἑλλάδα Φοινικήια κεκλῆσθαι. Vgl. *Diod.* III, 67. V, 57. *Plin. H. N.* VII, 56. *Hygin. fab.* 277. Dafs die griechische Buchstabenschrift mit der phönikischen verwandt ist, geht aus den Namen und den ursprünglichen Formen der phönikischen und griechischen Buchstaben deutlich hervor.]

9) Akrisios und Prötos führten Krieg miteinander; Prötos wird von seinem Bruder vertrieben, setzt sich aber in Tiryns fest und behauptet sich daselbst, während Akrisios in Argos bleibt, s. *Paus.* II, 16, 2. *Apollod.* II, 2, 1. *Strab.* p. 372 u. 373. Vgl. *Hom. Il.* VI, 152—210. Von den Mauern, mit welchen der Sage nach Tiryns von den Kyklopen umgeben wurde, s. *Apollod.* II, 2, 2. *Paus.* II, 16, 2, sind noch jetzt bedeutende Überreste — eins der merkwürdigsten Denkmäler der sogenannten kyklopischen Bauart — erhalten.

10) Eine Hauptstelle über die Schicksale und Wanderungen der drei Brüder ist die schon angeführte Stelle Strabos (p. 383): γενὶ δὲ λεγχοίσης μὲν Ἕλληνα εἶναι, τούτου δὲ παρὰ τὴν ὑδίαν τὸν μετὰ θ᾽ Ἡγηδὼ καὶ Ἰωνίσκε ὀνομάσαντα τῷ ἀφιοριτοῖς τῶν ἀκάϑνσιν Αἰγιαλέων τὴν ἀρχήν, τοὺς δ᾽ ἄλλους ἴθνη διακρίνειν ἱξομένους ἐφ᾽ ὧν ἕκαστον αὐτῶν ἐκ μέρος μὲν τοὺς περὶ Πηγώσανδρον ἱππέας ὀνομασίας κατάξαι Δωρίεονας εἴτα, Ξοῦθον δὲ τὴν Ἐρεχϑέως θυγατέρα γήμαντα τὴν Τετράπολιν τῆς Ἀττικῆς, Οἰνόην, Μαραϑῶνα, Προβάλινϑον καὶ Τρικόρυϑον. Unter dem Namen der Äolier wurde später der gröfsere Teil aller Hellenen zusammengefafst, s. *Strab.* p. 333: αὐτὸς γὰρ οἱ Ἰατὸς Ἴσϑμοῦ σχεδὸν Διοφοίων καὶ Μεγαρέων καὶ τῶν περὶ τὸν Πηγώσανδρα λεγομέναν καὶ τῶν ἐν Βοίοτις κατοικεία, daher dem Äolos auch eine besonders reiche Nachkommenschaft beigelegt wird. Nach der *Anm.* 7 angeführten Stelle hatte er 5 Söhne, Kretheus, Athamas, Sisyphos, Salmoneus, Perieres, nach *Apollod.* I, 7, 4 hatte er 7 Söhne (aufser den genannten noch Deion und Magnes) und 5 Töchter, nach anderen war die Zahl noch gröfser, und von diesen Söhnen und Töchtern wurden die alten Herrschergeschlechter in zahlreichen Städten und Ländern abgeleitet, so von Sisyphos (über welchen s. *Hom. Il.* VI, 152 ff. *Od.* XI, 593 ff. *Paus.* II, 1, 2) die in Korinth, von Athamas die in dem Orchomenos der Minyer, von Kretheus die in Jolkos, von demselben sollten auch Neleus und Nestor in Pylos abstammen u. s. w.

logie der berühmtesten Königsgeschlechter in

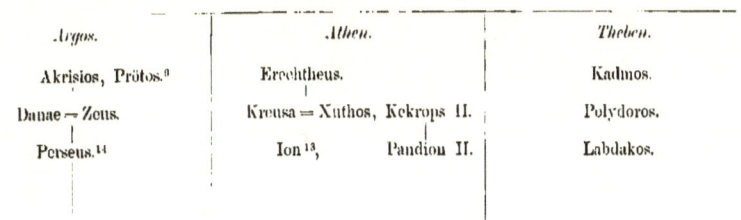

Argos.	Athen.	Theben.
Akrisios, Prötos.[a]	Erechtheus.	Kadmos.
Danae — Zeus.	Kreusa = Xuthos, Kekrops II.	Polydoros.
Perseus.[14]	Ion[13], Pandion II.	Labdakos.

11) Über die Dorier s. die Hauptstelle *Herod.* 1, 56 *Δωριέων γένος* — πολυπλάνητον κάρτα ἐπὶ μὲν γὰρ Δευκαλίωνος βασιλέος οἴκει γῆν τὴν Φθιῆτιν, ἐπὶ δὲ Δώρου τοῦ Ἕλληνος τὴν ὑπὸ τὴν Ὄσσαν τε καὶ τὸν Ὄλυμπον χώρην, καλεομένην δὲ Ἱστιαιῆτιν· ἐκ δὲ τῆς Ἱστιαιήτιδος ὡς ἐξανέστη ὑπὸ Καδμείων, οἴκει ἐν Πίνδῳ Μακεδνὸν καλεόμενον· ἐνθεῦτεν δὲ αὖτις ἐς τὴν Δρυοπίδα μετέβη καὶ ἐκ τῆς Δρυοπίδος οὕτως ἐς Πελοπόννησον ἐλθὼν Δωρικὸν ἐκλήθη. Über die ersten Sitze der Dorier in Hestiäotis vgl. noch *Diod.* IV. 37. 67. *Strab.* p. 437. 475. 476.
12) s. die *Anm.* 10 angeführte Stelle Strabos (p. 383), welche über die Söhne des Xuthos so fortführt: τῶν δὲ τούτου παίδων Ἀχαιὸς μὲν φόνον ἀκούσιον πράξας ἔφυγεν εἰς Λακεδαίμονα καὶ Ἀχαιοὺς τοὺς ἐκεῖ κληθῆναι παρεσκεύασεν, Ἴων δὲ τοὺς μετ᾿ Εὐμόλπου νικήσας Θρᾷκας οὕτως ηὐδοκίμησεν, ὥστ᾿ ἐπέτρεψαν αὐτῷ τὴν πολιτείαν Ἀθηναῖοι. ὁ δὲ πρῶτον μὲν εἰς τέτταρας φυλὰς διεῖλε τὸ πλῆθος, εἶτα εἰς τέτταρας βίους. — οὕτοι δὲ πολυανδροῦσαν τὴν χώραν τότε συνέβαινεν, ὥστε καὶ ἀποικίαν τῶν Ἰώνων ἔστειλαν εἰς Πελοπόννησον Ἀθηναῖοι καὶ τὴν χώραν ἣν κατέσχον ἐπώνυμον ἑαυτῶν ἐποίησαν Ἰωνίαν ἀντ᾿ Αἰγιάλου κληθεῖσαν, οἵ τε ἄνδρες ἀντὶ Αἰγιαλέων Ἴωνες προσηγορεύθησαν εἰς δώδεκα πόλεις μερισθέντες. Vgl. *Paus.* VII, 1, 2 (nach welcher Stelle Achäos wieder nach Thessalien zurückging). *Herod.* VII, 94. *Euripid. Ion.* v. 59 ff. (wonach Ion der Sohn des Apollon und der Kreusa, aber von Xuthos adoptiert ist). [Achäos galt aber zugleich für einen Pelasger, s. *Einleitung Anm.* 10 vgl. auch *Paus. a. a. O.*, wo die Söhne des Achäos, Archandros und Architeles, in der Zeit des Danaos aus Thessalien nach Argos kommen; aber selbst die Ionier gelten dem Herodot für Pelasger. s.], 56. VII, 94. Ein Beweis, wie die Genealogie, welche die Ionier und Achäer mit dem hellenischen Stamme verband, keineswegs volle und allgemeine Anerkennung gefunden hatte.]
13) Ion (welcher nach *Conon. Narrat.* 27 auch zum König von Attika gemacht wurde) gilt für den Stifter der 4 athenischen Stämme (φυλαί), s. *Herod.* V, 66: ἐτυραννεύε ἰόντες Ἀθηναίοις δεκαέτεως (ὁ Κλεισθένης) ἐποίησε, τῶν Ἴωνος παίδων Γελέοντος καὶ Ἡγικόρεω καὶ Ἀργάδεω καὶ Ὅπλητος ἀπαλλάξας τὰς ἐπωνυμίας. Vgl. *Euripid. Ion.* v.

1570 ff. *Pollux* VIII, 109. *Plut. Solon.* 23. Die Namen der 4 Stämme: Γελέοντες (andere Lesarten: Τελέοντες, Γεδέοντες), Ὅπλητες, Ἡγικορεῖς, Ἀργαδεῖς.
14) s. *Apollod.* II, 4, 1—5. *Paus.* II, 16. *Schol. Apollon.* IV, 1091. Perseus kehrte, nachdem er den Nachstellungen seines Grofsvaters, der infolge eines Orakelspruchs von ihm getötet zu werden fürchtete, entgangen war und in der Fremde wunderbare Thaten verrichtet hatte (Haupt der Medusa, Andromeda), nach Argos zurück, suchte seinen Grofsvater, der vor ihm nach Pelasgiotis entwichen war, dort auf, tötete ihn unvorsätzlich durch einen Diskoswurf und vertauschte dann, nach dem Peloponnes zurückgekehrt, Argos, das ihm durch den Tod seines Grofsvaters verleidet worden, mit dem Gebiet von Tiryns, dem Anteile des Sohnes des Prötos, Megapenthes, baute sich aber daselbst eine neue Stadt und Burg Mykenä. Von beiden sind noch jetzt merkwürdige Überreste vorhanden, von der Burg das Thor mit zwei darüber in Relief dargestellten Löwen, von der Stadt neben andern weniger bedeutenden Trümmern das sog. Schatzhaus des Atreus. Vgl. hierüber *Paus. a. a. O.* §. 4 und 5.
15) Pelops war der (späteren) Sage nach der Sohn des Tantalos, Königs von Mysien oder Phrygien oder Lydien oder Paphlagonien, *Paus.* II. 22, 4. V, 13, 4. *Diodor.* IV, 74. *Strab.* p. 571. 580. *Schol. Pind. Ol.* 1. 27. Von Ilos, dem Könige von Troas, aus seiner Heimat vertrieben, kommt er nach Pisa, besiegt den König Önomaos im Wagenrennen und gewinnt als Preis des Sieges seine Tochter Hippodameia und sein Reich Elis. s. bes. *Pindar. Ol.* 1, 67 ff. *Paus.* V, 17, 4. 10, 2. VI. 21. 9. [Homer kennt Tantalos, *Od.* XI, 581, wie den πλήξιππος Pelops. *Il.* II, 104, weifs aber nichts von der Abstammung des Pelops vom Tantalos oder von seiner Einwanderung nach Griechenland.] Über den sprichwörtlichen Reichtum und die Macht des Pelops s. *Thuk.* I, 9: Ἄγνωστα δὲ καὶ οἱ τὰ σαφέστατα Πελοποννησίων μνήμῃ παρὰ τῶν πρότερον δεδεγμένοι Πέλοπά τε πρῶτον πλήθει χρημάτων, ἃ ἦλθεν ἐκ τῆς Ἀσίας ἔχων ἐς ἀνθρώπους ἀπόρους, δύναμιν περιποιησάμενον τὴν ἐπωνυμίαν τῆς χώρας ἔπηλύτην ὄντα ὅμως σχεῖν καὶ ὕστερον τοῖς ἐκγόνοις ἔτι μείζω ξυνενεχθῆναι. — Über den Namen Peloponnes vgl. S. 5. *Anm.* 19.

1233 . . . .
1225 Argonautenzug.[21]
1213 Zug der Sieben gegen Theben.[22]

Ägimios.[19]

16) König Pandion II. teilte der Sage nach sein, auch Euböa und Megaris umfassendes Reich unter seine oben genannten 4 Söhne; Ägeus als der älteste erhielt die Kekropia. Nisos den Isthmos und Megaris, Lykos Marathon nebst Euböa, Pallas den gebirgigen Osten und Süden der Halbinsel (vgl. die Einteilung der Landschaft in die 4 Teile Aktäa, Mesogäa, Paralia, Diakris, *Pollux* VIII, 109), s. *Sophokles* bei *Strab.* p. 392, *Schol. Aristoph. Lysistr.* 58. Lykos wurde von Ägeus vertrieben, *Herod.* 1, 173, Nisos fand durch einen Einfall des Königs Minos von Kreta seinen Tod, *Apollod.* III, 15, 8, wobei auch Megaris genommen und Ägeus genötigt wurde, einen Tribut zu entrichten (bestehend in 7 Jünglingen und 7 Jungfrauen, die alle 9 Jahre nach Kreta geschickt werden sollten, um dort dem Minotauros geopfert zu werden), *Apollod. u. a. O., Plut. Thes.* 15, *Paus.* 1, 27, 9.

17) Herakles, der Sohn des Zeus und der Alkmene, durch Alkmene wie durch Amphitryon dem Geschlechte der Persiden angehörig, wurde in Theben geboren, *Hom. Il.* XIX, 97 ff., weil Amphitryon seinen Oheim und Schwiegervater Elektryon erschlagen hatte und deshalb aus Mykenä geflohen war, s. *Hesiod. Scut. Herc.* v. 11.80. Von der Hera gehasst und verfolgt, wurde er infolge eines übereilten Schwures des Zeus (s. *Hom. Il. a. a. O.*) genötigt, dem Eurystheus, einem viel schlechteren Manne, zu dienen, in dessen Auftrag er schwere, unwürdige Werke verrichtete, *Hom. Il.* VIII, 362. Homer führt von diesen Werken nur das eine an, dass er den Hund des Hades aus der Unterwelt heraufholte und nach Mykenä brachte, *Il.* V, 395. *Odyss.* XI, 622; ausserdem wird bei Homer noch der Ermordung des Iphitos, *Od.* XXI, 22—30, der Ermordung der Söhne Nestors, *Il.* XI, 690 ff., und seines Feldzugs nach Troja gedacht, *Il.* XX, 145. XXI, 442; auch von seinem Tode kennt Homer der späteren Sagen nicht, s. *Il.* XVIII, 115. *Od.* XI, 600 ff. Bei Hesiod finden sich noch einige wenige andere Sagen erwähnt, so die vom nemeischen Löwen, *Theog.* 326—332, von der lernäischen Schlange, *ebend.* 314 ff., von den Rindern des Geryones, *ebend.* 287, von der Tötung des Adlers, der die Leber des Prometheus frass, *ebend.* 530, und des Kyknos, *Sc. Herc.* 122 ff. Alles übrige gehört der weiteren Entwickelung des Mythos an, wie sich dieselbe teils unter dem phönikischen Einfluss (Melkarth), teils in Gemäfsheit neuer unter den Hellenen selbst aufkom-

mender Ideeen vollzog: so die zwölf Arbeiten, die Motivierung der Knechtschaft bei Eurystheus, die Selbstverbrennung auf dem Öta (*Soph. Trachin.*) u. s. w. Am vollständigsten ist der ganze Mythos im Zusammenhang bei *Apollodor* zusammengestellt, II, c. 4. 5 bis c. 7. Vgl. auch *Xen. Mem.* II, 1, 21.

18) Mit Atreus ging die Herrschaft in Mykenä von den Persiden auf die Pelopiden über. Sthenelos nämlich heiratete die Tochter des Pelops, Nikippe, *Apollod.* II, 4, 5, und übergab den beiden Söhnen des Pelops, Atreus und Thyestes, die Herrschaft von Midea, s. *ebend.* §. 6. Als aber Eurystheus gegen die Herakliden nach Attika zog und in dem Kampfe gegen dieselben seinen Tod fand (s. *Anm.* 23), so wurde Atreus erst zum Reichsverweser und dann zum Nachfolger des Eurystheus erhoben, s. *Thuk.* 1, 9. Die Herrschaft von Mykenä ging dann auf den älteren Sohn des Atreus, Agamemnon, über, während sein jüngerer Sohn durch die Verheiratung mit Helena, der Tochter des Tyndareos (*Apollod.* III, 10, 6, 7), in den Besitz von Sparta gelangte. Über die Genealogie der Atriden s. *Hom. Il.* II, 105 ff., über ihre Macht s. die Fortsetzung der *Anm.* 15 aus Thukydides mitgeteilten Stelle (1, 9): — καὶ τὴν Πελοπίδων τοῖς Ἡρακλείδαις μείζους κατασχοῦσαν ἃ μοι δοκεῖ Ἁγαμέμνων παραλαβὼν καὶ ναυτικῷ ἅμα ἐπὶ πλέον τῶν ἄλλων ἰσχύσας τὴν στρατείαν οὐ χάριτι τὸ πλεῖον ἢ φόβῳ ξυναγαγὼν ποιήσασθαι. φαίνεται γὰρ ναυσί τε πλείσταις αὐτὸς ἀφικόμενος καὶ Ἀρκάσι προσπαρασχών, ὡς Ὅμηρος τοῦτο δεδήλωκεν (Il. II, 576. 610), εἴ τῳ ἱκανὸς τεκμηριῶσαι· καὶ ἐν τοῦ σκήπτρου ἅμα τῇ παραδόσει εἴρηκεν αὐτὸν πολλῇσιν νήσοισι καὶ Ἄργεϊ παντὶ ἀνάσσειν (Il. II, 108). οὐκ ἂν οὖν νήσων ἔξω τῶν περιοικίδων (αὗται δ' οὐκ ἂν πολλαὶ εἶεν) ἠπειρώτης ὢν ἐκράτει, εἰ μή τι καὶ ναυτικὸν εἶχεν.

19) Herakles stand dem Dorier Äginios (oder *Ämilios, Strab.* p. 427) in Kampfe gegen die Lapithen bei, wofür Äginios der von Herakles gestellten Bedingung gemäfs dessen Sohn Hyllos adoptierte und ihm den dritten Teil seines Gebiets und die Nachfolge im Königtum überliefs, *Apollod.* II, 7, 7. *Diod.* IV, 37. *Pind. Pyth.* 1, 62. V, 66. Daher die Vereinigung der Dorier und Herakliden, und ebendaher die Teilung der Dorier in die drei Stämme der Ὑλλεῖς, Πάμφυλοι und Δυμάνες, s. *Herod.* V, 68. *Steph. Byz.* s. v. Δυμᾶνες.

20) Theseus, Sohn des Ägeus (oder Poseidon) und der Äthra, der Tochter des Königs Pittheus von Trözen, s. *Apol-*

logie der berühmtesten Königsgeschlechter in Argos, Athen und Theben.

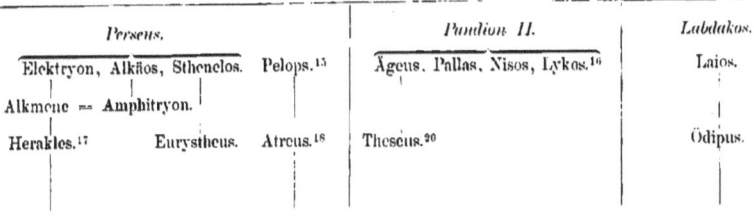

Iod. III, 16, 1. *Plut. Thes.* 3. *Paus.* 27, 28, tötete, nachdem er in Trözen herangewachsen, auf dem Wege nach Athen den Periphetes, Sinis, die krommyonische Sau, den Skiron, Kerkyon, den Damastes oder Prokrustes, *Plut. Thes.* 6—11, überwand und vernichtete dann die Pallantiden, die Söhne des Pallas (s. *Anm.* 16), *Plut.* 13, fing den marathonischen Stier, *Plut.* 14. *Paus.* I, 27, 9, tötete darauf den Minotauros und machte damit dem Tribut (*Anm.* 16) ein Ende, *Plut.* 15—22 vgl. *Hom. Od.* XI, 321. *Schol. Hom. Il.* XVIII, 590; als er dann nach dem Tode des Ägeus selbst zur Herrschaft gelangt war, machte er Athen zum Mittelpunkt und Sitz der Herrschaft für die ganze Landschaft, indem er die Ratsversammlungen der einzelnen bisherigen Landesteile aufhob und dieselben in dem Prytaneion von Athen vereinigte (συνοικισμός, Fest der συνοίκια und der παναθήναια), *Plut.* 24. *Thuk.* II, 15, lud Freunde nach Athen und gründete das Fest der μετοίκια, *Plut. a. a. O.*, teilte das ganze Volk in die drei Stände der εὐπατρίδαι, γεωμόροι und δημιουργοί, *Plut.* 25, besiegte dann noch die in Attika einfallenden Amazonen, *Plut. Paus.* I, 2, 1. 17, 2. *Aesch. Eumen.* 685, eroberte Megaris wieder und gründete die isthmischen Spiele, *Plut.* 25, wurde aber gleichwohl ungeachtet dieser Heldenthaten und Verdienste (er soll auch das Königtum haben abschaffen und die Demokratie einführen wollen, *Plut.* 25. *Thuk.* II, 15), während er mit seinem Freunde und Genossen Peirithoos abwesend war, um für diesen die Kore zu entführen, *Plut.* 31. *Apollod.* III, 10, 7, von Menestheus, der die Vornehmen gegen ihn aufwiegelte, aus der Herrschaft verdrängt und starb in Skyros, *Plut.* 30—35. Die weitere Reihenfolge der Könige s. S. 19 *Anm.* 9.

21) Der Schauplatz der Sage von der Argonautenfahrt sind die Städte Iolkos und Halos dem pagasäischen Meerbusen, die infolge ihrer günstigen Lage (s. S. 2) sich ähnlich wie Korinth schon früh durch Handel und Schiffahrt zu großer Blüte erhoben und reiche Schätze gewonnen haben mochten [und eben deshalb sich auch den Phöniken zu Niederlassungen empfohlen mußten]. In Halos (*Herod.* VII, 197. *Strab.* p. 433), oder auch in Orchomenos, *Paus.* IX, 34, 5) wohnte Athamas, König der Minyer, Sohn des Äolos (*Hesiod.* bei Tzetzes *ad Lyc.* 284. *Apollod.* I, 7, 3), welcher mit der Nephele Phrixos und Helle und nachher mit der Ino Learchos und Melikertes (vgl. *Anm.* 8) zeugte. Nach seinem Tode folgte ihm sein Bruder Kretheus, von dessen 3 Söhnen Pelias, Neleus, Äson, Pheres, Amythaon (*Hom. Od.* XI, 254 ff.) der erstgenannte Iolkos zum Sitz seiner Herrschaft machte und von hier aus den Iason, Sohn des Äson, den er seines Herrschaftsanteils beraubt hatte, aussandte, um das goldne Vliefs des Phrixos zurückzuholen. Dies der äufsere Rahmen, in den die Argonautensage gefaßt ist. über welche s. *Hom. Il.* VII. 467. *Od.* XII. 69—72. *Hesiod. Theog.* 955—962. 991—1003. *Fragm.* 85. 86. 111. 114. 145. 183. *Pind. Pyth.* IV. *Herod.* I, 2. IV, 179. VII. 197. *Apollod.* I, 9. *Paus.* IX, 34, 4. I, 44, 11. Als Teilnehmer des Zugs werden nach und nach alle berühmten Helden der Zeit von der Sage aufgenommen: außer Argos, dem Erbauer des Schiffes Argo, Herakles, Orpheus, Kastor und Polydeukes, Theseus, Peleus, Telamon, Idas und Lynkeus, Zetes und Kalais, Meleagros u. a., s. *Apoll.* I, 9, 16. Das Ziel des Zuges, erst nur in unbestimmter Ferne gedacht, fixiert sich in dem Mafse immer mehr, wie der Osten (seit dem 8. Jahrh.) immer bekannter wird, und eben so wird ihr der Weg immer genauer angegeben mit den Hauptstationen Lemnos, Lampsakos, Kyzikos, Herakleia, Sinope. Zugleich aber wird nach und nach alles, was die Griechen von sagenhaften Meerfahrten und Meerabenteuern kannten, in die Sage aufgenommen, so namentlich von Apollonios (ungefähr 200 v. Chr.) in seinem epischen Gedicht Argonautica. [Für den Zusammenhang der Argonautensage mit dem phönikischen Einfluß spricht außer dem Namen Melikertes und der dem Melikertes zu teil gewordenen göttlichen Verehrung unter Anderem auch der umstand, dafs die beabsichtigte Opferung des Phrixos und der Helle, der damit im Zusammenhang stehende noch im 5. Jahrh. erhaltene Volksglaube in Halos, dafs, wer sich vom Geschlecht der Athamantiden im Prytanion daselbst blicken lasse, dem Zeus Laphystios (d. h. dem Verschlinger) geopfert werden müsse, *Herod.* VII, 197, ferner der enge Zusammenhang der Sage mit Lemnos, einem Hauptsitze der phönikischen Niederlassungen, u. a. m.]

22) Die Genealogie des Hauses des Kadmos s. *Herod.* V, 59—61. *Apollod.* III, 4, 2. 5. 5 ff. *Paus.* IX, 3. Die Ödipussage, über deren frühere einfachere und mehrfach abweichende Gestalt s. *Hom. Od.* XI, 271—280. *Il.* XXIII, 680. *Paus.* IX, 5, 5. *Pind. Ol.* II, 43—45, wurde nach-

14   Erste Periode. Von den ältesten Zeiten bis zur Wanderung der Dorier und Herakliden.

J. v. Chr.	(Sagenhafte) Geschichte.		Genea
		der Hellenen.	
		Aigimios.	
1200	. . . .	Pamphylos, Dymas.	
1198	Zug der Epigonen gegen Theben.²⁴		
1193—	Trojanischer Krieg.²⁶		
1184²⁵			
1166			
1133			
1124	Einfall der Thessaler in das (nunmehr so benannte) Thessalien; die Böoter aus Arne in Thessalien vertrieben.²⁷		

her von den Tragikern so erweitert und umgestaltet, wie sie hauptsächlich in den Sieben gegen Theben des Äschylos, im König Ödipus und im Ödipus auf Kolonos des Sophokles und in den Phönissen des Euripides vorliegt und von Apollodor zusammengefasst ist, III, 5, 7—9. Über den Zug der Sieben, über welchen sich mehrere einzelne, besonders den Tydeus betreffende Züge auch bei Homer finden, *Il.* IV, 376. V, 802. X, 285, s. die Zusammenstellung der verschiedenen Sagen *Apollod.* III, 6. Die Namen der Sieben: Adrastos (über welchen s. *Herod.* V, 67. *Pind. Nem.* IX, 25—65, Enkel des Bias), Amphiaraos (der von seiner Gemahlin Eriphyle zur Teilnahme verlockt wurde, *Hom. Od.* XI, 327, Urenkel des Melampus; Bias und Melampus aber, Enkel des Kretheus, des Sohnes des Äolos, waren von Prötos, jeder in ein Drittel des Reiches von Argos eingesetzt worden, *Herod.* IX, 34. *Apollod.* II, 2, 2. *Paus.* II, 18, 4. *Diod.* IV, 86). Kapaneus (der Nachkomme des Prötos im 4ten Glied), Hippomedon, Parthenopäos, Tydeus, Polyneikes. s. *Apollod.* III, 6, 3. Auf dem Hinwege nach Theben wurden die nemeischen Spiele gestiftet, *Apollod. ebend.* §. 4.

23) Herakles hatte seine Kinder dem Beherrscher von Trachis, Keyx, anvertraut. Auf Verlangen des Eurystheus entsandte sie dieser aber zu Theseus nach Attika, wo sie Zuflucht und Schutz fanden. Eurystheus machte deshalb einen Einfall in Attika, wurde aber in der Schlacht im marathonischen Felde besiegt und erschlagen, s. *Apollod.* II, 8, 1. *Paus.* I. 32, 5. 41. 11. *Herod.* IX, 27. *Thuk.* I, 9. Vgl. Strab. p. 377. *Diod.* IV, 57. Hyllos zog darauf, nachdem er dem Orakelspruche zufolge die dritte Frucht abgewartet, nach dem Peloponnes, um sein Erbe, das Reich der Perseiden, zu erobern, wurde aber auf dem Isthmus in einem Zweikampfe mit dem Tegeaten Echemos erschlagen, s. *Herod.* IX, 26. *Apollod.* II, 8, 2. *Paus.* I, 41, 3. 44, 14. VIII, 5. 1. 45. 2. *Diod.* IV, 58.

24) [Nach *Apollod.* III, 7, 2 war der Zug der Epigonen 10 Jahre später als der der Sieben; indes muß man wegen *Hom. Il.* VI, 222 wenigstens einen Zwischenraum von 15 Jahren annehmen.] Die Teilnehmer des Zugs sind die Söhne der Sieben (daher Epigonen), nämlich Aigialeus, Sohn des Adrastos, Diomedes, Sohn des Tydeus, Sthenelos, S. des Kapaneus, Promachos, S. des Parthenopäos, Thersandros, S. des Polyneikes, Alkmäon, S. des Amphiaraos. Der Letztgenannte ist der Führer des Feldzugs, durch welchen Theben genommen wird, nachdem Laodamas, S. des Eteokles, geflohen ist. Thersandros wird König von Theben. S. *Herod.* V, 61. *Apollod.* III, 7, 2—1. *Paus.* IX, 5. 7. 8. 3. Vgl. *Hom. Il.* IV, 406. *Pindar. Nem.* VIII, 41 ff.

25) Die obige Jahresbestimmung beruht auf dem Zeugnis des Eratosthenes (in der 2. Hälfte des 3. Jahrh. v. Chr.) und Apollodor, s. *Clem. Alex. Strom.* I, 21. p. 402: Ἐρατοσθένης ... also 776 + 108 + 159 + 80 + 80 = 1183; *Diodor.* I, 5: ... folglich 776 + 328 + 80 = 1184, ebenso ebend. XIV, 2, 3. XIX, 1. *Dionys. Hal.* I, 74. Einen Teil dieser Zahlen fiuden wir auch *Thuk.* I, 12, und so scheint die oben angenommene Zeitbestimmung des trojanischen Kriegs Grundlage oder doch wesentliches Glied eines weitverbreiteten chronologischen Systems für die älteste Geschichte gewesen zu sein. Doch finden sich auch mehrfache

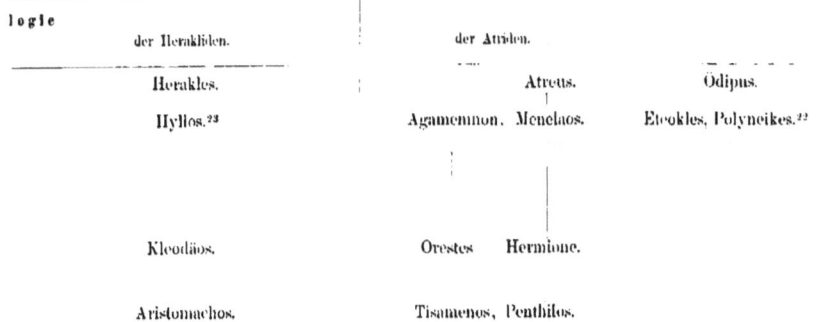

anderweite Angaben. So 1217—1208, *Marm. Par.*, ungefähr 1280, *Herod.* II, 145, vgl. II. 13 u. s. w. (Die Abweichung *Thuk.* V, 112 ist eine nur scheinbare, da es sich dort nur um eine runde Zahl handelt.) [Von einer andern Grundlage aus würden sich die Zahlangaben für den trojanischen Krieg wie für die nächsten Ereignisse etwa um 100 Jahre herabrücken. vgl. S. 22 *Anm.* 18 u. S. 25 *Anm.* 22.

26) Über den Schwur, den Tyndareos den Freiern um die Hand seiner Tochter Helena abnahm, als Veranlassung des trojanischen Kriegs, s. *Apollod.* III, 10, 7—9, vgl. *Thuk.* I, 9: *Ἀγαμέμνων τέ μοι δοκεῖ τῶν τότε δυνάμει προύχων καὶ οὐ τοσοῦτον τοῖς Τυνδάρεω ὅρκοις κατειλημμένους τοὺς Ἑλένης μνηστῆρας ἄγων τὸν στόλον ἀγεῖραι.* Die Haupthelden des Kriegs auf seiten der Griechen (die bei Homer unter den Gesamtnamen *Ἀχαιοί, Ἀργεῖοι, Δαναοί* begriffen werden, s. *Thuk.* I, 3) sind außer Agamemnon und Menelaos: Achilleus, Sohn des Peleus, des Beherrschers von Phthia, Nestor von Pylos, Odysseus von Ithaka, Aas, Telamons Sohn, von der Insel Salamis, Diomedes, des Tydeus Sohn, Sthenelos, Sohn des Kapaneus, Aas, Sohn des Oïleus, Idomeneus von der Insel Kreta u. a. Der König der Troer ist Priamos, der sein Geschlecht von Dardanos ableitet (Dardanos — Erichthonios — Tros — Ilos — Laomedon — Priamos). Auf ihrer Seite treten nur Hektor und Äneias als Helden hervor, jener Sohn des Priamos, dieser des Anchises (Tros — Assarakos — Kapys — Anchises). Übrigens wurden die Troer von Phrygern, Lykiern, Mäoniern, Thrakern und selbst von Päoniern vom Ufer des Axios unterstützt. Über die Stärke der Kriegsmacht der Griechen stellt Thukydides folgende Betrachtung an, I, 10: *νομίζων δὲ (εἰκὸς) τὴν στρατιὰν ἐκείνην μεγίστην μὲν γενέσθαι τῶν πρὸ αὑτῆς, λειπομένην δὲ τῶν νῦν, τῇ Ὁμήρου αὖ ποιήσει εἴ τι χρὴ κἀνταῦθα πιστεύειν, ἣν εἰκὸς ἐπὶ τὸ μεῖζον μὲν ποιητὴν ὄντα κοσμῆσαι, ὅμως δὲ φαίνεται καὶ οὕτως ἐνδεεστέρα·* ἀπεφήνατο γὰρ χιλίων καὶ διακοσίων νεῶν (genauer 1186), τὰς μὲν Βοιωτῶν εἴκοσι καὶ ἑκατὸν ἀνδρῶν *Il.* II, 510), τὰς δὲ Φιλοκτήτου πεντήκοντα (ebend. 719), δηλῶν ὡς ἐμοὶ δοκεῖ τὰς μεγίστας καὶ ἐλαχίστας,* wonach die Zahl der Streiter sich auf etwa 100 000 Mann berechnet, wozu sich nach *Hom. Il.* II, 128 ff. die Zahl der Troer wie 1 zu 10 verhält. Die politischen Verhältnisse der Griechen erscheinen bei Homer so, wie wir sie nachher in der monarchischen Zeit in den hellenischen Staaten überhaupt und wie wir sie namentlich in dem spartanischen Staate wieder finden, nur daß sie bei Homer nirgends umgrenzt sind und nirgends auf Gesetzen oder sonstigen Feststellungen, sondern überall auf göttlicher Ordnung beruhen. Überall steht ein König an der Spitze (οὐκ ἀγαθὸν πολυκοιρανίη, εἷς κοίρανος ἔστω, *Il.* II, 204) von göttlicher Abkunft (διογενεῖς βασιλῆες), dem als solchem zur Ausstattung ein öffentliches Grundstück (τέμενος) gehörte und dem man Ehrengeschenke und Ehrenstücke vor der Beute (γέρατα, ἐκτῖνα, δῶρα, θέμιστες) darbrachte; neben und unter ihm die seinen Rat bildenden Edlen (γέροντες, μέδοντες, ἡγήτορες, ἄριστοι, βασιλῆες, ἄνακτες), endlich das Volk, welches versammelt wurde, jedoch ohne feste Regel, und nur, um die Beschlüsse des Königs und seines Rates zu vernehmen; neben diesen Klassen der vollkommen Freien noch die θῆτες und δμῶες, letztere entweder im Kriege als Beute gewonnen oder von Seeräubern erhandelt. Man bemerke noch die Erwähnung der Phratrien und Phylen an folgender Stelle: *κρῖν' ἄνδρας, μετὰ φῦλα μετὰ φρήτρας, Ἀγάμεμνον, ὡς φρήτρη φρήτρηφιν ἀρήγῃ, φῦλα δὲ φύλοις, Il.* II, 362.

27) Über die Zeitbestimmung s. *Anm.* 25. Über die Sache s. *Thuk.* I, 12: *καὶ μετὰ τὰ Τρωικὰ ἡ Ἑλλὰς ἔτι μετανίστατό τε καὶ κατῳκίζετο ὥστε μὴ ἡσυχάσασαν αὐξηθῆναι· ἥ τε γὰρ ἀναχώρησις τῶν Ἑλλήνων ἐξ Ἰλίου χρονία γενομένη πολλὰ ἐνεόχμωσε καὶ στάσεις· ἐν ταῖς πόλεσιν ὡς ἐπὶ πολὺ ἐγίγνοντο,*

J. v. Chr.	(Sagenhafte) Geschichte.	Genealogie der Herakliden.	der Atriden.
			Aristomachos.
1104	Die Dorier unter Führung der Herakliden Temenos, Aristodemos und Kresphontes im Peloponnes; die Ätoler unter Oxylos in Elis.[28]	Temenos, Aristodemos, Kresphontes.	

ἀφ' ὧν ἐκαλέσαντο τὰς πόλεις ἐκείνων. Βοιωτοὶ τε γὰρ οἱ νῦν ἑξηκοστῷ ἔτει μετὰ Ἰλίου ἅλωσιν ἐξ Ἄρνης ἀναστάντες ὑπὸ Θεσσαλῶν τὴν νῦν Βοιωτίαν, πρότερον δὲ Καδμηΐδα γῆν καλουμένην ᾤκησαν, ἦν δὲ αὐτῶν καὶ ἀποδασμὸς πρότερον ἐν τῇ γῇ ταύτῃ, ἀφ' ὧν καὶ ἐς Ἴλιον ἐστράτευσαν. Die Thessaler, aus Thesprotien kommend, *Herod.* VII, 176 (: Θεσσαλοὶ ἦλθον ἐκ Θεσπρωτῶν οἰκήσοντες γῆν τὴν Αἰολίδα, τήνπερ νῦν ἔκτηνται), setzten sich in der Landschaft fest, die nun erst von ihnen den Namen Thessalien erhält, s. *ebend.*, und vertreiben die Ätoler aus dem Spercheiosthale, die sich nach Äolien werfen und dasselbe in Besitz nehmen, s. *Thuk.* a. a. O. *Diod.* IV, 67. *Paus.* X, 8, 3. *Strab.* p. 401, ferner die am Pindos wohnenden Dorier, welche wieder die am Südabhange des Öta wohnenden Dryoper vertreiben und hier die sogen. dorische Tetrapolis gründen, s. *Herod.* I, 56. VIII, 31. 73. *Paus.* IV, 34, 9.

28) Der Enkel des Hyllos, Aristomachos, in der dritten Frucht des Orakelspruches (s. *Anm.* 23) richtiger das dritte Geschlecht erkennend, erneute den Feldzug nach dem Peloponnes, nahm aber, die Weisung des Orakels, dafs er „auf der Wasserenge" eindringen solle, mifsverstehend, seinen Weg über den Isthmos, und wurde daher besiegt und erschlagen. Nun zog sein Sohn Temenos mit seinen Brüdern und den Doriern nach dem Vorgebirge Antirrhion, baute daselbst Schiffe (daher Naupaktos, s. *Ephoros* bei *Strab.* p. 426), und setzte, von dem „dreiäugigen Führer", dem Ätoler Oxylos geleitet (*Ephor.* bei *Strab.* p. 357), nach dem Peloponnes über. Dort wurde Tisamenos in einer großen Schlacht geschlagen, worauf Temenos Argos, Aristodemos Sparta, Kresphontes Messenien in Besitz nahmen, s. *Thuk.* I, 12. *Herod.* I, 56. VI, 52. *Isocr. Archidam.* p. 119. *Ephor.* bei *Strab.* p. 357. *Apollod.* II, 8. *Paus.* II, 18, 6. V, 3, 5. Oxylos nahm mit Zustimmung der Herakliden das Land der Epeer in Besitz, nachdem daselbst der Ätoler Pyrächmes den Epeer Degmenos im Zweikampf besiegt hatte, s. *Ephor.* a. a. O. *Paus.* V, 4. Tisamenos wandte sich mit den Achäern nach der nunmehr sogenannten Landschaft Achaja und schlug die Ioner, worauf sich die Achäer daselbst festsetzten. *Paus.* II, 18, 7. VII, 1, 3. *Herod.* I, 145. VIII, 73. *Polyb.* II, 41, 4. *Strab.* p. 383.

Zweite Periode.
1104 bis 500 v. Chr.
Das Zeitalter der inneren Entwickelung des Hellenentums.

Nachdem die Dorier feste Wohnsitze erlangt und ihre Herrschaft begründet haben, kommt auch im übrigen Griechenland die bisherige fast ununterbrochene Bewegung zur Ruhe. Dies hat die Folge, dafs in den einzelnen Staaten der Trieb zur inneren Entwickelung und Gestaltung der Verhältnisse Raum gewinnt; in den meisten derselben wird das Königtum bald abgeschafft; an seine Stelle tritt eine aristokratische Verfassung; diese wird gewöhnlich, nachdem sie entartet ist, gestürzt, und nach einer kurzen Unterbrechung der natürlichen Entwickelung durch die Tyrannis beginnt sodann in einem grofsen Teile der griechischen Staaten die Neigung zur Demokratie sich geltend zu machen. Daneben bildet sich allmählich unter den sämtlichen griechischen Staaten das Bewufstsein der Zusammengehörigkeit, das Nationalgefühl, aus, wofür sich teils die Ausbreitung und das wachsende Ansehen der hellenischen Dorier, teils der Einflufs der Nationalspiele und des delphischen Orakels als besonders förderlich erweist. Nach aufsen hin wird der Einflufs Griechenlands und sein Handelsverkehr durch Kolonieen begründet, welche die ringsherum gelegenen Küsten des Mittelmeers in das hellenische Leben hineinziehen.

Gleichzeitig nimmt die eigentümliche, nach den Gesetzen innerer Notwendigkeit geschehende Entwickelung der griechischen Litteratur ihren Anfang mit dem Epos und der Lyrik, während die Kunst sich noch nicht von den Fesseln des Hergebrachten und Symbolischen frei zu machen vermag und ihre Fortschritte sich daher zunächst auf das Technische beschränken.

Anm. Die Quellen sind im ganzen dieselben wie in der vorigen Periode. Die wertvollsten Nachrichten über diese Periode sind vorzugsweise bei Herodot zu finden; noch immer aber sind wir — abgesehen von Plutarch, von welchem die Lebensbeschreibungen des Lykurg und Solon hierher gehören — fast nur auf zerstreute Notizen angewiesen. Für die griechischen Kolonieen sind diese aufser bei Herodot und Strabo hauptsächlich noch in der *Περιήγησις* des s. g. Skymnos aus Chios (ed. Meineke) und in einem Auszug aus dem geographischen Lexikon (*Εθνικά*) des Stephanos von Byzanz (5 Jahre n. Chr.) zu suchen; für die Nationalspiele und was damit zusammenhängt, bieten Pindar und die Scholiasten zu demselben manche Ausbeute; für die Verfassungsgeschichte sind die Politika des Aristoteles die wichtigste und lehrreichste Quelle. — Am dürftigsten sind die Nachrichten für die 3 Jahrhunderte, welche zwischen der Wanderung der Dorier und Herakliden und der ersten Olympiade liegen und gewissermafsen die Grenzscheide zwischen dem mythischen und dem historischen Griechenland bilden.

Erster Abschnitt.

1101 bis 776 v. Chr.

Von der dorischen Wanderung bis zur ersten Olympiade. Entwickelung der Folgen der dorischen Wanderung.

J. v. Chr.	(Sagenhafte) Geschichte.
1104	Temenos, König von Argos[1], Aristodemos, König von Sparta[2], Kresphontes, König von Messenien.[3] Aristodemos stirbt und hinterläfst die Herrschaft seinen Zwillingssöhnen Eurysthenes und Prokles, den Stammvätern der beiden spartanischen Königshäuser.[4]

1) Nach *Apollod.* II, 8, 4. *Paus.* IV, 3, 3. wurde zwischen Temenos, Kresphontes und den Söhnen des Aristodemos (s. *Anm.* 2) durch das Loos über den Besitz der drei Landschaften Argolis, Messenien und Lakonika entschieden, vgl. *Eurip.* bei *Strab.* p. 366. *Polyaen.* I, 6. *Schol. Soph. Aj.* 1271. Indes kamen die Landschaften keineswegs sofort in den vollen und unbeschränkten Besitz der Eroberer. In Argolis befestigte Temenos Temenion in der Nähe von Argos; von hier aus führte er den Krieg gegen Tisamenos und die Achäer und gewann so Argos, s. *Paus.* II, 38, 1. vgl. *Strab.* p. 368. *Polyaen.* II, 12. Temenos wurde, wie berichtet wird, von seinen Söhnen ermordet, *Apollod.* II, 8, 5. *Paus.* II, 19, 2; von seinen Nachfolgern auf dem Königsthrone sind (aufser Pheidon, über welchen s. *Anm.* 28) etwa noch folgende zu nennen: Keisos, Medon, ... Lakides, ... Meltas, mit welchem das Königtum in Argos (wahrscheinlich erst im 5. Jahrh. v. Chr., s. *Herod.* VII, 149) sein Ende erreichte, s. *Paus.* II, 19, 2. Vgl. ebend.: Ἀργεία δὲ ἄτε ταγχορίαν καὶ τὸ κεντιομον ἀχαοντες ἐκ παλαιοτάτου τὰ τῆς ἰσονομίας τὸν βασιλέων ἐλάχιστον προίεμενον, ὡς Μέλτωνι τῷ Λακέου καὶ τοῖς ἀπογόνοις τὸ ὄνομα κατεληκται τῆς βασιλείας μόνον. Μέλτων δὲ τὸν Λακίδην τὸν ἀπόγονον Μέδωντος τὸ παρπλεῖ ὑπατεύειν δεχθὶς κατεγνώσι ὁ δῆμος. — Nach *Herod.* I, 82 gehörte übrigens die ganze Ostküste von Lakonika bis Malea nebst Kythera und den benachbarten Inseln ursprünglich zu dem Gebiete von Argos, welches mehrere Jahrhunderte lang an der Spitze der dorischen Staaten der Halbinsel stand.

2) Dies nach *Herod.* VI, 52 die Ausnahme der Spartaner selbst, während „die Dichter" (und nach ihnen die meisten späteren Schriftsteller, s. *Xen. Ages.* VIII, 7. *Apollod.* II, 8, 2. *Strab.* p. 364. *Paus.* III, 1, 5. IV, 3, 3 u. a.) den Aristodemos vorher umkommen und erst die Söhne in Sparta einziehen liefsen. Nach *Ephor.* bei *Strab.* p. 364. 365 wird Lakonika anfänglich in 6 Teile geteilt und den bisherigen Bewohnern gestattet, unter gleichen Rechten mit den Eroberern wohnen zu bleiben, worauf sie dann unter Agis, dem Sohne des Eurysthenes, unterworfen worden seien. Nach *Paus.* III, 2, 6 wurde Ägys erst unter Archelaos, Amyklä, Pharis, Geranthrä unter Teleklos und Helos nach §. 7 ebend. sogar erst unter Alkamenes unterworfen.

3) Kresphontes gewann Messenien durch einen Vergleich mit den bisherigen Bewohnern, die seine Herrschaft anerkannten (mit Ausnahme der Neliden von Pylos, welche nach Athen auswanderten, s. *Anm.* 9), und denen er dafür gleiche Rechte mit seinen Doriern einräumte; zur Hauptstadt machte er Stenyklaros, wo demnach auch die Dorier hauptsächlich ihren Wohnsitz hatten. S. *Ephor.* bei *Strab.* p. 361. *Paus.* IV, 3, 3. Er wird später von den unzufriedenen Doriern mit seinem ganzen Geschlechte erschlagen; nur einer seiner Söhne Äpytos bleibt am Leben, der ihm im Königtum folgt. *Paus. a. a. O.* §. 5. *Apollod.* II, 8, 5. (Nach einer andern Überlieferung war Äpytos ein arkadischer Fürst, mit dem also ein Wechsel der Dynastie stattgefunden haben würde.) Die folgenden Könige bis auf den ersten messenischen Krieg sind: Glaukos, Isthmios, Dotadas, Sybotas, Phintas, Antiochos und Androkles, Euphaes, *Paus.* IV, 3, 3. 6, 4, 1, 3, 5, 2. Über die Beschaffenheit der Landschaft in Vergleich mit Lakonika s. *Eurip.* bei *Strab.* 366: τὴν Λακωνικὴν ἔχειν „πολὺν μὲν ἄροτον, ἐκπονεῖν δ' οὐ ῥᾴδιον. κοίλη γάρ, ὄρεσι περίδρομος, τραχεῖα τε δυσείσβολός τε πολεμίοις", τὴν δὲ Μεσσηνιακὴν „καλλίκαρπον κατάρρυτόν τε μυρίοισι νάμασι καὶ βουτὶ καὶ ποίμναισιν εὐβότον οὔτ' ἐν πνοαῖσι χείματος δυσχείμερον οὔτ' αὖ τεθρίπποις ἡλίου θερμὴν ἄγαν."

4) Über die Ursache, warum beide (übrigens erst in diesem Jahr geborene) Zwillinge Könige wurden und infolge davon die Königtum auch fernerhin zwischen den Nachkommen beider geteilt blieb, s. *Herod.* VI, 52; indes war das Haus des Eurysthenes das angesehenere und an Rang höher stehende, s. ebend. 51. Beide Königshäuser wurden aber gewöhnlich nicht nach diesen Stammvätern, sondern das eine von Agis, dem Sohne des Eurysthenes, das andere von Eurypon, dem Enkel des Prokles benannt (Agiden oder Agiaden

J. v. Chr.	Dorier.	Athen.	Kolonieen.
			1) *dorische:*
1074	Korinth durch Aletes der dorischen Herrschaft unterworfen.⁵ Von Argos aus werden, mittelbar oder unmittelbar, Sikyon, Trözen, Epidauros und Ägina dorisiert.⁶		Thera.⁷
1066	Megara dorisch.⁸	Tod des Kodros. Abschaffung des Königtums. Einsetzung lebenslänglicher Archonten aus dem Geschlechte der Neliden.⁹	Melos¹⁰, Kos nebst Kalydnos und Nisyros, Knidos

und Eurypontiden), s. *Paus.* III. 2, 1. 7. 1. *Plut. Lyc.* 2. Sie standen während ihrer Minderjährigkeit unter der Vormundschaft ihres Oheims Thems, waren übrigens, als sie herangewachsen waren, beständig untereinander uneinig, *Herod.* VI, 52. *Paus.* III, 1, 6, und so auch ihre Nachkommen, *Herod. a. a. O. Arist. Pol.* II, 6. Die weiterhin angegebene Reihe der Könige (die als einer der Hauptstützpunkte für die Chronologie von einigem Wert und Interesse ist) gründet sich hauptsächlich auf *Pausan.* III. 2—10. *Herod.* VII, 204. VIII, 131, und hinsichtlich der Dauer ihrer Regierungen auf *Eusebius chron. Arm.* ed. A. *Mai* I. 166, ed. *Schöne* II. p. 58 ff. *Müller, fragm. histor. Graec.* I. p. 443 f.).

5) Aletes war der Sohn des Hippotes, welcher sein Geschlecht von Antiochos. dem Sohne des Herakles, ableitete (Herakles — Antiochos — Phylas — Hippotes — Aletes), s. *Paus.* II, 4, 3. *Diod.* bei *Syncell.* p. 176 C. Nach *Didymos* bei *Schol. Pind. Olymp.* XIII. 17 geschah die Gründung der dorischen Herrschaft in Korinth im 30. Jahre nach der Einwanderung der Dorier. Hippotes hatte den Zug der Dorier begleitet, hatte aber in Naupaktos den Seher Karnos erschlagen und war deshalb flüchtig geworden. s. *Conon.* 26. *Apollod.* II, 8, 3. *Paus.* III. 13, 3. Aletes (so genannt von der Flucht und dem Herumirren seines Vaters) bezwang Korinth, indem er sich, ähnlich wie Temenos in Temenion, auf dem Hügel Solygeios in der Nähe der Stadt verschanzte und von hier aus die Stadt bekriegte, s. *Thuk.* IV, 42. Die Aufnahme der Dorier geschah auf dem Wege des Vergleichs, weshalb die bisherige Bevölkerung wohnen blieb (sie bildete neben den 3 dorischen Stämmen 5 andere, jenen untergeordnete. *Suid. s. v. πάντα ὀκτώ*), s. *Paus. a. a. O.* Nach Aletes herrschten noch 10 Könige (der 5te darunter Bakchis) daselbst. Hierauf jährlich wechselnde Prytanen bis auf Kypselos, s. *Paus. a. a. O.* §. 4. *Diod. a. a. O.*

6) Sikyon durch Phalkes, einen Sohn des Temenos, s. *Paus.* II. 6, 4. Trözen, wie aus *Ephor.* bei *Strab.* p. 389 zu folgern, durch Agrios, einen andern Sohn des Temenos, s. *Paus.* II, 30, 9. Epidauros durch Deiphontes, den Schwiegersohn des Temenos, s. *Paus.* II, 29, 5 vgl. 28, 3. Von Epidauros aus wurde dann Ägina dorisiert, s. *Herod.* VIII, 40 vgl. V, 83. *Paus.* II, 29, 5 (durch Triakon, *Schol. Pind. Nem.*

III. 1. *Taetzes* *zu Lyc.* 170). Dafs diese Städte in früherer Zeit in einer gewissen Abhängigkeit von Argos standen, geht aus einzelnen später noch erhaltenen Überresten dieses Verhältnisses hervor, s. *Herod.* VI, 92. *Thuk.* V, 63.

7) Die Kolonie wurde von Theras, einem Abkömmling des Kadmos und Ödipus, ausgeführt, der als Oheim des Königs Eurysthenes und Prokles die Regentschaft in Sparta führte, s. *Anm.* 4. und es dann nach Beendigung dieses Geschäfts verschmähte, als Unterthan daselbst zu leben; an ihn schlossen sich die Minyer an, welche in Sparta eine Zuflucht gesucht hatten. Hauptstelle: *Herod.* IV, 145—149. Vgl. *Callim. Hymn. in Ap.* 74. *Strab.* p. 347. 484. *Paus.* III, 15. 4. VII, 2, 1. 2.

8) Nach *Strab.* p. 392—393. *Paus.* I, 39, 4. Der Zug geschah unter der Führung des Aletes, *Conon.* 26. *Schol. Pind. Nem.* VII, 155.

9) Nach Melanthos, der dem Theseus die Herrschaft in Athen entzogen hatte (s. S. 13. *Anm.* 20), kamen die Thesiden wieder auf den Thron, und es regierten von diesen nacheinander Demophon, Oxyntes, Alpheidas, Thymötes. Letzterer aber wurde vom Throne gestofsen, weil er sich beim Einfall der Böoter in Attika (s. *Erste Per. Anm.* 27) feig zeigte. Statt seiner wurde der Nelide Melanthos, der mit den übrigen Neliden durch die Dorier aus Pylos vertrieben worden war (s. *Anm.* 3) und jetzt den feindlichen Anführer im Zweikampf tötete, auf den Thron gehoben. S. *Paus.* II. 18, 7. *Strab.* p. 393. *Herod.* V, 65. *Ephor. fr.* 25. *Polyaen.* I, 19. Ihm folgte sein Sohn Kodros, der bei dem Zuge der Dorier gegen Athen sein Vaterland durch seinen Opfertod rettete und dadurch zugleich die Veranlassung gab, dafs das Königtum — freilich zunächst nur dem Namen nach — abgeschafft wurde. Am ausführlichsten *Lycurg. adv. Leocr.* p. 158. Vgl. *Herod.* V, 76. *Pherecyd. fr.* 110. *Polyaen.* I, 18. *Conon.* 26. Der erste der Archonten war Medon, ein Sohn des Kodros.

10) Nach *Thuk.* V, 84 waren die Melier Λακεδαιμονίων ἄποικοι. *Strab.* 36 bei *Photios* p. 445. *Plut. Quaest. Graec.* c. 21. *Polyaen.* VII, 94 wurde die Kolonie von Achäern gegründet, denen einst zum Lohn für den Verrat des Philonomos Amyklä zum Wohnort angewiesen worden war. Ein Teil der Auswanderer ging weiter nach Gortyna auf Kreta.

3*

Zweite Periode. 1104—500 v. Chr.

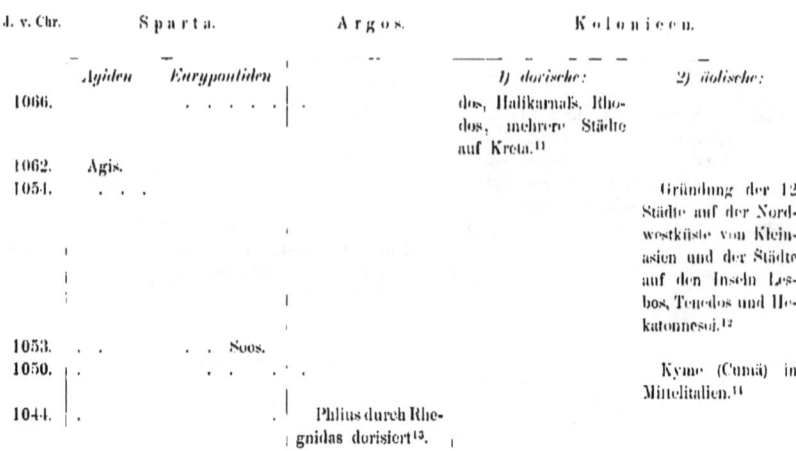

J. v. Chr.	Sparta.		Argos.	Kolonieen.
	Agiden	*Eurypontiden*		*1) dorische:* *2) äolische:*
1066.				des, Halikarnafs, Rhodos, mehrere Städte auf Kreta.[11]
1062.	Agis.			
1054.	. . .			Gründung der 12 Städte auf der Nordwestküste von Kleinasien und der Städte auf den Inseln Lesbos, Tenedos und Hekatonnesoi.[12]
1053.	. . .	. . .	Soos.	
1050.				Kyme (Cumä) in Mittelitalien.[14]
1044.			Phlius durch Rhegnidas dorisiert[13].	

11) Die Tradition in betreff der oben genannten dorischen Kolonieen ist schwankend und unsicher. Auf Kreta wohnen schon bei Homer die *Δωριέες τριχάϊκες*, *Odyss.* XIX, 177, und es werden daher die ersten dorischen Niederlassungen auf Tektamos oder Toktaphos, einen Sohn des Doros, zurückgeführt, s. *Diod.* V, 80. *Strab.* p. 475—476. *Steph. Byz. s. v. Δώριον.* Später geht nach dem Tode des Kodros der Heraklide Althämenes aus Megara nach Kreta, *Strab.* p. 653 vgl. p. 479. Dieser Althämenes soll dann nach Rhodos gegangen sein und dieses dorisiert haben (die 3 Städte Lindos, Kameiros, Ialysos), *Ephor.* bei *Strab.* p. 479. *Conon.* 47. *Diod.* V, 59. *Apollodor.* III, 2. Daneben werden aber *Thuk.* VII, 57 die Rhodier *Ἀργεῖαι γένος* genannt und nach *Strab.* p. 645 geht gleichzeitig mit der Kolonie des Althämenes eine andere ebenfalls aus Megara nach Rhodos, Kos, Knidos und Halikarnafs. Auch wird die Kolonisierung von Kos nebst Kalydnos und Nisyros von Herodot (VII, 99) auf Epidauros, die von Halikarnafs von demselben (a. a. O. vgl. *Strab.* p. 656. *Paus.* II, 30, 8) auf Trözen zurückgeführt, und die Knidier heifsen *Λακεδαιμονίων ἄποικοι*, *Herod.* I, 174. vgl. *Diod.* V, 61. *Paus.* X, 11. *Strab.* p. 653. Von den sämtlichen oben genannten dorischen Kolonieen bildeten übrigens die 3 Städte von Rhodos mit Kos, Knidos und Halikarnafs eine Genossenschaft, die sogenannte dorische Hexapolis, welche auf dem Vorgebirge Triopion ein gemeinschaftliches Heiligtum hatte und daselbst ein jährliches Bundesfest feierte, aus der indes Halikarnafs später ausgestofsen wurde, s. *Herod.* I. 144. *Dionys. Hal.* IV, 25.

12) Die Ausführung der Kolonieen soll schon von Orestes (auf Veranlassung einer Pest, *Demo* bei *Schol. zu Eurip. Rhes.* v. 250) begonnen und nach vielfachen langen Verzögerungen von Gras, dem Urenkel des Orestes (Orestes — Penthilos — Archelaos — Gras) und von Kleues und Malaos, welche ebenfalls Abkömmlinge des Agamemnon genannt werden, bewirkt worden sein; und zwar wird dem ersteren im besonderen die Kolonisierung von Lesbos, den beiden anderen die von Kyme, der bedeutendsten unter den Städten des Festlandes, zugeschrieben, s. *Strab.* p. 582. 621 (vgl. *Pind. Nem.* XI. 34. *Hellanikus* bei *Tretzes zu Lykophr.* 1374). Die Kolonisierung von Lesbos wird 130 Jahre nach der Zerstörung von Troja, die von Kyme 20 Jahre später angesetzt, (*Ps.-*) *Plut. v. Homer.* 30, vgl. *Hellan. a. a. O.* Die Kolonisten hielten sich auf ihrem Zuge in Böotien auf und hier schlossen sich zahlreiche (äolische) Böoter an; daher die Bezeichnung der Kolonieen als äolische, *Strab.* p. 204 vgl. *Thuk.* VII, 57. Über die Kolonieen selbst ist die Hauptstelle *Herod.* I. 149 bis 151. Die Namen der 12 Städte des Festlandes, welche die ganze Küste von Kyme bis Abydos umfassen (s. *Ephoros* bei *Strab.* p. 600), sind hiernach: Kyme, Larissa, Neon Teichos, Temnos, Killa, Notion, Ägirossa, Pitane, Ägää, Myrina, Gryneia, Smyrna, letzteres später von den Kolophoniern den Äolern entrissen und dem ionischen Städtebunde zugeführt, *Herod. a. a. O. Strab.* p. 630; auf Lesbos wurden 6 Städte gegründet, Mytilene, Methymna, Antissa, Pyrrha, Eressos, Arisba, von denen die letztgenannte später von Methymna unterworfen wurde, auf Tenedos und Hekatonnesoi je eine mit der Insel gleichnamige, *Herod. a. a. O.*

13) Rhegnidas war der Sohn des Phalkes (s. *Anm.* 6) und Enkel des Temenos. Die Unterwerfung geschah auf dem Wege des Vertrags, so dafs die bisherige Bevölkerung wohnen blieb. S. *Paus.* II. 13, 1 vgl. 12. 6.

14) Kyme in Kleinasien und Chalkis in Euböa gegründet, die älteste der hellenischen Kolonieen in Italien, wie überhaupt ausser dem Gebiete des ägäischen Meeres, s. *Strab.* p. 243. *Vellei. Pat.* I. 4. *Euseb.* bei *Syncell.* p. 399. (II. p. 60 ed. *Schöne*).

J. v. Chr.	(Sagenhafte) Geschichte.	Kolonieen.	Kunst und Litteratur.
1044.		*3) ionische:* Gründung der 12 ionischen Städte auf der Südwestküste von Kleinasien und auf Chios und Samos unter Führung von Söhnen des Kodros.[15]	
1031.	Echestratos.		
	Eurypon.[16]		
996.	Labotas.		
978.	. . . . . . Prytanis.		
959.	Beginn der Feindseligkeiten zwischen Sparta und Argos.[17]		
	Doryssos.	.	*Blüte der epischen Poesie.*
930.	Agesilaos.	.	Homeros und Homeriden.
929.	. . . . . Eunomos.		Ilias und Odyssee.[a]

---

15) Über die Zeit der Gründung dieser Kolonieen s. die Hauptstellen des Eratosthenes und Apollodor, S. 14. *Anm.* 25. Über die Kolonieen selbst und ihre Gründung s. bes. *Herod.* I, 142—148. *Strab.* p. 632 ff. Als Führer derselben treten hauptsächlich die Söhne des Kodros hervor, Neleus, dem die Gründung von Milet zugeschrieben wird, *Herod.* IX. 97. *Paus.* VII, 2, 1. *Aelian.* V. H. VIII, 5. *Strab.* p. 633, und Androklos, der Gründer von Ephesos. *Strab.* p. 632. *Paus.* VII, 2, 5. Die Namen der Städte: Miletos, Myus, Priene (diese 3 im Gebiet von Karien), Ephesos, Kolophon, Lebedos, Teos, Klazomenä und Phokäa (in Lydien). Erythrä. Samos und Chios, *Herod.* I, 142. Als Teilnehmer an dem Zuge werden ausser den Ioniern aus dem Peloponnes noch Abanter aus Euböa. Minyer aus Orchomenos, Kadmeer, Dryoper, Phoker, Molosser, Arkader und sogar Dorier aus Epidauros genannt. *Herod.* I, 146 vgl. *Paus.* VII, 2, 2. IX, 37, 3. Die 12 Städte (später nach dem Zutritt von Smyrna 13, s. *Anm.* 12) bildeten einen Bund mit einem gemeinschaftlichen Heiligtum, dem Panionion, welches am Abhange des Mykalegebirges errichtet und dem Poseidon geweiht wurde. *Herod.* I, 148. Über die glückliche Lage dieser Städte, welche sich in politischer und geistiger Beziehung rascher entwickelten als das Mutterland, aber auch schnell wieder verblühten, s. *Herod.* I, 142: Οἱ δὲ Ἴωνες οὗτοι, ὧν καὶ τὸ Πανιώνιόν ἐστι, τοῦ μὲν οὐρανοῦ καὶ τῶν ὡρέων ἐν τῷ καλλίστῳ ἐτύγχανον ἱδρυσάμενοι πόλιας πάντων ἀνθρώπων ὧν ἡμεῖς ἴδμεν. Aufser diesen Städten gab es noch zahlreiche ionische Niederlassungen auf den Inseln, s. *Herod.* VII. 95. VIII, 48.

16) Die Könige Soos, Eurypon und Polydektes fehlen an der *Anm.* 4 angeführten Stelle des Eusebios. Es ist deshalb nicht möglich, die Dauer ihrer Regierungen genau zu bestimmen.

17) Nach *Paus.* III, 2, 2—3 hatten die Spartaner unter Echestratos Kynuria erobert und fingen unter Labotas und Prytanis den Krieg mit den Argeiern an, weil diese sich hinsichtlich des eroberten Gebietes Beeinträchtigungen erlaubt haben sollten, vgl. *ebend.* 7, 2.

a) Die Angaben der Alten über das Zeitalter Homers schwanken zwischen 1159, ἔτος bei *Philostratus Heroic.* c. 18, und 685, *Theopomp.* bei *Clem. Alexand. Strom.* 1. c. 21. p. 380. Bei weitem die meisten und gewichtigsten derselben setzen ihn gleichzeitig mit der Einwanderung der Ioner nach Kleinasien oder später. Gleichzeitig insbesondere Aristoteles, (*Pseud.-*) *Plut. vit. Hom.*, und Aristarch, *Ps. Plut. a. a. O. Clem. Alex. a. a. O.*, also um 1044. später Apollodor, *Tatian.* p. 108, *Clem. Alex. a. a. O.*, nämlich um 944, und noch später der älteste Zeuge *Herodot.* II, 53: Ἡσίοδον γὰρ καὶ Ὅμηρον ἡλικίην τετρακοσίοισι ἔτεσι δοκέω μευ πρεσβυτέρους γενέσθαι καὶ οὐ πλέοσι, also um 850. Zwischen den Zeitbestimmungen des Aristoteles und des Herodot hält also die Angabe des Apollodor die Mitte. Auf die Ehre, für Homers Geburtsort zu gelten, machten in späterer Zeit verschiedene Städte Anspruch, s. *Antipat. Sidon. Ep.* XLIV. *Anthol. Pal.* II. p. 716, vgl. *Plut. vit.* 486 f.: Ἑπτὰ πόλεις μάρναντο σοφὴν διὰ ῥίζαν Ὁμήρου, | Σμύρνα, Χίος, Κολοφών, Ἰθάκη, Πύλος, Ἄργος, Ἀθῆναι, vgl. *Ep. Antipater* (Ps.-) *Plut. v. Hom. Procl. v. Hom.* Von diesen haben zwei den begründetsten Anspruch: Chios, wo die Sängerzunft der Homeriden heimisch war, *Pind. Nem.* II, 1: Ὅθεν περ καὶ Ὁμηρίδαι | ῥαπτῶν ἐπέων τὰ πόλλ' ἀοιδοί | ἄρχονται. *Schol. a. a. O.*: Ὁμηρίδαι ἔλεγον τὸ μὲν ἀρχαῖον τοὺς ἀπὸ τοῦ Ὁμήρου γέ-

J. v. Chr.   (Sagenhafte) Geschichte.   Kunst und Litteratur.

| 886. | Archelaos. | Polydektes. |
| 884.[18] | | Charilaos. |

18) Dies ist nach Eratosthenes und Apollodor das Jahr, in welchem Lykurg die Vormundschaft übernahm, s. S. 11. *Anm.* 25, und auf welchem auch die bei Eusebios nach Apollodor angenommenen Regierungsjahre der spartanischen Könige beruhen. Nach *Herod.* I, 65 war indes Lykurg der Vormund des Labotas, also im dritten Geschlecht nach Eurysthenes; nach *Thuk.* I, 18 muſs die Gesetzgebung des Lykurg etwa 60 Jahre nach dem obigen Datum angesetzt werden. Noch ist zu bemerken, daſs nach Herodot a. a. O. Lykurg die Gesetzgebung sogleich vornahm, nachdem er Vormund geworden (ὡς γὰρ ἐπετρόπευσε τάχιστα μετέστησε τὰ νόμιμα πάντα),

nach Ephorus bei *Strab.* p. 482 erst, nachdem Charilaos die Herrschaft selbst übernommen; vorher soll er, um Verdacht zu vermeiden, nach Kreta gegangen sein und sich dort aufgehalten haben, vgl. *die folg. Anm.* [Noch andere Zeitangaben s. *Plut. Lyc.* 1.] Nach einer häufig vorkommenden Nachricht ordnete Lykurg zusammen mit dem Eleer Iphitos die olympischen Spiele und richtete den Gottesfrieden (ἐκεχειρία) für die Dauer der Spiele ein, s. *Aristot.* bei *Plut. Lyc.* I, vgl. *ebend.* 23. *Paus.* V, 1, 4. 20, 1. *Athen.* XI, p. 495 f. Weiteres hierüber s. z. J. 776.

...ρας, οἳ καὶ τὴν ποίησιν αὐτοῦ ἐκ διαδοχῆς ᾖδον, *Strab.* p. 646, wie denn auch der blinde Sänger des Homerischen Hymnus auf Apoll (den Thukydides für den Homer selber hält, III, 104) und Simonides Chios als die Vaterstadt des Homer ansahen, *Anon. vit. Homer.* Gleichen Anspruch erhebt Smyrna, wo dem Homer ein Heiligtum Ὁμήρειον mit einer Bildsäule geweiht war, *Strab.* p. 646. *Cic. pro Arch.* 8. So nach der einheimischen Sage Homer in einer Grotte an den Quellen des Flusses Meles dichtete und als Sohn des Fluſsgottes Μελησιγενής genannt wurde, (*Ps.-) Plut. v. Hom. Procl. c. Hom. Paus.* VII, 5, 6. Nächstdem kommt die Insel Ios in Betracht, *Aristot.* bei *Gell.* III, 11, 6, wo das Grab des Homer gezeigt wurde, *Pausan.* X, 24, 3, und die Bewohner der Insel ihm Opfer brachten, *Varr.* bei *Gell. a. a. O.* Aus der Pflege Homerischer Poesie in diesen und anderen Städten entstand ihr Anspruch, als die Geburtsstätten des Dichters zu gelten. Ebensowenig wie über die Zeit wussten die Griechen irgend etwas Sicheres über seine sonstigen Lebensumstände. Jedenfalls sind die Homerischen Dichtungen an der Westküste Kleinasiens entstanden; von da wurden sie nach dem europäischen Mutterlande verpflanzt, und zwar nach Sparta angeblich durch Lykurg, *Plut. Lyc.* c. 4, nach Argos schon vor Kleisthenes Zeit, *Strab.* V, 67. *Aelian. V. H.* IX, 15. Zu Athen waren sie schon heimisch zur Zeit des Solon und Peisistratos, *Diog. Laert.* I, 57. *Aelian. V. H.* VIII, 2; Stücke derselben wurden bei Götterfesten vorgetragen, namentlich in Athen an den Panathenäen auf Anordnung des Solon nach bestimmter Anweisung der einzelnen sich ablösenden Sänger, *Diog. Laert.* I, 57: τά τε Ὁμήρου ἐξ ὑποβολῆς γέγραφε (Σόλων) ῥαψῳδεῖσθαι, οἷον ὅπου ὁ πρῶτος ἔληξεν, ἐκεῖθεν ἄρχεσθαι τὸν ἐχόμενον. ὡς ᾠσὶ Διευχίδας ἐν πέμπτῳ Μεγαρικῶν. Diese Sänger wurden daher ῥαψῳδοί, Liederverknüpfer, genannt, *Bekk. Anecd.* II, p. 769: συνέδησαν γὰρ τοὺς κατάλληλον θάνατον ἀπαρτίζοντες στίχους Ὁμηρικοὺς καὶ ἐποίκιλον τὸ ὑφαινόμενον μέλος. Peisistratos ließ um diese Zeit durch eine Kommission von Gelehrten, den sog. Diaskeuasten,

die zerstreuten oder nicht fest geordneten Homerischen Gesänge sammeln und nach bestimmter Folge ordnen. *Cramer Anecd. Graec. Paris.* I, p. 6. *Schol. Plautin. Cod. Rom. sacc.* XV. *Pausan.* VII, 26, 6. *Cic. de orat.* III, 34. *Epigr. Bekk. Anecdot.* II, p. 768: ὃς τὸν Ὅμηρον ἤθροισα σποράδην τὸ πρὶν ἀειδόμενον. Welche Gedichte dem Homer zuzuschreiben seien, darüber waren schon die Alten zweifelhaft. Von einigen Gelehrten wurde ihm eine grofse Anzahl der verschiedenartigsten Gedichte beigelegt. *Suid. s. v.* Ὅμηρος, eine andere Schule der alten Grammatiker wollte nur die Ilias als eine Dichtung Homers gelten lassen. *Procl. vit. Hom.*: *Ὀδύσσειαν, ἣν Ξένων καὶ Ἑλλάνικος ἀφαιροῦνται αὐτοῦ τὸ πρὶν ἀειδόμενον.* Welche Gedichte dem Homer zuzuschreiben seien, darüber waren schon die Alten zweifelhaft. Von einigen Gelehrten wurde ihm eine grofse Anzahl der verschiedenartigsten Gedichte beigelegt. Dieselben wurden daher von Verfassern zu und wurden daher οἱ χωρίζοντες, die Sonderer, genannt. Daſs vor der Ilias und Odyssee längst Lieder über Heldensagen, insbesondere über den troischen Sagenkreis zur Kithara gesungen wurden, beweisen die Stellen in beiden Gedichten, an denen Sänger wie Achilleus, Demodokos, Phemios vom „Ruhme der Männer", *Il.* IX, 189, vom „Streit des Odysseus und Achilleus", *Od.* VIII, 73, von den „Thaten und Drangsalen der Achäer", *Od.* VIII, 489, vom „Bau des hölzernen Pferdes und von Trojas Fall", *a. a. O.*, von der „unglücklichen Heimfahrt der Achäer", *Od.* I, 326, sangen. Vgl. auch *Herod.* II, 23. Auch den späteren Ursprung einzelner Stücke der Homerischen Gedichte hatten alexandrinische Gelehrte schon erkannt; Aristarch und Aristophanes hielten den Schluſs der Odyssee für unecht von XXIII, 296 an, *Schol.* und *Eustath.* z. d. V.; ähnlich urteilte Aristarch über das vierundzwanzigste Buch der Ilias; auſserdem wurde eine grofse Anzahl von einzelnen Versen als spätere Einschiebsel von denselben Gelehrten bezeichnet. [Die neuere kritische Forschung, besonders angeregt durch Fr. A. Wolf (Prolegomena ad Homerum, 1795), ist auf diesem Wege weiter fortgeschritten und hat die Einheit des Dichters wie der Abfassungszeit sowohl der Ilias als der Odyssee in Abrede gestellt. Für die Ilias insbesondere haben sich neuerdings neben dem

J. v. Chr.	(Sagenhafte) Geschichte.	Kunst und Litteratur.
884.	Lykurg, jüngerer Sohn des Eunomos und Bruder des Polydektes, führt als Vormund des Charilaos die Regierung[19]; er macht durch seine Gesetzgebung den in Sparta eingerissenen Parteiungen und Unordnungen ein Ende und setzt die Grundlagen der spartanischen Verfassung und Sitte auf die Dauer von Jahrhunderten fest.[20]	Homerische Hymnen.[b] Hesiodos und seine Schule. Ἔργα καὶ ἡμέραι. Θεογονία.

19) Unsere (viel Unsicheres und Widersprechendes enthaltende) Kunde über die Lebensgeschichte Lykurgs beruht fast ausschließlich auf der Biographie des Plutarch, nach welcher er vor seiner Gesetzgebung (s. dagegen die Stelle des Herodot in der vor. Anm.) nach Kreta, Kleinasien und Ägypten gereist und sich überall bei seinem Werke auf das Orakel zu Delphi gestützt haben soll (über letzteren Umstand und über den Zusammenhang seiner Gesetze mit Kreta vgl. *Herod.* I, 65).
20) Über die ἀνομία vor Lykurg s. *Herod.* I, 65. *Thuk.* I, 18. *Plut. Lyc.* 2. Über die Gesetzgebung Lykurgs überhaupt sind die Hauptstellen außer Plutarch *Aristot. Pol.* II, 6. *Xenoph. de reb. Lac. Ephoros* bei *Strab.* p. 481 ff. und das ausführliche Urteil über dieselbe *Polyb.* VI, 48—50. Die Verfassung erscheint im allgemeinen als eine genauere Feststellung der Homerischen politischen Zustände. An der Spitze stehen die zwei Könige, über welche s. *Anm.* 4. Über ihre Rechte und Ehren s. besonders *Herod.* VI, 56—60. Ihnen zur Seite steht der Rat der Alten, γερουσία, mit Einschluß der beiden Könige (welche aber auch nur je 1 Stimme hatten, s. *Thuk.* I, 20, vgl. *Herod.* VI, 57) aus 30 Mitgliedern bestehend, s. *Plut. L.* 26. Neben diesen Staatsgewalten erhoben sich nach und nach zu immer höherer Macht die fünf Ephoren (nach *Herod.* I. 65. *Xen. de rep.* L. VIII, 3 von Lykurg selbst, nach *Plut. Legg.* III, p. 692. *Arist. Pol.* V, 9. *Plut. L.* 7. 27 erst von Theopomp. eingesetzt), welche aus dem Volke (ἐκ τοῦ δήμου, *Arist. Polyb.* II, 6, daher οἱ τυχόντες genannt, *ebend.*) auf je 1 Jahr gewählt wurden und endlich fast alle Regierungsgewalt an sich rissen. Die Volksversammlung endlich (ἀλία. *Herod.* VII, 134. ἀπέλλαζειν, *Plut. L.* 6) hatte nur die Anträge des Rats der Alten (später auch der Ephoren) entweder anzunehmen oder zu verwerfen.

Glauben der Alten von dem Ursprunge des Gedichtes hauptsächlich zwei verschiedene Ansichten herausgestellt. Nach der einen ist die Ilias aus einer Anzahl kleinerer Lieder zusammengewachsen, die verknüpft, durch eingelegte Stücke ausgefüllt und überarbeitet wurden; Homeros ist also keine geschichtliche Person, sondern nur eine persönliche Auffassung und Darstellung dieser ganzen Dichtungsart. Nach der andern Ansicht wählte ein großer, überlegener Dichtergeist, Homeros, aus den älteren Liedern über den troischen Sagenkreis die Erzählung von dem Zorn des Achilleus (*Il.* I, 1) aus und dichtete nach einheitlichem Plan das Achilleis, eine Ilias von geringerem Umfange. Diese ward durch Genossenschaften von geistesverwandten Sängern weiter und reicher ausgedichtet sowohl in den Grenzen des ursprünglichen Planes als durch eingelegte Stücke und Rhapsodieen, die sich nicht innerhalb desselben hielten. In Betreff der Odyssee hat die neuere Forschung überwiegende Gründe dafür aufgestellt, daß sie jüngeren Ursprungs ist als die Ilias, daß sie aber von vornherein nach bestimmtem einheitlichem Plan aus dem Vorrat der älteren Lieder über die Rückkehr der Achäerfürsten angelegt, dann reicher ausgedichtet und durch spätere Einschiebsel und Zusätze erweitert ist.] Den Wert der Homerischen Poesie haben schon die Alten treffend bezeichnet. So *Aristot.* bei *Plut. de Pyth. orac.* p. 398 a: Ἀριστοτέλης μὲν οὖν μόνον Ὅμηρον ἔλεγε κινούμενα ὀνόματα ποιεῖν διὰ τὴν ἐνέργειαν. und *Cic. Tusc.* V, 39, 111: Traditum est etiam Homerum caecum fuisse. At eius picturam, non poesin videmus. Quae regio, quae ora, qui locus Graeciae, quae species formaque pugnae, quae acies, quod remigium, qui motus hominum, qui ferarum non ita expictus est, ut, quae ipse non viderit, nos ut videremus, effecerit. Den verschiedenen Charakter der Dichtung in der Ilias und Odyssee bestimmt *Aristot. Poet.* 21, 3: ἡ μὲν Ἰλιὰς ἁπλοῦν καὶ παθητικόν, ἡ δὲ Ὀδύσσεια πεπλεγμένον, ἀναγνώρισις γὰρ διόλου καὶ ἠθική.

b) Die sogenannten Homerischen Hymnen, 33 an der Zahl, stammen aus sehr verschiedenen Zeiten. Die älteren und größten, an den delischen und den pythischen Apoll, auf Aphrodito, auf Hermes und auf Demeter, gehören noch dem Zeitalter der Homeriden an. *Thukyd.* III, 104. *Schol. Pind. Nem.* II, 1. *Paus.* IX, 30, 6. *Athen.* I, p. 22 b; Ὅμηρος ᾗ τῶν εἰς Ὁμηρίδας ἐν τοῖς εἰς Ἀπόλλωνα ὕμνοις. Späteren Ursprungs sind die unter Homers Namen überlieferten Ἐπιγράμματα und zwei parodische Epen, der verloren gegangene Μαργίτης und die erhaltene Βατραχομυομαχία, über deren Verfasser schon die Alten sehr zweifelhaft waren. *Aristot. Poet.* 4. *Harpocr. v. Μαργίτης. Suid. v. Πίγρης. Plut. de malign. Herod.* 43. *Tzetzes Exeg.* II, p. 37.

c) Hesiodos war geboren zu Askra in Böotien, wohin sein Vater aus dem äolischen Kyme gewandert war. Über er gelebt hat, darüber sind die Angaben verschieden, *Tzetzes Chil.* XII, 165 ff: Ἡσίοδος ὁ πρώτερος, κατά τινας Ὁμήρου, κατά τινας δ' ἰσόχρονος, ἕτερος καθ' ἑτέρους. Für älter als Homer hielten ihn unter andern Ephoros, *Gell.* III, 11, 2, und Nikokles, *Schol. Pind. Nem.* II, 1. für gleichzeitig mit

J. v. Chr. | (Sagenhafte) Geschlechte.

826. Teleklos.
824. Nikandros.

nicht aber selbst Anträge zu stellen. Es bestand aber dieses Volk nur aus den Spartiaten, den Nachkommen der dorischen Eroberer, welche die einzigen Vollbürger und die Beherrscher des Landes waren. Dieselben waren in die 3 Phylen der Hylleer, Pamphylen und Dymanen (s. S. 12. *Inm.* 19), in (wahrscheinlich 30) Oben, s. *Plut. Lyc.* 6, wahrscheinlich auch in eine bestimmte Anzahl von Geschlechtern geteilt, und ursprünglich untereinander in Rang und Rechten gleich (ὅμοιοι, *Xenoph. de rep. L.* X, 70. *Isocrat. Areop.* §. 61), während in der späteren Zeit die καλοὶ κἀγαθοί, *Arist. Pol.* II, 6, 15, oder γνώριμοι, *ebend.* V, 6. 7, als eine höhere Klasse der Spartiaten vor den übrigen (ὑπομείονες, *Xenoph. Hell.* III, 3, 6?) hervorgehoben werden. Aufser den Spartiaten gab es noch die zwei untergeordneten Klassen der Bevölkerung: *Ἥρωτας*, auch *Ἰακεδαιμόνιοι* genannt, und *Πάποικοι* (entweder von der Stadt Helos, *Plut. L.* 2, *Ephoros* bei *Strab.* p. 365, oder [richtiger] vom Verbalstamme *Ἑ.ΙΑ* so genannt), erstere persönlich frei, aber ohne allen Anteil am Stimmrecht in der Volksversammlung und an den Ehrenrechten, letztere Leibeigene, aber nicht der einzelnen Spartiaten, denen sie immer nur vom Staate zum Dienst zugewiesen wurden, sondern des Staates, s. besonders *Ephoros a. a. O.*, und hauptsächlich dazu verwandt, die Ländereien der Spartiaten zu bebauen und die Spartiaten als Leichtbewaffnete im Kriege zu begleiten, s. *Herod.* IX, 28, wo erwähnt wird, dafs bei Plataiä die 5000 Spartiaten 35000 Heloten als Leichtbewaffnete bei sich haben. (*Νεοδαμώδεις*, Freigelassene s. z. B. *Thuk.* V, 34. VII, 19. 48. 58. *Xenoph. Hell.* III, 1, 4. 4. 2, μόθωνες, Helotenkinder, welche mit Kindern der Spartiaten erzogen und nachher in der Regel freigelassen wurden. s. *Phylarch* bei *Athen.* VI, 271, die κρυπτεία, *Plut. Lyc.* 28, ein Beispiel von Grausamkeit gegen Neodamoden, *Thuk.* IV, 80. Ungefähres Verhältnis der Seelenzahl der 3 Stände zur Zeit der Blüte Spartas: 40000 Spartiaten. 120000 Perioiken, 200000 Heloten.) Über den Charakter der Lykurgischen Verfassung überhaupt s. *Aristot. Pol.* II, 3: *Ἔνιοι μὲν οὖν λέγουσιν, ὡς δεῖ τὴν ἀρίστην πολιτείαν ἐξ ἁπασῶν εἶναι τῶν πολιτειῶν μεμιγμένην· διὸ καὶ τὴν τῶν Λακεδαιμονίων ἐπαινοῦσιν· εἶναι γὰρ αὐτήν οἱ μὲν ἐξ ὀλιγαρχίας καὶ μοναρχίας καὶ δημοκρατίας φασὶ, λέγοντες τὴν μὲν βασιλείαν μοναρχίαν, τὴν δὲ τῶν γερόντων ἀρχὴν ὀλιγαρχίαν, δημοκρατεῖσθαι δὲ κατὰ τὴν τῶν ἐφόρων ἀρχὴν διὰ τὸ ἐκ τοῦ δήμου εἶναι τοὺς ἐφόρους,* und ausführlicher *Polyb.*

VI, 10. — Ein besonderes Augenmerk richtete aber Lykurg darauf, dafs Sinn und Sitte der Spartiaten durch geeignete Institutionen der Gesetzgebung gemäfs gebildet und namentlich das *ἀνδραγαθεῖν* und das *σωφρονεῖν* bei ihnen möglichst stark entwickelt wurde. Daher die Ackerverteilung, durch welche jedem Familienhaupte unter den Spartiaten ein bestimmter Grundbesitz zugewiesen wurde, über den er weder durch Kauf oder Verkauf noch durch Schenkung oder Testament (letzteres bis auf das Gesetz des Ephoren Epitadeus nach dem peloponnesischen Kriege, s. *Plut. Ag.* 5) frei verfügen durfte; zu welchem Behuf die Ländereien der Spartiaten in 9000 Loose (κλᾶροι, anfänglich jedoch nur 4500 oder 6000, die volle Zahl erst nach der Eroberung Messeniens) eingeteilt wurden, *Plut. Lyc.* 8. vgl. *Heraklid. Pont.* c. 2. Daher die öffentliche Erziehung, *ἀγωγή*, die sich auch auf die Mädchen erstreckte, *Xen. de rep. L.* I, 4, an der sich aber namentlich die Knaben und Jünglinge vom 7ten bis zum 30sten Jahre beteiligen mufsten, wenn sie nicht das volle Bürgerrecht verlieren wollten, *Arist. Pol.* II, 6, und wobei die Knaben in ἴλαι und ἀγέλαι (dor. *ἀούαι*) geteilt, unter besonderen Aufsehern (*αιδαιόμιοι*, *ἱστίαι*) hauptsächlich in der Gymnastik geübt, übrigens auch durch besondere Veranstaltungen (die *φιδιτίζεσθαι* am Altar der Artemis Orthia, das Stehlen, *Plut. L.* 18. *Xen. de rep. L.* II, 6) abgehärtet und durch die Unterordnung der jüngeren unter die ältern nach mehrfachen Abstufungen (*παῖδες, μελλείρενες, ἀγωνίζοι, ἀταμίζοι*, *εἴρηες*) zu Gehorsam gewöhnt wurden. Das Prinzip der Erziehung *Thuk.* I, 84: *κράτιστον εἶναι ὅστις ἐν τοῖς ἀναγκαιοτάτοις παιδεύεται.* ihre Wirkung *Xen. de rep. L.* III, 1. Daher endlich auch die *συσσίτια* (φιδιτία, ἀνδρεῖα) der Männer mit dem stehenden Gericht der schwarzen Suppe (*αἱματία*, oder *βαφά* genannt), die *ἀγρωτεία* im Kriege, *Herod.* I, 65. *Thuk.* V, 68, die Beseitigung der edlen Metalle, *Plut. Lyc.* 9. 19. *Lys.* 17. *Pol.* VI, 49, die Beschränkungen des Verkehrs mit dem Auslande (*ξενηλασία*), *Thuk.* I, 144. II, 39, *Xen. de rep. L.* III, 1. — Um die Spartiaten zur Aufrechthaltung der Gesetze zu zwingen, nahm ihnen Lykurg einen Eid ab, dafs sie bis zu seiner Rückkehr nichts ändern wollten, und reiste nach Delphi, kehrte aber nicht wieder zurück, *Plut. Lyc.* 29. 31, und so sind dieselben in der That bis zur Zeit des peloponnesischen Kriegs im wesentlichen unverändert beibehalten worden.

---

demselben Herodot, II. 53. Hellanikos und Pherekydes, *Procl. rit. Hom.*, sowie das Epigramm eines Dreifufses auf dem Helikon, *Dio Chrysost. or.* II. p. 76: *Ἡσίοδος Μούσαις Ἑλικωνίαι τόνδ᾽ ἀνέθηκεν· ὕμνω νικήσας ἐν Χαλκίδι θεῖον Ὅμηρον,* für später Philochoros und Xenophanes, *Gell.* III.

11. 2, Eratosthenes, *Strab.* p. 23, und Apollodor. *Strab.* p. 298. 299. Für die letztere Annahme spricht der Charakter der dem Dichter zugeschriebenen Gedichte. Die Angaben über Hesiods Leben sind sagenhaft und schwankend, *Paus.* IX, 31, 5; sein Grabmal mit der Grabschrift wurde zu Or-

J. v. Chr.	(Sagenhafte) Geschichte.	Kunst und Litteratur.
786.	Alkamenes. Theopompos.	Epische Bearbeitung des griechischen Sagenstoffes durch die kyklischen Dichter.⁴

chomenos gezeigt. *Paus.* IX, 38, 3. Welche Gedichte nun vom Hesiod herrührten, darüber herrschte bei den Griechen grofse Meinungsverschiedenheit. Nur die Ἔργα καὶ ἡμέραι, ein Gedicht über das Tagewerk der Land- und Hauswirtschaft, ward einstimmig von allen dem Hesiod zugeschrieben, bis auf die zehn ersten Verse, *Paus.* IX, 31, 4. Doch ist dieses Gedicht schon frühzeitig durch Einschiebsel und Zusätze mannigfach erweitert und entstellt. Die Θεογονία, eine epische Zusammenstellung der Sagen von den Zeugungen und Kämpfen der Götter, Riesen und Helden, ist zwar angezweifelt, *Paus.* VIII, 18, 1. IX, 31, 4, wird aber doch nach der allgemeinen Ansicht des griechischen Altertums, namentlich auch der alexandrinischen Gelehrten, für ein Werk des Hesiodos gehalten. Auch die Theogonie hat in ihren Bestandteilen frühzeitig grofse Veränderungen erlitten und die Gestalt eines lose zusammenhängenden Stückwerkes erhalten. Die Ἀσπὶς Ἡρακλέους, Beschreibung des Heraklesschildes bei Gelegenheit des Kampfes zwischen Herakles und Kyknos, wurde schon von alexandrinischen Gelehrten dem Hesiod abgesprochen, *Bekk. Anecdot.* p. 1165; εἰσὶ γὰρ καὶ ἐν αὐτοῖς ὁμόγνια ῥηθέντα φανερῇ, οἷον ἡ Ἀσπὶς Ἡσιόδου καὶ τὰ Θηβαϊκὰ Νεάνδρου· ἑτέρων γάρ εἰσι ποιητῶν. (Verloren gegangen ist der Κατάλογος mit den Ἠοῖαι [ἢ οἴη]. Stammbäume berühmter Heroen.)

d) *Κυκλικοὶ ποιηταί* hiefsen die Epiker, welche jünger waren als Homer und namentlich den Heldensage bearbeiteten, die den Homerischen Sagenstoff umschliefst. *Schol. Clem.* p. 104: *Κυκλικοὶ δὲ καλοῦνται ποιηταὶ οἱ τὰ κύκλῳ τῆς Ἰλιάδος ἢ τὰ μεταγενέστερα ἐξ αὐτῶν τῶν Ὁμηρικῶν συγγράψαντες.* Ihre Gedichte sind bis auf unbedeutende Fragmente verloren; wir sind zur Kenntnis derselben besonders auf einen Auszug angewiesen, welchen der Grammatiker Proklos aus ihnen gemacht hat (bei *Phot. cod.* 239), und aufserdem auf Bildwerke, welche für den Gebrauch in der Schule angefertigt waren, die s. g. tabula Iliaca (in Rom) und das marmor Borgianum (in Neapel). Den troischen Sagenkreis behandelten folgende Gedichte: *Κύπρια*, vom Ursprung des troischen Krieges bis zum Anfange der Ilias. *Herod.* II, 117. *Athen.* VIII, p. 334 e. XV, p. 682 d. c. *Αἰθιοπὶς* des Milesiers Arktinos, vom Schlufs der Ilias bis zum Tode des Achilleus. *Procl. Chrestom. Phot. Bibl. Cod.* 239. *Suid. v.* Ἀρκτῖνος, Ἄνθης μικρὰ des Lesbiers Lesches, *Pausan.* X, 25, 3, oder eines anderen Dichters, *Schol. Eur. Troad.* 821. *Pausan.* III, 26, 7, vom Streit um Achilleus' Waffen bis zur Eroberung der Stadt, *Ἰλίου πέρσις* von Arktinos, *Procl. Chrest. a. a. O. Hieron. Ol.* 4 p. 80, die Eroberung und Zerstörung der Stadt, *Νόστοι* des Agias von Trözene, *Procl. a. a. O.*, und anderer Dichter, *Suid. v. Νόστος*, über die Heimfahrten der Griechenfürsten. *Τηλεγονία* des Eugammon von Kyrene um 566 a. Ch., *Clem. Alex. Strom.* VI, p. 751. *Procl. a. a. O.*, über die Schicksale des Odysseus nach dem Abschlufs der Odyssee und über die seines Geschlechts. Anderen Sagenkreisen gehörten an die *Θηβαΐς*, *Paus.* IX, 9, 3, *Ἐπίγονοι*, *Herod.* IV, 32, *Οἰδιπόδεια* von Kinäthon, *Marmor Borgianum*, über einem anderen Dichter, *Pausan.* IX, 5, 5. *Οἰχαλίας ἅλωσις* des Kreophylos von Samos. *Pausan.* IV, 2, 2. *Ἡράκλεια* des Kinäthon, *Schol. Apollon.* I, 1357, *Μυρτίς* des Phokäers Pisidikos, *Pausan.* IV, 33, 7 u. a. Ähnlich wie die Theogonie von genealogischem Charakter waren: *Τιτανομαχία*, *Clem. Al. Strom.* I, p. 361, *Ναυπάκτια ἔπη* von dem Naupaktier Karkinos (?), *Pausan.* X, 38, 6, *Φορωνίς* (Ἀργολικά), *Schol. Apoll.* I, 1129, *Ἴτρις* von Hegesinos. *Paus.* IX, 29, 1 u. a. Gesondert von den Kyklikern wird Peisandros aus Kameiros auf Rhodos genannt, der wahrscheinlich um 637 blühte. *Suid. v. Πείσανδρος.* In seinem Epos *Ἡράκλεια* statuit er zuerst den Herakles bei seinen Arbeiten mit der Keule aus, *Pausan.* II, 37, 4. VIII, 22, 4. *Strab.* p. 688. *Schol. Apoll.* I, 1195. *Suid. a. a. O. Theocrit. Epigr.* 6. *ed. Ahr.* Unbestimmt ist das Zeitalter des Epikers Asios von Samos. *Athen.* III, p. 125.

Zweiter Abschnitt.

776 bis 500 v. Chr.

Von der ersten Olympiade bis zu den Anfängen der Perserkriege. Ausbreitung der Griechen durch Kolonieen; Entstehung und Sturz der Tyrannenherrschaft in den meisten griechischen Staaten;[21] Aufsteigen der Spartaner zur Hegemonie in Griechenland.

Olympiaden-jahr.	J. v. Chr.	Geschichte.
1, 1.	776.	Koroibos, Sieger in den olympischen Spielen, der erste, dessen Name aufgezeichnet wird: Anfang der Olympiaden.[22]

[21] Die τύραννοι (omnes habentur et dicuntur tyranni, qui potestate sunt perpetua in ea civitate, quae libertate usa est. *Corn. Nill.* 8, vgl. *Arist. Pol.* III. 5, 4. 5) entsteht in der Regel dadurch, daſs der Druck der Oligarchenherrschaft Aufruhr oder doch Unzufriedenheit und Feindseligkeit unter dem Volke entzündet, und daſs ein Einzelner dann diese Umstände benutzt, um sich vermittelst des Volks zum Herrn zu machen. In den gemischten dorischen Staaten, in welchen die Bürgerschaft zum Teil aus Nichtdoriern besteht, pflegt dies in der Weise zu geschehen, daſs die Nichtdorier sich gegen die bevorzugte dorische Bevölkerung erheben und dieser die Herrschaft entreiſsen. Die Hauptstellen über die Tyrannis im allgemeinen sind *Plat. de rep.* VIII und IX. *Xenoph. Hieron* und besonders *Aristot. Pol.* V. 8—9, 8. daselbst 8, 3; ὁ δὲ τύραννος (καθίσταται) ἐκ τοῦ δήμου καὶ τοῦ πλήθους ἐπὶ τοὺς γνωρίμους, ὅπως ὁ δῆμος ἀδικῆται μηδὲν ὑπ' αὐτῶν. φανερὸν δ' ἐκ τῶν συμβεβηκότων. Σχεδὸν γὰρ οἱ πλεῖστοι τῶν τυράννων γεγόνασιν ἐκ δημαγωγῶν, ὡς εἰπεῖν, πιστευθέντες ἐκ τοῦ διαβάλλειν τοὺς γνωρίμους. Über die Maſsregeln, durch welche die Tyrannen ihre Herrschaft gewöhnlich zu begründen suchten, s. *das.* 9, 2; ταῦτα δὲ τὰ ἀδικα λεχθέντα πρὸς σωτηρίαν ὡς ὑπὲρ τι τῆς τυραννίδος, τὸ τοὺς ὑπερέχοντας κολούειν καὶ τοὺς φρονηματίας ἀναιρεῖν καὶ μήτε σύσσιτια ἐᾶν μήτε ἑταιρίαν μήτε παιδείαν μήτε ἄλλο μηδὲν τοιοῦτον, ἀλλὰ πάντα φυλάττειν, ὅθεν εἴωθε γίνεσθαι δύο, φρονήματά τε καὶ πίστις. Auſser den Tyrannen von Sikyon, Korinth, Megara und Athen, über welche s. *unten*, werden noch genannt Prokles von Epidauros zur Zeit des Periandros, *Herod.* III, 50, Panaitios in Leontion, Kleandros in Gela, Anaxilaos in Rhegion, *Aristot. Pol.* V, 10, 4 (wo diese alle zu den Tyrannen der ältern Zeit, d. h. etwa des 6ten Jahrhunderts, gezählt werden und hinzugefügt wird: καὶ ἐν ἄλλοις τόποις ὡσαύτως), Hippokrates und Gelon in Gela, *Herod.* VII, 154, 155, Telys in Sybaris, *Herod.* V, 44, *Diod.* XII, 9, 10, Aristodemos in Cumä, *Dionys. Hal.* VII, 2—11, Syloson in Samos, *Herod.* III, 39, 139—149,

Polykrates ebendaselbst, *Herod.* III, 39—56, 120—125, vgl. *Polyaen.* VI, 44, 1, 23, 1, Lygdamis in Naxos, *Herod.* I, 61, 64, *Arist. Pol.* V, 4, 5, und andere. Ihre Herrschaft war meist (doch nicht immer) gewaltthätig und grausam und deshalb auch von geringer Dauer, s. *Arist. Pol.* V, 9, 21: μικραὶ ὀλιγοχρονιώταται τῶν πολιτειῶν πᾶσαι ὀλιγαρχία καὶ τυραννίς. πλεῖστον γὰρ ἐγένετο χρόνον ἡ περὶ Σικυῶνα τυραννίς, ἡ τῶν Ὀρθαγόρου παίδων καὶ αὐτοῦ Ὀρθαγόρου, ἔτη δ' αὕτη διέμεινεν ἑκατόν. Zur Bezeichnung der Stimmung der Hellenen gegen die Tyrannen in späterer Zeit möge *Eurip. Suppl.* 429 dienen: Οὐδὲν τυράννου δυσμενέστερον πόλει, ὅπου τὸ μὲν πρώτιστον οὐκ εἰσὶν νόμοι | κοινοί, κρατεῖ δ' εἷς, τὸν νόμον κεκτημένος | αὐτὸς παρ' αὑτῷ. Besonders thätig für ihre Vertreibung waren die Spartaner, s. *Arist. Pol.* V, 8, 18, *Plutarch. d. Herod. mal.* c. 21, p. 859, welche eben hierin, neben manchen andern günstigen Umständen, ein Hauptmittel fanden, ihre Hegemonie in Griechenland neu zu begründen.

[22] Über die angebliche erste Gründung der olympischen Spiele durch Herakles s. *Paus.* V, 7, 1, *Pind. Ol.* II, 3, 1, III, 21 u. ö., *Plutarch.* XII, 26, 2, über die Erneuerung derselben durch Klymenos, Pelops, Amythaon u. a., *Paus.* V, 8, 1. Nach Strabo p. 354 war Oxylos der Gründer, vgl. *Paus.* V, 8, 2; nach Oxylos sollen die Spiele in Vergessenheit geraten sein, bis Iphitos in Gemeinschaft mit Lykurg sie im Jahre 884 wiederherstellte, s. *Anm.* 18. Aber erst von dem obigen Jahre an werden die Sieger aufgezeichnet und die Olympiaden gezählt, s. *Phlegon Trall.* fr. 1, 12 (ed. Müller). [Nach *Arist.* bei *Plut. Lyc.* I war der Name Lykurgs mit dem des Iphitos als Gründer der olympischen Spiele auf einem in Olympia vorhandenen Diskos eingegraben, vgl. *Pausan.* V. 20, 1, und nach *Phleg. fr.* 1 war auf demselben Diskus die Ordnung der olympischen Spiele verzeichnet. Man vergl. noch *Paus.* VIII, 26, 3 die Inschrift auf dem Grabmale des Koroibos besagte, daſs Koroibos von allen Menschen zuerst gesiegt habe.] so gewinnt die Annahme einige Wahrscheinlichkeit.

Olympiadenjahr.	J. v. Chr.	Dorische Staaten.	Athen.	Kolonieen	
				in Italien etc.	im östlichen Meer.[23]
II, 3.	770.				Sinope von Milet.[24]

dafs Koroibos bei der ersten Feier der von Lykurg und Iphitos neu eingerichteten Spiele Sieger gewesen. Lykurg also in die Zeit der ersten Olympiade gehöre und das frühere Datum nur auf falschen Prämissen späterer Chronologen, vornehmlich des Timäos, s. *Plut. a. a. O.*, beruhe]. Über den Ort der Feier und dessen Merkwürdigkeiten s. *Paus.* V. 10—27. Zuerst bestand der Wettkampf nur im Wettlauf in dem einfachen Stadion (= 600 Fufs, *Gell. N. A.* 1, 1. *Herod.* II, 149; Ol. XIV wurde der Doppellauf, δίαυλος, hinzugefügt, Ol. XV der Langlauf, δόλιχος (dessen Länge verschieden von 7, 12, 14, 20, 24 Stadien angenommen wird, s. *Suid. s. v.* δίαυλος und δόλιχος), Ol. XVIII das πένταθλον (ἅλμα, δίσκος, δρόμος, πάλη und ἀκών oder später ἀκόντιον) und das Ringen, Ol. XXIII der Faustkampf, Ol. XXV das Wagenrennen mit dem Viergespann (ἵππων τελείων), Ol. XXXIII das Pankration und das Wettrennen zu Pferd (ἵππῳ κέλητι) u. s. w.. s. *Paus.* V. 8, 3. *Euseb. Chron.* Der Ölzweig als Siegespreis seit Ol. VII. s. *Phleg. Tr. fr.* 1. vgl. die schöne Erzählung *Herod.* VIII. 26 (dort sagt ein Perser zu Mardonios: παπαῖ Μαρδόνιε, κοίους ἐπ᾽ ἄνδρας ἤγαγες μαχησομένους ἡμέας, οἳ οὐ περὶ χρημάτων τὸν ἀγῶνα ποιοῦνται ἀλλὰ περὶ ἀρετῆς). Die Zeit der Feier: alle 4 Jahre am 10ten bis 16ten Tage des ersten Monats im Jahr, welcher mit dem ersten Monat des athenischen Jahres, dem Hekatombäon, zusammenfiel und somach mit dem ersten Neumond nach dem Sommersolstitium (nach einer andern Annahme mit demjenigen Neumond, welcher dem Sommersolstitium zunächst lag) begann, folglich ungefähr in der ersten Hälfte des Juli, s. *Schol. zu Pind.* Ol. III, 33. 35. V. 6. 8. Die Benutzung der Olympiaden als Ära findet sich einzeln schon bei Thukydides (III. 8. V. 49) und Xenophon (*Hellen.* 1, 2, 1. II, 3, 1), regelmäfsig zuerst bei Timäos und unter den erhaltenen Schriftstellern bei Polybios, Diodor, Dionys von Halikarnafs. [Die Zusammenstellung der Olympiadenjahre mit den Jahren v. Chr. Geb. ist im Texte immer in der Weise geschehen, dafs das Olympiadenjahr als demjenigen Jahre der christlichen Ära entsprechend angenommen worden ist, in dessen Laufe es beginnt, so dafs z. B. Ol. 1, 1 und das Jahr 770 v. Chr. als sich entsprechend nebeneinander gestellt worden sind, während jenes eigentlich vom Juli 776 bis ebendahin 775 reicht; es ergiebt sich also, dafs wenn ein Ereignis in die Jahreszeit vor der Festfeier fällt, immer das um eins zurückliegende Olympiadenjahr angenommen werden mufs.] Als der erste, welcher den Wettlauf nackt vollführte, was seitdem für alle Gattungen des Wettkampfs Regel wurde, wird Orsippos genannt. *Paus.* I, 44, 1, oder Akanthos. *Dionys. Hal.* VII, 72, in der 15ten Olymp., *Dion. H. a. a. O.* Auszeichnungen der Olympioniken: die feierliche Einholung derselben in ihre Vaterstadt (εἰσέλασις), wobei nicht selten zur Erhöhung der Feier Thor und Mauern eingerissen wur-

den, s. *Plut. Symp.* II, 5, 2. *Dio Cass.* LXIII, 20. *Suet. Ner.* 25, der Vorsitz bei öffentlichen Spielen und Festen, *Xenophon bei Athen.* XI. p. 414, in Athen die Speisung im Prytaneion, *Plat. Apol. Socr.* p. 36. D.), in Sparta die Ehre, in der Schlacht neben dem König zu kämpfen, *Plut. Lyc.* 22. auch wurden ihnen häufig in ihrer Vaterstadt Statuen errichtet, *Lycurg. Leocr.* p. 151. *Paus.* VI, 13, 1 u. a. Ferner war es den Siegern gestattet, im heiligen Haine Altis zu Olympia ihre Statue aufstellen zu lassen, was häufig auch auf Kosten des Staates geschah, dem sie angehörten, *Paus.* V, 21, 1. VI, c. 1—18, seit Ol. LIX, s. *Paus.* VI, 18, 5. Von den ἐπιδείξεις (Festvorträgen), welche bei den Spielen stattfanden, ist die berühmteste die (angebliche) des Herodot, s. *Lucian. Herod.* 1, 2. *Quomodo hist. sit conscr.* 42. *Suid. s. v.* Θουκυδίδης. *Plut. cnl.* 60. *Marcellin.* 17. *Thuk.* p. 321; über die des Gorgias, s. *Paus.* VI, 17, 5. Über die allgemeine Bedeutung der Spiele s. *Lysias bei Dionys. Hal. de Lys. iud.* c. 30, (ed. Reiske V. p. 520): ἔγωγε μὲν οὐμαίνων Ἰσοκράτη (Herakles), φιλανθρώπως δὲ ἀλοσίης, γνώμῃ δὲ ἐπιδείξαι τε τῇ καλλίστῃ τῆς Ἑλλάδος, ἱνα τοιοῦτον ἀκούσματος ἔρως ἐς τὸ αὐτὸ ἐλθοῦσιν τὰ μὲν ὀνόματος τὰ δὲ ἀκουσομένους ἡγήσετο γὰρ τὸν ἐνιαῦθα σύλλογον ἀρχὴν γενέσθαι τοῖς Ἕλλησι τῆς πρὸς ἀλλήλους φιλίας. — Den olympischen Spielen ähnlich, wenn auch nicht von gleichem Ansehen, waren die pythischen bei Delphi, welche von Apollo eingesetzt sein sollten, aber erst seit Ol. XLVIII, 3 eine gröfsere Ausdehnung und Bedeutung gewannen, s. besonders *Paus.* X, 7, 3. Strab. p. 418—423, *Schol. Pind. Pyth. Arg.* vgl. *Soph. El.* v. 681—756 und *Iamn.* 67, die nemeischen bei Nemea zu Ehren des Zeus, als deren Stifter die Sieben bei Gelegenheit ihres Zuges gegen Theben bezeichnet werden, s. *Apollod.* III, 6, 4. die isthmischen auf dem korinthischen Isthmos, deren Gründung dem Sisyphos zu Ehren des Melikertes, *Paus.* II, 1, 3, oder dem Theseus zugeschrieben wird, *Plut. Thes.* 25, letztere wieder nach *Euseb. chron.* p. 94 f. Ol. LI, 3 (arm., LII, 1 *Hieron.*) und L, 1 (arm. XLIX, 4 *Hieron.*) ihren historischen Anfang nehmen (vgl. jedoch hinsichtlich der isthmischen *Plut. Sol.* 23). Sie wurden übrigens nicht wie die andern aller 4, sondern aller 2 Jahre gefeiert.

23) Die Kolonieen im östlichen Meere — nach den früheren in der Wanderung der Dorier und Herakliden sich anschliefsenden Kolonieen und vor der Seeherrschaft der Athener — gehen hauptsächlich von Chalkis und Eretria auf Euböa und von Milet aus. Die zahlreichen Kolonieen von Chalkis und Eretria bedecken die ganze Halbinsel Chalkidike; über sie s. Strab. p. 447 und die Namen der meisten bei *Herod.* VII, 122. 123. Auch von Eretria gegründet wird z. B. erwähnt Mende, *Thuk.* IV, 123, als chalkidisch Torone. ebend. 110. Doch war Potidäa eine korinthische Kolonie, *Thuk.* I, 56, und die Städte Akanthos, Stageira, Argilos und Sane waren

Olympiaden-jahr.	J. v. Chr.	Dorische Staaten.	Athen.	Kolonieen
				in Italien. im östlichen Meer.
V, 1.	757.			Trapezus nebst Kotyora und Kerasus von Sinope;[25] Artake und Kyzikos von Milet.[26]
VII, 1.	752.		Zehnjährige Archonten.[27]	
VIII, 1.	748.	Pheidon, Tyrann von Argos.[28]		
IX, 2.	743.	Alkamenes u. Theopompos, Könige von Sparta.[29]		

von Andros gegründet, *Thuk.* IV, 81. 88. 103. 109. Die Kolonieen von Milet erstreckten sich in grofser Anzahl vom Hellespont bis ins Innerste des Pontus Euxinus. *Scymn. Ch.* v. 734: πλείστας ἀποικίας γῆς δ' Ἰωνίας (οἱ Μιλήσιοι) ἐποιήσαντο εἰς τὸν Πόντον, ὧν ἀριθμὸν διὰ τὰς ἐπιθέσεις λεχθέντων τῶν μεγίστων προσηγόρευς ἐπιόντων τέξομεν τάξιν. *Strab.* p. 305: πολλὰ δὲ τῆς πόλεως ἔργα ταύτης, μέγιστον δὲ τὸ πλῆθος τῶν ἀποικιῶν· ὅ τε γὰρ Εὔξεινος πόντος ἐπ᾽ αὐτῶν συνέπισται πᾶς καὶ ἡ Προποντίς καὶ ἄλλοι πλείους τόποι. Ἀναξιμένης γοῦν ὁ Λαμψακηνὸς οὕτω φησὶν ὅτι καὶ Ἰκαρον τὴν νῆσον καὶ Λέρον Μιλήσιοι συνίκισαν καὶ περὶ Ἑλλήσποντον ἐν μὲν τῇ Χερρονήσῳ Λίμνας, ἐν δὲ τῇ Ἀσίᾳ Ἴψοδον Ἄρισβαν Παισόν, ἐν δὲ τῇ Κυζικηνῶν νήσῳ Ἄρτακην Κύζικον ἐν δὲ τῇ μεσογαίᾳ τῆς Τρῳάδος Σκῆψιν. Aufserdem werden noch als milesische Kolonieen in jenen Gegenden genannt: Lampsakos, *Strab.* p. 589, Kardia, *Scymn.* 699, Apollonia, *das.* 730, Odessos, *das.* 748, Tomoi, *das.* 765, Istros, *das.* 769, Tyras, *das.* 830, Olbia oder Borysthenes, *das.* 833, Kepos, *das.* 890, Sinope, *das.* 917, Phasis, *Steph. Byz.* s. v. Pantikapäon, *Strab.* p. 310. Neben den milesischen Kolonieen gab es noch mehrere Kolonieen von Megara (Chalkedon, Byzantion, Selymbria, Mesembria) und von Lesbos (Sestos, Madytos, Ainos). Die Zeit der Gründung ist meist unbekannt, die meisten sind in das 7te, eine nicht geringe Anzahl auch in das 8te Jahrh. v. Chr. zu setzen; im Texte sind nur diejenigen aufgeführt, deren Zeit sich wenigstens im ungefähren näher bestimmen läfst.

24) Sinope wurde zweimal von Milet aus gegründet, das zweite Mal nach *Hieron. Chron.* im Jahr 630 (= 1387 Abr.) p. 89; die erste Gründung ist ungeführ in das oben genannte Jahr zu setzen, weil Trapezus nebst Kotyora und Kerasus von hier aus gegründet wurde, s. *Anm.* 25. Es wird aufser *Scymn.* 917 noch als milesisch genannt *Xen. Anab.* V, 9, 15. *Diodor.* XIV, 31. *Strab.* p. 545.

25) S. *Xenoph. Anab.* IV, 8, 22. V, 5, 3. 3. 3. Die Zeitbestimmung nach *Euseb. Chron.* (arm.) p. 80.

26) *Strab.* p. 635. Die Zeitbestimmung nach *Euseb.*

Chron. bei *Hieron.* p. 84. Kyzikos wurde im Jahr 676 nach *Euseb. Chron. arm.* p. 86 neu gegründet und zwar durch Megara, *Jo. Lyd. de mag. Rom.* III, 70.

27) *Diod. Hal.* I, 71. 75. *Vell. Pat.* I, 8. *Euseb. Chron. arm.* Ol. VI, 2. *Hieron.* Ol. VI, 4 p. 80 f. Das Vorrecht der Nachkommen des Kodros, der Medontiden, dauerte fort bis ungefähr 714, wo es infolge eines Frevels des Archon Hippomenes aufgehoben wurde, s. *Suid. s. v.* Ἱππομένης, vgl. *Paus.* IV, 13, 5. Der letzte der lebenslänglichen Archonten war Alkmäon, der erste 10jährige Charops.

28) Pheidon wird von *Arist. Pol.* V, 8, 4 als ein Beispiel derjenigen Tyrannis angeführt, die aus dem Königtum entsteht. Er stellte die Oberherrschaft über die Städte von Argolis her und suchte seine Herrschaft auch über andere Städte des Peloponnes auszubreiten, prägte zuerst Silbermünzen und führte Mafs und Gewicht ein [das sogenannte äginetische, wahrscheinlich von Babylon abzuleitende]; auch entrifs er den Eleiern die Agonothesie zu Olympia und führte selbst den Vorsitz bei den Spielen. Hauptstellen: *Ephor.* bei *Strab.* p. 358. *Herod.* VI, 127. *Paus.* VI, 22, 2. [Für die Chronologie des Pheidon bildet die angeführte Stelle des Pausanias die Grundlage, indem daselbst die 8te Olympiade (statt deren indes nach einer andern Lesart vielleicht die 28te anzunehmen sein dürfte) als diejenige angegeben wird, bei welcher Pheidon den Vorsitz führte. Abweichend hiervon wird seine Zeit auf dem Marm. Par. und von Synkellos um ungefähr 100 Jahre früher angegeben, während sie nach *Herod. a. a. O.* um 600 v. Chr. anzusetzen sein würde.]

29) Die oben genannten Könige werden von Pausanias (IV, 5, 3. 6, 2) als diejenigen genannt, unter welchen der 1ste messenische Krieg begonnen wurde. Alkamenes starb vor dem 5ten Jahr des Kriegs, s. *Paus.* IV, 7, 3, während es nach *Paus.* IV, 6, 2 scheint, als ob Theopompos den Krieg zu Ende geführt habe. [Dies stimmt freilich nicht völlig mit Eusebios überein (s. *Anm.* 2. *Müller fr. hist. Gr.* I, p. 444), womach Alkamenes und Theopompos im Jahr 786 zur Regierung gelangten und jener 38, dieser 43 Jahre regierten.] Die

Das Zeitalter der inneren Entwickelung des Hellenentums.

Olympiaden-jahr.	J. v. Chr.	Dorische Staaten.	Athen.	Kolonieen		
				in Italien.	in Sicilien.	an der Küste im östlichen v. Epeiros etc.' Meer.
IX, 2.	743.	Die Spartaner überfallen Ampheia in Messenien; erster messenischer Krieg.³¹		Rhegion von Chalkidiern und Messeniern.³⁰		
X, 2.	739.	Die Messenier ziehen sich nach zwei unentschiedenen Schlachten auf die Bergfeste Ithome zurück.³²				
XI, 2.	735.	. . .			Naxos von Chalkis.³³	
XI, 3.	734.				Syrakus von Korinth.³⁵	Kerkyra von Korinth.³⁴

folgenden Könige bis auf Leonidas sind zwar den Namen, aber nicht ihrer Regierungszeit nach bekannt [das Verzeichnis des Eusebios bricht mit Alkamenes und Theopompos ab]. Von der Linie der Agiden sind die nächsten nach Alkamenes: Polydoros, Eurykrates, Anaxandros, Eurykrates, Leon, Anaxandridas; von der Linie der Eurypontiden: Zeuxidamos, Anaxidamos, Archidamos, Agasikles, Ariston, s. d. *Anm.* 2 angeführten Stellen des Pausanias. Unter Anaxandros und Anaxidamos kam der 2te messenische Krieg zum Ausbruch, s. *Paus.* IV, 15, 1.

30) In betreff der Kolonieen in Italien sind wir hauptsächlich auf *Strab.* p. 252—265, 278—280 angewiesen. Aufser den im Text angeführten Hauptkolonieen werden noch einige andere als schon zur Zeit des trojanischen Kriegs von den heimkehrenden Achäern gegründet angeführt, z. B. Petelia, *Strab.* p. 254, Krimisa, *ebend.*, Skyllakion, *ebend.* p. 261, Lagaria, *ebend.* p. 263, Metapontion, *ebend.* p. 264 (über welches letztere aber auch andere Sagen stattfanden, *ebend.* p. 265) u. s. w. Über Rhegion s. *Strab.* p. 257. *Heracl. Pont. fr.* XXV (ed. Müller).

31) Die Veranlassungen dazu: der angebliche Betrug des Kresphontes bei der Verlosung der eroberten Landschaften (s. *Anm.* 1), die Ermordung des Spartanerkönigs Telekles und die Weigerung der Messenier, den Polychares, welcher mehrere Spartaner erschlagen hatte, auszuliefern, s. *Paus.* IV. c. 4—5 vgl. *Iustin.* III, 4. *Diod.* XV, 66. VI—X. fr. XXII. (vol. III. p. 194. Dind.). Beim Ausbruch des Kriegs sind Antiochos und Androkles Könige der Messenier. Der letztere wird Polychares ausliefern, wird aber in einem desshalb ausbrechenden Aufstande erschlagen; Antiochos stirbt bald darauf, und so führt zunächst Euphaes als König den Krieg. *Paus.* IV, 5, 2. *Strab.* p. 257. Die Quellen der Erzählung bei Pausanias sind Myron von Priene und Rhianos von Bena auf Kreta (letzterer für den 2ten Krieg), über welche s. *Paus.* IV, 6; beide gehören einer späten, nicht näher zu bestimmenden Zeit an, und ihre Darstellungen (die des Rhianos in poetischer Form) haben offenbar die Tendenz, die Ereignisse zu Gunsten der Messenier auszuschmücken; von besonderem Werte sind die erhaltenen Bruchstücke des Tyrtäos, über welchen s. *Anm.* i.

32) Die erste Schlacht im Jahr 740, *Paus.* IV, 7, 2; die zweite im Jahr 739, *Paus.* IV, 7, 3 — c. 8. Die Ursache der Preisgebung des Landes ist angeblich Erschöpfung der Geldmittel und eine Pest, *Paus.* IV, 9, 1.

33) Über die Kolonieen in Sicilien ist die Hauptstelle *Thuk.* VI, 3—5. Ebendaselbst wird c. 1 und 2 über die bisherigen Bewohner der Insel Nachricht gegeben. Über Naxos s. *das.* 3 und *Strab.* p. 267. Der Gründer ist Thuokles, ein Athener; über die Zeitbestimmung s. *Anm.* 35.

34) Korinth war damals der reichste und blühendste Seestaat in Griechenland (dort die ersten Trieren erbaut, *Thuk.* I, 13), es begann daher um diese Zeit die Gründung von Kolonieen in Sicilien, s. *Anm.* 33 und die folg. Anm.; hierzu war die Besetzung von Kerkyra als Seestation für die Überfahrt unerläfsliches Bedürfnis, woran sich sodann die übrigen, die Küste von Akarnanien und Epeiros beherrschenden Kolonieen (Epidamnos, Apollonia, Ambrakia, Anaktorion, Leukas) anschlossen. Über die Gründung von Kerkyra und der Überfahrt nach Syrakus durch Chersikrates s. *Strab.* p. 269. *Timae. fr.* 53 (ed. Müller). Dasselbe machte sich durch eine Seeschlacht, die älteste aller Seeschlachten unter den Griechen, im Jahr 664 von Korinth unabhängig, behauptete seine Unabhängigkeit bis Periandros, gewann sie nach dessen Tode wieder, *Herod.* III, 49—53, und blieb sodann in einer feindlichen Stellung gegen die Mutterstadt, so dafs es auch alle Pietätspflichten der Kolonieen gegen ihre Mutterstädte versäumte, s. *Thuk.* I, 25. Wahrscheinlich gleichzeitig mit Kerkyra wurden auch Molykreion und Chalkis am Ausgang des inneren korinthischen Meerbusens gegründet. *Thuk.* III, 102, I. 108.

35) Der Gründer Archias. s. *Thuk.* VI, 3. *Strab.* p. 269 bis 270. 380. *Athen.* IV, p. 167 d. [Die Zeitbestimmung

Zweite Periode. 1104—560 v. Chr.

Olympiadenjahr.	J. v. Chr.	Dorische Staaten.	Athen.	Kolonieen
XII, 3.	730.			in Italien. in Sicilien. an der Küste im östl. Meer. von Epeiros Leontinoi u. etc. Katana von Naxos.[36]
XIII, 1.	728.			Megara Hybläa von Megara.[37]
XIV, 1.	724.	Messenien unterworfen und die Bewohner zu Heloten gemacht.[38]		
XIV, 4.	721.			Sybaris von Achäern.[39]
XVI, 2.	715.			
XVII, 3.	710.			Kroton von Achäern.[41] Abydos von Milet.[40]

In betreff der Gründung von Syrakus, von der die übrigen Zeitbestimmungen hinsichtlich der sicilischen Kolonieen meist abhängen, beruhen auf Euseb. Chron. und auf Wahrscheinlichkeitsgründen.]

36) „Fünf Jahre nach der Gründung von Syrakus", Thuk. VI, 3. Vgl. Polyaen. V, 5, 1. Der Stadt Katana gehört der berühmte Gesetzgeber Charondas an, über welchen s. Arist. Pol. II, 9, 5, 8. Diodor. XII, 11—19. Stob. Floril. XLIV, 40. Seine Gesetze wurden auch nach Rhegion, Heraclid. Pont. fr. XXV, nach Mazaka in Kappadokien, Strab. p. 539, nach Thurii. Diod. a. a. O., und nach mehreren andern Städten in Italien und Sicilien verpflanzt, s. Arist. Pol. II, 9, 5.

37) Thuk. VI, 3. 4. Um dieselbe Zeit wurde auch Zankle (das nachmalige Messana), nachdem es schon früher durch Seeräuber aus Kyme (Cumä) angelegt worden, von Einwanderern aus Chalkis und dem übrigen Euböa unter einem Ökisten aus Kyme und einem aus Chalkis zur Kolonie eingerichtet, Thuk. VI, 4. Paus. IV, 23, 3. [Mit den bisher angeführten 6 Kolonieen erreichte die hellenische Kolonisation von Sicilien zunächst für etwa 40 Jahr ihr Ziel, s. d. J. 690].

38) Nach der Zurückziehung auf Ithome wird im J. 731 noch eine unentschiedene Schlacht geliefert, in welcher König Euphaes fällt, worauf Aristodemos zum König gewählt wird, Paus. IV, 10. Dieser liefert den Spartanern im J. 727 wieder eine Schlacht, in welcher die Korinthier als Bundesgenossen der Spartaner, die Arkader und eine Anzahl von Argeiern und Sikyoniern auf seiten der Messenier mitfochten und in welcher die Messenier siegen, Paus. IV, 11. Demungeachtet wird einige Jahre darauf, hauptsächlich infolge übler Vorzeichen und sonstiger Ungunst der Götter, Ithome übergeben, nachdem Aristodemos sich selbst getötet, Paus. IV, 9. 11—13.

Dafs der Krieg 19 Jahr dauerte, lehren die folgenden Verse des Tyrtäos: ' ἱμφ' αὐτὴν δ' ἐμάχοντ' ἐννεακαίδεκ' ἔτη, τω λεμέως αἰεὶ τολασίφρονα θυμὸν ἔχοντες, αἰχμηταὶ πατέρων ἡμετέρων πατέρες· εἰκοστῷ δ' οἱ μὲν κατὰ πίονα ἔργα λιπόντες φεῦγον Ἰθωμαίων ἐκ μεγάλων ὀρέων, Strab. p. 279. Paus. IV, 15, 1. 13. 4. Der Anfang des Kriegs Ol. IX, 2 = 743 wird von Paus. IV, 5, 4 bezeichnet, womit auch übereinstimmt, dafs jener Polychares Ol. IV zu Olympia gesiegt hatte, Paus. IV, 4, 5. Das Schicksal der Messenier, soweit sie nicht das Land verliefsen, wird von Tyrtäos beschrieben: Ὥσπερ ὄνοι μεγάλοις ἄχθεσι τειρόμενοι, δεσποσύνοισι φέροντες ἀναγκαίης ὕπο λυγρῆς ἥμισυ πᾶν, ὅσσον κάρπον ἄρουρα φέρῃ, δεσπότας οἰμώζοντες ὅμως ἄλοχοί τε καὶ αὐτοί, εὖτ' αν' ἀλεγεινὴ μοῖρα κίχοι θανάτου.

39) Strab. p. 262—263. Arist. Pol. V, 2, 10. Über die Zeit s. Skymn. Ch. v. 360 vgl. mit Diod. XI, 90. XII, 10. Die große Macht der Stadt s. Strab. p. 263: Τοσαύτην δ' εὐτυχίαν διήνεγκεν ἡ πόλις αὕτη, τὸ παλαιόν, ὡς τετταρων μὲν ἐθνῶν τῶν πλησίον ἐπῆρξε, πέντε δὲ καὶ εἴκοσι πόλεις ὑπηκόους ἔσχε, τριάκοντα δὲ μυρίασιν ἀνδρῶν ἐπὶ Κροτωνιάτας ἐστράτευσαν, σταδίων δὲ ἑκατὸν καὶ πεντήκοντα τὸν περίβολον ἐπλήρουν ἐπὶ τῷ Κράθιδι. Über den Luxus der Stadt s. Athen. XII. p. 519—522. Sie wurde 511 von den Krotoniaten zerstört, Skymn. a. a. O. Diod. XI, 90. XII, 9—10. Von hier aus gegründet: Poseidonia, Strab. p. 251, Laos, ebend. p. 253.

40) Strab. p. 590: Λαμπρύνοντος Ἴψου τοῦ Λεβῶν βασιλέως.

41) Dionys. Hal. II, 59. Herod. VIII, 47. Strab. p. 262. Von hier aus Terina, Steph. Byz. s. v. Skymn. Ch. v. 306, gegründet.

Das Zeitalter der inneren Entwickelung des Hellenentums.

Olympiaden-jahr.	J. v. Chr.	Dorische Staaten.	Athen.	Kolonieen	Kunst und Litteratur.
				in Italien. in Sicilien.	
XVIII, 4.	705.	.	. .	Tarent von Sparta.[12]	
XX. 1.	700.	. . . . . .	.	.	Emporblühen der lyrischen Poesie": Kallinos aus Ephesos;[f] Archilochos aus Paros;[g] Simonides von Samos, der Iambograph[h] (Elegiker).
XXII, 3.	690.	.		. Gela von Rhodos u. Kreta.[13]	

12) *Antiochos* und *Ephoros* bei *Strab.* p. 278 280. Vgl. *Aristot. Rep.* V, 6, 1. *Iustin.* III. 1. *Diod.* XV. 66. Die Zeitbestimmung nach Hieronymus p. 85 (705 v. Chr. = 1312 Abr.). Von hier Herakleia (am Siris) gegründet, *Strab.* p. 264.

43) *Thuk.* VI, 4: „44 Jahre nach Syrakus." Vgl. *Diod. Exc. Vat.* XIII. *Paus.* VIII. 46, 2. *Herod.* VII. 143. Die Namen der Gründer sind Antiphemos von Rhodos und Entimos aus Kreta.

e) Es lassen sich zwei Hauptrichtungen der lyrischen Dichtung in diesem Zeitalter unterscheiden: die elegische und iambische Poesie, deren Hauptformen das daktylische Distichon und der iambische Trimeter sind, vornämlich dem ionischen Stamme eigen, daher auch immer im ionischen Dialekt gedichtet, und die melische Poesie der Dorier und der Äoler. Μέλος bedeutet ein in Musik gesetztes Lied, zur Laute oder Flöte gesungen bei festlichen Gelegenheiten, oft zum Reigentanz, in mannigfachen oft zum Teil strophischen Rhythmen, *Plat. Rep.* III, p. 398: τὸ μέλος ἐκ τριῶν ἐστι συγκείμενον, λόγου τε καὶ ἁρμονίας καὶ ῥυθμοῦ. Solche Lieder hatten teils, und zwar in der ältesten Zeit vorzugsweise, religiöse Bedeutung, wie ὕμνοι, ἱεροί, παιᾶνες, Loblieder und Choräle, προσόδια, Prozessionslieder, ἐπορχήματα, Festlieder zu mimischen Tänzen, διθύραμβοι, Bacchische Chorgesänge mit Reigentanz u. a., teils waren sie von weltlichem Charakter, wie die ἐγκώμια, Loblieder auf Menschen, ἐπινίκια, Siegeslieder, σκόλια, παροίνια, Trinklieder. ἐρωτικά, Liebeslieder, ἐπιθαλάμια, ὑμέναιοι, Hochzeitslieder, θρῆνοι, Klagelieder, ἐπικήδεια, Grabgesänge u. a. a. m. Die äolische Poesie hatte ihren Ursprung und ihre Blüte in Lesbos (ἀιολοτίτι).

f) Kallinos, gewöhnlich als der älteste elegische Dichter bezeichnet, *Strab.* p. 633, *Orion.* p. 58. *Schol. Cic. pr. Arch.* 10, 3. *Trentina.* 1. 1721, doch ist seine Lebenszeit ungewiß; nach *Strab.* p. 647. 648 vgl. *Clem. Al. Strom.* I, u. 333. b ist er älter als Archilochos. Von ihm ist das Bruch-

stück eines Kriegsliedes von 21 Versen erhalten, *Poet. Lyr. Th. Bergk.* ed. II, fr. 1.

g) Archilochos, Sohn des Telesikles, lebte um 700, *Herod.* I, 12. *Cic. Tusc.* I, 1. *Synkell.* p. 181. wanderte aus Armut nach Thasos aus, *Aelian.* V. H. X. 13. Krieger und Dichter zugleich, *Athen.* XIV, 627, greift er seine Gegner in beifsenden Spottgedichten an, *Pind. Pyth.* II. 55. *Bergk.* fr. 92. so namentlich Lykambes und dessen Töchter, *Hor. Epod.* 6, 13. *Epist.* I, 19, 25. *Ovid. Ib.* 53. Nach einem Leben voll Leidenschaften und Drangsalen, *Bergk.* fr. 9. 13. 19. 65. 67. 68. b1, fiel er in einer Schlacht gegen Naxos. *Suid.* v. Ἀρχίλοχος. Von den Pariern ward ihm göttliche Verehrung erwiesen, *Arist. Rhet.* II. 23, 11. Er wurde wegen seiner dichterischen Begabung und seiner vollendeten Sprache von den Alten dem Homer, Pindar und Sophokles zur Seite gestellt, gilt als Erfinder des iambischen Trimeter, des trochäischen Tetrameter und mannigfacher zusammengesetzter Versmafse und regelte die Melodie und den recitativischen Vortrag seiner Gedichte. *Mar. Vict.* p. 2588 ed. *Putsch. Plut. de mus.* c. 28. Von seinen Gedichten Ἐλεγεῖα, Ἴαμβοι, Τετράμετρα, Ἐπῳδοί, Ὕμνοι, Ἰόβακχοι sind nur kurze Bruchstücke erhalten, *Bergk.* p. 536 f.

h) Simonides der Iambograph, jüngerer Zeitgenosse des Archilochos, führte eine samische Kolonie nach Amorgos, *Suid.* v. Σιμωνίδης, v. Σάμιος· Ἰάμβοι. *Clem. Al. Strom.* I. p. 323. b. dichtete Elegeen und Iamboi; nur von den letzteren sind indes Bruchstücke erhalten, namentlich zwei gröfsere, *Bergk.* fr. 1. 7 (περὶ γυναικῶν).

Olympiaden-jahr.	J. v. Chr.	Dorische Staaten.	Athen.	Kolonieen	Kunst und Litteratur.
				in Italien. in Sicilien.	
XXIII, 4.	685.	Die Messenier erheben sich unter Aristomenes; zweiter messenischer Krieg.[44]			Tyrtäos in Sparta (Elegiker); Terpandros von Lesbos[k]; Alkman aus Sardes[l] (melische Dichtung).
XXIV, 2.	683.		Neun einjährige Archonten.[45]		
XXV, 2.	679.	Die Messenier ziehen sich auf Eira zurück.[46]			

---

44) *Paus.* IV, c. 14, 4 — c. 24. *Iustin.* III, 5. *Diod.* XV, 66. Die Bundesgenossen der Messenier: Arkader, Argeier, Pisaten und Sikyonier, der Spartaner: Korinthier, Eleer und Lepreaten, *Paus.* IV, 15, 1. 16, 2. *Strab.* p. 355. 362. [Nach *Paus.* IV, 15, 1. geschieht die Erhebung 39 Jahre nach Beendigung des ersten Krieges, nach *Iustin.* III, 5 fängt der zweite Krieg 80 Jahr nach dem ersten an, nach *Euseb. Chron. arm.* p. 88 sogar erst im Jahr 635. Die *Ann.* 38 angeführte Stelle des Tyrtäos (αὐτῶν πατέρων πατέρες) und der Umstand, dafs nach *Paus.* VI, 22, 2 die Pisaten unter ihrem König Pantaleon die Leitung der olympischen Spiele führten, während nach *Strab.* p. 355 die Eleer unmittelbar nach Beendigung des zweiten messenischen Krieges durch den Beistand der Spartaner die Pisaten völlig unterwarfen, machen es wahrscheinlich, dafs der zweite Krieg von Pausanias zu früh angesetzt ist.]

45) *African.* bei *Synk.* p. 212. B. *Euseb. Chron.* p. 84. Der erste im Kollegium der neun Archonten hiefs vorzugsweise Archon und nach ihm wurde das Jahr benannt (daher ἐπώνυμος); über den Anfang des Jahres s. *Ann.* 22), der zweite hiefs βασιλεύς, der dritte πολέμαρχος, die übrigen zusammen θεσμοθέται. s. *Pollux. Onom.* 85 — 91. Über die Macht der Archonten in der damaligen Zeit s. *Thuk.* I, 126: τότε δὲ τὰ πολλὰ τῶν πολιτικῶν οἱ ἐννέα ἄρχοντες ἔπρασσον. Der erste einjährige ἄρχων ἐπώνυμος war Kreon, der letzte zehnjährige Eryxias.

46) Dies geschah nach dem Verlust einer Schlacht (am grossen Graben), welche von *Paus.* IV, 17, 2 in das dritte

---

i) Tyrtäos, Sohn des Archembrotos, gewöhnlich ein Athener oder Aphidnäer, *Paus.* IV, 15, 3. *Strab.* p. 362. *Plat. leg.* 1, 629 a. 630, aber auch ein Lakone oder Milesier genannt, *Suid.* s. v., versöhnte zur Zeit des zweiten messenischen Kriegs durch seine Lieder die streitenden Parteien zu Sparta, *Arist. Pol.* V, 6, 2. *Paus.* IV, 18, 2, und feuerte den Kriegsmut der Jugend an, *Plut. Cleom.* 2. *Hor. A. P.* 402. Daher wurden auch später seine Kriegslieder im Felde gesungen, *Lyc. Leocr.* p. 162. *Athen.* XIV, p. 630 f. Erhalten sind von ihm Bruchstücke eines elegischen Gedichtes Εὐνομία zum Preise dorischer Sitte und Verfassung, *Plut. Lyc.* 6. *Bergk.* fr. 2—7, ferner drei gröfsere Fragmente seiner kriegerischen Elegieen, *Bergk.* fr. 10. 11. 12, und spärliche Reste seiner anapästischen Marschlieder (ἐμβατήρια μέλη), *Bergk.* fr. 15. 16.

k) Terpandros, wahrscheinlich aus Antissa auf Lesbos, *Suid.* v. *Τέρπανδρος*, siegte um 676 in dem musischen Wettkampf am Feste der Karneen zu Sparta, *Athen.* XIV, p. 635 e, und viermal bei den pythischen Spielen zu Delphi, *Plut. de mus.* c. 4. Er wird der Erfinder der siebensaitigen Kithara anstatt der viersaitigen genannt, *Strab.* p. 618. dichtete für dieselbe Lieder mit mannigfaltiger Tonsetzung, *Plut. de mus.* c. 4. 6, und begründete so als Dichter und Komponist die erste Periode der dorischen Musik wie der melischen Dichtung zu Sparta, *Plut. de mus.* c. G. 42. wo er durch seine Gesänge den Hader der Parteien beschwichtigt haben soll. *Plut. de mus.* c. 42. Zwei Verse zum Lobe Spartas, *Plut. Lyc.* 21. — Sein Nachfolger in Sparta war der aus Kreta (s. *Schol. Pind. Pyth.* II, 127. *Hymn. Hom. Apoll.* 518 ff. *Strab.* p. 481) berufene Thaletas, *Plut.* 4. dessen Lieder noch später an den Feste der Gymnopädien gesungen wurden, *Athen.* XV, p. 678. e. Über ähnliche Dichter und Musiker vgl. *Plut. de mus.* c. 3 fl. 9.

l) Alkman um 672—612, zu Sparta ansässig. *Suid.* v. *Ἀλκμάν. Euseb. Chron. arm. Olymp.* 30, 3 (Hier. 30, 4) p. 86 f. ed. Schöne. Vgl. *Alex. Aetol. Anthol. Plan.* 1, p. 207. Er dichtete und komponierte Hymnen, *Bergk.* fr. 1. 2. 8. 17. 18. Päane, *fr.* 19. Gastmahllieder, *fr.* 25, Liebeslieder, *fr.* 28. 29, meist kurze Lieder im lakonischen Dialekt mit wechselnden, zum Teil strophischen Rhythmen; vom politischen Leben hielt er sich zurück.

Olympiaden- jahr.	J. v. Chr.	Dorische Staaten.	Athen.	Kolonieen		
				in Italien.	in Sicilien.	im östlichen Meer.
XXV, 4.	677.					Chalkedon von Megara.[47]
XXVI, 4.	673.			Locri von den Lokrern.[48]		
XXVII, 3.	670.	Orthagoras, der erste Tyrann von Sikyon.[49]				
XXVII, 4.	669.	Die Spartaner bei Hysiä von den Argeiern geschlagen.[50]				
XXVIII, 1.	668.	Eira von den Spartanern genommen und die Messenier von neuem völlig unterworfen.[51]				
XXIX, 1.	664.				Akrä von Syrakus.[52]	
XXX, 1.	660.					Byzantion von Megara.[53]

Jahr des Krieges gesetzt wird. Er widerspricht sich aber selbst, indem nach dieser Schlacht der Krieg nach 17, 6 und 20, 1 noch 11 Jahre und nach 23, 2 im ganzen 17 Jahr dauerte. Aufser dieser Schlacht (über welche s. *Paus.* IV, 17, 2—5. sie wurde durch den Verrat des Arkaderkönigs Aristokrates verloren) wird aus den früheren Jahren noch eine unentschiedene Schlacht bei Derä, s. *Paus.* IV, 15, 21, und ein grofser Sieg am Ebergrabe ἐν Στενυκλήρῳ, s. ebend. § 4 f. *Polyb.* IV, 33, erwähnt. Sonst ist die ganze Darstellung des Pausanias (oder vielmehr des Rhianos, dem er überall folgt) nichts als eine Verherrlichung des (von andern in den ersten messenischen Krieg gesetzten) Aristomenes, eines zweiten Achilleus, wie er ihn selbst nennt, IV, 6, 2. Auf Seiten der Spartaner tritt nur der Sänger Tyrtäos hervor, der den sinkenden Mut derselben durch seine Gesänge überall wieder aufrichtete und entzündete, s. *Anm.* i.
47) *Thuk.* IV, 25. *Strab.* p. 320. *Herod.* IV, 144: „17 J. vor Byzantion." Nach *Hieron. Chron.* p. 85 im J. 685 (= Abr. 1332).
48) *Strab.* p. 259. *Arist.* b. *Polyb.* XII, 5—11. Nach *Ephor.* b. *Strab. a. a. O.* war Locri (es führte den Beinamen Epizephyrii) von den opuntischen, nach andern von den ozolischen Lokrern ausgesendet. Über Zaleukos, den Gesetzgeber von Locri um 660, s. *Ephor.* b. *Strab.* p. 260. *Schol.* zu *Pind. Ol.* XI, 17. *Diod.* XII, 20 ff. Von hier aus Hipponion (Vibo Valentia) und Medma, *Strab.* p. 225.

49) S. *Aristot. Pol.* V, 9, 21. Nach Orthagoras herrschten (Andreas?), Myron, Aristonymos, Kleisthenes, s. *Herod.* VI, 126. *Paus.* II. 8, 1 vgl. *Aristot. Pol.* V, 10, 3. — *Arist.* V, 9, 21: πλεῖστον γὰρ ἐγένετο χρόνον ἡ περὶ Σικυῶνα τυραννὶς ἡ τῶν Ὀρθαγόρου παίδων καὶ αὐτοῦ Ὀρθαγόρου· ἔτη δ' αὕτη διέμεινεν ἑκατόν· τούτου δ' αἴτιον, ὅτι τοῖς ἀρχομένοις ἐχρῶντο μετρίως, καὶ πολλὰ τοῖς ἀρχομένοις ἐδούλευον· καὶ διὰ τὸ πολεμικὸς γενέσθαι οὐκ ἦν εὐκαταφρόνητος Κλεισθένης, καὶ τὰ πολλὰ ταῖς ἐπιμελείας ἐδημαγώγουν. [Über die Chronologie s. *Anm.* 74.]

50) *Paus.* II, 24, 8. [Der lange fortgesetzte Krieg drehte sich hauptsächlich um den Besitz von Kynuria und Thyrea. Nach *Paus.* III, 75 wurde Kynuria schon unter Theopomp von den Spartanern erobert; wahrscheinlich geschah dies aber viel später, vgl. *Anm.* 84.]

51) *Pausan.* IV, 20—24. Aristomenes stirbt in Ialysos auf Rhodos. Die zurückbleibenden Messenier werden wieder Heloten, *Paus.* IV, 23, 1.

52) *Thuk.* VI, 5: „70 J. nach Syrakus." Nach *Steph. Byz.* s. v. wurde auch Enna in demselben Jahre von Syrakus aus gegründet.

53) *Herod.* IV, 144. *Skymn. Ch.* 717. *Steph. Byz.* s. v. Die Zeitbestimmung nach *Euseb. Chron. arm.* p. 86 (660 v. Chr. = 1357 Abr.; *Hieron.* 658 = 1359). Kurz vor Byzanz wurde auch Selymbria von Megara gegründet, *Skymn. Ch.* 715.

Olympiadenjahr.	J. v. Chr.	Dorische Staaten.	Athen.	Kolonieen		Kunst und Litteratur.
				im westlichen Meer, in Sicilien.	im östl. Meer, sonst.	
XXXI, 2.	655.	Kypselos, Tyrann in Korinth.⁵⁴				
XXXI, 3.	654.	. . . .			Akanthos und Stageira von Andros; Abdera von Klazomenä: Istros, Lampsakos, Borysthenes von Milet.⁵⁵	
XXXIII, 1.	648.	.	.	Himera von Zankle;		
XXXIV, 1.	644.	.	. . .	Kasmenä von Syrakus.⁵⁶		
XXXVII, 2.	631.	.	. . .		Kyrene von Thera.⁵⁷	
XXXVII, 3.	630.	.			Naukratis v. Milet.⁵⁸	Mimnermos aus Kolophon'"(Elegiker).

54) S. *Herod.* V, 92. Über die früheren Zustände und die Abkunft des Kypselos s. *das.* §. 2: ἐν ὀλιγαρχίῃ καὶ οὗτοι Βακχιάδαι καλεόμενοι ἔνεμον τὴν πόλιν, ἐδίδοσαν δὲ καὶ ἤγοντο ἐξ ἀλλήλων. Ἀμφίονι δὲ ἐόντι τούτων τῶν ἀνδρῶν γίνεται θυγάτηρ χωλή, οὔνομα δὲ οἱ ἦν Λάβδα. ταύτην, Βακχιαδέων γὰρ οὐδεὶς ἤθελε γῆμαι, ἴσχει Ἠετίων ὁ Ἐχεκράτεος, δήμου μὲν ἐκ Πέτρης ἐών, ἀτὰρ τὰ ἀνέκαθεν Λαπίθης τε καὶ Καινείδης. Dieser Eetion wurde der Vater des Kypselos, er selbst ein Abkömmling des Melas, welcher mit Aletes nach Korinth gekommen war, s. *Paus.* V, 18, 2. Zum Andenken an die Rettung des Kypselos, wurde die Kiste nach Olympia geweiht, in welcher Kypselos angeblich verborgen wurde und welche Pausanias gesehen und beschrieben hat, s. V, c. 17—19. Nach *Aristot. Pol.* V, 9, 22 war Kypselos δημαγωγός, und κατὰ τὴν ἀρχὴν ἐπίασιν ἀδορυφόρητος, womit indes *Herod. a. a. O.* §. 8 nicht übereinstimmt. Die Zeitbestimmung ergiebt sich daraus, dafs die Herrschaft der Kypseliden nach *Arist. Pol. a. a. O.* 73½ Jahre dauert (Kypselos 30 J., s. *ebend.* und *Herod. a. a. O.* §. 9, Periandros 40 J., s. *Diog. Laert.* 1, 98, Psammetich, der

Sohn des Gordias, 3 J., *Arist. a. O.*) und dafs Periandros nach *Diog. Laert.* 1, 95 im J. 585 (Ol. XLVIII, 4) starb.

55) S. *Euseb. Chron.* p. 86 ff. der die Gründungen der ersten 4 Kolonien in die Jahre 657—652 (Abr. 1360—1365) setzt. Borysthenes ist nach *Hieronym.* im J. 645 (Abr. 1372) gegründet. Über Abdera noch *Solin. Pol.* c. 10. Letzteres wurde im J. 543 von den vor den Persern fliehenden Teiern eruecurt, s. *Herod.* 1, 168. *Strab.* p. 344.

56) Über Himera s. *Thuk.* VI, 5. *Diod.* XIII, 62. Nach *Thuk. a. a. O.* nahmen auch Flüchtlinge aus Syrakus an der Kolonie teil, so dafs infolge davon die Sprache daselbst eine gemischt dorische und chalkidische war. Über Kasmenä s. *Thuk.* VI, 5: „zwanzig Jahre nach Akrä."

57) Hauptstelle *Herod.* IV, 150—167. Die Zeitbestimmung nach *Euseb. Chron.* p. 88. vgl. mit *Theophrast. Hist. Plant.* VI, 3. *Schol.* zu *Pind. Pyth.* IV, 1. Von Kyrene aus wurde um das Jahr 550 auch Barka gegründet. *Herod.* IV, 160.

58) *Strab.* §. 801. Vgl. *Herod.* II, 154. 178. (Die Zeitbestimmung nur eine ungefähre.)

***) Mimnermos. *Suid.* v. Μίμνερμος, lebte um 630. *Strab.* p. 643. zugleich Flötenspieler und Dichter. Von ihm kannte man eine Sammlung von Elegieen, nach seiner Geliebten *Nanno* benannt, *Strab.* p. 633. 634. *Athen.* XIII. p. 597. a. XI. p. 470. a., und eine Elegie auf die Schlacht der Smyrnäer gegen den Lyder-

könig Gyges, *Paus.* IX, 29, 2. aufserdem noch andere Lieder. Er galt vornehmlich als Sänger des weichen Liebesliedes und des behaglichen Lebensgenusses. *Hermesianax* bei *Athen.* XIII. p. 597. *fr.* 35. *Propert.* I, 9, 11. *Bergk. fr.* 1. Über den sonstigen Gehalt und Charakter seiner Dichtung vgl. *Bergk. fr.* 1. 2. 4. 5. 6. 7.

Das Zeitalter der inneren Entwickelung des Hellenentums. 35

Olympiaden-jahr.	J. v. Chr.	Dorische Staaten.	Athen.	Kolonieen	Kunst und Litteratur.
				im westlichen Meer.	
				in Sicilien. sonst.	
XXXVIII, 1.	628.			. Selinus von Megara Hybläa.⁵⁹	
XXXVIII, 4.	625.	Periandros, Tyrann von Korinth.⁶⁰ Theagenes bemächtigt sich der Herrschaft in Megara.⁶²		. Epidamnos, Amprakia, Anaktorion, Leukas, Apollonia von Korinth und Kerkyra.⁶¹	
XXXIX, 4.	621.		. Gesetzgebung des Drakon.⁶³		
XL, 1.	620.		. Versuch des Kylon, sich der Herrschaft zu bemächtigen.⁶⁴		

59) *Thuk.* VI, 4: „hundert Jahre nach der Gründung von Megara Hybläa."
60) Von Periandros heifst es *Aristot. Pol.* V, 9, 22: ἐγένετο μὲν τυραννικός, ἀλλὰ πολεμικός, und *ebend.* §. 2 wird von ihm gesagt, dafs er die Mittel, deren sich die Tyrannen zu bedienen pflegten (s. *Anm.* 21), meist angewandt habe. Nach *Herod.* V, 92 §. 9 wurde er erst nach dem bekannten Rate des Tyrannen von Milet, Thrasybulos, so grausam, vergl. *Aristot.* III, 8, 3. Vgl. über ihn noch *Herod.* III, 47—54. Dafs unter ihm und unter den Kypseliden überhaupt Korinths Macht und Reichtum bedeutend gehoben wurde, geht unter anderem daraus hervor, dafs nach *Plutarch. de sera numinis vind.* c. 7 unter ihm die Kolonieen Apollonia, Anaktorion und Leukas gegründet wurden (vergl. die folg. Anmerk.).
61) Die Gründung von Epidamnos ging besonders von Kerkyra aus, doch geschah sie unter einem korinthischen Führer (οἰκιστής), auch nahmen sonst noch Korinthier daran teil, s. *Thuk.* I, 24. *Strab.* p. 316. Die Gründung der übrigen oben genannten Kolonieen wird in der Regel Korinth zugeschrieben, *Thuk.* I, 30. *Herod.* VIII, 45. *Seymn. Ch.* v. 459. 465. *Plutarch. Tim.* 15. *Steph. Byz.* s. v. Ἀπολλωνία; doch nahmen wenigstens bei Anaktorion und Leukas die Korkyräer teil, *Thuk.* I, 55. *Plut. Them.* 25, und Apollonia war wie das nahe Epidamnos wahrscheinlich vorherrschend korkyräisch. Die Zeitangabe beruht für Epidamnos auf *Euseb. Chron.* p. 88 f., in Bezug auf Amprakia, Leukas und Anaktorion wird gemeldet, dafs sie unter Kypselos gegründet seien, *Strab.* p. 325. 452. *Seymn. Ch.* v. 454, oder unter Periandros, s. die vor. *Anm.*, in Bezug auf Apollonia (*Steph. Byz.* s. v.

Paus. V, 22, 2) haben wir hinsichtlich der Zeit nur das in der vorigen Anm. angeführte Zeugnis des Plutarch.
62) S. *Arist. Pol.* V, 4, 5. *Rhet.* I, 2, 7. Von den Mafsregeln, die er anwandte, wird nur von Plutarch erwähnt die ἀναπραξία d. h. die Zurückforderung der entrichteten Zinsen, s. *Plut. Quaest. Graec.* c. 18. Die Zeit läfst sich nur ungefähr danach bestimmen, dafs Kylon sich mit seiner Unterstützung der Tyrannis in Athen bemächtigte, s. *Thuk.* I, 126. *Anm.* 64. Nach dem Sturze des Theagenes treten noch mehrfache Wechsel der politischen Zustände ein, von denen wir aber nur in allgemeinen Ausdrücken hören, s. *Arist. Pol.* IV, 12, 10. V, 6, 4, 3 und die Elegieen des Theognis, in denen dieser Dichter in der Zeit nach Theagenes' Sturz über die Unterdrückung der Edeln durch die schlechten Reichen klagt, s. *Anm.* bb.
63) [Die Bestimmung des Jahres ist nur eine ungefähre; nach *Suid.* s. v. Δράκων, *Tatian.* p. 140. *Clemens Alex. Strom.* I. p. 399. B. *Hieron. chron.* p. 91 gehört er in die 39ste, nach *Euseb. chron. arm.* p. 90 in die 40ste Olympiade.] S. *Plut. Sol.* 17. *Aristot. Pol.* II, 9, 9: Δράκοντος δὲ νόμοι μέν εἰσι, πολιτείᾳ δὲ ὑπαρχούσῃ τοὺς νόμους ἔθηκεν (d. h. seine Gesetze änderten nichts an der bestehenden Vorfassung). ἴδιον δ' ἐν τοῖς νόμοις οὐδέν ἐστιν, ὅ τι καὶ μνείας ἄξιον, πλὴν ἡ χαλεπότης διὰ τὸ ζημίας μέγεθος.
64) [In chronologischer Hinsicht ist nur so viel als sicher anzusehen, dafs der Vorfall sich ungefähr in dieser Zeit zutrug und in einem Olympiadenjahre; letzteres sagt Thuk.] Hauptstelle: *Thuk.* I, 126. Der Versuch mifsglückte, Kylon entkam, seine Anhänger wurden gegen ein gegebenes Versprechen, zum Teil an geheiligten Orten, getötet. Daher die

Olympiaden- jahr.	J. v. Chr.	Dorische Staaten.	Athen.	Kolonieen im westlichen Meere in Sicilien. sonst.	Kunst und Litteratur.
XLII, 3.	610.				Arion aus Methymna;ⁿ Alkäos aus Mytilene;^o Sappho^p und Erinna^q auf Lesbos; Stesichoros zu Himera^r (melische Dichtung).

Mörder, von denen vorzugsweise die Alkmäoniden genannt werden, ἐπικλήν καὶ ἀλιτήριοι, Thuk. a. a. O. Paus. VII,

n) Arion lebte in Korinth zur Zeit des Periandros, Herod. I, 23. Euseb. chron. arm. Ol. XLII, 3, p. 90, regelte den Bakchischen Doppelreigen und dichtete und komponierte Gesänge für denselben, die er διθυράμβοι nannte, Suid. s. v. Ἀρίων, Herod. a. a. O. Seine wunderbare Rettung s. Herod. a. a. O. Gell. n. Att. XVI, 19. Aelian. V. h. XII, 45. [Der unter seinem Namen gehende Hymnus auf Poseidon, Bergk. p. 662, stammt aus späterer Zeit.]

o) Alkäos, aus adligem Geschlecht, lebte um 610—595, Suid. v. Ἀλκαῖος. Strab. p. 617. Euseb. chron. arm. Ol. 46, 2 p. 92, focht unglücklich in dem Kampfe der Mytilenaer gegen die Athener um Sigeion, Herod. V, 94. 95. In die politischen Wirren seiner Vaterstadt verflochten, bekämpfte er als Aristokrat die Tyrannen Melanchros, Myrsilos und andere. Nachdem der Weise Pittakos zum Äsymneten erwählt war, mußte er Mytilene mit seinem Anhang verlassen und führte lange ein unstätes Kriegsleben; bei dem Versuche, seine Rückkehr mit den Waffen zu erzwingen (Bergk. fr. 37. Anthol. Pal. IX, 184, Strab. a. a. O. Diog. Laert. I, 74), wurde er gefangen genommen (Diog. 1, 76), erhielt aber von Pittakos edelmütige Verzeihung (Diod. fr. Vat. VII, 22. Nach den erhaltenen Bruchstücken dichtete er Hymnen, Bergk. fr. 1. 5. 9. 11, politische Lieder und Kriegsgesänge (στασιωτικά), fr. 15. 18. 25, ein Lobgedicht auf seinen Bruder Antimenidas, fr. 33, Trinklieder, fr. 34. 35. 36. 39. 41. 45, und Liebeslieder, fr. 55. 59. 60. 62. 63, frische und lebensvolle Ergüsse einer thatkräftigen, leidenschaftlichen und genußsüchtigen Natur, in daktylischen, logaödischen, iambischen, choriambischen und ionischen Versmaßen.

p) Sappho. Zeitgenossin des Alkäos, geboren zu Eresos oder Mytilene auf Lesbos, Strab. p. 617. Euseb. chron. arm. Olymp. 46, 2 p. 92. Suid. s. v. Σαπφώ, Athen. XIII. p. 599. e. Anth. Pal. VII, 407. Plut. Plan. I, p. 190, Tochter des Skamandronymos und der Kleis, Herod. II, 135, lebte und dichtete in einem Kreise von dichterischen Frauen und Jungfrauen, (Ovid.) Her. XV, 15. Philostr. vit. Apollon. I, 30. Suid. a. a. O., die sie zum Teil besang, wie die Atthis. Bergk. fr. 33. 41, Mnasidika, Gyrinno, fr. 75. u. a. vgl. fr. 11. Alkäos' Liebe zu ihr ist durch das Bruchstück eines Liebesliedes an sie bezeugt, Bergk. Alk. fr.

25, I. Plut. Sol. 12; daher auch die Berufung des Epimenides zur Sühnung dieses Frevels. s. Anm. 68.

55; einen jüngeren Liebhaber wies sie zurück. fr. 75. Ihre angebliche Leidenschaft für Phaon hingegen und ihr Sturz vom leukadischen Felsen ist eine Sage späterer Zeit, Menander bei Strab. p. 452. Suid. a. a. O. (Ovid.) Her. XV, 220. Stat. Silv. V, 3. 155. Andere Märchen und üble Nachreden von ihr hat die attische Komödie erfunden, Athen. XIII. p. 599. c. d. Suid. a. a. O. Max. Tyr. XXIV. p. 472. Ihre Liebeslieder in kurzen, aus iambischen Dipodieen, Daktylen und Choriamben zusammengesetzten Strophen zeigen, neben Weichheit und Anmut, Glut der Leidenschaft und sinnliche Frische, Bergk. fr. 2. 3. 52. 53. 54. Plut. Erot. p. 762. Hor. Od. IV, 9. 10; sie wird daher als Dichterin von den Alten hochgepriesen, Strab. p. 617. Antip. Sid. Anth. Plan. II. p. 25.

q) Erinna, wahrscheinlich eine Gefährtin der Sappho, Suid. v. Ἤριννα. Eustath. II. II. 726. Anthol. Pal. VII, 710, dichtete Epigramme, Bergk. fr. 118—120, ein Gedicht Ἠλακάτη und Epodöen. Suid. a. a. O., die von den Alten vielfach gepriesen werden, Anth. Pal. VII, 11. 12. 13. 710. 712. 713. IX, 190. Gleichzeitig dichtete auch Damophyle, ebenfalls eine Freundin der Sappho, Philostr. v. Apollon. I, 30.

r) Stesichoros, der älteste und grüßte Dichter von Sicilien, lebte zu Himera um 632—553, Suid. v. Στησίχορος. Euseb. chron. arm. Ol. 43, 2. Hieron. Ol. 42. 1 p. 90 f. Über sein Leben wußte man nur Sagen, so von der Nachtigall, die auf dem Munde des Knaben gesungen, Anth. Pal. I, 128, Plin. H. N. X, 29. 13, von der Warnung vor Phalaris durch die Fabel vom Pferd und Hirsch, Arist. Rhet. II, 20. Conon. narr. 42, von seiner Erblindung, Plat. Phaedr. 243, A. Pausan. III. 19, 11. Isocr. Hel. enc., p. 218, von seinem Schwanengesang, Hieron. Ep. 34, und von seinem Tod durch Räuberhand, Suid. v. ἑαυτόν τιμωρία. Von seinen lyrisch-epischen Dichtungen, wie Ἴλιον ἐξ Ἑλένη, Παλινῳδία, Ὀρέστεια, Κέρβερος, Ἴλιον αἱρεσις, Ἀδραστος, Γλαῦκος, Ὀρέσαια sind nur spärliche Reste erhalten, meist in daktylisch-logaödischen Versmaßen. Er vollendete den Chorgesang, indem er zur Strophe und Antistrophe die Epode hinzufügte. Suid. s. v. τρία Στησιχόρου. Sein Stil war ausgezeichnet durch die μεγαλοπρέπεια. Über seinen künstlerischen Ruhm s. Cicer. Verr. II, 35, 87. Anth. Palat. VII, 75.

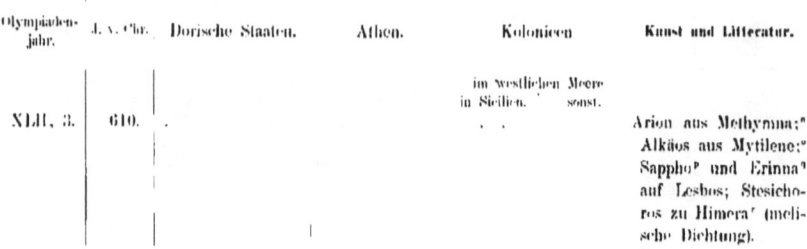

Olympiaden-jahr.	J. v. Chr.	Dorische Staaten.	Athen.	Kolonieen	Kunst und Litteratur.
XLV, 1.	600.			im westlichen Meere in Sicilien. sonst. . . . Massalia von Phokäa.⁶⁵	Der *Philosoph* Thales von Milet, Gründer der ionischen Philosophie.ˢ
XLV, 2.	599.			. . Kamarina von Syrakus.⁶⁶	
XLVI, 2.	595.	*bis* Ol. XLVIII, 3 = 586. Der erste heilige (oder kirrhäische) Krieg.⁶⁷			
XLVI, 3.	594.		. . . . . Gesetzgebung des Solon.⁶⁸	. . . . .	Solon' (politische Elegie, Spruchdichtung).

65) *Aristot.* bei *Athen.* XIII, 576. *Strab.* p. 179—181. *Iust.* XLIII, 3—5. *Herod.* 1, 163: οἱ δὲ Φωκαεῖς οὗτοι ναυτιλίῃσι μακρῇσι πρῶτοι Ἑλλήνων ἐχρήσαντο καὶ τόν τε Ἀδρίην καὶ τὴν Ἰηνρίην καὶ τὸν Ταρτησσὸν οὗτοί εἰσιν οἱ καταδέξαντες.
66) *Thuk.* VI, 5: „135 J. nach Syrakus."
67) Der Krieg dauerte 10 J., s. *Kallisthenes* bei *Athen.* XIII, 560. C, und wurde unter dem Archontat des Damasias beendet, *Schol. Pind. Pyth. Argum.* Er wurde durch Frevel der Kirrhäer veranlafst; Kirrha wurde 591 zerstört, der Krieg aber wahrscheinlich erst nach weiteren 5 Jahren mit der völligen Vernichtung der Kirrhäer, deren Gebiet dem delphischen Gotte geweiht wurde, beendet, s. *Schol. Pind. a. a. O. Strab.* p. 418. *Plut. Sol.* 11. *Paus.* II, 9, 6. X, 37, 4. *Polyaen.* III, 5, 1. Als Teilnehmer an demselben werden namentlich Solon (*Plut. a. a. O.*) und der sikyonische Tyrann Kleisthenes genannt (*Pausan.* und *Polyaen. a. a. O.*). Dieser Krieg gab übrigens die Veranlassung zu der Erweiterung der pythischen Spiele, deren Ära vom Jahre der Beendigung des Krieges

s) Die ionische Philosophie, ausgehend von der Ansicht, dafs Materie und Leben eins sei (Hylozoismus), suchte das Problem über den Urgrund der Dinge zu lösen. Der erste ionische Philosoph und damit der erste griechische Philosoph überhaupt ist Thales um 639—549. *Euseb. arm. ol.* 35, 2. 58, 2 p. 88. 96. *Herod.* I, 170. *Diog. L.* I, 22 f. *Suid.* s. v., der auch zu den sieben Weisen gezählt wird. Als Staatsmann erteilt er den ionischen Städten Rat, *Diog. L.* I, 95. *Herod.* I, 170, und leitet die Abdämmung des Halys, *Herod.* I, 75. Als Naturforscher, Mathematiker und Astronom, *Diog. L.* I, 22. 23. 24, sagt er eine Sonnenfinsternis (28. Mai 585) vorher, *Herod.* I, 74, als Philosoph sah er das Wasser als den Ursprung aller Dinge an, *Arist. Metaph.* I, 3. Schriften hat er nach der Meinung der meisten Alten nicht hinterlassen, *Diog. L.* I, 23. *Themist. or.* XXVI, p. 317.

(oder von Ol. XLI, 3. weil bei dieser Feier zuerst ein ἀγὼν στεφανίτης stattfand) beginnt, s. *Anm.* 22 und *Marm. Par.*
68) Bis auf Solon bestand die Grundlage des Staatsorganismus lediglich in den 4 Stämmen (s. S. 11. *Anm.* 13), welche in je 3 Phratrieen, diese wieder in je 30 Geschlechter und die Geschlechter in je 30 Häuser (?) geteilt waren, s. *Polluc.* VIII, 111: ὅτι μέντοι τέσσαρες ἦσαν αἱ φυλαί, εἰς τρία μέρη ἑκάστη διῄρητο, καὶ τὸ μέρος τοῦτο ἐκαλεῖτο τριττὺς καὶ ἔθνος καὶ φρατρία· ἑκάστου δὲ ἔθνους γένη τριάκοντα ἐξ ἀνδρῶν τοσούτων, ἃ ἐκαλεῖτο τριακάδες, καὶ οἱ μετέχοντες τοῦ γένους γεννῆται καὶ ὁμογάλακτες, γένη μὲν οὐ προσήκοντες, ἐκ δὲ τῆς συνόδου οὕτω προσηγορευόμενοι. Unter den zu diesen Stämmen Gehörigen waren aber die Eupatriden (s. S. 13. *Anm.* 20) die einzigen, welche an der Herrschaft teilnahmen, s. *Plut. Thes.* 25. *Dion. Hal.* II, 8. *Polluc. a. a. O.*, und aufser jenen gab es jedenfalls noch eine grofse Anzahl solcher, welche aufserhalb der Stämme standen. Aus den Eupatriden wurden die Archonten gewählt, s. *Anm.* 45, desgleichen der Areopag, der, schon vor Solon vorhanden (*Plut. Sol.* 19),

t) Von Gedichten des Solon werden erwähnt die Elegie Salamis in 100 Versen, durch welche er seine Mitbürger zur Wiedereroberung von Salamis anfeuerte, *Bergk. fr.* 1. 2. 3, ferner Elegieen über den athenischen Staat, *fr.* 4. Über seine Verfassung *fr.* 5, s. *Anm.* 68, Über die Gewaltherrschaft des Peisistratos *fr.* 10, 3. Ferner ehrerhin ein elegischen Mafs Ὑποθήκαι εἰς ἑαυτόν, *fr.* 13., πρὸς Φιλόκυπρον, *fr.* 19., πρὸς Μιμνέρμον, *fr.* 20. πρὸς Κριτίαν, *fr.* 22, und andere, *fr.* 23—27, trochäische Tetrameter πρὸς Φῶκον, *fr.* 32—35, iambische Trimeter, *fr.* 36 u. a. Seine Dichtung lobt Plato *Tim.* p. 21. c. Auch die Staatsmänner, die man unter den Weisen versteht, wirkten als Dichter ähnlich, wie Solon; so Periandros, *Diog. L.* I, 97. *Suid.* v. *Περίανδρος*, Cheilon, *Diog. L.* I, 68. Bias, *das.* 1, 85, Pittakos, *das.* 78. 79, Kleobulos, *das.* I, 91, vgl. *Plat. Protag.* p. 343. a. *Diog. L.* 41. 42.

Olympiaden-						
jahr.	J. v. Chr.	Dorier.	Athen.	Kolonieen		Kunst und Litteratur.
				im westlichen Meer	im östl. Meer.	
				in Sicilien.	sonst.	
XLVII, 1.	592.					Odessos von Milet.[63]

den Archonten als beratende Behörde zur Seite stand und zugleich das höchste Gericht bildete, ferner die ἐκχχρετοι, über welche s. *Pollux.* VIII, 108. *Herod.* V, 71, und die ἐφέται, auf welche durch Drakon ein Teil der Blutgerichte übertragen wurde, s. *Pollux.* VIII, 125. Die Verfassung war also durchaus aristokratisch und war in der letzten Zeit besonders durch die harte Anwendung der Schuldgesetze von seiten der Aristokraten immer drückender geworden, so daß viele von den Bürgern ihre Grundstücke verpfändet, andere sich oder ihre Kinder in die Schuldknechtschaft gegeben oder das Land verlassen hatten, *Plut. Sol.* 13. 15. Die Unzufriedenheit hierüber aber hatte den Anlaß gegeben, daß sich die 3 einander feindlich gegenüberstehenden Parteien der διάκριοι (Demokraten), πεδιεῖς oder διάκιοι (Oligarchen), πάραλοι (welche zwischen jenen beiden in der Mitte standen), *Plut. Sol.* 13, gebildet hatten. Deshalb erteilte man, da Drakons Gesetzgebung nicht zum Zweck geführt hatte, dem Solon, dem Sohne des Exekestides, aus dem Geschlechte des Kodros (*Diog. Laert.* III, 1), als Archonten des Jahres 594 den Auftrag, den bestehenden Übelständen durch neue Gesetze abzuhelfen. Hauptquelle über ihn *Plut. Solon*. Sein Verdienst um die Eroberung von Salamis, welches an die Megarer verloren gegangen, s. *das.* 8—10. seine Beteiligung am ersten heiligen Kriege, s. *das.* 11 vgl. *Anm.* 67. Die Vertreibung der Alkmäoniden und die Reinigung der Stadt durch den Kretenser Epimenides als Vorbereitung zu der neuen Gesetzgebung, s. *das.* 12 vgl. *Anm.* 64. Hierauf als erster Schritt zur Gesetzgebung die σεισάχθεια, durch welche nach Solons eigner Angabe (in seinen bei *Plut. Sol.* 15 und *Aristid.* II. p. 536. *Dind.* erhaltenen Versen: ὅρους ἀνεῖλον πολλαχῇ πεπηγότας· — πολλοὺς δ᾽ Ἀθήνας πατρίδ᾽ ἐς θεόκτιτον ἀνήγαγον ἀπαθέντας) die Pfandsäulen beseitigt, die Schuldknechtschaften aufgehoben und die Flüchtigen zurückberufen wurden, und welche für alle diese Fälle, also für die Armen, wie *Dionys. Hal.* V, 65 ausdrücklich sagt, notwendig in einer Schuldentilgung bestanden haben muß, während sie in andern Fällen den Schuldnern nur durch eine Herabsetzung des Münzwertes (im Verhältnis von 100 : 73) eine Erleichterung gewährte, s. *Plut. Sol.* 15. Hierauf teilte er das Volk nach dem Vermögen in 4 Klassen: πεντακοσιομέδιμνοι, welche jährlich mindestens 500 Medimnen (ungefähr = $^{15}/_{16}$ Berliner Scheffel) Getreide oder 500 Metreten (ungefähr = 33 Berliner Quart) Öl ernteten, ἱππεῖς mit 300, ζευγῖται mit 200 (oder 150, *Demosth. adv. Macart.* p. 1067) Medimnen oder Metreten, θῆτες, mit einem unter dieses letztere Maß herabgehenden Einkommen, *Plut. Sol.* 18. *Arist. Pol.* II, 9, 4. *Pollux.* VIII, 130. Diese Klassen bildeten den Maßstab, wonach die Abgaben (das Verhältnis der 4 Klassen war in dieser Hinsicht: 1 Talent, $\frac{1}{2}$ Talent, $\frac{1}{4}$ Talent, nichts, *Pollux. a. a. O.*) und sonstigen

Leistungen, ebenso aber auch der Anteil an der Ausübung der bürgerlichen Rechte bemessen wurden; daher war die Verfassung eine „Timokratie" oder, wie sie Aristoteles auch nannte, eine διαγωγή πολιτική d. h. ein Mittelding zwischen Oligarchie und Demokratie, s. *Arist. Pol.* IV, 5, 1 ff. 11, 6. VI, 1, 1 u. ö. Das Hauptsächlichste in betreff dieser Verfassung [die übrigens wahrscheinlich von Solon erst nach seinem Archontat völlig zu stande gebracht wurde] ist folgendes: Archonten und Areopag behielt er bei, beide zum Zweck der Verwaltung der Gerichte; letzteren aber zugleich mit der Oberaufsicht über die gesamte Staatsverwaltung betraut, s. *Isocr. Areop.* p. 147. *Philochor. fr.* 17 und 141. b. ed. *Müller*, vgl. *Aeschyl. Eumenid.* v. 690 ff., beide nur für Bürger der 1. Klasse zugänglich, *Plut. Arist. Sol.* 19; für die Verwaltung der öffentlichen Angelegenheiten setzte er die βουλή ein, aus 400 Mitgliedern bestehend, je 100 aus jeder Phyle, welche teils selbständig Beschlüsse faßte, teils durch einen Vorbeschluß (προβούλευμα) einen Beschluß der Volksversammlung (ἐκκλησία) vorbereitete. Zur βουλή hatten nur die Bürger der 3 ersten Klassen den Zutritt, zur ἐκκλησία dagegen alle Bürger. Endlich wurde noch ein Volksgericht aus 6000 (so wenigstens später) Bürgern bestehend, die ἡλιαία, eingesetzt. s. *Plut. Sol.* 18—19. *Arist. Pol.* II, 9. Zur Beurteilung s. *Arist. a. a. O.* §. 1: Σόλων γε δοκεῖ τὴν ἀναγκαιοτάτην ἀποδιδόναι τῷ δήμῳ δύναμιν, τὸ τὰς ἀρχὰς αἱρεῖσθαι καὶ εὐθύνειν, und die eignen Worte Solons *Plut. Sol.* 18: δήμῳ μὲν γὰρ ἔδωκα τόσον κράτος ὅσσον ἀπαρκεῖν, τιμῆς οὔτ᾽ ἀφελὼν οὔτ᾽ ἐπορεξάμενος, οἳ δ᾽ εἶχον δύναμιν καὶ χρήμασιν ἦσαν ἀγητοί, καὶ τοῖς ἐφρασάμην μηδὲν ἀεικὲς ἔχειν· ἔστην δ᾽ ἀμφιβαλὼν κρατερὸν σάκος ἀμφοτέροισι, νικᾶν δ᾽ οὐκ εἴασ᾽ οὐδετέρους ἀδίκως. Andere bemerkenswerte Gesetze: das Verbot der Neutralität, *Plut. Sol.* 20, die Verfügung über die Erbtöchter, *ebend.*, das Verbot, über Tote nachteilig zu reden, *das.* 21, das Verbot des Müßiggangs, *das.* 22 u. s. w. Die sämtlichen Gesetze waren auf ἄξονες oder κύρβεις geschrieben, *das.* 25. *Pollux* VIII, 28. Um aber die Athener zu verhindern, sogleich Änderungen an denselben vorzunehmen, ließ er sie schwören, die Gesetze 10 Jahre lang unverändert beizubehalten, und begab sich dann auf Reisen, *Herod.* I, 29. *Plut. Sol.* 25. auf denen er Ägypten, Kypros und den König Krösos von Lydien? *Herod.* I, 30—33) besuchte, kehrte aber nach Athen zurück und starb daselbst entweder im 2. Jahre, nachdem Peisistratos sich der Tyrannis bemächtigt, oder längere Zeit nachher, *Plut. Sol.* 32. [Nach einer anderen Tradition trat Solon jene Reise erst unter der Tyrannis des Peisistratos an und starb nicht in Athen, sondern in Soloi auf Kypros, s. bes. *Diog. Laert.* I, 59. 62.]

69) „Unter Astyages". *Skymn. Ch.* v. 748.

Olympiaden- jahr.	J. v. Chr.	Dorier.	Athen.	Kolonieen		Kunst und Litteratur.
				im westlichen Meer in Sicilien. sonst.	im östl. Meer.	
XLVII, 1.	592.			. . . .		Anaximandros aus Milet" (Philosoph).
XLVIII, 4.	585.	Periandros stirbt; Psammetichos der letzte Tyrann v. Korinth.[70]	. . .			Sakadas aus Argos" (melische Dichtung).
XLIX, 3.	582.	. . . . .		Akragas von Gela.[71]		
XLIX, 4.	581.	Die Tyrannenherrschaft in Korinth durch die Spartaner gestürzt.[72]				
L, 2.	579.	. . .		Lipara von Knidos u. Rhodos.[73]		
LII, 3.	570.	Kleisthenes stirbt; Ende d. Tyrannenherrschaft in Sikyon.[74]	. . .	. . . . .		. . Äsopos" (Fabeldichter).

---

70) Von Psammetich ist nichts weiter bekannt, als dafs er Neffe des Periandros, s. *Nicol. Damase. fr.* 60 ed. *Müll.*, ein Kypselide und Sohn des Gordias (oder Gordios) war, s. *Arist. Pol.* V, 9, 22. Im übrigen s. *Anm.* 54.
71) *Thuk.* VI, 4: „108 J. nach Gela."
72) *Plut. de Herod. mal. c.* 21. p. 859.
73) *Diod.* V, 9. *Strab.* p. 275. *Paus.* X, 11, 3.
74) Über die Mafsregeln, welche Kleisthenes zur Sicherung seiner Herrschaft und zugleich zur Befriedigung seines und seiner Stammesgenossen Rachegefühls gegen die dorischen Herrscher ergriff, s. *Herod.* V, 67—68; am meisten charakteristisch darunter ist die Umänderung des Namens der dorischen Stämme, denen er statt ihrer alten Namen die Namen Ὑᾶται, Ὀνεᾶται, Χοιρεᾶται beilegte. Einen Beweis für seinen Reichtum und sein hohes Ansehen liefern die Festlichkeiten, die er bei Verheiratung seiner Tochter Agariste an den Athener Megakles feierte, *Herod.* VI, 126—130. Über die Zeit nach dem Tode des Kleisthenes s. *Herod.* V. 68, wonach die Beschimpfung der dorischen Stämme durch jene Namen noch 60 Jahre nachher fortdauerte und die alten Namen erst nach dieser Zeit durch Vereinbarung wiederhergestellt wurden; in welche Zeit vielleicht die Tyrannis des

u) Anaximandros, Schüler des Thales um 611—547. *Apollod.* b. *Diog. L.* II, 2. *Prooem.* 14. Naturforscher, Astronom und Geograph, verfertigte angeblich Sonnenuhren, Landkarten und Erdgloben, lehrte, dafs das Unendliche (τὸ ἄπειρον, *Diog. L. a. a. O.*) der Urgrund (ἀρχή) aller Dinge sei und soll seine Ansicht in einem Werke περὶ φύσεως (der ersten philosophischen Schrift) auseinander gesetzt haben.
v) Sakadas, Dichter und Komponist, siegte dreimal mit der Flöte bei den pythischen Spielen, 586—578. *Plut. de mus.* c. 8. Man kannte von ihm Lieder und Elegieen, *Paus.* X, 7, 3. VI, 14, 4. II, 22, 9. IV, 27, 4, und eine Ἰλίου ἅλωσις, *Athen.* XIII. p. 610 C.
w) Die älteste Fabel (αἶνος) findet sich bei *Hesiod. Op. et d.* 202 f. Äsopos, aus Phrygien stammend, lebte um 572. *Diog. L.* 1, 72. *Suid. v. Αἴσωπος, Herod.* II, 134; er soll erst Sklave gewesen sein, dann am Krösos Hofe gelebt haben, *Plut. Sol.* 28, endlich von den Delphiern erschlagen worden sein. *Herod. a. a. O. Plut. ser. num. vind.* p. 556 f. Der Kern der Fabelsammlung des Babrios (cca. 220 n. Chr.) geht auf Äsopos, der seine Fabeln nicht niedergeschrieben zu haben scheint, zurück.

Olympiaden-jahr.	d. v. Chr.	Dorier.	Athen.	Kolonieen		Kunst und Litteratur.
				im westlichen Meer in Sicilien. sonst.	im östl. Meer.	
LIV, 1.	564.	.	.		Alalia von Phokäa.[75]	
LIV, 2.	563.		.	.	Amisos von Phokäa.[76]	
LV, 1.	560.	Anaxandridas und Ariston, Könige von Sparta.[77]	Peisistratos Tyrann.[78]		Krösos, König von Lydien,[79] unterwirft die Griechen auf dem Festlande von Klein-asien.[80]	Die *Philosophen* Anaximenes aus Milet;[x] Phereky-des aus Syros[y] (Anfänge d. grie-chischen Prosa).

Äschines zu setzen ist, s. *Plut. de Herod. malign.* c. 21. p. 859. [Die chronologischen Bestimmungen beruhen teils auf der Angabe des Aristoteles über die Dauer der Herrschaft der Orthagoriden (s. *Anm.* 49), teils darauf, dafs Myron als Sieger in den olympischen Spielen von Ol. XXXIII (648) genannt wird, teils endlich darauf, dafs Kleisthenes an dem ersten heiligen Kriege teilnahm, s. *Anm.* 67, und im Jahre 582 in den pythischen Spielen siegte, s. *Pausan.* X, 7, 3.]
75) *Herod.* I, 165—166.
76) *Skymn. Ch.* v. 918: „d J. vor Herakleia."
77) Nach *Herod.* I, 67 war die Regierung dieser Könige gleichzeitig mit der des Königs Krösos. Unter ihnen wurden die Tegeaten besiegt, s. *Anm.* 83.
78) Der Parteikampf der Diakrier, Paraler und Pediäer (s. *Anm.* 68) war in dieser Zeit von neuem ausgebrochen; die Häupter derselben waren Peisistratos, der Alkmäonide Megakles (Paraler) und Lykurgos (Pediäer). Ersterer verschafft sich durch List erst eine Leibwache, dann bemächtigt er sich vermittelst derselben der Tyrannis, *Herod.* I, 59. *Plut. Sol.* 30. Der Charakter seiner Herrschaft s. *Herod. a. a. O.: Τυραν-δὴ ὁ Πεισίστρατος, ἔφη Ἀθηναίων οὔτε τιμὰς τοιαύτας αντατα-ράξας οὔτε θέσμια μεταλλάξας, ἐπί τε τοῖς κατεστεῶσι ἔνεμε τὴν πόλιν κοσμέων καλῶς; τε καὶ εὖ.* vgl. *Thuk.* VI, 54 und

die Beispiele seiner Milde, *Arist. Pol.* V, 9, 21. *Plut. Sol.* 31. Er wurde zweimal durch die Koalition seiner Gegner ver-trieben, das erste Mal wahrscheinlich 554, das andere Mal 547, kehrte aber beide Male wieder zurück und bemächtigte sich der Herrschaft von neuem, zuerst (wahrscheinlich 548) durch seine Aussöhnung mit Megakles, dann (537) durch Gewalt, *Herod.* I, 60—64. *Arist. Pol.* V, 9, 23. [Die Zeit und die Dauer der Peisistratiden überhaupt, wie auch das Jahr, wo Peisistratos starb und wo Hipparch ermordet wurde, steht vollkommen fest, s. *Herod.* V, 55, 65. *Arist. Pol.* V, 9, 23. *Thuk.* VI, 59. *Eratosth.* bei *Schol.* zu *Aristoph. Vesp.* 500; hinsichtlich der Unterbrechungen der Herrschaft des Peisistratos durch die zweimalige Vertreibung ist nur so viel sicher, dafs die zweite Vertreibung erst im 11ten Jahre ihr Ende erreichte, *Herod.* I, 26, und dafs beide Verban-nungen zusammen 16 Jahre dauerten, *Arist. a. a. O.*]
79) Seine Regierung dauerte 14 Jahre, s. *Herod.* I, 86, und da sein Sturz im Jahre 546 erfolgte, s. *Anm.* 55, so folgt, dafs er im oben bezeichneten Jahre zur Regierung ge-langte.
80) *Herod.* I, 6: πρὸ δὲ τῆς Κροίσου ἀρχῆς πάντες "Ελλη-νες ἦσαν ἐλεύθεροι. Die Unterwerfung durch Krösos, s. *ebend.* 26—27.

x) Anaximenes, Schüler des Anaximandros, Astronom und Philosoph, hielt die Luft für den Urstoff der Dinge, *Diog. L.* II, 3, *prooem.* 14. *Arist. Metaph.* 1, 3.

y) Pherekydes um 596—540, *Diog. L.* I, 121. *Cic. Tusc.* I, 16. angeblich Lehrer des Pythagoras, *Diog. L.*

prooem. 13, 15, 1, 116. *Iamblich. v. Pyth.*, und mit der Weisheit der Phöniker wie aber der Ägyptier und Chaldäer be-kannt, *Suid.* v. Φερεκύδης, *Euseb. Praep. Ev.* X, 7, 5, war einer der ältesten griechischen Prosaiker, schrieb Περὶ φύσεως καὶ θεῶν, *Theopomp.* b. *Diog. L.* I, 116. *Suid. a. a. O.*, und lehrte die Seelenwanderung.

Olympiaden-jahr.	J. v. Chr.	Dorier.	Athen.	Kolonieen.	Kunst und Litteratur.
LV, 2.	559.	.	.	Heraklea (am Pontus) von Megara und Böotien.⁸¹ *Kyros gründet das persische Reich.*⁸²	
LVI, 3.	554.	Tegea genötigt, die Hegemonie von Sparta anzuerkennen.⁸³			
LVIII, 3.	546.	Die Argeier von den Spartanern geschlagen.⁸⁴	. .	*Das lydische Reich von Kyros erobert.*⁸⁵ Unterwerfung der Griechen in Kleinasien und auf den Inseln unter die Perser.⁸⁶	
LIX, 2.	543.	.	. . .	. Die Phokäer gründen Elea in Unteritalien;	Anakreon aus Teos;* Ibykos aus Rhegion** (melische Dichtung); Theognis aus Me-

81) *Skymn. Ch.* v. 972 flg. 975: καθ᾽ οὓς χρόνους Ἑφύρην Κόρῳ; *Mydius.* Vgl. *Xenoph. Anabas.* V, 10, 1. *Pausan.* V, 26, 6. *Diod.* XIV, 31.
82) Er war 29 Jahre König, s. *Herodot.* I, 214 (oder 30 Jahre nach *Dinon* b. *Cic. de div.* 1, 23. *Iustin.* I, 8, 14). Vgl. *Anm.* 89.
83) Die Spartaner waren vorher gegen die Tegeaten immer unglücklich gewesen; jetzt besiegten sie dieselben, nachdem sie einem Orakelspruche zufolge die Gebeine des Orestes heimgeholt hatten, *Herod.* I, 65 — 68. *Paus.* III, 3, 5. Die Tegeaten waren indes fortwährend vorzügliche geehrte Bundesgenossen der Spartaner. [Die glückliche Beendigung des Krieges fällt in die nächste Zeit vor der Gesandtschaft des Krösos nach Sparta, welche wahrscheinlich im Jahre 554 erfolgte, s. *Herod.* I, 69.]

z) Anakreon, der erste Dichter rein weltlicher Poesie, verläfst Teos, als die Teier, von der persischen Macht gedrückt, auswanderten und Abdera gründeten, hielt sich in Samos am Hofe des Polykrates auf, *Strab.* p. 638, dann in Athen bei Hipparch bis zu dessen Tode, *Plat. Hipparch.* p. 228 C. *Aelian. V. H.* VIII, 2. Sein weiteres Leben, das er bis auf 85 Jahre gebracht haben soll, *Lucian. Macrob.* 26, ist unsicher, *Athen.* XIII. p. 599 c. *Suid.* s. v. Unter seinem Namen geben zahlreiche Dichtungen in seiner Weise von späteren Dichtern verschiedener Zeiten, vgl. *Anacreontea Bergk.* p. 807—862, echte Gedichte des Anakreon sind meist nur in Bruchstücken erhalten. Unter ihnen finden sich Anrufungen von Gottheiten, *Bergk. fr.* 1. 2, Liebeslieder, *fr.* 4. 14. 46. 47. 48. 75, Schmähgedichte, *fr.* 21. Trinklieder, *fr.* 63.

81) Der Krieg entstand infolge eines Versuchs der Argeier, das ihnen von den Spartanern entrissene Kynuria wieder zu gewinnen. Beide Teile vereinigten sich, die Entscheidung einer auserwählten Schar von je 300 Mann von jeder Seite zu überlassen. Da aber der Ausgang dieses Kampfes nicht ganz zweifellos war, kam es dennoch zur Schlacht, in welcher die Spartaner siegten, *Herod.* I, 82. *Strab.* p. 376. Dies geschah, als Krösos bereits von Kyros belagert wurde, s. *Herod. u. a. O.*, vgl. *die folg. Anm.*

85) 8. aufser Herodot *Solin. Polyh.* c. 7. *Susikrates* b. *Diog. Laert.* I, 95. *Dion. Hal. Ep. ad Cn. Pomp.* p. 773. *de Thuc. iud.* p. 820.

86) *Herod.* I, 141. 152—153. 161—171, auch der Inseln, s. *ebend.* 171. Die Unterwerfung geschah in den nächsten Jahren nach dem Sturze des lydischen Reichs.

64. 90, Elegieen, *fr.* 94, Epigramme, *fr.* 100. 108. 111. 112. 113. 115 u. a., vorwiegend in logaödischem Versmafse. Der Dichter selbst sagt von seiner Poesie *fr.* 45: χαρίεντα μὲν γὰρ ᾄδω, χαρίεντα δ᾽ οἶδα λέξαι. Kritias preist ihn bei *Athen.* XIII, 600 D (ἥδὺν Ἀνακρέοντα).

aa) Ibykos blüte um 560—540. Er wanderte nach Samos zu Polykrates und ward der Sage nach bei Korinth von Räubern ermordet, *Suid.* v. Ἴβυκος. *Anthol. Pal.* VII, 745, während eine Grabschrift besagt, dafs er in seiner Vaterstadt gestorben sei, *Anthol. Pal.* VII, 714. Er schrieb, sich namentlich an Stesichoros anschließsend, sieben Bücher lyrische Gedichte in dorischem Dialekt und chorischen Rhythmensystemen, besonders feurige Liebeslieder (ἐρωτομανέστατος περὶ μειρακίια), *Suid. a. a. O. Bergk. fr.* 1. 2. 20.

Olympiaden-jahr.	J. v. Chr.	Dorier.	Athen.	Kolonieen.	Kunst und Litteratur.
LIX, 2.	543.	.		die Teier flüchten nach Abdera.[87]	ganz;[bb] Phokylides aus Milet[cc] (politische Elegie und Spruchdichtung), Hipponax aus Ephesos[dd] (Choliamben); Pythagoras aus Samos[ee],Mathematiker, Philosoph, Staatsmann; Xenophanes aus Kolophon, Gründer der eleatischen Philosophie.[ff]
LXII, 1.	532.	.		Polykrates, Tyrann von Samos.[88]	

87) *Herod.* I, 167. Über Abdera s. *Anm.* 55.
88) Die Zeit des Beginns seiner Herrschaft nach *Euseb. Chron. arm.* p. 98, vgl. *Polyaen.* I, 23, 2 und *Herod.* I, 64. Sein Sturz erfolgte in der Zeit, wo Kambyses krank war, also kurz vor dessen Tode, *Herod.* III, 120. Über ihn s. *Herod.* III, 39—60. 120—125. vgl. *Arist. Pol.* V, 9, 4. Nach *Herod.* III, 139 war unter ihm Samos die größte aller hellenischen und barbarischen Städte, und die Seemacht von Samos scheint damals die größte in der hellenischen Welt gewesen zu sein, *Herod.* III, 39. *Thuk.* I, 13. Nach dem Tode des Polykrates wurde Samos von den Persern unterworfen und dem Syloson, dem Bruder des Polykrates, der von diesen vertrieben worden war und dann bei Dareios Hilfe und Unterstützung fand, übergeben. s. *Herod.* III, 139—149.

bb) Theognis lebte um 540 nach Theagenes' Sturz, *Steph. Byz.* s. v. *Μέγαρα*, *Suid.* s. v. *Θέογνις*. In den Kämpfen zwischen der aristokratischen und der demokratischen Partei teilte er das Schicksal der ersteren, *Bergk. Theogn.* v. 219 f. 949 f., ward als gemäfsigter Aristokrat von beiden Parteien angefochten, v. 367 f., von Freunden verraten, v. 813. 861, verlor sein Vermögen durch Plünderung, v. 677. 1200, und wanderte verbannt umher in Sicilien, Euböa und Sparta, v. 783 f. Aus Heimweh kehrte er nach Megara zurück, v. 787 f. 1123 f., und erlebte noch die Perserkriege, v. 787 f. 1223 f. Er dichtete einen Kranz von Elegieen an Kyrnos in 2800 Versen, *Suid. a. a. O.*, die frühzeitig verkürzt, zerstückelt, umgestellt und interpoliert sind. Zusammengeworfen mit den Elegieen an andere Personen ergeben sie einen Bestand von 1389 erhaltenen Versen des Dichters, *Bergk. a. a. O.* In demselben verflicht er die Ansprüche und Grundsätze des dorischen Adels, v. 28. 31 f. 53 f. 183 f. 319 f. 609 f., und sieht in der herrschenden Demokratie nichts als Pöbelherrschaft, Umsturz des Staates und Auflösung guter alter Sitte, v. 42 f. 53 f. 287 f. 315 f. 675 f. 833 f. 1109, und als Folge derselben Gewaltherrschaft, v. 39 f. 52 f. 1081 f. 1181 f. Falsche Freundlichkeit, v. 61 f., Treubruch, v. 283 f., und Gewaltthat gegen die gemeine Menge, v. 847 f., hält er für erlaubt.

cc) Phokylides, Theognis' Zeitgenosse, *Suid.* v. *Φωκυλίδης*, *Oxyrill. adv. Iulian.* VII, p. 225, wohlhabend, *Bergk. fr.* 7 f. 10, gemäfsigter politischer Ansicht, *fr.* 12 (*μέσος θέλω ἐν πόλει εἶναι*), dichtete Sittensprüche und Lebensregeln unter dem Titel *Κεφάλαια*, von denen nur wenige Bruchstücke erhalten sind, *Bergk.* p. 357—360. Späteren Ursprungs ist ein *ποίημα νουθετικόν*, das dem Phokylides beigelegt wurde.

dd) Hipponax lebte um 540—537, von den Tyrannen Athenagoras und Komas aus seiner Vaterstadt vertrieben, zu Klazomenä und verfafste bittere Schmähgedichte, namentlich gegen die Bildhauer Bupalos und Athenis, die seine unschöne Gestalt verzerrt dargestellt hatten, *Plin.* XXXVI, 5. *Suid.* s. v. *Ἱππῶναξ*. *Procl.* b. *Phot. Bibl. Cod.* 239. *Athen.* XII. p. 552. *Aelian.* V. H. X. 6, in den von ihm erfundenen Choliamben oder Skazonten, *Bergk. fr.* 11. 12. 13. 14. 83. Seine äufsere Lebenslage, wie seine Gesinnung und Dichtung läfst ihn als den Proletarier unter den griechischen Lyrikern erscheinen, *Bergk. fr.* 17. 18. 19. 42.

ee) Pythagoras, Schüler des Pherekydes und Anaximandros, lebte um 580—500, bildete sich auf Reisen, namentlich in Ägypten, und wanderte wegen der Tyrannei des Polykrates aus Samos nach Kroton in Unteritalien, *Diog. Laert.* VIII, 1—4. 45. *Suid.* s. v. *Πυθαγόρας*. Hier gestaltete er die Verfassung aristokratisch, *Diog.* L. VIII, 3. Durch vielseitiges Wissen als Philosoph, Mathematiker und Erfinder des nach ihm benannten Lehrsatzes, als Astronom, Mediziner und Musiker sammelte er einen Kreis von zahlreichen Schülern um sich, *Diog. L.* VII. 12. 14. Diesen organisierte er zu einem durch Gütergemeinschaft eng geschlossenen Geheimbunde mit religiösen Weihen und verschiedenen Graden und Klassen der Mitglieder. *Suid. a. a. O.*, dessen Ziel Reinigung und Besserung des sittlich-religiösen Lebens war, wie die Pythagoräischen Sinnsprüche und Sittenvorschriften zeigen (*ἱερὰ δόγματα*, *Diog.* L. VIII, 22, S. *σύμβολα*, *Suid. a. a. O.*).

Das Zeitalter der innern Entwickelung des Hellenentums. 43

Olympiaden-jahr.	J. v. Chr.	Dorier.	Athen.	Kolonieen.	Kunst und Litteratur.
LXII, 4.	529.	.	. . .	Tod des Kyros; Kambyses folgt.[89]	
LXIII, 2.	527.	.	. . . . .	Tod des Peisistratos; sein Sohn Hippias folgt ihm.[90]	
LXIV, 4.	521.	.	. . . .	Tod des Kambyses; Pseudo-Smerdis; Dareios, Sohn des Hystaspes.[91]	
LXVI, 2.	515.	. . . .		Zug des Dareios gegen die Skythen.[92]	
LXVI, 3.	514.	. . . .	Hipparchs Ermordung.[93]		
LXVII, 3.	510.	Kleomenes und Demaratos, Könige von Sparta.[94]	Hippias gestürzt.[95]		

89) Kambyses regierte 7 J. 5 M., Herod. III. 66, Pseudo-Smerdis 7 Mon., Herod. III. 67, Dareios 36 J., Herod. VII, 4. Diese Angaben zusammen mit dem feststehenden Regierungsantritt des Xerxes im J. 485 sind die Grundlagen, auf welchen die chronologischen Bestimmungen über die Könige Kyros, Kambyses, Smerdis und Dareios beruhen.
90) Über die Herrschaft des Hippias, die Ermordung des Hipparch und die Vertreibung der Peisistratiden überhaupt, s. Thuk. I, 20. VI, 54—59. Herod. V, 55—56. 62—65.
91) S. Anm. 89.
92) Die Zeit des skythischen Zugs (Herod. IV, 1—144) ist nicht mit Sicherheit zu bestimmen. Dafs er vor 514 unternommen wurde, ist aus Thuk. VI. 59 vgl. mit Herod. IV, 138 zu folgern. Früher als 515 kann er nicht wohl stattgefunden haben, da Dareios bis dahin mit der Unterwerfung der aufrührerischen Satrapen und Provinzen beschäftigt war, namentlich des Orötes, der Meder und der Babylonier. Dareios liefs bei seiner Rückkehr Megabazos in Thrakien zurück, um dasselbe zu unterwerfen, s. Herod. IV, 143. V. 1, 2. 15. Des Histiäos Verdienst um Dareios, ebend. IV, 130—139. und seine Belohnung, ebend. V, 11.
93) Obgleich Hipparch nicht der Tyrann, sondern nur dessen Bruder war und seine Ermordung daher nicht die Befreiung von Athen, sondern vielmehr zunächst nur einen härtern Druck der Tyrannenherrschaft zur Folge hatte (s. die Anm. 90 angeführten Stellen), so lebten doch die Mörder desselben, Harmodios und Aristogeiton, als die Befreier Athens in dem Bewufstsein der Athener und wurden als solche gepriesen. So in dem berühmten Skolion bei Athen. XV, p. 695:
Ἐν μύρτου κλαδὶ τὸ ξίφος φορήσω, ὥσπερ Ἁρμόδιος κ' Ἀριστογείτων, | ὅτε τὸν τύραννον κτανέτην, Ἰσονόμους τ' Ἀθήνας ἐποιησάτην, κ. τ. λ.
94) Dafs die oben genannten Könige, die Nachfolger des Anaxandridas und Ariston, in diesem Jahre Könige waren, geht daraus hervor, dafs beide an dem Zuge zur Befreiung von Athen teilnahmen, s. Herod. V, 64. Paus. III, 7, 7. [Nach Herod. VI, 108 vgl. mit Thuk. III, 68 ist es wahrscheinlich, dafs Kleomenes schon im Jahre 519 König war, vgl. Herod. III, 148.]
95) Die Alkmäoniden brachten zuerst eine Heeresmacht zusammen und zogen gegen die Peisistratiden, wurden aber bei Leipsydrion geschlagen, Herod. V. 62; sodann wurden die Spartaner durch die immer wiederholten Mahnungen des delphischen Orakels, dessen Unterstützung die Alkmäoniden durch den Wiederaufbau des delphischen Tempels gewonnen hatten (welcher im Jahre 548 abgebrannt war, Paus. X, 5, 5. Herod. I, 50. II, 180) bewogen, die Vertreibung der Peisistratiden auf sich zu nehmen; sie schickten daher erst den

Pythagoras fand entweder durch die demokratische Partei zu Kroton einen gewaltsamen Tod, Diog. L. VIII, 41. Suid. a. a. O., oder er starb zu Metapontion, Diog. L. VIII, 39. Als Philosoph (er soll sich zuerst φιλόσοφος genannt haben, Diog. L. I, 12) sah er in der Zahl das Wesen der Dinge; die bekannteste unter seinen Lehren ist die von der Seelenwanderung (Xenophan. b. Diog. L. VIII, 36 fl.). Die Angaben über Schriften von ihm sind ebenso unzuverlässig wie die zahlreichen Märchen und Sagen über seine Person, die in späterer Zeit, namentlich bei den Neuplatonikern, über ihn verbreitet waren. Die hervorragendsten unter den Pythagoreern sind Philolaos, der die Lehren der Schule in ein wissenschaftliches System brachte und aufzeichnete. Zeitgenosse des Sokrates, und Archytas von Tarent, Zeitgenosse des Platon.
f) Xenophanes, geboren um 569, blühte um 540—477, Diog. L. IX, 20. Timäus bei Clem. Strom. I. p. 301,

Olympiaden-jahr.	J. v. Chr.	Geschichte.	Kunst und Litteratur.
LXVII, 4.	509.	Fortbildung der Solonischen Verfassung durch Kleisthenes.⁹⁶	
		Kleisthenes auf Betrieb seines Gegners Isagoras durch die Spartaner aus Athen vertrieben, aber nach kurzer Zeit wieder zurückgerufen.⁹⁷	
LXVIII, 2.	507.	Kriegszug der Peloponnesier unter Kleomenes und Demaratos, der Thebaner und der Chalkidier gegen Athen.	

Anchimolios, welcher jedoch geschlagen wurde, dann den König Kleomenes gegen sie; Hippias zog sich auf die Akropolis zurück, schlofs dann mit Kleomenes einen Vortrag, als seine Söhne in dessen Gewalt geraten waren und begab sich nach Sigeion, s. die *Anm.* 90 angeführten Stellen, vgl. *Herod.* VI, 123. *Aristoph. Lysistr.* 1129 flg., und über Sigeion, welches Peisistratos sich unterworfen hatte, *Herod.* V, 94.

96) Kleisthenes gehörte zum Geschlecht der Alkmäoniden und war ein Enkel des gleichnamigen Tyrannen von Sikyon, *Herod.* VI, 131. Er war vorzugsweise für die Vertreibung der Peisistratiden thätig gewesen, *ebend.* V, 66, geriet aber nach seiner Rückkehr nach Athen mit einem andern Eupatriden, der aber nicht vom Geschlecht der Alkmäoniden war, Isagoras, in Streit, ergriff, weil er in Gefahr war seinem Gegner zu unterliegen (so wenigstens Herodot), die Partei des Volks und schritt zu seinen überaus wichtigen und einflufsreichen Reformen, deren Hauptgrundlagen in folgenden Stellen enthalten sind. *Herod.* V, 66; μετὰ δὲ τετραφυλέους ἐόντας Ἀθηναίους δεκαφύλους ἐποίησε, τῶν Ἴωνος παίδων, Γελέοντος καὶ Ἀγικόρεος καὶ Ἀργάδεω καὶ Ὁπλητος ἀπαλλάξας τὰς ἐπωνυμίας, ἐξευρων δ' ἑτέρων ἡρώων ἐπωνυμίας ἐπιχωρίων πάρεξ Αἴαντος, τοῦτον δὲ ἅτε ἀστυγείτονα καὶ σύμμαχον ξεῖνον ἐόντα προσέθετο, vgl. *ebend.* 98, ferner *Aristot. Pol.* VI, 2, 11: Ἔτι δὲ καὶ τοιαῦτα κατασκευάσματα χρήσιμα πρὸς τὴν δημοκρατίαν τὴν τοιαύτην, οἷς Κλεισθένης τε Ἀθήνησιν ἐχρήσατο βουλόμενος αὐξῆσαι τὴν δημοκρατίαν —, φυλαί τε γὰρ ἕτεραι ποιητέαι πλείους καὶ φρατρίαι καὶ τὰ τῶν ἰδίων ἱερῶν συνακτέον εἰς ὀλίγα καὶ κοινά καὶ πάντα σοφιστέον, ὅπως ἂν ὅτι μάλιστα ἀναμιχθῶσι πάντες ἀλλήλοις, αἱ δὲ συνήθειαι διαζευχθῶσιν αἱ πρότεραι, und *ebend.* III, 1, 10: πολλοὺς γὰρ ἐφυλέτευσε (Κλεισθένης) ξένους καὶ δούλους μετοίκους. D. h. er beseitigte die alten 4 Phylen, vermöge deren immer noch ein Teil der Bürger von der Ausübung der Bürgerrechte ausgeschlossen war und richtete 10 ganz neue Phylen ein, in welche er nicht nur jene Bürger, sondern auch Metöken und freigelassene Sklaven (*Aristot. a. a. O.*) aufnahm. Die Namen der Phylen: Erechtheis, Aegeis, Pandionis, Leontis, Akamantis, Oeneis, Kekropis, Hippothoontis, Aeantis und Antiochis, *Paus.* I, 5. [*Demosth.*] *Epit.* p. 1397 flg. Die Zahl der Demen, in welche die Phylen von Kleisthenes eingeteilt wurden, war ursprünglich 100, s. *Herod.* V, 69, nachher 174, s. *Pol.* bei *Strab.* p. 396. Mit dieser neuen Einteilung hing aber ferner die Vermehrung der Mitglieder der βουλή von 400 auf 500 (je 50 aus jeder Phyle) zusammen, von denen nunmehr immer je 50 aus jeder Phyle den zehnten Teil des Jahres hindurch, also 35 oder 36 und in einem Schaltjahre 38 oder 39 Tage, die laufenden Geschäfte besorgten (πρυτανεία, πρυτάνεις); einer hatte als ἐπιστάτης immer den Vorsitz und die Leitung der Geschäfte, und aus den übrigen 9 Phylen standen den πρυτάνεις gewöhnlich 9 Deputierte (πρόεδροι) zur Seite, s. *Suid.* v. πρυτανεία, *Liban. arg.* zu *Demosth. adv. Androt.* p. 590. Noch ist zu erwähnen, dafs von Kleisthenes der Ostrakismos, d. h. ein besonderes Gericht, durch welches ausgezeichnete Männer, deren Stellung eine Gefahr für den Bestand der Verfassung zu enthalten schien, lediglich aus diesem Grund auf eine bestimmte Zeit verbannt wurden, eingeführt wurde, s. *Thuk.* VIII, 73 (διὰ δυνάμεως καὶ ἀξιώματος φθόνῳ). *Arist. Pol.* III, 8, 6. *Diod.* XI, 55. *Plut. Arist.* 7. *Alcib.* 13. *Them.* 22 u. ö. *Pollux* VIII, 19 -20.

97) Die Spartaner forderten durch einen Herold die Vertreibung der Alkmäoniden (s. *Anm.* 64) und folglich auch des Kleisthenes; die Athener gehorchten, und Kleomenes kam selbst nach Athen; als er aber die βουλή aufheben und die

Euseb. praep. ev. XIV. p. 757. und wurde mindestens 92 Jahr alt, *Bergk. fr.* 7. Bald nach dem J. 544 verbannt, wanderte er umher in Hellas, Sicilien und Unteritalien und hielt sich in Zankle, Katana und Elea auf. *Bergk. fr.* 7. *Diog. Laert.* IX, 18, 20. Er schrieb Epen über die Gründung Kolophons und die Ansiedelung der Phokäer in Elea, Elegieen, Iamben und ein Lehrgedicht. Als Naturforscher und Philosoph bekämpft er den Götter- und Sagenglauben des Homer und Hesiod, *Diog. Laert.* IX, 18. *Karsten Xen. rel. fr.* 1. 5. 7. *Bergk. fr.* 1. v. 22 (πλάσματα τῶν προτέρων). und lehrt, dafs Gott die Einheit des Alls sei, *Arist. Metaph.* I, 5. *Diog. Laert.* IX, 19. *Cic. Acad.* IV, 37, 118.

Olympiaden-jahr.	J. v. Chr.	Geschichte.	Kunst und Litteratur.
LXVIII, 2.	507.	Das peloponnesische Heer löst sich durch Zwietracht seiner Führer und den Widerspruch der Korinthier auf und die Thebaner und Chalkidier werden geschlagen.[98]	
LXIX, 1.	504.	. . . .	Die *Philosophen* Herakleitos aus Ephesos;[gg] Parmenides aus Elea.[hh]
LXIX, 4.	501.	*Die verunglückte Unternehmung des Aristagoras gegen Naxos.*[99]	

Regierung einer Korporation von 300 Anhängern des Isagoras übergeben wollte, entstand ein Aufruhr, Kleomenes besetzte mit seinen Anhängern die Akropolis und zog am 3. Tage infolge Vertrags ab, s. *Herod.* V, 70—72 vgl. *Arist. Lysistr.* 272. Die Athener waren jetzt für kurze Zeit so besorgt, dafs sie bei den Persern Hilfe suchten, *Herod.* V. 73.

98) *Herod.* V, 74—78. In das Gebiet der Chalkidier werden ath. Bürger als κληροῦχοι geschickt, *das.* 77. Die damalige erhöhte Stimmung der Athener s. *ebendas.* 78: Ἀθηναῖοι μέν νυν ηὔξηντο· δηλοῖ δὲ οὐ κατ᾽ ἓν μοῦνον ἀλλὰ πανταχῇ ἡ ἰσηγορίη ὡς ἔστι χρῆμα σπουδαῖον, εἰ καὶ Ἀθηναῖοι τυραννευόμενοι μὲν οὐδαμῶν τῶν σφέας περιοικεόντων ἦσαν τὰ πολέμια ἀμείνους, ἀπαλλαχθέντες δὲ τυράννων μακρῷ πρῶτοι ἐγένοντο· δηλοῖ ὦν ταῦτα, ὅτι κατεχόμενοι μὲν ἐθελοκάκεον ὡς δεσπότῃ ἐργαζόμενοι, ἐλευθερωθέντων δὲ αὐτὸς ἕκαστος ἑωυτῷ προεθυμέετο κατεργάζεσθαι. Die Thebaner schlossen zunächst ein Bündnis mit den Äginetcn, und hierdurch gerieten die Athener in einen Krieg mit Ägina, über dessen nächsten entscheidungslosen Verlauf s. *Herod.* V, 79—90. Die Spartaner, um sich an den Athenern für die nach ihrer Meinung durch die Vertreibung des Kleomenes erlittene Unbill (*Herod. a. a. O.* 74. 91) zu rächen und Athen nicht aufkommen zu lassen, fafsten in dieser Zeit sogar den Plan, Hippias wieder einzusetzen; ihr Vorhaben scheiterte aber an dem Widerspruch ihrer Bundesgenossen, hauptsächlich der Korinthier, *Herod.* V, 90—93, worauf sich Hippias, der zu diesem Zweck herbeigerufen worden war, wieder nach Sigeion zurückbegab und alles auflot, um die Perser zu einem Zuge gegen Athen zu bewegen, *ebend.* 94—96. [Die Bestimmung der Jahre für die Ereignisse von 509—492 beruht auf bloßer Wahrscheinlichkeit, da es an festen Anhaltepunkten fehlt; einzelne, aber nicht ausreichende chronologische Notizen werden weiterhin an geeigneter Stelle angeführt werden.]

99) Histiäos wurde von Myrkinos, welches ihm Dareios geschenkt hatte, abgerufen und unter einem für ihn ehrenvollen Vorwande wider seinen Willen in Susa festgehalten, s. *Herod.* V, 23—24. Sein Schwiegersohn Aristagoras, der statt seiner als Tyrann von Milet eingesetzt worden war, beredete, durch vertriebene Naxier verlockt, den Satrapen von Sardes, Artaphernes, zu einer Unternehmung gegen Naxos, die aber mifslang, *Herod.* V, 30—34. Durch die Furcht vor der Rache des Artaphernes und durch die Schuldenlast, die er sich selbst durch den Zug aufgeladen, endlich durch die Aufreizungen des unzufriedenen Histiäos wurde darauf Aristagoras zu dem Entschlufs getrieben, vom Perserkönig abzufallen, *Herod.* V. 35. [Dafs der Abfall sofort nach dem Zuge gegen Naxos erfolgte, geht aus *Herod.* V, 36 hervor.]

gg) Herakleitos blühte um 504—501. *Diog. Laert.* IX, 1. Er lehrte, dafs das Wesen aller Dinge in einem beständigen Werden oder Flusse bestehe (πάντα ῥεῖ), dafs das Werden sich durch den Streit (πόλεμος, ἔρις) der Elemente vollziehe, und dafs in dieser Bewegung das Feuer das thätige, sich immer umwandelnde Prinzip sei. Da seine Lehre, die er in einem Werke, περὶ φύσεως oder Μοῦσαι betitelt, niederlegte und die er ganz als sein ausschliefsliches Eigentum bezeichnete (*ebend.* §. 5), den Alten vielfach dunkel schien, so ward er ὁ σκοτεινός genannt (*Aristot.*) *de mund.* 5. *Cic. de nat. d.* 1, 26.

hh) Parmenides lebte um 519—454, *Diog. Laert.* IX, 21. *Alex. Aphrod. Schol. Arist.* 536. *Plat. Parm.* p. 127 A. *Theaet.* p. 183 E. *Sophist.* 217 C. Schüler des Xenophanes, *Arist. Metaph.* I, 5. *Sext. Empir. adv. mathem.* VII, 111. *Clem. Al. Strom.* 1, 301, schrieb er ein Lehrgedicht in ionischem Dialekt und epischem Versmafs περὶ φύσεως, in dem er die Einheit und Unveränderlichkeit des Seins als Grundwesen der Dinge lehrte und allein das auf das reine, einig sein gerichtete Denken für die wahre Erkenntnis erklärte, und war der Gesetzgeber seiner Vaterstadt, *Diog. L. a. a. O. Plut. adv. Col.* p. 1126.

Olympiaden-jahr.	J. v. Chr.	Geschichte.	Kunst und Litteratur.
LXX, 1.	500.	Der Abfall des Aristagoras und seine Reise nach Griechenland, um von Sparta und Athen Hilfe gegen den Perserkönig zu erbitten.[100]	Anfänge der Geschichtschreibung: Die Logographen Hekatäos und Dionysios aus Milet u. a.[ii]

[100] Aristagoras befreite zunächst die Städte der kleinasiatischen Griechen von den Tyrannen, um sie auf diese Art zur Teilnahme an dem Abfall heranzuziehen, *Herod.* V, 38, und ging dann erst nach Sparta, um dort (jedoch vergeblich) um Hilfe zu bitten, *Herod.* V, 38, 49—51, dann nach Athen, wo man beschlofs, ihm 20 Schiffe zu Hilfe zu schicken, *ebend.* 55. 57. „εὔντα δὴ αἱ νῆες ἀρχὴ κακῶν ἐγένοντο Ἕλλησί τε καὶ βαρβάροισι." An die 20 Schiffe von Athen schlossen sich 5 von Eretria an. *ebend.* 99.

ii) *Λογογράφοι* heifsen die ersten Geschichtschreiber der Griechen, welche die bis dahin mündlich fortgepflanzten Sagen über die Vorzeit, besonders über die Gründung von Städten und Heiligtümern, in einfacher und schmuckloser Prosa, meist ohne Kritik, aufzeichneten. *Thuk.* I. 21 *Dionys. iud. de Thuc.* 5. *Diodor. Sic.* I, 37. *Strab.* I, p. 18. Abgesehen von dem apokryphen Kadmos von Milet ist der erste derselben Hekatäos. Er blühte um 520—500, reiste viel, namentlich in Ägypten, riet erst seinen Mitbürgern vom Aufstand ab, dann aber, als derselbe dennoch beschlossen war, zu ausdauernder Energie im Kampfe. *Herod.* II. 143. V. 36. 125. *Suid.* v.*Ἑκαταῖος.* Er schrieb ein geographisches Werk. *γῆς περίοδος* (*περιήγησις*), und eine Sagensammlung, *Γενεαλογίαι* (*ἱστορίαι*), beide in Prosa und im ionischen Dialekt. *Suid.* v. *Ἑλλάνικος* (l. *Ἑκαταῖος*). *Athen.* X, 447 C. D. IX, 410 E. IV. 148 F. (*Longin.*) *de sublim.* 27. — Dionysios, Zeitgenosse des Hekataios, *Suid.* s. v. *Ἑκαταῖος*, schrieb eine persische Geschichte, *Suid.* v. *Διονύσιος.* (Die Angaben über andere Schriften desselben stehen nicht sicher.) — Aufserdem werden noch als Logographen genannt: Der Lyder Xanthos, Verfasser einer lydischen Geschichte, *Suid.* s. v. *Strab.* I. p. 49. *Dionys. Hal. Ant. Rom.* I, 28; Charon von Lampsakos, Verfasser von *Περσικά* (geschrieben unter Artaxerxes) und von *ὅροι Λαμψακηνῶν*, *Suid.* s. v.; Hippys von Rhegion, Verfasser der *Σικελικά*, *Suid.* s. v.; Akusilaos aus dem böotischen Argos, Verfasser von *Γενεαλογίαι*, *Suid.* s. v.; Pherekydes von Leros, in Athen ansässig, blühend um das J. 454. Verfasser der *ἱστορίαι* in 10 Büchern, ὁ γενεαλόγος genannt, Eratosth. b. *Diogen. L.* I, 119. *Strab.* p. 487. *Dionys. Hal. Ant.* I, 13. *Suid.* s. v. — Den Übergang von der Logographie zur Geschichte bildet Hellanikos aus Mytilene, dessen früheste Jugend in den Anfang der Perserkriege fällt. *Thuk.* I. 97. *Strab.* p. 366. 426. 451. *Vita Eurip.* b. Western. p. 134. *Gell.* XV, 23. Er verfaßte genealogische Werke, *Φορωνίς*, *Δευκαλιωνία*, *Ἀτλαντίς* und *Τρωικά*, chorographische, *Αἰολικά*, *Ἀργολικά* und *Ἀτθίς*, und chronologische, *Καρνεονίκαι* und *Ἱέρειαι αἱ ἐν Ἄργει*.

Dritte Periode.
500 bis 431 v. Chr.
Die Blütezeit des hellenischen Volks.

Die bewundernswürdigen Siege, durch welche die Angriffe des Perserkönigs auf die Unabhängigkeit Griechenlands zurückgeschlagen werden, bewirken, dafs Kraft und Selbstgefühl der Hellenen sich rasch entfalten und bis zur höchsten Höhe steigern. Athen hat schon bei den Perserkriegen selbst unter allen hellenischen Staaten die größte Energie entwickelt; unter seiner Führung wird aber der Kampf auch nachher noch zu dem Zwecke fortgesetzt, um die übrigen Hellenen auf den Inseln und an den Küsten des ägäischen Meeres vom persischen Joche zu befreien. So fallen also auch die Früchte dieser Siege und dieser ruhmvollen Anstrengungen hauptsächlich auf Athen zurück. Es bildet sich zur ersten hellenischen Seemacht aus und gewinnt nicht nur die Hegemonie zur See, sondern macht sogar einige Zeit lang Sparta die Hegemonie zu Lande streitig; im Innern werden nach und nach die letzten Schranken der Demokratie beseitigt, wodurch das ganze Volk in allen seinen Gliedern zur freiesten, regsten Beteiligung an dem öffentlichen Leben erhoben wird. Kunst und Litteratur steigen rasch zur schönsten Blüte empor, indem einesteils im Erzgufs, in der Bildhauerkunst und in der Baukunst, andernteils in der Tragödie die vollendetsten Leistungen hervorgebracht werden. Doch treten in den Reibungen und Feindseligkeiten zwischen Sparta und Athen immer mehr Anzeichen des langen blutigen Kampfes hervor, durch welchen in der nächsten Periode die Kraft und die Unabhängigkeit Griechenlands gebrochen wird.

Anm. Für die Zeit bis zu den Schlachten bei Plataä und Mykale besitzen wir in den vier letzten Büchern Herodots eine zusammenhängende und ausführliche Darstellung der Ereignisse; von da an ist Thukydides in der Einleitung seines großen Geschichtswerks unser Führer, in der er einen zwar kurzen, aber ebenso zuverlässigen als lehrreichen Abrifs der Geschichte der Zeit zwischen den Perserkriegen und dem peloponnesischen Kriege giebt. Neben diesen Geschichtswerken ersten Ranges kommen andere Werke aus meist viel späterer Zeit wenig und nur für einzelne Notizen in Betracht. Dergleichen sind: ein kurzer Auszug bei Photios aus den persischen Geschichten des Ktesias (um 400 v. Chr.), Diodorus Siculus, dessen elftes Buch (die fünf vorhergehenden sind verloren gegangen) mit dem Jahre 480 anfängt. Plutarch in den Biographien des Themistokles, Aristeides, Kimon und Perikles, endlich Cornelius Nepos und Justin, über welche s. *Zeittafeln der römischen Gesch.* S. 91a und 112b.

Erster Abschnitt.
Die Perserkriege.
500 bis 479 v. Chr.

Olympiaden-jahr.	Jahr v. Chr.	Geschichte.
LXX, 2.	499.	Die Ioner nebst den Hilfstruppen von Athen und Eretria überfallen Sardes und verbrennen es;[1] werden aber auf dem Rückzuge bei Ephesos geschlagen.[2] Die Städte am Hellespont und am thrakischen Bosporos, desgleichen in Karien und auf Kypros schliefsen sich dem Aufstande an.[3]
LXX, 3.	498.	Kypros von den Persern wieder unterworfen;[4] allmähliche Unterwerfung der Städte auf dem Festlande.[5] Des Aristagoras Flucht und Tod.[6]

---

1) S. *Herod.* V, 99—101. [Die Chronologie dieser Zeit bis zum Jahre 480 beruht auf folgenden Gründen. Über das Jahr 490 als Jahr der Schlacht bei Marathon, s. *Anm.* 16; 2 Jahre vorher fand der Zug des Mardonios statt, also im Jahre 492, s. *Herod.* VI, 95 vgl. mit *ebend.* 46 und 48, wieder 2 Jahre früher die Eroberung von Milet, s. *Herod.* VI, 31 und 43, die Eroberung von Milet aber erfolgte im 6ten Jahre des Aufstandes, s. *Herod.* VI, 18. Über den Verlauf des Aufstandes sind unsere Nachrichten nicht so vollständig, dafs die Ereignisse sich mit Sicherheit nach den einzelnen Jahren ordnen liefsen.]

2) *Herod.* V, 102. Die Athener verlassen hierauf Kleinasien und enthalten sich fernerhin der Teilnahme an dem Kriege, s. *ebend.* 103. Demungeachtet war der Zorn des Perserkönigs am meisten gegen sie gerichtet, s. *ebend.* 105; μαθὼν δὲ Δαρεῖος ὡς Σάρδις ἁλούσας ἐνεπρήσθεν ὑπὸ τῶν Ἀθηναίων καὶ Ἰώνων —, πρῶτα μὲν λέγεται αὐτόν, ὡς ἐπύθετο ταῦτα, Ἰώνων οὐδένα λόγον ποιησάμενον, τὸ εἰδέναι ὡς οὗτοί γε οὐ καταπροΐξονται ἀποστάντες, εἴρεσθαι οὕτως, τίνες οἱ Ἀθηναῖοι, μετὰ δὲ πυθόμενον αἰτῆσαι τὸ τόξον, λαβόντα δὲ καὶ ἐπιθέντα ὀιστὸν ἄνω ἐς τὸν οὐρανὸν ἀπεῖναι καὶ μιν ἐς τὸν ἠέρα βάλλοντα εἰπεῖν ὦ Ζεῦ, ἐκγενέσθαι μοι Ἀθηναίους τίσασθαι, ταῦτα δὲ εἴπαντα προστάξαι ἑνὶ τῶν θεραπόντων δεῖπνον προκειμένου αὐτῷ ἐς τρὶς ἑκάστοτε εἰπεῖν δέσποτα, μέμνεο τῶν Ἀθηναίων. Somit wurde der Aufstand der Ioner durch die Teilnahme der Athener an demselben ein Hauptanlafs zu den Perserkriegen. vergl. indes *Anm.* 8. 13. 20.

3) *Herod.* V, 103. 104. (Von Karien trat indes nur der gröfste Teil bei und auf Kypros schlofs sich Amathus von der Teilnahme aus, s. a. a. O.)

4) Gegen Kypros wurde Artybios mit einem Landheer und die phönikische Flotte geschickt. Letztere wurde von den zur Hilfe herbeigerufenen Ionern geschlagen, dagegen erlitten die Kyprier selbst zu Lande eine völlige Niederlage, worauf die Insel unterworfen wurde. *Herod.* V, 108—115. Die Kyprier hatten sich ein Jahr lang der Freiheit erfreut. *Herod.* V, 116.

5) Daurises, einer der persischen Anführer, erobert Abydos, Perkote, Lampsakos und Päsus am Hellespont. *Herod.* V, 117, wendet sich aber dann gegen Karien, wo er zuerst in 2 Schlachten siegt, dann aber überfallen wird und mit seinem ganzen Heere umkommt, *Herod.* V, 117—121. Gleichzeitig werden Kios an der Propontis und das im Besitz der Äoler befindliche ehemalige Gebiet von Troja von Hymeas und Klazomenä und Kyme von Artaphernes und Otanes unterworfen, s. *ebend.* 122—123.

6) Aristagoras giebt die Sache der Ioner auf und zieht sich nach Myrkinos zurück, wo er mit seinem Heere von den Thrakern erschlagen wird. *Herod.* V, 124—126. Nach der Flucht und dem Tode des Aristagoras wird in betreff der Ereignisse des ionischen Krieges zunächst nichts weiter erzählt, als dafs Histiäos in Kleinasien ankommt, mit dem Auftrag des Perserkönigs, den Oberbefehl gegen die Aufständischen zu übernehmen, aber mit der Absicht, das persische Heer an dieselben zu verraten, dafs er aber von Artaphernes entlarvt wird und hierauf als Seeräuber auf den Inseln des Archipels und an den Küsten Kleinasiens umherirrt. *Herod.* VI, 1—5, wobei er im Jahre 494 oder 493 seinen Tod fand. *ebend.* 26—30.

Die Blütezeit des hellenischen Volks. 49

Olympiadenjahr.	Jahr v. Chr.	Geschichte.
LXXI, 3.	494.	Die Flotte der Ioner bei Milet geschlagen und Milet erobert.[7] Niederlage der Argeier am Haine Argos durch die Spartaner.[8]
LXXI, 4.	493.	Die Inseln des Archipel und die Städte an der Nordküste des Hellespont und der Propontis von den Persern wieder unterworfen.[9]
LXXII, 1.	492.	Der erste Zug der Perser gegen Griechenland unter Mardonios; Flotte und Heer gehen am Berge Athos und in dessen Nähe fast völlig zu Grunde.[10]
LXXII, 2.	491.	Neue Rüstungen des Dareios; auf seine Aufforderung unterwirft sich ein grofser Teil der griechischen Staaten seiner Herrschaft.[11]

7) Die Perser vereinigen ihre Land- und Seemacht zu einem Angriffe auf Milet, als den eigentlichen Herd des Krieges, τάλλα πολέματα περὶ ἐλάσσονος ποιεύμενοι, Herod. VI, 6; die Zahl ihrer Schiffe, die hauptsächlich von den Phöniken, aufserdem aber auch von den Kypriern, Kilikern und Ägyptiern gestellt worden waren (s. ebend.), belief sich auf 600, ebend. 9. Die Ioner, den Landkrieg auf die Verteidigung von Milet beschränkend, versammelten ihre Flotte bei der in der Nähe von Milet liegenden kleinen Insel Lade, um mit dieser den Kampf gegen den Feind zu wagen, ebend. 7. Dieselbe bestand aus 80 Schiffen von Milet, 12 von Priene, 3 von Myus, 17 von Teos, 100 von Chios, 8 von Erythrä, 3 von Phokäa, 70 von Lesbos, 60 von Samos, zusammen 353, s. ebend. 8. Die Perser wagten den Kampf nicht eher, als bis es ihnen gelungen war, die Samier zum Verrat zu verlocken, s. ebend. 9—13. Als es daher zur Schlacht kam, flohen die Samier (bis auf 11 Schiffe) und ihnen folgend die Lesbier und auch die meisten der übrigen Ioner; die wenigen Widerstand Leistenden (am meisten zeichneten sich die Chier durch ihre Tapferkeit aus) unterlagen der Übermacht, ebend. 14—16. Milet wurde darauf genommen und die Einwohner nach Ampe am Tigris ins Exil geführt, ebend. 19—20. „Μίλητος μέν νυν Μιλησίων ἠρήμωτο," ebend. 22. Noch in demselben Jahre wurde sodann Karien von den Persern unterworfen, ebend. 25. (Ein Teil der Samier war mit dem Verrat ihrer Flotte unzufrieden und ging mit einer Anzahl Milesier nach Sicilien, wo beide sich der Städte Zankle bemächtigten, ebend. 22—23. Thuk. VI, 4. Arist. Pol. V, 2. 11. Nicht lange nachher ging indes Zankle wieder für sie verloren, indem der Tyrann von Rhegion, Anaxilaos, sie daraus vertrieb und der Stadt eine andere Bevölkerung [„δεμμίκτων ἀνθρώπων," Thuk.] und damit zugleich den Namen Messana gab, Thuk. VI, 5 vergl. Paus. IV, 23, 5.)

8) Herod. VI, 76—83. Vgl. Paus. II, 20, 7—8. Plut. de virt. mul. p. 245 d—f. Kleomenes schlug die Argeier und zündete dann den Hain Argos an, in welchen sich die Geschlagenen geflüchtet hatten. Dabei kamen 6000 Bürger von Argos um. Herod. VII, 148, und hierdurch wurde dasselbe so geschwächt, dafs sich eine Generation hindurch die

Periöken oder nach Herodot die Sklaven der Herrschaft bemächtigten, Herod. VI. 83. Arist. Pol. V, 2, 8. [Die Zeitbestimmung beruht darauf, dafs bei Herod. VI, 19, 77 ein Orakelspruch den Untergang von Milet und die Niederlage von Argos zur Zeit des herannahenden zweiten persischen Krieges als eine kürzlich geschehene bezeichnet wird.]

9) Herod. VI, 31—42. (Die Einwohner von Byzantion und Kalchedon flüchteten sich und nahmen, jedenfalls nur auf einige Zeit, ihre Wohnsitze in Mesambria, ebend. 33, einer Kolonie von Megara, Strab. p. 319.) Die Ioner hatten hierbei alle Drangsale einer feindlichen Eroberung zu erleiden, s. Herod. a. a. O. 31—32, wurden aber dann von Artaphernes verhältnismäfsig mild und gerecht behandelt, s. ebend. 42.

10) Herod. VI, 43—45. Über den Zweck des Zugs s. das. 43: ἐποιρέοντο ἐπί τε Ἐρέτριαν καὶ Ἀθήνας αὕται μὲν ὦν σφι πρόσχημα ἦσαν τοῦ στόλου ἄλλῳ ἐν νόῳ ἔχοντες ὅσας ἄν πλείστας δύναιντο καταστρέφεσθαι τῶν Ἑλληνίδων πολίων —. Die Flotte erlitt am Vorgebirge Athos durch Sturm einen Verlust von 300 Schiffen und 20000 Menschen, das Landheer wurde von den Brygern überfallen und ein grofser Teil desselben niedergemacht. Deshalb gab Mardonios den Zug auf und kehrte zurück, nachdem er an den Brygern Rache genommen hatte.

11) Herod. VI, 48—49. 49: τοῖσι ἥκουσι ἐς τὴν Ἑλλάδα κήρυξι πολλοὶ μὲν ἠπειρωτέων ἔδοσαν τὰ προσχρήζοντα αἴτεον ὁ Πέρσης, πάντες δὲ νησιῶται ἐς τοὺς ἀπικοίατο αἰτήσοντες. Unter den Letzteren auch Ägina, welches noch immer im Kriege mit Athen lag (s. S. 43 Anm. 98), und welches, wie wenigstens die Athener befürchteten, sich an den Perserkönig anschlofs, um mit ihm zusammen Athen zu bewältigen. Die Athener schickten deshalb Gesandte nach Sparta und klagten Ägina des Verrats an dem gemeinsamen hellenischen Vaterlande an, worauf nach manchen Weiterungen die Ägineten gezwungen wurden, 10 Geiseln zu stellen, die den Athenern übergeben wurden, s. Herod. VI, 50. 73. Infolge davon bricht der Krieg zwischen Athen und Ägina von neuem aus, s. ebend. 87—93. Über die Aufnahme und Behandlung der persischen Herolde in Athen und Sparta s. Herod. VII, 133—137.

Peter, Griech. Zeittafeln. 6. Aufl.

7

Olympiaden-jahr.	Jahr v. Chr.	Geschichte.
LXXII, 2.	491.	Demaratos wird gestürzt, Kleomenes stirbt; Leotychidas und Leonidas Könige von Sparta.[12]
LXXII, 3.	490.	Erster Perserkrieg.[13] Die Perser unter Datis und Artaphernes[14] kommen auf dem Seewege durch das ägäische Meer segelnd zuerst nach Euböa, nehmen Eretria[15] und landen dann auf der Ebene von Marathon, werden aber daselbst von den Athenern und Platäern unter Führung des Miltiades geschlagen.[16]
LXXII, 4.	489.	Des Miltiades verunglückte Unternehmung gegen Paros, seine Verurteilung und sein Tod.[17]

12) Demaratos und Kleomenes waren von jeher untereinander verfeindet; Demaratos war dem Kleomenes in der Angelegenheit von Ägina (s. die vor. Ann.) hindernd entgegengetreten, deshalb bewirkte Kleomenes seine Absetzung, worauf derselbe zum König Dareios floh, s. Herod. VI. 50. 61—70. Kleomenes starb bald darauf, ebend. 74—75. Über die Nachfolger beider s. ebend. 71 und VII. 204—205.
13) Herod. VI, 94—124. Vergl. Ctes. Pers. §. 18 (ed. Bähr). Iustin. II, 9. Cornel. Nep. Them. 1—5. Als Zweck des Zuges wurde auch jetzt die Rache an Athen und Eretria angegeben, zugleich aber beabsichtigte Dareios, ganz Hellas zu unterwerfen, Herod. VI, 94.
14) Von Herodot wird nur die Zahl der Trieren der Perser (600) angegeben, s. VI, 95, nicht aber die Größe des Heeres. Nach Iustin. u. a. O. betrug die letztere 600000 Mann, nach Plato Menex. p. 240 A und Lysias Epitaph. p. 192. §. 21 500000 Mann, nach Val. Max. V, 3. Paus. IV, 25, 2 300 000, nach Corn. Nep. Milt. 5 nur 110 000 Mann.
15) Herod. VI, 95—101. Auf dem Zuge wird Naxos geplündert und zerstört, Delos dagegen völlig verschont; von andern Inseln werden Mannschaften und Geiseln entnommen; auf Euböa werden Karystos und Eretria genommen, letzteres nach einer 6tägigen Belagerung durch Verrat, worauf zur Rache für die Verbrennung von Sardes die Tempel verbrannt und die Einwohner als Gefangene abgeführt werden. Über das Schicksal von Eretria vergl. Plat. Legg. III, p. 698. C. Menex. p. 240 B. Diog. Laert. III, 33. Strab. p. 448.
16) Hierhin, nach der Ebene von Marathon, werden die Perser von Hippias geführt, weil daselbst der Reiterei am besten Gebrauch gemacht werden könne. Die Athener ziehen ihnen entgegen unter Führung der 10 Strategen und des Polemarchen Kallimachos; die Spartaner versprechen Hilfe, zögern aber, weil sie vor dem Vollmond nicht ausziehen dürfen (Herod. u. a. O. 105—106, 120), dagegen kommen ihnen die Platäer mit ihrer gesamten Macht (1000 Mann) zu Hilfe. Nach Iustin (II, 9) beträgt die Zahl der Athener außer den Platäern 10 000 Mann; nach Corn. Nep. Milt. 4. Paus. IV, 25, 2. X, 20, 2 ist die Gesamtzahl beider 10 000 Mann. Miltiades setzt es durch, daß der Angriff ohne Verzug geschieht. Herod. u. a. O. 109. Die Zahl der Gefallenen: 6400 Perser, 192 Griechen, ebend. 117. Über die Art des Angriffs und die Tapferkeit der Griechen s. ebend. 112: πρῶτοι μὲν γὰρ Ἑλλήνων τῶν ἡμεῖς ἴδμεν δρόμῳ ἐς πολεμίους ἐχρήσαντο, πρῶτοι δὲ ἀνέσχοντο ἐσθῆτά τε Μηδικὴν ὁρῶντες καὶ ἄνδρας τοὺς ταύτην ἐσθημένους· τέως δὲ ἦν τοῖσι Ἕλλησι καὶ τὸ οὔνομα τὸ Μήδων φόβος ἀκοῦσαι. Der Tag der Schlacht: der 6te Boedromion (etwa den letzten Tagen des Septembers entsprechend), Plut. Cam. 19. Mor. p. 861 (de mal. Herod. c. 26). p. 305 (de glor. Athen. c. 7). [Im Widerspruch mit diesen Angaben Plutarchs hält Böckh (Jahnsche Jahrb., Supplementb. 1. X. F. S. 64 ff.) es aus mehreren Gründen, insbesondere deshalb, weil die Schlacht nach Herod. VI. 106. 120 in den nächsten Tagen nach dem Vollmond stattgefunden, für wahrscheinlich, daß der 6te Boedromion nicht der Schlachttag, sondern der Tag der Siegesfeier gewesen und der Schlachttag kurz nach der Mitte des vorhergehenden Monats, des Metageitnion, also etwa am 17ten dieses Monats anzusetzen sei.] Nach Plut. Arist. 5 war Aristeides einer der 10 Strategen und vielleicht auch Themistokles, wenigstens war nach älterer Stelle auch Letzterer bei der Schlacht zugegen. Über die zu Ehren der Μαραθωνομάχαι errichteten Grabhügel s. Paus. I, 32, 4—5. [Das Jahr der Schlacht bei Marathon ergiebt sich daraus mit Sicherheit, dafs nach mehrfachen Zeugnissen zwischen ihr und der Schlacht bei Salamis 10 Jahre in der Mitte liegen. s. Herod. VII, 1. 3. 4. 7. 20. Thuk. I, 18. Plat. Legg. III, p. 698. C. Marm. Par.]
17) Herod. VI, 132 136. Corn. Nep. Milt. 7. Herodot u. a. O. 132—133: αἰτίας εἶχε ἰδιοφρονέειν καὶ ἀργύριον κτλ. οὐ φαίνει ὅτι δ' ἐν ἐπιστρατείαισι χώρῃ, ἀλλὰ φὰς αὐτοῖς καταχωρεῖν, ἢν οἱ ἕπωνται —. Ἀθηναῖοι δὲ τούτου ἐπηβόλου ἀπόδοσαν αὐγαζομένων δὲ ὁ Μιλτιάδης τὴν ἀτρεκέην τῶν ἔπων, ἀπάμενον ἔχων ὡς οἱ Πάριοι ἐπιχθὲνι ἀφίκατο στρατοπεδευόμενος ἐπὶ τῷ Μηγαρόων καλεόμενον ἐς τῇ Πάρῳ, τοῦτο μὲν δὴ ἀμιξάμενον λόγον ἔχει, αὐτῷ τοιν καὶ ἔσχατον εἶχε τῶν Παρίων διὰ Ἰωνίωρ τὸν Τιθῶν, ἔστιν γένος Πάριον, διαβιώντα μιν πρὸς Ὑδίρεμα τῶν Πάρων. Er richtete nichts aus und wurde nach seiner Rückkehr von Xanthippos, dem Vater des Perikles, angeklagt und zu einer Geldstrafe von 50 Talenten verurteilt, starb aber an einer Verletzung des Fußes, die er sich vor Paros zugezogen. Sein Sohn Kimon bezahlte statt seiner die Strafe.

Olympiaden- jahr.	Jahr v. Chr.	Geschichte.	Kunst und Litteratur.
LXXIV, 2.	483.	Aristeides durch das Scherbengericht verbannt.[18]	
LXXIV, 3.	482.	Themistokles begründet die Seemacht Athens, indem er die Athener bewegt, die Einkünfte der laurischen Bergwerke zum Bau von Trieren zu verwenden und den Hafen Piräeus anzulegen.[19]	
LXXV, 1.	480.	Zweiter persischer Krieg.[20] Xerxes[21] zieht an der	Die *Lyriker* Simoni-

18) *Plut. Arist.* 7. *Corn. Nep. Arist.* 1. Die Zeitbestimmung nach *Plut. Arist.* 8, wonach er im 3ten Jahre zurückberufen wurde; nach *Corn. Nep. a. a. O.* erfolgte seine Zurückberufung im 6ten Jahre, so dafs hiernach seine Verbannung in das Jahr 486 fallen würde.

19) Über Themistokles, der von nun an als Hauptlenker der athenischen Angelegenheiten hervortritt, s. im allgemeinen die Charakteristik des Thukydides (I, 138): ἦν γὰρ ὁ Θεμιστοκλῆς βεβαιότατα δὴ φύσεως ἰσχὺν δηλώσας καὶ διαφερόντως τι ἐς αὐτὸ μᾶλλον ἑτέρου ἄξιος θαυμάσαι, οἰκείᾳ γὰρ συνέσει καὶ οὔτε προμαθὼν ἐς αὐτὴν οὐδὲν οὔτ' ἐπιμαθὼν τῶν τε παραχρῆμα δι' ἐλαχίστης βουλῆς κράτιστος γνώμων καὶ τῶν μελλόντων ἐπὶ πλεῖστον τοῦ γενησομένου ἄριστος εἰκαστής· καὶ ἃ μὲν μετὰ χεῖρας ἔχοι καὶ ἐξηγήσασθαι οἷός τε, ὧν δ' ἄπειρος εἴη κρίναι ἱκανῶς οὐκ ἀπήλλακτο· τά τε ἄμεινον ἢ χεῖρον ἐν τῷ ἀφανεῖ ἔτι προεώρα μάλιστα· καὶ τὸ ξύμπαν εἰπεῖν, φύσεως μὲν δυνάμει μελέτης δὲ βραχύτητι κράτιστος δὴ οὗτος αὐτοσχεδιάζειν τὰ δέοντα ἐγένετο. Das Bedürfnis wegen eines erneuerten Angriffs der Perser erkennend, zugleich aber auch zum unmittelbaren Gebrauch im Kriege gegen Ägina, bewirkte er die Herstellung von 200 Trieren (so viele nach Herodot) aus dem Ertrag der laurischen Bergwerke, s. *Herod.* VII, 144: ὅτε Ἀθηναίοισι γενομένων χρημάτων μεγάλων ἐν τῷ κοινῷ, τὰ ἐκ τῶν μετάλλων σφι προσῆλθε τῶν ἀπὸ Λαυρείου, ἔμελλον λάξεσθαι ὀρχηδὸν ἕκαστος δέκα δραχμάς, τότε Θεμιστοκλῆς ἀνέγνωσε Ἀθηναίους τῆς διαιρέσιος ταύτης παυσαμένους νέας τούτων τῶν χρημάτων ποιήσασθαι διηκοσίας ἐς τὸν πόλεμον, τὸν πρὸς Αἰγινήτας λέγων· οὗτος γὰρ ὁ πόλεμος συστὰς ἔσωσε τότε τὴν Ἑλλάδα, ἀναγκάσας θαλασσίους γενέσθαι Ἀθηναίους, vgl. *Plut. Them.* 4. *Corn. Nep. Them.* 2. *Polyaen.* I, 30, 5 (nach allen diesen letzteren Stellen wurden nur 100 Schiffe gebaut). Hiermit aber stand jedenfalls im Zusammenhang, dafs er die Anlegung des Hafens Piräeus statt des bisherigen unzulänglichen Phaleron veranlafste, s. *Thuk.* I, 93 vergl. *Paus.* I, 1, 2. Über die Wirkung dieser Veränderung s. *Plut. Them.* 4: ἐκ δὲ τούτου — ἀντὶ μονίμων ὁπλιτῶν, ὥς φησι Πλάτων (*Legg.* IV, p. 706 B), ναυβάτας καὶ ἐπιθαλασσίους ἐποίησε καὶ διαβολὴν καθ' αὐτοῦ παρέσχεν, ὡς ἄρα Θεμιστοκλῆς τὸ δόρυ καὶ τὴν ἀσπίδα τῶν πολιτῶν παραλόμενος εἰς ὑπηρέσιον καὶ κώπην συνέστειλε τὸν τῶν Ἀθηναίων δῆμον. [Die Zeit dieser Mafsregeln läfst sich nicht ganz sicher bestimmen, da die Zeitangabe *Thuk.* I, 93 von zweifelhafter Deutung ist. Die oben angenommene Zeitbestimmung beruht besonders auf *Thuk.* I, 14, wonach die Athener in der Zeit bis zum Tode des Dareios, also bis zum Jahre 485, nur wenige Kriegsschiffe und zwar meist nur Fünfzigruderer hat-

ten, ferner auf dem ganzen Bericht des Herodot von der Sache (VII, 143—144), wo z. B. Themistokles im Jahre 481 ein ἀνὴρ ἐς πρώτους νεωστὶ παρίων genannt wird, und ist auf diese und andere Gründe hin hauptsächlich von Krüger (hist. phil. Studien I. S. 13 f.) gegen Boeckh (de arch. pseudon. in der Abh. der Berl. Akademie 1827, S. 131 f.) ausgeführt worden, welcher letztere das Archontat des Themistokles und damit auch die übrigen Mafsregeln in das Jahr 492 setzt.]
20) *Herod.* VII, VIII, IX. Vgl. *Ctes. Pers.* §. 23—27. *Diod.* XI, 1—37. *Plut. Them.* und *Arist.* Auch jetzt war der Hauptzweck, ganz Griechenland zu unterwerfen (vgl. *Anm.* 13), s. *Herod.* VII, 139: ἡ δὲ στρατηλασίη ἡ βασιλέος οὔνομα μὲν εἶχε ὡς ἐπ' Ἀθήνας ἐλαύνει, κατίετο δ' ἐς πᾶσαν τὴν Ἑλλάδα, vgl. ebend. 157. Die Rüstungen hatten die ganze Zeit seit dem ersten Kriege fast ununterbrochen fortgedauert, erst unter Dareios, *Herod.* VII, 1, dann unter Xerxes, ebend. 20. Aufserdem wurde der Zug durch Durchstechung der Halbinsel des Athos, ebend. 21—24, und durch die Überbrückung des Strymon, ebend. 24, und des Hellesponts, ebend. 25, 33—36, vorbereitet. Auch hatte Xerxes ein Bündnis mit den Karthagern geschlossen, damit diese einen Angriff auf Sicilien machen und die dortigen Griechen beschäftigen sollten, s. *Diod.* XI, 1, 20 vgl. *Herod.* VII, 165. Aufser Damarat (s. *Anm.* 12) waren noch die Aleuaden aus Thessalien und die Peisistratiden in der Begleitung des Xerxes, *Herod.* VII, 6. Die Griechen ihrerseits hielten, als sie von der Ankunft des Xerxes in Sardes hörten, also gegen Ende des Jahres 481, eine Versammlung auf dem Isthmos, auf welcher sie vorerst allen Zwiespalt und Krieg abthaten und nach Sicilien zum Tyrannen von Akragas, Gelon, ferner nach Kreta, Kerkyra und Argos Gesandte mit der Bitte um Hilfe zu senden beschlossen, ebend. 145, was indes überall ohne Erfolg blieb, 148—171. Bei dieser Versammlung waren aber diejenigen nicht beteiligt, welche dem Perserkönig auf seine Aufforderung Erde und Wasser gegeben hatten, nämlich die Thessaler, Doloper, Änianen, Perrhäber, Lokrer, Magneten, Malier, die phthiotischen Achäer, die Thebaner und die übrigen Booter aufser Thespiä und Plataiä, 132. Am meisten zeichnete sich Athen durch seinen Patriotismus aus, s. 139: Ἀθηναίους ἄν τις λέγων σωτῆρας γενέσθαι τῆς Ἑλλάδος οὐκ ἂν ἁμαρτάνοι τἀληθέος, ... ἑλόμενοι τοῦτο τὸ Ἑλληνικὸν πᾶν τὸ λοιπὸν, ὅσον μὴ ἐμήδισε, αὐτοὶ οὗτοι ἦσαν οἱ ἐπεγείραντες καὶ βασιλέα μετά γε θεοὺς ἀνωσάμενοι. Die „hölzernen Mauern", 140—144.

21) Xerxes war im Jahre 485 nach dem Tode des Dareios König geworden, s. *Herod.* VII, 1—4, 20. *Synk.* p. 208. B.

Olympiaden-jahr.	J. v. Chr.	Geschichte.	Kunst und Litteratur.
LXXV, 1.	480.	Spitze einer Flotte von 1207 Kriegsschiffen und eines Landheeres von 1 700 000 Mann zu Fufs und 80 000 Reitern gegen Griechenland.[22] Der Spartanerkönig Leonidas stellt sich ihm mit 300 Spartiaten und einigen andern Mannschaften aus	des*, Pindaros*, Bakchylides.*

22) Das Landheer versammelt sich im Laufe des Jahres 481 zu Kritalla in Kappadokien und marschiert von dort nach Sardes, wo es mit Xerxes selbst überwintert, *Herod.* VII, 26—32; die Flotte kam in den Hafen von Kyme und Phokäa zusammen, *ibid.* XI, 2. Mit dem Anbruch des Frühlings marschiert das Heer nach Abydos, *Herod.* VII, 40—43, geht von dort auf 2 Brücken über den Hellespont, *das.* 51—55, wozu 7 Tage und 7 Nächte erforderlich sind, *das.* 56, dann geht der Zug zu Wasser und zu Land nach Doriskos, einer Ebene am Hebros, *das.* 58, wo eine Musterung des Landheeres wie der Flotte vorgenommen wird, *das.* 60 80. Die Zählung oder vielmehr Abschätzung des Landheeres ergiebt

a) Simonides aus Iulis auf Keos, lebte von 556—468, *Marm. Par. Suid. s. v. Strab.* p. 486, in engem Verkehr mit den hervorragendsten Männern seiner Zeit, so am Hofe des Hipparch, *Plat. Hipparch.* p. 288 d, wie der Aleuaden und Skopaden in Thessalien, *Plat. Protag.* p. 330 b. *Cic. de orat.* II, 86. *Bergk. Lyr. fr.* 5. Nach der Schlacht von Marathon hielt er sich zuerst zu Athen auf, wo er den Themistokles nahe stand und in zahlreichen dichterischen Wettkämpfen Preise errang, *Herod.* VI, 105. *Vit. Aesch. Westerm.* p. 119. *Plut. Them.* 1. 5, zuletzt am Hofe des Hieron von Syrakus, den er mit Theron von Agrigent aussöhnte, *Bergk. fr.* 142. *Cic. de nat. d.* I, 22. *Schol. Pind. Ol.* II, 29. Er war als Dichter aufserordentlich fruchtbar und in den verschiedensten Gattungen der Poesie thätig: Ἐπίνικοι, Ὕμνοι, Παρθένεια, Διθύραμβοι, Ἐγκώμια, Θρῆνοι, Ἐλεγεῖα, *Bergk. fr.* 1—89; die zahlreichsten Reste sind von seinen Ἐπιγράμματα (fr. 90—170) erhalten. Für die Geschichte der Zeit sind die Bruchstücke seiner Dichtungen von Wichtigkeit; denn in zahlreichen elegischen und epigrammatischen Dichtungen feiert er die Grofsthaten der Perserkriege; so die Helden der Schlachten von Marathon, *Vit. Aesch.*, Thermopylae, *Bergk. fr.* 1. 4. 92. 93. 95. 96. 97. 98, Salamis, *Bergk. fr.* 1. 100. 101. 102, Platää, *Bergk. fr.* 84, und der Schlachten des Kimon, *fr.* 107. 108. 109 vgl. *fr.* 110. 111. Ebenso verfafste er Epigramme auf Weihegeschenken der Harmodios und Aristogeiton, *fr.* 131, des Miltiades, *fr.* 136, der Athener nach der Schlacht bei Artemision, *fr.* 138, der Hellenen nach der Perserhente, *fr.* 141, vgl. *fr.* 144. 145, und des Pausanias, *fr.* 143. y. a. Wenn ihm auch das Dichten für Geld von manchen Seiten den Vorwurf der Habsucht zuzog, *Pind. Isthm.* II, 5 und *Schol. z. d. St. Aristoph. Pac.* 698, so war er doch als Dichter in ganz Hellas anerkannt und hiefs wegen der Anmut seiner Dichtungen μελιχρός (διὰ τὸ ἡδύ, *Suid.*). Plato sagt von ihm: σοφὸς καὶ θεῖος ἀνήρ, *Rep.* I, p. 331 e.

b) Pindaros, Sohn des Daïphantos, geboren um 521 im thebanischen Flecken Kynoskephalä, aus dem Geschlechte der Ägiden, *Suid. s. v. Eust. Procem.* 25. *Vit. Pind. Pyth.* V, 71, dichtete zuerst unter Anleitung des Lasos von Hermione,

Eustath. a. a. O., und der Korinna, *Plut. glor. Athen.* p. 347. 348, von der er fünfmal im musischen Wettkampf besiegt wurde. *Paus.* IX, 22. 3. *Ael.* V. H. XIII, 21. *Suid. s. v.* Κόριννα, und trat in seinem zwanzigsten Jahre mit der 10. pyth. Ode (zu Ehren eines Sieges der Aleuaden) zum erstenmale selbständig auf. Dafs der Dichter viel reiste, besonders um seine Gesänge auf Festversammlungen zur Aufführung zu bringen, zeigt sein Aufenthalt zu Delphi, *Pausan.* X, 21. 1, zu Olympia, *Pind. Ol.* X, zu Anthedon, *Pausan.* IX, 22. 5, zu Argos, *Pr. Eust.* 16. *Vit.*, zu Syrakus an Hierons Hofe neben Simonides und Bakchylides, *Pr. Eust.* 17. *Vit.*, wo er auch mit Theron von Agrigent in Verbindung trat, *Pind. Ol.* II. III. Nach seinen Gedichten stand er unter andern auch in Verkehr mit Arkesilaos von Kyrene, *Pyth.* IV. V. und besonders mit den Äginaten, *Ol.* VIII. *Pyth.* VIII. *Nem.* III. IV. V. VI. VII. *Isthm.* IV. V. Zu Athens Preise sang er (*Isocr. Ἀντιδ.* 166, *Pseudo-Äschin. Ep.* 1): εἴ τι ἱλαρὸν καὶ λαμπρὸν Ἑλλάδος ἔρεισμ' Ἀθᾶναι, wofür die Thebaner ihm eine Geldstrafe auflegten, die Athener aber das Doppelte der Strafsumme erstatteten und eine eherne Bildsäule setzten. Seine altgläubige Frömmigkeit bewährte er aufser seinen Liedern auch durch Weihungen zum Heiligtümern. *Pyth.* III. 77. *Paus.* IX. 16. 1. 17. 1; einer staatsmännischen oder kriegerischen Thätigkeit stand aber der Dichter fern. Er soll 80 Jahre alt im J. 441 im Theater zu Argos schmerzlos gestorben sein, *Pr. Eust.* 16. *Plut. cons. ad Apoll.* p. 109. *Suid. a. a. O.*; Alexander der Grofse ehrte sein Andenken dadurch, dafs er bei Thebens Zerstörung sein Haus allein verschonte, *Arr. Anab.* I, 29. Von seinen mannigfachen lyrischen Gedichten sind uns vier Bücher Ἐπίνικοι erhalten, und zwar 14 olympische, 12 pythische, 11 nemeische, 7 (8?) isthmische Siegeslieder auf Sieger im Wagenrennen mit Rossen, Maultieren oder Füllen, im einfachen Lauf, Langlauf, Doppellauf und Waffenlauf, im Ringkampf, Faustkampf, Pankration und Flötenspiel, von Chören zur Laute oder Flöte gesungen, in dorischer, äolischer und lydischer Tonart und den mannigfachsten strophischen Rhythmen; Gesänge des Dichters, aus denen noch Bruchstücke erhalten sind, waren Ὕμνοι, vgl. *Boeckh. fr.* 1. 2, Διθύραμβοι, *fr.* 3. 4, Ἐγκώμια,

Olympiaden- jahr.	Jahr v. Chr.	Geschichte.	Kunst und Litteratur.
LXXV, 1.	480.	dem übrigen Griechenland in dem Engpafs der Thermopylen entgegen, wird aber umgangen und nach heldenmütigem Widerstande überwältigt;²³ die griechische Flotte liefert der persischen bei	Der *Epiker* Panyasis." Emporblühen d. dramatischen Poesie."

1 700 000 Mann zu Fufs und 80 000 Reiter, *das.* 60, 87, die Flotte enthält 1207 Trieren, worunter 300 phönikische, 200 ägyptische, 150 kyprische, 100 kilikische u. s. w., und 3000 anderweite Fahrzeuge, *das.* 89, 148; hierzu kommen noch von den Inseln und den Städten und Völkerschaften der thrakischen Küste, die Xerxes auf dem Zuge berührt und von denen er überall Kontingente fordert (*das.* 122—124 vgl. 108, 110. 118), 120 Schiffe und 300 000 Mann, so dafs sich die gesamte streitbare Mannschaft, die Bemannung der Schiffe inbegriffen, auf die Zahl von 2 641 610 berechnet, *das.* 184 187. [So die freilich unglaublichen Zahlen Herodots; nach *Ctes.* §. 23 bestand das Landheer aus 800 000 Mann, die Flotte aus 1000 Schiffen, nach *Diod.* XI. 2. 3. 5 waren es 1200 Schiffe und 800 000 und nach Hinzutritt der Hilfsvölker 1 000 000 Mann, nach *Corn. Nep. Them.* 2 ebenfalls 1200 Schiffe, aber 700 000 Mann zu Fufs und 400 000 Reiter, nach *Iustin.* II. 10 dieselbe Zahl von Schiffen und zusammen 1 000 000 Mann.] Von Doriskos two Xerxes das merkwürdige Gespräch mit Demaratos führt, 101—104) marschiert das Landheer in 3 parallelen Zügen (*Herod.* VII. 121) zuerst nach Therma, wo es wieder mit der Flotte zusammentraf,

Herod. VII, 108—126, und von hier in das Land der Malier, wo Xerxes bei Trachis sein Lager aufschlug, *das.* 196—201; die Flotte segelte von Therma zuerst nach der Küste von Magnesia zwischen Sepias und Kastanäa und nachdem sie hier durch einen Sturm 400 Schiffe verloren hatte, nach Aphetä am pagasäischen Meerbusen, *das.* 179—195. — Die Griechen wollten erst den Eingang von Thessalien verteidigen und besetzten daher den Pafs Tempe mit 10 000 Mann unter dem Spartaner Euänetos und unter Themistokles, gaben aber dieses Vorhaben wieder auf aus Furcht umgangen zu werden, *das.* 172—173, und beschlossen, ein Heer in die Thermopylen (über welche s. *Eind.* S. 2. *Anm.* 1) aufzustellen und mit der Flotte die Nordküste von Euböa zu besetzen, um den Persern sowohl zu Lande als zur See das Vordringen nach Mittelgriechenland zu verwehren, s. *das.* 175—177.

23) *Herod.* VII, 201—238. Die Streitmacht der Griechen bestand außer den 300 Spartanern aus 500 Tegeaten, 500 von Mantinea, 120 von Orchomenos in Arkadien, 1000 aus dem übrigen Arkadien, 400 von Korinth, 200 von Phlius, 80 von Mykenä, ferner 700 von Thespiä, 400 von Theben (die nach *Herod. a. a. O.* 222 sich gezwungen anschlossen,

fr. 2, *Σκόλια, fr.* 1. 2, *Θρῆνοι, fr.* 1. 2. 3, *Προσόδια, fr.* 1, *Ὑπορχήματα, fr.* 3. 4. Von seiner Dichtung sagt Quintilian X, 1. 6: Novem lyricorum longe Pindarus princeps spiritus magnificentia, sententiis, figuris, beatissima rerum verborumque copia et velut quodam eloquentiae flumine. Vgl. *Ihr. Carm.* IV. 2. Sein Dialekt ist der epische, dem jedoch durch Dorismen eine gröfsere Würde verliehen wird. — Ein Zeitgenosse des Pindaros ist noch Timokreon aus Ialysos auf Rhodos, Athlet und Dichter, erst Freund des Themistokles, dann wegen angeblicher persischer Sympathieen verbannt, griff er Themistokles und Simonides in Spottgedichten an, als er des ersteren Verwendung erfolglos angerufen hatte, *Bergk. Tim. fr.* 1. 5. *Suid. s. v. Plut. Them.* 21. *Athen.* X, p. 415 f., wofür sich Simonides durch eine beifsende Grabschrift rächte, *Bergk. Sim. fr.* 171. Von seinen Gedichten (*Μέλη, Σκόλια, Ἐπιγράμματα*) sind nur wenige Bruchstücke erhalten. Gleichzeitig mit den genannten Lyrikern sind ferner drei Dichterinnen, von deren Werken sich aber nur wenige Bruchstücke erhalten haben: Korinna aus Tanagra mit dem Beinamen *Μυῖα, Suid. v. Paus.* IX, 22, 3, die in böotischem Dialekte Lieder über Sagenstoffe dichtete, von denen sich nur spärliche Überreste erhalten haben, *Bergk. fr.* 2. 11. 18. 20; Telesilla von Argos, die durch ihre Tapferkeit und ihre Lieder ihre Vaterstadt von den Spartanern rettete, *Plut. mul. virt.*

p. 235 c. *Paus.* II, 20, 7. 8. *Suid. s. v.*; Praxilla aus Sikyon, *Euseb. Chron. ol.* 82. 2 p. 105. von welcher *Ὕμνοι, Διθύραμβοι, Παροίνια, Σκόλια* genannt werden.

c) Bakchylides aus Iulis auf Keos. Neffe des Simonides, mit dem er am Hofe des Hieron lebte, war Nebenbuhler des ihm weit überlegenen Pindaros, *Strab.* p. 486. *Steph. v. Ἰουλίς. Schol. Pind. Ol.* II, 154. *Nem.* III, 113. *Pyth.* II. 97. Seine Blüte setzt Eusebius *chron. arm.* p. 102 in Olymp. 78, 3. Von seinen hauptsächlichsten Gedichten: *Ἐπίνικοι, Ὕμνοι, Παιᾶνες, Διθύραμβοι, Προσόδια, Ὑπορχήματα, Ἐρωτικά, Ἐπιγράμματα* sind nur wenige längere Bruchstücke erhalten, *B. fr.* 13. 27. Über den Wert seiner Poesie vgl. *Longin. de sublim.* 33, 5.

d) Panyasis aus Halikarnassos, dem Herodot nahe verwandt, blühte um 500—460 und fand durch Lygdamis, den Tyrannen seiner Vaterstadt, den Tod, *Suid.* s. v. *Clem. Alex. Strom.* VI, p. 206. *Hieron. Ol.* 72. 4 p. 103. *Syncell.* p. 472. Er ward zu den Dichtern des epischen Kanon gerechnet und verfafste *Ἡράκλεια* in 14 Büchern und 9000 Versen, von denen sich einige dreißig kurze Bruchstücke erhalten haben, und *Ἰωνικά* in elegischem Versmafse, 7000 Verse, *Suid. a. a. O.* Vgl. *Dionys. vett. scr. cens.* 2.

e) Die Tragödie (von dem Bockskopfer des Gottes *τραγῳδία* „Bocksopfer" genannt) war ursprünglich nur nach

Olympiaden-jahr.	Jahr v. Chr.	Geschichte.	Kunst und Litteratur.
LXXV, 1.	480.	dem Vorgebirge Artemision zwei Schlachten zweifelhaften Ausgangs, zieht sich aber auf die Nachricht vom Verlust der Thermopylen nach der Insel Salamis zurück.²¹	Die *Tragiker* Phrynichos Choirilos‹. Äschylos."

Diod. XI, 4 einer nicht medisch gesinnten Partei angehörten), der ganzen Streitmacht der opuntischen Lokrer und 1000 Phokern, s. *das.* 202. Xerxes schickt erst einen Kundschafter, der die Spartaner mit Gymnastik und mit dem Kämmen ihrer Haare beschäftigt findet, s. 208—209, dann läfst er sie, nachdem er 4 Tage darauf gewartet, dafs sie von selbst fliehen würden, 3 Tage lang vergeblich erst durch die Kissier und Meder, dann durch die 10000 unsterblichen Perser (vgl. über diese *Herod.* VII, 83) angreifen, s. 210—213, worauf durch den Verrat des Ephialtes die Umgehung, s. 213 bis 218, und der letzte Kampf folgt, s. 219—227, an welchem jedoch nur die Spartaner und Thespier und Thebaner (letztere gezwungen) teilnahmen, da Leonidas alle übrigen auf die Nachricht von der Umgehung entlassen hatte, s. 219 bis 221, 228: θρηθῆναι δὲ ωι αὐτοῦ τῇ περ ἔπεσον καὶ τοῖσι πρότερον τελευτήσασι ἢ ὑπὸ Λεωνίδεω ἀποπεμφθέντας οἴχεσθαι, ἐπιγέγραπται γράμματα λέγοντα τάδε· Μυριάσιν ποτὲ τῇδε τριηκοσίαις ἐμάχοντο ἐκ Πελοποννάσου χιλιάδες τέτορες. ταῦτα μὲν δὴ τοῖσι πᾶσι ἐπιγέγραπται, τοῖσι δὲ Σπαρτιήτῃσι ἰδίῃ· Ὦ ξεῖν', ἀγγέλλειν Λακεδαιμονίοις ὅτι τῇδε κείμεθα τοῖς κείνων ῥήμασι πειθόμενοι. Nach *Herod.* VIII, 24 waren von den Persern 20000 in den Thermopylen gefallen. Nach *Herod.* VII, 206 wurden gleichzeitig mit dem Kampfe die olympischen Spiele gefeiert.

21) *Herod.* VIII, 1—22. Die griechische Flotte, unter Anführung des Spartaners Eurybiades, bestand aus 127 Trieren von Athen (z. T. mit Platäern bemannt), 40 von Korinth, 20 von Megara, 20 von Chalkis (die Schiffe selbst waren den Chalkidiern von Athen geliehen), 18 von Ägina, 12 von Sikyon, 10 von Sparta, 8 von Epidauros, 7 von Eretria, 5 von Trözen, 2 von Styra, 2 von Keos, zusammen 271 Trieren, dazu noch 2 Fünfzigruderer von Keos und 7 eben solche von den opuntischen Lokrern, zusammen 280 Schiffe, *das.* 1, 2. Von der persischen Flotte werden 200 Schiffe abgeschickt, um den Euripos zu besetzen und den Griechen die Flucht abzuschneiden, *das.* 7. Die Griechen wagen darauf die erste Schlacht, 9—11, und dann, nachdem jene 200 Schiffe der Perser durch Sturm untergegangen, 12—13, und sie selbst durch neue 53 athenische Schiffe verstärkt worden, 14, die zweite, 15—17. Beide Schlachten endeten unentschieden, und auch die Griechen hatten, wenn auch geringere als die Perser, doch nicht unbedeutende Verluste erlitten; sie dachten daher bereits an den Rückzug, als sie ebendrein die Nachricht von den Vorgängen in den Thermopylen erhielten, wodurch die Verteidigung ihrer Position bei Artemision unmöglich und nutzlos gemacht wurde, 18—22.

Chorgesang mit Reigentanz an den Weinfesten des Dionysos, *Diog. Laert.* III, 56: τὸ παλαιὸν ἐν τῇ τραγῳδίᾳ πρότερον μὲν μόνος ὁ χορὸς διεδραμάτιζεν. *Arist. Poet.* IV, 15: γενομένη οὖν ἀπ' ἀρχῆς αὐτοσχεδιαστικὴ καὶ αὐτὴ (sc. τραγῳδία) καὶ ἡ κωμῳδία, καὶ ἡ μὲν ἀπὸ τῶν ἐξαρχόντων τὸν διθύραμβον, ἡ δὲ ἀπὸ τῶν τὰ φαλλικά. Dann trat neben dem Chorgesang zum Lobe des Gottes ein redender Schauspieler auf, der zuerst nur dionysische, in weiterer Entwickelung aber auch andere Mythen in den Gesangspausen erzählte; allmählich entstand daraus der Dialog, zu Anfang mit dem Führer des Chors (κορυφαῖος, besonders in trochäischen Tetrametern), seit der Einführung eines zweiten Schauspielers durch Äschylos immer mehr zur Hauptsache werdend, bis durch die des dritten die Tragödie unter Sophokles ihre Vollendung erhielt, s. *unten* und *Jam.* g. k. — Das Satyrdrama, eine Abart der Tragödie, entstand dadurch Einführung eines Chors in Satyrmasken auf die Bühne, wie er bei den Lustbarkeiten und Mummereien der Dionysosfeste auftrat. *Suid.* s. v. *Ἰκάριον. Athen.* XIV, p. 630 C. Als älteste Tragiker werden genannt: Thespis um 536—533, aus dem attischen Gau Ikarios, *Suid.* s. v. *Plut. Sol.* 29, zugleich Dichter, Tonsetzer und Schauspieler, *Athen.* I, 22. *Hor. A. P.* 275. *Anthol. Pal.* VII, 410. 411, der als Begründer der Tragödie angesehen

wird, weil er zum Chorgesang einen redenden Schauspieler hinzufügte, *Diog. Laert.* III, 56; ferner Pratinas aus Phlius (um 500), der zuerst Satyrdramen aufgeführt haben soll, *Suid.* s. v. *Παυσ.* II, 13, 5.

f) Phrynichos aus Athen um 511—476. *Suid.* s. v. *Plut. Them.* 5. *Schol. Arist. Ran.* 941, der erste bedeutende Tragödiendichter, der μέλεσι καὶ πάθη gab, *Plut. symp.* I, 1 p. 615. Unter den von ihm angeführten Tragödien waren die berühmtesten *Μίλητου ἅλωσις*, die infolge des schmerzlichen Eindrucks, den sie auf die Athener machte, dem Dichter eine Geldstrafe von 1000 Drachmen zuzog, *Herod.* VI, 21, und *Φοίνισσαι*, eine Verherrlichung des Sieges der Athener bei Salamis, daher von Themistokles im J. 477 zur Aufführung gebracht, *Plut. a. a. O. Athen.* XIV, p. 635 e. Nur wenige Verse seiner Dramen sind erhalten, *Nauck. trag. Gr. fr.* 5, 6, 10, 14. In diesen herrschte noch der lyrische Chorgesang vor, daher preist ihn Aristophanes, *Av.* 750: ἔνθα μελίζει ξουθὴ μέλιτος ξύμφωνον ἀοιδὰν φρύνιχος ἀμβροσίων μελέων ἀπεβόσκετο καρπόν, ἀεὶ φέρων γλυκεῖαν ᾠδάν. Vgl. *Schol. Vesp.* 220. *Ran.* 1299 f. Choirilos dichtete von 524—468 und zeichnete sich besonders im Satyrspiel aus, *Suid.* s. v.

g) Äschylos, Sohn des Euphorion aus Eleusis, geboren 525, *Marm. Par.*, trat 25 Jahr alt zuerst mit Dramen auf

Olympiaden- jahr.	Jahr v. Chr.	Geschichte.	Kunst und Litteratur.
LXXV, 1.	480.	Pleistarchos folgt dem Leonidas als König von Sparta unter Vormundschaft des Kleombrotos und dann des Pausanias.²⁵	Die *sicilische Komödie*.ʰ Epicharmos.ⁱ
		Am 20. Boedromion Schlacht bei Salamis. Xerxes flieht mit Zurücklassung von 300000 Mann unter Führung des Mardonios.²⁶	

25) *Herod.* IX, 10.

26) Die griechische Flotte zog sich nach Salamis zurück, *Herod.* VIII, 40: die persische Flotte folgte ihr und nahm ihre Station in Phaleron, *das.* 66. Xerxes drang nach Öffnung der Thermopylen ohne Widerstand in Mittelgriechenland ein, wo sich ihm alles, aufser Phokis, Plataä, Thespiä und Athen, unterwarf. Die Expedition nach Delphi, 35—39; Athen von seinen Bewohnern verlassen, 41, und von Xerxes in Besitz genommen, 50—55. Die Peloponnesier stellen sich auf dem Isthmos auf und suchen den Peloponnes durch eine quer über den Isthmos gezogene Mauer zu schützen, 71—73. Zweifel und Schwankungen der Griechen auf der Flotte, 49, 50—63, 74—80, zuletzt durch die Beharrlichkeit und die List des Themistokles überwunden, und durch Aristeides (ἀνὴρ Ἀθηναῖος, μὲν ἐξωστρακισμένος δὲ ὑπὸ τοῦ δήμου, τὸν ἐγὼ νενόμικα ἀναπυνθανόμενος αὐτοῦ τὸν τρόπον ἄριστον γενέσθαι ἐν Ἀθήνῃσι καὶ δικαιότατον, 79). Schlacht bei Salamis, 83—95 vgl. *Aesch. Pers.* 353—514. Die griechische

als Nebenbuhler des Pratinas, *Suid.* v. *Ἰγνάτιος*, und erlangte 485 den ersten dramatischen Sieg (von 13), *Marm. Par.* Zur Dichtung begeisterte ihn die grofse Zeit des Perserkampfes, in dessen Schlachten er ruhmvoll mitfocht, zuerst bei Marathon, wo er aus mehreren Wunden blutete, dann bei Artemision, Salamis und Plataä, *Marm. Par. Paus.* I, 21, 3, 1, 14, 4. *Plut. s. r. Alegadéeirer ποίημα*. Er fügte den zweiten Schauspieler hinzu, liefs die Rede der Schauspieler gegen den Chorgesang in den Vordergrund treten, (τὸν λόγον πρωταγωνιστὴν παρασκευάσας, *Arist. Poet.* IV, 15, *Diog. L.* III, 56), verlieh der tragischen Bühne Glanz durch Pracht des Kostüms und der Dekoration, *Vit. Aesch. Philostr. V. Soph.* 1, 9. *Hor. A. P.* 278, und führte wahrscheinlich die tetralogische Form der Tragödie ein. Sein Leben war nicht ohne Widerwärtigkeiten, denn Simonides besiegte ihn im dichterischen Wettstreit durch die Elegie auf Marathon, *Vit. Aesch.* der junge Sophokles mit dem ersten Stücke, das er auf die Bühne brachte, *Plut. Cim.* 8. *Marm. Par.*, ja er ward sogar wegen Gottlosigkeit angeklagt, weil er Geheimlehren der Mysterien in seinen Dramen auf die Bühne gebracht haben sollte, und nur im Hinblick auf frühere Verdienste vom Areopag freigesprochen. *Ael. V. H.* V. 19. *Arist. Eth. Nicom.* III, 2. Mifsmutig wanderte der Dichter wiederholt nach Sicilien, *Paus.* I, 2, 3. *Plut. de exil.* p. 604, wo er an Hierons Hofe Dramen aufführte und zu Gela starb, im Jahre 456, *Marm. Par. Vit. Aesch. Suid. Ael. V. H.* VII, 16. Dafs sein Kriegsruhm nach Marathon ihm teurer war als sein Dichterruhm, zeigt seine selbstgedichtete Grabschrift. *Athen.* XIV p. 627 D. *Vit. Aesch.* Die Athener aber ehrten sein Andenken, indem sie nach einem Volksbeschlufs seine Dramen auch nach seinem Tode aufführen liefsen, *Schol. Arist. Ach.* 10. Von mindestens 70 Tragödien, die er dichtete, *Vit. Aesch. Suid.* s. v., sind nur sieben vollständig erhalten und zwar: *Προμηθεὺς δεσμώτης*, *Ἑπτὰ ἐπὶ Θήβαις*, (nach der Didaskalie

im Jahre 467 aufgeführt) *Πέρσαι* (aufgeführt 472), die drei zusammengehörenden *Ἀγαμέμνων*, *Χοηφόροι*, *Εὐμενίδες*, als Trilogie auch *Ὀρέστεια* genannt, *Aristoph. Ran.* 1125, *Schol.*, das Meisterwerk des Dichters, siegreich aufgeführt 458, *Ἱκέτιδες*. Von anderen Dramen sind nur dürftige Bruchstücke erhalten, die bedeutendsten aus den Tragödien *Λαενίδες*, *Nauck. trag. Gr. fr.* 43, *Νιόβη*, *fr.* 153, 154, 156, 157, *Προμηθεὺς ὁ λυόμενος*, *fr.* 186, 189, 190, 193, *Ψυχαί*, *fr.* 259, vgl. *fr.* 275, 297, 340. Auch von seinen Elegieen und Epigrammen ist wenig auf uns gekommen. *Hermann. Aesch. fr.* 460 f. Von seiner Dichtung sagt ein alter Kunstrichter, *Vit. Aesch.*: Κατὰ δὲ τὴν σύνθεσιν τῆς ποιήσεως ζηλοῖ τὸ ἀδρὸν ἐπὶ ἀλλοίαις καὶ ἐπιθέτων ὀνοματοποιίαις τε καὶ ἐπιθέτοις, ἔτι δὲ καὶ μεταφοραῖς καὶ πᾶσι τοῖς δυναμένοις ὄγκον τῇ φράσει περιθεῖναι χρώμενος αἷ τε διαθέσεις τῶν δραμάτων οὐ πολλὰς αὐτῷ περιπετείας καὶ πλοκὰς ἔχουσιν ὡς παρὰ τοῖς νεωτέροις· μόνον γὰρ στοχάζεται τὸ μέγαι τιθέναι τοῖς προσώποις, ἀρχαῖόν τινα χαρακτῆρα τοῦτο τὸ μέρος, τὸ μεγαλοπρεπὲς καὶ τὸ ἡρωικόν... ὥστε διὰ τὸ αἰοτέζειν τῇ φράσει τῶν ἀρχαίων κωμῳδεῖται παρ' Ἀριστοφάνους. Vgl. *Aristoph. Ran.* 814 f. *Die Chrys. Or.* LII, p. 267.

h) Die Komödie entsprang aus Scherzliedern und Stegreifschwänken von Bauern und Winzern an den Weinfesten des Bacchus, *Aristoph. Poet.* IV, 14. *Περὶ κωμῳδίας Proleg. Aristoph. ed. Bergk.* III, 1—4. Anfänge der Komödie zeigen sich bei den Doriern in den spartanischen Pantomimen, *Athen.* XIV p. 621, und den megarischen Possenspiel, *Arist. Poet.* 3. *Eth.* IV, 2. *Suid.* s. v. *γέλως Μεγαρικός*. Dieses soll Susarion aus Tripodiskos in Megaris um 578 zuerst in metrische Form gebracht und in Attika eingeführt haben, *Marm. Par. Anon. Περὶ κωμ.* VIII, 6, 10, p. 535 *Mein. Schol. Dion. Thr.* p. 748.

i) Epicharmos aus Kos lebte um 500—477, wanderte nach Megara in Sicilien und führte zuerst in Syrakus kurz vor

Olympiaden-jahr.	Jahr v. Chr.	Geschichte.
LXXV, 2.	479.	Am 4. Boedromion[27] Sieg der Hellenen bei Platää unter Pausanias und Aristeides, durch welchen den Angriffen der Perser das Ziel gesetzt wird[28], und Sieg bei Mykale, der erste Schritt zum Angriffskrieg der Hellenen

Flotte zählte nach Herodot 378 Trieren und 4 Fünfruderer (womit indes die Zahlen der einzelnen Kontingente nicht völlig übereinstimmen, welche nur 366 ergeben), VIII, 43—48, und mit Hinzurechnung von 2 übergegangenen feindlichen Schiffen 380 Trieren, nach Äschylos 310, *Pers.* 339, nach *Thuk.* I, 74 beinahe 400; die Athener hatten dazu 200 (einschliefslich der 20, welche sie den Chalkidiern geliehen hatten und welche von diesen bemannt waren, s. *Anm.* 24) gestellt; die persische Flotte soll ihre Verluste durch neue Zuzüge von seiten der Griechen ersetzt und wieder die alte Zahl von 1207 Schiffen erreicht haben, *Herod.* VIII, 66, ebenso *Aesch. Pers.* 341; nach *Ctes.* 26 waren es über 1000 persische gegen 700 griechische Schiffe. Über den Tag der Schlacht s. *Plut. Cim.* 19. *Polyaen.* III, 11, 2. [Nach der wahrscheinlichsten Berechnung entspricht der 20. Boedromion ungefähr dem 23. September des Jul. Kal.] Über die Flucht des Xerxes s. *Herod.* VIII, 97—107, 113—120. Mardonios begleitet den König bis Thessalien und überwintert daselbst, nachdem er sich aus dem Heere 300000 der tüchtigsten der Krieger ausgewählt, *das.* 113. Eben dahin kehrt auch Artabazos zurück, der den König weiter nach Thrakien begleitet hatte, nachdem er Olynthos genommen und Potidäa vergeblich belagert, *das.* 126—129. Die griechische Flotte verfolgt die fliehende feindliche Flotte bis Andros und belagert Andros, jedoch ohne Erfolg, *das.* 108—112. Die Verhandlungen auf dem Isthmos über den Ehrenpreis des Sieges, *das.* 123—125.

27) S. *Plut. Arist.* 19: τῇ τετάρτῃ τοῦ Βοηδρομιῶνος ἱσταμένου κατὰ Ἀθηναίους, κατὰ δὲ Βοιωτοὺς τετάρτῃ τοῦ Πανήμου φθίνοντος. [Nach *Plut. Cam.* 19 am 3.] Beide Schlachten an einem Tage, die bei Platää am Morgen, die bei Mykale am Abend, *Herod.* IX, 90, 100—101. *Plut. Cam. a. a. O.* [Böckh nimmt auch hier den 3. oder 4. Boedromion nicht für den Tag der Schlacht, sondern für den Schlachtfeier und läfst jene wegen *Plut. Arist. a. a. O.* bereits im Monat Metageitnion stattfinden. Jahnsche Jahrb. Supplementh. N. F. I. S. 67 f.]

28) *Herod.* IX, 1—89. Mardonios kehrt im Frühjahr nach Mittelgriechenland zurück, *das.* 1, und nimmt Athen zum zweitenmale ein (im Sommer, s. *das.* 3: ἐξ ᾗ μακέλας ἥψατο ἐς τὴν Μεγαρίδα διεξήμενος ἐγένετο). Als die Spartaner nach langem Zögern ausrücken, *das.* 6—9. *Plut. Arist.* 10 (dagegen die hochherzige Standhaftigkeit der Athener gegen die Anerbietungen des Mardonios, *Herod.* VIII, 136, 140—144. IX, 4—5), zieht er sich nach Böotien, wo er sich den Asopos entlang von Erythrä über Hysiä bis in die Nähe von Platää lagerte, außer der Reiterei 300000 Mann stark, wozu noch etwa 50000 medisch gesinnte Hellenen kommen, *Herod.* IX, 32. Das hellenische Heer lagerte sich gegenüber am Fuße des Kithärion, 110000 Mann stark, nämlich 38700 Hopliten, 69500 Leichtbewaffnete und 1800 Mann Thespier, die ganz ohne Waffen waren; hierunter 5000 Spartaner. 5000 Lakedämonier und 35000 leichtbewaffnete Heloten, 8000 schwerbewaffnete Athener u. s. w., s. *das.* 28—30. Nachdem beide Teile sich 11 Tage gegenübergestanden und schon einmal ihre Lager gewechselt, greifen die Perser an, als die Hellenen nochmals aufgebrochen sind, um das Lager zu wechseln; die Spartaner und Tegeaten kämpfen mit den Persern, die Athener mit den medisch gesinnten Hellenen, die übrigen Hellenen kommen erst herbei, als der Sieg bereits gewonnen ist. Das persische Heer fast völlig aufgerieben bis auf 40000, die sich mit Artabazos retten, *das.* 70. [Aristodemos ἱκανὸν, *das.* 71.] Des Pausanias übermütige Aufschrift auf dem Delphi aufgestellten Weihgeschenk. *Thuk.* I. 132. [Das in einem Schlangengewinde bestehende eherne Fußgestell des Dreifußes, welcher damals zu Ehren des Apollo in Delphi aufgestellt wurde, ist 1856 in Konstantinopel ausgegraben worden und enthält die Namen der griechischen Völker, die sich an der Schlacht bei Platää und Salamis beteiligt hatten, der Lakedämonier, Athener, Korinthier, Tegeaten, Megarer, Epidaurier, Orchomenier, Phliasier, Trözenier, Hermioner, Tirynthier, Platäer, Thespier, Mykenäer, Keer, Malier, Tenier, Naxier, Eretrier, Chalkidier, Styreer, Eleer, Potidäaten, Leukadier, Anaktorier, Kydnier, Siphnier, Amprakioten, Lepreaten. Vgl. *Paus.* V. 23, 1.]

den Perserkriegen Komödien auf, *Suid.* v. Ἐπίχαρμος, *Diog. Laert.* VIII. 78. *Schol. Pind.* Pyth. I, 98, indem er das einheimische Possenspiel der Sikelioten in kunstgemäße Form brachte, *Hesy. zop.* III, 5. Den Lehren des Pythagoras zugethan, war er der Alleinherrschaft des Hieron abgeneigt, *Iambl. v. Pyth.* 266, *Plut. Num.* 8. Er erreichte ein Alter von wenigstens 90 Jahren, *Diog. Laert. a. a. O.* Er hat mindestens einige dreifsig Komödien gedichtet in dorischem Dialekt, *Suid. a. a. O. Iambl. v. Pyth.* 241, vielfach in trochäischen Tetrametern (metrum Epicharmium). Die Zahl der erhaltenen Bruchstücke ist sehr gering. Von seiner Dichtung heifst es *Hesy. zop.* III, 5: τῇ δὲ ποίησει γνωμικός καὶ τεχνικὸς καὶ φιλάγκιος. Wegen seiner Spruchweisheit ward er von den Philosophen hochgestellt, namentlich von Plato, *Iambl. v. Pyth.* 166, *Plut. Theaet.* p. 151 E. Dichter der sicilischen Komödie sind neben und nach ihm Phormis und Deinolochos, ferner Sophron aus Syrakus, der Begründer des in Prosa geschriebenen Mimos (*Suid.* s. v.) und sein Sohn Xenarchos, ebenfalls Mimendichter, *Aristoph. Poet.* I. S. *Suid.* s. v. Φόρμος.

Die Blütezeit des hellenischen Volks.

Olympiaden- jahr.	Jahr v. Chr.	Geschichte.
LXXV, 2.	479.	und zur Befreiung der Inseln und der Städte an den Küsten des ägäischen Meeres.[29]
		Sestos von der hellenischen Flotte unter Anführung des Xanthippos belagert und genommen.[30]

---

29) Die persische Flotte geht im Frühling aus den Winterquartieren zu Kyme zuerst nach Samos, wo sie „ἐφύλασσον τὴν Ἰωνίην μὴ ἀποστῇ, νέας ἔχοντες σὺν τῇσι Ἰάσι τριηκοσίας", Herod. VIII, 130; die griechische Flotte zuerst nach Ägina, dann nach Delos, das. 131—132, 110 Schiffe stark (250 nach Diod. XI, 34), von da nach Samos und als sie die feindliche Flotte hier nicht vorfindet, nach der Samos gegenüber liegenden Küste des Festlands, wo die Bemannung der feindlichen Flotte am Fuße des Gebirgs Mykale (von welchem die Schlacht den Namen führt) unter dem Schutze eines auf diesem Gebirge stehenden 60000 Mann starken Landheeres ein Lager aufgeschlagen hatte, Herod. IX, 90—92. Abfall der Ionier 99. 103—104. Die Griechen steigen aus Land, greifen den Feind an und gewinnen den Sieg, 100 bis 102, und zwar hauptsächlich durch das Verdienst der Athener, 105. 101: οἱ μὲν δὴ Ἕλληνες καὶ οἱ μήχιμοι ἱππέδον ἐς τὴν μάχην, ὡς σφι καὶ αἱ νῆσοι καὶ ὁ Ἑλλήσποντος ἄεθλα προέκειτο.

30) Herod. IX, 106—121. 106: ἀλεξάμενοι δὲ ἐς Σάμον οἱ Ἕλληνες ἐβουλεύοντο περὶ ἀναστάσιος τῆς Ἰωνίης καὶ ὅκῃ χρεὼν εἴη τῆς Ἑλλάδος κατοικίσαι, τῆς αὐτοὶ ἐγκρατέες ἦσαν, τὴν δὲ Ἰωνίην ἀπεῖναι τοῖσι βαρβάροισι· ἀδύνατον γὰρ ἐφαίνετό σφι εἶναι ἑωυτούς τε Ἰώνων προκατῆσθαι φρουρέοντας τὸν αἰεἶνα χρόνον, καὶ ἑωυτῶν μὴ προκατημένων Ἴωνας οὐδεμίαν ἐλπίδα εἶχον χαίροντας πρὸς τῶν Περσέων ἀπαλλάξειν· πρὸς ταῦτα Πελοποννησίων μὲν τοῖσι ἐν τέλεϊ ἐοῦσι ἐδόκεε τῶν μηδισάντων ἐθνέων τῶν Ἑλληνικῶν τὰ ἐμπόρια ἐξαναστήσαντας δοῦναι τὴν χώρην Ἴωσι ἐνοικῆσαι, Ἀθηναίοισι δὲ οὐκ ἐδόκεε ἀρχὴν Ἰωνίην γενέσθαι ἀνάστατον οὐδὲ Πελοποννησίοισι περὶ τῶν σφετερέων ἀποικιέων βουλεύειν. Zunächst galten die Peloponnesier nach und zogen mit nach dem Hellespont, um dort die Brücken des Xerxes mit zu zerstören; als sie diese aber schon zerstört fanden und die Athener sich zur Belagerung von Sestos wandten, verließ Leotychidas mit den Peloponnesiern die Flotte, das. 114. Thuk. I, 89. Sestos wurde im Laufe des Winters genommen. Herod. a. a. O. 117. 118. Thuk. a. a. O. [Des Thukydides Worte: Σηστὸν ἐπολιόρκουν — καὶ ἐπιχειμάσαντες εἷλον αὐτήν sind nicht unvereinbar mit Herodot, indem sie nicht notwendig enthalten, daß Sestos erst nach Ablauf des Winters genommen worden sei.]

Zweiter Abschnitt.

478 bis 431 v. Chr.

Athens Hegemonie zur See; allmähliche Unterwerfung der Bundesgenossen; seine Versuche, die Hegemonie auch zu Lande zu gewinnen; Reibungen und Feindseligkeiten mit Sparta und den übrigen Peloponnesiern.[31]

Olympiadenjahr.	Jahr v. Chr.	Geschichte.
		a) Bis zum Bruch mit Sparta, 461 v. Chr.
LXXV, 3.	478.	Athen wieder aufgebaut und trotz des Widerstrebens der Spartaner mit einer Mauer umgeben.[32]
LXXV, 4.	477.	Der Hafen Piräeus vollendet und mit einer Mauer umgeben.[33]
		Auf Antrag des Aristeides wird in Athen durch ein Gesetz die Bestimmung aufgehoben, wonach die Bürger der vierten Klasse von den öffentlichen Ämtern und Würden ausgeschlossen waren.[34]
		Die hellenische Flotte unter Führung des Pausanias erobert den größten Teil der Städte auf Kypros und Byzantion.[35]

30) Dieser Zeitabschnitt wird gewöhnlich auf Grund von *Thuk.* I, 118, wo seine Zahl in runder Zahl zu 50 Jahren angegeben wird, die πεντηκονταετία des Thukydides (I, 89 bis 118) genannt, so zuerst vom Scholiasten desselben zu den Stellen I, 18, 42, 75, 97. Über den Gang der Ereignisse in dieser Zeit s. *Thuk.* I, 18: χωρῆ τε ἀπωσάμενοι τὸν Μῆδον [Greek text] ... vergl. ebend. I. 118. [Hinsichtlich der Chronologie des Zeitraums sind wir auf Thukydides (I, 89 bis 118, 128—138) und auf Diodor (XI, 39—XII, 37) gewiesen; allein der letztere hat zwar seine Darstellung durchweg nach Jahren geordnet, bei seiner Unkritik und Oberflächlichkeit hat er sich aber dabei mancherlei Widersprüche und offenbare Irrtümer zu Schulden kommen lassen, und Thukydides auf der andern Seite hat sich zwar, wie überall, so auch hier, der grössten Genauigkeit befleifsigt, auch hinsichtlich der Chronologie (s. c. 97), aber bis auf einige einzelne Bemerkungen es unterlassen, die Jahre genau anzugeben. Wir können daher die Chronologie vielfach nur auf Mutmafsung und gröfsere oder geringere Wahrscheinlichkeit gründen. Die wichtigsten Stellen für die deshalb zu machenden Kombinationen sind *Thuk.* I, 101 vgl. mit IV, 102, und I. 112, 115, 87, s. zu den Jahren 465 und 445.]

32) *Thuk.* I, 89—93. *Plut. Them.* 19. *Corn. Them.* 6—7. *Thuk. a. a. O.* 92; οἱ δὲ Λακεδαιμόνιοι ἀκούοντες ὀργὴν μὲν φανερὰν οὐκ ἐποιοῦντο τοῖς Ἀθηναίοις — τῆς μέντοι βουλήσεως ἁμαρτάνοντες ἀδήλως ἤχθοντο.

33) *Thuk.* I, 93. *Plut. Them.* 19. Über den Anfang des Hafenbaues s. *Anmerk.* 19. Der Umfang der Mauer betrug 60 Stadien. *Thuk.* II, 13. [Die Verlegung des Baues der Mauer um die Stadt und um den Piräeus in 2 aufeinander folgende Jahre beruht auf *Diod.* XI. 41; ebend. 43 wird auch noch berichtet, dafs die Athener jetzt beschlossen hätten, jedes Jahr 20 neue Trieren zu bauen.]

34) *Plut. Arist.* 22: Ἀριστείδης — ἅμα μὲν ὁρῶν ἐρᾶ[Greek text] ... Vgl. *Arist. Pol.* V. 3, 5. [Hinsichtlich der Zeit geht nur so viel im allgemeinen aus Plutarch hervor, dafs das Gesetz kurz nach dem Siege bei Plataiai gegeben wurde.]

35) *Thuk.* I, 94. *Diod.* XI. 44.

Die Blütezeit des hellenischen Volks. 59

Olympiaden-jahr.	Jahr v. Chr.	Geschichte.
LXXVI, 1.	476.	Verrat des Pausanias;[36] Übergang der Hegemonie zur See auf Athen.[37]
LXXVII, 2.	474.	Themistokles durch den Ostrakismos verbannt.[38]
LXXVII, 3.	470.	Die Perser aus Eion und die Doloper aus Skyros durch die verbündete Flotte unter Cimon vertrieben; Karystos von den Athenern erobert.[39]
LXXVII, 4.	469.	Leotychidas wird verbannt; Archidamos König von Sparta.[40]
LXXVIII, 2.	467.	Aristeides stirbt;[41] des Perikles beginnender Einflufs.[42]

36) *Thuk.* I, 95. 128 — 134, Pausanias erregte zuvörderst durch sein anmaßendes und herrisches Benehmen die allgemeine Unzufriedenheit. Deshalb wurde er von den Ephoren zur Verantwortung nach Sparta gerufen und zwar von der Anklage des Verrats wegen mangelnden Beweises freigesprochen, aber doch des Oberbefehls entsetzt, a. a. O. 94. 128. Er setzte aber seine verräterischen Verhandlungen mit dem Perserkönige fort und wurde endlich nach vielen Zögerungen, nachdem er des Verrats überführt worden, getötet, a. a. O. 128 — 134. [Die Verurteilung und Tötung des Pausanias kann erst nach dem Jahre 471 erfolgt sein, da die Spartaner den Themistokles der Teilnahme an dem Verrat beschuldigten, als dieser bereits in der Verbannung zu Argos lebte, s. *Thuk.* I, 135 und *Anmerk.* 38.]

37) *Thuk.* I, 95—97. *Plut. Arist.* 22—24. Die Lakedämonier schickten zwar nach Absetzung des Pausanias den Dorkis ab, um den Oberbefehl zu übernehmen, allein die Bundesgenossen hatten sich mittlerweile an Athen angeschlossen und weigerten sich daher, Dorkis als Oberbefehlshaber anzuerkennen, worauf ἄλλους οὐκέτι ὕστερον ἐξέπεμψαν οἱ Λακεδαιμόνιοι, φοβούμενοι μή σφισιν οἱ ἐξιόντες χείρους γίγνωνται, ὥσπερ καὶ ἐν τῷ Παυσανίᾳ ἐνεῖδον, ἀπαλλαξείοντες δὲ καὶ τοῦ Μηδικοῦ πολέμου καὶ τοὺς Ἀθηναίους νομίζοντες ἱκανοὺς ἐξηγεῖσθαι καὶ σφίσιν ἐν τῷ τότε παρόντι ἐπιτηδείους, *Thuk.* I, 95 vgl. *Diod.* XI, 50. Über die Organisation der Hegemonie (welche durch Aristeides geschah, *Plut.*) s. *Thuk.* a. a. O. 96 — 97. *Plut.* a. a. O. 24. *Thuk.* 96: Ἑλληνοταμίαι τότε πρῶτον Ἀθηναίοις κατέστη ἀρχή, οἳ ἐδέχοντο τὸν φόρον, οὕτω γὰρ ὠνομάσθη τῶν χρημάτων ἡ φορά· ἦν δὲ ὁ πρῶτος φόρος ταχθεὶς τετρακόσια τάλαντα καὶ ἑξήκοντα· ταμιεῖον δὲ Δῆλος ἦν αὐτοῖς καὶ αἱ ξύνοδοι ἐς τὸ ἱερὸν ἐγίγνοντο. ἡγούμενοι δὲ αὐτονόμων τὸ πρῶτον τῶν ξυμμάχων καὶ ἀπὸ κοινῶν ξυνόδων βουλευόντων τοσάδε ἐπῆλθον κ. τ. λ. Der Betrag des Tributs wurde nach und nach erhöht, so daß er beim Beginn des peloponnesischen Kriegs sich auf 600 Talente belief, s. §. 74 *Anm.* 1. [Es ist ratsamer, die Zurückberufung des Pausanias und den Übergang der Hegemonie auf Athen, wie oben geschehen, in das Jahr 476 zu setzen, da die Unternehmungen gegen Kypros und Byzanz das Jahr 477 ausfüllen mochten. Dies ist nicht gegen Thukydides und Diodor (XI, 46) und stimmt mit *Dem. Olynth.* III, p. 35 und *Phil.* III. p 116 vollkommen überein, wonach die Hegemonie der Athener, nach der ersteren Stelle 45 Jahr bis zum Anfang, nach der anderen 73 Jahre bis zum Ende des peloponnesischen Krieges

gedauert hat. Sonst wird die Dauer der athenischen Hegemonie in runder Zahl öfters zu 70 Jahren angegeben. *Dem.* a. a. O. p. 118. *Isocr. Paneg.* p. 62 u. ö.]

38) *Thuk.* I, 135. *Plut. Them.* 22. *Diod.* XI, 55. Er ging, nachdem er durch den Ostrakismos verbannt worden, zuerst nach Argos, flüchtete sich aber von dort, als die Spartaner ihn der Teilnahme an dem Verrate des Pausanias beschuldigten (nach *Plut.* a. a. O. 23 hatte Pausanias ihm erst zu der Zeit Eröffnungen gemacht, als er zu Argos in der Verbannung lebte), und begab sich endlich zu dem Könige von Persien, der ihn ehrenvoll aufnahm und mit Magnesia, Lampsakos und Myus beschenkte. Er starb zu Magnesia und zwar, wie Thukydides versichert, (a. a. O. 138 vgl. *Cic. Brut.* c. 11) eines natürlichen Todes. S. *Thuk.* I, 135 — 138. *Plut. Them.* 23 — 31. *Diod.* XI, 55 — 56. Auf der Überfahrt nach Asien kam er vor Naxos vorbei, als dasselbe von den Athenern belagert wurde, *Thuk.* 137, also im Jahre 466, s. *Anmerk.* 43. und als er in Asien angelangt war und von dort an den König von Persien schrieb, war Artaxerxes vor kurzem zur Regierung gelangt, s. *Thuk.* a. a. O. vgl. *Plut. Them.* 27.

39) *Thuk.* I, 98. *Diod.* XI, 60. [Bei dieser auf Diodor beruhenden Jahresbestimmung bleibt allerdings insofern eine große Lücke, als die Jahre von 476 an durch keine Unternehmung gegen die Perser ausgefüllt sind; wahrscheinlich sind aber in diese ganze Zeit von 476 bis 466 noch zahlreiche andere Eroberungen zu setzen, deren weder Thukydides noch Diodor gedacht hat; denn ganz Thrakien und der ganze Hellespont waren nach *Herod.* VII, 106. 107. 108 von den Persern unterworfen worden und mußten also erst wieder von den Griechen erobert werden.] Über Eion vgl. *Herod.* VII, 107, über Skyros *Plut. Thes.* 30.

40) *Herod.* VI, 72. *Paus.* III, 7. 8 vgl. *Diod.* XI, 48. Leotychidas wurde verbannt, weil er sich auf einem Feldzuge nach Thessalien von den Thessaliern hatte bestechen lassen.

41) *Cornel. Arist.* 3 („4 Jahre [post annum quartum] nach der Verbannung des Themistokles"). *Plut. Arist.* 26.

42) Nach *Plut. Per.* 7 trat er zuerst auf, nachdem Aristeides gestorben war. Nach der Stelle *ebend.* 16 und nach *Cic. de or.* III. c. 34 verwaltete er den athenischen Staat 40 Jahre lang. [Dies würde, da er 429 gestorben, auf das Jahr 469 führen; indes ist wohl die Zahl 40 als eine runde anzusehen und daher kein allzu großes Gewicht auf dieselbe zu legen.]

8*

LXXVIII, 4.	165.	Naxos von den Athenern unterworfen.[13] Doppelsieg des Kimon über die Perser am Eurymedon[14]
		Xerxes stirbt; Artaxerxes I. (Longimanus) König von Persien.[15]
		Krieg der Athener mit Thasos.[16]
LXXIX, 1.	461.	Erdbeben in Sparta und Aufstand der messenischen Heloten; Anfang des dritten messenischen Kriegs.[17]
LXXIX, 2.	463.	Thasos von den Athenern unterworfen.[18]
LXXIX, 4.	461.	Die Athener, von den Spartanern vor Ithome empfindlich beleidigt,[19] ver-

43) *Thuk.* I, 98. [Die Bestimmung des Jahres beruht lediglich darauf, daß Thukydides c. 100 die Schlacht am Eurymedon und den Anfang des Kriegs gegen Thasos unmittelbar auf die Unterwerfung von Naxos folgen läßt.] *Thuk. a. a. O.*: λιμὴν τε αὐτῇ πόλις ἐνωμίγη παρὰ τὸ καθεστηκὸς ἰδουλώθη, ἔπειτα δὲ καὶ τῶν ἄλλων ὡς ἑκάστῃ ξυνέβη. Die Ursachen der Unterwerfung s. *ebend.* 99: αἰτίαι δ᾽ ἄλλαι τε ἦσαν τῶν ἀποστάσεων καὶ μέγισται αἱ τῶν φόρων καὶ νεῶν ἔκδειαι καὶ λιποστράτιον εἴ τῳ ἐγένετο. Daß die Unterwerfung aber geschehen konnte, daran waren die Verbündeten selbst schuld, s. *ebend.*: διὰ γὰρ τὴν ἀπόκνησιν ταύτην τῶν στρατειῶν οἱ πλείους αὐτῶν, ἵνα μὴ ἀπ᾽ οἴκου ὦσιν, χρήματα ἐτάξαντο ἀντὶ τῶν νεῶν τὸ ἱκνούμενον ἀνάλωμα φέρειν, καὶ τοῖς μὲν Ἀθηναίοις ηὔξετο τὸ ναυτικὸν ἀπὸ τῆς δαπάνης ἣν ἐκεῖνοι ξυμφέροιεν, αὐτοὶ δὲ ὁπότε ἀποσταῖεν, ἀπαράσκευοι καὶ ἄπειροι ἐς τὸν πόλεμον καθίσταντο. Somit wurden die ξύμμαχοι allmählich in ὑποτελεῖς oder ὑπήκοοι verwandelt.

44) *Thuk.* I, 100, *Diod.* XI, 60. Zuerst wurde die phönikische Flotte mit einem Verlust von beinahe 200 Schiffen (*Thuk.*) geschlagen; dann landete die Schiffsmannschaft und brachte auch dem persischen Landheer eine Niederlage bei. (Über den vielfach in diese Zeit gesetzten sog. Kimonischen Frieden s. zum Jahre 449.)

45) *Diod.* XI, 69, *Synkell.* p. 268. B.

46) *Thuk.* I, 100. Der Streit entstand „περὶ τῶν ἐν τῇ ἀντιπέρας Θρᾴκῃ ἐμπορίων καὶ τοῦ μετάλλου, ἃ ἐνέμοντο." *Thuk.* Vgl. über diese Bergwerke der Thasier auf der gegenüberliegenden thrakischen Küste *Herod.* VI, 46—47. Sie waren es wahrscheinlich, welche die Athener veranlaßten, in demselben Jahre in ihrer Nähe an der Stelle des späteren Amphipolis eine Kolonie zu gründen, die aber von kurzer Dauer war; denn die 10000 Kolonisten wurden bald darauf von den Edonern erschlagen, *Thuk. a. a. O.* [Nach *Thuk.* IV, 102 wurde in 29. Jahre nach diesem ersten Versuche Amphipolis gegründet; dies ergiebt, da die Gründung von Amphipolis im Jahre 437 erfolgte, das Jahr 465 (oder möglicherweise allenfalls noch das Jahr 466) als das Jahr jenes ersten Versuchs und zugleich als das Jahr, worin der Krieg mit Thasos begann.]

47) Die Spartaner hatten den Thasiern auf ihre Bitte feierlich versprochen, ihnen gegen die Athener durch einen Einfall in Attika Hilfe zu leisten, als die obige doppelschwere Gefahr durch das Erdbeben und den Aufstand der Heloten eintrat und sie daran verhinderte. S. *Thuk.* I, 101. *Plut. Cim.* 19. *Diod.* XI, 63—64. Die aufständischen Heloten waren vorzüglich messenischer Abkunft und wurden daher sämtlich Messenier genannt; zu ihnen traten auch noch Periöken aus Thuria und Äthäa hinzu (*Thuk.*). Sie wollten Sparta selbst im Augenblick der ersten Bestürzung überfallen; indessen hatte König Archidamos sofort den Rest der Spartaner, so viele ihrer nicht in dem Erdbeben umgekommen waren, zu den Waffen gerufen, *Diod.* und *Plut. a. a. O.*; jene wandten also um und setzten sich in Ithome fest, wo sie sodann belagert wurden. Eine Andeutung von 2 Schlachten zwischen den Spartanern und Messeniern s. *Herod.* IX, 35 und 64. [Mit der aus Thukydides sich ergebenden Zeitbestimmung stimmt auch *Paus.* IV, 24, 2 und *Plut. Cim.* 16 überein.]

48) *Thuk.* I, 101: θάσιοι δὲ τρίτῳ ἔτει πολιορκούμενοι ὡμολόγησαν Ἀθηναίοις τεῖχός τε καθελόντες καὶ ναῦς παραδόντες, χρήματά τε ὅσα ἔδει ἀποδοῦναι αὐτίκα ταξάμενοι τὸ λοιπὸν φέρειν, τήν τε ἤπειρον καὶ τὸ μέταλλον ἀφέντες. Auslieferung der Schiffe, Niederreißung der Mauern, Erstattung der Kriegskosten waren die gewöhnlichen Bedingungen, unter denen die Unterwerfung der verbündeten Städte geschah.

49) Die Spartaner riefen, als die Belagerung von Ithome nicht vorschritt, außer anderen Bundesgenossen (Ägineten, *Thuk.* II, 27. IV, 56, Platäer, *das.* III, 54, Mantineer, *Xen. Hell.* V, 2, 3) die Athener zur Hilfe, welche ihnen unter Kimons Zuzug leisteten. Allein „δείσαντες τῶν Ἀθηναίων τὸ τολμηρὸν καὶ τὴν νεωτεροποιίαν καὶ ἀλλοφύλους ἅμα ἡγησάμενοι, μή τι ἢν παραμείνωσιν ὑπὸ τῶν ἐν Ἰθώμῃ πεισθέντες, νεωτερίσωσι, μόνους τῶν ξυμμάχων ἀπέπεμψαν, τὴν μὲν ὑποψίαν οὐ δηλοῦντες, εἰπόντες δ᾽ ὅτι οὐδὲν προσδέονται ἐτὶ αὐτῶν." *Thuk.* I, 102. „Καὶ διαφορὰ ἐκ ταύτης τῆς στρατείας πρῶτον Λακεδαιμονίοις καὶ Ἀθηναίοις φανερὰ ἐγένετο." *ebend.* [Nach *Plut. Cim.* 16, 17 würden die Athener zwei Züge zur Hilfe von Sparta gemacht haben, den einen in der Zeit der ersten Gefahr, den andern im Jahre 461, indes scheint dies nur auf einem Mißverständnis von *Aristoph. Lysistr.* 1138 zu beruhen.]

Die Blütezeit des hellenischen Volks.

Olympiaden-jahr.	Jahr v. Chr.	Geschichte.
LXXIX, 4.	461.	bannen Kimon,[50] geben das Bündnis mit Sparta auf und schliefsen mit Argos ein Gegenbündnis, dem Thessalien und bald auch Megara beitreten.[51]
		b) Bis zum dreifsigjährigen Bündnis zwischen Athen und Sparta. 445 v. Chr.
LXXX, 1.	460.	Durch Perikles und Ephialtes wird der Areopag seines vorzüglichen Einflusses entkleidet und die Wirksamkeit der Volksgerichte erweitert.[52] Einführung des Richtersoldes.[53]
		Zug der Athener nach Ägypten zur Unterstützung des Satrapen Inaros, der sich gegen den Perserkönig empört hatte.[54]

50) Er wurde wegen seiner Hinneigung zu Sparta und weil er den Hilfszug vorzüglich veranlafst hatte, durch den Ostrakismos auf 10 Jahre verbannt, *Plut. Cim.* 17 vgl. 16.

51) *Thuk.* I. 102: δεινὸν ποιησάμενοι καὶ οὐκ ἀξιώσαντες ἐπὶ Λακεδαιμονίων τοῦτο παθεῖν, εὐθὺς ἐπὶ ἐπεχώρησαν, ἀφέντες τὴν γενομένην ἐπὶ τῷ Μήδῳ ξυμμαχίαν πρὸς αὐτούς, Ἀργείοις τοῖς ἐκείνων πολεμίοις ξύμμαχοι ἐγένοντο καὶ πρὸς Θεσσαλοὺς ἅμα ἀμφοτέροις οἱ αὐτοὶ ὅρκοι καὶ ξυμμαχία κατέστη. Der Beitritt von Megara *ebend.* 103, wo die Athener demnächst die langen Mauern von der Stadt nach dem hafen Nisäa bauten, *ebend.* (Die Argeier hatten sich seit ihrer Niederlage durch die Spartaner, s. *Anm.* 8, allmählich wieder erholt und in der letzten Zeit durch die Unterwerfung von Orneä, Midea und Tiryns und durch die Zerstörung von Mykenä ihre Macht erweitert, *Strab.* p. 342. *Paus.* IV, 17, 4. 25, 5. 7. *Diod.* XI, 65.)

52) S. *Arist. Pol.* II, 9, 3: Καὶ τὴν μὲν ἐν Ἀρείῳ πάγῳ βουλὴν Ἐφιάλτης ἐκόλουσε καὶ Περικλῆς. *Plut. Cim.* 15: οἱ πολλοὶ συγχέαντες τῶν καθεστώτων τῆς πολιτείας κόσμων Ἐφιάλτου προεστῶτος ἀφείλοντο τῆς ἐξ Ἀρείου πάγου βουλῆς τὰς κρίσεις πλὴν ὀλίγων ἁπάσας καὶ τῶν δικαστηρίων κυρίους ἑαυτοὺς ποιήσαντες εἰς ἄκρατον δημοκρατίαν ἐνέβαλον τὴν πολιτείαν, ἤδη καὶ Περικλέους δυναμένου καὶ τὰ τῶν πολλῶν φρονοῦντος. Der Areopag hatte bis auf diese Zeit, jedenfalls im Zusammenhang mit seiner allgemeinen sittenrichterlichen Gewalt (s. S. 37. *Anm.* 68), das Richteramt „περὶ πάντων σχεδὸν τῶν ἐγκλημάτων καὶ ἁμαρτημάτων", s. *Androt.* und *Philochor.* in *Müller fr. hist. Gr.* I, p. 387 (fr. 17 des *Philochor.*), und dieses wurde ihm bis auf die Blutgerichte völlig entzogen, s. *Philochor.* 141: μόνα κατέλιπε τῷ ἐξ Ἀρείου πάγου βουλῇ τὰ ὑπὲρ τοῦ σώματος. Nach *Plut. Per.* 9 gebrauchte Perikles den Ephialtes nur als Werkzeug; indes wurde der letztere jedenfalls der Hauptgegenstand des Hasses der Gegenpartei, so dafs er sogar von derselben ermordet wurde, s. *Plut. Per.* 10. *Diod.* XI, 77. [Die Zeitbestimmung beruht auf *Diod.* XI, 77 vorgl. *Plut. Cim.* 15.] Die Oberaufsicht über die gesamte Staatsverwaltung, die der Areopag bisher geführt hatte, ging auf die sieben demokratischen νομοφύλακες über, die jetzt eingesetzt wurden, s. *Philochor. a. a. O.*, während die Gerichte der ἡλιαία (s. S. 37. *Anm.* 68)

zufielen, deren Einflufs und Wirksamkeit hierdurch bedeutend erweitert wurde. Hiermit wurde übrigens der letzte aristokratische Bestandteil der Verfassung beseitigt und das Gebäude der athenischen Demokratie vollendet; zugleich erreichte der Einflufs des Perikles seinen Höhepunkt, so dafs von nun an die Leitung der öffentlichen Angelegenheiten Athens fast ganz in seiner Hand lag, s. *Thuk.* II, 65: ἐγίγνετο τε λόγῳ μὲν δημοκρατία, ἔργῳ δὲ ὑπὸ τοῦ πρώτου ἀνδρὸς ἀρχή.

53) Der Richtersold (μισθὸς δικαστικός oder ἡλιαστικός) wurde von Perikles eingeführt, s. *Arist. Pol.* II, 9, 3. *Plut. Per.* 9, und betrug wahrscheinlich zuerst nur 1 Obolos, wurde aber nachher durch Kleon auf 3 Obolen erhöht, s. *Aristoph. Eq.* 51. *Schol.* zu *Aristoph. Plut.* 330. Aufserdem führte Perikles das διωβελία ein, welches ursprünglich nur in einem Ersatz für das Eintrittsgeld ins Theater im Betrag von 2 Obolen bestehend, später auch bei anderen festlichen Gelegenheiten gespendet und von nun auch immer höher gesteigert wurde, so dafs Demades sogar jedem Bürger eine halbe Mine versprach, s. *Liban. arg. Demosthen. Olynth.* I. *Plut. Per.* 9. *Harpocrat.* s. v. διωβελία. *Plut. Mor.* p. 818 (*praec. reip. ger.* c. 25). (Andere ähnliche Besoldungen und Schenkungen waren das ἐκκλησιαστικόν, welches aber noch nicht unter Perikles oder wenigstens nicht in der früheren Zeit desselben eingeführt wurde und wahrscheinlich einen erst 1, dann 3 Obolen betrug, s. besonders *Aristoph. Eccles.* 300—310, als dessen Erfinder Kallistratos und Agyrrhios genannt werden, s. *Paroemiogr. ed. Leutsch. et Schneid.* p. 437. *Schol. Arist. Eccl.* 102, ferner das μισθὸς βουλευτικός, ἀγορητικός u. s. w.). Über den nachteiligen Einflufs dieser Spenden s. *Arist. Pol.* II, 4, 11. *Plut. Per.* 9. *Plut. Gorg.* 515. E: τοῦτο γὰρ ἔγωγε ἀκούω Περικλέα πεποιηκέναι Ἀθηναίους ἀργοὺς καὶ δειλοὺς καὶ λάλους φιλαργύρους, εἰς μισθοφορίαν πρῶτον καταστήσαντα, so dafs also mit der Vollendung der Demokratie (s. *die vor. Anm.*) auch zugleich der Keim der Ausartung zur Ochlokratie gelegt wurde, welche durch Perikles aufgehalten, nach dessen Tode allmählich immer mehr hervorbrach und nun sich griff. [Die Zeitbestimmung in betreff der Einführung des Richtersoldes nur ungefähr.]

54) *Thuk.* I. 104. *Diod.* XI, 77.

Olympiaden-jahr.	Jahr v. Chr.	Geschichte.
LXXX, 3.	458.	Die Athener im Krieg mit Korinth, Epidauros und Ägina. Sie werden zu Lande bei Halieis geschlagen, gewinnen dann aber einen Seesieg bei Kekryphaleia und einen zweiten noch entscheidenderen bei Ägina; Ägina belagert.⁵⁵ Die Korinthier fallen in Megaris ein, um Ägina zu entsetzen, werden aber von Myronides an der Spitze der jüngsten und ältesten Bürgerklasse Athens geschlagen.⁵⁶
LXXX, 4.	457.	Die Spartaner an der Spitze eines peloponnesischen Heeres in Mittelgriechenland schlagen die Athener in der Schlacht bei Tanagra.⁵⁷ Kimon zurückgerufen.⁵⁸
	456.	Die Athener unter Myronides besiegen die Böoter bei Önophyta, worauf Böotien, Phokis und das opuntische Lokris dem athenischen Bunde beitreten.⁵⁹ Die langen Mauern von Athen nach dem Piräeus und nach Phaleron vollendet.⁶⁰ Ägina zur Unterwerfung gezwungen.⁶¹ Des Tolmides Zug um den Peloponnes.⁶²
LXXXI, 2.	455.	Der dritte messenische Krieg durch die Einnahme von Ithome beendet; die Athener weisen den Messeniern das von ihnen neuerdings eroberte Naupaktos zum Wohnsitz an.⁶³ Heer und Flotte der Athener in Ägypten vernichtet.⁶⁴

55) *Thuk.* I, 105. In der Schlacht bei Ägina wurden 70 Schiffe der Agineten genommen und damit deren Seemacht vernichtet.

56) *Thuk.* I, 105—106 (105: τῶν δ' ἐν τῇ πόλει ὑπολοίπων οἱ πρεσβύτατοι καὶ οἱ νεώτατοι ἐστρατεύοντο ἐς τὰ Μέγαρα Μυρωνίδου στρατηγοῦντος). *Lys. Epitaph.* p. 195. *Diod.* XI, 79. Es wurden zwei Schlachten geliefert, beide in der Nähe von Megara (die zweite ἐν τῇ ἑτοιμασίᾳ κομιδῇ, *Diod.*), weil die Korinthier, nach dem ersten Zuge zu Hause von den Greisen verspottet, noch einen zweiten Zug versuchten, der aber einen noch unglücklicheren Ausgang hatte als der erste. Eine von den Tafeln, welche das Verzeichnis der in diesem Jahre gefallenen Athener enthielten (ἐν Κύπρῳ, ἐν Αἰγύπτῳ, ἐν Φοινίκῃ, ἐν Ἁλιεῦσιν, ἐν Αἰγίνῃ, Μεγαροῖ τοῦ αὐτοῦ ἐνιαυτοῦ) und im Kerameikos aufgestellt waren, ist noch erhalten, *Börkh. Corp. inscr. Graec.* I. p. 292 f. n. 165.

57) Die Spartaner waren ihren Stammverwandten, den Bewohnern von Doris, zu Hilfe gezogen, die von den Phokern befeindet wurden. Sie zogen sich, als sie den Weg über das Gebirge Gerania von den Athenern besetzt fanden, nach Böotien, wo sich ihnen die Athener, mit ihren Bundesgenossen zusammen 14000 Mann stark, zur Schlacht entgegenstellten. *Thuk.* I, 107—108. *Plut. Meres.* p. 242. B. Das Ergebnis der Schlacht war nur, daß die Spartaner unbehindert nach ihrer Heimat zurückkehrten, *Thuk.* 108.

58) *Plut. Cim.* 17. *Per.* 10. Die Zurückberufung Kimons war die Wirkung des edlen Patriotismus, den Kimon vor der Schlacht bei Tanagra bewies (vgl. *Thuk.* I, 107), und des Enthusiasmus, der die sämtlichen Parteien in Athen nach dieser Schlacht ergriff, und der sich nachher in der Schlacht bei Önophyta bethätigte, s. *Plut. Cim. a. a. O.*

59) *Thuk.* I, 108. Die Schlacht wurde am 62sten Tage (*Thuk.*) nach der bei Tanagra geliefert, ist aber in das Jahr 456 (selbstverständlich aber noch in das Olympiadenjahr LXXX, 4) zu setzen, weil die Schlacht bei Tanagra, wie aus *Plut. Cim.* 17. *Per.* 10 hervorgeht, zu Ende des vorigen Jahres stattfand. Der Verlust der Schlacht hatte für die Thebaner die Folge, daß die herrschende aristokratische Partei gestürzt wurde und die demokratische an ihre Stelle trat, welche darauf das Bündnis mit Athen schloß. Dem Beispiele von Theben folgte sodann Phokis und — jedoch nicht ohne Zwang von seiten Athens — auch das opuntische Lokris, so daß die Hegemonie Athens jetzt auch zu Lande einen nicht geringen Teil von Griechenland umfaßte.

60) *Thuk.* I, 108. Der Bau war im vorigen Jahre begonnen, s. *ebend.* 107. Die Mauer nach dem Piräeus war 40, die andere 35 Stadien lang, *Thuk.* II, 13.

61) *Thuk.* I, 108. (*Diod.* XI, 78.)

62) *Thuk.* I, 108. *Diod.* XI, 84. Er verbrannte Gythion, nahm Methone, Chalkis und Naupaktos und gewann Zakynthos und Kephallenia für den athenischen Bund.

63) *Thuk.* I, 103.

64) *Thuk.* I, 109—110.

Olympiaden-jahr.	Jahr v. Chr.	Geschichte.	Kunst und Litteratur.
LXXXI, 3.	454.	Unternehmungen des Perikles im krissäischen Meerbusen; Achaja dem athenischen Bunde hinzugefügt.⁶⁵	
LXXXII, 3.	450.	Fünfjähriger Waffenstillstand zwischen Athen und Sparta.⁶⁶ Dreißigjähriger Friede zwischen Sparta und Argos.⁶⁷	Die *Tragiker* Sophokles,ᵏ Euripides.ˡ

65) *Thuk.* I, 111. (*Diod.* XI, 85.) Daß Achaja jetzt zu dem athenischen Bunde hinzugefügt wurde, ist aus den Worten des *Thuk. a. a. O. ἐνθὺς ἀναλαβόντες* zu schließen [obwohl dies auch heißen kann, daß die Achäer, als schon zum Bunde gehörig, zur Teilnahme an dem Feldzuge aufgeboten wurden, in welchem Falle der Hinzutritt der Achäer zum Bunde in das vorhergehende Jahr zu setzen sein würde], vgl. *Thuk.* I, 115. (Vor diesem Zuge wurde noch ein, jedoch erfolgloser Feldzug nach Thessalien gemacht, *Thuk.* I, 111.) *Diod. a. a. O.: οἱ μὲν οὖν Ἀθηναῖοι κατὰ τοῦτον τὸν ἐνιαυτὸν αἰτίαιων πόλεων ἡρξαν, τὰ᾿ ἀνδρίᾳ δὲ καὶ στρατηγίᾳ μεγάλην δόξαν κατεκτήσαντο.* Nach *Plut. Per.* 11. *Diod.* XI, 88 wurden in dieser Zeit auf Perikles' Veranlassung athe-

nische Kleruchen nach dem thrakischen Chersones und nach Naxos, desgleichen auch nach Andros und nach der thrakischen Küste ausgesandt.

66) *Thuk.* I, 112: "*ὕστερον δὲ* (nämlich nach dem Zuge des Perikles) *διαλιπόντων ἐτῶν τριῶν σπονδαὶ γίγνονται Πελοποννησίοις καὶ Ἀθηναίοις πεντέτεις, καὶ Ἑλληνικοῦ μὲν πολέμου ἔσχον οἱ Ἀθηναῖοι.* Nach *Diod.* XI, 86, *Plut. Cim.* 18. *Theopomp. fr.* 92 war es Kimon, der den Waffenstillstand hauptsächlich in der Absicht zu stande brachte, um durch einen auswärtigen Krieg die Zwistigkeiten zwischen Athen und Sparta abzuleiten.

67) *Thuk.* V, 14.

k) Sophokles, Sohn des Sophillos, geboren um 496 im athenischen Demos Kolonos, sorgsam unterrichtet namentlich in der Musik und Gymnastik, *Vit. Soph. Plut. de mus.* 31, leitete als Jüngling den Festgesang und Siegesreigen um die Trophäen von Salamis, *Athen.* I, p. 20. *Vit. Soph. Plut.*, besiegte 28 Jahr alt im Wettstreit um den tragischen Preis den Äschylos, *Marm. Par. Plut. Cim.* 5, und trug dann häufig den ersten oder zweiten, niemals den dritten Preis davon, *Vit. Soph. Suid. s. v.* Im Bühnenwesen führte er manche Neuerungen durch, indem er den Zusammenhang des Stoffes innerhalb einer Trilogie aufgab, den Dialog entschiedener zur Hauptsache machte, den Chor von 12 auf 15 Personen vermehrte, den dritten Schauspieler einführte, von dem Herkommen abging, daß der Dichter selbst in seinen Dramen als Schauspieler auftrat, und in der Kostümierung manches änderte, *Vit. Soph. Suid. s. v.* Nach Aufführung der Antigone wählte ihn das Volk zum Feldherrn mit Perikles für den Feldzug gegen Samos, *Vit. Soph. Plut. Periel.* 8. *Strab.* 638. Politisch thätig erscheint er als Probule, *Arist. Rhet.* III, 18, 6, und wirkt als solcher bei Einsetzung der Vierhundert mit; doch war er als Feldherr und Staatsmann unbedeutend, *Athen.* XIII, p. 603. 604. Einladungen von Fürsten an ihre Höfe schlug er stets aus, so sehr hing er an seiner Vaterstadt Athen (*φιλαθηναιότατος ἦν, Vit. Soph.*), wo er der allgemeine Liebling war, a. a. O. Infolge der Bevorzugung seines Enkels Sophokles, Sohnes des Ariston, den ihm seine Geliebte Theoris geboren, soll der Dichter von seinem Sohne Iophon vor einem Familiengerichte wegen Geistesschwäche belangt, aber infolge einer Vorlesung aus seinem Ödipus auf Kolonos freigesprochen worden sein, *Vit. Soph. Athen.* XIII, p. 592. *Cic. de sen.* 7, 22. *Plut. de rep. sen.*

ger. II, p. 508. Er starb nach einem glücklichen Leben 91 Jahr alt im Jahre 406. *Vit. Soph. Marm. Par. Argum.* III. *Oed. Col.* Über seine Todesart gingen verschiedene Sagen, *Diod. Sic.* XIII, 103. *Vit. Soph. Paus.* I, 21. 2 f. Die Athener erwiesen ihrem größten Tragiker nach seinem Tode göttliche Ehre, *Vit. Soph. Plut. Num.* 4. *Etym. M. s. v. Δεξίων.* Von den wahrscheinlich 111 Dramen des Sophokles haben sich nur sieben vollständig erhalten, nämlich *Ἀντιγόνη*, das Meisterwerk des Dichters (aufgeführt 441), *Ἠλέκτρα, Οἰδίπους (τύραννος), Οἰδίπους ἐπὶ Κολωνῷ, Αἴας, Φιλοκτήτης* (aufgeführt 409), *Τραχίνιαι*. Von den übrigen sind etwa 1000 meist kurze Bruchstücke vorhanden, *Nauck trag. Graec. fr.* p. 103 f. Außerdem wurden von Sophokles Elegieen, Päane und eine Schrift über den Chor erwähnt, *Suid. s. v.* Der jüngere Phrynichos preist den Sophokles, *Argum.* III. *Oed. Col.*: *μάκαρ Σοφοκλέης, ὃς πολὺν χρόνον βιοὺς | ἀπέθανεν εὐδαίμων ἀνὴρ καὶ δεξιός, | πολλὰς ποιήσας καὶ καλὰς τραγῳδίας, | καλῶς δ᾽ ἐτελεύτησ᾽, οὐδὲν ὑπομείνας κακόν.* Bezeichnend für seine Dichtung heißt es *Dio Chrys. Or.* LII, p. 272: *ὁ δὲ Σοφοκλῆς μέσος ἔοικεν ἀμφοῖν εἶναι, οὔτε τὸ αὔθαδες καὶ ἁπλοῦν τὸ τοῦ Αἰσχύλου ἔχων οὔτε τὸ ἀκριβὲς καὶ δριμὺ καὶ πολιτικὸν τὸ τοῦ Εὐριπίδου, σεμνὴν δέ τινα καὶ μεγαλοπρεπῆ ποίησιν τραγικωτάτην καὶ εὐεπεστάτην ἔχουσαν, ὥστε πλείστην ἡδονὴν μετὰ ὕψους καὶ σεμνότητος ἐνδείκνυσθαι.*

l) Euripides, Sohn des Mnesarchos, geboren auf der Insel Salamis 480, angeblich am Tage der Schlacht bei Salamis, *Vit. Eur. a′. β′. γ′ Westerm.*, genoß eine sorgfältige Erziehung. In den gymnastischen Künsten zeichnete er sich als Knabe so aus, daß er im Wettkampf einen Preis errang, *Vit. a′. Gell.* XV, 20, auch für Malerei war er nicht ohne Anlage, *Vit. a′. β′.* Als Jüngling widmete er sich eifrig der Philosophie,

Olympiaden-jahr.	Jahr v. Chr.	Geschichte.	Kunst und Litteratur.
LXXXII, 4.	449.	Die Athener nehmen den Krieg gegen die Perser unter Kimons Führung wieder auf und gewinnen nach Kimons Tode den Doppelsieg bei Salamis auf Kypros.[68]	

[68] *Thuk.* I, 112. Nach *Diod.* XII, 3 ist es Kimon selbst, der den Sieg gewinnt. Nach demselben (c. 4) wird nach diesem Siege der sogenannte Kimonische Friede geschlossen (nach *Demosth. de f. leg.* p. 128. *Plut. Cim.* 13 vgl. *Herod.* VII, 151 richtiger Friede des Kallias zu nennen), wodurch der Perserkönig, wie die weitest gehenden Angaben lauten (denn hinsichtlich der Bestimmung der Grenzen findet zwischen den Quellen eine große Verschiedenheit statt), sich verpflichtet haben soll, allen hellenischen Städten in Asien völlige Unabhängigkeit zu gewähren und deshalb mit seiner Flotte im Süden nicht westlich über Phaselis oder die benachbarten chelidonischen Inseln, im Norden nicht über die Kyaneen am Eingang des Pontus Euxinus hinauszuschiffen und mit dem Landheere sich mindestens 3 Tagemärsche von der West-

namentlich der Ethik im Umgange mit Anaxagoras und Sokrates, und hörte die Vorträge der Sophisten Prodikos und Protagoras über Rhetorik (*Vit. a'. β'. γ'*; daher zeigen denn auch seine Dramen die Spuren jener Lehren, namentlich des Anaxagoras (vgl. *Tragod.* 886: Ζεύς, ἴτ' ἀνάγκη φύσεως εἴτε νοῦς βροτῶν), und rhetorische Künste (*Vit. α'*: ἀρχαίῳ λόγῳ, φραιόγγυψ, ῥητορίας), und die Komiker spotteten, daß Sokrates dem Euripides bei seinen Tragödien helfe, *Vit. α'. Athen.* IV, 134 C. *Diog. Laert.* II, 18, vgl. *Aristoph. Ran.* 1512. Ein ernster, finsterer und nachdenklicher Mann, lebte der Dichter zurückgezogen von Geselligkeit und vom politischen Leben, *Vit. β'. γ'*, voll Selbstgefühl und wenig bekümmert um das Urteil des Publikums, *Vit. Max.* III, 7. Nachdem er zuerst mit dem Drama *Πελιάδες* (im Jahre 456) aufgetreten war, errang er trotz seiner vielen Tragödien nur fünfmal den ersten Preis, *Vit. γ'. Suid.* s. v. *Varro* bei *Gell.* XVII, 4, 3. Indes ward der Dichter auch von vielen angefochten (*Vit. α'*: ἐπὶ γὰρ ᾽Ελενδων ἐχθάνετο), so lebten doch seine Tragödien zur Zeit des sicilischen Feldzuges in aller Munde, *Plut. Nic.* 29. Unter den Neuerungen, die Euripides auf die Bühne brachte, steht obenan die Einführung des Prologs, *Vit. β'. Aristoph. Ran.* 946, 1177, und von Monodieen oder Arien, *Aristoph. Ran.* 1330 f. 944. 851, und die Lostrennung der Chorgesänge vom Zusammenhang des Stückes, *Schol. Arist. Ach.* 442. Ein großes Geschick zeigt er in der Darstellung von Seelenzuständen, besonders der Leidenschaft der Liebe, wird aber darin oft zu rhetorisch. Bittere Erfahrungen blieben ihm nicht erspart. Die Untreue seiner beiden Frauen rief in seinen Tragödien scharfe und mißbilligte Äußerungen über die Weiber hervor und ist nicht ohne Einfluß auf die Darstellung seiner Frauencharaktere geblieben, *Vit. α'. β'. γ'. Aristoph. Thesm.* 82 f. Dies häusliche Unglück und die Spöttereien der Komiker, deren Spitze in den Fröschen und Thesmophoriazusen des Aristophanes vorliegt, bewogen ihn seine Vaterstadt zu verlassen, *Vit. β'. γ'*. Er begab sich nach Pella an den Hof des Königs Archelaos von Makedonien, der ihn hoch ehrte, und dem er sich durch sein letztes Drama *Ἀρχέλαος* dankbar bewies, *Vit. α'*. Dort ist er 406 kurz vor Sophokles gestorben, der ihn noch aufrichtig betrauerte, *Vit.*

α'. β'. γ'; die Athener ehrten sein Andenken durch ein Kenotaphion. *Paus.* I, 2, 2. Von seinen mindestens 75 Dramen, *Vit. γ'. Varro* bei *Gell.* XVIII, 4. *Suid. a. u. O.*, welche sind in einem weiten Mythenkreis bewegen, sind vollständig erhalten 16 Tragödien: *Ἑκάβη*, *Ὀρέστης* (aufgeführt 408), *Ἄλκηστις* (431), *Φοίνισσαι*, *Ἱκέτιδες στεφανηφόροι*, (mit dem ersten Preis gekrönt), *Ἀνδρομάχη*, *Ἰωνίδες*, *Ἡρακλεῖς ἢ ἐν Αὐλίδι*, *Ἰφιγένεια ἢ ἐν Ταύροις*, *Τρῳάδες* (415). *Βάκχαι* (mit der Aulischen Iphigenie erst nach dem Tode des Dichters aufgeführt), *Ἡρακλεῖδαι*, *Ἴων*, *Ἑλένη* (412), *Ἡρακλῆς μαινόμενος*, *Μήδεια*, ein Satyrdrama *Κύκλωψ* oft an die Stelle eines Satyrdramas vertretendes Stück *Ἄλκηστις* (Argum.: τὸ δὲ δρᾶμά ἐστι σατυρικώτερον), das älteste der erhaltenen (438). [Der unter seinem Namen erhaltene *Ῥῆσος* rührt nicht von ihm her.] Von den übrigen sind gegen 1100 Bruchstücke erhalten, darunter umfangreichere in neuester Zeit aufgefundene. Über Euripides' Dichtung urteilt Aristoteles *Poet.* 13, 9. 10: καὶ ὁ Εὐριπίδης, εἰ καὶ τὰ ἄλλα μὴ εὖ οἰκονομεῖ, ἀλλὰ τραγικώτατός γε τῶν ποιητῶν φαίνεται. Vgl. *Longin.* 15, 3: ὅτι μὴν οὖν φιλοπονώτατος Εὐριπίδης δύο ταυτὶ πάθη μανίας τε καὶ ἔρωτας ἐκτραγῳδῆσαι κἀν τούτοις ὡς οὐκ οἶδ' εἴ τισιν ἑτέροις ἐπιτυχέστατος οὐ μὴν ἀλλὰ καὶ ταῖς ἄλλαις ἐπιτίθεσθαι φαντασίαις οὐκ ἄτολμος. (Unter den zahlreichen Tragikern zu Sophokles und Euripides Zeit treten noch besonders hervor: Aristarchos von Tegea, *Suid.* s. v. *Nauck trag. Gr. fr.* 1—6, Ion von Chios, *Suid.* s. v. *Schol. Arist. Pac.* 835. *N. fr.* 1—68, Achäos von Eretria *Suid.* s. v. *Athen.* X, p. 451. *N. fr.* 1—54, ausgezeichnet im Satyrspiel, *Diog. L.* II. 133, später Agathon, der Freund des Plato, *Sympos.*, von Aristophanes wegen seiner weichlichen, überfeinerten Dichtungsweise (als ὁ καλός) verspottet. *Thesm.* 52 f. 60 f. 100. 130 f. 150 f. vgl. *Schol. N. fr.* 1—29. Von der Masse der Tragiker seiner Zeit sagt Aristophanes *Ran.* 89: ὁπόσοι τότ' ἂν ἱεροκάκαι μηρακύλλια | Εὐριπίδου πλεῖν ἢ σταδίῳ λαλίστερα; | Εὐριπίδου τοῦ πάντα κοσμίσαντα, | χελιδόνων μουσεῖα, λωβητὰ τέχνης. Ähnliches gilt von der Menge der späteren Tragiker, unter denen keiner von schöpferischem Geiste ist. Die Namen von etwa 130 und Bruchstücke von über 50 solcher Tragiker sind noch erhalten.)

Olympiadenjahr.	Jahr v. Chr.	Geschichte.	Kunst und Litteratur.
LXXXIII,1.	448.	Erneuerung der Feindseligkeiten zwischen Athen und Sparta durch den heiligen Krieg.[69]	Die *Komödiendichter* Krates,[m] Kratinos.[n]
LXXXIII,2.	447.	Die Böoter schlagen die Athener bei Koroneia und verlassen das athenische Bündnis.[70]	

küste Kleinasiens entfernt zu halten. [Von Plutarch (*Cim.* 13) wird dieser Friede nach der Schlacht am Eurymedon gesetzt, bei Thukydides findet sich gar keine Erwähnung desselben, und erst die Redner führen ihn, zuerst in allgemeinen Ausdrücken, dann immer bestimmter an, s. *Isocr. Paneg.* p. 65, *Areop.* p. 150, *Panath.* p. 244, *Demosth. de f. l.* p. 458 vgl. *de Rhod. lib.* p. 199, *Lycurg. Leocr.* p. 190; bei späteren Rhetoren bildet er ein häufig wiederkehrendes Thema ihrer Lobreden auf Athen. Deshalb ist der Friede schon von Kallisthenes, s. *Plut. Cim.* 13, und in neuerer Zeit mehrfach von Gelehrten angefochten worden; indes wenn derselbe auch manchen gegründeten Bedenken unterliegt, so stehen wenigstens die Stellen *Thuk.* VIII, 5. 6. 56, *Herod.* VI, 42 demselben nicht, wie man gemeint hat, entgegen, auch hat er insofern thatsächlich stattgefunden, als seit dieser Zeit der Krieg gegen Persien auf längere Zeit hinaus aufhört, s. *Plut. Cim.* 19.]

69) Die Lakedämonier machten einen Feldzug nach Mittelgriechenland, um den Delphiern den Besitz des Orakels wieder zu verschaffen, der ihnen von den Phokern entrissen worden war; nach ihrem Abzug setzten die Athener durch einen Feldzug unter Führung des Perikles die Phoker wieder in Besitz. S. *Thuk.* I, 112. *Plut. Per.* 21.

m) Schon griechische Litterarhistoriker unterschieden in der attischen Komödie eine ἀρχαία κωμῳδία, μέση κωμῳδία, νέα κωμῳδία, *Anon. Περὶ κωμ.* III. IX, 8. Die charakteristischen Merkmale der älteren attischen Komödie sind: die politische Satire mit Karikaturmasken wirklicher Personen, *Platon. περὶ διαφορᾶς κωμῳδιῶν* 19, und Nennung ihrer Namen (κωμῳδεῖν ὀνομαστί), *Isocr. d. pac.* p. 161, *Περὶ κωμ.* VIII, 8. IX, 7, der burlesk oder phantastisch maskierte Chor von 24 Personen. *Περὶ κωμ.* VIII, 34, und die *Παράβασις*, das Intermezzo oder die Abschweifung vom Zusammenhang des Stückes, indem der Chor sich singend oder redend an die Zuschauer wendet und sich über Verhältnisse des öffentlichen Lebens oder des Dichters zum Publikum ernst oder launig ausläßt, *Aristid.* T. II. p. 523. *Platon. περ. διαφ. κωμ.* 11; ὁ χορὸς οὐκ ἔχων πρὸς τοὺς ἐκκριτὰς διαλέγεσθαι ἀπόστροφον ἐποιεῖτο πρὸς τὸν δῆμον κατὰ δὲ τὴν ἀπόστροφον ἐκείνην οἱ ποιηταὶ διὰ τοῦ χοροῦ ἢ ὑπὲρ ἑαυτῶν ἀπελογοῦντο ἢ περὶ δημοσίων πραγμάτων εἰσηγοῦντο. Die Anfänge der attischen Komödie liegen im Dunkeln, s. *Aristot. Poet.* 5: ἡ δὲ κωμῳδία διὰ τὸ μὴ σπουδάζεσθαι ἐξ ἀρχῆς ἔλαθεν. Sie entwickelt sich mit der Ausbildung der demokratischen Verfassung und fällt mit ihr. Die Zahl der Dichter und ihre Fruchtbarkeit ist eine außerordentlich große. Als der älteste komische Dichter Athens wird genannt Chionides (um 460). — Krates von Athen um 450, der erste bedeutendere Komödiendichter und zugleich Schauspieler, setzte an die Stelle des regellosen Schwankes die Behandlung eines bestimmten, der Wirklichkeit entnommenen Stoffes, *Περὶ κωμ.* III, 8. *Suid.* s. v. Κράτης, *Arist. Poet.* 5, ward übrigens vom Publikum bald beklatscht, bald ausgezischt, weshalb ihn Aristophanes verspottet, *Eq.* 537. 549. Von neun seiner Komödien sind kurze Bruchstücke erhalten. *Fragm. Com. Meinecke* p. 78 f., die bedeutendsten aus den Θηρία, *M. fr.* 1—4, *Παιδιαί fr.* 1. Σάμιοι *fr.* 1.

n) Kratinos aus Athen, blühte um 449—423, *περὶ κωμ.* III, 7. *Aristoph. Pac.* 700 f. *Lucian. Macrob.* c. 25. und siegte 9 mal unter großem Beifall, *Suid.* s. v. *Arist. Eq.* 526. 530, am glänzendsten im hohen Greisenalter (im Jahr 424) mit der *Πυτίνη*, (Weinflasche) gegen die Wolken des Aristophanes, *Arist. Argum. Nub.* V. ed. *Bergk*, nachdem ihn dieser kurz zuvor schon als verbraucht und abgelebt verspottet hatte, *Eq.* 531—536. Er soll die Zahl der auftretenden Schauspieler in der Komödie auf drei festgesetzt haben, *Περὶ κωμ.* V, 3. Von 21 seiner Komödien sind meist kurze Bruchstücke erhalten, *Fragm. Com. Graec. Meineke* p. 7 f., die bedeutendsten aus den Komödien Ἀρχίλοχοι, Βουκόλοι, Θρᾷτται, Μαλθακοί, Νέμεσις, Ὀδυσσεῖς, Πυτίνη, Τροφώνιος, Χείρωνες. Seine politische Satire war scharf und treffend, *Arist. Acharn.* 849. *Platon. περὶ διαφορᾶς χαρακτήρων* 1, 3. *Anon. Περὶ κωμ.* V, 3: ὕβριν δημοσίᾳ μάστιγι τῇ κωμῳδίᾳ κολάζων. Dies erhellt auch aus seinen Angriffen auf Perikles, dem Plutarch Prädikate beigelegt werden: σχινοκέφαλος· ᾠδεῖόν τε τοῦ κρανίου ἔχων, *fr.* 3; γηγενῆς· κεφαληγερέτα, und auf Aspasia, die er παλλακὴν κυνώπιδα nennt; im Gegensatz zu Kimon, von dem er sagt, *Archil. fr.* 1: ἀνὴρ ἀνδρῶν θεῖος καὶ φιλοξενώτατος καὶ πάντ᾽ ἄριστος τῶν Πανελλήνων πρώτα Κίμων. Als eine lebenslustige Dichternatur bezeichnet ihn *Suid.* s. v.: ἱκανῶς εὔφρων φιλοπότης τε καὶ λωίδιον ἡττώμενος, vgl. *Περὶ κωμ.* III, 7: γέγονε δὲ ποιητικώτατος, κατασκευάζων εἰς τὸν Αἰσχύλου χαρακτῆρα. Vgl. *Plat. περὶ διαφ. κωμ.* 11, *Aristoph. Eq.* 700 f. — Gleichzeitig mit ihm ist Pherekrates aus Athen, der 438 einen Preis errang, *Περὶ κωμ.* III, 9. Diesem kommen sicher 13 Komödien zu, von denen Bruchstücke vorhanden sind, die bedeutendsten: Ἄγριοι, *fr.* 1. 2. 4. 11, Ἀντιόπαλος, *fr.* 1, Αὐτομολοδιδάσκαλος, *fr.* 1. 2, Κοριαννώ, *fr.* 1—5. Von der persönlichen Satire nach Art des Krates scheint er zurückgekommen zu sein, doch verspottet er noch den Alkibiades, *Inc. fab.*

Olympiaden-jahr.	Jahr v. Chr.	Geschichte.	Kunst und Litteratur.
LXXXIII,4.	445.	Euböa und Megara fallen vom athenischen Bündnis ab; die Peloponnesier machen unter dem spartanischen König Pleistoanax einen Einfall in Attika, ziehen sich aber, ohne den Athenern Schaden zuzufügen, wieder zurück.[71]	Die *Philosophen* Zeno,'' Empedokles,[p] Anaxagoras.[q]

70) *Thuk.* I. 113. *Diod.* XII, 6. Die Athener waren unter Tolmides nach Böotien gezogen, weil Flüchtlinge aus Chäronea und Orchomenos (jedenfalls die infolge der Schlacht bei Önophyta vertriebenen Aristokraten, s. *Anm.* 59) sich dieser Städte bemächtigt hatten. Nachdem sie Chäronea erobert, wurden sie auf dem Rückzuge von den Flüchtlingen aus Orchomenos, an die sich Flüchtlinge aus Euböa und Lokris angeschlossen, angegriffen und geschlagen, worauf sie, um ihre Gefangenen wieder zu bekommen, sämtliche Städte in Böotien mit Ausnahme von Plataiä freigaben, d. h. sie der gegen Athen feindlich gesinnten aristokratischen Partei überließen.

71) Pleistoanax kam durch seinen Rückzug in den Verdacht, daß er sich von Perikles habe bestechen lassen. *Thuk.* I. 144. II, 21. V, 16. *Plut. Pericl.* 22. 23. *Diod.* XII, 6. [Die Schlacht bei Koronea geschah χρόνῳ ὑστερήσαντι μικρῷ τινὶ d. h. nach dem heiligen Kriege; hierauf erfolgte οὐ πολλῷ ὕστερον der Abfall von Euböa, 14 Jahre vor dem Ausbruch des peloponnesischen Kriegs, *Thuk.* II. 113. 114. II, 21.]

fr. 5: οὐκ ἔστιν ἔνδον ... ζημιώδης, ὡς δοκεῖ, | ἀνὴρ ἐαυτῷ τῶν γενναίων ἔστιν τις. Die Erfindung neuer Bühnenstoffe wird ihm nachgerühmt. *Περὶ κωμ.* n. a. O. Die Feinheit seiner Sprache bezeichnet sein Prädikat Μειλιχότατος, *Athen.* VI, p. 268 e. *Steph. Byz.* p. 43; nach ihm ist das metrum Pherecrateum benannt.

o) Zeno, geboren zu Elea in Unteritalien, blühte um 468—433, *Diog. Laert.* IX, 25. *Suid. s. v. Cyrill. Iulian.* I, p. 23, Schüler des Parmenides, *Plat. Parm.* p. 127. *Diog. L. n. a. O. Athen.* XI, p. 505, kam wiederholt nach Athen, wo er noch mit Sokrates zusammentraf, *Plat. Soph.* p. 217. *Parm. a. a. O. Theaetet.* p. 217. *Diog. L.* IX, 28, und trug dem Perikles und Kallias für 100 Minen seine Lehre vor, *Plut. Alcib.* I, p. 119. *Plut. Pericl.* 4. Er verbesserte die Gesetze seiner Vaterstadt, *Diog. L.* IX, 33, und versuchte dieselbe von einem Tyrannen zu befreien. Ob dies gelang oder seinen Tod zur Folge hatte, steht nicht fest, *Plut. adv. Col.* p. 1126. *Diog. L.* IX, 26—28. *Cic. Tusc.* II. 22. *de nat. d.* III, 33. Von seinen Schriften, die in Prosa zum Teil dialogisch abgefaßt waren, *Plat. Parm. a. a. O. Diog. L.* III, 47. werden genannt Ἔριδες (Streitschriften) und Ἐξήγησις τῶν Ἐμπεδοκλέους πρὸς τοὺς φιλοσόφους περὶ φύσεως, *Suid. a. a. O.* Er bildete die Lehre seines Lehrers Parmenides weiter aus und galt als der Urheber der Dialektik, der durch Widerlegung des Scheines zur Wahrheit fortschreitenden Beweisführung. *Plat. Parm.* p. 128. *Plut. Pericl.* c. 4. *Diog. L.* IX, 25. (Als zur eleatischen Schule gehörig ist noch Melissus aus Samos zu nennen, s. *Diog. L.* IX, 24. *Plut. Per.* 26.)

p) Empedokles aus Agrigent, Anhänger der Lehre des Pythagoras, Schüler des Xenophanes und Parmenides und Zeitgenosse des Zeno, blühte um 445—433, *Cyrill. Iulian.* I, p. 23. *Diog. L.* VIII, 51. 52. 54. 55. 56. Er lehrte Rhetorik und fand an Gorgias einen ausgezeichneten Schüler, a. a. O. 57. 58. *Suid. s. v.*, wirkte als Staatsmann für die Einführung der demokratischen Verfassung. *Diog. L.* 72. 73, und durchzog als Arzt, Wunderthäter, Zauberer und Prophet mit grossem Gepränge die sicilischen Städte, a. a. O. 59—63. 67. 70. 73. Unter den Sagen über seinen Tod ist sein freiwilliger Sturz in den Krater des Ätna die berühmteste. Sein Hauptwerk Τὰ φυσικά oder Περὶ φύσεως war im ionischen Dialekt geschrieben und in Hexametern, von denen noch etwa 400 erhalten sind, a. a. O. 77. *Suid. a. a. O.* Er diente dem römischen Dichter Lucretius als Vorbild, *de rer. nat.* I, 717 ff. An den Sagen über seinen Tod ist sein bewegenden Kräfte der einigenden Freundschaft (φιλότης) und des trennenden Streites (νεῖκος) sich die vier Urstoffe mischten und gestalteten.

q) Anaxagoras, geboren zu Klazomenä, lebte von 500—428. *Diog. Laert.* II. 6. 7. und zwar längere Zeit zu Athen, wo er mit Perikles und anderen angesehenen Männern in Verbindung stand, das Interesse für Philosophie weckte und einen bedeutenden Einfluß ausübte. Der Gottlosigkeit kurz vor dem Beginn des peloponnesischen Krieges (*Diod.* IX. 38 f. *Plut. Per.* 32) angeklagt, ward er nur durch Verwendung des Perikles vom Tode gerettet, mußte aber Athen verlassen und ging nach Lampsakos, wo er als Siebenziger gestorben sein soll, *Diog. L.* II, 12—15. *Suid. s. v. Plut. Pericl.* 4. 32. *Cic. de nat. d.* I. 11. Er schrieb ein Werk *περὶ φύσεως*, von welchem mehrere Fragmente erhalten sind, und lehrte, daß ein einiger Weltgeist (*νοῦς*) die Welt aus dem Chaos geschaffen habe, und erhielt daher den Namen *Νοῦς. Diog. L.* II. 6. *Suid. s. v.* Sein Schüler war auch Archelaus von Milet, Lehrer des Sokrates, der als der letzte ionische Physiker und zugleich als ein Vorläufer des Sokrates in der Ethik bezeichnet wird. *Suid. s. v. Diog. L.* II. 6.

Olympiadenjahr.	Jahr v. Chr.	Geschichte.	Kunst und Litteratur.
LXXXIII,4.	445.	Euböa durch Perikles wieder unterworfen.[72] Dreißigjähriger Friede zwischen Athen und Sparta, worin	Herodot, der Vater der *Geschichtschreibung.*[r] Blüte der bildenden Kunst[s] — Myron,[t]

[72] *Thuk.* I. 114. *Diod.* XII, 7, 22. *Plut. Per.* 23. Zur Sicherung des Besitzes waren aus Chalkis die Aristokraten (ἱπποβόται genannt), aus Hestiäa aber die gesamte freie Be-völkerung vertrieben; in letztere Stadt werden 1000 athenische Kleruchen geschickt.

r) Herodotos, geboren zu Halikarnassos aus angesehener Familie, verwandt mit Panyasis, *Suid.* s. v., geboren zwischen 490 und 480, gestorben zwischen 428 und 424, *Gell.* XV. 23 vgl. *Herod.* III. 15, VI, 98. VII. 137. I, 130. Er wanderte vor dem Tyrannen Lygdamis nach Samos aus, *Suid. a. a. O.* Wie aus seinem Geschichtswerke hervorgeht, besuchte er auf ausgedehnten Reisen das Festland von Griechenland, die Inseln des ägäischen Meeres, Kleinasien, Kreta, Kypros, Phönikien, Syrien, Babylonien, Assyrien, Medien, Ägypten bis zur Südgrenze und Italien. Einzelne Abschnitte des Werkes las er vor Vollendung des Ganzen öffentlich vor, so angeblich in Olympia, s. 8, 27 .Iuni. 22, zu Athen, *Plut. de malign. Herod.* c. 25, zu Korinth, *Dio Chrys. Or.* XXXVII. T. II. p. 103, und zu Theben, *Plut. a. a. O.* c. 31. Im Jahre 443 nahm er an der Gründung von Thurii durch die Athener teil, *Suid. u. a. O. Strab.* p. 790, *Schol. Arist. Nub.* 331, wo er sein Werk vollendete und starb. *Plin. H. N.* XII, 18. *Suid. a. a. O.* In seinem Geschichtswerk, Ἱστορίαι, in 9 (jedoch nicht von ihm selbst abgeteilten) Büchern, deren jedes den Namen einer Muse als Überschrift führt, will er die Ursachen und den Verlauf des Kampfes zwischen den Hellenen und den Barbaren erzählen, beginnt mit der Unterwerfung der asiatischen Griechen durch den Lyderkönig Krösos, dem ersten Unrecht, welches den Hellenen von Barbaren zugefügt sei, und führt die Geschichte unter Einflechtung zahlreicher und umfassender Episoden, welche die Geschichte der Lyder, Ägypter, Skythen u. a. Völker enthalten, bis zur Eroberung von Sestos durch die Hellenen. Urteile alter Kunstrichter über Herodot sind folgende: *Dion. Hal. Ep. ad Cn. Pomp.* 3: ἱστορίας δὲ καὶ παιδὸς καὶ τέρπον καὶ τὰς ὁμοιογενεῖς ἀρετὰς εἰσαγαγεῖν μακρῷ Θουκυδίδου κρείττων Ἡρόδοτος, *Quint.* IX, 4, 18: In Herodoto vero cum omnia (ut ego quidem sentio) leniter fluunt, tum ipsa dialectos habet eam jucunditatem, ut latentes etiam numeros complexa videatur, *Athen.* III. p. 78 c: Ὁ δὲ θαυμασιώτατος καὶ μελίγηρυς Ἡρόδοτος, vgl. auch *Cic. Orat.* 12, 39.

s) Die Sage schrieb alte Bilderwerke, namentlich hölzerne Götterbilder, dem Dädalos zu, ebenso gehören der Sage die Künstlernamen Epeios und Dibutades. Frühzeitig bestehen Künstlerschulen auf den Inseln Ägina, Chios, Samos und Kreta. So werden dem Smilis von Ägina Bildwerke in äginetischem Stil zugeschrieben, *Paus.* VII, 4, 4. 5. V, 17, 1. *Plin. H. N.* XXXVI, 90. Glaukos von Chios, *Herod.* I, 25, oder Samos, *Steph. Byz.* s. v. Ἰάλη, erfand um 695 (?) die Kunst des Lötens der Metalle, *Euseb. Chron.* p. 84 f. *Herod. a. a. O. Steph. Byz. a. a. O. Paus.* X, 16, 1; seine Nachkommen bildeten eine Bildhauerschule auf Chios, die schon in Marmor arbeitete. *Plin.* XXXVI, 11. Dipönos und Skyllis von Kreta, durch Marmorarbeiten berühmt um 572. *Paus.* II, 15, 1. III, 17. 6. *Plin.* XXXVI. 9, 14, sind ebenfalls Begründer einer Künstlerschule. Rhökos und Theodoros von Samos, Architekten und Bildhauer, erfinden den Erzguß um 580—540, *Herod.* III, 60. *Paus.* VIII, 14. 5. IX. 41, 1. X, 38, 3. Von beiden Meistern kannten die Alten Bauwerke und Bildwerke. Dem Theodoros wird auch die Erfindung des Winkelmaßes, der Richtwage, der Drehbank und der Schlüssel beigelegt, *Plin.* VII, 198. Gegenstand der Darstellung dieser ältesten Bildhauerwerke sind Götter und göttliche Wesen, die Kunst erscheint gebunden im Dienst der Religion. Um die Zeit der Perserkriege gab es Bildhauerschulen zu Argos, Sikyon, Ägina und Athen; die hervorragendsten Meister derselben waren Ageladas von Argos, Lehrer des Myron, Pheidias und Polykleitos, *Paus.* VI, 14. 5. IV. 33, 3. VIII, 42, 4, Kanachos aus Sikyon, *Paus.* IX, 10, Kallon, *Paus.* II, 32, 4. *Quint.* XII, 10, 7. *Cic. Brut.* 18. und Onatas, *Paus.* VIII, 42, 4, aus Ägina. Nicht bloß Götter, sondern auch Helden und olympische Sieger wurden von diesen Künstlern dargestellt. Unter den erhaltenen Bildwerken dieses archaistischen oder hieratischen Stils sind besonders bemerkenswert: die äginetischen Statuen von den Giebelfeldern des Pallastempels in Ägina, die Pallas der Villa Albani, die Herkulanische Artemis, der Apoll vom Musco Chiaramonti, die Giustinianische Vesta u. a., und von den alten Reliefs: der Altar der 12 Götter, der Dreifußraub, das samothrakische Relief u. a. Würdige Vorläufer der großen Bildhauer, welche die Kunst zur Vollendung führten, erscheinen Kalamis um 460, *Paus.* IX, 16, 1, und Pythagoras aus Rhegion um dieselbe Zeit, *Plin.* VI, 4, 2. 13, 1.

t) Myron geboren zu Eleutherä, in Athen ansässig, Schüler des Ageladas, *Plin.* XXXIV, 57. *Pausan.* VI. 2, 1. 8. 3. 13, 1, arbeitete vorzüglich in Erz und zwar vorwiegend Helden- und Athletengestalten und Tierbildungen. Unter seinen Werken waren besonders berühmt der Diskoswerfer (von welchem noch Nachbildungen, die beste im Palast Massimi zu Rom, erhalten sind). *Plin.* XXXIV, 57. *Lucian. Philopseud.* 18. *Quint.* II, 13, und die Kuh, *Plin. a. a. O.*, die in Epi-

| Olympiaden- | Jahr v. Chr. | Geschichte. | Kunst und Litteratur. |
jahr.			
LXXXIII,4.	445.	ersteres die Hegemonie zu Lande völlig aufgiebt.	Pheidias,″ Polykleitos,″ Blüte der Baukunst.″

grammen viel gefeiert ward, *Anthol. Pal. Ind. Auson. Epigr.* 58- 68. *Tzetz. Chil.* VIII, 94. *Cic. Verr.* IV, 60. Er überwand die Steifheit des alten Stils durch lebensvollere Naturwahrheit, nur in der Bildung der Haare und des Gesichts blieb er bei dem herkömmlichen Typus. *Plin.* XXXIV, 58, *Cic. Brut.* 18. *Quint.* XII, 10.

u) Pheidias, Sohn des Charmides, aus Athen, lebte um 500 bis nach 438, *Plut. Per.* 31. *Plin.* XXXIV, 49, unterwiesen von Hegias und Ageladas, *Schol. Arist. Ran.* 504. *Suid.* s. v. *Feidias*. *Tzetz. Chil.* VII, 154. VIII, 192. Aus der Beute der Perserkriege arbeitete er verschiedene Kunstwerke, namentlich die kolossale eherne Statue der Athene Promachos auf der Akropolis, *Herod.* V, 77. *Paus.* I, 28, 2, das Bild der Athene Areia zu Plataeä aus Holz und Marmor, *Paus.* IX, 4, 1, eine Statuengruppe als Weihegeschenk für Delphi, *Paus.* X, 10, 1. Er ward darauf von Perikles mit der Oberleitung seiner großen Bauten betraut, *Plut. Per.* 12. 13, und verfertigte das Bild der Athene Parthenos für den Parthenon, *Max. Tyr. Dissert.* XIV, p. 260. *Paus.* I, 24, 5. 7. *Plin.* XXXIV, 54. XXXVI, 10. *Plut. Per.* 31, aus Gold und Elfenbein, das im Jahr 438 geweiht wurde, *Schol. Arist. Pac.* 604, s. *Euseb. Chron. Arm.* p. 106. Dann ging er im Verein mit mehreren Schülern nach Elis und arbeitete das Bild des Zeus für den Tempel zu Olympia, ebenfalls aus Elfenbein und Gold, *Plin.* XXXV, 54. *Paus.* V, 10, 2. V, 11, 11, 5. *Strab.* p. 353 f. *Dio Chrys. Or.* XII, p. 248, *Eurip.: ἱμερον καὶ σεμνὸν ἐν ἐλέφαντι ἀγάλματι, τὸν Δία καὶ Ζῆνα καὶ ἀγαλμάτων δοτῆρα τῶν ἀγαθῶν, κοινὸν ἀνθρώπων καὶ πατέρα καὶ σωτῆρα καὶ φύλακα, ὡς ἔνεστιν ἐν θνητῇ διανοηθέντα μιμήσασθαι τὴν θείαν καὶ ἀμήχανον φύσιν.* Nach seiner Rückkehr ward er von Perikles' Gegnern angeklagt, zuerst wegen Veruntreuung eines Teiles des für die Athene Parthenos bestimmten Goldes, dann wegen Gotteslästerung, weil er auf dem Schilde der Göttin sein und des Perikles Bild angebracht hatte, und starb im Gefängnis, *Schol. Arist. Pac.* 605. *Plut. Per.* 31. *Diod.* XII, 39. Von seiner idealen Kunstrichtung, mit der eine vollendete technische Ausbildung verbunden war, urteilt *Cicero Or.* II, 3: Nec vero ille artifex, cum faceret Iovis formam aut Minervae, contemplabatur aliquem, e quo similitudinem duceret, sed ipsius in mente insidebat species pulchritudinis eximia quaedam, quam intuens in eaque defixus ad illius similitudinem artem et manum dirigebat. Wir können über seine Werke urteilen nach den Bruchstücken der Giebelstatuen und den Reliefs der Metopen und des Frieses der Cella vom Parthenon. Demselben Zeitalter gehören die Reliefs vom Tempel der Nike Apteros in Athen, die Reliefs von den Metopen des Zeustempels zu Olympia und vom Fries des Apollotempels zu Phigalia und die neuerlich ausgegrabenen Statuen von den Giebelfeldern des Tempels in Olympia, Werke

des Paionios und Alkamenes (*Plin. N. H.* XXXVI, 16), und die ebenda gefundene Statue der Nike, ebenfalls ein Werk des Paonios, an. Unter den Schülern und Mitarbeitern des Pheidias sind die bedeutendsten Agorakritos, *Paus.* IV, 34, 1. *Plin. n. a. O.* 17, Kolotes, *Plin.* XXXV, 54, und Theokosmos, *Paus.* I, 40, 3.

v) Polykleitos, Zeitgenosse des Pheidias, aus Sikyon, ansässig in Argos, Schüler des Ageladas, *Plin.* XXXIV, 49. *Paus.* VI, 6, 1. vgl. *Thuk.* IV, 133. Sein berühmtestes Götterbild war die Hera von Argos, *Paus.* II, 17, 1. *Strab.* p. 372, hochberühmt war auch seine Amazone, mit der er im Wettstreit mit anderen Künstlern, selbst dem Pheidias, den Preis erhielt. *Plin.* XXXIV, 53. Am meisten aber arbeitete er Knaben- und Jünglingsgestalten und olympische Sieger. Unter diesen war besonders berühmt der Diadumenos, ein Jüngling, der sich die Siegerbinde ums Haupt bindet (seine Nachbildung befindet sich im Palast Farnese zu Rom), und der Doryphoros, ein Knabe mit dem Speer, *Plin.* XXXIV, 55. *Cic. Brut.* 86. *Orat.* II, 5. Er bestimmte in einer Schrift das Ebenmafs und die Verhältnisse der Glieder des menschlichen Leibes und stellte dieselben in einer mustergültigen Figur dar, beide Kanon genannt, *Plin. a. a. O.* Er stützte den Schwerpunkt der Statuen auf ein Bein, a. a. O., vollendete die Toreutik, die Ciselierung aller Metalle für kleinere Kunstwerke, *Plin.* XXXIV, 54, 56, und war ausgezeichnet in Gold- und Elfenbeinarbeiten, *Strab.* p. 372. Auch als Baumeister wird er gerühmt wegen des von ihm erbauten Theaters von Epidauros, *Paus.* II, 27, 5. Quintilian urteilt von ihm. XII, 10, 7: Diligentia ac decor in Polycleto supra ceteros, cui quamquam a plerisque tribuitur palma, tamen, ne nihil detrahatur, deesse pondus putant. Nam ut humanae formae decorem addiderit supra verum, ita non explevisse deorum auctoritatem videtur. Quin aetatem quoque graviorem dicitur refugisse, nihil ausus ultra leves genas. — Demselben Zeitalter gehört noch an Kallimachos, *Paus.* I, 26, 7. IX, 2, 5, dem die Erfindung des korinthischen Kapitals beigelegt wird. *Vitruv.* IV, 1, 9. Er vervollkommnete das Bohren des Steines, *Paus.* I, 26, 7, und wird wegen seiner Sorgfalt im Ausdrücken der kleinsten und feinsten Details *κατατηξίτεχνος* genannt. Eine große Reihe von Schülern des Polykleitos zählt Plinius XXXIV, 50 auf.

w) Die ältesten griechischen Bauwerke sind die Riesenmauern der Akropolen, oft Cyklopenmauern genannt (*Κυκλώπια οὐράνια τεύχη*, *Soph. Electr.* 1167), deren Überbleibsel die Ruinen von Tiryns, Mykene mit dem Löwenthor, Orchomenos, Lykosura, Larissa u. a. zeigen. Zu den ältesten Gebäuden gehören auch die sog. Schatzhäuser, wie z. B. das Schatzhaus des Atreus in Mykene. Nach Einwanderung der Dorer entwickelt sich die Baukunst im Tempelbau, und zwar

Olympiaden-jahr.	Jahr v. Chr.	Geschichte.	Kunst und Litteratur.
LXXXIII,4.	445.	wogegen ihm Sparta die Hegemonie zur See völlig überläfst[73].	Anfänge der *Malerei*, Polygnotos,* *Vasenmalerei*.

73) *Thuk.* I, 115. *Diod.* XII, 7. *Thuk.*: ἀναχωρήσαντες δὲ ἀπ' Ἐλευσῖνος οἱ πολλῷ ὕστερον σπονδὰς ποιησάμενοι πρὸς Λακεδαιμονίους καὶ τοῖς ξυμμάχοις τριακοντούτεις ἀπεδόντες

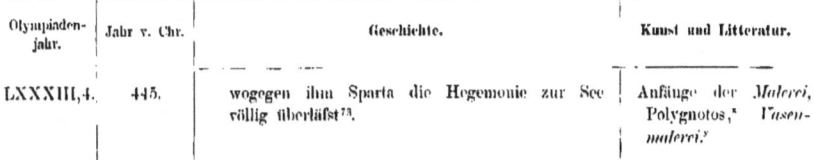

Νίσαιαν καὶ Πηγὰς καὶ Τροιζῆνα καὶ Ἀχαΐαν. Dafs dieser Friede 14 Jahre vor dem peloponnesischen Kriege abgeschlossen wurde, wird *Thuk.* I, 87. II, 2 bestimmt angegeben.

bildet sich zuerst der dorische Stil desselben aus, ursprünglich Holzbau, *Paus.* VIII, 10, 2, besonders kenntlich an den kannelierten Säulen ohne Basis, dem einfachen Kapitäl und den Triglyphen oder Dreischlitzen des Frieses. Reich ausgebildet erscheint der dorische Baustil dann in Korinth, wo die Ausschmückung der Giebelfelder durch Reliefs von Thon sowie der Stirnziegel durch bildliche Zierraten erfunden wurde, besonders auch als Byzes von Naxos den kunstreichen Schnitt der Marmorziegel erfand, *Pind. Ol.* 13, 21. *Plin.* XXXV. 152. Neben dem einfachen und strengen dorischen entwickelt sich in Ionien der leichtere und schmuckreichere ionische Baustil, der schon im 6ten Jahrhundert am Dianentempel zu Ephesos ausgebildet erscheint, unterschieden durch den schlankeren Säulenschaft und die Volute des Kapitäls, *Herod.* I, 92. *Plin.* XVI, 212. XXXVI, 95 f. *Vitruv.* IV, 1. Seit Perikles' Zeit tritt daneben der korinthische Baustil hervor, nachdem Kallimachos das vasenförmige Kapitäl mit der Umrankung von Voluten und Akanthosblättern erfunden, *Vitruv.* IV, 1, 9. *Paus.* I, 26, 7, auch fängt man jetzt an andere Gebäude als Tempel in kunstvoller Weise zu bauen und auszuschmücken. Unter den noch erhaltenen Bauresten rein dorischen Stils sind die merkwürdigsten die Tempel zu Syrakus, Akragas, Selinus, Pästum, Korinth, Ägina, Phigalia in Arkadien (gebaut von Iktinos, *Paus.* VIII, 41, 7) und in Athen der Parthenon gebaut von Iktinos und Kallikrates unter Leitung des Pheidias, *Plut. Per.* 13. *Schol. Aristoph. Pac.* 606. *Strab.* p. 396. *Paus.* VIII, 41, 5, die Propyläen erbaut vom Mnesikles, *Plut. a. a. O. Philochoros* bei *Harpocr.* v. Προπύλαια, *Corp. Inscr. Att.* I. n. 314 (begonnen 437, nach 5 Jahren vollendet, *Harpocr.* p. 159 Bk., Bruchstücke der Rechnung, *C. Inscr. A.* n. 315), der Tempel der Nemesis zu Rhamnus und der Pallas auf Sunion. Ausgezeichnete Bauten ionischen Stils sind das Erechtheion, der Tempel der Nike apteros auf der Akropole von Athen, das Didymäon zu Milet und der Tempel der Pallas Polias zu Priene. Späteren Ursprungs sind die Bauten korinthischen Stils, von denen in Athen noch Ruinen erhalten sind, wie namentlich der Tempel des olympischen Zeus, der in grofsartigem Mafsstab von Peisistratos begonnen und nach mannichfachen Wechselfällen von Hadrian vollendet wurde. Von den Kunstwerken der Perikleischen Zeit sagt Plutarch *Per.* 13: κάλλει μὲν γὰρ ἕκαστον εὐθὺς ἦν τότε ἀρχαῖον, ἀκμῇ δὲ μέχρι νῦν πρόσφατον ἐστι καὶ νεουργόν.

x) Die Berichte über den Ursprung der Malerei sind durchaus unzuverlässig und sagenhaft, *Plin.* XXXV, 15, 55.

VII, 205. Von Eumaros aus Athen heifst es, dafs er zuerst Mann und Frau in der Darstellung mit dem Pinsel unterschied, *Plin.* XXXV, 36; Cimon von Kleonä, ein älterer Zeitgenosse des Dichters Simonides, vervollkommnete die Zeichnung des Profils, namentlich des Auges im Profil, die Darstellung der Gelenke des Körpers und den Faltenwurf, *Plin.* XXXV, 56. *Ael. V. H.* VIII, 8; Aglaophon von Thasos, Vater und Lehrer des Polygnotos und Aristophon, lebte um 500—470, *Paus.* X, 27, 2. *Suid. s. v. Πολύγνωτος, Cic. de orat.* III, 7, 26. — Polygnotos, aus Thasos gebürtig, war namentlich in Athen, wo er zu Kimon eine ähnliche Stellung einnahm wie Pheidias zu Perikles, als Maler thätig und erhielt zum Dank für seine Gemälde das athenische Bürgerrecht, *Suid. s. v.* XXXV, 59. *Plut. Cim.* 4. *Paus.* IX, 4, 1. Unter seinen Werken, welche fast alle Darstellungen aus der Heroenwelt gaben, sind das wichtigste und berühmteste die Gemälde in der Lesche der Knidier zu Delphi, *Plin. a. a. O.* 59. *Paus.* X, 25—31, die Trojas Zerstörung und die Unterwelt darstellten. Aufserdem malte Polygnotos einen Teil der Gemälde in der Stoa Poikile zu Athen, *Paus.* I, 15, 2. *Plin. a. a. O.*, im Theseustempel zu Athen. *Paus.* I, 18, 1, im Thesseustempel, *Harpocr. s. v.*, in der Pinakothek der Propyläen, *Paus.* I, 22, 6, im Vorhause des Tempels der Athene Areia zu Plataiai, *Paus.* IX, 4, 1, wie auch Wandgemälde zu Thespiä, *Plin.* XXXV, 123. Man lobte an diesen Gemälden Feinheit der Gewandung, welche die Form des Körpers durchscheinen liefs, Belebung des Gesichtsausdruckes, *Plin.* XXXV, 57. *Luc. imag.* 7, und treffliche Zeichnung neben einfachem Kolorit ohne Farbenwirkung durch Licht und Schatten, *Cic. Brut.* 18. *Quint.* XII, 10; für den Parallelismus der Gruppierung in seinen Kompositionen zeugt die Beschreibung der Gemälde zu Delphi, *Paus. a. a. O.* Auch als Bildhauer wird er gerühmt, *Plin.* XXXIV, 85. — Gleichzeitig mit ihm ist Mikon, *Schol. Aristoph. Lysistr.* 679, der mit Polygnotos zusammen in der Poikile, im Theseion und im Dioskurentempel malte, *Plin.* XXXV, 59. *Harpocr. v. Μίκων, Arr. Anab.* VII, 13, 10. *Suid. Harpocr. s. v. Πολύγνωτος. Paus.* I, 18, 1. Er war berühmt als Pferdemaler, *Ael. V. H.* IV, 50, und daneben auch Bildhauer, *Plin.* XXXIV, 88. Panänos, Verwandter des Pheidias, *Strab.* p. 354. *Paus.* V, 11, 2. *Plin.* XXXV, 54, 57. XXXVI, 177, malte mit Polygnotos und Mikon in der Poikile, ist dann mit Pheidias im Zeustempel zu Olympia beschäftigt, teils mit dem Farbenschmuck des Zeusbildes, teils mit Tempel-

Dritte Periode. Von 500—431 v. Chr.

Olympiaden-jahr.	Jahr v. Chr.	Geschichte.

c) Bis zum Ausbruch des peloponnesischen Krieges.

LXXXIV, 1.	444.	Perikles im ungeteilten Besitz der Regierung zu Athen.[74] Es wird eine neue Mauer von Athen nach dem Piräeus geführt.[75]
LXXXIV, 2.	443.	Thurii von den Athenern gegründet.[76]
LXXXV, 1.	440.	Der samische Krieg; Samos und Byzantion unterworfen.[77]

74) Nach Kimons Tode (s. Anm. 66) trat Thukydides, der Sohn des Melesias, an die Spitze der dem Perikles gegenüberstehenden aristokratischen Partei; derselbe wurde aber im Jahre 444 durch den Ostrakismos verbannt, worauf Perikles als der alleinige Führer des Volks zurückblieb, s. *Plut. Per.* 11—15. [Die Bestimmung des Jahres, in welchem Thukydides verbannt wurde, beruht auf *Plut. Per.* 16, wonach Perikles nach dem Sturze seines Gegners „nicht weniger als 15 Jahre" in Athen herrschte.]

75) Zur gröfseren Sicherheit wurde parallel mit der schon vorhandenen Mauer im Süden derselben noch eine zweite von der Stadt nach dem Piräeus geführt (zwischen der ersten nach dem Piräeus und der nach Phaleron, s. *Anm.* 60), s. *Plut. Per.* 13. *Plut. Gorg.* p. 456. Λ. *Andoc. de pac.* p. 25.

Aeschin. de f. l. p. 51 (,,τὸ μεγάλον τεῖχος; τὸ νότιον"). Das Vorhandensein dieser zweiten Mauer wird auch durch *Thuk.* II, 13 bewiesen.

76) *Diod.* XII, 9—11. [Das Jahr nach (*Plat.*) *cit. dec. or.* p. 835, D. *Dionys. Lys.* p. 435.] Es wurde an der Stelle des von den Krotoniaten zerstörten Sybaris gegründet.

77) Der Krieg entstand infolge eines Streites zwischen Samos und Milet über den Besitz von Priene; die Samier gehorchten den Athenern nicht, als diese ihnen befahlen, ihre Ansprüche aufzugeben; deswegen wurde zuerst die dort herrschende Aristokratie gestürzt und die demokratische Verfassung eingesetzt; als darauf die Aristokraten sich wieder in den Besitz der Gewalt setzten, wurde die Stadt unter Perikles belagert und „nach 9 Monaten" zur Unterwerfung gezwungen,

malereien, und malt auch im Tempel und am Standbild der Athene zu Elis. Bedeutende Maler aus dieser Zeit sind auch Dionysios von Kolophon, Nachahmer des Polygnotos. *Ael.* V. H. IV, 3 (πλὴν τοῦ μεγέθους), *Arist. Poet.* 2. *Plut. Timol.* 36, Pauson, der die Gestalten häfslicher malte, als die Wirklichkeit sie zeigte, *Arist. a. a. O. Polit.* VIII, 5. *Ael.* V. H. XIV, 15, von Aristophanes mehrmals verspottet, *Plut.* 602, *Acharn.* 854, *Thesmoph.* 949. Agatharchos, ein Dekorationsmaler um 450, *Vitruv.* VII. *praef.* §. 10. *Plut. Alcib.* 16, *Fried.* 13, Aristophon, Bruder des Polygnotos, *Plin.* XXXV, 138.

y) Über die griechische Vasenmalerei geben hauptsächlich die erhaltenen zahlreichen bemalten Thongefäfse Aufschlufs. Die Hauptfundorte derselben sind in Griechenland: Athen, Korinth, Sikyon, Megara, Ägina, Melos, Thera; viel zahlreicher aber sind die in den Gräbern italischer und sicilischer Nekropolen gefundenen Gefäfse, so besonders in Etrurien zu Volci, wo allein an 6000 ans Licht gefördert sind, zu Cäre, Tarquinii, Veji, Clusium, Volaterrä, ferner zu Hadria, in Campanien zu Nola, Cumä, Plistia und Surrentum, in Apulien zu Rubi, Canusium, Barium, Gnathia, Uria, in Lucanien zu Pästum und Anxia, in Sicilien zu Agrigent, Syrakus, Gela, Kamarina, Panormos, Akrä. Nach der Malerei dieser Thongefäfse lassen sich drei Klassen derselben unterscheiden: 1. die ältesten Vasen mit blafsgelbem Grund und schwärzlichen, braunen, violetten oder roten Figuren, meist phantastischen Tiergestalten, Blumen und Zweigen von unbeholfenem steifen Stil; 2. Gefäfse mit rotem Grund und schwarzen Figuren, meist Menschengestalten von eigentümlicher Zeichnung mit starker Hervorhebung der Hauptformen des Körpers; 3. Vasen mit schwarzem Grund und roten Figuren mit regelrechter

oder schöner Zeichnung, aus späterer Zeit als die beiden ersten Klassen. Dem Zeitalter von den Perserkriegen bis zum peloponnesischen Kriege gehören die meisten Vasen etrurischen Fundortes an, die noch nicht das Euklidische Alphabet zeigen. Ihrem Ursprungs sind die Mehrzahl der sicilischen und kampanischen Gefäfse, namentlich die von Nola, die jüngsten sind die apulischen und lucanischen. Aus den Aufschriften der Gefäfse sind die Namen von etwa 81 Vasenmalern oder Töpfern bekannt geworden, *Corp. Inscr. Graec.* Vol. IV, Fasc. I. Praef. p. XIV; aber nirgends findet sich eine Spur, dafs bedeutende Maler sich mit Vasenmalerei beschäftigt hätten, da dieselbe mehr als Handwerk denn als Kunst angesehen wurde, vgl. *Aristoph. Eccl.* 996 sq. *Plut. Per.* 12 (ἀχειρουργοί). Die gröfsten Töpferwerkstätten Griechenlands waren in Korinth, *Pind.* XXXV, 151. *Pind. Ol.* 13, 21, und in Athen, wie der Name des Stadtteiles Κεραμεικός und ausdrückliche Angaben bezeugen, *Kritias* bei *Athen.* 1, 28. *Plin.* XXXV, 155. VII, 198. *Suid.* s. v. Κολιάδος κεραμῆς. Beide Städte trieben Handel mit bemalten Thongefäfsen nach Etrurien und Grofsgriechenland. Für Korinth beweisen das eine Anzahl älterer Vasen italischer oder sicilischer Fundortes mit dorischem Alphabet; den ausgebreiteten Handel Athens beweisen aufser der Angabe Herodots, V, 88, die zahlreichen Vasen von Volci, Hadria, Sicilien, Kampanien, Apulien mit attischen Schriftzügen. Wortformen und Gegenständen der Vasenbilder, wie die zu Volci, Nola und Cyrenaica gefundenen panathenäischen Preisgefäfse. Doch gab es auch einheimische Fabriken in Italien, wo unter Leitung übergesiedelter griechischer Meister griechische Vasen angefertigt werden konnten. *Plin.* XXXV, 152, 155 f.

Olympiaden-jahr.	Jahr v. Chr.	Geschichte.
LXXXV, 4.	437.	Amphipolis von den Athenern gegründet.[78]
LXXXVI, 3.	434.	Ausbruch des Kriegs zwischen Korinth und Kerkyra wegen Epidamnos.[79] Seesieg der Kerkyräer bei Aktion.[80]
LXXXVI, 4.	433.	Athen schliefst ein Bündnis mit Kerkyra.[81] Seeschlacht der Kerkyräer und Korinthier bei Sybota, an welcher auch die Athener teilnehmen.[82]
LXXXVII, 1.	432.	Der Abfall Potidäas vom athenischen Bündnis.[83] Der Krieg in Sparta[84] und auf des Perikles Rat auch in Athen beschlossen.

Thuk. I, 115—117. Plut. Per. 24—28. Diod. XII, 27—28. Der Krieg begann im 6. Jahre nach dem 30jährigen Frieden, Thuk. I, 115; über die Schwierigkeit desselben s. Thuk. VIII, 76; nach Thuk. I, 41 hatten die Peloponnesier die Absicht, den Samiern zu Hilfe zu ziehen, wurden aber durch die Korinthier davon abgehalten. Das Ergebnis des Krieges war, dafs auch die Samier und die Byzantier, welche sich jenen angeschlossen hatten, aus Bundesgenossen Unterthanen wurden, so dafs jetzt nur noch die Chier und Lesbier als freie Bundesgenossen übrig blieben. s. Thuk. II, 9. (Mit dieser veränderten Stellung Athens zu seinen früheren Bundesgenossen hängt es auch zusammen, dafs der Bundesschatz — wahrscheinlich im J. 454, s. Corp. Inser. Att. I. n. 226 ff. — von Delos nach Athen übergesiedelt wurde, s. Plut. Per. 12. Iustin. III, 6 vgl. Plut. Arist. 25.)

78) Diod. XII, 32. Thuk. IV, 102. Vgl. Ann. 46.

79) Thuk. I. 24—28.

80) Thuk. I, 29—30. Die Korinthier hatten nebst ihren Bundesgenossen 75, die Kerkyräer 80 Schiffe, ebend. 29. [Nach Thuk. I, 31 wurden nach der Schlacht von den Korinthiern 2 Jahr auf neue Rüstungen verwendet; die Schlacht kann daher füglich auch ins Jahr 435 gesetzt werden.] Am Tage der Schlacht wurde auch Epidamnos zur Übergabe gezwungen, Thuk. I, 29.

81) Beide Teile schickten Gesandte nach Athen, um dasselbe für sich zu gewinnen. Ihre Reden Thuk. I, 32 - 43. Athen entschied sich für Kerkyra. Thuk. I, 44. hauptsächlich aus dem Grunde, weil die Verbindung mit Kerkyra für die Überfahrt nach Italien und Sicilien, worauf der Sinn der Athener schon damals gerichtet war, den größten Nutzen versprach, s. Thuk. a. a. O.: ἅμα δὲ τῆς τε Ἰταλίας καὶ Σικελίας καλῶς; ἐφαίνετο αὐτοῖς ἡ νῆσος ἐν παράπλῳ κεῖσθαι, vgl. Diod. XII, 54. Indessen enthielt das Bündnis nur eine ἐπιμαχία, nicht eine συμμαχία, d. h. es verpflichtete die Athener nur zur Verteidigung von Kerkyra und seinem Gebiet, nicht aber zur Teilnahme an dem Angriffskriege gegen Korinth.

82) Thuk. I, 45—55. Auf Seiten der Korinthier nahmen die Eleer, Megarer, Leukadier, Amprakioten und Anaktorier an der Schlacht teil, die Zahl ihrer Schiffe betrug 150, s. ebend. 46, während die Kerkyräer aufser den 10 athenischen nur 110 hatten, s. ebend. 47. Der Ausgang der Schlacht war unentschieden und mehr zum Vorteil der Korinthier, gleichwohl zogen sich dieselben aus Furcht vor 20 weiteren athenischen Schiffen, die eben auf dem Kampfplatz erschienen, zurück. [Dafs die Schlacht im J. 433, nicht 432, stattgefunden, wird mit Recht aus der Inschrift Corp. Inscr. Att. I. n. 179 gefolgert.]

83) Die Athener stellten an die zu ihrer Bundesgenossenschaft gehörenden Potidäaten die Forderung, dafs sie die von Korinth, ihrer Metropolis, empfangenen Magistratspersonen fortschicken und eine von ihnen zum Schutz der Halbinsel Pallene aufgeführte Mauer schleifen sollten, worauf dieselben in Verbindung mit den Chalkidiern und Bottiäern und im Vertrauen auf die Zusage der Unterstützung von seiten der Korinthier und der übrigen Peloponnesier von Athen abfielen. Die Athener schickten ein Heer gegen sie und hielten sie, nachdem sie ihnen und den mit ihnen vereinigten korinthischen und makedonischen Hülfstruppen eine siegreiche Schlacht geliefert, zu Wasser und zu Lande eingeschlossen. Thuk. I, 56—65. [Wir besitzen noch 3 Grabschriften in je 2 Distichen auf die vor Potidäa gefallenen Athener, s. Corp. I. A. I. n. 442.] — Als dritte Veranlassung zum Krieg kam noch die, wahrscheinlich schon bald nach dem Abfall von Megara im Jahre 445 geschehene Ausschließung der Megarer von allen unter der Herrschaft Athens stehenden Häfen hinzu, s. Thuk. I, 42. 67. 139. Plut. Per. 29—30. Praec. gerend. reip. (c. 15) p. 812. D.

84) Die Korinthier veranlassten die übrigen Bundesgenossen von Sparta, mit ihnen Gesandte nach Sparta zu schicken, um dort den Beschlufs zu bewirken, dafs der Krieg an Athen erklärt würde. So wurde der Krieg zunächst von den Spartanern beschlossen. Thuk. I, 67—87. Dann wurde der Beschlufs auf einer zu diesem Zweck angesagten Versammlung auch von der Mehrheit der Bundesglieder angenommen, ebend.

| Olympiaden-jahr. | Jahr v. Chr. | Geschichte. |

LXXXVII, 1.   432.   Der Krieg in Sparta und auf des Perikles Rat auch in Athen beschlossen.⁸⁵⁾

119—125. [Unter den Reden, die in diesen Versammlungen gehalten wurden, sind besonders die der Korinthier, 68—71, 120—121, und die des Königs Archidamos, 80—85, überaus lehrreich durch das helle Licht, welches sie auf den Charakter der Spartaner und Athener (s. bes. c. 70) und auf die Verhältnisse der damaligen Zeit werfen.] Nach der letzten Versammlung dauerte es nach *Thuk.* 1, 125 „weniger als ein Jahr", ehe mit dem Einfall in Attika der Krieg thatsächlich begonnen wurde. Während dieser Zeit wurden noch 3 Gesandtschaften nach Athen geschickt, von denen die erste die Vertreibung der Alkmäoniden, die zweite die Aufhebung des megarischen Psephisma und der Belagerung von Potidäa, die dritte die Herstellung der Unabhängigkeit aller unter der Herrschaft Athens stehenden hellenischen Städte forderte, *Thuk.* 1, 126. 139. Über die eigentliche Ursache, warum der Krieg von Sparta beschlossen wurde, s. *Thuk.* 1, 88:

Ἐψηφίσαντο δὲ οἱ Λακεδαιμόνιοι τὰς σπονδὰς λελύσθαι καὶ πολεμητέα εἶναι οὐ τοσοῦτον τῶν ξυμμάχων πεισθέντες τοῖς λόγοις ὅσον φοβούμενοι τοὺς Ἀθηναίους μὴ ἐπὶ μεῖζον δυνηθῶσιν, ὁρῶντες τὰ πολλὰ τῆς Ἑλλάδος ἤδη ὑποχείρια ὄντα, vgl. ebend. 24. [Andere, jedoch sehr unhistorische und des Perikles unwürdige Angaben über die Ursachen des Kriegs s. *Ephor.* bei *Diod.* XII, 38—40. *Plut. Per.* 31—32.] Als die heftigsten Gegner der Athener und als diejenigen, welche den Krieg am eifrigsten betrieben, erwiesen sich die Korinthier, Ägineten und Megarer, *Thuk.* 1, 67.

85) *Thuk.* 1, 140—146 (Rede des Perikles, 140—144). Der Beschluß lautet (145): ἀπεκρίναντο τῇ ἐκείνου γνώμῃ καθ' ἕκαστά τε ὡς ἔφρασε καὶ τὰ ξύμπαντα, οὐδὲν κελευόμενοι ποιήσειν, δίκῃ δὲ κατὰ τὰς συνθήκας ἑτοῖμοι εἶναι διαλύεσθαι περὶ τῶν ἐγκλημάτων ἐπὶ ἴσῃ καὶ ὁμοίᾳ.

Vierte Periode.

431 bis 338 v. Chr.

Der beginnende Verfall.

Erster Abschnitt. Der peloponnesische Krieg, 431—404. Die Übel, aus denen der peloponnesische Krieg hervorgegangen — die Eifersucht Spartas und seiner Verbündeten gegen die Macht Athens und der feindliche Gegensatz des aristokratischen und demokratischen Prinzips sowohl zwischen den einzelnen griechischen Staaten als innerhalb derselben — werden durch den Krieg selbst immer mehr geschärft und gesteigert und entwickeln eine immer verderblichere Wirkung. Nach 27jähriger Dauer endet der Krieg damit, dafs Athen besiegt und seine Blüte vernichtet, zugleich aber auch die Kraft und Selbständigkeit der übrigen griechischen Staaten gebrochen ist.

Zweiter Abschnitt. Übermut und Demütigung Spartas, 404—362. Sparta hält seine durch den peloponnesischen Krieg gewonnene Obergewalt mit Härte und Willkür aufrecht. Ein erster Versuch der übrigen bedeutenderen Staaten, das spartanische Joch abzuschütteln (in dem korinthischen Krieg), wird dadurch vereitelt, dafs Sparta persische Unterstützung sucht und erlangt und mit dieser seine Feinde wiederum seiner Herrschaft unterwirft. Neue Härten und Gewaltthätigkeiten Spartas führen aber dazu, dafs sich zuerst Theben und dann auch Athen gegen dasselbe erheben; in dem sich hieraus entspinnenden (thebanischen) Kriege wird das Ansehn Spartas vernichtet und seiner Herrschaft nicht nur in dem übrigen Griechenland, sondern auch im Peloponnes ein Ende gemacht. Theben gewinnt auf kurze Zeit unter Epaminondas' Leitung die erste Stelle unter den griechischen Staaten, ohne dieselbe jedoch behaupten zu können.

Dritter Abschnitt. Der Kampf mit König Philipp, bis 338. Philipp von Makedonien benutzt die Schwäche und Zerrissenheit Griechenlands, um sich zunächst unter schwachem, unzusammenhängendem Widerstand Athens die griechischen Städte an der thrakischen Küste zu unterwerfen und dann, hierdurch gestärkt, Griechenland selbst unter seine Obergewalt zu bringen. Athen, durch die Beredsamkeit des Demosthenes angefeuert, vereinigt noch einmal, als Philipps Absichten immer mehr hervortreten, eine größere Anzahl griechischer Staaten zum Kampfe gegen ihn. Allein diese letzten Anstrengungen enden mit der Schlacht bei Chäronea, mit welcher die Selbständigkeit und Freiheit Griechenlands für immer verloren geht.

Litteratur und Kunst sind während der ganzen Periode in reichster Entwickelung begriffen. Nachdem die Poesie den letzten ihrer Zweige, die Komödie, entfaltet hat, folgt die Blüte der Prosa, in der besonders auf dem Gebiete der Philosophie, der Geschichtschreibung und der Beredsamkeit die vollendetsten Leistungen hervorgebracht werden. In der Kunst behauptet sich die Bildhauer- und Baukunst auf der Höhe der vorigen Periode, indem auf beiden Gebieten, was an Kraft verloren geht, durch eine größere Feinheit und technische Vollkommenheit ersetzt wird, während gleichzeitig die Malerei eine immer höhere Ausbildung gewinnt.

Anm. Für den peloponnesischen Krieg bis gegen Ende des Jahres 411 ist Thukydides die Hauptquelle. An ihn schließt sich für die Zeit bis zur Schlacht bei Mantinea Xenophon in seinen hellenischen Geschichten an, welcher, obgleich von bei weitem geringerem Werte als Thukydides und einer sehr beschränkten Auffassung der Geschichte folgend, dennoch für die bezeichnete Zeit die erste Stelle unter den Quellenschriftstellern einnimmt. Daneben sind hier und da einzelne Ergänzungen und weitere Ausführungen aus Plutarch (in den Biographieen des Perikles, Nikias, Alkibiades, Lysandros, Artaxerxes, Agesilaos und Pelopidas), aus Diodor (Buch XII bis XV) und aus Stellen des Aristophanes und der Redner Andokides, Lysias und Isokrates zu entnehmen, überall jedoch mit großer Vorsicht, da Plutarch in der Wahl seiner Quellen nicht immer mit der erforderlichen Kritik verfährt, und Diodor die seinen mit großer Nachlässigkeit und Ungründlichkeit benutzt, Aristophanes aber und die Redner der Zeitereignisse nur gelegentlich und in der Regel mit einer ihrem jedesmaligen Zwecke entsprechenden Färbung erwähnen. Für einzelne Partieen sind noch der wahrscheinlich von Xenophon verfaßte Agesilaos, der jedoch meist nur die Worte der hellenischen Geschichten, hier und da mit kleinen Zusätzen, wiederholt, und die vortreffliche Anabasis desselben Verfassers zu benutzen. — Nach der Schlacht bei Mantinea sind wir für eine zusammenhängende Darstellung lediglich auf Diodor und auf die Biographieen des Demosthenes und Phokion von Plutarch beschränkt; je unzulänglicher aber diese Quellen, desto glücklicher fügt es sich, daß gerade hier gleichzeitige Redner, unter ihnen vor allen Demosthenes, einen reichen und wertvollen Stoff zu ihrer Ergänzung bieten.

Erster Abschnitt.

431 bis 404 v. Chr.[1]

Der peloponnesische Krieg.

Olympiadenjahr.	Jahr v. Chr.	Geschichte.
		a) Der Archidamische Krieg,[2] bis zum Frieden des Nikias, 431—421.
LXXXVII. 2.	431.[3]	Die Thebaner eröffnen im Frühling den Krieg durch den Überfall von Platää.[4] Das peloponnesische Bundesheer unter dem spartanischen Könige Archidamos fällt in Attika ein.[5] Die Athener rächen sich für die Plünderungen ihres

---

1) Über die Veranlassungen und Ursachen des Kriegs s. cur. Per. Anm. 79—85. Über die Ausdehnung desselben und die beiderseitigen Streitkräfte ist die Hauptstelle Thuk. II. 9 vgl. Diod. XII. 42. Hiernach standen auf seiten der Spartaner: der ganze Peloponnes mit Ausnahme von Argos und Achaja, welche beide neutral blieben (doch stand Pellene mit auf seiten der Spartaner und nach Aristoph. Pac. v. 475 nahmen die Argeier als Mietstruppen auf beiden Seiten am Kriege teil), ferner Megara, Phokis, Lokris, Böotien, Amprakia, Leukas, Anaktorion. Unter diesen Verbündeten besaßen Korinth, Megara, Sikyon, Pellene, Elis, Leukas und Amprakia auch Kriegsschiffe; doch war auf seiten Spartas im Vergleich mit Athen im ganzen die Landmacht die bei weitem überwiegende, s. Thuk. I. 80, welche nach Plut. Per. 33 auf 60000 Hopliten gebracht werden konnte. Man hoffte indes, daß die stammverwandten hellenischen Städte in Unteritalien und Sicilien Geld und Schiffen liefern würden und daß hierdurch eine Flotte von 500 Schiffen würde hergestellt werden können, s. Thuk. II, 7. Diod. XII, 41. Auf der Seite Athens standen als ξύμμαχοι: Chios und Lesbos, ferner Platää, Naupaktos, der größte Teil von Akarnanien, Kerkyra, Zakynthos (wozu sehr bald auch noch Kephallenia hinzukam, s. unten Anm. 6) und die thessalischen Städte Larissa, Pharsalos, Krannon, Pyrasos, Gyrton, Pherä, über welche s. Thuk. II, 22 (über die Unterschied zwischen der Stellung von Chios und Lesbos und von den übrigen Bundesgenossen s. Thuk. III, 10. VI, 85. VII, 57); als ὑπoτελεῖς die Städte an der asiatischen und thrakischen Küste des ägäischen Meeres und sämtlichen Inseln dieses Meeres bis Kreta hin, mit Ausnahme von Thera und Melos, welche sich neutral hielten. Von diesen unterthänigen Städten bezog Athen einen Tribut von 600 Talenten jährlich, s. Thuk. II, 13, der kurz vor dem Frieden des Nikias bis zu 1200 Talenten erhöht wurde, s. Andoc. de pac. p. 24 § 9. Aesch. de fals. leg. p. 51 § 175. Plut. Arist. 24, und statt dessen seit 413 ein Zoll erhoben wurde, s. Thuk. VII,

28; außerdem waren in der Schatzkammer 6000 Talente vorrätig, Thuk. II, 13. Seine Seemacht bestand aus 300 Trieren, seine Landmacht aus 13000 Hopliten, 1200 Reitern und 1600 Bogenschützen, wozu noch die als Landwehr dienenden weiteren 16000 Hopliten hinzukamen. s. Thuk. a. a. O. vergl. ebend. 31 und über die Flotte noch bes. III, 17. — Über die Stimmung in Griechenland s. Thuk. II, 8: ἡ εὔνοια παρὰ πολὺ ἐποίει τῶν ἀνθρώπων μᾶλλον ἐς τοὺς Λακεδαιμονίους, ἄλλως τε καὶ προειπόντων, ὅτι Ἑλλάδα ἐλευθεροῦσιν — οὕτως ὀργῇ εἶχον οἱ πλεῖστοι τοὺς Ἀθηναίους, οἱ μὲν τῆς ἀρχῆς ἀπολυθῆναι βουλόμενοι, οἱ δὲ μὴ ἀρχθῶσι φοβούμενοι, II, 54: ἐπῃρμένοι τοῖς Λακεδαιμονίοις τὸν θεὸν ἢ χρῆ πολεμεῖν ἄνευ κατὰ κράτος πολεμοῦσι νίκην ἔσεσθαι καὶ αὐτὸς ἔφη συλλήψεσθαι, vgl. IV, 85.

2) So wird dieser Teil des Kriegs genannt von Lysias (oder Deinarchos?) s. Harpocrat. s. v. Ἀρχίδαμιος πόλεμος. Thukydides nennt ihn ὁ πρῶτος πόλεμος, V, 20. 24, ὁ δεκατής πόλεμος, V, 25, und ὁ πρῶτος πόλεμος ὁ δεκατής, V, 26.

3) Über die Ereignisse des ersten Jahres s. Thuk. II. 1—46. Diod. XII. 41—44. Plut. Per. 33—34.

4) Etwa 300 Thebaner bemächtigten sich Platääs, von einer aristokratischen Partei herbeigerufen, wurden aber von den Platäern überwältigt und niedergemacht, Thuk. II, 2—6. Diod. XII, 41. Zeitbestimmung Thuk. das. 2: ἔσαγον μὲν γὰρ καὶ ὅσοι ἔτη ἐνέμειναν αἱ τριακοντούτεις σπονδαί, αἱ ἐγένοντο μετὰ τὴν Εὐβοίας ἅλωσιν τῇ δὲ πέμπτῳ καὶ δεκάτῳ ἔτει ἐπὶ Χρυσίδος ἐν Ἄργει τότε πεντήκοντα δυοῖν δέοντα ἐτῃ ἱερωμένης, καὶ Αἰνησίου ἐφόρου ἐν Σπάρτῃ καὶ Πυθοδώρου ἔτι δύο μῆνας ἄρχοντος Ἀθηναίοις, μετὰ τὴν ἐν Ποτιδαίᾳ μάχην μηνὶ ἕκτῳ καὶ ἅμα ἦρι ἀρχομένῳ —.

5) Thuk. II, 10—23. Diod. XII. 42. Archidamos schickte vor dem Einfall noch einen Herold nach Athen, der aber dort nicht zugelassen wurde. Als derselbe das athenische

10*

LXXXVII, 2.   431.   Gebiets durch einen Seezug, auf dem sie die Küsten des Peloponnes durch Landungen beunruhigen. Sollion und Astakos erobern und Kephallenia für den Beitritt zu ihrem Bündnis gewinnen;⁶ ferner machen sie Landungen im Gebiet der opuntischen Lokrer,⁷ vertreiben die Ägineten von ihrer Insel⁸ und fallen im Herbst in das Gebiet der Megarer ein.⁹

Die Belagerung von Potidäa wird fortgesetzt.¹⁰

LXXXVII, 3.   430.¹¹   Zweiter Einfall der Peloponnesier in das Gebiet von Attika.¹²

Ausbruch der Pest in Athen.¹³ Seezüge der Athener.¹⁴ Perikles wird von dem entmutigten Volke mit einer Geldstrafe belegt und auf kurze Zeit seines Amtes als Strateg entsetzt.¹⁵

Gebiet verliefs, rief er aus: ἤδη ἡ ἡμέρα τοῖς Ἕλλησι μεγάλων κακῶν ἄρξει, Thuk. a. a. O. 12. Der Einfall geschah darauf am 80. Tage nach dem Vorfalle in Plataiä, ebend. 19, und das Heer, zwei Dritteile der Kontingente der einzelnen Städte enthaltend, ebend. 10, nach Plut. Per. 33 zusammen 60000 Mann stark, drang bis Acharnä, 60 Stadien von Athen, vor. Thuk. a. a. O. 19. 21. Die Bewohner von Attika hatten sich selbst und ihre Habseligkeiten nach Athen gerettet, ebend. 13 – 17 (vgl. Arist. Equit. v. 789; οἰκοῦντ᾽ ἐν ταῖς πιθάκναισι καὶ γυπαρίοις καὶ πυργιδίοις), und nur ihre, durch die Thessaler verstärkte Reiterei verliefs die Stadt, um dem Feinde einigen Widerstand zu leisten, ebend. 22.

6) Thuk. II, 23 – 25. 30. Die athenische Flotte (100 Schiffe stark) war bei diesem Zuge durch 50 kerkyräische Schiffe verstärkt, ebend. 25.

7) Thuk. II, 26. Dabei nehmen sie Thronion und schlagen die Lokrer bei Alope. Gegen die Lokrer wird noch im Laufe dieses Sommers die Insel Atlante besetzt und befestigt, ebend. 32.

8) Thuk. II, 27.

9) Thuk. II, 31. Dieser Einfall in das megarische Gebiet wird von nun an alljährlich zweimal wiederholt, s. Thuk. IV, 66. Vgl. Plut. Per. 30. Aristoph. Acharn. v. 762. Pac. 481.

10) Thuk. II, 29. — Zum Schlufs des Jahres die Begräbnisfeier zu Ehren der im Laufe desselben Gefallenen und Leichenrede des Perikles, ebend. 34 – 46.

11) Thuk. II, 47 – 70. Diod. XII, 45 – 47. Plut. Per. 34 – 37.

12) Thuk. II, 47. 55 – 57. Sie dringen diesmal bis Laurion vor, ebend. 55, und verwüsten 40 Tage lang das ganze Land, ebend. 57.

13) Sie brach kurz nach dem Einfall der Peloponnesier aus, Thuk. II, 47, und wütete zuerst 2 Jahre lang, dann, nachdem sie eine kurze Zeit nachgelassen, wieder 1 Jahr, s. Thuk. III, 87. Die berühmte Beschreibung derselben, Thuk. II, 47 – 54. Nach Thuk. III, 87 raffte sie 4400 Hopliten, 300 Ritter und aufserdem noch eine unzählige Menge anderer hinweg, vgl. Diod. XII, 58; von 4000 Hopliten,

welche unter Hagnon gegen Potidäa zogen (s. Anm. 16), starben allein in 40 Tagen 1050, Thuk. II, 58. Über die nachteilige sittliche Wirkung derselben s. besonders ebend. 53: ἤρξατο τε ἐρῶ καὶ ἐς τἆλλα τῇ πόλει τὸ νόσημα, ὕβρει γὰρ ἴσχυον τις ἀ φανέρως ἀνηρπάζοντο μὴ καθ᾽ ἡδονήν ποιεῖν, ἀγχίστροφον τὴν μεταβολὴν ὁρῶντες τῶν τ᾽ εὐδαιμόνων αἰφνιδίως θνησκόντων καὶ τῶν οὐδὲν πρότερον κεκτημένων, εὐθὺς δὲ τἀκείνων ἐχόντων. ὥστε ταχείας τὰς ἐπαυρέσεις καὶ πρὸς τὸ τερπνὸν ἠξίουν ποιεῖσθαι, ἐφήμερα τά τε σώματα καὶ τὰ χρήματα ὁμοίως ἡγούμενοι. — ὅ τι δὲ ἤδη τε ἡδὺ καὶ πανταχόθεν τε αὐτῷ κερδαλέον, τοῦτο καὶ καλὸν καὶ χρήσιμον κατέστη· θεῶν δὲ φόβος ἢ ἀνθρώπων νόμος οὐδεὶς ἀπεῖργεν, τὸ μὲν κρίνοντες ἐν ὁμοίῳ καὶ σέβειν καὶ μὴ ἐκ τοῦ πάντας ὁρᾶν ἐν ἴσῳ ἀπολλυμένους, τῶν δὲ ἁμαρτημάτων οὐδεὶς ἐλπίζων μέχρι τοῦ δίκην γενέσθαι βιοὺς ἂν τὴν τιμωρίαν ἀντιδοῦναι, πολὺ δὲ μείζω τὴν ἤδη κατεψηφισμένην σφῶν ἐπικρεμασθῆναι, ἣν πρὶν ἐμπεσεῖν εἰκὸς εἶναι τοῦ βίου τι ἀπολαῦσαι.

14) Noch während der Anwesenheit des peloponnesischen Heeres in Attika macht Perikles mit 100 athenischen Schiffen und 50 von Chios und Lesbos (dabei auch 300 Reiter ἐν ταῖς ἱππαγωγοῖς ναυσὶν τότε ἐκ τῶν παλαιῶν νεῶν ποιηθείσαις) einen Seezug mit Landungen im Gebiet von Epidauros, Trözen, Haliä, Hermione und Lakonika (wo er Prasiä erobert und zerstört). Thuk. II, 56; im Winter segelt darauf Phormion mit 20 Schiffen nach dem krissäischen Meerbusen, um daselbst Wache zu halten, das. 69. (Auch die Peloponnesier machen in diesem Jahre einen ersten Seezug mit 100 Schiffen gegen Zakynthos, ohne jedoch etwas Erhebliches auszurichten, das. 66.)

15) Thuk. II, 59 – 65. Das Volk war so entmutigt, dafs es sogar in Sparta um Frieden nachsuchte, das. 59. Durch eine Rede des Perikles (das. 60 – 64) wurde es zwar insoweit umgestimmt, dafs es nicht mehr an Friedensgesuche dachte, gleichwohl wurde Perikles seiner Strategie entsetzt und mit einer Geldstrafe (nach Plut. Per. 35 von 15 oder 50, nach Diod. XII, 45 von 80 Talenten) belegt, das. 65, die indes bald wieder aufgehoben wurde.

Der beginnende Verfall. 77

Olympiaden-jahr.	Jahr v. Chr.	Geschichte.
LXXXVII, 3.	430.	Fall von Potidäa.[16]
LXXXVII, 4.	429.[17]	Plataeä von den Peloponnesiern belagert.[18] Die glänzenden Seesiege des Phormion.[19]
		Perikles stirbt.[20]
LXXXVIII, 1.	428.[21]	Dritter Einfall der Peloponnesier in das attische Gebiet.[22] Lesbos mit Ausnahme von Methymna fällt von Athen ab; Mytilene wird zu Wasser und zu Land von den Athenern eingeschlossen.[23]
LXXXVIII, 2.	427.[24]	König Archidamos stirbt; es folgt Agis.[25]

16) Im Laufe des Sommers wurde noch eine neue Flotte von 40 Schiffen unter Hagnon und Kleopompos dahin geschickt, die indes wenig ausrichtete, Thuk. II, 58; im Winter darauf ergab es sich, das. 70. Die Bewohner, die das Äußerste erduldet hatten (καὶ πού τινες καὶ ἀλλήλων ἐγέγευντο, Thuk.), erhielten freien Abzug, Stadt und Gebiet wurde an athenische Kolonisten verteilt. (Noch ist aus diesem Jahre zu bemerken, daß spartanische Gesandte, an den Perserkönig abgeschickt, um ein Bündnis mit demselben abzuschließen, den Athenern in die Hände fielen und von diesen getötet werden, Thuk. II, 67, vgl. Herod. VII, 137.)

17) Thuk. II, 71 – 103. Diod. XII, 47 – 51.

18) Thuk. II, 71 – 78. In der Stadt befanden sich 480 waffenfähige Männer, außerdem nur noch 110 Frauen; alle anderen Bewohner, Greise, Kinder, die übrigen Frauen und die Sklaven hatten die Stadt verlassen, das. 78. Die nun erfolgende langwierige Belagerung ist die erste überhaupt, von der wir eine genauere Beschreibung haben, s. besonders Thuk. III, 21.

19) Auf Veranlassung der Amprakioten machen 1000 Lakedämonier mit zahlreichen Bundesgenossen einen Einfall in Akarnanien, werden aber bei Stratos zurückgeschlagen, s. Thuk. II, 80 – 82. Zur Unterstützung der Unternehmung sollte von Korinth aus eine Flotte nach Akarnanien segeln, dieselbe wird aber zweimal, das erste Mal 47, das zweite Mal 77 Schiffe stark, von Phormion auf seinen 20 Schiffen (s. Anm. 14) durch die ausgezeichnete Tapferkeit und Gewandtheit der Athener zurückgeschlagen, das. 83 – 92, worauf sich Phormion Akarnaniens durch einen Zug dahin von neuem versichert, das. 102.

20) Thuk. II, 65: ἐπεβίω (τῷ πολέμῳ) δύο ἔτη καὶ ἓξ μῆνας. Das Urteil des Thukydides über ihn s. ebend.: ὅσον τε γὰρ χρόνον προύστη τῆς πόλεως ἐν τῇ εἰρήνῃ, μετρίως ἐξηγεῖτο καὶ ἀσφαλῶς διεφύλαξεν αὐτήν, καὶ ἐγένετο ἐπ' ἐκείνου μεγίστη· ἐπεί τε ὁ πόλεμος κατέστη, ὁ δὲ φαίνεται καὶ ἐν τούτῳ προγνοὺς τὴν δύναμιν. — αἴτιον δ' ἦν ὅτι ἐκεῖνος μὲν δυνατὸς ὢν τῷ τε ἀξιώματι καὶ τῇ γνώμῃ, χρημάτων τε ἀδωρότατος γενόμενος κατεῖχε τὸ πλῆθος ἐλευθέρως καὶ οὐκ ἤγετο μᾶλλον ὑπ' αὐτοῦ ἢ αὐτὸς ἦγεν, διὰ

τὸ μὴ κτώμενος ἐξ οὐ προσηκόντων τὴν δύναμιν πρὸς ἡδονήν τι λέγειν, ἀλλ' ἔχων ἐπ' ἀξιώσει καὶ πρὸς ὀργήν τι ἀντειπεῖν. ὁπότε γοῦν αἴσθοιτό τι αὐτοὺς παρὰ καιρὸν ὕβρει θαρσοῦντας, λέγων κατέπλησσεν ἐπὶ τὸ φοβεῖσθαι καὶ δεδιότας αὖ ἀλόγως, ἀντικαθίστη πάλιν ἐπὶ τὸ θαρσεῖν. ἐγίγνετό τε λόγῳ μὲν δημοκρατία, ἔργῳ δὲ ὑπὸ τοῦ πρώτου ἀνδρὸς ἀρχή. οἱ δὲ ὕστερον ἴσοι αὐτοὶ μᾶλλον πρὸς ἀλλήλους ὄντες καὶ ὀρεγόμενοι τοῦ πρῶτος ἕκαστος γίγνεσθαι ἐτράποντο καθ' ἡδονὰς τῷ δήμῳ καὶ τὰ πράγματα ἐνδιδόναι. Mit den letzten Worten sind die sogenannten Demagogen und unter ihnen am meisten Kleon gemeint, der schon in der letzten Zeit Einfluß gewonnen hatte und nun immer mehr empor kam, Plut. Per. 33, 35. (Von ihm hat Aristophanes, besonders in den Rittern, ein freilich sehr karikiertes Bild entworfen, s. bes. das. v. 61. 809. 834. 960 ff., und unter anderen Demagogen werden noch genannt: vor Kleon Lysikles ὁ προβατοπώλης und Eukrates ὁ στυπειοπώλης, ebend. v. 129 ff., später Hyperbolos, Thuk. VIII, 73. Plut. Alc. 13. Nic. 11. Arist. Pac. 605 ff. 921. 1319, Lysikrates, das. Av. v. 513, Peisandros, das. Lysistr. v. 490, Kleophon, s. Anm. 129 u. a.)

21) Thuk. III, 1 – 25. Diod. XII, 52 – 53. 55 – 56.

22) Thuk. III, 1.

23) Thuk. III, 1 – 6. 8 – 18. Die Mytilenäer werden erst von 40 Schiffen unter Kleippides zur See und dann von 1000 Hopliten unter Paches auch zu Lande belagert.

24) Thuk. III, 26 – 88. Diod. XII, 53 – 57.

25) Nach Diod. XI, 48. XII, 35 regierte er 42 Jahre. Daß er in diesem Jahre stirbt, geht besonders daraus hervor, daß der Einfall in Attika im Jahre 428 noch unter seiner Führung geschieht, Thuk. III, 1, während im Jahre 426 sein Sohn Agis, Thuk. III, 89. und im Jahre 427 Kleomenes, der Vormund des Pausanias aus dem andern Königshause, den Oberbefehl führt, Thuk. III, 26. [Der eigentliche König aus dem andern Hause war Pleistoanax. Dieser war aber im Jahre 445 verbannt und wurde erst um 426 wieder zurückgerufen. Während seiner Verbannung regierte sein Sohn Pausanias oder vielmehr, da derselbe noch unmündig war, dessen Vormund Kleomenes, Thuk. II, 21. V, 16.]

Olympiaden-jahr.	J. v. Chr.	Geschichte.
LXXXVIII, 2.	427.	Vierter Einfall der Peloponnesier in das attische Gebiet.[26] Mytilene von den Athenern zur Ergebung gezwungen[27] und grausam bestraft.[28] Plataa von den Peloponnesiern genommen und zerstört.[29] Blutige Parteikämpfe auf Kerkyra.[30] Krieg zwischen den dorischen und ionischen Städten auf Sicilien; die Athener schicken den letzteren eine Flotte von 20 Schiffen unter Laches und Charoiades zu Hilfe.[31]
LXXXVIII, 3.	426.[32]	Die Spartaner gründen die Kolonie Herakleia in Trachinia.[33]

26) *Thuk.* III, 26.
27) *Thuk.* III, 27—28. Die Peloponnesier, von den Mytilenäern zu Hilfe gerufen, schickten zwar eine Flotte von 42 Schiffen zu diesem Zwecke unter Alkidas ab, s. *das.* 26; dieselbe richtete aber infolge der Zögerung und Unfähigkeit ihres Führers nichts aus, *das.* 29—33.
28) Es werden mehr als 1000 der vornehmsten Lesbier hingerichtet, die Mauern von Mytilene niedergerissen, die Schiffe abgeführt, und der Grundbesitz sämtlicher Lesbier, mit Ausnahme der Methymnäer, für das athenische Volk eingezogen, der sodann, in 3000 Lose geteilt, von den Lesbiern als Lehnsleuten gegen einen den athenischen Herren zu zahlenden Zins bebaut wurde. Ein erster, besonders auf Kleons Betrieb gefaßter Volksbeschluß verdammte sogar alle Mytilenäer zum Tode, derselbe wurde indes am andern Tage durch des Diodotos Verdienst — wieder zurückgenommen. *Thuk.* III, 35—50.
29) Von den Belagerten hatten sich im vorigen Jahre 212 durch die Flucht gerettet, indem sie mit großer Kühnheit in der Nacht die Befestigungswerke der Feinde überstiegen, s. *Thuk.* III, 20—24. Der geringe Rest, aus 225 Mann bestehend, ergab sich in diesem Jahre gegen das Versprechen eines gleichen und billigen Gerichts von seiten der Lakedämonier; gleichwohl wurden sie alle hingerichtet, *das.* 52—68.
30) Dieser Bürgerkrieg ist das Vorspiel ähnlicher blutiger Kämpfe in andern griechischen Städten und aus diesem Grunde von Thukydides ausführlich beschrieben, s. III, 70—85. 82: αὐτίως ὀργῆ ὁσίως χωρήσαντες καὶ ἰδοῦτε μᾶλλον, διότι ἐν τοῖς ἀμύνῃ ἐγένετο, ἐπεὶ ὕστερόν γε καὶ καὶ ὡς εἰπεῖν τὸ Ἑλληνικὸν ἐκινήθη, 83: πᾶσα ἰδέα κατέστη κακοτροπίας διὰ τὰς στάσεις τῷ Ἑλληνικῷ καὶ τὸ εὐήθης, οὗ τὸ γενναῖον πλεῖστον μετέχει, καταγελασθὲν ἠφανίσθη. Er wurde dadurch herbeigeführt, daß die in den Schlachten von 434 und 433 gefangenen Kerkyräer während ihres Aufenthalts in Korinth für das peloponnesische Bündnis und das aristokratische Prinzip gewonnen worden waren. Diese wurden jetzt nach Kerkyra zu dem Zweck zurückgeschickt, um daselbst Zwiespalt zu stiften, und sie waren es, welche den Streit erregten und zuerst Blut vergossen, *das.* 70. Hierauf hatten die Aristokraten erst die Oberhand, *das.* 71, sie griffen die Gegenpartei an und besiegten sie in einer Schlacht. 72—73.

dann siegten wieder die Demokraten, 74. Für eine kurze Zeit wurde durch den Athener Nikostratos, der mit einer Flotte von 12 Schiffen herbeikam, eine Ausgleichung getroffen, 75, wenige Tage nachher kam aber auch die Flotte des Alkidas (s. *Anm.* 27), jetzt 53 Schiffe stark, so daß die demokratische Partei in große Gefahr geriet, 76—80. Durch eine neue athenische Flotte von 60 Schiffen wurde indes deren Übergewicht wieder völlig hergestellt, und nun wurden die meisten Aristokraten ermordet, 80—84, bis auf 500, welche sich erst auf das Festland geflüchtet hatten, aber jetzt nach dem Abzuge der Athener zurückkehrten und sich daselbst auf dem Berge Istone verschanzten, von wo sie die Umgegend plünderten und unsicher machten, c. 85.
31) Auf der einen Seite stand Syrakus mit den sämtlichen dorischen Städten der Insel außer Kamarina und mit Lokroi in Unteritalien; auf der andern Seite die sämtlichen chalkidischen Städte und Kamarina und Rhegion in Unteritalien; der Krieg war aus einer Fehde zwischen Syrakus und den Leontinern entstanden. *Thuk.* III, 86. Letztere schickten Gorgias mit der Bitte um Hilfe nach Athen, s. *Diod.* XII, 53, *Paus.* VI, 17, 5, und die Athener erfüllten die Bitte τῆς μὲν οἰκειότητος προφάσει, βουλόμενοι δὲ μήτε σῖτον ἐς τὴν Πελοπόννησον ἄγεσθαι αὐτόθεν, πρόπειράν τε ποιούμενοι εἰ σφίσι δυνατὰ εἴη τὰ ἐν τῇ Σικελίᾳ πράγματα ὑποχείρια γενέσθαι, *Thuk. a. a. O.* Die Unternehmungen derselben in diesem Jahre, *das.* 88, wie auch in den beiden folgenden, *das.* 90. 99. 115. IV, 24—25, waren von geringer Erheblichkeit.
32) *Thuk.* III, 89—116. *Diod.* XII, 58—60. Der Einfall der Peloponnesier in das attische Gebiet fand in diesem Jahre nicht statt, weil die Peloponnesier, als sie bereits unter Führung des Agis bis zum Isthmos vorgerückt sind, durch Erdbeben bewogen werden wieder umzukehren, *Thuk.* III, 89. *Diod.* XII, 59.
33) *Thuk.* III, 92—93. *Diod.* XII, 59. Die Kolonie wurde auf Anrufen der Trachinier und Dorier (in Doris) zum Schutz gegen die benachbarten Ätäer gegründet; man hoffte aber zugleich, daß sie für den Krieg große Vorteile gewähren werde, weil die Überfahrt von dort nach Euboia und selbst nach der thrakischen Küste leicht zu sein schien. Indessen die Kolonie (die letzte der Griechen überhaupt und zugleich

Olympiaden-jahr.	Jahr v. Chr.	Geschichte.
LXXXVIII, 3.	426.	Seezüge der Athener unter Nikias³⁴ und Demosthenes, welcher letztere an den Küsten des Peloponnes und der Insel Leukadien Landungen macht und nach einer unglücklichen Unternehmung gegen Ätolien den Amprakioten und Spartanern bei Argos Amphilochikon eine schwere Niederlage beibringt.³⁵
LXXXVIII, 4.	425.³⁶	Fünfter Einfall der Peloponnesier in das attische Gebiet.³⁷ Neue Hilfssendung der Athener unter Sophokles und Eurymedon nach Sicilien.³⁸ Demosthenes, welcher die Flotte begleitet, bleibt bei der Umsegelung des Peloponnes in Pylos an der Küste von Messenien mit einem kleinen Teil der Flotte zurück,³⁹ behauptet es gegen die Angriffe des Landheeres und der Flotte der Spartaner,⁴⁰ und nachdem die übrige Flotte zurückgekehrt, werden die Spartaner zur See geschlagen;⁴¹ eine Anzahl vornehmer Spartiaten wird dadurch auf der Insel Sphakteria abgeschnitten und nach vergeblichen Friedensvorschlägen der Spartaner daselbst durch Kleon und Demosthenes teils getötet teils gefangen genommen.⁴²

die erste rein militärische) gedieh nicht, weil sie von den benachbarten Änianen, Dolopern, Meliern und einigen thessalischen Völkern fortwährend angefeindet und weil sie schlecht regiert wurde, s. *Thuk. a. a. O.* und V, 51. 52. Nach *Diod. a. a. O.* belief sich die Zahl der Kolonisten bei der Gründung auf nicht weniger als 10000.

34) Nikias zog mit 60 Schiffen zuerst nach Melos, verwüstete die Insel, fiel dann in das Gebiet von Tanagra in Böotien ein, schlug im Verein mit einem von Athen kommenden Heere die Tanagräer und die zur Hälfte herbeigekommenen Thebaner, und machte endlich noch Landungen in Lokris, *Thuk.* III, 91.

35) *Thuk.* III, 91. 94—98. 100—102. 105—114. Die Unternehmung gegen Ätolien geschah auf Antrieb der Messenier in Naupaktos, welche dem Demosthenes sagten (*Thuk.* 94): μέγα μὲν εἶναι τὸ τῶν Αἰτωλῶν καὶ μάχιμον, οἰκοῦν δὲ κατὰ κώμας ἀτειχίστους, καὶ ταύτας διὰ πολλοῦ, καὶ σκευῇ ψιλῇ χρώμενον· οὐ χαλεπὸν ἀπέφαινον πρὶν ξυμβοηθῆσαι καταστραφῆναι, ἐπιχειρεῖν δ᾽ ἐκέλευον πρῶτον μὲν Ἀποδωτοῖς, ἔπειτα δὲ Ὀφιονεῦσι, καὶ μετὰ τούτους Εὐρυτᾶσιν, ὅπερ μέγιστον μέρος ἐστὶ τῶν Αἰτωλῶν· ἀγνωστότατοι δὲ γλῶσσαν καὶ ὠμοφάγοι εἰσίν, ὡς λέγονται. Sie endete indes mit einem verlustvollen Rückzug der Athener und Naupaktier. *Thukyd.* III, 94—98. Hierauf riefen die Ätoler 3000 Peloponnesier herbei, um Naupaktos zu erobern, die sich, als dies mißlang, auf die Aufforderung der Amprakioten gegen Argos Amphilochikon wandten, wo sie aber nebst den Amprakioten von den Bewohnern von Argos und den Akarnaniern unter Führung des Demosthenes eine übermäs blutige Niederlage erlitten. *Thuk.* III, 100—102. 105—114.

36) *Thuk.* IV, 1—51. *Diod.* XII, 61—63. 65. *Plut. Nic.* 6—8.

37) *Thuk.* IV, 2. Er dauerte wegen der Vorgänge in Pylos nur 15 Tage, *das.* 6. Eben diese sind auch die Ursache,

warum die Einfälle in das attische Gebiet in der bisherigen Weise nicht wiederholt wurden, s. *Anm.* 12.

38) Nach den geringen Erfolgen der Jahre 427 und 426 (s. *Anm.* 31) beschlossen die Athener auf Bitten ihrer sicilischen Bundesgenossen noch 40 Schiffe nach Sicilien zu schicken, *Thuk.* III, 115: ἅμα μὲν ἡγούμενοι θᾶσσον τὸν ἐκεῖ πόλεμον καταλυθήσεσθαι, ἅμα δὲ βουλόμενοι μελέτην τοῦ ναυτικοῦ ποιεῖσθαι. Diese segeln im Frühjahr 425 ab, s. *Thuk.* IV, 2. Über die weiteren (gleichfalls nicht eben erheblichen) Vorgänge in Sicilien bis zur Ankunft der Athener s. *Thuk.* IV, 1. 24—25.

39) *Thuk.* IV, 3—5. Die Lage von Pylos und der Insel Sphakteria s. *Thuk.* IV, 8: ἡ νῆσος ἡ Σφακτηρία καλουμένη, τόν τε λιμένα παρατείνουσα καὶ ἐγγὺς ἐπικειμένη ἐχυρὸν ποιεῖ καὶ τοὺς ἔσπλους στενούς, τῇ μὲν δυοῖν νεοῖν διάπλουν κατὰ τὸ τείχισμα τῶν Ἀθηναίων καὶ τὴν Πύλον, τῇ δὲ πρὸς τὴν ἄλλην ἤπειρον ὀκτὼ ἢ ἐννέα, ὑλώδης τε καὶ ἀτριβὴς πᾶσα ἐπ᾽ ἐρημίας ἦν καὶ μέγεθος περὶ πεντεκαίδεκα σταδίους μάλιστα. Als die übrige Flotte ihren Zug fortsetzte, blieb Demosthenes mit 5 Schiffen in Pylos zurück, *das.* 5.

40) IV, 6. 8—12.

41) *Thuk.* IV, 13—14.

42) Eine Abteilung des spartanischen Heeres war auf die Insel ausgesetzt worden, um dieselbe gegen die Athener zu behaupten, *Thuk.* IV, 8, und war jetzt durch den Seesieg der Athener abgeschnitten, indem diese dadurch Herren der See geworden waren, *daselbst* 14. 15. Es waren 420 Hopliten, *daselbst* 38, und darunter viele der angesehensten Spartiaten, *daselbst* V, 15: ἦσαν γὰρ οἱ Σφακτηρίαι αἰχμάλωτοι τε καὶ ὁμοίως, αἱ ἴσαι ξυγγενεῖς. Deshalb machten die Spartaner den Versuch, einen Frieden abzuschließen, um die Eingeschlossenen zu retten, der aber hauptsächlich durch Kleon vereitelt wurde, *das.* IV, 16—23. Kleon näm-

Olympiaden-jahr.	Jahr v. Chr.	Geschichte.
LXXXVIII, 4.	425.	Die Parteikämpfe auf Kerkyra durch Ausrottung der Aristokraten beendet.[43] Die Athener machen feindliche Landungen auf dem Gebiet von Korinth,[44] setzen sich auf Methone fest[45] und erobern Anaktorion.[46]
LXXXIX, 1.	424.[47]	Nikias nimmt Kythera und plündert von hier aus die lakonische Küste und andere Gegenden des Peloponnes.[48] In Sicilien wird durch eine Vereinbarung der kämpfenden Parteien der Friede hergestellt, die Athener kehren von da nach Hause zurück.[49] Nisäa von den Athenern genommen.[50] Höhepunkt des Glückes der Athener; Mutlosigkeit der Spartaner.[51] Brasidas zieht zu Lande nach der thrakischen Küste[52] und bewirkt daselbst

lich (ἀνὴρ δημαγωγὸς κατ' ἐκεῖνον τὸν χρόνον ὢν καὶ τῷ πλήθει πιθανώτατος, das. 21) verleitete das Volk, als Preis des Friedens die Rückgabe von Nisäa, Pagä, Trözen und Achaja zu fordern, das. 21. [Vgl. Aristoph. Equit. v. 801: τοῦ μᾶλλον | αἱ (κλέων) μὲν ἀρπάζῃς καὶ δωροδοκῇς παρὰ τῶν πόλεων, ὁ δὲ δῆμος | ὑπὸ τοῦ πολέμου καὶ τῆς ὁμίχλης ἃ πανουργεῖς μὴ καθορᾷ σου, ebend. v. 861; Pac, v. 699: ὁ νοῦς γὰρ ἡμῶν ἦν τότ' ἐν τοῖς σκύτεσιν.] Als sich hierauf die Überwältigung der Eingeschlossenen verzögerte, drang Kleon auf gröfsere Anstrengungen für diesen Zweck, er wurde vom Volke im Übermut selbst zum Befehlshaber ernannt, es gelang ihm aber wirklich, die Unternehmung mit Hilfe des Demosthenes glücklich zu Ende zu führen: jene 420 Hopliten wurden bei einem Angriff auf die Insel teils getötet, teils — 292 Mann, darunter 120 Spartiaten — gefangen genommen und nach Athen abgeführt, wo sie als Unterpfand für den Frieden und gegen die Wiederholung der bisherigen Einfälle in das attische Gebiet bewahrt wurden, Thuk. IV, 26—41. Plut. Nic. 7—8. [Vgl. Arist. Equit. v. 61 (Worte des Demosthenes über Kleon): καὶ πρῴην γ' ἐμοῦ | μᾶζαν μεμαχότος ἐν Πύλῳ Λακωνικὴν | πανουργότατά πως περιδραμὼν ὑφαρπάσας | αὐτὸς παρέθηκε τὴν ὑπ' ἐμοῦ μεμαγμένην.] Nach Pylos selbst wurde darauf eine hauptsächlich aus Messeniern von Naupaktos bestehende Besatzung gelegt, welche den Spartanern durch Plünderungen und durch Aufnahme flüchtiger Heloten grofsen Schaden zufügte, Thuk. IV, 41.

43) Thuk. IV, 2. 44—46. Es geschah mit Hilfe der athenischen, von Pylos ihren Weg über Kerkyra nach Sicilien fortsetzenden Flotte.

44) Thuk. IV, 42—45.
45) Thuk. IV, 45.
46) Thuk. IV, 49.
47) Thuk. IV, 52—116. Diod. XII, 65—70.
48) Thuk. IV, 53—54. Die Unternehmung geschah unter Führung des Nikias und Nikostratos und war von grofser Wichtigkeit, weil die Athener dadurch eine zweite Station gewannen, von wo sie Lakonika und den übrigen Peloponnes beunruhigen konnten, das. 54—57. Von hier aus machten sie auch eine Landung in Kynuria, eroberten Thyrea und nahmen die Ägineten gefangen, die dort nach ihrer Vertreibung von Ägina (s. Anm. 8) eine Zuflucht gefunden hatten, jetzt aber hingerichtet wurden, das. 56—57.

49) Thuk. IV, 58—65. Es geschah besonders auf Betrieb des Syrakusiers Hermokrates, das. 58, und zum grofsen Verdrufs der Athener, das. 65.

50) Thuk. IV, 66—69. Sie würden auch Megara genommen haben, wenn Brasidas nicht in der Nähe gewesen wäre und es verhindert hätte, das. 70—74.

51) S. bes. Thuk. IV, 55: γεγενημένου μὲν τοῦ ἐπὶ τῇ νήσῳ πάθους ἀνελπίστου καὶ μεγάλου, Πύλου δ' ἐχομένης καὶ Κυθήρων καὶ πανταχόθεν σφᾶς περιεστῶτος πολέμου ταχέος καὶ ἀπροφυλάκτου, ὥστε παρὰ τὸ εἰωθὸς ἑαυτῆς ἱππικόν τε κατεστήσαντο καὶ τοξότας, ἔς τε τὰ πολεμικὰ εἴπερ ποτὲ μάλιστα δὴ ὀκνηρότεροι ἐγένοντο, ξυνεστῶτες παρὰ τὴν ὑπάρχουσαν σφῶν ἰδέαν τῆς παρασκευῆς ναυτικῷ ἀγῶνι καὶ τοῦτο πρὸς Πελοποννησίους, οἷς τὸ μὴ ἐπιχειρούμενον ἀεὶ ἐλλιπὲς ἦν τῆς δοκήσεώς τι πράξειν, καὶ ἅμα τὰ τῆς τύχης πολλὰ καὶ ἐν ὀλίγῳ ξυμβάντα παρὰ λόγον αὐτοῖς ἔκπληξιν μεγίστην παρεῖχε.

52) Der Zug wurde auf die Einladung der Chalkidier und des Königs von Makedonien Perdikkas unternommen, Thuk. IV, 79. (Perdikkas ist der erste makedonische König, der einigen Einflufs auf die griechischen Verhältnisse ausübt. Vor dem peloponnesischen Kriege war er mit den Athenern verbündet, verfeindete sich aber dann mit ihnen und stand seitdem bald auf der Seite der Athener, bald ihrer Gegner, s. Thuk. I, 56—63. II, 29. 80. 95—101. IV, 79: ἐδεῖτο μὲν οὖν ὢν ἐκ τοῦ παρόντος, φοβούμενος δὲ καὶ αὐτὸς τὸ αὐξανόμενον τῶν Ἀθηναίων.) Über den Zweck des Zuges, s. Thuk. IV, 80: τῶν γὰρ Ἀθηναίων ἐγκειμένων τῇ Πελοποννήσῳ καὶ οὐχ ἥκιστα τῇ ἐκείνου γῇ ἤλπιζεν ἀποτρέψειν αὐτοὺς μάλιστα, εἰ ἀντιπαραλυποίη ἀναπέμψας ἐπὶ τοὺς ξυμμάχους αὐτῶν στρατιάν, ἄλλως τε καὶ ἑτοίμων ὄντων τρέφειν τε καὶ ἐπὶ ἀποστάσει αὐτὸν ἐπικαλουμένων, vgl. ebendas. 81. Brasidas führte den Zug mit grofser Kühnheit zu Lande aus, mit 1700 Hopliten, worunter 700 Heloten (die nachher freigelassen wurden), Thukyd. IV, 80. Thukyd. IV, 78—80.

Der beginnende Verfall. 81

Olympiaden-jahr.	Jahr v. Chr.	Geschichte.	Kunst und Litteratur.
LXXXIX, 1.	424.	den Abfall der meisten Städte der Halbinsel Chalkidike vom athenischen Bündnis.[53] Die Athener bei einem Einfall in Böotien bei Delion völlig geschlagen.[54]	
LXXXIX, 2.	423.[55]	Waffenstillstand zwischen Sparta und Athen auf ein Jahr.[56] Doch wird der Krieg auf der thrakischen Küste fortgeführt, wo die Athener wieder einige Fortschritte machen.[57]	
LXXXIX, 3.	422.[58]	Die Böotier entreifsen den Athenern Panakton.[59] Kleon wird nach Thrakien geschickt und liefert dem Brasidas die Schlacht bei Amphipolis; die Athener werden geschlagen, Kleon und Brasidas fallen.[60]	
LXXXIX, 4.	421.[61]	Friede des Nikias.[62]	

53) Zuerst fallen Akanthos und Stageiros ab. *Thukyd.* IV, 84—88, dann im Winter Amphipolis (über welches s. 3b Per. Anm. 78) *ebend.* 102—106, hierauf Torone u. a. Städte. (Der Geschichtschreiber Thukydides, welcher mit einer kleinen Flotte bei Thasos stand, eilte zur Unterstützung von Amphipolis herbei, konnte aber nur Eion retten, *das.* 107, und wurde deshalb verbannt. *das.* V. 26; über die Wichtigkeit von Amphipolis s. *das.* IV, 108.) Über die Stimmung der Städte. s. Thuk. IV, 108: αἱ πόλεις — αἱ τῶν Ἀθηναίων ἐπήκοοι — μάλιστα δὴ ἐπήρθησαν ἐς τὸ νεωτερίζειν καὶ ἐπεκηρυκεύοντο πρὸς αὐτὸν κρύφα, ἐπιτρέπειν τε κελεύοντες καὶ βουλόμενοι αὐτοὶ ἕκαστοι πρῶτοι ἀποστῆναι, über Brasidas s. *das.* 81: τό γὰρ παραυτίκα ἑαυτὸν παρασχὼν δίκαιον καὶ μέτριον ἐς τὰς πόλεις ἀπέστησε τὰ πολλά, 108: καὶ ἐν τοῖς λόγοις πανταχοῦ ἐδήλου ὡς ἐλευθερώσων τὴν Ἑλλάδα.

54) Der Einfall in Böotien (im Anfang des Winters 424 bis 423) war ein Teil eines kombinierten Planes auf die Unterwerfung von Böotien; Demosthenes sollte von Siphä am korinthischen Meerbusen her in das Land eindringen, während Hippokrates über Oropos einfiel. Beide rechneten auf die Unterstützung einer demokratischen, Athen ergebenen Partei. Demosthenes begann aber die Unternehmung zu früh, die Thebaner, die von dem Anschlag in Kenntnis gesetzt worden waren, konnten daher, unbehindert von Hippokrates, Siphä durch eine Besatzung schützen; so wurde also Demosthenes von Siphä zurückgewiesen, und hierauf erlitt auch Hippokrates eine schwere Niederlage, bei welcher beinahe 1000 Hopliten fielen. S. Thuk. IV, 76—77. 89—101. Über die Teilnahme des Sokrates und Alkibiades an der Schlacht s. *Plat. Apol. Socr.* p. 28. E. *Lach.* p. 181. B. *Symp.* p. 221 A. B. *Plat. Alc.* 7. *Strab.* p. 403.

55) Thuk. IV, 117—135. *Diod.* XII, 72.

56) Thuk. IV, 117—119. Beide Teile waren dazu geneigt, die Athener, um den Fortschritten des Brasidas Einhalt zu thun, die Spartaner, um ihre Gefangenen durch einen

Peter, Griech. Zeittafeln. 6. Aufl.

auf Grund des Waffenstillstands abzuschliefsenden Frieden wieder zu bekommen. *das.* 117. Zeit des Abschlusses: der 14. Elaphebolion (Ende März oder Anfang April), *ebend.* Die Bedingungen waren, dafs jeder Teil behalten sollte, was er beim Abschlufs des Waffenstillstandes besafs, *das.* 118. Da sich aber Brasidas weigerte, Skione wieder herauszugeben, welches 2 Tage nach dem Abschlufs übergegangen war, *das.* 122, so wurde der Krieg an der thrakischen Küste fortgeführt; in Athen ruhte er bis nach Ablauf des Waffenstillstandes, *das.* 134.

57) Die Unternehmung geschieht unter Führung des Nikias und Nikostratos und ist ohne Erfolg, dafs Mende, welches nach Skione übergegangen war, Thuk. IV, 123, wieder erobert und Skione eingeschlossen wird, Thuk. IV, 129—131.

58) Thuk. V, 1—13. *Diod.* XII, 73—74.

59) Thuk. V, 3.

60) Thuk. V, 2—3. 6—11.

61) Thuk. V, 13—39. *Diod.* XII, 74—76.

62) Thuk. V, 14—20. Zeit des Abschlusses: am 24. Elaphebolion (Ἐλαφηβολιῶνος μηνὸς ἕκτῃ φθίνοντος), Thuk. V, 19, vgl. *das.* 20: ἦμα ἦρι ἐκ Διονυσίων εὐθὺς τῶν ἀστικῶν, ἀκριβείᾳ ἐτῶν διεληλυθότων καὶ ἡμερῶν ὀλίγων παρενεγκουσῶν ἢ ὡς τὸ πρῶτον ἡ ἐσβολὴ ἐς τὴν Ἀττικὴν καὶ ἡ ἀρχὴ τοῦ πολέμου τοῦδε ἐγένετο, d. h. in der ersten Hälfte des April. Besonders thätig dabei waren Nikias und Pleistoanax, *das.* 16; die Hauptbeweggründe waren auf seiten der Athener der verlorenen Schlachten bei Delion und Amphipolis und die Besorgnis, der Abfall der Bundesgenossen werde sich weiter verbreiten, auf seiten der Spartaner die Gefangenen von Pylos, und die feindlichen Stationen auf Pylos und Kythera, ferner der eben ablaufende Vertrag mit Argos, *das.* 14—16. Bei den Athenern kam noch die finanzielle Erschöpfung hinzu, da sie nicht nur den Schatz von 6000 Talenten (s. Anm. 1) bis auf die zurückgelegten 1000 Talente (über welche s. Anm. 103) völlig aufgezehrt, sondern auch bedeutende Anleihen von

11

b) Die Zeit eines halben Friedens zwischen Sparta und Athen unter Fortdauer der Feindseligkeiten zwischen den übrigen griechischen Staaten, bis zum offenen Bruch der Verträge und zum Ende der sicilischen Expedition, 421—413.⁶⁰

LXXXIX, 4. 421. Unzufriedenheit der spartanischen Bundesgenossen mit dem Frieden, namentlich der Böoter, Korinthier und Megarer, und Weigerung demselben beizutreten.⁶¹ Die *Komiker* Eupolis,* Aristophanes.** Die

den Tempeln entnommen hatten, s. *Corp. Inscr. Gr.* I. Nr. 76. Die Hauptbestimmung des von Thukydides (*thus.* 18) mitgeteilten Vertrags bestand darin, dafs beide Teile alles, was sie im Kriege gewonnen, also alle Gefangenen und alle eroberten Plätze zurückgeben sollten. Demnach sollten von den Athenern Pylos, Kythera und einige andere weniger bedeutende Orte, und von seiten ihrer Feinde Panakton, Amphipolis und die übrigen thrakischen Städte ausgeliefert werden. Nisäa sollte (zum Ersatz für Plataiä) den Athenern verbleiben (*thus.* 17). 63) *Thuk.* V, 25: ἐξ (ἐπεὶ? *thus.* VI, 105) ἐυξ μὲν καὶ δέκα μῆνας ἀπέσχοντο μὴ ἐπὶ τὴν ἐκατέρων γῆν στρατεῦσαι,

64) Die Böoter waren unzufrieden, dafs sie Panakton herausgeben, die Megarer, dafs sie Nisäa nicht wieder bekommen sollten, *Thuk.* V, 17, 29, die Korinthier, weil ihnen Sollion und Anaktorion vorenthalten wurden, *das.* 30, und die Eleer, weil sie den Lepreaten ihre Selbständigkeit wieder einräumen sollten, *das.* 31.

a) Eupolis, neben Kratinos und Aristophanes als der bedeutendste Dichter der alten Komödie genannt, geboren in Athen 446, trat 429 mit seiner ersten Komödie auf und siegte siebenmal; noch vor Ende des peloponnesischen Kriegs fand er seinen Tod, wahrscheinlich in einer Seeschlacht. *Suid.* s. v. *Εὔπολις*. *Ἡσύχ. κωμ. Bergk. Prol. d. Com.* III, 1. VIII, 24. Von seinen Komödien sind 14 Titel mit Sicherheit überliefert; diejenigen, von denen die bedeutendsten Bruchstücke sich erhalten haben, sind: Ἀστράτευτοι ἢ Ἀνδρόγυνοι, *Mein. fr. Com. Gr. Eup. fr.* 1, Αἶγαι (sein berühmtestes Werk), *fr.* 2. 3. 15, Κόλακες, *fr.* 1. 10. 18, Μαρικᾶς, *fr.* 5, 6, Πόλεις, *fr.* 7. 8. 10. Χρυσοῦν γένος, *fr.* 1—3. Seine politische Komödie war voll herber persönlicher Ausfälle, wie die Fragmente bezeugen. So greift er z. B. den Kleon an, von dem er sagt: κλέπων Ποηγωρεύς ἐστι μετὰ τὰ πράγματα, den Demagogen Hyperbolos, s. *Quint.* I, 10, 18. *Hesych.* v. *Ὑπέρβολος*, den feigen Peisandros, den Schwelger Kallias, den Alkibiades wegen seines lockeren Lebens, ja sogar den Nikias wegen seiner Schwäche gegen die Sykophanten, und Kimon wegen seiner spartanischen Sympathieen, *Pol. fr.* 10, obwohl er sonst diesen beiden Anerkennung zu teil werden läfst. Von Eupolis' Genie sagt Platonios, *Περὶ διαφ. χαρ.* II, 2: Εὔπολις δὲ εὐφάνταστος μὲν ὁ ὑπερβολὴν καὶ κατὰ τὰς ὑποθέσεις ... ὥστε ἐξ ἑτέρου ὑψηλός, οἷον καὶ Δαίμονες καὶ περὶ τὰ σκώμματα λίαν ἐπίτοξος.

b) Aristophanes, ein Athener aus der Phyle Pandionis und dem Demos Kydathenäon, Sohn des Philippos, blühte um 427—388. *Vit. Aristophan. Περὶ κωμῳδ.* III, 12. *Bergk. Prol. de Com.* Weder sein Geburts- noch sein Todesjahr ist bekannt und von seinen Lebensumständen fast nur so viel,

als aus der Aufführung seiner Komödien erhellt. Sein erstes Stück liefs der junge Dichter im Jahre 427 durch den Schauspieler Kallistratos auf die Bühne bringen, nämlich die *Δαιταλῆς*, *Aristoph. Nub.* 524. *Schol.*, mit denen er den zweiten Preis errang. Im Frühjahr 426 während der Anwesenheit vieler Gesandten von Bundesgenossen zu Athen führte er seine *Βαβυλωνίους* auf, in denen er die Wahl der Beamten durch Loos und Handaufhebens verspottete und zuerst Kleon angriff. Er ward darauf von dem erzürnten Kleon wegen Beleidigung und Erschleichung des Bürgerrechts angeklagt, aber freigesprochen, *Acharn.* 377. *Schol.* 502. *Schol.* 632. Den ersten Preis gewann er 425 gegen Kratinos und Eupolis mit den *Ἀχαρνεῖς*, *Argum. Acharn.*, in denen er zum Frieden rät und die kriegslustigen Lamachos lächerlich macht, v. 565 f.: Ἰὼ Λάμαχ', ὦ βλέπων ἀστραπάς. [. . . . ὁ γοργολόφα, wie auch den Perikles, als Urheber des Krieges, v. 530 f.: Ἐντεῦθεν ὀργῇ Περικλέης οὑλύμπιος | ἤστραπτεν, ἐβρόντα, ξυνεκύκα τὴν Ἑλλάδα, und gegen die Aspasia, v. 527. Im Jahre 424 siegte er über Kratinos und Aristomenes mit den *Ἱππεῖς*, *Argum. Eq.* II. *Eq.* 763, in denen er die Demagogie Kleons geifselt, v. 440: Τὴν αὐλῶν πάτερα ἡμῶν ἀνατρέψασθαι, | ὅστις ἄπαυσεν ἡμῶν τὰς Ἀθήνας ἐκκοσμηχοκλύσαι, | ὅστις ἄπαυσεν ἡμῶν τὰς Ἀθήνας ἐκκοσμηχοκλύσαι, καὶ Κλέωνος Γεῖλλλός Ὑπέρβολος, v. 1304: Ἄνδρα μοχθηρὸν πολίτην, ὀξύνην Ὑπέρβολον, vgl. v. 973. Eupolis travestierte und verzerrte das Stück, ehe er in seinem Marikas den Hyperbolos auf die Bühne brachte, *Nub.* 551—556. *Schol.* Wenig Beifall fanden 423 die *Νεφέλαι*, indem Kratinos den ersten, Ameipsias den zweiten Preis gewann. *Argum. Nub.* I. *Schol.*

| Olympiaden-jahr. | Jahr v. Chr. | Geschichte. | Kunst und Litteratur. |

LXXXIX, 4.   421.   Fünfzigjähriges Bündnis zwischen Sparta und Athen.[65] *Philosophen* Leukippos,[c] Demokritos.[d] Die *Sophi-*

65) Thuk. V, 22—24. 24: αὕτη ἡ ξυμμαχία ἐγένετο μετὰ τὰς σπονδὰς οὐ πολλῷ ὕστερον. Das Bündnis wurde haupt- sächlich geschlossen, um die Ausführung des Friedens gegen die Gegner desselben (s. *die folg. Anm.*) zu sichern.

Nub. 549. 552. *Schol. Vesp.* 1033. 1039, eine Satire auf die bodenlosen und spitzfindigen Grübeleien der Sophisten, v. 399: μετεωροσοφιστῶν, v. 401: μεριμνοφροντισταί, v. 103: τοὺς ἀδίκους, wie auf die Dialektik und den angeblichen Unglauben des Sokrates, v. 359: κακοδαίμων Σωκράτης, v. 1477: ἐξέβαλλον τοῖς θεοῖς διὰ Σωκράτην, v. 247. 365. 367, der als Vertreter der ganzen Richtung auf der Bühne erscheint, v. 103 f. Auch als das Stück umgearbeitet zum zweitenmale aufgeführt wurde, machte es kein Glück, *Argum. Nub. V.* Den zweiten Preis gewann der Dichter mit den Σφῆκες im Jahre 422. *Argum. Vesp.*, in denen er die Prozesssucht der Athener lächerlich macht, v. 505: ὀηδοςπιοσεπαιανθιπολιακλισμον τρώπον, v. 1108, und deren Vertreter Kleon, v. 595 f.: ὁ Κλέων ὁ κεφαληθώμιος, v. 342: Λημολογοκλέων, vgl. v. 62. 409. 758. 1224 f. 1285 f. Nach dem Tode des Brasidas und Kleon in der Schlacht bei Amphipolis empfahl der Dichter (im Jahre 421) in seiner Komödie Εἰρήνη, mit der er den zweiten Preis gewann, den so eben eingeleiteten Frieden, *Argum. Pac.* II, und griff die Häupter der Kriegspartei an, so den Perikles, v. 608: ἱμῶν πίθειν τε θυμὸν αὐτὸς ἐγκέλσε τὴν πόλιν, | ἐμβαλὼν σπινθῆρα μικρὸν Μεγαρικοῦ ψηφίσματος | ἐξεφύσησεν τοσοῦτον πόλεμον, den Pheidias, v. 605 f., den Lamachos, v. 303: ἡμέρα γὰρ ἐξέλιμπεν ἤδη μισαλήμαχος, v. 473 f., den Kleon, v. 48. 270: Ὁ Διχοπολῶς Θς ἐείκαι τὴν Ἑλλάδα, v. 652 f.: ὑπεσπέργης ἡν οὐ Ἰεπ | καὶ λίθος καὶ φανερώτης | καὶ κέκθυρον καὶ τάρφυρον, v. 753 f., und den Hyperbolos, v. 680 f. 921. 1319. Das nächste erhaltene Stück des Dichters sind die Ὄρνιδες, die während des sicilischen Feldzugs im Jahre 414 bei der Aufführung den zweiten Preis gewannen, *Argum. Av.* II. *Schol. Ar.* 998. Veranlasst durch das gewagte Unternehmen gegen Syrakus, stellt er in der Gründung der Wolkenkuckuckstadt, Νεφελοκοκκυγία, v. 551 f. 819 f., und der Vogelrepublik den hochfahrenden Unternehmungsschwindel der athenischen Politik und ihre masslose Überhebung der Demagogie dar, v. 1284: Ὀρνιθομανοῦσι, πάντα δ᾽ ἐπὸ τῆς ἠδονῆς ποιοῦσιν, v. 1289: Εἶ᾽ ἀιτέφρωτ᾽ ἐνταῦθα τὰ ὀρμιθομάδε | ὀρνιθομάνουν δ᾽ οὕτω πέρκικον οἱ, und verspottet die Demagogen Kleonymos, v. 289. 1470 f., und Peisandros, v. 1556. Kurz nach dem unglücklichen Ausgang des sicilischen Krieges und dem Sturz der demokratischen Verfassung im Jahre 411 ward die *Λυσιστράτη*, aufgeführt, *Schol. Lys.* 173. 1096, in der der Dichter von neuem zum Frieden riet, v. 1266: νῦν δ᾽ εἰ μέν τις αὐλοῖς, | ταῖς συνθήκαις, | καὶ τῶν ὑψηλῶν ἀλκυόνων | πατασσέμεθα. Die Θεσμοφοριάζουσαι, in demselben Jahre aufgeführt, *Thesm.* 1060, stellen die Sittenverderbnis der athenischen Weiber bloss und verspotten die Dichtkunst des Euripides und Agathon, v. 29 f. In den Βάτραχοι, mit denen der Dichter 405 den ersten Preis gewann, *Argum. Ran.* I, parodiert er im Gegensatz zu Äschylos den Euripides, v. 814 f. Die im Jahre 392 aufgeführten Ἐκκλησιάζουσαι, *Schol. Eccles.* 193, sind eine Satire auf einen demokratischen Staat mit Gemeinschaft der Güter und Frauen, v. 590 f. 613 f. Das letzte Stück des Dichters ist der zweite Πλοῦτος, im Jahre 388 aufgeführt, *Arg. Plut.* III, in welchem der Gott des Reichtums sehend wird und von nun an seine Güter nach Verdienst verteilt. Ausser diesen vollständig erhaltenen Stücken des Aristophanes sind die kurzen Bruchstücke von einigen dreissig Komödien erhalten. Plato soll dem Dionysios von Syrakus die Komödien des Aristophanes, als derselben den Staat der Athener kennen lernen wollte, übersandt und sie für den treuesten Spiegel des athenischen Staats- und Volkslebens erklärt haben, *Vit. Arist.* 9. Plato galt auch als Verfasser des Epigramms, Thom. *Mag. Vit. Arist.* 5: *Al Χάριτες τέμενός τι λαβεῖν ὅπερ οὐχὶ πεσεῖται, | ξητοῦσαι ψυχὴν εὗρον Ἀριστοφάνους.* Vgl. *Antipater Thessal. Anth. Pal.* IX, 186: Ἂ καὶ θυμὸν ἄροστε καὶ Ἑλλάδος ἤθεαν ἴαν | κωμικαὶ καὶ ἄτθεις ἄξια καὶ γελάσας. — Von gleichzeitigen Dichtern der älteren Komödie treten besonders hervor: Phrynichos, *Aristoph. Nub.* 548. *Schol. Ran.* 13. *Suid.* v. Πεοὶ κωμ. III. *Bergk. Prol. de Com.*, der mit seinem Stücke *Μοῦσαι* den zweiten Preis erhielt, als Aristophanes mit den Fröschen siegte, *Argum. Ran.* I. Von zehn seiner Komödien sind Bruchstücke auf uns gekommen, besonders Ἐφιάλτης, *Mein. fr.* 1, *Μονότρο- πος, fr.* 1. 4, *Μοῦσαι, fr.* 1 vgl. *Inc. fab. fr.* 1. 3, Platon aus Athen, *Suid.* s. v. *Diog. Laert.* III, 109. *Cyrill. adv. Jul.* 1. p. 13. 6, ein trefflicher Komiker. Von 28 seiner Komödien sind Titel erhalten. Bruchstücke besonders aus: Ἑλλὰς ἢ νῆσοι, *fr.* 1, *Ζεὺς κακούμενος, fr.* 1. 5. 6, *Λάκωνες ἢ ποιηταὶ, fr.* 1, *Παίδερύσης, fr.* 2, *Σοφισταί, fr.* 1. 3, *Σύρ- φαλος, fr.* 1. 2. 3, *Φάων, fr.* 1. 2. Im ganzen sind Fragmente von etwa 40 Dichtern der älteren Komödie erhalten, ausser den erwähnten die zahlreichsten von Teleklides, Hermippos, Ameipsias, Archippos, Strattis, Theopompos u. a. Vgl. *Mein. Fragm. Com. Graec.*

c) Leukippos, angeblich Schüler eleatischer Philosophen, *Diog. Laert.* IX, 30 f. *Tzetz. Chil.* II, 90, vgl. *Arist. de gener. et corr.* I, 8, war der Begründer der atomistischen Systems, nach welchem die Welt aus unendlich vielen unteilbaren, der Qualität nach gleichen Körperchen zusammengewachsen sein sollte, *Diog. L.* a. a. O.: πρῶτος ὑπέδετο ψυχῆς ἐπανάστασιν, *Cic. de nat. d.* 1, 24. *Acad.* IV. 37. Er schrieb *λόγοι* und *περὶ νοῦ, Stob. ecl. phys.* I. p. 160.

d) Demokritos aus Abdera, geboren um 460, soll 109 Jahr alt geworden sein, *Diog. L.* IX, 34. 41. 43. Er verwandte

11*

Olympiaden-jahr.	Jahr v. Chr.	Geschichte.	Kunst und Litteratur.
LXXXIX, 4.	421.	Bündnis zwischen Korinth, Argos, Mantinea, Elis und den chalkidischen Städten in Thrakien.	*sten* Protagoras, Gorgias, Hippias, Prodikos.

66) *Thuk.* V, 27—31. Die Unzufriedenheit der Bundesgenossen Spartas wurde noch besonders durch die in dem Bündnis zwischen Sparta und Athen enthaltene Bestimmung gesteigert: ἦν τι δοκῇ ... [Greek text] ..., das. 23. 29. Überhaupt κατὰ τὸν χρόνον

sein Vermögen auf grofse Reisen nach Babylon, Persien und dem roten Meere. Ägypten und Meroë wie nach Griechenland, wo er auch Athen besuchte, a. a. O. 35. 36. 49. *Strab.* p. 703. Den reichen Schatz seiner gesammelten Kenntnis legte er in zahlreichen, im ionischen Dialekt abgefafsten Schriften nieder, welche Stoffe aus allen Wissensfächern behandelten, aus der Ethik, Physik, Mechanik, Mathematik, Astronomie, Medicin, Grammatik und Sprachphilosophie, Geographie, Kriegswissenschaft, Rechtswissenschaft, Musik, Poesie und Malerei, wie das Verzeichnis derselben bei Diogenes Laertius, IX, 45—49, zeigt. Er vollendete das atomistische System des Leukippos, a. a. O. 44 f. Von seinen Schriften sind nur spärliche Bruchstücke übrig; doch lobt Cicero seine Darstellung, *Orat.* 20, *de divin.* II, 64, *de orat.* I, 11.

e) Die *Sophisten* verlassen die Beschäftigung mit der Natur und der theoretischen Wissenschaft als solcher; sie wollen Lehrer der Tugend, d. h. der praktischen Staats- und Lebensklugheit und der Redekunst sein, wenden sich aber, weil ihrer Lehre der positive Gehalt fehlt, der blofs formellen Ausbildung zu und sehen oft in dem blofsen Reden über die Gegenstände ihre Hauptaufgabe. Sie reisten in den griechischen Städten herum, indem sie für Geld Vorlesungen hielten und Unterricht erteilten, und haben auf ihre Zeit einen bedeutenden Einflufs ausgeübt. *Plat. Soph.* 218, c. f. 231 e. f. 261. a. f. *Phaedr.* 267. a. *Prot.* 310. d. 315. a. *Rep.* V, 600. c. *Aristot. Metaph.* IV, 2. *Soph. elench.* 1, 2; ταύτην γὰρ ἡ σοφιστικὴ χρηματιστικὴ ἀπὸ φαινομένης σοφίας, ἀλλ' οὐκ οὔσης. *Plat. Them.* 2; τὴν καλουμένην σοφίαν, ὥσπερ ἡ δύναμιν πολιτικὴν καὶ πραγμάτων αὐτῶν.

f) Protagoras von Abdera, etwas älterer Zeitgenosse des Sokrates, geb. um 485, *Diog. L.* IX, 50. 56. *Plat. Prot.* 309. c. 320. e. 361. e., durchwanderte 40 Jahre lang (etwa von 455 an) die griechischen Städte, für Geld lehrend, *Plat. Prot.* 310. e. 349. a. *Hipp. mai.* 282. c. *Athen.* V, p. 218. b. c. XI, p. 506. a. *Diog. L.* IX, 52, indem er namentlich zuerst gesprächsweise Streitfragen erörterte, *Suid.* s. v., wie er auch zuerst σοφιστὴς zubenannt wurde, *Plat. Prot.* 349. e. Er stand mit Perikles in engem Verkehr, *Plat. Per.* 26. *Cons. ad. Apoll.* p. 450, und wirkte als Gesetzgeber in Thurii, *Diog. Laert.* IX, 50. Wegen seines Ausspruches: Περὶ μὲν θεῶν οὐκ ἔχω εἰδέναι, οὔθ' ὡς εἰσὶν οὔθ' ὡς οὐκ εἰσίν, wurden seine Bücher öffentlich verbrannt, er selbst aber wurde als Gottesleugner aus Athen verbannt, *Diog. L.* IX, 51. 52.

τούτον ᾖ τι ... [Greek text] ..., das. 28; daher οἱ πολλοὶ θαυμαστῶς πρὸς τοὺς σοφιστὰς καὶ αὐτοὶ ἑαυτοὺς διηρεμένοι ἐοίκασιν, ebend. Indes liefs sich gleichwohl Tegea nicht zum Beitritt bewegen, und Theben und Megara beobachteten zur Zeit noch eine abwartende Politik, ebend. 31. 36—38.

Suid. s. v., und kam auf der Überfahrt nach Sicilien um, mindestens 70 Jahr alt. *Diog. L.* IX, 55. Aus seinen zahlreichen Schriften dialektischen, ethischen und politischen Inhalts, a. a. O., sind nur einige Lehrsätze erhalten: so sein Hauptsatz, *Plat. Theaet.* 152. a: πάντων χρημάτων μέτρον ἄνθρωπός εἰναι, vgl. *Cratyl.* 385. e. *Aristot. Metaph.* IV, 4. 5. X, 1. *Cic. Acad.* II, 46; id cuique verum esse, quod cuique videatur.

g) Gorgias aus Leontini in Sicilien lebte um 483—375, *Plin. H. N.* XXXIII, 83. *Suid.* s. v., und ward über hundert Jahre alt. *Plat. Phaedr.* 261 e. *Apollod. b. Diog. L.* VIII, 58. *Paus.* VI, 15. 5. *Cic. sen.* 5. *Quint.* III, 1, 9. *Athen.* XII, p. 518 d. Schüler des Empedokles, *Diog. L.* a. a. O. (*Ἀγριαντίας ἐν τῇ Σοφιστῇ ᾖσιν λόγων Ἐπαιδευθείς ῥητορικὴν τέχνην, Γοργίαν δὲ διεκέκτητο.*) *Quint.* a. a. O. *Suid.* s. v., trat er in verschiedenen Städten Griechenlands als Lehrer der Redekunst und Philosophie auf. In seiner Vaterstadt zum Staatsmann und Volksredner erprobt, wirkte er im Jahre 427 als Gesandter der Leontiner zu Athen seiner Vaterstadt der Unterstützung der Athener gegen Syrakus aus, *Diod.* XII, 53. *Plat. Hipp. mai.* 282 b, kam dann wieder nach Athen, *Plat. Men.* 74 e, und lebte in späteren Jahren zu Larissa in Thessalien, a. a. O. Bis in sein hohes Alter bewahrte er seine Geisteskraft, *Quint.* XII, 11, 21. *Athen.* XII, p. 518, und starb mit Seelenruhe einen sanften Tod. *Ael. V. H.* II, 35. Meister in Stegreifreden. *Cic. de fin.* II, 1. *de orat.* I, 22. III, 32, und in prunkvoller Schönrederei (καλλιλογίᾳ). *Diod. Hal. Demosth.* 4, übte er bedeutenden Einflufs auf die Entwickelung der attischen Beredsamkeit. *Dion. Hal. Lys.* 3: "Ὅπερ αὐ ἄλλον λέξεως ὄγκηρον ᾖ ποιητικὴ καὶ τροπικὴ φράσις Γοργίου αξαίνετος. Von seinen philosophischen Schriften war die bedeutendste *Περὶ τοῦ μὴ ὄντος ᾖ περὶ τῆς φύσεως*, teilweise bei Ps.-Aristoteles, *De Melisso, Xenophane et Gorgia*, und bei Sextus Empiricus *adv. Math.* VII, 55 f. erhalten. Seine vielgerühmten Prunkreden (*παιδεία*) sind verloren gegangen. [Die ihm beigelegte *ἀπολογία Παλαμήδους* sowie das *ἐγκώμιον Ἑλένης* rühren nicht von ihm her.]

h) Hippias aus Elis, *Suid.* s. v., jüngerer Zeitgenosse des Protagoras, Sokrates u. a., Staatsmann und Diplomat, *Plat. Hipp. mai.* 281 a. *Philostr. Vit. Soph.* I, 11, p. 105. Rhetor, Sophist, Grammatiker, Mathematiker, Astronom, Musiker, *Plat. Hipp. mai.* 285 b. c. d. *Protag.* 315 c. Dichter,

Olympiaden-jahr.	Jahr v. Chr.	Geschichte.	Kunst und Litteratur.
XC, 1.	420.[67]	Bündnis zwischen Sparta und Theben;[68] Alkibiades[69] bringt dagegen ein Bündnis zwischen Athen, Argos, Elis und Mantinea zu stande.[70]	Sokrates, Gegner der Sophisten.[k]
XC, 2.	419.[71]	Alkibiades zieht nach dem Peloponnes und gewinnt Paträ für den athenisch-argeiischen Bund; feindliche Einfälle der Argeier in das Gebiet von Epidauros.[72]	Thukydides, Geschichtschreiber.[l]

67) *Thuk.* V, 40—51. *Plut. Alc. Diod.* XII. (Infolge der feindseligen Gesinnung der Eleer gegen Sparta werden die Spartaner von der diesjährigen Feier der olympischen Spiele ausgeschlossen. *Thuk.* V, 49—50.)

68) Die Athener gaben Pylos nicht zurück, weil sie Panakton und die chalkidischen Städte nicht zurückerhielten. Die Spartaner näherten sich daher den Böotern, um sie zur Auslieferung von Panakton zu bewegen, *Thuk.* V, 35. Zugleich aber geschah es auch deswegen, weil in Sparta mit dem Jahreswechsel kriegerisch gesinnte Ephoren ins Amt gekommen waren, *das.* 36. Da die Böoter sich aber weigerten, Panakton herauszugeben, wenn die Spartaner nicht ein Bündnis mit ihnen abschlössen, so kam ein solches „πρὸς ἱερ̃" zu stande, *das.* 39. Die Athener aber wurden hierdurch in hohem Grade aufgereizt, teils weil sie darin eine Verletzung ihrer Verträge mit Sparta erkannten, *das.* 42, teils weil Panakton, statt zurückgegeben, von den Böotern zerstört wurde, *das.* 39. 40. 42.

Maler und Bildhauer. Kunstkenner und Allerweltkünstler, *Hipp. min.* p. 368, b—d. *Cic. de or.* III, 32, ein Mann von vielseitigem, aber ungründlichem Wissen. *Xen. Mem.* IV, 4, 6, πολυμαθής, eitel und ruhmredig. *Plat. a. a. O. Cic. a. a. O.*, und als Philosoph bei weitem nicht so bedeutend wie die beiden vorhergenannten Sophisten. Von seinen zahlreichen Prunkreden und Gedichten, *Hipp. min.* p. 368 c. *Paus.* V, 25, 1. *Plut. Num.* 1, ist nur ein Epigramm auf uns gekommen.

i) Prodikos aus Keos, *Suid. s. v.*, dem Hippias gleichzeitig, als Diplomat und Redner für seine Vaterstadt in Athen thätig, *Plat. Hipp. mai.* 282 c, und wegen seiner Weisheit hoch angesehen (daher das Sprichwort σοφώτερος Προδίκου), hielt wie die anderen Sophisten Vorträge gegen Honorar, *Plat. Cratyl.* 384 b, die auch Wertbedeutung und Sprachgebrauch behandelten, a. a. O. *Prot.* 341 c. Er war ein Freund und Gesprächsgenosse des Sokrates, *Hipp. mai. a. a. O.* Unter seinen Zuhörern waren Xenophon, *Philostr. V. Soph.* 1, 12, Kritias, *Plat. Charm.* p. 163, Theramenes, *Suid. s. v.*, Athen. V, p. 220 b, Thukydides, *Vit. Marc.* 36. Euripides, *Gell.* XV, 20 u. a. Von seinen Reden und seiner Lehre sind nur Andeutungen auf uns gekommen; berühmt geworden ist seine Erzählung vom jungen Herakles am Scheidewege, betitelt Ὧραι, *Xenoph. Memor.* II, 1, 21. *Suid. s. v. Cic. Off.* 1, 32. *Quint.* IX. 2, 36. *Maxim. Tyr. Diss.* XX, p. 232 f.

69) Über des Alkibiades Jugend, wie über seinen Charakter im allgemeinen, s. *Plut. Alc.* 1—13. 23. vgl. *Plat. Symp.* p. 216 ff. *Prot.* p. 309. 320. u. ö. Bei gegenwärtiger Gelegenheit trat er zuerst durch seine Teilnahme an den öffentlichen Angelegenheiten Athens hervor, und zwar als Gegner der Spartaner, weil er sich durch sie in seinem Ehrgeiz verletzt fühlte. *Thuk.* V, 43. Er war der Sohn des Kleinias, welcher in der Schlacht bei Koroneia fiel, durch seine Mutter Deinomache Enkel des Megakles und verwandt mit Perikles, der daher auch die Vormundschaft über ihn geführt hatte, *Plut.* 1.

70) *Thuk.* V, 40—47. *Plut. Alc.* 14. Ein Bruchstück von diesem Vertrag, welches im wesentlichen mit Thukydides übereinstimmt, ist im Jahre 1877 auf einer Marmortafel in der Akropolis von Athen aufgefunden worden (C. I. A. IV, 1 no. 46ᵇ).

71) *Thuk.* V, 52—57. *Diod.* XII, 78.

72) *Thuk.* V, 52. 53—56. Vgl. folg. Anm.

k) S. unten Anm. w.

l) Thukydides, Sohn des Oloros, geboren wahrscheinlich um 460—453 (472 nach der unzuverlässigen Angabe der Pamphila bei *Gell.* XV, 23) im attischen Gau Halimus, aus angesehener Familie, ein Verwandter des Miltiades, *Thuk.* IV, 104. *Plut. Cim.* 4. *Thuk.* IV, *Marcell.* 2. 15. 16. 34. 53. *Suid. s. v.*, soll eine Vorlesung des Herodot mit angehört haben, *Vit. Marc.* 54. *Suid. a. a. O.*, und ein Schüler des Redners Antiphon und des Philosophen Anaxagoras gewesen sein. *Vit. Marc.* 22. *Vit. Anon.* 2. *Suid. a. a. O. s. v.* Ἀντιφῶν, v. Ἀντιφῶν. Er besaß Goldminen in Thrakien, *Thuk.* IV, 105, *Plut. Cim.* 4, und hatte eine Thrakierin aus Skapte Hyle zur Frau, *Vit. Marc.* 14. 19. Nachdem er zu Anfang des peloponnesischen Krieges an der Pest krank gewesen war, *Thuk.* II, 48, befehligte er einige Jahre später ein athenisches Geschwader, mit dem er zwar Eion, die Hafenstadt von Amphipolis, rettete, aber Amphipolis selbst gegen Brasidas' Angriff nicht halten konnte, *s. Anm.* 53. Er ward deshalb 423 von Kleon angeklagt und verbannt, *Vit. Marc.* 4. 23. 26. 46. 55. *Cic. de orat.* II. 13. *Plin. H. N.* VII, 111, lebte die 20 Jahre in der Verbannung meist in Skapte Hyle, *Thuk.* V, 26. *Vit. Marc.* 25. 46, und kehrte erst um 403 nach Athen zurück. *Vit. Marc.* 31. 32. 45. 55. *Vit. Anon.* 10. *Plut. Cim.* 4. Weder die Zeit, noch die Art seines Todes steht genau fest; wahrscheinlich ward er um

Olympiaden-jahr.	Jahr v. Chr.	Geschichte.	Kunst und Litteratur.
XC, 3.	418.[73]	Krieg zwischen Sparta und Argos.[74] Schlacht bei Hippokrates, *Arzt.*[m] Mantinea.[75] Argos und Mantinea genötigt, mit Sparta Frieden und Bündnis zu schließen.[76]	

[73] *Thuk.* V, 57—81. *Diod.* XII, 78—80.

[74] Der Krieg wird dadurch veranlaßt, daß die Argeier in Verbindung mit den Athenern im vorigen Jahre wiederholte Einfälle in das Gebiet von Epidauros gemacht hatten, um die Epidaurier zu zwingen, ihrem Bündnis beizutreten, s. Anm. 72. Die Spartaner waren damals schon zweimal ausgerückt, um den Epidauriern zu helfen, waren aber beide Male durch ungünstige Opfer zur Umkehr genötigt worden. In diesem Jahre versammelt sich ein zahlreiches Heer von Sparta und seinen sämtlichen Bundesgenossen (die Spartaner αὐτοὶ καὶ οἱ Εἵλωτες πανδημεί, die Böoter 5000 Hopliten, 5000 Leichtbewaffnete und 500 Reiter stark, 2000 korinthische Hopliten, Tegeaten, Sikyonier, Pellenaer, Phliasier, Megarer, *Thuk.* V, 57. στρατόπεδον γὰρ δὴ τοῦτο κάλλιστον Ἑλληνικὸν τῶν μέχρι τοῦδε ξυνῆλθεν, *das.* 60) unter Anführung des Agis in Phlius und dringt von da auf drei verschiedenen Wegen in Argos ein, *das.* 57—59, und die Argeier, welche rings um Feinden eingeschlossen und von ihrer Stadt abgeschnitten sind, schweben in der größten Gefahr; da läßt sich Agis durch zwei Argeier, welche eben so wie Agis selbst die Unterhandlung auf eigene Hand führen, bewegen, einen viermonatlichen Waffenstillstand abzuschließen, mit welchem dann beide Teile, Argeier wie Spartaner, unzufrieden sind. *das.* 60.

403—401 ermordet (jedenfalls vor 396, vgl. *Thuk.* III, 116 mit *Diodor.* XIV, 59. *Oros.* II, 18), nach einigen zu Athen, nach andern in Skapte Hyle. *Marcell. Vit. Thuk.* 32. *Plut. Cim.* 4. *Paus.* I, 23, 11. 2, 23. 17. *Anonym.* 10. Sein Geschichtswerk Συγγραφὴν περὶ τοῦ πολέμου τῶν Πελοποννησίων καὶ Ἀθηναίων, während des Krieges begonnen, *Cic. a. a. O. Vit. anon. a. a. O. Vit. Marc.* 25. 47. aber erst nach Beendigung desselben vollendet, *Thuk.* I, 13. 18. II, 54. 65. V, 26. umfaßt in 8 Büchern, von denen jedoch dem letzten die Durcharbeitung fehlt, die ersten 21 Jahre des Krieges, s. über dasselbe und über die der Geschichtserzählung eingeflochtenen Reden *Thuk.* I, 20—22 und besonders 22, 3; κτῆμά τε ἐς ἀεὶ μᾶλλον ἢ ἀγώνισμα ἐς τὸ παραχρῆμα ἀκούειν ξύγκειται. Quintilian urteilt über Thukydides, indem er ihn mit Herodotus vergleicht, X, 1. 73: Densus et brevis et semper instans sibi Thucydides, dulcis et candidus et fusus Herodotus; ille concitatis, hic remissis affectibus melior; ille contionibus, hic sermonibus; ille vi, hic voluptate. Vgl. *Cic. Brut.* 7, 29. Das Werk des Thukydides wurde von dem wenig späteren Kratippos ergänzt und fortgesetzt. *Dion. Hal. de Thuc. iud.* 16. *Plut. glor. Athen.* I, p. 345. Um dieselbe Zeit schrieb Antiochos von Syrakus eine Geschichte der Sicilier. *Diod.* XII, 71, und ein Werk περὶ Ἰταλίας. *Strab.* V, p. 242. VI, p. 252 ff.)

63. (Die Spartaner treffen auf Veranlassung hiervon die Anordnung, daß den König auf Kriegszügen von nun an immer zehn Aufseher, ξύμβουλοι, begleiten sollen, *das.* 63.)

[75] Bisher hatten von den Bundesgenossen der Argeier nur die Eleer und Mantineer an dem Kriege teilgenommen; jetzt kamen 1000 Hopliten und 300 Reiter von Athen hinzu, und die Athener (Alkibiades begleitete sie als Gesandter) überredeten die Bundesgenossen, den Krieg sofort wieder aufzunehmen, *Thuk.* V, 61. So wird Orchomenos angegriffen und genommen, *ebend.*, und hierauf wendet man sich zu einem Angriff auf Tegea, an dem sich jedoch die Eleer nicht beteiligen, *das.* 62. Von den Tegeaten zu Hilfe gerufen, brechen die Spartaner unter Agis auf (welcher seinen früheren Fehler wieder gut zu machen verspricht, *das.* 63), ziehen ihre arkadischen Verbündeten an sich und liefern den Feinden die siegreiche Schlacht bei Mantinea, *das.* 63—74. Von den Spartanern nahmen fünf Sechsteile der ganzen streitbaren Mannschaft an der Schlacht teil, *das.* 64, deren Zahl sich (nach O. Müllers auf *Thuk.* V, 68 gegründeter Berechnung) auf 4781 Mann beläuft. (*das.* 75: τὴν ἐπὶ τῶν Ἑλλήνων τῶν ἐν ἐμοὶ μνήμῃ εἴτιαν ἐς τε μάλιστα — καὶ ἐς τὴν ἄλλην ἀξιοῦσιν καὶ ῥωμαϊκὴν ἐν ἔργῳ τούτῳ ἀπεδείξαντο.

[76] *Thuk.* V, 76—81.

m) Hippokrates, aus Kos, der Begründer der wissenschaftlichen Medizin, stammte aus dem Geschlechte der Asklepiaden, in dem die Arzneikunst erblich war, und blühte um 436, *Hieron.* Ol. 86, 1. p. 107. *Gell.* XVII, 21, 18. Er war Schüler des Demokritos und der Sophisten Gorgias und Prodikos, *Suid.* s. v., und scheint nach den Andeutungen in seinen Schriften Reisen, namentlich in die Länder am schwarzen Meer, wie nach Thrakien und Makedonien, unternommen zu haben. Über sein Leben finden sich mancherlei unzuverlässige Angaben und Sagen; sicher ist nur, daß er zuletzt im thessalischen Larissa praktizierte und dort auch starb, *Suid.* s. v. Unter den zahlreichen, dem Hippokrates beigelegten Schriften führen viele von späteren Verfassern her; unter den für echt gehaltenen sind die wichtigsten: Περὶ ἐπιδημιῶν (Über Landseuchen). Προγνωστικά (Über die Diagnose der Krankheiten). Ἀφορισμοί (Kurze ärztliche Vorschriften). Περὶ διαίτης ὀξέων (Über die Diät bei hitzigen Krankheiten). Περὶ ἀέρων, ὑδάτων, τόπων (Über Einfluß von Boden und Klima auf die Entstehung von Krankheiten). Περὶ τῶν ἐν κεφαλῇ τρωμάτων. Περὶ ἀγμῶν (Über Knochenbrüche), Περὶ ἱερῆς νούσου (Über die Epilepsie). Sein Ruhm und seine Lehren sind auch zu Persern und Arabern gedrungen, wie auch die ihm beigelegten Schriften ins Arabische und Persische übersetzt worden sind.

Olympiaden-jahr.	Jahr v. Chr.	Geschichte.	Kunst und Litteratur.
XC, 4.	417.⁷⁷	Die Demokratie in Argos gestürzt,⁷⁸ aber bald wiederhergestellt und damit zugleich das Bündnis mit Athen erneuert.⁷⁹	Die Maler Apollodoros,ⁿ
XCI, 1.	416.⁸⁰	Melos von den Athenern genommen.⁸¹	Zeuxis,ᵒ Parrhasios,ᵖ Timanthes.ᑫ
XCI, 2—4.	415—413.	Sicilische Expedition, auf Veranlassung einer Gesandtschaft der Egestäer, welche um Hilfe gegen Selinus und Syrakus bittet.⁸²	

77) Thuk. V, 82—83. Diod. XII, 80—81.
78) Thuk. V, 81. Dies geschieht noch im Winter, aber gegen das Frühjahr hin, das., hauptsächlich durch eine auserwählte Mannschaft von 1000 Mann, welche die Argeier auf Staatskosten unterhielten, Diod. XII, 80.
79) Thuk. V, 82. Die Urkunde des Bündnisses Corp. Inscr. Att. Iu. 50. Im Zusammenhang damit wurde der Bau von langen Mauern, durch welche Argos mit dem Meer verbunden werden sollte, unternommen, damit die Athener jederzeit Hilfe bringen könnten. Die Spartaner machten auf diesen Aufafs einen neuen Feldzug gegen Argos, aber ohne erheblichen Erfolg, das. 83.
80) Thuk. V, 81—VII, 7. Diod. XII, 80—83.
81) Thuk. V, 84—116. Melos hatte sich in den ersten Jahren des Kriegs neutral gehalten, s. Anm. 1, dann aber seit dem Angriff des Nikias im Jahre 426 (s. Anm. 31) eine feindliche Stellung eingenommen, Thuk. V, 84. Der gegen-

wärtige Angriff ist besonders deswegen von Interesse, weil bei dieser Gelegenheit die Athener in einer langen Verhandlung mit den Meliern ihre politischen Grundsätze darlegen, deren Summe in den Worten enthalten ist (89): δίκαια μὲν ἐν τῷ ἀνθρωπείῳ λόγῳ ἀπὸ τῆς ἴσης ἀνάγκης κρίνεται, δυνατὰ δὲ οἱ προύχοντες πράσσουσι καὶ οἱ ἀσθενεῖς ξυγχωροῦσι. Der Ausgang des Kriegs ist, dafs die Melier sich nach hartnäckigem Widerstande ergeben und darauf die waffenfähige Mannschaft getötet, die übrige Bevölkerung in die Sklaverei verkauft und das Gebiet unter athenischen Bürger verteilt wird, das. 116.
82) Die Egestäer wurden durch die Selinuntier und Syrakusier hart bedrängt, Thuk. VI, 6. Ihre Gesandten (sie kamen im Winter von 416 auf 415 nach Athen) stellten den Athenern vor, dafs die Syrakusier, die schon die Stadt der Leontiner vernichtet (vgl. Thuk. V. 4), die ganze Insel sich unterwerfen und dann die mit ihnen stammverwandten Spartaner unter-

n) Apollodoros, aus Athen, älterer Zeitgenosse und Vorläufer des Zeuxis, Plin. H. N. XXXV, 60. Plut. glor. Athen. p. 362 R, ward σκιαγράφος genannt, weil er die Abstufung der Farben durch Licht und Schatten erfand, Plut. a. a. O. Schol. II. X, 265 Hesych. s. v. σκία; auch gilt er als der erste Staffeleimaler, während seine Vorgänger nur Wandmaler gewesen waren, Plin. a. a. O.
o) Zeuxis aus Herakleia (in Unteritalien?), jüngerer Zeitgenosse des Apollodoros, Plin. H. N. XXXV, 61. Ael. V. H. IV, 12, blühte zur Zeit des Sokrates, Plut. Gorg. 453 c. Xen. Memor. I, 4, 3. Oecon. 10, 1, und malte an verschiedenen Orten, besonders zu Ephesos, Tzetz. Chil. VIII, 196. Unter seinen Gemälden war berühmt die Kentaurenfamilie, Luc. Zeux. 4 f., seine Helena für einen Tempel der Lacinischen Hera, Plin. XXXV, 64. Cic. de inv. II, 1. Ael. V. H. IV, 12. XIV, 47, eine Penelope, Plin. a. a. O., ein mit Rosen bekränzter Eros im Tempel der Aphrodite zu Athen, Schol. Aristoph. Acharn. 991, Weintrauben, so naturgetreu gemalt, dafs die Vögel danach flogen, Plin. XXXV, 65, und ein Knabe mit Weintrauben, u. a. O. 66. Auch malte er den Palast des Königs Archelaos von Makedonien aus, Ael. V. H. XIV, 17. Seine Gemälde charakterisierten ungewöhnliche Situationen, sinnliche Schönheit und malerische Illusion durch Licht und Schattenwirkung auf die Farbentöne, Aristot.

Poet. 6. Plin. XXXV, 61. Cic. a. a. O. Quint. XII, 10, 5. Von seinem Künstlerstolz sind manche Züge aufbehalten, Plin. XXXV, 63. Plut. Per. 13. Ael. a. a. O.
p) Parrhasios aus Ephesos, Suid. s. v. Harpokr. s. v. Athen. XII. p. 513. Strab. XIV, p. 642. Plin. XXXV, 60. 67, Nebenbuhler des Zeuxis und Zeitgenosse des Sokrates, Xenoph. Mem. I, 4, 3. III, 10, 1—5. Quint. XII, 10, 4. lebte längere Zeit zu Athen, Senec. Controv. V, 10. Acro zu Hor. Od. IV, 8, 6. Xenoph. Mem. III, 10. Unter seinen Gemälden waren berühmt der athenische Demos, Plin. XXXV, 69, und ein Vorhang, so täuschend gemalt, dafs Zeuxis ihn für einen wirklichen ansah und ihm den Vorzug vor seinen Trauben einräumte, a. a. O. 65. Auch malte er ihnen feine Individualisierung der Charaktere, Korrektheit der Zeichnung, Richtigkeit der Proportionen, sowie feine Behandlung der Lichtwirkungen gelobt, a. a. O. 67. Acro zu Hor. a. a. O. Seine Anmafsung und Künstlereitelkeit war berüchtigt, Plin. XXXV, 61. Ael. V. H. IX, 11. Athen. XII, p. 543 e, XV, p. 687 b.
q) Timanthes, wahrscheinlich aus Kythnos, war Zeitgenosse des Parrhasios, gegen den er glänzend siegte durch sein Gemälde über den Streit zwischen Aias und Odysseus um die Waffen des Achilleus, Plin. XXXV, 72. Ael. V. H. IX, 11. Athen. XII. p. 543. Ebenso trug er gegen den Kolotes von

| Olympiaden- jahr. | Jahr v. Chr. | Geschichte. |

XCI, 2. 415.[83] Die Athener ziehen mit einer Flotte von 134 Schiffen und zahlreichen Truppen unter Führung des Nikias, Alkibiades und Lamachos nach Sicilien,[84] machen indes infolge der Uneinigkeit der Führer[85] und der bald erfolgenden Abberufung des Alkibiades[86] zunächst nur geringe Fort-

stützen würden; zugleich versprachen sie reiche Geldunterstützung, ebend. Eine Gesandtschaft der Athener, welche nach Egesta geschickt wurde, um diesen letzteren Umstand zu ermitteln, kehrte (von den Egestäern getäuscht, VI, 46) mit günstigen Nachrichten zurück, und so wurde, trotz des Widerspruchs des Nikias (seine Rede s. VI, 9—14), besonders auf Antrieb des Alkibiades (dessen Rede s. VI, 16—18) die Unternehmung beschlossen; eine zweite Rede des Nikias (s. 20—23), worin er die Schwierigkeiten des Unternehmens hervorhob, hatte nur die Wirkung, daß der Eifer der Athener noch mehr angefacht und der Beschluß gefaßt wurde, alles herzustellen und zu leisten, was die Feldherren für nötig befinden würden, Thuk. VI, 8—26. Über die ganze sicilische Expedition s. Thuk. VI, VII. Diod. XII, 83—XIII, 35. Plut. Nic. 12—30. Über den letzten Grund des Unternehmens s. besonders die Fortsetzung der Anm. 20 angeführten Stelle, Thuk. II, 65: *ἐξ ὧν* (nämlich infolge des verderblichen Einflusses der Demagogen auf den Charakter des athenischen Volkes) *ἄλλα τε πολλά, ὡς ἐν μεγάλῃ πόλει καὶ ἀρχὴν ἐχούσῃ, ἡμαρτήθη καὶ ὁ ἐς Σικελίαν πλοῦς.* Über die Motive des Alkibiades als des Haupturhebers des Zugs s. das. VI, 15: *τρέφει δὲ ἐφιλοτιμεῖτο τῆν στρατηγίαν Ἀλκιβιάδης ὁ Κλεινίου, βουλόμενος τῷ τε Νικίᾳ ἐναντιοῦσθαι, ὢν καὶ ἐς τἄλλα διάφορος τὰ πολιτικὰ καὶ ὅτι αὐτοῦ διαβόλως ἐμνήσθη, καὶ μάλιστα στρατηγῆσαί τε ἐπιθυμῶν καὶ ἐλπίζων Σικελίαν τε δι' αὐτοῦ καὶ Καρχηδόνα λήψεσθαι καὶ τὰ ἴδια ἅμα εὐτυχήσας χρήμασί τε καὶ δόξῃ ὠφελήσειν.* Alkibiades selbst stellt später die Pläne der Athener in folgender Weise dar, s. das. 90: *ἐπλεύσαμεν ἐς Σικελίαν πρῶτον μέν, εἰ δυναίμεθα, Σικελιώτας καταστρεψόμενοι, μετὰ δὲ ἐκείνους αὖθις καὶ Ἰταλιώτας, ἔπειτα καὶ τῆς Καρχηδονίων ἀρχῆς καὶ αὐτῶν ἀποπειράσοντες. εἰ δὲ προχωρήσειε ταῦτα ἢ πάντα ἢ καὶ τὰ πλείω, ἤδη τῇ Πελοποννήσῳ ἐμέλλομεν ἐπιχειρήσειν, κομίσαντες ξύμπασαν μὲν τὴν ἐκεῖθεν προσγενομένην δύναμιν τῶν Ἑλλήνων, πολλοὺς δὲ βαρβάρους μισθωσάμενοι καὶ Ἴβηρας κ. τ. λ.*, und daß die Athener von Anfang an wenigstens die Eroberung von ganz Sicilien bezweckten, wird von Thukyd. VI, 6 ausdrücklich bezeugt, mit solchen Plänen beschäftigten sie sich, obgleich die meisten mit der Größe und den Verhältnissen von Sicilien völlig unbekannt waren. s. ebend. 1. [Ein bemerkenswerter Umstand dabei ist auch noch,

dafs, wie aus der Anm. 62 angeführten Inschrift hervorgeht, in dieser Zeit nicht nur die bei den Tempeln gemachten Anlehen zurückerstattet, sondern auch wieder 3000 Talente in dem Staatsschatze niedergelegt worden waren, vgl. Thuk. VI, 27. 83) Thukyd. VI, 8—93. Diod. XII, 83—XIII, 6. Plut. Nic. 12—16. Alc. 17—23.

84) Von den 134 Trieren waren 100 von den Athenern, 34 von den Bundesgenossen gestellt; auf ihnen befanden sich außer den Ruderern 5100 Hopliten (2200 von Athen, 500 von Argos u. s. w.), 480 Bogenschützen, 700 rhodische Schleuderer, 30 Reiter. Die Abfahrt von Athen geschah in der Mitte des Sommers; die Schiffe und Mannschaften der Verbündeten stießen in Kerkyra hinzu. Thuk. VI, 30. 42—43. Die Flotte der Athener war mit ganz besonderer Sorgfalt und Pracht ausgerüstet, das. 30—31.

Die Flotte segelte von Kerkyra nach Italien und dort längs der Küste, von keiner der italischen Städte aufgenommen, nach Rhegion, wo dem Heere ebenfalls die Aufnahme in die Stadt verweigert wurde, Thuk. VI, 44. Dort traf sie die Nachricht von der Täuschung der Egestäer, daselbst 46 vgl. Anm. 82; bei der darauf folgenden Beratung schlug Nikias vor, nach Egesta zu segeln, dessen Streit mit Selinus beizulegen und dann nach Hause zurückzukehren. Alkibiades drang darauf, daß man sich erst durch Unterhandlungen mit den übrigen Städten in Sicilien festsetzen und dann Syrakus angreifen müsse, während Lamachos sich für einen sofortigen Angriff auf das unvorbereitete Syrakus aussprach, das. 47—49. Lamachos schloß sich indes der Meinung des Alkibiades an, welche somit die Oberhand gewann, worauf man nach Naxos segelte, welches sich freiwillig anschloß und durch List auch Katana zum Beitritt brachte, das. 50—51.

86) Thuk. VI, 27—29. 53. 65—61. Andoc. de myst. p. 2—9 ($. 11—69. Bekk.). Plut. Alc. 18 22. Noch vor dem Aufbruch der Flotte wurden die Hermensäulen zu Athen in einer Nacht verstümmelt, und die Gegner des Alkibiades benutzten diese Gelegenheit, ihn beim Volke zu verdächtigen. Die durch diesen Vorfall bewirkte Aufregung des Volks wurde noch durch die Anzeige gesteigert, daß die eleusinischen Mysterien durch Parodieren derselben in Privathäusern verhöhnt und entweiht worden seien. Man meinte allgemein, daß diese Handlungen mit verräterischen Absichten auf den Sturz der

Tens den Preis davon durch sein berühmtes Gemälde, Iphigenia am Opferaltar stehend, wo der Künstler den Agamemnon mit verhülltem Antlitz gemalt hatte, indem er den Schmerz des Vaters nicht darstellen, sondern nur ahnen ließ, Plin. XXV, 73. Cic. orat. 22. Quint. II, 13. [Einige Motive

dieses Bildes von Timanthes finden sich in einem pompeianischen Wandgemälde wieder, Müller und Oesterley, Denkmäler I, no. 206.] Sein Genie bewährte sich besonders darin, daß seine Gemälde mehr besagten, als sein Pinsel wirklich gemalt hatte, Plin. a. a. O.

Der beginnende Verfall. 89

Olympiaden-jahr.	Jahr v. Chr.	Geschichte.
XCI, 2.	415.	schritte.[87] Sieg der Athener bei Syrakus ohne erheblichen Erfolg.[88]
XCI, 3.	414.[89]	Nach empfangener neuer Unterstützung aus Athen[90] zieht Nikias gegen Syrakus, nimmt die die Stadt beherrschende Höhe Epipolä und beginnt von hier aus, nachdem er im offenen Felde die Oberhand gewonnen, die Stadt mit Mauern einzuschliefsen.[91] Als aber die Einschliefsung beinahe vollendet ist,[92] kommt der Spartiat Gylippos mit Hilfe aus dem Peloponnes,[93] schlägt die Athener und wirft sie auf die Verteidigung zurück.[94]

Demokratie zusammenhängen (*Thuk.* VI, 28. 60: πάντα αὐτοῖς ἐδόκει ἐπὶ ξυνωμοσίᾳ ὀλιγαρχικῇ καὶ τυραννικῇ πεπράχθαι). Trotzdem dafs Alkibiades eine sofortige Untersuchung verlangte, wurde dieselbe dennoch zunächst aufgeschoben; nach der Abfahrt der Flotte wurde sie wieder aufgenommen. Nun wurde zwar der Hermokopidenprozefs durch die Denunziation des Andokides beseitigt, *Thuk.* VI. 60—61. *Andoc. de myst.* p. 5—9 (§. 31—69). *de redit. s.* p. 20 (§. 7—9). *Plut. Alc.* 21—22. Indessen der Prozefs wegen der Mysterien wurde fortgeführt; Alkibiades wurde auf Anlafs hiervon zurückgerufen und folgte der Ladung des zu diesem Zwecke abgeschickten salaminischen Schiffes, entfloh aber bei Gelegenheit einer Landung in Thurii, worauf ihn die Athener in seiner Abwesenheit zum Tode verurteilten, *Thuk.* VI, 61. *Plut. Alc.* 22.

87) Der Sommer ging damit hin, dafs sie einen fruchtlosen Versuch machten, Kamarina zu gewinnen, *Thukyd.* VI, 52, und darauf längs der Nordküste der Insel nach Egesta segelten, eine kleine Stadt Hykkara nahmen, dagegen aber Himera und Hybla vergeblich angriffen, *das.* 62.

88) *Thuk.* VI, 63—71. Die Schlacht wurde im Winter durch eine List gewonnen; nach derselben kehrten die Athener zunächst nach Katana zurück und begaben sich dann nach Naxos, um daselbst zu überwintern, *das.* 72. Vorher machten sie noch einen erfolglosen Anschlag auf Messene, *das.* 74. Die Syrakusier aber benutzten die Zögerung der Athener, besonders auf Betrieb des Hermokrates, der schon früher auf die von den Athenern drohende Gefahr aufmerksam gemacht und energische Mafsregeln empfohlen hatte (*das.* 32—41), um durch die Verminderung der Oberbefehlshaber von 15 auf 3 eine gröfsere Einheit in der Kriegsführung herzustellen, *das.* 73, um die Stadtmauer durch Hineinziehung des Stadtteils Temenites zu erweitern, *das.* 75, und eine Gesandte nach Korinth und Sparta mit der Bitte um Hilfe zu schicken, welche daselbst an Alkibiades (der von Thurii über Kyllene nach Sparta gegangen war, *das.* 88) einen eifrigen Fürsprecher fanden, *das.* 73. 88—93. Die Athener gewannen unterdessen einige Unterstützung an den im Innern der Insel wohnenden Siciliern, *das.* 88, anfserdem warben sie sogar um die Bundesgenossenschaft von Karthago und Tyrrhenien, *ebend.*

89) *Thuk.* VI, 94—VII, 18. *Plut. Nic.* 17—20. *Diod.* VIII, 7--9.

90) *Thuk.* VI, 74. 93. 94. Die Unterstützung bestand aus 250 Reitern (ohne Pferde), 30 Bogenschützen zu Pferde und 300 Talenten, 94. Die Reiterei wurde bald auch noch durch 300 Reiter aus Egesta und durch 100 aus Naxos und anderen sicilischen Städten verstärkt, *das.* 98.

91) *Thuk.* VI. 96—103. Epipolä war eine Hochebene, die sich im Anschlufs an die Stadt nach Westen hin in Gestalt eines Dreiecks, dessen Spitze im Westen der Eurychos, erhob und nach allen Seiten hin steil abfiel (ὠνόμασται ἐπὶ τῶν Συρακοσίων διὰ τὸ ἐπιπολῆς τοῦ ἄλλου εἶναι Ἐπιπολαί), *das.* 96. Die Athener kamen den Syrakusiern, die zu spät auf die Wichtigkeit dieser Höhe aufmerksam wurden, in Besetzung derselben zuvor, schlugen eine Abteilung der Syrakusier, die ihnen noch im letzten Augenblick die Besitznahme streitig machen wollte, *das.* 96—97, fingen dann den Bau der Einschliefsungsmauer an, schlugen die Syrakusier in einem Reitertreffen, *das.* 98, zerstörten eine Befestigungslinie, durch welche die Syrakusier ihre Mauer zu durchkreuzen suchten, und brachten denselben dabei von neuem Verluste bei, *das.* 99—100, und nachdem sie mehr als die Hälfte der Mauer auf Epipolä vollendet hatten, nachdem sie ferner einen neuen Sieg über die Syrakusier gewonnen (wobei Lamachos fiel) und ihre Flotte in den grofsen Hafen eingelaufen war, setzten sie die Mauern südlich von der Niederung nach dem grofsen Hafen hin fort, *das.* 101—102. Ihr Glück verschaffte ihnen zugleich immer neue Bundesgenossen, indem sich nicht nur viele Sicilier bei ihnen einstellten, sondern auch aus Tyrrhenien (vgl. *Ann.* 88) 3 Fünfzigruderer ankamen, *das.* 103.

92) *Thuk.* VII, 2: ἐπεὶ μὲν ᾖ ὀκτὼ σταδίων ἤδη ἐτετέλεστο τοῖς Ἀθηναίοις ἐς τὸν μέγαν λιμένα διπλοῦν τεῖχος, πλὴν κατὰ βραχύ τι τὸ πρὸς τὴν θάλασσαν, τοῦτο δ᾽ ἔτι ᾠκοδόμουν· τῷ δὲ ἄλλῳ τοῦ κύκλου πρὸς τὸν Τρώγιλον ἐπὶ τὴν ἑτέραν θάλασσαν λίθοι τε παραβεβλημένοι τῷ πλέονι ἤδη ἦσαν, καὶ ἔστιν ἃ καὶ ἡμίεργα, τὰ δὲ καὶ ἐξειργασμένα κατελείπετο. παρὰ τοσοῦτον μὲν Συράκουσαι ἦλθον κινδύνου. Die Syrakusier fingen daher auch schon an, über die Übergabe bei sich und mit Nikias zu verhandeln, *das.* VI, 103. VII, 2.

93) *Thuk.* VI, 93. 104. VII, 1—2. 7. Gylippos geht mit 4 Schiffen voraus, zunächst nur in der Absicht, die Städte in Italien zu schützen; denn nach den Nachrichten, die er über Syrakus empfangen, waren die dortigen Verhältnisse hoffnungslos, *das.* 104; er setzt aber dann seine Fahrt nach Himera fort (Nikias versäumte es, ihn daran zu verhindern,

Olympiaden-jahr.	Jahr v. Chr.		Geschichte.
XCI, 3.	414.		Die Athener beunruhigen die Küste von Lakonika durch feindselige Landungen und machen damit den Anfang zur Erneuerung des offenen und direkten Kriegs mit Sparta.[94]
XCI, 4.	413.[96]		Dekeleia auf attischem Gebiet von den Spartanern besetzt.[97]
			Demosthenes kommt mit einer Flotte von 73 Schiffen und mit einem Heere zur Unterstützung des Nikias vor Syrakus an.[98] Ein Angriff desselben auf die Befestigungen der Syrakusier auf Epipolä mißlingt,[99] und nachdem die Flotte im Hafen geschlagen und darauf der Hafen selbst versperrt

ebend.), landet dort, zieht von Himera, Selinus, Gela u. a. Städten noch etwa 2000 Mann an sich, und marschiert mit diesen und seinen eigenen Truppen (700 Mann) auf Syrakus los, wo er an der von den Athenern noch nicht besetzten Stelle eindringt, das. VII, 1—2. Schon vorher war der Korinthier Gongylos mit einer Triere in den Hafen von Syrakus eingelaufen und hatte die Nachricht von der nahenden Hilfe gebracht, das. 2; später kamen noch andere 12 Schiffe, größtenteils korinthische, das. 7.

94) Gylippos lieferte den Athenern sogleich beim Eindringen, nachdem er sich mit den Syrakusiern geeinigt, ein Treffen, das er indes vor der Entscheidung abbrach; am andern Tage aber nahm er das für die Athener wichtige Fort Labdalon, Thuk. VII, 3, dann fing er an eine Mauer zur Durchkreuzung der athenischen Befestigungen zu bauen, das. 4, wurde zwar in einer nächsten Schlacht geschlagen, das. 5, griff aber die Athener bald von neuem an, schlug sie und vollendete nun die begonnene Mauer, wodurch es den Athenern unmöglich gemacht wurde, die Einschließung zu vollenden, das. 6, Gylippos bereiste nun selbst die übrigen Städte auf Sicilien, um sie zu eifriger Unterstützung anzuregen, das. 7, was auch den Erfolg hatte, daß sich fast ganz Sicilien gegen die Athener erhob, das. 15; auch wurden neue Mahnungen nach Korinth und Sparta geschickt, das. 7. 17, und in Syrakus selbst fing man an, die Schiffe auszurüsten, um es auch zur See mit den Athenern zu versuchen, das. 7. Nikias befestigte Plemmyrion am Eingang des Hafens, προσηχές τε ἤδη μᾶλλον τῷ κατά θάλασσαν πολέμῳ, ἄφων τὰ ἐκ τῆς γῆς ἀφίσιν, Γυλίππου ἥκοντος, ἀνελπιστότερα ὄντα. das. 4. und schickte Boten mit einem Briefe nach Athen, worin er seine bedrängte Lage schilderte, s. bes. das. 11: ξυμμέμηχέ τε πολιορκία δοκοῦντας ἡμᾶς ἄλλοις ἱεροῖς μᾶλλον ὅσῳ γε κατὰ γῆν τοῦτο πάσχειν) und darum bat, daß man entweder ihn und die ganze Heeresmacht zurückberufen oder eine andere nicht geringere Heeresmacht zu Hilfe schicken möchte, das. 8. 10—15. Die Athener wählten das letztere und schickten noch im Winter den Eurymedon mit 10 Schiffen und 20 Talenten voraus; mit dem Frühjahr sollte dann Demosthenes mit der Hauptmacht folgen. das. 16. Die weitere Bitte des Nikias, daß man ihn vom Oberbefehle entbinden möge, wurde nicht gewährt, doch

wurden ihm Menandros und Euthydemos als Mitfeldherren zur Seite gesetzt; später sollten Eurymedon und Demosthenes den Oberbefehl mit ihm teilen. das. 16.

95) Thuk. VI. 105. Vgl. V, 25. VII, 18 und Anm. 63.

96) Thuk. VII, 19—VIII, 6. Plut. Nic. 20—30. Diod. XIII, 10—33.

97) Dies geschah auf den Rat des Alkibiades, Thuk. VI, 91. 93. VII, 18. sogleich zu Anfang des Frühlings. das. 19. Dekeleia war nur 120 Stadien von Athen entfernt. ἐν δὲ τῷ πεδίῳ καὶ τῆς χώρας τοῖς κρατίστοις ἐς τὸ κακουργεῖν ᾠκοδομεῖτο τὸ τεῖχος, ἐπιφανὲς μέχρι τῆς τῶν Ἀθηναίων πόλεως. ebend. Über die Nachteile, die der Stadt hierdurch zugefügt wurden (die gänzliche Verwüstung der Landschaft, Entlaufen der Sklaven, Erschwerung der Zufuhr aus Euböa u. s. w.) das. 27—28. 28: τῶν τε πάντων ὁμοίως ἐπεκειτο ἰδεῖν ἡ πόλις καὶ ἀντὶ τοῦ πόλις εἶναι φρούριον κατέστη.

98) Über den Zug des Demosthenes s. Thuk. VII. 20. 26. 31. 33. 35. Seine Ankunft mit 73 Trieren und 5000 Hopliten teils von Athen, teils von den Bundesgenossen, und zahlreichen Leichtbewaffneten, das. 42. Mittlerweile hatten auch die Peloponnesier wieder Anstalten gemacht, den Syrakusiern Hilfe zu senden. das. 17. 19. 31, und ein Teil der Hilfstruppen war bereits in Syrakus eingetroffen, das. 25. Die andern kamen etwas später, das. 50, ferner war Gylippos mit zahlreichen Hilfstruppen der sicilischen Städte nach Syrakus zurückgekehrt, das. 21, vgl. Anm. 94; die syrakusische Flotte aber hatte es gewagt, der athenischen die Spitze zu bieten, und war zwar in einer ersten Schlacht besiegt worden, das. 21—23, hatte aber dann einen glänzenden Sieg gewonnen, das. 37—41. Dazu kam noch, daß gleichzeitig mit der ersten Seeschlacht Gylippos Plemmyrion angegriffen und genommen hatte. das. 23. 24. Dies alles hatte die Folge, daß die Syrakusier τὴν ἐλπίδα ἤδη ἐχυρὰν εἶχον ταῖς μὲν ναυσὶ καὶ πολὺ κρείσσους εἶναι, ἐδόκουν δὲ καὶ τὸν πεζὸν χειρώσασθαι, das. 41. Die Ankunft des Demosthenes stellte wenigstens für den Augenblick das Gleichgewicht her und warf die Syrakusier aus dem Gefühl der Überlegenheit wieder in Besorgnisse und Zweifel. das. 42.

99) Thuk. VII. 43—45.

Olympiaden-jahr.	Jahr v. Chr.	Geschichte.
XCI, 4.	413.	worden ist, wird das ganze Heer der Athener auf dem Rückzuge ins innere Land teils niedergemacht teils gefangen genommen.[100]
		c) Der dekeleische Krieg.[101] Die letzten Anstrengungen Athens bis zur Übergabe der Stadt, 412—404.
XCII, 1.	412.[102]	Die meisten der bisherigen Bundesgenossen von Athen, insbesondere Euböa, Lesbos, Chios, Erythrä bewerben sich um das Bündnis mit Sparta.[103] Sparta, im Bündnis mit dem persischen Satrapen Tissaphernes,[104] bringt

100) Des Demosthenes Absicht, sogleich nach dem Mifslingen des Anschlags auf Epipolä mit Flotte und Heer aufzubrechen und nach Athen zurückzukehren, wurde durch unglückliche Zögerungen des Nikias vereitelt, *Thuk.* VII, 46—49; Krankheiten bei den Athenern, *das.* 47; neue Verstärkungen auf seiten der Syrakusier, *das.* 50; Beschlufs, nach Thapsos oder Katana aufzubrechen, und Vereitelung desselben durch eine Mondfinsternis (am 27. August 413) und durch den Aberglauben des Nikias, *ebend.*; Seesieg der Syrakusier, *das.* 51—54, Versperrung des Hafens, *das.* 56. 59; vergeblicher Versuch der Athener durchzubrechen, *das.* 61—71; nach einer, wiederum durch Nikias' Zögerung verursachten Versäumnis von 2 Tagen Aufbruch zu Lande, um im Innern der Insel eine Zuflucht zu suchen, und nach achttägigem Hin- und Herziehen Überwältigung des ganzen Heeres. *das.* 72—85. Nikias und Demosthenes hingerichtet (nach *Plut.* 28 liefs ihnen Hermokrates, nachdem ihre Verurteilung erfolgt war, die Mittel zugehen, um sich selbst den Tod zu geben), die Gefangenen in die Lautumien geworfen, *das.* 86—87. *Plut. Nic.* 28—29. (Beim Aufbruch von Syrakus war das Heer noch 40000 Mann stark, *Thuk.* VII. 75; die Zahl der Gefangenen, welche nach Syrakus gebracht wurden, betrug nicht weniger als 7000, *das.* 87. — Die Staaten, welche dem einen oder dem andern Teile Hilfe geschickt, werden *das.* 57—58 aufgezählt; es sind auf seiten der Athener: Lemnos, Imbros, Ägina, Hestiäa, Eretria, Chalkis, Styra, Karystos, Kos, Andros, Tenedos, Miletos, Samos, Chios, Methymna, Änos, Rhodos, Kythera, Argos, Kephallenia, Zakynthos, Kerkyra, Naupaktos, Mantinea, Kreta, Thurii, Metapontion, Naxos, Katana, dazu noch Platäer, Ätoler, Akarnanen, Sicilier, Tyrrhener; auf seiten der Syrakusier: die griechischen Städte auf Sicilien mit Ausnahme von Naxos, Katana, ferner Sparta, Korinth, Sikyon, Leukas, Amprakia, die Böoter, arkadische Mietstruppen und Sicilier.)

101) So genannt *Diod.* XIII, 9. *Harpocr.* s. v. *Δεκελεικὸς πόλεμος. Pomp. Troy. Prol. lib.* V.

102) *Thuk.* VIII. 7—60. *Diod.* XIII. 34. 36. 37.

103) Über die Lage von Athen nach dem sicilischen Unglück im allgemeinen s. *Thuk.* VIII, 1: *ἥκτα δὲ αντα-*

χόθεν αὐτοὺς ἔλύπει τε καὶ περιειστήκει ἐπὶ τῷ γεγενημένῳ φόβος τε καὶ κατάπληξις μεγίστη δή· ἅμα μὲν γὰρ στερόμενοι καὶ ἰδίᾳ ἕκαστος καὶ ἡ πόλις ὁπλιτῶν τε πολλῶν καὶ ἱππέων καὶ ἡλικίας οἵαν οὐχ ἑτέραν ἑώρων ἐπιδιγρώντες, ἐλυπίοντο, ἅμα δὲ ναῦς οὐχ ὁρῶντες ἐν τοῖς νεωσοίκοις ἱκανὰς οὐδὲ χρήματα ἐν τῷ κοινῷ οὐδ' ὑπηρεσίας ταῖς ναυσὶν ἀνελπιστοι ἦσαν ἐν τῷ παρόντι σωθήσεσθαι, τοὺς τε ἀπὸ τῆς Σικελίας πολεμίους εὐθὺς σφίσιν ἐνόμιζον τῷ ναυτικῷ ἐπὶ τὸν Πειραιᾶ πλευσεῖσθαι, ἄλλως τε καὶ τοσοῦτον κρατήσαντας, — καὶ τοὺς ξυμμάχους σφῶν μετ' αὐτῶν ἀποστάντας· ὅμως δὲ ἐκ τῶν ὑπαρχόντων ἐδόκει χρῆναι μὴ ἐνδιδόναι —. Zur Leitung der Geschäfte in dieser auferordentlichen Zeit wurde eine Kommission von 10 Männern gewählt, *ebend.*, und um dem Mangel an Mitteln abzuhelfen, wurde (im Sommer) beschlossen, dafs eine Summe von 1000 Talenten, welche zu Anfang des Kriegs für den äufsersten Notfall zurückgelegt worden war, zur Verwendung gebracht werden sollte, *das.* VIII. 15, vgl. II. 24. Auch wurde, um das Einkommen zu erhöhen, seit 413 statt des Tributs der Unterthanen ein Zoll erhoben, s. o. *Anm.* 1. Über die Geneigtheit der Bundesgenossen zum Abfall überhaupt s. *das.* VIII, 2, und über die Gesandtschaften von Euböa, Lesbos, Chios, Erythrä *das.* 5. Auch die beiden persischen Satrapen in Kleinasien, Tissaphernes und Pharnabazos, bemühten sich wetteifernd um das spartanische Bündnis, *das.* 5. 6.

104) Für diesen entschied man sich zuerst *Thuk.* VIII. 6, und es wurden nach und nach bis zum Ende Winters 411 drei Verträge mit ihm abgeschlossen, *das.* 18. 37. 58. Die beiden ersten derselben räumten dem König alles wieder ein, was er nach seine Vorfahren besessen; später fanden dies die Spartaner selbst ihrer unwürdig (*das.* 43: *δεινὸν εἶναι εἰ χώρας ὅσης βασιλεὺς καὶ οἱ πρόγονοι ἦρξαν πρότερον, ταύτης καὶ νῦν ἀξιώσει κρατεῖν· ἐνῆν γὰρ καὶ νήσους ἁπάσας αὖθις δουλεύειν καὶ Θεσσαλίαν καὶ Λοκροὺς καὶ τὰ μέχρι Βοιωτῶν, καὶ ἀντ' ἐλευθερίας ἂν Μηδικὴν ἀρχὴν τοῖς Ἕλλησι τοὺς Λακεδαιμονίους περιθεῖναι*) und schlossen daher den dritten Vertrag, in welchem aber immer noch dem König ganz Asien überlassen war. Dagegen versprach Tissaphernes ihnen Sold zu zahlen.

Olympiaden-jahr.	Jahr v. Chr.	Geschichte.	Kunst und Litteratur.

XCII, 1. 412. nach und nach Chios, Erythrä, Klazomenä,[105] Teos,[106] Miletos,[107] Lebedos,[108] Erä,[109] Lesbos[110] und im Laufe des Winters auch Rhodos[110] zum Abfall von Athen. Die Athener, den Spartanern allmählich eine Flotte von über 100 Schiffen entgegenstellend,[111] nehmen Teos, Lesbos und Klazomenä[112] wieder und greifen Chios an.[113]

Alkibiades, der sich vor den Nachstellungen der Lakedämonier zum Tissaphernes geflüchtet,[114] unterhandelt mit den Athenern auf Samos über seine Zurückberufung.[115] Vorbereitungen zum Sturz der Demokratie in Athen.[116]

XCII, 2. 411.[117] Oropos den Athenern von den Böotern entrissen.[118] Kunstmäfsige politische

---

105) Thuk. VIII, 11—14. Dieser wichtige Erwerb (über die damalige Macht und Blüte von Chios s. das. 15. 24. 45) wurde für die Spartaner hauptsächlich durch Alkibiades gewonnen, der es durchsetzte, dafs die Spartaner, obgleich eine zur Mitwirkung bestimmte korinthische Flotte von den Athenern geschlagen und dadurch in dem saronischen Meerbusen zurückgehalten wurde (das. 7—11), dennoch mit 5 Schiffen vorausgeeilten und mit diesen die Chier zum Abfall bewogen.
106) Thuk. VIII, 16 vgl. 25.
107) Thuk. VIII, 17.
108) Thuk. VIII, 19.
109) Thuk. VIII, 22—23.
110) Thuk. VIII, 44.
111) Es werden nach und nach von den Athenern erst 8 Schiffe unter Strombichides, Thuk. VIII. 15. 16. dann 10 unter Thrasykles, das. 17. 16 unter Diomedon, das. 19, 10 unter Leon, das. 23, 48 unter Phrynichos, Onomakles und Skironides nebst 3500 Hopliten (1000 von Athen, 1500 von Argos, 1000 von andern Bundesgenossen), das. 25, und endlich 35 unter Charminos, Strombichides und Euktemon, das. 30, zum Krieg gegen den Feind in den Archipel geschickt. Nach allen diesen Sendungen erscheinen einmal 104 Schiffe auf einen Punkt vereinigt, das. 30.
112) Thuk. VIII. 20. 23.
113) Thuk. VIII, 24. 30. 38. 40. 55. Die Athener sind im Besitz mehrerer fester Plätze auf der Insel, von wo aus sie die Stadt hart bedrängen. Ihr Standquartier haben sie in dieser Zeit regelmäfsig in Samos, das. 24.
114) Thuk. VIII, 45. Plut. Alc. 24.
115) Thuk. VIII, 45—52. Plut. Alc. 24—26. Alkibiades bewog mit Tissaphernes, mit der Unterstützung der Spartaner zurückzuhalten und statt ihnen durch Hilfeleistung zum Siege über die Athener zu verhelfen, vielmehr beide kämpfende Teile sich gegenseitig durch den Krieg aufreiben zu lassen; den Athenern auf Samos aber spiegelte er vor, dafs er ihnen die Hilfe Persiens zuwenden wolle, wenn sie nur die Verfassung ändern wollten. Thuk. VIII, 48: ὁ Ἀλκιβιάδης, ὅπερ

καὶ ἦν, οὐδὲν μᾶλλον ὀλιγαρχίας ἢ δημοκρατίας ἐπιθυμοίη μᾶλλον αὐτῷ (τῷ Φρυνίχῳ) ἢ ἄλλο τι σκοποῖσθαι ἢ ὅπῳ τρόπῳ ἐκ τοῦ παρόντος κόσμου τὴν πόλιν μετωνομάζας ὑπὸ τῶν ἑταίρων παρακληθεὶς κάτεισι.

116) Peisandros wird von der Flotte auf Samos, welche geneigt ist, auf die Anträge des Alkibiades einzugehen, nach Athen geschickt, um dort die Zurückberufung des Alkibiades und die Änderung der Verfassung zu bewirken, Thuk. VIII. 49. Das Volk, durch seine bedrängte Lage und durch die Aussicht auf die Unterstützung des Tissaphernes bewogen, giebt seine Zustimmung und erteilt dem Peisandros Vollmacht, mit Tissaphernes und Alkibiades zu unterhandeln, das. 53—54. 54: καὶ ὁ μὲν Πείσανδρος τάς τε ξυνωμοσίας, αἵπερ ἐτύγχανον πρότερον ἐν τῇ πόλει οὖσαι ἐπὶ δίκαις καὶ ἀρχαῖς, ἁπάσας ἐπελθὼν καὶ παρακελευσάμενος ὅπως ξυστραφέντες καὶ κοινῇ βουλευσάμενοι καταλύσουσι τὸν δῆμον, καὶ τἆλλα παρασκευάσας ἐπὶ τοῖς παροῦσιν ὥστε μηκέτι διαμέλλεσθαι, αὐτὸς μετὰ τῶν δέκα ἀνδρῶν τὸν πλοῦν ὡς τὸν Τισσαφέρνην ποιεῖται. Die Verhandlungen mit Tissaphernes führen indes nicht zum Ziele, das. 56, und Tissaphernes wendet seine Unterstützungen wieder mehr den Spartanern zu, 57—59. (Tissaphernes schliefst jetzt den oben Anmerk. 101 erwähnten dritten Vertrag mit ihnen.)

117) Thuk. VIII, 61 bis zu Ende. Xen. Hell. 1, 1. [Die von §. 11 des ersten Kapitels der Hellenika bis zu Ende desselben erzählten Vorgänge fallen gegen Ende des Winters 411,0, s. Anm. 129, und gehören also nach der Thukydideischen Jahresrechnung, der auch Xenophon in den beiden ersten Büchern folgt, noch in das Jahr 411, den Kalenderjahren nach aber in das Jahr 410.] Diod. XIII, 38—46. Plut. Alc. 26—27. [Bei Diodor sind die Ereignisse dieses Jahres in zwei Archontenjahre verteilt; das Gleiche findet hinsichtlich der Vorgänge des Jahres 406 statt; dagegen sind unter den Jahren 409 und 408 wieder die Ereignisse von zwei Jahren zusammengefafst.]

118) Thuk. VIII. 60: τελευτῶντος ἤδη τοῦ χειμῶνος, also eigentlich noch im ersten Jahr der 91sten Olympiade.

Olympiaden-jahr.	Jahr v. Chr.	Geschichte.	Kunst und Litteratur.
XCII, 2.	411.	Die Demokratie in Athen durch Peisandros, Antiphon, Phrynichos, Theramenes gestürzt und ein oligarchischer Rat von 400 Mitgliedern eingesetzt.[119] Trennung zwischen der Stadt und Flotte, welche letztere sich für die Demokratie erklärt.[120] Alkibiades von der Flotte zurückberufen.[121] Die	*Beredsamkeit:* Antiphon,[r] Andokides,[s] Lysias.[t]

119) *Thuk.* VIII, 63—69. *Lys. adv. Eratosth.* p. 126 (§. 65—67). Die Einsetzung der 400 geschah, nachdem das Volk durch die Hetärieen eingeschüchtert war, s. *Thuk. a. a. O.* 66 vgl. *Anm.* 116), in der Weise, dafs zuerst 5 πρόεδροι eingesetzt werden und dafs diese dann 100 Mitglieder und die 100 wieder je 3 Mitglieder wählen. *Thuk. a. a. O.* 67. Die 400 sollten noch eine Volksversammlung von 5000 Bürgern einsetzen, was aber nicht geschah, *das.* Die oben genannten Häupter und Führer der Revolution werden *das.* 68 charakterisiert. Durch eben diese Männer wurde die Revolution auch in mehreren der verbündeten Staaten durchgeführt, was aber die Folge hatte, dafs mehrere derselben, namentlich Thasos, sogleich nach Einsetzung der Oligarchie abfielen und zu Sparta übergingen, *das.* 64.
120) *Thuk.* VIII, 72—77. Am thätigsten bei dieser Umstimmung der Flotte und bei deren Rückkehr zur Demokratie zeigten sich Thrasyllos und Thrasybulos, *das.* 75.
121) *Thuk.* VIII, 81—82.

r) Antiphon, aus dem Gau Rhamnus in Attika, geboren um 480, *Suid.* v. *Harpocr.* v. *Antiph. Vit. a'. Westerm.*, von seinem Vater, dem Sophisten Sophilos unterrichtet, *Ant. Vit. a'. β'.* IV, eröffnete eine Rednerschule zu Athen, *Plut. d. glor. Athen.* p. 350, wo auch Thukydides sein Schüler und Bewundrer war, *Ant. Vit. a'. β'. Thuk.* VIII, 68. und verfertigte für Geld gerichtliche Verteidigungsreden, *Phot. Bibl. cod.* 309, weshalb er vom Komiker Platon verspottet wurde, *Ant. Vit. a'. Philostr. Ant. Vit.* XV. p. 408. Er sprach selbst niemals in der Volksversammlung über Staatsfragen und auch nicht als Anwalt vor Gericht, aufser einmal für sich selbst, als er wegen Hochverrats angeklagt war, *Thuk. a. a. O. Cic. Brut.* 12. Er war die Haupttriebfeder des Sturzes der demokratischen Verfassung und der Einsetzung des Bürgerausschusses der Vierhundert, *Thuk. a. a. O. Ant. Vit. β'. Philostr. a. a. O.*, vgl. *Anm.* 119. Nach der Wiederherstellung der Demokratie ward er auf Theramenes Betrieb des Hochverrats angeklagt und trotz seiner geschickten Verteidigung verurteilt und hingerichtet; seine Güter wurden konfisziert, sein Haus niedergerissen und seine Kinder für ehrlos erklärt, *Ant. Vit. a'. Lysias c. Eratosth.* p. 427. *Thuk. a. a. O. Cic. a. a. O.* Die Alten liefsen von Antiphon eine τέχνη ῥητορική und 35 für echt gehaltene Reden, *Ant. Vit. a'. Quint.* III, 1, 11. Erhalten sind von ihm 15 Reden, drei wahrscheinlich für wirkliche Kriminalprozesse geschrieben (unter ihnen die berühmteste Περὶ τοῦ Ἡρώδου φόνου); die übrigen zwölf sind Musterreden über fingierte Rechtsfälle, immer je vier, zwei Anklage- und zwei Verteidigungsreden, über einen und denselben Fall. Wegen seiner Beredsamkeit ward er Nestor zubenannt, und er war der älteste der in den Kanon der Alexandriner aufgenommenen 10 attischen Redner, *Ant. Vit. a'. Philostr. a. a. O.* Über den Charakter seiner Rede vgl. *Dion. Hal. de Is.* 20: *Ἀντιφῶν γε μὴν τὸ αὐστηρὸν μόνον καὶ ἀρχαῖον, ἀγωνιστὴς δὲ λόγων οὔτε δικανικῶν οὔτε συμβουλευτικῶν ἐστιν.*

s) Andokides, Sohn des Leogoras, geboren 444—441 (*de redit.* 7. *de myst.* 117 ff. 148, unrichtig ist das Geburtsjahr 468), war tief verwickelt in die politischen Ereignisse seiner Zeit. Er wurde später in den Hermokopidenprozess verwickelt und trotz seiner Denunziation der Schuldigen mit Verlust der bürgerlichen Ehre bestraft, s. *Anm.* 86). Nachdem er Seereisen in Handelsgeschäften unternommen, *And. rit. de myst.* §. 137. *Ps.-Lys. c. Andoc.* §. 6. *And. de red.* §. 11 f., auch zweimal vergeblich die Rückkehr nach Athen versucht hatte, wurde ihm dieselbe endlich durch die allgemeine Amnestie nach dem Sturze der Dreifsig gestattet, *And. Vit.* Aber eine erfolglose Gesandtschaft nach Sparta während des korinthischen Krieges zog ihm von neuem die Verbannung zu, in der er wahrscheinlich gestorben ist, a. a. O. Unter seinem Namen sind vier für die Zeitgeschichte nicht unwichtige Reden auf uns gekommen: Περὶ τῆς ἑαυτοῦ καθόδου (im J. 409), Περὶ τῶν μυστηρίων (399), Περὶ τῆς πρὸς Λακεδαιμονίους εἰρήνης (390), die wahrscheinlich nicht von ihm herrührende Rede κατ' Ἀλκιβιάδου. Er gehörte zum Kanon der 10 attischen Redner. Von seiner Redeweise heifst es *And. Vit.*: *ἔστι δ' ἁπλοῦς καὶ ἀκατάσκευος ἐν τοῖς λόγοις, ἀφελής τε καὶ ἀσχημάτιστος.*

t) Lysias, Sohn des Syrakusiers Kephalos, der nach Athen übersiedelte, geboren 459 [*Plut.*] *Vit. Lys.* (nach Neueren 444 oder 432) zu Athen, schlofs 15 Jahr alt der athenischen Kolonie Thurii an, wo er den Unterricht des Tisias genofs. Nach der Niederlage der Athener bei Syrakus mufste er wegen seiner athenischen Sympathieen Thurii verlassen, kehrte nach Athen zurück und wirkte dort als Redner und Lehrer der Beredsamkeit, *Vit. Lys. a'. β'. Westerm.* Unter der Herrschaft der Dreifsig als Feind der Regierung verhaftet, rettete er sich durch die Flucht nach Megara; doch wurde sein Vermögen konfisziert, s. *Anm.* 153. Daraufhin unterstützte er durch Goldbeiträge Thrasybulos' Unternehmen gegen die Tyrannen und lebte nach deren Sturz zu Athen zurückgezogen von

Olympiaden-jahr.	Jahr v. Chr.		Geschichte.
XCII, 2.	411.		Oligarchie in der Stadt wegen des Verdachts verräterischer Verbindungen mit Sparta[122] wieder gestürzt und die Demokratie hergestellt.[123]
			Euböa geht für Athen verloren.[124]
			Die spartanische Flotte unter Mindaros wendet sich, die Verbindung mit Tissaphernes aufgebend, nach dem Hellespont zum Pharnabazos.[125]

122) Sogleich nach der Einsetzung des oligarchischen Rats wurden Gesandte an Agis und nach Sparta geschickt, um über den Frieden zu unterhandeln, jedoch ohne Erfolg, *Thukyd.* VIII, 70—71. Als darauf die Spaltung zwischen Stadt und Flotte zum Ausbruch gekommen und ein Versuch zur Vermittelung gescheitert war, *das.* 72. 86. 89. suchten die Oligarchen um ihrer eigenen Rettung willen den Frieden mit Sparta um jeden Preis herzustellen und bauten deshalb am Eingang des Piräeus die Veste Eötioneia, wie man allgemein glaubte, um den Hafen zu beherrschen und eine spartanische Flotte zu ihrer Unterstützung in denselben mit Sicherheit aufnehmen zu können, *das.* 90—92. 91: ἐκεῖνοι γὰρ μάλιστα μὲν ἐβούλοντο ὀλιγαρχούμενοι ἄρχειν καὶ τῶν ξυμμάχων, εἰ δὲ μή, τάς τε ναῦς καὶ τὰ τείχη ἔχοντες αὐτονομεῖσθαι, ἐξειργόμενοι δὲ καὶ τούτου μὴ οὖν ὑπὸ τοῦ δήμου γε αὖθις γενομένου αὐτοὶ πρὸ τῶν ἄλλων μάλιστα διαφθαρῆναι, ἀλλὰ καὶ τοὺς πολεμίους ἐσαγαγόμενοι ἄνευ τειχῶν καὶ νεῶν ξυμβῆναι καὶ ὁπωσοῦν τὰ τῆς πόλεως ἔχειν, εἰ τοῖς γε σώμασι σφῶν ἄδεια ἔσται.

123) Es hatte sich unter den Oligarchen selbst eine Gegenpartei gebildet, deren Hauptführer Theramenes war, und die jetzt, die Unzufriedenheit des Volks benutzend, die Gegenrevolution bewirkte, *Thukyd.* VIII, 89—94. *Lys. ade. Eratosth.* p. 126. Infolge derselben wurde der Rat der 500 wiederhergestellt und die Volksversammlung der 5000 eingesetzt, *Thukyd. a. a. O.* 97. *Ebend.*: καὶ οὐχ ἥκιστα δὴ τὸν πρῶτον χρόνον ἐπί γ᾽ ἐμοῦ Ἀθηναῖοι φαίνονται εὖ πολιτεύσαντες (d. h. die Athener zeigten eine vortreffliche politische Führung). μετρία γὰρ ἥ τε ἐς τοὺς ὀλίγους καὶ τοὺς πολλοὺς ξύγκρασις ἐγένετο καὶ ἐκ πονηρῶν τῶν πραγμάτων γενομένων τοῦτο πρῶτον ἀνήνεγκε τὴν πόλιν. [Die vollständige Demokratie wurde entweder bald wiederhergestellt, wovon sich aber nirgends eine Erwähnung findet, oder die Veränderung erfolgte gewissermaßen von selbst, indem man allmählich von der strengen Einhaltung der Zahl 5000 absah;

denn *Lys. ade. Eratosth.* p. 121. §. 43 heißt es von der Zeit kurz vor der Schlacht bei Ägospotamoi: δημοκρατίας ἔτι οὔσης. [Nach *Andoc. de myst.* §. 95—99 würde die alte Verfassung nach Verlauf von nicht einem Jahre wiederhergestellt worden sein.] Nunmehr erfolgte auch die Zurückberufung des Alkibiades in der regelmäßigen gesetzlichen Weise, *ebend.*

124) Eine spartanische Flotte unter Agesandridas, welche sich, wie man glaubte, im Einverständnis mit den Oligarchen längere Zeit bald hier bald dort in der Nähe von Athen aufgehalten hatte, segelte, nachdem die Gegenrevolution in Athen geschehen war, gegen Euböa und schlug eine in Eile zusammengebrachte und nachgesandte Flotte unter Thymochares bei Eretria, worauf ganz Euböa, nur mit Ausnahme von Oreos, abfiel, *Thukyd.* VIII, 94—96. (Vgl. *Xenoph. Hell.* I, 1, 1, wo wahrscheinlich dieselbe Schlacht noch einmal berichtet ist.) Über die Schwere des Verlustes s. *Thukyd. a. a. O.* 96: ἔκπληξις γὰρ αὐτοῖς ἀποκεκλῃμένης τῆς Ἀττικῆς αὕτη ἦν, 96: οὔτε γὰρ ἡ ἐν Σικελίᾳ ξυμφορά, καίπερ μεγάλη τότε δόξασα εἶναι, οὔτ᾽ ἄλλο οὐδέν πω οὕτως ἐφόβησεν.

125) Zu Anfang des Sommers war der Spartiat Derkyllidas mit einer kleinen Streitmacht in die Satrapie des Pharnabazos gezogen und hatte dort die Städte Abydos und Lampsakos von Athen abgebracht, von denen die letztere jedoch bald darauf wieder von den Athenern genommen wurde, *Thuk.* VIII, 61—62.) Die spartanische Flotte unter Astyochos lag den größten Teil des Sommers in dem Hafen von Milet, ohne etwas Erhebliches auszurichten, auf die Ankunft der von Tissaphernes versprochenen phönikischen Flotte wartend; als aber diese nicht ankam und überdies Tissaphernes nicht einmal den Sold zahlte, so brach Mindaros, der dem Astyochos im Oberbefehl folgte, mit der ganzen Flotte nach dem Peloponnes auf, s. *Thuk.* VIII. 63. 78—79. 83—85. 87—88. 99—103. (Schon vorher war ein kleines Geschwader vorausgegangen, welches den Abfall von Byzantion bewirkt hatte, *das.* 80.)

öffentlicher Thätigkeit, hauptsächlich mit Abfassung von Reden für andere beschäftigt. Das Bürgerrecht, welches ihm auf Thrasybulos' Antrag verliehen worden war, wurde ihm nachher wieder entzogen. Sein Tod wird in das J. 380 oder 379 gesetzt. *Vit. Lys. f'. Phot. bibl. cod.* 262. *Cic. Brut.* 12. Die alten Kritiker erkannten 233 Reden von ihm als echt an, *Vit. Lys. f'. Phot. a. a. O.*; erhalten haben sich 35 (darunter jedoch einige unechte), meist gerichtliche, z. T.

aber gleichwohl für die Zeitgeschichte sehr wichtige Reden, und außerdem Bruckstücke oder Titel von 135, vgl. *Orr. Att. Bekker* I, p. 309 f.; wahrscheinlich aber hat er nur die Rede gegen Eratosthenes selbst gehalten. Cicero sagt von ihm *Brut.* 9: egregie subtilis scriptor atque elegans, quem iam prope audeas oratorem perfectum dicere. Vgl. *Quint.* X, 1, 78. XII, 10, 24. *Dionys. Hal. περὶ τῶν ἀρχαίων ῥητόρων ὑπομνηματισμοί.*

Olympiadenjahr.	Jahr v. Chr.	Geschichte.
XCII, 2.	411.	Die Athener folgen ihr[126] und gewinnen zwei Seesiege bei Kynossema.[127]
XCII, 3.	410.[128]	Die spartanische Flotte wird durch den glänzenden, unter Führung des Alkibiades erfochtenen Sieg der Athener bei Kyzikos vernichtet.[129] Die Athener Herren zur See.[130]
XCII, 4.	409.[131]	Chalkedon und Byzantion von den Athenern genommen.[132]
XCIII, 1.	408.[133]	Kyros Statthalter von Kleinasien.[134] Alkibiades in Athen.[135]
		Der spartanische König Pleistoanax stirbt; es folgt Pausanias.[136]

126) *Thuk.* VIII, 106. 103.
127) Die erste Schlacht *Thuk.* VIII, 104—106. *Diod.* XIII, 39—40, die zweite *Xen. Hell.* I, 1, 4—7. *Diod.* XIII, 45—46. *Plut. Alc.* 27. In beiden waren Thrasyllos und Thrasybulos die athenischen Anführer, die zweite wurde hauptsächlich durch die Dazwischenkunft des Alkibiades gewonnen. Die Zeit der zweiten ἀρχομένου χειμῶνος, *Xen. a. a. O.* §. 2.
128) *Xen. Hell.* I, 2. *Diodor.* XIII, 49—53. 61. *Plut. Alcib.* 28—29.
129) *Xen. Hell.* I, 1, 11—26. *Diod.* VIII, 49—51. Die Zeit des Sieges: λήγοντος τοῦ χειμῶνος, *Diod. a. a. O.* 49 (also, genau genommen, noch im 2ten Jahre der 92sten Olymp.). Mindaros selbst fällt. Die merkwürdige Meldung von der Schlacht durch den spartanischen Unterfeldherrn Hippokrates mit den folgenden Worten: "Ἔρρει τὰ καλὰ (κᾶλα?). Μίνδαρος ἀπεσσύα· πεινῶντι τώνδρες· ἀπορίομες τί χρὴ δρᾶν, s. *Xen. a. a. O.* §. 23. *Plut. Alcib.* 23. Nach *Diodor. a. a. O.* 52—53. *Aeschin. de f. leg.* p. 38. §. 76 waren die Spartaner durch diese Niederlage so entmutigt, daß sie Gesandte nach Athen schickten und Friedensanerbietungen machten, die jedoch durch den Demagogen Kleophon vereitelt wurden.
130) *Plut. Alcib.* 28 sagt (freilich mit einiger Übertreibung): οἱ Ἀθηναῖοι — οὐ μόνον τὸν Ἑλλήσποντον εἶχον βεβαίως, ἀλλὰ καὶ τῆς ἄλλης θαλάσσης ἐξήλαυνον κατὰ κράτος τοὺς Λακεδαιμονίους, vgl. *Anm.* 132. In Chrysopolis am Eingang des Bosporos wurde sogleich nach der Schlacht eine Flotte aufgestellt, um diese wichtige Straße zu beherrschen und von den durchfahrenden Schiffen den Zehnten zu erheben, *Hell.* I, 1, 22. In Attika selbst gewann Thrasyllos, der mit der Meldung von dem Siege dahin geschickt worden war, einige Vorteile über Agis, *das.* 33, und wurde darauf mit 50 Schiffen, 1000 Hopliten und 100 Reitern ausgerüstet, *das.* 34, mit denen er mehrere Landungen an der Küste von Kleinasien machte und sich darauf mit Alkibiades vereinigte, *das.* 1—13, worauf Pharnabazos bei Abydos angegriffen und geschlagen wurde, *das.* §. 15—19. Dagegen wurden in diesem Jahre die Messenier aus Pylos, das sie noch immer besetzt hielten, vertrieben, *das.* §. 18. *Diod.* VIII, 64; auch nahmen die Megarer Nisäa wieder, *Diod. a. a. O.* 65.
131) *Xenoph. Hellen.* I, 3. *Diod.* XIII, 65—67. *Plut. Alcib.* 29—31.

132) *Xenoph. Hellen.* I, 3. 2—22. Die Eroberung von Byzantion vollständiger bei *Plut. Alcib.* 31. *Diod.* XIII. 66—67. (Daß dieselbe ebenso, wie die Unterwerfung von Chalkedon, in diesem Jahr, nicht erst in das J. 408 zu setzen, geht besonders aus *Hellen.* II, 1, 33 vgl. §. 8 hervor.) Im folgenden Jahre wurden darauf Thasos und die thrakischen Städte wieder mit dem athenischen Bündnis vereinigt, *Xenoph. Hellen.* I, 1, 9. *Diod.* XIII, 64, vgl. *Xenoph. a. a. O.* I, 32, und um dieselbe Zeit (im Jahr 409 oder 408) wurden nach *Diod.* XIII, 86 auch die Städte am Hellespont alle außer Abydos wieder von den Athenern unterworfen. [Bei der Übergabe von Chalkedon mußte sich Pharnabazos, mit dem bei dieser Gelegenheit ein Vertrag abgeschlossen wurde, unter anderem auch verbindlich machen, athenische Gesandte zu dem Perserkönig zu geleiten, *Xenoph. Hellen.* I, 3, 8. 13; Pharnabazos trifft aber unterwegs (im Frühjahr 408) den Kyros, s. *Anm.* 134, und auf dessen Verlangen hält er die Gesandten, statt sie zum Könige zu führen, 3 Jahre lang (von 408—405) als Gefangene zurück, *Xenoph. a. a. O.* I, 5—7.]
133) *Xenoph. Hellen.* I, 4. *Plut. Alcib.* 32—35. *Diodor.* XIII, 68—69.
134) *Xenoph. Hellen.* I, 4, 2—7. Er war von dem Könige, seinem Vater, zum κύριος τῶν εἰς Καστωλὸν ἀθροιζομένων eingesetzt, *daselbst* §. 3, und hatte von seinem Vater den Auftrag, noch mehr aber den eignen Willen und die Absicht, die Spartaner nachdrücklichst zu unterstützen, *das.* 5, 3. Er traf im Frühling dieses Jahres zu Gordion in Phrygien ein, *das.* 4, 2.
135) *Xenoph. Hellen.* I, 4, 8—20. *Plut. und Diod. a. a. O.* Er kam zur Zeit der Plynterien, *Xenoph. a. a. O.* §. 12, am 25sten Thargelion (im Monat Juni), *Plut. a. a. O.* 34, in Athen an und blieb daselbst bis zu den eleusinischen Mysterien, welche am 20sten Boedromion (September) gefeiert wurden, *Xenoph. a. a. O.* §. 20. 21. *Plut. a. a. O.* Dann segelte er mit einer Flotte von 100 Schiffen nach Andros, schlug die Audrier, konnte aber ihre Stadt nicht nehmen, *Xenoph. a. a. O.* §. 21—22. *Plut. a. a. O.* 35. Er war zum στρατηγὸς αὐτοκράτωρ gewählt worden, *Xenoph.* §. 20.
136) *Diod.* XIII, 75. XIV, 89. Vgl. *Anm.* 25.

Olympiaden-jahr.	Jahr v. Chr.	Geschichte.
XCIII, 2.	407.[137]	Lysandros, der spartanische Oberbefehlshaber, schlägt in Abwesenheit des Alkibiades die athenische Flotte bei Notion.[138] Alkibiades des Oberbefehls entsetzt.[139]
XCIII, 3.	406.[140]	Kallikratidas, Oberbefehlshaber der Spartaner,[141] nimmt Methymna, schlägt den athenischen Befehlshaber Konon und schliefst ihn in dem Hafen von Mytilene ein.[142] Sieg der athenischen Flotte bei den Arginussen.[143] Verurteilung der athenischen Anführer.[144]
XCIII, 4.	405.[145]	Lysandros übernimmt wieder den Oberbefehl.[146]

---

137) Xenoph. Hellen. I. 5. Diod. XIII, 70—74. Plut. Alcib. 35—36. Lys. 4—5.

138) Lysandros hatte sich durch seine Geschicklichkeit das besondere Wohlwollen des Kyros erworben und seine Flotte vermittelst der freigebigen Unterstützung des Kyros auf 90 Trieren gebracht, Xenoph. Hell. 1, 5. 1—10. Plut. Lys. 4. Der athenische Unterbefehlshaber Antiochos wagte gegen den ausdrücklichen Befehl des Alkibiades eine Schlacht und wurde geschlagen, Xen. a. a. O. §. 11—14. Alkibiades eilte darauf herbei und bot dem Lysandros die Schlacht an, Lysandros aber nahm sie nicht an, ebend. §. 15.

139) Xenoph. Hell. 1. 5. 16—17. Er entlicht ἐξ Ἀνδριγησιν ἐξ ἰαυτοῦ τεῖχη, das. §. 17. An seine Stelle treten 10 Feldherren, nämlich Konon, Diomedon, Leon, Perikles, Erasinides, Aristokrates, Archestratos, Protomachos, Thrasyllos, Aristogenes, das. §. 16.

140) Xenoph. Hellen. 1, 6, 1—II, 1, 9. Diod. XIII, 76—79. 97—103.

141) Xenoph. Hellen. I, 6, 1. Er vermehrt die spartanische Flotte von 90 auf 140, das. §. 3, später sogar auf 170 Schiffe, das. §. 16. Sein stolzes spartanisches Selbstgefühl den Kyros gegenüber und sein echt hellenischer Patriotismus, das. 6—7 (ὁ δὲ αὐτῷ εἶπε δύο ἡμέρας ἐπισχεῖν Καλλικρατίδαν· δὲ ἀγανακτήσας τῇ ἀτιμίᾳ καὶ ταῖς ἐπὶ τὰς θύρας φοιτήσεσιν ὀργισθεὶς καὶ εἰπὼν ἀθλιωτάτους εἶναι τοὺς Ἕλληνας, ὅτι βαρβάρους κολακεύουσιν ἕνεκα ἀργυρίου, φάσκων τε, ἢν σωθῇ οἴκαδε, κατά γε τὸ αὐτὸν δυνατὸν διαλλάξειν Ἀθηναίους καὶ Λακεδαιμονίους διελπλευσεν, das.); sein grofser sittlicher Einflufs auf die Bundesgenossen, das. §. 8—12; seine Milde, das. §. 14—15.

142) Die Eroberung von Methymna, das. 6. 12—15. Diod. XIII, 76. Konon (der ihm nur 70 Schiffe entgegenzustellen hatte, Xenoph. a. a. O. 5. 20) geschlagen und eingeschlossen, das. 6, 16—18, Diod. XIII, 77—79.

143) Die Athener, durch Konon von der Sachlage unterrichtet, rüsten mit äufserster Anstrengung (Diod. XIII, 97) 110 Schiffe aus, zu denen noch 40 von Samos und andern Bundesgenossen hinzukommen, Xenoph. Hell. 1, 6. 19—25. Kallikratidas geht der athenischen Flotte mit 120 Schiffen

(50 liefs er zur Einschliefsung des Konon zurück) entgegen, das. 26. Schlacht bei den Arginussen, das. 27—38 vgl. Diod. XIII, 97—100. Die Spartaner verlieren 77 Schiffe, Diod. a. a. O. 100 vgl. Xenoph. a. a. O. §. 34, die Athener 25, Xenoph. ebend. Kallikratidas fällt, das. 33.

144) Xenoph. Hell. I, 7. Diod. XIII, 101—103. Wegen eines Sturmes war es den athenischen Feldherren nicht möglich gewesen, die auf den Trümmern der in der Schlacht von dem Feinde zerstörten Schiffe treibende Mannschaft zu retten oder die Getödteten zu begraben, Xenoph. a. a. O. 6. 35. Sie wurden deshalb angeklagt und von dem hauptsächlich durch Theramenes (das. 7, 5 vgl. II, 3, 35) und durch die Demagogen Kallixenos und Kleophon (Xenoph. Hell. 1, 7, 8, 35) aufgereizten Volke verurteilt. Zwei derselben (Protomachos und Aristogenes, das. §. 1) hatten sich durch die Flucht gerettet, sechs (Perikles, Diomedon, Lysias, Aristokrates, Thrasyllos, Erasinides, das. §. 2) wurden wirklich hingerichtet; Konon und Archestratos waren bei der Schlacht nicht zugegen gewesen. Das Verfahren bei ihrer Verurteilung war ungesetzlich; Sokrates aber war der einzige unter den Prytanen, der den Mut hatte, sich demselben zu widersetzen, das. §. 15 vgl. Xenoph. Mem. I, 1, 18. Plut. Apol. Socr. p. 32. B. [Die Verurteilung fällt in den Monat Oktober, denn sie geschah zur Zeit des Festes der Apaturien, s. Xenoph. Hell. 1, 7, 8, welches im Monat Oktober gefeiert wurde.]

145) Xenoph. Hell. II. 1, 10—2, 9. Diod. XIII, 101 bis 107. Plut. Lys. 7—14.

146) Die Bundesgenossen baten die Spartaner nach dem Tode des Kallikratidas, dafs sie ihnen den Lysandros wieder als Oberbefehlshaber schicken möchten, worauf die Spartaner ihn zwar nicht zum Nauarchen — denn das Gesetz erlaubte nicht eine wiederholte Wahl zu dieser Stelle — sehr zum Epistolens, jedoch faktisch mit der Gewalt des Oberbefehlshabers ernannten, Xenoph. Hellen. II, 1, 6—7. Auf der Seite der Athener führten Konon, Adeimantos, Philokles, Menandros, Tydeus, Kephisodotos den Oberbefehl, Xen. das. I, 7, 1. II, 1, 16. Lysandros wurde von Kyros, der in dieser Zeit Kleinasien verliefs, aufs reichlichste mit Geld unterstützt, das. II, 1, 11—14.

Olympiaden-jahr.	Jahr v. Chr.	Geschichte.	Kunst und Litteratur.
XCIII, 4.	405.	Die athenische Flotte durch die Schlacht bei Ägospotamoi vernichtet.[147] Die athenischen Bundesgenossen unterworfen.[148] Athen zu Wasser und zu Lande eingeschlossen.[149]	
XCIV, 1.	404.	Athen zur Übergabe genötigt; seine Mauern niedergerissen und die Schiffe ausgeliefert.[150]	*Epiker:* Antimachos,*u*) Chörilos.*v*)

[147] Nach einigen unerheblichen Unternehmungen von beiden Seiten (Xenoph. Hell. II, 1, 15—16) segelte Lysandros nach dem Hellespont und nahm daselbst die Stadt Lampsakos, das. §. 17—19; die athenische Flotte folgte, 180 Schiffe stark, dem Feinde nach dem Hellespont und nahm ihre Station bei Ägospotamoi, Lampsakos gegenüber, das. §. 20—21, wo sie von Lysandros überrascht und ohne Widerstand genommen wurde, das. 22.-28. Vgl. Plut. Lys. 10—11. Diod. XIII. 105—106. Nur Konon mit 8 Schiffen und das paralische Schiff entkamen; letzteres meldete das Unglück nach Athen. Konon floh nach Kypros zum Euagoras. Xen. a. a. O. §. 28 bis 29. Die Mannschaft der übrigen Schiffe wurde meist gefangen genommen und 3000 an der Zahl (Plut. Lys. 11) hingerichtet; auch die andern Feldherren fielen in die Hände des Siegers und wurden außer Adeimantos ebenfalls hingerichtet, Xenoph. a. a. O. §. 30--32. [Verdacht des Verrats gegen die Feldherren, insbesondere gegen Adeimantos s. Xenoph. a. a. O. §. 32. Paus. IV, 17, 2. IX, 30, 6. X, 9, 5. Lys. adv. Alc. A. p. 143. §. 38. Über die Zeit der Schlacht s. Anm. 150.]

[148] Xenoph. Hell. II, 2, 1—2. 5—6. 6: τόθις δὲ καὶ ἡ ἄλλη Ἑλλὰς ἀφεστήκει Ἀθηναίων μετὰ τὴν ναυμαχίαν πλὴν Σαμίων. Die Athener, die sich in den bisher verbündeten Städten und sonst vorfanden, wurden alle nach Athen gewiesen, damit dort infolge der vermehrten Bevölkerung desto früher Mangel entstehen möchte, Xenoph. a. a. O. §. 2.

[149] Auf Veranlassung des Lysandros rückte König Pausanias mit einem, die Kontingente sämtlicher peloponnesischen Staaten, nur mit Ausnahme von Argos, umfassenden Heere vor die Mauern Athens, während Lysandros mit 150 Schiffen den Hafen sperrte, Xenoph. Hell. II, 2, 7—9.

[150] Die Athener leisteten trotz des drückenden Mangels längere Zeit energischen Widerstand, indem sie zugleich durch eine umfassende Amnestie den Anlaß zu innerer Zwietracht beseitigten, Xenoph. Hell. II, 2, 10—11. Andoc. de myst. p. 10. §. 73—79. (Das deshalbige Dekret s. Andoc. a. a. O. §. 77—79.) Dann schickten sie Gesandte an Agis und an die Spartaner mit der Bitte um Frieden auf die Bedingung, sich auf Stadt und Piräus nur beschränken und dem spartanischen Bunde beizutreten. Als aber hiergegen die Spartaner forderten, daß die langen Mauern 10 Stadien weit niedergerissen werden sollten, wurden die Verhandlungen abgebrochen, Xenoph. a. a. O. §. 11--15. Lys. adv. Agor. p. 130. §. 8. Nun erbot sich Theramenes (nachdem die Intriguen und Machinationen der aristokratischen Hetärieen vorher Verwirrung und Unsicherheit in Athen verbreitet hatten, Lys. adv. Erat. p. 124. §. 13—44) zunächst zu Lysandros zu gehen, um die wirklichen Absichten der Spartaner in Bezug auf Athen zu ermitteln, blieb aber dort über 3 Monate, und als die Athener, hierdurch mittlerweile in die äußerste Not gebracht, ihn darauf mit unbeschränkter Vollmacht nach Sparta schickten, brachte er den Frieden unter den Bedingungen zurück, daß die langen Mauern und die Festungswerke des Piräus zerstört, die Schiffe bis auf 12 ausgeliefert, die Verbannten zurückgerufen und die Athener selbst als Bundesgenossen den Spartanern überall zu folgen verpflichtet sein sollten, und die Athener konnten nun nicht umhin, sich diesen Bedingungen zu unterwerfen, Xenoph. Hellen. II, 2. 16—23. Lys.

u) Antimachos aus Kolophon, blüht gegen Ende des peloponnesischen Krieges, Cic. Brut. 21. Diod. XIII. 108, im Verkehr mit Panyasis und Stesimbrotos, Suid. s. v. sowie mit Plato, der seine Dichtungen bewundert haben soll, Plut. Lys. 18. Procl. Plat. Tim. p. 28. Er schrieb ein elogisches Gedicht *Λύδη*, seiner verstorbenen Geliebten gewidmet, in dem mythische Liebesgeschichten aneinander reihte und den Alexandrinern ein Vorbild gab, Athen. XIII, p. 597. Plut. Consol. ad Apoll. p. 403. Phot. bibl. Cod. 213, und eine umfangreiche Θηβαΐς, Cicero a. a. O. Hor. A. P. 146. Plut. Schol. Seine Dichtung ward zwar von Hadrian und von Alexandrinern bewundert, Spart. 15. Suid. s. v. Ἀδριανός,

aber auch getadelt als gelehrt, gezwungen, prunkvoll und breit, ohne Anmut und Komposition, Quint. X, 1, 53. Plut. Timol. 36 (ἐκπεπιασμένοις καὶ κατατεινότοις ἔοικε). Dion. Hal. de verb. comp. 22.

v) Chörilos von Samos, angeblich ein geborner Sklave, der sich durch die Flucht befreite. Er schloß sich an Herodot an, ward von Lysandros bevorzugt, dessen Siege er besingen sollte, und lebte dann am Hofe des Königs Archelaos von Makedonien, Suid. s. v. Plut. Lys. 18. Er feierte den Sieg der Athener über Xerxes in einem Epos (Περσηίς oder Περσικά), Suid. a. a. O., von dem nur unbedeutende Fragmente erhalten sind.

| Olympiaden-jahr. | Jahr v. Chr. | Geschichte. | Kunst und Litteratur. |

XCIV, 1.   404.   Die Herrschaft der Dreifsig eingesetzt.[151]

adv. Agor. p. 130. §. 9—33. adv. Erat. p. 125. §. 62—70. Das Dekret der Ephoren in betreff der Friedensbedingungen lautete (*Plut. Lys.* 14): τάδε τὰ τέλη τῶν Λακεδαιμονίων ἔγνω· καββαλόντες τῶν Πειραιᾶ καὶ τὰ μακρὰ σκέλη καὶ ἐκβάντες ἐκ πασῶν τῶν πόλεων τὰν αὑτῶν γᾶν ἔχοντες, ταῦτά κα δρῶντες, τὰν εἰράναν ἔχοιτε ἢ χρὴ δῶντες (ut χρῄζοιτε?) καὶ τοὺς φεύγοντας ἀνέντες. Περὶ δὲ τᾶν ναῶν τῶ πλήθευς ὁποῖόν τί κα τηνεῖ δοκέη, ταῦτα ποιεῖτε. Die Thebaner und Korinthier waren sogar der Meinung, dafs Athen zerstört werden müsse, *Xenoph. a. a. O.* §. 19. *Andoc. de pac.* p. 26. §. 21. „Λακεδαιμόνιοι δὲ οὐκ ἔφασαν πόλιν Ἑλληνίδα ἀνδραποδιεῖν μέγα ἀγαθὸν εἰργασμένην ἐν τοῖς μεγίστοις κινδύνοις γενομένοις τῇ Ἑλλάδι," *Xenoph. a. a. O.* §. 20. [Nach *Plut. Lys.* 15 wurden die Mauern Athens am 16. Munychion d. h. am 25. April zerstört, womit auch *Thuk.* V. 26, II, 2 übereinstimmt. Die Schlacht bei Ägospotamoi kann hiernach nicht wohl später als in den Monat August oder September des Jahres 405 gesetzt werden, da nur so die Zeit für die Ereignisse der Zwischenzeit (s. *Anm.* 149) ausreicht.]

151) Die Dreifsig werden kurz nach der Zerstörung der Mauern eingesetzt, s. *Xenoph.* II. 3, 11. und zwar unter persönlicher Mitwirkung des Lysandros, der nach Abschliefsung des Friedens nach Samos gesegelt war, zu diesem Zwecke aber (einige Monate nachher) nach Athen zurückgeholt wurde, s. *Diod.* XIV, 3. *Lys. adv. Erat.* p. 126 §. 71. Die Art ihrer Wahl s. *Lys. a. a. O.* p. 126. §. 71—77. Ihre Namen *Xenoph. Hell.* III, 3, 2, ihr vorgeblicher Zweck: „οἳ τοὺς πατρίους νόμους συγγράψουσι, καθ' οὓς πολιτεύσουσι," das. §. 2, aber τούτους μὲν ἐπὶ ἐμέλλον συγγράψειν τε καὶ ἀποδεικνύναι, ἀεὶ δὲ καὶ τὰς ἄλλας ἀρχὰς κατέστησαν ὡς ἐδόκει αὐτοῖς, das. §. 11. — *Paus.* III, 7, 10: καὶ ὁ πόλεμος οὗτος τῷ τὴν Ἑλλάδα ἐπὶ ἐμέλλον διέστησεν ἐκ ῥάθυμον καὶ ἥσυχον Φίλιππος ὁ Ἀμύντου αὐξῆσαι ἤδη καὶ οὐ κατάλυσιν ὑγιῆ προσποιησόμενον αὐτῇ.

Zweiter Abschnitt.
404 bis 362 v. Chr.
Vom Ende des peloponnesischen Krieges bis zur Schlacht bei Mantinea. Übermut und Demütigung Spartas.[152]

Olympiaden- jahr.	Jahr v. Chr.	Geschichte.
		a) Bis zum Ausbruch des korinthischen Krieges, 394.
XCIV, 1.	404.	Gewaltherrschaft der Dreifsig in Athen;[153] athenische Verbannte machen unter Thrasybulos einen Einfall in Attika und behaupten sich daselbst.[154]

[152] Diese Auffassung der Geschichte des Abschnittes ist von Xenophon am Wendepunkte des Glückes der Spartaner (bei Gelegenheit ihrer Vertreibung aus der Kadmeia durch die Thebäer im Jahre 379) in folgenden Worten deutlich ausgesprochen: Προκεχωρηκότων δὲ τοῖς Λακεδαιμονίοις, ὥστε Θηβαίους μὲν καὶ τοὺς ἄλλους Βοιωτοὺς παντάπασιν ἐπ' ἐκείνοις εἶναι, Κορινθίους δὲ πιστοτάτους γεγενῆσθαι, Ἀργείους δὲ ταπεινοῦσθαι —, Ἀθηναίους δὲ ἐρημῶσθαι, τῶν δ' αὖ συμμάχων κεκολασμένων, οἳ διαμενῶς εἶχον αὐτοῖς, παντάπασιν ἤδη καλῶς καὶ ἀσφαλῶς ἡ ἀρχὴ ἐδόκει αὐτοῖς κατεσκευάσθαι. Πολλὰ μὲν οὖν ἄν τις ἔχοι καὶ ἄλλα λέγειν καὶ Ἑλληνικὰ καὶ βαρβαρικά, ὡς θεοὶ οὔτε τῶν ἀσεβούντων οὔτε τῶν ἀνόσια ποιούντων ἀμελοῦσιν νῦν γε μὴν λέξω τὰ προκείμενα. Λακεδαιμόνιοί τε γὰρ οἱ ὀμόσαντες αὐτονόμους ἐάσειν τὰς πόλεις, τὴν ἐν Θήβαις ἀκρόπολιν κατασχόντες ὑπ' αὐτῶν μόνων τῶν ἀδικηθέντων ἐκολάσθησαν. Hellen. V, 3, 29. 4, 1. Über die Härte und Anmafsung der Spartaner s. die Rede der Thebaner in Athen, daselbst III, 5, 8—15, besonders §. 12—13: Τοῖς μὲν εἵλωσι, ἁρμοστὰς δεσποτικωτάτους ἐδίδοσαν, τῶν δὲ συμμάχων ἐλευθέρων ὄντων, ἐπεὶ ἐπέτυχον, δεσπόται ἀναπεφήνασιν. Ἀλλὰ μὴν καὶ οἷς ἐμοῦ ἀπέστησαν ἡμέτεροί εἰσιν ἐξηπατημένοι ἀντὶ γὰρ ἐλευθερίας διπλῆν αὐτοῖς δουλείαν παρεσχήκασιν, ὑπό τε γὰρ τῶν ἁρμοστῶν τυραννοῦνται καὶ ὑπὸ δέκα ἀνδρῶν, οὓς Λύσανδρος κατέστησεν ἐν ἑκάστῃ πόλει. Vgl. Plut. Lys. 14: κατέλυε τὰς πολιτείας (Λύσανδρος) καὶ καθίστη δεκαδαρχίας, πολλῶν μὲν ἐν ἑκάστῃ σφαττομένων, πολλῶν δὲ φευγόντων. Neben der Herrschsucht der Spartaner entwickelte sich auch die Habsucht ihrer verderblichen Wirkungen, die hauptsächlich dadurch entzündet wurde, dafs Lysandros 470 Talente als den Überschufs der Schenkungen des Kyros nach Hause brachte. Xenoph. Hell. II, 3, 8. und dafs von den Bundesgenossen jährlich mehr als 1000 Talente in die Staatskasse Spartas flossen, Diod. XIV, 10. vgl. Plut. Lys. 17.

[153] Anfangs bewiesen sich die Dreifsig gemäfsigt, so dafs sie nur diejenigen vor Gericht zogen und verurteilten, welche sich durch Angeberei (συκοφαντία) oder sonst wie gegründeten Hafs zugezogen hatten, Xenoph. Hellen. II, 3, 12. Bald aber, nachdem sie sich durch eine von Lysandros erbetene spartanische Leibwache gesichert hatten, töteten sie auch solche, die ihnen nur wegen ihrer politischen Gesinnung verdächtig waren, oder die durch Reichtum ihre Habsucht reizten. daselbst §. 13—21. Aus der Zahl der Bürger hatten sie 3000 auserlesen, die mit der spartanischen Leibwache zusammen ihre Stütze bilden sollten, allen übrigen Bürgern daselbst §. 17—20. Theramenes („κόθορνος" Xen. a. a. O. §. 31), der mit diesen Mafsregeln nicht zufrieden war, wurde besonders auf Betrieb des Kritias hingerichtet, daselbst §. 15—56. (Rede des Kritias. §. 24—34. des Theramenes. §. 35—49.) Beispiele ihrer Grausamkeit: die Hinrichtung von 300 Bürgern aus Eleusis und Salamis, Xenoph. Hellen. II, 4, 8—10. Lys. adv. Erat. p. 125. §. 32. adv. Agor. p. 133. §. 44; die Mifshandlung des Lysias und Ermordung seines Bruders Polemarchos. Lys. adv. Erat. p. 120. §. 1—24; die Ermordung des Leon, des Nikeratos. des Antiphon, Xenoph. Hellen. II, 3. 39—40 vgl. Plat. Apol. Socr. p. 32 C. Nach Isocr. Areop. p. 153. §. 67. Aeschin. de F. l. p. 38. §. 77 wurden 1500 Bürger von ihnen ohne Urteil und Recht getötet; mehr als 5000 wurden genötigt, sich durch die Flucht zu retten. Isocr. a. a. O. [Der Name „30 Tyrannen" zuerst bei Diodor (XIV, 2, 3 u. ö.). Cornelius Nepos (Thrasyb. 1), Iustin (V. 10) u. s. w.]

[154] Xenoph. Hellen. II, 4. 2—7. Die Verbannten, 70 an der Zahl, bemächtigten sich, von Theben kommend, der Feste Phyle auf attischem Gebiet, daselbst §. 2. die Dreifsig mit den 3000 (s. Anm. 153) machen einen vergeblichen Versuch, sie von dort zu vertreiben, §. 2—3. eine andere von ihnen ausgeschickte Truppenabteilung wird von den Verbannten überfallen und mit Verlust vertrieben. §. 4—7. [Dies geschah im Winter, wie aus §. 3 hervorgeht.]

| Olympiaden- jahr. | Jahr v. Chr. | Geschichte. |

XCIV, 2.   403.   Sieg der Verbannten über ihre Gegner;[155] ihre Rückkehr nach Athen unter Vermittelung des Spartanerkönigs Pausanias;[156] allgemeine Amnestie;[157] Herstellung der Demokratie unter dem Archontat des Eukleides.[158]

155) Die Verbannten bemächtigen sich von Phyla aus, nunmehr bis zu 1000 angewachsen, des Piräeus und liefern hier (in Munychia) den gegen sie anrückenden Dreißig eine siegreiche Schlacht, in der Kritias fällt, *Xenoph. Hellen.* II, 4, 10—19. [Am fünften Tage nach dem glücklichen Überfalle bei Phyle (*Anm.* 154), s. *das.* §. 13, also noch im Winter; womit auch vollkommen übereinstimmt, daſs *ebend.* §. 21 (τοῖς ἀναστάντας ἐριζοντα, οἳ ἰδίων κερδῶν ἕνεκα ὀλίγου δεῖν πλείους ἀπεκτόνασιν Ἀθηναίων ἐν ὀκτὼ μησὶν ἢ πάντες Πελοποννήσιοι δέκα ἔτη πολεμοῦντες) die Dauer der Herrschaft der Dreiſsig bis zu dieser Zeit auf 8 Monate angegeben wird.]

156) Die gewonnene Schlacht und der Verkehr, der hierauf mehrfach zwischen den Verbannten und den Bürgern in der Stadt gepflogen wurde, und die fortwährend anwachsende Zahl und Stärke der Verbannten bewirkte, daſs die Unzufriedenheit in der Stadt sich regte und die Dreiſsig genötigt wurden, die Stadt zu verlassen und die Herrschaft einem neugewählten Kollegium von Elfmännern zu übergeben, *Xenoph. Hellen.* II, 4, 20—27, die indes statt, wie man hoffte, eine Vermittelung mit uns Verbannten zu stande zu bringen, sich diesen nicht minder feindselig erwiesen als die Dreiſsig, *Lys. adv. Eratosth.* p. 125. §. 53—61. *Diodor.* XIV, 42. *Iustin.* V, 9. Sie schickten daher gleich den Dreiſsig, welche nach Eleusis gegangen waren, Gesandte nach Sparta, um Hülfe bittend, und dort setzte es Lysandros durch, daſs ihnen 100 Talente geliehen wurden, und daſs ihm selbst der Auftrag erteilt wurde, mit einem Landheer, und seinem Bruder Libys, mit einer Flotte den Oligarchen in Athen zu Hülfe zu ziehen, *Xenoph. a. a. O.* §. 28—29. 39: ὥστε πολὺν τὸν ἀπορίαν ἦσαν οἱ ἐν Πειραιεῖ, οἱ δ᾽ ἐν τῇ ἄστει αὖ μέγα ἐφρόνουν ἐπὶ τῷ Λυσάνδρῳ. In dieser Not kam indes den Verbannten die Miſsstimmung und Eifersucht zur Hülfe, welche sich damals nicht nur in den übrigen griechischen Staaten, sondern auch in Sparta selbst gegen Lysandros infolge seiner Gewaltthätigkeiten und seines Übermutes gebildet hatte. Die *Anmerkung* 152 angeführten Maſsregeln gegen die griechischen Staaten waren von ihm ausgegangen, und sein Werk war es auch, daſs die Spartaner allen griechischen Staaten verboten, die flüchtigen Athener bei sich aufzunehmen, *Lys. adv. Eratosth.* p. 120. §. 97. *Diod.* XIV, 6; in Sparta wurde hauptsächlich durch die übertriebenen Ehrenbezeigungen, die ihm überall zu teil wurden, s. *Plut. Lysand.* 18, die Eifersucht gegen ihn erregt, und man hegte sogar den Verdacht, daſs er sich zum König zu machen beabsichtige, *Plut. Lysand.* 24—26. 30. *Diod.* XIV, 13. Hierdurch wurde die Stimmung gegen Athen selbst in denjenigen Staaten, wo man am feindseligsten

gegen dasselbe gesinnt gewesen war, in Korinth und Theben (s. *Anm.* 150), völlig verändert, so daſs die Verbannten in Theben nicht nur Aufnahme, sondern auch Unterstützung fanden, und beide Staaten sich weigerten, an weiteren Feindseligkeiten gegen Athen teilzunehmen, *Xenoph. Hellen.* II, 4, 30. In Sparta aber gewann der König Pausanias drei Ephoren für sich, φθονήσας Λυσάνδρῳ, εἰ κατεργασάμενος ταῦτα ἅμα μὲν εὐδοκιμήσει, ἅμα δὲ ἰδίας ποιήσεται τὰς Ἀθήνας, *Xenoph. daselbst* §. 29; er folgte dem Lysandros mit einem Heere nach Attika, wo er zunächst sich den Feindseligkeiten gegen Athen anschloſs, unter der Hand aber mit diesen und der besser gesinnten Partei in der Stadt Verhandlungen anknüpfte und den Vertrag zu stande brachte, ἐφ᾽ ᾧ τε εἰρήνην μὲν ἔχειν ὡς πρὸς ἀλλήλους, ἀπιέναι δ᾽ ἐπὶ τὰ ἑαυτῶν ἑκάστους πλὴν τῶν τριάκοντα καὶ τῶν ἕνδεκα καὶ τῶν ἐν Πειραιεῖ ἀρξάντων δέκα, *Xenoph. das.* §. 38, worauf Thrasybulos in die Stadt einzog und bald darauf auch die noch in Eleusis aufhaltenden Oligarchen besiegt wurden. Siehe über diese gesamten Vorgänge seit dem Ausmarsch des Pausanias *Xenoph. Hellen.* II, 4, 29—43. [Daſs dieselben sich bis in den Spätsommer des Jahres 403 hinauszogen, ist aus *Xenoph. a. a. O.* §. 25 zu schlieſsen, wo von den Verbannten erwähnt wird, daſs sie vom Piräeus aus in das Gebiet von Attika Plünderungszüge machten und *σῖτα καὶ ὀπώραν* einsammelten; nach *Plut. Mor.* p. 349 f. (*de glor. Athen. c.* 7) fand, hiermit übereinstimmend, die Rückkehr der Verbannten am 12. Boedromion d. h. im Monat September statt.]

157) *Xenoph. Hellen.* II, 4, 43. *Andoc. de myst.* p. 12. §. 90—91. Der Schwur, den alle nach der Rückkehr der Verbannten leisteten, lautete: καὶ οὐ μνησικακήσω τῶν πολιτῶν οὐδενὶ πλὴν τῶν τριάκοντα καὶ τῶν ἕνδεκα, οὐδὲ τούτων ὃς ἂν ἐθέλῃ εὐθύνας δίδοναι τῆς ἀρχῆς ἧς ἦρξεν, *das.* §. 90, und ähnliche Schwüre wurden auch fernerhin immer von dem Rate und dem Richterkollegium geleistet, *das.* §. 91.

158) Hauptstelle *Andoc. de myst.* p. 11. §. 81—90. Es wurde eine Kommission eingesetzt, um auf Grund der Gesetzgebung des Solon und Drakon die Gesetze neu aufzuzeichnen, die dann vom Rat und von 500 durch das Volk gewählten Nomotheten geprüft wurden, worauf durch ein Gesetz bestimmt wurde, τὰς δίκας καὶ τὰς διαίτας κυρίας εἶναι, ὁπόσαι ἐν δημοκρατουμένῃ τῇ πόλει ἐγένοντο, τοῖς δὲ νόμοις χρῆσθαι ἀπ᾽ Εὐκλείδου ἄρχοντος, *das.* §. 87. Mit den Namen des Archon Eukleides wird hierauf überall die neu eingerichtete Demokratie bezeichnet. Unter ihm erfolgte auch die staatliche Anerkennung der neuen ionischen Schrift. (Einführung des Η und Ω, des Χ, Ψ u. a.).

Olympiaden-jahr.	Jahr v. Chr.	Geschichte.	Kunst und Litteratur.
XCIV, 4.	401.	Feldzug des jüngeren Kyros gegen seinen Bruder Artaxerxes mit einem Heere von 11000 hellenischen Hopliten, 2000 Peltasten und 100000 Asinten.[159] Schlacht bei Kunaxa und Rückzug der Zehntausend.[160]	
XCV, 1.	400.	Die Spartaner schicken Thimbron mit einem Heere nach Kleinasien, um die dortigen hellenischen Städte gegen Tissaphernes zu schützen.[161]	
XCV, 2.	399.	Der Rest der Zehntausend, von Thimbron in Sold	Tod des Sokrates.w

159) Der Zug, der durch Xenophon die bekannte vortreffliche Darstellung in seiner Κύρου ἀνάβασις gefunden hat (womit die, wie es scheint hauptsächlich aus Ephoros und Theopompos geschöpfte Erzählung des Diodor, XIV, 19—31, und des Plutarch im Artaxerxes zu vergleichen ist), wurde von Kyros unternommen, um seinen älteren Bruder Artaxerxes vom Throne zu stofsen, s. Xenoph. Anab. 1, 1, 1—4. Die Führer der griechischen Miettruppen waren Klearchos, Proxenos, Sokrates, Menon, Cheirisophos; die Zahl der griechischen, wie der barbarischen Truppen s. ebend. I. 7, 9 vgl. 2, 3. 6. 9. 25. 4, 3. Der Aufbruch geschieht aus Sardes, das. 1, 2, 1; der Marsch dauert mit Einschlufs der Rasttage bis zur Schlacht bei Kunaxa 180 Tage, wie aus den Angaben ebendaselbst 1, 2—7 hervorgeht; begonnen wurde er im Frühjahre 401, s. die folg. Anm. Über die Bedeutung der Unternehmung für die Geschichte Griechenlands s. Anm. 161 u. 162.
160) Die Hellenen siegen in der Schlacht, aber Kyros fällt, und seine barbarischen Truppen werden geschlagen, Xenoph. Anab. 1, 8—10. Hierauf treten die Hellenen ihren Rückzug an, dessen Darstellung die sechs übrigen Bücher der Anabasis des Xenophon füllt, anfangs unter dem Geleit der Perser bis an den Flufs Zapatas in Medien (jetzt der grofse Zab), dann aber, nachdem diese den Vertrag gebrochen und die Oberanführer nebst 20 Lochagen von Tissaphernes verräterischerweise ermordet worden (s. daselbst II, 5—6), allein und unter fortwährenden Angriffen des persischen Heeres und der Einwohner des Landes. [Der Auszug wird von

Diod. XIV, 19. Diog. L. II, §. 55 richtig in das Jahr 401 gesetzt, aber in das Archontat des Xenänetos, also in die zweite Hälfte des Jahres. Dafs dies letztere nicht richtig, geht daraus hervor, dafs der ganze Rückzug bis Kotyora am schwarzen Meere 8 Monate dauert, s. Xenoph. Anab. V, 5, 4, und dafs es, als sie sich auf demselben noch in Armenien befanden, tiefer Winter ist, s. das. IV, 5, 12; denn daraus folgt, dafs die Schlacht bei Kunaxa im Herbst geschlagen sein mufs und der Auszug aus Sardes sonach, da er 180 Tage vor der Schlacht stattfand (s. die vor. Anm.), in den Frühling zu setzen ist.]
161) Xenoph. Hellen. III, 1, 3: Ἐπεὶ μέντοι Τισσαφέρνης πολλοῦ ἄξιος βασιλεῖ δόξας γεγενῆσθαι ἐν τῷ πρὸς τὸν ἀδελφὸν πολέμῳ σατράπης κατεπέμφθη, ὧν τε αὐτὸς πρόσθεν ἦρχε καὶ ὧν Κῦρος, εὐθὺς ἠξίου τὰς Ἰωνικὰς πόλεις ἁπάσας ἑαυτῷ ὑπηκόους εἶναι· αἱ δὲ ἅμα μὲν ἐλεύθεραι βουλόμεναι εἶναι, ἅμα δὲ φοβούμεναι τὸν Τισσαφέρνην, ὅτι Κῦρον ὅτ' ἔζη ἀντ' ἐκείνου ᾑρημέναι ἦσαν (s. Xen. Anab. I, 1, 6), ἐς μὲν τὰς πόλεις οὐκ ἐδέχοντο αὐτόν, ἐς Λακεδαίμονα δ' ἔπεμπον πρέσβεις καὶ ἠξίουν, ἐπεὶ πάσης τῆς Ἑλλάδος προστάται εἶεν, ἐπιμεληθῆναι καὶ σφῶν, τῶν ἐν τῇ Ἀσίᾳ Ἑλλήνων, ὅπως ἥ τε χώρα μὴ δῃοῖτο αὐτῶν καὶ αὐτοὶ ἐλεύθεροι εἶεν. Hierauf schickten die Spartaner Thimbron mit 1000 Neudamoden und 4000 Peloponnesiern, der indes zunächst wenig ausrichtete, Xenoph. Hell. III, 1, 4—5. Vgl. Diod. XIV, 35—36. (In den Heere Thimbrons befanden sich auch 300 athenische Reiter, welche von Athen auf das Aufgebot Spartas gestellt wurden, s. Xenoph. a. a. O. §. 4.)

w) Sokrates, Sohn des Bildhauers Sophroniskos und der Hebamme Phänarete, geboren zwischen 471 und 469. Plat. Apol. S. c. I. (p. 17 d) vgl. Apollod. b. Diog. Laert. II, 44, trieb zuerst die Kunst seines Vaters, Diog. Laert. II, 19, und lernte von Konnos das Zitherspiel, Plat. Euthyd. 272 c. Menex. 235 e. Er bildete sich im persönlichen Verkehr mit ausgezeichneten Männern, Xenoph. Oec. II, 16. Plat. Apol. 21, z. B. mit Prodikos, Plat. Meno p. 96 d, und durch die Werke von Dichtern und Philosophen, Plat. Phaed. 97 b. Xenoph. mem. II, 1, 21. I, 6, 14. Von Gestalt und Antlitz häfslich wie ein Silen, Xenoph. Symp. 5, 2 f. 4, 19 f. 2, 19, Plat.

Symp. 215. Theaet. 143 c. Meno 80 a, blutarm, Plat. Apol. 23 a (ἐν πενίᾳ μυρίᾳ). 38 b. Xen. Oec. 2, 2 f. Mem. 1, 2, 1. 6, 5 f. Aristoph. Nub. 103 f., abgehärtet und ohne Bedürfnisse, Plat. Symp. 219 e. 220 a. Phaed. 229 a. Xenoph. a. a. O. 6, 10. Oec. 2, 10, wird er von Platon und Xenophon als ein Muster von Frömmigkeit und Gerechtigkeit, von Uneigennützigkeit und Selbstbeherrschung, von Charakterfestigkeit, Unerschrockenheit und Seelenruhe, von Freundestreue und Vaterlandsliebe gepriesen, Plat. Phaed. extr. Xenoph. mem. 1, 1, 11. IV, 8, 10—12. I, 2, 1 f. So ertrug er mit Gleichmut und Scherz die Launen seiner Frau Xanthippe,

Olympiaden-jahr.	Jahr v. Chr.	Geschichte.	Kunst und Litteratur.
XCV, 2.	399.	genommen, schließt sich an den Kampf gegen die Perser an.[162] Thimbron wird abberufen und Derkyllidas an seine Stelle gesetzt.[163] Feldzug der Spartaner gegen Elis.[164]	*Sokratiker:* Eukleides

162) Die Zehntausend erreichen das schwarze Meer bei Trapezus (s. *Xenoph. Anab.* IV, 7, 21 -27. 8, 22); von hier zogen sie, teils zu Land, teils zu Wasser, über Kerasus, Kotyora, Sinope, Herakleia, Kalpe nach Chrysopolis, setzten dann nach Byzantion über und nahmen endlich, nach mancherlei Anfechtungen von seiten des Harmosten zu Byzantion (erst Anaxibios, dann Polos), Dienste bei dem thrakischen Fürsten Seuthes. Dies geschah im Winter, s. *das.* VII, 3, 13. 42 u. ö., und zwei Monate darauf, also etwa im Frühjahr 399, traten sie auf die Aufforderung Thimbrons in dessen Dienste, s. *das.* VII, 6, 1. Ihre Zahl belief sich damals im ganzen noch auf 6000, s. VII, 7, 23 vgl. V, 5, 3. 10, 16. Ihr Eintreffen setzte Thimbron in den Stand, angriffsweise gegen Tissaphernes zu verfahren, so daß er einige Fortschritte machte, s. *Xenoph. Hell.* III, 1, 6—7.

163) *Xenoph. Hell.* III, 1, 8: *Δερκυλλίδας — ἀνὴρ δοκῶν εἶναι μάλα μηχανικός, καὶ ἐκαλεῖτο δὲ Σίσυφος.* Derselbe eroberte Äolis, *das.* 1, 9—2, 1; überwinterte dann in Bithynien, *das.* 2, 1—5; setzte hierauf im Frühjahr über nach dem Chersonnes und beschäftigte dort bis zum Herbst sein

Xenoph. mem. II, 2. *Diog. Laert.* II, 36; uneigennützig ließ er jeden zu seinem Umgang zu, ohne Lohn zu fordern, *Plat. Apol.* 31 e. *Euthyphr.* 3 d. *Xenoph. mem.* I, 6, 11; auch in Genüssen bewahrte er seine Besonnenheit und Selbstbeherrschung, *Plat. Symp.* 176 c. 213 e. 220 a. 223 b. f. *Xenoph. mem.* I, 2, 1 f. *Symp.* 2, 24 f. In seinem öffentlichen Leben zeigte er sich überall gerecht, standhaft, tapfer, s. *Anm.* 54. 144. Er lehrte gesprächsweise im ungezwungensten Verkehr, *Plat. an enu. resp. s. ger.* p. 796: *Σωκράτης γοῦν οὔτε μίσθον τοῖς οὔτ' εἰς θρόνον καθίσας οὔτε ὥραν διατριβῆς ἡ περιπάτων τοῖς γνωρίμοις τεταγμένην φυλάττων, ἀλλὰ καὶ παίζων, ὅτε τύχοι, καὶ συμπίνων καὶ συστρατευόμενος ἐνίοις καὶ ἀγοράζων, τέλος δὲ καὶ δεδεμένος καὶ πίνων τὸ φάρμακον ἐφιλοσόφει.* Sein höchster Beruf erscheint ihm die geistige und sittliche Bildung von Menschen, *Plat. Apol.* 32 b. f. 28 b. f. *Theaet.* 150 c. f., wofür ihn das delphische Orakel als den Weisesten preist, *Plat. Apol.* 21 *Xenoph. Apol.* 15. Er glaubt die Stimme einer göttlichen Offenbarung in seinem Innern zu vernehmen, *τὸ δαιμόνιον*, ein Vorgefühl, ob eine Handlung vorzunehmen, heilbringend und zweckmäßig sei, *Plat. Apol.* 31 d. *Theaet.* 151 a. *Xenoph. mem.* I, 1, 4. IV, 8, 5 u. a. Mit den Sophisten hatte er gemein, daß er nicht die sinnenfällige Natur und ihren schaffenden Urgrund untersuchte, sondern nur den geistigen und sittlichen Zustand des Menschen; er trat ihnen gegenüber, indem er das begriffsmäßige Wissen, in dem alle Tugend bestehe, als Ziel der Philosophie

Heer damit, eine Mauer quer über den Isthmus desselben zu bauen, *das.* §. 6—10; nach deren Vollendung kehrte er nach Asien zurück und nahm Atarneus nach 8monatlicher Belagerung, *das.* §. 11; dann unternahm er (im Sommer 397) auf Befehl der Ephoren einen Feldzug nach Karien, schloß aber bald nachher auf dem Rückwege aus Karien mit Tissaphernes und Pharnabazos einen Waffenstillstand, den ihm diese in dem Augenblicke anboten, als beide Teile in der Nähe des Mäandros schlachtgerüstet einander gegenüberstanden, *das.* §. 12 bis 20. [In Bezug auf die Zeit ergiebt sich hieraus, daß Derkyllidas bis zu dem Waffenstillstande drei Sommer und zwei Winter, 399 — 397. in Asien zubrachte. Wie aus *Xen. a. a. O.* 4. 6 hervorgeht, blieb er auch noch den nächsten Winter bis zur Ankunft des Agesilaos und auch nach derselben noch dort.]

164) *Xenoph. Hell.* III, 2, 21—29. *Paus.* III, 8. 2. *Diod.* XIV, 17. Die Ursachen des Kriegs s. *Xenoph. das.* §. 21—22. Ein erster Einfall blieb ohne Erfolg, da Agis wegen eines Erdbebens, als er eben den feindlichen Boden betreten, wieder zurückkehrte, s. *das.* §. 24; bei einem zwei-

ansah, *Plat. Prot.* 329 b. f. 349 b. f. *Xenoph. mem.* III, 9. IV, 6. *Symp.* 2, 12. *Aristot. Eth. Nic.* III, 11. VI, 13. *Eth. Eud.* I, 5. III, 1. VII, 13 u. a., als Vorstufe des Wissens aber das Bewußtsein des Nichtwissens, *Plat. Apol.* 21 d. 23 b. *Theaet.* 159 c., das er durch seine Fragweise (*elgoveiu*) bei anderen weckte, *Plat. Apol.* 21 c. 22 b. f. 23 b. f. Ein abgeschlossenes System hat er jedoch nicht aufgestellt, *Cic. acad.* I, 4, 18, sondern nur nach allen Seiten dazu angeregt, *Plat. Men.* p. 98. Auch geschrieben hat er nichts (*Cic. de orat.* III, 16), so daß wir für die Erkenntnis seiner Lehre auf die Werke seiner Schüler, des Xenophon und Plato, angewiesen sind. Seine Lehrweise erregte aber in Athen vielfach Mißfallen, besonders bei der Partei, die, wie Aristophanes, überhaupt der neuen philosophischen Richtung abhold war oder die altattische Demokratie herstellen wollte. Daher ward Sokrates von den Demokraten Meletos. Anytos und Lykon angeklagt: *Ἀδικεῖ Σωκράτης, οὓς μὲν ἡ πόλις νομίζει θεοὺς οὐ νομίζων, ἕτερα δὲ καινὰ δαιμόνια εἰσηγούμενος, ἀδικεῖ δὲ καὶ τοὺς νέους διαφθείρων (Plat. Apol. II. 10. Plat. Apol. 24 b. Xenoph. mem.* 1, 1, 1. Ohne die gewöhnlichen Rechtsmittel verteidigte sich Sokrates mit dem Stolze der Unschuld. *Diog. L. a. a. O.*, ward mit geringer Stimmenmehrheit schuldig befunden, *Plat. Apol.* 36 a. dann aber, als er zur Selbstschätzung seiner Strafe aufgefordert, sich der Ehre der Speisung im Prytaneion für würdig erklärte, mit größerer Stimmenmehrheit zum Tode verurteilt, *Apol.* 36 d. Wegen der

Olympiaden-jahr.	Jahr v. Chr.	Geschichte.	Kunst und Litteratur.
XCV, 3.	398.	Elis unterwirft sich den Forderungen Spartas.[165]	(Megariker),[5] Antisthenes (Kyniker),[7] Aristippos (Kyrenaiker),[x] Platon (Akademiker)."
		Der spartanische König Agis stirbt; Agesilaos folgt.[166]	

ion Einfall [der nach Xenophon in demselben Jahre (πεϱυόντι τῷ ἐνιαυτῷ, das. §. 25 vgl. Thuk. I. 30), nach Pausanias aber ein Jahr später stattfand, während Diodor überhaupt nur von einem Einfall meldet] wurde ganz Elis mit Ausnahme der Hauptstadt genommen und geplündert. [Über die Zeitbestimmung s. Anm. 168.]

165) Xen. Hell. III. 2, 30 — 31. Paus. III, 8, 2. Diod. XIV, 34. Die Eleer mufsten die Mauern ihrer Hauptstadt niederreifsen und auf die bisher von ihnen behauptete Herrschaft über die übrigen Städte und Völker der Landschaft verzichten. Der Abschlufs erfolgte im nächsten Sommer nach

Festgesandtschaft nach Delos trat für die Vollstreckung des Urteils eine Frist von 30 Tagen ein, Plat. Phaed. 58. Xenoph. mem. IV, 8, 2. die Sokrates zur Flucht zu benutzen verschmähte, Plat. Phaed. 99 a. Apol. 37 c. Criton. Nach Ablauf derselben trank er den Giftbecher mit der ungetrübten Ruhe und Heiterkeit der Seele, die Xenophon, mem. IV, 8, und besonders Plato, Phaed. 115 b ff., in ergreifender Darstellung schildern.

x) Eukleides aus Megara, ein treuer Schüler des Sokrates, Plat. Theaet. 142 c. f. Phaed. 59. c, gewählte nach dessen Tode den Schülern desselben eine Zuflucht, Diog. Laert. II, 106. 111. 6, und ward Stifter der megarischen Schule (oder der Dialektiker). Er verband die Lehre des Sokrates, dafs Erkenntnis das Wesen der Tugend sei, mit der Lehre der Eleaten von der Einheit des Seins, Diog. L. a. a. O. Cic. acad. II, 42. Es gab von ihm sechs, jedoch schon im Altertum angezweifelte Dialoge, von welchen indes nichts erhalten ist, Diog. L. II, 64, 108. Suid. s. v. Unter seinen Schülern sind Diodoros, Diog. L. II, 111. und Stilpo, a. a. O. 113. f., die berühmtesten. Ein Nebenzweig der Megariker ist die elisch-eretrische Schule, gestiftet von Phaedon aus Elis, dem Freund des Sokrates, Diog. a. a. O. II, 105. Suid. s. v. Orll. II. 18. Plat. Phaedon.

y) Antisthenes aus Athen, erst Schüler des Gorgias, dann treuer Anhänger des Sokrates, Diog. L. VI, 1. 2. Xen. mem. III, 11, 17. II, 5. III, 4, 4. Symp. II, 10. III, 7. IV, 34, sammelte nach dessen Tode Schüler um sich im Gymnasium Kynosarges. Deshalb und wegen der Vernachlässigung des äufseren Anstandes und der herrschenden Sitte wurde seine Schule die cynische genannt, Diog. L. VI, 13. Sein Hauptsatz war a. a. O. 11: αὐτάϱκη — τὴν ἀϱετὴν εἶναι πϱὸς εὐδαιμονίαν, μηδενὸς πϱοσδεομένην. Von seinen zahlreichen

dem Einfalle der Spartaner. (Zu derselben Zeit werden nach Diod. a. a. O. auch die Messenier von den Spartanern aus Kephallenia und Naupaktos vertrieben.)

166) Xen. Hell. III, 3, 1—4. Plut. Lys. 22. Ages. 3. Paus. III. 8, 4—5. Agis stirbt, nachdem der Friede mit Elis geschlossen war. s. Xen. a. a. O. §. 1, Agesilaos, sein Bruder, folgt ihm, hauptsächlich durch die Unterstützung des Lysandros, obgleich Agis einen Sohn Leotychides hinterliefs, der als solcher näher berechtigt war, aber wegen angeblich unechter Geburt ausgeschlossen wurde.

Schriften, a. a. O. 15, sind nur spärliche Bruchstücke erhalten. [Zwei Deklamationen, die ihm zugeschrieben wurden. Αἴας und Ὀδυσσεύς, sind kaum echt.] Unter seinen Schülern ist der bekannteste Diogenes von Sinope, genannt ὁ κύων (gestorben 323, Diog. Laert. VI, 79), der die Lehre des Meisters bis zur völligen Lossagung von den gewöhnlichsten Lebensbedürfnissen und Bequemlichkeiten und von der herrschenden Sitte auf die Spitze trieb. Zahlreiche Anekdoten und Charakterzüge aus dem bizarren Sonderlingstreiben des philosophischen Proletariers haben sich erhalten, Diog. L. VI, 20—81, unter ihnen sein Zusammentreffen mit Alexander dem Grofsen, Cic. Tusc. V, 32.

z) Aristippos aus Kyrene kam nach Athen, um Sokrates zu hören. Diog. L. II, 65. Plat. Phaed. 59 c, reiste viel und verkehrte zu Syrakus mit dem älteren Dionysios, Diog. L. II, 66 f., lehrte zuerst unter des Sokratikern für Geld. a. a. O. 72. 74. 80, und wurde Stifter der kyrenaischen Schule. Er lehrte, dafs die Lust, ἡδονή, das höchste Gut sei, Diog. L. II, 75: τὸ χϱηστὸν καὶ μὴ ἡττᾶσθαι ἡδονῆς, Xen. mem. II, 1. III, 8; woher die Kyrenaiker auch Ἡδονικοί genannt wurden. Die Berichte über seine Schriften sind unsicher und widerspruchsvoll, a. a. O. 83 f.

aa) Platon, Sohn des Atheners Ariston, aus einem Geschlechte, das sich von Kodros ableitete, und der Periktione, die von Solon und Kodros stammte, war geboren wahrscheinlich im Sterbejahre des Perikles 429 (oder 427?), Diog. III, 1. 2. 3. Vit. α'. β'. Westerm. Vit. min. p. 382. 388. Suid. s. v. Aufser Sagen über seine Geburt berichten die Lebensbeschreiber von seinem Unterricht in der Grammatik, Musik und Gymnastik, von einem Ringpreis, den er davon getragen haben soll, und von dichterischen Versuchen, Diog. L. a. a. O. 4. 5. Vit. α', wie auch von Kriegsdiensten, Diog. a. a. O. 8. Durch Kratylos ward er mit

| Olympiaden- jahr. | Jahr v. Chr. | Geschichte. | Kunst und Litteratur. |

XCV, 4.   397.   Verschwörung des Kinadon in Sparta.[167]

167) Xen. Hell. III, 3, 4—11. Vgl. Arist. Pol. V, 6, 2. Die Verschwörung trag sich zu οὔπω τριανταῖον ὄντος ἐν τῇ βασιλείᾳ Ἀγησιλάου, Xen. a. a. O. §. 4. Von Kinadon, dem Urheber derselben, heifst es das. §. 5: οὗτος δ᾽ ἦν καὶ τὸ εἶδος νεανίσκος καὶ τὴν ψυχὴν εὔρωστος, οὐ μέντοι τῶν ὁμοίων (über die ὅμοιοι vgl. Xen. de rep. Lac. X, 7. XIII, 1, 7. Anab. IV, 16, 4 und Arist. a. a. O., den Gegensatz derselben bilden die ἐνιαύσιος, Xen. a. a. O. §. 6); er selbst giebt als den Zweck seines Unternehmens an μηδενὸς ἥττων εἶναι ἐν Λακεδαίμονι, das. §. 11. Das Bemerkenswerteste dabei ist aufser der grofsen Gefahr, in welcher Sparta schwebte, dafs bei dieser Gelegenheit zuerst die aufserordentlich geringe Zahl der vollberechtigten Spartiaten zum Vorschein kommt. Derjenige, welcher die Verschwörung zur Anzeige bringt, erzählt, ὅτι ὁ Κινάδων ἀγαγὼν αὐτὸν ἐπὶ τὸ ἔσχατον τῆς

ἀγορᾶς ἀριθμῆσαι κελεύσαι ὁπόσοι Σπαρτιᾶται εἶεν ἐν τῇ ἀγορᾷ· καὶ ἐγώ, ἔφη, ἀριθμήσας βασιλέα τε καὶ ἐφόρους καὶ γέροντας καὶ ἄλλους ὡς τετταράκοντα, ἠρόμην, τί δή μοι τούτους, ὦ Κινάδων, κελεύεις ἀριθμῆσαι; ὁ δὲ εἶπε, Τούτους, ἔφη, νόμιζέ σοι πολεμίους εἶναι, τοὺς δ᾽ ἄλλους πάντας συμμάχους πλέον ἢ τετρακισχιλίους ὄντας τοὺς ἐν τῇ ἀγορᾷ· ἐπιδεικνύναι δ᾽ αὐτόν, ἔφη, ἐν ταῖς ὁδοῖς ἕνα μὲν ἕνα, δύο δὲ δύο πολεμίους ἀπαντῶντας, τοὺς δ᾽ ἄλλους ἅπαντας συμμάχους, καὶ ὅσοι δὲ ἐν ταῖς χωρίοις, Σπαρτιατῶν τύχοιεν ὄντες, ἕνα μὲν πολέμιον τὸν δεσπότην, συμμάχους δ᾽ ἐν ἑκάστῳ πολλούς, das. §. 7. Über den Hafs, den die Heloten, Neodamoden, die ἐνιαύσιοι und die Periöken gegen die Spartiaten hegten, s. das. §. 6. Durch jenen Angeber wird die Verschwörung vereitelt und an allen ihren Teilnehmern aufs furchtbarste bestraft, das. §. 11, vgl. Polyaen. II, 14, 1.

der Philosophie des Herakleitos bekannt, Arist. Metaph. I, 6. Vit. a', p. 385. Etwa 20 Jahr alt, trat er mit Sokrates in Verbindung, Diog. L. III, 6. Vit. a', p. 391. Suid. s. v., der ihm Wohlwollen zuwandte, Xen. mem. III, 6, 1; er war jedoch bei Sokrates Tode abwesend wegen Krankheit, Plat. Phaed. 59 b. Apol. 38 b. Diog. L. III, 36. Unter den Sokratikern waren Antisthenes und Aristippos seine Gegner, Plat. Phaed. 59 a. Soph. 251 c. Diog. L. III, 35. 36. Nach Sokrates Tode begab er sich mit andern Anhängern desselben nach Megara zum Eukleides und unternahm dann Reisen nach Kyrene, Ägypten, Unteritalien und Sicilien, auf denen er mit dem Kyrenaiker Theodoros und den Pythagoreern, namentlich Philolaos und Archytas, nähere Bekanntschaft machte, a. a. O. 6. 9. Vit. β', p. 392. a', p. 385. In Syrakus beim älteren Dionysios erregte er durch seine Freimütigkeit solchen Anstofs, dafs ihn derselbe dem spartanischen Gesandten Pollis übergab, um ihn als Sklaven nach Ägina zu verkaufen, von wo ihn Annikeris von Kyrene losgekauft haben soll, Plut. Dion. 5. Diog. L. III, 18—21. Vit. a', p. 385 f. Nach seiner Rückkehr (387 oder 386) lehrte er dialogisch, wahrscheinlich auch durch Vorträge in dem bei Athen gelegenen Gymnasion Ἀκαδήμεια, so genannt von einem Heros Ἀκάδημος, Diog. L. III, 7. 41: ὅτε τοῖς Ἀκαδημικοῖς προσηγορεύθη ἡ ἀπ᾽ αὐτοῦ ὀψίαις, vgl. Vit. a'. p. 387. Zum zweitenmal soll er nach Sicilien gekommen sein nach dem Tode des älteren Dionysios auf Dions Aufforderung (367), und nach dessen Verbannung zum drittenmal (361) ohne günstigen Erfolg für die politischen Verhältnisse in Syrakus, a. a. O. 21 f. Plato erreichte in ungeschwächter Geisteskraft das 81ste Lebensjahr und starb 348, Hermipp. b. Diog. L. III, 2. Cic. de sen. 5. Die Reinheit und Hoheit seines Charakters wird von den Alten hochgepriesen, Diog.

a. a. O. 44: τῶν τις καὶ γελῶν ταῦτα | τιμᾷ ἀνὴρ ἀγαθός, θεῖον ἴδοιτο μόνον. Unter seinem Namen sind 41 philosophische Dialoge, eine Sammlung philosophischer Definitionen und 13 Briefe erhalten, a. a. O. III, 57 f. von denen jedoch die Definitionen und die Briefe wie eine Anzahl kleinerer Dialoge, namentlich Minos, Hipparchos, der zweite Alkibiades, Auterastai, Theages, Klitophon, Epinomis, allgemein für unecht gehalten werden. Schon die Alten versuchten die Dialoge des Platon in Tetralogieen oder Trilogieen zusammen zu fassen, a. a. O., neuere Gelehrte haben dieselben nach Zeitfolge und innerer Verwandtschaft verschieden geordnet und gruppiert. Unter den Dialogen sind von hervortretender Wichtigkeit für Platons Lehre: Φαίδρος, über die Liebe als Sehnsucht nach der Idee, Πρωταγόρας, über die Lehrbarkeit und Einheit der Tugend und ihr Entstehen aus dem Wissen, Γοργίας, von der Verwerflichkeit des Glückseligkeitsprinzips der Sophisten und der Einheit der Tugend und Glückseligkeit, Θεαίτητος, über den Unterschied des Wissens von der sinnlichen Wahrnehmung und Vorstellung, Σοφιστής, Widerlegung der Ansichten der eleatischen Schule über Sein und Nichtsein, Παρμενίδης, Platons eigentümliche Lehre von unsinnlichen, unentstandenen, unveränderlichen und unvergänglichen Wesenheiten als Vorbildern der gewordenen sinnlichen Dinge, ἰδέαι, εἴδη, Κρατύλος, über das Verhältnis der Sprache zum Erkennen, Συμπόσιον, über die philosophische Liebe, Φαίδων, von der Seele und deren Unsterblichkeit, Φίληβος, über das höchste Gut und die verschiedenen Arten des Seins, Πολιτεία, über die Verwirklichung der Gerechtigkeit im Staate nebst einer Beschreibung des Musterstaates, Τίμαιος, über die Entstehung und Einrichtung der Welt. Vorwiegend als geschichtliche Berichte für das Wirken und Schicksal des Sokrates sind wichtig Ἀπολογία Σωκράτους und Κρίτων.

Olympiaden-jahr.	Jahr v. Chr.	Geschichte.	Kunst und Litteratur.
XCVI, 1.	396.	Agesilaos in Kleinasien; seine glücklichen Unternehmungen gegen die persischen Satrapen.[168]	*Geschichtschreiber:* Xenophon,[bb] Ktesias,[cc] Philistos.[dd]

168) *Xen. Hell.* III, 4, 1—15. Nach Unterdrückung der Verschwörung des Kinadon (*das.* §. 1) erbietet sich Agesilaos auf die Nachricht, dafs der Perserkönig grofse Rüstungen mache, den Oberbefehl in Asien selbst zu übernehmen, und tritt dann im Frühjahr 396 den Zug dahin mit 30 Spartiaten, 2000 Neodamoden und 6000 Bundesgenossen an, *das.* §. 2. Nach seiner Ankunft in Asien bietet ihm Tissaphernes unter dem Vorgeben, dafs er einen für Sparta annehmbaren Frieden beim König auswirken wolle, Waffenstillstand an, den Agesilaos auf 3 Monate (*Xen. Ages.* 1, 10) annimmt. Nach deren Ablauf macht er einen Einfall in Phrygien, während Tissaphernes, von ihm getäuscht, seine Streitkräfte in Karien versammelt, um dieses zu verteidigen, *das.* §. 11—15. [Dafs der Zug des Agesilaos im Frühjahr 396 angetreten wurde, geht aus folgendem hervor. Seine Rückkehr aus Asien fand im Jahre 394 im Sommer statt, und die Rüstungen dazu begannen im Frühjahr, s. *Anm.* 177; nach *Xen. Ages.* 1, 34. *Plut. Ages.* 14. 15 aber umfassen seine dortigen Unternehmungen einen Zeitraum von 2 Jahren, und *Xen. Hell.* III, 4, 20 wird im Frühling 395 (s. *das.* §. 16) ausdrücklich bemerkt, dafs seit dem Auszug des Agesilaos 1 Jahr abgelaufen sei. Auch stimmt hiermit die Darstellung der Vorgänge bei Xenophon vollkommen überein; denn nach den Ereignissen des Jahres 396 wird *Hell.* III, 4, 16 der Anbruch des Frühlings bemerkt, dann folgt der Zug des Agesilaos nach Lydien und nach Phrygien, letzterer *ἅμα μετοπώρῳ, das.* IV, 1, 1, hierauf die Winterquartiere in Phrygien (dafs es während seines Aufenthaltes daselbst Winter ist, beweist namentlich die Stelle *das.* §. 14), und im darauf folgendem Frühjahre (s. *das.* §. 41) ist er eben mit den Rüstungen zu einem Feldzug in das Innere von Asien beschäftigt, als er den Befehl zur Rückkehr bekommt, s. *das.* 2, 1—2.]

bb) Xenophon aus Athen, Sohn des Gryllos, geboren um 444. *Diog. Laert.* II, 48 f. (nach anderen um 431), Genosse und Schüler des Sokrates, auch des Prodikos, *Philostr. Vit. Soph.* 1, 12, begab sich nach Beendigung des peloponnesischen Krieges nach Sardes zu Kyros, *Diog. L.* II, 55. *Anab.* III, 1, 4, trat unter dessen griechische Söldner und führte nach der Schlacht von Kunaxa und der Ermordung der griechischen Obersten die sog. 10000 nach Thrakien zurück. Infolgedessen ward er aus Athen verbannt und focht unter Agesilaos; die Spartaner aber schenkten ihm ein Landgut bei dem den Eleern entrissenen Skillus, wo er mit Landbau, mit Jagen und Reiten und mit Abfassung seiner Schriften sich beschäftigte, *Diog. L.* II, 51. 52. *Anab.* V, 3, 7. *Paus.* V, 6, 4. Von dort durch die Eleer vertrieben, *Diog. a. a. O.* 53, begab er sich, obwohl unterdes von den Athenern zurückgerufen, nach Korinth, wo er den Rest seiner Tage verlebte, a. a. O. 56. Nachdem er den Tod seines Sohnes Gryllos mit Fassung ertragen hatte, a. a. O. 53, starb er wahrscheinlich um 355. Seine Schriften, meist historischen und politischen Inhalts, sind: Κύρου *παιδεία, Ἀνάβασις, Ἑλληνικά,* griechische Geschichte von der Zeit, wo Thukydides Werk schliefst, bis zur Schlacht von Mantinea, ferner die von vielen ihm abgesprochenen Schriften *λόγος εἰς Ἀγησίλαον, Λακεδαιμονίων πολιτεία, Ἀθηναίων πολιτεία, Πόροι ἢ περὶ προσόδων,* über Wiederherstellung der athenischen Finanzen, zum Teil philosophischen Inhalts: *Ἀπομνημονεύματα Σωκράτους, Σωκράτους ἀπολογία πρὸς τοὺς δικαστάς, Συμπόσιον φιλοσόφων, Οἰκονομικὸς λόγος;* endlich *Ἱέρων, Περὶ ἱππικῆς, Ἱππαρχικός, Κυνηγετικός.* Seine Sprache galt als Muster des reinsten Atticismus, er heifst daher *Ἀττικὴ Μοῦσα, Diog. L.* II, 57 (γλυκύτητι τῆς ἑρμηνείας) und *Ἀττικὴ μέλιττα.* Vgl. *Dion. Hal. Ep. ad Cn. Pomp.* 4. *Cens. de rett. script.*

III, 2. *Cic. orat.* 19. *de orat.* II, 14. *Brut.* 35. *Quint.* X, 1, 82.

cc) Ktesias aus Knidos, Zeitgenosse Xenophons, war zur Zeit der Schlacht von Kunaxa Leibarzt des Perserkönigs Artaxerxes Mnemon, verliefs indes den persischen Hof im J. 399 wieder und kehrte in sein Vaterland zurück, *Diod.* XIV, 32. *Anab.* 1, 8, 27. *Suid.* s. v. Er schrieb in ionischem Dialekt eine Geschichte der grofsen Monarchieen des Orients, zum Teil nach einheimischen Quellen unter dem Titel: *Περσικά* in 23 Büchern, *Suid. a. a. O.,* von der bei Photios, *Bibl. cod.* 72, Diodor. I. II, a. a., Plutarch *vit. Artax.* u. a. Auszüge erhalten sind, und eine kleinere Schrift *Ἰνδικά,* von der Photios ebenfalls einen Auszug giebt, nebst einigen anderen gänzlich verloren gegangenen Schriften.

dd) Philistos aus Syrakus, geboren vor dem Angriff der Athener auf Syrakus, *Plut. Nic.* 19, Verwandter und Anhänger Dionysios' des älteren, *Diod.* III, 91. XIV, 8. *Plut. Dion.* 11, 36. *Corn. N. Dion.* 3. Isole dann (um 386) verbannt an Adria, *Plut. d. exil.* 14, p. 605 c, und ward wahrscheinlich erst vom jüngeren Dionysios zurückgerufen im J. 367, *Plut. a. a. O. Corn. N. a. a. O.* Als Admiral fand derselbe und er in einer Seeschlacht gegen Dion und die Syrakusier seinen Tod. *Diod.* XVI, 11, 16. *Plut. Dion.* 35. Er schrieb *Σικελικά, Plut. Dion.* 11, eine Geschichte Siciliens von den ältesten Zeiten bis auf Dionysios den jüngeren, *Diod.* XIII, 103. XV, 89. *Dion. Hal. ep. ad Pomp.* 6, und vielleicht auch noch andere Schriften, *Suid.* s. v. Nur sehr spärliche Bruchstücke derselben sind auf uns gekommen, *Fragm. Histor. Graec. ed. C. Müller* I, p. 185 f. Plutarch nennt ihn *Dion.* 36: φιλοτυραννότατος ἀνθρώπων. Vgl. Quintil. X, 1, 74: Imitator Thucydidis et in multo infirmior ita aliquatenus lucidior.

Olympiaden-jahr.	Jahr v. Chr.	Geschichte.
XCVI, 2.	395.	Agesilaos fällt in Lydien ein und besiegt die Reiterei der Perser.[169] Tissaphernes wird infolge davon abgesetzt; sein Nachfolger Tithraustes schickt Timokrates nach Griechenland, um durch Bestechung gegen Sparta Krieg zu erregen.[170] Eröffnung des Kriegs in Phokis; Lysandros wird bei Haliartos geschlagen und getötet.[171] Der spartanische König Pausanias abgesetzt; Agesipolis folgt.[172] Agesilaos hält seine Winterquartiere in Phrygien.[173] b) Der korinthische Krieg 394—387.
XCVI, 3.	394.	Die verbündeten Thebaner, Athener, Korinthier und Argeier werden von den Spartanern bei Korinth besiegt.[174]

169) Er hatte, durch einen von der feindlichen Reiterei im vorigen Jahre erlittenen Nachteil belehrt, seine Reiterei verstärkt, Xen. Hell. III, 4, 15. und überhaupt den Winter dazu benutzt, seine Streitkräfte zu üben und auszubilden, das. §. 16—19; der günstige Erfolg dieses Jahres wurde ebenfalls durch eine glückliche Täuschung hervorgebracht, das. §. 20—24.

170) Xen. Hell. III, 4, 25. 5, 1—2. Theben, Korinth, Argos waren die Staaten, gegen welche Timokrates die Bestechung anwandte; auch Athen war zum Kriege geneigt, hatte jedoch an der Bestechung keinen Teil. (Anders in Bezug auf die Athener Paus. III, 9. 1. Plut. Ages. 15.)

171) Die Thebaner nahmen sich bei einer Gebietsstreitigkeit zwischen Phokern und Lokrern (nach Xen. Hell. III, 5, 3 sind es die opuntischen, nach Paus. V, 9, 4 die ozolischen Lokrer von Amphissa) der letztern an, die Phoker baten darauf in Sparta um Hilfe, worauf Lysandros abgeschickt wurde, um die Oiaier, Malier, Änianen und Herakleoten aufzubieten und mit diesen und den Phokern den Krieg gegen die Thebaner zu beginnen; der König Pausanias sollte mit einem peloponnesischen Heere nachfolgen, Xen. Hell. III. 5, 3—7; Lysandros drang in Böotien ein und berannte Haliartos, wurde aber bei einem Ausfall der Haliartier, der durch Zuzug aus Theben unterstützt wurde, geschlagen und getötet, das. 17 bis 21, vgl. Plut. Lys. 28. Pausanias kam zu spät, um dem Lysandros zu helfen, und kehrte zurück, ohne gegen die vereinigten Thebaner und Athener (letztere waren von den Thebanern als Bundesgenossen für den Krieg gewonnen worden, Xen. a. a. O. §. 8—10) eine Schlacht zu wagen, Xen. a. a. O. §. 21—24. (Der Krieg wird, Diod. XIV, 81. Plut. Lys. 27, der böotische genannt und ist zunächst nur ein Krieg zwischen Sparta und Theben, von Athen unterstützten Theben, daher von dem nachfolgenden korinthischen wohl zu unterscheiden.)

172) Pausanias wurde wegen seiner bei den Ann. 171 angeführten Vorgängen bewiesenen Feigheit, zugleich aber auch wegen seiner Begünstigung der athenischen Demokraten im J. 403 (Anm. 150) zum Tode verurteilt, hatte sich aber dem Urteilspruch schon vorher durch die Flucht entzogen, Xen. Hell. III, 5, 25. Er hinterließ zwei unmündige Söhne, Agesipolis und Kleombrotos, von denen der erstere zunächst unter der Vormundschaft des Aristodemos sein Nachfolger wurde, das. IV, 2, 9. Paus. III, 5, 7.

173) Er hatte mit Tithraustes einen Waffenstillstand (auf 6 Monate, Diod. XIV, 80) geschlossen, Xen. Hell. III, 4, 25—26. Vorher hatte er mehrere Streifzüge gemacht und dabei auch mit König Otys ein Bündnis geschlossen, s. das. IV, 1. 1—10.

174) Nach dem böotischen Kriege wurde der Bund zwischen den oben genannten Staaten geschlossen, Diod. XIV, 82 vgl. Xen. Hell. IV, 2, 1, dem auch die Euböer, die ozolischen Lokrer und die Akarnanen beitraten, Diod. a. a. O. Xen. a. a. O. §. 17. Hierauf wurden zunächst auch die Thessaler zum Beitritt gezwungen, welche bisher auf der Seite Spartas gestanden hatten, auch wurde Heraklea am Öta genommen und damit der Beitritt der benachbarten Völkerschaften bewirkt, Diod. a. a. O. vgl. Xen. das. 3, 3. Im Frühjahr sammelten sich die Verbündeten in Korinth, die Spartaner rückten ihnen entgegen, und es kam bei Korinth (Xen. Lept. p. 472. §. 52, nach Diod. a. a. O. XIV, 83 am Flusse Nemeas) zur Schlacht, in welcher die Spartaner siegten. Xen. Hell. IV, 2 (nach Diod. a. a. O. war der Ausgang zweifelhaft). Die beiderseitigen Streitkräfte: 6000 Hopliten aus Sparta, 3000 aus Elis, 1500 aus Sikyon, 3000 aus Epidauros, Trözen, Hermione und Halia, 600 lakedaimonische Reiter, 300 kretische Bogenschützen, 400 Schleuderer, auf der andern Seite 6000 Hopliten aus Athen, 7000 aus Argos, 5000 aus Böotien, 3000 aus Korinth, 3000 aus Euböa, dazu 1550 Reiter aus Böotien, Athen, Euböa und von den opuntischen Lokrern und leichtbewaffnete Arkader, Lokrer, Melier, Xen. a. a. O. §. 16 bis 17 (nach Diodor waren auf der Seite von Sparta 23000 z. F. und 500 Reiter, auf der der Verbündeten 15000 z. F. und 500 Reiter, XIV, 82. 83). Der Erfolg der Schlacht erstreckte sich nicht weiter, als daß die Verbündeten ihr Vorhaben, nach Lakonika vorzudringen, aufgeben mußten. [Über die Zeit s. Xen. Hell. IV, 3, 1 vgl. Anm. 177.]

Olympiaden-jahr.	Jahr v. Chr.	Geschichte.
XCVI, 3.	394.	Die spartanische Flotte unter Peisandros bei Knidos von Konon und Pharnabazos geschlagen.[175] Agesilaos aus Asien zurückberufen;[176] sein Sieg über die Verbündeten bei Koroneia.[177]
XCVI, 4.	393.	Korinth der Mittelpunkt des Kriegs und der Sammelplatz der Streitkräfte der Verbündeten.[178]
		Die langen Mauern von Athen durch Konon wiederhergestellt.[179]

175) Konon (über dessen Flucht von Ägospotamoi nach Kypros s. *Anm.* 147) war schon im J. 397 oder 396 auf Veranlassung des Pharnabazos vom Perserkönig mit Geld zur Ausrüstung einer Flotte versehen worden, hatte aber bis jetzt, besonders aus dem Grunde, weil der Sold vom Perserkönig nicht gezahlt wurde, wenig ausgerichtet. s. *Diod.* XIV, 39. 79. *Isocr. Paneg.* p. 70. §. 142. *Philipp.* p. 94. §. 62—64 vgl. *Xen. Hell.* III. 4, 1. Um von dem Perserkönig besser unterstützt zu werden, reiste er selbst zu demselben nach Babylon, *Diod.* XIV. 81. *Corn. Nep. Con.* 3. vgl. *Ctes. Pers. fr.* 63. Nachdem er sodann seine Flotte bedeutend verstärkt hatte, lieferte er mit Pharnabazos zusammen dem Peisandros (welcher von Agesilaos im J. 395 zum Nauarchen ernannt worden war. *Xen. Hell.* III, 4, 27—29) die Schlacht bei Knidos, durch welche der Seeherrschaft der Spartaner für jetzt ein Ende gemacht wurde. *Xen. Hell.* IV. 3. 10—12. *Diod.* XIV, 83. Hierauf wurden überall auf den Inseln und in den Küstenstädten die spartanischen Harmosten vertrieben; nur in Abydos und Sestos wurde die spartanische Herrschaft durch Derkyllidas aufrecht erhalten, *Xen. a. a. O.* §. 8, 1—11. *Isocr. Phil. a. a. O.* §. 63: νικήσας τῇ ναυμαχίᾳ (Κόνων) „Λακεδαιμονίων μὲν ἐξέβαλεν ἐκ τῆς ἀρχῆς, τοῖς δὲ Ἕλλησιν ἠλευθέρωσεν. (Nach *Diod. a. a. O.* hatten Konon und Pharnabazos ungefähr 90, Peisandros 85 Schiffe, nach *Xen. a. a. O.* §. 12 scheint aber das Mifsverhältnis zwischen beiden Teilen gröfser gewesen zu sein. Konon hatte nach *Xen. das.* §. 17 Hellenen unter seinem Befehl, nach *Plat. Menex.* p. 245 A waren es aber nur ἐχτίδες καὶ ἐθέλοντες. Der Zeit nach ist die Schlacht gegen Ende des Monats Juli oder in die ersten Tage des August zu setzen, *Xen. das.* §. 10 s. *Anm.* 177.]

176) Agesilaos traf bei Annäherung des Frühjahrs in Phrygien (s. *Anm.* 173) die Vorbereitungen zu einem Zuge in das Innere des persischen Reichs, „νομίζων ὁπόσα ὁπισθεν ποιήσαιτο ἔθνη, πάντα ἀποστερήσειν βασιλέως," *Xen. Hell.* IV. 1, 41. Da kam die Botschaft aus der Heimat, dafs er zurückkehren solle, der er trotz der glänzenden Aussichten, die sich ihm eröffneten, ohne Widerrede und sogleich Folge leistete, indem er sich nur noch so viel Zeit verstattete, um seine Rüstungen zu vollenden, *Xen. das.* 2, 1—8. *Ages.* I. 35—36. *Plut. Ages.* 15.

177) Agesilaos nahm denselben Weg, wie Xerxes auf seinem Zuge gegen Griechenland, legte denselben aber, statt wie dieser in 6 Monaten, in einem Monat zurück, *Xen. Hell.* IV. 2, 8. *Ages.* II. 1. Als er in Amphipolis war, erhielt er die Nachricht von dem Siege der Spartaner bei Korinth, *Xen. das.* 3, 1, und als er im Begriff stand, in Böotien einzufallen, traf ihn die Nachricht von dem Tode und der Niederlage des Peisandros, und zu derselben Zeit fand eine Sonnenfinsternis statt, *das.* §. 10. *Plut. Ages.* 17. Über die Schlacht bei Koroneia (an welcher auf der andern Seite die Böoter, Athener, Argeier, Korinthier, Änianer, Euböer und die ozolischen und opuntischen Lokrer teilnahmen, *das.* §. 15) s. *das.* §. 15—21. [Da die erwähnte Sonneufinsternis auf den 14. August 394 fällt, so ergiebt sich, dafs die Schlachten bei Korinth und bei Knidos ungefähr in dieselbe Zeit, erstere etwa in die Mitte, letztere gegen Ende des Juli dieses Jahres zu setzen sind; zugleich aber erhalten wir dadurch einen festen Anhaltepunkt für die Zeitbestimmungen vom J. 401 an, welche sämtlich in diesem Datum und in den hieran sich schliefsenden Kombinationen ihre feste Stütze finden.]

178) *Xen. Hell.* IV. 4, 1: *Ἐκ δὲ τούτου ἐπολέμουν Ἀθηναῖοι μὲν καὶ Βοιωτοὶ καὶ Ἀργεῖοι καὶ οἱ σύμμαχοι αὐτῶν ἐκ Κορίνθου ὁρμώμενοι, Λακεδαιμόνιοι δὲ καὶ οἱ σύμμαχοι ἐκ Σικυῶνος.* Daher auch der Name „korinthischer Krieg", *Diod.* XIV, 86. *Paus.* III, 9, 6. [Von den weiteren Ereignissen des Kriegs lassen sich aufser dem Friedensschlusse nur zwei chronologisch fest bestimmen, s. *Anm.* 180 und 183, alle übrigen Zeitbestimmungen beruhen nur auf Kombination und können um so weniger auf mehr als blofse Wahrscheinlichkeit Anspruch machen, als Xenophon (der erst den Krieg zu Lande, IV. 4—7, und dann den Seekrieg, IV, 8—V, 1, erzählt) sich hier der Andeutungen in betreff der Zeit fast gänzlich enthalten hat.]

179) *Xen. Hell.* IV. 8. 7—10. Konon und Pharnabazos segeln mit dem Beginn des Frühlings (*das.* §. 7) aus, plündern erst die Küste von Lakonika, nehmen Kythera, unterstützen die Verbündeten in Korinth mit Geld, und hierauf geht Konon nach Athen, um daselbst mit persischem Geld die Mauern herzustellen; weshalb er von den Rednern vielfach als der Wiederbegründer der athenischen Hegemonie gerühmt wird, s. *Demosth. Lept.* p. 477. §. 68: *δὶς ἴδωμεν ἀνέστησε τὰ τείχη καὶ πρῶτος πάλιν περὶ τῆς ἡγεμονίας ἐποίησε τὸν λόγον πρὸς Λακεδαιμονίους εἶναι,* vgl. *Isocr. Phil.* p. 95 §. 64. *Areop.* p. 153, §. 65. (Schon um diese Zeit, wahrscheinlich im J. 392, schicken die Spartaner den Antalkidas an den persischen Satrapen Tiribazos, um ihm ein Bündnis anzubieten, *Xen. Hell.* IV, 8, 12—16; das Bünd-

Olympiaden-jahr.	Jahr v. Chr.	Geschichte.
XCVII, 1.	392.	Sieg der Spartaner bei Lechäon.[180]
XCVII, 2.	391.	Agesilaos fällt in das Gebiet von Argos ein;[181] die Spartaner Herren des Gebiets von Korinth und des korinthischen Meerbusens.[182]
XCVII, 3.	390.	Iphikrates stellt das Übergewicht der Verbündeten wieder her.[183] Die

nis kommt zwar nicht zu stande, indes haben diese Unterhandlungen doch die Folge, daſs Konon von Tiribazos gefangen genommen wird, und daſs Tiribazos den Spartanern Geld zur Ausrüstung einer Flotte giebt, *das.* §. 16. *Diod.* XIV, 85. Ob Konon getötet wurde oder entkam, ist zweifelhaft, s. *Corn. Nep. Con.* 5 vgl. *Lys. de bon. Aristoph.* p. 155. §. 39. *Isocr. Paneg.* p. 73. §. 154; jedenfalls wurde er zum groſsen Schaden für Athen der ferneren Teilnahme an dem Kriege entzogen.]

180) Die Spartaner werden nach einem blutigen Parteikampf in Korinth von der Oppositionspartei daselbst in die langen Mauern zwischen der Stadt und dem Hafen Lechäon eingelassen und bringen den Verbündeten, die sie wieder vortreiben wollen, eine schwere Niederlage bei. *Xen. Hell.* IV, 4, 2—12, worauf die langen Mauern zerstört und nachher auch noch Sidus und Krommyon genommen werden, *das.* §. 13. (Wahrscheinlich wurde auch Lechäon selbst genommen, *Diod.* XIV, 86, vgl. *Xen. a. a. O.* §. 12. 17.) [Aus *Aristid. Or.* XLVI. vol. II, p. 276 (*Jebb.*): τῆς δ' ἐν Κορίνθῳ μάχης καὶ τῆς ἐν Λεχαίῳ μάσος ἔχουν Εὐριπίδης geht hervor, daſs die Schlacht bei Lechäon in dem auf das Archontat des Eubulides folgenden Jahre, also in der zweiten Hälfte des J. 393 oder in der ersten des J. 392 vorgefallen ist; das letztere ist als besser in den Zusammenhang der Ereignisse passend das wahrscheinlichere.] Über die Art der weiteren Kriegführung nach der Schlacht heiſst es *Xen. a. a. O.* §. 13: Ἐκ δὲ τούτου στρατιὰ μὲν μεγάλη ἑκατέρων διεπέπαυτο, φρουροὺς δὲ πέμπουσιν αἱ πόλεις, οἱ μὲν εἰς Κόρινθον αἱ δὲ εἰς Σικυῶνα, ἐφύλαττον τὰ τείχη· μισθοφόρους γε μὴν ἑκάτεροι ἔχοντες διὰ τούτων ἐρρωμένως ἐπολέμουν. Bei diesem Kriege mit Miestruppen (deren Gebrauch in dieser Zeit beginnt, s. *Demosth. Phil.* I, p. 45. §. 23. *Isocr. Phil.* p. 161. § 96. *Harpocr.* s. v. ξενικόν) zeichnete sich Iphikrates besonders aus, der die Bewaffnung der Leichtbewaffneten (πελτασταί) verbesserte, s. *Corn. Nep. Iphicr.* 1. *Diod.* XV, 54, und mit diesen jetzt mehrere Vorteile über die Verbündeten Spartas gewann. *Xen. a. a. O.* §. 14—17.

181) *Xen. Hell.* IV, 4, 19.

182) Die langen Mauern von Lechäon (s. *Anm.* 180) waren mittlerweile von den Athenern wieder aufgebaut (und damit zugleich wahrscheinlich Lechäon von ihnen besetzt worden), *Xen. Hell.* IV, 4. 18; Agesilaos nahm dieselben jetzt wieder, *das.* §. 19, und sein Bruder Teleutias, der zu gleicher Zeit den korinthischen Meerbusen mit 12 Trieren beherrschte. *das.* 8. 11, kam herbei und nahm die Schiffe und Schiffs-

werften der Korinthier, jedenfalls indem er sich des Hafens Lechäon bemächtigte, *das.* 1, 19.

183) Agesilaos kam zur Zeit der isthmischen Spiele wieder in das Gebiet von Korinth, *Xen. Hell.* IV, 5, 2, und bemächtigte sich Peirüons in demselben, *das.* §. 3—6. Kurze Zeit darauf aber griff Iphikrates mit seinen Peltasten eine Abteilung (μόρα) spartanischer Hopliten an und rieb dieselbe fast gänzlich auf, *das.* §. 9—17; s. bes. §. 12, wonach von der ganzen 600 Mann starken Abteilung nur wenige entkamen. (Die Zahl von 250 Gefallenen, *das. c.* 17, ist daher jedenfalls zu gering). Seitdem wird uns von Unternehmungen zu Lande nur noch ein Feldzug des Agesilaos nach Akarnanien, *das. c.* 6, und ein Einfall des Agesipolis in Argos berichtet, *das.* 7, 2—7. Über den groſsen Eindruck, den dieser Erfolg des Iphikrates (in ähnlicher Weise wie die Gefangennehmung der Spartiaten auf Sphakteria) machte, s. *das.* 5, 10. Übrigens wurde Iphikrates bald von Korinth zurückberufen, weil er durch seine glänzenden Thaten die Eifersucht der übrigen Verbündeten erregt hatte, *das.* 8, 34; nach *Diod.* XIV, 92 vgl. *Aristid. Panath.* 1, p. 168 (*Jebb.*), weil er sich in Korinth zum Herrn der Stadt gemacht hatte und die Athener selbst hiermit unzufrieden waren. [Die isthmischen Spiele wurden immer im Frühjahr des 2. und 4. Olympiadenjahres gefeiert, und die Vernichtung der spartanischen Mora kann daher nur entweder in den Jahr 392 oder 390 gesetzt werden. Daſs das letztere das Richtigere, geht daraus hervor, daſs bis zum Jahre 392 die Ereignisse des Kriegs kaum würden untergebracht werden können, s. besonders *Anm.* 180 und 182; einen weiteren Beweis dafür giebt die Rede des Andokides über den Frieden, vorausgesetzt, daſs dieselbe, wie kaum zu bezweifeln, echt ist. Diese Rede ist nämlich im Jahre 391 gehalten, s. p. 25. §. 20, und während daselbst der Schlachten bei Korinth, Koroneia und Lechäon gedacht wird, s. §. 18, so wird ausdrücklich bemerkt, daſs die Spartaner bisher noch nicht in einer einzigen Schlacht geschlagen worden seien, s. §. 19. Auch wird §. 20 der lebhafteste Wunsch der Thebaner nach Frieden erwähnt, der nach *Xen. Hell.* IV, 5, 6 vor der Vernichtung der Mora stattfand, während nach der Vernichtung die Thebaner nichts weniger als dazu geneigt waren, s. *das.* §. 9. In eben dieser Zeit fanden übrigens, wie wir aus derselben Rede ersehen, auch zwischen Sparta und Athen Verhandlungen über den Frieden statt, und es kamen Gesandte der Spartaner deshalb nach Athen, die indes, ohne ihren Zweck zu erreichen, wieder weggingen, s. *Philochor. in dem Argum. zu der R.*]

XCVII, 3.	390.	Unternehmungen der Spartaner unter Teleutias und der Athener unter Thrasybulos zur See.[184]
XCVIII, 2.	387.	Antalkidischer Friede. Der Perserkönig wird von den Spartanern durch ihren Abgesandten Antalkidas gewonnen, einen ihren Interessen entsprechenden Frieden zu gebieten, dem sich die übrigen kriegführenden Staaten gezwungen unterwerfen.[185]
		c) Die Gewaltthätigkeiten der Spartaner gegen Mantinea, Theben, Olynth und Phlius, bis zu ihrer Vertreibung aus der Kadmea, 386—379.
XCVIII. 4.	385.	Mantinea von den Spartanern zerstört.[186]

184) Die Spartaner hatten schon vorher (im J. 391) den Ekdikos als Nauarchen mit 8 Schiffen ausgeschickt, um die von der demokratischen Partei vertriebenen Aristokraten (s. *Diod.* XIV, 79. 97) wieder in Rhodos einzusetzen; derselbe hatte aber nichts ausgerichtet, *Xen. Hell.* IV, 8, 20—22. Hierauf schickten sie Teleutias, der eine Flotte von 27 Schiffen zusammenbrachte und sich in Rhodos, mit der herrschenden demokratischen Partei Krieg führend, festsetzte, *das.* 23—24. 25. Gleichzeitig wurde von den Athenern Thrasybulos mit 40 Schiffen ausgesandt, der sich Byzantions und Chalkedons bemächtigte, auf Lesbos den spartanischen Harmosten Therimachos von Methymna schlug, hierauf aber, im Begriff, wie es scheint, den Teleutias auf Rhodos anzugreifen, in Aspendos getötet wurde, *das.* 25—30 vgl. *Diod.* XIV, 94. *Lys. ad Ergocl. Demosth. Lept.* p. 475. §. 60. Auf Teleutias folgt als Nauarch Hierax, *Xen. Hell.* V, 1, 5, und auf diesen Antalkidas, *das.* §. 6. Von den Unternehmungen im Seekrieg ist noch hervorzuheben die Niederlage, welche Iphikrates dem Harmosten Anaxibios von Abydos (wahrscheinlich im Jahr 389) beibrachte, *Xen. Hell.* IV, 8, 34—39, und der Krieg zwischen Ägina und Athen, *das.* V, 1, 1—24, der von 390 an geführt wird, *das.* §. 1. 2, und in dem (im J. 388 oder 387) Teleutias durch einen Überfall des Peiräeus einen grofsen Vorteil gewinnt, *das.* §. 19—24. Antalkidas setzt den Unterfeldherrn Nikolochos über die Flotte, der aber von den athenischen Anführern Iphikrates und Diotimos in Abydos eingeschlossen wird, *das.* §. 6—7. 25. Er selbst reist zum Perserkönig.

185) Antalkidas kehrte, nachdem er den Perserkönig für sich gewonnen, auf den Kriegsschauplatz zurück und brachte mit persischer Unterstützung eine Flotte von 80 Schiffen zusammen, mit denen er das Meer beherrschte, *Xen. Hell.* V, 1, 25—28. Bei dieser Übermacht Spartas konnten die Verbündeten nicht umhin, den Frieden, welchen Antalkidas vom Perserkönig mitgebracht hatte, anzunehmen. Sie unterwarfen sich daher demselben, doch verstand sich Theben nur durch die Drohungen Spartas gezwungen dazu, den übrigen böotischen Städten ihre Selbständigkeit zu gewähren, *das.* 29—34. Der Friede lautete (*das.* §. 31): Ἀρταξέρξης βασιλεὺς νομίζει δίκαιον, τὰς μὲν ἐν τῇ Ἀσίᾳ πόλεις ἑαυτοῦ εἶναι καὶ τῶν νήσων Κλαζομενὰς καὶ Κύπρον· τὰς δὲ ἄλλας Ἑλληνίδας πόλεις καὶ μικρὰς καὶ μεγάλας αὐτονόμους ἀφεῖναι πλὴν Λήμνου καὶ Ἴμβρου καὶ Σκύρου· ταύτας δὲ ὥσπερ τὸ ἀρχαῖον εἶναι Ἀθηναίων. ὁπότεροι δὲ ταύτην τὴν εἰρήνην μὴ δέχονται, τούτοις ἐγὼ πολεμήσω μετὰ τῶν ταῦτα βουλομένων καὶ πεζῇ καὶ κατὰ θάλατταν καὶ ναυσὶ καὶ χρήμασιν. Über die Vorteile, welche der Friede den Spartanern gewährte, s. *das.* §. 36: Ἐν δὲ τῷ πολέμῳ μᾶλλον ἀντερροήσιν τοῖς ἐναντίως πράττοντες οἱ Ἀντακίδαμοσιν, πολὺ ἐπιανθέστεροι ἐγένοντο ἐκ τῆς ἐπ᾿ Ἀντακίδου εἰρήνης καλουμένης. προστάται γὰρ γενόμενοι τῆς ὑπὸ βασιλέως καταπεμφθείσης εἰρήνης —; das Schmachvolle desselben bildet einen oft wiederkehrenden Gegenstand des Tadels und der Anklage bei den attischen Rednern, s. bes. *Isocr. Paneg.* p. 64—67. §. 115—128. *Plat. Menex.* p. 245. Über die Zeit s. *Polyb.* 1, 6: ἕως ἐνιαυτοῖς μετὰ τὴν ἐν Αἰγὸς ποταμοῖς ναυμαχίαν ἑνὸς καὶ δεκάτῳ τῆς ἐν Λεύκτροις μάχης ἕκτῳ δεκάτῳ. (Infolge dieses Friedens wurde auch Plataiä wiederhergestellt, *Paus.* IX, 1, 3, doch wurde es im J. 374 (oder 373? *Paus.*) wieder von den Thebanern zerstört, *Paus. a. a. O. Xen. Hell.* VI, 3, 1. *Diod.* XV, 46. *Isocr. Plataic.*, und dann erst von Alexander d. G. wieder aufgebaut.)

186) *Xen. Hell.* V, 2, 1—7. *Diod.* XV, 5, 12. Die Spartaner forderten von den Mantineern, dafs sie ihre Mauern niederreifsen sollten (ihre Gründe s. *Xen. a. a. O.* §. 2, besonders: ἔτι δὲ γιγνώσκειν ἔφασαν φθονοῦντας μὲν αὐτοῖς, εἴ τι ἀγαθὸν ἀγαθόν γίγνοιτο, ἐφηδομένους δ᾿ εἴ τις συμφορὰ προσπίπτοι, *das.*), und als sie sich dessen weigerten, belagerten sie die Stadt und zwangen die Einwohner endlich, dieselbe zu zerstören und sich, wie vor alters, in 4 (oder, indem Mantinea als Dorf bestehen blieb, in 5) Dörfern anzusiedeln, womit von selbst die Herstellung der aristokratischen Verfassung verbunden war. [Die Zeitbestimmung beruht hier und ebenso auch meist bei den nächstfolgenden Vorgängen auf Diodor; bei Xenophon finden sich auch hier keine bestimmten Zeitangaben, und es haben daher von ihm nur einzelne, zufällige Andeutungen über die Zeit benutzt werden können.]

Olympiaden-jahr.	Jahr v. Chr.	Geschichte.
XCIX, 3.	382.	Anfang des olynthischen Kriegs.[187]
		Die Kadmea von den Spartanern besetzt.[188]
XCIX, 4.	381.	Teleutias, der Befehlshaber der Spartaner, wird von den Olynthiern geschlagen und fällt in der Schlacht.[189]
C, 1.	380.	König Agesipolis, Anführer der Spartaner gegen Olynth, stirbt.[190] Kleombrotos an seiner Stelle König von Sparta.[191]
		Phlius von den Spartanern unter Agesilaos belagert.[192]
C, 2.	379.	Olynth[193] und Phlius[194] zur Unterwerfung genötigt.
		Die Befreiung Thebens und der Kadmea.[195]

[187] Die Olynthier hatten, die gedrängte Lage der makedonischen Könige benutzend, die griechischen Städte in der Nähe der Küste zu einem Bunde vereinigt, zu dem selbst Pella gehörte; nach Xenophon kamen nun die Akanthier und Apolloniaten nach Sparta und baten um dessen Unterstützung gegen das Übergewicht Olynths; nach *Diod.* XV, 19 (vgl. *Isocr. Paneg.* p. 67 p. 126) hat auch der König von Makedonien, Amyntas, die Spartaner um Hilfe, und die Spartaner schickten nun zunächst den Eudamidas mit 2000 M. gegen Olynth; eine gröfsere Macht sollte möglichst bald nachfolgen, s. *Xen. Hell.* V, 2, 11—24.

[188] Dies geschah durch Phöbidas, den Bruder des Eudamidas, der diesem Verstärkungen auf den Kriegsschauplatz nachführen sollte und auf dem Wege dahin sich durch den Verrat einer spartanisch gesinnten Partei in Theben der Kadmea bemächtigte, *Xen. Hell.* V, 2, 25—36. Die Spartaner entsetzten zwar den Phöbidas des Oberbefehls und legten ihm eine Geldstrafe auf, liefsen aber doch die Besatzung in der Kadmea, s. *Polyb.* IV, 26. *Plut. Pelop.* 6. *Diod.* XV, 22. [Nach *Diod. a. a. O.* kann dies nicht früher als 382 geschehen sein, womit auch *Aristid. or.* XIX, 1, p. 258 (Jebb.) übereinstimmt, wonach die Besetzung der Kadmea in die Zeit des pythischen Spiele, d. h. in die ersten Monate des dritten Olympiadenjahres fiel; von Xenophon hören wir nur, dafs sie im Sommer stattfand, a. a. O. §. 29. Die nach Xenophon zu bestimmende Folge der Begebenheiten sieht der Annahme dieses Jahres nicht entgegen.]

[189] Teleutias führte (jedenfalls noch im J. 382) das gröfsere auf 10000 Mann bestimmte Heer in das Gebiet von Olynth; er verstärkte sich durch Hilfstruppen des Amyntas und eines thrakischen Fürsten Derdas und gewann (ebenfalls noch in demselben Jahre) einen Sieg über die Feinde, *Xen. Hell.* V, 2, 30—43; im folgenden Jahre (s. *Xen. a. a. O.* 3, 1) wurde er aber völlig geschlagen und verlor selbst das Leben. *das.* 3, 1—6.

[190] *Xen. Hell.* V, 3, 8—9. 18—19. [Aus *Xen. a. a. O.* §. 3 vgl. mit §. 18 geht hervor, dafs Agesipolis nicht in demselben Sommer, wo Teleutias fiel, den Krieg geführt haben kann, was ohnehin wegen der gröfsen Vorbereitungen, die zu dem Zuge des Agesipolis gemacht wurden, s. *das.* §. 8. nicht wahrscheinlich ist. Indes folgt daraus nicht, dafs der Anfang des Kriegs in das J. 383 zu setzen; der Nachfolger des Agesipolis, Polybiades, konnte in kurzer Zeit eintreten und dann sehr füglich bis zum Sommer 379 den Krieg beenden.]

[191] *Diod.* XV, 23. *Paus.* III, 6, 1.

[192] Kurz nach der Zerstörung von Mantinea, wahrscheinlich im J. 384, hatten die Phliasier auf Verlangen der Spartaner die Verbannten wieder aufnehmen und in ihren Besitz wiederherstellen müssen. *Xen. Hell.* V, 2, 8—10. Dies hatte die leicht vorauszusehende Folge, dafs Streitigkeiten unter ihnen entstanden, worauf Agesilaos in ihr Gebiet einrückte und die Stadt belagerte, *das.* 3, 10—18. [Nach *Xen. a. a. O.* §. 10 kamen die Streitigkeiten, welche den Krieg zur Folge hatten, in der Zeit zum Ausbruch, als Agesipolis den Krieg gegen Olynth führte.]

[193] *Xen. Hell.* V, 3, 26. *Diod.* XV, 23. Die Olynthier wurden durch Polybiades, den Nachfolger des Agesipolis, bezwungen; sie mufsten auf ihr Bündnis verzichten und sich dem spartanischen Bündnis anschliefsen.

[194] *Xen. Hell.* V, 3, 21—25. Nach *das.* §. 25 dauerte die Angelegenheit mit Phlius (τὰ μὲν περὶ Φλιοῦντα) im ganzen 1 Jahr und 8 Monate. Die Stadt mufste sich auf Gnade und Ungnade ergeben, und Agesilaos setzte eine Kommission von 100 Mitgliedern ein, zur Hälfte aus Verbannten, zur andern Hälfte aus gleichgesinnten Bürgern der Stadt bestehend, um die Schuldigen zu bestrafen und eine neue Gesetzgebung einzuführen; zur Sicherung derselben liefs er eine Besatzung zurück.

[195] *Xen. Hell.* V, 4, 3—12. *Plut. Pelop.* 7—12. *de gen. Socr.* p. 575—598. *Diod.* XV, 25—26. Die Führer des kühnen Unternehmens, wodurch die Befreiung bewirkt wurde, waren Mellon, Charon, Phyllidas und vorzüglich Pelopidas (letzterer von Xenophon nicht genannt); durch sie wurden die Häupter der Partei, welche Theben an Sparta verraten hatte, Archias, Philippos, Leontiades, Hypates er-

Olympiaden-jahr.	J. v. Chr.	Geschichte.
		d) Der thebanische Krieg. 378—362.
C, 3.	378.	Kleombrotos und Agesilaos machen nacheinander Einfälle in Böotien, jedoch ohne erheblichen Erfolg.[196]
		Athen verbindet sich mit Böotien gegen Sparta[197] und erneuert seine Hegemonie zur See.[198]
C, 4.	377.	Zweiter Einfall des Agesilaos in Böotien.[199]

mordet und dadurch zunächst die Stadt selbst befreit; am folgenden Tage wurde mit Hilfe der übrigen Verbannten und freiwilliger Athener, die von den Grenzen Attikas herbeigerufen wurden waren, ein Sturm auf die Kadmea gemacht, die sich alsbald auf die Bedingung freien Abzugs ergab. Über die Zeit dieses folgenreichen Ereignisses s. *Plut. Ages.* 24, wonach es kurz nach der Unterwerfung von Phlius, und *Plut. Pelop.* 9. *Xen. a. a. O. §.* 14, wonach es im Winter (379/8) stattfand. (Über den Wendepunkt, den die Befreiung Thebens in der Geschichte dieser Zeit bezeichnet, s. *Anm.* 152; vgl. auch noch den Panegyrikos des Isokrates, der im J. 380 verfafst ist und aus dem sich überall der Übermut Spartas, der Druck, mit dem derselbe auf den übrigen griechischen Staaten lastete, und insbesondere auch die üble Lage der von Sparta den Persern preisgegebenen griechischen Städte in Kleinasien erkennen läfst, s. bes. p. 65. §. 117: Τοσοῦτον δ' ἀπέχουσι τῆς ἐλευθερίας καὶ τῆς αὐτονομίας, ὥσθ' αἱ μὲν ὑπὸ τυράννοις εἰσί, τὰς δ' ἁρμοσταὶ κατέχουσιν, ἔνιαι δὲ ἀνάστατοι γεγόνασι, τῶν δ' οἱ βάρβαροι δεσπόται καθεστήκασιν, ferner *Isocr. de pac.* p. 179. §. 97—101 u. a. St. m.)

196) *Xen. Hell.* V, 4, 13—18. 35—41. Der erste Zug des Kleombrotos wurde noch im Winter 379/8, in der zweiten Hälfte desselben unternommen, s. *Xen. a. a. O.* §. 14; der zweite Zug des Agesilaos erfolgte erst nach Abschlufs des Bündnisses zwischen Athen und Theben (s. folg. *Anm.*) und bei demselben leisteten die Athener unter Führung des Chabrias den Thebanern eine sehr erwünschte Hilfe, und es waren es hauptsächlich, die Agesilaos durch die imponierende Haltung ihrer Peltasten abhielten, eine Schlacht zu wagen. *Diod.* XV, 32—33. *Corn. Nep. Chabr.* 1.

197) Die Athener hatten die Spartaner nach der Befreiung der Kadmea wegen ihrer Hülfsleistung dabei (s. *Anm.* 195) zunächst dadurch zu beschwichtigen und auszusöhnen gesucht, dafs sie die dabei beteiligten zum Teil zum Tode verurteilten. *Xen. Hell.* V, 4, 19. *Plut. Pel.* 14. (Bemerkenswert auch als Beweis der Furcht, die man damals noch allgemein vor Sparta hegte, dafs selbst die Thebaner nach Befreiung der Kadmea noch eine Gesandtschaft nach Sparta schickten und sich erboten, nach wie vor bei der Hegemonie Spartas zu verbleiben, s. *Isocr. Plat.* p. 301. §. 20.) Bald darauf machte aber Sphodrias, den Agesilaos als Harmosten in Thespiä zurückgelassen hatte, einen Einfall in Attika, *Xen. a. a. O.* §. 20—24, den die Spartaner ungestraft liefsen, das.

§. 25—33. Dies bewog die Athener, offen die Partei der Thebaner zu ergreifen, *das.* §. 34.

198) *Diod.* XV, 28. 29—30. Die Athener forderten die Inseln und die Städte an der thrakischen Küste auf, sich mit ihnen zu einem Bündnis zu vereinigen, an dem sich nach und nach etwa 70 Städte (*Diod. a. a. O. Aesch. de f. leg.* p. 37. §. 70) beteiligten. Das Bündnis wurde unter sehr billigen Bedingungen für die Beitretenden errichtet (indem sich z. B. die Athener verpflichteten, dafs sie sich auf fremdem Gebiet sich Grundbesitz erwerben und überhaupt die Selbständigkeit der Bundesgenossen in keiner Weise beeinträchtigen wollten, *Diod. a. a. O. Isocr. Plat.* p. 300 §. 18. p. 305. §. 44) und darüber eine Urkunde ausgestellt, welche von den Mitgliedern unterzeichnet wurde, und die glücklicherweise in einer in J. 1851 aufgefundenen Inschrift noch erhalten ist, s. *Corp. Inscr. Att.* II. p. 1. vgl. *Meier Comment. epigr.* II, p. 53 ff. Als die ersten Beitretenden werden Chios, Byzantion, Rhodos, Mytilene, *Diod. a. a. O.* 28, dann Euböa mit Ausnahme der Stadt Histiäa, Skiathos und Peparethos genannt, *das.* 30; andere zahlreiche Namen finden sich in der genannten Inschrift, z. B. Perinthos, Maronea, Paros, Andros, Tenos, Antissa, Eresos, Keos, Amorgos, Selymbria, Siphnos, Zakynthos; auch Theben trat diesem Bunde bei, s. *ebend.* und *Diod. a. a. O.* 20. Die gemeinsamen Angelegenheiten wurden in einem συνέδριον zu Athen beraten, *das.* 28, wo die Beiträge der Bundesgenossen wurden, um dem gehässig gewordenen Namen φόρος zu vermeiden, συντάξεις genannt, z. B. *Isocr. de pac.* p. 165. §. 29. p. 166. §. 36. (Xenophon erwähnt dieses Bündnis nicht, deutet es aber voraussetzen an, s. *Hell.* V, 4, 35, und setzt es bei seiner weiteren Darstellung voraus. Dafs es in diesem Jahre geschlossen wurde, lehrt die genannte Inschrift, in welcher der Archon des J. 378/7 Nausinikos genannt ist; wenn daselbst Z. 4 die siebente Prytanie dieses Jahres, d. h. Februar oder März 377, angegeben wird, so beruht dies nur auf die Abfassung der Urkunde, die, wie aus Z. 24 hervorgeht, erst geschah, nachdem das Bündnis mit mehreren bereits geschlossen war. Diodor setzt es, wie überhaupt die Ereignisse dieser Zeit, ein Jahr zu spät.)

199) *Xen. Hell.* V, 4, 47—55. Zeitbestimmung *das.* §. 47. Auf dem Rückzuge wurde Agesilaos infolge eines Fufsübels von einer Krankheit befallen, die ihn längere Zeit verhinderte, sich an dem Kriege zu beteiligen, *das.* 55. *Plut. Ages.* 27.

Olympiadenjahr.	Jahr v. Chr.	Geschichte.
C, 1.	376.	Des Kleombrotos vergeblicher Versuch, wieder in Böotien einzudringen.[200]
		Seesieg der Athener unter Chabrias über die Spartaner bei Naxos.[201]
Cl. 2.	375.	Die Athener breiten ihre Seeherrschaft unter Timotheos über das ionische Meer aus.[202]
		Die Thebaner stellen den böotischen, unter ihrer Oberleitung stehenden Bund wieder her und zwingen die böotischen Städte ihm beizutreten.[203]
Cl, 3.	374.	Die Thebaner fallen in Phokis ein,[204] werden aber von Kleombrotos, der den Phokern von den Spartanern mit einem Heere zu Hilfe geschickt wird, genötigt wieder zurückzugehen.[205]
		Kurzer, bald wieder gebrochener Friede zwischen Athen und Sparta.[206]
Cl, 4.	373.	Des Iphikrates glücklicher Seezug nach Kerkyra, durch welchen die Herrschaft der Athener im ionischen Meer wiederhergestellt und befestigt wird.[207]

200) *Xen. Hell.* V, 4, 59. Die Thebaner und Athener hatten den Kitharon besetzt, und Kleombrotos versuchte vergeblich, sie von da zu vertreiben und sich so den Zugang in Böotien zu eröffnen.

201) Die Peloponnesier hatten eine Flotte von 60 Schiffen ausgerüstet, mit der sie das Meer in der Nähe von Athen beunruhigten und beherrschten; daher bestiegen die Athener ihre Schiffe und lieferten ihnen bei Naxos eine Seeschlacht, in welcher jene völlig geschlagen wurden, *Xen. Hell.* V, 4, 60—61. *Diod.* XV, 34—35. *Plut. Phoc.* 6. *Demosth. Lept.* p. 480. §. 77—78. (Nach Demosthenes nahm Chabrias 49 Schiffe, nach Diodor wurden 24 in den Grund gebohrt, 8 genommen.) Die Zeit der Schlacht: am 16. Boedromion (September) *Plut. a. a. O. Cam.* 19. Nach der Schlacht wurden zahlreiche Inseln des Archipels für den Beitritt zu dem athenischen Bündnis gewonnen, *Plut. Phoc.* 7. *Dem. a. a. O.* (Nach *Dem. Phil.* III. p. 110. §. 23 hat mit dieser Schlacht die Prostasie der Lakedämonier aufgehört.)

202) *Xen. Hell.* V, 4, 62—66. *Diod.* XV, 36. Timotheos schlug die peloponnesische Flotte unter Nikolochos bei Alyzia, *Xen. a. a. O.* §. 65, und gewann Kerkyra für das athenische Bündnis, *das.* §. 64, desgleichen Kephallenia, die Städte in Akarnanien und den König der Molosser, Alketas. *Diod. a. a. O.* vgl. *Xen. das.* (Über Timotheos überhaupt vgl. *Isocr. de permut.* §. 109—130. *Dem. Lept.* p. 480. §. 78.)

203) *Xen. Hell.* V, 4, 63: Ἀπὸ δὲ εἰς τὰς Θήβας οὐκ ἐφεβάλλοντων τῶν πολεμίων οὔτ᾽ ἐν ᾧ Κλεόμβροτος ἦγε τὴν στρατιὰν ἐπὶ οὔτ᾽ ἐν Τιμόθεος περιέπλευ, θαρσίως δὴ ἐστρατευοντο οἱ Θηβαῖοι ἐπὶ τὰς περιοικίδας πόλεις καὶ πάλιν αὐτὰς ἀνελάμβανον. Hierzu trug ein Sieg jedenfalls viel bei, den die Thebaner unter Pelopidas bei Tegyra über eine an Zahl überlegene Schar von Spartanern gewannen, s. *Plut. Pelop.* 16—17. *Diod.* XV, 37. (Xenophon erwähnt ihn nicht.) Nur Orchomenos blieb noch ununterworfen. [Die an-

geführte Stelle des Xenophon ist für die Chronologie von großer Wichtigkeit, indem darin das Jahr, in welchem Kleombrotos seinen vergeblichen Versuch machte, in Böotien einzufallen (das Jahr 376), bestimmt von dem Jahre unterschieden wird, in welchem Timotheos um den Peloponnes schiffte und die Thebaner sich Böotien unterwarfen. Wenn nun für dieses Jahr (375) der Fortschritt der Thebaner hierauf beschränkt und es erst weiter unten VI, 1. 1 als ein ferneren Fortschritt bezeichnet wird, daß sie auch in Phokis einfielen, so folgt hieraus zugleich, daß dieser Einfall nicht füglich früher als in das J. 374 angesetzt werden kann.]

204) *Xen. Hell.* VI, 1, 1.

205) *Xen. Hell.* VI, 2, 1. Die Ursachen des Friedens auf seiten der Athener s. *das.* §. 6: οἱ δ᾽ Ἀθηναῖοι αἰσθανόμενοι μὲν ὑμέτες τοῖς Θηβαίοις, χρήματα τε οὐ συμβαλλόμενοι τὰ τούτου, αὐτοὶ δὲ ἀποκναιόμενοι καὶ χρημάτων εἰσφοραῖς καὶ λῃστείαις ἐξ Αἰγίνης καὶ φυλακαῖς τῆς χώρας, ἐπεθύμησαν τῆς εἰρήνης καὶ πέμψαντες πρέσβεις εἰς Λακεδαίμονα εἰρήνην ἐποιήσαντο. Sie riefen nun sofort den Timotheos zurück, der sich mit der Flotte noch im westlichen Meere aufhielt; der Krieg kam aber dadurch bald wieder zum Ausbruch, daß Timotheos auf dem Rückwege Flüchtlinge (die vertriebene demokratische Partei) wieder in Zakynthos einsetzte und die Spartaner nun ihrerseits wieder eine Flotte nach dem westlichen Meere sandten, um diese Flüchtlinge zu vertreiben, *das.* §. 2—3, vgl. *Diod.* XV, 45.

207) Die spartanische Flotte (s. *vor. Anm.*), 60 Schiffe stark, segelt unter Führung des Mnasippos nach Kerkyra und belagert dasselbe. *Xen. Hell.* VI, 2, 2—9, die Athener, von den Kerkyräern um Hilfe angesprochen, schicken zuerst 600 Peltasten unter Ktesikles auf dem Landwege, *das.* 10—11, sodann rüsten sie eine Flotte von 60 Schiffen und ernennen wieder Timotheos zum Führer, der indes, um erst die hin-

Der beginnende Verfall. 113

Olympiaden- jahr.	Jahr v. Chr.	Geschichte.	Kunst und Litteratur.
CII, 2.	371.	Die griechischen Staaten schliefsen Frieden miteinander mit Ausnahme von Theben, welches sich weigert demselben beizutreten.[208] Kleombrotos fällt in Böotien ein, um die Thebaner zum Beitritt zu zwingen, wird aber von Epaminondas in der Schlacht bei Leuktra völlig geschlagen.[209] Kleombrotos selbst fällt; ihm folgt als König Agesipolis II und nach dessen bald erfolgtem Tode Kleomenes II.[210]	
CII, 3.	370.	Mantinea wieder aufgebaut;[211] ganz Arkadien zu	

längliche Mannschaft für die Schiffe zu werben, statt nach Kerkyra zunächst östlich nach den Inseln segelt, *das.* 11—12. *Diod.* XV, 47. [Durch die Rede des Demosthenes gegen Timotheos p. 1186. §. 6 erhalten wir die willkommene Zeitangabe, dafs dies im Monat Munychion unter dem Archontat des Sokratides geschah; aus derselben Rede erfahren wir, dafs Timotheos wegen seiner Zögerung angeklagt wurde und dafs sein Prozefs im Monat Maimakterion (November) unter dem Archontat des Asteios stattfand, *das.* §. 1190. §. 22.] Die Athener setzten deshalb den Iphikrates an seine Stelle, der sodann (es ist fraglich, ob vor oder nach dem Prozesse des Timotheos) nach Kerkyra fuhr, *Xen. a. a. O.* §. 13—14. 27—38. Ehe er jedoch daselbst ankam, war Mnasippos bereits geschlagen und getötet und Kerkyra befreit worden. *das.* §. 15—27. Iphikrates blieb zunächst in den dortigen Gewässern, die Herrschaft Athens immer weiter ausbreitend und fester begründend, *das.* §. 27—38.
208) *Xen. Hell.* VI, 3. Die Bedingungen des Friedens s. *das.* §. 18: ἐψηφίσαντο καὶ οἱ Λακεδαιμόνιοι δέχεσθαι τὴν εἰρήνην, ἐφ᾽ ᾧ τούς τε ἁρμοστὰς ἐκ τῶν πόλεων ἐξάγειν, τά τε στρατόπεδα διαλύειν καὶ τὰ ναυτικὰ καὶ τὰ πεζικά, τάς τε πόλεις αὐτονόμους ἐᾶν· εἰ δέ τις παρὰ ταῦτα ποιοίη, τὸν μὲν βουλόμενον βοηθεῖν ταῖς ἀδικουμέναις πόλεσι, τῷ δὲ μὴ βουλομένῳ μὴ εἶναι ἔνορκον συμμαχεῖν τοῖς ἀδικουμένοις. Die Thebaner wurden vom Frieden ausgeschlossen, weil sie ihn nicht für sich allein, sondern nur für den ganzen böotischen Bund beschwören wollten. *das.* §. 19—20. *Plut. Ages.* 28. Zeit des Friedens: am 14. Skirophorion (Juni). *Plut. das.*
209) *Xen. Hell.* VI, 4, 2—15. *Diod.* XV. 51—56. *Plut. Pel.* 20—23. *Paus.* IX, 13. Nach *Diod. a. a. O.* 52 waren die Thebaner 6000 Mann stark, nach *Plut. a. a. O.* 20 die Spartaner 11000 Mann. Der Sieg wurde hauptsächlich durch die schiefe Schlachtordnung des Epaminondas gewonnen, *Diod. a. a. O.* 55: λοξὴν ποιήσας τὴν φάλαγγα, vgl. *Plut. a. a. O.* 20, und dadurch, dafs Epaminondas dem linken Flügel eine Tiefe von 50 Mann gab und mit demselben sich auf den rechten Flügel der Feinde warf, wo Kleombrotos mit den angesehensten Spartanern stand. *Xen. a. a. O.* §. 12; λογισάμενος, ὡς εἰ νικήσειεν τὸ περὶ τὸν βασιλέα, τὸ ἄλλο

Peter, Griech. Zeittafeln. 6. Aufl.

πᾶν εὐχείρωτον ἔσοιτο. Es fielen von den 700 Spartiaten, die in der Schlacht zugegen waren, 400 mit dem König Kleombrotos und aufserdem 1000 Lakedämonier, *das.* §. 15. vgl. *Diod. a. a. O.* 56. *Dionys. Hal. Arch.* II, 17. *Plut. Ages.* 28. *Cam.* 19. *Paus.* VIII, 27, 6, unter dem Archontat des Phrasikleides. *Dionys. Hal. Lys.* p. 479. *Marm. Par.* Über die Standhaftigkeit der Spartaner bei Nachricht von der Niederlage, s. *Xen. a. a. O.* §. 16, bes.: τῇ δὲ ὑστεραίᾳ ἦν ὁρᾶν, ὧν μὲν ἐτέθνασαν οἱ προσήκοντες, λιπαροὺς καὶ φαιδροὺς ἐν τῷ φανερῷ ἀναστρεφομένους, ὧν δὲ ζῶντες ἠγγελμένοι ἦσαν, ὀλίγους ἂν εἶδες, τούτους δὲ σκυθρωποὺς καὶ ταπεινοὺς περιιόντας. Sie rüsteten sogleich ein neues Heer und entsandten dasselbe unter Führung des Archidamos, des Sohnes des Agesilaos; mittlerweile aber war durch Vermittelung des Iason (s. *Ann.* 224) bereits ein Vertrag über den freien Abzug der Spartaner zwischen diesen und den Thebanern zu stande gekommen; Archidamos traf daher das abziehende Heer in Megara und kehrte mit demselben wieder zurück, *Xen. a. a. O.* §. 17—26. — *Cic. de off.* I. §. 84: Illa (plaga) pestifera, qua cum Cleombrotus invidiam timens temere cum Epaminonda conflixisset. Lacedaemoniorum opes corruerunt. Vgl. noch über die verderblichen Wirkungen der Schlacht für Sparta *Isocr. Phil.* p. 91, §. 47—50.
210) *Diod.* XV, 60. *Paus.* III, 6, 1. *Plut. Ages.* 3.
211) *Xen. Hell.* VI, 5, 3—5. Vgl. *Anm.* 186. Die Wiederherstellung geschah im Zusammenhang mit dem allgemeinen Bestreben nach Unabhängigkeit von Sparta, welches durch die Schlacht bei Leuktra in vielen Teilen des Peloponnes geweckt wurde. [In Bezug auf die Zeit geht aus der angeführten Stelle des Xenophon nur so viel hervor, dafs der Wiederaufbau kurz nach der Schlacht bei Leuktra stattfand; nach *Paus.* VIII, 8, 6. IX, 14. 2 würde er erst bei Gelegenheit des Einfalls der Thebaner in den Peloponnes (s. *Ann.* 213) erfolgt sein.]

15

Olympiaden-jahr.	Jahr v. Chr.	Geschichte.	Kunst und Litteratur.
CII, 3.	370.	einem Gesamtstaat vereinigt mit Megalopolis als Hauptstadt.²¹² Erster Einfall des Epaminondas in den Peloponnes; er dringt in Lakonika ein und durchzieht es bis Gythion und Helos.²¹³ Messenien wiederhergestellt.²¹⁴	*Mittlere Komödie:* Antiphanes," Alexis.""

212) Xen. Hell. VI, 5, 6-9. Diod. XV, 59. Paus. VIII, 27, 1 6. Nach Paus. a. a. O. §. 6 erfolgte die Gründung von Megalopolis in demselben (Olympiaden-)Jahre und wenige Monate nach der Schlacht bei Leuktra; Xenophon und Diodor aa. OO. berichten nur die Erhebung von Arkadien, die Gründung von Megalopolis setzt Diodor an einer andern Stelle (XV, 72) in das Jahr 368,7. Die Entscheidung über die gemeinsamen Angelegenheiten lag in der Hand der Zehntausend (οἱ μύριοι), die sich als die Vertreter der vereinigten Ortschaften in Megalopolis versammelten, s. Diod. a. a. O. vgl. Xen. Hell. VII, 1, 38. 4. 2. 33. 34. Demosth. de f. leg. p. 344. §. 11. p. 463. §. 198.

213) Die Spartaner unternahmen unter Agesilaos auf Veranlassung der Erhebung Arkadiens einen Zug dahin, ohne etwas Erhebliches auszurichten, Xen. Hell. VI, 5. 10—21, „mitten im Winter" (370—369), das. §. 20. Nach dem Abzug der Spartaner trafen die Böoter im Peloponnes ein (auch Orchomenos war jetzt gezwungen dem Bunde beigetreten, Diod. XV, 57), durch Phoker, Euböer, Lokrer, Akarnanen, ferner durch die Herakleoten und Malier und durch thessalische Reiter verstärkt, Xen. a. a. O. §. 23. Hier vereinigten sie sich mit den Arkadern, Argeiern und Eleern und machten sodann, 70000 Mann. Plut. Ages. 31, Pelop. 24, oder sogar über 70000 Mann, Diod. XV, 62, stark, den Einfall in Lakonika, Xen. a. a. O. §. 23—32. Diod. XV, 62

bis 67, den ersten seit 500 Jahren, der von einem Feinde gemacht wurde (Diod. a. a. O. §. 63. Xen. das. §. 28; τῶν δὲ ἐκ τῆς πόλεως οἱ μὲν γεραίτεροι οὐδὲ τὴν καπνίαν ὑρῶσαν ἐτέχοντο, ὅτι οὐδέπωπε Δωρίεια πεποίηκεν). Den Spartanern kamen die Orchomenier, Phliasier, Korinthier, Epidaurier, Pellener, Halieer und Hermioneer zu Hilfe, welche dem Bündnis mit ihnen treu blieben, Xen. das. §. 29, vgl. VII. 2. 2, und auch die Athener schickten auf ihre Bitte ein Hilfsheer unter Iphikratos, welches indes zu spät ankam, das. VI. 5, 33—49. Diod. a. a. O. 63. Epaminondas führte nicht nur den Zug durch Lakonika, sondern auch den Rückzug ungehindert aus, Xen. das. §. 50—52. Auch jetzt war es noch Winter, das. 50. (Er hatte nebst den übrigen Boötarchen den Oberbefehl über die gesetzliche Zeit hinaus behalten, und sich deshalb nach seiner Rückkehr in Theben angeklagt worden sein, sich aber glänzend gerechtfertigt haben, Plut. Pel. 25. Paus. IX. 14, 2. 4. Corn. Nep. Epam. 7. 8.)

214) Diod. XV, 66. Plut. Pel. 24. Paus. IV. 27, 5. IX, 14, 2 vgl. VI. 2. 5. Die Wiederherstellung geschah in Verbindung mit dem Zuge des Epaminondas, s. die angef. St., bes. Paus. IV. 27, 5; bei Xenophon wird sie bei dieser Gelegenheit nicht erwähnt, er setzt sie aber schon im folgenden Jahre als geschehen voraus, s. Hell. VII, 1, 27 vgl. 29, 36.

ee) Als Kennzeichen der mittleren Komödie, deren Dichter in die Zeit vom Ende des peloponnesischen Krieges bis auf Alexander fallen, werden besonders angegeben: statt der ungeglaubten persönlichen und politischen Satire der alten Komödie die Verspottung unter erdichteten Namen (ἀνομάτων κωμωδεῖν), Περὶ κωμ. VIII, 8, 9. IV, 4. IX. 9. Schol. Dion. Thrac. p. 749. Arist. Poet. IX. Eth. Nicom. IV, 8, das Vorwiegen der Parodieen ernster Dichtungen, Platon. Περὶ κωμ. κωμ. 1, 16. Athen. XI, p. 472 c, und der Travestie des Mythus (Eubul. Antiop. fr. 2), der Wegfall des kostspieligen Chores und des phantastisch-schwungvollen Elementes der alten Komödie, Περὶ κωμ. VIII, 15, und die Einführung stehender Masken. Über die Sprache s. Περὶ κωμ. 3: τῆς δὲ μέσης κωμῳδίας οἱ ποιηταὶ ἀλλάσσουσι μὲν οὐχ ἥκιστα ποιητικῶν, διὰ δὲ τῆς ὀρθότητος λόγους λαλιὰς ἰσχύας ἔχουσι τὰς ἀρετὰς, ὥστε σπάνιοι ποιητικοί τινι χαρακτῆρι παρ' αὐτοῖς.

ff) Antiphanes, ungewiss ob aus Smyrna, Rhodos oder Keos gebürtig, lebte um 404—328 und dichtete zu Athen

zahlreiche Komödien, Suid. s. v. Περὶ κωμ. III, 14 (ἐγγράψαντος εἰς τὸ γράψαι καὶ δραματοποιεῖν). Von diesen sind Titel und Bruchstücke von etwa 150 Stücken auf uns gekommen, die bedeutendsten aus den Komödien Ἄγροικος, Ἀκόντιστος, Ἀφροδίσιος, Ἀφροδίτης γοναί, Βουταλίων, Εὐρυρίδης, Ἔφεσος, Κνοιθιδεὺς ἢ Γάστρων, Κόρινθος, Λήμνιαι, Ὀδυσσεύς, Πέλοψ, Προβλήματος, Ποιάνεια, Ποιητής, Ποιήσαμος, Σαπφώ, Στρατιώτης ἢ Τύχων, Φιλοθήβαιος. Vgl. Meineke fr. com. med. p. 3 f. Die Feinheit seiner Darstellung wird gelobt, Athen. 1, p. 27 d. IV, p. 156 e. 168 d.

gg) Alexis, gebürtig aus Thurii, dann Bürger zu Athen, Suid. s. v. Steph. Byz. p. 510, lebte über hundert Jahre um 390 bis 286, Plut. d. defect. orac. p. 420. Περὶ κωμ. III. 16. Aristot. b. Stob. Floril. CXVI, 47, und soll 245 Komödien gedichtet haben. Die bedeutendsten Bruchstücke haben sich erhalten aus den Stücken Αἴσωπος, Ἀντιγραφόμενος, Ἀποκοδιδάσκαλος, Ἀχαιΐκος ἢ Φιλέταιρος, Ἀσωτοδιδάσκαλος, Ἀχαιΐς ἢ Φρυγμαιωδός, Λέβης, Λίνος, Λυκαγχόμενος, Μιλήσια, Ὀλυνθία, Παρέχξι ἢ Ἐρμίαι, Ταραντίνοι.

Olympiaden-jahr.	Jahr v. Chr.	Geschichte.	Kunst und Litteratur.
CII, 3.	369.	Bündnis zwischen Athen und Sparta.[215]	*Redner:* Isokrates,[hh] Isäos.[ii]
CIII, 1.	368.	Zweiter Einfall des Epaminondas in den Peloponnes.[216]	*Bildhauer:* Skopas,[kk] Praxiteles.[ll]

215) *Xen. Hell.* VII, 1, 1—14. *Diod.* XV, 67. In Bezug auf die Hegemonie wurde dabei bestimmt, dafs Athen und Sparta sie von 5 zu 5 Tagen abwechselnd sowohl zu Lande als zu Wasser führen sollten, s. *Xen. a. a. O.* §. 14. Der Abschlufs des Bündnisses erfolgte wahrscheinlich nicht lange Zeit nach der Hilfsleistung der Athener, s. *Anm.* 213, also, da dies im Winter 370/69 geschehen war, noch im Laufe des Jahres 369, und wenn Xenophon (a. a. O. §. 1) sagt, dafs es τῷ ὑστέρῳ ἔτει abgeschlossen sei, so kann damit nur das Amtsjahr oder auch das Jahr von Frühling zu Frühling gemeint sein.]

216) *Xen. Hell.* VII, 1, 15—22. *Diod.* XV, 67--69. Die Athener und Spartaner hatten das Oneiongebirge besetzt, um den Thebanern den Eingang in den Peloponnes zu ver-

τίνοι, *Φαίδρος*, vgl. *Meineke fragm. com. med.* p. 382 f. Sein Witz wird gelobt. *Athen.* II. p. 59. [Athenäos kannte über 800 Stücke der mittleren Komödie, VIII. p. 336 d; auf uns sind Namen und Bruchstücke von 59 Dichtern derselben gekommen; unter ihnen sind aufser den genannten die zahlreichsten und bedeutendsten Fragmente erhalten von den Komödien des Anaxandrides aus Kameiros und Eubulos von Athen. *Mein. a. a. O.* p. 161. 203.]

hh) Isokrates von Athen, der Meister der epideiktischen Beredsamkeit, geboren 436, *Isocr. Vit. Westerm. Vit. säus.* p. 245 f. *Vit. β΄. γ΄*, genofs eine sorgfältige Erziehung und hörte Prodikos, Tisias, Gorgias und Sokrates *(Plut. Phaedr.* p. 278 c. 270 b.) *Vit. α΄. β΄. γ΄. Suid. s. v.* Da Schüchternheit und körperliche Schwächlichkeit ihn an öffentlichem Auftreten hinderten, *Isocr. Panath.* §. 9. *Philipp.* §. 81. *Vit. α΄. β΄* (:ἰσχνοφωνός τ' ὢν καὶ εὐλαβὴς τὸν τρόπον). *γ΄*, so gründete er eine Redeschule in Athen, schrieb für Geld gerichtliche Reden für andere und erwarb sich ein grofses Vermögen, so dafs er die Trierarchie verwalten konnte, *Vit. α΄,β΄. Isocr. Περὶ ἀντιδ.* §. 5. Gegner der Sophisten hob er die praktisch-sittliche Seite der politischen Beredsamkeit hervor. *Isocr. Κατὰ τῶν σοφ.* §. 19. *Ἑλένης ἐγκώμ.* §. 1—13. *Πρὸς Νικοκλ.* §. 6. *Περὶ ἀντιδ.* §. 3. *Vit. α΄*, und bildete zahlreiche Schüler, wie Timotheos, Theopompos, Ephoros, Isäos, Lykurgos, Demosthenes (?), Hypereides u. a. *Vit. β΄. γ΄ Cicer. de orat.* II, 22, 94. Er soll, 98 Jahre alt, im Jahre 338 aus Schmerz über die Niederlage von Chäronea eines freiwilligen Todes gestorben sein, *Vit. α΄. β΄. γ΄. Paus.* I, 17. Von seinen Reden, über deren Zahl schon die Alten verschieden urteilten, *Vit. β΄. γ΄. Suid. a. a. O.*, sind uns 21 erhalten, und zwar 8 gerichtliche Reden und 13 politische Prunkreden (*ἐπιδείξεις*), unter ihnen besonders hervortretend und auch geschichtlich wichtig sind der *Πανηγυρικός* und der *Παναθηναϊκός*, Lobreden auf Athen, ferner *Ἀρεοπαγιτικός*, *Περὶ εἰρήνης ἢ συμμαχικός*, *Πρὸς Νικοκλέα*, *Φίλιππος*, *Ἀρχίδαμος*, *Πλαταϊκός*. Unter seinem Namen sind ferner 10 Briefe auf uns gekommen, *Bekk. Oratt. Att.* II. p. 482 f.; auch eine Theorie der Beredsamkeit, *τέχνη* (τέχνη), wurde ihm zugeschrieben, *Vit. β΄. Cic. de invent.* II, 2. *Quint.* II, 15, 4.

Westerm. 1, p. 203. Cicero nennt den Isokrates pater eloquentiae, *de orat.* II, 2. 10; vgl. *Dion. Hal. Isocr.* 3: διακριτέον γὰρ καὶ μέγα τὸ τῆς Ἰσοκράτους κατασκευῆς ὕψος, ἡσυχῆ μᾶλλον ἢ ἀνθηρότερον.

ii) Isäos aus Athen oder aus Chalkis auf Euböa, lebte um 420—348 und erscheint jedenfalls schon zeitig als in Athen wohnhaft, wo er Schüler des Isokrates und Nachahmer des Lysias wurde, eine Redeschule errichtete, die auch Demosthenes besuchte, und als Sachwalter für andere gerichtliche Reden schrieb, *Is. Vit. α΄. β΄. γ΄. Westerm. vit. min.* p. 260 f. *Suid. s. v. Plut. ylor. Athen.* p. 350 c, alle über Erbschaftsangelegenheiten. Wir kennen die Titel von 55 seiner Reden, erhalten haben sich 11. Auch eine theoretische Schrift, *ἰδέα τέχνη*, wird von ihm erwähnt. *Vit. β΄.* Im Vergleich zu Lysias heifst es von Isäos Redeweise *Vit. γ΄*: διαιρέσει δ' ὅτι τῇ μὲν πολὺ τῆς ἀκριβείας καὶ τὸ ἠσυχῇ καὶ ἡ χάρις, ἡ δ' Ἰσαίου τεχνικωτέρα δόξειεν ἂν εἶναι καὶ ἀκριβεστέρα καὶ σχηματισμοῖς διειλημμένη ποικίλοις etc.

kk) Skopas aus Paros blühte zwischen 392 und 348, *Corp. Inser. Gr.* Nr. 1604, *Plin.* XXXIV, 50, und arbeitete wie Skopas vorzüglich in Marmor. *Plin.* XXXIV, 60: marmore

karischem Marmor und bereicherte Griechenland, Ionien und Karien mit zahlreichen Darstellungen von Göttern, Halbgöttern und Heroen, namentlich aus dem Kreise des Dionysos und der Aphrodite. Unter seinen Bildsäulen waren die berühmtesten die rasende Bakchantin, *Callistrat. Stat.* 2. *Anthol. Pal.* IX, 774. *Anth. Jac.* I, 75. seine Liebesgötter Eros, Himeros und Pothos im Tempel der Aphrodite zu Megara, *Paus.* I, 43. 6, und die Gruppe Poseidon, Thetis und Achilleus, *Plin.* XXXVI, 26. Als Baumeister war er thätig am Tempel der Athene Alea zu Tegea, dem schönsten im Peloponnes, *Paus.* VIII, 45, 4, und an Grabmal des Mausolos, *Plin.* XXXIV, 30. 31, von welchem zahlreiche Sculpturen erhalten sind. Die lebendige Naturwahrheit und Schönheit, mit der er in Marmor menschliche Leidenschaften und erregte Seelenstimmungen ausdrückte, erfüllten den Beschauer mit Bewunderung.

ll) Praxiteles aus Athen blühte zwischen 368 bis 336, *Corp. Inscr. Gr.* Nr. 1604, *Plin.* XXXIV, 50, und arbeitete wie Skopas vorzüglich in Marmor. *Plin.* XXXIV, 60: marmore

Olympiaden-jahr.	Jahr v. Chr.	Geschichte.
CIII, 2.	367.	Die Arkader von den Spartanern geschlagen.[217] Vergeblicher Versuch der Thebaner, vermittelst persischen Einflusses Frieden zu stiften.[218]
CIII, 3.	366.	Dritter Einfall des Epaminondas in den Peloponnes.[219] Bündnis zwischen Arkadien und Athen.[220] Phlius und Korinth schliefsen Frieden mit Theben.[221]

schliefsen; die Thebaner schlagen aber die Spartaner und eröffnen sich dadurch den Weg, *Xen. a. a. O.* §. 15—17. Darauf bringen sie Pellene und Sikyon zum Beitritt zu ihrem Bund und verwüsten das Gebiet von Epidauros, *das.* §. 18 vgl. 2, 11, kehren aber dann, ohne weiter etwas Erhebliches auszurichten, wieder zurück. Noch ist bemerkenswert, dafs den Spartanern zu dieser Zeit von Dionysios, dem Tyrannen von Syrakus, Hilfstruppen geschickt wurden, *Xen. a. a. O.* 1, 20—22, die auch nachher noch zweimal, das letzte Mal unter Dionysios dem Jüngern, wiederkamen, *das.* 1, 28, 4, 12. [Es ist zweifelhaft, ob dieser Zug ins Jahr 368 oder noch ins Jahr 369 zu setzen ist. Wir sind überhaupt für die ganze Zeit bis zur Schlacht bei Mantinea hinsichtlich der Zeitrechnung, abgesehen von den festen Punkten, die wir durch die Feier der olympischen Spiele, s. *Anm.* 223, und durch eine Sonnenfinsternis, s. *Anm.* 224, gewinnen, lediglich auf Diodor und auf Kombinationen hingewiesen, da Xenophon nur wenige und unzureichende Anhaltepunkte bietet. Diodor pflegt aber immer die Ereignisse des Olympiadenjahres (oder was ungefähr dasselbe ist, des Jahres der athenischen Archonten), d. h. der Zeit von der Mitte des Sommers bis ebendahin zusammen zu fassen (nicht zu gedenken, dafs er nicht selten auch die Ereignisse zweier Jahre unter einem Jahre vereinigt und überhaupt sehr ungenau und ungründlich verfährt), und es bleibt daher, soweit wir auf ihn beschränkt sind, immer zweifelhaft, ob die Ereignisse ein Jahr früher oder später anzusetzen sind.]

217) Die Arkader hatten, im Gefühl ihrer durch die Vereinigung erhöhten Stärke, mehrere glückliche Unternehmungen auf eigne Hand gemacht, *Xen. Hell.* VII, 1, 22—26. Deshalb unternahm Archidamos, der Sohn des Agesilaos, in Verbindung mit den syrakusanischen Hilfstruppen einen Feldzug gegen sie und gewann, als die Arkader ihn einzuschliefsen suchten, durch einen kühnen Angriff einen glänzenden Sieg, bei dem viele Arkader fielen, während angeblich kein einziger Spartaner getötet wurde, s. *Xen. a. a. O.* §. 28—32. *Diod.* XV, 72. *Plut. Ages.* 33. daher die ἄδακρυς μάχη genannt. *Plut. a. a. O.* Durch jenes erhöhte Selbstgefühl waren die Arkader schon jetzt den Thebanern immer mehr entfremdet, *Xen. a. a. O.* §. 21. 39, auch begannen schon jetzt die Zwistigkeiten mit Elis, *das.* §. 26. 32.

218) *Xen. Hell.* VII, 1, 33—40. *Plut. Pelop.* 30. *Artax.* 22. Die von dem Perserkönig diktierten, hauptsächlich von Pelopidas, der von den Thebanern als Gesandter nach Susa geschickt worden war, durchgesetzten Friedensbedingungen (s. dieselben *Xen. a. a. O.* §. 36) wurden von den übrigen griechischen Staaten nicht angenommen. (Ein schon ein Jahr früher von Philiskos, dem Abgesandten des Satrapen Artabazanes, gemachter Friedensversuch war daran gescheitert, dafs die Thebaner ihn ohne die Anerkennung der Unabhängigkeit Messeniens nicht annehmen wollten, s. *Xen. a. a. O.* §. 27. *Diod.* XV. 70.)

219) *Xen. Hell.* VII, 1, 41—43. *Diod.* XV, 75. Der Zug war gegen Achaja gerichtet. Die Städte daselbst wurden zwar dazu gebracht, dem böotischen Bündnisse beizutreten. Als aber die Thebaner in deuselben auf den Betrieb der Arkader gegen den Willen des Epaminondas die demokratische Verfassung gewaltsam herstellten und die Gegner derselben vertrieben, fielen sie nicht nur wieder ab, sondern nahmen auch nunmehr für Sparta offen Partei.

220) Die Veranlassung zu diesem Bündnis gab Oropos, welches, den Athenern im Jahre 411 entrissen (s. *Anm.* 118), in den ersten Jahren des thebanischen Krieges wieder an dieselben zurückgefallen, jetzt aber von den Thebanern in Besitz genommen war, *Xen. Hell.* VII, 4, 1. *Diod.* XV, 76. Die Athener waren nämlich, weil ihnen die Bundesgenossen die

felicior idea et clarior fuit. Unter seinen zahlreichen Meisterwerken waren besonders berühmt der ruhende Satyr (ἀναπαυόμενος), *Plin.* XXXIV, 69. *Paus.* I, 20, 1, die knidische Aphrodite, *Plin.* XXXVI, 20: ante omnia est non solum Praxitelis verum in toto orbe terrarum Venus, der Eros zu Thespiä, *Paus.* IX, 27, 3. *Plin.* XXXVI, 22: propter opera Thespiae visebantur, und der in Olympia wiedergefundene Hermes mit dem Dionysoskinde. In der Darstellung des sinnlichen Reizes und der Anmut der körperlichen Erscheinung war er der unübertroffene Meister. *Luc. amor.* 13, *imag.* 4.

Plinius sagt von ihm a. a. O. 20: marmoris gloria superavit etiam semet. Ob die vielgerühmte Gruppe der sterbenden Kinder der Niobe vom Skopas oder von Praxiteles herrühre, darüber waren schon die Alten zweifelhaft. *Plin.* XXXVI, 28. [Erhaltene Bildwerke, aus denen wir eine Anschauung über den Kunststil dieser Zeit des Skopas und Praxiteles gewinnen können, sind unter andern die Niobiden zu Florenz, die sogenannte Niobide in Paris, der sogenannte Ilioneus zu München, der Apollon Sauroktonos und die Reliefs am Denkmal des Lysikrates.]

Olympiaden- jahr.	Jahr v. Chr.	Geschichte.
CIII, 4.	365.	Krieg zwischen Elis und Arkadien.[222]
CIV, 1.	364.	Die Arkader im Besitz von Olympia; unter ihrem Schutze veranstalten die Pisaten statt der Eleer die Feier der olympischen Spiele.[223]
		Pelopidas fällt im Kampfe mit Alexandros von Pherä.[224] Die Thebaner dehnen ihre Hegemonie über Thessalien aus[225] und versuchen es auch, die Hegemonie zur See zu gewinnen.[226]

verlangte Hilfe zur Wiedererlangung von Oropos versagten, in einer gereizten Stimmung gegen dieselben, und diese wurde von den Arkadern benutzt, um sie zu dem Bündnis mit ihnen zu bewegen, s. *Xen. a. a. O.* §. 2—3. Sonach waren jetzt die Athener zugleich mit den Spartanern und den Arkadern, deren Feinden, und ebenso die Arkader zugleich mit den Thebanern und deren Feinden, den Athenern, verbündet, ein Verhältnis, welches sich aus der damaligen Stellung der Arkader (s. *Anm.* 217) erklärt, aber freilich nicht von Bestand sein konnte. Über die daraus hervorgehenden Mifshelligkeiten zwischen Athen und Korinth, s. *Xen. a. a. O.* §. 4—6.

221) *Xen. Hell.* VII, 4, 6—11. *Diod.* XV, 76. Die Korinthier nebst den Phliasiern und andern Bundesgenossen (die jedoch nicht genannt werden) schlossen den Frieden (der nach Diod. von dem Perserkönig diktiert wurde), weil sie durch die Beschwerden und Verluste des Kriegs, von denen besonders Phlius hart betroffen worden (s. *Xen. Hell.* VII, 2), erschöpft waren. Sie forderten vorher auch die Spartaner zur Teilnahme auf, die sich aber nicht dazu entschliefsen konnten, weil sie die Unabhängigkeit Messeniens nicht anerkennen wollten. (Diese Situation, wo die Spartaner zum Abschlufs des Friedens unter Anerkennung der Unabhängigkeit Messeniens aufgefordert wurden, ist es, worauf sich die den Namen des Archidamos führende Rede des Isokrates bezieht.)

222) *Xen. Hell.* II, 4, 12—18. *Diod.* XV, 77. Die Eleer hatten Lasion überfallen, welches zum arkadischen Bunde gehörte, worauf die Arkader, nachdem sie die Eleer bei Lasion geschlagen, in Elis einfallen, das Land verwüsten und mehrere Städte, darunter auch Pylos, nehmen. Dieser Krieg hat die Folge, dafs die Eleer sich in die Bundesgenossenschaft der Spartaner begeben, s. *Xen. a. a. O.* §. 19; schon jetzt werden sie von den Achäern, den Bundesgenossen Spartas (s. *Anm.* 219), unterstützt, *das.* §. 17.

223) *Xen. Hell.* VII, 4, 19—33. *Diod.* XV, 78. Die Arkader fallen von neuem in Elis ein und schlagen die Eleer. *Xen. a. a. O.* §. 19. Auf Bitten der Eleer fallen darauf die Spartaner unter Archidamos in Arkadien ein und nehmen Kromnos; die Arkader kehren deshalb aus Elis zurück, belagern Kromnos und zwingen die Besatzung, so weit sie sich nicht durch die Flucht gerettet, sich zu ergeben, *das.* §. 20 bis 25. 27. Nun erneuern die Arkader ihren Einfall in Elis und veranlassen die Pisaten, unter ihrem Schutze die olympischen Spiele zu veranstalten, was denn auch trotz eines tapferen Angriffs der Eleer geschieht, *das.* 28—32; weshalb

diese Olympiade als eine Ἀνολυμπιάς; von den Eleern nicht gezählt wurde. *Paus.* VI, 22, 2.

224) (In Thessalien hatte sich der *Anm.* 209 genannte Iason im Jahre 374 von Pherä aus der Herrschaft als *Tagús* bemächtigt, s. *Xen. Hell.* VI, 1; er war nach der Schlacht bei Leuktra eben im Begriff, nach Griechenland zu ziehen, und seine Macht war so grofs, dafs man daselbst grofse Besorgnis hegte, als er im Sommer 370 um die Zeit der pythischen Spiele ermordet wurde, *ebend.* VI, 4, 27 bis 32. Ihm folgen zunächst Polydoros und Polyphron, und nachdem Polydoros von Polyphron und Polyphron von Alexandros ermordet worden, folgte dieser letztere. *das.* §. 33—35, welcher die Herrschaft 11 Jahre lang, von 369—358, behauptete, *Diod.* XV, 61. Seine Grausamkeit gab die Veranlassung, dafs sich zuerst die Aleuaden von Larissa an den König von Makedonien und dann die thessalischen Städte nach Theben mit der Bitte um Hilfe wandten, *Diod.* XV, 61, 67. *Plut. Pel.* 26.) Pelopidas machte, wahrscheinlich in den Jahren 369 und 368, zwei Einfälle in Thessalien, wobei er die thessalischen Städte befreite und zugleich den makedonischen König Alexandros nötigte, das von ihm in Besitz genommene Larissa aufzugeben, *Diod.* IX, 67. *Plut. Pel.* 26. Im Jahre 366 ging er ohne Heer als Gesandter wieder nach Thessalien, wurde aber von Alexandros von Pherä treuloserweise gefangen gehalten, bis ihn die Thebaner unter Führung des Epaminondas, nachdem ein vorheriger Zug unter anderer Führung zu demselben Zweck mifslungen, wieder befreiten, *Plut. Pel.* 27—29. *Diod.* XV, 71. 75. Bei den beiden ersten Einfällen (so nach *Plut. a. a. O.*, nach Diodor nur das erste Mal) zog Pelopidas auch nach Makedonien und erlangte dadurch, dafs der König von Makedonien mit Theben ein Bündnis abschlofs. Im Jahre 364 wurde Pelopidas wieder von den Thessalern gegen Alexandros von Pherä zu Hilfe gerufen und schlug denselben bei Kynoskephalä, fiel aber in der Schlacht, *Plut. Pel.* 31—32. *Diod.* XV, 80. [Für die Zeit dieses Zugs erhalten wir eine freilich nicht ganz zweifellose Bestimmung durch eine Sonnenfinsternis, welche nach Plutarch und Diodor unmittelbar vor dem Zuge stattfand und welche nach den angestellten Berechnungen entweder auf den 30. Juni oder auf den 13. Juli 364 anzusetzen ist.

225) Die Thebaner unternahmen auf die Nachricht vom Tode des Pelopidas sofort einen neuen Zug nach Thessalien (mit einem Heere von 7000 Hopliten und 700 Reitern unter Führung des Malkites und Diogeiton, *Plut.*) und zwangen Alexandros von Pherä, die thessalischen Städte, so wie auch

Olympiaden-	Jahr v. Chr.	Geschichte.
jahr.		
CIV, 2.	363.	Spaltung unter den Arkadern.[227]
CIV, 3.	362.	Schlacht bei Mantinea und Tod des Epaminondas.[228]
		Die kämpfenden Parteien schliessen Frieden, dem jedoch Sparta nicht beitritt.[229]

die Magneten, Phthioten und Achäer freizugeben, sich auf Pherä zu beschränken und dem böotischen Bunde beizutreten, *Plut. Pel.* 35. *Diod.* XV, 80.

226) Auf Anlaſs und unter Führung des Epaminondas wurde eine Seefahrt unternommen, die bis nach Byzantion ausgedehnt wurde, aber wegen des bald darauf erfolgenden Todes des Epaminondas ohne weitere Folge blieb, s. *Diod.* XV, 78—79 vgl. *Isocr. Phil.* p. 93, §. 53. *Aesch. de f. leg.* p. 42. §. 105: Ἐπαμεινώνδας στρατηγὸς οὐχ ἑλοπτίζεις τὸ τῶν Ἀθηναίων ἀξίωμα εἶπε διαρρήδην ἐν τῷ αλήθει τῶν Θηβαίων, ὡς δεῖ τὰ τῆς Ἀθηναίων ἀκροπόλεως προπύλαια μετενεγκεῖν εἰς τὴν προστασίαν τῆς Καδμείας. [Der Zug nach Thessalien, s. *var. Anm.*, und der Seezug des Epaminondas sind wahrscheinlich gleichzeitig, weil sonst Epaminondas mutmaſslich auch bei jenem den Oberbefehl geführt haben würde.

227) Die Spaltung knüpfte sich an den Besitz Olympias und der dortigen Tempelschätze, die von der gemeinschaftlichen arkadischen Behörde zur Bezahlung der Truppen (der sog. Ἐπάριτοι) verwendet wurden. Hiergegen erklärten sich zuerst die Mantineer, deren Beispiele folgten dann auch andere Arkader (wie es scheint, war es die aristokratische Partei, welche die Opposition machte und da, wo sie die Oberhand hatte, die Staaten auf diese Seite zog, s. *Xen. Hell.* VII, 4, 34. 35, 5, 1), und diese Partei schloſs nun Frieden mit den Eleern, *Xen. a. a. O.* 4, 35. und schickte Gesandte nach Athen und Sparta mit der Bitte um Hülfe, *das.* 5, 3, während die andere Partei die Spartaner herbeirief, *das.* 4, 34. Über das Ganze dieser Vorgänge s. *das.* 4, 33—5, 3. *Diod.* XV, 82. Es standen also jetzt im Peloponnes auf der einen Seite die Spartaner, Eleer, Achäer (s. *Anm.* 222) und die eine Hälfte der Arkader mit Mantinea an der Spitze, auf der andern Seite die Argeier, die Messenier und die andere Hälfte der Arkader, an deren Spitze Tegea stand; Korinth und Phlius blieben neutral (*Anm.* 221).

228) *Xen. Hell.* VII, 5, 4—27 (d. h. bis zum Ende des Werks). *Diod.* XV, 83—88. *Plut. Ages.* 34. Beim Heere des Epaminondas waren sämtliche Booter, die Eubäer und viele Thessaler; im Peloponnes stieſsen noch die in der vor. Anm. genannten Völker hinzu, s. *Xen. a. a. O.* §. 4—5; die Phoker hatten sich geweigert, ihn zu begleiten, *das.* §. 4. Die Stärke beider Heere wird von Diodor (84) bei der Schlacht auf seiten der Thebaner zu 30 000 M. zu F. und 2000 R. auf der andern Seite zu 20 000 M. zu F. und 2000 R. angegeben. Vor der Schlacht machte Epaminondas den Versuch, erst Sparta und dann Mantinea zu überraschen; beides miſslang infolge ungünstiger Zufälle, *Xen. a. a. O.* §. 9—17. *Polyb.* IX, 8. Die Schlacht wurde, ebenso wie die bei Leuktra, durch Anwendung der schiefen Schlachtordnung gewonnen. s. *Xen. a. a. O.* §. 23: Ὁ δὲ τὸ στράτευμα ἀντίπρωρον ὥσπερ τριήρη, ἀγωγὴν νομίσας, ἄγχι ξυμβαλεῖν διακόψειν, ἀπηγεῖν ἔμελλε τὸν τῶν ἑαυτοῦ στράτευμα, der Sieg wurde aber, nachdem Epaminondas gefallen (über seinen Tod s. *Paus.* VIII, 11, 4—5. *Diod.* XV, 87. *Plut. Mor.* [*Apophth. reg.*] p. 194 C. *Corn. Nep. Epam.* 9. *Cic. de fin.* II. §. 97. *ad div.* V, 12), von den Thebanern nicht weiter verfolgt, s. *Xen. a. a. O.* §. 25: Ἐπεὶ γε μὲν ταῦτα ἐγένετο, οἱ λοιποὶ οὐδὲ τῇ νίκῃ ὀρθῶς ἔτι ἐδυνήθησαν χρήσασθαι, ἀλλὰ φευγόντων μὲν αὐτοῖς τῶν ἐναντίων φάλαγγος οὐδένα ἀπέκτειναν ὁπλίταν οὐδὲ προῆλθον ἐκ τοῦ χωρίου, ἔνθα ἡ συμβολὴ ἐγένετο. Über die Zeit der Schlacht s. *Plut. Mor.* p. 845. E. (*Vit.* X *or.* 27.) p. 350 A. *ad glor. Ath.* 7), wonach sie am 12. Skirophorien (Juli) 362 stattfand. — *Diod.* XV, 87: Παρὰ γὰρ ἑκάστη τῶν ἄλλων ἓν ἂν εὕροι (τις) ηρπασμένον τῆς δόξης, παρὰ δὲ τούτῳ (Ἐπαμεινώνδᾳ) πάσας τὰς ἀρετὰς ἠθροισμένας. — τοιγαροῦν ἢ πατρὶς αὐτοῦ ζῶντος μὲν ἐπίσταντο τὴν ἡγεμονίαν τῆς Ἑλλάδος, τελευτήσαντος δὲ ταύτης ἐστερήθη.

229) *Diod.* XV, 88. *Plut. Ages.* 35. *Polyb.* IV. 33. Die Spartaner schlossen sich aus, weil sie die Unabhängigkeit Messeniens nicht anerkennen wollten. In Arkadien wollten mehrere der in Megalopolis vereinigten Städte sich wieder trennen, sie wurden aber mit Gewalt festgehalten, *Diod.* XV, 94.

Dritter Abschnitt.
361 bis 338 v. Chr.
Der Kampf mit König Philipp.

Olympiadenjahr.	Jahr v. Chr.	Geschichte.
		a) Der Bundesgenossen- und der heilige Krieg und die Fortschritte Philipps bis zu seinem ersten Zuge nach Griechenland im J. 346.[230]
CIV, 4.	361.	Agesilaos stirbt, Archidamos III. König von Sparta.[231]
CV, 2.	359.	Philipp, König von Makedonien.[232] Er entledigt sich der Mitbewerber um den Thron[233] und schliefst mit Athen Frieden und Bündnis.[234]

230) Der Bundesgenossenkrieg dient dazu, Athen der Mittel zum Kriege gegen Philipp zu berauben, und durch den heiligen Krieg wird Thebens in der letzten Zeit errungene Macht gebrochen. Der Hauptgrund für das Unterliegen Griechenlands ist indes in der Entartung der Griechen zu suchen, und demgemäfs ist auch das Hauptbestreben des kräftigsten und edelsten Gegners Philipps, des Demosthenes, darauf gerichtet, die Athener zu gröfserer Energie zu entzünden. Über die andern Staaten, insbesondere über Theben, fehlt es uns an näheren Nachrichten, über die Sinnesweise der Athener s. *Dem. Phil.* I, p. 41. §. 4: ποιεῖσθε (nämlich auch fernerhin wie bisher) πρωρέντες αὐτῶν ἀναθύεσθαι, λέγεταί τι καινόν; vgl. ebend. p. 53. §. 44. p. 45. §. 20: ὅπως μὴ ποιήσετε ἃ πολλάκις ὑμᾶς ἔβλαψε, πάντ' ἐλάττω νομίζοντες εἶναι τοῦ δέοντος καὶ τὰ μέγιστ' ἐν τοῖς ψηφίσμασιν αἱρούμενοι, ἐπὶ τῷ πράττειν οὐδὲ τὰ μικρὰ ποιεῖτε, daher das Verfahren Philipp gegenüber p. 51. §. 40: ὥσπερ οἱ βάρβαροι πυκτεύουσιν — ὑμεῖς ἐὰν ἐν Χερρονήσῳ πύθησθε Φίλιππον, ἐκεῖσε βοηθεῖν ψηφίζεσθε, ἐὰν ἐν Πύλαις, ἐκεῖσε, ἐὰν ἄλλοθι που, συμπαραθεῖτ' ἄνω κάτω καὶ στρατηγεῖσθε μὲν ὑπ' ἐκείνου, βεβούλευσθε δὲ οὐδὲν αὐτοὶ συμφέρον περὶ τοῦ πολέμου οὐδὲ πρὸ τῶν πραγμάτων προορᾶτε οὐδέν, πρὶν ἂν ἢ γεγενημένον ἢ γιγνόμενόν τι πύθησθε. Vgl. noch *Olynth.* II, p. 25. §. 25. III, p. 29. §. 3. *Phil.* II, p. 66. §. 3—4. Der Mangel an Geld, der überall die Unternehmungen hinderte, hatte seinen Grund hauptsächlich darin, dafs die Überschüsse der öffentlichen Kasse vermittelst der sog. θεωρικά (s. 3. *Per. Anm.* 53) unter das Volk verteilt wurden, und diese wie alle sonstigen verderblichen Mafsregeln gingen meist von den dem Volke schmeichelnden Demagogen aus, s. über die διανομαὶ *Olynth.* III, p. 31. §. 11 und über die Demagogen besonders ebend. p. 30. §. 29—31. Ein Hauptübelstand endlich lag darin, dafs die Kriege jetzt in der Regel ausschliefslich mit Mietstruppen geführt wurden, s. *Anm.* 240.

231) *Plut. Ages.* 36. 40. *Diod.* XV, 93. *Xen. Ages.* II, 28—31. Er ging nach der Schlacht bei Mantinea im Frühjahr 361 nach Ägypten, von dem dortigen König Nectanebos zu Hilfe gerufen, und starb auf der Rückreise im Winter 361/0.

232) (Über den Ursprung des makedonischen Königshauses s. *Herod.* VIII, 137—139. V, 22. Die makedonischen Könige werden in der griechischen Geschichte erst von Amyntas an genannt, einem Zeitgenossen der Pisistratiden, s. *das.* V, 94; auf diesen folgt Alexandros, der in der Zeit der Perserkriege regierte, s. z. B. *das.* VII, 137. VIII, 136. 140. IX, 44. 45, dann Perdikkas, der bis in die zweite Hälfte des peloponnesischen Kriegs (bis 413) heraufreicht und während desselben mehrfach mit den Griechen in Berührung kam, s. *Anm.* 52; dann Archelaos bis 399, Orestes bis 397, Aeropos, der Vormund des Orestes, nach dessen Ermordung bis 394, Pausanias, Sohn des Aeropos, bis 393, wo er von Amyntas II. ermordet wird, der sodann mit Unterbrechungen die Herrschaft bis 370 behauptet, wo er mit Hinterlassung der 3 Söhne Alexandros, Perdikkas und Philippos stirbt. Alexandros regiert bis 368, hierauf sein Mörder Ptolemaios aus Aloros als Vormund des Perdikkas bis 365, dann der zweite Bruder Perdikkas bis 359, da derselbe in einer Schlacht gegen die Illyrier oder nach einer andern Nachricht durch Meuchelmord umkommt.) Philipp kam im J. 359 (s. *Diod.* XVI, 2) zur Regierung, 23 J. alt, wie aus *Iust.* VIII, 7, 4 und *Iustin.* IX, 8 hervorgeht, nachdem er vorher 3 Jahre als Geisel in Theben zugebracht hatte, s. *Iustin.* VII, 5. Vgl. *Diod.* XVI, 2. *Plut. Pel.* 26 u. a. (Dafs er erst nach dem Tode seines Bruders Alexandros dahin kam, geht aus *Aesch. de f. leg.* p. 31. §. 26—29 hervor, und ebenso wird durch *Speusipp.* b. *Athen.* XI, p. 506 e bewiesen, dafs er noch während der Regierung des Perdikkas, nicht erst nach dessen Tode nach Makedonien zurückkehrte.) Er übernahm die Herrschaft unter

| Olympiaden- | Jahr v. Chr. | Geschichte. |
| jahr. | | |

CV, 3. 358. Philipp unterwirft die Päonier und Illyrier.[235]
CV, 4. 357. Euböa von den Athenern wieder gewonnen.[236]
Philipp erobert Amphipolis[237] und Pydna;[238] sein Bündnis mit Olynth.[239]

den schwierigsten Umständen, indem das Reich im Norden und Nordwesten durch die Päonier und Illyrier, welche letzteren soeben den Perdikkas besiegt hatten, und im Innern durch mehrere Mitbewerber bedroht war; er überwand aber diese Schwierigkeiten neben seinen sonstigen ausgezeichneten Eigenschaften insbesondere auch durch die Klugheit, mit der er seine Feinde zu trennen und einzeln nacheinander zu besiegen wußte, indem er, wie aus den folgenden Anmerkungen im näheren hervorgeht, sich zuerst seiner Mitbewerber um den Thron erledigte, dann, die Athener durch Frieden und Bündnis und Versprechungen beschwichtigend, die Päonier und Illyrier besiegte, hierauf sich durch das Bündnis mit Olynth und mit den thrakischen Städten verstärkte, um Athen seine Besitzungen an der thrakischen Küste zu entreißen, sodann Olynth vernichtete und endlich, sich auf Theben stützend, in Griechenland eindrang. Über seine Einführung der Phalanx s. *Diod.* XVI, 3. *Polyb.* XVIII, 12—15. Zu seiner Charakteristik im Gegensatz gegen die Unthätigkeit der Athener, s. *Dem. Ol.* II. p. 24. §. 23: οὐ δὴ βαρμαχετε ἔσιν, εἰ στρατευόμενος καὶ πονῶν ἐκεῖνος αὐτὸς καὶ παρὼν ἐφ' ἅπασι καὶ μηδένα καιρὸν μηδ' ὥραν παραλείπων ἡμῶν μελλόντων καὶ ψηφιζομένων καὶ πυνθανομένων περιγίνεται. (Nach *Iust.* VII. 5 übernahm er die Herrschaft zunächst nur als Vormund für Amyntas, den Sohn seines Bruders Perdikkas, wurde aber bald von dem Volke genötigt, den Königstitel anzunehmen.)

233) Seine Mitbewerber waren Pausanias, welcher von dem thrakischen König Kotys, und Argäos, welcher von den Athenern unterstützt wurde; jener wurde durch Unterhandlungen mit Kotys beseitigt, s. *Diod.* XVI, 2. 3. *Theop. fr.* 33, dieser wurde besiegt, *Diod.* XVI, 3. *Iustin.* VII, 6. Er hatte außerdem noch drei Stiefbrüder, die er ebenfalls beseitigte.

234) *Dem. adv. Aristocr.* p. 660. §. 121: Φίλιππος — Ἀργαῖον κατάγοντας λαβὼν τῶν ὑμετέρων τινὰς πολιτῶν ἀφῆκε ἄνευ λύτρων, διδοὺς δὲ πάντα ἵν' ἀπάλλαξον αὐτούς, πέμπει δὲ γράμματα παγγέλλων ἕτοιμος εἶναι συμμαχίαν ποιεῖσθαι καὶ τὴν ὑπαρχὴν φιλίαν ἀνανεοῦσθαι, vgl. *Diod.* XVI, 4. *Iustin.* VII, 6. Das Bündnis wurde wirklich geschlossen und Philipp gab den Athenern das geheime Versprechen, daß er ihnen Amphipolis erobern helfen wolle, s. *Theop. fr.* 180. *Dem. Ol.* II, p. 19 §. 6, 7.

235) *Diod.* XVI, 4. 8. *Iustin.* VII, 6. [Da nach *Diod. a. a. O.* 8. die Eroberung von Amphipolis unmittelbar auf die Unterwerfung der Illyrier folgt und diese nicht vor dem J. 357 stattgefunden haben kann, s. *Anm.* 236 und 240, so kann der Feldzug gegen die Päonier und Illyrier nicht früher als ins J. 358 gesetzt werden.]

236) Euböa, vorher zum athenischen Bündnis gehörend, s. *Anm.* 228, war seit der Schlacht bei Leuktra zu dem thebanischen Bündnis übergetreten, s. *Xen. Hell.* VI, 5. 23. VII, 5, 4. Jetzt wurde Eretria von andern euböischen Städten und den mit diesen letztern verbündeten Thebanern bedrängt und wandte sich in seiner Not an Athen, welches die erbetene Hilfe bereitwilligst gewährte, die Gegner Eretrias samt den Thebanern schlug und hierauf ganz Euböa wieder auf seine Seite brachte, s. *Diod.* XVI, 7. *Dem. adv. Androt.* p. 597. §. 14. *pro Megalop.* p. 205. §. 14. *Olynth.* I, p. 11. §. 8. *de Chersom.* p. 108. §. 74—75. *Isocr. Phil.* p. 93. §. 53. *Aesch. adv. Ctes.* p. 65. §. 85. Die Lebhaftigkeit, mit der die Athener die Angelegenheit betrieben, ergiebt sich besonders aus *Dem. de Chers. a. a. O.*: ἔστι γὰρ δήπου τοῦτ', ὅτι Τιμόθεος ποτ' ἐκεῖνος ἐν ὑμῖν ἐδημηγόρησεν ὡς δεῖ βοηθεῖν καὶ τοὺς Εὐβοέας σώζειν, ὅτι Θηβαίοι κατεδουλοῦντο αὐτούς, καὶ λέγων εἶπεν οὕτω πως "εἰπέ μοι, βουλεύεσθ'" ἔφη, "νησιώτας ἔχοντες ἐν ὑμῖν, τί χρήσεσθε καὶ τί δεῖ ποιεῖν; οὐκ ἐπιλήψεσθε τῆς θαλάττης; οὐκ ἀνδρας' Ἀθηναῖοι, ἔφη, ὧν ἀνατέτριπθ' ὑμῖν, ἀγαπήσετε; ὧν ἀνέστατε ἐξ, τὸν Ἡγησίλεω; οὐ καθέλξετε τὰς ναῦς; οὐκ εἶσι μὲν ὑμεῖς ὁ Τιμόθεος, ἡγησόμεθ' δ' ἡμεῖς;" und aus *Aesch. u. a. O.*: ταυτὶ διέξιμεν ἐν πέντε ἡμέραις (vgl. *Dem. adv. Androt. a. a. O.*) βοηθήσατε αὐτοῖς καὶ κατὰ καὶ κατὰ θάλαττον, καὶ μὴν ἐμείνατε πλέον διελθεῖν τριαχοστῆς ἡμέρας, ἢ κόμην γῆν Εὐβοίας γενομένων, καὶ τὰς τε πόλεις αὐτοῖς καὶ τὰς πολιτείας ἀπέδοτε ὀρθῶς καὶ δικαίως τοῖς παρακαταθεμένοις —, daher auch die Redner gerade dieser Unternehmung zum Ruhme der Athener gern und oft gedenken. Daß ein Bündnis abgeschlossen wurde, dies geht teils aus *Dem. pro Megalop. a. a. O.* hervor, teils namentlich aus einer in neuerer Zeit aufgefundenen Urkunde, *Rangabé Ant. Hell.* II, Nr. 391 u. 392. *Corp. Inscr. Att.* II, 68. [Nach der eben genannten Urkunde wurde das Bündnis unter dem Archontat des Agathokles, 357. 6, beschlossen; nach *Dem. Olynth.* I, a. a. O. kamen die um Hilfe bittenden Gesandten von Amphipolis gerade zu der Zeit nach Athen, als die Unternehmung auf Euböa beendigt war.]

237) *Diod.* XVI, 8. Die Amphipoliten schickten Gesandte nach Athen mit der Bitte um Hilfe und dem Anerbieten, Stadt und Gebiet den Athenern zu übergeben, *Theop. fr.* 47. *Dem. Ol.* I, p. 11. §. 8; die Athener ließen sich aber durch die Versicherung Philipps täuschen, daß er sein Versprechen (*Anm.* 234) erfüllen und die Stadt ihnen überlassen werde, *Dem. Ol.* II, p. 19 §. 6. (*Dem.*) *de Halon.* p. 83. §. 27. worauf Philipp die Stadt zerstörte (nach *Dem. Olynth.* I, p. 10. §. 5 mit Hilfe von Verrat) und für sich behielt, *Epist.*

Olympiaden- jahr.	Jahr v. Chr.	Geschichte.
CV, 4.	357.	Chios, Byzantion, Rhodos und Kos fallen vom athenischen Bündnis ab; Anfang des Bundesgenossenkriegs.[240]
		Die Athener bei Chios geschlagen; Chabrias fällt in der Schlacht.[241]
CVI, 1.	356.	Philipp erobert Potidäa.[242] Gründung von Philippi.[243]
CVI, 2.	355.	Der Bundesgenossenkrieg durch die Freigebung der abgefallenen Bundesgenossen beendigt.[244]

Phil. p. 164. §. 21. Die Einwohner wurden im ganzen mild behandelt, die Gegner Philipps wurden indessen verbannt, *Diod. a. a. O. Corp. Inscr. Gr.* II. Nr. 2008.

238) Pydna nebst Potidäa und Methone und der ganzen Gegend um den thermaischen Meerbusen herum gehörte Athen, s. *Dem. Phil.* I, p. 41. §. 4. Über seine Eroberung s. *Diod.* XVI, 8. *Dem. Lept.* p. 475. §. 63. Nach letzterer Stelle wurde es durch Verrat genommen, vgl. *Olynth.* I, p. 10. §. 5.

239) *Dem. adv. Aristocr.* p. 656. §. 108, *Olynth.* II. p. 22. §. 14. *Phil.* II. p. 70. §. 20. Er schliefst das Bündnis, um zunächst in seinen Unternehmungen nicht durch die mächtigen Olynthier behindert zu werden und schenkt ihnen, um sie zu gewinnen, das seit langer Zeit zwischen Olynth und Makedonien streitige Anthemus, s. *Dem. Phil.* II, *a. a. O.* verspricht auch Potidäa für sie zu erobern, s. *Anm.* 242.

240) Der Aufstand wurde hauptsächlich dadurch herbeigeführt, dafs die Athener den Grundsätzen der Billigkeit und Milde, die sie bei der neuen Gründung ihrer Hegemonie erklärt und anfangs auch angewandt hatten (s. *Anm.* 198), untreu wurden; so hatten sie namentlich angefangen, auswärtige Grundbesitz unter athenische Kleruchen zu verteilen, wie in Samos, s. *Philochor. fr.* 131. *Strab.* p. 638. *Heraclid. Pont.* X, 7, vgl. *Diod.* XVIII. 18. *Isocr. de permut.* §. 111. *Dem. de Rhod. lib.* p. 193. §. 9, in Potidäa, s. *Anm.* 242, und sonst, s. *Isocr. a. a. O.* §. 105. Ein anderer Hauptgegenstand der Klage der Bundesgenossen lag in der Art und Weise, wie damals die Kriege von den Athenern geführt zu werden pflegten. Es wurden nämlich in der Regel nur Mietstruppen angewendet, und weil die Anführer gewöhnlich keinen Sold von Athen bekamen, so waren sie genötigt, von den Bundesgenossen Geld zu erpressen, s. *Dem. Phil.* I, p. 53. §. 45: ὅσοι δ᾽ ἂν στρατηγῶν καὶ ψήφισμα κενὸν καὶ τὰς ἀπὸ τοῦ βήματος ἐλπίδας ἐπιφέρητε, οὐδὲν ὑμῖν τῶν δεόντων γίγνεται, ἀλλ᾽ οἱ μὲν ἐχθροὶ καταγελῶσιν, οἱ δὲ σύμμαχοι τεθνᾶσι τῷ δέει τοὺς τοιούτους ἀποστόλους, das. p. 46. §. 24: ἐξ οὗ δ᾽ αὐτὰ καθ᾽ αὑτὰ τὰ ξενικὰ ὑμῖν στρατεύεται, τοὺς φίλους νικᾷ καὶ τοὺς συμμάχους, οἱ δ᾽ ἐχθροὶ μείζους τοῦ δέοντος γεγόνασιν, vgl. ebend. §. 46. 47. u. ö. Nach *Dem. de Rhod. lib.* p. 191. §. 3 war der Anlafs des Kriegs, dafs die Rhodier, Chier und Byzantier von Athen einen Angriff auf ihre Unabhängigkeit fürchteten und dafs der (unter persischer Oberhoheit stehende) Fürst von Karien, Mausolos, ihnen seine Unterstützung versprach, vgl. *Diod.* XVI, 7. [Nach *Diod. a. a. O.* fällt der Anfang des Kriegs noch in

das Archontat des Kephisodotos, 358/7, dagegen gehört nach *Dionys. Hal. Lys.* p. 480 der ganze Krieg unter die Archonten Agathokles und Elpinikos, d. h. in die Zeit vom Sommer 357 bis dahin 355; nach *Diod.* XVI, 7 vgl. 22 dauerte der Krieg 3 Jahre.] Der Ausbruch dieses Kriegs war die Ursache, dafs die Athener zunächst nichts gegen Philipp unternehmen konnten.

241) Die Athener machten einen Angriff auf Chios; Chabrias fiel, als er mit der Flotte in den Hafen eindringen wollte, worauf die Athener zurückgeschlagen wurden, s. *Diod.* XVI, 6. *Corn. Nep. Chabr.* 4. *Plut. Phoc.* 6.

242) *Diod.* XVI, 8. Die Hilfe von Athen kam zu spät, *Dem. Phil.* I, p. 50. §. 35. Die athenischen Kleruchen daselbst wurden vertrieben, die übrigen Einwohner wurden in die Sklaverei verkauft, s. *Diod. a. a. O. Demosth. Phil.* II, p. 70. §. 20. (*Demosth.*) *de Hal.* p. 79 §. 10; Stadt und Gebiet wurde den Olynthiern überlassen, *Diod. a. a. O. Dem. Olynth.* II, p. 19. §. 7. *adv. Aristocr.* p. 656. §. 107. Und dies geschah, trotzdem dafs Philipp vorher mit der Stadt ein Bündnis geschlossen hatte, s. (*Demosth.*) *de Hal. a. a. O.* [Über die Zeit der Einnahme von Potidäa ergiebt sich eine genauere Bestimmung daraus, dafs nach *Plut. Alex.* 3. *Consol. ad Apollon.* p. 105 A. §. 6. *Iustin.* XII, 16 unmittelbar (ἄρτι) nach der Einnahme die dreifache Freudenbotschaft bei ihm eintraf, dafs Alexandros zu Pella geboren, dafs er durch ein Rennpferd einen Sieg in Olympia gewonnen und dafs Parmenion die Illyrier geschlagen; die Geburt des Alexandros aber wird von *Plut. Alex. a. a. O.* auf den 6. Hekatombäon (21. Juli) 356 gesetzt.]

243) *Diod.* XVI, 8. Er wurde von den Bewohnern einer an dieser Stelle gelegenen Stadt Krenides gegen die Thraker zu Hilfe gerufen und gründete Philippi, nachdem er die Thraker zurückgeschlagen, und bevölkerte es mit den Bewohnern von Krenides und von Datos, welches letztere die Thasier vor kurzem an der Küste angelegt hatten, *Artemid.* bei *Steph. Byz.* s. v. Φίλιπποι. *Appian. B. C.* IV. p. 105. *Strab.* p. 323. 333. 338. *fr.* 33. 34. 36. 41. 43. Der gröfste Gewinn hiervon für Philipp bestand darin, dafs er von Philippi aus seine Eroberungen bis an den Nestos ausdehnte, *Strab.* p. 323, und dafs er von ebendaher die Bergwerke im Pangäongebirge ausbeuten konnte, deren Ertrag er bis auf 1000 Talente jährlich brachte, *Diod. a. a. O.*

244) Von dem weiteren Gang des Bundesgenossenkriegs ist nur folgendes bekannt. Nachdem bereits Chares mit 60

Olympiaden-jahr.	Jahr v. Chr.	Geschichte.
CVI, 2.	355.	Anfang des (zweiten) heiligen Krieges.²¹⁵

Schiffen ausgesandt worden, rüsteten die Athener noch eine zweite Flotte von gleicher Zahl der Schiffe unter Iphikrates, Timotheus und Menestheus (*Isocrat. de permut.* §. 129. *Cornel. Nep.*) aus. Die Feinde belagerten eben Samos, die vereinigte athenische Flotte begab sich nicht dorthin, sondern nach dem Hellespont, wohin ihr dann auch die Feinde folgten. Jetzt drang Chares darauf, der feindlichen Flotte eine Schlacht zu liefern, während die andern Feldherren dies wegen eines Sturmes für unthunlich hielten. Chares griff sie hierauf allein an, aber ohne Erfolg (im Hellespont, *Diod.*, bei Embata, *Polyaen.*, bei Samos, *Corn. Nep.*), *Diod.* XVI, 21. *Corn. Nep. Tim.* 3. *Polyaen.* III. 9, 29. und verband sich sodann mit dem persischen Satrapen Artabazos, der sich gegen den Perserkönig empört hatte. Auf die Drohung des Perserkönigs aber, dafs er die Feinde Athens mit 300 Kriegsschiffen unterstützen werde, riefen die Athener Chares zurück und gewährten den Bundesgenossen volle Selbständigkeit, *Diod.* XVI, 22. Wegen jenes Vorgangs bei der Schlacht wurden Timotheos, Iphikrates und Menestheus von Chares und Aristophon angeklagt [nach *Dionys. Hal. de Din.* p. 668 im Jahre 354]; ersterer wurde zu einer Strafe von 100 Talenten verurteilt, die beiden andern wurden freigesprochen, *Diod.* XVI, 21. *Corn. Nep. Tim.* 3. *Isocrat. de perm.* §. 129. Timotheos floh darauf aus Athen und starb bald darauf (wahrscheinlich im J. 354); Iphikrates zog sich von aller öffentlichen Thätigkeit zurück, und so sagt Cornelius Nepos mit Recht (*Timoth.* 4): Have extrema fuit aetas imperatorum Atheniensium Iphicratis, Chabriae, Timothei, neque post illorum obitum quisquam dux in illa urbe fuit dignus memoria. (Die abgefallenen Bundesgenossen fielen teilweise der Botmäßigkeit des karischen Fürsten anheim, s. *Demosth. de pac.* p. 63 §. 25); das athenische Bündnis aber wurde außer Euböa auf eine Anzal kleiner Inseln beschränkt, so dafs die Beiträge der Bundesgenossen sich auf nicht mehr als 45 Talente beliefen, s. *Demosth. de cor.* p. 305, §. 234.)

215) Entstehung und Fortgang des heiligen Kriegs sind aufs engste mit dem Amphiktyonenbunde verknüpft (daher auch der Name heiliger Krieg; der zweite wird er mit Beziehung auf den Krieg von 595 s. S. 37 *Anm.* 67 genannt; der Krieg von 448, s. S. 65 *Anm.* 69, wird gewöhnlich nicht mitgezählt). Dieser Bund tritt bei der Gelegenheit zuerst als historisch bedeutend hervor, während er der Sage nach bereits von Amphiktyon, dem Sohne des Deukalion, gegründet war; er bestand aus 12 Völkerschaften (Thessaler, Böoter, Dorier, Ionier, Perrhäber, Magneten, Lokrer, Ötäer oder Änianen, phthiotische Achäer, Malier, Phoker, Doloper), deren Abgeordnete (Ἱερομνήμονες und ἀγορητήμονες?) jährlich zweimal, im Frühling zu Delphi, im Herbst in Anthela zusammenkamen; jede der genannten Völkerschaften hatte 2 Stimmen, s. außer mehreren Inschriften die Hauptstellen *Aeschin. de*

f. leg. p. 43. §. 115–117. *Strab.* p. 420. Der Hauptzweck des Bundes war die Verwaltung und der Schutz des Heiligtums und der öffentlichen Spiele, daneben war aber auch zugleich festgesetzt, dafs keine der amphiktyonischen Städte je von Grund aus vertilgt, dafs keiner das Wasser abgeschnitten und dafs keine ehernen Tropäen errichtet werden sollten, *Aeschin. a. a. O.* §. 116. *Cicero de inv.* II, §. 69 vgl. *Plut. Mor.* p. 273 (*Quaest. Rom.* 37). Die Thebaner benutzten nun das Übergewicht, welches sie damals noch immer besafsen, um durch die Amphiktyonen die Phoker auf die Anklage hin, dafs sie heiliges Gebiet bebaut, zu einer schweren Geldstrafe zu verurteilen, und als diese nicht bezahlt wurde, ihr ganzes Land dem delphischen Gotte weihen zu lassen (der wahre Grund ist jedenfalls in dem alten Hafs der Thebaner gegen die Phoker zu suchen, der auch von den Thessalern geteilt wurde, s. *Pausan.* X, 2, 1 vgl. *Herod.* VII, 176. VIII, 27 ff., und der bei den Thebanern in der letzten Zeit noch dadurch gesteigert worden war, dafs die Phoker sich im Jahre 362 geweigert hatten, sich an den Zug im Peloponnes anzuschliefsen, s. *Anm.* 228); worauf sich Philomelos an ihre Spitze setzte und sich des Heiligtums zu Delphi bemächtigte, s. *Diodor.* XVI, 23—24. *Pausan.* X, 2, 1. *Iustin.* VIII, 1. Die Phoker fanden Bundesgenossen in den Spartanern und Athenern, von denen erstere ebenfalls, wahrscheinlich schon vor mehreren Jahren, wegen der Einnahme der Kadmea durch die Amphiktyonen zu einer schweren Geldstrafe verurteilt worden waren, während die übrigen Glieder des Amphiktyonenbundes sich zum Kriege gegen die Phoker vereinigten, s. *Diod.* XVI, 27. 29. Der Krieg dauerte 10 Jahre, s. *Aeschin. de f. leg.* p. 45. §. 131. *adv. Ctesiph.* p. 74. §. 148, und mufs also, da er im Jahre 346 beendigt wurde, s. *Anm.* 255, im Jahre 356 oder 355 angefangen haben. [Diodor setzt den Anfang in das letztere Jahr und giebt die Dauer XVI, 59 ebenfalls auf 10 Jahre an, indes widerspricht er sich insofern, als er XVI, 14 die Eroberung von Delphi, womit der Krieg beginnt, in das Jahr 357 setzt und ebendaselbst eine elfjährige und XVI, 23 eine neunjährige Dauer angiebt.] Er wurde von den Phokern hauptsächlich durch Plünderung der Tempelschätze von Delphi bestritten (deren sich Philomelos nach *Diod.* XIV, 24. 27. 28. 56 noch nicht schuldig machte, vgl. jedoch *das.* 30), wodurch sie sich in den Stand setzten, immer neue Mietstruppen anzuwerben, *Isocr. Phil.* p. 93. §. 55, was aber für Griechenland den doppelten Nachteil hatte, einmal dafs durch die Masse des verbreiteten Geldes (nach *Diod.* XVI, 56 wurden über 10000 Talente geraubt) Bestechlichkeit und Verschwendung geübt wurden, *Diod.* XVI, 37, und dann, dafs die Menge der Söldnerbanden sich vermehrte, s. z. B. *Isocr. Phil.* p. 101. §. 96. Was den Gang des Kriegs anlangt, so werden von Diodor, auf den wir fast ausschliefslich angewiesen sind, eine Menge von ge-

Olympiaden-jahr.	Jahr v. Chr.	Geschichte.
CVI, 4.	353.	Philipp erobert Methone.[246] Er zieht nach Thessalien zur Unterstützung der thessalischen Städte gegen die Tyrannen Lykophron und Peitholaos von Pherä und wird von den mit Lykophron verbündeten Phokern unter Onomarchos zweimal geschlagen.[247]
CVII, 1.	352.	Die Phoker von Philipp geschlagen; Onomarchos fällt.[248] Philipps Versuch, durch die Thermopylen in Griechenland einzudringen, durch die Athener vereitelt.[249] Er nimmt Pagasä und Magnesia in Besitz.[250]
		Kämpfe im Peloponnes.[251]

wonnenen und verlorenen Schlachten berichtet, etwas Klares und Bestimmtes aber läfst sich aufser dem in den folgenden Anmerkungen Angeführten nirgends erkennen. Über die neben dem eigentlichen phokischen Kriege nebenher gehenden Feindseligkeiten im Peloponnes s. *Anm.* 251.
246) *Diod.* XVI. 31. 34. Die Stadt wurde zerstört, *Demosth. Phil.* III, p. 117 §. 26. Die Athener kamen auch hier mit ihrer Hilfe zu spät, *Demosth. Phil.* I, p. 50 §. 35. (Bei der Belagerung von Methone war es, wo Philipp durch einen Pfeilschufs das rechte Auge verlor, *Demosth. de cor.* p. 247. §. 67. *Strab.* p. 330. *fr.* 22. p. 374. *Iustin.* VII, 6. *Plin. H. N.* VII, 37.)
247) In Thessalien war auf den Tyrannen Iason von Pherä (s. *Anm.* 224) zunächst Alexandros, und nach dem dieser um 359 ermordet worden, Tisiphones, Lykophron und Peitholaos gefolgt, von denen jetzt die beiden letzteren nach dem Tode des Tisiphones die Herrschaft inne hatten, s. *Xenoph. Hellen.* VI, 4, 35—37. *Plut. Pel.* 35. *Diod.* XVI, 14. Mit ihnen hatten sich die Phoker verbündet, *Diod.* XVI, 33, 35; dagegen riefen die Aleuaden den Philipp gegen die Tyrannen zu Hilfe, *Diod.* XVI, 35. Nach *Diod.* XVI, 14. *Iustin.* VII, 6 war dies schon vorher im Jahre 357 oder 356 einmal geschehen und hatte Philipp schon damals einen Zug nach Thessalien gemacht, durch welchen angeblich die thessalischen Städte befreit wurden.) In dem hieraus entstandenen Kriege schickt Onomarchos, der jetzt, nachdem Philomelos im Jahre 354 gefallen, *Diod. a. a. O.* 31, an der Spitze der Phoker stand und im Jahre 353 grofse Fortschritte gegen seine Feinde gemacht hatte, *das.* 33, erst den Phayllos nach Thessalien, dann, nachdem dieser geschlagen, kommt er selbst mit dem ganzen Heere und schlägt Philipp in zwei Schlachten, *das.* 35. *Polyaen.* II, 38, 2.
248) *Diod.* XVI, 35. *Demosth. de f. leg.* p. 443. p. 319. *Paus.* X, 2. 3. Das Heer des Onomarchos wurde vernichtet, *Diod. a. a. O.* 37; Onomarchos wurde als Anführer durch Phayllos ersetzt, *das.* 36. (Diodor setzt die drei Schlachten des Onomarchos in ein (Olympiaden-) Jahr, vgl. auch *Dionys. Hal. de Din.* p. 665; es ist aber wahrscheinlich, dafs die beiden ersten von der letzten durch den dazwischen liegenden Winter getrennt sind und diese also in das Jahr 352 zu setzen ist, da Philipp nach jenen erst wieder nach Makedonien zurückgehen und neue Rüstungen machen mufste.]

249) *Diod.* XVI, 37. 38. *Dem. Phil.* I, p. 44. §. 17. p. 52. §. 41. *de f. leg.* p. 443. §. 319. *de cor.* p. 236. §. 32.
250) *Dem. Olynth.* I, p. 15. §. 22. II, p. 21. §. 11. Die Tyrannen wurden vertrieben, *Diod.* XVI. 37. *Demosth. Olynth.* II, p. 22. §. 14. *Phil.* II, p. 71. §. 22.
251) Die Spartaner suchten, als die Thebauer in den heiligen Krieg verwickelt wurden, sich Messenien wieder zu unterwerfen und überhaupt ihre Hegemonie im Peloponnes wieder zu gewinnen; deshalb wandten sich zuvörderst, wahrscheinlich im Jahre 355, die Messenier mit der Bitte um Hilfe an die Athener und diese schlossen ein Schutzbündnis mit ihnen, *Paus.* IV, 28, 1—2. *Dem. de Megal.* p. 204. §. 9. Hierauf bedrohten die Spartaner Megalopolis; die Thebauer aber schickten im Jahre 352 ein Heer nach dem Peloponnes und lieferten ihnen in Verbindung mit den Megalopoliten, Messeniern, Argeiern und Sikyoniern mehrere Gefechte, ohne dafs jedoch eine Entscheidung herbeigeführt wurde, s. *Diod.* XV, 39. *Paus.* VIII, 27, 7. Seitdem ruht zunächst der Krieg oder beschränkt sich doch auf gegenseitige Feindseligkeiten ohne erheblichen Erfolg. Später wandten sich die Megalopoliten, als sie wiederum von den Spartanern hart bedrängt wurden, auch an Athen, bei welcher Gelegenheit Demosthenes (wahrscheinlich in den ersten Monaten des Jahres 352, vgl. *Dionys. Hal. ad Amm.* I, 4 p. 725) die Rede Ὑπὲρ Μεγαλοπολιτῶν hielt, in welcher er für Hilfsgesuch insoweit unterstützte, als er den Athenern empfahl, die Stadt nicht von den Spartanern überwältigen zu lassen. Über den allgemeinen Zweck der Spartaner sagt er darin (p. 207. §. 22): ὁρῶ γὰρ αὐτοὺς καὶ νῦν οὐχ ὑπὲρ τοῦ μὴ παθεῖν τι κακὸν πόλεμον ἀιρουμένους, ἀλλ' ὑπὲρ τοῦ κομίσασθαι τὴν προτέραν οὖσαν ἑαυτοῖς δύναμιν, und über die Mittel, die sie dazu anwandten (§. 206. §. 16): τοῦτι γάρ φασιν ἐκεῖνοι δεῖν Πλάτωσι μὲν τῆς Τρηχινίας τινὰ κομίσασθαι, Φλιασίοις δὲ τὸ Τρικάρανον, ἄλλοις δέ τισιν τῶν Ἀρκάδων τὴν αὑτῶν καὶ τὸν Ὠρωπὸν ἡμᾶς, οὐχ ἵν' ἑκάστους ἡμῶν ἰδωμεν ἔχοντας τὰ αὑτῶν, οὐδ' ὀλίγου δεῖ· ὀψὲ γὰρ ἂν φιλάνθρωποι γεγονότες εἶεν· ἀλλ' ἵνα πᾶσι δοκῶσι συμπράττειν ὅπως ἂν ἕκαστοι κομίσωνται ταῦθ' ἃ φασιν αὑτῶν εἶναι, ἵν' ἐπειδὰν ἴωσιν ἐπὶ Μεσσήνην αὐτοί, συστρατεύωντες πάντες αὐτοῖς οὗτοι. Demosthenes setzte indes seine Absicht nicht durch.

Olympiaden-jahr.	Jahr v. Chr.	Geschichte.	Kunst und Litteratur.
CVII, 4.	349.	Euboa für die Athener verloren.[252] Philipp gegen Olynth.[253]	
CVIII, 2.	347.	Olynth von Philipp genommen und zerstört.[254]	
CVIII, 3.	346.	Philipp schliefst mit den Athenern Frieden und Bündnis, und dringt, von den Thebanern zur	Die Redner Demo-sthenes.[mm]

252) Auf Euboa, welches seit 358 (s. Anm. 236) wieder mit Athen in Bündnis stand, waren Parteikämpfe ausgebrochen, wie es scheint, auf Anlaß oder doch unter Mitwirkung Philipps, *Plut. Phoc.* 12. *Demosth. Phil.* 1, p. 54. §. 37; der Tyrann von Eretria, Plutarchos, hatte in Athen Hülfe gegen seine Gegner gesucht und Phokion war mit einem Heere nach Euböa geschickt worden; indes obgleich dieser einen Sieg bei Tamynä gewann, konnten die Athener doch den Widerstand der übrigen Bewohner der Insel nicht überwältigen, Plutarch selbst bewies sich untreu und unzuverlässig, und so mußten die Athener die Insel verlassen, die sich seitdem immer mehr zu Philipp hinneigte, s. *Plut. Phoc.* 12—14. *Aesch. adv. Ctes.* p. 66. §. 86—88. Vgl. *Dem. de par.* p. 58. §. 5. *Anm.* 261. [Die Zeitbestimmung beruht auf *Dem. in Boeot.* p. 999. §. 16. vgl. mit *Dionys. Hal. de Din.* p. 656.]

253) Philipp zog im Jahre 352 nach Beendigung des Kriegs in Thessalien nach Thrakien (s. unten *Anm.* 262), sodann wurde er eine Zeitlang durch eine Krankheit aufgehalten, wie es scheint (s. *Dem. de Hal.* p. 84. §. 32), auch durch einen Feldzug nach Epeiros beschäftigt; daneben verwandte er seine neugebildete Seemacht zu allerlei Seezügen, bei denen er sogar eine Landung auf dem Gebiete von Attika machte, s. *Dem. Phil.* 1, §. 49. §. 31 vgl. *Aesch. de f. leg.* p. 37. §. 72. (*Dem.*) *ad Neaer.* p. 134. §. 3; im Sommer oder Herbst 349 wandte er sich hierauf gegen Olynth, für welches jetzt nach den Plänen Philipps die Zeit herangekommen war, vergl. *Anm.* 230. Über den Fortschritt seiner Eroberungen bis zu diesem Zeitpunkt s. *Dem. Olynth.* 1, p. 12. §. 12: τὸ πρότερον Ἀμφίπολιν λαβών, μετὰ ταῦτα Πύδναν, πάλιν Ποτίδαιαν, Μεθώνην αὖθις, εἶτα Θετταλίας ἐπέβη· μετὰ ταῦτα Φεράς, Παγασάς, Μαγνησίαν πάνθ᾽ ὃν ἐβούλετο εὐτρεπίσας τρόπον ᾤχετ᾽ εἰς Θράκην· εἶτ᾽ ἐκεῖ τοὺς μὲν ἐκβαλών, τοὺς δὲ καταστήσας τῶν

mm) Demosthenes, geboren im Demos Paiania im Jahre 381, *Dem. Vit. a'*, *Westerm. Vit. min.* p. 281 (nach *Dion. Hal. Ep. ad Amm.* 1, 4 im Jahre 381), bildete sich zum Redner aus, angeregt durch Kallistratos, wie durch den Unterricht des Isäos, *Plut. Dem.* 5. *Suid.* s. v. *Vit. a'*, p. 281. Von schwächlichem Körper und schwerer Zunge, *Vit. β'*, p. 295: τραυλός — τὴν γλῶτταν —, τὸ δὲ πνεῦμα ἀτονώτερος, *Vit. γ'*, p. 299: καὶ τὴν ἀκοὴν ἀσθενής, überwand er durch Beharrlichkeit alle Schwierigkeiten, a. a. O. *Plut. Dem.* 4. 5. *Cicero d. or.* 1, 61. *Plut. bibl. cod.* 265. *Vit. β'*, p. 295, sprach jedoch nie aus dem Stegreif, *Plut. Dem.* 8. *Vit. a'*,

ρωπέλων ἑαυτῷ γε· πάλιν ᾤχετο, οὐκ ἐπὶ τὰ ἡμέτερα ἀπεκλίνεν, ἀλλ᾽ εὐθὺς Ὀλυνθίοις ἐπεχείρησε. τὰς δ᾽ ἐπ᾽ Ἰλλυριοὺς καὶ Παίονας αὐτοῦ καὶ πρὸς Ἀρύββαν καὶ ὅποι τις ἂν εἴποι παραλείπω στρατείας. Die Olynthier, welche nach und nach über ihr Bündnis mit Philipp und über dessen Absichten Besorgnisse zu schöpfen anfingen, hatten, wahrscheinlich im Jahre 352, mit Athen Frieden geschlossen, *Demosth. Aristocr.* p. 156, p. 109. *Olynth.* III, §. 30. §. 7; diese Besorgnisse wurden noch erhöht, als Philipp im Jahre 351 einen Zug in die Nachbarschaft der Olynthier gegen die Bisalten machte und Olynth berührte, *Dem. Phil.* 1, p. 44. §. 17. *Iustin.* VIII, 3. Dieses gespannte Verhältnis, während dessen Philipp nicht unterließ, die Olynthier fortwährend mit friedlichen Gesinnungen hinzuhalten, s. *Dem. Ol.* III, a. a. O. dauerte fort bis zum Sommer 349, wo Philipp in das Gebiet von Olynth einfiel (noch jetzt die friedlichen Versicherungen fortsetzend) und Geira und einige andere Plätze nahm, s. *Diod.* XVI, 52 und die Hauptstellen über den ganzen Krieg, *Dem. de f. leg.* p. 425. §. 263—267. *Philoch. fr.* 132 (bei *Dionys. Hal. Ep. ad Amm.* 1, 9. 11. p. 734—735), welche letztere Stelle über die Zeit, sowie über die einzelnen Hilfssendungen der Athener die hauptsächlichsten Angaben enthält. Die Athener schickten, durch wiederholte Gesandtschaften der Olynthier veranlaßt, zweimal Hülfe, zuerst unter Chares, dann unter Charidemos, zunächst aber nur aus Mietstruppen bestehend; die beiden ersten olynthischen Reden des Demosthenes, welche in die erste Zeit des Kriegs und vielleicht schon vor 349 fallen, enthalten hauptsächlich allgemeine Aufforderungen zur thätigen Beteiligung.

254) Im Winter hatte Philipp einen Zug nach Thessalien unternehmen müssen, wo sich damals große Unzufriedenheit mit seiner Herrschaft regte und wo Peitholaos (*Anm.* 247)

p. 290. Nachdem er, in seinem achten Jahre seines Vaters beraubt, mündig geworden war, klagte er seine Vormünder wegen Veruntreuung seines Vermögens an, c. *Aphob.* 1, p. 817. §. 12. p. 828. §. 40. 111. p. 861. §. 58. c. *Onet.* p. 868. §. 15 f. *Vit. a'*, p. 282. γ', p. 290. schrieb (als λογογράφος) Reden für andere, hielt als Anwalt gerichtliche Reden und trat zuerst 355 öffentlich mit den Reden gegen Leptines und Androtion vor dem Volke auf, *Dion. Ep. ad Amm.* 1, 4. wirkte als Ratsherr, c. *Mid.* p. 551. §. 111. und als Architheoros, a. a. O. p. 552. §. 115, hatte aber von den Misshandlungen seines Feindes Meidias zu leiden, a. a. O. p. 540.

Olympiaden- jahr.	Jahr v. Chr.	Geschichte.	Kunst und Litteratur.
CVIII, 3.	346.	Hilfe gerufen, in Griechenland ein, unterwirft	

sich wieder in Phora festgesetzt hatte, *Diod.* XVI, 52. *Dem. Olynth.* I, p. 15. §. 22. II, p. 21. §. 11. Nachdem er dort die Ruhe hergestellt, zog er im Frühjahr 348 wieder gegen Olynth, wo sich ihm zunächst viele Städte des Gebiets, meist durch Verrat, ergaben, *Dem. de f. leg.* §. 266, dann griff er Olynth selbst an und nahm die Stadt endlich durch Verrat des Lasthenes und Euthykrates. *Diod.* XVI, 53. *Dem. de f. leg.* §. 267. *Phil.* III, p. 125. §. 56. Sie wurde zerstört

545. 547. 548. Über Staatsfragen sprach er zuerst (im Jahre 354) in den Reden Περὶ τῶν συμμοριῶν, gegen den Krieg mit Persien, *de Rhod. lib.* p. 191. §. 5. 192. §. 6, und (im Jahre 352) Ὑπὲρ Μεγαλοπολιτῶν, vgl. *Anm.* 251. Seine grofsartigste Thätigkeit aber als Staatsmann, Redner und Haupt der Patrioten entwickelte er erst im Kampfe gegen die Pläne Philipps von Makedonien. So trat er gegen denselben zuerst auf während des phokischen Krieges und zur Unterstützung Olynths in den Reden: Κατὰ Φιλίππου α' (im Jahre 351), Ὀλυνθιακός α', β', γ' (im Jahre 349), vgl. *d. fals. leg.* p. 426. §. 266. *Dion. Hal. Ep. ad Amm.* I, 9, vgl. *Anm.* 253. 254. Nach der Eroberung dieser Stadt aber wirkte er als Gesandter und sprach als Redner (im Jahre 346) für den Frieden, Περὶ εἰρήνης, und gegen Äschines in der Anklage Περὶ παραπρεσβείας, vgl. *Anm.* 255, welche beiden Reden jedoch, wie sie vorliegen, nach der Ansicht alter Kritiker nur geschrieben, nicht gesprochen worden sind, *Plut. Dem.* 15. *Argum. Aesch. d. fals. leg.* p. 314. *Argum. de pac.* p. 56. *Vit. Aesch. a'. Westerm.* p. 263. Die Einmischung Philipps in die Streitigkeiten der Peloponnesier veranlafste inzwischen die zweite Rede Κατὰ Φιλίππου (im Jahre 344), vgl. *Anm.* 258, dann dessen treulose und gewaltthätige Politik in Thrakien die Reden Περὶ τῶν ἐν Χερρονήσῳ und Κατὰ Φιλίππου γ' (im Jahre 341), vgl. *Anm.* 262. 263. In ähnlicher Weise ist er die Seele aller Unternehmungen und Anstrengungen der Athener gegen Philippos bis zur Schlacht von Chäronea, vgl. *Anm.* 267, wo er in der Flucht der Seinigen mit fortgerissen wurde, *Aesch. c. Ctes.* §. 175. 244. 253. *Plut. Dem.* 20. *Vit. a'*, p. 284. Ihm wurde darauf die Gedächtnisrede für die in derselben Gefallenen übertragen, Ἐπιτάφιος λ. vgl. *d. cor.* p. 320. §. 28 f. Dann war er den Anfeindungen und Anklagen der makedonisch gesinnten Partei ausgesetzt, *d. cor.* p. 310; insbesondere trat Äschines gegen ihn auf, als der Antrag gestellt wurde, ihn öffentlich zu bekränzen: ἀρετῆς ἕνεκα καὶ καλοκἀγαθίας, ἧς ἔχων διατελεῖ ἐν παντὶ καιρῷ εἰς τὸν δῆμον τὸν Ἀθηναίων, *d. cor.* p. 266. §. 118 f.; doch trug Demosthenes nach seiner Rede Περὶ τοῦ στεφάνου (im Jahre 330) über den Gegner den Sieg davon. Philippos' Tod begrüfste er als ein erfreuliches Ereignis. *Aesch. c. Ctes.* §. 77. *Plut. Demosth.* 12. *Vit. a'*, p. 287 f., und wirkte dann wiederholt für eine Erhebung gegen Alexandros, *Plut. Dem.* 23. *Aesch.*

und mit ihr 32 andere Städte in Chalkidike, *Dem. Phil.* III, p. 117. §. 26. *Diod. a. a. O.* Auf Betrieb des Demosthenes, welcher in der Zeit, wo Olynth schon in grofser Bedrängnis schwebte, seine dritte olynthische Rede hielt, schickten die Athener eine neue Hilfe unter Chares aus 17 Schiffen, 300 Reitern und 2000 (oder 4000, *Demosth.*) Bürgerhopliten bestehend, die aber den Untergang der Stadt nicht mehr verhindern konnte, s. *Dem. de f. leg.* §. 267, *Philochor. a. a. O.*

c. Ctes. §. 160 f., so dafs dieser nach der Eroberung Thebens die Auslieferung des Demosthenes und anderer Patrioten verlangte, eine Forderung, von der er jedoch abstand, *Diod.* XVII, 15. *Arr.* I, 10, 7. *Plut. a. a. O. Phoc.* 17. Infolge des Aufenthaltes des Harpalos zu Athen ward Demosthenes von der makedonischen Partei wegen Bestechung angeklagt und, obwohl unschuldig (*Paus.* II, 33), verurteilt, *Plut. a. a. O.* 25. *Vit. a'*, p. 285. β', p. 301. *Dinarch. c. Demosth. Athen.* XIII, p. 592 c. Er entwich jedoch aus dem Gefängnis, hielt sich in Trözen und Ägina auf, *Plut. a. a. O.* 26. *Vit. a', a. a. O. Vit. β'*, p. 308, und wurde nach Alexandros' Tode bei der Erhebung Athens zurückgerufen und feierlich eingeholt, *Plut. a. a. O.* 27. *Vit. a', a. a. O.* Als nach dem unglücklichen Ausgange des lamischen Krieges Antipatros die Auslieferung der Häupter der Volkspartei verlangte, floh Demosthenes nach Ägina, suchte Schutz im Tempel des Poseidon zu Kalauria und gab sich selbst den Tod, indem er vor den Augen der Schergen des Antipatros Gift nahm, im Jahre 321, *Plut. Dem.* 29. *Vit. a'*, p. 287. 291. (*Lucian.*) *encom. Dem.* 43. Von den 65 Reden des Demosthenes, welche das Altertum kannte, *Vit. a'*, p. 289, sind 60 unter seinem Namen auf uns gekommen, und zwar Staatsreden, gerichtliche Reden und Prunkreden, von denen mehrere nicht für echt gehalten werden, wie Περὶ συντάξεως, Κατὰ Φιλίππου δ', Περὶ τῶν πρὸς Ἀλέξανδρον συνθηκῶν, Ἐρωτικός, Ἐπιτάφιος u. a. Von Demosthenes heifst es, *Suid.* s. v.: Ὅτου δὲ Δημοσθένους τινὰ λάβω λόγον, ἐνθουσιῶ τε καὶ ἕτερος κἀκεῖσε ἄγομαι, πάθος ἕτερον ἐξ ἑτέρου μεταλαμβάνων, ἀπιστῶν, ἀγωνιῶν, δεδιώς, καταφρονῶν, μισῶν, ἐλεῶν, εὐνοῶν, ὀργιζόμενος, φθονῶν, ἅπαντα τὰ πάθη μεταλαμβάνων, ὅσα κρατεῖν ἀνθρωπίνης γνώμης. Über seinen sittlichen Standpunkt (dem Philipp gegenüber) s. *Ol.* II, p. 20. §. 10: οὐ γάρ ἐστιν, οὐκ ἔστιν, ὦ ἄνδρες Ἀθηναῖοι, ἀδικοῦντα καὶ ἐπιορκοῦντα καὶ ψευδόμενον δύναμιν βεβαίαν κτήσασθαι, ἀλλὰ τὰ τοιαῦτα εἰς μὲν ἅπαξ καὶ βραχὺν χρόνον ἀντέχει, καὶ σφόδρα γε ἤνθησεν ἐπὶ ταῖς ἐλπίσιν, ἂν τύχῃ, τῷ χρόνῳ δὲ φωρᾶται καὶ περὶ αὐτὰ

Olympiaden-jahr.	Jahr v. Chr.	Geschichte.	Kunst und Litteratur.
CVIII, 3.	346.	und verwüstet Phokis und wird als Mitglied in den Amphiktyonenbund aufgenommen.[255]	Lykurgos,[nn] Äschines,[oo] Hypereides.[pp]

255) Über den weiteren Fortgang des heiligen Kriegs seit 352 s. *Diod.* XVI, ,38—40. 56—59, wo zwar noch mancherlei Kriegsereignisse gemeldet werden, ohne dafs uns jedoch ein klarer Einblick in dieselben gewährt wird. Zuletzt waren die Phoker im Besitz von Orchomenos, Koroneia, Korsiä und Tilphossäon, s. *Diod. a. a. O. Demosth. de fals. leg.* p. 385. §. 141. p. 387. §. 148; die Thebaner waren hart bedrängt, s. *Demosth. a. a. O. Isocr. Phil.* p. 93. §. 51 .55; εἰς τοῦτο δ' αὐτῶν ἀφίκηται τὰ πράγματα, ὥστ' Πλαταιεῖς ἀναντας τοὺς Ἕλληνας ἱκ' αὑτοῖς ἐπιοῦσα ποτ' ἐν αὐ (Φιλέπω)

κατεργεῖ· ὥσπερ γὰρ οἰκίας, οἶμαι, καὶ πλοίου καὶ τῶν ἄλλων τῶν τοιούτων τὰ κάτωθεν ἰσχυρότατα εἶναι δεῖ, οὕτω καὶ τῶν πράξεων τὰς ἀρχὰς καὶ ὑποθέσεις ἀληθεῖς καὶ δικαίας εἶναι προσήκει, τοῦτο δὲ οὐκ ἔνι τῶν ἐν τοῖς πεπραγμένοις Φιλίππῳ.

nn) Lykurgos, geboren zu Athen zwischen 399 und 393, *Liban. arg. or. c. Aristog.*, aus dem edlen Geschlechte der Eteobutaden, gebildet von Plato und Isokrates, *Diog. L.* III, 46. *Vit. Lyc. a', Westerm. Vitt. min.* p. 270, machte sich als Staatsschatzmeister (ταμίας τῆς κοινῆς προσόδου) in seiner zwölfjährigen Finanzverwaltung um die innere Verwaltung hoch verdient durch Hebung des Staatshaushaltes, *Vit. a',* p. 271. 278, durch Vermehrung der Kriegsmittel und Waffenvorräte, a. a. O. p. 271. 279, durch seine Sorge für Staatsbauten und Kunstwerke, Festprunk und Schauspiel, Dichtkunst und Wissenschaft, a. a. O. p. 271—274, und durch sittenpolizeiliche Gesetze, a. a. O. p. 272. 273. 278. Vor Gericht war er als Ankläger wie als Verteidiger gleich siegreich, a. a. O. p. 272. 275. In der äufseren Politik erscheint er nur einmal als Gesandter thätig, a. a. O. p. 272; doch als bewährter Patriot war er unter denjenigen, deren Auslieferung Alexandros verlangte. Seine Gerechtigkeit, Unbescholtenheit und Charakterfestigkeit, wie seine treffliche Verwaltung ehrten die Athener hoch, a. a. O. p. 274. 276. 278. 279. Er starb vor 325, a. a. O. p. 274. Von seinen 15 Reden ist nur eine erhalten, *κατὰ Λεωκράτους* (aus dem Jahr 330). Von seiner Beredsamkeit heifst es *Dion. Hal. Vett. scr. cens.* V, 3: Ὁ δὲ Λυκοῦργός ἐστι διαπαντὸς αὐξητικὸς καὶ διηρμένος καὶ σεμνὸς καὶ ὅλως κατηγορικὸς καὶ φιλαλήθης καὶ παρρησιαστικός· οὐ μὴν αἱκαῖος οὐδὲ ἰδέες, ἀλλ' ἀναγκαῖος.

oo) Äschines, geboren zu Athen im Demos Kothokidä im Jahre 390, *Vit. a', p.* 264. *Vit. β', p.* 265. *Westerm. Vitt. min. Aesch. e. Tim.* §. 49, von niederer Herkunft, *Dem. d. cor.* p. 270. §. 129. p. 313. §. 258, *Vit. β',* wufste sich das Bürgerrecht zu erwerben (ἀποιξήγωτε), *Dem. d. cor.* p. 314. §. 261, that Schreiberdienste bei Unterbehörden, *Vit. γ'. Dem. d. cor.* p. 314. §. 261, trat hierauf als Schauspieler auf, *Dem. d. cor.* p. 288. §. 180. p. 314. §. 262. *Vit. a', β', γ',* wurde später Sekretär des Aristophon, nachher des Eubulos und focht als Soldat in den Schlachten bei Mantineia und Tamynä. *Aesch. de fals. leg.* §. 169. *Vit. a', β'.* Nachdem er als Gesandter im Peloponnes für Athen gewirkt, *Demosth. de fals. leg.* p. 344. §. 10 f. *Vit. β',* erscheint er seit der ersten Friedensgesandtschaft an Philippos für dessen Interesse gewonnen, *Demosth. a. a. O.* vgl. Anm. 255. Wegen Verzögerung der zweiten Gesandtschaftsreise ward er von Demosthenes und Timarchos auf Hochverrat angeklagt, *Demosth. a. a. O. Arg. or.* p. 337, beseitigte jedoch einen seiner Ankläger durch die Gegenanklage *κατὰ Τιμάρχου,* *Argum. Aesch. or. e. Tim. Demosth. d. fals. leg.* p. 341. §. 2. p. 433. §. 287. *Vit. a'. Suid. s. v.* Als Pylagoros in Delphi veranlafste er zu Philippos' Vorteil den heiligen Krieg gegen Amphissa, vgl. Anm. 266, und nach der Schlacht von Chäroneia trat er Ktesiphons Antrag auf Bekränzung des Demosthenes durch die Rede *κατὰ Κτησιφῶντος* entgegen, durch die er Demosthenes stürzen wollte. Aber von diesem durch die Rede *περὶ στεφάνου* besiegt, verliefs er Athen und begab sich nach Kleinasien, dann nach Alexandres' Tode nach Rhodos, wo er eine Redeschule errichtete, τὸ Ῥοδιακὸν διδασκαλεῖον, *Vit. a', γ'. Suid. s. v. Philostr.* V, 1. 18. Er starb zu Samos im Jahre 314, *Plut. Dem.* 24. *Vit. a'. Phot. bibl. cod.* 61, p. 20. 264, p. 490. Von den drei unter seinem Namen auf uns gekommenen Reden, *Κατὰ Τιμάρχου* (345), *Κατὰ Κτησιφῶντος* (330), *Περὶ παραπρεσβείας* (343), ist die letzte nach der Ansicht älterer Kritiker nicht gesprochen, sondern nur eine Verteidigungsschrift gegen Demosthenes' Anklage. Anderes, was ihm zugeschrieben wurde, ward schon im Altertum für unecht erklärt, *Vit. a'.* Mit allen Gaben des geborenen Redners ausgestattet, war er Meister im freien Ergufs der Stegreifrede und nach Demosthenes der erste Redner seiner Zeit, *Vit. a'. Dion. Hal. de adm. ri dic. Dem.* 35. *Suid. s. v.:* ἤρθσεις δὲ πάντων τὸ θεῖον λέγειν ἴκανος διὰ τὸ σχεδιάζειν ὡς ἐνδοσιάσιν.

pp) Hypereides aus dem attischen Demos Kollytos, Altersgenosse des Lykurgos, durch Plato und Isokrates gebildet, *Vit. a', Westerm. Vitt. min.* p. 312. *Suid. s. v.* Patriot, aber von lockeren Sitten, *Vit. a',* p. 314, steuerte bei zum Zuge nach Euböa, *Dem. d. cor.* p. 259. §. 99. e. *Mid.* p. 566. §. 160. *Plut. Phoc.* 12. *Vit. a',* p. 315, ging als Gesandter nach Rhodos, a. a. O., machte den Zug nach Byzanz mit, *Vit. a',* p. 312, und ward beschuldigt, persisches Gold genommen zu haben, a. a. O. Dann trat er als Mitankläger des Philokrates im Gesandtschaftsprozefs auf, *Demosth. de fals. leg.* p. 376. §. 116, wirkte als Gesandter nach Elateas Besetzung mit für das Schutzbündnis mit Theben, *Demosth. de cor.* p. 291. §. 187, und beantragte nach der Schlacht von

Olympiaden-jahr.	Jahr v. Chr.	Geschichte.
		b) Philipp befestigt und erweitert seinen Einfluſs in Griechenland und setzt seine Eroberungen in Thrakien fort, bis ihm der zweite heilige Krieg die Gelegenheit giebt, durch die Schlacht bei Chäroneia die Unabhängigkeit von Griechenland zu vernichten.[255]
CVIII, 4.	345.	Philipp befestigt seine Herrschaft in Thessalien.[257]

τὰς ἐλπίδας ἔχουσι τῆς αὐτῶν σωτηρίας. Auf die Einladung der Thebaner kam also Philipp herbei, von den durch falsche Versprechungen getäuschten Athenern unbehindert, nötigte Phaläkos, der jetzt als der zweite Nachfolger des Onomarchos den Oberbefehl über das phokische Heer führte und bisher die Thermopylen verteidigt hatte, zu kapitulieren, drang dann in Phokis ein und zerstörte die sämtlichen Städte der Phoker (die von ihnen eroberten böotischen Städte gab er den Thebanern zurück) und liefs die Phoker durch das Amphiktyonengericht dazu verurteilen, jährlich 60 Talente an den Tempel in Delphi zu zahlen, bis der ganze Raub ersetzt wäre; er selbst erhielt aufser den zwei Stimmen der Phoker im Amphiktyonengericht noch die προμαντεία in Delphi und die Leitung der pythischen Spiele, Diod. XV, 59–60. Dem. de pace. p. 62. §. 21. de fals. leg. 359. §. 57. Über die furchtbare Zerstörung von Phokis vgl. Demosth. a. a. O. p. 361. §. 65. p. 373. §. 100; über die Zeit der Kapitulation des Phaläkos (23. Skirophorion = 17. Juli), s. ebendaselbst p. 359. §. 57–59. p. 440. §. 327. Das Verhalten von Athen bei diesen Vorgängen zieht unsere Aufmerksamkeit um so mehr auf sich, weil es ein Hauptthema der Reden des Demosthenes und Äschines und den Gegenstand des heifsesten Kampfes dieser beiden gröfsten Redner bildet (im Jahre 343 gehaltenen, s. Dionys. Hal. Ep. ad. Amm. I, 10, p. 737. Arg. β', ad Demosth. de fal. leg. 338) Reden über die falsche Gesandtschaft und in der Rede des Demosthenes für den Kranz und des Äschines gegen den Ktesiphon bildet. Die Athener schickten zuerst gegen Ende des Jahres 346 oder zu Anfang des Jahres 345, durch die Künste Philipp's verlockt, eine Gesandtschaft von 10 Männern an ihn, unter denen Demosthenes und Äschines sich befanden, und welche einen Brief und Versprechungen Philipps zurückbrachten, s. besonders Aesch. de fals. leg. p. 29. §. 12–55. Darauf wurde Friede und Bündnis am 19. Elaphebolion (April) zu Athen auf den Antrag des Philokrates beschlossen und von den Athenern beschworen, s. ebendaselbst p. 53. §. 56–78. Demosth. de fals. leg. p. 359. §. 57, und über die Bestimmungen desselben (Demosth.) de Hal. p. 82. §. 24–27. p. 84. §. 31. Demosth. de fals. leg. p. 385. §. 143. p. 444. §. 321. Während es aber darauf ankam, dafs der Friede nun auch möglichst bald von Philipp beschworen wurde, der eben gegen Kersobleptes in Thrakien Krieg führte, damit derselbe nicht Zeit erhielte, weitere Eroberungen zu machen — denn die Hauptbestimmung des Friedens lautete dahin, dafs jeder Teil behalten sollte, was er hatte —: so zögerten die Gesandten, unter ihnen befanden sich wiederum Äschines und Demosthenes, gegen den Willen des letzteren, so dafs Philipp noch Serreion, Doriskos, Hieron Oros eroberte, und als sie endlich nach einer Abwesenheit von 2 Monaten und 10 Tagen am 13. Skirophorion (s. Demosth. p. 389. §. 156. p. 390. §. 108. p. 359. §. 57–58) zurückkehrten, täuschten sie die Athener durch die Vorspiegelung, dafs Philipp es nicht auf die Vernichtung der Phoker, sondern im Gegenteil auf die Züchtigung der Thebaner abgesehen habe, so dafs derselbe ungehindert in Phokis eindringen und das Volk der Phoker vernichten konnte, s. über diese Vorgänge Demosth. de fals. leg. p. 346. §. 17–71. p. 387. §. 150–176. de cor. p. 230. §. 18–52. vgl. Aeschin. de fals. leg. p. 41. §. 97–143, und über die trügerischen Versprechungen des Äschines Demosth. de pac. p. 59. §. 10. Phil. II, p. 73. §. 30. de fals. leg. p. 347. §. 20–22. de cor. p. 231. §. 21. u. ö. Vgl. Aeschin. de fals. leg. p. 46. §. 136. Die Athener, durch diesen Ausgang der Sache aufs Höchste erzürnt, wollten erst die eigenen Beschlüsse der Amphiktyonen nicht anerkennen und den Frieden mit Philipp wieder brechen, sie liefsen sich indes durch Demosthenes wieder umstimmen, als dieser ihnen in der Rede über den Frieden vorstellte, dafs sie unter den obwaltenden Umständen den Krieg nur mit den gröfsten Nachteilen wieder aufnehmen könnten.

256) Über die Fortschritte, welche infolge der Bestechung von seiten Philipps der Verrat in den einzelnen griechischen Staaten gemacht hatte, s. Demosth. de fals. leg. p. 424.

Chäroneia energische Mafsregeln zur Verteidigung der Stadt, Vit. α', p. 313. Lyc. c. Leocr. §. 41. Demosth. c. Aristog. p. 803. §. 11. Auch gegen Alexandros war er thätig, so dafs dieser auch seine Auslieferung forderte, Vit. α', p. 312. Arr. I, 10, 7. Trotzdem trat er gegen seinen eigenen Gesinnungsgenossen Demosthenes im Harpalischen Prozefs als Ankläger auf, a. a. O., betrieb dann eine Haupttätigkeit von der lamischen Krieg, und hielt den Gefallenen die Grabrede, a. a. O. p. 315. Plut. Phoc. 23. Diod. XVIII, 3. Daher floh er nach der Schlacht von Krannon aus Athen nach Ägina, wurde aber von Antipatros' Häschern ergriffen und grausam hingerichtet (im Jahre 322), Vit. α', p. 315. Plut. Phoc. 29. Demosth. 28, ἥττης τῶν πρώτων κεχρημένων ἰσῶς, Suid. s. v. Von seinen 52 Reden, die im Altertum als echt anerkannt wurden, waren bis vor kurzem nur wenige Bruchstücke bekannt. Neuerdings sind vier derselben auf Papyrusrollen in Gräbern des ägyptischen Theben mehr oder weniger vollständig erhalten aufgefunden worden, und zwar 1847 Bruchstücke der Rede gegen Demosthenes im Harpalischen Prozefs (324), 1853 die Rede für Lykophron fast vollständig und die für Euxenippos vollständig erhalten, 1856 die Grabrede für die im lamischen Kriege Gefallenen unvollständig und lückenhaft.

Olympiaden- jahr.	Jahr v. Chr.	Geschichte.
CIX, 1.	344.	Er macht die Messenier und Argeier von sich abhängig, indem er sie gegen Sparta in Schutz nimmt.[258]
CIX, 2.	343.	Sein vergeblicher Versuch, Megara unter seine Gewalt zu bringen.[259]
CIX, 3.	342.	Sein Zug nach Epeiros und Thessalien;[260] die Einsetzung makedonisch-gesinnter Tyrannen auf Euböa.[261] Zug nach Thrakien.[262]

§. 259: νόσημα γάρ, ὡ ἄνδρες Ἀθηναῖοι, δεινὸν ἐμπέπτωκεν εἰς τὴν Ἑλλάδα καὶ χαλεπὸν καὶ πολλῆς τινος εὐτυχίας καὶ παρ' ὑμῶν ἐπιμελείας δεόμενον· οἱ γὰρ ἐν ταῖς πόλεσι γνωριμώτατοι καὶ προεστάναι τῶν κοινῶν ἀξιούμενοι, τὴν αὑτῶν προδιδόντες ἐλευθερίαν οἱ δυστυχεῖς, αὐθαίρετον αὑτοῖς δουλείαν ἐπάγονται, Φιλίππου ξενίαν καὶ ἑταιρίαν καὶ φιλίαν καὶ τοιαῦθ' ὑποκοριζόμενοι, οἱ δὲ λοιποὶ καὶ τὰ κύρι' ἅττα ποτ' ἐστὶν ἐν ἑκάστῃ τῶν πόλεων, οὓς ἔδει τούτους κολάζειν καὶ παραχρῆμα ἀποκτιννύναι, τοσοῦτ' ἀπέχουσι τοῦ τοιοῦτόν τι ποιεῖν, ὥστε θαυμάζουσι καὶ ζηλοῦσι καὶ βούλοιντ' ἂν αὐτὸς ἕκαστος τοιοῦτος εἶναι, vgl. de cor. p. 324. §. 295, wo die Verräter in den einzelnen Staaten, in Thessalien, Theben, Arkadien, Messenien, Argos, Sikyon, Elis, Korinth, Megara, Euböa genannt werden. In Athen waren es hauptsächlich Äschines, Philokrates, Pythokles, Hegemon, Demades, denen als Gegner Philipps Lykurgos, Hyperides, Hegesippos und besonders Demosthenes gegenüberstanden, welcher die Leitung der öffentlichen Angelegenheiten in dieser Zeit immer mehr in seine Hand bekam. Über die Lage und Stimmung der Griechen überhaupt s. Demosth. Phil. III, p. 119. §. 33: τὸν αὐτὸν τρόπον ὥσπερ τὴν χάλαζαν ἔμοιγε δοκοῦσι θεωρεῖν, εὐχόμενοι μὲν μὴ καθ' ἑαυτοὺς ἕκαστοι γενέσθαι, κωλύειν δ' οὐδεὶς ἐπιχειρῶν, vgl. de cor. p. 241. §. 45. u. ä.

267) Er setzte Dekadarchieen in den einzelnen Städten ein und legte in einige derselben auch Besatzungen, Diod. XVI, 69. Demosth. Phil. II, p. 71. §. 22. de fals. leg. p. 424. §. 260. (Demosth.) de Hal. p. 84. §. 32. [Diodor setzt diesen Vorgang um ein Jahr später; aus Demosth. Phil. II, a. a. O. geht aber als wahrscheinlich hervor, dafs er ins Jahr 345 gehört, da die Rede im Jahre 344 gehalten ist und die Mafsregel hier schon als ausgeführt erwähnt wird.]

258) Philipp nahm sich nach Beendigung des heiligen Kriegs der Messenier, Argeier und Arkadier gegen Sparta an (vgl. Anm. 251), indem er ihnen Hilfstruppen schickte und selbst zu kommen versprach; Demosthenes ging als Gesandter zu den Argeiern und Messeniern, um sie vor dem Anschlufs an Philipp zu warnen, und hielt nach seiner Rückkehr (im Jahre 344, s. Dionys. Hal. ad Amm. I, 10, p. 737) die zweite philippische Rede, aus welcher das Nähere über diese Verhältnisse zu entnehmen ist, s. besonders p. 68. §. 9. p. 69. §. 13. p. 71. §. 23 und die daselbst p. 70. §. 20—25 wiederholte Rede an die Argeier und Messenier. Indes seine Anstrengung blieb ohne Erfolg: nicht nur die Messenier, Argeier und Arkadier erscheinen fortan als Anhänger und Verbündete Philipps, sondern auch die Eleer, s. Pausan. V, 4, 5. Demosth. Phil. III, p. 118. §. 27.

259) Hauptstelle Demosth. de fals. leg. p. 435. §. 294 bis 295. Vgl. ebendaselbst p. 368. §. 87. p. 404. §. 261. p. 446. §. 326. p. 448. §. 334. Philipp. III, p. 115. §. 17. p. 118. §. 27. de cor. p. 248. §. 71. Plut. Phoc. 15. [Der Vorfall ist zu der Zeit, wo die Rede über die falsche Gesandtschaft gehalten wird, also im Jahre 343, ganz neu, s. daselbst §. 294. 331.] Megara ist von nun an im Bündnis mit Athen, Demosth. de Chers. p. 94. §. 18. Phil. III, p. 130. §. 74.

260) In Epeiros wird Arybbas entthront und der Bruder der Olympias, Alexandros, eingesetzt, Iust. VII, 6. VIII, 8. Diod. XVI, 72. XIX, 88. (Demosth.) de Hal. p. 81. §. 32. Plut. Pyrrh. 1, wobei zugleich die 3 eleischen Kolonieen Pandosia, Bucheta und Elatria, von ihm genommen werden, de Hal. a. a. O. Er hatte mit den Ätolern ein Bündnis abgeschlossen und beabsichtigte, gegen Ambrakia und Akarnanien und sogar in den Peloponnes zu ziehen, Demosth. Phil. III, p. 118. §. 27. p. 119. §. 34; dieses sein Vorhaben wurde aber durch die Athener vereitelt, welche mit Truppenmacht nach Akarnanien zogen, Demosth. adv. Olymp. p. 1173. §. 24, und durch Gesandtschaften die Peloponnesier zum Widerstand aufforderten, Demosth. Phil. III, p. 129. §. 72. [Die Zeitbestimmung ergiebt sich daraus, dafs in der im Jahre 342 gehaltenen Rede über Halonnesos dieser Vorgänge gedacht wird und in der dritten Philippischen Rede vom Jahre 341 die Gesandtschaften in den Peloponnes als im vorigen Jahre geschehen erwähnt worden, s. a. a. O.] Von Epeiros nahm Philipp sodann seinen Rückweg über Thessalien und setzte hier eine Tetrarchie ein, um dadurch das Land noch mehr unter seine Herrschaft zu bringen, s. Demosth. Phil. III, p. 117. §. 26. Harpocrat. s. v. τετραρχία. Wie völlig unbeschränkt er seitdem über die Streitkräfte Thessaliens verfügte, darüber s. Demosth. ebend. p. 119. §. 33 vgl. Arrian. VII, 9, 4.

261) In Eretria bemächtigte sich Kleitarches, in Oreos Philistides der Herrschaft, beide durch Hilfstruppen Philipps unterstützt, s. Demosth. Phil. III, p. 125. §. 57—62. p. 128. §. 66. vi. 17. §. 27. p. 119. §. 33. de cor. p. 248. §. 71. [Die Hilfssendungen Philipps geschahen wahrscheinlich zu der Zeit, als er mit seinem Heere durch Thessalien marschierte, s. cor. Anm.; von dieser Wahrscheinlichkeit abgesehen, beruht die Zeitbestimmung lediglich darauf, dafs diese Vorgänge zuerst in der dritten Philippischen Rede erwähnt werden.]

262) Der Besitz des thrakischen Chersonesos war für Athen fortwährend durch die thrakischen Fürsten gefährdet,

Der beginnende Verfall.   129

Olympiaden-jahr.	Jahr v. Chr.	Geschichte.
CX, 1.	340.	Die Athener bringen durch Demosthenes eine Bundesgenossenschaft zusammen, aus Byzanz, Abydos, Euböa, Megara, Korinth, Achaja, Akarnanien, Leukadien und Kerkyra bestehend.²⁶³
		Philipp belagert Perinth und Byzanz; jenes wird durch die Athener und den Perserkönig, dieses durch die Athener, Chier und Rhodier unterstützt.²⁶⁴
CX, 2.	339.	Philipp wird genötigt, die Belagerung von Perinth und Byzanz aufzugeben.²⁶⁵

insbesondere durch die Beherrscher des Odrysenreichs, welches sich nach Strab. p. 331, fr. 48 vom Hebros bis Odessos erstreckte. Nach mancherlei früheren Verhandlungen und Zwischenfällen wurde er den Athenern im Jahre 357 von dem Odrysenfürsten Kersobleptes durch Vertrag, jedoch mit Ausschluss von Kardia, zugesichert, s. Demosth. adv. Aristocr. p. 678. §. 173. p. 681. §. 181; im Jahre 353 eroberte darauf Chares die Stadt Sestos, womit die Besitzergreifung der Athener vom Chersones mit Ausnahme von Kardia vollständig verwirklicht wurde, s. Diod. XVI, 34. Philipp hatte schon im Jahre 353 einen Zug nach Thrakien gemacht, jedoch ohne erheblichen Erfolg, s. Demosth. a. a. O. §. 183, er wiederholte ihn im Jahre 351, und jetzt zwang er Kersobleptes, sich ihm zu unterwerfen und seinen Sohn als Geisel zu stellen, s. Demosth. Ol. I, p. 12. §. 13. III, p. 29. §. 4. Isocr. Phil. p. 86. §. 21. Aeschin. de fals. leg. p. 38. §. 81; über einen dritten Zug im Jahre 346 s. Anm. 255. Seine Absicht bei diesen Zügen war, teils durch Besitzergreifung der Küstenländer des Hellespont und der Propontis nachmals den Zug nach Asien vorzubereiten, teils den Athenern Abbruch zu thun; über letzteres s. Demosth. de Chersones. p. 100. §. 44—45. de cor. p. 254. §. 87. de fals. leg. p. 397. §. 160. Der gegenwärtige Zug wurde im Sommer 342 unternommen; dies geht daraus hervor, dafs zur Zeit, wo die Rede des Demosthenes über den Chersones gehalten wurde, Philipp 10 Monate in Thrakien war, s. das. p. 90. §. 2. p. 98. §. 35; die genannte Rede aber ist im Jahre 341 und gegen die Zeit der (in den Monat Juli fallenden) Etesien gehalten, s. Dion. Hal. p. 737. ad Amm. I, 10. Demosth. de Cherson. p. 93. §. 14, nachdem Philipp schon einen Winter in Thrakien zugebracht hat, ebendaselbst §. 35. In den beiden ersten Jahren, 342 und 341, unterwirft Philipp den Kersobleptes (und Teres), Diod. XVI, 71. Ep. Phil. p. 160. §. 8; Diopeithes, an der Spitze der athenischen Kleruchen, verteidigte den Chersones und führte Krieg gegen Kardia, welches Philipp mit einer makedonischen Besatzung verstärkte, s. Demosth. de Cherson. p. 104. §. 58. p. 105. §. 64. Phil. III. p. 120. §. 35. Ep. Phil. p. 161. §. 11. [Die Feindseligkeiten des Diopeithes gaben Philipp Anlafs zur Beschwerde in Athen; Demosthenes nahm ihn aber in der Rede über den Chersones in Schutz. Über Diopeithes vgl. noch Philochor. b. Dionys. Hal. p. 666. de Din. 13.]

263) Megara war schon seit 343 im Bündnis mit Athen, s. Anm. 259, auf Euböa trat zuerst Chalkis durch Vermittlung des Kallias in dieses Bündnis, s. Aeschin. adv. Ctesiph. p. 66. §. 89—93. wahrscheinlich im Jahre 342; denn im Jahre 341 werden in den Reden über den Chersones und in der dritten Philippischen die Chalkidier neben den Megarern als Bundesgenossen Athens genannt, s. Demosth. de Cherson. p. 94. §. 18. Phil. III. p. 130. §. 74. Durch die dritte Philippische kurz nach der über den Chersones ungefähr im Mai 341 gehaltene Rede forderte Demosthenes die Athener auf, weitere Bundesgenossen anzuwerben, s. daselbst §. 129. §. 71, und nun wurde (im Jahre 341 oder 340) mit Byzanz und Abydos das Bündnis zu stande gebracht, s. Demosth. de cor. p. 326. §. 302. selbst an den Perserkönig wurden Gesandte geschickt, diese jedoch ohne Erfolg, s. Ep. Phil. p. 160. §. 6. Aeschin. adv. Ctesiph. §. 81. §. 228; auf Euböa wurde der Tyrann Philistides in Oreos und der Tyrann Kleitarchos in Eretria gestürzt und damit die ganze Insel für das Bündnis gewonnen, s. Demosth. de cor. p. 252. §. 79. p. 254. §. 87. Phil. X, 74. [Die Befreiung von Eretria geschah durch Phokion, der darauf nach Byzanz segelte, folglich im Jahre 340, s. Diodor. a. a. O. Die Befreiung von Oreos ist dagegen ins Jahr 341 zu setzen nach Aesch. adv. Ctesiph. p. 68. §. 103.] Über das Bündnis mit den übrigen oben genannten Staaten s. die (freilich sehr gehässige) Erzählung Aeschin. adv. Ctesiph. p. 67. §. 94—105 vgl. Demosth. de cor. p. 306. §. 235 und Plut. Mor. p. 581. D. [Nach Aeschin. a. a. O. §. 98 war der 16. Anthesterion (Februar) zu einem allgemeinen Bundestag bestimmt, wo wahrscheinlich auch der Bund beschlossen wurde; dies kann nur der genannte Tag des Jahres 340 sein, da in der im vorigen Jahre gehaltenen dritten Philippischen Rede überall nur von der Notwendigkeit und der Absicht eines solchen Bundes, nicht aber von dessen Vorhandensein die Rede ist.]

264) Diodor. XVI, 74—77. Philoch. fr. 135 (bei Dionys. Hal. p. 741. ad Amm. I, 11). Paus. I, 29, 10. Plut. Phoc. 14. Hesych. Mil. Orygg. Const. §. 27—31 (Müller fragm. histor. graec. vol. IV. p. 151). Die Athener erklärten den Frieden für gebrochen und stiessen die Bundessäule um, Diodor. XVI, 77. Philochor. a. a. O. Aeschin. adv. Ctesiph. p. 61. §. 55; alsdann schickten sie erst Chares und später Phokion zur Hilfe, Diodor. Plut. Hesych. Mil. a. a. O. [Aus Philochoros ergiebt sich, dafs die Belagerung von Perinth erst unter dem mit dem Sommer 340 beginnenden Archontat des Theophrastos unternommen wurde, während Diodor sie unter das vorhergehende Archontat setzt.] Auch die Chier, Koer und Rhodier schickten den Byzantinern Hilfe, s. Diodor. a. a. O.

265) Diodor. XVI, 77. Plut. Phoc. 14.

17

Olympiaden-jahr.	Jahr v. Chr.	Geschichte.	Kunst und Litteratur.
CX, 2.	339.	Zweiter (dritter) heiliger Krieg; Philipp von den Amphiktyonen gegen Amphissa zu Hilfe gerufen.[266]	
CX, 3.	338.	Philipp besetzt Elateia; die Athener und Thebaner und die andern Verbündeten der Athener erheben sich gegen ihn;[267] ihre Niederlage bei Chäroneia.[268]	*Geschichtschreiber:* Theopompos,[qq] Ephoros.[rr]

266) Auf Antrag des Äschines wird in der Amphiktyonenversammlung im Frühling 339 der Stadt Amphissa der Krieg erklärt, weil sie das heilige Gebiet von Kirrha bebaut, s. S. 37 *Anm.* 67; die Amphiktyonen richten nichts gegen Amphissa aus und rufen daher in der Herbstversammlung Philipp zu Hilfe. S. *Aesch. adv. Ctesiph.* p. 68. §. 106 bis 129. *Demosth. de cor.* p. 274. §. 140—158. [Dafs jene erste Amphiktyonenversammlung im Frühjahr 339 stattfand, beweisen die Stellen *Aeschin. adv. Ctesiph.* p. 68. §. 115. §. 128.]

267) Philipp kam auf den Ruf der Amphiktyonen noch im Laufe des Winters herbei und besetzte zunächst die beiden, die Ebene von Böotien beherrschenden Städte Kytinion und Elateia, womit den Griechen die Augen über seine weiter gehenden Absichten geöffnet wurden, s. *Philoch. fr.* 135. *Dem. de cor.* p. 278. §. 152. p. 284. §. 168. *Aesch. adv. Ctes.* p. 73. §. 140. *Diod.* XVI, 84. Über die Wirkung, welche die Nachricht hiervon in Athen hervorbrachte, s. *Dem. de cor.* p. 284. §. 169: Ἑσπέρα μὲν γὰρ ἦν, ἧκε δ' ἀγγέλλων τις ὡς τοὺς πρυτάνεις, ὡς Ἐλάτεια κατείληπται· καὶ μετὰ ταῦτα οἱ μὲν εὐθὺς ἐξαναστάντες μεταξὺ δειπνοῦντες τούς

qq) Theopompos aus Chios, geboren um 380, *Phot. Bibl. Cod.* 176, p. 203, wanderte mit seinem lakonischer Sympathieen verdächtigen Vater aus nach Ephesos, *Diod.* XV, 28. *Suid.* s. v. Ἔφορος. *Phot. a. a. O.*, und kam auf seinen Reisen auch nach Athen, wo er von Isokrates rhetorische Ausbildung erhielt, *Vit. Isocr.* γ′, *Westerm. Vitt. min.* p. 256 f., *Suid. a. a. O. Phot. Bibl. Cod.* CCLX, p. 793. *Dion. Hal. Ep. ad Pomp.* 6. 1, und in Prunkreden glänzte, *Phot. a. a. O.* p. 205. *Vit. Isocr. a. a. O. Gell.* XIV, 84. Dann wurde er durch Isokrates zur Geschichtschreibung bestimmt, *Phot. n. a. O. Athen.* III, p. 85 a. Durch Alexandros' Einflufs in seine Vaterstadt zurückgerufen, mufste er nach dessen Tode wieder flüchtig werden, und wurde auch von Ptolemäos unfreundlich aufgenommen, *Phot. a. a. O.* Über seine späteren Schicksale ist nichts überliefert. Die Hauptwerke dieses aufserordentlich fruchtbaren Schriftstellers sind Ἑλληνικαὶ ἱστορίαι oder Ἑλληνικά, an Thukydides anknüpfend bis zur Schlacht bei Knidos, *Diod.* XIII, 52. XIV, 84. *Theop. cit. Marc.* 45. *Anon.* 5. *Suid.* s. v., und Φιλιππικά, *Diod.* XVI, 3. *Phot. a. a. O.* p. 206. Vgl. *Fragm. Hist. Graec. ed. C. Th. Müller,* vol. 1, p. 278—333. Einstimmig wird ihm Tadelsucht vorgeworfen. *Polyb.* VIII, 12. *Dion. Hal. a. a. O.* 6, 8. *Nep. Alc.* 11. *Plut. Lys.* 30. *Herod.*

τ' ἐκ τῶν σκηνῶν τῶν κατὰ τὴν ἀγορὰν ἐξεῖργον καὶ τὰ γέρρα ἐνεπίμπρασαν, οἱ δὲ τοὺς στρατηγοὺς μετεπέμποντο καὶ τὸν σαλπικτὴν ἐκάλουν καὶ θορύβου πλήρης ἦν ἡ πόλις· τῇ δὲ ὑστεραίᾳ ἅμα τῇ ἡμέρᾳ οἱ μὲν πρυτάνεις τὴν βουλὴν ἐκάλουν εἰς τὸ βουλευτήριον, ὑμεῖς δὲ εἰς τὴν ἐκκλησίαν ἐπορεύεσθε κ. τ. λ. Wie darauf Demosthenes in der Volksversammlung auftrat und auf ein Bündnis mit Theben hindrängte, und dann selbst als Gesandter nach Theben ging und dort alle Schwierigkeiten und Hindernisse durch seine Beredsamkeit überwand, darüber s. *Dem. a. a. O.* §. 169—187. p. 298. §. 211—214. Vgl. *Plut. Dem.* 18. *Iustin.* IX, 3. Der Krieg wurde darauf eine Zeitlang glücklich geführt (die übrigen Bundesgenossen aufser Theben s. *Anm.* 263), so dafs die Griechen sogar 2 Treffen gewannen, *Dem. de cor.* p. 300. §. 216. Indessen wurde in eben dieser Zeit Amphissa von Philipp genommen und ein von den verbündeten Griechen geworbenes Miethsheer von 10000 Mann vernichtet, s. *Aesch. adv. Ctes.* p. 74. §. 146. *Diod.* XVIII, 56.

268) *Diod.* XVI, 84—57. Philipp hatte über 30000 Mann, s. *das.* 86. auf der Seite der Griechen waren aufser den Bür-

mal. p. 855 a. *Athen.* VI, p. 254 b. Über seine Schreibweise vgl. die *folg. Anm.*

rr) Ephoros aus Kyme in Äolis, *Suid.* s. v., ward mit Theopompos zusammen durch Isokrates gebildet. a. a. O. *Vit. Isocr.* α′, γ′, *Westerm. Vitt. min.* p. 248. 252. 256 f. und zur Geschichtschreibung bestimmt. *Cic. de or.* III, 13. 57. *Senec. tranq. an.* c. 6. *Quint.* X, 1, 74. und lebte noch bis in die Zeiten des Alexandros, *Clem. Alex. Strom.* I. p. 145. Unter seinen Schriften war das Hauptwerk Ἱστορίαι in 30 Büchern, welche die Geschichte Griechenlands von der Rückkehr der Herakliden bis zur Belagerung von Perinthos in J. 340 umfafste, *Diod.* VI, 1. V. 1. XVI. 26. *Suid.* s. v., aber erst von seinem Sohne vollendet wurde, *Diod.* XVI, 14, die erste Universalgeschichte. *Polyb.* V, 33, 2. Vgl. *Fragm. Hist. Graec. ed. C. Th. Müller,* vol. I, p. 234—277. Im Gegensatz zu Theopompos heifst es von ihm, *Suid.* s. v.: Ἔφορος ἦν τὸ ἦθος ἁπλοῦς, τὴν δὲ ἑρμηνείαν τῆς ἱστορίας ὕπτιος καὶ νωθρὸς καὶ μηδεμίαν ἔχων ἐπίτασιν, ὁ δὲ Θεόπομπος τὸ ἦθος πικρὸς καὶ κακοήθης, τῇ δὲ φράσει πολὺς καὶ συνεχὴς καὶ φράσει μεστός, φιλαλήθης τε ὢν ἐγκρατῶς. Ὁ γ' οὖν Δυκόφρων τῶν μὲν ἐν χαλκῷ διαθέσει, τὸν δ' Ἔφορον κύττερον. Vgl. *Cic. de orat.* II, 13. III, 9. *Quint.* X, 1, 74.

Olympiaden-jahr.	Jahr v. Chr.	Geschichte.	Kunst und Litteratur.
CX, 4.	337.	Philipp von den Hellenen auf der Nationalversammlung zu Korinth zum Führer gegen den Perserkönig ernannt.[209]	Der *Philosoph* Speusippos (ältere Akademie).[ss]

ss) gern 15000 Söldner und 2000 Reiter. *Iustin.* IX. 3; es fielen 1000 Athener und 2000 derselben wurden gefangen, *Dem. de cor.* p. 314. §. 264. *Lyc. adv. Leocr.* p. 168. §. 142. *Demad. fr.* p. 179. §. 9. *Diod.* XVI, 86. 88. Der Ruhm der Gefallenen, *Lyc. a. a. O.* p. 153. §. 46—50; der ruhmvolle Untergang der heiligen Schar der Thebaner, *Plut. Pel.* 18. *Alex.* 9. Der Schlachttag war der 7. Metageitnion (August oder September), *Plut. Cam.* 19. Über den Schrecken, den die Niederlage in Athen verbreitete, s. *Lyc. a. a. O.* p. 152. §. 37—45. Athen mufste die Hegemonie Philipps über Griechenland anerkennen und wurde mit dem Verluste seiner Besitzungen zur See bestraft, wogegen es Oropos zurück erhielt, s. *Paus.* I, 25, 3. 34, 1. *Diod.* XVIII, 56, auch wurden ihm die 2000 Gefangenen ohne Lösegeld zurückgegeben, *Demad. fr.* p. 179 §. 9. Theben erhielt eine makedonische Besatzung, *Diod.* XVI, 87. *Iustin.* IX, 4. — *Lyc. a. a. O.* p. 154. p. 50; σεσσωκέναι τοῖς τοιούτων (der bei Chäroneia Gefallenen) σώμασιν ἡ τῶν ἄλλων Ἑλλήνων ἐλευθερία. *Iustin.* IX. 3: Hic dies universae Graeciae et gloriam dominationis et vetustissimam libertatem finivit. — Philipp zog nach der Schlacht auch in den Peloponnes, wo sich ihm (mit Ausnahme Spartas) alles unterwarf, und wo er nach Belieben Gebietsteile nahm und gab, s. *Diod.* XVII, 3. *Polyb.* IX, 28, 33. *Paus.* VIII, 7, 4.

209) *Diod.* XVI, 89. *Iustin.* IX, 5.

ss) Speusippos aus dem athenischen Demos Myrrhinus, geboren etwa um 395—393, Schwestersohn des Platon. *Diog. L.* IV, 1, ward gebildet durch Isokrates, a. a. O. 2, und besonders durch Platon, a. a. O. 1: καὶ ἔμεινε μὲν ἐπὶ τῶν αὐτῶν Πλάτωνι δογμάτων; doch nahm er auch manche Lehren der Pythagoreer auf, *Arist. Eth. Nicom.* I, 6. Er stand in Verbindung mit hervorragenden Männern seiner Zeit, wie mit Dionysios, Dion und Philippos, a. a. O. 5, und begleitete Platon nach Syrakus, *Plut. Dion.* 35. Nach Platons Tode war er acht Jahre Vorsteher der Akademie, *Diog. a. a. O.* 1. Schwächlich von Körper und leidenschaftlich verfiel er in Schwermut und nahm sich das Leben, a. a. O. 1. 3. 4. Von seinen zahlreichen Schriften (Ὑπομνήματα, Διάλογοι, Ἐπιστολαί) haben sich nur die Titel, a. a. O. 4. 5, und wenige Bruchstücke erhalten. [Der sogenannten älteren Akademie werden aufser Speusippos noch besonders als Stimmführer zugezählt dessen Nachfolger Xenokrates und gleichzeitig Herakleides aus Pontos, später Polemon, Krates und Kratesilaos.]

Fünfte Periode.

336 bis 146 v. Chr.

Der völlige Untergang der griechischen Freiheit.

———

Während Alexandros der Grofse das Perserreich erobert und seine Herrschaft über den weiten Bereich desselben ausbreitet und damit zugleich den Orient für griechische Sprache und Bildung eröffnet, während nach seinem Tode das von ihm errichtete makedonisch-persische Weltreich unter langen, blutigen, verheerenden Kämpfen seiner Feldherren (der sog. Diadochen) in mehrere Reiche zerfällt, wird Griechenland ungeachtet wiederholter Versuche, seine Freiheit wieder zu gewinnen, in Abhängigkeit von Makedonien erhalten oder auch zu seiner noch gröfseren Zerrüttung in die Kämpfe der Diadochen hineingezogen; bis Makedonien durch Thronstreitigkeiten und innere Kriege und endlich durch den Einfall der Kelten so geschwächt wird, dafs es Griechenland aufgeben mufs. Da erhebt sich Griechenland wieder zu einem kurzen Genufs der Freiheit; es werden zur Sicherung derselben Bundesstaaten gegründet; insbesondere regt sich ein frischeres Leben im Peloponnes, wo der achäische Bund die makedonisch gesinnten Tyrannen vertreibt und eine grofse Anzahl Städte unter seinem Schutze vereinigt, und wo ungefähr gleichzeitig in Sparta der Versuch gemacht wird, die lykurgische Verfassung wieder in ihrer Reinheit herzustellen und damit zugleich dem Staate wieder die alte Kraft einzuflöfsen. Indessen mit diesem Aufschwung kehrt auch bald der alte Zwiespalt wieder zurück. Sparta, mit der neuerregten Kraft nach aufsen und nach Wiedergewinnung der früheren Hegemonie strebend, gerät in Kampf mit dem achäischen Bunde; dieser, in Gefahr zu unterliegen, ruft den König von Makedonien zu Hilfe; Sparta wird besiegt und unterworfen; mit ihm aber verfällt zugleich der achäische Bund und das ganze übrige Griechenland wieder der makedonischen Herrschaft. Mittlerweile aber war das römische Reich in seinem Wachstum bis an die Grenzen von Griechenland und Makedonien vorgedrungen; es kommt zum Kampf zwischen Rom und Makedonien; Griechenland, sich zwischen den kämpfenden Mächten teilend, gewinnt zunächst, so weit es sich an Rom angeschlossen, an diesem einen Rückhalt gegen Makedonien; nachher, als der König von Makedonien besiegt und auf die alten Grenzen seines Reichs beschränkt wird, erhält ganz Griechenland die Freiheit als Geschenk des Siegers, aber nur, um nach einem mehr scheinbaren als wirklichen Genufs derselben mit Makedonien zusammen der Herrschaft Roms zu verfallen. Bei diesem Gange der Geschichte konnte eine kräftige und selbständige Entwickelung von Kunst und Litteratur in dieser Periode unmöglich stattfinden. Indes erhält sich doch die Kunst im ganzen auf der bisherigen Stufe und macht in einigen Zweigen, namentlich in der Malerei, sogar nicht unbedeutende Fortschritte in ihrer Vervollkommnung. In der Litteratur beschränkt sich die Produktion, abgesehen von der Beredsamkeit, deren Blüte noch einige Zeit fortdauert, und von einer gewissen Nachblüte der Komödie, im übrigen durchaus auf

Nachahmungen und auf mehr gelehrte Arbeiten, welche für die Geschichte des griechischen Volks nur einen untergeordneten Wert haben.

Quellen. Für die Geschichte des Alexandros ist Arrian in seiner Ἀλεξάνδρου Ἀνάβασις und in der Ἰνδική die Hauptquelle. Derselbe gehört zwar erst dem 2. Jahrh. n. Chr. an, hat aber seinen geschichtlichen Arbeiten durch die sorgfältige und gewissenhafte Benutzung gleichzeitiger Schriftsteller (des Ptolemäos, Aristobulos, Nearchos) einen verhältnismäfsig hohen Wert verliehen. Für die übrige Zeit besitzen wir nur noch in Polybios und, so weit dieser verloren gegangen, in den aus ihm geschöpften Partieen des Livius eine reinere und zuverlässigere Geschichtsquelle. — Für die Zeit des Alexandros haben wir noch eine besondere Quelle in Curtius (de rebus gestis Alexandri Magni), der aber wegen seiner Ungründlichkeit und vorherrschend rhetorischen Tendenz neben Arrian nur eine untergeordnete Stelle einnimmt. Aufserdem sind wir für die ganze Periode lediglich auf Diodor, dessen Werk jedoch mit dem 20. Buche und dem Jahr 302 abbricht (von dem übrigen besitzen wir nur Auszüge und Fragmente), auf Plutarch in den Biographieen des Alexandros, Demosthenes, Phokion, Eumenes, Demetrios Poliorketes, Pyrrhos, Agis, Kleomenes, Aratos und Philopömen, und auf einige Ergänzungen aus Strabo, Pausanias, Justin u. a. angewiesen.

Erster Abschnitt.

336 bis 323 v. Chr.

Gründung der makedonisch-persischen Weltmonarchie durch Alexandros den Grossen.

Olympiaden-jahr.	Jahr v. Chr.	Geschichte.	Kunst und Litteratur.
CXI, 1.	336.	Philipp ermordet.[1] Alexandros folgt.[2] Alexandros unterdrückt die in Griechenland auf die Nachricht von dem Tode seines Vaters entstehende	Die *Redner* Demades,[a] Deinarchos.[b] Der *Philosoph* Aristoteles.[c]

[1] *Diod.* XVI, 91—94. *Iustin.* IX, 6. *Plut. Alex.* 10. Er war 46 Jahr alt, *Pausan.* VIII, 7, 4. (17 Jahr nach *Iustin.* IX, 8), und hatte 24 Jahr regiert, *Diod. das.* 95. Er wurde (wahrscheinlich im Herbst des Jahres 336) von einem Hauptmann der Leibwache, Pausanias, ermordet, dem er Genugthuung für eine ihm von Attalos zugefügte Beleidigung versagt hatte, vgl. *Arist. Pol.* V, 8, 10. Die Ermordung geschah indes nicht ohne Mitwissen und Mitschuld anderer,

a) Demades aus Athen, von niederer Herkunft, *Suid.* s. v., Tollfeind des Demosthenes, *Plut. Dem.* 28, wirkte nach seiner Gefangennehmung bei Chäroneia, von makedonischem Golde bestochen, für Philipp, *Diod.* XVI, 87. *Gell.* XI, 9. *Sext. Emp.* I, 13, p. 281, und stand in Gunst bei Alexandros, dessen Rache er in Gemeinschaft mit Phokion von seiner Vaterstadt abwandte, *Plut. Dem.* 23. *Diod.* XVII, 15. Von der über ihn verhängten Strafe der Ehrlosigkeit entbunden ihn die Athener, um ihn zu Antipatros zu schicken mit der Bitte, die makedonische Besatzung aus Munychia zurückzuziehn, *Plut. Phoc.* 30. Später von diesem verräterischer Umtriebe gegen ihn bezichtigt, ward er festgenommen und hingerichtet (319 oder 318), *Diod.* XVIII, 48. *Paus.* VII, 10. Bestechlich, ausschweifend und verschwenderisch, *Plut. Phoc.* 1. 20. 30, *Suid.* s. v., war er doch ein gewandter und witziger Stegreifredner, *Plut. Dem.* 8. 10. *Cic. Or.* 26. Von ihm hat sich keine Rede erhalten, auch die Echtheit eines ihm zugeschriebenen Bruchstücks (ύπέρ τῆς δωδεκαετίας) wird bezweifelt, vgl. *Cic. Brut.* 9. *Quint.* II, 17, 12.

b) Deinarchos, geboren zu Korinth um 361, *Dionys. Din.* 4, kam frühzeitig nach Athen, wo er mit Theophrastos und Demetrios Phalereus in nahe Verbindung trat, a. a. O. 2, und sich als Fremder besonders durch gerichtliche Reden, die er für andere schrieb, Ruhm erwarb, a. a. O. Als Anhänger der Makedoner, a. a. O., sprach er im Harpalischen Prozesse. Nach Athens Befreiung durch Demetrios Poliorketes ging er

Plut. a. a. O.; insbesondere wird Olympias als Anstifterin bezeichnet, *Iustin.* IX, 7, aber auch Alexandros blieb nicht unberührt von dem Verdachte, *Plut. a. a. O. Iustin. a. a. O.*; Alexandros selbst beschuldigte den Perserkönig der Anstiftung, *Arr.* II, 14, 5.

[2] *Plut. Alex.* 11: ἀκριβῶς — τὴν βασιλείαν, φθόνους μεγάλους καὶ δεινὰ μίση καὶ κινδύνους πανταχόθεν ἔχουσαν. Über die äußeren ihm drohenden Gefahren s. *Anm.* 3 und 4; in die Verbannung nach Chalkis auf Euböa, *Dion. a. a. O.* 3. *Vit. g. Westerm.* p. 321, aus der er erst im Jahre 292 zurückkehrte. Als Greis sprach er zum erstenmal vor Gericht gegen einen treulosen Freund Proxenos, der ihn um sein Vermögen betrogen hatte, *Dion. a. a. O.* 3. *Vit. g.* Wann er starb, ist ungewiss. Aus der Zahl seiner Reden, die verschieden (160—60) angegeben wird, *Vit. g.*, *Suid.* s. v., sind drei erhalten, sämtlich im Harpalischen Prozeß gehalten: Κατὰ Δημοσθένους, Κατὰ Ἀρισογείτονος, Κατὰ Φιλοκλέους. Über seine Beredsamkeit heißt es *Dion. a. a. O.* 5: οὐδὲν γὰρ οὔτε τοῦτον οὔτ᾽ ἰδίαν ἔχει οὔτ᾽ ἐν τοῖς ἰδίοις οὔτ᾽ ἐν τοῖς δημοσίοις ἀγῶσιν, ἀλλὰ καὶ τοῖς Ἀυσιακοῖς λόγοις — καὶ τοῖς Ὑπερείδου καὶ τοῖς Δημοσθένους λόγοις.

c) Aristoteles, geboren zu Stageira in Chalkidike im Jahre 384, Sohn des Arztes Nikomachos, der auch naturwissenschaftliche Werke geschrieben (*Suid.* s. v. Νικόμαχος), *Apollod.* b. *Diog. L.* V, 9, kam 17 Jahr alt sorgsam erzogen, nachdem er seine Eltern verloren hatte, nach Athen, wo er 20 Jahre lang lebte, *Diog. L. a. a. O. Arist. Vit. a'. Westerm. Vit. min.* p. 398. Dort war er der hervorragendste Schüler Platons, der ihn den νοῦς τῆς διατριβῆς nannte, *Diog. L.* V, 2. II, 109. *Iel. V. H.* III, 19. IV, 9. *Vit. a', g'*, p. 389. W., und erteilte schon damals Unterricht in der Rhetorik, im Gegensatz gegen Isokrates, *Cic. de or.* III, 35. *Quint.* III, 1, 14. Einmal wirkte er auch als Gesandter für die Athener bei Philipp, *Diog. L.* V, 2. Nach Platons Tode

Olympiaden-jahr.	Jahr v. Chr.	Geschichte.	Kunst und Litteratur.
CXI, 1.	336.	Bewegung durch sein schnelles Erscheinen daselbst und wird auf einer Versammlung zu Korinth in derselben Weise wie sein Vater zum Führer der Griechen gegen die Perser ernannt.[3]	Der *Bildhauer* Lysippos.[d] *Stein- und Stempel-*

im Innern war er durch die Partei der Kleopatra, der Gemahlin Philipps, die derselbe nach Verstofsung der Olympias geheiratet hatte, und ihres Oheims Attalos bedroht, welcher von Philipp im Jahre 336 bereits nach Asien vorausgeschickt worden war, *Diod.* XVI, 91. XVII, 2. Alexandros liefs daher Attalos töten, *Diod.* XVII, 2, 5; aufserdem aber wurden auch mehrere Glieder der königlichen Familie (z. T. nur als Opfer des Hasses und der Grausamkeit der Olympias) hingerichtet, *Paus.* VIII, 7, 5. *Iustin.* IX, 7. *Aelian. V. H.* XIII, 36. — Alexandros war, als er den Thron bestieg, 20 Jahr alt, *Plut. a. a. O. Arr.* I, 1, 1. Zu seiner Charakteristik s. bes. *Plut.* 8. *Diog. L.* V, 1, 6. *Strab.* p. 69. *Arr.*

Ind. XX. (Wifsbegierde und griechische Bildung.) *Plut.* 4. (Ruhmbegierde.) *Arr.* VII, 14. *Plut.* 52. (Schwärmerische Freundschaft.) *Arr.* 5, 2 (:οὗ γὰρ χρῄζω — τὸν βασιλέα ἄλλο τι ἢ ἀληθεύειν.) *Plut.* 9. (Seine Tapferkeit schon in seiner frühesten Jugend.) *Paus.* 21. (Mäfsigung und Enthaltsamkeit in der früheren Periode seines Lebens.) *Paus.* 73. 75. (Anhänglichkeit an den Volksglauben.) Sein Lob im Allgemeinen s. *Arr.* VII, 28 —30. *Curt.* X, 5. Über seine spätere Entartung s. *Anm.* 18.

3) *Diod.* XVII, 3—4. *Arr.* I, 1, 1—3. In Athen verkündigte Demosthenes zuerst dem Volke die Nachricht von Philipps Tode, *Aesch. adv. Ctes.* p. 64. §. 77. *Plut.*

begab er sich zu seinem Freunde Hermeias, Tyrann von Atarneus und Assos in Mysien, a. a. O. 7. 9—11, und nach dessen Sturz im Jahre 345 nach Mytilene auf Lesbos, a. a. O. Zwei Jahre darauf ward er von Philipp zur Erziehung des jungen Alexandros berufen und blieb acht Jahre lang in Makedonien, a. a. O. Zu dieser Zeit erwirkte er von Philipp oder Alexandros die Wiederherstellung seiner von Philipp zerstörten Vaterstadt, a. a. O. 4. *Plut. Alex.* 7. Darauf kehrte er nach Athen zurück, wo er dreizehn Jahre lang (335—322) teils öffentlich im Lykeion lehrte, *Diog. L.* V, 5, und teils streng wissenschaftliche Vorträge vor seinen Schülern im engeren Sinne hielt (ἀκροατικοί), teils gemeinverständliche vor einem gröfseren Zuhörerkreis (ἐξωτερικοί), *Gell.* XX, 5. Das Verhältnis zu seinem königlichen Zögling erkaltete infolge der Einkerkerung und des Todes des Kallisthenes, eines Neffen von Ar., *Diog. L.* V, 10. *Plut. Alex.* 55. Nach Alexandros' Tode der Gottlosigkeit angeklagt, *Diog. L. a. a. O.*, fand er eine Zuflucht in Chalkis auf Euböa unter Antipatros' Schutz, a. a. O. 5. 9. 14. Dort starb er 322 kurz vor Demosthenes 63 Jahr alt, a. a. O. 10. *Vit. a'*, vgl. *Dionys. Hal. ad Amm.* 1, 5. Von seinen zahlreichen Schriften, die nach den überlieferten Verzeichnissen, *Vit. γ'*, p. 402—404 W. *Diog. L.* V, 22—27, alle Gebiete menschlichen Wissens und Denkens umfafsten und mehrere Wissenschaften, wie die Logik, die Naturgeschichte, die Theorie der Dichtkunst u. a., begründet haben, sind viele verloren und die unter seinem Namen überkommenen nicht alle echt. Die bedeutendsten derselben sind folgende. Die Lehre von den Gesetzen des Denkens behandeln: Κατηγορίαι, über die allgemeinsten Gattungsbegriffe, Περὶ ἑρμηνείας, über die Rede als Ausdruck des Gedankens, Ἀναλυτικὰ πρότερα, von den Schlüssen, Ἀναλ. ὕστερα, von dem beweisenden Wissen und die Beweisen durch Schlüsse, Τοπικά, Gesichtspunkte für die Auffindung von Gründen und Gegengründen, Περὶ τῶν σοφιστι-

κῶν ἐλέγχων, über die Trugschlüsse. Diese sind zusammengefafst unter dem Titel Ὄργανον. Von den Dingen der Welt und dem Wesen der Dinge handeln: Τὰ μετὰ τὰ φυσικά, über den allgemeinen Urgrund der Dinge, und unter den naturwissenschaftlichen Schriften über die Beschaffenheit der einzelnen Dinge besonders Ἀκροάσεις φυσική, allgemeine Naturlehre, Περὶ γενέσεως καὶ φθορᾶς, Μετεωρολογικά, Περὶ ζώων ἱστορίαι; die Schrift Περὶ ψυχῆς, eine der wichtigsten behandelt die Seelenlehre. Mathematischen Inhalts sind Περὶ ἀτόμων γραμμῶν und Μηχανικὰ προβλήματα. Die Sittenlehre und die Lehre vom Staate umfassen vorzüglich Ἠθικὰ Νικομάχεια und Πολιτικά (Πολιτικὴ ἀκρόασις); die Lehre von den redenden Künsten Περὶ ποιητικῆς und Τέχνη ῥητορική. Von ihm heifst es, *Vit. a'*, p. 401 W.: ἐν φιλοσοφίᾳ δ' ἐπιχρίζεται τὰ ἀνθρώπινα μέτρα, μηδὲν πλέον περὶ αὐτῆς πραγματευσάμενος, ἀλλὰ καὶ πολλὰ κατὰ προσθεῖ, ἐν τῆς ἰατρικῆς ἐγχυρίας τὴν ὕλην κατειληφὼς φιλοσοφίας. Seine Schule heifst die peripatetische, weil A. im Auf- und Abgehen (περιπατῶν) zu lehren pflegte, *Diog. L.* V, 2. *Cic. acad.* I, 4. *Gell.* XX, 5 u. o.; die Leiter derselben waren nach A. Theophrastos, Eudemos und Strato.

d) Lysippos aus Sikyon blühte zur Zeit des Alexandros, *Plin. H. N.* XXXIV, 51. *Paus.* VI. 1. 2, war ursprünglich Metallarbeiter und als Künstler Autodidakt, *Plin. a. a. O.* 61, und soll 1500 Bildwerke, meist in Bronze, verfertigt haben, a. a. O. 37. Die berühmtesten derselben waren: eine eherne Kolossalstatue des Zeus in Tarent, *Plin.* XXXIV, 40, ein Viergespann mit dem Sonnengott der Rhodier, a. a. O. 63, der Erzkolofs des Herakles zu Tarent, a. a. O. 40. *Strab.* p. 278. *Plut. Fab. Max.* 22, und eine allegorische Figur des Καιρός, *Jac. anal.* II, n. 13. *Callistr. stat.* 6. *Tzetz. Chil.* VIII, 200. N, 22. Zahlreich und hochberühmt waren im Altertum seine Darstellungen des Alexandros, *Plin. a. a. O.* 63, der nur von ihm plastisch dargestellt sein wollte, *Arr.*

Olympiaden-jahr.	Jahr v. Chr.	Geschichte.	Kunst und Litteratur.
CXI, 2.	335.	Die im Aufstand befindlichen thrakischen, päonischen und illyrischen Völker von Alexandros unterworfen.[1] Aufstand der Thebaner, Theben erobert und zerstört.[5]	*schneidekunst:* Pyrgoteles."

Alex. 11. *Phoc.* 16, und das Volk beschloſs, dem Mörder den Ehrenkranz zu verleihen und dem Alexandros die Hegemonie nicht zu gestatten, *Plut. Dem.* 22. *Diod.* XVII, 3. Indes hier wie anderwärts schlug die Ankunft des Alexandros die Bewegung sofort nieder, und es wurden in Korinth dem Alexandros gröſsere Zugeständnisse gemacht, als man sie seinem Vater eingeräumt hatte; nur die Spartaner weigerten sich auch jetzt wieder, die Hegemonie anzuerkennen, s. *Arr.* I, 1, 2: *Λακεδαιμόνιοι ἀπεκρίναντο, μὴ εἶναι σφίσι πάτριον ἀκολουθεῖν ἄλλοις, ἀλλ' αὐτοὺς ἄλλων ἡγεῖσθαι*. Es wurde daselbst ein Vertrag aufgerichtet (κοινὴ εἰρήνη καὶ συμμαχία genannt), dessen Bedingungen wir durch die Rede (*Dem.*) *de foed. cum Alex.* kennen lernen, welche zwar nicht von Demosthenes, aber vielleicht von Hypereides herrührt, und jedenfalls gleichzeitig (aus dem Jahr 335) ist. Das Wichtigste darin ist die Errichtung eines κοινὸν συνέδριον in Korinth, in welchem die gemeinschaftlichen Angelegenheiten beraten werden sollen und welches sich während der Herrschaft des Alexandros erhalten hat, s. z. B. *Diod.* XVII, 73. Die Glieder desselben heiſsen in der angeführten Rede *οἱ συνεδρεύοντες καὶ οἱ ἐπὶ τῇ κοινῇ φυλακῇ τεταγμένοι*, p. 215. §. 15. Alle Griechischen Staaten sollen frei und selbständig sein, p. 213. §. 8, an den bestehenden Verfassungen soll nichts geändert, ohne Wissen und Willen des Synedrions sollen keine Verbannten wieder zurückgerufen, keine neuen vertrieben, keine Länderverteilungen vorgenommen, keine Sklaven von Staatswegen freigelassen werden u. s. w. p. 214. §. 10. p. 215. §. 15. p. 216. §. 16: Alles Bestimmungen zu dem Zweck, in den einzelnen Staaten Freiheit und selbständige Bewegung zu unterdrücken und sie von Alexandros, welcher das Synedrion beherrschte, abhängig zu machen.
4) *Arr.* I, 1—6. *Diod.* XVII, 8. *Plut. Alex.* 11. *Strab.* p. 301. Er zog von Amphipolis aus über den Haimos und drang dann bis an den Istros vor und überschritt ihn sogar; von da wandte er sich nachdem er von den fernsten Völkern, sogar von Kelten, Gesandte empfangen hatte, welche ihm ihre Freundschaftsanerbietungen und Gold darbrachten, *Arr.* I, 4. 6—8. *Strab. a. a. O.* — nach dem Westen gegen Päonier und Illyrier, wobei er bis zur Stadt Pelion in der Nähe des Sees Lychnitis gelangte. Diese Züge waren ihm auſser der Unterwerfung der genannten Völker auch noch den Vorteil, daſs er von dort Leichtbewaffnete, welche ihm bei seinen Kriegen grosse Dienste leisteten, ziehen konnte, von denen namentlich die Agrianer häufig genannt worden. Illyrische Hilfstruppen, s. *Curt.* IV, 13, 31. VI, 6, 35. auſser ihnen und den Agrianern noch Odrysen. Triballer, Thraker, Päonier, *Diod.* XVII, 17.
5) *Arr.* I, 7—10. *Diod.* XVII, 8—15. *Plut. Alex.* 11—13. Der Aufstand wurde durch die falsche Nachricht hervorgerufen, daſs Alexandros gefallen sei. *Arr.* 7, 2. *De-*

Alex. 1, 16, 17. *Plut. de cict. Alex.* p. 335 a. *Alex.* 4: *καὶ γὰρ ἃ μάλιστα πολλοὶ τῶν διαδόχων ἴσασιν καὶ τῶν φίλων ἀπεμιμοῦντο, ἤγε τ' ἀνάτασιν τοῦ αὐχένος εἰς εὐώνυμον ἡσυχῇ κεκλιμένου καὶ τὴν ὑγρότητα τῶν ὀμμάτων παρατετήρηκεν ἀκριβῶς*. Er bildete den Alexandros im Gegensatz zu Apelles mit der Lanze. *Plut. Is. et Osir.* 24. p. 360, und von einer solchen Erzstatue heiſst es in einem Epigramm, *Anth. Jac.* II, 13, p. 50: *Λέανδρος πλάσεν Σικυώνι, θεράπων χεὶρ | δᾶα τεχνίας, πῦρ τοι ὁ χάλκος ὀρῇ, | ἕν κατ' Ἀλεξάνδρου μορφᾶς χέει' οὐκέτι μεμπτοὶ | Πέρσαι συγγνώμῃ φονί Ζηνὶ τῷ τυγχάνει*. Auſserdem fertigte er auch im Auftrag des Alexandros die Porträtstatuen der am Granikos gefallenen makedonischen Ritter, *Plin. a. a. O. Arr. Al. a. a. O. Plut. Al.* 17. Urteile über ihn sind, *Plin. a. a. O.* 65: Statuariae arti plurimum tradidit contulisse capillum exprimendo, capita minora faciendo quam antiqui, corpora graciliora sicciora
que, per quae proceritas signorum maior videretur. vgl. *Propert.* III, 7, 9: Gloria Lysippi est animosa effingere signa. Nachbildungen von Werken des L. haben wir noch in dem Apoxyomenos des Vatikan und in dem Farnesischen Herakles. — An Lysippos schloſs sich eine ganze Künstlerschule zu Sikyon und Argos. Dann aber hört in Griechenland selbst die Kunst-entwickelung für längere Zeit auf und setzt sich nur in Kleinasien weiter fort. wo sie in Pergamon und auf Rhodos eine besondere Blüte erreichte. Die pergamenische Kunstschule hatte es sich zur Aufgabe gemacht, die Siege der Könige Attalos I (241—197) und Eumenes II (196—157) über die Gallier durch ihre Werke zu verherrlichen (*Plin.* XXXIV, 8 f), und schuf also historische Kunstwerke, von denen wir noch zahlreiche Nachbildungen, z. B. in dem sterbenden Fechter und in der Gruppe der Arria und des Pätus zu Rom, beides Scenen aus den gallischen Kämpfen, besitzen. Im Original sind teilweise erhalten von einem groſsen Altarbau auf der Akropolis von Pergamon (*Ampel. lib. mem.* c. 8) zwei Relieffriese in vollendeter Technik; das eine, gröſsere und vollständigere, stellt die Gigantomachie dar, das andere, welches geringere Bruchstücke auf uns gekommen sind, u. a. den Mythos von Telephos. Auf Rhodos ist die Richtung auf das Kolossale und das Streben durch die dargestellte Handlung den Beschauer lebhaft zu erregen und zu spannen charakteristisch; die hervorragendsten Werke dieser Schule sind die Gruppen des Laokoon und des Farnesischen Stiers.
c) Über die Steinschneidekunst heiſst es *Macrob.* VII, 13: Imprimatur sculptura materiae anuli, sive ex ferro,

Olympiaden-jahr.	Jahr v. Chr.	Geschichte.	Kunst und Litteratur.
CXI, 3.	334.	Aufbruch des Alexandros gegen das Perserreich." Er besiegt die persischen Satrapen am Granikos und erobert Kleinasien.[7]	Die *Maler* Apelles,[f] Protogenes.[g]

mod. fragm. p. 180. §. 17. *Iustin.* XI, 2. Aufser den Thebanern waren auch die Äoler, Eleer und Arkader in Aufstand, welche letzteren schon bis an den Isthmos vorgerückt waren; Athen hatte den Krieg beschlossen, zögerte aber noch. Theben wurde nach tapferer Gegenwehr genommen und hauptsächlich auf Betrieb seiner hellenischen Feinde, der Phoker, Orchomenier, Thespier und Platäer, zerstört; nur des Pindaros Haus wurde verschont, s. *Arr.* I, 9, 10. *Plut. Al.* 11. Die Einwohner wurden, 30000 an der Zahl, als Sklaven verkauft, 6000 waren bei dem Kampfe gefallen, *Diod.* XVII, 14. *Plut. a. a. O.* Von Athen forderte Alexandros zuerst die Auslieferung seiner Hauptgegner, des Demosthenes, Lykurgos, Hypereides, Polyeuktos, Chares, Charidemos, Ephialtes, Diotimos, Morokles, liefs sich aber dann durch Gesandte so weit begütigen, dafs er sich mit Ausweisung des Charidemos und Ephialtes begnügte, *Arr.* I, 10, 2—6. *Diod.* XVII, 15. *Plut. Phoc.* 17. *Dem.* 23. *Iustin.* XI, 4. *Dinarch. adv. Dem.* p. 94. §. 32—33. [Der Fall von Theben fand im Oktober statt, wie sich daraus ergiebt, dafs die Athener, als die Nachricht davon bei ihnen eintraf, eben die grofsen Mysterien feierten, *Arr.* 10, 2. *Plut.* 13.]

6) Der Aufbruch geschah ἅμα τῷ ἦρι ἀρχομένῳ, *Arr.* I, 11, 3. Sein Heer bestand nach *Diod.* XVII, 17 (der einzigen Stelle, wo die einzelnen Bestandteile desselben beim Auszug angegeben werden) aus 12000 Makedonern, 2000 Bundesgenossen, 5000 M. Mietstruppen, 5000 M. von den Odrysern, Triballern und Illyriern, 1000 Agrianern, zusammen 30000 M. zu Fufs und 4500 Reitern, nämlich 1500 Makedonern, 1500 Thessalern, 600 Griechen und 900 Thrakern und Päoniern, womit auch die Totalangabe bei *Arr. a. a. O.* ungefähr übereinstimmt, wo „nicht viel mehr als 30000 M. zu Fufs und über 5000 Reiter" gezählt werden. Andere Angaben, meist etwas höher, s. *Plut. Al.* 15. *Polyb.* XII, 19. *Iustin.* XI, 6. Die 12000 Makedoner zu Fafs bildeten zum gröfseren Teile die Phalanx (aus 6 τάξεις bestehend unter den Führern Perdikkas, Könos, Krateros, Amyntas, Meleagros, Philippos; die dazu gehörigen wurden πεζέταιροι genannt und standen in der Schlachtordnung 16 Mann hoch, mit den 14 Ellen langen σάρισαι bewaffnet); die übrigen bildeten das

Corps der Hypaspisten (ein leichteres Fufsvolk) unter Führung des Nikanor, des Sohnes des Parmenion. Den Oberbefehl über sämtliches makedonisches Fufsvolk und zugleich über die 7000 Bundesgenossen und die 5000 M. Mietstruppen führte Parmenion. Die makedonische Reiterei, ἵππος τῶν ἑταίρων, τὸ ἱππαρχόν, ἱππεῖς ἑταιρικοί, αἱ ἀμφ᾽ αὐτῶν ἴλαιτες, bestand nur aus 8 ἴλαι, worunter die ἴλη βασιλική, auch τὸ ἄγημα genannt, und wurde von Philotas, dem Sohne Parmenions geführt. 8. bes. *Arr.* 1, 14, 1—3. II, 8, 1—4. III, 11, 8 bis 12, 5. *Diod.* XVII, 57. Vgl. 8. 119. Anm. 232. Aufser dem Landheer begleitete den König auch eine Flotte von 160 Schiffen, s. bes. *Arr.* I, 11, 6. 18, 4, worunter 20 athenische, *Diod.* XVII, 22. Zum Schutz von Makedonien liefs er Antipatros mit 12000 Mann zu Fufs und 1500 Reitern zurück, *Diod.* a. a. O. — Der König der Perser, gegen welchen er den Krieg begann, war jetzt Dareios Kodomannos; diesen hatte Bagoas im Jahre 336 nach Ermordung des Arses auf den Thron gehoben, derselbe, welcher auch im Jahre 338 den Artaxerxes Ochos ermordet und Arses zum König gemacht hatte. Der Natur der obwaltenden Verhältnisse gemäfs suchte der König der Perser seine Streitkräfte durch griechische Mietstruppen zu verstärken und Verbindungen mit den griechischen Städten anzuknüpfen, so wie wiederum alles, was in Griechenland unzufrieden war, sich zum Perserkönig hinneigte; daher bildeten in allen folgenden grofsen Schlachten griechische Mietstruppen den tüchtigsten Teil der persischen Heere, daher mehrere Geldsendungen des Königs nach Griechenland, *Diod.* XVII, 4. *Arr.* II, 14, 6. *Dinarch. adv. Dem.* p. 91. §. 10. p. 92. §. 18. *Aesch. adv. Ctes.* p. 88. §. 239. p. 90. §. 259, daher Gesandtschaften der Griechen nach Persien, *Arr.* II, 15, 2, und fortwährende Besorgnisse des Alexandros wegen des Abfalls der Griechen, *Arr.* I, 18, 8. II, 17, 2, obwohl Alexandros nichts unterliefs, um die Griechen für sich zu gewinnen, und namentlich seinen Zug immer als zugleich im Namen und im Interesse Griechenlands unternommen darstellte, s. bes. *Arr.* I, 16, 6. 7. II, 14, 4. III, 6, 2. *Plut. Al.* 16.

7) *Arr.* I, 11—20. *Diod.* XVII, 17—28. *Plut. Al.* 15—18. *Iustin.* XI, 6. Alexandros geht, während sein

sive ex auro foret —. Postea luxuriantis aetatis usus signaturas pretiosis gemmis coepit insculpere, vgl. *Plin.* XXXVII, 1—9. Seitdem zu Alexandros Zeit die indischen Edelsteine bekannt geworden waren, beginnt die Blütezeit der Steinschneidekunst. Am häufigsten sind Arbeiten in Amethyst, Hyacinth, Topas, Granat, Jaspis, Onyx, Achat, Karneol, und zwar sind diese geschnittenen Steine entweder vertieft (Intaglio's) oder erhaben (Kameen), jene zu Siegelringen, diese zu Schmucksachen verwandt. Auch das Schneiden der Münzstempel gelangt in dieser Zeit zur Vollendung, wie namentlich

Münzen der unteritalischen und sicilischen Städte Tarent, Herakleia, Thurii, Velia, Metapont und die makedonischen aus der Regierungszeit des Alexandros zeigen. Von den Münzaufschriften sind die Namen einer Anzahl von Stempelschneidern bekannt. — Pyrgoteles, Zeitgenosse des Alexandros, der berühmteste Steinschneider seiner Zeit, hatte allein die Erlaubnis, das Bild des Königs in Stein zu schneiden, *Plin.* XXXVII, 8 (non dubie clarissimi artis eius).

f) Apelles, geboren zu Kolophon, *Suid.* s. v., oder zu Ephesos, *Strab.* p. 642. *Lucian.*, *de calumn. non tem.*

Heer von Sestos nach Abydos übersetzt, zunächst nach Ilion, wo er der Pallas opfert und seine Waffen gegen die des Achilleus umtauscht, μάχαιράν τε τιν᾽, ὅτι καὶ τῶν φίλων πιστὸὺ καὶ τελευτήσας μεγάλου κύρους ἔτυχεν, Plut. 15. Arr. 12, 1. Er vereinigt sich dann in Arisbe wieder mit seinem Heer und rückt über Perkote, Lampsakos, den Fluß Praktios, Kolonä, Harmotos an den Fluß Granikos vor, an dessen östlichem Ufer er die Feinde gelagert findet. Die Führer der Feinde, Arr. 12, 8—10. Gefährlicher Rat des Memnon, keine Schlacht zu wagen, sondern sich auf die Verteidigung zu beschränken, das Land vor Alexandros her zu verwüsten und mit der Flotte im Rücken desselben Landungen in Griechenland und Makedonien zu machen, Arr. 12, 9—10. Diod. 18. Über die Schlacht am Granikos, s. Arr. 13—16. Diod. 18—21. Die Zahl der Feinde betrug nach Arr. 14, 4 gegen 20 000 Reiter und beinahe 20 000 Mann griechischen Fußvolks (nach Diod. 19 über 10 000 Reiter, 100 000 Mann Fußvolk, nach Iustin. a. a. O. 600 000 Mann). Über den Charakter der Schlacht s. Arr. 15, 4: ἦν μὲν ἀπὸ τῶν ἵππων ἡ μάχη, πεζομαχίᾳ δὲ μᾶλλον τι ἐοικυῖα· ξυνεχόμενοι γὰρ ἵπποι τε ἵπποις καὶ ἄνδρες ἀνδράσιν ἠγωνίζοντο. — Über die von Kleitos abgewandte Lebensgefahr des Alexandros selbst s. Arr. 15, 8. Plut. 16. Das Fußvolk der Perser hatte an der Schlacht gar keinen Teil genommen und wurde rast nach derselben angegriffen und fast gänzlich niedergemacht, Arr. 16, 3. Plut. 16. Die Zahl der Gefallenen betrug auf der Seite der Makedoner nach Arr. 16, 4 nur etwa 100 Mann im ganzen, nach Aristobulos bei Plut. 16 sogar nur 34. Nach der Schlacht, welche nach Plut. Cam.

19 im Monat Thargelion (Mai) geschlagen wurde, nahm Alexandros nacheinander Sardes, Arr. 17, 3—8. Ephesos, das. §. 9—12, dann Magnesia, Tralles u. a. ionische und äolische Städte, das. 18, 1—2, hierauf Milet, das. 18, 3 bis 19, 11. Bei der Belagerung von Milet hatte die Flotte noch mitgewirkt; nach der Eroberung liste er sie auf, das. 20, 1: Ἀρμώμενος τε ἐν τῇ τότε ἀπορίᾳ καὶ ἅμα οὐκ ἀξιόμαχον ὁρῶν τὸ αὐτοῦ ναυτικὸν τῷ Περσικῷ, οὔκουν ἐθέλων οὐδὲ μέρει τοῦ τῆς στρατιᾶς κινδυνεύειν ἄλλως τι ἐπινόει, κατέχων ἤδη τῇ πεζῇ τὴν Ἀσίαν, ὅτι οὐδὲ ναυτικοῦ ἔτι δέοιτο, τὰς τε παραλίους πόλεις λαβὼν καταλύσει τὸ Περσικῶν ναυτικόν, οὔτε πλήρωμα τῆς ἐπιχώρας σφαλησόμενον οὐδὲ ὅπη τῆς Ἀσίας προσέξοντας ἔχοντας. Von besonderer Schwierigkeit war noch die Belagerung von Halikarnafs, die erst nach Überwindung großer Schwierigkeiten zum Ziel führte, Arr. 20, 2 bis 23, 8. Nachdem endlich auch diese Stadt genommen (die Burg behauptete sich zunächst noch), ließ er Parmenion (es war jetzt schon Winter, Arr. 24, 1. 5) über Sardes nach Phrygien ziehen, das. 24, 3, während er selbst durch Lykien und Pamphylien noch die Küste verfolgte und sich dann durch einen Marsch in nördlicher Richtung über Kelänä in Gordion mit ihm vereinigte, das. 24—29. In den hellenischen Städten, die sich ihm unterwarfen, stellte er überall die Demokratie her, das. 17, 10. 18, 2; im übrigen ließ er, wenn es anging, überall nicht nur die bisherigen Gesetze und Einrichtungen und Abgaben, sondern auch die Beherrscher, welche er vorfand, bestehen, s. z. B. das. 17, 24. 23, 7.

8) Arr. 11, 1—2. Diod. XVII, 29. Memnon (vgl. vor. Anm., διαβιβασμένος ἐπὶ αὐτόθεν στρατηγικῆς, Diod. XVII. 18)

ered. 2, oder aus Kos, Plin. XXXV, 79. Ovid. ars am. III, 401. Plut. IV, 1, 29), zuerst Schüler des Ephoros zu Ephesos, dann des Pamphilos zu Amphipolis, Plin. a. a. O. 76. Plut. Arat. 13, lebte darauf in Makedonien, wo er der Freund des Alexandros wurde, der oft seine Werkstätte besuchte und sich nur von ihm malen ließ. Auf seinen Reisen kam er nach Rhodos, wo er den Protogenes edelmütig unterstützte, Plin. a. a. O. 81. 88, malte auch zu Athen, Athen. III, p. 590 e, Korinth, a. a. O. 588 d., Smyrna, Paus. IX, 35, 2. Samos, Plin. a. a. O. 93, ebenso wie in Alexandreia, wo er indes vom Neid der Kunstgenossen angefeindet wurde, Plin. a. a. O. 89. Die berühmtesten seiner Bilder (die es weder auf eine figurenreiche Komposition noch auf bewegte Handlung abgesehen hatten) waren Aphrodite Anadyomene, die aus dem Meere aufsteigende Göttin, für den Asklepiostempel zu Kos, Plin. a. a. O. 91. Strab. p. 657, die Diabole, ein allegorisches Bild der Verleumdung, Lucian. a. a. O. 5, und unter den zahlreichen Bildern des Philipp und Alexandros, Plin. a. a. O. 39, besonders Alexandros mit dem Blitz in der Hand (κεραυνοφόρος) für den Tempel der ephesischen Artemis, a. a. O. 92. Cic. Verr. IV, 60, von dem der König selbst sagte, Plut. de virt. Alex. p. 335 a: ὅτι δυοῖν Ἀλέξανδροι ὁ μὲν Φιλίππου γέγονεν ἀνίκητος, ὁ δὲ Ἀπελλοῦ ἀμίμητος; berühmt war auch sein Bild eines Pferdes, so naturgetreu, daß ein lebendiges Pferd ihm zuwieherte, Plin. a. a. O. 35. Von ihm heißt es, Plin. a. a. O. 69: Picturae plura solus prope quam ceteri omnes contulit. — Praecipua eius in arte venustas fuit, cum eadem aetate maximi pictores essent, quorum opera cum admiraretur, omnibus conlaudatis osculo illam suam Venerem dicebat, quam Graeci Charita vocant. Aus zahlreichen Anekdoten und Charakterzügen bei den angeführten Schriftstellern erhellt neben dem Genie das liebenswürdige, witzige und hochherzige Wesen des Künstlers. Ein Nebenbuhler des A., jedoch ihm weder an Genie noch in technischer Ausbildung gleich, war Antiphilos, dessen berühmtestes Werk ein Feuer anblasender Knabe war, Plin. XXXV, 138. 113. Quintilian. XII, 10, rühmt an ihm besonders die facilitas.

g) Protogenes, entweder aus Kaunos, Plin. XXXV. 101. Paus. 1. 3. 4. Plut. Demetr. 22, oder aus Xanthos in

Olympiaden- jahr.	Jahr. v. Chr.	Geschichte.
		Alexandros setzt seinen Zug fort und schlägt den Perserkönig Dareios bei Issos.[9]
CXII, 1.	332.	Eroberung von Syrien, Phönikien, Palästina und Ägypten.[10] Gründung von Alexandreia.[11]

war von Dareios zum Oberbefehlshaber über die ganze Flotte ernannt worden; er nahm Chios und Lesbos mit Ausnahme von Mytilene, welches letztere er belagerte, und knüpfte Verbindungen mit Griechenland, insbesondere mit den Spartanern an, so daſs Alexandros durch ihn in Griechenland und in Makedonien selbst bedroht war; als er starb und damit der ganzen Unternehmung der Nerv durchschnitten wurde: ἕτερ τι ἄλλο καὶ τοῦτο ἐν τῷ τότε ἐδόκει τὰ βασιλέως πράγματα, Arrian. 1, 3. Hierauf wurde zwar von Autophradates und Pharnabazos noch Mytilene genommen, Arr. 1, 3—5, desgleichen Tenedos und mehrere andere Inseln des Archipels, das. 2, 1—2. 13, 4—6; allein im folgenden Jahre wurde alles von Hegelochos zurückerobert und damit diesem Teile des Krieges ein Ende gemacht, Arr. III, 2, 3—7. Curt. IV, 5, 14—22.
9) Arrian. II, 3—12. Diod. XVII, 30—39. Plut. Al. 18—21. Curt. III. Polyb. XII, 17—22. (Die beiden ersten Bücher des Curtius sind verloren gegangen.) Vor seinem Aufbruch von Gordion die Lösung des gordischen Knotens, Arr. 3. Plut. 18. Curt. III, 1. (Durch die Art der Lösung wird nach Plut. a. a. O. zugleich das Zerfallen des Reichs des Alexandros nach seinem Tode angedeutet, „πολλὰς αὐτοῦ κρατήσειν ἀρχὰς φαίνεται.") Sein Marsch geht durch Paphlagonien, Kappadokien, Kilikien (wo er zu Tarsos gefährlich erkrankt und durch den Akarnaner Philippos gerettet wird, Arr. 4, 7—11. Diod. 31. Plut. 19. Curt. 5 bis 6); in Begriff, den Amanos zu überschreiten und den jenseits desselben gelagerten Dareios anzugreifen, hört er, daſs Dareios durch einen nördlicher gelegenen Paſs über den Amanos in den Engpaſs zwischen dem amanischen und syrischen Thore und ihm in den Rücken gekommen ist (Arr. 6, 6: καὶ ἐν καὶ διαρπάσαντε τειχῶν ἦγεν αὐτὸν εἰς ἐκεῖνον τὸν χῶρον, οὗ μήτε ἐκ τῆς ἵππου πολλὴ ὠφέλεια αὐτῷ ἐγένετο μήτε τοῦ πλήθους αὐτοῦ τῶν τε ἀκοντίων καὶ τῶν ἐκοντίων τε καὶ τοξευμάτων —, das. 7, 1: ὑπερβαλὼν δὴ τὸ ὄρος Ἰαπύρος τὸ κατὰ τὰς πύλας τὰς Ἀμανικὰς καλουμένας ὡς ἐπὶ Ἰσσὸν προῆγε); er wendet also um und liefert ihm die Schlacht etwas südlich von Issos am Flusse

Pinaros. Das Heer des Dareios zählte 600000 μάχιμοι. Arr. 8, 8. Plut. 18, (500000, Diod. 31); der Verlust in der Schlacht belief sich auf persischer Seite auf 100000 Tote, Arr. 11, 8; auf der Seite des Alexandros sollen nur 300 Mann von dem Fuſsvolk und 150 Reiter gefallen sein, Diod. 36. Unter den Gefangenen waren auch die Mutter, die Gemahlin und zwei Töchter des Dareios, Arr. 11, 9, die sich von Alexandros der edelmütigsten Behandlung zu erfreuen hatten, das. 12, 3—8. Die Zeit der Schlacht war der Monat Maimakterion (November), das. 11, 11. Nach der Schlacht wurden in Damaskos von Parmenion die reichen Schätze des Dareios erbeutet, ebend. Curt. 13. Athen. XIII. p. 607 f. Friedensanträge des Dareios kurz nach der Schlacht, Arr. 14, und während der Belagerung von Tyros, in welchen letzteren er dem Alexandros die Abtretung aller Länder diesseit des Euphrat anbot, das. 25. Vgl. Curt. IV, 1, 7—14. 5, 1—8. Diod. 39. 54.

10) Arr. II. 13—III, 5. Diodor. XVII, 40—51. Plut. Al. 24—28. Curt. IV, 1—8. Auf dem Zuge nach Ägypten (die Gründe, warum er, statt den Dareios zu verfolgen, zunächst diesen Marsch antrat, s. Arr. 11, 17, 1—4) unterwarf sich ihm alles freiwillig, mit Ausnahme der Städte Tyros und Gaza. Ersteres, auf einer Insel gelegen, durch einen Kanal von 4 Stadien Breite (Curt. 2, 7) und einer Tiefe bis zu 3 Klaftern (Arr. 18, 3) vom Festlande getrennt, mit 150 Fuſs hohen Mauern (Arr. 21, 4), wurde erst nach einer siebenmonatlichen Belagerung (Diod. 46. Plut. 24. Curt. 4, 19) vermittelst einen vom Festlande nach der Insel geführten Dammes und mit Hilfe einer durch die übrigen Phönikier, durch Kyprier, Rhodier u. a. zusammengebrachten Flotte genommen, Arr. 16—24. Diod. 40—47. Curt. 2—4. Plut. 21—25, im Monat Hekatombaion (Juli), das. 24, 6. Einen nicht minder hartnäckigen Widerstand leistete Gaza, welches nach zweimonatlicher Belagerung genommen wurde, Arr. 26 bis 27. Diod. 48. Curt. 6. Plut. 26. Ägypten ergiebt

Lykien, Suid. s. v., lebte zu Rhodos lange in Dunkelheit und Armut, soll sogar bis zum 50. Lebensjahre Schiffe bemalt haben, und arbeitete sich erst durch mühseligen und ausdauernden Fleiſs empor, Plin. a. a. O., unterstützt vom Apelles, vgl. vor. Anm. Sein berühmtestes Gemälde war das Bild des Ialysos, Heros von Rhodos, mit dem noch berühmteren Hunde, dem der Schaum aus der Schnauze quoll. a. a. O. 102, ebenso der ruhende Satyr mit der Doppelflöte

in der Hand, in Rhodos gemalt, während Demetrios Poliorketes die Stadt erstürmte, Strab. p. 652. Plin. a. a. O. 105. Durch die sorgsamste Naturbetrachtung erreichte er die äuſserste Naturwahrheit. Von ihm heiſst es Plin. a. a. O.: Iupetus animi et quaedam artis libido in hace potius cum tulere. Petron. sat. 84: Protogenis rudimenta cum ipsius naturae veritate non sine quodam horrore tractavi.

18*

Olympiaden-jahr.	Jahr v. Chr.	Geschichte.
CXII, 2.	331.	Er dringt in das Innere des Perserreichs ein und schlägt den Dareios nochmals bei Gaugamela.[12] Dareios flieht nach Medien;[13] Alexandros in Babylon, Susa und Persepolis.[14]
		Die Spartaner unter König Agis[15] in Verbindung mit den Eleern, Achäern und den Arkadern (mit Ausnahme von Megalopolis) im Aufstand gegen Makedonien.[16]
CXII, 3.	330.	Die Spartaner und ihre Verbündeten von Antipatros geschlagen.[17]

sich ohne Widerstand, s. *Diod.* 49: οἱ θηβαῖοι τῶν Περσῶν ἐπιβραβόντων εἰς τὰ ἱερὰ καὶ φόνοις ἀσεβέσιν ἀπιστοις προσιδέχοντο τοὺς Μακεδόνας. Über seinen Aufenthalt daselbst s. *Arrian.* III, 1—5. *Diodor.* 49—52. *Curt.* 6—8. *Plut.* 26—27, über seinen Zug zu dem Orakel des Jupiter Ammon s. *Arrian.* 3—4. *Diodor.* 49—51. *Curt.* 7—8. *Plut.* 27. Nach Diodor, Curtius und Plutarch läfst er sich seitdem als Gott anreden.

11) *Arrian.* III, 1, 5—2, 2. *Diodor.* XVII, 52. *Curt.* IV, 8. *Plut.Al.* 27. Über die Lage und Bedeutung der Stadt s. *Diodor. a. a. O.*: διὰ μέσον αὐτοῦ τῆς τε λίμνης (des Sees Mareotis) καὶ τῆς θαλάττης δύο μόνον ἀπὸ τῆς γῆς ἔχει προςόδους στενὰς καὶ παντελῶς εὐφυλάκτους· τὸν δὲ τύπον ἀποτελοῦσα χλαμύδι παραπλήσιον ἔχει ἀλατίαν μέσην σχεδὸν τὴν πόλιν τέμνουσαν καὶ κάλλει θαυμαστήν. — καθόλου δὲ ἡ πόλις τοσαύτην ἐπίδοσιν ἔλαβεν ἐν τοῖς ὕστερον χρόνοις, ὥστε παρὰ πολλοῖς αὐτὴν πρώτην ἀριθμεῖσθαι τῶν κατὰ τὴν οἰκουμένην.

12) *Arrian.* III, 6—15. *Diodor.* XVII, 52—61. *Curt.* IV, 8—16. *Plut.Al.* 29—33. Der Aufbruch aus Ägypten geschah mit Beginn des Frühlings, *Arrian.* 6, 1; der Zug ging von da zunächst wieder auf dem früheren Wege bis nach Tyros, von da wandte er sich östlich nach dem Euphrat, den er im Monat Hekatombaion (Juli, *Arrian.* 7, 1) bei Thapsakos überschritt; hierauf schlägt er zunächst die Richtung nach Norden ein, marschiert dann durch das nördliche Mesopotamien, überschreitet (ohne Behinderung durch den Feind, aber mit nicht geringer Schwierigkeit) den Tigris und gelangt durch einen weiteren viertägigen Marsch längs dem linken Ufer des Tigris (*Arrian.* 7, 7) in die Nähe des Feindes, der sich bei Gaugamela, 600 Stadien westlich von Arbela (*Arrian.* 8, 7) und ungefähr ebensoweit südöstlich von Ninive entfernt, gelagert hatte. [Nach dem Übergang des Alexandros über den Tigris hatte eine Mondfinsternis statt, *Arrian.* 7, 6, welche auf den 20. oder 13. September fällt, und in demselben Monat wurde auch die Schlacht geliefert, *ebendaselbst* und 15, 7. im Monat Pyanepsion, *ebend.*; nach *Plutarch. Cam.* 19 aber fand die Schlacht am 26. Boedromion statt, vgl. auch *Alex.* 31, wo die Mondfinsternis zu Anfang der grofsen Mysterien und die Schlacht 11 Tage nachher (also am 1. Oktober) gesetzt wird.] Das Heer des Dareios war 1000000 Mann zu Fufs und 40000 Reiter stark, *Arrian.* 8, 6, vgl. *Diodor.* 53. *Plutarch.* 31. *Curt.* 9, 3, seine Zusammensetzung *Arrian.* 8.

3—6. 11, 3—7; Alexandros hatte jetzt (infolge wiederholter Zuzüge) 40000 Mann zu Fufs und 7000 Reiter, *das.* 12, 5. Nach *das.* 15, 6 fielen in der Schlacht von den Persern 300000 Mann, eine noch gröfsere Zahl wurde gefangen; von den Makedonern sollen nicht mehr als 10 gefallen sein, *das. Arrian.* III, 16, 1—2. *Diodor.* XVII, 61. *Curt.* V, 1. *Plut. Alex.* 38. Er richtete seine Flucht nach Medien und verweilte zunächst in Ekbatana, *ἀπειδὼν τῇ διανοίᾳ τῶν τόπων ἰσχὺν ἀναστρέψειν καὶ χρόνον ἱκανὸν εἰς παρασκευὴν ἀναψύξεως, Diodor.*

14) *Arrian.* III, 16—18. *Diodor.* XVII, 64—72. *Curt.* V, 1—7. *Plut. Al.* 34—42. In Babylon hielt er sich 30 Tage auf, *Diodor.* 64, in Persepolis 4 Monate, *βουλόμενος τοῖς στρατιώταις ἀναλαμβάνειν (καὶ γὰρ ἦν χειμῶνος ὥρα), Plut.* 37. Die Verbrennung der königlichen Burg in Persepolis, *Arrian.* 18, 11—12 vgl. *Diodor.* 72. *Curt.* 7. *Plut.* 38.

15) Agis III war seinem Vater Archidamos III (s. Seite 119 *Anm.* 231) im Jahre 338 gefolgt, nachdem der letztere in Italien in dem Kriege, den er als Bundesgenosse der Tarentiner gegen die Messapier führte, gefallen war, *Diodor.* XVI, 63. 88. *Plut. Ag.* 3. *Cam.* 19.

16) Agis hatte sich schon im Jahre 333 mit Autophradates und Pharnabazos (s. *Anm.* 8) in Verbindung gesetzt und von diesen 30 Talente und 10 Trieren erhalten, womit er den Krieg in Kreta begonnen hatte, um sich dieser Insel gegen Alexandros zu bemächtigen, *Arrian.* II, 13, 4—6. *Diodor.* XVII, 48. Im Jahre 331 war darauf der Peloponnes selbst im Aufstande, wie daraus hervorgeht, dafs Alexandros in diesem Jahre Amphoteros mit einer bedeutenden Flotte nach dem Peloponnes abschickt *ἵνα ἐν Πελοποννήσῳ ἔτι αὐτῷ νεωτερίζοιτο ἀπαγγελθέντι*, um denjenigen Staaten zu helfen, welche auf seiner Seite standen, *Arrian.* III, 6, 3. *Diodor.* XVII, 62. Im darauf folgenden Winter schickte er für diesen Krieg 3000 Talente von Susa aus an Antipatros, *Arrian.* III, 16, 10.

17) *Diodor.* XVII, 62—63. 73. *Din. adv. Demosth.* p.94. §. 34. *Aeschin. adv. Ctesiph.* p. 72. §. 133. p. 74. §. 165. *Curt.* VI, 1. Die Verbündeten belagerten Megalopolis und waren nahe daran, es zu nehmen (*Aeschin. a. a. O.* §. 165), als Antipatros mit 40000 Mann (*Diodor.* 63; die Griechen hatten 20000 Mann zu Fufs und 2000 Reiter, *das.* 62) her-

Olympiaden-jahr.	Jahr v. Chr.	Geschichte.
CXII, 3.	330.	Alexandros verfolgt den Dareios durch Medien und Parthien, und nachdem derselbe von Bessos ermordet worden,[18] setzt er, Bessos verfolgend, seinen Zug durch Parthien, Areia, Drangiana, Arachosia nach Baktrien fort.[19]
CXII, 4.	329.	Er unterwirft Baktrien und zieht über den Oxos nach Sogdiana.[20] Bessos gefangen genommen.[21] Überschreitung des Iaxartes.[22]

bekam und trotz tapferer Gegenwehr die Griechen völlig schlug. Es fielen 5300 Griechen und 3500 Makedoner in der Schlacht, *Diodor.* 63 vgl. *Curt. a. a. O.* §. 16. — Haec victoria non Spartam modo sociosque eius, sed etiam omnes, qui fortunam belli spectaverant, fregit, *ebendas.* Die Strafe der Eleer und Achäer s. *Curt. a. a. O.* §. 21; die Spartaner wurden wegen Entscheidung ihres Schicksals an Alexandros gewiesen, an den sie sonach Gesandte abschickten, s. *Aeschin. a. a. O.* §. 133. [Die Schlacht ist nicht in das Jahr 331, sondern (mit Diodor) ins Jahr 330 zu setzen; denn als Äschines die Rede gegen Ktesiphon hält, sind die erwähnten spartanischen Gesandten noch nicht abgegangen, s. *das.* §. 133, und Alexandros befindet sich ἔξω τοῦ ἄρκτου, diese Rede ist aber erst in der zweiten Hälfte des Jahres 330 gehalten, s. *Plut. Demosth.* 24. *Dionys. Hal.* p. 746. (*Ep. ad Amm.* 12); es ist daher unrichtig, wenn Curtius (a. a. O. §. 21) sie vor die Schlacht bei Gaugamela setzt; und wenn Alexandros sagt: ἴσασιν, ὦ ἄνδρες, ὅτι Ἰαςεῖον ἡμεῖς ἐνικῶμεν, ἐπεὶ τίς ἐν Ἀρκαδίᾳ γεγόνασι μοναρχία, *Plut. Ages.* 15, so ist dies nicht so zu verstehen, als wären beide Schlachten vollkommen gleichzeitig gewesen.]

18) *Arrian.* III, 19—22. *Curt.* V, 8—13. *Plut. Al.* 42—43. *Diodor.* XVII, 73. Dareios flieht, als er von der Annäherung des Alexandros hört, aus Ekbatana mit 3000 Reitern und 6000 Mann zu Fuß (*Arrian.* 19, 5) nach Nordosten, in der Absicht, sich bis nach Baktrien zurückzuziehen und dort aus den Streitkräften dieser Gegenden ein neues Heer zu bilden (*das.* §. 1). Alexandros zieht erst nach Ekbatana, dann - der Schnelligkeit wegen nur mit einem Teile des Heeres — in 11 Tagen (*das.* 20, 2) nach Rhagä am südlichen Abhang des Elburs in der Nähe der kaspischen Thore, hierauf mit immer größerer Schnelligkeit und immer kleineren Truppenabteilungen längs dem Abhange des Elburs durch das nördliche Parthien, bis er (in der Nähe von Hekatompylos, wahrscheinlich in der Gegend des heutigen Damaghan, *Diodor.* XVII, 75. *Curt.* VI, 2, 15) den Dareios von Bessos, Nabarzanes und Barsaentes ermordet findet. Diese hatten nämlich den Dareios erst in Fesseln gelegt, in der Absicht, *εἰ μὲν διώκοιτο αὐτοῖς Ἀλέξανδρος ἀνυδάτοιτο, παραδοῦναι Δαρεῖον Ἀλεξάνδρῳ καὶ σφίσι τι ἀγαθὸν εὑρίσκεσθαι, εἰ δὲ τὸ ἔμπαλιν ἐπανεληλυθότα μάθοιεν, τοῖς δὲ αὐτούς τε συλλέξαντας πανταχόθεν δύναιντο καὶ διασῴζειν ἐς τὸ κοινὸν τὴν ἀρχήν, Arrian.* 21, 5, und töteten ihn jetzt, als sie von Alexandros überrascht wurden, im Monat Hekatombäon (Juli) *das.* 22, 2. Bessos floh nach Baktrien und setzte sich dort selbst die

Krone auf, *das.* 25, 3. — Von dieser Zeit an, wo sich Alexandros nach dem Tode des Dareios als den Erben des persischen Reichs ansehen konnte, begann er nach der gewöhnlichen Annahme sich zur Schwelgerei hinzuneigen, persische Sitten anzunehmen und göttliche Verehrung zu fordern, s. *Curt.* VI, 2. 6. Vgl. *Arrian.* IV, 7, 3—5. 9, 9. *Diodor.* 77. *Plut.* 45.

19) Zunächst machte er einen Zug in nordwestlicher Richtung nach Hyrkanien (dem heutigen Masenderan), wo er die Marder und Tapurer unterwirft. *Arrian.* III, 23—25, 2. *Curt.* VI, 4—5. *Diodor.* XVII, 75—76. *Plutarch. Alex.* 44. Über den weiteren Marsch s. *Arrian.* III, 25—28. *Diodor.* XVII, 78—83. *Curt.* VI, 6—VII, 4. (Plutarch hat von hier an den Faden der Ereignisse ganz verloren.) Er wollte eigentlich auf geradem Wege nach Baktrien ziehen, wendete sich aber südlich nach Areia (Herat), weil Satibarzanes, den er als Statthalter dieser Provinz eingesetzt, abgefallen war, *Arrian.* 25, 4—6. Satibarzanes flüchtete sich bei der Annäherung des Alexandros, *das.* §. 7; Alexandros aber setzte nun den Marsch in dieser Richtung fort nach Drangiana (Seistan), *das.* §. 8. (Hier der Prozeß und die Hinrichtung des Philotas; kurz darauf die Ermordung des Parmenion in Ekbatana, *Arrian.* 26. *Curt.* VI, 7—VII, 2. *Diod.* 79—80. *Plut.* 48—49.) Dann der Zug durch Arachosia, Gedrosia, *das.* 28, 1, durch das Land der Paropanisaden, wo — (einige Meilen nordöstlich von Cabul) ein neues Alexandreia gründet, *das.* §. 4 vgl. IV, 22, 4, und über den Paropanisos (Hindukusch) trotz aller Beschwerden und Mühseligkeiten des Winters, *Arrian.* 28, 1. 9. Bessos flüchtete sich bei seiner Annäherung nach Sogdiana, *das.* §. 9—10.

20) *Arrian.* III, 29, 1—4. *Curt.* VII, 4—5. Baktrien mit seinen Hauptstädten Aornos und Baktra (Balkh) ergiebt sich ihm ohne Widerstand, *Arrian.* §. 1. Der Übergang über den Oxos, welcher 6 Stadien breit war, *das.* 3, geschieht binnen fünf Tagen auf Schläuchen, die von den Zeltdecken des Heeres gemacht worden waren, *das.* §. 4. [Diodor erzählt XVII, 83 den Eintritt des Alexandros in Baktrien und die Gefangennehmung des Bessos, welche bei ihm in Baktrien selbst geschieht; hierauf folgen im nächsten Kapitel Vorgänge, welche in den Winter 327 auf 326 und in den Zug des Alexandros nach Indien gehören; das Dazwischenliegende ist verloren gegangen.]

21) *Arrian.* III, 29, 6—30, 5. *Curt.* VII, 5. Bessos wird von seinen Genossen Spitamenes und Dataphernes verraten und von Ptolemäos Lagi gefangen genommen. Alexandros

Olympiaden-jahr.	Jahr v. Chr.	Geschichte.
CXIII, 1.	328.	Fortsetzung des Kriegs in Sogdiana.[23]
CXIII, 2.	327.	Unterwerfung von Sogdiana.[24] Aufbruch nach Indien und Marsch bis in die Nähe des Indos.[25]
CXIII, 3.	326.	Er setzt über den Indos und dringt in Indien über den Hydaspes, Akesines,

läfst sich ihn als Gefangenen nackt und gefesselt vorführen und ihn geifseln, *Arrian.* 30, 1--5, dann in Baktra verstümmeln und hierauf nach Ekbatana abführen, wo er hingerichtet wurde, *das.* IV, 7, 3. Spitamenes und die übrigen, welche den Bessos ausgeliefert, setzen den Krieg gegen Alexandros aus Furcht vor ihm fort, *das.* IV, 1. 5. Durch sie wird dann der Aufstand über einen grofsen Teil von Sogdiana und selbst nach Baktrien verbreitet, s. *ebendas.*, vgl. *Curt.* VI, 6, 15.

22) Alexandros gründet ein neues Alexandreia am Ufer des Iaxartes (ungefähr in der Gegend des heutigen Kodschend), *Arrian.* IV, 1, 3: ὅ τι γὰρ χῶρος ἐπιτήδειος αὐτῷ ἐφαίνετο αὐξῆσαι τὴν πόλιν ἐπὶ μέγα καὶ ἐν καλῷ οἰκισθήσεσθαι τῆς ἐπὶ Σκύθας. εἶναι ξυμαίνοι, Ἰλίαιος· καὶ τῆς προφυλακῆς τῆς χώρας πρὸς τὰς καταδρομὰς τῶν πέραν τοῦ ποταμοῦ ἐποικούντων βαρβάρων. Nach Curtius war die Gründung dieser Stadt die Ursache, dafs die Skythen mit Heeresmacht an dem jenseitigen Ufer erschienen, s. VII, 7, 1: Rex Scytharum, cuius tum ultra Tanaim imperium erat, ratus eam urbem, quam in ripa amnis Macedones condiderant, suis impositam esse cervicibus. Alexandros aber setzt über den Flufs und schlägt sie mit grofsem Verlust zurück, *Arrian.* IV, 4--5, 1. *Curt.* VII, 7--9. Vor und nach dieser Expedition hat er mit dem hier und dort sich immer wieder regenden Aufstande in Sogdiana zu kämpfen, *Arrian.* IV, 1--3. 5--6. *Curt.* VII, 6--7, 10. Den Winter bringt er in Baktra zu, *Arrian.* IV, 7, 1: Ταῦτα δὲ διαπραξάμενος ἐς Ζαρίασπα (so wird Baktra bei Arrian gewöhnlich genannt) ἀφίκετο καὶ αὐτοῦ κατέμεινε ἕως ἀμφιλύειν τὸ ἀκμαῖον τοῦ χειμῶνος.

23) *Arrian.* IV, 16--17. *Curt.* VII, 10--VIII, 3. Die völlige Unterwerfung von Sogdiana war deswegen so schwierig, weil das Land zum gröfseren Teile, mit Ausnahme der fruchtbaren und fest angebauten Gegenden des Iaxartes (in seinem oberen und mittleren Laufe) und des Polytimetos (Kohik), aus Steppen bestand und von Nomaden (bei Arrian Skythen und Massageten genannt) bewohnt war und die Aufständischen in diesem Teile immer eine Zuflucht fanden und neue Kräfte sammelten. Alexandros durchzog das Land jetzt mit 5 Heereshaufen, die sich in der Hauptstadt Marakanda (Samarkand) wieder vereinigten, wo ihnen Alexandros einige Rast gewährte, *Arrian.* 16, 1--3. (Hier in Marakanda war es, wo Alexandros im Rausche seinen Freund Kleitos tötete, *Arrian.* IV, 8--9. *Curt.* VIII, 1--2. *Plut. Alex.* 52--53.) Um das Land zu bezwingen, wurden neue Städte gegründet, *Arrian.* 16, 3. 17, 4. *Curt.* VII, 10, 15. Der gröfste Vorteil für Alexandros in diesem Jahre war aber, dafs Spitamenes von den Massageten (nach Curtius von seiner Frau) getötet wurde, *Arrian.* 17, 4--7. *Curt.* VIII, 3. Seine Winterquartiere nahm er diesmal in Sogdiana selbst zu Nautaka, *Arrian.* 18, 2.

24) *Arrian.* IV, 18--20. *Curt.* (VII, 11.) VIII, 4. Die Hauptunternehmung in diesem Jahre war die Eroberung des für uneinnehmbar gehaltenen Felsens des Oxyartes, dessen Tochter Roxane Alexandros darauf heiratete. Hiermit war die Eroberung von Sogdiana beendet, *Arrian.* 21, 1. Alexandros unterwarf sich nach Baktra, auf dem Wege dahin die Paraitaken unterwerfend, wobei er noch eine zweite ähnliche Burg, die Felsburg des Chorienes, eroberte, *Arrian.* 21--22, 2. (Bei diesem Aufenthalt in Baktra wurde der Philosoph Kallisthenes wegen seiner Freimütigkeit auf Befehl des Alexandros hingerichtet, *Arrian.* IV, 10, 14 vgl. 22, 2. *Plut. Alex.* 53--55. *Curt.* VIII, 5--8.)

25) *Arrian.* IV, 22--30. *Curt.* VIII, 9--12. *Diodor.* XVII, 84--85. Alexandros brach zu Ende des Frühlings von Baktra auf, *Arrian.* 22, 3. Seine Pläne *das.* 15, 6: αὐτῷ δὲ τὰ Ἰνδῶν ἤχη ἐν τῷ τότε μέλειν, τούτων γὰρ καταστραφέντων πᾶσαν ἂν ἔχειν τὴν Ἀσίαν· ἐχομένης δὲ τῆς Ἀσίας ἐπανιέναι ἐς τὴν Ἑλλάδα, ἐκεῖθεν δὲ ἐφ' Ἑλλησπόντου τε καὶ τῆς Προποντίδος ξὺν τῇ δυνάμει πάσῃ τῇ τε ναυτικῇ καὶ τῇ πεζικῇ ἐλαύνειν εἴσω τοῦ Πόντου. Er zog zunächst über den Paropamisos nach Alexandreia (s. *Anm.* 19) und von da nach dem Flusse Kopheu (Kabul), wo auf dem Marsche der indische Fürst Taxiles zu ihm kam, um sich ihm zu unterwerfen, *Arrian.* 22, 6. Alsdann schickte er Hephäistion und Perdikkas mit einem Teile des Heeres voraus, um auf geradem Wege nach dem Indos zu marschieren und den Bau einer Brücke über denselben vorzubereiten, *das.* §. 7. Er selbst zog nun zugleich mit dem andern Teile des Heeres etwas nördlicher durch die südlichen Vorberge des Paropamisos (Hindukusch), unter fortwährenden Kämpfen mit dem Hindernissen der Natur und den kriegerischen Bewohnern dieser Gegenden, (wobei er wiederum eine auf einem scheinbar unersteiglichen Berge gelegene Veste, Aornos genannt, eroberte, *das.* 29--30. *Curt.* 11. *Diodor.* 85). [Als Alexandros durch diese goldreichen Gegenden zog, war es Winter, und erst im Frühjahr stieg er in die Niederungen des Indos herab; dies wird mit Bestimmtheit von Aristobulos bezeugt, s. *Strab.* p. 691: διαιρεθέντων κατὰ τὴν ὀρεινὴν ἐν τε τῇ Ἀσσακανοῦ γῇ τῶν χειμώνα, τοῦ δ' ἔαρος ἀρχομένου καταβεβηκότων εἰς τὰ πεδία --.]

Olympiaden-jahr.	J. v. Chr.	Geschichte.
CXIII, 3.	326.	Hydraotes bis an den Hyphasis vor, wo er durch sein unzufriedenes Heer zur Umkehr genötigt wird. Rückmarsch bis zum Hydaspes.²⁶
CXIII, 4.	325.	Er zieht teils zu Wasser auf den Flüssen Hydaspes, Akesines und Indos, teils zu Lande längs den Ufern dieser Flüsse bis in die Nähe der Mündung des Indos.²⁷ Von da marschiert er zu Lande durch das Gebiet der Arabier und Oreiten und durch Gedrosien und Karmanien nach Persis,²⁸ während Nearchos mit der Flotte den Seeweg nach dem persischen Meerbusen aufsucht.²⁹

26) *Arrian.* V, 3 bis zu Ende des Buchs, *Curt.* VIII, 12—IX, 3. *Diodor.* XVIII, 86—95. Die jetzigen Namen der Flüsse sind: Hydaspes = Dschelum, Akesines = Dschenab, Hydraotes = Rawi, Hyphasis = Sutledsch. Der bedeutendste Kampf, den er auf dem Zuge zu bestehen hatte, war der mit Poros, der sich am Übergange über den Hydaspes aufgestellt hatte und den er nach seiner Besiegung aufs edelmütigste behandelt, *Arrian.* 9—19. *Curt.* VIII, 13—14. *Diodor.* 87—89. Am Hydaspes, auf dessen östlichem Ufer, gründet er die Städte Nikäa und Bukephala, *Arrian.* 19, 4. Die weiteren, durch die Weigerung seines Heeres verhinderten Pläne s. *das.* 26, 1: εἰ δέ τις αὐτῷ πολεμεῖν ποθεῖ ἀκοῦσαι ὅστις ἔσται πέρας, μαθέτω ὅτι οὐ πολλή ἔτι ἡμῖν ἡ λοιπή ἐστιν ἔστε ἐπὶ τὸν ποταμὸν τὸν Γάγγην καὶ τὴν ἔῴαν θάλασσαν· ταύτῃ δὲ λέγω ὑμῖν ξυναφὴς φανεῖται ἡ Ὑρκανία θάλασσα· καὶ ἐγὼ ἀποδείξω Μακεδόσι τε καὶ τοῖς ξυμμάχοις τὸν μὲν Ἰνδικὸν κόλπον ξύρρουν ὄντα τῷ Περσικῷ, τὴν δὲ Ὑρκανίαν τῷ Ἰνδικῷ· ἀπὸ δὲ τοῦ Περσικοῦ ἐς Λιβύην περιπλευσθήσεται στόλῳ ἡμετέρῳ τὰ μέχρι Ἡρακλέους στηλῶν· ἀπὸ δὲ στηλῶν ἡ ἐντὸς Λιβύη πᾶσα ἡμετέρα γίγνεται καὶ ἡ Ἀσία δὴ οὕτω πᾶσα, καὶ ὅροι τῆς ταύτῃ ἀρχῆς οὕσπερ καὶ τῆς γῆς ὅρους ὁ θεὸς ἐποίησε. Die Stelle seiner Umkehr bezeichnete er durch 12 turmhohe Altäre, die er daselbst aufrichten ließ, *Arrian.* 29, 1. [Der Übergang über den Hydaspes und der Kampf mit Poros findet in der Zeit nach der Sommersonnenwende statt, s. *Arrian.* 9, 3. 4, und diese Angabe wird durch das schon angeführte wichtige Zeugnis des Aristobulos bei Strabo (p. 691) bestätigt, wonach der Übergang über den Hydaspes und der Marsch bis zum Hyphasis (der hier Hypanis genannt wird) und der Rückmarsch zum Hydaspes in die Zeit der Etesien, der Bau der Schiffe aber und die Vorbereitung zu dem weiteren Zuge daselbst in die Zeit um den Untergang der Plejaden (d. h. nach *Arrian.* VI, 21, 2, um den Anfang des Winters) fällt. Die Angabe Arrians, V, 19, 3, wonach der Übergang über den Hydaspes ἐπ' ἄρχοντος Ἀθηναίοις Ἡγήμονος μηνὸς Μουνυχιῶνος (d. h. im April 326) stattgefunden haben soll, muß sonach irrtümlich oder unecht sein.]

27) *Arrian. Anab.* VI, 1—20. *Ind.* XVIII—XIX. *Curt.* IX, 3—10. *Diodor.* XII, 95—104. Die Zahl der Schiffe, aus denen die am Hydaspes ausgerüstete Flotte bestand, belief sich auf 1800, teils Trieren, teils Last- und Transportschiffe für die Pforde. *Ind.* XIX, 7. Der Zug geschah unter fortwährenden Kämpfen mit den anwohnenden Völkern, die, soweit sie sich nicht freiwillig ergaben, mit Gewalt unterworfen wurden, unter denen die Maller den hartnäckigsten Widerstand leisteten. Über den Kampf mit den Mallern s. *Arrian.* 6—13, und über die schwere Verwundung, die Alexandros selbst in diesem Kampfe infolge seiner Tollkühnheit erlitt, s. *das.* 10—13. *Curt.* 4—6. *Diodor.* 98—99. *Plut. Al.* 63. Der Zug machte in Pattala Halt, wo der Indos sich in zwei Arme teilt, und Alexandros fuhr selbst diese beiden Arme herab bis zum Meere, um sich von der Örtlichkeit zu unterrichten. *Arrian.* 18—20. *Curt.* 9—10. [Der ganze Zug dauerte nach Aristobulos 10 Monate, s. *Strab.* p. 692, nach *Plut. Alex.* 66 nur 7 Monate; letzteres das Wahrscheinlichere, s. die *folg. Anm.*]

28) *Arrian.* VI, 20—30. *Curt.* IX, 10—X, 1. *Diodor.* XVII, 104—107. Schon vorher hatte er Krateros mit einem Teile des Heeres vorausgeschickt, um den Weg durch Arachosien und Gedrosien nach Karmanien einzuschlagen, *Arr.* 15. 5. 16. 3. Er selbst legte den oben bezeichneten Weg (durch das heutige Beludschistan) unter außerordentlichen Beschwerden zurück, deren Beschreibung s. *Arrian.* 24—26. In Karmanien traf er wieder mit Krateros zusammen, *das.* 27, 3, und hier suchte ihn auch Nearchos auf, um ihm von dem Fortgang des Seezugs Nachricht zu geben, *das.* 28, 7. *Ind.* XXXIV—XXXVI. [Der Zug des Alexandros begann vor Ablauf der Etesien, d. h. vor dem Monat Oktober, *Arrian.* 21, 1. 3. In 60 Tagen legt er den Marsch bis Pura (Bunpur), der Hauptstadt von Gedrosien, zurück, *das.* 24, 1. Als er durch Karmanien zieht, ist es Winter, *das.* 28, 7.]

29) *Arrian. Ind.* XXI bis zu Ende. Den Nearchos hatte Alexandros aus besonderem Vertrauen mit der Leitung dieser überaus gefahr- und mühevollen Fahrt auserwählt, *das.* XX. Er wartete in Pattala bis zum Aufhören der aus Südwest wehenden Etesien (der sogenannten Moussons) und segelte am 20. Boëdromion (Anfang Oktober) ab, *das.* XXI, 1. *Anabas.* VI, 21, 1. Sein Zusammentreffen mit Alexandros in Susa (im nächsten Frühjahr) s. *Ind.* XLII. *Anabas.* VII, 5, 6.

Olympiaden-jahr.	Jahr v. Chr.	Geschichte.	Kunst und Litteratur.
CXIV, 1.	324.	Sein Aufenthalt in Susa, Opis und Ekbatana.³⁰ Seine Versuche, die Perser und die Makedoner miteinander zu verschmelzen.³¹	
CXIV, 2.	323.	Sein Befehl an die griechischen Städte, ihre Verbannten wieder aufzunehmen.³² Seine Pläne zu weiteren Eroberungszügen.³³	Neuere Komödie: Philemon,ʰ Menandros,ⁱ Diphilos.ᵏ

30) *Arrian*. VII, 4—15, 3. *Diodor*. XVII, 107—111. (Bei Curtius findet sich bis zu Ende des Abschnittes außer einigen kleineren Bruchstücken hauptsächlich nur noch der gröfsere Teil seiner Erzählung von dem Aufstand der Makedoner und ein Stück über den Tod des Alexandros; das übrige ist verloren gegangen.) In Susa die Verheiratung des Alexandros mit einer Tochter des Dareios und vieler angesehener Makedoner mit Perserinnen. *Arrian*. 4, 4—8. *Plut. Alex*. 80. Von da fuhr er den Pasitigris oder Eulüos herab in den persischen Meerbusen und von da den Tigris herauf nach Opis, *Arrian*. 7. Hier der Aufstand seines makedonischen Heeres, zunächst dadurch veranlafst, dafs Alexandros aus 30000 Persern eine neue Phalanx bildete und viele Perser in die makedonische Reiterei aufnahm und selbst mit Befehlshaberstellen bekleidete, *das*. 6, 8—12. *Curt*. X. 2—4. *Diod*. 108. 109. *Plut. Al.* 71. Der Aufstand wurde beschwichtigt, worauf 10000 Makedoner unter Führung des Krateros und Polysperchon nach ihrer Heimat entlassen wurden. *Arrian*. 12, 1—4. Hierauf sein Zug nach Ekbatana (dessen Erwähnung bei Arrian durch eine Lücke am Ende von Kap. 12 verloren

h) Die neuere Komödie, deren Blüte in die Zeit Alexanders und der Diadochen fällt, ist eine Fortbildung der mittleren, insofern sie die persönliche Satire und die Parodie noch mehr zurücktreten läfst und zum bürgerlichen Lustspiel und Charakterstück wird. *Euanth. de comoed.*: Nova comoedia, quae argumento communi magis et generaliter ad omnes homines, qui mediocribus fortunis agunt, pertineret et minus amaritudinis spectatoribus et eadem opera multum delectationis afferret, concinna argumento, consuetudine congrua, utilis sententiis, grata salibus, apta metro. *Cicero b. Donat. Rep.* IV, 11: Comoediam esse imitationem vitae, speculum consuetudinis, imaginem veritatis. Vollständig erhalten ist kein Stück der neueren Komödie, doch können wir aus den Nachbildungen des Plautus und Terentius uns ein deutliches Bild derselben entwerfen. Philemon, entweder aus Soli, *Strab.* p. 671, oder wahrscheinlicher aus Syrakus, *Περὶ κωμ*. III, 15. *Bergk. Prol. Arist. Suid.* s. v., erhielt zu Athen das Bürgerrecht und trat um 330—328 als dramatischer Dichter auf, und zwar zuerst mit dem Stück Ὑπoβoλιμαῖoς, *Clem. Alex. Strom.* VI, p. 267, mit dem er die Bahn der neuen Komödie betrat. Er war der Nebenbuhler des etwas jüngeren Menandros, über den er meist den Sieg davontrug, *Vit. Aristoph*. 10. *Gell.*

gegangen). *Diod*. 111, wo Hephästion stirbt. *Arrian*. 14. *Diodor*. 110. *Plut.* 72. Im Winter (*Arrian*. 15, 3) macht er dann noch einen Feldzug gegen das Gebirgsvolk der Kossäer, *Arr.* 15, 1—3. *Diod*. 111.

31) Zu diesem Zwecke dienten besonders die in der vorigen *Anm.* erwähnten Mafsregeln, dafs er sich selbst und viele angesehene Makedoner mit Perserinnen verheiratete, und dafs er zahlreiche Perser in sein Heer aufnahm. Über diese Mischung des Heeres vgl. noch *Arr.* VII, 23, 3—4.

32) *Diodor*. XVII, 109. XVIII, 8. *Curt.* X. 2, 4. Der Zweck des Alexandros bei dieser Mafsregel s. *Diodor*. XVIII, 8: ἅμα μὲν δόξης ἕνεκεν, ἅμα δὲ βουλόμενος ἔχειν ἐν ἑκάστῃ πόλει πολλοὺς ἰδίους ταῖς εὐνοίαις πρὸς τοὺς νεωτερισμοὺς καὶ τὰς ἀποστάσεις τῶν Ἑλλήνων. Die Zahl der Zurückzuführenden wird zu 20000 angegeben, *ebend*., und die Wirkung der Mafsregel mufste jedenfalls sein, dafs überall in den Städten Parteikampf und Zwietracht ausbrach. *ebend.* Vgl. *Anm.* 36.

33) Sein nächster Plan war, die arabische Halbinsel zu umschiffen, s. *Arrian*. VII, 19. 6. Er sammelte daher in

XVII. 4, ging eine Zeitlang auf Reisen, *Alciphr. Ep.* II, 3. *Plut. de ira cob.* p. 458 a. *de viet. mor.* p. 449 e, und kehrte dann nach Athen zurück, wo er im Jahre 262 mindestens 96 Jahr alt starb, *Suid.* s. v. *Diod*. XXIII, 7. *Lucian. Macrob*. 25. Von den 97 ihm zugeschriebenen Dramen, *Περὶ κωμ*. a. a. O. *Suid.* s. v., kennen wir Titel und kurze Bruchstücke von 56 Stücken, die bedeutendsten aus den Komödien: Ἀδέλφοι, Ἄγροικος, Σάρδιος, Σικελικός, Στρατιώτης, vgl. *Mein. Fr. Com. Gr.* II, 821—867, *ed. min.* Von ihm wird gesagt, *Apul. Flor*. 16: Reperias apud ipsum multos sales, argumenta lepide inflexa, agnatus lucide explicatos, personas rebus competentes, sententias vitae congruentes, ioca non infra soccum, seria non usque ad cothurnum.

i) Menandros aus Athen, geboren 342, *Strab*. p. 526, Sohn des Feldherrn Diopeithes S. 129 *Anm.* 262), erzogen von seinem Oheim, dem Komiker Alexis, *Περὶ κωμ*. III, 16. *Suid.* s. v. Μένανδρος, führte ein glänzendes dem Genufs ergebenes Leben, *Alciphr*. II, 3. v. (περὶ γενναίας ἑταιρότητος), und stand mit den bedeutendsten Männern in Verbindung, wie mit Epikuros, *Strab. a. a. O.* Theophrastus, *Alciphr*. II, 2, Demetrios von Phaleron, *Phaedr*. VI. 1. *Diog. L.* V, 79, u. a. Noch nicht 20 Jahr alt trat er mit seinem ersten Stücke,

Der völlige Untergang der griechischen Freiheit.

Olympiaden-jahr.	Jahr v. Chr.	Geschichte.	Kunst und Litteratur.
CXIV, 2.	323.	Sein Tod in Babylon.[34]	

Babylon, wohin er sich trotz der Warnungen der Chaldäer begeben hatte, *das.* 16, 5, eine große Flotte, für welche er auch phönikische Schiffe und Seeleute entboten hatte, *das.* 19, 3—5, stellte daselbst einen Hafen her, *das.* 21, 1, und traf alle sonst für die Unternehmung erforderlichen Vorbereitungen. Ein anderer Plan von ihm war, das kaspische Meer erforschen zu lassen, welches er, ebenso wie den persischen Meerbusen, für einen Meerbusen des großen Ocean hielt; zu welchem Behufe er bereits die Erbauung einer Flotte daselbst angeordnet hatte, *das.* 16, 1—4. Außerdem wurden ihm noch weitere, nichts Geringeres als die Unterwerfung des ganzen Erdkreises bezweckende Pläne beigemessen, s. *das.* 1, 2. *Curt.* X, 1. 17—19. *Diod.* XVIII, 4. *Plut. Al.* 68. Vgl. *Anm.* 25.

34) *Arr.* VII, 24 bis zu Ende. *Plut. Al.* 75—77. *Curt.*

Ὀργή, auf, *Hegi κωμ.* a. a. O. *Euseb. Ol.* 114, 4. p. 117, siegte aber nur 8 mal, *Gell.* XVII, 4. *Martial.* V. 10. Einer Einladung des Königs Ptolemäos Lagi nach Alexandreia leistete er nicht Folge, *Alciphr.* II, 3, 4. *Plin. H. N.* VII, 29, sondern blieb in seiner Vaterstadt und starb dort im Jahre 290, 52 Jahr alt, in der Blüte seiner dichterischen Thätigkeit, *Περὶ κωμ. a. a. O. Plut. Aristoph. et Men. comp.* 2. Von über hundert seiner Dramen, welche die Alten kannten, *Suid.* s. v. *Περὶ κωμ.* a. a. O. *Gell. u. a. O.*, sind uns Titel und Bruchstücke von 88 derselben und eine Anzahl namenloser Fragmente erhalten, die berühmtesten Komödien waren: Ἀδελφοί, Γεωργός, Ἀνεψιώμενοι, Μέθυσος, Ταυτὸν τιμωρούμενος, Ἐπιτρέποντες, Εὔνουχος. Θαΐς, Θεοφορουμένη, Θησαυλέων, Κόλαξ, Μισογύνης, Μισούμενος, Πλόκιον, Ὑποβολιμαῖος ἢ Ἀγροῖκος, Φάσμα, Ψευδηρακλῆς, meist Charakterstücke, vgl. *Mein. fr. Com. Gr.* II, 867-1066, *ed. min.* Seine Nachahmer unter den römischen Komikern waren Caecilius, Afranius, *Hor. Ep.* II, 1, und besonders Terentius, *Donat. Vit. Ter.* p. 754, dessen uns erhaltene Stücke Adelphi,

X, 5. *Diod.* XVII, 117—118. Er starb am Fieber, in der 114. Olymp., unter dem Archonten Hegesias (324—323), 32 Jahr 2 Mon. 8 T. alt, nach einer Regierung von 12 Jahren und 8 Mon., *Arrian.* 28, 1 [nach einer auf *Plut. Al.* 3 und 75 gegründeten Berechnung am 11. oder 13. oder nach einer andern Berechnung am 8. oder 10. Juni 323]. Man erzählte über die letzten Augenblicke seines Lebens: ἐρέσθαι τοὺς ἑταίρους αὐτὸν ὅτῳ τὴν βασιλείαν ἀπολείπει· τὸν δὲ ἀποκρίνασθαι ὅτι τῷ κρατίστῳ· οἱ δέ, προσθεῖναι πρὸς τούτῳ τῷ λόγῳ ὅτι μέγαν ἐπιτάφιον ἀγῶνα ὁρᾷ ἐφ' αὐτῷ ἐσόμενον, *Arr.* 26, 3 vgl. *Diodor.* XVIII, 1. *Curt.* 5, 5. Seinen Siegelring soll er dem Perdikkas gegeben haben, *Diodor.* XVIII, 2. *Curt.* 6, 4. Sein Begräbnis in Alexandreia s. *Diod.* XVII, 26—28. *Curt.* X, 10. *Paus.* I, 6, 3.

Andria, Heautontimorumenos, Eunuchus Übertragungen der gleichnamigen des Menandros sind. Von Menandros urteilt ein griechischer Kritiker, *Περὶ κωμ.* IX, 10: ἐπίσημος; δ' ὁ Μένανδρος, ὡς ἄστρον ἐστὶ τῆς νέας κωμῳδίας, und von seinen Stücken sagt Quintilian X, 1: ita omnem vitae imaginem expressit, tanta in eo inveniendi copia et eloquendi facultas, ita est omnibus rebus, personis, adfectibus accommodatus.

k) Diphilos aus Sinope, *Strab.* p. 546. *Περὶ κωμ.* V, 17. war wie Menandros den Lebensgenüssen nicht abhold, *Athen.* XIII, p. 583. *Alciphr. Ep.* I, 37, und verfaßte 100 Komödien. *Περὶ κωμ.* a. a. O. Uns sind Titel und Bruchstücke von 49 seiner Komödien erhalten, die bedeutendsten aus den Stücken: Ἀπολιπούσα, Ἔμπορος, Ζωγράφος, Παρασιτος, Πολυπράγμων, Συνωρίς, vgl. *Mein. fr. Com. Gr.* II, 1066 bis 1096. *ed. min.* Drei seiner Stücke hatte Plautus nachgebildet. Außerdem sind uns Namen, Titel und Komödien und Bruchstücke derselben von 24 Dichtern der neueren Komödie erhalten, die bedeutendsten Fragmente von Philippides, Sosipater, Euphron, Baton, Damoxenos, *Meinek.*II, 1096—1160.

Zweiter Abschnitt.
323 bis 280 v. Chr.

Die Kriege der Feldherren des Alexandros; Griechenland mit kurzen Unterbrechungen unter makedonischer Herrschaft.

Olympiadenjahr.	Jahr v. Chr.	Geschichte.
CXIV, 2.	323.	Die Feldherren des Alexandros teilen sich in die Provinzen seines Reiches unter dem Scheinkönigtum des Philippos Arrhidäos und des Alexandros, des Sohnes der Roxane, und unter der Oberleitung des Perdikkas.[35]
		Fast ganz Griechenland erhebt sich gegen die makedonische Herrschaft.[36] Die vereinigten Griechen unter Leosthenes schlagen den Antipatros und

---

35) *Curt.* X, 6—10 (bis zu Ende). *Arrian. De rebus post Alex.* (*Photius bibl. cod.* 92) §. 1—7. *Diodor.* XVIII, 1—4. *Iustin.* XIII, 1—4. Nach dem Tode des Alexandros brach zwischen den Führern der Reiterei und Meleagros, der sich zum Führer des Fußvolks aufwarf, Streit aus, der endlich dahin ausgeglichen wurde, daß Arrhidäos, der Sohn des Philippos aus seiner Ehe mit Philinna, unter dem Namen Philippos, und der noch erwartete Sohn des Alexandros von der Roxane (s. *Anm.* 24) auf den Thron des Alexandros erhoben wurden; Antipatros wurde zum Oberfeldherrn in Europa, Krateros zum Vormund des Philippos Arrhidäos ernannt, während Perdikkas als Chiliarch die Oberleitung über das Ganze führen sollte. *Arrian.* §. 3. Meleagros wurde bald darauf nebst andern Unzufriedenen aus dem Wege geräumt, *das.* §. 4. *Curt.* 9. Die Verteilung der Provinzen unter die einzelnen Feldherren geschah in der Weise, daß Ptolomäos Lagi Ägypten und Libyen, Leomedon Syrien, Philotas Kilikien, Peithon Medien, Eumenes Kappadokien und Phrygien, Antigonos Pamphylien, Lykien und Großphrygien, Kassandros Karien, Menandros Lydien, Leonnatos das hellespontische Phrygien, Lysimachos Thrakien, Krateros und Antipatros Makedonien und Griechenland erhielten; in den übrigen Provinzen ließ man die von Alexandros eingesetzten Statthalterschaften unverändert bestehen. *Arrian.* §. 4—8. *Diodor.* 3. *Curt.* 10. *Iustin.* 4. (Außer den beiden genannten neuen Königen waren noch folgende Angehörige der königlichen Familie vorhanden: die Mutter des Alexandros Olympias, welche sich jetzt in Epeiros aufhielt, „non mediocre momentum partium", *Iustin.* 6, ein Sohn des Alexandros von der Barsine, Herakles, *Plut. Alex.* 21. *Curt.* 6, und die Schwester des Alexandros, Kleopatra, sowie seine Halbschwestern Thessalonike und Kynane, endlich die Tochter der letzteren, Adea, später Eurydike

genannt, welche mit Philippos Arrhidäos verheiratet wurde, s. *Diodor.* XVIII, 23. XIX, 35, 52. *Iustin.* XIV, 5. *Arrian.* §. 22. Alle diese wurden bis auf Thessalonike, die den Kassandros heiratete, im Laufe der Kriege zwischen den Diadochen aus dem Wege geräumt, Philipp Arrhidäos und Eurydike im Jahre 317, s. *Diodor.* XIX, 11. *Iustin.* XIV, 5, Olympias im Jahr 315, *Diodor.* XIX, 35—39, 49—51. *Iustin.* XIV, 6, Roxane und ihr Sohn Alexandros im Jahre 311, *Diodor.* XIX, 105, Herakles im Jahre 309, *Diodor.* XX, 20, 28, Kleopatra im Jahre 308, *Diodor.* XX, 38.)

36) (Über den ganzen Krieg s. *Diod.* XVIII, 8—15. 16—18. *Hyperid. Epitaph. Plut. Phoc.* 22—28. *Demosth.* 27—30. *Iustin.* XIII, 5.) Den Anlaß zu dem Aufstand gab die Anordnung des Alexandros wegen Zurückberufung der Verbannten, s. *Anm.* 32. Am meisten fühlten sich dadurch die Athener und Ätoler beschwert; erstere knüpften deshalb auf das erste Gerücht von Alexandros Tode mit Leosthenes, dem Führer der Mietstruppen, welche auf Befehl des Alexandros von den Satrapen entlassen worden waren und sich auf dem Vorgebirge Tänaron gesammelt hatten, Unterhandlungen an, und als die sichere Nachricht von des Alexandros Tode einlief, nahmen sie 8000 dieser Mietstruppen in Dienst, worauf sich Leosthenes, der Anführer derselben, nach Ätolien begab und dort die Ätoler (7000 an der Zahl), Lokrer, Phoker und andere benachbarte Völker mit seinem Heere vereinigte. *Diodor.* XVII, 106. 111. XVIII, 9—18. *Paus.* I, 25, 4. V, 52, 2. Die Athener riefen darauf durch Gesandtschaften eine große Zahl anderer griechischer Staaten zur Teilnahme auf (aus dem Peloponnes schlossen sich Argos, Epidauros, Sikyon, Trözen, Elis, Phlius, Messene an, aus Mittelgriechenland außer den genannten Völkern noch die Dorier und Akarnanen, ferner Karystos auf Euböa und die sämtlichen thessalischen Völkerschaften), sie

Olympiaden-jahr.	Jahr v. Chr.	Geschichte.
CXIV, 2.	323.	schliefsen ihn in Lamia ein (Lamischer Krieg).³⁷ Leosthenes fällt; Antiphilos sein Nachfolger als Anführer der Griechen.³⁸
CXIV, 3.	322.	Leonnatos kommt dem Antipatros zu Hilfe, wird aber von den Griechen in einem Reitertreffen geschlagen und fällt.³⁹ Allein Antipatros, durch seine Ankunft aus der Einschliefsung in Lamia befreit, vereinigt sich mit dem Rest des Heeres des Leonnatos und mit dem ebenfalls zu seiner Hilfe herbeikommenden Krateros und schlägt die Griechen bei Krannon.⁴⁰
		Die griechischen Staaten werden einzeln von Antipatros unterworfen.⁴¹ Athen mufs seine Verfassung ändern und eine makedonische Besatzung in Munychia aufnehmen.⁴²
CXIV, 4.	321.	*Krieg der Statthalter Antigonos, Antipatros, Krateros und Ptolemäus gegen Perdikkas und Eumenes; Perdikkas von seinen Truppen verlassen und getötet.⁴³ Gegen Eumenes wird der Krieg fortgeführt.⁴⁴ Die wachsende Macht des Antigonos.⁴⁵*

selbst rückten mit einem Bürgerheer von 5000 Mann zu Fufs und 500 Reitern und 2000 Mietstruppen ins Feld, schlugen im Verein mit Loosthenes die Böoter bei Plataä, worauf das ganze Heer nach den Thermopylen zog, um Antipatros zu erwarten, *Diodor.* XVIII. 10 — 11. 12. *Paus.* 1, 25, 4. *Hyper. Epitaph.* p. 10—11.

37) *Diodor.* XVIII, 12—13. *Paus.* 1. 1, 3 (ἔσω τῶν Θερμοπυλῶν). Antipatros hatte jetzt nur 13000 Mann Fufsvolk und 600 Reiter zur Verfügung. *Diodor.* 12. Als er in Lamia eingeschlossen war, machte er Friedensanträge, die indes ohne Erfolg blieben, weil seine Gegner Ergebung auf Gnade und Ungnade forderten, *Diodor.* 18. *Plut. Phoc.* 26.

38) *Diodor.* XVIII, 13. (Die Athener ehrten ihn durch ein öffentliches Leichenbegängnis, wobei Hypereides die Leichenrede hielt, über welche vgl. S. 126 *Anm.* pp.)

39) *Diodor.* XVIII, 14—15. Leonnatos kam mit 20000 Mann Fufsvolk und 2500 Reitern. Antiphilos hatte nur noch 22000 Mann Fufsvolk und 3500 Reiter, weil von den verbündeten Heeren viele nach Haus gegangen waren; er mufste also die Einschliefsung von Lamia aufgeben, um dem Leonnatos entgegengehen zu können.

40) *Diodor.* XVIII, 16—17. Das Heer des Antipatros zählte jetzt 40000 Schwerbewaffnete, 3000 Mann leichte Truppen und 5000 Reiter, *Diod.* 16. Der Ort der Schlacht wird *Plut. Phoc.* 26. *Paus.* X, 3, 3 genannt. Der Schlachttag war der 7. Metageitnion (August), *Plutarch. Cam.* 19. *Demosthen.* 28. Über Krateros s. S. 144 *Anm.* 30.

41) *Diodor.* XVIII, 17. Ein Antrag des Antiphilos auf gemeinsame Unterhandlung wurde von Antipatros und Krateros zurückgewiesen, die übrigen Verbündeten unterwarfen sich hierauf einzeln, da ihnen milde Bedingungen gestellt wurden, und so blieben nur die Athener und Ätoler zurück, die sonach, und zwar zuerst Athen, von der gesamten feindlichen Macht bedroht wurden.

42) *Diodor.* XVIII. 18. *Plutarch. Phoc.* 26. *Demosth.* 27. Der Friede wird von Phokion und Demades zu stande gebracht auf die Bedingung, dafs die Athener die Kriegskosten bezahlen, die Makedonien feindlichen Redner, namentlich Demosthenes und Hypereides, ausliefern, das Bürgerrecht auf diejenigen, die mindestens 2000 Drachmeu besafsen, beschränken, Samos, welches noch im Besitz athenischer Kleruchen war, (s. S. 121.) *Anm.* 210) räumen und eine makedonische Besatzung in Munychia aufnehmen sollten. Diese Besatzung zog darauf am 20. Boedromion (September oder Oktober) ein, *Plutarch. Phoc.* 28. Alle Bürger, welche jenes Minimum ihres Vermögens nicht besafsen (12000 an der Zahl, während nur 9000 in Athen zurückblieben), wurden ausgewiesen und nach Thrakien oder nach anderen entlegenen Gegenden deportiert. *ebend.* Die Redner hatten, wurden aber von dem athenischen Volke zum Tode verurteilt und von Abgesandten des Antipatros aufgesucht; Hypereides und zwei andere wurden in Ägina ergriffen, vor Antipatros gebracht und auf dessen Befehl hingerichtet. Demosthenes entzog sich demselben Schicksal durch einen freiwilligen Tod auf der Insel Kalauria, *Plut. Demosth.* 28—30. *Vit. X. orr.* p. 846. F. *Arrian. de reb. post Al.* §. 13. (*Lucian.*) *Encom. Demosth.* — Antipatros und Krateros zogen darauf gegen die Ätoler, um auch diese zu unterwerfen; die Ätoler leisten aber hartnäckigen Widerstand, und Antipatros und Krateros werden, ehe sie dieselben bezwingen können, durch den in Asien ausbrechenden Krieg abgerufen, *Diodor.* XVIII, 24—25. *Polyb.* LX, 30. Vgl. die *folg. Anm.*

43) *Diod.* XVIII. 23. 25. 29. 33—36. *Justin.* XII, 6. 8.

44) Eumenes hatte als Verbündeter des Perdikkas in Kappadokien einen Sieg über Krateros und Neoptolemos gewonnen, welche beide in der Schlacht fielen, *Diod.* XVIII. 30—32. *Plut. Eum.* 5—7. *Corn. Nep. Eum.* 3—4. Nach Perdikkas' Tode wurde er infolge von Verrats von Antigonos ge-

Olympiaden-jahr.	Jahr v. Chr.	Geschichte.	Kunst und Litteratur.
CXV, 3.	318.	*Antipatros stirbt; Krieg zwischen Polysperchon und Kassandros, dem Sohne des Antipatros, über die Nachfolge in dem Besitz von Makedonien.*[46] Kassandros macht sich zum Herrn von Athen.[47]	Die *Philosophen* Theophrastos,[1] Epikuros.[m]
CXV, 4.	317.	Die Athener versuchen durch den Anschluſs an Polysperchon die Freiheit wieder zu gewinnen, müssen sich aber dem Kassandros von neuem unterwerfen,[48] welcher die Regierung der Stadt in die Hände des Demetrios von Phaleron legt.[49]	

schlagen und in Nora (in Kappadokien) eingeschlossen, kam dann wieder frei, wurde von Olympias und Polysperchon zum königlichen Oberfeldherrn ernannt und führte nun nacheinander in Kilikien, Phönikien, Susiana, Persis, Medien und Parätakene einen überaus wechselvollen Krieg, bis er im Winter 316/5 von seinen eigenen Truppen verraten, an Antigonos ausgeliefert und von diesem hingerichtet wurde, s. *Diod.* XVIII, 40—42. 50. 53. 57—63. 73. XIX, 12 bis 31. 37—44. *Plut. Eum.* 8 bis zu Ende. *Corn. Nep. Eum.* 5 bis zu Ende. *Iustin.* XIV, 1—4.

45) Nach dem Sturze des Perdikkas wurde Antipatros zum *ἐπιμελητὴς αὐτοκράτωρ* erhoben und in Triparadeisos in Syrien eine neue Ländervertheilung vorgenommen, hinsichtlich deren besonders zu bemerken ist, daſs Seleukos Babylonien erhielt, *Diod.* XVIII, 39. *Arr. de reb. post. Al.* §. 30—38. Gleichzeitig wurde Antigonos zum königlichen Oberfeldherrn ernannt, als welcher er seine Macht immer mehr verstärkte und immer mehr eine völlig unabhängige Stellung gewann, s. *Diod.* XVIII, 41. 47. 50. 52. 55. Sein Heer brachte er nach *Diod.* 50 auf 60 000 Mann Fuſsvolk und 10 000 Reiter.

46) *Diod.* XVIII, 47. 48—49. Antipatros ernannte Polysperchon zu seinem Nachfolger, *ἐπιμελητὴν σχεδὸν ἄντα τῷ Ἀλεξάνδρου ἀντιστρατηγοῦντα καὶ τηρητήν ἐπὶ τῶν κατὰ τὴν Μακεδονίαν, Diod.* 48. Kassandros wurde von seinem Vater zum Chiliarchen ernannt, *das.,* begnügte sich aber nicht damit, sondern begab sich zum Antigonos, um mit dessen Unterstützung den Krieg gegen Polysperchon zu beginnen, *Diod.* 54. Hierauf setzte er sich zuvörderst in Griechenland fest, s. *Anm.* 47—49, und eroberte dann von hier aus Makedonien in den Jahren 316 und 315, s. *Diod.* XIX, 35—36. 49. 51. Polysperchon behauptete sich noch in Griechenland, unterwarf sich aber im Jahre 309 dem Kassandros, der ihn dafür zum Strategen des Peloponnes ernannte, *Diod.* XX, 28.

47) Kassandros schickte sogleich nach dem Tode seines Vaters, ehe sich die Nachricht davon verbreitete, den ihm ganz ergebenen Nikanor nach Athen, um daselbst statt des Menyllos den Oberbefehl über die Besatzung von Munychia zu übernehmen, und dieser wuſste sich sodann auch des Peiräeus zu bemächtigen, beides nicht ohne Mitwissen und Mitschuld des Phokion, s. *Plut. Phoc.* 31—32. *Diod.* XVIII, 64.

48) Polysperchon erlieſs, um die Griechen für sich zu gewinnen, im Namen der Könige ein Edikt, in welchem er allen griechischen Staaten die Herstellung der früheren Verfassung und völlige Unabhängigkeit verkündete, *Diod.* XVIII, 55—57. Er schickte darauf seinen Sohn Alexandros nach Griechenland und folgte selbst mit einem gröſseren Heere; während nun der erstere vor Athen lag, wurden daselbst durch die Verbannten (s. *Anm.* 42), welche in groſser Menge zurückgekehrt waren, die bisherigen Obrigkeiten und die Freunde des Kassandros teils zur Landesverweisung, teils zum Tode verurteilt; ein Teil derselben floh zum Polysperchon, wurde aber von diesem den Athenern ausgeliefert und das Todesurteil an ihnen (auch an Phokion) vollzogen, *Plut. Phoc.* 33 bis zu Ende. *Diod.* XVIII, 65—67. Kassandros lief sodann mit 35 Kriegsschiffen und 4000 Mann im Peiräeus ein, und da Polysperchon weder in Athen noch anderwärts etwas Erhebliches gegen ihn ausrichtete, sahen sich die Athener genötigt, sich dem Kassandros zu unterwerfen, welcher das Bürgerrecht auf die Besitzer von mindestens 1000 Drachmen beschränkte und sich die Herrschaft teils durch die Besatzung in Munychia, die er auch fernerhin unterhielt, teils durch den von ihm eingesetzten *προστάτης* Demetrios von Phaleron sicherte, s. *Diod.* XVIII, 68—74. Vgl. die *folg. Anmerkung.*

49) *Diod.* XVIII, 74. Seine Prostatie dauerte bis 307, s. *Anm.* 56. Über ihn vgl. noch *Polyb.* XII, 13. *Ael. V. H.* III, 17. XII, 43. *Diog. L.* V, 75—85. *Cic. de legg.* III, §. 14. *de rep.* II, §. 2. *Brut.* §. 37 u. ö. (Unter seiner Prostatie wurde eine Zählung in Athen vorgenommen, welche 21 000 Bürger, 10 000 Metöken und 400 000 Sklaven ergab, *Ktesikles* b. *Athen.* VI, p. 272 c.).

l) Theophrastos, aus Eresos auf Lesbos, geb. um 372, soll ursprünglich Tyrtamos geheiſsen haben und erst von Aristoteles seiner Wohlredenheit wegen Theophrastos genannt worden sein, *Diog. L.* V. 36. 38. Er war Schüler des Leukippos, des Platon, besonders aber des Aristoteles, übernahm nach dessen Flucht aus Athen im Jahre 322 die Leitung der Aristotelischen Schule und soll 2000 Schüler gebildet haben, a. a. O. 36. 37. 39. vgl. *Gell.* XIII. 5. Er ward mit anderen Philosophen durch das Gesetz des Sophokles gegen die Lehrfreiheit im Jahre 306 aus Athen verbannt, kehrte jedoch

Olympiaden-jahr.	Jahr v. Chr.	Geschichte.	Kunst und Litteratur.
CXVI, 2.	315.	*Niederlage und Tod des Eumenes.*[50]	und Zenon der Stoiker."

50) Diod. XIX, 10—44. Plut. Eum. 17—19. Vergl. Anm. 44.

kurz nach Aufhebung desselben dorthin zurück, *Diog. L.* V, 38, und erreichte ein hohes Alter, a. a. O. 40, vgl. *'Ηθικ. χαρ. praef.*, und starb um 287, a. a. O. 58. Von seinen zahlreichen Schriften, deren Verzeichnis, *Diog. L.* 42—51, die reiche Mannigfaltigkeit seines Wissens bezeugt, haben sich besonders erhalten: *'Ηθικοὶ χαρακτῆρες*, Charakterschilderungen, *Περὶ φυτῶν ἱστορία, Αἰτία φυτικά, Περὶ λίθων, Περὶ πυρός*. Die Ausbreitung und Bethätigung der Philosophie auf den verschiedenen Feldern des erfahrungsmäfsigen Wissens und die Begründung der Botanik sind sein hervortretendes Verdienst. — Neben Theophrastos sind unter den Schülern des Aristoteles zu nennen Dikäarchos aus Messana und Aristoxenos aus Tarent, welche beide die Vielseitigkeit und den gelehrten Sammeleifer der peripatetischen Schule zeigen und in verschiedenen Fächern schriftstellerisch gewirkt haben. Dik., besonders von Cicero gepriesen (*de off.* II, 15. *Tuscul.* I, 18), hat aufser philosophischen (*περὶ ψυχῆς*, *Cic. ad Att.* XIII, 12. *Tuscul.* I, 10. I, 31. *de off.* II, 5) und historisch-politischen geographische Werke geschrieben (*βίος τῆς 'Ελλάδος*), gestützt auf gründliche Vorarbeiten, z. B. Höhenmessungen (*Plin.* II, 65) und Zeichnung von Landkarten (*Cic. ad Att.* VI, 2. *Diog. L.* V, 51). Aristoxenos wurde namentlich wegen seiner auf die Musik gerichteten Studien geschätzt und als die höchste Autorität des Altertums auf diesem Gebiete ὁ *μουσικός* genannt, s. *Cic. de fin.* V, 19. *Suid.* s. v. Wir besitzen noch von seinen musikalischen Werken die freilich sehr trümmerhaft erhaltenen 3 Bücher *ἁρμονικῶν στοιχείων* und ein gröfseres Bruchstück und Auszüge aus den *ῥυθμικὰ στοιχεῖα*.

m) Epikuros, geboren 342 zu Samos, wohin sein Vater als Kleruche übergesiedelt war, aber als Athener zum Demos Gargettos gehörig, *Diog. L.* X, 1. 14, kam 18 Jahr alt zuerst nach Athen, a. a. O. 1. und bildete sich durch das Studium der früheren Philosophen und Sophisten, a. a. O. 2. 3. 4. 12. Er lehrte hierauf zu Kolophon, a. a. O. 1, Mytilene und Lampsakes, a. a. O. 15, und kehrte erst im Jahre 307 nach Athen zurück, a. a. O. 2. 15. Dort lebte und lehrte er im engen Verkehr mit zahlreichen Schülern, zurückgezogen vom öffentlichen Leben in seinen Gärten, a. a. O. 10. 17. 25. 119. Sein mäfsiges und einfaches Leben wie seine Sittenreinheit, Herzensgüte und Vaterlandsliebe werden gerühmt, a.a.O. 10. 11, doch entging er nicht dem Spott und den Verleumdungen von Komikern und feindlich gesinnten Philosophen, a. a. O. 6. 7. Schwere körperliche Leiden fesselten ihn als Greis ans Krankenlager, a. a. O. 7. 8, doch wahrte er treu seiner Lehre die Ruhe und Heiterkeit seiner Seele bis zum Tode im Jahre 270, a. a. O. 15. 22. *Cic. de fin.* II, 30.

Einer der fruchtbarsten Schriftsteller des Altertums (*πολυγραφώτατος*) soll er 300 Bände geschrieben haben, *Diog. L.* 26. 27. 28. Nur von seinem Hauptwerke *Περὶ φύσεως* sind einzelne verstümmelte Stücke in Bücherrollen von Herculanum auf uns gekommen. Er lehrte nach Demokritos die Entstehung der Welt, der Götter und der Seele aus Atomen, *Diog. L.* 41 f., und bildete die Lehre der Kyrenaiker weiter aus, dafs die geistige durch Erkenntnis bedingte Lust der ruhigen Seele das Ziel der Glückseligkeit und das Wesen der Tugend sei, a. a. O. 128—138. Seine vielfach mifsverstandene und widerlegte Lehre ist besonders verherrlicht in dem Gedichte des Lucretius de rerum natura.

n) Zenon, aus Kittion auf Kypros, lebte um 340—260, *Euseb. Hieron. Chron. ol.* 128, 1. p. 120, *ol.* 129, 1. p. 121, und soll zuerst des Vaters Gewerbe, den Purpurhandel, betrieben haben, aber frühzeitig mit den Schriften der Sokratiker bekannt geworden sein, bis er infolge eines Schiffbruchs nach Athen kam, *Diog. L.* VII, 1—5. 28. 31. Hier wandte er sich der Philosophie zu, hörte den Kyniker Krates, a. a. O. 2. 3. 4. VI, 105, den Megariker Stilpon, a. a. O. 2, 24. II, 120, die Akademiker Xenokrates und Polemon a. a. O. 2. 25. *Suid.* s. v. *Cic. fin.* IV, 6, 8. *Acad.* I, 9. II, 24. und bildete sich durch das Studium der älteren Philosophen und Dichter, *Diog. L.* 3. 41. *Cic. nat. d.* 1, 14. Erst im reiferen Mannesalter lehrte er in der *στοὰ ποικίλη* auf und ab gehend unter grofsem Zulauf, *Diog. L.* 4. 14, woher er selbst ὁ *στωϊκός*, *Suid.* s. v., seine Schüler erst *Ζήνωνειοι*, dann *στωϊκοί* oder οἱ *ἀπὸ τῆς στοᾶς φιλόσοφοι* genannt wurden, a. a. O. 5. *Suid.* s. v., und stand hoch in Ehren bei seinen Landsleuten den Kittiern, bei den Athenern, a. a. O. 6. 10, und bei Antigonos, a. a. O. 7. 13. 15. Abschreckend häfslich, a. a. O. 1. 16, war er unermüdlich thätig, a. a. O. 15, sparsam bis ins kleinste, a. a. O. 16, von sprüchwörtlicher Mäfsigkeit, (*Τοῦ φιλοσόφου Ζήνωνος ἐγκρατέστερος*), a. a. O. 27. *Suid.* s. v. *Ζην. ἐγκ.*, grofser Gesellschaft abgeneigt, a. a. O. 14, gleichmütig und würdevoll, a. a. O. 15. 18, schweigsam, a. a. O. 20. 21. 23. 24, aber Meister in kurzen, schlagenden Antworten und spöttischen Bemerkungen, a. a. O. 17—28. Seine Schriften umfafsten die Erkenntnislehre, Naturlehre und Sittenlehre, a. a. O. 4. Eigentümlich ist ihm und seiner Schule besonders die Lehre vom einigen, ewigen Gott, der allverbreiteten, schaffenden Seele des Weltstoffes (*ἓν τε εἶναι θεὸν καὶ νοῦν*, a. a. O. 135, *σπερματικὸν λόγον ὄντα τοῦ κόσμου*, a. a. O. 136, *ἄφθαρτός ἐστι καὶ ἀγέννητος δημιουργὸς ὢν τῆς διακοσμήσεως*), und von der Tugend, die an und für sich Glückseligkeit und ihrer selbst wegen zu erstreben sei, a. a. O. 89, 127, sich aber besonders

CXVI, 2.	315.	Wiederherstellung von Theben durch Kassandros.[51]	Der *Redner* Demetrios von Phaleron."
CXVI, 3.	311.	Krieg der Statthalter Seleukos, Ptolemäos, Kassandros und Lysimachos gegen Antigonos.[52]	
		Krieg zwischen Antigonos und Kassandros in Griechenland.[53]	
CXVII, 2.	311.	Friede zwischen den Statthaltern.[54]	

51) *Diod.* XIX, 53—54. *Paus.* IX, 7.

52) Der Krieg entstand teils im allgemeinen aus der Eifersucht der übrigen Statthalter über die wachsende Macht des Antigonos, teils wurde er durch Seleukos erregt, der Nachstellungen des Antigonos fürchtete und deswegen aus seiner Statthalterschaft Babylonien floh, s. *Diod.* XIX, 55 bis 56. *App. Syr.* 54. Über den ganzen Krieg s. *Diod.* XIX, 57—64, 66—69, 73—75, 77—100. Er besteht meist aus vereinzelten Unternehmungen ohne entscheidenden Erfolg, von denen, abgesehen von den Vorgängen in Griechenland (s. die *folg. Anm.*), nur die Schlacht bei Gaza im Jahre 312, in welcher Demetrios Poliorketes, der Sohn des Antigonos, von Ptolemäos und Seleukos geschlagen wird, s. *Diod.* 80—84. *Plut. Demetr.* 5, und die Rückkehr des Seleukos nach Babylonien, in demselben Jahre, mit welchem die (in den Büchern der Makkabäer, bei Iosephos und auf Münzen vorkommende) Ära der Seleukiden beginnt, s. *Diod.* 90- 92. *App. Syr.u.a.O.,* hervorgehoben zu werden verdienen.

53) Antigonos verkündigte den Griechen, um sie auf seine Seite zu ziehen, Freiheit und Unabhängigkeit, *Diod.* XIX, 61, und schickte in den Jahren 314 - 312, um seiner Verkündigung Nachdruck zu geben und Kassandros aus Griechenland zu vertreiben, nacheinander den Aristodemos, Dioskorides, Telesphoros und seinen Neffen Ptolemäos mit Geld, Truppen und Schiffen nach Griechenland, denen es auch gelang, im Peloponnes und in Mittelgriechenland mit Ausnahme von Sikyon und Korinth und von Athen überall die Besatzungen zu vertreiben und die Städte zu befreien, *das.* 57. 60 bis 61. 63 — 64. 66 — 68. 74. 77 — 78. 87. Ptolemäos von Ägypten erliefs dieselbe Verkündigung, auch schickte er im Jahre 314 eine Flotte von 50 Schiffen nach Griechenland, die aber nichts ausrichtete, *das.* 62. 64. Kassandros unternahm einige Feldzüge nach Griechenland, jedoch ohne erheblichen Erfolg, *das.* 63. 67. Neben allen diesen unterhielten auch noch Polysperchon und Alexandros (s. *Anm.* 48) eine Heeresmacht in Griechenland, von denen letzterer sich erst an Antigonos anschlofs, *das.* 57. 60, dann wieder zu Kassandros überging, *das.* 61, aber bald starb, *das.* 67, während Polysperchon (nachdem er sich zuerst ebenfalls an Antigonos angeschlossen, *das.* 59) sich unabhängig im Besitz von Sikyon und Korinth behauptete, *das.* 74. Athen behielt seine makedonische Besatzung; es zwang den Demetrios, als der Feldherr des Antigonos in das Gebiet von Attika eindrang, einen Vergleich mit diesem zu schliefsen, über dessen Inhalt indes nichts berichtet wird, *das.* 78.

54) *Diod.* XIX, 105. Der Friede wurde dahin abgeschlossen, dafs die Krieg führenden Feldherren ihre Statthalterschaften behalten sollten, Kassandros jedoch nur, bis Alexandros, der Sohn der Roxane, mündig sein werde; welche letztere Bestimmung den (wahrscheinlich von allen Paciscenten beabsichtigten) Anlafs gab, dafs Kassandros ihn mit seiner Mutter töten liefs, s. *Anm.* 35.

in vier sich gegenseitig bedingenden Haupttugenden bethätige, *φρόνησις, ἀνδρεία, δικαιοσύνη, σωφροσύνη,* a. a. O. 92. 102. 125. Von seinen Schülern ist besonders Chrysippos aus Cilicien (um 282—209) zu merken, der durch seine zahlreichen Schriften die stoische Lehre in ein festes System gebracht hat.

o) Demetrios aus dem Demos Phaleron in Attika gebürtig, vielseitig und gelehrt gebildet, namentlich durch Theophrastos, betrat die Staatslaufbahn zur Zeit des Harpalischen Prozesses, *Diog. L.* V, 75. *Strab.* p. 398. *Cic. de off.* 1, 1. *Brut.* 9. *de legg.* III, 6, stand 10 Jahre lang, von 317—307, an der Spitze der athenischen Staatsverwaltung, vgl. *Anm.* 49. 56, und hob die Einkünfte und Hilfsquellen des Staates, *Diog. a. a. O. Cic. de rep.* II, 1. *Strab. a. a. O.,* wofür die Athener ihm 360 Bildsäulen setzten, *Nep. Milt.* 6. *Diog. l. a. a. O.,* erregte aber später durch Verschwendung und Ausschweifungen Mifsvergnügen, *Athen.* XII, p. 542 e., so dafs er bei Demetrios Poliorketes Erscheinen vor Athen fliehen mufste und zum Tode verurteilt wurde, *Diog. L.* 77. *Plut. Demetr.* 8 f. *Dion. Hal. Din.* 3. Er begab sich darauf nach Theben, vgl. *Anm.* 56, und von da nach Ägypten. *Diog. L.* 78. *Strab. a. a. O. Diod.* XX, 45, wo er den Wissenschaften lebte und der vertraute Ratgeber des Ptolemäos Soter war, *Ael.* V. H. III, 17. *Cic. de fin.* V, 19, bei dessen Nachfolger aber in Ungnade fiel und in Oberägypten nicht lange nach 283 angeblich am Bifs einer Schlange starb, *Diog. L. a. a. O. Cic. pr. Rab. Post.* 9. Seine Schriften, von denen sich nur ein Titelverzeichnis erhalten hat, *Diog. L.* 80 f., umfafsten das Gebiet der Geschichte, Politik, Litteratur, Philosophie und Rhetorik. Er galt als der letzte attische Redner, mit dem die Beredsamkeit bereits zu sinken begann, *Quint.* X, 1, 80; doch wird die Feinheit und Anmut seiner Rede gerühmt, *Cic. off.* 1, 1. *Or.* 27 *de or.* II, 23. *Brut.* 9: itaque delectabat magis Athenienses quam inflammabat. c. 82.

Der völlige Untergang der griechischen Freiheit. 151

Olympiaden-jahr.	Jahr v. Chr.	Geschichte.
CXVII, 2.	311.	Griechenland wird in dem Frieden der Statthalter für frei erklärt.⁵⁵
CXVIII, 2.	307.	Demetrios Poliorketes befreit Athen.⁵⁶
CXVIII, 3.	306.	Die Statthalter Antigonos, Demetrios, Seleukos, Ptolemäos, Kassandros, Lysimachos legen sich den königlichen Titel bei.⁵⁷
CXIX, 4.	301.	Schlacht bei Ipsos, in welcher Antigonos Reich und Leben verliert. Sein Reich wird zwischen Seleukos und Lysimachos geteilt.⁵⁸

55) *Diod.* XIX, 105. Diese Friedensbedingung wurde von den Statthaltern nachher benutzt, um sich unter dem Vorwand, griechische Städte zu befreien, gegenseitig zu bekriegen. So durchzog Ptolemäos von Ägypten in den Jahren 310 und 309 Kilikien, Lykien und die Inseln des ägäischen Meeres, *Diod.* XX, 20. 27, und machte im Jahre 308 auch nach Griechenland selbst einen Feldzug, wo er Sikyon und Korinth nahm, *das.* 37, und unter gleichem Vorwand machte auch Demetrios Poliorketes seine Unternehmungen, s. *Anm.* 56, so dafs der Krieg auch bis zu seinem völligen Wiederausbruch im Jahre 302 nie gänzlich ruhte.
56) *Diod.* XX, 45—46. *Plut. Demetr.* 8—14. Der Tag seiner Ankunft war der 26. Thargelion (Juni), *Plut.* 8. Er eroberte Munychia und zerstörte dessen Befestigungswerke, erklärte Athen für frei, stellte die Demokratie wieder her (Demetrios von Phaleron, dessen Prostatie hiermit ihr Ende erreichte, erhielt von ihm freies Geleit nach Theben, von wo er sich nach Ägypten begab), versprach dem Volke 150 000 Medimnen Weizen und Bauholz zu 100 Schiffen, ein Versprechen, welches nachher von Antigonos wirklich erfüllt wurde, fügten ja ihm Imbros zurück; dafür überhäuften die eucartirten Athener beide, Antigonos und Demetrios, mit übertriebenen Ehren, sie errichteten ihnen Statuen, nannten sie Könige und rettende Götter (ϑεοὶ σωτῆρες), bauten ihnen Altäre, liefsen ihre Namen neben denen des Zeus und der Athena in den dieser Göttin alljährlich darzubringenden Peplos weben, fügten zu den 10 Phylen zwei neue mit den Namen Antigonis und Demetrias hinzu u. s. w., s. *Plut.* 10—13. *Diod.* 46. *Athen.* VI, p. 253—254. *Philoch. fr.* 144. (*Dionys. H.* p. 630). Auch Megara wird von Demetrios bei dieser Gelegenheit genommen und für frei erklärt, *Plut.* 9. *Diod.* 46. *Philoch. a. a. O.*; von weiteren Unternehmungen in Griechenland wird er aber durch seinen Vater abgerufen; auf dessen Befehl führt er in Kypros den Krieg gegen Ptolemäos, *Diod.* 47—48, gewinnt bei Salamis einen glänzenden Seesieg über Ptolemäos, *das.* 49—52. *Plut.* 15—16, begleitet seinen Vater als Aufuhrer der Flotte auf einem erfolglosen Feldzuge nach Ägypten, *Diod.* 73—76, belagert Rhodos ein Jahr lang 304—303, *Diod.* 81—88. 91—100. *Plut.* 21 bis 22 (wobei er sich durch seine grofsartigen Belagerungswerke, unter denen die sog. ἑλέπολις besonders berühmt ist, den Beinamen Πολιορκητής erwarb, *Diod.* 92. *Plut.* 21); nachdem aber diese Belagerung durch einen Vergleich mit den Rhodiern, welche den tapfersten Widerstand geleistet, ihr

Ende erreicht hatte, kehrte er im Jahre 303 nach Griechenland zurück, wo unterdes Kassandros und Polysperchon wieder festen Fufs gefafst hatten, und vollendete daselbst die Befreiung der Städte, indem er Athen entsetzte, welches von Kassandros belagert wurde (s. *Anm.* 23), und Sikyon (welches noch im Besitz des Ptolemäos war, s. *Anm.* 55), Korinth, Bura und Skyros in Achaja. Orchomenos in Arkadien eroberte, s. *Diod.* 100. 102—103. 110. *Plut. Demetr.* 23—27. Er hielt sich darauf in Athen auf, wo er mit neuen Ehren überschüttet wurde, und von hier brach er im Frühjahr 301 im Monat Munychion (April), *Plut.* 26) auf, um durch Thessalien gegen Kassandros zu marschieren, wurde aber von seinem Vater zur Teilnahme an dem mittlerweile ausgebrochenen grofsen Kriege (s. *Anm.* 58) abberufen. *Diod.* 110.
57) *Diod.* XX, 53. *Plut. Demetr.* 17—18. Antigonos ging damit voran, indem er auf die Nachricht von dem Seesiege des Demetrios bei Salamis (s. *vor. Anm.*) selbst den Königstitel annahm und nun auch dem Demetrios verlieh, worauf die übrigen Statthalter, seinem Beispiele folgend, das Gleiche thaten.
58) Den Anlafs zur Erneuerung des Krieges zwischen Antigonos und seinen früheren Gegnern (s. *Anm.* 52) gab die Bedrängnis, in welche Kassandros durch Demetrios versetzt worden war, s. *Anm.* 56. Nachdem durch diesen die Vereinigung der Könige gegen Antigonos zu stande gebracht worden war, drang Lysimachos (im Jahre 302) in Asien vor bis Ephesos und Sardes, welche beide Städte von ihm genommen wurden, *Diod.* XX, 106—107. Antigonos aber, der sich mit seinem Heere von Antigoneia in Bewegung setzte, drängte ihn bis an die Küste des Pontus Euxinus zurück, wo beide in der Gegend von Herakleia überwinterten, *das.* 108—109. Im Frühjahr 301 rief Antigonos den Demetrios herbei, s. *Anm.* 56. Über die Schlacht, in welcher sich auf seiten des Antigonos 70 000 Mann zu Fufs, 10 000 Reiter und 70 Elefanten und auf der andern Seite 64 000 Mann zu Fufs, 10 500 Reiter, 400 Elefanten und 120 Streitwagen gegenüberstanden (*Plut.* 28), s. *Plut. Demetr.* 28—29. *Diod. Exc.* XXI (*Exc. Horschel., de virt. et vit., Vatic.*). *Iustin.* XV, 5. *App. Syr.* 55 (an welcher letzteren Stelle allein der Ort der Schlacht genannt ist). [Als das Jahr der Schlacht wird 301 angenommen, da Diodor, welcher seit dem Tode des Alexandros für die Chronologie fast die einzige Grundlage bildet, den Anfang des Kriegs in das Jahr 302 setzt, und nachdem er hierauf die Winterquartiere der Krieg führenden Könige

152   Fünfte Periode. Von 336—146 v. Chr.

Olympiaden-jahr.	Jahr v. Chr.	Geschichte.
CXX, 3.	298.	Demetrios erobert Athen und sichert seinen Besitz durch eine Besatzung im Peiräeus, in Munychia und im Museion.⁵⁹ Zugleich breitet er seine Herrschaft im übrigen Griechenland aus.⁶⁰
CXXI, 1.	296.	Kassandros stirbt. Thronstreitigkeiten in Makedonien.⁶¹
CXXI, 3.	294.	Demetrios bemächtigt sich Makedoniens.⁶²
CXXIII, 2.	287.	Demetrios durch Pyrrhos gestürzt.⁶³
		Die Athener unter Führung des Olympiodoros vertreiben die Besatzungen des Demetrios und machen sich frei.⁶⁴ Staatsverwaltung des Demochares.⁶⁵

erwähnt hat. XX. 111. 113, die Schlacht bei Ipsos als den Anfang des (mit den übrigen Büchern verloren gegangenen) 21. Buchs bildend ankündigt.]

59) Demetrios entkam aus der Schlacht bei Ipsos und besafs in seiner grofsen Flotte und einer Anzahl von Städten, die in seiner Gewalt waren, noch immer eine bedeutende Macht, *Plut. Demetr.* 31—32. Schon sogleich nach der Schlacht war es seine Absicht, sich nach Athen zu begeben, es wurde ihm aber durch Boten, die man ihm entgegenschickte, die Aufnahme verweigert, *das.* 30. Und zu gleicher Zeit breitete Kassandros, die Niederwerfung seines Gegners benutzend, seine Herrschaft wieder in Griechenland aus, *das.* 31 (: ἐξαίφνης γὰρ ἐναντιοῦτο τὰ φρονεῖ καὶ πάντα μεθίσταται πρὸς τοὺς κρατοῦντας); in Athen sicherte er sich dieselbe dadurch, dafs er den Lachares daselbst als Tyrannen einsetzte und durch seine Macht aufrecht erhielt, *das.* 33. *Paus.* 1, 25, 5. Indessen Demetrios kehrte, nachdem er seine Streitkräfte durch einige anderweite Unternehmungen noch mehr verstärkt hatte, wieder zurück [die Zeit, wo dies geschah, läfst sich nicht genau bestimmen, der Zusammenhang der Ereignisse nach Plutarch macht es aber nötig, eine Zwischenzeit von mindestens 2, vielleicht sogar von 3 Jahren anzunehmen], eroberte Athen und legte nun eine Besatzung nicht nur in den Peiräeus und in Munychia, sondern auch in das Museion, *Plut.* 33—34. *Paus. a. a. O.*

60) Plutarch berichtet bis zu dem Zuge des Demetrios nach Makedonien nur so viel, dafs Demetrios die Spartaner besiegt habe, *Demetr.* 35; dafs er jedoch in dieser Zeit den gröfsten Teil des Peloponnes und in Mittelgriechenland aufser Athen auch Megara sich unterwarf, geht aus der Stelle *das.* 39 hervor, wo von ihm unmittelbar nach der Besitzergreifung von Makedonien gesagt wird: ἔχων δὲ καὶ τὴν Πελοπόννησον τὰ πλεῖστα καὶ τῶν ἐκτὸς Ἰσθμοῦ Μέγαρα καὶ Ἀθήνας.

61) *Plut. Demetr.* 36. *Paus.* IX, 7, 3. Kassandros hinterliefs 3 Söhne, Philippos, Antipatros, Alexandros; ersterer starb sehr bald, und zwischen den beiden letzteren entstanden Streitigkeiten, infolge deren Alexandros sowohl den Pyrrhos von Epeiros als den Demetrios zu Hülfe rief. [Die Zeitbestimmung beruht auf *Porphyr. fr.* (ed. Müller, vol. III, p. 693 ff.) 3.

§. 2 u. 4. §. 2, wonach Kassandros 19 Jahre nach der Ermordung der Olympias starb.]

62) Demetrios liefs den Alexandros töten und bemächtigte sich dann selbst des Thrones; Antipatros, der Bruder des Alexandros, wurde von Lysimachos getötet, zu dem er sich geflüchtet hatte, s. *Plut. Demetr.* 36—37. *Pyrrh.* 7. *Iustin.* XVI, 1. *Porphyr. fr.* 3. u. 4. §. 3.

63) Demetrios hatte sich durch seinen Hochmut sowohl beim Heere als bei dem Volke verhafst gemacht; als er daher mit Lysimachos, Seleukos, Ptolemäos und Pyrrhos zugleich Krieg anfing, verliefs ihn sein Heer, als er es gegen Pyrrhos führte, und ging zu diesem über, *Plut. Demetr.* 44. *Pyrrh.* 11—12. *Iustin.* XVI, 2. Demetrios floh und starb nach mancherlei Abenteuern im Jahre 283 als Gefangener des Seleukos, *Plut. Demetr.* 52. [Die Herrschaft des Demetrios in Makedonien dauerte 7 Jahre nach *Plut. Demetr.* 44, 6 Jahre nach *Porphyr. fr.* 3. u. 4. §. 3; nach eben dieser letzteren Quelle (*fr.* 4. §. 3) regierten die Söhne des Kassandros zusammen 3 Jahr 6 Monate, und es würde also hiernach der Regierungsantritt des Demetrios nicht 294, sondern 293 zu setzen sein.]

64) Das Faktum, sowie die Zeit desselben beruht auf der Kombination von *Paus.* 1, 26, 1—3 mit *Plut. Demetr.* 46. *Pyrrh.* 12; nach letzterer Stelle geschah die Befreiung mit Hülfe des Pyrrhos.

65) *Plut. Vitt. X or.* p. 847 D. p. 581. *Polyb.* XII, 13. Er war der Neffe des Demosthenes und führte die Staatsverwaltung mit so viel Lob, dafs ihm im Jahre 270 infolge eines Volksbeschlusses, der uns bei *Plut. a. a. O.* p. 851 erhalten ist, eine Statue gesetzt wurde. [Das Jahr 270 ergiebt sich aus dem Volksbeschlusse selbst, indem darin Pytharatos als Archon genannt wird, der nach *Diog. Laert.* X. §. 15 in diesem Jahre Archon war; eben daraus ergiebt sich auch, dafs Demochares in diesem Jahre tot war; dafs er die Staatsverwaltung im Jahre 287 übernahm, ist mit Wahrscheinlichkeit teils aus den obwaltenden Verhältnissen überhaupt, teils aus den in dem Volksbeschlusse enthaltenen speziellen Angaben über seine Verdienste zu schliefsen.]

66) Dem Antigonos hatte Pyrrhos im Jahre 287 die Behauptung von Griechenland übertragen, *Plut. Demetr.* 44. 51;

Der völlige Untergang der griechischen Freiheit.

Olympiaden-jahr.	Jahr v. Chr.	Geschichte.
CXXIII, 2.	287.	Antigonos Gonatas, der Sohn des Demetrios, behauptet sich in einem Teile von Griechenland.⁶⁶
CXXIII, 3.	286.	*Pyrrhos von Lysimachos aus Makedonien vertrieben.*⁶⁷
CXXIV, 4.	281.	*Lysimachos von Seleukos geschlagen und in der Schlacht getötet.*⁶⁸ *Seleukos von Ptolemäos Keraunos ermordet.*⁶⁹
CXXV, 1.	280.	*Einfall der Kelten in Makedonien; Ptolemäos Keraunos von diesen geschlagen und getötet.*⁷⁰

doch wurde ihm ein Teil der Städte von Ptolemäos entrissen, das. 46. *Pyrrh.* 11.
67) *Plut. Pyrrh.* 12. 12. *Porph. fr.* 3 u. 4. §. 4. Pyrrhos behauptete Makedonien nur 7 Monate. *Porph. a. a. O.*
68) *Paus.* I, 10, 3—5. *Iustin.* XVII, 1—2. *Porph. fr.* 3 u. 4. §. 4, Seine Herrschaft über Makedonien dauerte 5 Jahre 6 Monate, *Porph. a. a. O.*: die Schlacht wurde bei Korupedion (im hellespontischen Phrygien) geschlagen, s. *ebend. fr.* 4.
69) *Iustin.* XVII, 2. *Porph. fr.* 3 u. 4. §. 5. [Nach Porph. wurde Seleukos sogleich nach dem Siege, nach Justin 7 Monate nachher ermordet.]
70) *Diod.* XXII, 13. *Exc. Hoesch. Paus.* X, 19, 4. *Iustin.* XXIV, 4—5. [Nach *Porph. fr.* 3. §. 5. *fr.* 4. §. 6

dauerte die Herrschaft des Ptolemäos 1 Jahr 5 Monate; dafs der Einfall der Gallier in Makedonien nicht später sein kann als 280, ergiebt sich aus den näheren Umständen des Einfalls in Griechenland, welcher mindestens 1 Jahr später und nach *Paus.* X, 23, 9 im 2. Jahre der 125. Olympiade stattgefunden hat.] Nach *Polyb.* II, 41 starben die Könige Ptolemäos Lagi, Lysimachos, Seleukos und Ptolemäos Keraunos, der Bruder des Beherrschers von Ägypten, alle „um die Zeit der 124. Olympiade." In Makedonien folgten dem Letztgenannten zunächst Meleagros (2 Monate), Antipatros (45 Tage) und dann Sosthenes (2 Jahre), *Porph. fr.* 3. §. 7. *fr.* 4. §. 6. 7: Καὶ γίνεται ἀναρχία Μακεδόσι.

Dritter Abschnitt.
280 bis 221 v. Chr.

Ausbreitung und Blüte des achäischen Bundes, Aufstreben von Sparta — bis zum Krieg zwischen dem Bunde und Sparta und der Unterwerfung beider unter den Einfluss von Makedonien.

Olympiaden-jahr.	Jahr v. Chr.	Geschichte.	Kunst und Litteratur.
CXXV, 1.	280.	Erster Anfang des achäischen Bundes durch die Vereinigung von Dyme, Paträ, Tritäa und Pharä.[71]	Der *Geschichtsschreiber Philochoros*.[p]

---

71) In der Landschaft Achaja führten zunächst, seitdem Tisamenos sich vor den Doriern und Herakliden dahin geflüchtet (s. S. 16, *Anm.* 28), dessen Nachkommen die Herrschaft; später wurde auch dort das Königtum abgeschafft und überall in den Städten eine demokratische Verfassung hergestellt, zugleich aber traten die Städte, 12 an der Zahl, in einen Bund zusammen, der sich bis in die Zeit der makedonischen Herrschaft über Griechenland erhielt, wo dann die einzelnen Städte getrennt und, hauptsächlich durch Demetrios Poliorketes und Antigonos Gonatas, Besatzungen in die Städte gelegt oder Tyrannen darin eingesetzt wurden, s. *Pol.* II, 41. *Strab.* p. 384. Die Namen der 12 Städte s. *Herod.* I. 145: Pellene, Ägeira, Ägä, Bura, Helike, Ägion, Rhypes, Paträ, Pharä, Olenos, Dyme, Tritäa, vgl. *Paus.* VII, 6, 1 [wo Keryneia statt Paträ genannt wird]. Von diesen Städten war Helike im Jahre 373 durch Erdbeben zerstört, s. *Diod.* XV, 58—49. *Paus.* VII, 24, 4—5, 25, 2; Olenos, Rhypes und Ägä aber waren nach und nach so heruntergekommen, dafs sie von ihren Bewohnern verlassen wurden, s. *Paus.* VII, 18, 1. 23, 4. 25, 7. *Strab.* p. 386. 387; dagegen hatten Keryneia und Leontion sich so gehoben, dafs sie Glieder des Bundes bilden konnten, und so zählt Polybios (a. a. O.) folgende 10 Städte: Paträ, Dyme, Pharä, Tritäa, Leontion, Ägeira, Pellene, Ägion, Bura, Keryneia. Über die Vereinigung der erstgenannten 4 Städte als Anfang der Erneuerung des achäischen Bundes, s. *Pol. a. a. O.* *Strab.* p. 384. Sie geschah um die 124. Olympiade zur Zeit, wo Pyrrhos nach Italien übersetzte, *Pol.* und *Strab. a. a. O.*, 38 Jahre vor der Schlacht bei den ägatischen Inseln, *Pol.* II, 43. Über den Zweck des Bundes s. *Pol. ebend.:* ὁ τέλος — τοῦτο δ᾽ ἦν τὸ Μακεδόνας μὲν ἐκβαλεῖν ἐκ Πελοποννήσου, τὰς δὲ μοναρχίας καταλῦσαι, βεβαιῶσαι δ᾽ ἑκάστοις τὴν κοινὴν καὶ πάτριον ἐλευθερίαν. Die Oberleitung des Bundes lag anfangs in der Hand zweier Strategen nebst einem Grammateus, nachher seit 255 wurde immer nur ein Stratege gewählt, *Pol. ebend.*, neben ihm ein Hipparch. *Pol.* V, 95. XXVIII, 6, ein Hypostrateg, *das.* IV, 59. V, 94, und 10 Demiargen (auch ἄρχοντες genannt, wahrscheinlich die Vertreter der 10 achäischen Städte, auf welche ursprünglich der Bund beschränkt war), s. *Pol.* XXIV, 5. V, 1. XXIII, 10. *Liv.* XXXII, 22. XXXVIII, 30. Diese letzteren bildeten, mit dem Strategen und vielleicht auch dem Hipparchen zusammen, eine Art vorberatender Behörde für die Volksversammlung (ἐκκλησία), indem sie dieselbe zusammenberiefen und die zu fassenden Beschlüsse vorbereiteten, s. *Pol.* und *Liv. a. a. O.* Die regelmäfsigen Volksversammlungen fanden zweimal des Jahres statt, im Frühling und im Herbst, s. *Pol.* IV, 37. V, 1. 11. 54. *Liv.* XXXVIII, 32, und zwar bis in die späteste Zeit des Bundes, wo (im Jahre 189) ein Wechsel des Versammlungsortes eingeführt wurde, zu Ägion, s. *Liv.* XXXVIII, 30. Der Amtsantritt des Strategen und der übrigen Strategen geschah zur Zeit des Aufgangs der Pleiaden, im Mai, *Pol.* IV, 37. V, 1. Über den Bund überhaupt vergleiche *Paus.* VII, 17, 2: ἅτε ἐκ δενδρου λελωβημένου — ἀνεβλάστησεν ἐκ τῆς Ἑλλάδος τὸ Ἀχαϊκόν. *Plut. Arat.* 9: οἱ εἰς μὲν αὐξὴν καὶ ἴσχυν ἀξιόν᾽ οὐδὲν ὡς πλεῖον μέρος ὄντες — εἰδονίᾳ καὶ πίστει — οὔ μόνον αὐτοῖς ἐν μέσῳ πολλῶν τηλικούτων καὶ τυραννίδων συγκλύδων διετήρησαν, ἀλλὰ καὶ τῶν ἄλλων Ἑλλήνων ὡς πλείστους ἐλευθεροῦντες καὶ σώζοντες διετέλουν, *Pol.* II, 37: τοιαύτην καὶ τηλικαύτην ἐν τοῖς καθ᾽ ἡμᾶς και-

---

p) Philochoros aus Athen lebte um 306—262. *Dion. Hal. d. Dinarch.* 3; war Seher und Zeichendeuter, *Suid. s. v. Procl. Hesiod. Opp.* 810, und wurde als Anhänger des Ptolemäos Philadelphos nach der Einnahme Athens 262 von Antigonos Gonatas hingerichtet. *Suid. s. v.* Sein wichtigstes Werk ist eine Ἀτθίς in 17 Büchern, eine Geschichte Athens von der ältesten Zeit bis auf Antiochos Theos (Ol. 129, 3), *Suid. s. v. Hal. a. a. O.* 3. 13. Aufserdem werden noch andere geschichtliche und litterargeschichtliche Schriften von ihm genannt. *Suid. s. v.;* doch sind uns von allen nur Bruchstücke erhalten. *Muell. hist. Graec. fragm.* I, p. 384 bis 417.

Olympiaden- jahr.	Jahr v. Chr.	Geschichte.	Kunst und Litteratur.
CXXV, 2.	279.	Einfall der Kelten in Hellas und Niederlage derselben.[72]	
CXXV, 4.	277.	Antigonos Gonatas König von Makedonien.[73]	
CXXVI, 2.	275.	Beitritt von Ägion, Bura und Keryneia zum achäischen Bunde.[74]	
CXXVII, 1.	272.	Tod des Pyrrhos.[75]	Bukolische Dichtung:[q] Theokritos,[r] Bion,[s] Moschos.[t]

οἷς ἔσχε προσποιεῖν καὶ ἀντιβλέπειν τοῦτο τὸ μέρος, ὥστε μὴ μόνον συμμαχικὴν καὶ φιλικὴν κοινωνίαν γεγονέναι πραγμάτων περὶ αὐτοῖς, ἀλλὰ καὶ νόμοις χρῆσθαι τοῖς αὐτοῖς, καὶ σταθμοῖς δὲ τούτοις μόνοις διαλλάττειν τοῦ μὴ μιᾷ πόλεως διαθέσει ἔχειν σχεδὸν τὴν σύμπασαν Πελοπόννησον, τῷ μὴ τὸν αὐτὸν περίβολον ἔχειν τοῖς κατοικοῦσιν αὐτήν, τἄλλα δ' εἶναι καὶ κοινῇ καὶ κατὰ πόλεις ἑκάστοις ταὐτὰ καὶ παραπλήσια. 72) Paus. I, 4, 1—5. X, 19—23. Diodor. (Exc. Hoesch.) XXI, 13. Iustin. XXIV, 6—8. Nach dem Einfall in Makedonien (s. Anm. 70) kehrten die Kelten erst wieder nach ihrer Heimat zurück, Paus. X, 19, 4, und dort wurden sie erst durch Brennos wieder zu einem neuen, nunmehr gegen Hellas gerichteten Zuge bewogen, das. §. 5, den sie mit einem Heere von 152000 Mann z. F. und 20400 Reitern unternehmen, das. §. 6, im 2. Jahre der 125. Olympiade, das. 23, 9. Die Griechen besetzten die Thermopylen mit einem zahlreichen Heere aus 10000 Hopliten und 500 Reitern aus Böotien, 7000 ätolischen Hopliten, 3000 Hopliten und 500 Reitern aus Phokis, 1000 athenischen Hopliten u. s. w. bestehend, während die ganze athenische Flotte sich in der Nähe der Küste aufstellte, das. 20, 3. Die Kelten wurden zwar in einer Schlacht geschlagen, sie umgingen indes die

Hellenen und richteten ihren Marsch gegen Delphi, erlitten aber hier eine völlige Niederlage, teils durch die Delphier, teils — so meinte man — durch die wunderbare Unterstützung des Gottes, der sich seines Heiligtums schützend annahm. 73) Die Regierungszeit des Antigonos wird (Lucian.) Macrob. 11. Porphyr. fr. 3 u. 4. §. 8 zu 44 J. angegeben, nämlich vom J. 283, dem Todesjahr seines Vaters im J. 287 an gerechnet. Nach Porphyr. fr. 4. a. a. O. herrschte er, ehe er sich Makedoniens bemächtigte, vorher 10 J. in Griechenland, von der Flucht seines Vaters im J. 287 an gerechnet, s. Anm. 63. Plut. Demetr. 51. An derselben Stelle des Porphyrios wird Olymp. CXXV, 1 als sein Todesjahr angegeben. Dafs er im J. 277 sich Makedoniens bemächtigte, geht auch aus den Anm. 70 augeführten Zeitbestimmungen über seine Vorgänger hervor. 74) Pol. II, 41. Die Ägier vertrieben „im fünften Jahre" nach der Gründung des Bundes die makedonische Besatzung, gleichzeitig töteten die Burier ihren Tyrannen, während der Tyrann von Keryneia, die Gewalt der Umstände erkennend, freiwillig abdankte. 75) Pyrrhos machte, sobald er Italien verlassen (Plut. Pyrrh. 26), also im J. 274, einen Angriff auf Makedonien, bemächtigte sich dieses Reichs und zog dann nach Griechen-

---

q) Die bukolische Poesie (εἴδη, εἰδύλλια) ist eine Mischgattung zwischen darstellender und erzählender Dichtung über Hirtenleben und Hirtenliebe, Anon. Περὶ τῆς ποιήσ. χαρακτ.: τὸ δὲ βουκολικὸν ποίημα μίγμα ἐστὶ παντὸς εἴδους — ἔχον διηγηματικοῦ καὶ δραματικοῦ —, αὕτη ἡ ποίησις τὰ τῶν ἀγροίκων ἤθη ἐκμιμήσεται. — Entstanden ist diese Dichtung vornehmlich aus volkstümlichen mit dem Dienste der Artemis vorhandenen Hirtengesängen in Sicilien, Anon. Περὶ τῆς εὑρέσεως τῶν βουκολ., kunstmäfsig ausgebildet durch Theokritos.
r) Theokritos aus Syrakus blühte zur Zeit des Ptolemäos Philadelphos, war ein Schüler der Dichter Philetas von Kos und Asklepiades von Samos und lebte zu Kos, Syrakus und Alexandreia, Vit. a', Westerm. vitt. min. p. 285. Suid. s. v. Theocr. Id. XV, v. 56. XV. XVII. Mosch. Id. III; die Erzählung von seiner Hinrichtung durch Hieron wegen Schmähungen, Schol. Ovid. Ibis v. 551, hat, verglichen mit Id. XVI, wenig Wahrscheinlichkeit. Wir besitzen unter Theo-

kritos' Namen 30 εἰδύλλια, kleine dichterische Bilder des Hirtenlebens oder geselliger Zustände, und 26 Epigramme, zum gröfsten Teil in dorischem Dialekt. vgl. Ahrens, Bucolicor. Graecor. rell. p. 165 — 175, doch ist die Echtheit mehrerer dieser Gedichte zweifelhaft. Andere Dichtungen desselben sind verloren gegangen, Suid. s. v, vgl. Quint. X, 1, 55: Admirabilis in suo genere Theocritus, sed musa illa rustica et pastoralis non forum modo verum ipsam etiam urbem reformidat.
s) Bion, geboren bei Smyrna, Zeitgenosse des Theokritos, Suid. s. v. Mosch. Ἐπιταφ. Βίων. v. 70, lebte in Sicilien a. a. O. v. 55 f. 76 f, und starb an Gift, das ihm beigebracht worden war. Von ihm hat sich vollständig erhalten ein Gedicht Ἐπιτάφιος Ἀδώνιδος, aufserdem Bruchstücke seiner Hirten- und Liebeslieder, vgl. Ahrens, Bucolicor. Graecor. rell. 1, p. 179—193. In seinem Grabliede heifst es: σὺν αὐτῷ | καὶ τὸ μέλος ἐθάνατε καὶ ὤλετο Δωρὶς ἀοιδά.

20*

| Olympiaden- jahr. | Jahr v. Chr. | Geschichte. | Kunst und Litteratur. |

CXXIX, 3. 262. Athen wieder der makedonischen Herrschaft unterworfen.[76]

CXXXII, 2. 251. Aratos befreit Sikyon und vereinigt es mit dem achäischen Bunde.[77] *Alexandriner:* Aratos,[u] Kallimachos,[v] Lykophron,[w] Apollonios,[x] Eratosthenes.[y]

land; hier griff er zuerst Sparta an, jedoch ohne Erfolg, und wandte sich dann gegen Argos, wo er bei einem Versuche, die Stadt durch Sturm zu nehmen, seinen Tod fand (wie auch erzählt wird, wurde er, als er schon in die Stadt eingedrungen, durch einen Dachziegel erschlagen). S. *Plut. Pyrrh.* 26—34. *Paus.* I, 13, 5—7. III, 6, 2. *Iustin.* XXV, 3—5. [Das Todesjahr ergiebt sich teils aus der Folge der Begebenheiten, teils daraus, dafs nach *Oros.* IV, 3 die Tarentiner sich auf die Nachricht vom Tode des Pyrrhos den Römern unterwarfen, was nach den Triumphalfasten im Jahre 272 geschah.]

76) *Paus.* III, 6, 3. *Iustin.* XXVI, 2. Aus der Kombination dieser beiden Stellen erhellt, dafs Antigonos, wahrscheinlich kurz nach dem Tode des Pyrrhos, nach Griechenland zog, dafs er dort aufser gegen die Griechen auch gegen eine Flotte des Ptolemäos unter Patroklos zu kämpfen hatte, dafs dieser Patroklos und der König Areus von Sparta den von Antigonos belagerten Athenern zu Hilfe kamen (was vor 265 geschehen sein mufs, da Areus in diesem Jahre in einer Schlacht bei Korinth gegen Alexandros von Epeiros fiel, s. *Plut. Ag.* 3. *Diod.* XX, 29), dafs Antigonos von diesem Kriege zuerst durch einen neuen Einfall der Kelten in Makedonien und dann durch einen Angriff des Sohnes des Pyrrhos, Alexandros, abgerufen wurde, dafs aber Athen endlich (nach *Polyaen.* IV, 6, 20) durch eine Kriegslist des Antigonos) nach

t) Moschos aus Syrakus, *Suid.* s. v., jüngerer Zeitgenosse des Theokritos und Bion, *Eust. Biogr.*. Bekannter des Aristarchos, *Suid.* s. v. Unter den von ihm erhaltenen Gedichten ist das bedeutendste Ἐρωτη, *Ahrens, Bucolicor. Graecor. rell.* p. 197—210. [Die Verfasser von mehreren der dem Moschos wie dem Theokritos zugeschriebenen Gedichte sind ungewifs, vgl. *Incert. Idyll. Ahrens, a. a. O.* 213—263.]

u) Aratos, wahrscheinlich aus Soli in Kilikien, nach anderen aus Tarsos, aus edlem Geschlechte, *Vit. a*', *Westerm. ritt. minor.* p. 53. *Vit. β*', a. a. O. p. 57, *Vit. δ*', p. 59. *Suid.* s. v., blühte um 284—276, *Vit. a*'. *Suid.* s. v., hörte zu Athen die Vorträge des Stoikers Persäos, *Vit. δ*', und ging mit demselben an den Hof des Antigonos Gonatas, bei dem er (nach dem berühmten Astronomen Eudoxos) in Gunst stand, *Vit. a*', *γ*', *δ*', und auf dessen Veranlassung er sein Hauptgedicht, *Φαινόμενα*, von den Bewegungen der Gestirne nebst einem Anhange (nach Theophrastos) über die Wetterzeichen (*Διοσημεία*), in Hexametern verfafste. Aufserdem schrieb er noch mancherlei anderes, *Suid.* s. v. *Macrob. Sat.*

tapferer Gegenwehr unterlag. Das Jahr der Einnahme wird dadurch bestimmt, dafs der Komödiendichter Philemon noch *Suid.* s. v. *ἴυλ.* unmittelbar vor derselben starb, und dafs dessen Tod nach *Diod.* (*Exc. Hoersch.*) XXIII, 7. ins J. 262 zu setzen ist. [Eine in neuerer Zeit aufgefundene, zuerst von Pittakis (᾿Εφημ. ᾿Αρχαιολογ. Nr. 1) herausgegebene Inschrift lehrt, dafs Athen und Sparta, letzteres nebst seinen Bundesgenossen, um 270 miteinander und mit Ptolemäos ein Bündnis zur Verteidigung ihrer und der übrigen Griechen Unabhängigkeit geschlossen hatten, und liefert zugleich den interessanten Beweis für die Vermutung Niebuhrs, dafs der zwischen Antigonos und den Griechen geführte Krieg der von Athenäos (p. 250 f.) erwähnte Chremonideische sei, indem Chremonides in der Inschrift erwähnt wird.] Antigonos legte Besatzungen in den Peiräeus, in Munychia und in das Museion; die letztere wurde jedoch bald darauf wieder von ihm zurückgezogen.

77) *Pol.* II, 43 (wo das Jahr angegeben wird). *Plut. Ar.* 2—10. Mit und durch Aratos erhielt der Bund zuerst seine gröfsere Bedeutung und seine höheren Zwecke, s. *Pol. Philop.* 8. Über ihn im allgemeinen s. bes. *Plut. Ar.* 10: πολέμῳ μὲν καὶ ἀγῶνι χρήσασθαι φανερῷ; ἀτολμός καὶ δύσελπις, κλέψαι δὲ πράγματα καὶ συσκευάσασθαι κρύφα πόλεις καὶ τυράννους ἐπιφανέστατος, vgl. *Pol.* IV, 8, 60.

V, 20. *Vit. γ'*, (σφόδρα πολυγράμματος ἀνήρ). Sein Hauptwerk wurde ins Lateinische übersetzt von *Cicero, de nat. d.* II, 41, Caesar Germanicus und Festus Avienus, und stand trotz seiner gelehrten Eintönigkeit, *Quint.* X, 1, 55, bei den Römern in hohem Ansehen, *Cic. de orat.* I, 16. *de rep.* I, 14. *Ovid. Amor.* I, 15, 16: Cum sole et luna semper Aratus erit.

v) Kallimachos aus dem Geschlechte der Battiaden zu Kyrene, Schüler des Grammatikers Hermokrates, dann Vorsteher einer Schule zu Alexandreia und hierauf von Ptolemäos Philadelphos an das dortige Museum und die Bibliothek berufen, deren Vorstand er zuletzt wurde, *Suid.* s. v. *Ἡγησιάναξ.* VIII, 20 f. *Bergk. Proll. Aristoph.*, lebte um 260—230. Gelehrter Dichter und Kritiker, soll er 800 Schriften verfafst haben, *Suid.* s. v. Wir besitzen von ihm 6 Hymnen und 60 Epigramme, von seinen übrigen Schriften haben sich nur Bruchstücke erhalten. Besonders wurden seine Elegieen geschätzt, *Quint.* X, 1, 58 (princeps elegiae), daher auch nachgebildet von römischen Dichtern, wie Ovidius, Propertius (vgl. *Eleg.* III, 1) und Catullus (LXVI, *de coma Berenices*).

Olympiaden-jahr.	Jahr v. Chr.	Geschichte.
CXXXIV, 2.	243.	Korinth und Megara mit dem achäischen Bunde vereinigt.[78]
CXXXIV, 3.	242.	Unglücklicher Versuch des Spartanerkönigs Agis IV., die Lykurgische Verfassung wiederherzustellen.[79]

[78] *Pol.* II, 43. *Plut. Ar.* 16—24. In Akrokorinth lag eine makedonische Besatzung, durch welche Antigonos den ganzen Peloponnes beherrschte, s. *Plut. u. a. O.* 16 vgl. *Paus.* VII, 7, 3. Aratos eroberte Akrokorinth und führte die somit befreite Stadt dem Bunde zu. Seitdem war Aratos, der in diesem Jahre zum zweitenmal Strateg war, bis zu seinem Tode der eigentliche Leiter des Bundes, s. *Pol. a. a. O.*: μεγάλην δὲ προκοπὴν ποιήσας τῆς ἐπιβολῆς ἐν ὀλίγῳ χρόνῳ λοιπὸν ἤδη διετέλει προστατῶν μὲν τοῦ τῶν Ἀχαιῶν ἔθνους, *Plut. u. a. O.* 24: ἐαν᾽ ἐπεὶ μὴ κατ᾽ ἐνιαυτὸν ἔξην, παρ᾽ ἐνιαυτὸν ᾑρημένον στρατηγὸν αὐτὸν, ἔργῳ δὲ καὶ γνώμῃ διὰ παντὸς ἄρχειν. Auch Trözen und Epidauros schlossen sich in dieser Zeit dem Bunde an, s. *Plut. ebend. Paus.* II, 8, 4. VII, 7, 1.

[79] Der Verfall Spartas, welcher mit dem peloponnesischen Kriege beginnt und besonders durch das Eindringen großer Goldsummen in und nach demselben gefördert wurde, s. S. 99.

wie auch sein Schmähgedicht Ἶβις auf den Apollonius von Rhodos das Vorbild zu dem gleichnamigen Gedicht des Ovidius war. Dann sind er neunen seine αἴτια, eine gelehrte Mythensammlung in 4 Büchern, und seine πλόκαμος, in denen er den gesamten Bestand der griechischen Litteratur nach Büchern verzeichnete und Begründer der griechischen Litteraturgeschichte wurde, *Suid.* s. v. Auch als Lehrer hat er bedeutend gewirkt, Eratosthenes, Aristophanes u. a. waren seine Schüler (*Καλλιμάχειοι*). Es heißt von ihm: *Ovid. Amor.* I, 15, 14: Battiades semper toto cantabitur orbe; | quamvis ingenio non valet, arte valet.

w) Lykophron aus Chalkis auf Euböa, Dichter und Grammatiker, war von Ptolemäos Philadelphos an der Bibliothek von Alexandreia angestellt, um die Werke der Komiker zu ordnen, *Vit. a', Westerm. Vitt. min.* p. 142. *Suid.* s. v. *Περὶ κωμ.* VIII, 19 f. *Bergk, Proll. Aristoph.*, und wurde zu dem Siebengestirn (*Πλειάς*) von Dichtern der alexandrinischen Zeit gerechnet. Von seinen Schriften hat sich nur sein episches Gedicht *Ἀλέξανδρα* (irrtümlich *Κασσάνδρα* betitelt) erhalten, *Suid.* s. v.: τὸ σκοτεινὸν ποίημα. Alle übrigen Schriften, namentlich auch seine 20 Tragödien, *Suid.* s. v., sind verloren gegangen.

x) Apollonios aus Alexandreia lebte um 250—190, verließ aber seine Vaterstadt, als er mit der Vorlesung seines Epos *Ἀργοναυτικά*, angeblich infolge der Mißgunst und Schmähsucht anderer Dichter, durchfiel, *Vit. α', β', Westerm. Vitt. min.* p. 50. 51. Bei dieser Gelegenheit auch mit seinem Lehrer Kallimachos verfeindet, griff er denselben in einem Epigramm an, *Anthol. Gr. Iac.* T. III, p. 67, worauf dieser

Anm. 152, und welcher bald darauf eine weitere Nahrung durch die Rhetra des Epitadeus erhielt. s. S. 23. *Anm.* 20, zeigte sich besonders darin, daß der Grundbesitz sich immer mehr in den Händen einer kleinen Minderzahl vereinigte und die Zahl der Vollbürger immer mehr zusammenschmolz, s. *Plut. Ages.* 5: ταχὺ τῆς εὐπορίας εἰς ὀλίγους συρρυείσης, πενία τὴν πόλιν κατέσχεν ἀνελευθέριον καὶ τῶν καλῶν ἀσχολίαν ἐπιφέρουσα — ἀπελείφθησαν ἑπτακοσίων οὐ πλείους, Σπαρτιᾶται καὶ τούτων ἴσως ἑκατὸν ἦσαν οἱ γῆν κεκτημένοι καὶ κλῆρον, vgl. S. 104. *Anm.* 167. Agis eröffnete daher seine reformatorische Thätigkeit mit einem Gesetz, durch welches die Schulden erlassen wurden, und diesem folgte ein zweites Gesetz, welches bestimmte, daß eine neue Ackerverteilung vorgenommen und das ganze Gebiet in 4500 Lose für die Spartiaten und in 15000 für die Periöken geteilt, die Zahl der Spartiaten aber durch die Aufnahme von Periöken und Fremden ergänzt werden sollte, s. *Plut. Agid.* 8. Der Haupt-

mit dem Schmähgedicht Ibis antwortete. Dann ging er nach Rhodos, eröffnete dort eine Redeschule und erwarb sich durch Vorlesung seiner Gedichte solchen Beifall, daß er das Bürgerrecht erhielt und daher auch den Zunamen ὁ *Ῥόδιος*, *Vit. α', β'*. Später ward er nach Alexandreia zurückberufen an das Museum und wurde Oberbibliothekar an der dortigen Bibliothek. Außer seinem gelehrten Epos *Ἀργοναυτικά* und dem genannten Epigramm hat sich von seinen Schriften nichts erhalten.

y) Eratosthenes, geboren zu Kyrene im Jahre 276, wurde gebildet zu Athen, dann durch Ptolemäos Energetes zum Vorsteher der alexandrinischen Bibliothek befördert, *Suid.* s. v. *Περὶ κωμ.* VIII, 21. *Bergk, Proll. Aristoph.*, und starb im Jahre 196 oder 194 angeblich freiwillig den Hungertod, *Suid.* s. v. *Lucian. Macrob.* 27. Man nannte ihn *Βῆτα*, weil er in jeder Art von Gelehrsamkeit den zweiten Rang einnahm, *Suid.* Er selbst soll sich zuerst *Φιλόλογος* genannt haben, *Suet. de Grammatt.* 10. Sein großes Werk, *Γεωγραφικά* (*γεωγραφία* oder *γεωγραφία*), erhob die Geographie zur Wissenschaft, ist aber bis auf Anführungen bei Strabo verloren gegangen. Außerdem erstreckten sich seine Schriften auf das Gebiet der Philosophie, Chronologie, Geschichte, Litteraturgeschichte, Mathematik, Astronomie und Grammatik. Erhalten hat sich von ihm nur ein Epigramm auf die Verdoppelung des Würfels, *Anthol. Graec. Iac.* T. I, P. 2. p. 315, und ein Brief an König Ptolemäos über dieses Problem, *Eratosth. Bernhardy*, p. 175 f. Die unter seinem Namen auf uns gekommenen *Καταστερισμοί*, ein Verzeichnis von Gestirnen, sind viel späteren Ursprungs.

Olympiaden-jahr.	Jahr v. Chr.	Geschichte.
CXXXV, 2.	239.	Demetrios II. König von Makedonien.⁵⁹
CXXXVI, 2.	235.	Kleomenes III. König von Sparta.⁸¹
CXXXVI, 3.	234.	Beitritt von Megalopolis zum Bunde.⁸²
CXXXVII, 1.	229.	Antigonos II. König von Makedonien.⁸³
		Athen durch Aratos von der makedonischen Herrschaft befreit.⁸⁴
CXXXVIII, 1.	228.	Beitritt von Argos, Hermione und Phlius zum Bunde.⁸⁵
CXXXVIII, 2.	227.	Anfang des Kleomenischen Krieges. Feindseligkeiten zwischen Sparta und dem achäischen Bunde in Arkadien.⁸⁶

gegner der neuen Gesetze, der andere König Leonidas, wurde abgesetzt und verbannt, das. 11. 12, und der glückliche Fortgang des Unternehmens schien völlig gesichert, als der Eigennutz eines der Ephoren, des Agesilaos, eines Anhängers und Verwandten des Agis, durch die Hinausschiebung der Ackervertheilung alles verdarb, das. 13. 16. Während daher Agis mit dem Heere abwesend war, um den Achäern gegen die Ätoler Hilfe zu leisten, erfolgte ein völliger Umschlag der öffentlichen Stimmung, Leonidas kehrte zurück, bemächtigte sich der Gewalt, das. 16, und liefs Agis nebst seiner Mutter Agesistrata und seiner Grofsmutter Archidameia hinrichten, das. 18—20. [Für die Zeitbestimmung biebet die Stelle Plut. Ag. 13 die Hauptgrundlage, wo erzählt wird, dafs Agis auf jenem Feldzuge sich bei Korinth mit Aratos vereinigt und demselben gerathen habe, durch Besetzung des Isthmos die Ätoler am Eindringen in den Peloponnes zu verhindern. Dies setzt nämlich voraus, dafs die Makedoner nicht mehr in Besitz von Korinth waren, da im andern Falle von einer Besetzung des Isthmos nicht die Rede sein konnte; es mufs also nach 243 geschehen sein, s. vor. Anm.; auf der andern Seite aber konnte der Einfall der Ätoler auch nicht nach 239 stattfinden, da nach dem in diesem Jahre erfolgten Tode des Antigonos Ätoler und Achäer Frieden schlossen, s. Polyb. II, 44. Jener Feldzug mufs also in die Zeit zwischen 243 und 239, etwa ins Jahr 241 gesetzt werden; dann folgt aber, dafs der Anfang der Reformversuche des Agis ins Jahr 242 gehört, da zwischen demselben und dem Feldzuge ein Wechsel der Ephoren stattfindet, s. Plut. Ag. 12.]

80) Er regierte 10 Jahre, Polyb. II, 44. Porphyr. fr. 3 u. 1. §. 9, und starb in dem Jahre, wo die Römer zuerst nach Illyrien übersetzten, d. h. im Jahre 229, Polyb. ebend. vgl. II, 10. 14.

81) Er war der Sohn des Leonidas, s. Anm. 79, und regierte 16 Jahre, s. Plut. Cleom. 38, was, vorausgesetzt dafs er im Jahre 219 gestorben, s. Anm. 95, und dafs das Todesjahr als das Ende seiner Regierung gerechnet ist, das obige Jahr als das seines Regierungsantritts ergiebt.

82) Polyb. II, 44. Plut. Arat. 30. Lydiadas, der Tyrann von Megalopolis, dankte freiwillig ab und führte die Stadt dem Bunde zu. [Die Zeitbestimmung beruht darauf, dafs nach Plut. a. a. O. die Achäer den Lydiadas nach der Niederlegung der Herrschaft zum Strategen ernannten und diese Wahl noch zweimal und zwar im Wechsel mit Aratos wiederholten, und dafs die letzte dieser Strategieen nicht später als 229 angesetzt werden kann, da 228 Aratos, 227 Aristomachos, 226 wieder Aratos Strateg war und Lydiadas im Jahre 226 in der Schlacht bei Leuktra gefallen ist, s. Plut. a. a. O. 35. 37. Anm. 87, während auf der andern Seite die Vereinigung von Megalopolis mit dem Bunde möglichst kurze Zeit vor dem Tode des Demetrios gesetzt werden mufs, weil Polybios a. a. O. sagt, dafs sie noch bei Lebzeiten des Demetrios geschehen. Es ergiebt sich somach wenigstens als wahrscheinlich, dafs die Strategieen des Lydiadas in die Jahre 233, 231 und 229 fielen und der Beitritt von Megalopolis zum Bunde folglich ins Jahr 231.]

83) Über die Zeit des Todes des Demetrios s. Anm. 80. Ihm folgte Antigonos Doson, ein Brudersohn des Antigonos Gonatas, zunächst als Vormund des Philippos, des Sohnes des Demetrios, dann als König, s. Polyb. II, 45. Porphyr. fragm. 4. §. 10. Er regierte 9 Jahre nach Diodor. b. Porphyr. fr. 3. §. 10, womit die Stellen Polyb. II, 70. Plutarch. Cleom. 27. 30, wonach er kurz nach der Schlacht bei Sellasia gestorben, vollkommen übereinstimmen [während die Angabe des Porphyrios selbst fr. 3. n. 4. §. 10, dafs er 12 Jahre regiert, mit diesen Stellen unvereinbar ist].

84) Der Befehlshaber der Besatzung, Diogenes, wurde durch die Summe von 150 Talenten, wozu Aratos aus eigenen Mitteln den sechsten Teil beitrug, zum Abzug bewogen, s. Plut. Arat. 24. 34. Cleom. 16. Pausan. II, 8, 5. Athen trat jedoch dem Bunde nicht bei. [Die Befreiung geschah ἱμερτρίου τελευτήσαντος, also wahrscheinlich im Jahre 229.]

85) Polyb. II, 44. Plut. Arat. 35. In Argos war Aristomachos Tyrann, welcher von Aratos bewogen wurde, die Tyrannis niederzulegen, und dafür zum Strategen für das folgende Jahr ernannt wurde, s. Plut. a. a. O. [Die Strategie des Aristomachos ist ins Jahr 227 zu setzen, s. Anm. 95, woraus sich das oben angenommene Jahr ergiebt.]

86) Kleomenes wünschte Krieg οἰόμενος ἐν πολέμῳ μᾶλλον ἢ κατ' εἰρήνην μετατιθέναι τὰ παρόντα, Plutarch. Cleom. 3; ebenso auch Aratos und mit ihm der achäische

Olympiaden-jahr.	Jahr v. Chr.	Geschichte.
CXXXVIII, 3.	226.	Die Siege des Kleomenes am Berge Lykäon und bei Leuktra im Gebiete von Megalopolis.[87]
CXXXVIII, 4.	225.	Die Erneuerung der Lykurgischen Verfassung in Sparta durch Kleomenes.[88] Einfall des Kleomenes in Achaia und sein Sieg bei Dyme.[89]
CXXXIX, 1.	224.	Fruchtlose Friedensunterhandlungen.[90] Kleomenes fällt von neuem in Achaia ein. Pellene und Argos von ihm erobert; Kleonä, Phlius und Korinth schliessen sich ihm freiwillig an.[91]
CXXXIX, 2.	223.	Er belagert Akrokorinth und Sikyon.[92] König Antigonos, von den Achäern zu Hilfe gerufen, dringt in den Peloponnes ein.[93]

Bund, weil Sparta allein seinen auf Vereinigung des ganzen Peloponnes gerichteten Bestrebungen entgegenstand, *ebendas.*, und weil er fürchtete, dafs der ätolische Bund sich mit Sparta und dem Makedonerkönig zur Unterdrückung des achäischen Bundes vereinigen möchte, *Polyb.* II, 45. 46, eine Besorgnis, die sich besonders darauf stützte, dafs die Spartaner um diese Zeit die Städte Tegea, Mantinea und Orchomenos, die im Bündnis mit den Ätolern waren, ohne Widerspruch der Ätoler wegnahmen, *Polyb.* II, 46. Die Ephoren in Sparta, die feindseligen Absichten der Achäer erkennend, gaben dem Kleomenes Auftrag, Belmina, auf der Grenze von Lakonika und Megalopolis, zu besetzen; Kleomenes führte dies aus und befestigte das Athenäon daselbst; hierauf nahmen die Achäer Kaphiä in Arkadien, Kleomenes dagegen Methydrion, und als die Achäer mit einem Heere von 20000 Mann zu Fufs und 1000 Reitern in Arkadien eindrangen und sich bei Pallantion lagerten, rückte ihnen Kleomenes mit 5000 Mann entgegen und bot ihnen die Schlacht an; die Achäer aber zogen sich zurück. Dies die Vorspiele des Kleomenischen Kriegs, über welche s. *Plut. Cleom.* 4. *Arat.* 35. *Polyb.* II, 46. [Über die Chronologie des ganzen Kriegs, von dem Polybios bis zur Ankunft des Antigonos nur einen kurzen Überblick giebt, s. *Anm.* 95.]

87) Die Achäer hatten unter Aratos einen Einfall in Elis gemacht; Kleomenes kam den Eleern zu Hilfe und gewann den ersten Sieg am Berge Lykäon, *Plut. Cleom.* 6. *Arat.* 36. *Polyb.* II, 51; Aratos nahm darauf Mantinea durch einen Handstreich, *Plut. ebendas.*; Kleomenes aber rückte wieder ins Feld, nahm Leuktra bei Megalopolis und brachte den Achäern, als sie dem bedrängten Megalopolis zu Hilfe kamen, eine neue Niederlage bei, *Plutarch. Cleom.* 6. *Arat.* 36 — 37. *Polyb.* II, 51 (an welcher letzteren Stelle Ladokeia als Ort der Schlacht genannt wird].

88) Kleomenes, welcher thatkräftiger war als Agis (κύριον τι θερμὸν τῇ φύσει προσήεστο, *Plut. Cleom.* 1] und den Grund, warum der Versuch des Agis mifslungen, hauptsächlich in den Ephoren suchte, begann mit der Ermordung der Ephoren, *Plut. Cleom.* 8. 10. und führte dann die Reform aus, indem er eine neue Ländervertheilung vornahm und (mit Hilfe des Stoikers Sphäros) die ἀγωγή wieder einführte, *das.* 11. Durch Aufnahme von Periöken brachte er die Zahl der Hopliten bis zu 4000, *ebendas.* Auch setzte er Eukleidas, seinen Bruder, zum Mitkönig ein, *ebendas.*; bis dahin hatte er, wie sein Vater Leonidas durch Ermordung des Agis, den Königsthron allein eingenommen.

89) *Plut. Cleom.* 14. *Polyb.* II, 51 (bei dem Hekatombäon). Vorher hatte er auch Mantinea wieder genommen, *Plut. a. a. O. Polyb.* II, 58.

90) Aratos hatte, durch die wiederholten Niederlagen eingeschüchtert, die Strategie für dieses Jahr, obgleich ihn die Reihe wieder traf, abgelehnt, *Plutarch. Cleom.* 15. *Arat.* 38. und die Achäer waren geneigt, auf die Forderung des Kleomenes, dafs sie ihm die Hegemonie einräumen möchten, einzugehen, indes wurden die Verhandlungen erst durch Zufälligkeiten und dann durch die Intriguen des Aratos (welcher bereits mit dem Könige von Makedonien in geheimer Unterhandlung stand, *Polyb.* II, 51. *Plut. Arat.* 38) vereitelt, *Plut. Cleom.* 15. 17. *Arat.* 39.

91) *Plut. Cleom.* 17—19. *Arat.* 39. *Polyb.* II, 52. — *Plut. Cleom.* 17: Ἐγέγονει δὲ κίνημα τῶν Ἀχαιῶν, καὶ πρὸς ἀπόστασιν ὥρμησαν αἱ πόλεις, τῶν μὲν δήμων νομήν τε χώρας καὶ χρεῶν ἀποκοπὰς ἐλπισάντων, τῶν δὲ πρώτων πολλαχοῦ βαρυνομένων τὸν Ἄρατον, ἐνίων δὲ καὶ δι' ὀργῆς ἐχόντων ὡς ἐπάγοντα τῇ Πελοποννήσῳ Μακεδόνας. Die Einnahme von Argos geschah bei Gelegenheit der nemeïschen Spiele, d. h. im Winter 224/23, vgl. *Anm.* 95.

92) *Plut. Cleom.* 19. *Arat.* 40. *Polyb.* II, 52.

93) Aratos, der eine Verbindung zwischen Sparta, dem ätolischen Bunde und dem König von Makedonien fürchtete und durch Kleomenes nicht nur seinen Lebensplan, den Peloponnes unter die Hegemonie des achäischen Bundes zu vereinigen, sondern auch die bestehenden Verfassungen der einzelnen Städte bedroht sah, hatte schon länger mit Antigonos im geheimen unterhandelt; nach den wiederholten Niederlagen

Olympiaden-jahr.	Jahr v. Chr.	Geschichte.	Kunst und Litteratur.
CXXXIX, 3.	222.	Antigonos erobert die arkadischen Städte Tegea, Orchomenos, Mantinea, Heraia und Telphusa.⁹⁴	
CXXXIX, 4.	221.	Kleomenes bei Sellasia von Antigonos völlig geschlagen.⁹⁵	Die alexandrinischen Grammatiker und Kritiker Zenodotos,ᶻ

wurden die Unterhandlungen offen und mit Zustimmung des Bundes geführt und jetzt zum Abschluſs gebracht, da man, nachdem Korinth zu Kleomenes übergegangen und Akrokorinth von demselben eingeschlossen war, kein Bedenken mehr trug, die Bedingung des Antigonos, an die man sich bisher gestoſsen hatte, zu erfüllen und ihm Akrokorinth zu überlassen, s. Polyb. II, 45—54 vgl. Plutarch. Cleom. 19. Arat. 38. Über die Überlassung von Akrokorinth s. Plutarch. Arat. a. a. O.: Οὐ γὰρ πρότερον ἔλυξη τοῖς Ἀχαιοῖς διηρῆσθαι καὶ ἐκπμίλλεσθαι αὐτοὺς διὰ τῶν πραγμάτων καὶ τῶν ἐγχρημάτων ἢ τῇ φρουρᾷ καὶ τοῖς ὁμήροις ὥσπερ χαλινουμένους ἀναγκάσθαι. Antigonos kam mit 20000 Mann zu Fuſs und 1400 Reitern, Plut. Arat. 43. Kleomenes gab bei der Annäherung des Antigonos die Belagerung von Sikyon auf und besetzte den Isthmus; als indes Argos in seinem Rücken abfiel und von den Achäern besetzt wurde, sah er sich genötigt, diese Stellung aufzugeben, und nun drang Antigonos bis an die Grenze Lakonikas vor, wo er die spartanischen Befestigungen bei Belmina und Ägä zerstörte, s. Polyb. II, 52—54. Plut. Cleom. 20—21. Arat. 43—44. Kleomenes suchte sich nun hauptsächlich auf Ptolemäos zu stützen, an den er jetzt seine Mutter und seinen Sohn als Geiseln schickte, Plut. Cleom. 22 vgl. Pol. II, 51.

94) Polyb. II, 54. Plut. Cleom. 23. Kleomenes gab allen Heloten, welche 5 Minen bezahlten, die Freiheit und nachdem er durch dieselben sein Heer verstärkt (nach Plutarch betrug die Zahl derselben 6000, nach Macrob. Sat. I, 11 betrug sie 9000), überfiel er im Winter Megalopolis, nahm und zerstörte es, Plut. Cleom. 23—25. Philop. 5. Polyb. II, 55. 61.

95) Kleomenes machte im Frühling, ehe Antigonos seine Truppen wieder gesammelt hatte, einen Einfall in das Gebiet von Argos und verwüstete dasselbe, Polyb. II, 64. Plut. Cleom. 26. Hierauf stellt er sich, den Antigonos erwartend, zu Anfang des Sommers (Polyb. II, 65) bei Sellasia mit 20000 Mann im ganzen auf. Antigonos rückt ihm mit 28000 Mann zu Fuſs und 12000 Reitern entgegen, und es kommt zur Schlacht, in welcher Kleomenes völlig geschlagen wird. Polyb. II, 65—69. Plut. Cleom. 27—28. Philop. 6. Nach Plutarch. Cleom. 28. sollen die 6000 Spartaner, welche in der Schlacht zugegen waren, bis auf 200 gefallen sein. Kleo-

z) Zenodotos aus Ephesos, Schüler des Philetas, erster Vorsteher der Bibliothek zu Alexandreia und Erzieher der Söhne des Ptolemäos Philadelphos, beschäftigte sich mit der

menes flieht nach Ägypten, wo er sich vergeblich bemüht, den König zur Hilfsleistung für sein Vaterland zu bewegen, und wo er nach beinahe drei Jahren (Polyb. IV, 35), nachdem er endlich sogar als Gefangener behandelt worden und ein Versuch, sich durch Erregung eines Aufstandes in Alexandreia zu befreien, miſslungen, sich mit seinen Begleitern selbst den Tod giebt, Polyb. V, 35—39. Plutarch. Cleom. 32—39. Antigonos hebt in Sparta, wo man ihn ohne Widerstand aufnimmt, die Einrichtungen des Kleomenes wieder auf, Polyb. VI, 70, und kehrt dann nach Makedonien zurück, wohin er durch einen Einfall der Illyrier gerufen wurde, läſst aber in Korinth und Orchomenos eine Besatzung zurück, durch welche er seine Herrschaft im Peloponnes aufrecht erhielt, s. Polyb. IV, 6. Plutarch. Arat. 45. Vgl. über die militärische Bedeutung von Korinth Pol. VII, 11. Plut. Arat. 50. Flam. 10. Paus. VII, 7, 3. Die Achäer wurden mit den Epeiroten, Phokern, Böotern, Akarnanen und Thessalern zu einem thatsächlich unter der Oberhoheit von Makedonien stehenden Bunde vereinigt, Polyb. IV, 9, ebenso wurde auch das Verhältnis von Sparta zu Makedonien durch ein besonderes Bündnis festgestellt, s. ebendas. Über die völlige Abhängigkeit des achäischen Bundes von Makedonien s. Plutarch. Arat. 45: Ἐφημέρωντο δ' ἄλλοι μὴ γράφειν βασιλεῖ μηδὲ πρεσβεύειν πρὸς ἄλλον ἄκοντος Ἀντιγόνου, τρέφειν τε καὶ μισθοδοτεῖν ἠναγκάζοντο τοὺς Μακεδόνας. [Daſs die Schlacht bei Sellasia im Jahre 221, nicht, wie häufig angenommen wird, im Jahre 222 stattfand, geht daraus hervor, daſs Antigonos nach derselben und nachdem er die Angelegenheiten in Sparta nach seinem Sinne geordnet, den nemeischen Spielen beiwohnte, s. Pol. II, 70, welche, wie besonders deutlich aus Pol. V, 101 hervorgeht, im Sommer immer zu Anfang des 3. Olympiadenjahrs, also diesmal nicht 222, sondern 221 gefeiert wurden. Steht dies fest, so folgt, daſs Antigonos im Sommer 223 nach Griechenland kam, da Polyb. II, 54 die zweimaligen Winterquartiere desselben im Peloponnes ausdrücklich erwähnt, womit auch übereinstimmt, daſs die Eroberung von Argos durch Kleomenes bei Gelegenheit der nemeischen Spiele geschah, s. Anm. 91, welche im Winter immer im ersten Olympiadenjahre, also in diesem Falle 224,/23 gefeiert wurden. Die übrigen Vorgänge des Kriegs bestimmen sich durch die Strategen, unter denen sie vorliefen; diese sind nacheinander

Grammatik und Kritik griechischer Dichter und veranstaltete die erste Ausgabe des Homer, Suid. s. v. Ἡσί χου. Bergk, Prolī. Aristoph. VIII, 22.

Olympiaden- jahr.	Jahr v. Chr.	Geschichte.	Kunst und Litteratur.
CXXXIX, 4.	221.	. . . . . .	Aristophanes,[aa] Aristarchos.[bb]

Aristomachos (im Jahre 227), s. *Plutarch. Arat.* 35. *Cleomen.* 4, Aratos (im Jahr 226), *Plutarch. Arat. a. a. O.,* Hyperbatas (im Jahre 225), *Plutarch. Cleom.* 14, Timoxenos (im Jahre 224), *Plut. Arat.* 38 vgl. *Cleom.* 15; eine weitere Bestätigung erhält aber die angenommene Chronologie noch dadurch, dafs die Einnahme von Mantinea durch Aratos (s. *Anm.* 87) nach *Polyb.* II, 57 im vierten Jahre vor der Aukunft des Antigonos stattfand. Freilich bleiben dabei immer noch einige dunkle Punkte übrig; so ist es hiernach wenigstens nicht genau, wenn von Polybios im Jahre 219 zur Zeit des Strategenwechsels von der Flucht des Kleomenes nach der Schlacht bei Sellasia 3 Jahre gerechnet werden,

s. IV, 35. 37; es ist ferner damit, dafs Aratos nach *Polyb.* II, 43 im Jahre 243 zum zweitenmal Strateg war, s. *Anm.* 78, und dafs er die Strategie ein Jahr ums andere führte, nicht vereinbar, dafs seine Strategie im Jahre 226 die zwölfte gewesen sein soll, s. *Plut. Arat.* 38; endlich bleibt es auch eine schwer zu lösende Schwierigkeit, dafs Timoxenos, welcher im Jahre 224 Strateg war, es auch 223 wieder gewesen sein soll, s. *Polyb.* II, 53, womit jedoch *das.* 52. *Plut. Arat.* 41 zu vergleichen ist. Indes reichen diese Bedenken doch nicht aus, um die oben angegebenen, auf sichere Beweise gegründeten Annahmen umzustofsen.)

aa) Aristophanes von Byzantion, Kritiker und Grammatiker, Schüler des Zenodotos, Kallimachos und Eratosthenes, und Lehrer des Aristarchos, dann nach Apollonios Rhodios Vorsteher der Bibliothek zu Alexandreia, *Suid.* s. v. *Ἀριστοφάνης,* v. *Ἐρατοσθένης.* Ihm wird die Erfindung der Accent- und Interpunktionszeichen beigelegt, *Villoison. Anecd. Gr.* II, p. 131. *Apollon. Alex.* IV, p. 304, und in Gemeinschaft mit Aristarchos die Festsetzung des Alexandrinischen Kanons. *Procl. Chrestom.* p. 340 f. *Quint.* X, 1, 46 f. Den Mittelpunkt seiner Studien bildeten bei Aristophanes, wie bei den übrigen Alexandrinischen Gelehrten, die Homerischen Gedichte, welche er mit kritischen Zeichen versehen herausgab; doch wandte er seine Thätigkeit auch anderen griechischen Dichtern zu und schrieb auch ein grofses lexikalisches Werk, *λέξεις.* Von seinen sämtlichen Büchern haben sich indes nur Bruchstücke in den Scholien zu den Dichtern erhalten.

bb) Aristarchos aus Samothrake, gebildet zu Alexandreia durch Aristophanes, wurde Erzieher des jungen Ptolemäos Epiphanes und (nach Aristophanes) Oberbibliothekar und bildete als der gefeiertste aller Grammatiker und Kritiker (ὁ χαριέστατος τῶν γραμματικῶν, ὁ γραμματικώτατος) zahlreiche Schüler, ging endlich aber als Greis nach Kypros, wo er 72 Jahr alt eines freiwilligen Hungertodes gestorben sein soll, *Suid.* s. v. *Ἀρίσταρχος. Athen.* II, p. 71 b. Er beschäftigte sich besonders mit der Kritik und der Erklärung der älteren Dichter, über Homer (s. oben S. 21. *Anm.* a), Pindaros, Archilochos, Äschylos, Sophokles, Ion, Aristophanes und schrieb nach Suidas über 800 Kommentare und mehrere grammatische Werke, von denen sich nur Bruchstücke in den Scholiensammlungen erhalten haben. Seine bedeutenden Verdienste um die Kritik und Erklärung des Homer erhellen namentlich aus den Homerischen Scholien und dem Kommentar des Eustathios. Sein Hauptgegner war Krates aus Mallos, der zu Pergamon lehrte und dem Hauptwerke des Aristarchos *Περὶ ἀναλογίας,* eine Schrift *Περὶ ἀνωμαλίας* entgegensetzte, *Gell.* II, 25 vgl. XIV, 6, 3. *Varro de l. l.* IX, 1. Er wurde der Stifter der Pergamenischen Schule.

Vierter Abschnitt.
220 bis 146 v. Chr.

Die Griechen werden in den Kampf zwischen Rom und Makedonien gezogen und fallen, sich auf der einen oder der andern Seite an dem Kriege beteiligend, endlich der Herrschaft Roms anheim.

Olympiaden- jahr.	Jahr v. Chr.	Geschichte.
CXL, 1.	220.	*Philipp V. König von Makedonien.*[96]
CXL, 1—4.	220—217.	Bundesgenossenkrieg zwischen den mit Philipp verbündeten Achäern, Böotern, Phokern, Epeiroten, Akarnaniern, Messeniern und den Ätolern, Spartanern, Eleern.[97]
CXLI, 2.	215.	*Krieg zwischen Rom und Makedonien.*[98]
CXLI, 4.	213.	Aratos durch Philipp vergiftet.[99]
CXLII, 2.	211.	Die Ätoler schliefsen ein Bündnis mit den Römern und werden hierdurch in den Kampf zwischen Rom und Makedonien gezogen, dem Vorgange der Ätoler folgen die Spartaner, Eleer und Messenier, während sich die Achäer, Böoter, Phoker, Epeiroten, Akarnanier, Euböer, Lokrer und Thessaler auf seiten Makedoniens an dem Kriege beteiligen.[100]

96) Über die Zeit seines Regierungsantritts s. *Anm.* 83. Er war jetzt 17 Jahre alt, s. *Polyb.* IV, 5, und erwarb sich in der ersten Zeit seiner Regierung durch Gerechtigkeit und Milde, wie durch Tapferkeit und militärische Tüchtigkeit allgemeine Anerkennung und Liebe, *Polyb.* IV, 77. VII, 12 (: κοινός τις οἷον ἐρώμενος ἐγένετο τῶν Ἑλλήνων διὰ τὸ τῆς αἱρέσεως εὐεργετικόν), artete aber nachher aus, s. *Polyb.* VII, 12. 13. X, 26. *Plut. Arat.* 51.

97) Der Krieg (ὁ συμμαχικὸς πόλεμος, *Polyb.* IV, 13) wurde durch einen plündernden Zug der Ätoler durch Achaja nach Messenien veranlafst, *Polyb.* IV, 1—13. Über die Zeit des Anfangs s. *das.* 14. 26. Auf der einen Seite stehen dieselben, welche nach dem Kleomenischen Kriege mit Makedonien in Bündnis getreten waren, s. *Anm.* 95, nur mit dem Unterschiede, dafs die Spartaner auf die Seite der Ätoler übertraten, s. *Polyb.* IV, 16. 35, und dafür die Messenier sich an Philipp und den achäischen Bund anschlossen, *das.* 9. 15. 25; mit den Ätolern hielten es außer den nen gewonnenen Spartanern noch ihre alten Bundesgenossen, die Eleer, *das.* 36. Über den ganzen Krieg, welcher von beiden Seiten lediglich durch plündernde Einfälle in das feindliche Gebiet ohne entscheidende Erfolge geführt wird, s. *Polyb.* IV, 1—37. 57 bis V, 30. 91—105 vgl. *Plut. Arat.* 47—48; zuletzt ist jedoch Philipp mit seinen Bundesgenossen im Vorteil; er schliefst indes Frieden, als er die Nachricht von dem Siege Hannibals am trasimenischen See erhält, um freie Hand zu gewinnen und sich mit Hannibal gegen Rom verbünden zu können, s. *Polyb.* V, 101—105 vgl. *Römische Zeittaf.* (6. *Auflage*) S. 57. *Anm.* 18, und zwar unter der Bedingung, ὥστε ἔχειν ἀμφοτέρους, ἃ νῦν ἔχουσι, Plutarch. a. a. O. 103. — *Polyb.* V, 105: Τὰς μὲν οὖν Ἑλληνικὰς καὶ τὰς Ἰταλικὰς, ἔτι δὲ τὰς Λιβυκὰς πράξεις οὗτος ὁ καιρὸς καὶ τοῦτο τὸ διαβούλιον συνέπλεξε πρῶτον· οὐ γὰρ ἔτι Φίλιππος οὐδ' οἱ τῶν Ἑλλήνων ἀγωνισταὶ ἄρχοντες πρὸς τὰς κατὰ τὴν Ἑλλάδα πράξεις ποιούμενοι τὰς ἀναφορὰς οὔτε τοὺς πολέμους οὔτε τὰς διαλύσεις ἐποιοῦντο πρὸς ἀλλήλους, ἀλλ' ἤδη πάντες πρὸς τοὺς ἐν Ἰταλίᾳ σκοποὺς ἀπέβλεπον.

98) S. *Römische Zeittaf.* S. 57. *Anm.* 18. 21. Philipp hatte sich sogleich nach Beendigung des Bundesgenossenkriegs gegen Illyrien gewendet, welches er zu erobern suchte, um von da ohne Hannibal die Hand reichen zu können, s. *Polyb.* V, 108—110. VIII, 15. Illyrien war daher auch zunächst der Hauptschauplatz des Kriegs zwischen Philipp und den Römern.

99) *Polyb.* VIII, 14. *Plut. Arat.* 52—54. *Paus.* II, 9, 4. Nach seinem Tode trat immer mehr Philopömen als Leiter der Angelegenheiten des Bundes hervor, „der letzte der Hellenen", *Plut. Philop.* 1. Über ihn s. *Plut. Philop. Paus.* VIII, 49—52. *Polyb.* X, 22—24. XI, 8—10. u. ö.

100) S. *Röm. Zeittaf.* S. 59. *Anm.* 31. Vgl. *Polyb.* XI, 5. Die Messenier, welche bisher auf Philipps Seite gestanden

Olympiaden-jahr.	Jahr v. Chr.	Geschichte.
CXLIII, 4.	205.	Friede zwischen Rom und Philipp und den beiderseitigen Bundesgenossen.[101]
CXLV, 1.	200.	*Zweiter makedonischer Krieg.*[102]
CXLV, 3.	198.	Die Achäer treten auf die Seite Roms über.[103]
CXLV, 4.	197.	*Niederlage Philipps bei Kynoskephalä.*[104]
CXLVI, 1.	196.	*Friede zwischen Rom und Makedonien.*[105]
		Griechenland für frei erklärt.[106]
CXLVI, 2.	195.	Krieg der Römer und Achäer gegen den Tyrannen Nabis von Sparta; Nabis unterwirft sich und wird auf den Besitz der Stadt Sparta beschränkt.[107]
CXLVII, 1.	192.	Ermordung des Nabis und Vereinigung Spartas mit dem achäischen Bunde.[108]
		Anfang des syrischen Krieges zwischen Rom und dem König Antiochos von Syrien.[109]
		Die Ätoler Bundesgenossen des Antiochos.[110]
CXLVII, 4.	189.	*Ende des syrischen Krieges.*[111]
		Die Macht der Ätoler durch den ihnen von den Römern diktierten Frieden gebrochen.[112]

hatten, waren infolge von Mißhandlungen und Ungerechtigkeiten, die sie von Philipp erlitten, auf die andere Seite übergetreten, *Polyb.* VIII, 10. 14. *Plut. Arat.* 49—51.
101) S. *Röm. Zeittaf.* S. 61. Anm. 45.
102) S. *Röm. Zeittaf.* S. 63. Anm. 1—5.
103) S. *Röm. Zeittaf.* S. 63. Anm. 5. Über die schwankende und zweideutige Haltung des Tyrannen Nabis von Sparta, siehe *Anm.* 107.
104) S. *Röm. Zeittaf.* S. 63. Anm. 7.
105) S. *Röm. Zeittaf.* S. 64. Anm. 8.
106) S. *Röm. Zeittaf.* S. 64 Anm. 9.
107) In Sparta waren nach dem Tode des Kleomenes Agesipolis III. und Lykurgos (letzterer ein Nicht-Herakilde) zu Königen gewählt worden, *Polyb.* IV, 35; Agesipolis wurde indes von Lykurgos vertrieben, *Liv.* XXXIV, 26; Lykurgos herrschte nun allein als Tyrann, nach ihm Machanidas, und nachdem dieser von Philopömen erschlagen, *s. Pol.* XI, 11 bis 18. *Plut. Phil.* 10, Nabis. Gegen Nabis wurde der Krieg unternommen, teils weil er nach dem Anschluß der Achäer an die Römer (*Anm.* 103) sich mit Philipp in Verbindung eingelassen und sich der Stadt Argos bemächtigt hatte, *Liv.* XXXII, 38—40, teils um seine Vereinigung mit Antiochos, mit welchem der Krieg nahe bevorstand, zu verhindern, s. *Liv.* XXXIII, 44. Über den Krieg mit Nabis s. *Liv.* XXXIV, 22—41. *Plut. Flam.* 13. Der Ausgang war, daß der Tyrann auf Sparta und dessen unmittelbares Gebiet beschränkt, von allem Verkehr zur See abgeschnitten und zu einer bedeutenden Geldstrafe verurteilt wurde, *Liv.* XXXIV, 35. 40 vgl. XXXV, 12. Die Achäer waren aber hiermit nicht zufrieden, weil nach ihrer Meinung der Krieg nur mit dem Sturze des Nabis beendigt werden sollte, s. *Plut. a. a. O.*: διηνέχαντο

τὰς τῆς Ἑλλάδος ἐλπίδας, *Liv.* XXXIV, 41: serva Lacedaemon relicta et lateri adhaerens tyrannus non sincerum gaudium praebebant, vgl. *ebendas.* 48. 49. XXXV, 31.
108) Zwischen Nabis und den Achäern war wieder Krieg ausgebrochen, weil jener, von den Ätolern verlockt, einen Versuch, sich die Küste von Lakonika wieder zu unterwerfen, gemacht hatte. Nabis wird von den Achäern unter Philopömen vollständig geschlagen und genötigt, sich in die Mauern von Sparta einzuschließen, *Liv.* XXXV, 12—13. 25—30. Hierauf schickten die Ätoler eine Truppenabteilung nach Sparta, angeblich um Nabis zu unterstützen, in Wahrheit aber um ihn zu beseitigen und sich der Stadt zu bemächtigen; Nabis wird auch wirklich getötet, die Ätoler versäumen aber sich der Stadt zu versichern, und nun eilt Philopömen herbei und zwingt die Spartaner, dem Bund, jedoch unter Belassung der Lykurgischen Verfassung, beizutreten, *ebend.* 35—37. *Plut. Phil.* 15. *Paus.* VIII. 50.
109) S. *Römische Zeittafeln* S. 64 Anm. 10 ff.
110) Die Ätoler waren mit den Römern wegen des Friedens mit Philipp unzufrieden, weil sie nach ihrer Meinung dabei ihre Verdienste nicht genug belohnt fanden, *Liv.* XXXIII, 11. 12. 13. 31. 35. 49. XXXIV, 22. 23. *Polyb.* XVIII, 17. 21. 22. 28. 31. *Plutarch. Flam.* 9, ebenso waren sie es sowohl wegen des Kriegs als wegen des Friedens mit Nabis, *Liv.* XXXIV, 23, 41. Daher ihre Verhandlungen und ihr Bündnis mit Antiochos, *Liv.* XXXIII. 43. 44. XXXV, 12. 32—33. 34. 43—45. *Polyb.* XX, 1. *Appian. Syr.* 12.
111) S. *Römische Zeittafeln* S. 65 Anm. 15.
112) Nach verschiedenen vergeblichen Friedensverhandlungen, über welche s. *Liv.* XXXVI, 22. 27—29. 34—35. XXXVII, 1. *Polyb.* XX, 9—11, nachdem ferner die beiden

Olympiaden- jahr.	Jahr v. Chr.	Geschichte.
CXLVIII, 1.	188.	Philopömen zwingt die Spartaner, die letzten Reste der Lykurgischen Verfassung abzuschaffen;[113] darauf fortwährende, von den Römern genährte Streitigkeiten zwischen Sparta und dem achäischen Bunde.[114]
CXLIX, 2.	183.	Krieg des achäischen Bundes mit Messenien und Tod des Philopömen.[115]
CL, 2.	179.	*Philipp von Makedonien stirbt; Perseus sein Nachfolger.*[116]
CLII, 2.	171.	*Dritter makedonischer Krieg.*[117]
CLIII, 1.	168.	*Perseus bei Pydna geschlagen und gefangen genommen.*[118]

Scipionen im Jahre 190, um für den Feldzug nach Asien gegen Antiochus freie Hand zu gewinnen, ihnen einen halbjährigen Waffenstillstand gewährt, s. *Liv.* XXXVII, 4—7. *Polyb.* XXI, 1—3, begann der Konsul des Jahres 189, M. Fulvius, den Krieg von neuem, nahm Amprakin und drohte in Ätolien einzufallen; da kam denn endlich der Friede zu stande, wonach die Ätoler 500 Talente bezahlen, alle Städte, welche ihnen die Römer seit Flamininus abgenommen, aufgeben, Geiseln stellen, nur mit Bewilligung der Römer Krieg zu führen sich verpflichten mufsten u. s. w., *Liv.* XXXVII, 49. XXXVIII, 1—15. *Polyb.* XXII, 8—15. Sie richteten sich seitdem durch Fraktionen vollends zu Grunde. *Polyb.* XXX, 14. *Liv.* XLI, 25. XLII, 2.

113) *Liv.* XXXVIII, 30—34. *Pausan.* VII, 8, 4. VIII, 51, 1. *Plut. Phil.* 16. Die Veranlassung gab ein Versuch der Spartaner, sich einer der Küstenstädte zu bemächtigen; Philopömen (auctor semper Achaeis minuendi opes et auctoritatem Lacedaemoniorum, *Liv. a. a. O.* 31) verlangte die Auslieferung der Urheber dieses Versuchs, und als die Spartaner sich nicht nur dessen weigerten, sondern auch den Beschlufs fafsten, sich vom achäischen Bunde zu trennen, rückte er in Lakonika ein, forderte nunmehr die Auslieferung derer, welche zu jenem Beschlusse geraten hatten, und liefs diese, als die Auslieferung erfolgte, 80 an der Zahl, soweit sie nicht sogleich bei ihrer Ankunft im Lager erschlagen worden waren, hinrichten (Frevel von Kompasion. *Polyb.* XXIII, 1. 7.) Die Spartaner selbst mufsten nun die von Nabis verbannten Bürger zurückrufen (vgl. *Liv.* XXXIV, 35. *Polyb.* XX, 12), dagegen die von ihm aufgenommenen Bürger verbannen, ihre Mauern niederreifsen, die Lykurgische Verfassung aufheben u. s. w. — *Per hace cuervata civitas Lacedaemoniorum Achaeis diu obnoxia fuit.* *Liv.* XXXVIII, 34. Die vollständige Aufnahme der Spartaner in den achäischen Bund geschah erst nachher im Jahre 181, s. *Polyb.* XXV, 1. 2.

114) Infolge der häufigen Umwälzungen in Sparta gab es eine Menge verbannter Spartaner, die in Sparta selbst ihren Anhang hatten (nach *Polyb.* XXIV, 4 war Sparta in 4 verschiedene Parteien gespalten) und fortwährend in Rom durch Gesandtschaften Hilfe suchten; dergleichen Gesandtschaften werden erwähnt im Jahre 187, s. *Polyb.* XXIII, 1, im Jahre 185, s. *ebend.* 4. 5. 7. *Liv.* XXXIX, 33. 35—37, im Jahre 182, *Polyb.* XXIV, 10. *Liv.* XXXIX, 48, im Jahre 181, *Polyb.* XXV, 2. 3. *Liv.* XL, 20, im Jahre 179, *Polyb.* XXVI, 3. Die Römer geben erst zweideutige und ausweichende Antworten, bis sie es an der Zeit halten, thätig einzugreifen. Schon während des Krieges und bevor Philopömen in Lakonika einfiel, senatus responsum ita perplexum fuit, ut et Achaei sibi de Lacedaemone permissum acciperent et Lacedaemonii non omnia concessa iis interpretarentur, *Liv.* XXXVIII, 32; bei den folgenden Gesandtschaften erklären sie zuerst im Jahre 187 und 185, dafs das Verfahren des Philopömen ihnen zwar nicht gefalle, dafs sie es aber dabei bewenden lassen wollten, *Polyb.* XXIII, 1. 7. 10; im Jahre 182 wiederholen sie zwar diese Erklärung, fügen aber eine leise Drohung hinzu, s. *Polyb.* XXIV, 10: διὸ τοῖς μὲν ἐκ τῆς Λακεδαίμονος ἀπεκρίθησαν, ὅτι περὶ Σπαρτιατῶν ἐσπουδάκεσαν μετέπειτα ἴσασι τὴν πόλιν, διότι πάντα πεποιήκασιν αὑτοῖς τὰ δυνατά, κατὰ δὲ τὸ παρὸν οὐ νομίζουσιν εἶναι τοῦτο τὸ πρᾶγμα πρὸς αὑτούς · τοῖς δὲ περὶ Ἀπολλωνίδαν, — τούτων μὲν οὐδενὶ προσεῖχον, ἀπεκρίθησαν δὲ διότι οὐδ᾽ ἂν οἱ Λακεδαιμόνιοι ἢ Κορίνθιοι ἢ Ἀργεῖοι ἐφίστανται δήμοις, οὐ δήσει τοῖς Ἀχαιοῖς διαμιλλᾶν τὴν μὴ πρὸς αὑτοὺς ἱστοντας τούτοις διὰ τὴν ἀπόφασιν ἐκδέχεσθαι, κρατήματος ἔχουσαν διάδεσιν τοῖς παρεσπέρπουσιν ἕνεκεν Ρωμαίων ἐπιστανόντα τῆς τῶν Ἀχαιῶν πολιτείας —; im Jahre 181 und 179 verlangen sie sodann geradezu die Zurückberufung der verbannten Spartaner, s. *Polyb.* XXV, 2. XXVI, 3. *Liv.* XL, 20. Über den weiteren Verlauf des Verhältnisses zwischen Sparta und dem achäischen Bunde s. *Anm.* 121.

115) Messenien war im Jahre 191 genötigt worden, dem Bunde beizutreten, *Liv.* XXXVI, 31 vgl. *Polyb.* XXIII, 10. Es fällt jetzt ab, wie es scheint, nicht ohne Mitwissen des Flamininus, s. *Plut. Flam.* 17. *Polyb.* XXIV, 5, daher der Krieg mit dem Bunde, in welchem Philopömen seinen Tod findet, s. *Plut. Philop.* 18—21. *Pol.* XIV, 8°. 9. 12, ταπεινώσαντα ἐτη σφιγγὸς πολεμήσας, *Polyb. a. a. O.* 12. Er wird im folgenden Jahre durch die Wiederunterwerfung der Messenier beendigt, s. *ebend.*

116) *Röm. Zeittaf.* S. 66. *Anm.* 2.
117) S. *ebend. Anm.* 3 ff.
118) S. *ebend.* S. 67 *Anm.* 7. u. 8.

Olympiaden-jahr.	Jahr v. Chr.	Geschichte.	Kunst und Litteratur.
CLIII, 2.	167.	Gewaltsamere Mafsregeln der Römer gegen den achäischen Bund; tausend der edelsten Achäer werden nach Rom gefordert und als Gefangene in Italien zurückgehalten.[119]	
CLVII, 2.	151.	Entlassung der gefangenen Achäer.[120]	Der *Dichter* Nikandros.[cc]
CLVIII, 3.	146.	Die Achäer erklären den Spartanern und damit zugleich den Römern den Krieg.[121] Ihre Nieder-	Der *Geschichtschreiber* Polybios.[dd]

119) Die Achäer hatten, ungeachtet mancher Verlockungen, sich nicht zu einem Bündnis mit Perseus verleiten lassen, s. *Polyb.* XXVIII, 3—7. Dessenungeachtet wurden die Patrioten des Bundes, an deren Spitze Lykortas, Archon und Polybios standen (*Pol.* XXVIII, 3), von Kallikrates und Andronidas, von denen der erstere seine Verleumdungen und Anklagen schon seit 179 nicht ohne Erfolg begonnen hatte, s. *Polyb.* XXVI, 1—3 (über die Schmach und Schande beider s. *das.* XXX, 20), verklagt, dafs sie im geheimen den Perseus begünstigt hätten, und als sie diese Beschuldigung zurückwiesen und sich bereit erklärten, sich auf jede Art zu rechtfertigen, wurden sie nach Rom geladen, wo man sie festhielt, s. *Polyb.* XXX, 10. *Liv.* XLV, 31. *Pausan.* VII, 10, 2.

cc) Nikandros aus Kolophon, *Vit. a'*, *Westerm. vitt. min.* p. 61. *Suid. s. v. Cicero de orat.* I, 16, lebte um 160 bis 140. war Priester des klarischen Apollon und zugleich Grammatiker, Arzt und Dichter, *Vit. a'*. *Suid. s. v.* Von seinen Gedichten sind nur zwei auf uns gekommen: Θηριακά, von den giftigen Tieren und den Heilmitteln gegen den Bifs derselben, und Ἀλεξιφάρμακα, über die Heilmittel wider den Genufs vergifteter Speisen und Getränke, beide voll von Gelehrsamkeit, aber ohne dichterischen Wert. Von den verloren gegangenen sind die Ἑτεροιούμενα, das Vorbild von Ovids Metamorphosen, zu nennen.

dd) Polybios aus Megalopolis, Sohn des achäischen Feldherrn Lykortas, *Suid. s. v. Paus.* VIII, 30, 4, geboren um 208, Verehrer des Philopömen. *Paus. an sen. resp. ger.* p. 790 f, dessen Aschenkrug er aus Messenien heimbrachte, *Plut. Philop.* 20. Im Kriege zwischen den Römern und Perseus riet er zur Neutralität, *Pol.* XXVIII, 3, 6, wirkte dann als Befehlshaber der Reiterei, a. a. O. XXVIII, 7, wie auch vielfach als Gesandter und Diplomat, a. a. O. XXV, 7. XXVIII, 10 f. XXIX, 8. wurde aber mit anderen Häuptern der patriotischen Partei nach Rom abgeführt, vgl. *Anm.* 119. 120. Dort fand er im Hause des L. Aemilius Paullus Aufnahme, unterrichtete dessen Söhne, *App. Pun.* 132, und wurde der Vertraute des Scipio Aemilianus, *Pol.* XXXII, 9. 10. *Plut. Symp.* IV, 1. *Vell. Pat.* I, 13. Er kehrte im Jahre 151 mit den übrigen achäischen Gefangenen nach Griechenland zurück und wirkte nun an mehrfach zu Gunsten seiner Landsleute bei den Römern, *Pol.* XXXII, 7. XII, 5. V XXX 6.,

120) Nachdem die Achäer wiederholt durch Gesandtschaften vergeblich um ihre Freilassung gebeten, s. *Pol.* XXXI. 8. XXXII, 7. XXXIII, 1. 2. 13, wurden sie endlich auf die Vorstellung Catos, dafs es nicht darauf ankomme περὶ γερόντων Γραΐκων, πότερον ὑπὸ τῶν παρ' ἡμῖν ἢ τῶν ἐν Ἀχαΐᾳ νεκροφόρων ἐκκομισθῶσι, s. *Plut. Cat. mai.* 9, im 17. Jahre, jetzt kaum noch 300 an der Zahl, entlassen, *Paus.* VII, 10, 2.

121) Die Hauptstellen über die letzte Katastrophe von Griechenland sind *Paus.* VII, 11—16 und die Fragmente *Pol.* XXXVIII, 1—5. XL, 1—5. 7—11. Zu den Gegenständen des Streits zwischen Sparta und dem achäischen Bunde war noch eine Grenzstreitigkeit zwischen Sparta und dem zu dem Bunde gehörigen Megalopolis hinzugekommen; der römische Senat gab dem C. Sulpicius Gallus im Jahre 164 Auftrag, hier-

Plut. Cat. mai. 9, folgte dann dem Scipio nach Afrika zur Belagerung Karthagos, *App. Pun.* 132. *Paus.* VIII, 30, 4, und untersuchte mit einer Flotte die Nord- und Westküste von Afrika, *Plin. H. N.* V, 9. 26. VI, 199. Kurz nach der Zerstörung von Korinth nach Griechenland zurückgekehrt, war er unausgesetzt thätig, das Schicksal seines Vaterlandes zu mildern und die Zustände desselben zu ordnen. *Plut. Philop.* 20. *Pol.* XL, 7. 8. 9, weshalb er von Griechen und Römern mit Ehrenbezeigungen überhäuft wurde, a. a. O. *Paus.* VIII, 9. 30. 44, 5. 48, 6. Zur Ausarbeitung seines Geschichtswerks unternahm er Reisen nach Kleinasien, *Pol.* XXII, 21, Ägypten a. a. O. XXXIV, 14. Gallien, Spanien und Afrika, a. a. O. III, 59, und kehrte nach Vollendung desselben nach Griechenland zurück, XXXVII, 2, wo er nun das Jahr 127, 82 Jahre alt, an den Folgen eines Sturzes vom Pferde starb, *Lucian. Macrob.* 22 f. Von dem Hauptwerk des Polybios (ἱστορία καθολική) in 40 Büchern sind die 5 ersten vollständig, die übrigen in Bruchstücken und Auszügen vorhanden; er hatte sich in demselben die Aufgabe gestellt, die Unterwerfung der Länder des Mittelmeeres unter die römische Herrschaft vom zweiten punischen Kriege bis zur Eroberung Makedoniens darzustellen, verfuhr dabei synchronistisch und verfolgte den praktischen Zweck durch die ἱστορία ἐπιδεικτική (II, 37), d. h. durch eine sorgfältige Darlegung der Ursachen und Folgen der Handlungen (IX, 1), die πολιτικοί zu belehren und zur Führung von Staatsgeschäften heranzubilden (I, 1. IX. 1. 21).

| Olympiaden-jahr. | J. v. Chr. | Geschichte. |

CLVIII, 3.   146.   lagen bei Skarphea und bei Leukopetra; Zerstörung von Korinth, und Unterwerfung von Griechenland unter die römische Herrschaft.[122]

über Entscheidung zu treffen, welcher diese Angelegenheit dem Kallikrates (s. *Anm.* 119) überliefs, die Gelegenheit aber zugleich benutzte, um die zum Bunde gehörigen Städte zum Abfall zu reizen, s. *Pol.* XXXI, 9. *Paus.* VII, 11, 1. So wurde einerseits die Feindseligkeit zwischen dem Bunde und Sparta unterhalten, andererseits aber die feindselige Stimmung der Achäer gegen Rom immer mehr genährt; eine weitere Nahrung erhielt letztere dann noch durch die aus Rom zurückkehrenden Gefangenen (s. *vor. Anm.*), welche durch die an ihnen verübte Ungerechtigkeit aufs äußerste gereizt waren, s. *Zonar. Ann.* IX, 31. Die Veranlassung zum Krieg ging indes von einer Zwistigkeit zwischen Athen und Oropos aus. Letzteres war, obgleich unter Athens Herrschaft stehend, ungerechterweise von den Athenern geplündert, und nach mancherlei vergeblichen Verhandlungen (welche auch die Veranlassung zu der Gesandtschaft der drei berühmten athenischen Philosophen Karneades, Diogenes und Kritolaos nach Rom gaben, s. *Röm. Zeittaf.* S. 67. *Anm.* h) hatten die Oropier den Menalkidas, einen Spartaner, der aber jetzt (im Jahr 150) Stratege des Bundes war, mit 10 Talenten bestochen, damit der Bund ihnen Recht gegen Athen verschaffen möchte, *Paus.* VII, 11, 2—3. Menalkidas, von Kallikrates angeklagt, weil er demselben den ihm versprochenen Anteil von den empfangenen Talenten vorenthalten, bestach hierauf den Strategen des Jahres 149, Diäos, um sich vor der Verurteilung zu sichern, Diäos aber, um die Aufmerksamkeit der Achäer von sich und dieser schimpflichen Sache abzulenken, brachte den Krieg zwischen dem Bunde und Sparta zum Ausbruch, s. *Paus.* VII, 12. 13. Hierauf im Jahre 147 zuerst die Gesandtschaft des L. Aurelius Orestes, welcher den Achäern ankündigte, daſs Sparta, Korinth, Argos, Orchomenos und Herakleia am Öta von dem Bunde losgetrennt werden sollten, hierdurch aber in der Versammlung der Achäer eine solche Wut erregte, daſs er selbst kaum der Mißhandlung entging, *Paus. a. a. O.* 14, 1—2, alsdann die Gesandtschaft des L. Julius mit milderen Anerbietungen, aber mit nicht besserem Erfolg, *Paus. ebend.* §. 3 4. *Pol.* XXXVIII, 1—3. Ebenso vergeblich war eine weitere Gesandtschaft, die Q. Caecilius Metellus aus Makedonien im Frühjahr 146 an den Bund schickte, *Pol. ebendas.* 4. Kritolaos, der für 146 zum Strategen ernannt war (die Wahl geschah in dieser Zeit abweichend von der früheren Sitte gegen Ende des Jahres), hatte den Winter 147/46 benutzt, um die Achäer durch fanatische Reden und revolutionäre Maßregeln aufzureizen, *Pol. daselbst* 3, und bewirkte nun, daſs auf der Versammlung in Korinth, derselben, in welcher die letzte römische Gesandtschaft aufgetreten war, der Krieg erklärt wurde, „den Worten nach gegen die Spartaner, der Sache nach aber gegen die Römer", *Pol. das.* 5. 122) *Paus.* VII, 15—16. *Pol.* XL, 1—5. Mit den Achäern war Theben und Chalkis verbündet. *Paus.* VII, 14, 4. *Liv.* LII. Metellus wünschte nach Beendigung des makedonischen Krieges auch den griechischen zu beendigen, und zog daher nach Griechenland hinab, wo er den Kritolaos bei Skarphea (in Lokris) schlug; da Kritolaos selbst in dieser Schlacht fiel, so trat Diäos an seine Stelle, der durch die Aufbietung der äußersten Maßregeln und durch Anwerbung von Sklaven ein Heer von 14 000 Mann zu Fuſs und 600 Reitern zusammenbrachte, *Paus. u. a. O.* 15, 4. Metellus mußte jetzt dem Konsul L. Mummius weichen, der sich mit einem Heere von 23 000 Mann zu Fuſs und 3500 Reitern auf dem Isthmus den Achäern gegenüber aufstellte. *das.* 16, 1. Hier kam es zu der Schlacht, welche das Schicksal Griechenlands entschied, s. *ebend.* §. 6: ἐφημερίαις μὲν ἑαυτῷ, καθίστατο δὲ ἀπὸ τιμηρίσιν τὰς ὄψεις, καὶ φόρος τε τάχθη, ᾗ Ἑλλάδι, καὶ οἱ τὰ χρήματα ἔχοντες ἐκωλύοντο ἐν τῇ ὑπερορίᾳ κτᾶσθαι, συνέδριά τε κατὰ ἔθνος ἕκαστον, τὸ Ἀχαιῶν καὶ τὰ ἐν Φωκεῦσιν ἢ Βοιωτοῖς ἢ ἑτέρωθί που τῆς Ἑλλάδος, κατελέλυτο ὁμοίως πάντα —. §. 7: ἐγένετο δὲ ἔτι καὶ ἐς ἐπὶ ἀποσταλεῖτο, καλοῦμαι δὲ οὐχ Ἑλλήνων, ἀλλ' Ἀχαίας ἡγεμόνα οἱ Ῥωμαῖοι, vgl. *Pol.* XL, 7—11.

Zeittafeln

der

Römischen Geschichte

zum Handgebrauch

und

als Grundlage des Vortrags in höheren Gymnasialklassen

mit fortlaufenden Belegen und Auszügen aus den Quellen.

Von

Carl Peter,
Doktor der Theologie und Philosophie, Konsistorialrat und Rektor der Landesschule Pforta a. D.

Sechste verbesserte Auflage.

Halle a. S.,
Verlag der Buchhandlung des Waisenhauses.
1882.

Vorrede.

Die gegenwärtigen Zeittafeln so wie die der griechischen Geschichte haben ihren Ursprung in einem Wunsche, der vor etwa 50 Jahren in mir entstand, als ich damals zuerst den Unterricht in der alten Geschichte auf der obersten Stufe eines Gymnasiums zu erteilen hatte, und der mir auch jetzt noch seine Berechtigung zu haben scheint, in dem Wunsche, diesen Unterricht durch eine erste Einführung in die Quellen und durch eine selbstthätige Teilnahme der Schüler anregender und fruchtbarer zu machen. So kam es, dass ich den Entschluss fasste, für den Unterricht in der griechischen und römischen Geschichte ein Hilfsmittel herzustellen, welches neben den chronologisch geordneten Hauptsachen teils abschnittsweise allgemeine Übersichten über die Quellen nebst deren kurzer Charakterisierung teils Nachweise über die Quellen zu den einzelnen Thatsachen und gelegentliche Bemerkungen über dieselben teils endlich besonders lehrreiche und bezeichnende Stellen aus den Quellenschriftstellern im Wortlaut enthalten sollte. Hierdurch sollte, dies war meine Absicht, den Schülern die quellenmässige Grundlage unsrer Kenntnis von diesem wichtigen Teile der Weltgeschichte vergegenwärtigt, es sollte durch Mitteilung von Stellen aus den Quellenschriftstellern der Eindruck der historischen Thatsachen verstärkt, ferner aber sollten sie durch die nötigen Nachweise in den Stand gesetzt werden, über einzelne Vorgänge selbst Vorträge zu halten. An geeignetem Stoff für letzteres kann es nicht fehlen: warum sollten nicht die Schüler z. B. nach Livius die Auswanderung des Volks auf den heiligen Berg und die Einsetzung des Volkstribunats, die Verbrennung Roms durch die Gallier, den Übergang Hannibals über die Alpen, die Schlachten bei Cannä und am Metaurus, nach Sallust den Jugurthinischen und Catilinarischen Krieg, nach Cäsar einzelne Jahre des gallischen und des Bürgerkriegs u. dergl. m. selbst vortragen können?

Dies also der Ursprung und der Zweck der griechischen und römischen Zeittafeln, von denen die ersteren im J. 1835, die letzteren im J. 1841 zuerst erschienen sind und die ich in den folgenden Ausgaben fortwährend zu verbessern gesucht habe. Dass die griechische und römische Geschichte sich für eine solche Behandlung vorzugsweise eignen, wird kaum der Bemerkung bedürfen; es spricht dafür, von andern nahe liegenden Gründen abgesehen, schon der Umstand, dass für dieselbe die Quellenschriftsteller sich wenigstens zum Teil ohnehin in den Händen der Schüler befinden und auch sonst den Gegenstand des Gymnasialunterrichts bilden. Eben so leuchtet von selbst ein, dass sie nur auf der obersten Stufe der Gymnasien thunlich und zweckmässig ist. Wie ich im übrigen den Geschichtsunterricht eingerichtet wünsche, darüber habe ich in zwei Schriften („Der Geschichtsunterricht auf Gymnasien", 1848, und „Ein Vorschlag zur Reform unserer Gymnasien", 1873) meine Ansicht zu entwickeln gesucht, und ich möchte an dieser Stelle nur hervorheben erstens, dass ich es für besonders notwendig halte, durch eine methodische Einübung die Schüler auf der untersten Stufe in den festen gedächtnismässigen Besitz der Hauptthatsachen der Geschichte zu setzen,*) und zweitens, dass der Unterricht der Schule so viel als möglich durch eine vom Lehrer zweckmässig zu leitende Privatlektüre zu erweitern und zu beleben ist.

Indem ich aber die gegenwärtige sechste Auflage dem geehrten Publikum übergebe, kann ich es mir nicht versagen, meine Befriedigung darüber auszudrücken, dass mein Unternehmen, wie ich aus diesem Umstande schliessen zu dürfen glaube, hier und da Anklang gefunden hat. Möchte dies auch ferner der Fall sein, und möchten die Zeittafeln im Kreise der Gymnasien auch ferner einigen Nutzen stiften!

Jena im März 1882.

Hinsichtlich der „Geschichtstabellen zum Gebrauch beim Elementarunterricht in der Geschichte", welche ich meiner oben genannten Schrift über den Geschichtsunterricht beigefügt habe und die seitdem in zahlreichen Auflagen erschienen sind, halte ich es für nicht unnötig ausdrücklich zu bemerken, dass sie nicht etwa den historischen Stoff erschöpfen, sondern nur dasjenige enthalten sollen, was mir für meinen besondern Zweck geeignet und unentbehrlich scheint.

Einleitung.

Chorographische und ethnographische Übersicht Italiens.

A. Geographische Übersicht.

Italien[1] ist eine Halbinsel, welche im Norden durch die Alpen,[2] sonst von allen Seiten durch das Meer, und zwar im Osten durch das adriatische oder obere, im Süden durch das ionische und sicilische, im Westen durch das tyrrhenische oder tuscische oder untere und durch das ligustische begrenzt ist. Der Flächeninhalt der ganzen Halbinsel beträgt 4584 ☐ Meilen, mit Einschluss von Sicilien und Sardinien 5604 ☐ Meilen.[3]

Sie wird in ihrer ganzen Länge von dem Apennin durchzogen, welcher von den Meeralpen ausläuft und sich von Norden nach Südosten in einer Länge von 135 Meilen bis zu der Südwestspitze herabzieht.[4]

Nur im Norden ist zwischen Alpen und Apennin ein ausgedehnteres, durch Fruchtbarkeit ausgezeichnetes Tiefland eingeschoben, welches die Gestalt eines Dreiecks und einen Flächenraum von 700 ☐ Meilen hat.[5] Sonst ist der Boden Italiens fast durchaus gebirgig,[6] da von dem Rücken des Hauptgebirges nach

---

1) Der Name Italicu erstreckt sich erst nach und nach über die ganze Halbinsel, wie dies in der Regel bei den Namen von Ländern der Fall ist, welche mehrere ursprünglich von einander unabhängige Völker enthalten. S. *Strab.* V, 1. 1. Erst unter Augustus wird der Name in staatsrechtlichem Sinne auf die ganze Halbinsel einschliesslich Oberitaliens ausgedehnt, obwohl er schon im 2. Jahrh. v. Chr. hier und da in dieser Ausdehnung gebraucht wird, z. B. *Polyb.* II, 14. III, 54. — Andre Namen: Hesperia, Ausonia, Saturnia, deren Gebrauch jedoch auf die Sprache der Dichter beschränkt ist.

2) Die Gestalt der Alpen beschreibt *Strab.* V, 1, 3: τῶν μὲν Ἄλπεων περιφερὴς ἡ ὑπώρειά ἐστι καὶ κολπώδης, τὰ κοῖλα ἔχουσα ἐστραμμένα πρὸς τὴν Ἰταλίαν. Man unterscheidet demnach die West-, Mittel- und Ostalpen; die ersten, der Teil des Halbkreises, welcher vom ligustischen Meere aufsteigt, enthalten die Alpes maritimae, Cottiae, Graiae; die zweiten, mit welchen sich der Halbkreis östlich wendet, die Penninae, Lopontiae, Raeticae; die Ostalpen endlich, welche wieder zum adriatischen Meer sich herabwenden, die Noricae, Carnicae, Juliae. Die höchste Erhebung haben sie in den westlichen Teile der Mittelalpen, ebendaselbst haben sie aber auch die geringste Breite; nach Süden fallen sie viel steiler ab als nach Norden, daher ist im Norden wohnenden Völker auch immer leichter den Zugang zu Italien gefunden haben als umgekehrt. — Weil übrigens das Gebirge im Westen und Osten natürlich die Grenze nicht genau abschneidet, so fügte man noch zwei Flüsschen zur Bezeichnung derselben hinzu, im Westen den Varus, im Osten den Arsia.

3) Die Hauptstellen über die allgemeine Gestalt (Prosopographie) Italiens bei den Alten sind *Polyb.* II, 14—17. *Strab.* V, 1.

4) Eine sehr anschauliche Beschreibung des Laufs des Apennin giebt *Strab.* V, 1, 3: Ταῦτα γὰρ (τὰ Ἀπέννινα) ἀρξάμενα ἀπὸ τῆς Λιγυστικῆς εἰς τὴν Τυρρηνίαν ἐμβάλλει, στενὴν παραλίαν ἀπολείποντα· εἶτ' ἀναχωροῦντα εἰς τὴν μεσόγαιαν κατ' ὀλίγον ἐπειδὰν γένηται κατὰ τὴν Πισᾶτιν, ἐπιστρέφει πρὸς ἕω καὶ πρὸς τὸν Ἀδρίαν ἕως τῶν περὶ Ἀρίμινον καὶ Ἀγκῶνα τόπων, συνάπτοντα ἐπ' εὐθείας τῇ τῶν Ἐνετῶν παραλίᾳ. — Τὰ δὲ Ἀπέννινα ὄρη συνάψαντα τοῖς περὶ Ἀρίμινον καὶ Ἀγκῶνα τόποις καὶ ἀφορίσαντα τὸ ταύτῃ πλάτος τῆς Ἰταλίας ἀπὸ θαλάττης ἐπὶ θάλατταν ἐπιστροφὴν λαμβάνει πάλιν καὶ τέμνει τὴν χώραν ὅλην ἐπὶ μήκους. Μέχρι μὲν δὴ Πευκετίων καὶ Λευκανῶν οὐ πολὺ ἀφίστανται τοῦ Ἀδρίου· συνάψαντα δὲ Λευκανοῖς ἐπὶ τὴν ἑτέραν θάλατταν ἀποκλίνει μᾶλλον καὶ λοιπὸν διὰ μέσων τῶν Λευκανῶν καὶ Βρεττίων διεξιόντα τελευτᾷ πρὸς τῇ Λευκόπετρᾳ τῆς Ῥηγίνης καλουμένῃ (vergl. *Polyb.* II, 10, 1—5). Nach Osten setzt sich der Apennin von dem in der Stelle des Strabo bezeichneten Wendepunkte nur durch niedrigere Berg- oder Hügelreihen fort bis zum südöstlichen Endpunkte der Halbinsel, dem Promontorium Japygium. — Die höchsten Höhen finden sich in der Mitte des Zuges zwischen den Mündungen des Tiber und des Aternus, in den heute sogenannten Abruzzen.

5) S. *Polyb.* II, 14, 8 ff. Die Grundlinie bildet die Meeresküste von Sena bis in den Winkel des adriatischen Meeres, 2500 Stadien lang, die beiden Seiten die Apennin (3000 St.) und die Alpen (2200 Stadien) bis zu ihrem Zusammentreffen

beiden Meeren Gebirgszüge auslaufen, die nur durch schmale Flussthäler von einander getrennt sind. Es finden sich daher nur einzelne Tiefebenen von geringer Ausdehnung.[7]

Die bedeutendsten Flüsse sind ausser dem *Padus: Arnus, Tiberis, Liris, Vulturnus*, sämtlich auf der Westseite des Apennin; auf der schmalen, meist nur Querthäler von geringer Länge enthaltenden Ostseite sind nur etwa der Aternus, Frento und Aufidus als bedeutendere Flüsse zu nennen.

Vorgebirge: *Circaeum, Zephyrium, Japygium, Garganum*. Das zephyrische und japygische sind die südlichsten Spitzen Italiens; zwischen beiden der tarentinische Meerbusen.

Die ganze Halbinsel wird in Ober-, Mittel- und Unteritalien eingeteilt. Zwischen den beiden ersten Teilen machen die Flüsschen Macra und Rubicon, zwischen dem zweiten und dritten der Silarus und Frento die Grenze.

    I. In **Oberitalien** (Gallia cisalpina) unterscheidet man *Ligustica*, das Land zwischen dem ligustischen Meer und dem Apennin, und *Gallia cis-* und *transpadana*.

    II. **Mittelitalien** wird durch den Apennin in zwei Hälften geteilt. Westlich liegen die Landschaften: *Etruria* bis zum Tiberis, *Latium* bis zum Liris, *Campania* bis zum Silarus; östlich: *Umbria* bis zum Nar und Aesis, *Picenum* bis zum Aternus, *Samnium* bis zum Frento.

    III. **Unteritalien** (Graecia magna) enthält vier Landschaften, westlich *Lucania* bis zum Laus und Bradanus, und *Bruttium*; östlich *Apulia* und *Calabria*, durch eine von Tarent nach Brundisium zu ziehende gerade Linie von einander getrennt.

B. Ethnographische Übersicht.

In **Oberitalien** besteht die älteste Bevölkerung aus Etruskern, die sich selbst Rasener nannten,[5] und aus Umbrern.[9] Ausser ihnen wohnen an den Mündungen des Padus die Veneter,[10] an einigen Stellen dicht unter den Alpen die Euganeer und Lepontier,[11] und im Apennin und auf dessen südwestlichen Abhängen bis ans Meer die Ligurer, von denen dieses Land den Namen Ligustica und das angrenzende Meer den Namen Mare Ligusticum erhalten hat.[12] Mit dem Jahre 600 v. Chr.[13] aber beginnen die Einwanderungen der Gallier, welche zuerst den nördlichen Teil des Padusthales in Besitz nehmen, dann aber (um 400 v. Chr.) auch den Padus überschreiten und sich sogar über einen Teil von Mittelitalien ausbreiten.[14]

„über dem sardinischen Meer." *Strab.* V, 1, 4: *Ἔστι δὲ πεδίον σφόδρα εὔδαιμον καὶ γεωλοφίαις εὐκάρποις πεποικιλμένον*, vgl. ebend. §. 12.

    6) Dieser Teil von Italien ist zugleich viel schmäler als der nördliche (dieser ist etwa 80, jener im Durchschnitt noch nicht 30 Meilen breit). *Strab.* V, 1, 3 sagt: ἡ λοιπὴ Ἰταλία στενή καὶ παραμήκης ἐστίν.

    7) Sie haben zusammen einen Flächenraum von nicht mehr als 100 ☐ Meilen, nämlich die Maremmen am obern Arnus bei Arretium und am untern Arnus bei Pisa, das Küstenland von Latium, Campania zwischen Caieta und dem Prom. Minervae (das glückliche Campanien), die dürre apullische Ebene zwischen Sipontum und Barium, und die Sümpfe am Sena. Alles also, mit Ausnahme von Campanien und einem Teile von Latium, entweder Sümpfe und Maremmen oder dürre wasserlose Steppen.

    8) Die Hauptstellen sind *Liv.* V, 33. *Strab.* V, 1, 10 und *Polyb.* I, 17, 1. Dass sie sich selbst Rasener nannten, sagt *Dionys. H.* 1, 30. Vgl. Anm. 16.

    9) Über die Umbrer s. Anm. 15. Dass sie in Oberitalien Wohnsitze gehabt, bezeugen *Herod.* IV, 49 und *Strab.* V, 1, 10.

    10) *Herod.* I, 196. Vgl. *Liv.* I, 1. *Strab.* V, 1, 4 und an vielen andern Orten. Sie sind nach Herodot a. a. O. illyrischen Stammes und werden auch von Polybius an der Anm. 14 angeführten Stelle als ein „ganz altes Volk" von den übrigen Bewohnern des Padusthales unterschieden.

    11) Die Euganeer wohnten in der Gegend der Seeen Benacus, Sevinus, Larius, die Lepontier am Tusa (Toscia) bis zum Lacus Verbanus herab (in dem heutigen Val d'Ossola), s. *Plin.* II. N. III, 24. 133.

    12) Die Macra bildet bei *Strab.* V. 2, 5 die Grenze; denn Etrurien fängt daselbst von Luna an, welches an der Macra liegt. Dies war die Grenze unter Augustus; eben so noch in der früheren Zeit bis zum Einfall der Gallier. In der Zwischenzeit hatten die Ligurer, wahrscheinlich von den Galliern gedrängt, ihre Wohnsitze bis an den Arnus und in dem Apennin bis Arrotium vorgeschoben. In dieser Ausdehnung finden wir ihr Gebiet bei *Polyb.* II, 16, 2: παρὰ θάλατταν μὲν μέχρι πόλεως Πίσης, ἦ πρώτη κεῖται τῆς Τυῤῥηνίας ὡς πρὸς τὰς δυσμάς, κατὰ δὲ τὴν μεσόγαιαν ἕως τῆς Ἀρρητίνων χώρας. Über sie selbst ist nach *Strab.* V, 2, 1 weiter nichts zu berichten, πλὴν ὅτι κωμηδὸν ζῶσι τραχεῖαν γῆν ἀροῦντες καὶ σκάπτοντες, μᾶλλον δὲ λατομοῦντες.

    13) S. *Lirius* V, 34.

    14) S. vorzüglich *Liv.* V, 34—35, wo Folgendes erzählt wird: Der Biturigerfürst Ambigatus, der über das ganze Celtenland herrschte, schickte die Söhne seiner Schwester, Bellovesus und Sigovesus, mit grossen Volksmassen, erstern nach Italien, letztern nach dem hercynischen Walde. Bellovesus mit seinen Haufen nahm das Land im Nordwesten Oberitaliens in Besitz und gründete daselbst Mediolanum; später

In Mittel- und Unteritalien werden als die ältesten Bewohner genannt: 1) die Umbrer in einem grossen Teile der östlichen Hälfte von Mittelitalien;[15] 2) die Etrusker in dem von ihnen benannten Etrurien und in einem Teile von Campanien;[16] 3) die Sikeler oder Önotrer in den übrigen westlichen Landschaften von Mittel- und Unteritalien;[17] 4) mehrere kleinere Völkerschaften im Apennin und auf dessen Abhängen, nämlich die Sabiner in der Gegend von Amiternum,[18] die Aboriginer zwischen Reate, Carseoli und dem

kommen die Cenomanen und besetzen die Gegend, wo nachher die Städte Brixia und Verona lagen; noch später die Salluvier, welche sich am Ticinus ansiedeln. Die Lingonen und Bojer, welche nunmehr folgen, finden das Land zwischen den Alpen und dem Padus ganz besetzt und überschreiten daher den Fluss. Die Senonen endlich „recentissimi advenarum ab Utente flumine usque ad Aesim fines habuere." — Als Hauptvölkerschaften Galliens werden bei *Polyb.* II, 17, 4 ff. genannt: in der Transpadana von Westen nach Osten: *Λάοι* (Laevi), *Λεβέκιοι* (Libici), welche beide wie die Salyer ligurischen Stammes sind, aber mit den Galliern eingewandert (vergl. *Plin.* H. N. III, 21), *Ἴσομβρες* (Insubres), *Γονομάνοι* (Cenomani), *Ὀὐένετοι* (Veneti), über diese s. Anm. 10); in der Cispadana in derselben Richtung: *Ἄναρες*, *Βοῖοι*, *Λίγγωνες*, *Σήνωνες*. Über ihre Lebensweise s. *ebendas.* §. 9: *Ὤικουν δὲ κατὰ κώμας ἀτειχίστους, τῆς λοιπῆς κατασκευῆς ἄμοιροι καθεστῶτες.* — Seit dem 3ten Jahrhundert v. Chr. werden die Gallier nach und nach von den Römern unterworfen.

15) Über die Macht der Umbrer in der ältesten Zeit im Allgemeinen s. *Dionys.* II. I, 19: *πολλὰ δὲ καὶ ἄλλα χωρία τῆς Ἰταλίας ᾤκουν Ὀμβρικοὶ καὶ ἦν τοῦτο τὸ ἔθνος ἐν τοῖς πάνυ μέγα τε καὶ ἀρχαῖον*, und *Plin.* II. N. III, 19, 112: Umbrorum gens antiquissima Italiae existimatur. — Trecenta eorum oppida Tusci debellasse reperiuntur. Ihrer Verbreitung in Oberitalien ist schon gedacht, s. Anm. 9. Ausserdem hatten sie einen grossen Teil von Etrurien in Besitz, s. *Plin.* H. N. III. 8, 50: Umbros inde (ex Etruria) exegere antiquitus Pelasgi, hos Lydi, a quorum rege Tyrrheni, mox a sacrificio ritu lingua Graecorum Thusci (*Θυοσκόοι, Dionys.* II. I, 30) sunt cognominati: weshalb Herodot (I, 94) die Lyder zu den Ombrikern kommen und Dionysius (I, 19. 26) die Pelasger ihnen Cortona entreissen lässt. Auch Clusium gehörte unter dem Namen Camers ehemals ihnen, vergl. *Liv.* X, 25 mit *Polyb.* II, 19, 5.

16) *Dionys.* II. I, 30 sagt von diesem Volke: *ἀρχαῖόν τε πάνυ καὶ οὐδενὶ ἄλλῳ γένει οὔτε ὁμόγλωσσον οὔτε ὁμοδίαιτον εὑρόμενοι.* Indessen sind die noch erhaltenen Sprachdenkmäler der Etrusker, auf welche es hierbei hauptsächlich ankommt (das bedeutendste unter denselben ist die sogenannte perusinische Inschrift), bis jetzt noch nicht so weit erforscht, dass sich ein sicheres Urteil über ihre Stammesangehörigkeit fällen liesse. Nach Herodot (I, 94), Strabo (V, 2, 2) sollen die Tyrrhener aus Lydien in Etrurien eingewandert sein, vergl. auch Anm. 15. — Sie hatten sowohl in Etrurien als in Oberitalien und Campanien, so lange sie diese Länder beherrschten, einen Zwölfstädtebund errichtet; die Verfassung war aristokratisch, indem die Lucumonen, welche zugleich Priester waren, die Herrschaft führten; die Opferschau und die Deutung der Zeichen vom Himmel hatte sie zu einem künstlichen System ausgebildet, dessen Einfluss auch in Rom sichtlich ist. Die etruskischen nach Rom verpflanzten Sitten und Einrichtungen finden sich zusammengestellt bei *Strab.* V, 2, 2: *λέγεται δὲ καὶ ὁ θριαμβικὸς κόσμος καὶ ὑπατικὸς καὶ ἁπλῶς ὁ τῶν ἀρχόντων ἐκ Ταρκυνίων δεῦρο μετενεχθῆναι καὶ ῥάβδοι καὶ πελέκεις καὶ σάλ-*

πιγγες καὶ ἱεροποιῖαι καὶ μαντικὴ καὶ μουσική, ὅση δημοσίᾳ χρῶνται Ῥωμαῖοι. — Über ihre Wohnsitze in Campanien s. *Polyb.* II, 17, 1: *Πλὴν ταῦτά γε τὰ πεδία* (nämlich die in Oberitalien) *τὸ παλαιὸν ἐνέμοντο Τυρρηνοί, καθ᾿ οὓς χρόνους καὶ τὰ Φλέγραιά ποτε καλούμενα τὰ περὶ Καπύην καὶ Νώλην*, vgl. S. 5, Anm. 26.

17) Pherekydes bei *Dionys.* H. I, 13 zählt unter den Söhnen des Lykaon, des Sohnes des Pelasgos, den Önotros und Peuketios auf: *Οἴνωτρος, ἀφ᾿ οὗ Οἴνωτροι καλέονται οἱ ἐν Ἰταλίᾳ Ἰονίῳ κόλπῳ*, Πευκέτιος, ἀφ᾿ οὗ Πευκέτιοι καλέονται οἱ ἐν τῷ Ἰονίῳ κόλπῳ; wonach von diesem athenischen Genealogen der Ursprung der Önotrer und Peucetier auf Arkadien und auf den Pelasgos zurückgeführt wird. Die Sikeler sind aber nach Antiochus dieselben mit den Önotrern (und Italern), s. *Dionys.* H. I, 12: *οὗτοι δὴ Σικελοὶ καὶ Μόργητες ἐγένοντο καὶ Ἰταλιῆτες ἰόντες Οἴνωτροι.* Die Auswanderung der Önotrer soll die früheste der Griechen nach dem Auslande gewesen sein, s. *Dionys.* H. I, 11. *Paus.* VIII. 3. 2. Über die Ausdehnung ihrer Wohnsitze s. Sophocles bei *Dionys.* H. I, 12: *Τὰ δ᾿ ἐξόπισθε* (nach Umsegelung des zephyrischen Vorgebirges) *χειρὸς εἰς τὰ δεξιὰ Οἰνωτρία τε πᾶσα καὶ Τυρρηνικὸς κόλπος Λιγυστική τε γῆ σε δέξεται*, wonach die Önotrer an der Westküste heraufbis zu den Tyrrhenern wohnten. Dass die Sikeler in Latium sassen, sagt *Dionys.* H. I, 9: *Τὴν ἡγεμονίαν γῆς καὶ πόλεως ἁπάσης πόλιν, ἣν νῦν κατοικοῦσι Ῥωμαῖοι, παλαιότατοι τῶν μνημονευομένων λέγονται κατασχεῖν — Σικελοί.* Über ihre weitere Wanderung nach Süden finden sich einzelne Spuren. Ihre nächste Zuflucht musste den nachmalige Campanien sein; und auf Campanien mag es gehn, wenn *Thuc.* VI, 1 und *Dionys.* H. I, 22 erzählen, dass sie von den Opikern vertrieben worden seien. Dann finden wir sie wieder weiter südlich, wie daraus hervorgeht, dass nach Antiochus bei *Dionys.* II. I, 73 ein Mann, Namens Sikelos, flüchtig aus Rom zu Morges kommt, dem König von Italien, welches damals das Land zwischen Tarent und Posidonia umfasste. Noch weiter nach Süden gedrängt, bleiben sie teils in der Südwestspitze Italiens wohnen, teils setzen sie nach Sicilien über und geben dieser Insel ihren Namen, *Diod.* V, 6. So ist es zu Thucydides Zeit. Bald nach ihm wurden sie aus Italien ganz vertrieben, s. Antiochus bei *Strab.* VI. 1, 6. Über die Peucetier und Önotrer sagt *Dionys.* H. I, 11. Peuketios habe sich oberhalb der japygischen Vorgebirges in dem nachmals sogenannten Lande der Peucetier niedergelassen, Önotros aber westlich. Damit stimmt auch *Strab.* VI. 1, 2 überein: *Τῶν δὲ Λευκανῶν ἀκρογθέντων ἐπὶ πολὺ καὶ τοὺς Χῶνας καὶ τοὺς Οἰνωτροὺς ἐκβαλόντων, Λευκανοῖς δ᾿ εἰς τὴν μερίδα ταύτην ἀποικισάντων*, wonach in Lukanien vor dem Einfall der Lukaner Önotrer wohnten, und *Dionys.* H. II, 1. wonach die Önotrer die ganze Küste von Tarent bis Posidonia inne hatten, so dass sich die also hier die Peucetier an sie anschliessen mochten.

18) s. *Strab.* V, 3, 1: *Ἔστι δὲ καὶ παλαιότατον γένος οἱ Σαβῖνοι καὶ αὐτόχθονες, Dionys.* H. II, 49: *Κάτων — πρώτην αὐτῶν οἴκησιν ἀποφαίνει γενέσθαι κώμην τινὰ καλουμένην*

Lacus Fucinus,[19] die Osker oder Ausoner zwischen Beneventum und Cales;[20] 5) die Japygier im südöstlichsten Teile der Halbinsel.[21] Es ist wahrscheinlich, dass alle diese Völker dem indogermanischen Sprachstamme angehören.[22]

Die nächste bedeutende Veränderung wurde dadurch herbeigeführt, dass die Sabiner und die Osker sich weiter ausbreiteten. Die ersteren drangen nach Südwesten vor und nötigten dadurch die Aboriginer, ihre Wohnsitze zu verlassen und nach Latium auszuwandern.[23] Die Osker eroberten die Landschaften Samnium, Campanien und wahrscheinlich auch Apulien und machten sich in denselben zum herrschenden Volke.[24] Die Sikeler wurden hierdurch, so weit sie sich nicht den eingewanderten Völkern unterwarfen, immer weiter nach Süden herabgedrängt und endlich genötigt, sich auf die von ihnen benannte Insel zurückzuziehen.[25]

Endlich aber erhielt ein grosser Teil von Mittel- und Unteritalien eine neue Bevölkerung in den sabellischen Völkern,[26] die sich durch verschiedene Wanderungen und unter verschiedenen Namen über Picenum, Samnium, Campanien, Lucanien und Bruttium ausbreiteten.

Nachdem diese Wanderungen beendet sind, haben die einzelnen Landschaften Mittel- und Unteritaliens folgende Bevölkerung:

(Mittelitalien.) a) *Etruria* (oder Tuscia, gr. Τυρρηνία) die Etrusci (oder Tusci, gr. Τυρρηνοί);[27]
b) *Latium* die aus der Mischung von Sikelern und Aboriginern entstandenen Latiner;[28]

Τυατροθναι, ἀγχοῦ πόλεως Ἀμιτέρνης κειμένην· ἐξ ἧς ὁρμηθέντας τοὺς Σαβίνους εἰς τὴν Ῥεατίνην ἐμβαλεῖν Ἀβοριγίνων οἰκίαν κατασχόντων, ders. I, 14: die Städte der Aboriginer ἦσαν ἐν τῇ Ῥεατίνῃ γῇ τῶν Ἀπεννίνων ὀρῶν οὐ μακράν, ὡς Οὐάῤῥων Τερέντιος ἐν ἀρχαιολογίαις γράφει· — Λίστα, μητρόπολις Ἀβοριγίνων, ἐν παλαιτέρῳ ἔτι Σαβῖνοι νύκτωρ ἐπιστρατεύσαντες ἐκ πόλεως Ἀμιτέρνης ἀφέλοντο αἱροῦσιν.

19) Die Hauptstellen über die Aboriginer (der Name bedeutet so viel als Autochthonen) sind *Dionys.* II. I, 9. 14. II, 49. Der Name Aboriginer lässt sich aber wegen seiner Bedeutung nicht als eigentlicher Volksname ansehen, dieser scheint vielmehr *Casci* gewesen zu sein, s. *Serv.* zu *Virg. Aen.* I. 6: Cassei (lies *Casci*) vocati sunt, quos posteri Aborigines nominavorunt; vielleicht auch *Prisci*, s. Anm. 28.

20) Dass die Osker (oder Opiker) und Ausoner dieselben sind, s. *Aristot. Polit.* VII, 9: Ἄυκων δὲ τὸ μὲν πρὸς τὴν Τυρρηνίαν Ὀπικοὶ καὶ πρότερον καὶ νῦν καλοῦντες τὴν ἐπωνυμίαν Αὔσονες, und *Strab.* V, 4. 3: Ἀντίοχος μὲν οὖν φησι τὴν χώραν ταύτην Ὀπικοῖς οἰκῆσαι, τούτους δὲ καὶ Αὔσονας καλεῖσθαι. Ihro ursprünglichen Sitze s. *Festus* s. v. *Ausonium* (p. 18): Ausoniam appellavit Auson, Ulixis et Calypsus filius, eam primum partem Italiae, in qua sunt urbes Beneventum et Cales.

21) Der Name Japygia umfasste die Landschaften Apulia und Calabria, s. *Polyb.* III, 88, und wurde von einem Heros Japyx, einem Kreter und Sohne des Dädalos, abgeleitet, s. *Strab.* VI, 3, 2. Vgl. *Herod.* VII, 170, welcher erzählt, dass die Kreter ausgezogen seien, um ihren König Minos zu suchen, und an diese Küste verschlagen, Hyria gegründet und nun messapische Japygier (Ἰήπυγες Μεσσάπιοι) statt Kreter genannt worden seien. Ein anderer Name war Messapia, s. *Strab.* VI. 3, 1. 5. Vgl. S. 6, Anm. 37.

22) Dies ist das Ergebnis der neueren Sprachforschungen, welche wenigstens hinsichtlich des Oskischen und Umbrischen aus den erhaltenen Sprachüberresten (die wichtigsten unter denselben sind: der Bundesvertrag von Nola und Abella, die Weihinschrift von Agnone, das römische Gesetz für Bantia; die iguvinischen Tafeln) den bestimmten Beweis geführt haben, dass diese Sprachen indogermanisch und mit dem Lateinischen

eng verwandt sind. Die etruskischen, volskischen, sabellischen und messapischen Sprachüberresto (dies sind die übrigen Sprachzweige in Mittel- und Unteritalien) vollkommen zu entziffern ist bis jetzt noch nicht gelungen, so dass über diese zur Zeit noch kein sicheres Urteil gefällt werden kann.

23) s. Anm. 28.

24) Dass die Osker oder Opiker vor den Samnitern in Samnium wohnten, sagt *Strab.* V. 4, 12: Οἱ Σαυνῖται — ἐν τῇ τῶν Ὀπικῶν — Ἐκπεσόντες ἔκεῖνους ἰδρύθησαν αὐτόθι; über die Opiker in Campanien s. S. 5, Anm. 29. Über die Verwandtschaft der Apuler mit den Oskern s. S. 6, Anm. 35. Dass auch die in Campanien wohnenden Aurunco Ausoner und folglich auch Osker oder Opiker sind, wird *Cass. Dio* fr. 2 und *Serv.* zu *Aen.* VII, 727 ausdrücklich gesagt; auch geht dies aus *Festus* s. v. *Ausonium* hervor: deinde paulatim tota quoque Italia, quae Apennino finitur, dicta est Ausonia ab eodem duce, a quo condita fuerat Auruncam urbem etiam ferunt.

25) S. Anm. 17.

26) So wird füglich mit einem gemeinschaftlichen Namen die Abkömmlinge der Sabiner zu nennen, besonders auf Grund der Stelle *Strab.* V, 4, 12: Εἰκὸς δὲ διὰ τοῦτο καὶ Σαβέλλοις αὐτοὺς (τοὺς Σαυνίτας) προςαγορικῶς, ἀπὸ τῶν γονέων προςαγορεύξραι. Die Veranlassung zu den Auswanderungen ward durch das Ver sacrum gegeben. Es war nämlich, wie Niebuhr sagt, „ein italischer, gottesdienstlicher Brauch, in schweren Kriegsläuften oder Sterbezeiten einen heiligen Lenz zu geloben: alle Geburten des Frühlings; nach 20 verflossenen Jahren ward das Vieh geopfert, die Jugend ausgesandt;" wie dies *Strab.* V, 4, 12. *Festus* s. v. *Mamertini* und *Ver sacrum*, am vollständigsten aber *Dionys.* II. I, 16 beschreiben. Über die einzelnen Wanderungen s. bei den einzelnen Landschaften; hier sei nur noch im allgemeinen bemerkt, dass die sabellischen Völker sich in sehr loser Verbindung standen, und dass diese Zersplitterung als ein Hauptgrund anzusehen ist, warum sie in den Kriegen gegen Rom, welche 343 v. Chr. anfingen, unterlagen.

27) S. Anm. 16.

28) Dieselben Stellen, welche oben Anmerk. 19 über die Aboriginer angeführt worden sind, handeln auch von ihrer

c) *Campania* die aus Oskern und Samnitern gemischten Campaner;[29]
d) *Umbria* teils die Umbrer teils (längs der Küste) die senonischen Gallier;[30]
e) *Picenum* die sabellischen Picenter;[31]
f) *Samnium* die sabellischen Samniter und die ebenfalls sabellischen Marser, Marruciner, Päligner, Vestiner, Hirpiner, Frentaner;[32]
(Unteritalien.) a) *Lucania* die sabellischen Lucaner;[33]
b) *Bruttium* die aus Lucanien in die Landschaft eingewanderten Bruttier;[34]

Vermischung mit den Sikelern. Der Name Latiner soll nach der Mischung von einem Könige Latinus entlehnt sein, s. *Dionys. H.* I, 9; Niebuhr jedoch vermutet, dass er, mit Sikelor gleichbedeutend, die ursprünglichen Bewohner bezeichnet habe, und seit der Mischung sei der vollständige Name *Prisci [et] Latini* gewesen (*Liv.* I, 3. 32), mit Woglassung des *et*, eben so wie man ursprünglich *Populus Romanus Quirites* gesagt habe; *Prisci* sei, wie *Casci*, als ein Name der Aboriginer anzusehn. Nachher sei *Latini* oder *Prisci* wieder in Gebrauch gekommen. Es wohnten übrigens diese Völker in Flecken, welche gern auf Hügeln angelegt wurden (s. *Dionys. H.* 1, 12. *Strab.* V, 3, 2), und 30 solcher Flecken machten wenigstens schon zur Zeit der römischen Könige den latinischen Bund aus, an dessen Spitze Alba stand. Ausser den Latinern wohnen in Latium in grösserer oder geringerer Ausdehnung noch die Äquer, Volsker und Herniker, von denen die beiden ersteren gewöhnlich zu dem oskischen, die letzteren zu dem sabellischen Volksstamm gerechnet werden. — Noch ist hinzuzufügen, dass die Sage von einem Einwanderer Evander, aus Palantion in Arkadien, erzählte, welcher Schrift, Sitten und Religionsgebräuche mitbrachte, s. *Dionys. H.* I, 31—33. 40—44. *Liv.* I, 5. 7. *Ovid. Fast.* I, 497—586. Eine andere erzählte von Aeneas, dass er 7 Jahre nach Troja's Zerstörung nach Latium gekommen sei und dort Lavinium gegründet habe, von wo aus 30 Jahre später von Ascanius (oder Julus) Alba Longa, die Mutterstadt Roms, gegründet sein soll. s. *Dionys. H.* I, 45—90. *Liv.* I. 1—3.

29) Die ältesten Bewohner Campaniens sind nach S. 3, Anm. 17 die Sikeler oder Önotrer anzusehn; dann folgen die Osker, welchen aber die Etrusker einen Teil der Landschaft entrissen, bis die Samniter diese Landschaft eroberten und ihr den Namen Campanien geben. So stellt es Polybius dar, nur dass die Önotrer unerwähnt bleiben und bei ihm der Cumäer in der Reihe der Herrscher des Laudes gedacht wird, welche, obwohl vor den Etruskern im Besitz eines Teiles der Landschaft, sie doch nie ganz inne gehabt haben mögen, s. *Strab.* V, 4, 4: Ὁπικοὺς γάρ φησι καὶ Αὔσονας οἰκεῖν τὴν χώραν ταύτην περὶ τὸν Κρατῆρα, — τούτοις δ᾽ ὑπὸ Κυμαίων, ἐκείνοις δ᾽ ὑπὸ Τυῤῥηνῶν ἐκπεσεῖν· διὰ γὰρ τὴν ἀρετὴν περιμάχητον γενέσθαι τὸ πεδίον· δώδεκα δὲ πόλεις ἐγκατοικίσαντας τὴν οἷον κεφαλὴν ὀνομάσαι Καπύην. Διὰ δὲ τὴν τρυφὴν εἰς μαλακίαν τραπομένους καθάπερ τῆς περὶ τὸν Πάδον χώρας ἐξέστησαν, οὕτω καὶ ταύτης παραχωρῆσαι Σαυνίταις. Nach der gewöhnlichen Annahme erfolgte diese Besitzergreifung durch die Etrusker um 800 v. Chr., s. *Vellej. Pat.* 1, 7, vgl. *Dionys. H.* VII, 3, nach Cato erst 471 v. Chr., *Vellej. Pat.* a. a. O. Die Samniter bemächtigten sich Capuas um 420 v. Chr. von da aus auch des übrigen Campaniens, s. *Liv.* IV, 37: Peregrina res sed memoria digna traditur eo anno facta, Vulturnum, Etruscorum urbem, quae nunc Capua est (danach rührt dieser Name, im Widerspruch mit den oben angeführten Stellen, von

den Samnitern her), ab Samnitibus captam Capuamque ab duce eorum Capyo, vel, quod propius vero est, a campestri agro appellatam. cepere autem prius bello fatigatis Etruscis in societatem urbis agrorumque accepti (dies war 437 geschehen, s. *Diod.* XII, 31), deinde festo die graves somno epulisque incolas veteres novi coloni nocturna caede adorti, vgl. VII, 38. XXVIII, 28. Darauf wurde Cumä im J. 417 erobert, s. *ebendas.* IV, 44. Trotz dieser Vorwandtschaft waren übrigens Campaner und Samniter feindlich gegen einander gesinnt, s. *Liv.* VII, 38. — Am Silarus wohnten Picenter, μικρὸν ἀπόσπασμα τῶν ἐν τῷ Ἀδρίᾳ Πικεντίνων, s. *Strab.* V, 4, 13.

30) s. Anm. 15. Die Umbrer haben von der Landschaft nach welcher die senonischen Gallier nur noch das Gebiet längs dem oberen Lauf des Tiber bis zum Nar herab in Besitz; so sind, als die Römer mit ihnen zusammentroffen, nach Niebuhrs Ausdruck nur' noch ein verklungener grosser Name, weshalb ein kurzer Krieg hinreicht sie zu unterwerfen.

31) S. *Strab.* V, 4, 2: Ἰκμενοι δ᾽ ἐκ τῆς Σαβίνης οἱ Πικεντῖνοι, δρυκολάπτου τὴν ὁδὸν ἡγησαμένου τοῖς ἀρχηγέταις, ἀφ᾽ οὗ καὶ τοὔνομα· πίκον γὰρ τὸν ὄρνιν τοῦτον ὀνομάζουσι καὶ νομίζουσιν Ἄρεως ἱερόν.

32) Von den Samnitern bezeugen die Abkunft von den Sabinern ausser Strabo (V, 3, 1. 4, 12 u. a.) noch *Varro de ling. lat.* VII, § 29: ab Sabinis orti Samnites, *Festus* s. v. *Samnites*: Samnites ab hastis appellati sunt — sive a colle Samnio, ubi eos Sabinis adventantes consederunt, *Appian. Samnit.* III, 4, 5. Auch der Name liefert dafür einen Beweis, der in ihrer eignen Sprache Safinim (auf Münzen) und griechisch Σαυνῖται heisst. Von den übrigen oben genannten Völkern ist es nur von den Hirpinern (*Strab.* V, 4, 12: Ἱρπινοὶ καὶ αὐτοὶ Σαυνῖται, der Name von ἴρπος, welches bei Sabinern und Samnitern *Wolf* bedeutete), den Frentauern (*ebendas.* V, 4, 2) und Hernikern (*Serv.* zu *Aen.* VII, 684) bezeugt, dass sie Sabeller sind. Die übrigen vier Völker, den Marser, Marruciner, Päligner, Vestiner, sind nach *Liv.* VIII, 29 (Marsi Paelignique et Marrucini, quos, si Vestinus attingeretur, omnes habendos hostes) eng verbündet, und daher auch wahrscheinlich eines Stammes. Da nun Ovid, selbst Päligner, *Fast.* III, 95, seine Ahnherren Sabiner nennt, und da ferner die Wohnsitze dieser Völker zwischen Sabinern und Samnitern gelegen sind, so wird man der Ansicht Niebuhrs, dass auch diese Völker sabellisch seien, mit Grund beistimmen können. Über die Zeit der Einwanderung aller dieser Völker lässt sich nichts bestimmen.

33) S. *Strab.* VI, 1, 2 (die Stelle ist S. 3. Anm. 17 ausgeschrieben), *Plin.* N. III, 10, 71: Lucani a Samnitibus orti duce Lucio. Über die Verfassung der Lukaner sagt *Strab.* VI, 1, 3: Τὸν μὲν οὖν ἄλλον χρόνον ἐδημοκρατοῦντο· ἐν δὲ τοῖς πολέμοις ᾑρεῖτο βασιλεὺς ὑπὸ τῶν νεμομένων ἀρχάς.

34) S. *Diod.* XVI, 15: Ὀλυμπιὰς ἤχθη ἔτει πρὸς ταῖς ἑκατὸν — ἐπὶ δὲ τούτοις κατὰ μὲν τὴν Ἰταλίαν ἠθροίσθη περὶ

c) *Apulia* die Daunier und Peucetier und die Apulier;[35]
d) *Calabria* die Messapier und Salentiner.[36]
Vor der Ausbreitung der sabellischen Völker und der Bruttier waren Campanien, Lukanien und Bruttium nebst der Küste des tarentinischen Meerbusens eine Zeit lang zum grossen Teil im Besitz hellenischer Koloniestädte, welche meistenteils in der zweiten Hälfte des 8ten und im 7ten Jahrhundert v. Chr. angelegt worden sind.[37]

τὴν Δευκανίαν πλῆθος ἀνθρώπων παντοχόθεν μιγάδων, πλείστων δὲ δούλων δραπετῶν· οὗτοι δὲ τὰ μὲν πρῶτον ληστρικὸν ἐνεστήσαντο βίον — καὶ πρῶτον μὲν Τέμενιν πόλιν ἐκπολιορκήσαντες διήρπασαν, ἔπειτα Ἱππώνιον καὶ Θουρίους καὶ πολλὰς ἄλλας χειρωσάμενοι κοινὴν πολιτείαν συνέθεντο καὶ προςηγορεύθησαν Βρέττιοι διὰ τὸ πλείστοις εἶναι δούλοις· κατὰ γὰρ τὴν τῶν ἐγχωρίων διάλεκτον οἱ δραπέται βρέττιοι προςηγορεύοντο. Strab. VI, 1, 4: ἀνόμασται δὲ τὸ ἔθνος ὑπὸ Λευκανῶν Βρεττίους γὰρ καλοῦσι τοὺς ἀποστάτας· ἀπέστησαν δ' ὥς φασι ποιμαίνοντες αὐτοῖς πρότερον, εἶθ' ὑπὸ ἀνέσεως ἐλευθεριάσαντες, ἡνίκα ἐπεστράτευσε Δίων. Διονυσίῳ.

35) Strab. VI, 3, 8: Μέχρι ἑτέρῳ μὲν (von Brundisium bis Barium; andre setzen auch den Aufidus als Grenze zwischen den Dauniern und Peucetiern) Πευκέτιοι — ἀποίκους δ' Ἀρκάδας δέξασθαι (ἡ γῆ) δοκεῖ. — Τὴν δὲ συνεχῆ Ἰαπυγοὶ νέμονται, εἶτα Ἀπούλοι μέχρι Φρεντανῶν. Vgl. ebendas. §. 1: Οἱ δ' ἐπιχώριοι πᾶσαν τὴν μετὰ τοὺς Καλαβρούς Ἀπουλίαν καλοῦσιν. Die Apuler im engern Sinne wohnten um das Vorgebirge Garganus herum, s *ebendas.* §. 11, wo es ferner von ihnen heisst: εἰσὶ δὲ ὁμόγλωττοι μὲν τοῖς Δαυνίοις καὶ Πευκετίοις· οὐδὲ πολλὺ δὲ διαφέρουσιν ἐκείνων τό γε νῦν· τὸ δὲ πάλαι διαφέρειν εἰκός. Durch diese letztere Stelle gewinnt Niebuhrs Annahme grosse Wahrscheinlichkeit, dass die Apuler die Daunier und Peucetier unterworfen und diese von ihnen Sprache und Sitten angenommen haben. Dass sie mit den Oskern verwandt sind, wird teils durch das dem Teanum Sidicinum (wo die oskischen Sidiciner wohnten, s. Strab. V, 3, 9) gleichnamige Teanum Apulum, teils durch den Umstand wahrscheinlich, dass die oskische Sprache bis nach Rudiae in Calabrien herunter verbreitet war; denn dem Ennius, welcher in Rudiae geboren ist, ist das Oskische nebst dem Griechischen Muttersprache, s. Gell. XVII, 17.
36) Strab. VI, 3, 5: Ἡ δ' ἐκ Βρεντεσίου πεζευομένη ὁδὸς εἰς τὸν Τάραντα εὐζώνῳ μιᾶς οὖσα ἡμέρας τὸν ἰσθμὸν ποιεῖ

τῆς εἰρημένης χεῤῥονήσου, ἣν Μεσσαπίαν τε καὶ Ἰαπυγίαν καὶ Καλαβρίαν καὶ Σαλεντίνην κοινῶς οἱ πολλοὶ προςαγορεύουσι. Ebendas. §. 1: Ταύτην δὲ καὶ Μεσσαπίαν καλοῦσιν οἱ Ἕλληνες· οἱ δ' ἐπιχώριοι κατὰ μέρη, τὸ μέν τι Σαλεντίνους καλοῦσι, τὸ περὶ τὴν ἄκραν τὴν Ἰαπυγίαν (an der westlichen Küste), τὸ δὲ Καλαβροὺς (an der östlichen Küste). Vgl. S. 4, Anm. 21.

37) Strab. VI, 1, 2: Κατὰ μὲν δὴ τὴν Τυῤῥηνικὴν παραλίαν τῶν· ἐστι τὰ τῶν Λευκανῶν χωρία. τῆς δ' ἑτέρας οὐχ ἥπτοντο θαλάττης πρότερον, ἀλλ' οἱ Ἕλληνες ἐπεκράτουν, οἱ τὸν Ταραντῖνον ἔχοντες κόλπον. Πρὶν δὲ τοὺς Ἕλληνας ἐλθεῖν, οὐδ' ἦσάν πω Λευκανοί. Die mächtigste unter den griechischen Kolonien ist *Tarent*, welches, 708 v. Chr. durch die spartanischen Parthenier gegründet, sein Gebiet besonders auf Kosten der Messapier weit ausbreitete. Es erlitt durch diese zwar im J. 473 eine schwere Niederlage. s. Diod. XI. 52. Herod. VII. 170. Athen. XII, 522. c. f., stellte aber seine Macht (besonders durch die geworbenen Feldherren Archidamus, König von Sparta, und Alexander von Epirus. s. Diod. XVI, 88. *Liv.* VIII, 3. 17, 24) bald wieder her, bis es im J. 272 v. Chr. von den Römern unterworfen wurde. Ausserdem sind zu nennen: *Cumä*, die älteste aller hellenischen Kolonieen in Italien und Sicilien. *Rhegium*, *Locri*, welches Hipponium und Medma anlegte und so seine Herrschaft bis an die Küste des tyrrhenischen Meeres ausdehnte, *Kroton*, welches das nördliche Bruttium beherrschte. an dessen Westküste es Terina anlegte. *Sybaris*, Herrin des nachmaligen Lukaniens, in welchem Posidonia und Laus von ihr gegründet wurden (von ihr ist auch Metapontum abhängig), statt Sybaris seit 443 *Thurii*, nachdem Sybaris um 500 von den Krotoniaten zerstört worden war, s *Strab.* VI, 1, 12. 13. *Diod.* XII, 9. So der Zustand vor der Besitzunahme Lukaniens durch die Lukaner. Durch diese und noch mehr durch die Bruttier wurden sämtliche Städte, ausser Tarent, auf ihre Mauern beschränkt.

ERSTE PERIODE.
753—510.

Roms Anfänge unter Königen.

Rom von einem kleinen Anfange ausgehend, erhebt sich unter sieben Königen nach und nach zum Haupte von Latium. Verfassung und Religionswesen werden durch Einrichtungen und Gesetze gegründet und ausgebildet.

Anmerk. Als Quellen für die Königsgeschichte werden die Königsgesetze (*Leges regiae*) und sonstige Urkunden der Könige (*Commentarii regum*, z. B. die *descriptio classium* des Königs Servius Tullius) genannt, die indes weit später aufgezeichnet sind und auch ihrem Inhalt nach einer späteren Zeit angehören; auch die zwei Verträge, deren Originale Dionysius von Halikarnass gesehen haben will, sind wenigstens von zweifelhafter Echtheit, und die *Annales maximi* oder *Annales pontificum maximorum* (über welche s. die Anm. zur folgenden Per.) gehen nicht bis in die Zeit der Könige zurück. Überhaupt ist anzunehmen, dass die Schreibkunst bei den Römern nicht vor der Zeit der letzten drei Könige und auch da nur in beschränktestem Umfang in Gebrauch war, so dass also zu der Zeit, wo in Rom gegen Ende des zweiten punischen Kriegs durch die sogen. Annalisten die Geschichtschreibung begann, gleichzeitige schriftliche Geschichtsquellen entweder gar nicht oder doch nur in geringstem Masse vorhanden waren und die Darstellung der Königsgeschichte demnach hauptsächlich auf der mündlichen sagenhaften Tradition beruht. Aber auch die Annalisten sind bis auf verhältnismässig wenige Fragmente für uns verloren, und so haben wir unsere Kenntnis der Königsgeschichte hauptsächlich aus viel späteren Schriftstellern zu schöpfen, in denen uns der wesentliche Inhalt der Werke der Annalisten erhalten ist. Von diesen ist vor allen zu nennen: T. Livius aus Patavium, geb. 59 v. Chr., gest. 17 n. Chr. Sein Werk (*ab urbe condita libri*) umfasste in 142 Büchern die Zeit von der Erbauung der Stadt bis zum Jahr 9 v. Chr., es sind uns aber davon nur 35 Bücher erhalten, nämlich die 10 ersten, welche bis 293 v. Chr. reichen, und Buch 21—45, welche die Jahre 218—167 v. Chr. umfassen. Unsere erste Periode füllt das erste Buch, welches sich durch vortreffliche Darstellung und würdige Haltung vor den übrigen Büchern auszeichnet, obgleich diese Vorzüge keinem Teile des ganzen Werkes abzusprechen sind. Er schrieb, um sich und seine Leser durch die Vergegenwärtigung des Bildes der vergangenen Zeiten zu ergötzen und das Elend der Gegenwart vergessen zu machen. Daher die häufigen Lobsprüche der guten alten Zeit, daher auch, da er das Unheil seiner Zeit vorzüglich von der Zügellosigkeit der Volksmasse ableitete, die Parteilichkeit gegen die Plebejer der Vorzeit, die er mit dem Pöbel der Gegenwart in gleichen Rang stellt. Eine Genauigkeit ist zwar nicht so gross, dass er sich verpflichtet gefühlt hätte, neben den Annalisten noch nach älteren schriftlichen Aufzeichnungen (s. die Anm. zur folgenden Per.) zu forschen, von denen er nur die

Verzeichnisse der Magistrate benutzt zu haben scheint, davon abgesehen ist sie aber grösser, als man häufig angenommen hat. Nächst Livius ist Dionysius von Halikarnass zu nennen, welcher ungefähr in derselben Zeit gelebt hat. Er kam 31 v. Chr. nach Rom und schrieb sein Werk Ἀρχαιολογία Ῥωμαϊκή in 20 Büchern, nachdem er sich 22 Jahro daselbst aufgehalten hatte, s. I, 7. Wir besitzen davon noch die ersten 11 Bücher (B. 11 jedoch unvollständig), welche im Jahr 443 v. Chr. (bei ihm 312 a. u. c.) abbrechen; von den übrigen Büchern sind eine Anzahl zum Teil umfangreicher Fragmente erhalten (die wir nach der Ausgabe von Ad. Kiessling citieren, in der sie vollständig gesammelt sind). Die Geschichte der Könige hat er in den ersten 4 Büchern enthalten. Die von ihm benutzten Quellen nennt er I, 6. 7. Das Werk selbst, obgleich in der Weise der griechischen Historiker dieser und der späteren Zeit breit und nüchtern geschrieben und durch willkürliche Erfindungen und Ausschmückungen entstellt, leistet uns doch für die Erforschung der früheren, quellenmässigern Darstellung der Annalisten eine nicht unbedeutende Hilfe. Dies letztere gilt auch, obwohl in geringerem Grade, mit Plutarch von Chäronea (geb. 50 n. Chr.) der Fall, von dessen βίοι παράλληλοι die Lebensbeschreibungen des Romulus und Numa zu den Quellen unserer Periode gehören. Auch beschäftigen sich einige seiner kleineren Schriften (*αἴτια Ῥωμαϊκά*, περὶ τῆς Ῥωμαίων τύχης u. a.) mit der römischen Geschichte. Mehr oder minder zahlreiche Notizen für die Geschichte dieser und der folgenden Perioden, besonders für die innere Geschichte, schöpfen wir aus M. Terentius Varro (geb. 116, gestorben 27 v. Chr.) *de lingua latina* (nach der Ausgabe von O. Müller angeführt); aus M. Tullius Cicero (geb. 106, gestorb. 43 v. Chr.) *de republica* (von welcher Schrift wir jetzt das erste und zweite Buch fast ganz, von den übrigen vier grössere Bruchstücke besitzen), *de legibus* u. a. Schriften; aus Festus *de significatione verborum* (ein Werk, welches selbst erst ein Auszug, denn Festus hatte es aus einem gleichnamigen Werk des Verrius Flaccus excerpiert, uns zum Teil nur in einem zweiten Auszug des Paulus erhalten ist. Die Anführungen werden nach O. Müllers Ausgabe gemacht); und aus des Servius (um 400 n. Chr.) Kommentar zu Vergils Gedichten. Ausserdem verdienen der Beachtung die griechischen Schriftsteller: Diodorus Siculus (s. Anm. zur 2. Per.), Cassius Dio (s. Anm. zur 4. Per.), von welchen beiden jedoch für die Königsgeschichte nur Fragmente erhalten sind, und Zonaras, welcher, obwohl erst im 12. Jahrh. n. Chr. lebend, dennoch für uns nicht ohne Wichtigkeit ist, weil er sein Werk aus älteren, für uns ver-

J. v. Chr.	J. d. St.	
753	1	Den 21. April.[1] Die Stadt Roma wird von den Zwillingsbrüdern Romulus und Remus, den Söhnen des Mars und der Rhea Silvia, auf dem palatinischen Hügel erbaut.[2]
753—716	1—38	Romulus der erste König.[3] Krieg mit den Sabinern;[4] die Städte Cänina, Antemna, Crustumerium werden unterworfen und ihre Einwohner nach Rom verpflanzt;[5] die übrigen Sabiner vereinigen sich durch Vertrag mit den Römern zu einem Volke,[6] worauf ihr

loren gegangenen Schriftstellern, namentlich oft aus Cassius Dio geschöpft hat, und die Verfasser lateinischer Kompendien: *C. Velleius Paterculus* (1 tes Jahrhundert n. Chr.), *historiae Rom.* I. II. (im ersten B. ist eine grosse Lücke von Erbauung der Stadt bis 133 v. Chr.); *L. Annaeus Florus* (2 tes Jahrhundert n. Chr.), *Epitome de gestis Romanorum*; *S. Aurelius Victor* (4 tes Jahrhundert n. Chr), *de viris illustribus; Flavius Eutropius* (4 tes Jahrhundert n. Chr.), *breviarium Romanae historiae ad Valentem l. X*; *Paulus Orosius* (um 400 n. Chr.), *l. VII historiarum adversus paganos*. Auch aus *Valerius Maximus* (1 tes Jahrhundert n. Chr.), *factorum dictorumque memorabilium l. IX*, *aus C. Plinius Secundus* (1 tes Jahrhundert n. Chr.), *Naturalis Historiae l. XXXVII, A. Gellius* (2tes Jahrhundert n. Chr.), *Noctium Atticarum l. XX, Solinus* (3 tes Jahrhundert n. Chr.), *Polyhistor, Censorinus* (3 tes Jahrhundert n. Chr.), *de die natali*, wird Einzelnes angeführt werden.

1) Das Jahr 753 v. Chr. als Gründungsjahr Roms ist nach der Ära des Varro angesetzt, s. *Censorin.* c. 21: huc quodcumque caliginis Varro discussit et pro cetera sua sagacitate nunc diversarum civitatium conferens tempora nunc defectus eorumque intervalla retro dinumerans eruit verum lucemque ostendit, per quam numerus certus non annorum modo sed et dierum perspici possit. Secundum quam rationem, nisi fallor, hic annus, cuius velut index et titulus est Ulpii et Pontiani consulatus, ab Olympiade prima millesimus est et quartus decimus ex diebus duntaxat aestivis, quibus agon Olympicus celebratur, a Roma autem condita DCCCCXCI et quidem ex Parilibus, unde urbis anni numerantur. Danach beträgt die Differenz zwischen der ersten Olympiade und der Gründung Roms (noch nicht volle) 23 Jahre, letzterer ist also nach Varro angesetzt worden, vergl. *Plut. Rom.* 12. Dieser Ära folgten auch Atticus und Cicero, s. *Solin.* I, 1, und wenigstens seit Claudius ist sie die ausschliesslich übliche geworden, nachdem dieser Kaiser in ihrem achthundertsten Jahre die Säcularfeier der Stadt Rom begangen hatte, s. *Censorin.* c. 1 vgl. *Tac. Ann.* XI, 11. Um nach ihr Jahre Roms auf Jahre der christlichen Ära zurückzuführen, muss man die erstern natürlich nicht von 753, sondern von 754 abziehen, da beide zusammen immer die Summe 754 geben. Dies ist die Ursache, dass man zuweilen fälschlich 754 v. Chr. als das Jahr der Gründung angegeben findet. Das Jahr 753 n. u. c. ist folglich 1 v. Chr., das Jahr 754 a. u. c. ist 1 nach Chr.; jenseits dieser Grenze muss man also, um die Jahre der christlichen Ära zu finden, von den Jahren nach Erbauung der Stadt immer 753 abziehen. — Ausser der Varronischen Ära gab es noch mehrere andere, worüber die Hauptstelle *Dionys.* I, 71—75: die gewöhnlichste nächst der Varronischen ist die Catonische, wonach die Erbauung der Stadt Ol. VII, 1 = 751 angesetzt wird. — Als Gründungstag wurde der 21. April durch das Fest der Parilia oder Palilia gefeiert, s. *Ovid. Fast.* IV, 721 ff.

2) Vgl. S. 4, Anm. 28. S. *Liv.* I. 1—7. *Dionys.* I, 45—90. *Plut. Rom.* 1—12. Rhea Silvia ist die Tochter des Numitor, des Sohnes des Procas, eines Abkömmlings des Aneas; sie gehörte demnach dem Herrscherhause der Aneaden an, welche seit Ascanius, dem Sohne des Aneas, ihren Sitz in Alba Longa hatten.

3) Die Geschichte seiner Regierung s. *Liv.* I, 7—16. *Dionys.* II, 1—56. *Plut. Rom.* vgl. *Cic. Rep.* II, §. 12—19. Die Dauer derselben wird überall einstimmig zu 37 Jahren angegeben (*Liv.* 21. *Dionys.* 56 u. a.).

4) Als Veranlassung dazu wird überall der Raub der Sabinerinnen angegeben, zu dem sich die Römer durch den Mangel an Frauen und durch die Weigerung der Nachbarn, ihnen ihre Töchter zu Frauen zu geben (d. h. durch die Verweigerung der ἐπιγαμία oder des ius conubii), gezwungen sehen.

5) Diese drei sabinischen Städte hatten, ungeduldig über die Zögerung der übrigen Sabiner, ihre Waffen früher auch einander erhoben, wurden aber sämtlich besiegt; die Einwohner erhielten das römische Bürgerrecht und in ihre Städte wurden römische Bürger geschickt, um sich dort anzusiedeln. Der Anführer der Cäninenser, Acco, wurde von Romulus erschlagen und seine Waffen als *spolia opima* dem Jupiter Feretrius dargebracht; ein Fall, der seitdem nicht öfter als zweimal wiedergekehrt ist, s. *Plut. Rom.* 16. Indem Romulus die Besiegten zu römischen Bürgern aufnahm, handelte er nach einem Grundsatz, der auch nach ihm immer. Freilich verschiedenn modificiert, beobachtet worden ist und vorzüglich dazu beigetragen hat, Rom gross zu machen. So gewährten die Siege, welche Rom über fremde Völker gewann, diese nicht, wie selbst die Kraft, die Früchte derselben zu behaupten. S. *Dionys.* II, 16: Τρίτον ἦν ἔτι Ῥωμύλου πολίτευμα, ὃ μάλιστα τοῖς Ἕλλησας δαπλεῖν ἔδει, κράτιστον ἁπάντων πολιτευμάτων ὑπάρχον, ὡς ἐμῇ δόξῃ φέρει, ὃ καὶ τῆς βεβαίου Ῥωμύλοις ἐλευθερίας, ἔρχε καὶ τῶν ἐπὶ τὴν ἡγεμονίαν ἀγόντων οὐκ ἐλαχίστην μοῖραν παρέσχε, τὸ μήτε κατακαίνειν ἡβηδὸν τὰς ἁλούσας πολέμῳ πόλεις μήτε ἀνδραποδίζεσθαι μηδὲ γῆν αὐτῶν ἀνιέναι μηλόβοτον, ἀλλὰ κληρούχους εἰς αὐτὰς ἀποστέλλειν ἐπὶ μέρει τινὶ τῆς χώρας καὶ ποιεῖν ἀποικίας τῆς Ῥώμης τὰς κρατηθείσας, ἐνίαις δὲ καὶ πολιτείας μεταδιδόναι. Vgl. *Tac. Ann.* XI, 24. Diese charakteristische Eigentümlichkeit der römischen Politik spricht sich auch in der Sage vom Asyl aus, s. *Liv.* I, 8 u. a.

6) Der Name des vereinigten Volkes ist Quirites (von der sabinischen Stadt *Cures*) oder *populus Romanus Quiritium* (statt *populus Romanus [et] Quirites*, s. S. 4, Anm. 28), siehe *Liv.* I, 13. *Dionys.* II, 46. *Plut. Rom.* 19. *Fest.* s. v. *Quirites* (p. 254).

Erste Periode. 753—510. Roms Anfänge unter Königen.

J. v. Chr.	J. d. St.	
753—716	1—38	König Titus Tatius die Herrschaft fünf Jahre mit Romulus teilt.[7] Fernere glückliche Kriege des Romulus mit Fidenä[8] und Veji.[9] Erweiterung der Stadt durch Hinzufügung des capitolinischen und quirinalischen Hügels.[10]
		Romulus ist der Begründer der Verfassung. Deren Hauptgrundlagen und Bestandteile: 1) zwei Stände: Patricii und Clientes;[a] 2) drei Stämme (tribus) der Patricier: Ramnes, Tities, Luceres;[b] 3) Die öffentlichen Gewalten: a) der

---

7) Er wurde, weil er den Laurentern, deren Gesandte von Verwandten des Tatius getötet worden waren, das geforderte Recht verweigert hatte, zu Lavinium erschlagen und zwar bei dem gemeinschaftlichen, hergebrachten Opfer daselbst (*Liv.* 14: sollemne sacrificium).

8) Fidenae lag jenseits des Anio, vierzig Stadien von Rom (*Dionys.* II, 53, *Strab.* V, 3, 2), und war, obgleich diesseits des Tiber gelegen, etruskisch, s. *Liv.* I, 15. *Strab.* V, 2, 9; doch mögen sich daselbst Etrusker, Sabiner und Latiner berührt und unter einander vermischt haben. Auch von Fidenä werden viele der Einwohner nach Rom verpflanzt.

9) *Liv.* I. 15: agri parte multatis in centum annos indutiae datae, *Dionys.* II. 55: χώραν τε παραδοῦναι Ῥωμαίοις τὴν προς-

ἐχή, τῷ Τεβέρει τοὺς καλουμένους Ἑπτὰ πάγους καὶ τῶν ἁλῶν ἀποστῆναι τῶν παρὰ ταῖς ἐκβολαῖς τοῦ ποταμοῦ, vgl. *Plut. Rom.* 25.

10) Romulus hatte den palatinischen Berg befestigt (wahrscheinlich nur nach der alten Weise, indem er die Wände desselben abschroffte, denn der Berg selbst musste statt der Befestigung dienen, s. *Dionys.* I, 12), s. *Liv.* I, 7: Palatium primum, in quo ipse erat educatus, muniit, *Gell. N. A.* XIII, 14: antiquissimum pomorium, quod a Romulo institutum est, Palatini montis radicibus terminabatur, vgl. *Plin. H. N.* III. 5, 66. *Dionys.* I, 88. *Plut. Rom.* 9. Die beiden andern Hügel, der capitolinische und der quirinalische, wurden zum Wohnsitz für Tatius und die Sabiner bestimmt, s. *Dionys.* II, 50. Über den mons Caelius s. unten Anm. b.

---

a) Diese beiden Stände bezeichnet *Cic. de rep.* so, dass man sieht, dass in ihnen das ganze Volk aufging, s. II, §. 14: (Romulus) populum et suo et Tatii nomine et Lucumonis, qui Romuli socius in Sabino proelio occiderat, in tribus tris curiasque triginta descripserat —, §. 16: et habuit plebem in clientelas principum descriptam. Zugleich erhellt hieraus, dass *populus* der unterscheidende Name der Patricier war. Zwischen *patres* und *patricii* unterscheidet Cicero (a. a. O. §. 23) so: ex optimatibus, quibus ipse rex tantum tribuisset, ut eos patres vellet nominari patriciosque eorum liberos, und eben so auch *Liv.* I. S. *Dionys.* II, 8 u. A. Auch bezeichnet *patres* in der Regel die Senatoren; indes hat dieser Name, oben so wie der gleichbedeutende *patroni*, ursprünglich wahrscheinlich ebenfalls den ganzen Stand der Patricier umfasst. Über den Stand selbst s. Anm. b. Über das Verhältnis zwischen den Patriciern und Clienten ist die klassische Stelle *Dionys.* II, 9 – 10, deren wesentlichen Inhalt Plutarch (*Rom.* 13) in diesen Worten zusammenfasst: πάτρωνας ὀνομάζειν, ὅπερ ἐστὶ προστάτας, ἐκείνους δὲ κλίεντας, ὅπερ ἐστὶ πελάτας· ἅμα δὲ πρὸς ἀλλήλους θαυμαστήν τιν᾽ εὔνοιαν αὐτοῖς καὶ μεγάλων δικαίων ὑπάρξουσαν ἐνεποίησεν. Οὗτοι μὲν γὰρ ἐξηγηταί τε τῶν νομίμων καὶ προστάται δικαιζομένοις συμβόλους τε πάντων καὶ κηδεμόνων ἑαυτοὺς παρεῖχον. ἐκεῖνοι δὲ τούτους ἐθεράπευον οὐ μόνον τιμῶντες, ἀλλὰ καὶ πενομένοις θυγατέρας συνεκδιδόντες καὶ χρέα συνεκτίνοντες. Καταμαρτυρεῖν τε πελάτου προστάτην ἢ προστάτου πελάτην οὔτε νόμος οὐδεὶς οὔτ᾽ ἄρχων ἠνάγκαζεν. Der Name *clientes* ist von cluere abzuleiten und bedeutet *Hörige*. Die meisten Clienten bekamen von ihren Patronen Ländereien zur Bebauung, s. *Fest.* s. v. (p. 130): Patres senatores ideo appellati sunt, quia agrorum partes attribuerunt acsi liberis propriis.

b) Man muss sich hüten, sich den ersten Stand etwa wie unsern Adel als einen besonders bevorzugten Teil der Bürgerschaft vorzustellen; vielmehr gehören zu ihm Alle, welche

in dem Sinne der Alten Bürger, d. h. ἄρχοντες καὶ ἀρχόμενοι (*Aristot.*), waren. Die Gliederung dieses Standes beschreibt *Dionys.* II, 7: τριχῇ νείμας τὴν πληθὺν ἅπασαν ἑκάστῃ τῶν μοιρῶν τὸν ἐπιφανέστατον ἐπέστησεν ἡγεμόνα· ἔπειτα τῶν τριῶν πάλιν μοιρῶν ἑκάστην εἰς δέκα μοίρας διελὼν ἴσους ἡγεμόνας καὶ τούτων ἀπέδειξε τοὺς ἀνδρειοτάτους· ἐκάλει δὲ τὰς μὲν μείζους μοίρας τρίβους, τὰς δ᾽ ἐλάττους κουρίας, ὡς καὶ κατὰ τὸν ἡμέτερον βίον ἔτι προςαγορευόνται· εἴη δ᾽ ἂν Ἑλλάδι γλώττῃ τὰ ὀνόματα ταῦτα μεθερμηνευόμενα φυλὴ μὲν καὶ τριττὺς ἡ τρίβους, φράτρα δὲ καὶ λόχος ἡ κουρία. — ᾐρήρητο δὲ καὶ εἰς ἑκάστην δεκάδα ἡγεμῶν ἐπιχώριος γλώττῃ λοχαγὸς ὀνομαζόμενος. Die Namen der 3 Tribus s. *Varro de l. l.* V. 55. *Fest.* s. v. (p. 129). *Cic. Rep.* II, §. 14. *Liv.* I. 13. *Plut. Rom.* 20. Jene Stelle des Dionysius stellt übrigens als Einrichtung des Romulus dar, was sich von selbst durch die Verschmelzung der drei Völker bildete. Der erste Stamm, das Volk des Romulus, Ramnes genannt, bestand nämlich ursprünglich für sich allein (ein Zustand, welchen *Plut. Rom.* 9 im Auge hat, wenn er sagt: ἦσαν δὲ τὰς γε πρώτας ἑστίας λέγουσιν τῶν χιλίων καὶ πλείονες γενέσθαι, d. h. ein Stamm, 10 Curien, 100 Geschlechter, 1000 Familien). Hierzu trat nun das Volk der Tities durch die Verschmelzung, s. Anm. 6. Endlich kamen noch die Luceres hinzu, welche nach der allgemeinen Annahme der Alten etruskischen Ursprungs sind und unter ihrem Führer Lucumo oder, wie er auch genannt wird, Caeles Vibenna zur Zeit des Romulus nach Rom gekommen sein sollen, s. *Serv. ad Aen.* V, 500. *Fest.* s. v. *Caelius mons* (p. 44). *Dionys.* II, 36. *Cic. Rep.* II, §. 14. (Nach Andern soll freilich Caeles Vibenna erst unter Servius Tullius nach Rom gekommen sein, s. S. 14, Anm. 27.) — Dass übrigens die Luceres im Anfang den beiden Stämmen nicht gleichgestellt waren, geht schon daraus hervor, dass sie lange Zeit nicht im Senat vertreten waren, s. Anm. d und t. Dass selbst die Tities eine Zeitlang

J. v. Chr.	J. d. St.	
		König;[a] b) der Senat;[d] c) die Volksversammlung der Patricier, die comitia curiata.[e] Der Kern des Heeres besteht aus 300 Reitern und einer Legion von 3000 Fusssoldaten.[f]
716	38	Tod des Romulus.[11]
716—715	38—39	Interregnum.[12]
715—672	39—82	Numa Pompilius. Während seiner ganzen Regierung ist ununterbrochener Friede.[13]

11) Die verschiedenen Erzählungen über seinen Tod s. *Liv.* I. 16. *Dionys.* II, 56. *Plut. Rom.* 27. *Num.* 2 ff. Er soll sich den Patriciern durch Herrschsucht oder durch Begünstigung des niedern Volks verhasst gemacht haben und daher von ihnen aus dem Wege geräumt worden sein.

12) *Liv.* 1, 17: rem inter se centum patres (die 100 Senatoren der Ramnes) decem decuriis factis singulisque in singulas decurias creatis, qui summae rerum praeessent, consociant: decem imperitabant, unus cum insignibus imperii et lictoribus erat, quinum dierum spatio finiebatur imperium ac per omnes in orbem ibat, annuumque intervallum regni fuit. Nach *Dionys.* II. 57 wäre der ganze Senat von 200 in 20 Decurien geteilt worden, und die Decurien hätten nach einander in einer

den Ramnes nachstanden, geht daraus hervor, dass der Senat nur decem primi hatte, nicht 20, d. h. die Decurionen der Ramnes, welche auch allein das Interregnum führten, s. o. Anm. 12.

c) S. *Dionys.* II, 14: βασιλεῖ μὲν οὖν ἐξῄρητο τάδε τὰ γέρα· πρῶτον μὲν ἱερῶν καὶ θυσιῶν ἡγεμονίαν ἔχειν καὶ πάντα δι' ἐκείνου πράττεσθαι τὰ πρὸς τοὺς θεοὺς ὅσια, ἔπειτα νόμων τε καὶ πατρίων ἐθισμῶν φυλακὴν ποιεῖσθαι καὶ παντὸς τοῦ κατὰ φύσιν ἢ κατὰ συνθήκας δικαίου προνοεῖν, τῶν τε ἀδικημάτων τὰ μέγιστα μὲν αὐτὸν δικάζειν, τὰ δ' ἐλάττονα τοῖς βουλευταῖς ἐπιτρέπειν, προνοούμενον ἵνα μηδὲν γίγνηται περὶ τὰς δίκας πλημμελές, βουλήν τε συνάγειν καὶ δῆμον συγκαλεῖν καὶ γνώμης ἄρχειν καὶ τὰ δόξαντα τοῖς πλείοσιν ἐπιτελεῖν· ταῦτα μὲν ἀπέδωκε βασιλεῖ τὰ γέρα καὶ ἔτι πρὸς τούτοις ἡγεμονίαν ἔχειν αὐτοκράτορα ἐν πολέμῳ. *Cic. Rep.* V. §. 3: agri arvi et arbusti et pascui lati atque uberes definiebantur, qui essent regi.

d) S. *Liv.* 1, 8: centum creat senatores (Romulus). und so auch *Dionys.* II, 12. *Plut. Rom.* 13. Der Hinzufügung des 2ten Hunderts gedenkt Livius nicht, s. aber *Dionys.* II. 47. *Plut. Rom.* 20. Einige geben die Zahl der Hinzugefügten falsch auf 50 an. s. *Dionys.* a. a. O. *Plut. Num.* 2. Diese 100 und nach Hinzutritt der Tities 200 Senatoren sind die Vertreter der 100 oder 200 Geschlechter, und man hat anzunehmen, dass ursprünglich jedes Geschlecht seinen Ältesten in den Senat sandte. Über die Befugnisse des Senats s. *Dionys.* II, 14: τῷ δὲ συνεδρίῳ τῆς βουλῆς τιμήν καὶ δυναστείαν ἀνέδωκε τοιαύτην, περὶ παντὸς ὅτου ἂν εἰσηγῆται βασιλεὺς διαγινώσκειν τε καὶ ψῆφον ἐπιφέρειν. und *ebendas.* VIII, 38: τὴν βουλήν οἴόμεθα δεῖν αὐθις προβουλεύσασα πρότερον ποιησαμένην, ὥσπερ ἐστὶν ἡμῖν πάτριον, vgl. IX, 41.

e) S. *Dionys.* II. 14: τῷ δὲ δημοτικῷ πλήθει τρία ταῦτα ἐπέτρεψεν, ἀρχαιρεσιάζειν τε καὶ νόμους ἐπικυροῦν καὶ περὶ πολέμου διαγινώσκειν — ἵψους δὲ τὴν ψῆφον οὐχ ἅμα πᾶς ὁ δῆμος, ἀλλὰ κατὰ τὰς φράτρας συγκαλούμενος. Daher auch

durchs Los bestimmten Folge das Interregnum geführt. Noch anders stellt *Plut. Num.* 2 die Einrichtung dar.

13) Numa war der Sohn des Pompo Pompilius (*Dionys.*) und der Schwiegersohn des Tatius (*Plut.*), also ein Sabiner, und lebte zu Cures, von wo er nach Rom eingeladen wurde, um die Krone in Empfang zu nehmen. Seine Geschichte s. *Liv.* I, 18—21. *Dionys.* II, 58 bis zu Ende des B.. *Plut. Num.* vgl. *Cic. Rep.* II, §. 25—29. Über den Charakter seiner Regierung s. *Liv.* 1, 19: Qui regno ita potitus urbem novam, conditam vi et armis, iure eam legibusque ac moribus de integro condere parat: quibus cum inter bella adsuescere videret non posse, quippe efferari militia animos, mitigandum ferocem populum armorum desuetudine ratus. Ianum ad infimum Argiletum indicem

die Comitien *curiata* heissen. In ihnen versammelten sich nur die Patricier, s. *Gell. N. A.* XV, 27, 4: Cum ex generibus hominum suffragium ferarur, curiata comitia esse (Worte des Laelius Felix). Innerhalb der Curien wurde nach Köpfen abgestimmt. s. *Liv.* I. 42 (viritim). *Dionys.* IV, 20, wahrscheinlich jedoch so, dass die Geschlechter wieder Korporationen bildeten. Die Berufung geschah durch den König. s. *Dionys.* II. 14. oder den Tribunus Celerum (über welchen vgl. Anm. f.). s. *Dionys.* IV, 71. *Liv.* I, 59. — Als ein Beispiel der Thätigkeit der verschiedenen Gewalten kann die Königswahl dienen, wo der König durch die Interrex vertreten wurde. Die Senatoren fassten einen Vorbeschluss (*patrum auctoritas s. Cic. Rep.* II. §. 25), der Interrex schlug den Comitiis curiatis den vom Senat gewählten König vor (dies hiess *rogare*), s. *Dionys.* II, 58. III. 1 u. a., das Volk bestätigte die Wahl (*iussus populi.* s. *Cic.* a. a. O. §. 25 und §. 37). und endlich wurde, wenn die Götter durch günstige Auspicien die Wahl genehmigt hatten, noch eine Lex curiata de imperio von den Comitiis curiatis gegeben, s. *Cic.* a. a. O. §. 25. 31. 33. 35. 38. Zu diesem letztern war natürlich nur bei Wahlen die Veranlassung vorhanden.

f) Über die Reiter s. *Liv.* I. 13: eodem tempore (nach der Vereinigung mit den Sabinern) et centuriae tres equitum conscriptae sunt: Ramnenses ab Romulo, ab T. Tatio Titienses appellati, Lucerum nominis et originis causa incerta est; vgl. *ebendas.* 15: trecentosque armatos ad custodiam corporis, quos Coleros appellavit, non in belle solum. sed etiam in pace habuit; vgl. *Dionys.* II. 13. An der Spitze der Reiter stand der Tribunus Celerum. unter welchem wieder 3 Centurionen als Anführer der einzelnen Centurien standen, s. *Dionys.* a. a. O. Über das Fussvolk s. *Varro de l. l.* V, 89: Milites, quod trium milium primo legio fiebat ac singulae tribus Titiensium, Ramnium, Lucerum mille singula militum mittebant, vgl. *Dionys.* II. 2. *Plut. Rom.* 13. *Orid. Fast.* III, 128 ff. Dabei versteht sich von selbst, dass auch die Clienten in Begleitung ihrer Patrone mit ins Feld zogen.

J. v. Chr.	J. d. St.	
715—672	39—82	Er ist der Begründer des Religionswesens.[f] Er ordnet den Gottesdienst der Curien und der Tribus, indem er die Leitung desselben für jene den 30 Curionen, für diese den 3 Tribunen übergiebt;[h] als Priester einzelner Gottheiten setzt er die 3 Flamines,[i] die 12 Salier[k] und die 4 Vestalinnen[l] ein, für die Deutung der Zeichen die Augures, d. h. Wahrsager,[m] für die Verwaltung heiliger Gebräuche des Kriegsrechts die Fetiales,[n] und als Aufseher über das gesammte Religionswesen endlich das Collegium der Pontifices, mit dem Pontifex maximus an der Spitze.[o] Teils durch diese Anordnungen, teils dadurch, dass er sein Volk für den Ackerbau gewinnt und den Grundbesitz desselben fest bestimmt, sichert er die bürgerliche Ordnung des Staates.[p]
672—640	82—114	Tullus Hostilius.[14] Er überwindet die Albaner und führt sie nach Rom, wo sie sich auf dem Mons Caelius ansiedeln.[15] Kriege mit Fidenä und Veji und mit den Sabinern ohne entscheidenden Erfolg.[16]

pacis belliquo fecit, apertus ut in armis esse civitatem, clausus pacatos circa omnes populos significaret. [Über den Ursprung dieses Janustempels lautet Niebuhrs sinnreiche Ansicht: „Als beide Städte (die der Römer und die der Sabiner) mit Gleichheit verbunden waren, erbauten sie auf der Strasse vom Quirinal zum Palatium als Thor der doppelten Landwehro, welche ihre Weichbilder schied, den doppelten Janus, jeder Stadt mit einem Thore zugewandt: offen in Kriegszeiten, damit von der einen der anderen Beistand zuziehen könne, geschlossen im Frieden."]

14) Tullus Hostilius war seiner Herkunft nach wieder ein Römer, Enkel des Hostius Hostilius, welcher einst gegen die

g) S. *Tac. Ann.* III, 26: Numa religionibus et divino iure populum devinxit, repertaque quaedam a Tullo et Anco. Über den Charakter des von Numa geordneten und geheiligten altem, aus latinischen, etruskischen und besonders sabinischen Gebräuchen zusammengesetzten Götterdienstes, s. *Plut. Num.* 8: Οὐδ᾽ ἦν παρ᾽ αὐτοῖς οὔτε γραπτὸν οὔτε πλαστὸν εἶδος θεοῦ πρότερον, ἀλλ᾽ ἐν ἑκατὸν ἑβδομήκοντα τοῖς πρώτοις ἔτεσι ναοὺς μὲν οἰκοδομούμενοι καὶ καλιάδας ἱερὰς ἱστάντες, ἄγαλμα δὲ οὐδὲν ἔμμορφον ποιούμενοι διετέλουν.

h) S. *Dionys.* II, 64. *Varro de l. l.* V, 83.

i) S. *Liv.* I, 20: flaminem Iovi assiduum creavit insignique eum veste et curuli regia sella adornavit: huic duos flamines adiecit, Marti unum, alterum Quirino, vgl. *Dionys.* II, 64. *Plut. Num.* 7. *Varro de l. l.* V, 84. und über das sonderbare Cärimoniel, dem der Flamen Dialis unterworfen war, *Gell.* X, 15. Ausser diesen 3 Flamines (*Dialis, Martialis, Quirinalis*) gab es noch eine Anzahl Flamines minores, vgl. *Varr.* a. a. O.

k) S. *Liv.* I, 20: Salios item duodecim Marti Gradivo legit, tunicaeque pictae insigne dedit et super tunicam aeneum pectori tegumen, caelestiaque arma, quae ancilia appellantur, ferro ac per urbem ire canentes carmina cum tripudiis sollemnique saltatu iussit. Ausführlicheres über die Ancilia. s. *Dionys.* II, 70. 71. *Plut. Num.* 13. *Ovid. Fast.* III, 259—398. *Serv. Verg. Aen.* VII, 188. VIII, 614. Die ἔνοι πάτριοι (*Dionys.* III, 32), welche sie sangen, hiessen Axamenta, s. *Festus* s. v. (p. 3). und es sind einige Bruchstücke derselben erhalten, s. *Varr. de l. l.* VII, 26, 27.

l) S. *Liv.* I, 20: virginesque Vestae legit, Alba oriundum sacerdotium. Vgl. *Dionys.* II, 64—69. *Plut. Num.* 9, 10. *Gell.* I, 12. Über die Bedeutung des Vestadienstes s. *Cic. Legg.*

Sabiner des Tatius mit gefochten hatte, und man sieht, dass bei den vier ersten Königen, wahrscheinlich einer getroffenen Vereinbarung zufolge, ein regelmässiger Wechsel zwischen Römern und Sabinern stattfindet. Seine Geschichte s. *Liv.* I, 22—31. *Dionys.* III, 1—35 vgl. *Cic. Rep.* II, §. 31. *Liv.*: hic non solum proximo regi dissimilis, sed ferocior etiam quam Romulus fuit. Daher auch der Zorn des Jupiter und der gewaltsame Tod des Königs.

15) Die Albaner, erst durch den Ausgang des Kampfes zwischen den Horatiern und Curiatiern zur Anerkennung von Roms Oberhoheit gezwungen, spielen, als Tullus Hostilius sie zum Zug gegen die Fidenaten und Vejenter entboten, eine

II, 20: Virginesque Vestales custodiunto ignem foci publici sempiternum, vgl. §. 29.

m) S. *Fest.* s. v. (p. 261): Quinque genera signorum observant augures, ex coelo, ex avibus, ex tripudiis, ex quadrupedibus, ex diris; vgl. s. v. *Spectio* (p. 333). Bei *Cic. Legg.* II, 20 heissen die Augurn *interpretes Jovis optimi maximi*; über ihre Befugnisse s. *ebendas.* vgl. *Liv.* IV, 4; wogegen freilich Cicero streitet, *Rep.* II, §. 16: (Romulus) urbem condidit auspicato omnibus publicis rebus instituendis, qui sibi esset in auspiciis, ex singulis tribubus singulos cooptavit augures, vgl. §. 26: Idemque Pompilius et auspiciis maioribus inventis ad pristinum numerum duo augures addidit. Nach diesen Stellen würde sich die Zahl der Augurn 5 ergeben, *Liv.* X, 6 nennt aber nur 4 und diese Zahl ist die wahrscheinlichere, da man auf jeden der beiden ersten Stämme 2 zu rechnen hat. Die Wahl geschah durch Cooptation, so dass das Collegium sich immer selbst wieder ergänzte, s. *Cic. de lege agr. or.* II, §. 18. (Die Haruspices, obgleich von nicht geringem Einfluss, sind etruskischen Ursprungs, s. *Cic. de n. d.* II, §. 10. 11.)

n) S. *Dionys.* II, 72. *Plut. Num.* 12. *Liv.* I, 24. Cicero *Rep.* II, §. 31 schreibt ihre Einsetzung dem Tullus zu, Livius selbst an einer andern Stelle (c. 32) dem Ancus Marcius.

o) S. *Liv.* I, 20. Auch das Collegium der Pontifices bestand aus 4 Mitgliedern, nach demselben System, wie das der Augurn. s. *Liv.* X, 6, der Pontifex maximus war der fünfte, vgl. *Cic. Rep.* II, §. 26. Die Wahl geschah ebenfalls auf dieselbe Art, wie bei den Augurn.

p) S. *Cic. Rep.* II, §. 26. *Liv.* I, 19: deorum metum iniciendus ratus est, qui cum descendere ad animos sine aliquo

640—616 114—138   **Ancus Marcius.**[17] Er beginnt die Unterwerfung Latiums und führt die Einwohner der unterworfenen Städte nach Rom, wo sie sich auf dem Aventinus und am Fuss desselben in dem Thal zwischen Aventinus und Palatinus ansiedeln.[18] Glücklicher Krieg mit Veji und Erbauung der Hafenstadt Ostia.[19] Befestigung des Janiculum.[20] Er ist durch die nach Rom verpflanzten Latiner Begründer der Plebs, eines neuen Standes mit persönlicher Freiheit, aber ohne bürgerliche Rechte.' Er regiert im Sinne des Numa, dessen Einrichtungen er zu befestigen und zu erweitern sucht."

616—578   138—176   **Tarquinius Priscus.**[21] Er vollendet die Unterwerfung Latiums,[22] drängt die

Die nach Rom übersiedelten Albaner vermehren den 3 ten Stamm der Luceres. Die Zahl der Reiter (*Celeres*) wird um 300 vermehrt."

zweideutige Rolle (Mettius Fufetius) und werden daher nach Rom auf den Mons Caelius verpflanzt. S. *Liv.* I, 30; Roma interim crescit Albae ruinis: duplicatur civium numerus, Caelius additur urbi mons, et quo frequentius habitaretur, eam sedem Tullus regiae capit, ibique habitavit, und zwar wohnte Tullus auf der Velia, s. *Solin. Polyhist.* 1. p. 2 f. — Da Alba das Haupt des aus 30 Städten bestehenden lateinischen Bundes gewesen war (*Dionys.* III, 31), so verlangten die Römer nach der Zerstörung von Alba, dass die Latiner Rom als ihr Haupt anerkennen sollten. Daher beginnen die lateinischen Städte, die sich dessen weigerten, noch unter Tullus einen Krieg gegen Rom: οὐκ ἀξιοῦσαι κατειλημμένης τῆς Ἀλβανῶν πόλεως τοῖς ἐγγόνοισιν αὐτῆν Ῥωμαίοις τὴν ἡγεμονίαν παραδιδόναι, *Dionys.* III, 34. Vgl. *Liv.* I, 32: Latini, cum quibus Tullo regnante ictum foedus erat.

16) S. *Liv.* I, 27. *Dionys.* III, 23—25.
17) S. *Liv.* I, 32—35. *Dionys.* III, 36—45. vgl. *Cic. Rep.* II, §. 33. *Liv.* I, 32: Numae Pompili regis nepos, filia ortus, Ancus Marcius erat. — Medium erat in Anco ingenium et Numae et Romuli memor. *Verg. Aen.* VI, 816: iactantior Ancus, nimium gaudens popularibus auris; *Ennius* (*Ann.* III, 3) und *Lucretius* (III, 1038): bonus Ancus. Die Dauer seiner Regierung s. *Liv.* I, 35.

18) Die Latiner brechen das Bündnis, welches sie mit Tullus geschlossen hatten, weil sie den Ancus für unkriegerisch hielten. Dieser ist aber in dem langwierigen Kriege Sieger, erobert Politorium, Tellenä, Ficana, Medullia und verpflanzt die Einwohner dieser und anderer (*Dionys.*) Städte nach Rom. *Liv.* I, 33: cum circa Palatium, sedem veterum Romanorum, Sabini Capitolium atque arcem, Caelium montem Albani implessent, Aventinum novae multitudini datum. — tum quoque multis militibus Latinorum in civitatem acceptis; quibus, ut iungeretur Palatio Aventinum, ad Murciae datae sedes. Wobei jedoch zu bemerken ist, dass der grössere Teil, obwohl es ihm frei stand nach Rom zu ziehen und obwohl er nicht mehr zu den Einwohnern seiner Stadt, sondern zu denen Roms zählte, doch auf seiner Hufe wohnen blieb, und zwar war dies gerade bei dem angesehenern und wohlhabenderen Teile der Fall.

19) *Liv.* I, 33: silva Mesia Veientibus adempta, usque ad mare imperium prolatum et in ore Tiberis Ostia urbs condita. Ausführlicher bei *Dionys.* III, 44.

20) *Liv.* I, 33: Ianiculum quoque adiectum, non inopia loci, sed ne quando ea arx hostium esset, id non muro solum, sed etiam ob commoditatem itineris ponte sublicio, tum primum in Tiberi facto, coniungi urbi placuit. Über den Pons sublicius vgl. *Dionys.* III, 45: τὴν ξυλίνην γέφυραν, ἣν ἄνευ χαλκοῦ καὶ σιδήρου δέδεσθαι θέμις ἐπ' αὐτῶν διακρατουμένην τῶν ξύλων, ἱκετεύσας Ἐπιθύναι τῷ Τεβέρι λέγεται, ἣν ἄχρι τοῦ παρόντος φυλάττουσιν, ἱερὰν εἶναι νομίζοντες· εἰ δέ τι πονήσειεν αὐτῆς μέρος, οἱ ἱεροφάνται θεραπεύουσιν, ἀναίας τινὰς ἐπιτελοῦντες ἅμα τῇ κατασκευῇ πατρίους. Zur Befestigung der Stadt legte er nach der offenen Südseite die Fossa Quiritium an, s. *Liv.* a. a. O.

21) Über seine Geschichte s. *Liv.* I, 34—40, *Dionys.* III, 46 bis zu Ende des B., vgl. *Cic. Rep.* II, §. 34—36. *Strab.* V, 2, 2. Über seine Herkunft stimmen die Quellen dahin überein, dass er, der Sohn eines aus Corinth zur Zeit der Revolution des Cypselus geflüchteten Bacchiaden, von Tarquinii, wo sein Vater eine Zuflucht gefunden, nach Rom gekommen sei und sich daselbst durch seinen Reichtum und seine Klugheit den Weg zum Throne gebahnt habe, obgleich Ancus 2 Söhne hinterliess. Und zwar kam er mit seinen Freunden und Verwandten, *Dionys.* III, 47. So ein eigentlicher Name soll Lucumo gewesen sein, s. *Liv.* I, 34. *Dionys.* III, 46. War nun der Kern des dritten Stammes, der Luceres, etruskisch, s. S. 9, Anm. b, so schloss sich Tarquinius natürlich an ihn an, womit auch zusammenstimmt, dass er es war, welcher diesen Stamm zu gleicher Stellung mit den beiden andern erhob, s. unten Aum. t. Jedenfalls ist es für die Auffassung seiner Geschichte wesentlich, festzuhalten, dass er ein Etrusker war.

22) *Liv.* I, 35: Bellum primum cum Latinis gessit et oppidum ibi Apiolas vi cepit; 38: Bello Sabino perfecto — inde

commento miraculi non posset, simulat, sibi cum dea Egeria congressus nocturnos esse: eins se monitu, quae acceptissima diis essent, sacra instituere. — Endlich wird auch häufig erwähnt, dass Numa das bisher zehnmonatliche Jahr zu einem zwölfmonatlichen gemacht habe, worüber am weitläufigsten *Plut. Num.* 18., 19.

q) S. *Liv.* I, 30: principes Albanorum in patres, ut ea quoque pars rei publicae cresceret, legit. Tullios, Servilios,

Quinctios, Curiatios, Cloelios, templumque ordini ab se aucto curiam fecit, quae Hostilia usque ad patrum nostrorum aetatem appellata est. Et ut omnium ordinum viribus aliquid ex novo populo adiceretur, equitum decem turmas ex Albanis legit, legiones et veteres eodem supplemento explevit et novas scripsit. Vgl. *Dionys.* III, 29.

r) S. Anm. 18.
s) S. *Liv.* I. 33. *Dionys.* III, 39.

J. v. Chr.	J. d. St.	
916—578	138—176	Sabiner zurück [23] und besiegt die Etrusker, [24] von denen er die Insignien der königlichen Macht entlehnt. [25]
		Er fügt aus dem dritten Stamme der Luceres das dritte Hundert zum Senat hinzu.[t] Sein Versuch, die Zahl der Stämme durch 3 aus den Plebejern zu bildende neue zu verdoppeln, wird durch den Widerstand des Attus Navius vereitelt; er begnügt sich daher, in die vorhandenen Stämme eine den Patriciern gleiche Zahl von Plebejern aufzunehmen.[u] Seine grossartigen öffentlichen Bauten.[v]

Priscis Latinis bellum fecit; ubi nusquam ad universae rei dimicationem ventum est, ad singula oppida circumferendo arma omne nomen Latinum domuit. Corniculum, Ficulea vetus, Cameria, Crustumerium, Ameriola, Medullia, Nomentum, haec de Priscis Latinis aut ad Latinos defecerant, capta oppida. Pax deinde est facta, vgl. *Dionys*. III, 49—54. Durch den Frieden werden die Latiner zwar σύμμαχοι, aber ἅπαντα πράττοντες, ὅσα ἂν ἐκεῖνοι κελεύσωσιν.

23) *Cic. Rep.* II, §. 36. *Liv.* I, 38: Collatia et quidquid citra Collatiam agri erat. Sabinis ademptum: Egerius (fratris hic filius erat regis) Collatiae in praesidio relictus. Vgl. *Dionys.* III, 55, 56, 63—66.

24) Der Krieg mit den Etruskern wird nur von *Dionys.* (III, 51—62) ausführlich erzählt. Ausserdem wird in den Triumphalfasten (*Corp. Inscr. Lat.* vol. I, p. 453) der Triumphe des Tarquinius über die Etrusker gedacht, und auch Strabo (V, 2, 2) setzt eine Herrschaft des Tarquinius über Etrurien voraus. Nach Dionysius haben die Etrusker vorher sowohl die Latiner als die Sabiner gegen Rom unterstützt; zuletzt stehen sie den Römern für sich allein, aber mit ihrer ganzen Macht bei Eretum gegenüber, und werden geschlagen, s. *Dionys.* III, 59: τὰ δὲ τῶν Τυῤῥηνῶν ἔπεισι γράμματα, πᾶσαι μὲν ἐξαπυσταλέντων εἰς τὸν ἀγῶνα τὰς ἐξ ἑκάστης πόλεως δυνάμεις. Worauf sie sich der Herrschaft des Tarquinius unterwerfen.

t) Vgl. o. Anm. 21. S. *Liv.* I, 35: centum in patres legit, qui deinde minorum gentium sunt appellati, factio haud dubia regis, cuius beneficio in curiam venerant, s. *Dionys.* III, 67 vgl. II, 47. Hiermit werden die Luceres im wesentlichen zu gleichem Range mit den beiden andern Stämmen erhoben. Daher auch unter ihm die Zahl der Vestalinnen von 4 auf 6 vermehrt wurde, um der Zahl der Stämme zu entsprechen, s. *Dionys.* II, 67. III, 67. *Fest.* s. v. (p. 344): Sex Vestae sacerdotes constitutae sunt, ut populus pro sua quaque parte haberet ministram sacrorum, quia civitas Romana in sex est distributa partes in primos secundosque Titienses, Ramnes, Luceres. Die Zahl der Augurn und Pontifices wurde bei dieser Veranlassung nicht zugleich geändert, s. zum J. 300 v. Chr.

u) Diese Massregel ist als ein Versuch anzusehn, die Ansprüche der Plebejer zu befriedigen, was nachher durch Servius auf eine durchgreifendere und bleibendere Art geschah. *Liv.* I, 36 bezieht die Verdoppelung nur auf die Ritter, aber s. *Festus* an der Anm. t angeführten Stelle, *Cic. Rep.* II, §. 35: duplicavit illum pristinum patrum numerum et antiquos patres maiorum gentium appellavit, quos priores sententiam rogabat, s. ad adscitos minorum; §. 36: Deinde equitatum ad hunc morem constituit, qui usque adhuc est retentus: nec potuit Titiensium et Ramnensium et Lucerum mutare, cum

25) Vgl. S. 3, Anm. 16. Dionysius bringt diese Verpflanzung etruskischer Insignien nach Rom mit der in der vorigen Anmerkung erwähnten Unterwerfung Etruriens in Verbindung. Die Etrusker kommen nach Rom (III, 61): τὰ σύμβολα τῆς ἡγεμονίας. οἷς ἐκόσμουν αὐτοὶ τοὺς σφετέρους βασιλεῖς, κομίζοντες στέφανόν τε χρύσεον καὶ θρόνον ἐλεφάντινον καὶ σκῆπτρον ἀετὸν ἔχον ἐπὶ τῆς κεφαλῆς, χιτῶνά τε πορφυροῦν χρυσόσημον καὶ περιβόλαιον πορφυροῦν ποικίλον — ' ὡς δέ τινες ἱστοροῦσι καὶ τοὺς δώδεκα πελέκεις ἐκόμισαν αὐτῷ, λαβόντες ἐξ ἑκάστης πόλεως ἕνα. Τυῤῥηνικὸν γὰρ εἶναι ἔθος ἐδόκει, ἑκάστου τῶν κατὰ πόλιν βασιλέων ἕνα προηγεῖσθαι ῥαβδοῦχρον, ἅμα τῇ δέσμῃ τῶν ῥάβδων πέλεκυν φέροντα. εἰ δὲ κοινὴ γένοιτο τῶν δώδεκα πόλεων στρατεία, τοὺς δώδεκα πελέκεις ἑνὶ παραδίδοσθαι τῷ λαβόντι τὴν αὐτοκράτορα ἀρχήν. (62:) οὗτος ὁ κόσμος ἅπασι καὶ τοῖς μετ' ἐκεῖνον τὴν βασιλικὴν ἀρχὴν ἔχουσι παρέμεινε καὶ μετὰ τὴν ἐκβολὴν τῶν βασιλέων τοῖς κατ' ἐνιαυτὸν ὑπάτοις, ἔξω τοῦ στεφάνου καὶ τῆς ποικίλης ἐσθῆτος· ταῦτα δ' αὐτῶν ἀφῃρέθη μόνα τὰ φορτικὰ δόξαντα καὶ ἐπίφθονα· πλὴν ὅταν ἐκ πολέμου νίκην κατάγοντες θρίαμβον ποιῇ τῆς βουλῆς ἀξιωθῶσι, τότε καὶ χρυσοφοροῦσι καὶ ποικίλαις ἀλουργίσιν ἀμφιέννυνται. Darin stimmen die Alten überein, dass alle diese Insignien von den Etruskern abstammen, *Sallust. Cat.* 51, 38, vgl. *Liv.* I, 8. *Plut. Rom.* 16. *Diodor.* V, 40. *Macrob. Saturn.* I, 6.

cuperet. nomina, quod auctor ei summa augur gloria Attus Navius non erat. — Sed tamen, prioribus equitum partibus secundis additis, MDCCC (auch *Liv.* I, 30 hat mille et octingenti), eine Zahl, die darauf beruht, dass die ursprüngliche Zahl der 300 Ritter des Romulus als nach der Aufnahme der Sabiner verdoppelt und dann als um weitere 300 unter Tullus Hostilius vermehrt angesehen wurde, s. S. 10 Anmerk. f. S. 12 Anmerk. q) fecit equites, numerumque duplicavit.

v) S. *Liv.* I, 35: tunc primum circo, qui nunc maximus dicitur, designatus locus est; loca divisa patribus equitibusque, ubi spectacula sibi quisque facerent, fori appellati; spectavere furcis duodenos ab terra spectacula alta sustinentibus pedes; ludicrum fuit equi pugilesque, ex Etruria maxime acciti, und cap. 38: Maiore inde animo pacis opera inchoata quam quanta mole gesserat bella, ut non quietior populus domi esset quam militiae fuisset: nam et muro lapideo, cuius exordium operis Sabino bello turbatum erat, urbem, qua nondum munierat, cingere parat, et infima urbis loca circa forum aliasque interiectas collibus convalles, quia ex planis locis haud facile evehebant aquas, cloacis fastigio in Tiberim ductis siccat, et aream ad aedem in Capitolio Iovis, quam voverat bello Sabino, iam praesagiente animo futuram olim amplitudinem loci occupat fundamentis. Vgl. *Dionys.* III, 67—69. Über das bewun-

a. v. Chr. | a. d. St.
578—534 | 176—220

Servius Tullius.[26] Er befestigt die Hegemonie Roms über Latium durch Anlegung eines gemeinsamen Heiligtums auf dem Aventinus,[27] und erweitert den Umfang der Stadt durch den Viminalis und Esquilinus.[28]
Servius organisiert die Plebes durch die Einteilung in örtliche Tribus,[*] und giebt ihr zuerst durch die Centurienverfassung Anteil an bürgerlichen Rechten.[x]

534—510 | 220—244
Tarquinius Superbus[29] erweitert den latinischen Bund und macht denselben ganz von Rom abhängig,[30] und beginnt die Kriege gegen die Volsker.[31]

---

26) Seine Geschichte s. *Liv.* I, 39—48. *Dionys.* IV, 1—40. Vgl. *Cic. Rep.* II, §. 37—40. Über seine Herkunft s. *Dionys.* I, 2. und vorzüglich die auf den Lyonner Tafeln aufgefundene Rede des Kaisers Claudius super civitate Gallis danda (s. *Gruter. Inscr.* p. 502. cf. *Tac. Ann.* XI, 24): Servius Tullius, si nostros sequimur, captiva natus Ocresia, si Tuscos, Caeli quondam Vivennae sodalis fidelissimus omnisque eius casus comes, postquam varia fortuna exactus cum omnibus reliquiis Caeliani exercitus Etruria excessit, montem Caelium occupavit et a duce suo Caelio ita appellitavit, mutatoque nomine, nam Tusce Mastarna ei nomen erat, ita appellatus est, ut dixi, et regnum summa cum rei publicae utilitate obtinuit. Vgl. über die etruskische Niederlassung auf dem Mons Caelius *Tac. Ann.* IV, 65 und S. 9, Anm. b. — *Cic.* a. a. O. §. 37: Tullius primus iniussu populi regnavisse dicitur. vgl. *Liv.* I, 42—46. *Dionys.* III, 10—12.

27) S. *Liv.* I, 45: ea erat confessio caput rerum Romam esse, de quo totiens armis certatum fuerat. Die in demselben Capitel enthaltene Erzählung über das Opfer der Sabiner bei demselben Heiligtum lässt vermuten, dass auch die Sabiner zu dem Bunde gehörten. Vgl. *Dionys.* IV, 25, 26.

28) S. *Liv.* I, 44: addit duos colles, Quirinalem (?) Viminalemque, inde deinceps auget Esquilias, — aggere et fossis et muro circumdat urbem; *Strab.* V, 3, 7.

29) S. *Liv.* I, 46 bis zu Ende des B., *Dionys.* IV, 28 bis dernswürdige Werk der Cloaken vgl. ausser Dionysius auch *Strab.* V, 3, 8 und *Plin.* H. N. XXXVI, 24, 3: — Amplitudinem cavis eam fecisse proditur, ut vehem foeni large onustam transmitteret.

w) Diese Tribus, die *φυλαὶ τοπικαί*, sind wohl zu unterscheiden von den *φυλαὶ γενικαί*, über welche s. S. 9 Anm. b, Jenes sind die auf der Herkunft und dem Adel beruhenden Stämme, dieses auf den Örtlichkeiten beruhende Einteilungen. s. *Dionys.* IV, 14. Die drei *φυλαὶ γενικαί* bestanden neben *φυλαὶ τοπικαί* fort. Die Versammlungen, welche nach den *φυλαὶ τοπικαί* (anfänglich 30) gehalten wurden, Comitia tributa genannt, sind daher rein demokratischer Natur, haben aber vor der Hand nur für die Plebes selbst, nicht für den Staat Bedeutung, indem jene nur ihre eigenen Angelegenheiten darin berict. Über die Zahl s. *Dionys.* IV, 15. Die einzelnen Tribus hatten auch ihre eigenen Feste, und jede ihren Vorsteher, s. *Dionys.* a. a. O,. welcher Curator tribus hiess. s. *Varr. de l. l.* VI, 86.

x) Den Charakter dieser Verfassung bezeichnet Cicero (*Rep.* II, §. 39) mit folgenden Worten: ut suffragia non in multitudinis sed in locupletium potestate essent — reliquaque multo maior multitudo sex et nonaginta centuriarum neque excluderetur suffragiis, ne superbum esset, nec valeret nimis,

zu Ende des B. Vgl. *Cic. Rep.* II, §. 44. Nach der gewöhnlichen Sage ist er der Sohn des Priscus; um die Schwierigkeit rücksichtlich der Zeit zu entfernen, macht ihn Piso Frugi zu dessen Enkel, s. *Dionys.* 6—7.

30) Tarquinius spricht sein vermeintliches Recht auf die Oberherrschaft Latiums geradezu aus, s. *Liv.* I, 52: posse quidem se vetusto iure agere, quod cum omnes Latini ab Alba oriundi sint, in eo foedere teneantur, quo ab Tullo res omni Albana cum coloniis suis in Romanum cesserit imperium. — miscuit manipulos ex Latinis Romanisque, ut ex binis singulos faceret binosque ex singulis: ita geminatis manipulis centuriones imposuit. Vgl. *Cic.* a. a. O. *Dionys.* IV, 49. Ein Beispiel seiner Willkür gegen die Latiner s. *Liv.* I. 50—52. *Dionys.* IV, 45—48.

31) *Liv.* I, 53: is primus Volscis bellum in ducentos amplius post suam aetatem annos movit. Suessamque Pometiam ex his vi cepit. Ausserdem unterwarf er Gabii, *Liv.* I. 53—54. *Dionys.* IV, 53—58 (das Bündnis, welches darauf zwischen Rom und Gabii geschlossen wurde, war auf einen mit Leder überzogenen Schild geschrieben und noch zu des Dionysius Zeit vorhanden), und Ardea, welches er eben belagerte, als Brutus seine Absetzung bei dem Volke vorschlug und durchsetzte. Zur Sicherung seiner Eroberungen (*Liv.* I, 56): Signiam Circeiosque colonos misit, praesidia urbi futura terra marique.

ne esset periculosum. Er machte daher 5 Klassen nach dem Vermögen, die erste Klasse bestand aus denen, die 100,000 Asse und darüber, die zweite aus denen, die 75,000 und darüber, die dritte aus denen, die 50,000 und darüber, die vierte aus denen, die 25,000 Asse und darüber, die fünfte aus denen, die 11,000 und darüber besassen. So Livius (I. 43) und Dionysius (IV. 16—22 vgl. VII. 59), welcher letztere indes als das Minimum der 5ten Klasse 12,500 Asse annimmt, und die, welche unter diesem Ansatz angeschätzt wurden, als eine 6te Klasse zählt. Aus jeder dieser Klassen bildete er nun eine Anzahl Centurien, und zwar so, dass die erste Klasse, obwohl sie gewiss die geringste Kopfanzahl enthielt, die meisten Centurien zählte, und in dem [Verhältnis weiter, so dass die Zahl der Köpfe in einer Centurie immer etwa in umgekehrtem Verhältnis zu der Höhe des Census stand: nämlich die erste Klasse hatte 80, die 2te, 3te und 4te je 20, die 5te 30 Centurien. Dazu kamen 18 Centurien Ritter, nämlich die Centurien der patricischen Ritter, welche nunmehr wirklich auch als 6 zählen (*sex suffragia* genannt, z. B. *Cic.* a. a. O,) und 12 aus den Plebejern jedenfalls nach einem höhern Census gewählte Centurien (der Census quaestor wird *Liv.* V. 7 erwähnt), endlich 2 Centurien Fabri, 1 Centurie Cornicines, 1 Tubicines, 1 derer, welche unter 11,000

J. v. Chr.   J. d. St.
534—510   220—244   Er stürzt die Verfassung des Servius und herrscht mit Willkür und als Despot.⁷ Er vollendet den von seinem Vater vorbereiteten Tempel des Jupiter Capitolinus.ˢ Patricier und Plebejer vereinigen sich zu seiner Vertreibung und zum Sturze des Königtums.ᵃᵃ

oder 12.500 Asse besassen, der Proletarii oder Capite censi, zusammen 193 Centurien. Diese 193 Centurien versammelten sich zur Abstimmung auf dem Campus Martius; ihre Versammlungen hiessen *Comitia centuriata*, weil sie nach den Centurien geschahen und zwar so, dass jede Centurie eine Stimme hatte, (iegenstand der Abstimmungen waren Wahlen und Gesetze, doch war das Resultat derselben durch die Zustimmung der Comitia curiata bedingt; auch umgekehrt waren indes die Comitia curiata durch die conturiata beschränkt, s. *Cic. de leg. agr. or.* II, §. 26. (Die Centuriatverfassung wird, weil bei ihr die politischen Rechte von dem Vermögen oder der Schätzung abhängen, Timokratie genannt.) — Diese Einteilung lag zugleich auch der Steuererhebung und der Heeresverfassung zu Grunde; sie wurde von 5 zu 5 Jahren revidiert und berichtigt, wobei auch die Volkszählungen vorgenommen wurden, deren erste eine Kopfzahl von 84.700 (*Dionys.*) ergeben haben soll. Für den Zweck des Kriegsdienstes waren in jeder Klasse die Seniores und Juniores getrennt und zwar so, dass jeder Teil die Hälfte der Centurien ausmachte. Jene, die Bürger vom 40sten bis zum 60sten Lebensjahre (*Gell.* X, 28), zogen nicht mit ins Feld, sondern verteidigten die Stadt, die Juniores vom 17 ten bis 46sten Jahre bildeten das Heer, welches in Legionen geteilt war und damals in den Schlachten in phalanxartiger Stellung focht, vgl. zum Jahre 340. Die ganze Versammlung wurde daher auch *Exercitus* genannt, s. *Liv.* 1, 44. *Varr. de l. l.* VI, 93.

y) Er gehörte zu den Luceres, s. S. 12. Anm. 21 und S. 13. Anm. 1. und diese, die Patres minorum gentium, waren es, welche ihn durch eine Revolution auf den Thron erhoben, s. *Liv.* I, 47: Tarquinius circumire et prensare minorum maxime gentium patres, admonere paterni beneficii ac pro eo gratiam repetere. Daher auch das Despotische und Verfassungswidrige seiner ganzen Regierung, s *Dionys.* IV, 43: τοὺς τε γὰρ νόμους τοὺς ὑπὸ Τυλλίου γραφέντας — πάντας ἀνεῖλε· — ἔπειτα κατέλυσε τὰς ἀπὸ τῶν τιμημάτων εἰσφοράς· — ἀνεδόχους τε συμπάσας — προεῖπε μηκέτι συντελεῖν, ἵνα μὴ συνιόντες εἰς τὸ αὐτὸ πολλοὶ βουλὰς ἀποφρήτους μετ' ἀλλήλων ποιῶνται περὶ καταλύσεως τῆς ἀρχῆς, und cap. 42: ἐπεὶ δὲ διέγνωρε τὸ κράτιστον τῆς βουλῆς μέρος θανάτοις τε καὶ ἀειφυγίαις, ἐτέραν βουλὴν αὐτὸς κατεστήσατο, παραγαγὼν εἰς τὰς τῶν ἐκλιπόντων τιμὰς τοὺς ἰδίους ἑταίρους· καὶ οὐδὲ τούτοις μέντοι τοῖς ἀνδράσιν οὔτε πράττειν ἐπέτρεπεν οὐδὲν οὔτε λέγειν, ὅ τι μὴ κελεύσειεν αὐτός. Die Bedrückung des Volks s. *Liv.* I, 56: Intentus perficiendo templo fabris undique ex Etruria accitis non pecunia solum ad id publica est usus, sed operis etiam ex plebe. Qui cum hand parvus et ipse militiae adderetur labor, minus tamen plebs gravabatur se templa deum exaedificare manibus suis, quam postquam et ad alia ut specie minora sic laboris aliquanto maioris traducebantur opera, foros in circo faciendos cloacamque maximam. S. auch *Dionys.* IV, 44.

z) S. *Liv.* I, 53—56. *Dionys.* IV, 61. *Cic. a. a. O. Plut. Publ.* 13—15.

aa) Die Veranlassung wird durch den Frevel des Sextus Tarquinius an der Lucretia herbeigeführt, s. *Liv.* I, 55 ff. *Dionys.* IV, 64 ff. Der Vater der Lucretia, Sp. Lucretius Tricipitinus, der Gemahl derselben L. Tarquinius Collatinus, P. Valerius und L. Junius Brutus, der Neffe des Superbus, verschwören sich zum Sturz des Tyrannen und bewirken die Verbannung des Königs. *Liv.* I, 60: Duo consules inde comitiis centuriatis a praefecto urbis ex commentariis Ser. Tullii creati sunt, L. Iunius Brutus et L. Tarquinius Collatinus.

ZWEITE PERIODE.
510—264 v. Chr.

Roms Entwickelung als Republik. Die Vollendung seiner Verfassung und die Ausbreitung seiner Herrschaft über Mittel- und Unteritalien.

Die Vertreibung der Könige wirkt gleich erschütternd auf die äusseren wie auf die inneren Verhältnisse Roms. Die benachbarten Völker erheben sich, um das mit Widerwillen getragene Joch der Abhängigkeit abzuschütteln, und verwickeln es in gefährliche Kriege, die es nur durch die äusserste Anstrengung aller seiner Kräfte besteht. Es stellt indes nicht nur seine Herrschaft im alten Umfange wieder her, sondern beginnt auch bereits jenseits des Tiber erobernd vorzudringen. Da wird es zum zweiten Male durch den Einfall der Gallier weit zurückgeworfen. Noch einmal greifen die Nachbarn gegen den geschwächten Staat zu den Waffen. Allein auch jetzt werden sie durch die Tapferkeit der Römer überwunden, sie werden wieder in das alte Verhältnis der Abhängigkeit gebracht, und nun wird der Kampf mit den Samnitern und in immer weiterem Vorschreiten auch mit den übrigen sämtlichen Völkern Mittel- und Unteritaliens begonnen und nach einer langen Reihe fast ununterbrochener, mit der grössten Tapferkeit und Ausdauer geführter Kriege mit der Unterwerfung aller dieser Völker glücklich beendigt. Mitten unter diesen Kämpfen nach aussen wird im Innern die Verfassung zu der Höhe ihrer Entwickelung geführt. An die Stelle der königlichen Herrschaft tritt zunächst zu Anfang der Periode das streng aristokratische Regiment der Patricier. Die Plebejer erkämpfen sich aber zuerst durch die Einsetzung des Volkstribunats den nötigen Schutz gegen die Patricier, und von da in unausgesetztem Ringen immer weiter vordringend, zwingen sie ihre politischen Gegner, ihnen sowohl den Zugang zu allen bedeutenden Staatsämtern als auch einen entsprechenden Anteil an der Ausübung der Volkssouveränität in den Comitien zuzugestehen.

Erster Abschnitt. Bis zum gallischen Brande. 390. Die Versuche des vertriebenen Königs, sich mit Hilfe der Nachbarvölker wieder auf den Thron einzusetzen, werden zurückgeschlagen. Die Latiner werden genötigt, das Bündnis mit Rom wieder herzustellen. Im Innern werden die Plebejer, nach

Anmerk. Mit dem Beginn der Republik wird der Gebrauch der Schreibkunst nach und nach häufiger, und es entstanden daher allerlei Aufzeichnungen, welche als Anhaltepunkte für das Andenken an die Vergangenheit dienen konnten. Dergleichen sind vor allem: die Annales maximi oder Annales Pontificum, kurze chronikenartige Aufzeichnungen, welche von den Pontifices maximi verfasst und öffentlich aufgestellt und später gesammelt wurden, ferner libri pontificii, hauptsächlich Vorschriften für die Amtshandlungen der Priester, commentarii pontificum d. h. Denkschriften über Vorgänge und Verhandlungen auf dem Gebiet der Religion, commentarii magistratuum, Denkschriften der weltlichen Obrigkeiten über ihre Amtshandlungen, libri magistratuum (auch lintei genannt), Verzeichnisse der jährlichen Magistrate, insbesondere auch fasti consulares und censorii, Verzeichnisse dieser obersten Magistrate; daneben auch von Privaten verfasste Stadt- und Haus- oder Familienchroniken, letztere hauptsächlich zum Gebrauch bei den Reden, die beim Begräbnis ausgezeichneter Personen gehalten zu werden pflegten, den Laudationes funebres, welche selbst aufbewahrt wurden und ebenfalls als Geschichtsquellen (von freilich zweifelhafter Glaubwürdigkeit) dienten. Endlich wurden auch wichtige Verträge und sonstige Urkunden sorgfältig aufbewahrt. Diese schriftlichen Urkunden wurden nun zwar nach

Liv. VI, 1 meist (plerseque) durch den gallischen Brand zerstört, weshalb die Geschichte bis zu diesem Ereignis noch mehr als die nachfolgende vielen Zweifeln unterliegt, indes war dies doch nicht mit allen der Fall, und die vernichteten wurden, wie uns versichert wird, so weit wie möglich, wieder hergestellt. — Die erhaltenen Schriftsteller sind im wesentlichen dieselben, wie die in der Anm. zur 1. Per. genannten (von Livius gehören hierher die Bücher 2—10, von Dionysius B 5—11, jene bis 203 v. Chr., diese bis 443 v. Chr. reichend, von Plutarch die Biographieen des Publicola, Coriolan, Camillus und Pyrrhus). Für diese Periode kommt Diodorus Siculus (um Chr. Geb.) hinzu, der in den (vollständig erhaltenen) Büchern 11—20 seiner *Βιβλιοθήκη ιστορική* auch die römische Geschichte, jedoch meist nur in kurzen Notizen berührt. Ausserdem sind besonders für die innere Geschichte noch zu benutzen: *S. Pomponius* (2tes Jahrh. n. Chr.), von dessen Enchiridion in den Digesten. Lib. I. Tit. II. der Eingang „de origine iuris et omnium magistratuum et successione prudentium" enthalten ist, und *Iohannes Laurentius Lydus* (6tes Jahrh. n Chr.) *de magistratibus* l. III., welches Werk manche beachtenswerte Notizen aus älteren Quellen, freilich neben vielen Unklarheiten und Irrtümern, enthält.

Beseitigung der dringendsten Gefahr von aussen, von den Patriciern hart bedrückt, sie machen aber einen Aufstand und erlangen durch Vergleich die Einsetzung des ihre persönliche Freiheit schützenden Volkstribunats (bis 493). Wie mit den Latinern, so wird hierauf auch mit den Hernikern ein Bündnis geschlossen, und in Vereinigung mit diesen Völkern wird der Krieg gegen die Sabiner, die Etrusker und die Völker oskischen Stammes mit wechselndem Glücke geführt. Im Innern werden die ersten Schritte für die Erhebung der Tributcomitien zu politischer Geltung gethan; einen weiteren Gewinn für die Sicherstellung ihrer Freiheit machen die Plebejer dadurch, dass infolge der Lex Terentilia die Gesetze aufgeschrieben werden (bis 449). Die Kriege gegen Volsker und Äquer werden mit glücklichem Erfolge fortgesetzt; Fidenä, Veji und einige andere Städte Etruriens werden überwunden. Die Tributcomitien werden zu immer höherer politischer Geltung erhoben; ausserdem erlangen die Plebejer das Conubium mit den Patriciern und die Zulassung zum Consulartribunat und zur Quästur (bis 390).

Zweiter Abschnitt. Bis zur Unterwerfung von Mittel- und Unteritalien, 264. Die Latiner, Herniker, Äquer, Volsker und Etrusker werden nach und nach durch eine Reihe von Kriegen wieder genötigt, ihre Abhängigkeit von Rom anzuerkennen, während sich die Plebejer gleichzeitig die Zulassung zum Consulat und zur Dictatur und Censur erkämpfen (bis 348). Hierauf beginnen die Kriege mit den Samnitern, Latinern und nach und nach mit den übrigen Völkern Mittel- und Unteritaliens, welche fast ohne Unterbrechung bis zum Ende der Periode dauern. Alle diese Völker werden besiegt und durch weise, mit eben so viel Klugheit als Energie getroffene Einrichtungen dem römischen Staatsorganismus einverleibt und ihm dienstbar gemacht. Während dieser auswärtigen Kriege kommt auch der innere Kampf zum Ziel. Alle Ehrenämter werden den Plebejern nach und nach zugänglich gemacht und die höchste Herrschergewalt in die Comitien des ganzen Volks, die centuriata und tributa, gelegt (bis 264).

Erster Abschnitt. 510—390.
a) 510—493.

J. v Ch.	J. d. St.	Äussere Geschichte.	Innere Geschichte.
509	245	Der erste Vertrag Roms mit Carthago.[1] Die Consuln des Jahres sind: L. Junius Brutus und	An die Stelle der Könige treten zwei jährlich wechselnde Consuln.[a] Neben ihnen stehen, wie

[1] Dieser Vertrag (dessen Echtheit, obwohl er der Überlieferung in mehreren Punkten widerspricht, nicht in Zweifel gezogen werden kann) ist deswegen so merkwürdig, weil er uns die Ausdehnung der äussern Macht Roms zur Zeit seines Übergangs in die republikanische Verfassung (über ganz Latium bis Terracina) zeigt und dadurch den Beweis giebt, dass jenes in der letzten Zeit der Könige schon ein mächtiger Staat war und nach deren Vertreibung erst nach und nach wieder zu dieser Höhe gelangte. Er ist uns von Polybius

[a] S. *Cic. Rep.* II. §. 56: Tenuit igitur hoc in statu senatus rem publicam temporibus illis: ut in populo libero pauca per populum, pleraque senatus auctoritate et instituto ac more gererentur, atque uti consules potestatem haberent tempore duntaxat annuam, genere ipso ac iure regiam; *Liv.* II, 1: libertatis autem originem inde magis, quia annuum imperium consulare factum est, quam quod deminutum quidquam sit ex regia potestate, numeres. *Cic. Legg.* III, §. 8: Regio imperio duo sunto, iique praeeundo, iudicando, consulendo practores, iudices, consules appellamino. Bis zu den Zwölftafelgesetzen

erhalten, und folgende Worte desselben gehören vorzugsweise hierher: Ἀκαρχηδόνιοι δὲ μὴ ἀδικείτωσαν δῆμον Ἀρδεατῶν, Ἀντιατῶν, Λαυρεντίνων, Κιρκαιιτῶν, Ταρρακινιτῶν μηδ᾽ ἄλλον μηδένα Λατίνων, ὅσοι ἂν ὑπήκοοι· ἐὰν δέ τινες μὴ ὦσιν ὑπήκοοι, τῶν πόλεων ἀπεχέσθωσαν, ἂν δὲ λάβωσι, Ῥωμαίοις ἀποδιδότωσαν ἀκέραιον. Ausserdem geht aus den desfallsigen Stipulationen hervor, dass die Römer nach Sicilien und nach der afrikanischen Küste Schiffahrt trieben.

hiessen sie eigentlich Prätoren, s. *Fest.* s. v. *Praetoria porta* (p. 223); initio practores erant, qui nunc consules, *Liv.* III, 55. Zonar. VII, 19. — Neben ihnen gab es noch die ihnen völlig untergeordneten (anfänglich von ihnen auch gewählten) zwei Quästoren, dieselben, die schon unter den Königen als Quaestores parricidii (Blutrichter) vorkommen, denen aber jetzt auch die Verwaltung des Staatsschatzes übertragen wird, s. *Plut. Publ.* 12. Vgl. *Liv.* I, 26. II, 41. III. 24. 25. *Tac. Ann.* XI, 22. *Digest.* I, 2. §. 22. 23.

Zweite Periode. 510—264 v. Chr. Roms Entwickelung

J.v.Ch.	J. d. St.	Äussere Geschichte.	Innere Geschichte.
509	245	L. Tarquinius Collatinus, und nach des Letzteren Verbannung[2] P. Valerius (Publicola). Der vertriebene König sucht sich zuerst durch eine Verschwörung in Rom selbst den Weg zur Rückkehr zu bahnen.[3] Alsdann gewinnt er die Vejenter und Tarquinier für sich. Dieselben werden jedoch am Walde Arsia	bisher, als öffentliche Gewalten; der Senat, welcher jetzt aus den Rittern ergänzt wird,[b] und die Comitien der Curien und Centurien.[c] Der Consul P. Valerius giebt den Plebejern das Recht der Berufung

2) Bei Livius (II, 2) wird Tarquinius Collatinus bloss wegen seiner Verwandtschaft mit der vertriebenen Königsfamilie und weil er den Namen Tarquinius führt, gezwungen ins Exil zu gehen. Dionysius (V, 10 ff.) und Plutarch (Vit. Publ. 7, nach ihm auch Zonar. VII, 12) suchen seine Verbannung besser zu motivieren, und lassen ihn daher, indem sie die Gesandtschaft des Königs und die Verschwörung der römischen Jünglinge der Zeit nach früher ansetzen, bei dieser Gelegenheit sich allzu schwach und nachgiebig zeigen und sich dadurch sein Unglück zuziehen.
3) S. Liv. II, 3—5. Dionys. V, 3—13. Plut. Publ. 3—8. Das Werkzeug zur Auszettelung dieser Verschwörung sind Gesandte, welche der vertriebene König nach Rom schickt, um seine bewegliche Habe zurückzufordern. Die Teilnehmer derselben: adulescentes aliquot, nec hi tenui loco orti, quorum in regno lubido solutior fuerat, aequales sodalesque adulescentium Tarquiniorum, adsueti more regio vivere; eam tum aequato iure omnium licentiam quaerentes libertatem aliorum in suam vertisse servitutem inter se conquerebantur (Liv.). Unter ihnen auch die Söhne des Brutus, welche der Vater zuerst hinrichten liess. Die Verschwörung wurde durch den Sclaven Vindicius angezeigt, welcher dafür zur Belohnung Freiheit und Bürgerrecht erhielt: von ihm soll die mit Erteilung des Bürgerrechts verbundene öffentliche Freilassung den Namen vindicta erhalten haben.

b) S. Liv. II, 1: deinde, quo plus virium in senatu frequentia etiam ordinis faceret, caedibus regis deminutum patrum numerum primoribus equestris gradus lectis ad trecentorum summam explevit (Brutus). traditumque inde fertur, ut in senatum vocarentur qui patres quique conscripti essent: conscriptos videlicet in novum senatum appellabant lectos. Id mirum quantum profuit ad concordiam civitatis iungendosque patribus plebis animos; Fest. s. v. Allecti (p. 7). Nach Plut. Publ. 11 werden 164 neu hinzugefügt, und zwar bei ihm durch Valerius, bei Dionys. V, 13 thun es Brutus und Valerius gemeinschaftlich ἐκ τῶν δημοτικῶν τοὺς χαριέστατος ἐπιλέξαντες; auch werden diese bei Dionysius unter die Patricier aufgenommen. Wenn nun in der Folge zwischen ältern und jüngeren Senatoren unterschieden wird, wie Liv. II, 28. III, 41. Dionys. VI, 39. 66. 69 u. ö., so ist nicht wohl an einen Altersunterschied, sondern an einen Unterschied des Ranges zu denken, und es ist am einfachsten und wahrscheinlichsten, anzunehmen, dass die jetzt Aufgenommenen an die Stelle jener Patres minorum gentium, s. S. 11. Anm. u, getreten seien. Daher auch Tac. Ann. XI, 25 sagt: paucis iam reliquis familiarum, quas Romulus maiorum et L. Brutus minorum gentium appellaverat. Zuerst wurden die Consularen, dann die Senatoren der älteren Geschlechter gefragt, s. Dionys. VII, 47; die Senatoren von den jüngeren Geschlechtern erhielten das Wort nicht und gaben ihre Stimme nur durch Hinzutreten zu der einen oder der andern Seite kund, s. ebendas. und VI, 69. daher wahrscheinlich Pedarii genannt, s. Gell. III, 18. Aus den Consularen wurde auch der Princeps senatus gewählt, der zugleich Custos oder Praefectus urbis ist. Er wird erwähnt Liv. II, 3. 5. 9. 24. — Die Aufnahme in den Senat lag, so wie ehedem in den Händen des Königs, s. S. 10. Anm. d, so jetzt in denen der Consuln; seit der Gründung der Censur ging dieser Teil der consularischen Befugnis auf diesen Magistrat über, und zwar wurde der Senat anfangs in jedem Lustrum neu constituiert; nach und nach blieb der einmal Gewählte in dieser Würde, ausser wenn er durch die Censoren ausdrücklich ausgestossen wurde. Endlich setzte sich im Laufe der Zeit der Gebrauch fest, dass der gewesene Quästor Anspruch auf die Aufnahme erhielt. Unter Augustus wurde dann ein Census zuletzt von 1,200,000 Sesterzien zur Bedingung der Aufnahme gemacht. S. Fest. s. v. Praeteriti Senatores (p. 216). Zonar. VII, 19. Liv. IX, 29. 30. Der Anspruch der gewesenen Quästoren ergiebt sich aus Tac. Ann. XI, 22, und so ist nun auch das Verhältnis zu Ciceros Zeit, s. Legg. III, §. 27: Ex iis autem, qui magistratum ceperunt, quod reliquum est curiae, populare est sane, nemineum in summum locum nisi per populum venire sublata cooptatione censoria. Insofern wurden die Senatoren allerdings ab universo populo gewählt, wie Cic. pro Sest. §. 137 sagt. denn von diesem wurden ja die Magistrate gewählt. Über den senatorischen Census unter Augustus s. Suet. Octav. 41. Cass. Dio LIV, 17. 26. LV, 13. Das Verhältnis des senatorischen Census vor Augustus lässt sich nicht sicher bestimmen.

c) Cicero führt an der Anm. a angeführten Stelle so fort: Quodque erat ad obtinendam potentiam nobilium vel maximum, vehementer id retinebatur, populi comitia (d. h. die com. cent.) ne essent rata, nisi ea patrum adprobavisset auctoritas (d. h. die comitia curiata. Vgl. S. 14. Anm. x. Das Verhältnis der Machtbefugnisse zwischen dem Senat und den Comitien beschreibt Dionys. VI, 66 so: ἔστι δῆμον νόμον ἡμῖν ὑπάρχοντα, ἐξ οὗ τῆνδε οἰκοῦμεν τὴν πόλιν, πάντων εἶναι κυρίαν τὴν βουλὴν πλὴν ἀρχὰς ἀποδείξαι καὶ νόμους ψηφίσαι καὶ πόλεμον ἐξενεγκεῖν ἢ τὸν συνεστῶτα καταλύσασθαι· τούτων δὲ τῶν τριῶν τὸν δῆμον ἔχειν τὴν ἐξουσίαν ψῆφον ἐπιφέροντα. Dabei hatten die Consuln als Vorsitzer der Comitien einen grossen Einfluss, indem auf das, was sie vorschlugen, zur Abstimmung kam, s. Dionys. VII, 38. Die Versammlungen der Comitia centuriata wurden auf dem Campus Martius gehalten, s. Dionys. V, 12 u. ö., denn dieser Platz, ursprünglich zur königlichen Domäne gehörig, wurde dem Volke geschenkt, s. Plut. Publ. 8

J.v.Ch.	J.d.St.	Äussere Geschichte.	Innere Geschichte.
509	245	geschlagen.[4] Brutus fällt in der Schlacht; statt seiner wird erst Sp. Lucretius und nach dessen Tode M. Horatius Pulvillus Consul.[5]	(*provocatio*) von der Entscheidung der Magistrate an die Volksversammlung.[d] Der Tempel des Jupiter Capitolinus wird geweiht.[e]
507	247	Porsena, König von Clusium, zieht, um den Tarquinius wieder auf den Thron zu setzen, gegen Rom, belagert die Stadt und zwingt die Römer, die Stadt zu übergeben, einen Teil des Gebiets abzutreten und Geiseln zu stellen.[6]	Die Zahl der Tribus vermindert sich durch die Gebietsabtretung an Porsena auf 20.[f]
505	249	Anfang der langwierigen, bis 449 v. Chr. fast ununterbrochen geführten Kriege mit den Sabinern.[7]	
504	250	. . . .	Attus Clausus, der Sabiner (nachher Appius Claudius genannt), kommt nach Rom und wird unter die Patricier aufgenommen.[g]
498	256	.	Die Dictatur wird eingesetzt.[h]

4) S. *Liv.* II, 6—7. *Dionys.* V, 14—16. *Plut. Publ.* 9. Die Schlacht war am Abend noch unentschieden; die Sage erzählte aber: silentio proximae noctis ex silva Arsia ingentem editam vocem, Silvani vocem eam creditam, haec dicta, uno plus Tuscorum cecidisse in acie, vincere bello Romanum. Ita certe inde abiere Romani ut victores, Etrusci pro victis (*Liv.*). Brutus und Aruns Tarquinius töten sich gegenseitig, indem sie vor Beginn der Schlacht sich wutentbrannt auf einander stürzen.

5) *Liv.* II, 7; P. Valerius — collegae (Bruti) funus quanto tum potuit apparatu fecit; sed multo maius morti decus publica fuit maestitia. Auch war Brutus nach *Dionys.* V, 17. *Plut. Publ.* 9 der erste, welchem die nachher bei ausgezeichneteren Männern und Frauen übliche Lobrede bei seinem Begräbnis (*laudatio*) zu Teil wurde, und zwar hielt sie ihm Valerius. Die Ehre der öffentlichen Trauer erhielt nachher nach seinem Tode (im J. 503) auch Valerius Publicola, welchem ausserdem noch andere Auszeichnungen zu Teil wurden, z. B. dass er und seine Nachkommen in der Stadt begraben werden durften, s. *Liv.* II, 16. *Dionys.* V, 39, 48. *Plut. Publ.* 23.

Es wird noch angeführt, dass Valerius zuerst Patriciern das Recht gegeben habe, vor den Comitien der Centurien zu reden, s. *Dionys.* V, 11. *Plut. Publ.* 3.

d) Valerius hatte den Verdacht des Volks dadurch erregt, dass er zögerte, einen Nachfolger des Brutus zu ernennen, und durch sein Haus auf der hohen Velia, s. *Cic. Rep.* II, §. 53. *Liv.* II, 7—8. *Dionys.* V, 19. *Plut. Publ.* 10. Er widerlegte aber diesen Verdacht auf eine so befriedigende Weise, dass er den Beinamen *Publicola* erhielt. Besonders angenehm war dem Volk die Lex de provocatione, s. *Cic.* a. a. O.: Idemque, in quo fuit publicola maxime, legem ad populum tulit eam, quae centuriatis comitiis prima lata est, ne quis magistratus civem Romanum adversus provocationem necaret neve verberaret. Provocationem autem etiam a regibus fuisse declarant pontificii libri, significant nostri etiam augurales; *Liv.* II. 8. *Dionys.* V, 19. *Plut. Publ.* 11. Die Provocation bezog

6) S. *Liv.* II, 9—14. *Dionys.* V, 21—36. *Plut. Publ.* 16—19. Dass derselbe so beendigt wurde, dass die Römer Geiseln stellten und das Gebiet, welches sie den Vejentern entrissen hatten (s. S. 9, Anm. 9), zurückgaben, wird überall erzählt und zugegeben. Man vergl. nun ferner *Tac. Hist.* III, 72: sedem Iovis O. M., — quam non Porsena dedita urbe neque Galli capta temerare potuissent, und *Plin. N. H.* XXXIV, 30, 19: In foedere, quod expulsis regibus populo Romano dedit Porsena, nominatim conprehensum invenimus, ne ferro nisi in agri cultu uterentur. Dies Verhältnis der Unterthänigkeit gegen Porsena mag wieder gelöst worden sein, als Aruns, der Sohn des Porsena, durch den Tyrannen von Cumä, Aristodemus, von Aricia zurückgeschlagen wurde, s. *Liv.* II, 14. *Dionys.* V, 36. VII, 5—6. Da mag auch Rom seine otruskische Besatzung vertrieben und vielleicht auch das abgetretene Gebiet wieder gewonnen haben. Dies letztere scheint sie nach *Dionys.* a. a. O. und *Liv.* II, 15 durch ein im folgenden Jahre mit Porsena geschlossenes Bündnis wieder erlangt haben.

7) S. *Liv.* II, 16. 18. *Dionys.* V, 37—40. *Plut. Publ.* 20—22. Zunächst dauert der Krieg 4 Jahre, bis 502 v. Chr.

sich, da die Patricier sie schon besassen, nur auf Plebejer, was am deutlichsten *Dionys.* VII, 41, 52 gesagt ist, und ging, wie es scheint, an die Comitia tributa; wenigstens war dies einige Jahrzehnte später der Fall. s. *Dionys.* IX, 30, weshalb sich auch der Provocierende immer an die Tribunen wandte, s. z. B. *Liv.* III, 20. — Derselbe Valerius war es auch, der die Beile aus den Ruthenbündeln der Consuln entfernte, s. *Dionys.* V, 19. *Plut. Publ.* 11.

e) S. *Liv.* II, 8. *Dionys.* V, 35. *Plut. Publ.* 14. vgl. S. 13. Anm. v und S. 15. Anm. z.

f) S. oben Anm. 6 und S. 20 f.

g) S. *Liv.* II, 16. *Dionys.* V, 40. *Plut. Publ.* 21. *Sueton. Tiber.* 1. vgl. Anm. i.

h) S. *Cic. Rep.* II, §. 56: Atque his ipsis temporibus dictator etiam est institutus decem fere annis post primos consules, T. Larcius; novumque id genus imperii visum est

J.v.Ch.	J.d.St.	Äussere Geschichte.	Innere Geschichte.
496	258	Der Krieg mit den Latinern kommt zum Ausbruch und wird durch die Schlacht am See Regillus unter Anführung des Dictator A. Postumius zu Gunsten Roms entschieden.[8] Anfang der Feindseligkeiten mit den Aurunkern, Volskern und Äquern.[9]	
495	259	Der Consul P. Servilius an der Spitze der Schuldner besiegt die Volsker.[10] Auch die Sabiner und Aurunker machen einen Einfall, werden aber zurückgeschlagen.[11]	Aus dem mit Claudius nach Rom gekommenen sabinischen Volke wird die 21 ste Tribus gebildet.[i] Bedrückungen der Plebejer durch die Patricier.[k]
494	260	Der Dictator M' Valerius und die Consuln A. Virginius	

8) Schon zu Anfang des Jahres 504 heisst es *Liv.* II. 16: ab Tusculo, unde etsi non apertum, suspectum tamen bellum erat, im Jahre 501 heisst es *ebendas.* Cap. 18: triginta iam coniurasse populos concitante Octavio Mamilio satis constabat. Die an dem Kriege teilnehmenden triginta populi der Latiner werden *Dionys.* V, 61, (freilich mit zum Teil sehr unsichern Lesarten, so aufgezählt: ἀπὸ τούτων τῶν πόλεων ἦσαν ἄνδρες Ἀρδεατῶν, Ἀρικηνῶν, Βουλλανῶν, Βοβιλλανῶν, Κόρνων, Καρεντανῶν, Κιρκαιητῶν, Κοριολανῶν, Κορβιντῶν, Καβανῶν, Φορτινείων, Γαβίων, Λαυρεντίνων, Λανουείνων, Λαβινιατῶν, Λαβικανῶν, Νομεντανῶν, Νωρβανῶν, Πραινεστινῶν, Πεδανῶν, Κοριοσκολανῶν, Σατρικανῶν, Σκαπτηνῶν, Σητίνων, Τιβουρτίνων, Τυσκλανῶν, Τελληνίων, Τολερίνων, Οὐελιτρανῶν, womit man die Namen *Plin. N. H.* III, 9, 64 vergleichen mag. Die Darstellung der Schlacht bei Livius und Dionysius zeigt vorzugsweise Einzelkämpfe der Anführer auf beiden Seiten fast nach Homerischer Weise, deren mehrere darin ihren Tod finden. Der Schlachttag sind die Iden des Quintilis, s. *Dionys.* VI, 13. *Plut. Coriol.* 3. (Livius erzählt die Schlacht zum J. 499, fügt aber c. 21 selbst hinzu, dass sie von Anderen ins J. 496 gesetzt werde, in welchem sie von Dionysius berichtet wird. Livius bemerkt dabei: Tanti errores implicant temporum aliter apud alios ordinatis magistratibus, ut nec qui consules secundum quosdam nec quid quoque anno actum sit, in tanta vetustate non rerum modo sed etiam auctorum digerere possis.) — Der alte Tarquinius, der von seiner Familie allein noch übrig war, giebt nun die Hoffnung auf Wiederherstellung auf und stirbt bald darauf beim Tyrannen Aristodemus von Cumä. s. *Liv.* II. 21. *Dionys.* VI. 21.

9) Über Volsker, Aequer, Aurunker im allgemeinen s. S. 4. Anmerk. 24 u. 28. Schon im J. 503 sind Pometia und et proximum similitudini regione; *Liv.* II. 18: in hac tantarum exspectatione rerum sollicita civitate dictatoris primum creandi mentio orta, sed neo quo anno neo quibus consulibus, quia ex factione Tarquinia essent, id quoque enim traditur, parum creditum sit, nec quis primum dictator creatus sit, satis constat: apud veterrimos tamen auctores T. Larcium dictatorem primum, Sp. Cassium magistrum equitum creatos invenio, consulares legere: ita lex iubebat de dictatore creando lata. Die Wahl geschah durch einen der Consuln, und zwar in der Stille der Nacht, s. bes. *Liv.* IX. 38. *Dio. fr.* 36, 26, in der ältesten Zeit jedoch nicht ohne Mitwirkung des Senats, was sich an deutlichsten *Dionys.* XI. 20 ausspricht. Seine Macht war unbeschränkt und es hörte daher auch die Provocation bei ihm auf; dagegen sicherte der Umstand gegen Missbrauch,

Cora im Besitz der Aurunker, s. *Liv.* II. 16. Indes kommen die Römer, seitdem die Latiner in feindseligen Verhältnissen zu ihnen stehen, mit jenen Völkern nicht mehr in Berührung. Am schnellsten scheinen sich dieselben seit der Schwächung der Latiner durch die Niederlage am See Regillus ausgebreitet zu haben. Aus den Stellen *Liv.* II, 33. *Dionys.* VI, 91—94 ergiebt sich, dass sie bis zum J. 493 ihre Grenzen soweit erweitert haben, dass dieselben durch eine Linie von Antium und Longula (Aequer) bezeichnet werden. Die Feindseligkeiten mit ihnen beginnen jetzt, weil beide Teile nun nicht mehr durch die Latiner getrennt sind und weil die Volsker den Latinern für die Schlacht am Regillus Zuzug hatten leisten wollen.

10) Der Consul P. Servilius, um die Plebejer zu bewegen, Kriegsdienste zu leisten: edixit ne quis civem Romanum vinctum aut clausum teneret, quo minus ei nominis edendi apud consules potestas fieret, neu quis militis, donec in castris esset, bona possideret aut venderet, liberos nepotesve eius moraretur: hoc proposito edicto et qui aderant nexi profiteri extemplo nomina, et undique ex tota urbe proripientium se ex privato, cum retinendi ius creditori non esset, concursus in forum, ut sacramento dicerent, fieri. *Liv.* II. 24. Die Volsker werden geschlagen und Suessa Pometia genommen, *ebendas.* 25. Vgl. *Dionys.* VI. 23—29. Über Suessa Pometia heisst es *dus.* 29: μεγέθει τε γὰρ περιβόλου καὶ πλήθωσιν οἰκητόρων, ἔτι δὲ δόξῃ καὶ πλούτῳ πολὺ τῶν ταύτῃ ἐπιχέειν ἐδόκει καὶ ἦν ὥσπερ ἡγεμὼν τοῦ ἔθνους.

11) Über den Einfall der Sabiner s. *Liv.* II, 26. *Dionys.* VI, 31, über den der Aurunker s. *Liv.* ebendas. *Dionys.* VI. 32—33. Die letztern werden bei Aricia geschlagen.

dass seine Macht nicht über 6 Monate dauern durfte. Diese Verhältnisse finden sich *Dionys.* V. 70—75 auseinandergesetzt. Dass seine Wahl auch darauf berechnet war, das Volk zu schrecken, beweist die Wirkung derselben *Liv.* II. 18: Creato dictatore — magnus plebem metus incessit, ut intentiores essent ad dicto parendum; vgl. *Dionys.* VII. 13: Τὴν δ' ἐκ τῆς μοναρχίας ὀψελειαν θέλοντες, ὡς πολὺ ἰσχύσης ἐς τὰς τῶν πολέμων καὶ τῶν στάσεων περιστάσεις, ἐν ἄλλῳ ταύτην ὀνόματι ἔθεντο. Ganz gerecht dies aus der Anwendung der Wahl im J. 494 v. Chr. hervor.

i) S. *Liv.* II, 21: Romae tribus una et viginti factae. *Dionys.* V. 40.

k) So lange die Furcht vor den Tarquiniern währte, wurde das Volk mild und freundlich von den Patriciern behandelt.

J.v.Ch.	J.d.St.	Äussere Geschichte.	Innere Geschichte.
494	260	und T. Vetusius führen mit 10 Legionen den Krieg gegen Volsker, Äquer und Sabiner, überall mit Glück.[12] Den Volskern wird Veliträ abgenommen und eine römische Kolonie dahin geschickt.[13]	
493	261	Bündnis mit den Latinern.[14]	Die Plebejer wandern aus auf den heiligen Berg.[l] Die Plebejer kehren nach Rom zurück. Einsetzung der Volkstribunen[m] und der Aedilen.[n]

12) S. *Liv.* II, 30—31. *Dionys.* VI, 34—44. [Jede der 10 Legionen enthielt, wie *Dionys.* VI. 42 angiebt, 4000 Mann.]

13) *Liv.* II, 31: Volscis devictis Veliternus ager adcumptus, Velitras coloni ab urbe missi et colonia deducta. vgl. *Dionys.* VI, 42. 43.

14) Die Latiner hatten sogleich nach der Schlacht am Regillus um Frieden gebeten, ohne ihn aber zu erlangen, *Liv.*

s. *Liv.* II, 21. *Dionys.* V, 22. *Sallust. fragm. Hist.* I, 10 (p. 11 ed. Kritz): neque amplius quam regibus exactis dum metus a Tarquinio et bellum grave cum Etruria positum est, aequo et modesto iure agitatum. Letztere beide Schriftsteller beschränken dies auf die Zeit bis nach der Beseitigung der Furcht vor Porsena. Livius lässt die Bedrückungen der Patricier erst nach dem Tode des Tarquinius im J. 495 beginnen, wo es aber nicht erklärlich ist, wie die Not der Schuldner so schnell bis zum äussersten hätte steigen sollen. Sie verweigern den Kriegsdienst, werden aber vom Consul Servilius durch die oben Anm. 10 angegebene Zusage gewonnen Zum Verständnis der besonders *Liv.* II. 23. *Dionys.* VI. 22. 79 ausführlich geschilderten Bedrückungen des Volks durch die Ausübung der harten Schuldgesetze von Seiten der Patricier gegen die Plebejer ist besonders zu beachten, dass *nexus* derjenige heisst, welcher für seine Schuld sich selbst verpfändet hat, *addictus* aber, welcher, nachdem der Termin abgelaufen, nebst seiner Familie dem Gläubiger anheimgefallen ist, wo er dann als Sclave verkauft oder im Schuldturm seines Gläubigers eingesperrt wurde. Jene Erklärung von *nexus* ergiebt sich besonders aus *l. l.* VII, 105: Liber, qui suas operas in servitutem pro pecunia quadam debebat, dum solveret, *nexus* vocatur, ut ab aere obaeratus. Auch jetzt mochte es ähnlich sein, wie im J. 370 die Tribunen klagen (*Liv.* VI, 36): an placeret fenore circumventam plebem, potius quam sorte creditum solvat, corpus in nervum ac supplicia dare et gregatim cotidie de foro addictos duci et repleri vinctis nobiles domos et ubicumque patricius habitet, ibi carcerem privatum esse? Die Erklärung, wie die Plebes so in Schulden versinken konnte, wird man aus Stellen wie *Liv.* V, 10. 12. VI, 14 (multiplici iam sorte exsoluta mergentibus semper sortem usuris) entnehmen können.

l) Die Patricier schritten, um das Volk in diesem Jahre zum Kriegsdienste zu zwingen, zur Wahl eines Dictators, des M' Valerius. Dieser versprach dem Volke Abstellung seiner Beschwerden, konnte aber wegen des Widerstandes seiner Standesgenossen sein Versprechen nicht erfüllen. Als nun die beiden Consuln das Heer wieder ins Feld führen wollten: so wanderte dieses auf den heiligen Berg (trans Anienem amnom est tria ab urbe milia passuum, *Liv.*) aus, s. *Liv.* II. 32. *Dionys.*

II, 22, nachher hatten sie sich durch ihre Treue im J. 495 Anspruch auf Belohnung von Seiten der Römer erworben. S. *Liv.* II, 22. *Dionys.* VI, 25. Im J. 493 wurde darauf das Bündnis geschlossen. s. *Liv.* II, 33. *Dionys.* VI, 95. Der Vertrag lautet bei *Dionys.* so: Ῥωμαίοις καὶ ταῖς Λατίνων πόλεσιν ἁπάσαις εἰρήνη πρὸς ἀλλήλους ἔστω, μέχρις ἂν οὐρανός τε καὶ γῆ τὴν αὐτὴν στάσιν ἔχωσι, καὶ μήτε αὐτοὶ πολεμείτωσαν πρὸς ἀλλήλους μήτ' ἄλλοθεν πολεμίοις ἐπαγέτωσαν

VI, 45. Nach *Cic. Rep.* II, §. 38 (plebs montem sacrum prius, deinde Aventinum occupavit) und *Sallust.* an der Anmerk. k angeführten Stelle besetzte das Volk auch den Aventinus; nach Piso bei *Liv.* a. a. O. bloss den Aventinus.

m) Der Vergleich wird nach *Dionys.* VI, 69 durch 10 Gesandte, unter denen M' Valerius und Menenius Agrippa, nach *Liv.* II, 32 durch Menenius Agrippa allein und zwar vermittelst der bekannten Fabel, nach *Cic. Brut.* §. 54 durch M' Valerius zustande gebracht. *Liv.* II. 33: concessumque in condiciones, ut plebi sui magistratus essent sacrosancti, quibus auxilii latio adversus consules esset (dass dies, also eine nur negative Wirksamkeit, ursprünglich ihre Stellung war, sagt auch *Dionys.* VII, 22. 23. 30 u. ö.), neve cui patrum capere cum magistratum liceret. ita tribuni plebei creati duo. C. Licinius et L. Albinus, ii tres collegas sibi creaverunt, in his Sicinium fuisse, seditionis auctorem, de duobus qui fuerint, minus convenit. Sunt, qui duos tantum in sacro monte creatos tribunos esse dicant ibique sacratam legem latam. Ausserdem wurden die jetzigen Schulden erlassen. s. *Dionys.* VI, 83. VII, 49. Über die Tribunen vergl. noch *Dionys.* VI, 87. 89, über die Zahl *Liv.* II, 58. *Cic. Rep.* II, §. 59, welcher letztere 2 Tribunen nennt. Ihre Hauptaufgabe war, die Provocation der Plebejer zu sichern (vgl. S. 19 Anm. d), doch nur innerhalb einer Meile von der Stadt, auf welchen Raum überhaupt ihre Befugnisse beschränkt waren, s. *Liv.* III, 20. II, 58. *Dionys.* VIII, 87. Nach *Dionys.* VI, 89 sollen sie zuerst und bis zur Lex Publilia (s. S. 24. Anm. f) von den Curiatcomitien (die nach D. einen demokratischen Charakter haben) gewählt worden sein; ist aber ihre Wahl durch die Lex Publilia auf die Tributcomitien übertragen worden, so kann sie vorher nur in den Centuriatcomitien geschehen sein. Der Tag ihres Amtsantritts war und blieb a. d. IV. Id. Decembr., s. *Dionys.* VI, 89. — Eine allgemeine politische Erörterung über das Tribunat s. *Cic. Legg.* III, 16—25.

n) S. *Dionys.* VI. 90: ἐδεήθησαν ἔτι τῆς βουλῆς ἐπιτρέψαι σφίσιν ἄνδρας ἐκ τῶν δημοτικῶν δύο καθ' ἕκαστον ἐνιαυτὸν ἀποδεικνύναι τοὺς ὑπηρετήσοντας τοῖς δημάρχοις ὅσων ἂν δέωνται, καὶ δίκας, ἃς ἂν ἐπιτρέπωνται ἐκεῖνοι. κρινοῦντας, ἱερῶν τε καὶ δημοσίων τόπων καὶ τῆς κατὰ τὴν ἀγοράν εὐετηρίας ἐπιμελησομένους. Vgl. *Liv.* III, 57. VI, 42.

Zweite Periode. 510—264 v. Chr. Roms Entwickelung

b) 493—449.

J.v.Ch.	J. d. St.	Äussere Geschichte.	Innere Geschichte.
493	261	Die Volsker werden geschlagen, und ihre Städte Polusca, Longula, Corioli erobert.[1]	
492	262	Die römische Colonie zu Veliträ wird verstärkt; eine neue nach Norba geschickt.[2]	Hungersnot in Rom.[a]
491	263	C. Marcius Coriolanus geht, aus Rom verbannt, zu den Volskern, und reizt sie in Gemeinschaft mit ihrem Anführer Attius Tullus zum Kriege gegen Rom.[3]	Aufstand der Plebejer. Coriolan wird durch das Gericht der Comitia tributa verbannt.[b]
488	266	Coriolan dringt siegreich bis gegen Rom vor, welches nur durch die Fürbitte der Mutter des Siegers gerettet wird.[4]	Der Fortuna Muliebris wird ein Tempel gestiftet.[c]

μήτε τοῖς ἐπιφέρουσι πόλεμον ἰοδούς παρέχεσθαι ἀσφαλεῖς, βοηθείτωσάν τε τοῖς πολεμουμένοις ἁπάσῃ δυνάμει, λαφύρων τε καὶ λείας τῆς ἐκ πολέμων κοινῶν τὸ ἴσον λαγχανέτωσαν μέρος ἀμφότεροι, τῶν τε ἰδιωτικῶν συμβολαίων αἱ κρίσεις ἐν ἡμέραις γιγνέσθωσαν δέκα, παρ' οἷς ἂν γένηται τὸ συμβόλαιον. Ταῖς δὲ συνθήκαις ταύταις μηδὲν ἐξέστω προςθεῖναι μηδ' ἀφελεῖν ἀπ' αὐτῶν, ὅ τι ἂν μὴ Ῥωμαίοις τε καὶ Λατίνοις ἅπασι δοκῇ. Dies ist das Verhältnis der Isopolitie, ein Name, welchen Dionys. VI. 63. VIII. 70. 79 u. ö. selbst dafür gebraucht. Livius bezeichnet das Bündnis nicht näher; indes sieht man doch aus vielen Beispielen der Folgezeit, dass dieses Verhältnis zwischen beiden Teilen besteht, namentlich kämpfen beide zusammen, s. III. 22. IV. 26. 29. 37. V, 19. VI. 10. 32 u. ö., besonders VIII, 6. 8. Dass auch der Oberbefehl zwischen beiden Teilen wechselte, lehrt L. Cinctus bei Festus s. v. Practor ad portam (p. 241).

1) S. Liv. II, 33. Dionys. VI, 91—94. Die Wichtigkeit der Stadt Corioli geht daraus hervor, dass sie bei Dionysius ὥσπερ μητρόπολις τῶν Οὐολούσκων genannt wird (VI, 92).

2) S. Liv. II. 34. Dionys. VII, 12—13. Beide Städte mochten von den Volskern erobert und ihnen im vorigen Jahre wieder von den Römern entrissen worden sein. Die Kolonien in denselben sollten nun den Römern zu Stützpunkten für die Behauptung und Erweiterung der gemachten Eroberungen dienen. (Von Norba heisst es Liv. a. a. O.: quae arx in Pomptino esset.)

3) S. Liv. II, 34—35. Dionys. VII, 26 — VIII, 11. Die Volsker werden dadurch gereizt, dass sie in Folge der Intriguen des Attius Tullus, als sie zur Feier der grossen Spiele (deren Beschreibung bei Dionys. VII, 62—73) zahlreich nach Rom gegangen waren, von dem Senate schimpflich aus der Stadt gewiesen worden. Vgl. Cic. de divin. I, §. 43.

a) S. Liv. II. 34. Dionys. VII, 1—19. Die Hungersnot war dadurch entstanden, dass während der Auswanderung der Plebejer die Länder nicht bebaut worden waren. Die benachbarten Völker können oder wollen den Römern nicht beispringen: man muss daher abwarten, bis eine an den Tyrannen von Syrakus, Gelo, geschickte Gesandtschaft zurückkehrt, was erst im folgenden Jahre geschieht. Dionys. VII, 20.

b) S. Liv. II. 35. Dionys. VII, 26—66. Bei Dionysius erlangen die Plebejer das Zugeständnis, den Coriolan vor Gericht ziehen zu dürfen, von dem Senate selbst; er nennt das ungenau ein προςφέλυμα, während er es sonst richtiger als ein Zugeständnis darstellt, s. Cap. 65. IX. 46. Bei Livius ist es eine Usurpation. und es ist allerdings wahrscheinlicher, dass das Volk sich dieses Recht jetzt erzwang. und dass es nach und nach durch den Gebrauch sich festsetzte. Andere

4) S. Liv. II. 36—40. Dionys. VIII, 12—54. Bei Livius scheint es, als habe der Krieg nur ein Jahr gedauert; indes findet sich die richtige Chronologie bei Dionysius, und es ist offenbar, dass Livius nur weniger genau annalistisch verfährt, indem er die ganze Geschichte des Kriegs zusammenfasst, und. ohne der Consuln der zwei vorhergehenden Jahre zu nennen. in dem 3 ten Jahre des Kriegs (Cap. 39) sogleich die Consuln dieses Jahres anführt. Der Weg des Heeres ist am wahrscheinlichsten bei Livius (39) verzeichnet: Circeios profectus primum colonos inde Romanos expulit. liberamque eam urbem Volscis tradidit; inde in Latinam viam transversis tramitibus transgressus Satricum, Longulam. Poluscam, Corioles, Mugillam, novella haec Romanis oppida ademit. inde Lavinium recipit; tum deinceps Corbionem, Vitelliam, Trebium, Labicos. Pedum cepit. Postremum ad urbem a Pedo ducit et ad fossas Cluilias quinque ab urbe milia passuum castris positis

Beispiele der nächsten Folgezeit sind die Verurteilung des T. Menenius, s. Liv. II. 51. Dionys. IX. 27. die Anklage der Sp. Servilius im J. 475. s. Liv. II. 52. Dionys. IX, 27—33, die der Consuln des J. 475. s. Liv. II. 54. Dionys. IX, 36, die des Appius im J. 470. s. Liv. II. 56. Dionys. IX, 51—54. Dass das Gericht in den Comitiis tributis geschah. lehren besonders die Stellen Dionys. VII. 36. 45. 53. Coriolan hatte das Volk dadurch aufs äusserste gereizt, dass er die Gelegenheit, die sich jetzt darbot, wo das Volk durch eigene Schuld. wie er meint, darbte und der Patricier es durch das aus Sicilien angelangte Getreide in ihrer Gewalt hatten, zu benutzen riet. um das Tribunat wieder aufzuheben.

c) S. Liv. II. 40. Dionys. VIII, 55—56 vgl. Valer. Max. V. 2. 1. Er wurde auf die Bitte der Matronen erbaut, welche Rom vor der Gefahr, mit welcher es durch Coriolan bedroht war. errettet hatten.

J.v.Ch.	J.d.St.	Äussere Geschichte.	Innere Geschichte.
487 486	267 268	Die Herniker werden geschlagen [5] und darauf vom Consul Sp. Cassius als drittes Glied in das mit den Latinern im J. 493 v. Chr. geschlossene Bündnis aufgenommen.[6]	Sp. Cassius will durch eine Lex agraria den Plebejern Anteil an dem Ager publicus verschaffen,[d] wird aber in den Curiatcomitien zum Tode verurteilt und hingerichtet.[e]
479	275	Das Geschlecht der Fabier legt, um die Plünderungen der Vejenter abzuwehren, eine Burg an der Cremera an.[7]	

populatur inde agrum Romanum. Die Zwietracht zwischen den Patriciern und Plebejern macht die Stadt wehrlos, so dass ihr Untergang nur durch eine Gesandtschaft von Frauen, die Mutter und Gattin des Coriolan an der Spitze, abgewandt werden kann. Denn die Äquer sind mit den Volskern verbündet, und auch die Bundesgenossen sind, wie freilich nicht anders möglich, auf die Seite der Volsker getreten, s. *Dionys.* VIII, 16. *Zonar.* VII, 16. Durch die Thränen der Mutter erweicht, ruft Coriolan: *Ἴθι, ἔφη, πείθομαί σοι· σὺ γάρ με νικᾷς — σὺ μὲν ἀπ' ἐμοῦ τὴν πατρίδα ἔχε, ὅτι τοῦτο ἠθέλησας· ἐγὼ δὲ ἀπαλλαγήσομαι* (*Zonar.* VII, 16). Zu den Volskern zurückgekehrt, fand er dort durch das verletzte Volk den Tod, *Liv.* II, 40. *Dionys.* VIII, 57—59, oder gab ihn sich selbst, *Cic. Brut.* §. 42, wie Fabius erzählte, lebte daselbst bis ins Alter, als Greis erst das Bittere der Verbannung ganz empfindend, s. *Liv.* a. a. O. vergl. *Zonar.* a. a. O. In Rom aber ward sein Andenken als eines gerechten Mannes gefeiert und lange erhalten, s. *Dionys.* VIII, 62. — Nach dem Rücktritt des Coriolan schwächten sich Äquer und Volsker durch Zwietracht und gegenseitige Befeindung, s. *Liv.* II, 40. *Dionys.* VIII, 63. Der Krieg wird indes bis zum Ende der Periode mit abwechselndem Glücke fortgeführt.

5) S. *Liv.* II, 40. *Dionys.* VIII, 64—66.

d) An dieser Stelle wird sich am passendsten eine kurze Auseinandersetzung der Verhältnisse von Grund und Boden, wie sie bis dahin in Rom stattfanden, einreihen. Bei der Gründung des Staates erhielten, wie uns berichtet wird, die 100 Geschlechter der Ramnes als ihr Eigentum 200 Jugera zuerteilt, die zusammen eine Centurie (*centuriatus ager*) ausmachten, und so nachher auch die je 100 Geschlechter der beiden andern Tribus, s. *Fest.* s. v. (p. 53); Centuriatus ager in ducena iugera definitus, quia Romulus centenis civibus ducena iugera tribuit. Ausserdem wurde ein Teil der Ländereien für die Priestercollegien und für den König abgesondert, s. *Dionys.* II. 7. Allen gemeinsam war aber ferner die Gemeintrift, wohin ein jeder sein Vieh gegen eine verhältnismässige Abgabe trieb, s. *Plin. N. H.* XVIII, 3, 11. Dieses ursprüngliche Verhältnis erlitt aber bedeutende Veränderungen, als das römische Gebiet durch Eroberungen immer mehr anwuchs. Die hierbei gewonnenen Ländereien wurden teils, wenn Kolonieen angelegt wurden, den Kolonisten überlassen, teils verkauft oder verpachtet, teils endlich wurden sie, und zwar namentlich dann, wenn sie noch unangebaut waren, der Besitzergreifung (occupatio) Beliebiger, aber aus dem

6) *Dionys.* VIII, 69 sagt von diesem Bündnis: *αὗται δὲ (αἱ ὁμολογίαι) ἦσαν ἀντίγραφοι τῶν πρὸς Λατίνους γενομένων*, vgl. S. 21. Anm. 14. Daher finden wir nachher bei ihm die Latiner und Herniker die Kriege mit den Römern gemeinschaftlich führend, wie IX, 5. 16 u. ö. Bei Livius heisst es (II, 41) von diesem Bündnis: cum Hernicis foedus ictum, agri partes duae ademptae. Indes finden (sich nachher auch bei ihm die Herniker, wie die Latiner, in dem Heere der Römer, s. II, 64. III, 4. 5. 6. 22 u. ö.

7) Der Krieg mit den Vejentern war schon im Jahr 485 wieder zum Ausbruch gekommen, s. *Dionys.* VIII. 81?—82. *Liv.* II, 42. Im J. 480 hatten die Römer einen grossen Sieg über sie gewonnen. s. *Liv.* II, 44—47. *Dionys.* IX, 5—13. Über den weiteren Fortgang des Kriegs bemerkt *Liv.* II, 48: Ex eo tempore neque pax neque bellum cum Veientibus fuit; res proxime formam latrocinii venerat. Legionibus Romanis cedebant in urbem; ubi abductas senserant legiones, agros incursabant, bellum quiete, quietem bello invicem eludentes; ita neque omitti tota res nec perfici poterat. Et alia bella aut praesentia instabant, ut ab Aequis Volscisque, non diutius quam recensdolor proximae cladis transiret, quiescentibus, aut mox moturis erat Sabinus semper infestos Etruriamque omneum.*) Vgl. *Dionys.* IX, 14. Dies gab die Veranlassung, dass die Fabier, um Rom von dieser Seite her zu sichern,

Stande der Patricier, gegen einen Zehnten überlassen, die sie nun entweder anbauten oder als Weideland benutzten, s. *App. de B. C.* I, 7. Dieses letztbezeichnete Land nun, welches dabei fortwährend als Staatsland (ager publicus) betrachtet wurde, bildete den Gegenstand fortwährender Streitigkeiten zwischen Patriciern und Plebejern, welche letzteren zwar schon bisher einiges davon als festen Besitz zugeteilt (assigniert) erhalten hatten (z. B. von Servius, s. *Liv.* I, 40. *Dionys.* IV, 9. 10. 13), aber damit nicht zufrieden, immer mehr verlangten und mit Recht geltend machten, dass sie es vorzüglich seien, welche diese Ländereien mit ihrem Blut erworben hätten. So also auch jetzt für sie Sp. Cassius, s. *Liv.* II, 41. *Dionys.* VIII, 70—76; *Liv.* a. a. O.: tum primum lex agraria promulgata est, numquam deinde usque ad hanc memoriam sine maximis motibus rerum agitata. Er wurde des Trachtens nach königlicher Macht beschuldigt, eine Beschuldigung, die auch in unsern Quellen überall wiederkehrt, vgl. *Cic. de Rep.* II, §. 60. *Diod.* XI, 37.

e) *Liv.* II, 41. *Dion.* VIII, 77—80. Beide erwähnen auch der abweichenden Nachricht, dass er nicht durch die Comitien, sondern durch seinen eignen Vater den Tod gefunden habe.

J. v. Ch.	J. d. St.	Äussere Geschichte.	Innere Geschichte.
477	277	Untergang der Fabier.ᵃ	
472	282	. . . .	Publilius Volero giebt als Volkstribun das Gesetz, dass die Volkstribunen und Ädilen in den Tributcomitien gewählt werden sollen.ᶠ
471	283	. . . .	Die Lex Publilia geht durch.ᵍ
468	286	Antium wird den Volskern entrissen⁹ und	
467	287	zur römischen Colonie gemacht.¹⁰	
463	291	Die Volsker und Äquer dringen siegreich bis gegen die Stadt vor.¹¹	
462	292	Das Glück und die alten Grenzen gegen Volsker und Äquer wieder hergestellt.¹²	Der Tribun C. Terentilius Arsa beantragt (lex Terentilia), dass für öffentliches und Privatrecht Gesetze aufgeschrieben und öffentlich bekannt gemacht werden sollen.ʰ

den Krieg mit den Vejentern allein auf sich nahmen. S. *Liv.* II, 49: Sex et trecenti milites, omnes patricii, omnes unius gentis, quorum neminem ducem sperneres, egregius quibuslibet temporibus senatus, ibant, unius familiae viribus Veienti populo pestem minitantes. Sequebatur turba propria alia cognatorum sodaliumque (4000 an der Zahl, s. *Dionys.* IX, 15), nihil medium nec spem nec metum, sed immensa omnia volventium animo. — Infelici via dextro Iano portae Carmentalis profecti ad Cremeram fluvium perveniunt: is opportunus visus locus communiendo praesidio.

8) Sie werden in einen Hinterhalt gelockt, s. *Liv.* II, 50. *Dionys.* IX, 19—22. Vergl. *Ovid. Fast.* II, 193—242. Der Tag der Niederlage, die 13. oder 18. Februar, war fortan ein Dies ater. Nur einer aus dem Geschlechte der Fabier, der als noch nicht waffenfähig in Rom zurückgeblieben, soll am Leben erhalten worden sein. — Hierauf wurde der Krieg mit den Vejentern noch bis zum J. 474 fortgeführt, in den Jahren 477 und 476 mit geringem Glück, so dass die Vejenter sogar das Janiculum besetzten, dann aber siegreich. Im J. 474 wurde ein 40jähriger Waffenstillstand abgeschlossen, s. *Liv.* II, 51—54.

f) Seit Sp. Cassius war das Ackergesetz fast alljährlich von den Volkstribunen erneuert worden, die Patricier hatten es aber immer hauptsächlich dadurch zu vereiteln gewusst, dass sie einen Teil der Tribunen für sich gewannen, die dann intercedierten, s. *Liv.* II, 12. 43. 44. 48. *Dionys.* VIII, 87. IX, 1—2. 5. 51—54. Die den Patriciern feindlich gesinnten Tribunen suchten sich dadurch zu rächen, dass sie gewesene Consuln vor den Tributcomitien anklagten, s. S. 22. Anm. b. Im J. 473 wollte in dieser Weise auch der Tribun Cn. Genucius die Consuln des vorigen Jahres anklagen; er wurde aber, ehe er sein Vorhaben ausführen konnte, von den Patriciern ermordet, die sich dieses Verbrechens sogar rühmten, s. *Liv.* II, 54. *Dionys.* IX, 36—37. In demselben Jahre wurde das Recht der Provocation gegen Publilius Volero von den Patriciern verletzt, s. *Liv.* II, 55. *Dionys.* IX, 39. Volero wurde darauf zum Tribunen gewählt. Über sein Gesetz s. *Liv.* II, 56 ff. *Dionys.* IX, 41—42. *Liv.*: haud parva res sub titulo prima specie minime atroci ferebatur, sed quae patriciis omnem potestatem per clientium suffragia creandi quos vellent tribunos

auferret. Über die bisherige Wahl der Tribunen s. S. 21. Anm. m.

g) S. *Liv.* II, 57—58. *Dionys.* IX, 43—49. Bei dieser Gelegenheit sollen nach Piso zuerst 5 Tribunen gewählt worden sein. s. *Liv.* II, 58. — Die Patricier scheinen bisher bei den Tributcomitien zugegen gewesen, ven nun an aber von der Teilnahme an denselben ausgeschlossen zu sein, s. *Liv.* II, 56 und bes. 60.

h) Die Motive des Antragstellers s. *Liv.* III, 9: in consulare imperium tamquam nimium nec tolerabile liberae civitati invehebatur: nomine enim tantum minus invidiosum, re ipsa prope atrocius quam regium esse, quippe duos pro uno dominos acceptos immoderata, infinita potestate, qui soluti atque effrenati ipsi omnes motus legum omniaque supplicia verterent in plebem, quae ne aeterna illis licentia sit, legem se promulgaturum, ut quinque viri creentur legibus de imperio consulari scribendis; quod populus in se ius dederit, eo consulem usurum, non ipsos libidinem ac licentiam suam pro lege habituros. Hierin, also in dem Wunsche, die Macht der

als Republik. Erster Abschnitt. 510—390.

J. v.Ch.	J.d.St.	Äussere Geschichte.	Innere Geschichte.
460	294	Der Sabiner Appius Herdonius bemächtigt sich durch Überfall des Capitols, wird aber wieder vertrieben.[13]	
459	295	Krieg mit den Volskern und mit den Äquern.[14] Seitdem hören die Kriege mit den Volskern eine Zeitlang auf: dagegen dauern die mit den Äquern neben denen mit den Sabinern fast ununterbrochen fort.[15]	
457	297	. . . . . .	Die Zahl der Volkstribunen wird auf 10 vermehrt.[i]
454	300		Durch die Lex Aternia wird die Strafgewalt der Magistrate beschränkt.[k] In Folge einer

---

13) S. *Liv*. III, 15—17. *Dionys*. X. 14—16. Seine Absicht *Dionys*. X. 14: ἦν δὲ αὐτοῦ γνώμη μετὰ τὸ κρατῆσαι τῶν ἐπικαιροτάτων τόπων τοῖς τε φυγάσι δέχεσθαι καὶ τοῖς δούλοις εἰς ἐλευθερίαν καλεῖν καὶ χρεῶν ἄφεσιν ὑπισχνεῖσθαι τοῖς ἀπόροις, τοῖς τ' ἄλλοις πολίταις, οἳ ταπεινὰ πράττοντες διὰ φθόνον καὶ μίσους εἶχον τὰς ὑπεροχὰς καὶ μεταβολῆς ἄσμενοι ἂν ἐλάβοντο, κοινωνοὺς ποιήσασθαι τῶν δηλείων. Auch weigerten sich die Plebejer anfangs, sich gegen ihn zu bewaffnen, werden aber durch das Versprechen des Consuls P. Valerius, ihren Wünschen nach der Wiedereroberung des Capitols zu willfahren, gewonnen. Indes fällt P. Valerius selbst beim Angriff.

14) S. *Liv*. III. 22—23. *Dionys*. X. 21. Antium war von den Volskern belagert, die Römer entsetzten es. [*Liv*. III. 23 fügt aber hinzu: eodem anno descisse Antiates apud plerosque auctores invenio. Damit stimmen auch die Stellen *Liv*. III, 10. 22 überein, wonach die Antiaten kurz vorher damit umgingen, von Rom abzufallen. Auch ist Antium im J. 338 v. Chr. von den Römern wieder erobert worden. Niebuhr nimmt an, dass Antium durch einen mit den Volskern abge-

Consulu durch geschriebene, allen bekannte Gesetze zu beschränken. ist der erste Beweggrund des Antragstellers und der Plebejer zu suchen, und hierauf gehen auch die Worte bei *Zonar*. VII. 17: τὴν πολιτείαν ἰσοτίμων ποιήσασθαι ἐφηγίσαντο. Ferner geht hierauf auch die ἰσονομία und ἰσηγορία, welche Dionysius öfter (z. B. X. 1) als den Zweck des Gesetzes bezeichnet. Dass das Gesetz aber einen weitern Umfang entweder sogleich hatte oder doch nach und nach erhielt, lehrt *Liv*. III, 34, wo die 12 Tafeln *fons omnis publici privatique iuris* genannt werden. vgl. *Dionys*. X, 3: συγχωρήσαντες τοῖς ὑπὲρ ἁπάντων νόμους, τῶν τε κοινῶν καὶ τῶν ἰδίων. Indem nun aber die Willkür der Richter und die Gewohnheitsrechte einzelner Körperschaften aufgehoben wurden, so erklären sich auch Stellen, wie *Liv*. III, 34, wo Appius sagt: se omnia summis infimisque iura aequasse. vgl. *Dionys*. X, 50: περὶ τῶν νόμων οἷς ἐσποίδαζον οἱ δήμαρχοι κοινοὺς ἐπὶ πᾶσι 'Ρωμαίοις γραφῆναι, vgl. *Tac*. *Ann*. III, 27: duodecim tabulae finis aequi iuris. Die Gesetzgebung sollte übrigens, wie es scheint, nach der ersten Absicht des Antragstellers von den Plebejern ausgehen, vgl. S. 26. Anm. 1. — Der Kampf um dieses Gesetz dauerte nicht weniger als 10 Jahre. Am lebhaftesten war er im J. 461, wo die Patricier unter Anführung

schlossenen Frieden an diese übergegangen, und dass dieser Friede den Römern durch den für sie so unglücklichen Feldzug von 463 abgedrungen worden sei; die Feldzüge gegen die Volsker von 462 und 451 seien die Erfindung der Annalisten. Die ganze Reihe von Kriegen gegen die Volsker seit 493 sei in die Sage von Coriolan zusammengedrängt und daher seien auch die Friedensbedingungen des Coriolan *Dionys*. VIII. 31 in das Jahr 450 herabzusetzen.]

15) In diesem Jahr soll ein Friede mit den Äquern geschlossen, aber sogleich im folgenden Jahre wieder gebrochen worden sein, s. *Liv*. III, 24. *Dionys*. X, 21. Daher der Krieg schon im folgenden (458) erneuert wird, und nur durch die Ernennung eines Dictators, des L. Quinctius Cincinnatus, glücklich beendigt werden kann. s. *Liv*. III. 25—29. *Dionys*. X. 22—25. Auch im J. 457, s. *Liv*. III, 30. *Dionys*. X, 26. 30, im J. 455. s. *Liv*. III. 31. *Dionys*. X. 43 bis 47, und im J. 449, s. *Liv*. III. 38. 41—42. *Dionys*. XI. 3. 23. machen die Äquer Angriffe, und mit ihnen immer auch, das Jahr 455 ausgenommen, die Sabiner.

des K. Quinctius häufig Gewalt an den Plebejern verübten, s. *Liv*. III, 11. *Dionys*. X, 4. *Liv*.: hoc (Quinctio) duce saepe pulsi foro tribuni. fusa ac fugata plebes est. Quinctius wurde darauf angeklagt und musste ins Exil gehen, s. *Liv*. III. 11—13. *Dionys*. X, 5—8. Die Mittel, mit denen die Plebejer kämpften, bestanden teils in der mehrmals wiederholten Erwählung derselben Tribunen, teils in dem Widerstande gegen Aushebung der Truppen, teils in der Ausstellung solcher, welche ihren Wünschen entgegen waren, s. *Dionys*. X, 42. 58. 59. *Liv*. III. 31.

i) S. *Liv*. III. 30: bini ex singulis classibus. — Expressit hoc necessitas patribus; id modo excepere, ne postea eosdem tribunos viderent. Vgl. *Dionys*. X, 30. Damit die Vermehrung der Zahl die Eintracht nicht störe, so machten sich die Tribunen den nächsten Jahres durch einen Schwur verbindlich, sich gegenseitig nicht hinderlich zu sein, s. *Dionys*. X. 31.

k) *Dionys*. X, 50: πρῶτον μὲν οὖν ἐπὶ τῆς λοχίτιδος ἐκκλησίας νόμον ἐκύρωσαν, ἵνα ταῖς ἀρχαῖς πάσαις ἐξῇ τοὺς ἀκοσμοῦντες ἢ παρανομοῦντας εἰς τὴν ἑαυτῶν ἐξουσίαν ζημιοῦν· τὸ γὰρ ἄνω ἅπαν ἐξῆν. ἀλλὰ τοῖς ἐπάτοις μόνοις ἢ μέντοι τίμημα οὐκ ἐπ' αὐτοῖς τοῖς ζημιοῦσιν ὁπόσον θεῖναι βούλει κατέλιπον, ἀλλ' αὐτοὶ τὴν ἀξίαν ὥρισαν, μέγιστον ἀπο-

J.v.Ch.	J.d.St.	**Innere Geschichte.**
454	300	Übereinkunft zwischen den beiden Ständen werden drei Männer nach Griechenland geschickt, um dort Gesetze zu sammeln.[l]
451	303	Es wird ein Collegium von 10 Männern mit unumschränkter Vollmacht (Decemviri) eingesetzt, um die Lex Terentilia auszuführen.[m] Zehn Gesetzestafeln.[n]
450	304	Zweites Decemvirat. Zwei neue Gesetzestafeln.[o]
449	305	Die Decemvirn führen ihr Amt ungesetzlich fort,[p] erregen aber durch die Frevel an Siccius[q] und an der Virginia[r] eine Empörung, durch die ihre Absetzung bewirkt wird.[s]

διέξαντις ὅμον ζημίας ἄνευ βίας καὶ τραύματα πράξαιν.
Vgl. *Gell.* XI, 1, 2—3. *Cic. Rep.* II, §. 60. Im J. 430 werden diese Multen mässig abgeschätzt (levis aestimatio pecudum, *Cic.*) und von nun an in Geld bezahlt,[s] s. *Cic.* a. a. O. Liv. IV. 30.

l) *Liv.* III, 41: tum abiecta lege, quae promulgata consenuerat, tribuni lenius agere cum patribus: finem tandem certaminum facerent; si plebeiae leges displicerent, at illi communiter legum latores et ex plebe et ex patribus, qui utrisque utilia ferrent quaeque aequandae libertatis essent, sinerent creari. Item non aspernabantur patres, daturum leges neminem nisi ex patribus aiebant. Cum de legibus conveniret, de latore tantum discreparet, missi legati Athenas Sp. Postumius Albus, A. Manlius, P. Sulpicius Camerinus, iussique inclitas leges Solonis describere et aliarum Graeciae civitatium instituta mores iuraque noscere. Vgl. *Dionys.* X. 48. 50—52. *Lydus de magistr.* I. 34.

m) *Liv.* III, 32: Placet creari decemviros sine provocatione et ne quis eo anno alius magistratus esset. Admiscerenturne plebei, controversia aliquamdiu fuit; postremo concessum patribus modo ne lex Icilia de Aventino aliaeque sacratae leges abrogarentur. Vgl. *Dionys.* X, 54—56, wo es heisst, dass sämmtliche Zehn Consularen gewesen seien, und *Cic. Rep.* II, §. 61. 62.

n) *Liv.* III, 34: Centuriatis comitiis decem tabularum leges perlatae sunt, vgl. *Dionys.* X. 57. *Cic. Rep.* II, §. 61. *Tacit. Ann.* III, 27.

o) Appius Claudius, welcher schon während des ersten Decemvirats vorzüglichen Einfluss geübt hatte, hatte die Comitien zu halten und benutzte diesen Umstand dazu, um sich selbst und andere ihm ergebene Männer wählen zu lassen, s. *Liv.* III, 35, worunter iudex nach *Dionys.* X. 58 drei Plebejer waren. *Liv.* III, 36: Initio igitur magistratus primum honoris diem denuntiatione ingentis terroris insignem fecere. Nam cum ita priores decemviri servassent, ut unus fasces haberet et hoc insigne regium in orbem suum cuiusque vicem per omnes iret, subito omnes cum duodenis fascibus prodiere.

Centum viginti lictores forum impleverant et cum fascibus securibus illigatas praeferebant: nec attinuisse demi securem, cum sine provocatione creati essent, interpretabantur. Vergl. *Dionys.* X, 58—60. Mit den 2 in diesem Jahre hinzugefügten Tafeln war die Gesetzgebung vollendet. s. *Liv.* III. 37. *Dionys.* X, 60. *Cic. Rep.* II, §. 63.

p) Sie behalten es nach Livius (III, 51) und Dionysius (IX. 1 vgl. 62) ein ganzes Jahr über die gesetzliche Zeit. Der Zustand Roms, wo jetzt Patricier und Plebejer gleich unzufrieden waren, wird geschildert *Liv.* III. 38. *Dionys.* XI, 1—2. vgl. 9. 22.

q) S. *Liv.* III, 43. *Dionys.* XI, 25—27. Siccius war bei dem gegen die Sabiner geschickten Heere, s. S. 25. Anm. 15.

r) *Liv.* III, 44—49. *Dionys.* XI, 28—37. Virginius war bei dem gegen die Äquer geschickten Heere.

s) Zuerst verliess das gegen die Äquer geschickte Heer, dann auch das den Sabinern gegenüberstehende das Lager. Beide Heere fanden sich auf dem Aventinus zusammen und zogen von hier zum zweiten Male auf den heiligen Berg. Schon vorher hatten die Patricier L. Valerius und M. Horatius einen Vergleich durch den Rücktritt der Decemvirn herbeizuführen gesucht, und diese waren es auch, welche, nachdem die Decemvirn genötigt worden waren, abzudanken, mit den Plebejern unterhandelten. Dem Volke wurden seine hauptsächlichsten Forderungen zugestanden, nämlich (*Liv.* III. 53): potestatem enim tribuniciam provocationemque repetebant, quae ante decemviros creatos auxilia plebis fuerant et ne cui fraudi esset concisse milites aut plebem ad repetendam per secessionem libertatem. S. *Liv.* III. 50—54. *Dionys.* XI. 38—44. Vgl. *Diodor.* XII. 25—26. Über den Inhalt der Zwölftafelgesetze vgl. noch *Cic. Rep.* II, §. 63: duabus tabulis iniquarum legum additis, quibus etiam quae diiuncta populi tribui solent conubia, haec illi ut ne plebi et patribus essent, inhumanissima lege sanxerunt. und *Legg.* III, §. 44: Tum leges praeclarissimae de XII tabulis tralatae duae, quarum altera privilegia tollit, altera de capite civis rogari nisi maximo comitiatu vetat.

c) 449—390.

J.v.Ch.	J.d.St.	Äussere Geschichte.	Innere Geschichte.
449	305	Die Aequer und Volsker und die Sabiner werden durch die Consuln L. Valerius und M. Horatius geschlagen.[1]	Die durch das Decemvirat unterbrochenen Magistrate werden mit der Beschränkung durch die Provocation wieder hergestellt;[a] das Gesetz über die Heiligkeit der Person der Tribunen wird erneuert.[b] Die Beschlüsse der Comitia tributa erhalten gleiche Geltung mit denen der Comitia centuriata.[c]
445	309	. . . .	Die Plebejer erlangen durch ein Gesetz des Tribunen C. Canuleius das Conubium mit den Patriciern.[d] Durch ein anderes Gesetz wird die Bestimmung getroffen, dass es erlaubt sein solle, statt der Consuln auch Consulartribunen und zwar diese aus beiden Ständen zu wählen.[e]

1) S. *Liv.* III, 57. 60—63. *Dionys.* XI. 47—48. Es verdient noch bemerkt zu werden, dass die beiden Consuln, weil der Senat ihnen nach glücklicher Beendigung dieser Kriege den Triumph verweigert, diesen auf einen Beschluss der Tributcomitien feiern, s. *Liv.* a. a. O. 63. *Dionys.* XI, 49—50. *Zonar.* VII. 19. Die Kriege mit den Sabinern ruhen von nun an bis zum J. 290. Dagegen werden die mit den Aequern und Volskern den ganzen Abschnitt hindurch fast ununterbrochen fortgeführt, s. *Liv.* III. 70. IV, 9—10. 26—29. 37—39. 43. 45. 46—47. 49. 51. 53. 55. 57. 59. V. 8. 12. 13. 16. 28. 31. Indessen ist von den Erfolgen derselben nur soviel bemerkenswert und deutlich zu erkennen, dass die Römer den Volskern im J. 413 Ferentinum und im J. 406 Terracina entreissen.

a) S. *Liv.* III. 54. 55: Consules creati L. Valerius M. Horatius — legem de provocatione, unicum praesidium libertatis, decemvirali potestate eversam non restituunt modo, sed etiam in posterum muniunt sanciendo novam legem, ne quis ullum magistratum sine provocatione crearet, qui creasset, eum ius fasque esset occidi neve ea caedes capitalis noxae haberetur. *Cic. Rep.* II, 31. Dieses Gesetz wird dann auch durch ein Plebiscit bestätigt s. *Liv. ebendas.*

b) Livius führt an der Anm. a angeführten Stelle so fort: et cum plebem hinc provocatione hinc tribunicio auxilio satis firmassent, ipsis quoque tribunis, ut sacrosancti viderentur, cuius rei prope iam memoria aboleverat, relatis quibusdam ex magno intervallo caerimoniis renovarunt. In demselben Jahre gab der Tribun Duilius noch ein das Tribunat betreffendes Gesetz, worin bestimmt wurde, dass, wenn in den Wahlcomitien nicht für alle Tribunen die Wahl zu Stande käme, den gewählten Tribunen das Recht zustehen sollte, die fehlenden selbst zu ergänzen, s. *Liv.* III, 64; es wurde indes im folgenden Jahre durch die Lex Trebonia wieder aufgehoben, ut qui plebem Romanam tribunos plebi rogaret, is usque eo rogaret, dum decem tribunos plebi facerct, s. *Liv.* III, 65. Unter den Mitteln, die Volksfreiheit zu sichern, verdient noch folgendes bemerkt zu werden: Institutum etiam ab isdem consulibus, ut senatus consulta in aedem Cereris ad aediles plebis deferrentur, quae antea arbitrio consulum supprimebantur vitiabanturque, *Liv.* III. 55. Damit diese Einrichtung ihren Zweck ganz erreichte, war es nötig, dass die Tribunen bei der Abfassung im Senat zugegen seien. Und dies waren sie von jetzt an regelmässig; so schon *Liv.* IV. 1. Vgl. *Valer. Max.* II. 2, 7; tribunis plebis intrare curiam non licebat: ante valvas autem positis subselliis decreta patrum attentissima cura examinabant.

c) *Liv.* III. 55: consules — omnium primum, cum velut in controverso iure esset tenerenturne patres plebi scitis, legem centuriatis comitiis tulere, ut quod tributim plebis iussisset, populum teneret. In Folge hiervon bedurfte jetzt ein Gesetz, welches durch die Tributcomitien hindurchgegangen war, nur noch der Bestätigung der Curiatcomitien. s. *Dionys.* XI, 45: νόμους ἐκύρωσαν ἐν ἐκκλησίαις λοχίτισιν — ἄλλως τέ τινας — καὶ τὸν κελεύοντα τοῖς ὑπὸ τοῦ δήμου τιθέντας ἐν ταῖς φυλετικαῖς ἐκκλησίαις νόμοις ἅπασι κείσθαι 'Ρωμαίοις ἴξ ἴσου τὴν αὐτὴν ἔχοντας δύναμιν τοῖς ἐν ταῖς λοχίτισιν ἐκκλησίαις τιθησομένοις. Die Patricier sind nun wieder in den Tributcomitien zugegen, vgl. S. 26. Anm. s.

d) S. *Liv.* IV. 1—6. Nach der Darstellung des Livius (IV. 4) scheint die Ausschliessung vom Conubium erst durch die Zwölftafelgesetze geboten zu sein, vergl. S. 26. Aum. s. Indes ist dies dahin zu berichtigen, dass die Decemvirn die bisher schon übliche Ausschliessung gesetzlich machten. Den Grund des Widerstandes der Patricier s. *Liv.* IV, 2: quas quantasque res C. Canuleium aggressum! colluvionem gentium, perturbationem auspiciorum publicorum privatorumque afferre, ne quid sinceri, ne quid incontaminati sit, ut discrimine omni sublato nec se quisquam nec suos noverit.

e) *Liv.* IV, 1: eo processit deinde, ut, rogationem novam tribuni promulgarent, ut populo potestas esset, seu de plebe seu de patribus vellet, consules faciendi; 6: per haec consilia eo deducta est res, ut tribunos militum consulari potestate promiscue ex patribus ac plebe creari sineret, de consulibus creandis nihil mutaretur, eoque contenti tribuni, contenta plebs fuit. Comitia tribunis consulari potestate tribus creandis indicuntur. Vgl. *Dionys.* XI, 53—61. Einen bemerkenswerten Umstand, der auf einen geringeren Grad der Macht und des Ansehens dieser Tribunen schliessen lässt, erfahren wir durch

4*

J. v. Ch.	J. d. St.	Innere Geschichte.
443	311	Die Censur wird vom Consulate getrennt und als ein besonderes von zwei Patriciern zu verwaltendes von 5 zu 5 Jahren wechselndes Amt eingesetzt.[f]
440	314	Hungersnot. Der Plebejer Sp. Maelius hilft der Not auf eigne Kosten ab,
439	315	wird aber des Hochverrats angeklagt und vom Mag. equitum C. Servilius Ahala erschlagen.[g]
434	320	Die Dauer der Censur wird durch den Dictator Aemilius Mamercus auf achtzehn Monate beschränkt.[h]
421	333	Die Zahl der Quästoren wird verdoppelt und die Bestimmung getroffen, dass zu diesem Amt auch Plebejer zulässig sein sollen.[i]
409	345	Die ersten plebejischen Quästoren gewählt.[k]
406	348	Dem Fussvolk des römischen Heeres wird Sold verwilligt.[l]

Zonar. VII, 19: λέγεται δὲ ὅτι οὐδεὶς τῶν χιλιάρχων καίτοι πολλῶν πολλάκις τυγχανόντων ἐπινίκια ἔπεμψεν. Die Zahl, obgleich auf 6 bestimmt, s. *Dionys.* XI. 60, betrug gleichwohl anfangs nur drei, seit 426 meistenteils 4, seit 405 immer 6, im Jahr 403 sogar 8, s. *Liv.* V, 1 (nach *Diodor.* XV, 50. 51 waren es auch in den Jahren 379 und 378 acht); diese letzte Zahl wurde indes nur dadurch erreicht, dass man die zwei Censoren mit hinzuzählte. In wieweit und wann die Plebejer wirklich Anteil erhielten, und über das Wesen des Consulartribunats vgl. Anm. f und n.

f) S. *Liv.* IV, 8: idem hic annus censurae initium fuit, rei a parva origine ortae, quae deinde tanto incremento aucta est, ut morum disciplinaeque Romanae penes eam regimen, senatus equitumque centuriae, decoris dedecorisque discrimen sub dicione eius magistratus, publicorum ius privatorumque locorum, vectigalia populi Romani sub nutu atque arbitrio essent; ortum autem initium est rei, quod in populo per multos annos incenso neque differri census poterat neque consulibus, cum tot populorum bella imminerent, operae erat id negotium agere. Vgl. *Zonar.* VII, 19. [Des Dionysius Werk verlässt uns hier mit XI, 62; von nun an sind uns nur noch einzelne Fragmente von ihm erhalten.) Ein nächstes Beispiel der Ausübung ihrer Befugnisse giebt *Liv.* IV, 24: Censores aegre passi Mamercum, quod magistratum populi Romani minuisset (s. unten Anm. h), tribu moverunt octiplicatoque censu aerarium fecerunt. Über ihre Wahl existirt eine merkwürdige Notiz *Cic. de leg. agr. or.* II, §. 26: maiores de singulis magistratibus bis vos sententiam ferre voluerunt: nam cum centuriata lex censoribus ferebatur, cum curiata ceteris patriciis magistratibus, tum iterum de eisdem iudicabatur, ut esset reprehendendi potestas. Dariu würde liegen, dass die Bestätigung der Censoren nicht durch die Curiatcomitien geschah, wie bei den übrigen Magistraten, sondern durch die Centuriatcomitien. Die ersten Censoren heissen L. Papirius Mugillanus und L. Sempronius Atratinus. (Die Einsetzung der Censur als eines besondern Magistrats hatte wahrscheinlich ihren Grund darin, dass die Patricier die ihr zugewiesenen Befugnisse sich auch für diejenigen Jahre, wo Consulartribunen gewählt werden würden, zu sichern suchten; weshalb auch wahrscheinlich anzunehmen ist, dass die Einsetzung der Censur schon im J. 444 geschah und die angeblichen consules suffecti dieses Jahres vielmehr Censoren waren. Zu diesen Befugnissen gehörte wahrscheinlich auch die Verwaltung des Rechts. Alle diese Befugnisse wurden also den Consulartribunen vorenthalten.)

g) S. *Liv.* IV, 12—16. Ahala wurde später angeklagt, s. *Liv.* IV, 21. und verbannt, s. *Valer. Max.* V, 3. 2. *Cic. Rep.* I, §. 6. Obgleich seine That an sich eine ungesetzliche und die Anklage des Hochverrats wahrscheinlich von den Patriciern erdichtet war, so galt sie doch in der spätern Zeit allgemein für eine sehr rühmliche. [Eine interessante abweichende Tradition findet sich *Dionys.* XII, 4. Hier wird erst die Sache, wie bei Livius, im wesentlichen bis auf die Form übereinstimmend erzählt, dann aber nach Cincius und Piso eine andere Version hinzugefügt, wonach kein Dictator ernannt, sondern Maelius durch Meuchelmord des Servilius aus dem Wege geräumt wurde.]

h) S. *Liv.* IV, 24 vgl. IX, 33. Das Gesetz ist nicht so zu deuten, als wären nach je 18 Monaten neue Censoren ernannt worden; dies geschah auch fernerhin nur alle Lustra, die $3^{1}/_{2}$ Jahre nach Verlauf der 18 Monate blieben ohne Censoren.

i) *Liv.* IV, 43: quam rem, praeter duos urbanos quaestores duo ut consulibus ad ministeria belli praesto essent, a consulibus relatam cum et patres summa ope approbassent, consulibus tribuni plebi certamen intulerunt, ut pars quaestorum, nam ad id tempus patricii creati erant, ex plebe fieret. Der Interrex L. Papirius Mugillanus bringt endlich einen Vergleich dahin, wie oben angegeben ist, zu stande. Die Plebejer liessen es sich um so angelegener sein, an diesem Magistrat Anteil zu bekommen, da ihm die Einziehung des Zehnten vom Staatsland und die Bestimmung des Tributs so wie die Verteilung der Beute zustand.

k) S. *Liv.* IV, 54. Damit wurde den Plebejern ein regelmässiger Weg in den Senat eröffnet, s. S. 18. Anm. h. Die erste ausdrückliche Erwähnung eines plebejischen Senators findet sich im J. 400, s. *Liv.* V, 12.

l) *Liv.* IV, 59: Additum deinde omnium maxime tempestivo principum in multitudinem munere, ut ante mentionem ullam plebis tribunorumque decerneret senatus, ut stipendium miles de publico acciperet, cum ante id tempus de suo quisque functus eo munere esset. Um aber diesen Sold ohne Bedrückung des Volkes durch Tribut zahlen zu können, war es nötig, dass die Patricier den Zehnten vom Staatsland bezahlten. Hierauf beziehen sich wahrscheinlich die Worte, *Liv.* a. a. O. 60: patres bene coeptam rem perseveranter tueri; conferre ipsi primi, et quia nondum argentum signatum erat, aes grave plaustris quidam ad aerarium convehentes speciosam etiam collationem faciebant. (Wie viel betrug der Sold? Zu des Tacitus Zeit erhielt der Legionar täglich 10 Asse,

J.v.Ch.	J d. St.	Äussere Geschichte.	Innere Geschichte.
405	349	Der letzte Krieg mit Veji wird begonnen.[2]	
403	351	Veji wird eingeschlossen und die Belagerung auch im Winter fortgesetzt.[3]	Auch der Reiterei wird Sold verwilligt.[m]
402	352	Die Capenaten und Falisker überfallen das römische Lager vor Veji.[4]	
400	354	. . . .	Der erste plebejische Tribunus militum consulari potestate, P. Licinius, gewählt.[n]
397	357	Auch die Tarquinienser auf Seiten Vejis.[5] Der Albaner-See wird durch einen Emissar abgeleitet.[6]	
396	358	Der Dictator M. Furius Camillus erobert Veji.[7]	
395	359	Capena unterworfen.[8]	
394	360	Bündnis mit Falerii.[9]	
392	362	Krieg mit den Vulsiniensern und Salpinaten.[10]	
391	363	Zwanzigjähriger Waffenstillstand mit den Vulsiniensern. Camillus wird verbannt.[11]	

2) Veji hatte schon im J. 438 in Verbindung mit Fidenä den Krieg erneuert; es wurde aber 434 genötigt, einen achtjährigen Waffenstillstand abzuschliessen, s. *Liv.* IV, 17—20, 21—22, 30. Hierauf brach der Krieg mit Veji und Fidenä im J. 426 wieder aus, wurde aber schon im folgenden Jahre durch die Zerstörung von Fidenä und durch einen 20jährigen Waffenstillstand mit Veji beendigt, s. *Liv.* IV, 31—34, 35. Der jetzt zum Ausbruch kommende Krieg dauerte 10 Jahre und war der siebente Krieg zwischen Rom und Veji, s. *Liv.* IV, 32. V, 4. Die beiden ersten Jahre bieten kein Ereignis von Interesse dar. Veji wird den Sommer über belagert, s. *Liv.* IV. 61. Der etruskische Bund weigert sich, Veji zu unterstützen, s. *Liv.* a. a. O. und V, 1.
3) S. *Liv.* V, 2—7. *Plut. Cam.* 2.
4) S. *Liv.* V. 8. Dieser Angriff wird, aber mit geringerem Glück, im J. 399 wiederholt; s. *Liv.* V, 53.
5) S. *Liv.* V. 16.
6) Daran war, wie ein etruskischer Haruspex verraten hatte, und wie auch das delphische Orakel es bestätigte, das Schicksal von Veji geknüpft, s. *Liv.* V. 15. 16. 17. *Dionys.* XII, 10—12. *Plut. Cam.* 3—4.

7) Und zwar vorzüglich durch eine Mine, s. *Liv.* V, 19—22. *Plut. Cam.* 5. *Diodor.* VII, 93.
8) S. *Liv.* V, 24: pax petentibus data. Dem Camillus war in demselben Jahr der Oberbefehl gegen Falerii gegeben worden; der Krieg zog sich aber bis ins folgende Jahr hinaus, s. *Liv.* a. a. O. *Plut. Cam.* 9.
9) Falerii [ergiebt] sich, durch des Camillus Grossmut gewonnen. *Liv.* V, 26. 27. *Plut. Cam.* 10.
10) S. *Liv.* V, 31. 32. Der Krieg mit diesen Völkern war wahrscheinlich durch die römische Eroberung von Sutrium und Nepete herbeigeführt worden; denn beide Städte sind zu Anfang der folgenden Periode in der Gewalt der Römer, auch findet sich von ihrem Zug gegen Sutrium eine Spur, *Diod.* XIV, 98.
11) S. *Liv.* V, 32. *Plut. Cam.* 12. *Liv.*: [propter praedam] Veientanam. Das Volk war erbittert auf ihn, weil er ihm einen Teil der vejentischen Beute auf eine hungeschickte Art nachher wieder entzogen und sich seinem Wunsche, zum Teil nach Veji auszuwandern, hartnäckig widersetzt hatte, s. *Liv.* V, 23—25.

s. Anm. I, 17. Auf diese Höhe hatte Julius Cäsar den Sold durch Verdoppelung des bisherigen gebracht, s. *Suetan. Cäs.* 26, bis zu diesem betrug derselbe also täglich 5 Asse. Bei dieser Berechnung ist der Denar als 16 Asse enthaltend angenommen; so viele enthielt derselbe nämlich, seit das As nur noch $\frac{1}{12}$ Pfund wog, d. h. nach Böckh seit dem 2ten punischen Kriege; nimmt man dagegen an, dass 10 Asse einen Denar machen, wie dies früher der Fall war, so betragen jene 5 Asse etwa $3\frac{1}{3}$ schwere Asse, und dies ist der Betrag des Soldes, welchen Niebuhr für unsere Zeit, für die Zeit der Einsetzung, annimmt und womit auch *Polyb.* VI, 39 übereinstimmt, welcher 2 Obolen nennt.)
m) S. *Liv.* V, 7. Als das Heer vor Veji durch einen Ausfall der Belagerten einen Verlust erlitten hatte, so erboten sich diejenigen von den Rittern, welche nicht ausgehoben waren und deshalb auch kein Ritterpferd vom Staat erhalten

hatten (quibus census equester erat, equi publici non erant assignati, *Liv.*), mit eignen Pferden Kriegsdienste zu leisten. Dafür wurde ihnen der Sold verwilligt, s. *Liv.* a. a. O.: placere autem omnibus his voluntariam extra ordinem professis militiam aera procedere, und es betrug dieser Sold seit 400 das Dreifache des Soldes der Legionaren, s. *Liv.* V, 12. VII, 41. *Polyb.* VI, 39.
n) S. *Liv.* V, 12. Im folgenden Jahre werden dann alle Stellen mit Plebejern besetzt, mit Ausnahme einer einzigen, s. *Liv.* V, 13. Darauf wurden die Plebejer abwechselnd bald zugelassen, bald ausgeschlossen. [Freilich war einer der drei Consulartribunen des Jahres 444, L. Atilius Longus, trotz der Versicherung des Livius (IV, 7) ein Plebejer, s. V. 13, indes wurde, vielleicht eben deswegen, dieses Collegium nach wenigen Tagen wieder aufgehoben und Consuln gewählt.]

J.v.Ch.	J.d.St.	Äussere Geschichte.
390	364	Die Gallier schlagen die Römer an der Alia, erobern und verbrennen Rom und belagern das Capitolium.[12] Camillus schlägt und vertreibt sie.[13]

12) Vgl. S. 2. Anm. 14. Die Veranlassung zu dem Zug der Gallier gegen Rom, s. *Liv.* V, 35—36. Die Niederlage der Römer an der Alia (dies Aliensis den 18. Juli, s. *Liv.* VI, 1. *Plut. Cam.* 19. *Gell.* V, 15) giebt Rom den Siegern preis, *Liv.* V, 38. 39. Die Römer besetzen das Capitolium; was nicht zur Besatzung gehört, rettet sich durch die Flucht, besonders nach Caere, s. *Liv.* V, 39. 40. Aus der Schlacht an der Alia waren viele nach Veji entkommen. Rom verbrannt und das Capitol belagert, *Liv.* V, 40—43. Vgl. über das Ganze *Dionys.* XIII. 5—12. *Plut. Cam.* 17—30. *Diodor.* XIV, 113 -116.

13) Die Römer in Veji schöpfen wieder Mut, als Camillus mit den Ardeaten die Gallier auf einem ihrer Raubzüge überfällt und ihnen einen grossen Verlust beibringt, s. *Liv.* V, 43—45, und als sie einen Einfall der Etrusker in das römische Gebiet glücklich zurückschlagen, *Liv.* V, 45. Sie schicken den Pontius Cominius auf das Capitol, damit die dort anwesenden Obrigkeiten (comitia curiata) den Camillus zurückrufen und ihn zum Dictator ernennen, *Liv.* V, 46. Die Burg wird zwar, als die Gallier, der Spur des Pontius Cominius folgend, sie ersteigen, durch die Gänse und durch M Manlius gerettet; indes ist man, durch Hungersnot gezwungen, eben im Begriff, den Galliern tausend Pfund Gold zuzuwiegen, um die Belagerung loszukaufen, da kommt der Dictator Camillus mit einem Heer, verjagt die Gallier und vernichtet sie in einer Schlacht nahe bei Rom gänzlich, *Liv.* V, 47—49. Nach *Diod.* XIV, 116 ziehen die Gallier mit den tausend Pfund wirklich ab; so auch bei *Polyb.* II, 18, 3. 22, 5. *Liv.* X. 16. Die Belagerung hatte nach *Plut. Cam.* 30 und *Polyb.* II. 22. 5 sieben Monate gedauert. Eine etwas abweichende Notiz giebt *Strab.* V, 2, 3. (Für die Bestimmung der Zeit, wo die Griechen anfingen, von Rom und seiner Geschichte Kenntnis zu nehmen, ist die Stelle *Plin. N. H.* III, 9. § 57 bemerkenswert; Theophrastus, qui primus externorum aliqua de Romanis scripsit, nam Theopompus, ante quem nemo rationem habuit, urbem duntaxat a Gallis captam dixit —, vgl. *Plut. Cam.* 22. Die beiden genannten griechischen Schriftsteller gehören in das 4. Jahrh. v. Chr.)

Zweiter Abschnitt. 390 — 264.
a) 390 — 343.

J.v.Ch.	J.d.St.	Äussere Geschichte.	Innere Geschichte.
389	365	Die Bundesgenossen Roms, die Latiner und Herniker, fallen ab; seine alten Feinde, die Volsker und Äquer, greifen wieder zu den Waffen; die Etrusker belagern und erobern das mit Rom verbündete Sutrium.[1]	Die Stadt wird, nachdem Camillus das Vorhaben, nach Veji auszuwandern, glücklich verhindert hat,[a] mühsam und notdürftig wieder aufgebaut.[b] Die Plebejer laden dadurch eine grosse Schuldenlast auf sich.[c]

1) Über die äussere Lage Roms s. *Liv.* VI, 2: cum tanti undique terrores circumstarent apparerotque omnibus non odio solum apud hostis sed contemptu etiam inter socios nomen Romanum laborare, placuit ciusdem auspiciis defendi rem publicam, quibus recuperata esset, dictatoremque dici M. Furium Camillum. Alle früher gewonnenen Vorteile waren aufs neue auf den ungewissen Ausgang von Kriegen gestellt, die Rom zu gleicher Zeit von allen Seiten bedrohten. Indessen Camillus wusste „wie Friedrich der Grosse nach dem Tage von Collin die umringenden Feinde einen nach dem andern zurückzuschleudern" (Nieb.). Die Latiner und Herniker hoben nur das Bündnis auf, ohne für jetzt, wenigstens von Staatswegen, die Waffen gegen ihre alte Bundesgenossin zu erheben, obgleich sie die Feinde derselben vielfach in einzelnen Haufen unterstützten. s. *Liv.* VI, 2. 6. 12. 17 u. s. Unter den Volskern ist immer vornämlich an die Antiaten zu denken, welche durch Seehandel mächtig waren und von den Plünderungen der Gallier wenig gelitten haben konnten. Auch nennt Livius die Antiaten häufig. s. VI. 6 ff. 32 ff. Vgl. Anm. 2. Die Etrusker sind wahrscheinlich die von Tarquinii, wie im Jahre 358.

a) S. *Liv.* V, 50 —55. *Plut. Cam.* 31—35.
b) S. *Liv.* V, 55: Antiquata „deinde lege promisce urbs aedificari coepta. Tegula publice praebita est, saxi materiaeque caedendae unde quisque vellet, ius factum, praedibus acceptis eo anno aedificia perfecturos. Festinatio curam exemit vicos dirigendi, dum omisso sui alienique discrimine in vacuo aedificant. Ea est causa, ut veteres cloacae, primo per publicum ductae, nunc privata passim subeant tecta formaque urbis

sit occupatae magis quam divisae similis. Diese Unregelmässigkeit blieb bis Nero. s. *Tac. Ann.* XV. 43. Der Aufbau wurde wirklich in diesem Jahre vollendet, s. *Liv.* VI, 4. *Plut. Cam.* 32. *Zonar.* VII. 23: τὰ τε τείχη καὶ τὰς δημοσίας οἰκίας ἐντὸς ἐνιαυτοῦ ἀνῳκοδόμησαν.

c) Dass diese Bauten das Volk in Schulden stürzen mussten, ist an sich natürlich, wird aber auch öfters ausdrücklich gesagt. z. B. *Liv.* VI, 5: Plebem — infrequentem in foro pro-

als Republik. Zweiter Abschnitt. 390—204.

J.v.Ch.	J.d.St.	Äussere Geschichte.	Innere Geschichte.
389	365	M. Camillus schlägt Volsker und Äquer und entreisst den Etruskern Sutrium.[2]	
388	366	Die Äquer werden durch einen plündernden Einfall in ihr Gebiet gänzlich bezwungen.[3]	
387	367	. . . .	Die Zahl der Tribus durch 4 neue bis auf 25 erhöht.[d]
386	368	Die Etrusker werden durch M. Camillus von Sutrium und Nepete zurückgeschlagen.[4]	
385	369	Abfall der latinischen Kolonieen Circeji und Veliträ von Rom.[5]	M. Manlius Capitolinus nimmt sich der durch das Schuldrecht gedrückten Plebejer an.[e] Der Dictator A. Cornelius Cossus lässt ihn ins Gefängnis werfen, muss ihn aber wieder frei lassen.[f]
384	370	. .	Manlius wird des Hochverrats angeklagt, zum Tode verurteilt und vom tarpejischen Felsen herabgestürzt.[g]

2) S. *Liv.* VI, 2. *Plut. Cam.* 33—35. *Diodor.* XIV, 117. Der Ort der Schlacht: nec procul a Lanuvio, ad Mecium is locus dicitur. Die Folge davon: ad deditionem Vulscos septuagesimo demum anno subegit; womit auch Diodor übereinstimmt, nach welchem die Volsker seit der Zeit das schwächste aller Nachbarvölker Roms gewesen sein sollen. Sonach müssten jetzt die übrigen Volsker so geschlagen worden sein, dass sie fortan Ruhe hielten, und nur die Antiaten müssten den Krieg fortgeführt haben.

3) *Liv.* VI, 4: (Tribuni militum cons. pot.) exercitum alterum in Aequos non ad bellum, victos namque se fatebantur, sed ab odio ad pervastandos fines, ne quid ad nova consilia relinqueretur virium, duxere. Dieser Zweck wird auch erreicht: denn die Äquer kommen nur noch einmal im J. 304 v. Chr. unter den Feinden Roms vor.

[p]ter aedificandi curam et eodem exhaustam impensis, vergl. Cap. 11. Über den harten Druck der Schuldgesetze s. Anm e.

d) S. *Liv.* VI. 5: tribus quattuor ex novis civibus additae, Stellatina, Tromentina, Sabatina. Arniensis. eaeque viginti quinque tribuum numerum explevere. Diese novi cives waren im Jahr 389 hinzugekommen, und zwar auf die Art, dass die den unterworfenen Städten Veji, Capena. Falerii vorher unterthan gewesenen Ortschaften das Bürgerrecht erhielten: dies liegt nämlich in folgenden Worten des Livius (VI. 4): Eo anno in civitatem accepti, qui Veientium, Capenatiumque ac Faliscorum per ea bella transfugerant ad Romanos agerque his novis civibus assignatus. Diese Maassregel hatte man ergriffen, um den grossen durch den gallischen Einfall erlittenen Verlust an Bürgern (*Diodor.* XIV, 116: τῶν πλείστων πολιτῶν ἀπολωλότων) zu ersetzen.

e) *Liv.* VI, 11. Schon vor den vorhergehenden Jahren waren die Tribunen, um die Not des Volks zu mildern, mit Ackergesetzen aufgetreten, s. *Liv.* VI, 5. 6. Die Schilderung der jetzigen Not des Volks und der Grausamkeit der patricischen Gläubiger, s. *ebendas.* VI, 11. 14. Die Bestimmung der 12 Tafeln rücksichtlich des Schuldrechts sind von Gellius (XX, 1. 45 ff.) auseinander gesetzt, woher wir folgende Worte der 12 Tafeln selbst entnehmen: aeris confessi rebusque iure iudicatis triginta dies iusti sunto: post deinde manus iniectio esto: in ius ducito: ni iudicatum facit aut quis endo com iure vindicit, secum ducito, vincito aut nervo aut compedibus. quindecim pondo ne minore aut si volet maiore vincito; si volet, suo vivito; ni suo vivit, qui eum vinctum habebit, libras farris endo dies dato, si volet plus dato. Gellius selbst führt hierauf fort: Erat autem ius interea paciscendi ac, nisi pacti forent, habebantur in vinculis dies septuaginta. Inter eos dies trinis nundinis continuis ad praetorem in comitium producebantur, quantaeque pecuniae iudicati essent, praedicabatur. Tertiis autem nundinis capite poenas dabant aut trans Tiberim peregre venum ibant. Vom M. Manlius sagt Claudius Quadrigarius bei *Gell.* XVII, 2, 13: Simul forma, factis, eloquentia, dignitate, acrimonia, confidentia pariter praecellebat : ut facile intellegeretur magnum vinticum ex se atque in se ad rem publicam evertendam habere. Ausserdem dass er viele Schuldner (400 an der Zahl), die im Gefängnis sassen, loskaufte, ταῖς δημοκοπίαις ἐπιγοϱμένος ἐφεῖλκυσεν ἤδη χρείαν ἀποκοπᾶς κοινάς, ἢ τὸν δῆμον ἠξίου τοῖς δανείσασιν ἀποδοῦναι τὴν γῆν ἐς τοῦτο ἀποδόμενον ἔτι οὖσαν ἀνέμητον, *Appian. de reb. It. fr.* IX.

f) S. *Liv.* VI, 14—17.

g) *Liv.* VI, 18—20. *Diod.* XV, 35. Nach Plutarch (*Cam.* 36) und Zonaras (VII, 24) war Camillus als Dictator bei der Verurteilung des Manlius in Thätigkeit. Manlius hatte nach *Cass.*

J.v.Ch.	J.d.St.	Äussere Geschichte.	Innere Geschichte.
382	372	Präneste nebst 8 anderen latinischen Städten im Krieg mit Rom.⁶	
381	373	Tusculum wird römisches Municipium.⁷	
377	377	Die Volsker und Latiner werden bei Satricum geschlagen.⁸	
376	378		Die Tribunen C. Licinius Stolo und L. Sextius stellen folgende Anträge (leges Liciniae): 1) Kein römischer Bürger darf über 500 Jugera Landes besitzen; 2) was bisher an Zinsen abgetragen worden, soll vom Kapital abgezogen und der Rest der Schuld in drei gleichen Teilen innerhalb dreier Jahre abgezahlt werden; 3) von den Consuln soll immer einer ein Plebejer sein.ʰ

6) *Liv.* VI. 21. 22. Präneste tritt jetzt als Haupt eines Staatenbundes und von dem übrigen Latium getrennt hervor. Es ist daher wahrscheinlich, dass es, so lange die Äquer mächtig waren, von diesen unterworfen gewesen und seit 388 wieder unabhängig geworden war. Es führt auch jetzt den Krieg für sich und ohne Latium, welches seiner [bisherigen] Politik (s. S. 30, Anm. 1) treu bleibt. Die Veranlassung des Krieges war, dass die Römer in den letzten Jahren nach Satricum eine Kolonie geschickt hatten, welche auch die Pränestiner bedrohte, s. *Liv.* VI. 16. Sie verbünden sich mit den Antiaten, und ihre erste Unternehmung ist gegen Satricum gerichtet, welches sie im folgenden Jahre wegnehmen, s. *Liv.* VI, 22—24. *Plut. Cam.* 37—38. Präneste wird nebst den übrigen latinischen Städten im J. 370 unterworfen, *Liv.* VI. 29, empört sich aber im J. 378 wieder, *ebendas.* 30.

7) Tusculum hatte die Feinde Roms unterstützt, erhielt aber gleichwohl, da es sich sofort wieder unterwarf und um

Dio fr. 26 und *Zonar.* a. a. O. offenen Aufruhr erregt und das Capitol in Besitz genommen. Jedenfalls bewies er sich nach seiner ersten Gefangenschaft heftiger und leidenschaftlicher als zuvor, s. *Liv.* VI, 18: iram accenderat ignominia recens in animo ad contumeliam inexperto. [Nach Niebuhr waren es die Curiatcomitien, welche ihn in Loco Petelino verdammten, nachdem er in den Centuriatcomitien freigesprochen worden war. Nach Cornelius Nepos bei *Gellius* (XVII. 22. 24) wurde er gestäupt und enthauptet.]

h) Der Zustand des Volks ist seit 384 immer trauriger geworden, s. *Liv.* VI, 34. Dieser war es, der den Licinius zuerst antrieb, die obigen Gesetze zu geben, nicht die *Liv.* a. a. O. erzählte Anekdote. Das zweite Gesetz lautet *Liv.* VI, 35 so: de aere alieno, ut deducto eo, quod usuris pernumeratum esset, id quod superesset, triennio aequis portionibus solveretur. Der Grund, warum nicht die Zulassung zum Consulat überhaupt verlangt wird, sondern dass immer ein Consul aus den Plebejern gewählt werden solle, lautet im

Verzeihung bat, — das erste Beispiel eines solchen Verhältnisses — das Recht eines Municipiums, s. *Liv.* VI. 25—26. 26: pacem in praesentia nec ita multo post civitatem etiam impetraverunt, vgl. VI, 36, wo sie *veteres socii, novi cives* genannt werden. Vergl. *Dionys.* XIV, 6. *Plut. Cam.* 38. Über die Municipien überhaupt s. zum J. 338.

8) S. *Liv.* VI, 32—33. Jetzt sind wahrscheinlich Antiaten und Ecetraner vereinigt. Wenigstens heisst es vom vorhergehenden Jahre, dass die Römer die Gebiete von Antium und von Ecetra in zwei Heerhaufen plündern, s. *Liv.* VI, 31. Unter den Latinern sind die Pränestiner zu verstehen. Sie trennen sich nach der Niederlage von den Antiaten und werden sich auf Tusculum, wo sie aber von den Römern gänzlich geschlagen werden. Die Antiaten sollen sich nach Livius ergeben haben; wahrscheinlich erhielten auch sie das Municipium. Sie halten darauf bis 346 Ruhe. Auch die Pränestiner kommen erst in dem latinischen Kriege von 339 wieder vor.

Munde des Licinius (*Liv.* VI. 37) so: non posse aequo iure agi, ubi imperium penes illos, penes se auxilium tantum sit: nisi imperio communicato numquam plebem in parte pari rei publicae fore, nec esse quod quisquam satis putet, si plebeiorum ratio comitiis consularibus habeatur; nisi alterum consulem utique ex plebe fieri necesse sit, neminem fore. An iam memoria exisse, cum tribunos militum idcirco potius quam consules creari placuisset, ut et plebeis pateret summus honos, quattuor et quadraginta annis neminem ex plebe tribunum militum creatum esse? (Das erste Gesetz bezog sich wahrscheinlich nur auf den Ager publicus.) — Der Kampf über diese Gesetze dauerte 10 Jahre. Die Patricier wussten nämlich auch jetzt erst alle übrigen Tribunen, dann wenigstens einen Teil derselben für sich zu gewinnen, so dass sie Einspruch thaten. Dafür sollen die Gesetzgeber, welche während dieser ganzen Zeit immer wieder zu Tribunen gewählt wurden, 5 Jahre lang (375—371) die Wahl der sämtlichen andern Magistrate gehindert haben, s. *Liv.* VI. 35.

J.v.Ch.	J.d.St.	Äussere Geschichte.	Innere Geschichte.
367	387	Die Gallier erscheinen wieder bei Alba, werden aber von M. Camillus geschlagen.[9]	Die Leges Liciniae werden durch die Vermittelung des M. Camillus angenommen.[i] Einsetzung der Prätur und der curulischen Ädilität.[k]
366	388	. . . .	L. Sextius der erste plebejische Konsul.
365	389	M. Camillus stirbt.[10]	
362	392	Krieg mit den Hernikern.[11] Des M. Curtius Opfertod.[12]	
361	393	Krieg mit Tibur.[13] Zweikampf des T. Manlius mit einem gallischen Riesen.[14]	
358	396	Das Bündnis mit Latium wird wieder hergestellt.[15] Die Herniker werden unterworfen.[16] Krieg mit Tarquinii.[17]	Die Zahl der Tribus auf 27 erhöht.[l] Gesetz des Tribunen Poetelius de ambitu.[m]

9) S. *Liv.* VI, 42. *Plut. Cam.* 40—41. Vergl. S. 34. Anm. 21.

10) S. *Liv.* VII, 1. *Plut. Cam.* 43. *Liv.*: Fuit vere vir unicus in omni fortuna, princeps pace belloque priusquam exulatum iret, clarior in exilio vel desiderio civitatis, quae capta absentis imploravit opem, vel felicitate, qua restitutus in patriam secum patriam ipsam restituit. Par deinde per quinque et viginti annos, tot enim postea vixit, titulo tantae gloriae fuit, dignusque habitus, quem secundum a Romulo conditorem urbis Romanae ferrent. Er war 7 mal Konsulartribun und 5 mal Diktator gewesen, s. *Liv.* VI, 22. 42.

11) S. *Liv.* VII, 6—8.

12) S. *Liv.* VII, 6.

13) S. *Liv.* VII, 9. Von den Tiburtern scheint dasselbe zu gelten, was Anm. 6 über die Pränestiner gesagt ist. s. *Liv.* VII, 19; daher sie auch den Krieg fortsetzen, nachdem das Bündnis mit ganz Latium hergestellt ist.

14) S. *Liv.* VII, 9—10. Vgl. noch die interessante Darstellung des Annalisten Claudius Quadrigarius von diesem Zweikampf bei *Gell.* IX, 13. Über die weiteren Kämpfe mit den Galliern s. Anm. 21.

15) *Liv.* VII, 12: inter multos terrores solatio fuit pax Latiuis potentibus data et magna vis militum ab his ex foedere vetusto, quod multis intermiscrant annis, accepta; quo praesidio cum fulta res Romana esset etc. — Über das Wesen dieses alten Bündnisses s. S. 21. Anm. 14.

16) *Liv.* VII, 15: Hernici a C. Plautio devicti subactique sunt.

17) *Liv.* VII, 14. Der Krieg beginnt mit einem Verluste, den die Tarquinienser den Römern beibringen. Im folgenden Jahre treten die Falisker auf die Seite der Tarquinienser, s. *Liv.* VII, 16. Als darauf 356 die Römer siegen, sollen sämtliche Etrusker gegen sie aufgestanden und bis an den Tiber in die Nähe von Rom vorgedrungen sein, von wo sie C. Marcius Rutilus zurückschlug, s. *Liv.* VII, 17. *Diodor.* XVI, 36. Sogar Caere schien sich 353 anschliessen zu wollen, kehrte aber sogleich zu friedlichen Gesinnungen zurück und schloss mit Rom einen 100jährigen Waffenstillstand, s. *Liv.* VII, 19—20.

i) S. *Liv.* VI, 42. *Plut. Cam.* 42. *Liv.*: vixdum perfunctum eum (Camillum) bello atrociori domi seditio excepit, et per ingentia certamina dictator senatusque victus, ut rogationes tribuniciae acciperentur, et comitia consulum adversa nobilitate habita, quibus L. Sextius de plebe primus consul factus. Et ne is quidem finis certaminum fuit. Quia patricii se auctores futuros negabant, prope secessionem plebis res — venit. cum tamen per dictatorem condicionibus sedatae discordiae sunt: worauf Camillus der Concordia einen Tempel errichtete, s. *Plut. a. a. O.* und *Ovid. Fast.* I, 643, welcher letztere es am deutlichsten ausspricht, dass es wirklich zum Aufruhr kam: Causa, quod a patribus sumptis secesserat armis Vulgus et ipsa suas Roma timebat opes. (In den nächsten Jahrzehnten kommt es noch 7 mal vor, dass gegen das Gesetz 2 patricische Konsuln gewählt werden, nämlich in den Jahren 355, 354, 353, 351, 349, 345, 343, s. *Liv.* VII, 17. 18. 19. 22. 24. 28.)

k) *Liv.* VI, 42: concessum ab nobilitate plebi de consule plebeio, a plebe nobilitati de praetore uno, qui ius in urbe diceret, ex patribus creando. Die Einsetzung der Prätur hatte offenbar den Zweck, den Patriciern wenigstens die Verwaltung des Rechts zu erhalten. Die Veranlassung zur Einsetzung der 2 curulischen Ädilen wird *Liv. a. a. O.* so erzählt: als die grossen Spiele zu Ehren der wiederhergestellten Eintracht 4 statt 3 Tage gefeiert werden sollten und die plebejischen Ädilen sich weigerten, den hieraus für sie entspringenden Mehraufwand zu bestreiten, hätten patricische Jünglinge sich erboten, dieses Opfer zu bringen, wenn man sie zu Ädilen machen wollte. Quibus cum ab universis gratiae actae essent, factum senatus consultum, ut duo viros aediles ex patribus dictator populum rogaret, patres auctores omnibus eius anni comitiis fierent. So war also die curulische Ädilität bei ihrer Einsetzung ebenfalls wie die Prätur ein patricischer Magistrat; sie wurde indes schon im folgenden Jahre den Plebejern zugänglich gemacht, s. *Liv.* VII, 1.

l) *Liv.* VII, 15: duae tribus, Pomptina et Publilia, additae.

m) *Liv.* VII, 15: eaque rogatione novorum maxime hominum ambitionem, qui nundinas et conciliabula obire soliti erant, compressam credebant.

J.v.Ch.	J.d. St.	Äussere Geschichte.	Innere Geschichte.
357	397	. . . .	Der Unciarzinsfuss wird eingeführt."
356	398	. . . .	C. Marcius Rutilus der erste Diktator de plebe.°
354	400	Bündnis mit den Samnitern.[18] Tibur ergiebt sich.[19]	
352	402	. . . .	Das Schuldenwesen wird durch eine Kommission von 5 Mitgliedern geordnet.p
351	403	Vierzigjähriger Waffenstillstand mit Tarquinii.[20]	C. Marcius Rutilus der erste plebejische Censor.q
349	405	Zweikampf des M. Valerius.[21]	
348	406	Zweiter Vertrag mit Carthago.[22]	
347	407	. . . .	Der Zinsfuss wird auf eine halbe Unze herabgesetzt.r
346	408	Volsker und Antiaten empören sich noch einmal, werden aber bei Satricum besiegt.[23]	
345	409	Die Auruncer besiegt. Sora von den Römern erobert.[24]	

18) *Liv.* VII, 19: Res bello bene gestae, ut Samnites quoque amicitiam peterent, effecerunt. Legatis eorum comiter ab senatu responsum, foedere in societatem accepti. Über die Samniter vergl. S. 5. Anm. 32.

19) *Liv.* VII, 19: Cum Tiburtibus ad deditionem pugnatum. Sassula ex his urbs capta, ceteraque oppida eandem fortunam habuissent, ni universa gens positis armis in fidem consulis venisset.

20) *Liv.* VII, 22, wo von ganz Etrurien die Rede ist.

21) S. *Liv.* VII, 25—26. *Gell.* IX, 11. *Dionys.* XV, 1. Valerius erhält den Beinamen Corvus. — Nach Livius erneuern die Gallier, nachdem sie durch den für sie ungünstigen Ausgang des Zweikampfs des Manlius Torquatus geschreckt, im J. 361 geflohen waren, im J. 360 wieder in der Nähe von Rom den Kampf, werden aber an der Porta Collina vom Diktator Q. Servilius geschlagen, s. VII, 11; dann werden sie im J. 358 bei Pedum vom Diktator C. Sulpicius geschlagen, s. VII, 12 —15, im J. 350 erleiden sie eine fernere Niederlage, s. VII, 23—24, und im J. 349 endlich wird der Krieg nach dem Zweikampf des Valerius durch einen entscheidenden Sieg des L. Furius Camillus auf längere Zeit beendigt. Hiermit vergl. *Polyb.* II, 18, 4—9: μετὰ δὲ ταῦτα (d. h. seit der Einnahme Roms) τοῖς ἐπιγυίοις συνεῖχοντο πολέμοις (οἱ Κέλται) — ἐν ᾧ καιρῷ Ῥωμαῖοι τήν τε σφετέραν δύναμιν ἀνέλαβον καὶ τὰ κατὰ τοὺς Λατίνους αὖθις πράγματα συνεστήσαντο. Παραγενομένων δὲ πάλιν τῶν Κελτῶν εἰς Ἄλβαν στρατεύματι μεγάλῳ μετὰ τὴν τῆς πόλεως κατάληψιν ἔτει τριακοστῷ τότε μὲν οὐκ ἐτόλμησαν ἀντεξαγαγεῖν Ῥωμαῖοι τὰ στρατόπεδα, διὰ τὸ παραδόξον γενομένης τῆς ἐφόδου προκαταληφθῆναι καὶ μὴ καταταχῆσαι τὰς τῶν συμμάχων ἀθροῖσαντες δυνάμεις. Αὖθις δ᾽ ἐξ ἐπιβολῆς ἑτέρας ἔτει δωδεκάτῳ μετὰ μεγάλης στρατιᾶς ἐπιπορευομένων προαισθόμενοι καὶ συναγείραντες τοὺς συμμάχους μετὰ πολλῆς προθυμίας ἀπήντων, σπεύδοντες συμβαλεῖν καὶ διακινδυνεῦσαι περὶ τῶν ὅλων. οἱ δὲ Γαλάται καταπλαγέντες τὴν ἔφοδον αὐτῶν καὶ διαστασιάσαντες πρὸς σφᾶς νυκτὸς ἐπιγενομένης φυγῇ παραπλησίαν ἐποιήσαντο τὴν ἀποχώρησιν εἰς τὴν οἰκείαν. Ἀπὸ δὲ τούτου τοῦ φόβου τριακαίδεκα μὲν ἔτη τὴν ἡσυχίαν ἦγον· μετὰ δὲ ταῦτα συννοήσαντες αὐξανομένην τὴν Ῥωμαίων δύναμιν εἰρήνην ἐποιήσαντο καὶ συνθήκας. Hiernach würden also nur die Einfälle von 361 und 349 stattgefunden und auch diese einen von der Darstellung des Livius ganz verschiedenen Vorlauf genommen haben. Vergl. *Appian. Cell.* 1. 2. Die Furchtbarkeit dieser Kriege *Sallust. Jug.* 114: usquo ad nostram memoriam Romani sic habuere: alia omnia virtuti suae prona esse, cum Gallis pro salute, non pro gloria certari.

22) S. *Liv.* VII, 27. *Diodor.* XVI, 69. Bei Polybius (s. III, 22 bis 24) findet sich dieser Vertrag nicht.

23) S. *Liv.* VII, 27.

24) *Liv.* VII, 28.

n) S. *Liv.* VII, 16: de unciario fenore (d. h. 8⅓ Procent) a M. Duilio L. Menenio tribunis plebis rogatio est perlata. Nach *Tac. Ann.* VI, 16 stand dieses Gesetz schon in den 12 Tafeln.

o) S. *Liv.* VII, 17.

p) *Liv.* VII, 21: meriti aequitate curaque sunt, ut per omnium annalium monumenta celebres nominibus essent.

q) *Liv.* VII, 22.

r) *Liv.* VII, 27: Semunciarium tantum ex unciario fenus factum et in pensiones aequas triennii, ita ut quarta praesens esset, solutio aeris alieni dispensata est.

b) 343 — 264.

J.v.Cb.	J.d.St.	Äussere Geschichte.
343	411	Die Capuaner, von den Samnitern angegriffen, übergeben den Römern ihre Stadt zum Eigentum und erlangen dadurch die Unterstützung Roms.[1] Erster samnitischer Krieg.[2] Die Samniter werden vom Konsul M. Valerius Corvus am Berge Gaurus und bei Suessula geschlagen.[3]
341	413	Der Krieg, durch ein Bündnis mit den Samnitern von den Römern beendet,[4] wird von den Latinern und Campanern fortgesetzt.[5]
340	414	Latinischer Krieg.[6] Die Latiner und die mit ihnen verbündeten Campaner und Volsker[7] werden von den Konsuln T. Manlius Torquatus und P. Decius Mus am Vesuv[8]

1) S. *Liv.* VII, 29—31. Der Krieg zwischen Samnitern und Capuanern (über welche letzteren s. S. 5. Anm. 29) war über das ausonische Sidicinum (s. S. 6. Anm. 35) entstanden, welches von den Samnitern besiegt, sich den Capuanern in die Arme geworfen hatte.

2) Livius eröffnet die Darstellung dieser Kriege mit folgenden Worten (VII, 29): Maiora hinc bella et viribus et longinquitate vel regionum vel temporum spatio, quibus bellatum est, dicentur; namque eo anno adversus Samnites, gentem opibus armisque validam, mota arma. Samnitium bellum ancipiti Marte gestum Pyrrhus hostis. Pyrrhum Poeni secuti; quanta rerum moles, quotiens in extrema periculorum ventum, ut in hanc magnitudinem, quae vix sustinetur, erigi imperium posset! Sie dauerten mit geringen Unterbrechungen bis gegen Ende des Abschnittes. Um die ganze lange Dauer des Krieges zu erklären, muss man annehmen, dass die verschiedenen Völker, welche Samnium bewohnten, nur nach und nach auf den Kampfplatz traten und vielleicht nur ganz zuletzt sich alle gegen den gemeinsamen Feind vereinigten. Eine Andeutung davon s. *Liv.* X, 14.

3) S. *Liv.* VII, 32—38. Der zweite Konsul A. Cornelius Cossus fiel mit seinem Heere in Samnium selbst ein, geriet aber in Gefahr er nur durch die Geistesgegenwart und Tapferkeit seines Tribunen P. Decius gerettet wurde, s. *Liv.* VII, 34 — 37; darauf soll er, unbestimmt wo, einen grossen Sieg gewonnen haben. An dem Siege bei Suessula scheint Cossus auch Anteil genommen zu haben. Von der Schlacht am Gaurus erzählten die Samniter (*Liv.* VII, 33): cum quaereretur, quaenam prima causa tam obstinatos movisset in fugam, oculos sibi Romanorum ardere visos aiebant vesanosque vultus et furentia ora: inde plus quam ex alia ulla re terroris ortum. Über die Teilnahme der Latiner an diesem Kriege s. die folgende Anm. 5.

4) S. *Liv.* VIII, 2: cum de postulatis Samnitium T. Aemilius praetor senatum consuluisset, reddendumque iis foedus patres censuissent, praetor Samnitibus respondit, nec — nec contradici, quin — amicitia de integro reconcilietur: quod ad Sidicinos attinet, nihil intercedi, quo minus Samniti populo pacis bellique liberum arbitrium sit.

5) S. *Liv.* VIII, 2—3. Es ist kein Zweifel, dass die Latiner dem 358 geschlossenen Bündnis gemäss an den samnitischen Kriege Anteil genommen hatten, obgleich Livius nichts davon erwähnt. sondern vielmehr schon während des Kriegs von ihren Vorbereitungen zum Abfall spricht. Der Zug gegen die Päligner, ein ebenfalls sabellisches Volk, mochte daher im Einverständnis mit den Römern unternommen sein, s. *Liv.* VII.

3S. und im zweiten Jahre, wo der jährlich wechselnde Oberbefehl ihnen zukam, mochten sie den Krieg grossenteils auf ihre Hand geführt haben; daher die römischen Annalen auch nichts von Kriegsthaten dieses Jahres erzählten. Der Friede mit Samnium ward darauf einseitig von den Römern abgeschlossen, und so erklärt es sich nicht nur, dass die Latiner mit den Campanern, deren Bündnis mit Rom vom Jahr 343 ebensowohl auch den Latinern galt, ohne weiteres den Krieg mit Samnium fortführen, sondern auch, dass sie, durch denselben verletzt, eine feindliche Stellung gegen Rom einnehmen.

6) Ehe die Latiner den Krieg anfingen, schickten sie eine Gesandtschaft nach Rom und forderten, wenn Rom keinen Krieg wolle, dass immer einer der Konsuln ein Latiner sein sollte. Dieser Antrag ward mit Unwillen zurückgewiesen. Darauf der Krieg. S. *Liv.* VIII, 3—6.

7) Die Volsker. d. h. auch jetzt wieder die Antiaten (duce Antiati populo. *Liv.*), hatten schon 341 Krieg mit Rom geführt. s. *Liv.* VIII, 1. Dass sie jetzt mit den Latinern verbündet waren, sagt deren Gesandter, L. Annius, selbst. *Liv.* VIII, 5 vgl. 11. Die Römer zogen dagegen durch die Samniter unterstützt (adiuncto Samnitium exercitu. *Liv.* VIII, 6) ins Feld. In der Schlacht am Vesuv werden weder Volsker noch Samniter als thätig erwähnt. Wahrscheinlich focht sie auf dem einen Flügel mit einander, während auf dem andern die Römer und Latiner die Schlacht entschieden.

8) S. *Liv.* VIII, 6—11. Über die besondere Gefahr dieses Kriegs s. *Liv.* VIII. 6: curam acuebat, quod adversus Latinos bellandum erat, lingua, moribus, armorum genere, institutis ante omnia militaribus congruentes: milites militibus, centurionibus centuriones, tribuni tribunis compares collegaeque isdem praesidiis, saepe isdem manipulis permixti fuerant. Daher hatten auch die Konsuln verboten, vor der Schlacht ausser den Reihen zu kämpfen, ein Verbot, welchem des Manlius eigner Sohn zum Opfer fiel. Die Schlacht ward erst gewonnen, nachdem Decius sich fürs Vaterland dem Tode geweiht hatte. Ort der Schlacht, *Liv.* VIII, 8: haud procul radicibus Vesuvii montis, qua via ad Veserim ferebat. — Bei dieser Gelegenheit erhalten wir von Livius (VIII, 8) eine ausführliche Beschreibung der damaligen Schlachtordnung und Art zu kämpfen, bei welcher wir einen Augenblick verweilen wollen. Zu der Stelle des Livius ist zu vergleichen *Polyb.* VI, 19—42. bes. 19—26. *Varro de l. l.* V, 87—91. *Ovid. Fast.* III, 128. In der Aufstellung des Heeres war in dieser Zeit eine merkwürdige Veränderung vorgegangen: clipeis antea Romani usi sunt, deinde postquam stipendiarii facti sunt, scuta pro clipeis fecere, et quod antea phalanges similes Macedonicis, hoc postea mani-

J.v.Ch.	J.d.St.	Äussere Geschichte	Innere Geschichte
340	414	und von ersterem nochmals bei Trifanum geschlagen.ᵃ	
339	415	Die latinischen Städte werden nach und nach unterworfen und erhalten meist das römische Bürgerrecht. Antium, ebenfalls unterworfen, wird römische Kolonie.¹⁰	Durch die leges Publiliae des Diktators Q. Publilius Philo wird 1) die Verbindlichkeit der Beschlüsse der Tributcomitien auf's neue eingeschärft, 2) für die Beschlüsse der Centuriatcomitien die Notwendigkeit der Bestätigung durch die Curiatcomitien aufgehoben, und 3) bestimmt, dass immer einer der Censoren ein Plebejer sein solle.ᵇ
338	416		

pulatim structa acies coepit esse, eine Veränderung, welche wahrscheinlich von Camillus herrührte, vgl. *Plut. Cam.* 40. *Polyaen. Strat.* VIII. p. 554. *Cas.* Das Wesen derselben ist darin zu suchen, dass, während früher hauptsächlich durch den Stoss der Masse gewirkt worden war, von jetzt an die Entscheidung vorzüglich auf der persönlichen Tapferkeit jedes einzelnen beruhte, vgl. *Liv.* IX, 9: ibi phalanx immobilis et unius generis: Romana acies distinctior, ex pluribus partibus constans, facilis partienti quacumque opus esset, facilis iungenti. Das Heer bestand damals in der Regel aus 4 Legionen, jede 5000 Mann Fussvolk und 300 Reiter enthaltend, s. *Pol.* 19, 7. *Liv.* a. a. O.; jedoch waren die Zahlen 5000 und 300 nach *Polyb.* 20, 8 (vgl. auch III. 107) nicht feststehend. (Die Legion besteht z. B. aus 4000. *Liv.* VI. 22. *Dionys.* VI, 42, aus 4200. *Liv.* VII. 25.) Die 5000 Mann Fussvolk waren in 3 Reihen, aufgestellt: Hastati, Principes, Triarii, den letztern folgten noch die Rorarii und die Accensi, ersteres die Schleuderer, letzteres die Ersatzmänner; jede Reihe enthielt jetzt 15 Manipuli und 30 Centuriae; die Manipel zu je 60 Mann, wozu noch 2 Centuriones und 1 Vexillarius hinzukamen, die Triarii mit den Rorarii und Accensi zusammen das Dreifache; dies giebt, ohne die Tribuni und Legati, 4725 Mann. Die Principes waren wahrscheinlich aus der ersten Klasse, die Triarii aus den 3 ersten, zu je 10 Centurien, die Hastati aus der 4ten und 5ten Klasse ausgehoben, daher in dieser Reihe auch ein Drittel Leichtbewaffnete waren. Die Hastati eröffneten mit den Pilis den Kampf; ermüdeten sie, so zogen sie sich auf die Principes, deren stärkste Waffe das Schwert war, zurück und bildeten mit diesen eine Reihe, ward auch jetzt der Kampf noch nicht entschieden, so zog man sich auf die Triarii zurück: si apud principes quoque haud satis prospere esset pugnatum, a prima acie ad triarios sensim referebantur: inde rem ad triarios redisse, cum laboratur, proverbio increbuit. Triarii consurgentes, ubi in intervalla ordinum suorum principes et hastatos recepissent, extemplo compressis ordinibus hostem velut claudebant vias, unoque continenti agmine iam nulla spe post relicta, in hostem incidebant: id erat formidolosissimum hosti, cum velut victos insecuti novam repente aciem exsurgentem auctam numero cernerent.

(*Liv.*) Die Rorarii waren die Plänkler, welche vor der Schlacht durch die Reihen vorliefen und sich nach Gelegenheit wieder hinter dieselben zurückzogen. Dies über das Heerwesen in dieser und der nächsten Folgezeit.

9) S. *Liv.* VIII, 11. Die Latiner und Volsker hatten sich wieder gesammelt: huic agmini Torquatus consul ad Trifanum (inter Sinuessam Menturnasque is locus est) occurrit. Priusquam castris locus caperetur, sarcinis utrimque in acervum coniectis pugnatum debellatumque est: adeo enim accisae res sunt, ut consuli victorem exercitum ad depopulandos agros eorum ducenti dederent se omnes Latini deditionemque cum Campani sequerentur. Latium Capuaque agro multati, d. h. sie wurden gezwungen, das Gemeindeland an die Römer zu überlassen, welches darauf an römische Bürger verteilt wurde.

10) Über das J. 339 s. *Liv.* VIII, 12: consules T Aemilius Mamercinus Q. Publilius Philo — Latinos ob iram agri amissi rebellantes in campis Fenectanis fuderunt castrisque exuerunt. Die Pedaner, von Tibur, Praeneste, Velitrii, Lauvium, Antium unterstützt, wurden zwar von Ämilius geschlagen; indes zog derselbe ab, ehe Pedum genommen war. Über das J. 338 s. *Liv.* VIII, 13: iam Latio is status erat rerum, ut ueque bellum neque pacem pati possent: ad bellum opes deerant, pacem ob agri adempti dolorem aspernabantur. mediis consiliis standum videbatur, ut oppidis se tenerent, ne lacessitus Romanus causam belli haberet, et si cuius oppidi obsidio nuntiata esset, undique ex omnibus populis auxilium obsessis ferretur. — Nec quievere consules, antequam expugnando aut in deditionem accipiendo singulas urbes Latium omne subegere. — Die Verhältnisse der latinischen und der ebenfalls unterworfenen campanischen Städte werden nun sehr verschieden geordnet, offenbar zu dem Zwecke, um dadurch eine Vereinigung derselben gegen Rom für die Folge zu verhüten. Ein Theil derselben, der am meisten begünstigte, bleibt in dem Verhältnis der Bundesgenossenschaft, jedoch mit der Beschränkung, dass ihnen wenigstens für die erste Zeit das gegenseitige Conubium und Commercium entzogen wird. So namentlich Tibur und Praeneste. Die übrigen Städte erhalten das römische Bürgerrecht ohne Stimmrecht, jedoch wieder mit dem wesentlichen Unterschiede,

a) Schon im J. 342 sollen durch einen Aufstand der in Campanien stehenden Truppen den Patriciern mehrere Zugeständnisse abgezwungen worden sein, s. *Liv.* VII, 38—42. *Appian. Samn. fr.* 1. *Zonar.* VII. 25. Indessen sind die Nachrichten hierüber so unklar und so widersprechend, dass sich nichts Bestimmtes daraus entnehmen lässt. Über die leges Publiliae

s. *Liv.* VIII, 12: tres leges secundissimas plebei, adversas nobilitati tulit: unam, ut plebiscita omnes Quirites tenerent, alteram, ut legum, quae comitiis centuriatis ferrentur, ante initum suffragium patres auctores fierent, tertiam, ut alter utique ex plebe — censor crearetur. Vgl. S. 27. Anm. c.

als Republik. Zweiter Abschnitt 390—264.

J.v.Ch.	J.d.St	Äussere Geschichte.	Innere Geschichte.
337	417		Q. Publilius Philo der erste plebejische Prätor.[b]
334	420	Die Römer erobern Cales und legen daselbst eine Kolonie an.[11]	
332	422		Zwei neue Tribus, die Maecia und Scaptia, eingerichtet (zusammen jetzt 29).[c]
330	424	Fabrateria und die Lukaner schliessen ein Bündnis mit Rom.[12] Fundi und Privernum empören sich, werden aber	
329	425	wieder unterworfen.[13]	
328	426	Nach Fregellä wird eine römische Kolonie geschickt.[14]	
327	427	Paläpolis,[15] von den Tarentinern, Nolanern und Samnitern aufgereizt und von letztern beiden unterstützt,[16] im Kriege mit Rom,[17] wird aber	
326	428	unterworfen.[18] Auf Veranlassung hiervon zweiter samnitischer Krieg (bis 304).[19]	Durch die Lex Poetelia et Papiria wird die Schuldknechtschaft aufgehoben.[d]

dass den einen die Selbstverwaltung ihrer Kommunalangelegenheiten, also ein eigner Senat und eigne Magistrate belassen wurden, während die andern alle Selbständigkeit verloren. Alle diese Städte, welche das römische Bürgerrecht erhielten, wurden Municipia genannt, ein Name, dessen Bedeutung sich mit der Lage der damit benannten Städte im Laufe der Zeiten wesentlich geändert hat. oder auch praefecturae, wenn nämlich zur Verwaltung des römischen Rechts, dessen Annahme mit dem römischen Bürgerrechte von selbst verbunden war, ein besonderer Praefectus in dieselben geschickt wurde. Die Municipien der ersten Klasse erhielten seit dem zweiten punischen Kriege nach und nach das volle römische Bürgerrecht. Die Hauptstellen über diese Verhältnisse sind Liv. VIII. 14. Fest. s. v. Municipium (p. 127) u. s. v. Praefecturae (p. 233).
11) Cales war eine Stadt der Ausoner, über welche s. S. 4. Anm. 20. Über diesen Krieg s. Liv. VIII, 16. Die Kolonie war wegen der Nähe von Samnium sehr stark und bestand aus 2500 Mann. Der Zweck dieses und des nachfolgenden Krieges (s. Anm. 13) und der angelegten Kolonieen (vergl. Anm. 14) ist kein anderer als die beiden nach Samnium führenden Strassen (die nachher so genannte Via Appia und die Via Latina) für den Fall der Erneuerung des Krieges mit den Samnitern zu sichern. Die Letzteren waren jetzt bis zum J. 327 durch einen Krieg mit Alexander von Epirus beschäftigt und konnten daher die Unternehmungen der Römer nicht hindern, s. Liv. VIII, 17. 24. Strab. VI, 1, 5. 3, 4.
12) Liv. VIII, 19: legati ex Volscis Fabraterni et Lucani Romam venerunt orantes, ut in fidem reciperentur: si a Samnitium armis defensi essent, se sub imperio populi Romani fideliter atque oboedienter futuros: missi tum ab senatu legati denuntiatumque Samnitibus, ut eorum populorum finibus vim

abstinerent, valuitque ea legatio, non tam quia pacem volebant Samnites, quam quia nondum parati erant ad bellum.
13) S. Liv. VIII. 19—21.
14) Liv. VIII, 22: Fregellas (Sidicinorum is ager, deinde Volscorum fuerat) colonia deducta. Über diese Kolonie beschworen sich die Samniter nachher bitter, s. Liv. VIII. 23. Dionys. XV, 8, und wahrscheinlich mit Recht, da Fregellä dem Vertrage von 340 gemäss, s. S. 35. Anm. 4. 5, in das Gebiet der Samniter gehören mochte.
15) Liv. VIII, 22: Palaepolis fuit haud procul inde ubi nunc Neapolis sita est: duabus urbibus populus idem habitabat. Cumis erant oriundi. — haec civitas cum suis viribus tum Samnitium infidae adversus Romanos societati freta sive pestilentiae, quae Romanam urbem adorta nuntiabatur, fiducia multa hostilia adversus Romanos agrum Campanum Falernumque incolentes fecit.
16) Die Versprechungen dieser 3 Völker s. Dionys. XV, 5—6. Die Unterstützung wurde durch 2000 Nolaner und 4000 Samniter gewährt, welche die Besatzung der Stadt verstärkten. s. Liv. VIII. 23.
17) Der Konsul Q. Publilius Philo belagerte die Stadt, und setzte die Belagerung auch nach Ablauf seines Amtes als Proconsul fort, Liv. VIII, 23. (Prorogatio imperii non ante in ullo facta, Liv. VIII. 26.)
18) S. Liv. VIII, 25—26. Die Stadt soll durch zwei Päpolitaner, Charilaus und Nymphius, den Römern überliefert worden sein: sie verschwindet seitdem, und Neapolis allein besteht fort, mit welchem ein Bündnis geschlossen wurde: eo enim deinde summa rei Graecorum venit, s. Liv. VIII, 26.
19) Die der Kriegserklärung, welche von Rom aus geschieht, vorausgehenden Unterhandlungen s. Liv. VIII. 23. Dionys.

b) S. Liv. VIII, 15.
c) S. Liv. VIII, 17. Die Maecia war von dem Berge Maecius bei Lanuvium benannt.
d) S. Liv. VIII, 28. Die Veranlassung wurde durch den Frevel eines patricischen Gläubigers gegeben, s. Liv. a. a. O.

Dionys. XVI, 5. Valer. Max. VI. 1, 9. Das Gesetz lautet: ne quis nisi qui noxam meruisset, donec pecuniam lueret, in compedibus aut in nervo teneretur; pecuniae creditae bona debitoris, non corpus obnoxium esset. Vergl. Varr. de l. l. VII. 105. Cic. de rep. II, 34.

J.v.Ch.	J.d.St.	Äussere Geschichte.	Innere Geschichte.
324	430	Die Samniter von dem Magister Equitum Q. Fabius Rullianus und dann auch von dem Diktator L. Papirius Cursor geschlagen.[20]	
321	433	Die Konsuln T. Veturius Calvinus und Sp. Postumius werden von den Samnitern unter C. Pontius in den caudinischen Pässen eingeschlossen und zu einem schimpflichen Vertrage gezwungen.[21]	
320	434	Die Römer erkennen den Frieden nicht an[22] und schlagen unter Papirius Cursor und Publilius Philo die Samniter bei Caudium und Luceria.[23]	
318	436	. . . . . .	Zwei neue Tribus, die Ufentina und Falerina, eingerichtet (zusammen 31).[e]
312	442	. .	Appius Claudius verteilt als Censor die freigelassenen und besitzlosen Bürger unter die Tribus.[f] Er legt die Via Appia und eine Wasserleitung an.[g]

XV, 5—10. Die Lukaner und Apuler waren beide anfangs auf Roms Seite getreten, s. *Liv.* VIII, 25, vergl. Anm. 12. Die erstern wurden durch eine List der Tarentiner zum Abfall gebracht, worauf ihre festen Plätze von den Samnitern besetzt werden. Auch die Vestiner standen auf Seiten der Samniter, sie werden aber im folgenden Jahre von den Römern besiegt, s. *Liv.* VIII, 29.

20) Des Fabius Sieg in Abwesenheit des Diktators bei Imbrinium, s. *Liv.* VIII, 30; der Diktator will ihn dafür mit dem Tode bestrafen lassen und lässt sich nur mit grosser Mühe besänftigen, s. *ebendas,* VIII, 30—35. *Pseudo- Frontin.* IV, 1, 39; die Soldaten, auf den Diktator um dieser Härte willen erbittert, wollen in einer ersten Schlacht nicht siegen, in einer zweiten Schlacht erleiden aber die Samniter eine vollständige Niederlage, s. *ebendas,* VIII, 36.

21) Nach jenen Niederlagen des J. 324 (s. Anm. 20) baten die Samniter um Frieden, sie erhielten aber nur einen einjährigen Waffenstillstand; hierauf begann der Krieg im J. 323 wieder, die Samniter wurden im J. 322 wieder geschlagen und erneuerten nun ihre Bitten um Frieden. Obgleich sie aber den Urheber des Abfalls, Brutulus Papius (obwohl nur tot, denn er hatte sich, um diesem Schicksal zu entgehen, selbst getötet), auslieferten: wurde ihnen doch der Friede verweigert, s. *Liv.* VIII, 37—40. Hierauf folgt die Einschliessung in den Furculae Caudinae, über welche s. *Liv.* IX, 1—7. *Appian. Samn.*

e) S. *Liv.* IX, 20. Der Hauptort der Ufentina war Privernum, s. *Lucilius* bei *Fest.* s. v, *Oufentinae* (p. 194).

f) S. *Liv.* IX, 29, 46: forensis factio Appii Claudii censura vires nacta, qui senatum primus libertinorum filiis lectis inquinaverat et posteaquam eam lectionem nemo ratam habuit nec in curia adeptus erat quas petierat opes urbanas, humilibus per omnes tribus divisis forum et campum corrupit, vergl. *Diodor.* XX, 36. Appius Claudius gewann hierdurch einen solchen Anhang unter dem Volk, dass er es wagen konnte,

IV, 2—7. Dass die Römer sich erst zur Unterhandlung bequemten, nachdem sie vergeblich versucht hatten, sich mit den Waffen einen Weg durch die sie einschliessenden Feinde zu bahnen, geht aus *Appian.* a. a. O. 6. *Cic. Off.* III. §. 109 und *de senect.* §. 41 hervor. Pontius diktiert ihnen folgende Bedingungen: inermes cum singulis vestimentis sub jugum missurum, alias condiciones pacis aequas victis ac victoribus: si agro Samnitium decederetur, coloniae abducerentur, suis inde legibus Romanum ac Samnitem aequo foedere victurum (*Liv.* IX, 4), welche von den Konsuln, den Legaten, Quaestoren und Tribunen (*Liv.* IX, 5) beschworen werden. Die Samniter erobern darauf Luceria, Fregellä und Satricum, s. *Liv.* IX, 12.

22) S. *Liv.* IX, 8—12. Die Konsuln und die übrigen Sponsores werden den Samnitern als Sühnopfer ausgeliefert, von diesen aber mit Recht zurückgewiesen, weil man, um den Vertrag aufzuheben, das Heer wieder in den Engpass zurückführen müsse.

23) S. *Liv.* IX, 12—15. Nun werden auch die verlorenen Städte wieder erobert, s. *Liv.* IX, 12, 16, 28. Hierauf erhalten die Samniter im J. 318 einen 2jährigen Waffenstillstand. Nach dessen Ablauf machen die Römer im J. 316 in dem (im J. 323 wieder abgefallenen) Apulien und Lukanien bedeutende Fortschritte, erleiden aber dann im J. 315 in der Schlacht bei Lautulä einen grossen Verlust, stellen indes ihr Glück wieder her. S. *Liv.* IX, 20—28. Vergl. *Diod.* XIX. 72.

die Censur über die gesetzmässige Zeit hinaus (s. S. 28, Anm. h) fortzuführen, s. *Liv.* IX. 33—34. 42, und dass er im J. 307 zum Konsul gewählt wurde, s. *Liv.* IX. 42. *Plut. Publ.* 7.

g) S. *Liv.* IX. 29; censura clara eo anno Ap. Claudii et C. Plautii fuit, memoriae tamen felicioris ad posteros nomen Appi, quod viam munivit et aquam in urbem duxit, vergl. *Diodor.* XX, 36, *Frontin, de aquaeduct.* 5. *Diod.: καὶ ηγαγεν μὲν τὸ καλούμενον Ἄππιον ὕδωρ ἀπὸ σταδίων ὀγδοή-*

J.v.Ch.	J.d.St.	Äussere Geschichte.	Innere Geschichte.
311	443	Ausbruch des Kriegs mit den Etruskern.²⁴	Dem Volke wird die Wahl von 16 Militärtribunen überlassen.ʰ
310	444	Q. Fabius dringt durch den ciminischen Wald und schlägt die Etrusker.²⁵	
309	445	L. Papirius schlägt die Samniter bei Longula.²⁶	
308	446	Niederlage der Umbrer bei Mevania.²⁷	
306	448	Die Herniker geschlagen.²⁸ Erneuerung des Bündnisses mit Carthago.²⁹	
304	450	Friede mit den Samnitern.³⁰	Der Ädile. Cn. Flavius macht den Kalender der

24) S. *Liv.* IX, 32: Dum haec geruntur in Samnio, iam omnes Etruriae populi praeter Arretinos ad arma ierant ab oppugnando Sutrio, quae urbs socia Romanis velut claustra Etruriae erat, ingens orsi bellum. Die Römer schlugen die Etrusker bei Sutrium, der Sieg wird aber nicht ohne grosse Anstrengung errungen.
25) S. *Liv.* IX, 35—37. *Diod.* XX, 35. Fabius schlägt die Etrusker zuerst wiederum bei Sutrium, aber ohne erheblichen Erfolg. Deshalb unternimmt er den kühnen Zug durch den ciminischen Wald (das Gebirge von Viterbo) und schlägt den Feind entweder jenseits desselben oder nach seiner Rückkehr bei Sutrium. Hierauf schlossen sofort Perusia, Cortona und Arretium einen 30jährigen Waffenstillstand mit Rom, s. *Liv.* IX, 37. Mit den übrigen Etruskern kam der Krieg erst nach fernerweiten Siegen im J. 308 zu Ende, s. *Liv.* IX, 39. 40. 41.
26) S. *Liv.* IX, 38—40. Die Römer hatten nach Wiederherstellung ihres Glücks im J. 314 die Kolonie Luceria, im J. 313 Suessa, Interamna und Casinum zur Sicherung ihrer Eroberungen gegründet, *Liv.* IX, 26. 28. *Diod.* XIX, 101. *Vell.* I, 14. Hierauf drangen sie in das Gebiet der Samniter selbst ein und gewannen daselbst mehrere Vorteile, *Liv.* IX, 31. 38. Als aber die Samniter von dem gefährlichen Unternehmen des Fabius im J. 310 hörten, erhoben sie sich mit neuer Kraft. Sie hatten die Absicht, durch das Land der Marser und Sabiner nach Etrurien zu marschieren und sich so mit den vermeintlich siegreichen Etruskern zu verbinden. Deshalb ernannte der Konsul Fabius seinen Feind Papirius Cursor zum Diktator, *Liv.* IX, 38. *Dio. fr.* 36, 20. Noch ist bemerkenswert, dass die Samniter sich zu diesem Kriege mit den kostbarsten Waffen, namentlich mit goldenen und silbernen Schilden geschmückt hatten: tantum magnificentiae visum in his, ut aurata scuta dominis argentariorum ad forum ornandum dividerentur: inde natum initium dicitur fori ornandi ab aedilibus, cum tensae ducerentur (*Liv.* IX, 40). Papirius Cursor wird nunmehr nicht wieder als handelnd erwähnt und scheint bald darauf gestorben zu sein. Sein Lob *Liv.* IX, 16: fuit vir haud dubie dignus omni bellica laude, non animi solum vigore, sed etiam corporis viribus excellens: praecipua pedum pernicitas inerat (vgl. *Zonar.* VII, 26), quae cognomen etiam dedit, victoremque cursu omnium aetatis suae fuisse ferunt —, nec cum ullo asperiorem, quia ipse invicti ad laborem corporis esset, fuisse militiam pariter equitique —: haud dubie illa aetate, qua nulla virtutum ferocior fuit, nemo unus erat vir, quo magis innixa res Romana staret.
Die Umbrer hatten schon im vorigen Jahre an dem Kriege teilgenommen, *Liv.* IX, 39. Jetzt hatten sie sogar den Plan, Rom zu überfallen. Fabius eilt aus Samnium herbei, und die Schlacht wird wegen der Feigheit der Umbrer (vgl. S. 5. Anm. 30) entschieden, ehe sie angefangen ist: itaque inter ipsum certamen facta deditio est a primis auctoribus belli: postero insequentibusque diebus et ceteri Umbrorum populi deduntur. Ocriculani sponsione in amicitiam accepti, *Liv.* IX, 41. In ihr Gebiet wird im J. 299 unter dem Namen Narnia eine Kolonie nach Nequinum geschickt, welches indes erst nach hartnäckigem Widerstande (es wurde von den Samnitern unter der Hand unterstützt) erobert werden musste, *Liv.* X, 9—11.
28) S. *Liv.* IX, 43. Das Schicksal der Herniker: Hernicorum tribus populis, Aletrinati, Verulano, Ferentinati, quia maluerunt quam civitatem, suae leges redditae, conubiumque inter ipsos, quod aliquamdiu soli Hernicorum habuerunt, permissum. Anagninis, quique arma Romanis intulerant, civitas sine suffragii latione data, concilia conubiaque adempta et magistratibus praeterquam sacrorum curatione interdictum.
29) S. *Liv.* IX, 43. (*Polyb.* III, 21?).
30) (Seit der Schlacht von Longula hatten die Römer noch mehrmals über die Samniter gesiegt, s. *Liv.* IX, 41. 43. 44.) *Liv.* IX, 45: Samnitibus foedus aequum redditum. Vgl. jedoch *Dionys.* XVII (XVIII), 2: ὅτι τοὺς ὑπηκόους ὁμολογήσαντας ἔσεσθαι (Σαμνίτας) καὶ ἐπὶ τούτῳ τῷ δικαίῳ καταλυσαμένους τὸν πόλεμον ἅπαντα πείθονται δεῖ τοῖς παρειληφόσι τὴν ἀρχήν.

κοντα κατήγαγεν εἰς τὴν 'Ρώμην —· μετὰ δὲ ταῦτα τῆς ἀφ' ἑαυτοῦ κληθείσης Ἀππίας ὁδοῦ τὸ πλεῖον μέρος λίθοις στερεοῖς κατέστρωσεν ἀπὸ Ῥώμης μέχρι Καπύης, ὄντος τοῦ διαστήματος σταδίων πλειόνων ἢ χιλίων.

h) Das dahin waren erst alle, dann seit 362 alle bis auf 6 von den Imperatoren gewählt worden, s. *Liv.* VII, 5. Über die jetzige Veränderung s. *Liv.* IX, 30: duo imperia ea anno dari coepta per populum, utraque pertinentia ad rem militarem, unum ut tribuni militum seni deni in quattuor legiones a populo crearentur, quae antea perquam paucis suffragio populi relictis locis dictatorum et consulum ferme fuerant beneficia: — alterum ut duumviros navales classis ornandae reficiendaeque causa idem populus iuberet. Vergl. über die ferneren Verhältnisse bei dieser Wahl *Liv.* XLII, 31. XLIV, 21. *Polyb.* VI, 19, 7.

J.v Ch.	J.d.St.	Äussere Geschichte.	Innere Geschichte.
		Die Aequer besiegt und unterworfen.³¹ Bündnis mit den Marsern, Maruciuern, Pälignern und Frentanern.³²	Tage, an welchen gerichtliche Verhandlungen erlaubt waren, und die Processformeln bekannt.¹ Der Censor Q. Fabius beschränkt die Freigelassenen auf die 4 Tribus urbanae.ᵏ
302	452		Der Tempel der Salus wird geweiht.¹
300	454		Durch die Lex Ogulnia erlangen die Plebejer 5 Stellen im Kollegium der Auguru und 4 in dem der Pontifices.ᵐ
300	454	. . . .	Die Lex Valeria de provocatione erneuert.ⁿ
299	455	Die Etrusker im Krieg mit Rom.³³	Zwei neue Tribus, die Aniensis und Terentina, eingerichtet (zusammen 33).⁰
298	456	Dritter samnitischer Krieg (bis 290).³⁴	

31) S. *Liv.* IX. 45. *Diod.* XX, 101. Die Äquer waren durch das Schicksal der Herniker zum Kriege gereizt worden, leisteten aber keinen dem alten Kriegsruhm entsprechenden Widerstand: nomen Aequorum prope ad internecionem deletum (*Liv.*). Die Römer legen darauf im J. 303 in ihrem Laude die Kolonie Alba an, deshalb erneuern sie den Krieg im J. 302, s. *Liv.* X. 1, und im J. 300, s. *Liv.* X, 9. aber ohne Erfolg.

32) S. *Liv.* IX. 45. *Diod.* XX, 101. Die Marser erneuern darauf im J. 301 noch einmal den Krieg, werden aber schnell wieder unterworfen, *Liv.* X. 3.

33) S. *Polyb.* II, 19: αὖϑις γενομένου κινήματος ἐκ τῶν Τυρρηναίων. δείσαντες (οἱ Γαλάται) μὴ πόλεμος αὐτοῖς ἐγερϑῇ βαρύς ἀπὸ μὲν αὐτῶν ἱερεῖων τὰς ὁρμὰς τῶν ἐξαναπαμένων δωροφορούντες καὶ ϑωπεύοντες τὴν συγγένειαν, ἐπὶ δὲ Ῥωμαίους προῆγον καὶ μετέχον αὐτοὶς τῆς στρατείας. ἐν ᾗ τὴν ἔφοδον ποιησάμενοι διὰ Τυρρηνίας ὁμοῦ ἀνατραπευσαμένων αὐτῶν Τυρρηνῶν καὶ περιβαλόμενα λείας πλῆϑος ἐκ μὲν τῆς Ῥωμαίων ἐπαρχίας ἀσφαλῶς ἐπανῆλϑον. Anders Livius, bei welchem die Gallier von den Etruskern durch Gold befriedigt worden, so dass sie das tyrrhenische Gebiet wieder verlassen;

i) S. *Liv.* IX, 46. Eodem anno Cn. Flavius Cn. filius scriba. patre libertino humili fortuna ortus. ceterum callidus vir et facundus, aedilis curulis fuit: — civile ius repositum in penetralibus pontificum evulgavit fastosque circa forum in albo proposuit, ut quando lege agi posset sciretur. Vgl. *Cic. de or.* I. §. 186. *Diod.* XX. 36. *Gell.* VII (VI), 9. *Plin. H. N.* XXXIII, 6, 17.

k) S. *Liv.* IX, 46: ex eo tempore in duas partes discessit civitas: aliud integer populus, fautor et cultor bonorum, aliud forensis factio tenebat, donec Q. Fabius et P. Decius censores facti, et Fabius simul concordiae causa. simul ne humillimorum in manu comitia essent, omnem forensem turbam excretam in quattuor tribus coniecit. urbanasque eas appellavit: adeoque eam rem acceptam gratis animis ferunt. ut Maximi cognomen, quod tot victoriis non pepererat, hac ordinum temperatione parerot. Ab eodem institutum dicitur, ut equites idibus Quinctilibus transveherentur. Die obige Massregel der Beschränkung der Freigelassenen auf die städtischen Tribus wird im Verlauf der Zeit öfters wiederholt, z. B. im J. 219. s. *Liv. perioch.* XX. und im J. 167. s. *Liv.* XLV, 15.

worauf dann die Römer einfallen und die Etrusker schlagen. Im folgenden Jahre werden sie bei Volaterrä geschlagen. S. *Liv.* X. 10 u. 12

34) Die Samniter hatten die Lukaner mit Krieg überzogen und machten grosse Fortschritte, ihr Heer war nach Frontins Ausdruck (*Strateg.* I, 11, 2) successibus tumidus. Da wandten sich die Lukaner an die Römer, erlangten das römische Bündnis, und als die Römer von den Samnitern verlangten, dass sie das Gebiet der Lukaner verlassen sollten, erhielten sie eine trotzige Antwort. S. *Liv.* X, 11—12. *Dionys.* XVII (XVIII), 1—3. Dies die Veranlassung zu diesem Kriege. Aus den ersten Jahren desselben werden uns zwar zahlreiche Siege der Römer gemeldet, s. *Liv.* X. 12, 14—15. 16—17; indes sind die Nachrichten darüber von der Art, dass wir nichts Klares und Bestimmtes aus ihnen entnehmen können. (Auf diese Jahre sind wahrscheinlich die in einer der Grabschriften der Scipionen (s. S. 51. Anm. a) erwähnten Kriegsthaten des L. Cornelius Scipio Barbatus, Cons. im J. 298. zu beziehen, die sich indes mit den in unsern Quellenschriftstellern enthaltenen Nachrichten nicht in Zusammenhang bringen lassen.)

l) S. *Liv.* X, 1 vgl. IX, 31. 43. Dieser Tempel ist auch deswegen merkwürdig, weil ihn C. Fabius Pictor mit Gemälden (wahrscheinlich die Schlacht, in welcher der Tempel gelobt wurde, darstellend) schmückte; das erste Beispiel von Ausübung dieser Kunst in Rom, welches dem Plinius bekannt war, s. *H. N.* XXXV, 7, 19. Vgl. *Val. Max.* VIII, 14, 6.

m) S. *Liv.* X, 6—9. Über die bisherige Zahl 4 s. S 11. Anm. m. *Liv.* 6: Q et Cn. Ogulnii — eam actionem susceperunt. qua non infimam plebem accenderent. sed ipsa capita plebis, consularis triumphalesque plebeios, quorum honoribus nihil praeter sacerdotia. quae nondum promiscua erant, deessent.

n) S. *Liv.* X, 9: M. Valerius consul de provocatione legem tulit diligentius sanctam: tertio ea tum post reges exactos lata est, semper a familia eadem. Causam renovandae saepius haud alia fuisse reor quam quod plus paucorum opes quam libertas plebis poterant, — Valeria lex cum eum. qui provocasset, virgis caedi securique necari vetuisset, si quis adversus ea fecisset, nihil ultra quam „improbe factum" adiecit.

o) S. *Liv.* X, 9. Vgl. *Cic. pro Planc.* §. 38, 39.

J.v.Ch.	J.d.St.	Äussere Geschichte.	Innere Geschichte.
296	458	. . . . . .	Das Standbild der den Romulus und Remus säugenden Wölfin am Ficus Ruminalis errichtet."
295	459	Der grosse Sieg des Q. Fabius und P. Decius bei Sentinum über Gallier und Samniter.³⁵	
290	464	Friede mit den Samnitern.³⁶ Die Sabiner fangen Krieg mit Rom an, werden aber von M'. Curius Dentatus besiegt und unterworfen.³⁷	
289	465	. . . .	Die Triumviri capitales eingesetzt."
286	468	. . . .	Das Volk wandert zum dritten und letzten Male	aus.' Die Notwendigkeit der Bestätigung durch

35) Schon im J. 296 waren die Samniter unter Gellius Egnatius nach Etrurien gezogen. Sie waren zwar mit den Etruskern zusammen geschlagen worden, hatten sich aber darauf mit den Galliern und Umbrern verbunden, *Liv.* X, 16—21. *Polyb.* II, 19. Im J. 295 hatten die Römer ausser den beiden konsularischen Heeren noch 3 andere gerüstet. Die Konsuln führten ihre Heere gegen die vereinigten Feinde nach Umbrien. Eins der andern Heere plünderte Etrurien. Hierdurch wurden die Etrusker und Umbrer bewogen, das gemeinschaftliche Lager zu verlassen, um Etrurien zu schützen, so dass die Konsuln nur mit den Galliern und Samnitern zu kämpfen hatten. S. *Liv.* X, 24—29. *Polyb.* II, 19. *Frontin.* II, 6, 1. *Diod. Exc.* XXI, 6. Die Schlacht wird erst durch die Aufopferung des Decius, welcher sich gleich seinem Vater dem Tode weiht, entschieden. Der Anführer der Samniter Gellius Egnatius bleibt in der Schlacht. Die Etrusker werden noch in demselben Jahre zweimal geschlagen, *Liv.* X, 30, 31, und legen darauf im J. 294 die Waffen grossenteils nieder, *Liv.* X, 37. Die Gallier gehen nach der Schlacht nach Hause. Die Samniter schlagen sich wieder nach Samnium durch, geben aber den Krieg noch immer nicht auf, s. *Liv.* X, 31: Samnites in Sentinati agro, in Paelignis (denn von diesen wurden sie überfallen, als sie von Sentinum aus nach Samnium zurückmarschierten), ad Tiferuum, Stellatibus agris suis ipsi legionibus, mixti alienis ab quattuor exercitibus, quattuor ducibus Romanis caesi fuerant, imperatorem clarissimum gentis suae amiserant, socios belli, Etruscos, Umbros, Gallos in eadem fortuna videbant qua ipsi erant, nec suis nec externis viribus iam stare poterant: tamen bello non abstinebant.

p) S. *Liv.* X, 23: Eodem anno Cn. et Q. Ogulnii aediles curules aliquot feneratoribus diem dixerunt; quorum bonis multatis ex eo, quod in publicum redactum est, aenea in Capitolio limina et trium mensarum argentea vasa in cella Iovis, Iovemque in culmine cum quadrigis et ad ficum Ruminalem simulacra infantium conditorum urbis sub uberibus lupae posuerunt, semitamque saxo quadrato a Capena porta ad Martis straverunt. (Nach der gewöhnlichen Ansicht ist dies die sog. capitolinische Wölfin, welche noch jetzt erhalten, und eins der ältesten und merkwürdigsten Denkmäler der Kunst bei den Römern ist.) Eine andere für die Geschichte der Kultur bei den Römern beachtenswerte Notiz findet sich bei *Plin. H. N.* VII, 60, 213, wo erzählt wird, dass um dieselbe Zeit L. Papi-

rius Cursor am Tempel des Quirinus eine Sonnenuhr geweiht habe.

q) S. *Liv. Ep.* XI. *Fest.* s. v. *sacramentum* (p. 344). Denselben wurden die Geschäfte und Befugnisse der Quaestores parricidii übertragen, s. S. 17. Anm. 2.

r) *Liv. Ep.* XI: Plebs propter aes alienum post graves et longas seditiones ad ultimum secessit in Ianiculum, unde a Q. Hortensio dictatore deducta est, vergl. *Zonar.* VIII, 2. Die schweren Schulden waren durch die langen Kriege entstanden. Der Preis, um den Hortensius das Volk zur Rückkehr bewogte, war die Erleichterung der Schuldenlast, und die Anm. s. genannten Gesetze. Eine ausführlichere Kunde von dieser Bewegung giebt *Dio fr.* 37.

36) S. *Liv. Ep.* XI. *Eutrop.* II, 9. (Über die Kriegsvorfälle seit 295 s. *Liv.* X, 36—46. Die Nachrichten sind auch hier nicht ausreichend, um danach die Geschichte des Kriegs klar und deutlich verfolgen zu können. Nur so viel mag noch bemerkt werden, dass im J. 293 die Samniter ihre Rüstungen wieder in ähnlicher Weise machten, wie im J. 309, gleichwohl aber von dem gleichnamigen Sohne des L. Papirius Cursor eine grosse Niederlage bei Aquilonia erlitten, s. *Liv.* 38—42. *Zonar.* VIII, 1, und dass im J. 292 Q. Fabius Gurges erst von den Samnitern geschlagen wird, dann aber durch die Unterstützung seines berühmten Vaters einen grossen Sieg gewinnt. *Liv. Epit.* XI. *Dio fr.* 36, 30. *Plut. Fab. Max.* 24. *Val. Max.* V, 7, 1. *Oros.* III, 22.)

37) S. *Liv. Ep.* XI. *Frontin. Strat.* I. S. 4: M'. Curius adversus Sabinos, qui ingenti exercitu conscripto relictis finibus suis nostros occupaverant, occultis itineribus manum misit, quae desolatos agros eorum vicosque per diversa incendit. Sabini ad arcendam domesticam vastitatem recesserunt, Curio contigit et vacuos infestare hostium fines et exercitum sine proelio avertere sparsumque caedere. Er sagte, nachdem er zurückgekehrt war: Tantum agri cepi, ut solitudo futura fuerit. nisi tantum hominum cepissem; tantum porro hominum cepi, ut fame perituri fuissent, nisi tantum agri cepissem (*Ps. Aur. Vict. de vir. ill.* 33.) — φησὶ δ' ὁ συγγραφεὺς Ψήφιος Ῥωμαίους αἰσθέσθαι τοῦ πλούτου τότε πρῶτον, ὅτι τοῦ ἔθνους τούτου κατέσχησαν χώρας, *Strab.* V. 3, 1. (Als nach diesem Siege das Gemeindeland der Sabiner zu je 7 Jugern unter das Volk verteilt wurde, gab Curius den bekannten Beweis seiner Uneigennützigkeit. », *Val. Max.* IV. 3, 5).

J.v.Ch	J.d.St.	Äussere Geschichte.	Innere Geschichte.
286	468		die Curiatcomitien wird durch die Lex Maenia für die Centuriatcomitien und durch die Lex Hortensia für die Tributcomitien aufgehoben.ˢ
284	470	Krieg mit den Etruskern und Galliern; die Senonen unterworfen und die Kolonie Sena Gallica gegründet;	
283	471	Etrusker und Bojer am vadimonischen See geschlagen.³⁸	
282	472	Etrusker und Bojer nochmals geschlagen. Hierauf Friede mit den Bojern.³⁹ Vierter und letzter samnitischer Krieg.⁴⁰	
281	473	Auch die Tarentiner schliessen sich diesem Kriege an.⁴¹	

38) Die Hauptstelle über die Ereignisse dieses Jahres ist Polyb. II. 19, 7—20, 3: *διαγενομένων δὲ πάλιν τεῶν δέκα* (s. S. 41. Anm. 35) *παριγένοντο Γαλάται μετὰ μεγάλης στρατιᾶς πολιορκήσαντες τὴν Ἀρρητίνων πόλιν. Ῥωμαῖοι δὲ παραβοηθήσαντες καὶ συμβαλόντες πρὸ τῆς πόλεως ἡττήθησαν· ἐν δὲ τῇ μάχῃ ταύτῃ Λευκίου τοῦ στρατηγοῦ τελευτήσαντος Μάνιον Ἐπιτιέστηραν τὸν Κόριον. οἱ πρεσβύτεροι ἐκπέμψαντος εἰς Γαλατίαν ὑπὲρ τῶν αἰχμαλώτων, παρασπονδήσαντες ἐπανείλοντο τοὺς πρέσβεις. τῶν δὲ Ῥωμαίων ὑπὸ τὸν θυμὸν ἐκ χειρὸς ἐπιστρατευομένων ἀπαντήσαντες συνέβαλον οἱ Σήνωνες καλούμενοι Γαλάται. Ῥωμαῖοι δ᾽ ἐκ παρατάξεως κρατήσαντες αὐτῶν τοὺς μὲν πλείστους ἀπέκτειναν, τοὺς δὲ λοιποὺς ἐξέβαλον, τῆς δὲ χώρας ἐγένοντο πάσης ἐγκρατεῖς, εἰς ἣν καὶ πρώτην τῆς Γαλατίας ἀποικίαν ἔστειλαν τὴν Σήνην προςαγορευομένην πόλιν ὁμώνυμον οὖσαν τοῖς πρότερον αὐτὴν κατοικοῦσι Γαλάταις. — Οἱ δὲ Βοίων θεωρήσαντες ἐκπεπτωκότας τοὺς Σήνωνας καὶ δείσαντες περὶ σφῶν καὶ τῆς χώρας, μὴ πάθωσι τὸ παραπλήσιον, ἐξεστράτευσαν πανδημεὶ παρακαλέσαντες Τυρρηνούς. ἀθροισθέντες δὲ περὶ τὴν Οὐάδμονα προςαγορευομένην λίμνην παρετάξαντο Ῥωμαίοις. ἐν δὲ τῇ μάχῃ ταύτῃ Τυρρηνῶν μὲν οἱ πλεῖστοι κατεκόπησαν, τῶν δὲ Βοίων τελέως ὀλίγοι διέφυγον. Dionys. XIX, 13. Appian. Samn. 6, Gall. 11. Oros. III, 22. Liv. Epit. XI.* (Die Gallier waren von den Vulsiniensern zu Hilfe gerufen worden, welche mit Arretium im Krieg waren.) Aus Appian ist zu ersehen, dass sich die Bojer mit den Etruskern auf dem Marsche gegen Rom befanden, als sie geschlagen wurden.

39) S. *Polyb.* II, 20, 4: *Οὐ μὴν ἀλλὰ τῷ κατὰ πόδας ἐνιαυτῷ συμφρονήσαντες αὖθις οἱ προηττημένοι καὶ τοὺς ἄρτι τῶν νέων ἡβῶντας καθοπλίσαντες παρετάξαντο πρὸς Ῥωμαίους· ἡττηθέντες δ᾽ ὀλοσχερῶς τῇ μάχῃ μόλις εἶξαν ταῖς ψυχαῖς καὶ διαπρεσβευσάμενοι περὶ σπονδῶν καὶ διαλύσεων συνθήκας ἔθεντο πρὸς Ῥωμαίους. Ταῦτα δὲ συνέβαινε γίγνεσθαι τῷ τρίτῳ πρότερον ἔτει τῆς Πύρρου διαβάσεως εἰς τὴν Ἰταλίαν, πέμπτῳ δὲ τῆς Γαλατῶν περὶ Δελφοὺς διαφθορᾶς. — 21, 1 ; Γαλάται δ᾽ ἐκ τῶν προειρημένων ἐλαττωμάτων ἔτη μὲν πέντε καὶ τετταράκοντα τὴν ἡσυχίαν ἔσχον εἰρήνην ἄγοντες πρὸς Ῥωμαίους.*

40) Die Lukaner scheinen den Krieg zuerst angefangen zu haben, indem sie Thurii belagerten, welches die Römer in Schutz nahmen. Es wurde im J. 282 durch Fabricius entsetzt, s. *Dionys.* XIX, 13, *Val. Max.* I, 8, 6, vergl. *Plin. H. N.* XXXIV, 15, 12. In demselben Jahre wurden aber auch die Samniter und Bruttier besiegt. s. *Dionys.* a. a. O. u. c. 16. *Liv. Epit.* XII. Die Samniter mochten auf die Nachricht von dem Aufstand der Etrusker und der Gallier die Waffen ergriffen haben. Auch diese Völker waren von Tarent zum Krieg aufgereizt. s. die folgende Anm. 41.

41) Die Tarentiner hatten die Völker Unteritaliens, so wie die Gallier und Etrusker zum Kriege aufgereizt, s. *Dio fr.* 39, 1, 3. *Zonar.* VIII. 2. *Oros.* III. 22. Sie mochten dabei die Hoffnung hegen, sich selbst von der unmittelbaren Teilnahme am Kriege entfernt halten zu können. Auch standen sie noch im Bündnis mit Rom, s. *Appian. Samn. fr.* 7. Durch eine ohne feindselige Absicht geschehene Verletzung des Vertrags von Seiten der Römer, indem der Duumvir L. Valerius sich mit 10 Schiffen dem Hafen von Tarent näherte, liessen sie sich zu der ersten Feindseligkeit gegen Rom fortreissen. Als die Römer darauf durch eine Gesandtschaft Genugtuung forder-

s) Über die Lex Hortensia s. *Plin. H. N.* XVI. 10, 37: Q. Hortensius dictator, cum plebs secessisset in Ianiculum, legem in aesculeto tulit, ut quod ea iussisset, omnis Quirites teneret; *Gell. N. A.* XV, 27, 4. *Gaius* I. §. 3. *Institut.* I, 2, 4: Sed et plebiscita lege Hortensia lata non minus valere quam leges coeperunt. Über die Lex Maenia s. *Cic. Brut.* §. 55: Is (M'. Curius Dentatus) tribunus plebis, interrege Appio Caeco diserto homine comitia contra leges habente, cum de plebe consulem non acciperet, patres ante auctores fieri coegit: quod fuit permagnum nondum lege Maenia lata, vergl. *Liv.* I, 17; Decreverunt, ut, cum populus regem iussisset, id sic ratum

esset, si patres auctores fierent. hodie quoque in legibus magistratibusque rogandis usurpatur idem ius, vi adempta: priusquam populus suffragium ineat, in incertum comitiorum eventum patres auctores fiunt. (Die Zeit der Lex Maenia ist also nur vermutungsweise zu bestimmen; indes kann es kaum zweifelhaft sein, dass sie gleichzeitig mit der Lex Hortensia gegeben wurde.) Durch beide Gesetze werden, wie man sieht, nur die entsprechenden Leges Publiliae vom J. 339 wiederholt, welche sonach wieder in Vergessenheit geraten sein mussten. Mit ihnen wurde übrigens die politische Gleichstellung der Patricier und Plebejer vollendet.

J.v.Ch.	J.d St.	Äussere Geschichte.
280	474	Pyrrhus, von den Tarentinern gerufen, schlägt die Römer bei Heraclea.⁴² Friede mit den Etruskern.⁴³ Aufruhr der campanischen Legion in Rhegium.⁴⁴
279	475	Sieg des Pyrrhus bei Asculum.⁴⁵
278	476	Pyrrhus in Sicilien.⁴⁶ Erneuerung des Vertrags mit Karthago.⁴⁷
275	479	Pyrrhus, aus Sicilien zurückgekehrt, wird bei Benevent von M'. Curius Dentatus geschlagen und giebt den Krieg gegen Rom auf.⁴⁸
272	482	Samniter, Lukaner, Bruttier unterworfen. Tarent genommen.⁴⁹

ten, so wurde diese nicht nur nicht gegeben, sondern der Wortführer der Gesandten L. Postumius überdem auf rohe Art beleidigt. S. *Dionys.* XIX, 5. *Dio fr.* 39, 5 ff. *Appian. Samn.* 7.

42) *Plut. Pyrrh.* 13: πρέσβεις ἐπέμψαν εἰς Ἤπειρον οὐχ αὐτῶν μόνων ἀλλὰ καὶ τῶν Ἰταλιωτῶν, ὥρᾳ τῷ Πύρρῳ κομίζοντας καὶ λέγοντας, ὡς ἡγεμόνος ἐμφρόνος δέονται καὶ δόξαν ἔχοντος, δυνάμεις δὲ αὐτόθεν ὑπάρξουσι μεγάλαι παρά τε Λευκανῶν καὶ Μεσσαπίων καὶ Σαυνιτῶν καὶ Ταραντίνων εἰς διμυρίοις ἱππεῖς, πεζῶν δὲ ὁμοῦ πέντε καὶ τριάκοντα μυριάδας. Vergl. *Paus.* I, 12. Des Pyrrhus eignes Heer bestand aus 20,000 Mann Fussvolk, 3000 Reitern, 2000 Schützen, 500 Schleuderern und 20 Elephanten, s. *Plut. Pyrrh.* 15. Auf der Überfahrt erlitt er Schiffbruch, rettete aber doch den grössten Teil seines Heeres. In Tarent angelangt, war das erste, was er that, dass er die Tarentiner einer strengeren, ihnen sehr lästigen Zucht unterwarf, s. *Plut.* 16. *Appian. Samn.* 8. *Zonar.* VIII, 2. Die Schlacht wurde besonders durch die überlegene Reiterei und durch die Elephanten gewonnen, s. *Plut.* 16—17. *Zonar.* VIII, 3. *Oros.* IV, 1. Nach der Schlacht schickte er den Cineas nach Rom und liess den Römern den Frieden anbieten, wenn sie den griechischen Städten in Italien völlige Unabhängigkeit zugestehen und den Lukanern, Samnitern, Apuliern und Bruttiern das Eroberte zurückgeben würden. Die Römer wiesen indes das Anerbieten zurück, s. *Appian. Samn.* 10. *Plut.* 18—19. *Liv. Ep.* XIII. *Zonar.* VIII, 4. *Eutrop.* II, 12. (Des Appius Claudius Cäcus Rede. *Cic. Brut.* §. 61.) Nun rückte der König bis nach Präneste vor, wobei sich ihm die Bruttier, Lukaner, Apulier und Samniter anschlossen, s. *Plut.* 16—17. *Zonar.* VIII, 3. *Oros.* IV, 1. In Präneste musste er aber umwenden, weil das bisher gegen die Etrusker verwandte Heer sich gegen ihn kehrte und der bei Heraclea geschlagene Konsul P. Valerius Lävinus bereits wieder ein Heer in Campanien gesammelt hatte. Im Winter darauf die berühmte Gesandtschaft des Fabricius. S. *Dionys.* XIX, 13—18. *Appian. Samnit.* 10. *Plut.* 20. *Zonar.* VIII, 4. *Cic. Brut.* §. 55. *Val. Max.* IV, 3, 6.

43) S. *Zonar.* VIII, 4. Der Friede wurde wahrscheinlich in der ersten Zeit des Krieges mit Pyrrhus geschlossen, wodurch sich auch die vorteilhaften Bedingungen desselben erklären: denn die Etrusker erscheinen seitdem als in freiem Bündnis mit Rom stehend, was sich namentlich aus der Art und Weise, wie sie zu Zeiten Rom unterstützten, s. *Polyb.* II, 24 und *Liv.* XXVIII, 45, ergiebt. Das Land hat es in den 200 Friedensjahren, deren es nun jetzt an genoss, wieder zu einer bedeutenden Blüte, zwar nicht des Volkslebens, aber doch der Künste und Gewerbe gebracht.

44) S. *Dionys.* XX, 4—5. *Liv. Epit.* XII: Cum in praesidium Rheginorum legio Campana cum praefecto Decio Vibellio missa esset, occisis Itheginis Rhegium occupavit, vergl. *Dio fr.* 40, 7. *Appian. Samn.* 9. Ihr Unternehmen stand mit dem der Mamertiner in Messana in Zusammenhang, über welches s. zum J. 264.

45) S. *Dionys.* XX, 1—3. *Plut.* 21. vergl. *Liv. Ep.* XIII. *Zonar.* VIII, 5. *Oros.* IV, 1. *Frontin. Strat.* II, 3, 21. Pyrrhus rief nach der Schlacht aus: Ἂν ἔτι μίαν μάχην Ῥωμαίοις νικήσωμεν, ἀπολούμεθα παντελῶς (*Plut.*). Nach den andern Nachrichten soll die Schlacht zweifelhaften Ausgangs (dubio eventu, *Liv.*) oder gar für die Römer günstig gewesen sein. (Nach *Cic. de fin.* II. §. 61. *Tusc.* I. §. 89 und *Zonar.* a. a. O. hat sich hier P. Decius, der Enkel, dem Tode für das Vaterland geweiht.)

46) Vorher die bekannte Geschichte, wie Fabricius, der Konsul dieses Jahres, dem Pyrrhus den verräterischen Arzt ausliefert, s. *Plut.* 21. *Zonar.* VIII, 5. vergl. *Cic. Off.* I. §. 40. III. §. 86. *de fin.* V. §. 64 und bei allen Epitomatoren. Worauf der König die römischen Gefangenen entliess, s. *Plut.* a. a. O. *Cic. Off.* I. §. 38. 40. Seine Ansprüche auf die Krone von Sicilien gründeten sich auf seine Heirat mit der Lanassa, der Tochter des Agathokles, s. *Plut.* 9. *Appian. Samn.* 11. Über den Fortgang dieser Unternehmung s. *Plut.* 22—24. *Diodor.* XXII. 8. 10. *Exc. Huesch. Dionys.* XX, 8—9. *Appian. Samn.* 11. *Zonar.* VIII, 5.

47) S. *Liv. Ep.* XIII. *Polyb.* III. 25. Dieser Vertrag war den Worten des Polybius zufolge insofern verschieden von den früheren, als er zugleich ein Verteidigungsbündnis gegen Pyrrhus enthielt.

48) Pyrrhus wurde, ehe er von Sicilien wieder nach Tarent kam, zur See von den Carthagern und zu Lande von den Mamertinern angegriffen, s. *Plut.* 24. *Appian. Samn.* 11, auch litt er auf der Überfahrt durch Sturm schwere Verluste, *Dionys.* XX, 9, brachte aber doch noch 20,000 Mann und 3000 Reiter wieder mit nach Tarent, s. *Plut.* 24. *Liv. Ep.* XIV. *Oros.* IV, 2. Nach der erlittenen Niederlage nach Epirus zurückgehen, liess er den Milo mit einer Besatzung in Tarent zurück. Er selbst fand in J. 272 seinen Tod in Argos. Von Kriegen der Römer weiss man in den zwei nächsten Jahren nichts, und vor 273 wird ein Triumph in den Fasten genannt; auch sie scheinen also in diesen Jahren fast ganz geruht zu haben.

49) S. *Zonar.* VIII. 6. *Liv. Ep.* XV. *Oros.* IV. 3. *Frontin. Strateg.* III, 3, 1. Die Samniter machten im J. 268 noch einen schnell gedämpften Versuch, sich zu empören, s. *Zonar.* VIII, 7.

J.v.Ch.	J.d.St.	Äussere Geschichte.	Innere Geschichte.
271	483	Die Aufrührer in Rhegium unterworfen und bestraft.⁵⁰	
269	485	Die Picenter fallen ab und werden	Das erste Silbergeld geprägt.'
268	486	wieder unterworfen.⁵¹	
267	487	Die Sallentiner mit Krieg überzogen und	Die Zahl der Quästoren auf 8 vermehrt."
266	488	mit ihrer und der sarsinatischen Umbrer Unterwerfung die Unterwerfung von ganz Mittel- und Unteritalien vollendet.⁵²	

50) Es waren nach *Polyb.* I. 7 nur noch 300 übrig, welche in Rom hingerichtet wurden. Vergl. *Dionys.* XX, 5, 16. *Zonar.* VIII, 6. *Appian. Samn.* 9. *Valer. Max.* II, 7, 15. *Oros.* IV, 3.
51) S. *Oros.* IV, 4. *Frontin. Strat.* I, 12, 3. *Eutrop.* II. 16. vergl. *Liv. Ep.* XV.
52) S. *Zonar.* VIII, 7. *Eutr.* II, 17. *Fasti triumph.* Über die Verhältnisse der unterworfenen Völker im allgemeinen ist zu bemerken, dass dieselben in die Bundesgenossenschaft Roms aufgenommen werden. Es wird ihnen indes ein Teil ihres Gebietes entzogen und hier werden Kolonieen (meist latinische) errichtet, welche wesentlich zu dem Zweck dienen, das unterworfene Land in Abhängigkeit und Gehorsam zu erhalten. Den latinischen Bundesgenossen stehen diese neuen Bundesgenossen besonders dadurch nach, dass jenen die Aufnahme in das römische Bürgerrecht in vielen Fällen offen stand. So z. B., wenn sie Nachkommen von sich in ihrer Heimat zurückliessen und wenn sie ein obrigkeitliches Amt bekleidet hatten. s. *Liv.* XLI, 8. *Ascon. ad Cic. in Pison. init. Appian. B. C.* II, 26. *Strab.* IV, 1, 12. *Gai.* I, §. 96. Vergl. *Cic. pro Balb.* §. 53 ff.

t) *Plin. H. N.* XXXIII, 13, 44: Argentum signatum est anno urbis CCCCLXXXV Q. Ogulnio, C. Fabio coss. quinque annis ante primum bellum Punicum, vergl. *Liv. Ep.* XV.
u) Diese Vermehrung des Kollegiums war durch die Ausdehnung der römischen Herrschaft nötig geworden. Das Jahr derselben ergiebt sich aus *Lyd. de magistr.* I, 27, wo die Konsuln, unter denen sie geschah, namhaft gemacht werden; *Tac. Ann.* XI, 22 heisst es, sie sei geschehen „stipendiaria iam Italia et accedentibus provinciarum vectigalibus"; *Liv. Ep.* XV erwähnt sie zugleich mit der Unterwerfung der Sallentiner. [Nunmehr reichten die austretenden Quästoren vollkommen hin, den Senat zu ergänzen, und so mag jetzt die Ordnung der Aufnahme in den Senat eingetreten sein, welche S. 18 Anm. b als die zuletzt üblich gewordene bezeichnet worden ist. Nachdem dies aber geschehen war, war es auch nicht mehr möglich, die alte Zahl 300 der Senatoren festzuhalten, die man demnach von jetzt an aufgegeben haben mag.]

DRITTE PERIODE.
264—133 v. Chr.

Roms Blüte als Republik.

Nach der Unterwerfung von Mittel- und Unteritalien werden die mächtigsten Staaten der damaligen alten Welt Carthago, Macedonien, Syrien, nach einander besiegt und unterworfen. Auch das cisalpinische Gallien (Oberitalien) und ein Teil des transalpinischen wird erobert und dem römischen Reiche einverleibt. Im Innern erfreut sich das ganze Volk nach Aufhebung des Gegensatzes zwischen Patriciern und Plebejern der freiesten und ungestörtesten Entwickelung aller seiner Kräfte bis gegen Ende der Periode, wo ein anderer Gegensatz zwischen den Reichen und Vornehmen eines Teils und den Armen und Niedrigen andern Teils hervorzutreten anfängt. — Mit dieser Periode treten auch die ersten Anfänge der römischen Litteratur hervor. Anfangs wird sie nur von Männern niederen Standes und durch Verpflanzung griechischer Geisteserzeugnisse auf römischen Boden angebaut: weiterhin findet sie mehr Eingang und in einigen Zweigen auch eine eigentümlichere Ausbildung.

Erster Abschnitt. Bis zum Ende des zweiten punischen Krieges. 201. Es werden zwei lange und blutige Kriege mit Carthago geführt, durch die Carthagos Macht gebrochen und Sicilien, Sardinien und Spanien gewonnen wird. Gleichzeitig wird das cisalpinische Gallien unterworfen. Wie nach aussen die glänzendste Tapferkeit, so zeigt das römische Volk im Innern die grösste Mässigung: zwischen den beiden Ständen herrscht die vollkommenste Eintracht und an die Stelle des früheren Parteikampfes ist der Wettkampf des hingebendsten, opferfreudigsten Patriotismus getreten.

Zweiter Abschnitt. Bis zum Ausbruch der Gracchischen Unruhen, 133. Auf den Kampf mit Carthago folgt von selbst der Kampf mit den zwei mächtigsten der aus Alexanders Weltmonarchie hervorgegangenen Königreiche, mit Macedonien und Syrien. Beide werden, eins nach dem andern besiegt und ersteres allmählich ganz vernichtet, letzteres wenigstens so geschwächt, dass es keinen Widerstand mehr gegen Rom wagen kann. Gegen Ende der Periode wird auch Carthago durch einen dritten Krieg völlig vernichtet. Neben der Gewalt der Waffen macht sich auch die politische Klugheit des römischen Senates immer mehr geltend, durch welche die unterworfenen Staaten und Völker immer mehr als Provinzen unter die römische Herrschaft gebeugt werden. Nach und nach wird durch die aus den eroberten Ländern nach Rom strömenden Schätze eine immer grössere Ungleichheit des Besitzes zwischen den einzelnen Bevorzugten und der grossen Masse bewirkt und dadurch der Grund zu neuen Parteikämpfen gelegt. Durch diese Reichtümer und durch die mit ihnen zugleich nach Rom fliessenden Kunstschätze, so wie durch die immer häufiger werdenden Berührungen mit den Griechen werden Kunst und Litteratur wesentlich gefördert.

Anmerk. Zu den Quellen tritt für diese Periode Polybius hinzu, geb. 205, gest. 123 v. Chr., welcher ein Geschichtswerk von 40 Büchern verfasste und darin die allgemeine Geschichte der Jahre 220 bis 146 darstellte. Er geht indes in der Einleitung noch weiter in der Zeit zurück, so dass wir ihn vom J. 264 an als Hauptquelle zu benutzen haben. Leider sind nur die ersten 5 Bücher vollständig erhalten, welche bis zur Schlacht bei Cannä reichen; doch bieten die von den übrigen Büchern erhaltenen Bruchstücke und Auszüge noch immer eine reiche überaus wertvolle Ausbeute. und so weit er uns fehlt, wird er uns wenigstens einigermassen durch *Livius* ersetzt, der seine Darstellung der Zeit hauptsächlich (wenn auch nicht ausschliesslich und nicht immer sorgfältig genug) aus ihm entnommen hat. Von *Plutarch* gehören in diese Zeit die Lebensbeschreibungen des Fabius Cunctator, M. Marcellus, T. Quintius Flamininus, L. Ämilius Paulus; von *Appian* (um 150 n. Chr.) gehören besonders die Punica und Hispanica hierher. Beide letztgenannten Schriftsteller gewinnen erst vom J. 167 an, wo uns Livius verlässt, grössere Bedeutung.

Dritte Periode, 264—133 v. Chr. Roms Blüte

Erster Abschnitt. 264—201.
a) 264—241.

J.v.Ch.	J.d.St.	Äussere Geschichte.	Innere Geschichte.
264	490	Erster punischer Krieg bis 241.[1] Die Römer, von den Mamertinern eingeladen, bemächtigen sich Messanas[2] und schlagen die Syrakusaner und Carthager.[3]	
263	491	Weitere Fortschritte derselben in Sicilien;[4] ihr Bündnis mit dem König Hiero von Syrakus.[5]	
262	492	Agrigent, der Waffenplatz der Carthager, wird belagert und nachdem Hanno, welcher zum Entsatz der Stadt herbeikommt, geschlagen worden ist, erobert.[6]	
260	494	C. Duilius gewinnt den ersten römischen Seesieg über die Carthager bei Mylae.[7]	Zu Ehren des Seesieges des Duilius wird die Columna rostrata errichtet.[a]

1) Die Grundlage für die Darstellung dieses Kriegs bildet *Polyb.* I, 8 – 64. Da indes Polybius in der Einleitung seines Werks nur kurze Übersichten gewährt (s. I, 13, 1: ἐπὶ βραχὺ καὶ κεφαλαιωδῶς προεκθεμένους τὰς ἐν τῇ προκατασκευῇ πράξεις vergl. §. 7. 8): so ist für die weitere Ausführung mehreres aus *Diodor. Exc. Hoeschel.* XXII, 14 – XXIV, *Zonar.* VIII, 8 – 17, *Oros.* IV, 7 – 11 zu entnehmen. Ausserdem finden sich einige Notizen bei *Frontin. Strateg.* und in den Excerpten des *Cassius Dio* und *Appian.* — Zur leichtern Übersicht kann man sich die Geschichte des Kriegs in 4 Abschnitte teilen, wo dann die Jahre 260, 256, 250, deren Bedeutung sich leicht erkennen lässt, die Grenzpunkte bilden.

2) Die Mamertiner, d. h. campanische Mietstruppen des Agathokles, die sich im Übermut Söhne des Mamers (Mars) oder Mamertiner nannten (s. *Festus* s. v. *Mamers* p. 131 u. s. v. *Mamertini* p. 158), hatten sich auf dem Rückmarsch nach dem Tode des Agathokles (i. J. 280) der Stadt Messana auf dieselbe treulose Art, wie die römisch-campanische Legion Rhegiums, bemächtigt, s. S. 43. Anm. 44. Seit dieser Zeit hatten sie sich durch Plünderungen und Eroberungen in Sicilien furchtbar gemacht. Jetzt wurden sie von Hiero, dem syracusanischen Feldherrn, bedrängt und wandten sich mit der Bitte um Hülfe, eine Partei nach Carthago, die andere nach Rom. Die Carthager eilten herbei und nahmen Besitz von der Stadt. In Rom konnte der Senat, welcher trotz des grossen Vorteils an dem Unehrenhaften der Sache Anstoss nahm, zu keinem Entschluss kommen; das Volk entschied aber für die Hülfsleistung. S. *Polyb.* I, 8 – 11. *Zonar.* VIII, 8. Das Weitere in Betreff der Besitzergreifung, s. *Polyb.* I, 11. *Zonar.* 8 – 9. *Oros.* IV, 7. *Polyb.* I, 11. §. 4: Οἱ δὲ Μαμερτῖνοι τὸν μὲν τῶν Καρχηδονίων στρατηγὸν ἤδη κατέχοντα τὴν ἄκραν ἐξέβαλον, τὰ μὲν καταπληξάμενοι, τὰ δὲ παραλογισάμενοι.

3) S. *Polyb.* I, 11 – 12 und die Anm. 2 angeführten Stellen. Nach dem zweifachen Siege machte der Konsul Appius Claudius Caudex noch einen Zug gegen Syracus, der indes nach Zonaras keinen ganz glücklichen Erfolg hatte.

4) S. *Polyb.* I, 16. Nach *Diodor.* XXIII, 5. *Exc. Hoesch.* eroberten sie nicht weniger als 67 Städte. Nach *Plin. H. N.*

XXXV, 7, 22 gewann in diesem Jahr der Konsul M'. Valerius Maximus einen Sieg über Hiero.

5) S. *Polyb.* I, 16. §. 8—10: ὑπολαβόντες τὸν Ἱέρωνα μεγάλην εἰς τοῦτο τὸ μέρος αὐτοῖς παρέξεσθαι χρείαν ἀσμένως παρεδέξαντο τὴν φιλίαν· ποιησάμενοι δὲ συνθήκας, ἐφ' ᾧ τὰ μὲν αἰχμάλωτα χωρὶς λύτρων ἀποδοῦναι τὸν βασιλέα Ῥωμαίοις, ἀργυρίου δὲ προσθεῖναι τάλαντα τούτοις ἑκατόν, λοιπὸν ἤδη Ῥωμαῖοι μὲν ὡς φίλοις καὶ συμμάχοις ἐχρῶντο τοῖς Συρακοσίοις· ὁ δὲ βασιλεὺς Ἱέρων ὑποστείλας ἑαυτὸν ὑπὸ τὴν Ῥωμαίων σκέπην καὶ χορηγῶν ἀεὶ τούτοις εἰς τὰ κατεπείγοντα τῶν πραγμάτων ἀδεῶς ἐβασίλευε τῶν Συρακοσίων τὸν μετὰ ταῦτα χρόνον. *Diodor.* XXIII, 5 nennt eine Anzahl Städte, welche Hiero nach dem Vertrag habe beherrschen sollen; woraus zu folgern ist, dass die Römer eine Anzahl von andern Städten, die sie vielleicht schon erobert hatten (s. *Polyb.* a. a. O. §. 3), von seinem Reiche trennten. Hiero blieb dem Bündnis bis an seinen Tod, bis 215, treu.

6) S. *Polyb.* I, 17 – 19. *Diodor.* XXIII, 7 – 9. *Zonar.* VIII, 10. *Oros.* IV, 7. Die Carthager scheinen erst in diesem Jahre entsprechende Rüstungen gemacht zu haben. s. *Polyb.* I, 17, 3. 4. Die Bedeutung von Agrigent s. ebend. §. 5: ὁρῶντες δὲ καὶ τὴν τῶν Ἀκραγαντίνων πόλιν εὐφυεστάτην οὖσαν πρὸς τὰς παρασκευὰς καὶ βαρυτάτην ἅμα τῆς αὐτῶν ἐπαρχίας, εἰς ταύτην συνήθροισαν τά τε χορηγεῖα καὶ τὰς δυνάμεις, ὁρμητηρίῳ κρίνοντες χρῆσθαι ταύτῃ τῇ πόλει πρὸς τὸν πόλεμον. Die Römer fassen nun den Plan, den Carthagern ganz Sicilien zu entreissen, s. *Polyb.* 1, 20: ἅμα τῷ γενομένῳ περὶ τὴν σύγκλητον τῶν Ῥωμαίων ὑπὲρ τῶν κατὰ τὸν Ἀκράγαντα περιχαρεῖς γενόμενοι καὶ ταῖς διανοίαις ἐπαρθέντες οὐκ ἔμενον ἐπὶ τῶν ἐξ ἀρχῆς λογισμῶν οὐδ' ἤρκοῦντο σεσωκέναι τοὺς Μαμερτίνους οὐδὲ ταῖς ἐξ αὐτοῦ τοῦ πολέμου γενομέναις ὠφελείαις· ἐλπίσαντες δὲ καθόλου δυνατὸν εἶναι τοὺς Καρχηδονίους ἐκβαλεῖν ἐκ τῆς νήσου, τούτου δὲ γενομένου μεγάλην ἐπίδοσιν αὐτῶν λήψεσθαι τὰ πράγματα, πρὸς τούτοις ἦσαν τοῖς λογισμοῖς καὶ ταῖς περὶ τοῦτο τὸ μέρος ἐπινοίαις.

7) S. *Polyb.* I, 20 – 24. *Diodor.* XXIII, 10 – 11. *Oros.* IV, 7. Die Gründe, welche die Römer veranlassten eine Flotte zu bauen, s. *Polyb.* I, 20, 5 – 7: Τῆς δὲ θαλάττης ἀκονιτὶ

a) „Ein Denkmal, von dem eine uralte Nachbildung noch jetzt erhalten ist, verewigte in Marmor den Titel des Duilischen Triumphs und das Verzeichnis der heimgeführten Beute." *Niebuhr.* Die Inschrift der Base dieser Säule, freilich, wie es

J.v.Ch.	J.d.St.	Äussere Geschichte.	Innere Geschichte.
259	495	Sardinien von den Römern genommen;[8] dagegen machen die Carthager in Sicilien Fortschritte.[9]	
258	496	Die Römer entreissen den Carthagern die Städte Hippana, Myttistratum, Camarina und Enna[10] und	
257	497	siegen bei Tyndaris über die carthagische Flotte.[11]	
256	498	Die Konsuln L. Manlius und M. Atilius Regulus schlagen mit einer Flotte von 330 Schiffen die carthagische Flotte von 350 Schiffen am Berge Ecnomus[12] und setzen nach Afrika über.[13] Regulus schlägt die Carthager bei Adis und erobert Tunes, 3 Meilen von Carthago, wo er überwintert.[14] Vergebliche Friedensunterhandlungen.[15]	

τῶν Καρχηδονίων ἐπικρατούντων ἐξηγωσιατεῖτο αὐτοῖς ὁ πόλεμος· ἐν γὰρ τοῖς ἐξῆς χρόνοις κατεχόντων αὐτῶν ἤδη τὸν Ἀκράγαντα πολλαὶ μὲν πόλεις προςετίθεντο τῶν μεσογαίων τοῖς Ῥωμαίοις, ἀγωνιῶσαι τὰς πεζικὰς δυνάμεις, ἔτι δὲ πλείους ἀφίσταντο τῶν παραθαλαττίων καταπεπληγμέναι τὸν τῶν Καρχηδονίων στόλον. Ὅθεν ὁρῶντες ἀεὶ καὶ μᾶλλον εἰς ἑκάτερα τὰ μέρη ῥοπὰς λαμβάνοντα τὸν πόλεμον διὰ τὰς προειρημένας αἰτίας, ἔτι δὲ τὴν μὲν Ἰταλίαν πορθουμένην πολλάκις ὑπὸ τῆς ναυτικῆς δυνάμεως (s. Zonar. 10. 11), τὴν δὲ Λιβύην εἰς τέλος ἀβλαβῆ διαμένουσαν ὥρμησαν ἐπὶ τὸ συνεμβαίνειν τοῖς Καρχηδονίοις εἰς τὴν θάλατταν. Sie hatten bisher noch keine eigentlichen Kriegsschiffe, d. h. keine Fünf- und Vierruderer gehabt (s. *Polyb.* I, 20, 9. 13), und bauten jetzt 130 oder nach *Polyb.* 120, 100 Fünfruderer, 20 Dreiruderer, und zwar nach *Plin. H. N.* XVI, 74. *Oros.* a. a. O. *Flor.* II, 2, 7 in 60 Tagen. Die erste Expedition unter Cn. Cornelius Asina war unglücklich, indem er mit 17 Schiffen, mit denen er vorausgesegelt war, nach Lipara gelockt und dort überfallen wurde, vergl. *Polyaen. Strat.* VI, p. 449. Die Schlacht bei Mylä wurde besonders durch die von Duilius erfundenen Enter-Haken und Brücken (corvi) gewonnen, deren ausführliche Beschreibung s. *Polyb.* I, 22, durch welche die Seeschlacht fast in eine Landschlacht verwandelt wurde. Des Duilius Ehrenlohn s. *Flor.* I, 18, 10 (II. 2, 10): Cuius quod gaudium fuit, cum Duilius imperator, non contentus unius diei triumpho, per vitam omnem ubi a cena rediret, praelucere funalia et praecinere sibi tibias iussit, quasi cotidie triumpharet! Vergl. Anm. a.

8) S. *Polyb.* I, 24. *Zonar.* VIII, 11.
9) S. *Polyb.* I, 24. *Diodor.* XXIII, 9. *Zonar.* VIII, 11. Polybius bemerkt zu diesem Jahre nur, dass die Römer in demselben nichts Erwähnenswertes ausgerichtet hätten; dass die Carthager aber jetzt mehrere Städte erobert, geht daraus hervor, dass sie ihnen im folgenden Jahre wieder entrissen werden müssen, s. a. a. O. §. 12.

10) S. *Polyb.* I, 24. *Zonar.* VIII, 12. In diesem Jahre zeigte ein Tribun M. Calpurnius Flamma einen gleichen Heldenmut wie P. Decius im J. 343 gegen die Samniter, s. *Zonar.* VIII, 12. *Flor.* II, 2, 13. *Liv. Epit.* XVII. *Frontin. Strateg.* IV. 5. *Oros.* IV, 8. *Cato* bei *Gell.* III, 7 nennt den Tribunen Q. Caedicius. — Der andere Konsul führte gleichzeitig den Krieg mit Glück in Sardinien.

11) S. *Polyb.* I, 25. *Zonar.* VIII, 12. *Oros.* IV, 8.
12) S. *Polyb.* I, 26—28. *Zonar.* VIII, 12. *Oros.* IV, 8. Die Römer versenkten 30 der carthagischen Schiffe und nahmen 64. So *Polyb.* und *Zonar.*
13) Die römische Flotte legte an dem Vorgebirge des Mercur an, nahm darauf Clupea, und plünderte von hier aus, *Polyb.* I, 29. Die Römer hatten diesen Feldzug beschlossen, weil sie hofften, dass die Numidier mit ihnen gemeinschaftliche Sache gegen die Carthager machen würden, s. *Polyb.* I, 26, 2, und dies geschah auch, s. *ebendas.* I, 31, 2. *Oros.* IV, 9. Der andere Konsul L. Manlius kehrte bald mit einem Teile des Heeres nach Rom zurück.

14) S. *Polyb.* I, 30. *Zonar.* VIII, 13. *Oros.* IV, 8: In quo casus sunt Carthaginiensium septemdecim milia, capta autem quinque milia, elephanti decem et octo abducti, oppida octoginta duo in deditionem cessere Romanis.

15) *Polyb.* I, 31, §. 6—7: Ὁ μὲν γὰρ Ἀτίρκος ὡς ἤδη κεκρατηκὼς τῶν ὅλων, ὅ, τι ποτὲ συνεχώρει, πᾶν ᾤετο δεῖν αὐτοὺς ἐν χάριτι καὶ δωρεᾷ λαμβάνειν· οἱ δὲ Καρχηδόνιοι

scheint, nicht echt und ursprünglich, sondern nur künstliche Nachbildung einer späteren Zeit, aber auch als solche immer merkwürdig genug. lautet mit den Ergänzungen, welche im folgenden durch Klammern unterschieden sind, so: [C. Duilios M. F. M. N. Consol advorsum Poenos en Sicelíad Secest]ano[s ...... obsidione]d exemet lecione[bos dumque Cartaciniensis m]aximosque macistr[u]tos l[uci palam post dies n]ovom castreis exfociont Macel[um opidom opp]ucnando cepet enque eodem mac[istratud bene r]em navebos marid consol primos c[eset copiasque c[l]asesque navales primos ornavet pa[ravetque] cumque eis navebos claseis Poenicas omn[eis et max]umas copias Cartaciniensis praesente[d Hannibaled] dictatored ol[or]om in altod marid pucn[andod vicet v]ique navei[s cepe]t cum sociis sepie[resmom unam quinqueresm]osque triresmosque naveis X[XX merset XIII aur]om captom numei CICIↃCIↃCIↃDC ... [pondod arcen]tom captom praeda numei CCCIↃↃↃ [pondod crave] captom aes CCCIↃↃↃ CCCIↃↃↃ CCCIↃↃↃ CCCIↃↃↃ CCCIↃↃↃ CCCIↃↃↃ CCCIↃↃↃ CCCIↃↃↃ CCCIↃↃↃ CCCIↃↃↃ CCCIↃↃↃ CCCIↃↃↃ CCCIↃↃↃ CCCIↃↃↃ CCCIↃↃↃ [primos qu]oque navaled praednad poplom [donavet primusque] Cartacini-[ens]is [ince]nuos d[uxet in triumpod cum rostr]eis [clasis] Carta-[ciniensis captai quorum erco S. P. Q. R. hunc columnam ei P.].

| J.v.Ch. | J.d.St. | Äussere Geschichte. | Innere Geschichte. |

255	499	Der Spartaner Xanthippus erhält den Oberbefehl über das carthagische Heer. Niederlage und Gefangenschaft des Regulus.[16] Eine neue römische Flotte siegt an der Küste von Afrika, nimmt den Rest des Heeres des Regulus an Bord, wird aber auf der Rückfahrt bei Camarina durch einen Sturm fast ganz vernichtet.[17]	
254	500	Die Römer rüsten eine neue Flotte und erobern Panormus;[18] sie machen eine neue Landung in Afrika, erleiden aber auf der Rückfahrt bei Palinurum von neuem Schiffbruch.[19]	
253	501		
252	502	. .	Tib. Coruncanius, der erste plebejische Pontifex maximus.[b]
250	504	Der Prokonsul L. Caecilius Metellus schlägt den Hasdrubal bei Panormus gänzlich.[20] Infolge hiervon fällt ganz Sicilien in die Hände der Römer mit Ausnahme von Lilybäum und Drepanum. Lilybäum vergeblich belagert.[21]	

θεωρήσαντες, ὅτι καὶ γενομένοις αὐτοῖς ὑποχειρίοις οὐδὲν ἂν συντεξακολουθήσαι βαρύτερον τῶν τότε προσπεπτωκότων οὐ μόνον διασωματήσαντες τοὺς προτεινομένους ἐπανῆλθον, ἀλλὰ καὶ προσκόψαντες τῇ βαρύτητι τοῦ Μάρκου. Die von Regulus gestellten Friedensbedingungen selbst lernen wir aus *Dio fr.* 43. 22 kennen: Ἐπειδή τε οὐκ ἠθέλησαν (οἱ Καρχηδόνιοι) Σικελίας τε πάσης καὶ Σαρδοῦς ἀποστῆναι καὶ τοῖς μὲν τῶν Ῥωμαίων αἰχμαλώτους προῖκα ἀφεῖναι, τοὺς δὲ σφετέρους λύσασθαι, τά τε δαπανηθέντα τοῖς Ῥωμαίοις ἐς τὸν πόλεμον πάντα διαλῦσαι καὶ χωρὶς ἄλλα καθ' ἕκαστον ἔτος ἀντιτελεῖν, οὐδὲν ἥττονα, Πρὸς γὰρ δὴ τοῖς εἰρημένοις καὶ ἐκεῖνα αὐτοὺς ἠξίου, ὅτι μήτε πολεμεῖν μήτε συμμαχεῖν ἄνευ τῶν Ῥωμαίων καὶ αὐτοὶ οὓς μὴ πλοίοις μιᾶς τινὸς μακραῖς χρῆσθαι, ἑκείνοις δὲ πεντήκοντα τριήρεσιν ἐπικουρεῖν, ὁσάκις ἂν ἐπαγγελθῇ σφίσιν, ἀλλά τέ τινα οὐκ ἐκ τοῦ ὁμοίου ποιεῖν ἐκέλευντο.
16) S. *Polyb.* I, 32—34. *Zonar.* VIII, 13. *Oros.* IV, 9. Xanthippus siegte, indem er den Fehler der bisherigen Feldherrn, welche die Schlacht in einem Terrain angenommen hatten, wo sie keinen Gebrauch von den Elephanten und von der Reiterei machen konnten, verbesserte. Kurz nach diesem Siege verschwindet Xanthippus vom Kriegsschauplatze.
17) S. *Polyb.* I, 36—37. *Zonar.* VIII, 14. *Diodor.* XXIII, 13. 14. *Oros.* IV, 9. Der Seesieg war bedeutend: es wurden 114 Schiffe der Carthager genommen. *Polyb.* I, 36. 11. (Nach *Oros.* a. a. O. lieferten die Römer den Carthagern auch noch zu Land bei Clupea eine Schlacht und gewannen sie.)
18) S. *Polyb.* I, 38. *Diodor.* XXIII, 14. *Zonar.* VIII, 14.
19) *Polyb.* I, 39. *Zonar.* VIII, 14. *Oros.* IV, 9. Nach allen diesen Verlusten beschliessen die Römer, vor der Hand keine weitere Flotte zu bauen, und auch zu Lande auf Sicilien sind sie gegen die Carthager im Nachteil, da sie aus Furcht vor den Elephanten nicht in die Ebene herabzusteigen wagen, s. *Polyb.* I, 39. §. 7. §. 12—13. Vergl. *Zonar.* VIII, 14. *Oros.* IV, 9.

20) S. *Polyb.* I, 40. *Zonar.* VIII, 14. *Diodor.* XXIII, extr. *Oros.* IV, 9. Hasdrubal liess sich im Übermut über das bisherige Glück in die Gebirge von Panormus locken. *Oros.* a. a. O.: Viginti milia Carthaginiensium in eo proelio caesa sunt. Elephanti quoque viginti sex interfecti, centum et quatuor capti. Durch diesen Sieg erhielten die Römer auch wieder den Mut, eine neue Flotte zu bauen, s. *Polyb.* I, 41, 2. — Nach dieser Schlacht schickten die Carthager den Regulus nach Rom, um Frieden oder wenigstens die Auswechselung der Gefangenen zu bewirken. Dieser aber, statt um seiner selbst willen dazu zu raten (denn auch seine Rückkehr hing von dem Abschluss eines Vertrags ab), riet vielmehr davon ab, und kehrte nach Carthago zurück, wo er von den erbitterten Carthagern aufs grausamste getötet worden sein soll, s. *Tubero* und *Tuditanus* bei *Gell.* VII (VI). 4. *Cic. Off.* I. §. 39. III, §. 99 ff. *Liv. Epit.* XVIII. *Zonar.* VIII, 15. *Oros.* IV, 10 u. 5. Polybius sagt weder von der Gesandtschaft noch vom Tode des Regulus etwas, *Diodor. Exc. de virt. et vit.* XXIV spricht schlechthin vom Tode des Regulus, und Zonaras setzt bei der Erzählung von seinem Tode hinzu: ὡς ἢ ᾕρηε λέγει· daher man mit Recht, wenn auch nicht an der Gesandtschaft und an dem Edelmut, doch wenigstens an diesem Tode des Regulus gezweifelt hat.

21) Von nun an concentriert sich der Kampf eine Zeitlang um Lilybäum und Drepanum, s. *Polyb.* I, 41, 4—6. Der Befehlshaber in der Stadt, Himilco, war ein einsichtiger Feldherr. Als in der Stadt, in Folge der Einschliessung der Mangel fühlbar zu werden anfing, brach Hannibal durch die Linien der Römer hindurch und brachte Zufuhr, und endlich wurden alle Werke der Römer in einer Nacht verbrannt, so dass diese sich auf die Umlagerung beschränken mussten. s. *Polyb.* I, 41—48. vgl. *Diodor. Exc. Hoeschel.* XXIV. 1. *Zonar.* VIII, 15. *Oros.* IV, 10.

b) S. *Liv. Epit.* XVIII.

als Republik. Erster Abschnitt. 264—201.

J.v.Ch.	J.d.St.	Äussere Geschichte.	Innere Geschichte.
249	505	Die Belagerung von Lilybäum wird fortgesetzt. Der Konsul P. Claudius Pulcher erleidet bei einem Angriff auf Drepanum eine grosse Niederlage durch Adherbal.²² Der Konsul L. Junius Pullus, welcher eine neue Flotte nach Lilybäum führen soll, verliert diese teils im Gefecht, teils durch einen Sturm; es gelingt ihm aber Eryx zu nehmen.²³	
247	507	Hamilkar Barkas übernimmt den Oberbefehl der Carthager, plündert die Küste von Lukanien und Bruttium, setzt sich dann auf Epierkte fest, und liefert von hier aus den Römern drei Jahre lang immer wiederholte, aber unentschiedene Treffen.²⁴	Es wird neben dem praetor urbanus ein zweiter Prätor (peregrinus) für die Rechtsprechung zwischen Fremden und zwischen Fremden und Bürgern eingesetzt.°
244	510	Hamilkar nimmt die Stadt Eryx und setzt von hier aus die Kämpfe mit den Römern fort.²⁵	
241	513	Sieg des Konsuls C. Lutatius Catulus bei den ägatischen Inseln.²⁶	

22) S. *Polyb.* I, 49—51. vgl. *Diodor. Zonar. Oros.* a. a. O. Des Claudius Übermut, der ihn verleitete, statt in Lilybäum zu helfen, einen Überfall auf Drepanum zu versuchen, spiegelt sich in der Anekdote: contra auspicia profectus iussis mergi pullis, qui cibari nolebant (*Liv. Ep.* XIX.).

23) S. *Polyb.* I, 52—55. *Diodor.* XXIV, 1. *Polyb.* I, 55, 1—2: Τούτων δὲ συμβάντων, τὰ μὲν τῶν Καρχηδονίων αὖθις ἀνένιψε καὶ μᾶλλον ἐπιρρωσθείσας εἶχε τὰς ἐλπίδας. οἱ δὲ Ῥωμαῖοι πρώτερον μὲν ἐπὶ ποσῶν ἐπτιχύτες, τότε δ' ὁλοσχερῶς, ἐκ μὲν τῆς θαλάττης ἐξέβησαν, τῶν δ' ἐπαίθρων ἐπεκράτουν. Καρχηδόνιοι δὲ τῆς μὲν θαλάττης ἐκρατοῦντο, τῆς δὲ γῆς οὐχ ὅλως ἀπήλπιζον.

24) S. *Polyb.* I, 56—57. *Zonar.* VIII, 16. Die Stellungen der Römer sind beschrieben *Polyb.* I, 55, 7—9, über Epierkte s. ebendas. I. 56, 3—5. Nach des Polybius Beschreibung erkennt man in Epierkte den jetzigen Monte Pellegrino. Über diese Kämpfe zwischen Römern und Puniern s. *Polyb.* I, 57, 1—3: Καθάπερ γὰρ ἐπὶ τῶν διαφερόντων πυκτῶν καὶ ταῖς γενναιότησι καὶ ταῖς εὐεξίαις, ὅταν εἰς τὸν ἐπὶ αὐτοῦ τοῦ στεφάνου συγκαταστάντες καιρὸν διαμάχωνται πληγὴν ἐπὶ πληγῇ τιθέντες ἀδιαπαύστως, λόγον μὲν ἢ πρόνοιαν ἔχειν ὑπὲρ ἑκάστης ἐπιβολῆς καὶ πληγῆς οὔτε τοῖς ἀγωνιζομένοις οὔτε τοῖς θεωμένοις ἐστὶ δυνατόν, ἐκ δὲ τῆς καθόλου τῶν ἀνδρῶν ἐνεργείας καὶ τῆς ἑκατέρου φιλοτιμίας ἔστι καὶ τῆς ἐμπειρίας αὐτῶν καὶ τῆς δυνάμεως, πρὸς δὲ καὶ τῆς εὐψυχίας ἱκανὴν ἔννοιαν λαβεῖν· οὕτω δὴ καὶ περὶ τῶν λεγομένων στρατηγῶν. Τὰς μὲν γὰρ αἰτίας ἢ τοὺς τρόπους, δι᾽ ὧν ἀνὰ ἑκάστην ἡμέραν ἐποιοῦντο κατ᾽ ἀλλήλων ἐνέδρας, ἀντενέδρας, ἐπιθέσεις, προσβολὰς οὔτ᾽ ἂν ὁ γράφων ἐξαριθμούμενος ἐφίκοιτο, τοῖς τ᾽ ἀκούουσιν ἀπέ-

ραντος, ἅμα δ᾽ ἀνωφελὴς ἂν ἐκ τῆς ἀναγνώσεως κρίνοιτο χρεία. — κρίσιν γε μὴν ὁλοσχερῆ γενέσθαι διὰ πλείους αἰτίας οὐχ οἷόν τ᾽ ἦν. Übrigens machte Hamilkar von hier aus auch zur See glückliche Unternehmungen, s. *Polyb.* 56. *Diodor.* XXIV, 2.

25) S. *Polyb.* I, 58, §. 2—3: Ὁ γὰρ Ἀμίλκας τῶν Ῥωμαίων τὸν Ἔρυκα τηρούντων ἐπί τε τῆς κορυφῆς καὶ παρὰ τὴν ῥίζαν, καθάπερ εἴπομεν, καταλάβετο τὴν πόλιν τῶν Ἐρυκινῶν, ἥτις ἦν μεταξὺ τῆς τε κορυφῆς καὶ τῶν πρὸς τῇ ῥίζῃ στρατοπεδευσάντων. Ἐξ οὗ συνέβαινε παραβόλως μὲν ὑπομένειν καὶ διακινδυνεύειν πολιορκουμένοις τοὺς τὴν κορυφὴν κατέχοντας. — Die Zeitbestimmung ergiebt sich aus §. 6.

26) S. *Polyb.* I, 59—61. *Diodor.* XXIV, 3. *Zonar.* VIII, 17. *Oros.* IV. 10. *Eutrop.* II, 27. Die damalige Lage beider Parteien s. *Polyb.* I, 58, 9: οἵ τε Ῥωμαῖοι καὶ Καρχηδόνιοι κάμνοντες ἤδη ταῖς πόνοις διὰ τὴν συνέχειαν τῶν κινδύνων εἰς τέλος ἀπήλγουν, τήν τε δύναμιν παρειμένοι καὶ παραιτοῦ διὰ τὰς πολιχρονίους εἰσφορὰς καὶ δαπάνας. So entschied also, da beide Staaten ihre Kräfte verzehrt hatten, recht eigentlich die grössere Vaterlandsliebe und Energie der Römer, welche sie antrieb, durch Privatmittel eine neue Flotte aufzubringen. *Polyb.* I. 59, 7: κατὰ γὰρ τοὺς τῶν βίων εὐκαιρίας καθ᾽ ἕνα ἐπιβολὴν ποιούμενοι παρεῖχον πεντήρη κατηρτισμένην. Die Flotte war nach *Polyb.* 200, nach *Orosius* und *Eutrop.* 300 Schiffe stark. Zuerst war Lutatius um Drepanum und Lilybäum beschäftigt. Die Carthager schicken nunmehr eine Flotte unter Hanno; dieser sollte dem Hamilkar Zufuhr bringen, dessen Soldaten einnehmen und mit diesen gegen Lutatius kämpfen. Er wurde aber auf der Hinfahrt von Lutatius zur Schlacht gezwungen (am 10. März 241, *Eutr.*).

c) S. *Liv. Epit.* XIX. Vgl. *Dig.* I, 2. fr. 2. §. 28. *Lyd. de mag.* I, 38. 45.

J.v.Ch.	J.d.St.	Äussere Geschichte.	Innere Geschichte.
241	513	Der Friede zwischen Rom und Carthago wird abgeschlossen: Carthago giebt Sicilien und die benachbarten kleinen Inseln auf und zahlt binnen 10 Jahren 3200 euböische Talente. Sicilien die erste römische Provinz.²⁷	Zwei neue Tribus, Quirina und Velina, errichtet, zusammen 35, bei welcher Zahl es nunmehr bleibt.ᵈ

27) S. *Polyb.* I, 62—64. *Zonar.* VIII, 17. *Oros.* IV, 11. *Corn. Nep. Hem.* 1. *Appian. Sic.* 2: Hamilkar unterhandelte den Frieden. Er rieth selbst zum Nachgeben und verweigerte nur eine Bedingung mit Standhaftigkeit, dass er nämlich mit seinen Soldaten durch das Joch gehen sollte, s. *Corn. Zonar.* a. a. O. Lutatius stellte zuerst folgende Bedingungen (*Polyb.* 1, 62, 8): ἐκχωρεῖν Σικελίας ἁπάσης Καρχηδονίοις καὶ μὴ πολεμεῖν Ἱέρωνι μηδ' ἐπιφέρειν ὅπλα Συρακουσίοις μηδὲ τῶν Συρακουσίων συμμάχοις, ἀποδοῦναι Καρχηδονίους Ῥωμαίοις χωρὶς λύτρων ἅπαντας τοὺς αἰχμαλώτους· ἀργυρίου κατενεγκεῖν Καρχηδονίους Ῥωμαίοις ἐν ἔτεσιν εἴκοσι δισχίλια καὶ διακόσια τάλαντα Εὐβοϊκά. Das römische Volk erhöhte diese Summe darauf noch um 1000 Talente, setzte den Termin der Abzahlung auf die Hälfte der Jahre herab und fügte endlich noch die Bedingung hinzu (*Polyb.* 1, 63, 3): τῶν τε νήσων ἐκχωρεῖν Καρχηδονίους προσεπέταξεν ὅσαι μεταξὺ τῆς Ἰταλίας κεῖνται καὶ τῆς Σικελίας. — Zur Übersicht über den ganzen Krieg *Polyb.* I, 63, 4—6: πόλεμος ὧν ἡμεῖς ἴσμεν ἀκοῇ μαθόντες πολυχρονιώτατος καὶ συνεχέστατος καὶ μέγιστος, ἐν ᾧ χωρὶς τῶν λοιπῶν ἀγώνων καὶ παρασκευῶν — ἅπαξ μὲν οἱ συνάμφω πλείοσιν ἢ πεντακοσίαις ναῦσιν δὲ μικρῷ λείποσιν ἐπτακοσίοις σκάφεσι πεντηρικοῖς ἐναυμάχησαν πρὸς ἀλλήλοις. Ἀπέβαλον γε μὴν Ῥωμαῖοι μὲν ἐν τῷ πολέμῳ τούτῳ πεντήρεις μετὰ τῶν ἐν ταῖς ναυαγίαις διαφθαρεισῶν εἰς ἑπτακοσίας, Καρχηδόνιοι δὲ εἰς πεντακοσίας.

d) S. *Liv. Epit.* XIX. Dass es z. B. auch zu Ciceros Zeit nur 35 Tribus gab, lehren am bestimmtesten die Stellen *Cic, Phil.* VII, §. 16. *Verr. Act.* II. *Lib.* 1, §. 14. Seit dieser Zeit bestand auch eine wesentliche Veränderung in der Einrichtung der Centuriatcomitien, welche indes wahrscheinlich schon im J. 449 getroffen wurde. Die Centurien waren nämlich mit den Tribus in Verbindung gebracht, in der Weise, dass innerhalb jeder einzelnen Tribus 10 Centurien, je 2 aus jeder der 5 Klassen, nämlich immer eine der seniores und eine der juniores, gebildet wurden. Sonach gab es 350 Centurien und mit den 18 Centurien der Ritter und den 5 der Fabri etc., welche beibehalten wurden, zusammen 373. Man sieht, dass dadurch der Charakter der Centuriatverfassung ein mehr demokratischer wurde, indem z. B. die erste Klasse von nun an statt 80 gegen 193 nur 70 gegen 373 Centurien besass. Die Hauptstellen hierüber sind *Liv.* I, 43 (: nec mirari oportet, hunc ordinem, qui nunc est post expletas quinque et triginta tribus duplicato earum numero centuriis iuniorum seniorumque, ad institutam ab Servio Tullio summam non convenire). *Dionys.* IV, 21. Vergl. *Cic. de rep.* II. §. 39. *Liv.* V, 18. XXIV, 7. XXVI, 22. XXVII, 6.

b) 241—218.

J.v.Ch.	J.d.St.	Äussere Geschichte.		Innere Geschichte.
		Rom.	*Carthago.*	
241	513	. .	Krieg der Carthager mit ihren Miethstruppen.¹	

1) S. *Polyb.* 1, 65—88. Der Name des Kriegs: ὁ πρὸς τοὺς ξένους καὶ Λιβυκὸς ἐπικληθεὶς πόλεμος (1, 70, 7). Die Söldner, aus Spaniern, Galliern, Ligurern, Balearen, Griechen, Libyern gemischt (I, 67, 7), reizten ganz Libyen zum Aufruhr, welches durch den Druck, den es von den Carthagern während des ersten punischen Kriegs erlitten hatte, gereizt war, so dass das Heer sich auf 70.000 belief (I, 73, 3). Eine Zeitlang war Carthago von aller Verbindung mit dem Festlande abgeschnitten, als Hippo und Utica von den Aufrührern erst belagert wurde und dann zu ihnen überging (s. bes. I, 73, 3 ff.). Seiner Natur nach wurde der Krieg mit beispielloser Grausamkeit geführt. Der Krieg dauerte 3 Jahr 4 Monate. s. I, 88, 7. vergl. *Liv.* XXI, 2. *Diod.* XXV, 1. *Exc. Hoesch.*, und wurde durch Hamilkar beendigt.

J.v.Ch.	J.d.St.	Äussere Geschichte.	Innere Geschichte.
		Rom. / Carthago.	
240	514	. . . .	Auch in Sardinien empören sich die Mietstruppen.²	Anfang der römischen Litteratur.ᵃ Livius Andronicus.ᵇ
238	516	Die Römer entreissen den Carthagern Sardinien und Corsica.²	
237	517	. . . .	Hamilkar beginnt die Unterwerfung Spaniens.³	
235	519	. . . .	. . . .	Cn. Nävius.ᶜ
232	522	. . . .	. . . .	Ackergesetz des Tribunen C. Flaminius, durch welches ein Teil des Ge-

2) Während des Kriegs mit den Mietstruppen hatten die Römer die Carthager unterstützt, s. *Polyb.* I, 83. *Zonar.* VIII, 18. *Corn. Nep. Ham.* 2; nach Beendigung desselben erklärten sie ihnen aber unter einem ungenügenden Vorwande den Krieg, und die Carthager mussten froh sein, ihn durch die Abtretung von Sardinien und Corsica und durch neue 1200 Talente abzukaufen, s. *Polyb.* I, 82. 68. Vergl. III, 10, 3. 27, 8. *Appian. Pun.* 5. *Zonar.* VIII, 18.

3) S. *Polyb.* II, 1. III, 10, 3. *Liv.* XXI, 2. *Appian. Pun.* 6. Die Absicht bei dieser Unternehmung s. *Polyb.* III, 10, 3: εὐθέως ἐποιεῖτο τὴν ὁρμὴν ἐπὶ τὰ κατὰ τὴν Ἰβηρίαν πράγματα ἀποιδάζων ταύτῃ χρήσασθαι παρασκευῇ πρὸς τὸν κατὰ Ῥωμαίων πόλεμον.

a) Erst seit dieser Zeit kann man von einer römischen Litteratur sprechen. Es ist zwar überliefert, dass in alter Zeit bei Gastmählern die Thaten der Vorfahren in Liedern gefeiert worden seien, s. *Cic. Tusc.* I, §. 3. IV, §. 3. *Varro* bei *Non.* p. 77 (*Marc.*). *Dionys.* II. I, 79. *Val. Max.* II, 1, 10; auch werden noch erwähnt die Lieder, welche beim Dienste des Mars (Marmar) von den Priestern abgesungen wurden, die sogenannten carmina Saliaria oder Axamenta, s. *Varr. de l. l.* VII, 3. *Horat. Epp.* II, 1, 85. *Quint.* I, 6, 40 (s. S. 11. Anm. k), ferner die Ritualleider der Fratres Arvales und die Anfänge der dramatischen Dichtkunst, über welche s. d. folg. Anm. b. Dieselben sind aber, so wie die sonstigen Aufzeichnungen (s. S. 7. Anm.) weit entfernt, Kunstproduktionen zu sein, und können also, so wichtig und interessant sie sind, dennoch als zur römischen Nationallitteratur gehörig nicht angesehen werden. Von den schriftlichen Aufzeichnungen der frühern Zeit mag noch eine der Grabschriften der Scipionen (im Jahre 1780 entdeckt) hier eine Stelle finden, teils weil diese Denkmale die ältesten erhaltenen sprachlichen Überreste der Römer von einigem Umfang sind, teils weil man sich von dem Mitgeteilten ein Beispiel des bis auf Ennius Zeit ausschliesslich üblichen, in seinem Wesen höchst willkürlichen und der Prosa sich nähernden Versus Saturnius abnehmen kann: Honc oino ploirumé coséntiónt R[omai] | duonóro óptumo fuíse viro[ro] || Lucioni Scipióne filiós Barbáti | consól censór aidilis híc fuét a[pud ros] || hec cépit Córsica Alóriáque úrbe [pucnandod] | dedét tómpestatébus aide méreto[d rotam]. Es ist dies die zweite jener Inschriften auf L. Scipio, welcher 259 Konsul war (s. Corp. Inscr. Lat. I. p. 11 sq.). — Über unsere Zeit sagt *Horaz* (*Epp.* II, 1, 162 ff.): Et post Punica bella quietus quaerere coepit, || Quid Sophocles et Thespis et Aeschylus utile ferrent. || Temptavit quoque rem si digne vertere posset, | Sed turpem putat inscite metuitque lituram. Die ersten litterarischen Produktionen sind aus dem Griechischen, obwohl ohne Zweifel im Ausdruck frei und selbständig übertragene dramatische Stücke, Tragödien wie Komödien, ferner epische Dichtungen, sodann historische Werke in annalistischer Form.

b) *Liv.* VII, 2: (seit dem Jahre 364) sine carmine ullo, sine imitandorum carminum actu ludiones ex Etruria acciti ad tibicinis modos saltantes haud indecoros motus more Tusco dabant: imitari deinde eos iuventus, simul incondiitis inter se iocularia fundentes versibus coepere, nec absoni a voce motus erant: accepta itaque res saepiusque usurpando excitata. Vernaculis artificibus, quia hister Tusco verbo ludio vocabatur, nomen histrionibus inditum, qui non, sicut ante, Fescennino versu similem incompositum temere ac rudem alternis iaciebant, sed impletas modis saturas descripto iam ad tibicinem cantu motuque congruenti peragebant. Livius post aliquot annis, qui ab saturis ausus est primus argumento fabulam serere, idem scilicet, id quod omnes tum erant, suorum carminum actor, dicitur, cum saepius revocatus vocem obtudisset, venia petita puerum ad canendum ante tibicinem cum statuisset, canticum egisse aliquanto magis vigente motu, quia nihil vocis usus impediebat: inde ad manum cantari histrionibus coeptum, diverbiaque tantum ipsorum voci relicta. Livius war aus Tarent und war Freigelassener des Livius Salinator. Er dichtete Tragödien, Komödien, und die lateinische Odyssee. Sein erstes Stück (das erste lateinische Drama überhaupt) wurde im J. 240 aufgeführt, s. *Varro* bei *Gell. N. A.* XVII, 21, 42. *Cic. Brut.* § 72. 73. *Tusc.* I, 1, 3. *de sen.* § 50 u. ö. Auch wurde von ihm im Jahre 207 ein Gedicht zum Zweck des Absingens bei einer feierlichen Procession verfasst, s. *Liv.* XXVII, 37.

c) S. *Varr.* bei *Gell.* XVII, 21. 45. *Cic. Tusc.* I, 1, 3. *Brut.* § 60. 73. 75. Auch er dichtete Tragödien, Komödien, und ein Epos, das bellum Punicum. Er starb im J. 204, s. *Cic. Brut.* § 60.

J.v.Ch.	J.d.St.	Äussere Geschichte.		Innere Geschichte.
		Rom.	Carthago.	
232	522			biets der Senonen unter die Plebejer verteilt wird.[4]
229	525	Erster illyrischer Krieg.[5]	Hamilkar fällt.[4] Hasdrubal sein Nachfolger.[7]	
228	526	Friede, in welchem die Königin Teuta einen grossen Teil von Illyrien abtritt.[6]	Hasdrubal gründet Carthago nova; Vertrag mit den Römern.[8]	
227	527	. . . . .	.	Die Zahl der Prätoren auf 4 erhöht.[e]
225	529	Einfall der Bojer, Insubrer, Taurisker und Gäsaten in Etrurien; Schlacht bei Telamon.[9]		

1) *Polyb.* II, 1. *Appian. Hisp.* 5. *Zonar.* VIII, 19. *Diodor.* XXV, 2. Er starb 10 Jahre vor dem Ausbruche des Krieges mit Rom, s. *Polyb.* III, 10, 7.

5) Die Illyrier machen sich mit ihren Kähnen, mit denen sie überall landen und plündern, den Griechen sehr gefährlich. Epirus und Akarnanien schliessen sich an sie an, und Corcyra wird unterworfen und daselbst Demetrius von Pharos als Statthalter eingesetzt, s. *Polyb.* II, 2—10. vergl. *Appian. Illyr.* 7. Auch die Römer waren von ihnen verletzt worden und schickten daher eine Gesandtschaft an die Teuta. Diese wurde aber nicht nur mit ihrer Klage abgewiesen, sondern Teuta liess auch dem einen der Gesandten, welcher sich freimütig gegen sie ausgesprochen hatte, nachsetzen und ihn töten. s. *Polyb.* II, 8. (Die Antwort der Königin auf die Beschwerden der Gesandten: Καὶ ή μὲν ἔφη ἡ πειράσθαι φροντίζειν, ἵνα μηδὲν ἀδίκημα γίγνηται Ῥωμαίοις ἐξ Ἰλλυριῶν, ἰδίᾳ γε μὴν οὐ νόμιμον εἶναι τοῖς βασιλεῦσι κωλύειν Ἰλλυριοῖς τὰς κατὰ θάλατταν ὠφελείας. Die Antwort des einen der Coruncanier: 'Ῥωμαίοις μέν, ὦ Τεύτα, κάλλιστον ἔθος, ἐπὶ τὰ κατ' ἰδίαν ἀδικήματα κοινῇ μεταπορεύεσθαι καὶ βοηθεῖν τοῖς ἀδικουμένοις· πειρασόμεθα δὲ θεοῦ βουλομένου ἐνεργῶς καὶ ταχέως ἀναγκάσαι σε τὰ βασιλικὰ νόμιμα διορθώσασθαι πρὸς Ἰλλυριούς). Darauf die Kriegserklärung der Römer. Über den Krieg selbst s. *Polyb.* II, 11. *Zonar.* VIII, 19. *Eutrop.* III, 4. Der Krieg entschied sich sehr schnell, besonders durch die Verräterei des Demetrius von Pharos, welcher zu den Römern abfiel. Die Krieg führenden Konsuln sind Cn. Fulvius und A. Postumius.

6) S. *Polyb.* II, 12, 3: 'Ὑπὸ δὲ τὴν ἡμερίν ὥραν ἡ Τεύτα διαπρεσβευσαμένη πρὸς τοὺς Ῥωμαίους ποιεῖται συνθήκας, ἐν αἷς ἐδόκησε φόρους τε τοὺς διαταχθέντας οἴσειν, πάσης τε ἀναχωρήσειν τῆς Ἰλλυρίδος πλὴν ὀλίγων τόπων κτλ (τὸ συνέχον δ μάλιστα πρὸς τοὺς Ἕλληνας διέτεινε) μὴ πλεύσειν πλέον ἢ

d) S. *Polyb.* II, 21, 7: Μάρκου _Λεπίδου στρατηγοῦντος καταπληροιζήσαντι ἐν Γαλατίᾳ Ῥωμαίων τὴν Πικεντίνην προσαγορευομένην χώραν, ἐξ ἧς νικήσαντες Ἰτζάλων τοὺς Σήνωνας προσαγορευομένους Γαλάτας, Γάϊον Φλαμίνιον ταύτην τὴν δημαγωγοῦ εἰσηγησαμένου καὶ πολιτείαν, ἣν δὴ καὶ Ῥωμαίοις, ὥς ἔπος εἰπεῖν, φαμὲν ἀρχηγὸν μὲν γενέσθαι τῆς ἐπὶ τὸ χεῖρον τοῦ δήμου διαστροφῆς, αἰτίαν δὲ καὶ τοῦ μετὰ ταῦτα

διοὶ λήψονος ἔξω τοῦ Λίσσου καὶ τούτοις ἀπλοῖς. — Die Griechen empfanden die Wohlthat der Befreiung von den Einfällen der Illyrier durch die Römer so dankbar, dass die Athener ihnen das Bürgerrecht verliehen, s. *Zonar.* VIII, 19, und die Korinthier ihnen die Teilnahme an den Isthmien gestatteten. s. *Polyb.* a. a. O. *Zonar.* a. a. O.

7) S. *Polyb.* II, 1. *Diod.* XXV, 3. *Appian. Hisp.* 6. *Liv.* XX, 2: is plura consilio quam vi gerens hospitiis magis regulorum conciliandisque per amicitiam principum novis gentibus quam bello aut armis rem Carthaginiensem auxit, vergl. *Polyb.* II, 36, 2.

8) S. *Polyb.* II, 13, III, 27, 9. *Appian. Hisp.* 7. *Liv.* XXI, 2. In diesem Vertrage verpflichtet sich Hasdrubal, den Ebro nicht zu überschreiten.

9) Schon im J. 236 hatten kriegerische Bewegungen unter den Galliern stattgefunden, s. *Polyb.* II, 21, 1. *Zonar.* VIII, 18. *Oros.* IV, 12. Jetzt waren sie durch die unten Anm. d erwähnte Massregel gereizt worden. Die Insubrer und Bojer rufen die Gäsaten herbei, welche ἔτει μετὰ τὴν τῆς χώρας διάδοσιν ὀγδόῳ (*Pol.* II, 23, 1) ankommen. Von den Völkerschaften der Gallia cisalpina sind die Veneter und Cenomanen auf Seiten der Römer. s. *Pol.* II, 23, 2. *Strab.* V, 1, 9. Die Ereignisse des Jahres s. *Pol.* II, 23—31. *Zonar.* VIII, 20. *Oros.* IV, 13. *Diodor.* (*exc. Hoeschel.*) XXV, 3. Nachdem ein römisches Heer unter einem Prätor in der Gegend von Clusium geschlagen worden, kam der Konsul L. Aemilius Papus von Ariminum herbei und folgte dem Feinde, welcher sich zurückzog, um die Beute abzulegen; der andere Konsul C. Atilius Regulus, aus Sardinien kommend, landete bei Pisa und rückte dem Feinde entgegen, der also von den beiden römischen Heeren in die Mitte genommen wurde. Es fielen 40,000 Gallier, 10,000 wurden gefangen genommen, s. *Polyb.* II, 31, 1. Ἀπὸ δὲ τοῦ πολέμου συστάντος αὐτοῖς πρὸς τοὺς προσαγορευομένους (Γαλάτας). *Cic. Academ.* II, 5. *de sen.* § 11 setzt hinzu, dass dies contra senatus auctoritatem und *de invent.* II, 17 contra voluntatem omnium optimatium geschah.

e) *Lir. Epit.* XX. *Dig.* 1, 2. fr. 2. § 32. Nach letzterer Stelle wurden die beiden Prätoren wegen der Provinzen Sicilien und Sardinien nebst Corsica eingesetzt.

J.v.Ch.	J. d.St.	Äussere Geschichte.	
		Rom.	*Carthago.*
224	530	Die Bojer unterworfen.¹⁰	
223	531	Die Insubrer geschlagen¹¹ und gänzlich unterworfen. Des M. Marcellus Spolia opima.¹²	
222	532		
221	533	. . . .	Hasdrubal ermordet.¹³ Hannibal folgt.¹⁴
219	535	Zweiter illyrischer Krieg.¹⁵	Hannibal erobert Sagunt.¹⁶
218	536	Die Kolonieen Cremona und Placentia angelegt.¹⁷	

κατορθωμάτος τοιτον κατελπίσαντες Ῥωμαῖοι δυνήσεσθαι τοὶς Κελτοὶς ἐκ τῶν τόπων τῶν περὶ τὸν Πάδον ὁλοσχερῶς ἐκβαλεῖν, τοὶς τε μετὰ ταῦτα κατασταθέντας ὑπάτους Κοίντον Φουλούϊον καὶ Τίτον Μάλλιον ἀμφοτέρους καὶ τὰς δυνάμεις μετὰ παρασκευὴς μεγάλης ἐξαπέστειλαν ἐπὶ τοὶς Κελτοὶς, Pol. II, 31, 8.
— (In diesem Jahre standen im Felde auf römischer Seite: die 4 Legionen der Konsuln, zu je 5200 Mann Fussvolk und 300 Reitern, nebst 30,000 M. Fussvolk und 2000 Reitern von den Bundesgenossen, an der Grenze von Etrurien standen 50,000 M. Fussvolk und 4000 Reiter von den Sabinern und Etruskern, und an der von Gallien 20,000 M. Umbrer und Sarsinaten und eben so viele von den Venetern und Cenomanen; zusammen 140,800 M. zu Fuss und 7200 Reiter. In Rom selbst standen als Reserve 20,000 M. zu Fuss und 1500 Reiter von den Römern, 30,000 M. zu Fuss und 1000 Reiter von den Bundesgenossen. Ausserdem konnten die Latiner, Samniter, Japygier, Messapier, Lukaner, die Marser, Marrucinor, Frentaner, Vestiner, und die Römer selbst noch so viele Truppen stellen, dass sich die ganze Streitmacht über 700,000 Mann zu Fuss und bis gegen 70.000 Reiter belief. s. *Polyb.* II, 24. mit dem im ganzen auch *Plin. N. H.* III. 20, 138. *Diodor.* XXV, 3. *Oros.* IV, 13. *Entrop.* III, 5 übereinstimmen.)
10) S. *Pol.* II, 31, 8.
11) S. *Pol.* II, 32—33. *Zon. Oros.* a. a. O. Der Sieger ist der Konsul C. Flaminius.
12) S. *Pol.* II, 34—35. *Zon. Oros.* a. a. O. *Plut. Marc.* 7. *Liv. Epit.* XX. *Pol.* II, 35, 1: Οἱ συμβαίνοντος οἱ προεστῶτες τῶν Ἰσόμβρων ἀπογνόντες τὰς τῆς σωτηρίας ἐλπίδας πάντα τὰ κατ' αὐτοὺς ἐπέτρεψαν τοῖς Ῥωμαίοις. Ὁ μὲν οὖν πρὸς τοῖς Κελτοὶς πόλεμος τοιοῦτον ἔσχε τὸ τέλος.
13) S. *Pol.* II, 36. *Liv.* XXI, 2. *Appian. Hisp.* 8.
14) S. *Pol.* II, 36. *Liv.* XXI, 3. *Appian. D. 9. Diodor.* XXIII, 4. Er hatte mit seinem Vater als 9jähriger Knabe Afrika verlassen und war ihm nach Leistung des bekannten Schwurs nach Spanien gefolgt, s. *Polyb.* III, 11. *Corn. Nep.*

Hann. 2. *Liv.* XXI, 1. XXXV. 19. *Appian. Hisp.* 9 u. ö. Er war also jetzt 26 Jahre alt, s. *Zon.* VIII, 21. Seine Charakteristik s. *Liv.* XXI, 4. *Polyb.* IX. 23. XI. 20. XXIV, 9. *Cass. Dio fr.* 54. Seine Feldzüge im J. 221 und 220 dienen, die noch auf dem linken Ufer des Iberus übrigen Völker (Olcaden, Vaccäer, Carpetaner) zu unterwerfen, s. *Pol.* III, 13 —14. *Liv.* XXI, 5: et iam omnia trans Iberum praeter Saguntinos Carthaginiensium erant.
15) Demetrius von Pharos, welcher den Krieg erregt hatte, wird aus dem Lande getrieben. S. *Pol.* III. 16. 18—19. *Appian. Illyr.* 8. *Zon.* VIII, 20. Zeitbestimmung *Pol.* III, 16, 7: Ol. CXL, 1.
16) S. *Liv.* XXI, 6—9. 11—15. Die Belagerung dauerte 8 Monate, *Polyb.* III, 17. *Appian. Hisp.* 10. Sagunt stand im Bündnis mit Rom, welches „mehrere Jahre vor Übernahme des Oberbefehls durch Hannibal", aber nach dem Vertrag mit Hasdrubal abgeschlossen worden war, *Pol.* III, 15. Nach Polybius nahm Hannibal Streitigkeiten zwischen zwei Parteien in Sagunt, nach Livius und Appian zwischen Saguntinern und Turdetanern, zum Vorwand. — Die Römer schickten erst eine Gesandtschaft an Hannibal und an die Carthager, um von der Belagerung Sagunts abzumahnen: dann an die Carthager, nach dem Fall von Sagunt, um sie zu fragen, ob Sagunt mit ihrem Willen von Hannibal belagert worden sei, und um, wenn sie dies verneinten, die Auslieferung des Hannibal zu fordern, oder wenn sie es bejahten, den Krieg zu erklären, s. *Pol.* III, 15. 18—19. *Liv.* XXI, 9—11. 18. *Zonar.* VIII, 21. 22. Als die Carthager zauderten, tum Romanus sinu ex toga facto, hic, inquit, vobis bellum et pacem portamus; utrum placet, sumite. Sub hanc vocem haud minus ferociter, daret utrum vellet, succlamatum est, et cum is iterum sinu effuso bellum dare dixisset, acciperе se omnes responderunt et quibus acciperent animis, iisdem se gesturos.
17) S. *Pol.* III, 40. *Liv. Epp.* XX. XXI, 25. *Vellei.* I, 14.

c) 218—201.

J.v.Ch. 218 | J.d.St. 536

Der zweite punische Krieg bis 201.[1]

Hannibalischer Krieg.[2]

Hannibal bricht im Frühjahr mit 90,000 Mann zu Fuss und 12,000 Reitern von Neu-Carthago auf und marschiert zu Lande in 5 Monaten nach Italien.[3] Dort schlägt er den Konsul P. Cornelius Scipio erst in einem Reitertreffen am Ticinus[4] und dann beide Konsuln (der andere Konsul ist Tib. Sempronius Longus) an der Trebia.[6]

Krieg in Spanien.

Cn. Scipio, der Bruder des P. Scipio, schlägt ein carthagisches Heer unter Hanno bei Cissa und unterwirft ganz Spanien diesseits des Iberus.[5]

---

1) Mit dem zweiten punischen Kriege beginnt die ausführliche Darstellung des Polybius, welche aber für die römische Geschichte leider schon nach der Schlacht bei Cannä abbricht. Über den weiteren Fortgang des Kriegs und der römischen Geschichte überhaupt haben wir von ihm nur Fragmente und Excerpte, die jedoch sehr bedeutend sind. Mit Polybius zusammen ist *Liv.* XXI—XXX Hauptquelle. Erst nachdem wir wieder von Polybius verlassen sind, gewähren von den Quellenschriftstellern zweiten Ranges *Plutarch* (vit. Fab. und Marc.), *Appian*, (Hannib. Hisp. Pun.) und *Zonar*. hier und da einige Hülfe. — Auch diesen Krieg mag man der Übersicht wegen in 3 Abschnitte teilen, deren Grenzpunkte durch die Schlacht bei Cannä (216), den Untergang der Scipionen in Spanien und die Wiedereroberung Capuas durch die Römer (211) gebildet werden.

2) So nennen wir mit Appian den Krieg, welchem Hannibal selbst vorstand. Sonst wird wohl auch, weniger genau, der ganze zweite punische Krieg der Hannibalische genannt, z. B. *Polyb.* III, 32, 7. 95. 7. *Dionys.* II, 17. *Plut. Rom.* 22.

3) S. *Polyb.* III. 33—56. *Liv.* XX, 21—38. Warum wählte Hannibal den Weg zu Lande? teils um jedes Hindernis auf der Fahrt und bei der Landung zu vermeiden, teils um noch die Gallier in Transalpinien, welche ihre cisalpinischen Brüder immer in ihren Kämpfen unterstützt hatten, für sich zu gewinnen, teils, um in Oberitalien sogleich in das Gebiet eines befreundeten Volkes (der Insubrer) zu gelangen, μόνως ἂν ὑπολαμβάνων ἐν Ἰταλίᾳ συστήσασθαι τὸν πρὸς Ῥωμαίους πόλεμον, εἰ δυνηθείη διαπεράσας τὰς πρὸ τοῦ δυσχωρίας εἰς τοὺς προειρημένους ἀφικέσθαι τόπους καὶ συνεργοῖς καὶ συμμάχοις χρήσασθαι Κελτοῖς εἰς τὴν προκειμένην ἐπιβολήν (*Pol.* III, 34, 5). Der Weg von Neu-Carthago bis nach Italien betrug 9000 Stadien (*Pol.* III, 39, 6—10). Er verliess auf diesem Marsch den Rhodanus, dem er zunächst aufwärts gefolgt war, beim Zusammenfluss mit der Isara und ging nun diesen Fluss aufwärts, so dass er über den kleinen St. Bernhard nach Italien gekommen sein muss. So Polybius; die Darstellung des Livius ist unklar und verworren, besonders in Folge des Umstandes, dass er die Druentia (Durance) eingemischt hat. Er stieg in das Land der mit den Insubrern verbündeten Salasser hinab (val d'Aosta). Zeitbestimmungen: *Pol.* III. 34. 6. 54. 1. *Liv.* XXI, 21, 35 (er kam in Italien an occidente iam sidero Vergiliarum, d. h. zu Anfang des Winters, s. *Plin. N.* H. XVIII, 29, 287). Dauer des Marsches 5 Monate: *Pol.* III,

56, 3. *Liv.* XXI, 38. 10,000 Mann lässt er unter Hanno in Hispania citerior zurück; 10,000 schickt er nach Hause. *Pol.* III, 35. *Liv.* XXI, 23. Die Grösse seines Heeres beim Ausmarsch s. *Pol.* u. *Liv.* a. a. O.; am Rhodanus hat er noch 38,000 M. Fussvolk und 8000 Reiter und 37 Elephanten, *Pol.* III, 60. 5. 3. In Italien angelangt, zählt sein Heer noch 12,000 Libyer und 8000 Spanier zu Fuss. und 6000 Reiter, s. *Pol.* III, 56, 4. Dies ist auch die geringste Angabe bei *Liv.* XXI, 38, die höchste: 100,000 M. Fussvolk und 20,000 Reiter. — Die Gallier waren vor der Ankunft des Hannibal. durch die Anlage der Kolonieen Cremona und Placentia aufgereizt (vgl. S. 53. Anm. 17), gegen die Römer aufgestanden und hatten einen Prätor geschlagen, indes hatten die Römer die Truppen dort verstärkt und die Gallier warteten nun, wie sich Hannibals Glück bewähren würde, s. *Pol.* III, 40. *Liv.* XXI. 25.

4) S. *Pol.* III, 49, 56, 5—63. *Liv.* XXI. 39—46. Ort der Schlacht, *Liv.* XXI, 45: ponte perfecto traductus Romanus exercitus in agrum Insubrium quinque milia passuum a Vicotumulis consedit: ibi Hannibal castra habebat. Scipio wurde verwundet und wurde nur durch seinen 17jährigen Sohn, denselben, welcher vom Schicksal bestimmt war, den Krieg glücklich zu beenden, aus der Lebensgefahr gerettet. s. *Liv.* XXI. 46. *Pol.* X, 3. — *Pol.* III. 66, 7: ἅμα τῷ γενέσθαι τὸ προσέρχμα πάντες ἔσπευδον οἱ προκαλούμενοι Κελτοὶ κατὰ τὴν ἓξ ἀρχῆς πρόθεσιν καὶ ηὔκει γίγνεσθαι καὶ χορηγεῖν καὶ συστρατεύειν τοῖς Καρχηδονίοις.

5) Die beiden römischen Konsuln des Jahres, Scipio und Sempronius, sollten den Feind eigentlich, jener in Spanien, dieser in Afrika, aufsuchen. Als Scipio nach Massilia kam, hörte er von Hannibals Marsche und dass derselbe bereits an der Rhone angekommen sei. Er konnte den Hannibal hier nicht mehr, wie er es wünschte, erreichen, und es kam daher nur zu einem Reitertreffen, welches zum Vorteil der Römer endete, s. *Liv.* XXI, 29. *Pol.* III. 45. Er selbst wandte sich darauf nach Italien zurück und statt seiner ging sein Bruder Cn. Scipio mit dem Heere nach Spanien. Die Ereignisse dieses Jahres in Spanien s. *Pol.* III, 76. *Liv.* XXI. 60. 61. (Die Römer traten in Spanien als Befreier vom carthagischen Joche auf, eben so wie Hannibal in Italien.)

6) S. *Pol.* III, 66—74. *Liv.* XXI, 47—56. (Sempronius Longus war auch die Nachricht von Hannibals Ankunft in Italien von Sicilien, wo er sich zur Überfahrt nach Afrika rüstete, zurückgerufen worden.) Zeit der Schlacht: περὶ χειμερινὰς

Äussere Geschichte.

J.v.Cb.	J.d.St.		
217	537	*Hannibalischer Krieg.* Hannibals Übergang über den Apennin und sein Sieg über den Konsul C. Flaminius am trasimenischen See.⁷ In seinen weiteren Fortschritten wird er durch den Diktator Q. Fabius Maximus (Cunctator) gehemmt.¹⁰	*Krieg in Spanien.* Seesieg der Römer über den carthagischen Feldherrn Hasdrubal in der Mündung des Iberus.⁸ Ankunft des P. Scipio in Spanien.⁹

τροπάς. *Pol.* III, 72, 3. Die beiden Konsuln fliehen nach Placentia und nehmen dann hier und in Cremona ihre Winterquartiere. Nach dieser Schlacht erfahren die Römer, *Κελτοὺς ἀπονενευκέναι πρὸς τὴν ἐκείνων φιλίαν*.

7) S. *Pol.* III, 75. 77—85. *Liv.* XXI, 63—XXII, 7. Die beiden Konsuln C. Flaminius und Cn. Servilius sollten den Eingang nach Mittelitalien, der eine von Etrurien her, der andere von der andern Seite des Apennin, bewachen, s. *Pol.* III, 77, 1. 2. Nach Livius beschied C. Flaminius den gewesenen Konsul Sempronius und den Prätor C. Atilius, von denen er die Truppen (4 Legionen) in Empfang zu nehmen hatte, nach Ariminum und trat daselbst zum Trotz der Vornehmen, deren Gegner er war, sein Konsulat an, statt dies in Rom zu thun. s. XXI, 63. Hier bewachte Flaminius den Apennin, und bewog dadurch den Hannibal, den berühmten Marsch durch die Sümpfe des Arnus zu unternehmen, s. *Pol.* III, 79. *Liv.* XXII, 2. Er reizt, in Etrurien angelangt, den unbesonnenen Flaminius durch Plünderungen, stellt sich dann, als marschiere er gegen Rom, und lockt ihn in einen Hinterhalt am trasimenischen See, s. *Liv.* XXII, 4: pervenerant ad loca nata insidiis, ubi maxime montes Cortonenses Trasumennus subit. Ita tantum interest perangusta, velut ad id ipsum de industria relicto spatio, deinde paulo latior patescit campus, inde colles adinsurgunt: ibi castra in aperto locat, ubi ipse cum Afris modo Hispanisque consideret, Ballares cetramque levem armaturam post montes circumducit, equites ad ipsas fauces saltus tumulis apte tegentibus locat, ut ubi intrassent Romani, obiecto equitatu clausa omnia lacu ac montibus essent, vgl. *Pol.* III, 83. Das ganze römische Heer wird vernichtet, ein kleiner Teil, welcher sich durchgeschlagen, wird gefangen genommen; nur einzelne (nach *Liv.* XXII, 7 zusammen 10,000) retten sich nach Rom. Die Zeit der Schlacht ist nach *Ovid. Fast.* VI, 765—768 der 23. Juni. Von den Gefangenen entliess Hannibal die römischen Bundesgenossen mit freundlichen Worten: *ἐπιφθεγξάμενος τὸν αὐτὸν ὃν καὶ πρόσθεν λόγον* (vergl. *Pol.* III, 77, 4). *ὅτι πάρεστι πολεμήσων οὐκ Ἰταλιώταις, ἀλλὰ Ῥωμαίοις ὑπὲρ τῆς Ἰταλιωτῶν ἐλευθερίας, Pol.* III, 85, 4. — Nach der Schlacht fielen auch noch 4000 Reiter, welche Servilius dem Flaminius zu Hilfe geschickt, den Carthagern in die Hände, s. *Pol.* III, 86. *Liv.* XXII, 8.

8) S. *Pol.* III, 95—96. *Liv.* XXII, 19—20. *Liv.* XXII. 20: ad quinque et viginti naves ex quadraginta cepere: neque iu pulcherrimum eius victoriae fuit, sed quod uno Ioui pugna toto eius orae mari potiti erant, vergl. *Pol.* III, 96, 6. Hasdrubal, der Bruder Hannibals, war von diesem mit einem Heer von 12,000 Mann zu Fuss, 2500 Reitern und 20 Elephanten

zum Schutze von Spanien daselbst zurückgelassen worden, s. *Pol.* III, 33. 15—16. *Liv.* XXI, 22.

9) *Liv.* XXII, 22. *Pol.* III, 97, 2—4.

10) S. *Pol.* III, 86—94. 100—105. *Liv.* XXII. 8—18. 23 bis 31. *Liv.* XXII, 8: ad remedium iam diu neque desideratum neque adhibitum, dictatorem dicendum, civitas confugit. Et quia et consul aberat, a quo uno dici posse videbatur, nec per occupatam armis Punicis Italiam facile erat aut nuntium aut litteras mitti. nec dictatorem populus creare poterat, quod nunquam ante eam diem factum erat, prodictatorem populus creavit Q. Fabium Maximum et magistrum equitum M. Minucium Rufum. Iisque negotium ab senatu datum, ut muros turresque urbis firmarent et praesidia disponerent, quibus locis videretur, pontesque resciderent fluminum; pro urbe ac penatibus dimicandum esse, quando Italiam tueri nequissent. Bei dieser Gelegenheit gelobten auch die Römer nach sabinischer Sitte ein Ver sacrum, s. *Liv.* XXIII, 9, 10. Vgl. §. 4. Anm. 26. Hannibal aber profectus Praetutianum Hadrianumque agrum, Marsos inde Marrucinosque et Paelignos devastat circaque Arpos et Luceriam proximam Apuliae regionem. *Liv.* XXII. 9. Vgl *Pol.* III, 88. Hier fand ihn der neue Prodiktator (nach Pol. ist er wirklicher Diktator), der "unus homo nobis cunctando restituit rem: | Non enim rumores ponebat ante salutem, | Ergo postquo magisque viri nunc gloria claret", *Ennius bei Cic. Off.* I, §. 84 u. ö. Nämlich Fabius per loca alta agmen ducebat, modico ab hoste intervallo, ut neque omitteret eum nec congrederetur, *Liv.* XXII, 12. Hierauf zog Hannibal durch Samnium nach den Falernergebiet, s. *Liv.* XXII, 13. *Pol.* III, 90. Fabius hatte ihm den Rückweg verlegt; indes eröffnete sich ihm Hannibal durch die bekannte List über das unigen Callicalus, s. *Liv.* XXII, 16—18. *Pol.* III, 93 bis 94, und zog wieder nach Apulien *Liv.* XXII, 19: Nec tamen is terror, cum omnia bello flagrarent, fide socios dimovit, videlicet quia iusto et moderato regebantur imperio nec abnuebant, quod unum vinculum fidei est, melioribus parere, vgl. *Pol.* III, 90, 13. Nun aber machte der Magister equitum Minucius die Römer selbst aufrührerisch gegen Fabius, mit dessen Zögerung, obgleich sie das einzige Mittel war, Rom zu retten, man nach und nach aufing nuzufrieden zu werden. Man ergriff endlich die bis dahin unerhörte Massregel, dass man den Minucius dem Fabius gleichstellte, s. *Liv.* XXII, 24 —26. *Pol.* III. 103. Die Eintracht ward jedoch wieder hergestellt, als Minucius in seinem Übermut sich vom Hannibal in einen Hinterhalt locken liess, aus dem er durch Fabius gerettet wurde, s. *Liv.* XXII, 27—30. *Pol.* III, 104—105.

J.v.Ch.	J.d.St.		Hannibalischer Krieg.	Krieg in Spanien.	Innere Geschichte.
216	538	Niederlage der Konsuln C. Terentius Varro und L. Aemilius Paulus bei Cannä.[11] Der Prätor L. Postumius in Gallia cisalpina geschlagen und sein Heer völlig aufgerieben.[13] Glückliches Gefecht des Prätors M. Marcellus bei Nola.[14] Hannibals Winterquartiere in Capua.[15]		Hasdrubal bei Ibera von beiden Scipionen geschlagen.[12]	Der Annalist Q. Fabius Pictor.[a]
215	539	Hannibal zum zweiten Male von Marcellus bei Nola zurückgeschla-		Siege der Scipionen bei Illiturgi und Intibili.[16]	Wahl zweier plebejischer Konsuln; dieselbe

11) Die Wahl der Konsuln. s. *Liv.* XXII, 33–35; vgl. XXII, 25: C. Terentius Varro — loco non humili solum, sed etiam sordido natus: patrem lanium fuisse ferunt, ipsum institorem mercis, filioque hoc ipso in servilia eius artis ministeria usum. Die Rüstungen der Römer. s. *Pol.* III, 107, 9: Προΐθεντο δὲ στρατοπέδοις ὀκτὼ διακινδυνεύειν, ὃ πρότερον οὐδέποτ᾽ ἐγεγόνει παρὰ Ῥωμαίοις, ἑκάστου τῶν στρατοπέδων ἔχοντος ἄνδρας εἰς πεντακισχιλίους χωρὶς τῶν συμμάχων· — τῶν δὲ συμμάχων τὸ μὲν τῶν πεζῶν πλῆθος πάρισον ποιοῦσι τοῖς Ῥωμαϊκοῖς στρατοπέδοις, τὸ δὲ τῶν ἱππέων ὡς ἐπίπαν τριπλάσιον. vergl. *Liv.* XII, 36. Ihr Auszug aus Rom. *Liv.* XXII, 38—40. Beide Heere standen sich anfangs bei Gerunium in Apulien, wo Hannibal sein Winterquartier gehalten hatte, einander gegenüber. Hannibal verlässt nach einigen Gefechten Gerunium und lagert sich bei Cannä, das römische Heer folgt. *Liv.* XXII, 40—44. *Pol.* III, 107. Schlacht (am linken Ufer des Aufidus). *Liv.* XXII, 45—50. *Pol.* III, 108–117. Tag der Schlacht nach Q. *Claudius* bei *Macr. Saturn.* I, 16: a. d. IV. Non. Sextiles, vgl. *Pol.* III, 118, 10. Die Römer zählten 80,000 Mann zu Fuss und etwas über 6000 Reiter, *Pol.* III. 115, 5, die Feinde etwas über 40,000 M. zu Fuss und 10,000 Reiter, *Pol.* III. 114, 5. Hannibal siegt hauptsächlich durch die überlegene Reiterei, s. *Pol.* III, 117, 5. und durch ein glückliches Strategem, s. *Pol.* III, 115. *Liv.* XXII, 47. Aemilius Paulus fällt. Das ganze römische Heer wurde teils niedergemacht, teils gefangen genommen. Nach *Pol.* III. 117 belief sich die Zahl derer, die sich durch die Flucht retteten, auf etwa 3000, nach *Liv.* XXII, 54 auf 14,000. Über die Folgen der Schlacht s. *Pol.* III. 118, 2: Καρχηδόνιοι μὲν γὰρ διὰ τῆς πράξεως ταύτης παραχρῆμα τῆς μὲν λοιπῆς παραλίας σχεδὸν πάσης [καὶ Λεγυαλης καλουμένης Ἑλλάδος] ἦσαν ἐγκρατεῖς. Ταραντῖνοί τε γὰρ εὐθέως ἐνεχείριζον αὐτοῖς, Ἀργυριππανοὶ δὲ καὶ Καπυανῶν τινες ἐκάλουν τὸν Ἀννίβαν, οἱ δὲ λοιποὶ πάντες ἀπέβλεπον ἤδη τότε πρὸς Καρχηδονίους. μεγάλας δ᾽ εἶχον ἐλπίδας ἐξ ἐφόδου καὶ τῆς Ῥώμης αὐτῆς ἔσεσθαι κύριοι, vgl. *Liv.* XXII, 61. XXIII. 30. *Dionys.* II, 17. —

a) Ihn nennen Livius und Dionysius den allerältesten Geschichtsschreiber, *Liv.* I, 44. II, 40. *Dionys.* I, G: ὅσοι τὰ παλαιὰ ἔργα τῆς πόλεως Ἑλληνικῇ διαλέκτῳ συνέγραψαν, ὧν εἰσι πρεσβύτατοι Κόϊντός τε Φάβιος καὶ Λεύκιος Κίγκιος.

Maharbal riet dem Hannibal gleich nach der Schlacht, gegen Rom zu ziehn, s. *Liv.* XXII, 51. Dass aber Hannibal recht hatte, es nicht zu thun, geht daraus hervor, dass kein Latiner zu ihm abfiel, und dass die Römer nicht daran dachten, auf Friedensunterhandlungen einzugehn. s. *Liv.* XXIII, 12.

12) S. *Liv.* XXIII, 26—29. Hasdrubal fuhrt erst mit den Carpesiern Krieg, dann erhält er den Befehl nach Italien zu marschieren, muss aber nach Spanien wird Hannibal mit einem neuen Heere geschickt, um ihn zu ersetzen. Hasdrubal stösst auf seinem Marsche bei Ibera auf die Scipionen; seine Truppen kämpfen lässig, weil sie die Beschwerden des Zuges scheuen.

13) S. *Liv.* XXIII, 24. *Pol.* III, 118, 6. Auch in Sicilien und Sardinien verlangten die Anführer Zufuhr und Ergänzung des Heeres, weil die Carthager zu See Unternehmungen machten. s. *Liv.* XXII, 57. XXIII, 21.

14) Die Römer rüsteten nach der Schlacht 4 Legionen, und ausserdem 8000 Sklaven, s. *Liv.* XXII, 57, zu ihrem Heere sogar die Gefängnisse aus. *Liv.* XXIII, 14. Der Diktator M. Junius Pera leitete die Unternehmungen. Nola. s. *Liv.* XXIII, 14—16. *Plut. Marc.* 11. *Liv.* XXIII, 16: ingens eo die res ac nescio an maxima illo bello gesta sit: non vinci enim ab Hannibale vincentibus difficilius fuit quam postea vincere. Marcellus „das Schwert Roms," *Plut. Marc.* 9.

15) Hannibal war nach der Schlacht bei Cannä durch Samnium nach Campanien gezogen, wo ihm Capua übergeben wurde, s. *Liv.* XXIII, 1—10. Die Winterquartiere daselbst. s. *Liv.* XXIII, 18. *Strab.* V. 4. 13.

16) Die drei Feldherren der Carthager sind Hasdrubal, Mago und Hamilkar. Der Schauplatz des Krieges ist jetzt, wie auch nachher meist, die Gegend am oberen Laufe des Baetis, welche reich an Silberbergwerken (*Pol.* X. 38) und daher auch von den Carthagern besonders stark befestigt war. Illiturgi und Intibili waren von den Carthagern abgefallen und wurden daher von ihnen belagert. Die Römer entsetzten die Städte und schlugen die Belagerer. *Liv.* XXIII, 19.

ἀμφότεροι κατὰ τοῖς φοινικικοῖς ἀκμάσαντες πολέμοις· τούτων δὲ τὴν μὲν πλείω πραγμάτων τε καὶ αὐτὸς ἔργοις παραγέγονε, διὰ τὴν ἐμπειρίαν ἀκριβῶς ἀνέγραψε, τὰ δὲ ἀρχαῖα τὰ μετὰ τὴν κτίσιν τῆς πόλεως γενόμενα κεφαλαιωδῶς ἐπέδραμεν.

J.v.Ch.	J.d.St.	Äussere Geschichte.	Innere Geschichte.
		Hannibalischer Krieg.	
215	539	gen.[17] Sein Bündnis mit König Philipp von Macedonien[18] und mit dem König Hieronymus von Syracus, dem Enkel und Nachfolger Hieros. Tod des Hieronymus.[19]	*Krieg in Spanien.* . . . . durch die Patricier wieder vernichtet.[b] Lex Oppia gegen den Putz der Frauen.[c]
214	540	Hanno von dem Prok. Tib. Gracchus geschlagen.[20] König Philipp durch den Prätor M. Valerius Lävinus von der Küste von Illyrien vertrieben.[21]	Wiederholte Siege der Scipionen in der Gegend des Bätis.[22]

17) Die beiden römischen Konsuln Ti. Sempronius Gracchus und Q. Fabius Maximus (III.), und der Prokonsul M. Marcellus führen in diesem Jahre den Krieg mit 6 Legionen in Campanien. ausserdem stehen römische Heere in Apulien und Picenum, in Sicilien und Sardinien; an den Küsten von Brundisium und Tarent steht eine römische Flotte, und eine andere ist bestimmt, von Sicilien aus Landungen in Afrika zu machen. s. *Liv.* XXIII, 31. 32. Hannibal hatte sein Lager meist bei dem Berge Tifata (*ebendas.* XXIII. 39. XXIV, 12). s. *Liv.* XXIII. 44—46. *Plut. Marc.* 12. *Liv.* XXIII, 46: hostium plus quinque milia caesa ee die, vivi capti sexcenti et signa militaria undeviginti et duo elephanti, quattuor in acie occisi. Romanorum minus mille interfecti. — Die Hoffnungen Hannibals auf Unterstützung von Carthago aus werden grösstenteils vereitelt. Nur 4000 numidische Reiter, 40 Elefanten und eine Geldsendung kamen in Italien an; eine andere bedeutendere Verstärkung wandte sich nach Sardinien, wo sich eine günstige Aussicht für die Carthager zu eröffnen schien, indessen das Unternehmen schlug fehl und das ganze Heer wurde vernichtet, s. *Liv.* XXIII, 11—13. 32. 34. 40—41.

18) Die ersten Gesandten des Philipp fallen den Römern in die Hände; Philipp schickt aber eine zweite Gesandtschaft, durch die der Vertrag zustande kommt, s. *Liv.* XXIII, 33—34. 38. 39. Der Vertrag steht *Pol.* VII. 9. *Liv.* XXIII. 33: ut Philippus rex quam maxima classe (ducentas autem naves videbatur effecturus) in Italiam traiceret et vastaret maritimam oram, bellum pro parte sua terra mariquo gereret; ubi debellatum esset, Italia omnis cum ipsa urbe Roma Carthaginiensium atque Hannibalis esset, praedaque omnis Hannibali cederet, perdomita Italia navigarent in Graeciam bellumque, cum quibus regi placeret, gererent, quae civitates continentis quaeque insulae ad Macedoniam vergunt, eae Philippi regnique eius essent. (Philipp war durch Demetrius von Pharos

b) S. *Liv.* XXIII. 31. Die beiden Konsuln sind Tib. Sempronius Gracchus und M. Marcellus; des letzteren Wahl wird unter dem Vorgeben, dass bei seiner Wahl ein Versehen vorgefallen sei, vernichtet. Man vergleiche hierbei *Liv.* XXVII, 34, wo es heisst, dass es damals noch nicht erlaubt gewesen sei, zwei plebejische Konsuln zu wählen, und die ähnlichen Stellen XXXV, 10. XXXIX. 32.

(s. S. 53. Anm. 15) zum Bündnis mit Hannibal aufgereizt worden. s. *Pol.* V, 105, 1. VII, 13, 4.)

19) S. *Liv.* XXIV, 4—7. *Pol.* VII. 2—6. Nach dem Tode des Hieronymus ist die politische Lage von Syracus eine Zeitlang zweifelhaft und unentschieden.

20) (Rüstungen der Römer für dieses Jahr *Liv.* XXIV. 11: duodeviginti legionibus bellum geri placuit: binas consules sibi sumere, binis Galliam Siciliamque ac Sardiniam obtineri, duabus Q. Fabium praetorem Apuliae, duabus volonum Ti. Gracchum circa Luceriam praeesse, singulas C. Terentio proconsuli ad Picenum et M. Valerio ad classem circa Brundisium relinqui, duas urbi praesidio esse; hic ut numerus legionum expleretur, sex uovae legiones erant scribendae: eas primo quoque tempore consules scribere iussi et classem parare, ut cum eis navibus, quae pro Calabriae litoribus in statione essent, centum quinquaginta longarum classis navium eo anno exploretur. Man sieht, dass der Kriegsmacht der Scipionen in Spanien hierbei noch nicht in Berechnung gebracht ist. Die Konsuln nehmen Casilinum wieder, s. *Liv.* XXIV, 19; ferner: Caudinus Samnis gravius devastatus: — oppida vi capta Compulteria, Telesia, Compsa, inde Fugifulae et Orbitanium; ex Lucanis Blandae, Apulorum Aecae expugnatae. *Liv.* XXIV. 20.) — Hanno hatte ganz Bruttium, mit Ausnahme von Rhegium, erobert und kam jetzt mit einem, zum grossen Teile aus Bruttiern und Lukanern bestehenden Heere nach Samnium, wurde aber von Gracchus geschlagen, s. *Liv.* XXIV, 14—16.

21) S. *Liv.* XXIV, 40. Über die Ereignisse der beiden nächsten Jahre s. *Liv.* XXIV. 44. XXV, 3. XXVI, 1.

22) S. *Liv.* XXIV, 41—42. Es sind dies die Schlachten bei Castulo, Illiturgi, Munda, Aurinx. und noch an einem 5 ten ungenannten Orte. Die Verluste der Carthager werden überall mit grossen, wahrscheinlich übertriebenen Zahlen angegeben. Auch Sagunt wird von den Römern wieder erobert. s. *Liv.* XXVIII, 39.

c) Über den Inhalt dieses für die Sittengeschichte bemerkenswerten Gesetzes, so wie über die Zeit, wann es gegeben wurde, s. *Liv.* XXXIV, 1: ne qua mulier plus semunciam auri haberet, nec vestimento versicolori uteretur, neu iuncto vehiculo in urbe oppidove aut propius inde mille passus nisi sacrorum publicorum causa veheretur.

J.v.Ch.	J.d.St.	Äussere Geschichte.		Innere Geschichte.
		Hannibalischer Krieg.	*Krieg in Spanien.*	
214	540	Syracus durch Hippocrates und Epicydes auf der Seite Carthagos festgehalten,[23] wird von M. Marcellus belagert.[24]		
212	542	Hannibal nimmt Tarent.[25]	Niederlage und Tod der beiden Scipionen.[26]	
		Syracus von Marcellus erobert.[27] Capua von den Römern belagert.[28]	. .	Die Kunstwerke von Syracus werden grösstenteils nach Rom abgeführt.[d]
211	543	Hannibals Zug gegen Rom, um dadurch Capua zu entsetzen. Capua von den Römern genommen.[29]		

23) (*Liv.* XXIV, 36: versum ab Italia bellum, adeo uterque populus in Siciliam intentus fuisse videri poterat.) S. *Liv.* XXIV, 21—32. Die Stadt kommt nach einer Reihe von Intriguen in die Hände der Soldaten und ihrer Anführer, der Halb-Syracusier (sie stammten aus einem syracusischen Geschlecht, waren aber von einer carthagischen Mutter geboren und in Carthago erzogen) Hippocrates und Epicydes.
24) S. *Liv.* XXIV, 33—34. *Polyb.* VIII, 5—9. *Plut. Marc.* 14—19. Der Versuch, die Stadt zu erstürmen, wurde durch die bewunderungswürdigen Maschinen des Archimedes vereitelt. Man begnügt sich also, sie einzuschliessen.
25) (Das J. 213 bietet keine wichtigeren Kriegsereignisse; die Römer nahmen Arpi und Atrinum, s. *Liv.* XXIV. 45—47; Hannibal hielt sich in der Nähe von Tarent auf und lauerte auf eine Gelegenheit zur Wegnahme dieser Stadt. Im J. 212 wurde der Krieg von den Römern mit 23 Legionen geführt. *Liv.* XXV. 3.) Tarent, s. *Liv.* XXV, 7—11. *Pol.* VIII. 26—36, auch Metapontum und Thurii wurden von Hannibal genommen, s. *Liv.* XXV, 15. Die Burg von Tarent bleibt in der Gewalt der Römer.
26) S. *Liv.* XXV, 32—36. *Appian. Hisp.* 16. *Liv.* XXV, 32; Eadem aestate in Hispania cum biennio ferme nihil admodum memorabile factum esset consiliisque magis quam armis bellum gereretur, Romani imperatores egressi hibernis copias coniunxerunt. Ibi consilium advocantes, omniumque in unum congruerant sententias, quando ad id locorum id modo actum esset, ut Hasdrubalem tendentem in Italiam retinuerent, tempus esse id iam agi, ut bellum in Hispania finiretur. Die beiden Brüder trennen sich darauf, um die ebenfalls in 2 Lager getrennten Feinde zugleich anzugreifen. Das Unglück beginnt damit, dass die Celtiberer den Gnäus verlassen. Dieser muss also vor Hasdrubal, dem Barcinor, zurückweichen. Publius erliegt ebenfalls den besonders durch die Verbindung mit Masinissa und indibilis ihm überlegenen Feinden. Die geringen Überreste des römischen Heeres werden durch den römischen Ritter L. Marcius gerettet, der sogar einen glücklichen Überfall der Lager der carthagischen Feldherren ausführt, s. *Liv.* XXV, 37—39.

27) S. *Liv.* XXV, 23—31. 40—41. Die Stadt wurde stückweise erobert. Die Römer werden durch eine Pest und endlich durch Spaltungen unter den Belagerten unterstützt. Nach der Eroberung von Syracus wird der Besitz von Sicilien durch einen Sieg des Marcellus bei Agrigent über Epicydes und Hanno entschieden. XXV. 40; Legationes omnium ferme civitatium Siciliae ad cum (Marcellum) conveniebant; dispar, ut causa earum, ita condicio erat; qui ante captas Syracusas aut non desciverant aut redierant in amicitiam, ut socii fideles accepti cultique, quos metus post captas Syracusas dediderat, ut victi a victore leges acceperunt. Agrigent bleibt vor der Hand noch in der Gewalt des punischen Anführers Hipponiates, genannt Mutines.
28) Die Konsuln des Jahres Q. Fulvius Flaccus und Appius Claudius Pulcher bedrohten Capua mit einer Belagerung. Hannibal schickt den Hanno mit einem Heer, damit die Capuaner sich unter seinem Schutz mit Vorraten versehen. Allein in Abwesenheit des Hanno wird sein Lager bei Benevent von dem Konsul Ap. Claudius erstürmt, und alles niedergemacht, s. *Liv.* XXV, 13—15. [vgl. *Appian. Pun.* 36—37.] Darauf umlagern die Konsuln Capua. Tib. Sempronius soll die Stellung bei Benevent einnehmen; vor seinem Aufbruch aus Lukanien wird er aber von den Carthagern verraten und in einem Hinterhalt ermordet, s. *Liv.* XXV. 15—16. Hannibal zwingt darauf die Konsuln durch einen Angriff, die Belagerung aufzuheben. Sie trennen sich, vereinigen sich aber wieder vor Capua, dessen Belagerung sie nun fortsetzen. Hannibal schlägt einen römischen Heerführer Centenius in Lukanien, und bringt dem Prätor Cn. Fulvius eine gänzliche Niederlage bei Herdonea bei. S. *Liv.* XXV, 18—21.
29) S. *Liv.* XXVI. 1—16. *Pol.* IX. 3—7. Die Belagerung von Capua wurde von den Konsuln des vorigen Jahres als Prokonsuln fortgesetzt. Hannibal kam in die Nähe von Capua, suchte aber vorgeblich die römischen Feldherren zu einer Schlacht zu verlocken *Pol.*, anders *Liv.* XXVI, 5—6. Deshalb brach er gegen Rom auf. Er schlug sein Lager 3000 Schritte von Rom am Anio auf. Sein Zweck, entweder Rom zu nehmen oder doch Capua durch die Zurückberufung der

d) S. *Liv.* XXV, 40. *Pol.* IX. 40. *Plut. Marc.* 21.

als Republik. Erster Abschnitt. 264—201. 59

J. v. Ch. | J. d. St. | Äussere Geschichte.

		Hannibalischer Krieg.	*Krieg in Spanien.*
211	513	. . . .	P. Cornelius Scipio, der Sohn des Konsuls vom J. 218, übernimmt den Oberbefehl in Spanien.[30]
		Bündnis der Römer mit den Ätolern, Eleern, Lacedämoniern und den Königen Pleuratus von Thracien, Scerdilädus von Illyrien und Attalus von Pergamum gegen Philipp.[31]	
210	544	Sieg des Hannibal über den Prok. Cn. Fulvius bei Herdonea. Sein unentschiedener Kampf mit Marcellus bei Numistro.[33]	Scipio erobert Neu-Carthago.[32]

Prokonsuln zu entsetzen, wird aber durch die Unerschrockenheit und Geistesgegenwart der Römer vereitelt, *Pol.* IX, 6, 5. 6. Er geht darauf nach Lukanien und Bruttium zurück, worauf Capua sich unterwirft, welches grausam bestraft wird. Ceterum habitari tantum tamquam urbem Capuam frequentarique placuit; corpus nullum civitatis nec senatum nec plebis concilium nec magistratus esse; sine consilio publico, sine imperio multitudinem nullius rei inter se sociam ad consensum inhabilem fore; praefectum ad iura reddenda ab Roma quotannis missuros (vergl. *Liv.* XXVI, 34 und Cic. *de leg. agr.* I. § 19).
— Confessio expressa hosti, quanta vis in Romanis ad expetendas poenas ab infidelibus sociis et quam nihil in Hannibale auxilii ad receptos in fidem tuendos esset, *Liv.* XXVI. 16. (vgl. XXVI, 38).

30) Vor Scipio war im J. 211 der Proprätor C. Claudius Nero nach Spanien geschickt worden, hatte aber nichts ausgerichtet, s. *Liv.* XXVI, 17. *Zonar.* IX, 7. *Frontin. Strateg.* I, 5, 19. Über Scipio s. *Liv.* XXVI, 18—20. XXVI, 18: Romae eoquoque populoque post receptam Capuam non Italiae iam maior quam Hispaniae cura erat. Man beschloss daher, einen neuen Feldherrn dorthin zu senden, der von dem Volke gewählt werden sollte. An dem Wahltage bot sich der einzige P. Cornelius Scipio, Sohn und Neffe der im J. 212 in Spanien gefallenen Scipionen, an, welcher in der Schlacht am Ticinus seinen Vater gerettet, s. S. 54. Anm. 4, und auch der Schlacht bei Cannä eine Verschwörung römischer Jünglinge, die das Vaterland ganz aufgeben und verlassen wollten, vereitelt hatte, s. *Liv.* XXII, 53. Zu seiner Charakteristik s. *Liv.* XXVI, 19: fuit enim Scipio non veris tantum virtutibus mirabilis, sed arte quoque quadam ab inventa in ostentationem earum compositus, pleraque apud multitudinem aut per nocturnas visa species aut velut divinitus mente monita agens, sive et ipse capti quadam superstitione animi sive ut imperia consiliaque velut sorto oraculi missa sine cunctatione exsequerentur. Ad hoc iam inde ab initio praeparans animos, ex quo togam virilem sumpsit, nullo die prius ullam publicam privatamque rem egit, quam in Capitolium iret ingressusque aedem consideret et plerumque solus in secreto ibi tempus tereret. Dieselbe Auffassung seines Charakters findet sich *Pol.* X, 2—3 u. ö. *Appian. Hisp.* 23. *Gell. N. A.* VII, 1 u. a. Er kam im Winter von 211 auf 210 in Spanien an.

31) Das Bündnis *Liv.* XXVI, 24. Die Kriegsereignisse dieses Jahres *Liv.* XXVI, 25. *Pol.* VIII, 15—16. Auf Philipps Seite standen die Achäer.

32) S. *Liv.* XXVI, 41—51. *Pol.* X, 8—20. Die drei carthagischen Feldherren, Hasdrubal, des Hamilcar, Hasdrubal, des Gisgo Sohn, und Mago waren uneinig, s. *Pol.* IX, 11, 2. X. 6, 3. 5. 7. 3. Ihre Stellung s. *Pol.* X, 7, 5: ὧν Ἀσδρούβα μὲν ἐκινδύνευε διατρίβειν ἐντὸς Ἡρακλείων στηλῶν ἐν τοῖς Καρπίοις προσαγορευομένοις Ἀσδρούβαν δὲ τὸν Γέσκωνος περὶ τὸ τοῦ Τάγου ποταμοῦ στόμα κατὰ τὴν Λυσιτανίην, τὸν δ' ἕτερον Ἀσδρούβαν πολιορκεῖν τινὰ πόλιν ἐν τοῖς Καρπητανοῖς, οὐδένα δὲ τῶν προειρημένων ἐλάττω δέχ' ἡμερῶν ὁδὸν ἀπέχειν τῆς Καινῆς πόλεως. Die Unternehmung wird principio veris (*Liv.* XXVI, 41) gemacht, in 7 Tagen (*Liv. Pol.*) der Marsch zurückgelegt, und die Stadt am ersten Tage der Belagerung genommen. Die Bedeutung der Stadt s. *Liv.* XXVI, 43: haec illis arx, hoc horreum, aerarium, armamentarium, hoc omnium rerum receptaculum est, hinc rectus ex Africa cursus est, haec una inter Pyrenaeum et Gades statio, hinc omni Hispaniae imminet Africa, vgl. *Pol.* X, 8, 2—3. Die Besatzung unter einem Mago bestand nach *Pol.* X, 8, 4 aus nicht mehr als 1000 Mann. Scipio gewinnt die Völker Spaniens nach der Eroberung besonders durch die geschickte und milde Behandlung der Geiseln, die in grosser Anzahl in seine Hände gefallen waren.

33) S. *Liv.* XXVII, 1—2. (Der Krieg wird dieses Jahr von den Römern mit 21 Legionen geführt, s. *Liv.* XXVI, 28. Die allgemeine Lage desselben s. *Liv.* XXVI, 37: Neque aliud magis tempus belli fuit, quo Carthaginienses Romanique pariter variis casibus immixtis magis in ancipite spe ac metu fuerint. Nam Romanis et in provinciis hinc in Hispania adversae res, hinc prosperae in Sicilia luctum et laetitiam miscuerant, et in Italia cum Tarentum amissum damno et dolori, tum arx cum praesidio retenta praeter spem gaudio fuit, et terrorem subitum pavoremque urbis Romae obsessae et oppugnatae Capua post dies paucos capta in laetitiam vertit. — Hac aequante fortuna suspensa omnia utrisque erant integra spe, integro metu, velut illo tempore primum bellum inciperent. Hannibal zog seine Besatzungen aus mehreren der bisher von ihm behaupteten Städte heraus; andere Städte wurden ihm von den Römern entrissen. Indem er aber hierdurch das von ihm zu verteidigende Terrain beschränkte, so gewann er eine um so grössere Freiheit in der Verfügung über seine Streitkräfte. S. *Liv.* XXVI, 38—39. XXVII, 1. 9. *Appian. Hannib.* 44 ff.)

8*

J.v.Ch	J.d.St.	Äussere Geschichte.	
		Hannibalischer Krieg.	*Krieg in Spanien.*
210	544	Sicilien durch die Eroberung von Agrigent völlig unterworfen.[34]	
209	545	Drei Schlachten Hannibals mit Marcellus in Apulien; in der letzten derselben Hannibal geschlagen.[35]	Hasdrubal wird von Scipio bei Bäcula geschlagen. Er tritt darauf seinen Marsch nach Italien an.[36]
		Q. Fabius nimmt Tarent.[37]	
208	546	Die beiden Konsuln M. Marcellus und T. Quintius Crispinus werden von Hannibal in einen Hinterhalt gelockt und überfallen.[38]	Die in Spanien zurückgebliebenen carthagischen Feldherren Hanno und Mago geschlagen.[39]
207	547	Hasdrubal wird nach seiner Ankunft in Italien von den Konsuln C. Claudius Nero und M. Livius Salinator am Metaurus gänzlich geschlagen. Hannibal zieht sich darauf nach Bruttium zurück, ohne fernerhin in Italien etwas Bedeutendes zu unternehmen.[42]	Hasdrubal, der Sohn des Gisgo, und Mago bei Bäcula geschlagen und ihr ganzes Heer vernichtet.[40] Bündnis des Scipio mit Syphax, König von Numidien.[41]

---

34) S. *Liv.* XXVI. 40. vgl. XXVII, 5. Von Sicilien aus wurden nun in den folgenden Jahren Seezüge gegen die afrikanische Küste unternommen, s. *Liv.* XXVII. 5. 29 XXVIII, 4.

35) S. *Liv.* XXVII, 12–14. Die erste Schlacht wurde bei Canusium geliefert und blieb unentschieden, die zweite einen Tagemarsch davon, und hier siegte Hannibal. Marcellus führte aber gleichwohl am folgenden Tage seine Soldaten wieder ins Feld; quod ubi Hannibali nuntiatum est, cum eo nimirum, inquit, hoste res est, qui nec bonam nec malam ferre fortunam potest; seu vicit, ferociter instat victis, seu victus est, instaurat cum victoribus certamen (*Liv.* XXVII, 14). und diesmal siegten die Römer.

36) S. *Liv.* XXVII, 17–20. *Pol.* X, 34–40. *Appian. Hisp.* 25–28. *Zonar.* IX. 8. Hasdrubal zieht sich in die Gegend der Quellen des Tagus und sammelt dort zu seinem Zuge Truppen. Der andere Hasdrubal sollte sein und des Mago Heer „pomitus in Lusitaniam" führen, Mago auf den Balearen Truppen werben, und Masinissa mit seinen Reitern das östlichere Spanien beunruhigen. *Liv.* XXVII, 20.

37) S. *Liv.* XXVII, 15–16.

38) S. *Liv.* XXVII, 25–27. *Pol.* X, 32–33. *Plut. Marc.* 28–30. Es geschah zwischen Venusia und Bantia. Der Konsul Marcellus mit einem Teile seiner Begleiter wird getötet; auch Crispinus stirbt nachher an den hier empfangenen Wunden, s. *Liv.* XXVII, 33.

39) S. *Liv.* XXVIII, 1–4. Der Legat des Scipio, M. Silanus, überrascht den Hanno, der an die Stelle des Hadrubal (Ham.) nach Spanien geschickt worden war, und den Mago, als sie im Begriff sind, in Celtiberien zu werben. Scipio marschiert nun gegen Hasdrubal (Gisg.), um den Krieg mit Einem Schlag zu endigen; allein dieser verteilt seine Truppen in die festen Plätze, vergl. *Frontin. Strat.* I, 3. 5. L. Scipio, der Bruder des Oberfeldherrn, erobert einen bedeutenden Ort Orungis.

40) S. *Liv.* XXVIII, 12–16. *Pol.* XI. 20–24. Hasdrubal und Mago ziehen die Besatzungen aus den Städten und machen neue Werbungen. Ihr Heer beträgt darauf 70,000 M. zu Fuss, 4000 Reiter, 32 Elefanten. *Pol.* XI, 20, 2 vgl. *Liv.* XXVIII, 12. Auf der Flucht nach Gades wird ihr ganzes Heer aufgerieben, und nur sie selbst retten sich nach Gades.

41) S. *Liv.* XXVII, 4. XXVIII, 17–18. Scipio machte selbst mit grosser Gefahr einen Besuch bei Syphax, wahrscheinlich im Winter 20⅝.

42) S. *Liv.* XXVII, 40–51. *Polyb.* XI, 1–3. Von den beiden Konsuln wird Livius dem Hasdrubal entgegengeschickt, Nero soll den Hannibal beschäftigen. Nero wagt es, nachdem er dem Hannibal immer zur Seite gewesen ist und ihm ein glückliches Treffen bei Grumentum geliefert hat, mit 6000 M. zu Fuss und 1000 Reitern sein Lager bei Canusium heimlich zu verlassen und dem Livius zu Hilfe zu ziehen. Darauf die Schlacht bei Sena oder am Metaurus. *Liv.* XXVII, 49: Numquam eo bello una acie tantum hostium interfectum est redditaque aequa Cannensi clades vel ducis vel exercitus interitu videbatur: quinquaginta sex milia hostium occisa, capta quinque milia et quadringenti; nach *Pol.* XI, 3, 3 betrug die Zahl der Gefallenen „οὐκ ἐλάττους μυρίων". Tag der Schlacht: der 24. Juni, s. *Ovid. Fast.* VI. 770. *Liv.* XXVII, 51: Hannibal tanto simul publico familiarique ictus luctu agnoscere se fortunam Carthaginis fertur dixisse; castrisque inde motis, ut omnia auxilia, quae diffusa latius tueri non poterat, in extremum Italiae angulum Bruttios contraheret, et Metapontinos, civitatem universam, excitos sedibus suis, et Lucanorum, qui suae dicionis erant, in Bruttium agrum traduxit. Nur aus dem J. 204 werden uns noch 2 Schlachten des Hannibal mit den Römern bei Croton gemeldet; in der einen Schlacht siegt Hannibal, in der andern wird er besiegt, beide sind aber ohne entscheidenden Erfolg.

J.v.Ch.	J.d.St.	Äussere Geschichte.	Innere Geschichte.
206	548	*Hannibalischer Krieg.* *Krieg in Spanien.* Die Carthager werden aus Spanien völlig vertrieben und Spanien zur römischen Provinz gemacht. Mago wendet sich nach Oberitalien.⁴³	
205	549	Scipio, zum Konsul ernannt, rüstet sich in Sicilien zur Überfahrt nach Afrika.⁴⁴ Friede zwischen Rom und Philipp und den beiderseitigen Verbündeten.⁴⁵	
204	550	Scipio landet in Afrika.⁴⁶ Syphax auf Seiten der Carthager; Masinissa auf Seiten der Römer.⁴⁷	Der Annalist L. Cincius Alimentus.ᵉ Die Lex Cincia de donis et muneribus.ᶠ

---

43) S. *Liv.* XXVIII, 19—38. *Pol.* XI, 25—33. Astapa wird erobert, *Liv.* XXVIII, 22—23. In Folge eines Gerüchtes, dass Scipio gestorben sei, bricht in dem Heere desselben eine Empörung aus. *Liv.* XXVIII, 24—29. *Pol.* XI, 25—30. Scipio bereist die spanischen Staaten und unterwirft die Könige Mandonius und Indibilis, welche, zuerst eifrige Anhänger der Carthager, seit 209 auf Seiten der Römer gestanden hatten, jetzt aber wieder abgefallen waren, vielleicht, weil Scipio nunmehr die Absicht nicht mehr verhehlte, Spanien zur römischen Provinz zu machen, während er bisher nur darauf bedacht gewesen war, mit Hilfe der spanischen Völker die Carthager zu vertreiben. *Liv.* XXVIII, 24—34. *Pol.* XI, 31—33. Στρατηγοὶς δὲ Ἰβηρίας ἑτοίμοις ἐς τὰ ἕνη τὰ πλημμένα ἐπεμπον ἀπὸ τῶνδε ἀρξάμενοι, *Appian. Hisp.* 38. Im folgenden Jahre empören sich mehrere spanische Völker von neuem, werden aber wieder unterworfen. s. *Liv.* XXIX, 1—3. — Mago landet im folgenden Jahre mit 30 Kriegsschiffen, 12,000 Mann zu Fuss und 2000 Reitern in Ligurien und nimmt Genua, s. *Liv.* XXVIII, 46. Die Ligurer schliessen sich offen an ihn an, die Gallier heimlich, s. *Liv.* XXIX, 5. Im J. 204 erhält er noch eine Verstärkung von Carthago aus. *Liv.* XXIX, 4.

44) S. *Liv.* XXVIII, 40—49. XXIX, 1, 3—4. 6—9. Scipio fand mit seinem Plane, den Krieg sogleich nach Afrika zu versetzen, beim Volke sehr vielen Beifall; dagegen widersprach der Senat, besonders der alte Fabius Cunctator. Endlich gab man ihm Sicilien zur Provinz mit der Erlaubniss, von da nach Afrika überzusetzen. Daher war der Senat auch in Verwilligung der Mittel zur Kriegsführung sehr karg. Selbst die Schiffe wurden meist durch freiwillige Beiträge besonders von den etruskischen Städten ausgerüstet, s. *Liv.* XXVIII, 48—49. Von Sicilien aus machte er sein Legat C. Laelius eine plündernde Landung in Afrika, s. *Liv.* XXIX, 1, 3—4. Ausserdem unternimmt Scipio noch einen Zug nach Locri, welches er den Puniern entreisst, s. *Liv.* XXIX, 6—9.

45) S. *Liv.* XXIX, 12. *Appian Mac.* 2. Seit 210 führte der Prätor Sulpicius Galba den Oberbefehl gegen Philipp, s. *Liv.* XXVI, 26. XXVII, 22. Über die Ereignisse der Jahre 208 und 207 s. *Liv.* XXVII, 29, 32. XXVIII, 5—8. *Pol.* IX, 40. XVI, 32. XI, 5—7, X. 41—48. In den letzten 2 Jahren hatten die Römer diesen Krieg verabsäumt, deswegen hatten die Ätoler für sich mit Philipp Frieden geschlossen. Gleich darauf kommt P. Sempronius mit Heeresmacht; indes wünscht Philipp Frieden, welcher unter folgenden Bedingungen abgeschlossen wird: ut Parthini et Dimallum et Bargullum et Eugenium Romanorum essent. Atintania, si missis Romam legatis impetrasset, ut Macedoniae accederet. Dazu kommt noch aus Appian: Μηδετέρους ἀδικεῖν τοῖς ἑκατέρων φίλους.

46) Ehe er abfuhr, wurde auf Veranlassung einer Anklage gegen seinen Legaten Pleminius, den er nach Locri geschickt und der daselbst sich vieles hatte zu Schulden kommen lassen, wovon ein Teil auch auf Scipio zurückzufallen schien, eine Gesandtschaft von Rom aus in sein Lager geschickt, um zu untersuchen, wie es daselbst stehe, s. *Liv.* XXIX, 8—9. 16 bis 22. 22: tantaque admiratio singularum universarumque rerum incussa, ut satis crederent aut illo duce atque exercitu vinci Carthaginiensem populum aut illo nullo posse. Seine Überfahrt *Liv.* XXIX, 24—27. Er führte 2 Legionen von je 6200 Mann zu Fuss und 300 Reitern nebst der entsprechenden Anzahl von Bundesgenossen auf 40 Kriegs- und 400 Lastschiffen über, s. *Liv.* XXIX, 24—26. (Andere Angaben: 10,000 Mann zu Fuss, 2200 Reiter, oder 16,000 Mann zu Fuss, 1600 Reiter. oder 35,000 Mann zu Fuss und zu Ross. *Liv.* XXIX, 25. *Appian, Pun.* 13). Als Ort der Landung nennt *Liv.* XXIX, 29 das schöne Vorgebirge.

47) Vgl. S. 60. Anm. 41. Hasdrubal gab die dem Masinissa verlobte Sophonisbe dem Syphax und gewann diesen dadurch für die Carthager, s. *Liv.* XXIX, 24. *Appian. Pun.* 10. Dies mochte schon im J. 207 geschehen sein; denn nach der

e) S. *Dionys.* an der S. 56. Anm. a angeführten Stelle.
f) S. *Cic. de or.* II. §. 286. *de sen.* §. 10. *Tac. Ann.* 1, 15. Der Urheber des Gesetzes war der Volkstribun M. Cincius Alimentus und sein Inhalt: ne quis ob caussam orandam pecuniam donumve accipiat. *Tac.* a. a. O. Das Gesetz verbot ausserdem überhaupt übermässige Schenkungen. s. *Cic. ad Att.* I, 20, 7. *Fest.* s. v. *Muneralis* (p. 143).

J.v.Ch. | J d.St. | Äussere Geschichte.

203 | 511 | Scipio vernichtet durch einen nächtlichen Überfall die beiden ihm gegenüberstehenden Heere des Syphax und des Hasdrubal.[48] Mago[49] und Hannibal aus Italien zurückgerufen.[50]
202 | 552 | Schlacht bei Zama.[51]
201 | 553 | Die Carthager bitten um Frieden und erhalten ihn unter der Bedingung, dass sie auf ihre Eroberungen ausserhalb Afrikas verzichten, Geiseln stellen, die Kriegsschiffe bis auf zehn und alle Elefanten ausliefern, 10,000 Talente bezahlen, und sich verpflichten, ohne Erlaubnis der Römer keinen Krieg zu führen.[52]

Schlacht bei Bäcula nähert sich Masinissa, durch den Wortbruch des Hasdrubal aufs äusserste verletzt, den Römern, s. Liv. XXVIII, 35. Masinissa wurde nach seiner Rückkehr aus Spanien von Syphax und der Carthagern bekriegt und kam als Flüchtling mit einer geringen Anzahl Reiter zu den Römern sogleich bei ihrer Landung. s. Liv. XXIX, 29—33. — Scipio lieferte dem Feinde nach seiner Landung 2 glückliche Reitertreffen und belagerte dann Utica, musste aber von dieser Belagerung abstehen, s. Liv. XXIX, 28—29. 34—36. Hierauf nahm er die Winterquartiere auf einer Landzunge in der Nähe, und die Carthager waren voller Zuversicht, ἐλπίσαντες πολιορκήσειν τοὺς Ῥωμαίους ἀγχελεύσαντές τε τὴν ἄγραν τὴν πρὸς ἓν οἶμαι τῆς Ἰτύκης, ἐν ᾗ τὴν ναυμαχίαν ἐποιοῦντο, Pol. XIV, 6, 7.
48) S. Liv. XXX, 3—6. Pol. XIV, 1—5 Appian. Pun. 18—23. Zonar. IX, 12. Liv. XXX, 6: binaque castra clade una deleta: duces tamen ambo, ex tot milibus armatorum duo milia peditum et quingenti equites semermes, magna pars saucii afflatique incendio effugerunt, caesa aut hausta flammis quadraginta milia hominum sunt, capta supra quinque milia. Nach Pol. XIV, 1, 14 hatte Hasdrubal 30,000 Mann zu Fuss und 3000 Reiter, Syphax 50,000 Mann zu Fuss und 10,000 Reiter gehabt. Die Carthager sammeln sodann von neuem Truppen, werden aber zum zweiten Male geschlagen, und Syphax wird in seinem Reiche mit Krieg überzogen, bei Cirta geschlagen (am 24. Juni, s. Ovid. Fast. VI, 769) und gefangen genommen, s. Liv. XXX, 7—9. 11—12. Pol. XIV, 6—10. Appian. Pun. 24—30. Zon. IX, 12—13. Während dieser Unternehmung gegen Syphax versuchen die Carthager einen Überfall der römischen Flotte bei Utica, der ihnen zwar misslingt, den Römern aber doch einigen Nachteil bringt, s. Liv. XXX, 10. Pol. XIV, 10. Appian. 24—25. Zonar. IX, 12. Nach diesen Verlusten wird beschlossen, Hannibal und Mago zurückzurufen. Man macht aber zum Schein, um Zeit zu gewinnen, Friedensauerbietungen, s. Liv. XXX, 16—17. 21 bis 24.

49) S Liv. XXX, 18—19. Er war vorher in einer Schlacht im Gebiete der Insubrer von den Römern geschlagen worden; an den in dieser Schlacht empfangenen Wunden stirbt er auf der Rückreise.
50. S. Liv. XXX, 19. 20. Appian. Hannib. 57—61. Er landet bei Leptis Liv. XXX, 25.
51) S. Liv. XXX. 29—35 Pol. XV, 1—16. Appian. Pun. 33. 36—48. Zon. IX, 13—14. — Liv. XXX, 29: Zama quinque dierum iter ab Carthagine abest. — Scipio haud procul Naraggara urbe — consedit; Liv. XXX, 35; Carthaginiensium sociorumque caesa eo die supra milia viginti; par ferme numerus captus cum signis militaribus centum triginta duobus, elephantis undecim; victores ad mille et quingenti cecidere. — Hannibal cum Hadrumetum refugisset acceltusque inde Carthaginem sexto ac tricesimo post anno quam puer inde profectus erat, rediesset, fassus in curia est, non proelio modo se sed bello victum, nec spem salutis alibi quam in pace impetranda esse. Nach Zonaras wurde die „Schlacht am Tage einer Sonnenfinsternis und demnach der angestellten Berechnung zufolge am 19. Oktober geliefert". Die Schlacht wird nur nach Nepos (Hann. 6.) bei Zama, nach den übrigen Quellen bei Naraggara geschlagen.
52) Die Bedingungen desselben stehen unter andern Liv. XXX, 37: ut liberi legibus suis viverent, quas urbes quosque agros quibusque finibus ante bellum tenuissent, tenerent; — perfugas fugitivosque et captivos omnes redderent Romanis et naves rostratas praeter decem triremes traderent elephantosque quos haberent domitos, neque domarent alios; bellum neve in Africa neve extra Africam iniussu populi Romani gererent; Masinissae res redderent foedusque cum eo facerent; decem milia talentum argenti, descripta pensionibus aequis in annos quinquaginta solverent; obsides centum arbitratu Scipionis darent ne minores quattuordecim annis neu triginta maiores. Endlich muss der Schaden, welchen die Carthager während des Waffenstillstandes angerichtet hatten, vollständig ersetzt werden.
Scipio erhält den Beinamen Africanus s. Liv. XXX, 45.

Zweiter Abschnitt. 200—133.
a) 200—189.

J.v.Ch.	J.d.St.	Äussere Geschichte.	Innere Geschichte.
200	554	Erster macedonischer Krieg gegen König Philipp.[1] Der Konsul P. Sulpicius Galba landet in Illyrien und macht in diesem[2]	Ennius, der Vater der römischen Dichtkunst,[a] M. Porcius Cato, Redner, Rechtsgelehrter, Geschichtschreiber,[b] T. Maccius Plautus, Lustspieldichter.[c] Die Lex Porcia de tergo civium.[d]
199	555	wie in dem folgenden Jahre nur geringe Fortschritte.[3]	
198	556	Der Konsul T. Quinctius Flamininus dringt in Thessalien ein.[4] Der achäische Bund wird von ihm für Rom gewonnen.[5]	
197	557	Nach fruchtlosen Friedensunterhandlungen[6] Philipp bei Cynoscephalae entscheidend geschlagen.[7]	

1) *Liv.* XXXI, 1: Pacem Punicam bellum Macedonicum excepit, periculo haudquaquam comparandum aut virtute ducis aut militum robore (Philipp konnte nicht viel mehr als 25,000 Mann aufstellen, s. *Liv.* XXXI. 34. XXXIII, 4), claritate regum antiquorum vetustaque fama gentis et magnitudine imperii, quo multa quondam Europae, maiorem partem Asiae obtinuerant armis, prope nobilius. Die Ursache des Krieges ist die Besorgnis vor den grossen Rüstungen des Königs, s. *Liv.* XXXI. 3. und vor seinen Fortschritten und Plänen in Asien. Er hatte nämlich nach dem Tode des Königs Ptolemäus IV. Philopator (im J. 205) mit Antiochus dem Grossen ein Bündnis geschlossen, um das Reich der ägyptischen Könige zu erobern, s. *Liv.* XXXI, 14. *Pol.* XV, 20, 1, war deshalb auch schon in Asien eingedrungen, hatte, wahrscheinlich im J. 201, mehrere Städte erobert, s. *Pol.* XV, 20—24. XVI, 1—12. 24. *Pol.* XXXI, 14, und stand jetzt vor Abydos, welches er belagerte und endlich auch eroberte, s. *Pol.* XVI, 20—34. *Liv.* XXXI, 17—18. Hierzu kommen noch Beschwerden über die den Carthagern in den letzten Jahren des Krieges vertragswidrig geleistete Hilfe, s. *Liv.* XXXI, 1 vgl. XXIX. 4. *Liv.* XXXI, 42, und über Feindseligkeiten gegen Athen, s. *Liv.* XXXI, 14. Die Bundesgenossen der Römer sind ausser Attalus, König von Pergamum, und den Rhodiern, welche beide schon in Asien mit Philipp Krieg geführt hatten, und den Athenern einige kleine Könige aus der Nachbarschaft des macedonischen Reiches, Pleuratus, Sohn des Scerdilädus, Amynander, König der Athamaner, und Bato, ein König der Dardaner, s. *Liv.* XXXI, 28. Nach einigem Schwanken schliessen sich auch die Ätoler noch im J. 200 wieder an die Römer an, s. *Liv.* XXXI, 29—32. 40—42.

2) S. *Liv.* XXXI, 27.

3) S. *Liv.* XXXI, 33—38. Seine Unternehmungen beschränken sich auf erfolglose Züge an der Grenze von Macedonien und auf einige unbedeutende Treffen. Gleichzeitig beunruhigt die römische Flotte in Verbindung mit der des Königs Attalus und der Rhodier die Seestädte und Inseln, welche in der Gewalt Philipps sind, s. *Liv.* XXXI, 22—26. 44—46.

4) Philipp hatte eine feste Stellung am Aous. Hieraus vertreibt ihn Flaminius, s. *Liv.* XXXII, 11—12, und folgt ihm nach Thessalien, wohin auch die Ätoler und Athamaner einen Einfall gemacht hatten, s. *ebendas.* XXXII, 13—15. Von Atrax muss indes der Konsul abziehen und geht nunmehr nach Anticyra in die Winterquartiere, s. *ebendas.* XXXII, 17—18. Währenddem hatte die Flotte Eretria und Carystus genommen, s. *ebendas.* XXXII, 16—17.

5) S. *Liv.* XXXII, 29—32.

6) Solche Friedensunterhandlungen waren schon im Anfange des Jahres 198 vergeblich gepflogen worden, s. *Liv.* XXXII, 10, im letzten Winter mit grösserem Ernst, wenigstens von Seiten des Philipp, s. *Liv.* XXXII, 32—37. *Pol.* XVII, 1—12. Das zweite Mal scheiterten sie an der Forderung der Römer, dass Demetrias, Chalcis und Corinth, „die Fesseln Griechenlands", frei sein sollten.

7) S. *Liv.* XXXIII, 7—10. *Pol.* XVIII, 2—10. Die beiderseitigen Heere: Macedonum phalangem —: decem et sex milia militum haec fuere, robur omne virium eius regni; ad

a) Ennius ist im Jahr 239 geboren, s. *Varr.* bei *Gell.* XVII, 21, 43. *Cic. Tusc.* I. §. 3, und 169 gestorben, s. *Cic. Brut.* §. 78. Sein Geburtsort ist Rudine, s. *Strab.* VI, 3, 5, von wo ihn Cato im J. 204 mit nach Rom brachte, s. *Corn. N. Cat.* 1. Er schrieb Trauerspiele, Lustspiele, Satiren und Annales in 18 Büchern, ein historisches Epos, wobei er zuerst den Hexameter anwendete; daher Schöpfer einer neuen Prosodie.

b) geb. 234, s. *Cic. Brut.* §. 61 (anders *Liv.* XXXIX, 40), Konsul 195, Censor 184, *Cic. de sen.* §. 19, gest. 149, *Cic. Brut.* a. a. O. Zu Ciceros Zeit waren noch 50 Reden von ihm vorhanden, s. *Brut.* §. 65. Sein berühmtes Geschichtswerk führte den Titel Origines. Bemerkenswert ist noch, dass er als Greis die griechische Sprache erlernte, s. *Cic. Acad.* II. 2, 5. *de sen.* §. 26. Noch vorhanden ist seine Schrift de re rustica.

c) gest. 184, s. *Cic. Brut.* §. 60. Von 130 Komödien, die ihm zugeschrieben wurden, erkannte *Varro* 21 als unzweifelhaft echt an; s. *Gell.* III, 3, und diese sind bis auf eine erhalten. Sein Geburtsort ist nach Eusebius Sarsina in Umbrien.

d) *Cic. Rep.* II, §. 54 nennt 3 Leges Porciae und sagt, dass sie zu den Leges Valeriae de provocatione nichts „praeter sanctionem" neu hinzugefügt hätten. Anderwärts wird nur eine Lex Porcia genannt, s. *Liv.* X, 9. *Sallust. Cat.* 51, §. 22. *Cic. pro Rab.* §. 8, 12 u. ö. Das Gesetz verbot den Magistra-

Dritte Periode. 264—133 v. Chr. Roms Blüte

J.v.Ch.	J.d.St.	Äussere Geschichte.	Innere Geschichte.
197	557	. . . . . .	Die Zahl der Prätoren auf 6 erhöht.ᵃ
196	558	Friede mit Philipp.ᵇ Die griechischen Städte für frei erklärt.ᵈ	
195	559	. . . .	Die Lex Oppia abgeschafft.ᶠ
192	562	Syrischer Krieg.¹⁰	
191	563	Antiochus vom Konsul M'. Acilius Glabrio in den Thermopylen geschlagen.¹¹ Seesieg der Römer bei Corycus.¹²	
190	564	Zweiter Seesieg der Römer bei Myonnesus.¹³	

hoc duo milia caetratorum, quos peltastas appellant, Thracumque et Illyriorum (Trallis est nomen genti) par numerus bina milia erant, et mixti ex pluribus gentibus mercede conducti auxiliares mille ferme et quingenti, et duo milia equitum. Cum iis copiis rex hostem opperiebatur. Romanis ferme par numerus erat, equitum copiis tantum, quod Aetoli accesserant, superabant (Liv. XXXIII, 4). Ausgang der Schlacht: caesa eo die octo hostium milia, quinque capta, Liv. XXXIII, 10.
8) Die Bedingungen des Friedens s. Liv. XXXIII, 30: ut omnes Graecorum civitates, quae in Europa quaeque in Asia essent, libertatem ac suas haberent leges, quae earum sub dicione Philippi fuissent, praesidia ex his Philippus deduceret. — captivos transfugasque reddere Philippum Romanis (placere) et naves omnes tectas tradere praeter quinque et regiam unam inhabilis prope magnitudinis, quam sexdecim versus remorum agebant; ne plus quinque milia armatorum haberet neve elephantum ullum; bellum extra Macedoniae fines ne iniussu senatus gereret; mille talentum daret populo Romano, dimidium praesens; ne obsidibus pensionibus decem annorum. — In hace obsides accepti, inter quos Demetrius Philippi filius. Vgl. Pol. XVIII, 19—22. 25. 27.
9) S. Liv. XXXIII. 31—33. Flamininus verkündigte diesen Beschluss zum unermesslichen Jubel aller Griechen auf den Isthmien. Vor der Hand behielten die Römer Acrocorinth, Chalcis und Demetrias, bis 194, s. Liv. XXXIV, 49—51. Pol. XVIII, 28—31. — Im folgenden Jahre führte Flamininus noch Krieg mit Nabis, dem Tyrannen von Sparta, welchen er nötigte, mit Aufgabe der Küstenstädte sich auf den Besitz von Sparta zu beschränken. s. Liv. XXXIV, 22—41. Plut. Philop. 13. Die Achäer waren damit unzufrieden, weil sie gewünscht und gehofft hatten. dass Nabis ganz beseitigt und Sparta unter ihren Bund gestellt werden würde, s. Liv. a. a. O. 41: Achaeis — serva Lacedaemon relicta et lateri adhaerens tyrannus non sincerum gaudium praebebant.
10) Antiochus war eigentlich schon im J. 200 in demselben Fall mit Philipp, die Römer vermieden aber vor der Hand den Krieg mit ihm sehr behutsam und beschwichtigten ihn durch Gesandtschaften, s. Liv. XXXII, 7. XXXIII, 20. Sie beeilten

den Abschluss des Friedens mit Philipp, weil sie ihn fürchteten, s. Liv. XXXIII, 13. 19. Pol. XVIII. 22. Nach dem Abschluss kommen Gesandte desselben zum Flaminin; his nihil iam perplexe, ut ante, cum dubiae res incolumi Philippo erant, sed aperte denuntiatum, ut excederet Asiae urbibus, quae Philippi aut Ptolemaei regum fuissent, abstineret liberis civitatibus neu unquam lacesseret armis, Liv. XXXIV, 34. Daher nun auch die Gesandtschaften von beiden Seiten zum Vergleich führen, s. Liv. XXXIII, 39—41. XXXIV, 57—59. XXXV, 12 19. Pol. XVIII, 30 31. 33 35. Hannibal ist bei Antiochus und rät, den Krieg nach Italien zu versetzen. s. Liv. XXXIII, 45—46. XXXIV. 60. XXXVI. 7. Die Ätoler bestimmen ihn aber durch ihre Einladung, nach Griechenland zu kommen, s. Liv. XXXV, 12. 30. 43. Er kommt thörichterweise mit geringen Streitkräften, 10 Kriegsschiffen, 10,000 Mann zu Fuss, 500 Reitern, 6 Elefanten, s. Liv. XXXV. 13. die auch im nächsten Frühling nur unbedeutend verstärkt werden. s. XXXVI. 15. Seine Ankunft fällt gegen Ende des Jahres. Demungeachtet schliessen sich ausser den Ätolern, welche schon vorher Demetrias für ihn gewonnen hatten, s. XXXV, 34. König Amynander, XXXV, 47, die Eleer und Böoter an ihn an, s. XXXVI, 5. 6; Eubôa, wo er in Chalcis Griechenland verführt (vgl. Pol. XX. 3. 8), Acarnanien und ein Teil von Thessalien wird von ihm teils im Winter, teils im Frühjahr 191 zum Beitritt genötigt, s. XXXV, 50—51. XXXVI, 8—10. 11—12. Thessalien wird ihm jedoch schon vor der Ankunft des Konsuls wieder entrissen, s. XXXVI, 13. Die Bundesgenossen der Römer sind noch die alten, der König von Pergamus, jetzt Eumenes, und die Rhodier.
11) S. Liv. XXXVI. 14—21. XXXVI. 19: nec praeter quingentos, qui circa regem fuerunt, ex toto exercitu quisquam effugit. Der König eilt nach der Schlacht nach Asien zurück.
12) S. Liv. XXXVI. 41—45. (Corycus hiess der Hafen und das Vorgebirge von Teos.)
13) Die Geschichte des Seekrieges in diesem Jahre s. Liv. XXXVII, 8—32. Die Schlacht bei Myonnesus (XXXVII, 30. 33. 47) s. XXXVII, 29—30. Durch diese Schlacht wurde Antiochus so in Furcht gesetzt, dass er thörichterweise die

---

ton römische Bürger geisseln und hinrichten zu lassen, und wird in das J. 199 gesetzt, weil in diesem J. P. Porcius Laeca Volkstribun war, von dem es wahrscheinlich den Namen hat.
e) S. Liv. XXXII, 27. vgl. S. 52. Anm. c.

f) Vergl. S. 57. Anm. c. Über die Abschaffung s. Liv. XXXIV, 1—8. Valer. Max. IX, 1, 3. Oros. IV, 20. Sie geschah gegen den hartnäckigen Widerspruch des diesjährigen Konsuls M. Porcius Cato.

J.v.Ch.	J.d.St.	Äussere Geschichte.
189	565	Entscheidender Sieg des Konsuls L. Cornelius Scipio über Antiochus bei Magnesia ad Sipylum.[14] Friede mit Antiochus.[15] Unterwerfung der Galater[16] und der Ätoler.[17]

Besatzung von Lysimachia zurückzog, s. XXXVII, 31, so wie er auch nichts that, um den Konsul am Übersetzen nach Asien zu verhindern, s. *Polyb.* XXI, 12, 8.

14) Der Konsul und sein Bruder Publius, der ihn als Legat begleitete, waren unter dem Geleite König Philipps durch Macedonien und Thracien marschiert, s. *Liv.* XXXVII, 7. Sie setzen (das erste römische Landheer, welches Asien betrat) über den Hellespont, XXXVII. 33. Vergebliche Friedensanerbietungen des Antiochus, XXXVII, 34—36. Sein Heer besteht aus 62,000 Mann zu Fuss, 12,000 Reitern, 54 Elefanten, XXXVII. 37. 39, die Römer etwa 30,000 Mann, XXXVII. 39. Schlacht, XXXVII, 40—44. XXXVII, 44: ad quinquaginta milia peditum caesa eo die dicuntur, equitum tria milia; mille et quadringenti capti et quindecim cum rectoribus elephanti. Romanorum aliquot vulnerati sunt, ceciderunt non plus trecenti pedites, quattuor et viginti equites, et de Eumenis exercitu quinque et viginti. L. Scipio legte sich nach diesem Siege den Beinamen Asiaticus bei, s. *Liv.* XXXVII. 58. (Der Sieg wurde zwar vor Anbruch des Winters, also nach dem richtigen Kalender noch im J. 190, nach dem römischen um mehrere Monate abweichenden Kalender aber erst im Frühjahr 189 gewonnen, wie daraus hervorgeht, dass vor demselben P. Scipio wegen eines Festes der Salier, da er selbst Salier war, dem Gebrauche gemäss 30 Tage an demselben Orte verweilen musste, und dass dieses Fest im Monat März stattfand, s. *Pol.* XXI, 10. *Liv.* XXXVII. 33. *Ovid. Fast.* III. 387. Wegen andrer Gründe hierfür s. *Liv.* XXXVII, 49—52.)

15) S. *Liv.* XXXVII, 45—55. XXXVIII, 38, vgl. *Polyb.* XXI. 13—14. XXII. 1—7. 26. 27. Das Wichtigste von den Bedingungen lautet mit den Worten des P. Scipio: Europa abstinete, Asia omni, quae cis Taurum montem est, decedite; pro impensis deinde in bellum factis quindecim milia talentum Euboicorum dabitis. Ausserdem verlangt er Geiseln und die Auslieferung des Hannibal, welcher aber zu Prusias, König von Bithynien, entflieht. Das dem Antiochus abgewonnene Gebiet nehmen aber die Römer vor der Hand nicht für sich in Besitz, sondern schenken es dem Eumenes und den Rhodiern, und einen Teil der griechischen Städte erklären sie für frei, und zwar erhalten die Rhodier Lycien und Carien, Eumenes das Übrige, s. *Liv.* XXXVII. 56. XXXVIII. 39. *Pol.* XXII. 27. 8—10.

16) Die Galater wohnten in der Mitte von Kleinasien im Osten des pergamenischen Reichs und hatten sich ihren Nachbarn durch ihre Kriegslust gefährlich und furchtbar gemacht. Dies die Ursache des Kriegs, über welchen s. *Liv.* XXXVIII. 12—27. *Pol.* XXII. 16—22. Der Sieger ist der Konsul Cn. Manlius. Die Tolistoboii, eines dieser gallo-griechischen Völker, hatten sich auf dem Olymp, die Tectosager und Trocmer auf dem Berge Magaba verschanzt. Beide Verschanzungen werden erstürmt, und es ist bemerkenswert einmal, dass die Römer hiebei unermessliche Beute machen, und dann, dass die Soldaten nach dem Eindringen in das Lager sich aus Beutegier gegen den Befehl des Feldherrn ungehorsam zeigen, s. XXXVIII. 27: ein Beweis, dass die Disciplin nach und nach laxer zu werden anfing, vgl. *Liv.* XXXIX, 1: Asia et amoenitate urbium et copia terrestrium maritimarumque rerum et mollitia hostium regiisque opibus ditiores quam fortiores exercitus faciebat; praecipue sub imperio Cn. Manlii solute ac neglegenter habiti sunt; *ebendas.* XXXIX. 6: luxuriae enim peregrinae origo ab exercitu Asiatico invecta in urbem est; *Cass. Dio fr.* 64.

17) Die Ätoler waren schon über den Frieden mit Philipp unzufrieden, s. *Liv.* XXXIII. 11. 12. 13. 31. 35. 49. XXXIV. 22. 23, *Pol.* XVIII. 17. 21. 22. 28. 31, *Plut. Flam.* 9; noch mehr waren sie es über den mit Nabis, s. S. 64 Anm. 9. Sie suchen daher Krieg mit Rom, s. *Liv.* XXXIV. 43. und schicken Gesandtschaften an Antiochus, Philipp, Nabis, s. *Liv.* XXXV. 12, vgl. S. 64. Anm. 10. Spartas suchten sie sich unebher durch den Mord des Nabis ganz zu bemächtigen, gaben aber dadurch nur die Veranlassung, dass es den Achäern zufiel, s. *Liv.* XXXV. 25. 37. Nachdem sie an dem Kriege des Antiochus Anteil genommen, bleiben sie nach dessen Flucht den Römern allein gegenüberstehen. Sie leisten den tapfersten Widerstand, müssen aber endlich, nachdem mehrere vorherige Friedensunterhandlungen an der Strenge der Römer und ihrer eigenen Halsstarrigkeit gescheitert sind (s. *Liv.* XXXVI. 22. 27—29. 34—35. XXXVII. 1. 49. *Pol.* XX. 7—9. XXI. 1—3. XXII. 8), als der diesjährige Konsul, M. Fulvius, auch Ambracia genommen hat. Die Römer diktieren, gefallen lassen, s. *Liv.* XXXVIII, 11. *Pol.* XXII. 15. Sie müssen alle Städte, welche ihnen die Römer seit Flamininus abgenommen, aufgeben. 500 Talente zahlen, nur mit den Römern zusammen Krieg führen. Geiseln stellen u. s. w.

Dritte Periode. 264—133 v. Chr. Roms Blüte

b) 188—146.

J.v.Ch.	J.d.St.	Äussere Geschichte.	Innere Geschichte.
186	568	...	Senatsbeschluss über die sittenlose Feier der Bacchanalien.ᵃ
183	571	Tod des Scipio. Hannibal und Philopömen.¹	
182	572	. . . .	Die Lex Orchia, das erste Aufwandsgesetz.ᵇ
180	574	. . . .	Lex Villia Annalis.ᶜ
179	575	Philipp von Macedonien stirbt; Perseus sein Nachfolger.²	
172	582	. . . .	
171	583	Zweiter macedonischer Krieg.³ Der Konsul P. Licinius bei Larissa in einem Reitertreffen geschlagen.¹	Zum ersten Male zwei Plebejer Konsuln.⁴

1) S. *Liv.* XXXIX, 49—51. 52, vergl. *Pol.* XXIV, 9. *Plut. Philop.* 18 21. *Zonar.* IX, 21. *Oros.* IV, 20. *Val. Max.* V, 3, 2. *Cicero de sen.* §. 19.
2) S. die folgende Anm. 3.
3) Philipp hatte während des syrischen Krieges unter den Augen der Römer sein Gebiet durch Eroberungen vergrössert, s. *Liv.* XXXIX, 23, gleichwohl hatte man ihm gleich zu Anfang des Krieges seinen Sohn Demetrius, der als Geisel in Rom war, zurückgeschickt und ihm den Rest des Tributs erlassen, s. XXXVI, 35. Nach glücklicher Beendigung jenes Krieges erbitterte man ihn aber dadurch, dass man ihn zuerst im Jahre 185 wegen seiner neuen Erwerbungen vor römische Gesandte vor Gericht forderte, s. *Liv.* XXXIX, 23—29, und ihm diese nachher im Jahre 184 sogar absprach, s. *ebendas.* 33. Daher schon jetzt seine Erklärung: nondum omnium dierum solem occidisse, s. *ebendas.* 26. Als man neue Beschwerden gegen ihn erhob, s. *ebendas.* 34—35, schickte Philipp seinen Sohn Demetrius nach Rom, den die Römer mit der seinen berechneten Antwort zurücksehickten: velle etiam sentire Philippum integra omnia sibi cum populo Romano Demetrii filii beneficio esse, s. *ebendas.* 46—47. *Pol.* XXIV, 1—2. Dies reizte den älteren Bruder Perseus und säete Unfrieden im königlichen Hause, *Pol.* XXIV, 3. 7. 8, so dass endlich Philipp seinen Sohn vergiften liess, s. *Liv.* XXXIX, 53. XL, 2—16. 20—24. Philipp selbst starb bald darauf, s. *ebendas.* XL,

54—58, und Perseus wusste durch Klugheit die Bestätigung seiner Nachfolge von den Römern zu erlangen, s. *Polyb.* XXVI, 5. Perseus dachte indes sogleich, wie sein Vater, auf Krieg und suchte daher die Griechen für sich zu gewinnen, s. *Liv.* XLI, 22—26, was ihm auch ausser mit Athen und dem achäischen Bunde gelang, s. *ebendas.* 22. Auch knüpfte er mit Prusias, König von Bithynien, und Seleucus, König von Syrien, Verwandtschaftsbande, s. XLII, 12, und machte grosse Rüstungen, s. *ebendas.* Obgleich er die Verträge mit Rom in keiner Weise verletzt hatte, so waren doch diese Rüstungen für Rom ein hinreichender Grund zum Kriege. Dabei bewies sich Eumenes besonders thätig, welcher eine Liste der Vergehen des Perseus angefertigt hatte und damit (im J. 172) selbst nach Rom kam, um ihn anzuklagen, s. *Liv.* XLII, 6. 11. Im Winter 172 1, wurde eine Gesandtschaft nach Griechenland geschickt, um die Griechen von einer Verbindung mit Perseus zurückzuhalten, wobei man, um Zeit zu den Rüstungen zu gewinnen, dem Perseus noch Hoffnung auf Erhaltung des Friedens machte, s. *Liv.* XLII, 37—44. 47. 52. Zu Anfang des J. 171 wurde der Krieg erklärt. Des Perseus Streitkräfte bestanden aus 43000 Mann, *Liv.* XLII, 51, er wurde aber durch Furcht und Unentschlossenheit an deren richtigem Gebrauch gehindert, s. bes. *Polyb.* XXVIII, 9, 1.
4) S. *Liv.* XLII, 57—60. *Polyb.* XXVII, 7ᵃ: τῆς κατὰ τὴν ἱπποκρατεν ἡμέρας μετὰ τὴν τέχνην τῶν Μακεδόνων εἰς τὴν über ganz Italien erstreckte und auch die Gäste verantwortlich machte, dann die Licinia, Cornelia, Aemilia, Antia, Julia.

a) S. *Liv.* XXXIX, 9—19. Livius zählt 7000 Theilnehmer dieser seltsamen Verirrung, s. Cap. 17. Der Senatsbeschluss, welcher zur Unterdrückung derselben gefasst wurde, ist noch auf einer Erztafel vorhanden.
b) Die Leges sumptuariae werden von *Macrob. Saturn.* III, 17 aufgezählt, welcher auch die richtige Bemerkung hinzufügt: Vetus verbum est: leges, inquit, bonae ex malis moribus procreantur. Auf die Lex Orchia (gegeben vom Tribunen C. Orchius ... tertio anno quam Cato censor fuerat". *Macr.*) folgt die Fannia vom J. 162 oder 161, vergl. *Gell.* II, 24, 2—6. *Plin. H. N.* X, 50, 139, welche den Aufwand einer jeden Mahlzeit auf 100 Asse beschränkte, während die Orchia nur gegen eine übergrosse Zahl von Gästen gerichtet war, dann die Didia vom J. 144, welche die Verbindlichkeit der Fannia

c) S. *Liv.* XL, 44. Die gesetzlichen Jahre waren nach der gewöhnlichen Annahme: 31 für die Quästur, 37 für die Aedilität, 40 für die Prätur, 43 für das Konsulat. Man folgert diese Bestimmungen daraus, dass Cicero jeden Magistrat in dem gesetzlichen Lebensjahre bekleidet zu haben erklärt, *de off.* II, §. 59, die lege agr. II, §. 3 u. 4, und dass bei ihm die einzelnen Magistrate in jene Jahre fallen.

d) Die *Fasti Consulares* haben zu diesem J.: C. Popillius P. f. P. n. Laenas. P. Atilius P. f. P. n. Ligus. Ambo primi de plebe. Nachher sind wieder beide Konsuln aus dem Stande der Plebejer in den J. 167, 163. 153. 149, 139 u. ö.

J.v.Ch.	J.d.St.	Äussere Geschichte.	Innere Geschichte.
170	584	Der Konsul A. Hostilius bei einem Versuche, in Macedonien einzufallen, zurückgeschlagen.[5]	
169	585	Der Konsul Q. Marcius Philippus dringt in Macedonien ein, jedoch ohne weiteren bedeutenden Erfolg.[6]	
168	586	Perseus vom Konsul L. Ämilius Paulus bei Pydna geschlagen und gefangen genommen.[7]	
167	587	Macedonien für frei erklärt.[8]	Den römischen Bürgern wird die Vermögenssteuer erlassen.[e]
		Tausend der angesehensten Achäer als Gefangene nach Rom abgeführt.[9]	
166	588	. . . .	P. Terentius Afer und L. Afranius Lustspieldichter.[f]
156	598	. . . .	Lex Aelia und Fufia über die Komitien.[g]
155	599	. . . .	Die griechischen Philosophen Carneades, Critolaus und Diogenes in Rom.[h]

'Ελλάδα διαγγελθείσης ἐξέλαμψε καθαπερεὶ πῦρ ἡ τῶν πολλῶν πρὸς τὸν Περσέα διάθεσις, τὸν πρὸ τοῦ χρόνον ἐπικρυπτομένων τῶν πλείστων. Perseus benutzte aber seine günstige Lage nur, um wiederholt um Frieden zu bitten, s. *Liv.* XLII. 62.

5) S. *Plut. Aem. Paul.* 9: Καὶ μάχην ἐπολέμησε τὸ δεύτερον. ἐν ᾗ τῶν ὑπατικῶν Ὁστίλιον ἀπεσρόσαστο, *καταβιαζόμενον κατὰ τὰς Ἐλιμίας, λάθρα δὲ διὰ Θεσσαλίας ἐμβαλόντα προκαλούμενος εἰς μάχην ἐφόβησε,* vgl. *Liv.* XLIV, 2. In demselben Jahre zog ein Teil der Flotte von den Römern ab, s. *Polyb.* XXVII, 13, vgl. *Liv.* XLIII, 18.

6) Im Winter vorher hatte Perseus Eroberungen in Illyrien gemacht, s. *Liv.* XLIII, 18—23. Des Marcius Zug, s. *Liv.* XLIV, 1—5, war äusserst kühn und gelang nur durch die Furcht des Perseus.

7) Perseus gewann den König von Illyrien Gentius für sich, s. *Liv.* XLIV, 23, und selbst die Rhodier und Eumenes schienen ihm Hoffnung zum Übertritt zu geben, s. *ebendas.* XCV, 23—25, vergl. XLIII, 13. 14—15. 20. *Polyb.* XXIX, 3—7. Paulus stand ihm erst am Enipeus gegenüber, zwang ihn aber dann, seine verschanzte Stellung zu verlassen. Die Schlacht bei Pydna s. *Liv.* XLIV, 40—42. *Plut. Paul. Aem.* 16—21

(zur Ergänzung der Lücke bei Livius). Schlachttag: pridie nonas Septembres, *ebendas.* XLIV, 36. Perseus flieht mit den thörichter Weise gesparten Schätzen, wird aber in Samothrace von Q. Octavius gefangen genommen, s. *ebendas.* XLIV, 43—46. XLV, 4—9. Er stirbt nachher in römischer Gefangenschaft zu Alba am Fucinersee, s. *Liv.* XLV, 40. *Diod. Sic.* XXXI, 2.

8) S. *Liv.* XLV, 18: in quattuor regiones describi Macedoniam, ut suum quaeque concilium haberet, placuit et dimidium tributi quam quod regibus ferre soliti erant, populo Romano pendere. Similia his et in Illyricum mandata. Der erste Teil mit der Hauptstadt Amphipolis, der zweite mit Thessalonica, der dritte mit Pella, der vierte mit Pelagonia; die Teile hatten unter einander weder commercium noch conubium, s. *ebendas.* 28—29. 32. Mit Recht klagten die Macedonier: regionatim commercio interrupto ita videri lacerata omnia tamquam animali in artus alterum alterius indigentis distracto, *ebendas.* 30.

9) S. Zeittaf. der griech. Gesch. S. 144 Anm. 119. Unter ihnen auch der Geschichtschreiber Polybius.

e) S. *Cic. Off.* II. §. 76. *Plut. Paul.* 38. *Plin. N. H.* XXXIII, 17, 56.

f) Terentius, geb. 185 (so nach der von Fr. Ritschl hergestellten Lesart der ältesten Handschrift der *Vit. Ter.*), gest. 159, s. *Sueton.* V. *Ter.* und *Euseb.* Seine 6 noch vorhandenen Stücke kamen, wie die Didaskalien derselben ausweisen, zwischen 166 und 160 zur Ausführung. Er lebte in nahem Umgange mit dem jüngeren Scipio und C. Laelius. Afranius ist ungefähr sein Zeitgenosse (was aus *Vellei.* I, 17. 19, 9 hervorgeht) und verdient besonders deswegen genannt zu werden, weil er zu seinen Lustspielen römische Stoffe nahm (fabulae togatae); doch ist leider keins derhalten. Übrigens erreicht mit diesem Zeitalter das römische Lustspiel sein Ende, und wird alsdann durch die Atellanen und Mimen ersetzt.

g) Es waren dies wahrscheinlich 2, aber in demselben Jahre gegebene Gesetze, deren Inhalt, wie sich besonders aus *Cic. pro Sest.* §. 33, *de provinc. cons.* §. 46 ergiebt, dieser war: ut quoties comitia essent, de coelo servare liceret, obnuntiare liceret obnuntiationique cedere necesse esset, intercedere magistratus pares et tribuni possent. Cicero nennt beide Gesetze propugnacula murique tranquillitatis atque otii, *in Pis.* §. 9. Bis zu Ciceros Zeit wurden sie beobachtet, s. *in Vatin.* § 23.

h) (Die Römer hatten bisher mehrere, aber erfolglose Versuche gemacht, den griechischen Einfluss abzuwehren; so hatten sie im J. 173 Epicureische Philosophen und im J. 161 durch ein Senatskonsult Rhetoren und Philosophen aus Rom vertrieben, s. *Athen.* XII. p. 547. *Gell.* XV, 11. *Sueton. de clar. rhet.* 1, die obige Gesandtschaft trug hauptsächlich dazu

J.v.Ch.	J.d.St.	Äussere Geschichte.	Innere Geschichte.
154	600		Der Trauerspieldichter M. Pacuvius.¹
153	601		Der Amtsantritt der Konsuln auf den 1. Januar verlegt.ᵏ
149	605	Dritter punischer Krieg,¹⁰ in den ersten Jahren ohne Erfolg geführt.¹¹	Lex Calpurnia de repetundis.¹ Einführung der Quaestiones perpetuae.ᵐ
148	606	Der Viriatische Krieg.¹² Dritter macedonischer Krieg. Pseudophilipp geschlagen und gefangen genommen;	Der Annalist L. Calpurnius Piso.ⁿ

10) Die wahre Ursache des Krieges ist bei *Polyb.* XXXII, 2 in wenige Worte zusammengedrängt zu lesen. Masinissa. wohl wissend, welche Rolle ihm die Römer zuerteilt hatten, nahm einen Teil des carthagischen Gebiets in Anspruch: *Ἀμφισβητεῖ δὲ ποιουμένων τὴν ἀναφορὰν ἐπὶ τὴν σύγκλητον ἐπὶ τῶν ἀμφισβητουμένων καὶ πρεσβευτῶν πολλάκις ἐληλυθότων διὰ ταῦτα παρ᾽ ἑκατέρων, ἀεὶ συνέβαινε τοῖς Καρχηδονίοις ἐλαττοῦσθαι παρὰ τοῖς ῾Ρωμαίοις οὐ τῷ δικαίῳ, ἀλλὰ τῷ πεπεῖσθαι τοὺς κρίνοντας, συμφέρειν σφίσι τὴν τοιαύτην γνώμην.* — *Οὐ μὴν ἀλλὰ τέλος εἰς τοῦτο συνεκλείσθησαν οἱ Καρχηδόνιοι διὰ τῶν ἀπωσμένων διὰ τοῖς νῦν λεγομένοις καιροῖς, ὥστε μὴ μόνον τῆς πόλεως καὶ τὴν χώραν ἀπολιπεῖν, ἀλλὰ καὶ πεντακόσια τάλαντα προσθεῖναι τῆς καρπείας τῶν χρόνων, ἐξ οὗ συνέβη γενέσθαι τὴν ἀμφισβήτησιν.* Das Einzelne dazu s. *Liv.* XXXIV, 62. XL. 17. 34. XLI. 22. XLII, 23—24. XLIII, 3. *Appian. Pun.* 68 — 69. Masinissa reizt die Carthager endlich zum Krieg, und dies nehmen die Römer zum Vorwand, um den Frieden für gebrochen zu erklären. s. *Appian. Pun.* 70 bis 73. 74. *Liv.* XLVIII. XLIX. Der Krieg wurde besonders auf Betrieb des Cato (s. *Plut. Cat.* 26 ff. *Cic. de sen.* §. 18. *Tusc.* III, 51. *Flor.* II. 15) angekündigt. s. *Liv.* XLIX. *Pol.* XXXVI, 1, 9. Die Hauptquelle für die Geschichte dieses Krieges ist *Appian. Pun.* 74 — 135. vergl. *Liv.* XLVIII — LI. Zonar. IX. 26 — 30 und Fragmente des *Polybius* (XXXVI bis XXXIX) und *Diodorus* (XXXI — XXXII.)

11) Man forderte von den Carthagern erst 300 Geiseln, dann die Auslieferung aller Waffen und Kriegsgeräte, und erst, nachdem jene Forderungen befriedigt worden waren, trat man mit der Forderung hervor, dass sie ihre Stadt, welche jetzt 700.000 Einwohner hatte (*Strab.*), verlassen und sich wenig-

stens 10 Millien weit vom Meere anbauen sollten. s. *Pol.* XXXVI, 1 — 4. *Appian. Pun.* 74 — 95. *Diodor.* XXXII p. 627. Als die beiden letzten Forderungen gestellt wurden. waren die Konsuln des Jahres 149 L. Marcius Censorinus und M'. Manilius schon in Utica. Die letzte Forderung reizte die Carthager zum verzweifelten Widerstande. Censorinus geht bald, nachdem die Belagerung begonnen war, nach Rom zurück. um die Komitien zu halten. Manilius richtet nicht nur nichts aus, sondern wird auch von Hasdrubal, welcher mit einem Heere in Nepheris stand und von hier aus das übrige Afrika bewaffnete, zweimal zurückgeschlagen, s. *Appian.* 95 — 109. Der Kousul des folgenden Jahres, L. Calpurnius Piso. führt den Krieg gar nicht direkt mit Carthago, sondern verbringt die Zeit mit meist nutzlosen Versuchen auf andere Städte, namentlich auf Hippo. s. *Appian.* 110 -- 112.

12) Die Kriege in Spanien waren seit dem zweiten punischen Kriege fast ununterbrochen fortgeführt worden, Besonders bemerkenswert aus der Geschichte derselben sind die Ereignisse des J. 195, in welchem M. Porcius Cato das diesseitige Spanien völlig unterwarf, s. *Liv.* XXXIV, 8 - 21. *Appian. Hisp.* 40 — 41, ferner die Unterwerfung der Celtiberer durch T. i. 179 durch Tib. Sempronius Gracchus, s. *Liv.* XL. 47 bis 50. *Polyb.* XXVI, 4. *Appian. Hisp.* 43. Nach der Besiegung der Celtiberer begann der Krieg mit den Lusitanern. der bis zum J. 150 mit wechselndem Glücke geführt wurde. In diesem Jahre täuschte sie der Prätor Serv. Sulpicius Galba. und liess sie durch Verrat grösstenteils niederhauen, s. *Appian. Hisp.* 59 — 62. *Oros.* IV, 21. *Val. Max.* IX, 6, 2. *Liv.* XLIX. Im J. 148 erhoben sie sich wieder unter Führung des Viriat. *Appian.* 60: ὀλίγοι δ᾽ αὐτῶν διέφυγον (aus dem

bei diesem Einfluss immer herrschender zu machen.) S. *Rutil. Ruf.* b. *Gell.* VI (VII), 14, 8. *Cic. de or.* II. §. 115 ff. *Tusc.* IV. §. 5 u. a. *Plut. Cat.* 22. Carneades war das Haupt der akademischen, Critolaus das der peripatetischen und Diogenes das der stoischen Schule.

i) geb. um 219, gest. um 130. s. *Euseb.* u. *Cic. Brut.* §. 229. Vergl. S. 69. Anm. a.

k) S. *Cassiodor. Chronic.*: *Q. Fulvius et T. Anius.* Hi primi consules kalendis Ianuariis magistratum inierunt propter subitum Celtiberiac bellum.

l) S. *Cic. Brut.* §. 106. *Off.* II. §. 75 u. a. *Dirinat. in Caec.* §. 18: haec lex socialis est, hoc ius nationum exterarum est. hanc habent arcem. minus aliquanto nunc quidem muni-

tam quam antea, verum tamen, si qua reliqua spes est. quae sociorum animos consolari possit. ea tota in hac lege posita est. Der Urheber desselben ist der Tribun L. Calpurnius Piso Frugi.

m) S. *Cic. Brut.* §. 106. Die Einführung derselben geschah durch die *Lex Calpurnia*, indem durch dieselbe zugleich dieses neue Processverfahren festgesetzt wurde. Das Wesen der neuen Einrichtung bestand darin, dass für gewisse Anklagen, die bisher vor das Volk gebracht worden waren (zunächst für die causae repetundarum), stehende Kommissionen eingesetzt wurden, welche statt des Volkes darüber zu Gericht sassen.

n) Es ist dies derselbe mit dem Urheber der Lex Calpurnia. s. Anm. l, Kousul im J. 133. *Cic. Brut.* §. 106.

J.v.Ch.	J.d.St.	Äussere Geschichte.
*147	607	Macedonien unterworfen.[13]
146	608	P. Cornelius Scipio Ämilianus belagert und erobert und zerstört Carthago.[14] Die Achäer, im Aufstand gegen Rom, werden geschlagen, Corinth erobert und zerstört.[15] Afrika, Macedonien und Achaja römische Provinzen.[16]

Blutbad des Galba), ὢν ἦν Οὐρίατθος. ὃς μετ' οὐ πολὺ ἡγήσατο .Λυσιτανῶν καὶ ἕστιν πολλοῖς Ῥωμαίων καὶ ἔργα μέγιστα ἐπεδείξατο. Liv. LII: Viriatus in Hispania primum ex pastore venator, ex venatore latro, mox iusti quoque exercitus dux factus totam Lusitaniam occupavit, M. Vetilium praetorem fuso eius exercitu cepit, post quem C. Plautius praetor nihilo felicius rem gessit (vergl. Appian. 61—64. Diod. XXXII, 5. Exc. Phot. 523, 88) tantumque terrorem is hostis intulit, ut adversus eum consulari opus esset et duce et exercitu. Über den Krieg im Allgemeinen s. Appian. Hisp. 50—75. Liv. LII. LIV. Dio fr. 73. 75. 78. Diodor. Exc. XXXII. XXXIII. Oros. V, 4. Flor. II, 17.

13) Der Krieg wurde dadurch erregt, dass ein angeblicher Sohn des Perseus unter dem Namen Philipp sich zum König von Macedonien aufwarf. Derselbe wurde vom Präter Q. Cäci-

lius Metellus im J. 148 geschlagen, eben so im J. 147 ein anderer Prätendent, der sich Alexander nannte, und im J. 143 ein dritter, der wieder den Namen Philipp annahm, womit die Unterwerfung von Macedonien vollendet wurde. S. Pol. XXXVII, 1^b. Zon. IX, 28. Liv. XLVIII—L. LIII. Vellei. I, 11. Flor. II, 14. Paus. VII, 13, 1. Obsequens 78. Porphyr. apud Euseb. I, 38. p. 178.

14) S. Appian. 113—126. 127—135. Pol. XXXIX, 1 bis 3. Der Kampf in der Stadt, in welche Scipio von dem Hafen Cothon her eingedrungen war, dauerte noch 6 Tage, s. Appian. 130. Oros. IV, 23.

15) S. Zeittafeln der griech. Gesch. S. 145. Anm. 121. S. 146. Anm. 122.

16) S. Vellei. II, 38. Appian. Pun. 135. Flor. II, 14. Paus. VII, 16, 6 ff.

c) 145 — 133.

J.v.Ch.	J.d.St.	Äussere Geschichte.	Innere Geschichte.
143	611	Numantinischer Krieg.[1]	
140	614	Der Viriatische Krieg durch die Ermordung des Viriat beendigt.[2]	
139	615	. . . . .	Der Trauerspieldichter L. Attius.[a] Die Lex Gabinia tabellaria.[b]
137	617	.	Lex Cassia tabellaria.[c]

1) Dessen Geschichte s. Appian. Hispan. 76—97. Liv. LIV—LIX. Flor. II, 18. Vellei. II, 1. Oros. V, 4. 5. Dio fr. 77. 79. Diodor. XXXIII. (p. 596). Viriat reizte die celtiberischen Völkerschaften, welche im J. 150 Frieden geschlossen hatten (s. S. 68. Anm. 12), wieder zum Kriege auf, Appian. 66. Der Konsul Q. Caecilius Metellus unterwarf die Celtiberer

a) geb. um 170, s. Euseb. u. Cic. Brut. §. 229. Pacuvius und Attius ahmten die 3 grossen griechischen Tragiker nach, von denen sie auch die Stoffe nahmen; indessen haben sie ausser den griechischen Stoffen auch einige vaterländische behandelt (fabulae praetextae). Mit ihnen gelangte auch die römische Tragödie zunächst zu ihrem Ziel: bis sie unter dem Patronat des Augustus wieder auflebte.

b) S. Aum. c.

c) Cic. Legg. III. §. 35: Sunt enim quattuor leges tabellariae: quarum prima de magistratibus mandandis; ea est Gabinia, lata ab homine ignoto et sordido. Secuta biennio post Cassia est de populi iudiciis, a nobili homine lata L.

bis auf die Stadt Numantia, welche darauf den Krieg allein fortführte. Sie lag am Durius und hatte nicht mehr als 8000 Mann in ihren Mauern, s. Appian. 91. 97.

2) Der Krieg war seit 148 mit geringem Glück von den Römern geführt worden. Im J. 142 hatte Viriat sogar den Konsul Q. Fabius Servilianus eingeschlossen und ihn dadurch

Cassio, sed, pace familiae dixerim, dissidente a bonis atque omnes rumusculos populari ratione aucupante. Carbonis est tertia (Papiria) de iubendis legibus ac vetandis, seditiosi atque improbi civis, cui ne reditus quidem ad bonos salutem a bonis potuit afferre. Uno in genere relinqui videbatur vocis suffragium, quod ipse Cassius exceperat, perduellionis. Dedit huic quoque iudicio C. Caelius (Caelia) tabellam doluitque, quod vixit, se, ut oppriment C. Popilium, nocuisse rei publicae. Über die Cassia vergl. Brut. §. 97. 106, pro Sext. §. 103 u. a., über die Caelia Cic. pro Planc. §. 16. Plin. Epp. III, 20, über die Bedeutung dieser Gesetze überhaupt s. Cic. Legg. III. §. 34 de legg. agr. II. §. 4.

Dritte Periode. 264 -133. Roms Blüte als Republik.

J.v.Ch. J.d.St.   Äussere Geschichte.

135   619   Sklavenkrieg in Sicilien.³
131   620   Scipio belagert und
133   621   erobert und zerstört Numantia.⁴
               Attalus III. vermacht durch Testament sein Reich Pergamum den Römern.⁵

genötigt, Frieden und Bundnis mit ihm zu schliessen. Im J. 140 bricht der Konsul Cn. Servilius Caepio diesen Frieden und beendigt den Krieg dadurch, dass er den Viriat ermorden lässt. S. *Appian. Hispan.* 67—75. *Liv.* LIV. *Flor.* I, 33. 17 (II, 17): hanc hosti gloriam dedit (Caepio), ut videretur aliter vinci non potuisse. Der Nachfolger des Viriat, Tantalus, wurde nach jenes Tode schnell besiegt. Im J. 138 und 137 durchzieht darauf der Konsul D. Junius Brutus Lusitanien, und dringt dann bis nach Galläcien und bis zum Ocean vor. s. *Appian.* 71—73. *Liv.* LV. LVI. *Oros.* V, 5. (Nach Diodor [p. 597, 24] dauerte der Krieg 11, nach Justin [XLIV. 2] 10 Jahre.)
3) Die ausführlichste Darstellung dieses Krieges s. *Diodor. Exc.* XXXIV. (*Exc. Phot.* p. 525—520; vergl. *Exc. Vales.* p. 598—601. *Exc. Vatic.* p. 112—114). Vergl. *Liv.* LIX. *Oros.* V, 5. 9. *Val. Max.* II, 7, 9. IX, 12. 1. *Flor.* II, 7, 7 (III, 19). Bemerkenswert ist, dass ähnliche Aufstände auch anderwärts zu gleicher Zeit ausbrachen, s. *Diodor.* p. 528, 30 ff. Nach *Diod.* p. 528, 24 wäre die Zahl der Sklaven bis auf 200,000 gewachsen. *Flor.:* capta sunt castra praetorum — Manlii, Lentuli, Pisonis. Hypsaei. Die Konsuln der Jahre 134—132 führten den Krieg, beendigt wurde er im J. 132 durch P. Rupilius. [Aus dem Umstande, dass der Krieg 134, wo er von einem Konsul übernommen wurde, von 4 Prätoren geführt wurde, folgt mit Wahrscheinlichkeit, dass er bis

dahin mindestens bereits 4 Jahre gedauert, also im Jahre 138 angefangen hatte oder im J. 139 oder vielleicht auch noch früher, vergl. Corp Insc. Lat. I. n 551.]
4) Im J. 139 war Q. Pompejus gezwungen worden, Frieden mit den Numantinern zu schliessen, der indes nicht gehalten wurde, s. *Appian.* 76—79. Hierauf wurde im J. 136 der Konsul L. Hostilius Mancinus von ihnen eingeschlossen und wiederum zu einem Frieden genötigt, der unter Vermittelung des Tib. Sempr. Gracchus geschlossen, aber ebenfalls gebrochen wurde, s. *Appian.* 79—83. *Plut. Tib. Gracch.* 5—7. *Cic. Off.* III. §. 109. *Val. Max.* 1, 6. 7. Über Scipio s. *Appian.* 84—97. *Liv.* LVII—LIX. Er hatte nach *Appian.* 92 ein Heer von 60,000 Mann, unter denen auch die Numidier unter Jugurtha, s. *Appian.* 89. *Sallust. Jug.* 7. Das erste, was er nach seiner Ankunft thun musste, war, die gänzlich verfallene Disciplin herzustellen. s. *Appian.* 81. *Liv.* LVII. Die Belagerung dauerte 15 Monate, s. *Vellei.* II, 4.
5) S. *Strabo.* XIII, 4, 2. *Plut. Tib. Gr.* 14. *Liv.* LVIII. *Oros.* V, 8. *Plin. H. N.* XXXIII, 11, 148. *Val. Max.* V, 2, 3. Aristonicus, von königlichem Geschlecht, erregte 131 einen Aufstand, und wurde durch die Konsuln der Jahre 131, 130, 129, P. Crassus, M. Perperna und M'. Aquillius, besiegt, s. *Strab.* XIV, 1, 38. vergl. *Liv.* LIX. *Flor.* II, 20. *Val. Max.* III, 2, 12. *Justin.* XXXVI. 4. *Vellei.* II, 4. *Appian. Mithridat.* 62. *Eutrop.* IV, 20.

VIERTE PERIODE.
133—31 v. Chr.

Roms Verfall als Republik.

Die Gesetze der Gracchen bringen die schon längst drohenden Feindseligkeiten zwischen der im Besitz der Ehrenstellen und der Reichtümer stehenden Partei der Vornehmen (nobiles, optimates) und dem Volke zum offenen Ausbruch. Die sich hieran knüpfenden Parteikämpfe zerstören nach und nach die sittlichen Grundlagen der Verfassung und führen somit endlich dahin, dass Sulla auf das Heer eine Gewaltherrschaft gründen kann. Sulla benutzt die ihm zu Gebote stehende unumschränkte Macht nur zu dem Zwecke, um die Herrschaft der Aristokratie wieder herzustellen. Hierdurch wird der Untergang der Republik aufgehalten; indes nur auf kurze Zeit. Denn von dem Tode des Sulla an wird die von ihm neu geschaffene, aber aller festen Grundlagen entbehrende Macht der Aristokratie nach und nach untergraben und endlich durch die Schlacht bei Pharsalus völlig vernichtet. Von nun an fragt es sich nicht mehr, ob ein Einzelner herrschen, sondern nur, wer dieser Einzelne sein soll. Der Ausgang der Schlacht bei Actium entscheidet zuletzt für C. Julius Cäsar Octavianus. Während dieser fast ununterbrochenen inneren Kämpfe macht gleichwohl die Herrschaft Roms nach aussen bedeutende Fortschritte. In Spanien dringt sie immer weiter vor; durch die Unterwerfung Galliens werden ihre Grenzen bis an den Rhein und durch die Eroberungen in Asien bis an das Reich der Parther vorgerückt. Numidien, Pannonien und Dalmatien werden zu römischen Provinzen gemacht und endlich auch Ägypten der letzte Schein von Unabhängigkeit genommen. — Die Litteratur erreicht in den Gattungen der Beredsamkeit und Geschichtschreibung in der zweiten Hälfte der Periode ihren Höhepunkt.

Erster Abschnitt. Bis zu Sullas Niederlegung der Diktatur, 79 v. Chr. Der Kampf über die Gracchischen Gesetze bis zur Niederlage der Volkspartei im J. 121, die erneute Herrschaft der Optimaten und ihre Gefährdung durch Marius bis zum Tode des Saturninus und Glaucia im J. 100, endlich der Bundesgenossenkrieg, die kurze Gewaltherrschaft der Marianischen Partei, deren Sturz und die Diktatur des Sulla bilden den Hauptinhalt dieses Abschnitts und zugleich die sich von selbst ergebenden Unterabteilungen desselben. Von der äusseren Geschichte gehören in diesen Abschnitt der Jugurthinische, der cimbrische Krieg und die Anfänge der Eroberungen in Gallien und in Asien.

Zweiter Abschnitt. Bis zur Schlacht bei Actium, 31 v. Chr. Pompejus entzieht der aristokratischen Partei einen Pfeiler ihrer Herrschaft nach dem andern; der Widerstand der Aristokraten führt ihn zu der Verbindung mit Cäsar; Eifersucht trennt die Verbündeten wieder und führt sie an die Spitze der beiden grossen Parteien im Staate. Mit Cäsar siegt die Partei des Volkes, aber nur um Cäsar als Alleinherrscher an die Spitze des Staats zu erheben. Die Ermordung des Cäsar schiebt nur die Herstellung der Alleinherrschaft hinaus, indem sie dieselbe von neuem von der Entscheidung der Waffen zwischen den beiden Bewerbern, Octavian und Antonius, abhängig macht. So teilt sich auch diese Epoche in drei Unterabschnitte, welche durch die Verbindung des Pompejus und Cäsar (60 v. Chr.) und durch die Ermordung des letzteren (44 v. Chr.) geschieden werden. In diesen Abschnitt fallen die meisten der oben genannten grossen Eroberungen der Römer.

Quellen. Eine fortlaufende ausführlichere Darstellung der Geschichte dieses Zeitraums findet man nur bei Appian, in dessen 5 Büchern de bello civili, welche fast diesen ganzen Zeitraum (bis zum J. 36 v. Chr.) umfassen. Für die äussere Geschichte dienen sein Mithridatischer Krieg und seine illyrischen Geschichten zur Ergänzung. Daneben bietet uns Plutarch in seinen Lebensbeschreibungen der Gracchen, des Marius, Sulla, Lucullus, Sertorius, Pompejus, Crassus, Cicero, Cato, Cäsar, Brutus und Antonius eine fast fortlaufende Geschichte desselben Zeitraums. Von 60 an beginnt Cassius Dio (wahrsch. 155 n. Chr. geb., Konsul 222 und 229, schrieb eine röm. Gesch. von Äneas bis 229 n. Chr. in 80 Büchern, von denen uns aber nur B. 35—60, z. T. mit grossen Lücken, und B. 61—80 im Auszug des Xiphilinus erhalten sind) eine Hauptquelle zu werden, dessen ausführliche Darstellung uns bis zu Ende der Periode begleitet (B. 35—52; B. 35 und 36

Erster Abschnitt. 133—79.
a) 133—121.

J.v.Ch. J.d.St.

Innere Geschichte.

133 621 Redner: Tib. und C. Sempronius Gracchus, C. Papirius Carbo.ᵃ Der Satyrendichter: C. Lucilius.ᵇ
Tib. Sempronius Gracchusᶜ erneuert als Volkstribun das Ackergesetz des Licinius.ᵈ Er lässt seinen auf der Einsprache beharrenden Kollegen M. Octavius durch das Volk absetzen;ᵉ worauf sein Gesetz durchgeht und zur Ausführung desselben ein Kollegium von 3 Männern ernannt wird.ᶠ Gegen Ende des Jahres wird er von den Optimaten unter Führung des P. Scipio Nasica erschlagen.ᵍ

jedoch mit grossen Lücken.) Die Verfasser von Kompendien sind früher genannt und werden immer, da man sich bei ihrer grossen Kürze leicht zurechtfindet, nur dann angeführt, wenn sie etwas Bemerkenswertes darbieten. Wichtiger aber als diese fortlaufenden und umfassenden Darstellungen sind die Geschichtswerke des Sallust (s. S. 91 Anm. k), die des Jul. Cäsar (s. ebendas.) und die Schriften des Cicero, besonders die Briefe und Reden (s. S. 84. Anm. 1. S. 91. Anm. i. S. 91. Anm. 1). Sodann sind noch die Fortsetzungen der Kommentarien Cäsars, nämlich lib. octavus de bello Gallico, de bello Alexandrino (jenes sicher, dieses wahrscheinlich von Hirtius verfasst), de bello Africano, de bello Hispaniensi, die Lebensbeschreibungen des Jul. Cäsar und Octavianus von C. Suetonius Tranquillus (blühte unter Trajan und Hadrian), für den Mithridatischen Krieg Memnon bei Photius, p. 729 ff. ed. Rothom, zu bemerken, welcher letztere namentlich die in seiner Vaterstadt Heraclea am Pontus und in deren Nähe vorgefallenen Ereignisse genauer und vollständiger erzählt, als irgend ein anderer Schriftsteller. Endlich bieten auch die Stücke aus den Annalen des Granius Licinianus, welche von G. H. Pertz in einem Codex reser. des brit. Museums entdeckt und dann von C. Pertz im J. 1857 (zum zweiten Male von einer Heptas philologorum Bonnensium, 1858) herausgegeben worden sind, manches Interessante.

a) Vell. II, 9: Eodem tractu temporum nituerunt oratores — duo Gracchi (s. Cic. Brut. §. 103 — 104. 125 —126). C. Fannius (s. ebend. §. 99. Cons. im J. 122), Carbo Papirius (s. ebend. §. 103 — 106. 333, Cons. im J. 120).
b) geb. im J. 148, gest. 103. (Die Angaben über die Geburts- und Todesjahre der Schriftsteller beruhen hier und auch sonst, wo nichts Anderes bemerkt ist, auf der Chronik des Eusebius, in Bezug auf das Geburtsjahr des Lucilius ist aber zu bemerken, dass dasselbe wegen der anderweiten Nachrichten über sein Leben, namentlich über seinen Umgang mit Scipio und Laelius, jedenfalls weiter zurück, wahrscheinlich in das J. 180 zu setzen ist) Vergl. Vell. II. 9: Celebre et Lucili nomen fuit, qui sub P. Africano Numantino bello eques militaverat. Vergl. Horat. Sat. I. 1. 4. II. 1. 62 u. ö. Quint. Inst. X. 1, 93.
c) Sein Vater war Tib. Sempr. Gracchus, über welchen s. S. 68, Anm. 12, seine Mutter Cornelia, die Tochter des P. Cornelius Scipio Africanus maior, sein Schwiegervater Appius Claudius, s. Plut. Tib. Gracch. 1, 4. Vellei. II, 2. Eine zusammenhängende Erzählung über sein Unternehmen und seinen Ausgang enthalten Appian (de bello cir. I. 7 — 17) und Plutarch (Vita Tib. Gracchi).
d) Appian. a. a. O. 9: T. Σ. Γράκχος ἀνευπάτρις τῶν νόμων, μηδένα τῶν πεντακοσίων πλέθρων πλέον ἔχειν, πασὶ δ' αὐτῶν ἐπὶ τῶν παλαιῶν νόμων προμηθεῖ τὰ ἡμίσεα τούτων. Livius (Epit. LVIII) fügt noch hinzu: legem se promulgaturum ostendit, ut eis, qui Sempronia lege agrum accipere deberent, pecunia, quae regis Attali fuisset, divideretur, vergl. Plut. a. a. O. 14. Aurel. Victor de vir. illustr. 64. Das Gesetz bezog sich übrigens lediglich auf den Ager publicus, s. Appian. 7. Cic.
de leg. agr. II. §. 10. 65. Der Beweggrund des Gracchus ist nicht mit Cicero (Brut. §. 103. de harusp. resp. §. 43) und Vellejus (II, 2) darin zu suchen, dass der Senat des numantische Bündnis (s. S. 70, Anm. 4) verwarf, sondern vielmehr in den Verhältnissen der damaligen Zeit, welche von der Art waren, dass sie in einem von Vaterlandsliebe erfüllten Gemüte dergleichen (freilich unausführbare) Entschliessungen hervorrufen konnten. Alle Macht und aller Reichtum waren nämlich in den Händen Weniger (der Nobiles), Optimates oder Boni viri, wie sie genannt werden), während die Menge in Not und Mangel schmachtete, s. vorzüglich Sallust. Jug. 41 — 42, vergl. Plut. 8. 9. Appian. 7.
e) S. Plut. 10 — 12. Appian. 12. Mit Recht nennt Plutarch (11) diesen Schritt ein ἔργον οὐ νόμιμον οὐδὶ ἀστεῖον. Auch schadete sich Tib. Gracchus dadurch sehr in der öffentlichen Meinung, s. Plut. 15.
f) Die Triumviri sind Tib. Gracchus, sein Bruder C. Gracchus und sein Schwiegervater Appius Claudius, s. Plut. 13. Appian. 13.
g) S. Plut. 16 — 19. Appian. 14 — 16. (Cic.) Rhet. ad Her. IV. §. 68. Nach Plut. 19 fielen von der Partei des Gracchus über 300. Scipio Nasica stellte sich als Privatmann an die Spitze der Optimaten, weil Gracchus eben nahe daran war, für das folgende Jahr wieder zum Tribunen erwählt zu werden. Die Folgen: Cic. Rep. I, §. 31: Mors Ti. Gracchi et iam ante tota illius ratio tribunatus divisit populum unum in duas partes; Sallust. Jug. 31, 7: Occiso Ti. Graccho, quem regnum parare aiebant, in plebem Romanam quaestiones habitae sunt. Indes verfuhr die Partei der Nobiles jetzt noch mit einiger Vorsicht, so dass selbst der Urheber des Aufstandes, Scipio

als Republik. Erster Abschnitt. 133—70.

J.v.Ch.	J.d.St.	Äussere Geschichte.	Innere Geschichte.
131	623	. . . .	Zum ersten Male zwei Plebejer Censoren.ʰ
129	625	. . . .	Tod des P. Cornelius Scipio Africanus minor.ⁱ
126	628	. . . .	C. Gracchus wird als Quästor nach Sardinien geschickt.ᵏ
125	629	Die Massilienser rufen die Römer gegen die Salluvier zu Hilfe. Hiermit beginnen die Kriege der Römer in dem transalpinischen Gallien.¹	Gesetz des Konsuls M. Fulvius Flaccus, dass den italischen Bundesgenossen das Bürgerrecht erteilt werden soll.ˡ Es wird vereitelt, und sein Urheber dadurch entfernt, dass er gegen die Salluvier geschickt wird.ᵐ
124	630	. . . .	C. Gracchus kommt aus Sardinien zurück und wird zum Volkstribunen gewählt.ⁿ
123	631	Der Prokonsul C. Sextius besiegt die Salluvier und gründet Aquä Sextiä.²	Gesetze des C. Gracchus. Die wichtigsten darunter: 1) die Lex agraria; 2) die Lex frumen-

1) *Liv.* LX; M. Fulvius Flaccus primus Transalpinos Ligures domuit bello, missus in auxilium Massiliensium adversus Salluvios Gallos, qui fines Massiliensium populabantur; LXI: C. Sextius proconsul victa Salluviorum gente coloniam Aquas Sextias condidit, ob aquarum copiam e calidis frigidisque fontibus atque a nomine suo ita appellatas. Cn. Domitius proconsul adversus Allobrogas ad oppidum Vindalium feliciter pugnavit, quibus bellum inferendi causa fuit, quod Tutomotulum Salluviorum regem fugientem recepissent et omni ope

iuvissent, quodque Aeduorum agros, sociorum populi Romani vastassent. — Quintus Fabius Maximus consul, Pauli nepos, adversus Allobrogas et Bituitum Arvernorum regem feliciter pugnavit. — Allobroges in deditionem recepti. Vergl. *Pol.* XXXIII, 4. 7—8. *Flor.* III, 2, 3. *Strab.* IV, 1, 11. *Vell.* II. 8. 10. 39. *Appian.*ͺCelt. 12. *Valer. Max.* IX, 6, 3. *Oros.* V, 13, 14. *Fast. Triumphal.* Der Krieg mit den Arvernern und Allobrogern wurde im J. 121 beendet.]

Nasica, unter einem ehrenvollen Vorwande verbannt wurde, s. *Plut.* 21. An die Stelle des Tib. Gracchus und des bald darauf gestorbenen Appius Claudius wurden zwei Anhänger dieser Partei C. Papirius Carbo und M. Fulvius Flaccus zu Triumviru für die Verteilung der Ländereien ernannt, s. *Appian.* 18. (vergl. *Plut.* 21), die Verteilung selbst aber nahm in Folge der Gegenwirkungen der Nobiles und anderer in den Umständen liegender Hindernisse geringen Fortgang, s. besonders *Appian.* 17—21. 18: καὶ οὐδὲν ἄλλ' ἢ πάντων ἀνάστασις ἐγίγνετο, μεταφερομένων τε καὶ μετοικιζομένων ἐς ἀλλότρια. Dass die Senatspartei in der nächsten Zeit das Übergewicht hatte, geht unter anderem daraus hervor, dass sie im J. 131 einen Gesetzesvorschlag des C. Papirius Carbo, dass die Wiedererwählung der Volkstribunen gestattet sein sollte, durch Scipio Africanus vereitelte, s. *Cic. de amic.* §. 96, und im J. 126 den C. Gracchus, im J. 125 den Fulvius zu besoitigeu wusste.]

h) *Liv.* LIX: Q. Pompeius Q. Metellus tunc primum uterque ex plebe facti censores lustrum condiderunt; censa sunt civium capita trecenta duodeviginti milia octingenta ͺviginta tria praeter pupillos et viduas.

i) Scipio zerstörte seine Popularität durch seine Äusserungen über Gracchus, s. *Vellei.* II, 4: Ille cum interrogante tribuno Carbone, quid de Tiberii caede sentiret, respondit, si is occupandae reipublicae animum habuisset, iure caesum. Et cum omnis contio acclamasset, Hostium, inquit, armatorum toties clamore non territus qui possum vestro moveri, quorum noverca est Italia? Vergl. *Valer. Max.* VI, 2, 3. *Liv.* LIX. *Cic. de rep.* I. §. 14. 41. Auch wirkte er der Ausführung des Ackergesetzes dadurch entgegen, dass er den Triumvirn die Entscheidung über die in dieser Sache entstehenden Processe

entzog, s. *Appian.* 19. Daher das Volk keinen Schmerz, sondern Freude über seinen Tod empfand; daher auch die verschiedenen Verdächtigungen der Ermordung, welche gegen Anhänger des Gracchus erhoben wurden. Die Erzählung von seinem Tode s. *Appian.* 19—20. *Plut.* Tib. *Gracch.* 21. C. *Gracch.* 10. *Vellei.* II, 4. *Liv.* LIX. *Appian.* 20: ὁ Σκιπίων ἑσπέρας παρασθέμενος ἐπιτῷ δελτόν, εἰς ἣν νυκτὸς ἔμελλε γράψειν τὰ λεχθησόμενα ἐν τῷ δήμῳ νεκρὸς ἄνευ τραύματος εὑρέθη, εἴτε Κορνηλίας αὐτῷ τῆς Γράκχου μητρὸς ἐπιθεμένης, ἵνα μὴ ὁ νόμος ὁ Γράκχου λυθείη, καὶ συλλαβούσης ἐς τοῦτο Σεμπρωνίας τῆς θυγατρός, ᾗ τῷ Σκιπίωνι γεγαμημένη διὰ δυσμορφίαν καὶ ἀπαιδίαν οὔτ' ἠσπάζετο οὔτ' ἐστέργετο, εἴθ', ὡς ἔνιοι δοκοῦσιν, ἑκὼν ἀπέθανε, συνιδὼν ὅτι οὐκ ἔσοιτο δυνατὸς κατασχεῖν ὧν ὑπέσχοτο· εἰσὶ δ' οἱ βασανιζομένους φασὶ θεράποντας εἰπεῖν, ὅτι αὐτὸν ξένοι δι' ὁπισθοδόμου νυκτὸς ἐπισαχθέντες ἀποπνίξαιεν. — Σκιπίων μὲν δὴ τεθνήκει καὶ οὐδὲ δημοσίας ταφῆς ἠξιοῦτο. (Cicero nennt Carbo als Urheber seines Todes, s. *Cic. de or.* II. §. 170. *ad fam.* IX, 21, 3. *ad Quint. fr.* II, 3, 3. Für einen natürlichen Tod spricht Livius bei *Schol. Vat. ad Cic. pro Mil.* 7, 2. II. p. 283, *Or. Vellei.* II, 4).

k) S. *Plut. C. Gracch.* 1—2. *Cic. Brut.* §. 109.

l) S. *Appian.* 21. 34. *Val. Max.* IX, 5, 1.

m) S. *Appian.* 34: ἐξηγούμενος δὲ τὴν γνώμην καὶ ἐπιμέμων αὐτῇ καιροφυῶς ὑπὸ τῆς βουλῆς ἐπί τινα στρατείαν ἐξεπέμφθη διὰ τόδε.

n) S. *Plut.* 2. *Gell.* N. A. XV, 12. Man verlängerte seinen Auftrag, um ihn von Rom entfernt zu halten, auch auf das dritte Jahr. Da verliess er die Provinz eigenmächtig und erschien in Rom.

J.v.Ch.	J.d.St.	Äussere Geschichte.	Innere Geschichte.
			taria, die Verteilung von Getreide an das Volk zu einem billigeren Preise betreffend; 3) die Lex indiciaria, durch welche die Gerichte vom Senat auf den Ritterstand übertragen werden; 4) de civitate sociis danda."
122	632	Krieg gegen die Allobroger und Arverner.¹	Gracchus, zum zweiten Male Volkstribun, wird auf Veranstalten der Senatspartei von seinem Kollegen M. Livius Drusus aus der Gunst des Volkes verdrängt,ᵖ und nachdem er deshalb nicht wieder (zum dritten Male) zum Volkstribunen erwählt worden,
121	633		von den Optimaten unter Führung des Konsuls L. Opimius erschlagen.ᵠ

o) Über sämtliche Gesetze s. *Appian.* 21—23. *Plut. C. Gracch.* 4—5. *Liv.* LX. *Vellei.* II, 6. Durch die Lex frumentaria (nach *Appian.* 21 das erste Beispiel eines solchen Gesetzes) wurde bestimmt, dass das Getreide dem Volke zu einem bestimmten niedrigeren Preise überlassen werden sollte. (Etwas Genaueres über den Preis lässt sich nicht angeben, da die betreffende Stelle des Livius korrumpiert ist; es wird daselbst entweder semisse et triente — 10 12 As für den Modius oder senis et (oder cum) triente — 6 ⅓ As emendiert.) Die Lex iudiciaria hatte hauptsächlich den Zweck, dem Senate den Ritterstand zu entfremden, so wie wiederum die Lex de civitate sociis danda darauf berechnet war, die Bundesgenossen vom Senate abzuziehen. Auf beide, Ritter und Bundesgenossen, hatte sich nämlich der Senat bisher hauptsächlich gestützt, s. *Sallust. Jug.* 42, 1: nobilitas — modo per socios ac nomen Latinum, interdum per equites Romanos, quos spes societatis a plebe dimoverat, Gracchorum actionibus obviam ierat, vergl. *Appian.* 22. Sämtliche Gesetze gingen durch, nur mit Ausnahme des Gesetzes über die Bundesgenossen. — Ausser den obigen sind noch als Gesetze des C. Gracchus zu bemerken: de capite civium Romanorum, s. *Cic. pro Rab. P. R.* §. 12: C. Gracchus legem tulit, ne de capite civium Romanorum iniussu vestro iudicaretur, vergl. *Verr.* II, V. §. 163. *Cat.* IV. §. 10. *Plut.* 4; de provinciis consularibus, s. *Cic. pro dom.* §. 24. *Sallust. Jug.* XXVII, 3, wonach die Provinzen durch den Senat und vor der Wahl der Konsuln (futuris consulibus, *Sall.*) bestimmt werden sollten. Endlich gründete er zur Verwirklichung der Lex agraria Kolonieen und legte Landstrassen an, s. besond. *Plut.* 8—10. (Als eine Neuerung wird von *Vellei.* II, 15 die Gründung von Kolonieen ausser Italien erwähnt und streng getadelt).

p) S. *Plut.* 8—10. *Appian.* 23. *Plut.* 9: ἡ σύγκλητος — τὸν μὲν (Γ. Γράκχον) ἀποικίας δύο γράψαντα καὶ τοὺς χαρι-

στάτους τῶν πολιτῶν ἐγγράψαντα δημοκοπεῖν ἐπιῶντο, Λιβίῳ δὲ δώδεκα κατοικίζοντι καὶ τριςχιλίους εἰς ἑκάστην ἀποστέλλοντι τῶν ἀπόρων συνελαμβάνοντο· κἀκεῖνῳ μέν, ὅτι χώραν διένεμε τοῖς πένησι, προςτάξας ἑκάστῳ τελεῖν ἀποφοράν εἰς τὸ δημόσιον, ὡς κολακεύοντι τοῖς πολλοῖς ἀπηχθάνοντο, Λιβίῳ δὲ καὶ τὴν ἀποφοράν ταύτην τῶν νειμαμένων δημοφώς ἀφεῖναι αὐτοῖς ἔτι δὲ ὁ μὲν τοῖς Λατίνοις ἰσοψηφίαν διδοὺς ἐλύπει, τοῦ δὲ ὅπως μηδὲ ἐπὶ στρατείας ἐξῇ τινα Λατίνων ῥάβδοις αἰκίσασθαι γράψαντος ἐψηφίσθη τῷ νόμῳ. *Cic. Brut.* §. 109; *M.* Drusus — in tribunatu C. Gracchum collegam iterum tribunum fregit. Am meisten schadete aber dem Gracchus seine längere Abwesenheit, als er die Kolonie Junonia auf dem Boden von Carthago selbst einrichtete, s. *Plut.* 11. *Appian.* 24. Gleichwohl würde er auch *Plut.* 12 auch zum dritten Male zum Tribunen gewählt worden sein, wenn sich seine Gegner nicht ungesetzlicher Mittel bedient hätten.

q) Vergl. *Plut.* 13—17. *Appian.* 25—26. *Vellei.* II, 6. *Val. Max.* IV, 7, 2. *Aurel. Vict. de r. ill.* 65. *Flor.* III, 15. Der Tribun Minutius (*Flor.*) schlug die Aufhebung einiger Gesetze des Gracchus vor. Dies gab die Veranlassung zum Aufruhr. Opimius erhielt den Auftrag, die Ruhe herzustellen, durch die bekannte Formel: videat, ne quid detrimenti capiat respublica (das erste Beispiel, dass auf diese Art dem Konsul diktatorische Gewalt übertragen wurde, s. *Plut.* 18); worauf Gracchus und Fulvius Flaccus und ausserdem 3000 ihrer Anhänger getötet wurden, s. *Plut.* 17. Die Folge dieses Sieges war die Unterdrückung der Partei des Volkes, s. *Sallust. Jug.* 16, 1: L. Opimius — consul C. Graccho et M. Fulvio Flacco interfectis acerrime victoriam nobilitatis in plebem exercuerat, vergl. 31, 7. Der Übermut der Nobiles ging so weit, dass Opimius zum Andenken an diesen Sieg der Concordia einen Tempel weihte, s. *Plut.* 17. So dauert das Verhältnis beider Parteien bis zum Jugurthinischen Kriege fort.

b) 120 — 100.

J.v.Ch.	J.d.St.	Äussere Geschichte.	Innere Geschichte.
113	641	Die Cimbern und Teutonen an der Ostgrenze von Italien. Der Konsul Cn. Papirius Carbo bei Noreja geschlagen.[1]	
112	642	Der Jugurthinische Krieg in Rom beschlossen.[2]	
111	643	Der Konsul L. Calpurnius Bestia führt den Krieg gegen Jugurtha, lässt sich aber von ihm bestechen und schliesst Frieden mit ihm.[3]	Der Ackerverteilung wird durch ein Gesetz ein Ende gemacht.[a]
110	644	Jugurtha nach Rom vorgeladen. Erneuerung des Kriegs.[4] Der Konsul Sp. Postumius Albinus führt den Krieg ohne Erfolg.[5]	
109	645	Der Legat A. Postumius von Jugurtha eingeschlossen und zu einem schimpflichen Frieden gezwungen.[6]	

1) Über die ursprünglichen Wohnsitze der Cimbern und Teutonen und ihre Wanderung findet sich die ausführlichste, aber auch bloss Vermutungen enthaltende Nachricht *Plut. Mar.* 11: Καὶ μάλιστα μὲν ἐπείζοντο Γερμανικὰ γένη τῶν καθηκόντων ἐπὶ τὸν βόρειον ὠκεανὸν εἶναι τοῖς μεγέθεσι τῶν σωμάτων καὶ τῇ χαροπότητι τῶν ὀμμάτων, vergl. *Strab.* VII, 2. *Tac. Germ.* 37. Ihre Zahl betrug nach *Plut.* a. a. O. 300,000 streitbare Männer. Bemerkenswert ist, dass nach Posidonius bei *Strab.* a. a. O. die Cimbern bei ihrer Wanderung im hercynischen Walde auf die Bojer stossen und von diesen zurückgeschlagen ihren Weg nach Osten nehmen und von der Donau her nach Illyrien vordringen. Vergl. *Tac. Germ.* 28. Die Niederlage des Carbo ist am ausführlichsten erzählt *Appian. Cell.* 13. Vergl. *Liv.* LXIII. *Tac. Germ.* 37. *Vellei.* II, 8. *Flor.* III, 3. *Oros.* V, 15. Nach Besiegung des Carbo gingen sie nach Gallien, s. *Appian.* a. a. O., wo sie eine Zeitlang furchtbar hausten, s. *Caes. B. G.* VII. 77. Auf dem Wege dorthin schlossen sich ihnen die Tiguriner und Ambronen und die Teutonen an.

2) (Hauptquelle für die Geschichte des Kriegs *Sallust. Jugurtha*, daneben *Plutarch. Mar.* und *Sull.*) Massinissa, König von Numidien, starb 149; ihm folgte sein Sohn Micipsa bis 118. Dieser hinterliess das Reich seinen Söhnen Atherbal und Hiempsal und dem Sohne seines Bruders Mastanabal, dem Jugurtha, welchen er adoptiert hatte, *Sallust. Jug.* 5—11. Jugurtha lässt bald darauf den Hiempsal umbringen und überzieht den Atherbal mit Krieg; Atherbal, geschlagen, flieht nach Rom und bittet um Hilfe; Jugurtha bewirkt durch Bestechungen, dass man sich begnügt, eine Gesandtschaft zur Teilung des Reichs zwischen ihm und Atherbal nach Afrika zu schicken, und dass diese Gesandtschaft (unter Führung des Konsuls vom J. 121 L. Opimius) ihm den besseren Teil zuweist, *Sall.* 12 bis 16. Gleichwohl hatte Jugurtha jetzt den Krieg gegen Atherbal wieder angefangen und ihn in Cirta eingeschlossen, und fuhr in der Belagerung fort, obgleich von Rom aus zwei Gesandtschaften an ihn geschickt wurden, bis sich die Stadt ergab unter Bedingungen, welche von Jugurtha sogleich verletzt wurden, *Sall.* 20—26. Dies die Veranlassung des Kriegs, s. *ebendas.* 27. *Das.* §. 2: ni C. Memmius, tribunus pl. designatus, vir acer et infestus potentiae nobilitatis, populum Romanum edocuisset id agi, ut per paucos factiosos Iugurthae scelus condonaretur, profecto omnis invidia prolatandis consultationibus dilapsa foret: tanta vis gratiae atque pecuniae regis erat. Das Jahr ergiebt sich aus *das.* §. 4).

3) S. *Sall. Jug.* 28—30. Der Konsular M. Ämilius Scaurus war Legat des Bestia und Genosse der Bestechung, durch welche jener wider gutbefunden worden war, den Frieden abzuschliessen.

4) Memmius (s. d. vorherg. Anm. 2) beschuldigte die Urheber des Friedens der Bestechung und setzte den Beschluss durch, dass Jugurtha selbst nach Rom berufen werden sollte, um dessen Aussagen zur Begründung seiner Beschuldigung zu benutzen. Jugurtha kam, allein ein anderer Tribun C. Bäbius, von Jugurtha bestochen, verbietet ihm in der Volksversammlung auf die Fragen des Memmius zu antworten. Er kehrt daher, nachdem er noch vorher in Rom selbst seinen Verwandten Massiva hat ermorden lassen, nach Numidien zurück. S. *Sall. Jug.* 30—35. 35, 10: postquam Roma egressus est, fertur saepe eo tacitus respiciens postremo dixisse, urbem venalem et mature perituram, si emptorem invenerit. Der Friede war natürlich nicht bestätigt worden; daher man sich sogleich zur Fortsetzung des Krieges rüstet.

5) *Sall. Jug.* 36. Er wird wegen der Konsularkomitien nach Rom zurückberufen und überträgt seinem Bruder A. Postumius den Oberbefehl.

6) S. *Sall. Jug.* 36—39. Die Zeit der Einschliessung des A. Postumius ist der Januar 109, s. *das.* 37.

a) Es sind von dem Gesetz, welches lange Zeit, aber mit zweifelhaftem Recht, dem Volkstribunen Sp. Thorius zugeschrieben wurde ist und dessen Namen geführt hat, noch bedeutende Bruchstücke in der Ursprache erhalten, aus denen sich als das Wesentliche seines Inhalts ergiebt, dass der Staatsland den Inhabern durch dasselbe als Privateigentum zugewiesen und eine fernere Verteilung desselben von den Konsuln, Prätoren und Censoren abhängig gemacht wurde, welches letztere einer Aufhebung der Ackerverteilung ziemlich gleich kam. Vergl. *Cic. Brut.* §. 136. *Appian. B. C.* I, 27.

Vierte Periode. 133—31 v. Chr. Roms Verfall

J.v.Ch.	J. d. St.	Äussere Geschichte.	Innere Geschichte.
109	645	. . . . .	Durch ein Gesetz des Volkstribunen C. Mamilius die Optimaten wegen Bestechung vor Gericht gezogen und mehrere derselben verurteilt.ᵇ
108	646	Der Konsul Q. Cäcilius Metellus wird mit Führung des Krieges beauftragt und schlägt Jugurtha bei Muthul.⁷ Jugurtha flüchtet sich nach einer zweiten Niederlage und nach dem Verlust von Thala zu Bocchus, König von Mauretanien.⁸	
107	647	C. Marius⁹ übernimmt den Oberbefehl und schlägt die beiden Könige zweimal bei Cirta.¹⁰	Die Capite censi durch Marius unter die Legionen aufgenommen.ᶜ
106	648	Jugurtha wird dem Quästor L. Cornelius Sulla von Bocchus ausgeliefert, und damit der Krieg beendigt.¹¹	Der Senat erhält durch die Lex Servilia des Q. Servilius Cäpio die Gerichte wieder.ᵈ
105	649	Der Prokonsul Q. Servilius Cäpio und der Konsul Cn. Manlius von den Cimbern und Teutonen gänzlich geschlagen.¹²	

7) S. Sall. Jug. 43—62.
8) S. Sall. Jug. 63—85. Das Bündnis des Jugurtha mit Bocchus, das. 80—83.
9) Derselbe war vorher Legat des Metellus, s. Sall. Jug. 46. Über ihn überhaupt s. das. 63, 2: At illum iam anton consulatus ingens cupido exagitabat, ad quem capiundum praetor vetustatem familiae alia omnia abunde erant, industria, probitas, militiae magna scientia, animus belli ingens, domi modicus, lubidinis et divitiarum victor, tantummodo gloriae avidus. Sed is natus et omnem pueritiam Arpini altus, ubi primum aetas militiae patiens fuit, stipendiis faciundis, non Graeca facundia neque urbanis munditiis sese exercuit. Als er im J. 108 nach Rom reisen wollte, um sich um das Konsulat zu bewerben, hielt ihn Metellus erst zurück und reizte ihn überdem noch durch Spott; dann gab er ihm doch noch Urlaub, und man wurde er nicht nur zum Konsul gewählt, sondern ihm auch der Oberbefehl für den Jugurthinischen Krieg übertragen, s. das. 64. 84—85. Plut. Mar. 7—8. Es war dies seit langer Zeit das erste Beispiel, dass ein Homo novus das Konsulat erlangte, s. Sall. J. 63, 7. 73, 7; zugleich ein Beweis, dass das Volk damals das Übergewicht hatte.
10) S. Sall. Jug. 86—101. Plut. Mar. 9—10. Sall. 3.

b) S. Sall. Jug. 40, 1: uti quaereretur in eos, quorum consilio Iugurtha senati decreta neglegisset, quique ab eo in legationibus aut imperiis pecunias accepisset, qui elephantos, quique perfugas tradidissent, item qui de pace aut bello cum hostibus pactiones fecissent. Cic. Brut. §. 128: Invidiosa lege Mamilia C. Galbam sacerdotem et quattuor consulares, L. Bestiam, C. Catonem, Sp. Albinum civemque praestantissimum L. Opimium, Gracchi interfectorem a populo absolutum, cum is contra populi studium stetisset, Gracchani iudices sustulerunt. Dieses Gesetz ist besonders deswegen so merkwürdig, weil mit ihm das Volk sich wieder gegen die Optimaten erhebt, s. Sall. Jug. 40, 5: ut saepe nobilitatem, sic ea tempestate plebem ex secundis rebus insolentia ceperat; 65. 5: Ea

11) S. Sall. Jug. 102—114. Sulla war bei diesem Feldzuge des Marius Quästor. Seine Charakteristik. s. ebendas. 95: Sulla gentis patriciae nobilis fuit. familia iam prope exstincta maiorum ignavia, literis Graecis et Latinis iuxta atque doctissume eruditus, animo ingenti cupidus voluptatum. sed gloriae cupidior. otio luxurioso esse, tamen ab negotiis numquam voluptas remorata—. facundus, callidus et amicitia facilis, ad simulanda negotia altitudo ingeni incredibilis, multarum rerum ac maxume pecuniae largitor. Vergl. Plut. Sull. 1—2. Der Umstand, dass Sulla dadurch, dass ihm Jugurtha ausgeliefert wurde, einen grossen Teil des Ruhmes für sich gewinn, legte zuerst den Grund zu der Eifersucht des Marius, obgleich dieser eine Zeit lang seinen Groll wieder vergass, s. Plut. Mar. 10. 11. Sull. 4. Marius triumphierte den 1. Jan. 104. indem er zugleich an diesem Tage sein zweites Konsulat antrat, s. Sall. Jug. 114. Plut. Mar. 12.
12) In der Zwischenzeit seit der Schlacht bei Noreja waren der Konsul M. Junius Silanus im J. 109, der Konsul M. Aurelius Scaurus im J. 108, beide von den Cimbern, der Konsul L. Cassius im J. 107 von den Tigurinern geschlagen worden, sämtlich im transalpinischen Gallien, s. Liv. LXV. LXVII. Tac. Germ. 37. Vell. 11, 12. Flor. III. 3. Caes. B. G. 1, 7.

tempestate plebs, nobilitate fusa per legem Mamiliam, novos extollebat.
c) S. Sall. Jug. 86, 2: Ipse interea milites scribere, non more maiorum, neque ex classibus, sed uti cuiusque lubido erat, capite censos plerosque; vergl. Plut. Mar. 9. Gell. N. A. XVI. 10, 14.
d) S. Tac. Ann. XII, 60: omne ius —, de quo totiens seditione aut armis certatum, cum Semproniis rogationibus equester ordo in possessione iudiciorum locaretur aut rursum Serviliae leges senatui iudicia redderent, Mariusque et Sulla olim de eo vel praecipue bellarent. Vergl. Cic. Brut. §. 161. 164. u. ö. [Nach Cassiodor. Chronic. und Iul. Obseq. 101 wären die Gerichte zwischen Senat und Ritterstand geteilt worden.]

als Republik. Erster Abschnitt. 133—79.

J.v.Ch.	J.d.St.	Äussere Geschichte.	Innere Geschichte.
104	650	Marius, zum zweiten Male Konsul, zum Oberfeldherrn gegen die Cimbern und Teutonen ernannt.[13]	Die Gerichte durch die Lex Servilia des Tribunen C. Servilius Glaucia den Rittern zurückgegeben.[e] Die Lex Domitia des Tribunen Cn. Domitius Aenobarbus über die Wahl der Priester durch das Volk.[f]
103	651	Zweiter Sklavenkrieg auf Sicilien.[14]	
102	652	Marius schlägt die Ambronen und Teutonen bei Aquā Sextiā,[15] und	
101	653	die Cimbern mit Q. Lutatius Catulus zusammen bei Vercellā.[16]	
100	654	. . . .	Der Tribun L. Appulejus Saturninus und der Prätor C. Servilius Glauci erregen einen Aufruhr. Sie werden erschlagen.[g]

12. Über obige Niederlage s. *Justin.* XXXII, 3, 10. *Gell. N. A.* III, 9. *Liv.* LXVII: militum milia octogenta occisa, calonum et lixarum quadraginta secundum Arausionem. Caepionis, cuius temeritate clades accepta erat, damnati bona publicata sunt, primi post regem Tarquinium, imperiumque ei abrogatum. Tag der Schlacht, prid. Non. Octobr., *Plut. Luc.* 27. *Dio fr.* 90—91. Die Feinde wandten sich jetzt zunächst nach Spanien, s. *Plut. Mar.* 14.
13) *Sall. Jug.* 114. Er wartet von jetzt an am Rhodanus auf die Feinde.
14) *Flor.* III. 19. *Liv.* LXIX. *Dio* 93. *Diod.* XXXVI. (p. 536, 26. 608, 23. *Exc. Vat.* p. 123, 9.) Die Anführer der Sklaven waren Athenio und Trypho. Sie schlugen im J. 103 den Prätor C. Servilius Casca und im J. 102 den Prätor L. Lucullus und wurden erst im J. 100 durch den Prokonsul M'. Aquillius besiegt.
15) S. *Plut. Mar.* 14—22.
16) S. *Plut. Mar.* 23—27. *Sall.* 4. Vergl. *Liv.* LXVIII und die S. 75 Anm. 1 angeführten Stellen. Nach *Plut. Mar.* 25 war der Ort der Schlacht Vercellae, nach *Vell.* II, 12 die raudischen Felder „circa Alpes". Tag der Schlacht der 30. Juli. *Plut. Mar.* 26. Marius war seit 104 immer wieder zum Konsul gewählt und wurde es auch jetzt wieder für das J. 100 zum sechsten Mal.

e) Dieses Gesetz bestimmte „ut comperendinaretur reus," s. *Cic. Verr.* II. 1. §. 26 und *Ps. Asc.* z. d. St., und dass der Ankläger statt des Verdammten das Bürgerrecht erhalten sollte, s. *Cic. pro Balb.* §. 54. In eben diesem Gesetz war nun der zugleich die Bestimmung enthalten, dass „die Richter unter Aufhebung der Lex Servilia des Caepio wieder aus dem Ritterstande genommen werden sollten, wie daraus hervorgeht, dass die Ritter von nun an wieder im Besitz der Gerichte sind, vgl. *Cic. Brut.* §. 224: (Glaucia) ei plebem tenebat et equestrem ordinem beneficio legis devinxerat. [Das J. 104 des Gesetzes beruht nur auf einer ungefähren Bestimmung, da sich nur so viel mit Sicherheit bestimmen lässt, dass es zwischen 106, dem Jahre der Lex Servilia des Caepio und dem J. 100, dem Todesjahre des Glaucia, von diesem als Volkstribun gegeben worden ist. Die Annahme, dass dieses Gesetz dasselbe sei, von welchem wir noch bedeutende unter diesem Namen von Klenze herausgegebene Bruchstücke besitzen, ist in neuerer Zeit mit gewichtigen Gründen bestritten worden.]
f) Auch die Priester, welche bisher durch Kooptation der Kollegien ernannt worden waren, sollten durchs Volk, aber nur durch 17 vermittelst des Loses zu bestimmende Tribus gewählt werden, s. *Cic. de leg. agr. or.* II. §. 17.
g) Marius war mit Saturnin und Glaucia im Einverständnis und wollte sie als seine Werkzeuge gebrauchen, s. *Plut. Mar.* 28. Saturnin war dadurch, dass er seinen Mitbewerber A. Nunnius ermorden liess, zum Tribunat gelangt, s. *Plut. Mar.* 29. *Appian. B. C.* I, 28. *Liv.* LXIX. Er gab dann zuerst eine Lex agraria, wonach Ländereien in Oberitalien an das Volk verteilt werden sollten. Das Gesetz enthielt zugleich die Bestimmung, dass der Senat es binnen 5 Tagen beschwören solle; was auch, da Marius mit seinem Beispiele voranging, geschah. Nur Metellus Numidicus weigerte sich und wurde deshalb verbannt, worauf es Marius vorzüglich abgesehen hatte. S. *Appian. B. C.* I, 29—31. *Plut. Mar.* 29. *Flor.* III, 16. Ein zweites Gesetz war die Lex frumentaria, eine Erneuerung und Bestätigung des Sempronischen Gesetzes, *Cic. ad Herenn.* I, §. 21. Vergl. (*Aur. Vic.*) *de vir. ill.* 77. Saturninus war schon von neuem (zum dritten Male) zum Tribunen gewählt worden; Glaucia wollte Konsul werden. Hierüber kam es zum offenen Aufruhr. Der Mitbewerber Glaucias, C. Memmius, wurde ermordet, und Saturninus, Glaucia und der Quästor Saufejus bemächtigten sich des Kapitols. Marius giebt aber seine bisherigen Genossen nunmehr auf, sie werden belagert, ergeben sich und werden erschlagen. S. *Appian. B. C.* I, 32 bis 33. *Plut. Mar.* 30 und bes. *Cic. pro Rab. perd. r.* §. 20 bis 34. 31. u. ö. Durch diesen Vorfall kommt die Partei der Optimaten wieder auf eine Zeitlang empor, was sich zunächst durch die Zurückberufung des Metellus zeigt. S. *Appian. a. a. O.* 33. *Plut. Mar.* 30. Marius geht nach Asien, *Plut.* 31.

Innere Geschichte.

Redner: L. Licinius Crassus, M. Antonius und ihre jüngeren Zeitgenossen P. Sulpicius Rufus und C. Aurelius Cotta.ᵃ

Geschichtschreiber: L. Cornelius Sisenna, C. Licinius Macer, Valerius Antias, Q. Claudius Quadrigarius, M. Aemilius Scaurus, P. Rutilius Rufus, Q. Lutatius Catulus.ᵇ

Die Atellanendichter: Q. Novius und L. Pomponius Bononiensis.ᶜ

98 | 656 — Die Lex Caecilia Didia der Konsuln Q. Caecilius Metellus und T. Didius zur Verhütung übereilter und willkürlicher Volksbeschlüsse.ᵈ

95 | 659 — Die Lex Licinia Mucia der Konsuln L. Licinius Crassus und Q. Mucius Scävola gegen die Anmassung des römischen Bürgerrechts von Seiten der Bundesgenossen.ᵉ

92 | 662 — Vertreibung der lateinischen Rhetoren aus Rom durch die Censoren L. Licinius Crassus und Cn. Domitius Aenobarbus.ᶠ

---

a) Crassus geb. 140, Antonius 143, s. *Cic. Brut.* §. 161, jener Konsul im J. 95, dieser 99, jener gest. im J. 91, s. *ebendas.* §. 303, dieser im J. 87 von Cinna getötet, s. *Cic. Tusc.* V. §. 55. *Cic. Phil.* I. §. 34. *Cic. de orat.* III. §. 10. *Vell.* II, 22. *Cic. Brut.* §. 138: Ego sic existimo, hos oratores fuisse maximos et in his primum cum Graecorum gloria latine dicendi copiam aequatam. Cotta und Sulpicius waren im J. 124 geboren, s. *ebendas.* §. 301 (10 Jahre älter als Hortensius). Über Sulpicius s. S. 80 Anm. a. Cotta wurde im J. 91 verbannt, s. *Cic. de or.* III, §. 11, kehrte aber 82 zurück und wurde im J. 75 Konsul, s. *Cic. Verr. act.* I, §. 130. *Cic. Brut.* §. 183: C. Cotta et P. Sulpicius inter suos aequales (Q. Varium, Cn. Pomponium, C. Curionem, C. Fufium, M. Drusum, P. Antistium) facile primas tulerunt. Vergl. *de or.* I. §. 131. III. §. 31.

b) *Vell.* II, 9: Historiarum auctor iam tum (zur Zeit des numantinischen Krieges) Sisenna erat iuvenis, sed opus belli civilis Sullanique post aliquot annos ab eo seniore editum est. Vetustior Sisenna fuit Caelius; aequalis Sisennae Rutilius, Claudiusque Quadrigarius et Valerius Antias. Vergl. *Cic. Brut.* §. 228. Ein Urteil über Sisenna s. bes. *Cic. Brut.* §. 228. *Cic. de legg.* I. §. 7. Sein Zeitgenosse wird von Cicero (*de legg.* I. §. 7) C. Licinius Macer genannt, welcher Annalen verfasste, die von der ältesten bis auf seine Zeit herabgingen. gest. 66, s. *Plut. Cic.* 9. *Val. Max.* IX, 12, 7. *Cic. ad Att.* I, 4. *Cic. Brut.* §. 238. Valerius Antias schrieb Annalen, die von Erbauung der Stadt bis auf seine Zeit (bis 91, s. *Plin. H. N.* XXXIV, 8, 14) herabgingen, s. *Gell.* VII, 9, 9. 12. 17. VI, 7, 6. Seine Glaubwürdigkeit ist nach Livius sehr gering. Des Claudius Quadrigarius Annalen begannen mit der Eroberung Roms durch die Gallier; im 19ten Buche erwähnt er das 7te Konsulat des Marius, s. *Gell.* XX, 6, 11; das letzte Buch, welches erwähnt wird, ist das 23ste, s. *Gell.* X, 13 z. E. Gellius (IX, 13, 6) erteilt seiner Darstellung viel Lob, welches auch durch die nicht unbedeutenden Fragmente (s. *Gell.* XVII, 2. 12—14. IX, 13, 6. III, 8, 8. II, 2, 13. IX, 1 z. A. XV, 1, 7) bestätigt wird. Scaurus, Rutilius und Catulus sind besonders zu bemerken, weil sie in der Republik hochgestellte Männer waren und als solche ihre eigenen Thaten beschrieben, *Tac. Agr.* 1. Scaurus war Konsul im J. 115. *Cic. Brut.* §. 112: Huius et orationes sunt et tres ad L. Fufidium libri scripti de vita ipsius acta, sano utiles, quos nemo legit. Rutilius war Konsul im J. 105, und wurde im J. 92 ungerechter Weise von den mit seiner Strenge, die er in der Provinz gegen sie bewiesen hatte, unzufriedenen Rittern verdammt, worauf er in Smyrna lebte, s. *Liv.* LXX. *Vell.* II, 13. Er schrieb ausser seiner Autobiographie noch Historien in griechischer Sprache, s. *Athen.* IV, p. 168 e. VI. p. 274 c. Catulus ist der Kollege des Marius im Konsulat des J. 102, s. S. 77. Anm. 16, ermordet durch Marius im J. 87, s. *Appian. B. C.* I, 74. *Plut. Mar.* 44. Seine Autobiographie s. *Cic. Brut.* §. 132: ex eo libro, quem de consulatu et de rebus gestis suis conscriptum molli et Xenophonteo genere sermonis misit ad A. Furium poetam. Zu diesen letzteren ist auch aus etwas späterer Zeit Sulla hinzuzufügen, welcher die Geschichte seiner Thaten in 22 Büchern beschrieb. *Plut. Sull.* 37.

c) Novius wird erwähnt *Gell.* XV, 13. 4. XVII. 2. 8. Fronto p. 63. Über Pomponius s. *Vell.* II, 9: Sane non ignoremus eadem aetate fuisse Pomponium, sensibus celebrem, verbis rudem, et novitate inventi a se operis commendabilem.

d) Das Gesetz handelte de modo legum promulgandarum und hatte 2 Teile. In dem einen Teile wurde verordnet, dass jedes Gesetz erst 3 Markttage (17 Tage) vorher bekannt gemacht werden sollte, ehe es zur Abstimmung gebracht würde; dies ist die Promulgatio trinum nundinum, s. *Cic. Phil.* V. §. 8, vergl. *Cic. pro dom.* §. 41. *Cic. pro Sest.* §. 135 und *Schol. Bob. z. d. St. ad Att.* II, 9, 1. Der andere Teil handelte de duabus rebus una lege non coniungendis, s. *Cic. pro dom.* §. 53: Quae est, quaeso, alia vis, quae sententia Caeciliae legis et Didiae, nisi haec, ne populo necesse sit in coniunctis rebus compluribus aut id, quod nolit, accipere aut id, quod velit, repudiare. Vergl. *Cic. pro Sest.* §. 30. *Cic. pro Balb.* §. 48. 54. *Cic. Brut.* §. 63.

f) S. *Suet. de clar. rhet.* 1: Cn. Dom. Aenob. L. Lic. Cr. censores ita edixerunt: Renuntiatum est nobis esse homines, qui novum genus disciplinae instituerunt, ad quos iuventus in ludos conveniat: eos sibi nomen imposuisse latinos rhetoras, ibi homines adolescentulos totos dies desidere etc., vergl. *Gell.* XV, 11. *Tac. de orat.* 35. *Cic. de or.* III. §. 93—95.

J.v.Ch.	J.d.St.	Äussere Geschichte.	Innere Geschichte.
91	663	Ausbruch des Bundesgenossenkrieges in Asculum.¹	Die Gesetze des Tribunen M. Livius Drusus über Äcker- und Getreideverteilung, Übertragung der Gerichte an den Senat und Verleihung des Bürgerrechts an die Bundesgenossen.⁸ Er wird getötet, seine Gesetze abgeschafft und durch die Lex Varia des Tribunen Q. Varius Hybrida gegen seine Gönner und Anhänger als Freunde der Bundesgenossen die Untersuchung eingeleitet.ʰ
90	664	Der Krieg mit wechselndem Glücke von dem Konsul L. Julius Cäsar im Süden, vom Konsul P. Rutilius Lupus im Norden geführt.²	Durch die Lex Iulia wird den Bundesgenossen das römische Bürgerrecht zugestanden.¹

1) Über den Bundesgenossenkrieg überhaupt, welcher auch der marsische, *Diod.*, oder der italische, *Vell.*, genannt wird, s. *Appian. B. C.* I. 38—53. *Diodor.* XXXVII. (p. 538—540. p. 612. *Exc. Vat.* p. 127—133). *Liv.* LXXII—LXXVI. *Vell.* II, 16. *Flor.* III. 18. *Oros.* V. 18. *Eutrop.* V, 3. *Plut. Mar.* 33. *Sall.* 6. *Strab.* V, 4, 2, und einige unbedeutende Notizen bei *Frontin. Strateg.* I, 5, 17. II, 4, 16, *Cic. de dir.* I. §. 72. Die Ursache des Krieges war die Unzufriedenheit der Bundesgenossen über die Vorenthaltung des Bürgerrechts. Zuletzt waren sie noch besonders durch die Lex Varia gereizt worden. Deshalb hatten sich die Marser, Marruciner, Vestiner, Päligner, Samniter und Lucaner mit einander verschworen, s. *Liv.* LXXII vergl. *Appian.* 39 (alle diese Völker waren sabellischen Ursprungs, s. §. 4 Anm. 26. S. 5 Anm. 31. 32. 33). Sie hatten in Corfinium, welches sie Italica (auf Münzen auch Vitellia) nannten, s. *Vell. Strab.* a. a. O., einen Senat von 500 eingerichtet und zwei Konsuln gewählt. Q. Pompädius Silo, einen Marser, und C. Papius Mutilus, einen Samniter, s. *Diodor.* p. 538. 539. Andere Feldherren der Verbündeten: T. Afranius,

2) Cäsar wird bei Aserna von Vettius Cato geschlagen, zieht sich darauf nach Campanien zurück und bringt dort dem Cato einen bedeutenden Verlust bei; die Feinde machen in Campanien und Apulien bedeutende Fortschritte. *Appian.* 41 bis 42. *Liv.* LXXIII. Im Norden im Gebiet der Marser, Mar-

g) S. *Liv.* LXXI: M. Livius Drusus, tribunus plebis, quo maioribus viribus senatus causam susceptam tueretur. socios et Italicos populos spe civitatis Romanae sollicitavit, cisque adiuvantibus per vim legibus agrariis frumentariisque latis iudiciariam quoquo pertulit, ut aequa parte iudicia penes senatum et equestrem ordinem essent. Vergl. *Cic. de or.* I. §. 24. *Vell.* II, 13—14. Es sollten die bisher schon, besonders von C. Gracchus bestimmten Kolonieen wirklich ausgeführt und, um die Gerichte zwischen Senat und Ritterstand zu teilen, von letzterem „ἀριστίνδην" (Appian.) 300 ausgewählt und in den Senat aufgenommen und aus diesem Senat alsdann die Richter genommen werden. Dies das Nähere der Lex agraria und iudiciaria, s. *Appian. B. C.* I, 35. Sein Hauptzweck war die Lex iudiciaria, und nur um diese durchzubringen („ut vires sibi acquireret", *Liv.* LXX), gab er die übrigen auf die Gewinnung der Volksgunst abzweckenden Gesetze. Der Grund des Misslingens seiner Pläne s. (*Aur. Vict.*) de vir. ill. 66: plebes acceptis agris gaudebat, expulsi dolebant; equites in sonatum lecti laetabantur, sed praeteriti querebantur; senatus permissis iudiciis exsultabat, sed societatem cum equitibus aegre ferebat, vergl. *Diod. Exc. Vat.* p. 128 (*Dind.*). Die Ritter insbesondere verletzte er noch durch einen Artikel der Lex iudiciaria, wel-

cher gegen Bestechungen gerichtet war, s. *Cic. pro Rab. Post.* §. 16. pro Cluent. §. 153.
h) Über die Vorgänge im Senat in den letzten Tagen vor der Katastrophe des Livius s. *Cic. de Or.* III, §. 1—12. Er wurde durch Q. Varius Hybrida getötet, s. *Cic.* de N. D. III, §. 81, und seine Gesetze abgeschafft, s. *Cic. de legg.* II. §. 14. 31. *Cic. pro dom.* §. 50, unter dem Vorwand, dass die Lex Caecilia Didia verletzt worden sei, s. *Cic. pro dom.* §. 41, oder es wurden die Auspicien zum Vorwand genommen, *Ascon. in Cic. Corn.* p. 68 (*Or.*). Über die Lex Varia s. *Appian. B. C.* I. 37. *Val. Max.* VIII, 6, 4. *Cic. pro Scaur.* §. 3. s. *Ascon. z. d. St.* und in *Cic. Cornel.* p. 73 (*Or.*). *Cic. Brut.* §. 304 u. a. *Appian* (a. a. O.) nennt unter den durch dieses Gesetz Verbannten Bestia, Cotta, Mummius Achaicus. Varius wurde nachher selbst durch sein Gesetz verdammt, s. *Cic. Brut.* §. 305.
i) S. *Appian. B. C.* I, 49: Ἰταλιωτῶν δὲ τοῖς ἔτι ἐν τῇ συμμαχίᾳ παραμένουσιν ἐψηφίσαντο εἶναι πολίτας, οὗ δὴ μάλιστα μόνου πάντες ἐπεθύμουν, καὶ τάδε ἐς Τυρρηνούς περιέπεμπεν, οἳ δὲ ἄσμενοι τῆς πολιτείας μετελάμβανον; *Cic. pro Balb.* §. 21: Iulia, qua lege civitas est sociis et Latinis data; *Gell.* N. A. IV, 4, 3: Civitas universo Latio lege Iulia data est. Vergl. Anm. 1.

J.v.Ch.	J.d.St.	Äussere Geschichte.	Innere Geschichte.
89	665	Die Marser, Vestiner, Päligner, Marruciner, Picenter zur Annahme der Lex Iulia genötigt;³ Siege des Sulla in Campanien und Samnium.⁴	Die Lex Plautia des Tribunen M. Plautius, wodurch der Senat wieder einigen Anteil an den Gerichten erhält.ᵏ Erweiterung der Lex Iulia durch die Lex Plautia Papiria.¹
88	666	Völlige Unterwerfung von Italien.⁵	Plotius errichtet die erste lateinische Rhetorenschule in Rom.ᵐ

ruciner, Vestiner und Päligner wird der Legat C. Perperna, dann auch der Konsul Rutilius Lupus und der Legat Q. Cäpio geschlagen; dagegen gewinnen die Legaten C. Marius und Serv. Sulpicius bedeutende Vorteile über den Feind; im Gebiet der Picenter wird Cn. Pompejus erst geschlagen, dann aber gewinnt er mit P. Sulpicius einen Sieg, s. *Appian.* 43—47. *Liv.* LXXIII. Gegen Ende des Jahres erfährt man in Rom, dass auch die Etrusker und Umbrer im Begriff seien abzufallen. Deshalb wird der Konsul Cäsar aus Campanien abberufen, welcher darauf die Lex Iulia giebt.

3) Die Marser werden noch im Winter bei einem Einfalle in Etrurien von Cn. Pompejus, dann von L. Porcius Cato (welcher mit Cn. Pompejus in diesem Jahre Konsul war) wiederholt in ihrem eigenen Lande geschlagen; Cato fällt dann in

einer Schlacht; indessen bitten die Marser nach wiederholten neuen Verlusten um Frieden, *Appian.* 50. *Liv.* LXXIV. Die Vestiner, Päligner und Picenter werden von Cn. Pompejus, die Marruciner von Servius Sulpicius unterworfen, *Appian.* 52. *Liv.* LXXVI. *Oros. Flor.*

4) S. *Appian.* 51. *Liv.* LXXVI. Apulien wird durch den Prätor C. Cosconius unterworfen.

5) In Apulien wird noch eine grosse Schlacht geliefert, in welcher Q. Pompädius Silo von Mam. Ämilius (*Liv.*) oder Q. Metellus (*Appian.*) geschlagen wird und fällt. *Appian.* 53. Es war indes noch ein samnitisch-lucanisches Heer übrig, welches sich nachher an dem Bürgerkriege zwischen Marius und Sulla beteiligte. s. *Appian* 53. 68. *Vell.* II, 17. *Diodor.* p. 540. *Liv.* LXXX.

k) *Cic. pro Cornel. fr.* 27 und *Ascon. z. d. St.* (p. 79. *Or.*). Das Gesetz bestimmte, dass die Richter ohne Beschränkung auf irgend einen Stand, 15 aus jeder Tribus gewählt werden sollten.

l) S. *Cic. pro Arch.* p. 7: Data est civitas Silvani lege et Carbonis, si qui foederatis civibus adscripti fuissent, si tum eum lex ferebatur in Italia domicilium habuissent et si sexa-

ginta diebus apud praetorem essent professi. vergl. *Schol. Bob. z. d. St.* Nach *Vell.* II, 20 wurden die neuen Bürger auf 8 Tribus beschränkt, nach *Appian.* I. 49 wurden für sie 10 (oder 15) neue Tribus gebildet.

m) S. *Hieron. in Eus. Chron. Ol.* CLXXIII. 1. *Suet. de clar. rhet.* 2. *Senec. Contror. praef. lib.* II. p. 116. *Burs.*

d) 88—79.

J.v.Ch.	J.d.St.	Äussere Geschichte.	Innere Geschichte.
88	666	Mithridates VI., König von Pontus, eröffnet den (ersten Mithridatischen) Krieg¹	Der Volkstribun P. Sulpicius Rufusª wirft sich zum Führer der Volkspartei auf und lässt durch

1) Die Hauptquellen über Mithridates und den ersten Mithridatischen Krieg sind *Appian. Mithr.* 1—63. *Plut. Sull.* 11—25. *Iustin.* XXXVII—XXXVIII, 7. *Gran. Lic.* p. 17 bis 20. *Dio. fr.* 103—105. *Liv.* LXXVI—LXXXIII. *Vell.* II, 18. 23. 24. *Flor.* III, 5. (*Aur. Vict.*) *de vir. ill.* 75—76. *Oros.* V, 18. VI, 2. *Eutrop.* V, 5—7, und Einzelnes an mehreren Stellen des Cicero, des Plinius, und *Val. Max.* IV, 6. 2. VIII.

7. 16. IX, 2, 3. *Frontin.* II, 1, 12. 14. II. 2. 4. *Memnon. apud. Phot.* p. 729 ff. ed. *Rhotom.* (ed. *Or.* 30). — Mithridates, der Sechste, den Beinamen Eupator und Dionysos, s. *Appian.* 10. *Cic. pro Flacc.* §. 60. *Plut. Symp.* I, 6. 2, wurde König im J. 120 und übernahm, nachdem er während seiner Minderjährigkeit von seinen Vormündern viele Verfolgungen zu leiden gehabt, im Jahre 113 selbst die Herrschaft. s. *Iust.*

a) Sulpicius war ein ausgezeichneter Redner, s. S. 78 Anm. a, und hatte sich auch als Anführer im Bundesgenossenkriege hervorgethan. Er war ein Freund des L. Licinius

Crassus, des M. Antonius und des M. Livius Drusus, und hatte bisher auf der Seite der Senatspartei gestanden, s. *Cic. de or.* I. §. 25 u. ö. *de har. resp.* §. 43. *Brut.* §. 226. *de am.* §. 2.

J v.Ch	J. d. St.	Äussere Geschichte.	Innere Geschichte.
88	666	gegen Rom, indem er Asien erobert und ein Heer nach Griechenland schickt.² Der Konsul Sulla wird zum Oberfeldherrn gegen ihn ernannt.³	das Volk den Oberbefehl gegen Mithridates an Stelle des Sulla dem Marius übertragen.ᵇ Sulla schlägt und vertreibt an der Spitze der Legionen seine Gegner und stellt die Herrschaft der Senatspartei wieder her.ᶜ
87	667	Sulla belagert Athen.⁴	Der Konsul L. Cornelius Cinna erneuert die Unruhen in Rom. Er wird vertrieben, kehrt aber in Begleitung des Marius an der Spitze eines Heeres zurück und erobert Rom.ᵈ Seine und des Marius Gewaltherrschaft.ᵉ

XXXVII. 1. XXXVIII, 8. Sein Hass gegen die Römer war besonders daher entstanden, dass diese ihm während seiner Minderjährigkeit Grossphrygien und Cappadocien (oder Paphlagonien, *Iust.*) genommen hatten, s. *Iustin.* XXXVIII, 5. *Appian.* 10, 11. *Iustin.* XXXVII, 1: Cuius (Mithridatis) ea postea magnitudo fuit, ut non sui tantum temporis, verum etiam superioris aetatis omnes reges maiestate superaverit, bellaque cum Romanis per XLVI annos gesserit, cum eum summi imperatores, Sulla, Lucullus ceterique, in summa Cn. Pompeius ita vicerit, ut maior clariorque in restaurando bello resurgeret damnisque suis terribilior redderetur. Denique ad postremum non vi hostili victus, sed voluntaria morte in avito regno seuex herede filio decessit.

2) Mithridates hatte schon früher verschiedene Anschläge auf Paphlagonien, Cappadocien und Bithynien gemacht, seine Eroberungen aber bisher immer auf Verlangen der Römer wieder aufgegeben. Als jetzt Nicomedes auf Befehl der Römer einen Einfall in sein Gebiet macht und die Römer ihm die deshalb geforderte Genugthuung versagen, beginnt er den Krieg, schlägt den Nicomedes am Fluss Amneias, auch der römische Legat M'. Aquilius wird geschlagen, die übrigen römischen Anführer fliehen, und Mithridates erobert ganz Vorderasien, auch Ionien, welches ihm mit offenen Armen aufnimmt. Q. Oppius und Aquillius fallen in seine Hände, letzterer wird durch geschmolzenes Gold, welches ihm in den Mund gegossen wird, getötet, und darauf werden auf des Mithridates Befehl sämtliche in Asien befindliche Römer ermordet. S. *Appian.* 11 bis 23. Vergl. *Cic. de imp. Cn. Pomp.* §. 11. Hierauf schickt er seinen Feldherrn Archelaus nach Griechenland, wo sich Athen, Achaja, Sparta und Böotien an ihn anschliessen. Ersteres macht Archelaus zu seinem Hauptwaffenplatz. S. *Appian.* 27 bis 29.

3) S. *Appian.* 22.

4) Sulla bringt 5 Legionen, einige Kohorten und einige Reiterei mit nach Griechenland, s. *Appian.* 30. Die Belagerung von Athen in diesem Jahre s. *Appian.* 31—32. Den Winter bringt Sulla in Eleusis zu, s. *ebendas.* 33.

b) S. *Plut. Sull.* 8—10. *Mar.* 35. *Appian. B. C.* I, 55 bis 56. *Liv.* LXXVII. *Vell.* II, 18. *Flor.* III, 21. (*Aur. Vict.*) *de vir. ill.* 67. *Val. Max.* IX, 7, 1. Das wichtigste unter seinen Gesetzen war dasjenige, durch welches er die neuen Bürger unter sämtliche 35 Tribus verteilte. Die Konsuln suchten seine Gesetze durch die Verkündigung von Ferien zu hindern; allein Sulpicius drang durch Anwendung von Gewalt durch; Sulla musste die Ferien aufheben und floh darauf zu seinen Truppen, welche zum Aufbruch gegen Mithridates bereits in Campanien standen.

c) S. *Appian.* 57—62. *Vell.* II, 19. *Val. Max.* VIII, 6, 2 und die in der vor. Anm. angeführten Stellen. — *Entrop.* V, 4: Primus urbem Romam armatus ingressus est Noch bei Sullas Anwesenheit werden Cn. Octavius und L. Corn. Cinna zu Konsuln gewählt, letzterer gegen den Willen des Sulla, welcher ihm wegen seiner Hinneigung zur Volkspartei nicht traute. Er suchte sich desselben durch einen Schwur zu versichern, den er ihm vor seinem Weggange abnahm. Ausserdem gab er das Gesetz: μηδὲν ἔτι ἀπροβούλευτον ἐς τὸν δῆμον ἐσφέρεσθαι, γενομένον μὲν οὕτω καὶ πάλαι, παραλελυμένον δ' ἐκ πολλοῦ, *Appian.* 59. Über das Schicksal der Häupter der Gegenpartei, s. *Liv.* a. a. O.: ex qua (factione) duodecim a senatu hostes, inter quos C. Marius, pater et filius, indicati sunt. P. Sulpicius cum in quadam villa lateret, indicio servi sui retractus et occisus est. — C. Marius filius in Africam traiecit, C. Marius pater cum in paludibus Minturnensium lateret, extractus est ab oppidanis, et cum missus ad occidendum eum servus, natione Gallus, maiestate tanti viri perterritus recessisset, impositus publice navi delatus est in Africam. Das Ausführlichere hierüber s. besond. *Plut. Mar.* 36—40

d) S. *Appian.* 64—74. *Plut. Mar.* 40—44. *Dio fr.* 102. *Vell* II, 20—22. *Liv.* LXXIX—LXXX. *Gran. Lic.* p. 13 ff.

e) Über die nach ihrem Eindringen in Rom verübten Mordthaten s. *Appian.* 71—74. *Plut.* 43—44 und die übrigen angeführten Stellen. Vergl. *Cic. de or.* III, §. 9—12. Die Bekanntesten unter den Ermordeten sind der Konsul Cn. Octavius, L. und C. Caesar, Q. Catulus, M. Antonius u. a. *Dio* a. a. O.: Τὸ μὲν οὖν σύμπαν τῶν ἀπογιγνομένων ἀριθμήσειέν ἐστι πλὴν γὰρ ὅλαις ἡμέραις καὶ νυξὶν ἴσαις αἱ σφαγαὶ ἐγένοντο. Cinna und Marius liessen sich für das nächste Jahr (Marius zum siebenten Male) zu Konsuln ernennen.

J.v.Ch.	J.d.St.	Äussere Geschichte.	Innere Geschichte.
86	668	Athen erobert.[5] Sullas Siege bei Chäronea[6] und bei Orchomenos.[7]	Tod des Marius.[f]
85	669	Friedensunterhandlungen.[8]	
84	670	Friede mit Mithridates.[9]	Cinna von seinem Heere getötet.[g]
83	671	Zweiter Mithridatischer Krieg.[10]	Sulla kehrt an der Spitze seines Heeres zurück.[h] Die Marianer unter Anführung der Konsuln L. Scipio und C. Norbanus. Norbanus wird bei Canusium geschlagen, Scipio von seinem Heere verlassen.[i]

5) S. *Appian.* 34—40. *Plut. Sull.* 11—14. Der Tag der Einnahme ist der 1ste März, s. *Plut.* 14. Archelaus rettet sich nach Munychia, s. *Appian.* 40. *Plut.* 15, wo ihn Sulla aus Mangel an Schiffen nicht weiter belagern kann. *Flor.* III, 5, 10: (Athenienses) ingratissimos hominum, tamen, ut ipse dixit, in honorem mortuorum sacris suis famaeque donavit; vergl. *Plut.* 14.
6) S. *Plut.* 16—19. *Appian.* 41—45. Archelaus zog die von Mithridates nachgesendeten Heere an sich, und lagerte zunächst dem Sulla in Böotien gegenüber mit 120,000 Mann, wogegen Sulla kaum das Drittteil (nach *Plut.* sogar nur 15,000 Mann zu Fuss und 1500 Reiter) aufzustellen hatte, s. *Appian.* 41. *Plut.* 15—16. Als Archelaus aber seine Stellung änderte, griff ihn Sulla auf einem für die Römer günstigen Terrain (zwischen den Bergen Akration und Hedylion, *Plut.* 17) an und brachte ihm eine solche Niederlage bei, dass nur 10,000 entkamen, während er selbst nicht mehr als 13 Mann (oder 12. *Plut.* 19, oder 16, *Eutr.* V, 6) verloren haben sollte. Der Rest des geschlagenen Heeres rettete sich nach Chalcis.
7) S. *Plut.* 20—21. *Appian* 49. Mithridates schickte den Dorylaus mit einem neuen Heere von 80,000 Mann, mit dem sich Archelaus mit seinen 10,000 vereinigte. Der Sieg wurde dem Sulla durch die zahlreiche feindliche Reiterei erschwert, und er wollte sich schon auf die Seite der Feinde neigen, als Sulla vom Pferde sprang, ein Feldzeichen ergriff, und mit den Worten gegen den Feind vorstürzte: 'Ἐγώ μὲν ἐνταῦθά που καλόν, ὦ Ῥωμαῖοι, τελευτᾶν, ὑμεῖς δὲ τοῖς πυνθανομένοις, Ποῦ προδεδώκατε τὸν αὐτοκράτορα; μεμνημένοι φράζετε, ὡς ἐν Ὀρχομένῳ, *Plut*. Die Niederlage der Feinde wurde am andern Tage durch die Eroberung ihres Lagers vervollständigt.
8) Cinna schickte im Jahr 86 seinen Kollegen Flaccus nach Asien, um den Sulla zu verdrängen und den Krieg mit

f) S. *Appian.* 75. *Diod. Exc.* p. 614. *Plut.* 45. *Liv.* LXXX: „Idibus Januariis." *Plut.:* ἡμέραις ἑπτακαίδεκα τῆς ἑβδόμης ὑπατείας ἐπιλαβών: im siebzigsten Lebensjahre, s. *Plut.* 41. 45. An seine Stelle trat als Konsul L. Valerius Flaccus. In den Jahren 85 und 84 war neben Cinna Cn. Papirius Carbo Konsul.

g) S. *Liv.* LXXXIII. *Plut. Pomp.* 5. *Appian.* 78. Er wollte mit dem Heere gegen Sulla nach Griechenland übersetzen. Das Heer war damit unzufrieden und tötete ihn in einem Aufstand.

Mithridates zu beendigen. Sein Legat C. Flavius Fimbria, der sich von Flaccus verletzt glaubte, zog die Soldaten auf seine Seite, vertrieb den Flaccus und tötete ihn in Nicomedien. Er schlug darauf Mithridates den Sohn und nötigte den König zur Flucht nach Mitylene. Hierdurch wurde Mithridates in Asien selbst bedrängt und knüpfte daher Friedensunterhandlungen an, über welche s. *Appian.* 51—55. *Plut.* 22.
9) Die ersten Unterhandlungen zerschlugen sich, weil Mithridates sich weigerte Paphlagonien herauszugeben, s. *Appian.* 56. *Plut.* 23. Sulla rückt deswegen gegen Asien vor. Nun giebt endlich Mithridates bei einer Unterredung in Dardanum nach, s. *Appian.* 56—58. *Plut.* 24. Die Friedensbedingungen lauten so (*Appian.* 55): 'Ἐὰν τὸν στόλον ἡμῖν, ὃν ἔχεις, ὦ Ἀρχέλαε, παραδίδῷ πάντα Μιθριδάτης (70 Trieren, *Plut.* 22), ἀποδῷ δὲ καὶ στρατηγοὺς ἡμῖν ἢ πρέσβεις ἢ αἰχμαλώτους ἢ αὐτομόλους ἢ ἀνδράποδα ἀποδράντα, καὶ Χίους ἐπὶ τοῖςδε καὶ ὅσους ἄλλους ἀναστάτους ἐς τὸν Πόντον ἐπεμψατο, μεθῇ, ἐξαγάγῃ δὲ καὶ τὰς φρουρὰς ἐκ πάντων φρουρίων, χωρὶς ὧν ἐκράτει πρὸ τῆςδε τῆς παρασπονδήσεως, ἐσενέγκῃ δὲ καὶ τὴν δαπάνην τοῦδε τοῦ πολέμου τὴν δι' αὐτὸν γενομένην (2000 Talente, *Plut.*), καὶ στέργῃ μόνης ἄρχων τῆς πατρῴας δυναστείας. Sulla ordnete dann die Angelegenheiten der Provinz Asien mit grosser Strenge, indem er sie zwang, die Kriegskosten und einen 5jährigen Tribut zu zahlen (20,000 Talente. *Plut.*), s. *Appian.* 61—63. *Plut.* 25, und bewog das Heer des Fimbria, zu ihm überzugehen, worauf sich dieser selbst tötete, s. *Appian.* 59—60. *Plut.* 25.
10) S. *Appian. Mithr.* 64—66. Der Krieg wurde von dem von Sulla als Propraetor in Asien zurückgelassenen L. Murena „*dl ἐπιθυμίαν θριάμβου*" angefangen und von demselben mit geringem Glück geführt. Vergl. *Cic. de imp. Cn. Pomp.* §. 8.

h) Das Heer betrug 40,000 Mann, s. *Appian.* 79; nach *Vell.* II, 24 nur 30,000. Die Feinde hatten nach Sullas eigner Angabe 450 Kohorten, s. *Plut.* 27, nach *Vell.* II, 24 mehr als 200,000 Mann, nach *Appian.* 82 anfangs 200 Kohorten zu je 500 Mann, später aber mehr. Dem Sulla wurden indes von Q. Metellus und Cn. Pompejus Verstärkungen zugeführt, s. *Plut. Pomp.* 5—7. *Plut. Sull.* 28. *Appian.* 80. *Vell.* II, 25. *Dio.* 106. 107. Pompejus, jetzt 23 Jahre alt (*Plut.*), brachte 3 Legionen mit, s. *Plut. Pomp.* n. a. O.
i) S. *Appian.* 84—86. *Plut.* 27—28. *Liv.* LXXXV. *Oros.* V, 20. Scipio entkommt.

J.v.Ch.	J.d.St.	Äussere Geschichte.	Innere Geschichte.
83	671	. . .	Der Tempel des Jupiter auf dem Capitolium brennt ab.[k]
82	672	. . .	C. Marius, der Sohn, und Cn. Papirius Carbo Konsuln und Führer der Marianer. Marius bei Sacriportus geschlagen und in Präneste eingeschlossen.[l] Vergebliche Versuche Carbos[m] und der Samniter, ihn zu entsetzen. Die Samniter am collinischen Thore geschlagen;[n] Carbo aus Etrurien vertrieben.[o]
			Sullas Diktatur. Seine Proscriptionen[p] und seine auf Wiederherstellung einer völlig aristokratischen Verfassung abzweckenden[q] Gesetze.[r]
81	673	Herstellung des Friedens mit Mithridates.[11]	

11) Auf Befehl des Sulla im dritten Jahre des Kriegs, s. *Appian. Mithr.* 66.

k) S. *Appian.* 83. 86. *Plut. Sull.* 27 („am 6ten Juli"). *Tac. Hist.* III, 72. *Dionys.* IV, 61 62 u. ö. Dabei wurden auch die Sibyllinischen Bücher vernichtet, sie wurden aber durch neue Sammlungen wieder hergestellt, s. *Dionys.* a. a. O. *Tac. Ann.* VI, 12. *Suet. Oct.* 13.

l) S. *Plut.* 28. *Appian.* 87. *Liv.* LXXXVII. *Vell.* II, 26, 28. *Oros. Flor. Eutrop.* a. a. O.). Marius wurde von Q. Lucretius Ofella belagert, und vor nun an drohen sich die Unternehmungen der Feinde um seinen Entsatz.

m) S. *Appian.* 88—92.

n) S. *Appian.* 93. *Plut.* 29—30. Die Schlacht wurde am 1. November geliefert, s. *Vell.* II, 27. Die Anführer der Samniter waren Pontius Telesinus, Lamponius und Gutta, und diese Schlacht, in welcher die Samniter mit grosser Tapferkeit stritten, ist als ihre letzte Kraftanstrengung anzusehen. Vgl. S. 80. Anm. 5. Marius tötete sich nunmehr selbst und Präneste ergab sich, s. *Liv.* LXXXVIII. *Appian.* 94. *Plut. Mar.* 46. *Sall.* 32. *Val. Max.* VI, 8, 2

o) S. *Plut. Pomp.* 10. *Val. Max.* VI, 2, 8. *Liv.* LXXXIX. Er wurde von Pompejus auf Cosyra ergriffen und getötet. Pompejus setzte darauf nach Afrika über und besiegte dort im J. 81 den Marianer Cn. Domitius Ahenobarbus und den numidischen König Hiarbas, *Plut. Pomp.* 11—12. *Liv.* LXXXIX Sulla erteilte ihm deshalb den Beinamen Magnus und die Ehre des Triumphs. — Das Resultat dieser und der zunächst vorausgehenden Kämpfe war die Verödung eines grossen Teils von Italien. Die Samniter waren fast ganz ausgerottet, s. *Strab.* VI, 2, 6. *Appian.* 93. *Plut.* 30. Besonders litt ausser Samnium noch Etrurien, *Sall. Cat.* 26, wo auch in den nächsten Jahren der Krieg gegen einzelne Städte, z. B. gegen Volaterrä und Populonia noch fortgeführt wurde, s. *Strab.* V, 2, 6. Überhaupt ἐπὶ τὰς πόλεις ὁ Σύλλας μετῄει καὶ ἐκόλαζε καὶ τάσδε, τὰς μὲν ἀκροπόλεις κατασκάπτων ἢ τείχη καθαιρῶν ἢ κοινὰς ζημίας ἐπιτιθεὶς ἢ ἐσφοραῖς ἐκτρύχων βαρυτάταις· ταῖς δὲ πλείοσι τοὺς ἑαυτῷ στρατευσαμένους ἐπῴκιζεν ὡς ἕξων φρούρια κατὰ τῆς Ἰταλίας, τήν τε γῆν αὐτῶν καὶ τὰ οἰκήματα ἐς τούσδε μεταφέρων διεμέριζεν (*Appian.*). Und nach *Liv.* LXXXIX hatte er nicht weniger als 47 Legionen (nach

Appian. 100. 104 nur 23 Legionen und 120.000 Mann) zu versorgen!

p) Die Diktatur (sie war seit 120 Jahren nicht vorgekommen, s. *Plut. Sull.* 33. *Vell.* II, 28) wurde dem Sulla kurz nach der Schlacht am collinischen Thore (Anm. n) übertragen, s. *Appian.* 31. *Appian.* 98. Auf die Bitten des Metellus machte Sulla, nachdem schon Tausende (*Oros.* V, 21: 9000) gefallen waren, die Namen der noch ferner zu Tötenden auf öffentlich ausgestellten Tafeln bekannt, und setzte auf den Kopf eines Geächteten den Preis von 2 Talenten. Nach *Plut.* 31 standen auf der ersten Tafel 80, auf einer zweiten 220, auf einer dritten eben so viele, nach andern wurden 40 Senatoren und 1600 Ritter, *Appian.* 95. vgl. 103, oder 2000 Senatoren und Ritter, *Flor.* III, 21, oder überhaupt 4700, *Val. Max.* IX, 2, 1, oder gar 15,000, *Oros.* V, 22. *Entr.* V, 9, geächtet. Vgl. die Schilderungen *Dio fr.* 109. *Senec. de Clemen.* II, 12. Hinsichtlich der Proscriptionen erfolgte dann auch noch ein besonderes, die Grausamkeit schärfendes Gesetz, s. *Vell.* II. 28: Adiectum etiam, ut bona proscriptorum venirent, exclusique paternis opibus liberi etiam petendorum honorum iure prohiberentur, simulque — senatorum filii et ouera ordinis sustinerent et iura perderent, vgl. *Cic. pro Rosc. Am.* §. 125—128. *Plut.* 31. *Liv.* LXXXIX.

q) Sullas Gesetzgebung beruhte auf dem „kurzsichtigen Entschlusse, alles ungeschehen zu machen, was seit Menschengedenken den Umständen eingeräumt war." (*Nieb.*)

r) Die wichtigsten seiner Gesetze sind die tribunicia, durch welche er die Volkstribunen auf das Recht der Intercession beschränkte und zugleich verordnete, dass kein Tribun später ein höheres Amt bekleiden durfte, s. *Cic. de Legg.* III, §. 22. *Verr. Act.* II. L. I. §. 153. *Caes. B. C.* I, 5. 7. *App.* 100, und die judiciaria, wodurch die Gerichte dem Senat zurückgegeben wurden, s. *Tac. Ann.* XI, 22. *Vell.* II, 32. *Cic. Verr. Act.* I. §. 37. §. 49 und *Ps. Ascon. zu diesen Stellen* u. ö. Von seinen übrigen zahlreichen Gesetzen sind zu bemerken: die Lex de provinciis ordinandis, wodurch bestimmt wurde, dass die Statthalter das Imperium behalten sollten, „quoad in urbem introissent," s. *Cic. ad fam.* I, 9. 25, und dass der alte Statt-

J.v.Ch. J.d.St. **Innere Geschichte.**

79 675 Sulla legt die Diktatur nieder und zieht sich in den Privatstand zurück.*

behielt er 30 Tage nach der Ankunft des neuen die Provinz verlassen sollte, s. *ebendas.* III, 6, 3. 6; ausserdem wurde durch dasselbe Gesetz dem Aufwand der Provinzen bei der Sendung von Gesandtschaften nach Rom zum Lobe der Statthalter ein Mass gesetzt, s. *ebendas.* III, 8. 10, 6; die Lex de sacerdotiis, wodurch die Wahl der Priesterkollegien dem Volke bis auf die des Pontifex Maximus wieder entzogen wurde, s. S. 77. Anm. f. *Dio* XXXVII, 37. Noch ist zu bemerken, dass er die Zahl der Prätoren auf 8 erhöhte, *Dig.* 1, 2. §. 32. *Dio* XLIII, 51, die der Quästoren auf 20, *Tac. Ann.* XI, 22, die der Pontifices, der Auguren und der Aufseher über die sibyllinischen Bücher auf je 15, *Liv.* LXXXIX. *Tac. Ann.* VI, 12.

Den Senat vermehrte er bis auf 600, *Liv.* LXXXIX. *Appian.* 59, und verlieh 10,000 Sklaven das Bürgerrecht. *Appian.* 100; letzteres beides Massregeln, die er besonders zu seiner eignen Sicherstellung traf.

8) *Appian.* 101: ἀλλά μοι δοκεῖ κόρον τε πολέμων καὶ κόρον ἀρχῆς καὶ κόρον ἄστεος λαβὼν ἐπὶ τέλει καὶ ἀγροικίας ἐρασθεῖσα, vgl. *Plut.* 34. (*Aurel. Vict.*) *de vir. ill.* 75. *Oros.* V, 22 u. ö. Er ging nach Puteoli, *Plut.* 37. und lebte dort seinem Vergnügen, ohne jedoch die öffentlichen Angelegenheiten aus den Augen zu verlieren, starb aber im folgenden Jahre, 60 J. alt. s. *Appian.* 105. *Val. Max.* IX, 3. 8.

Zweiter Abschnitt. 78—31.[1]
a) 78—61.

J.v.Ch. J.d.St. **Äussere Geschichte.** **Innere Geschichte.**

78 676 *M. Ämilius Lepidus. Q. Lutatius Catulus.*[2] Der Konsul Lepidus macht einen Versuch, die Sullanische Verfassung zu stürzen. Er verlässt Rom und rüstet in Etrurien ein Heer, um es gegen Rom zu führen.[a]

Sertorianischer Krieg.[3]

1) Der Gang der Begebenheiten ist nunmehr bis zu Ende der Periode besonders an folgende Personen geknüpft: Cn. Pompeius, geb. 106 (prid. Kal. Octbr.), *Vell.* II. 53. *Plin. N. H.* XXXVII, 2, 13, steht erst auf der Seite des Sulla und der Nobilität, dann halb auf Seiten des Volks, von 52 an aber wieder auf der Seite der Nobilität, deren Sache er gegen Cäsar zu führen vorgiebt, stirbt 48; M. Tullius Cicero, geb. 106 (III. Non. Ian.), s. *Gell.* XV, 28. 3. *Plut. Cic.* 2. *Cic. ad Att.* VII, 5. XIII, 42 u. ö., gehört rücksichtlich seiner Politik zur aristokratischen Partei (zu seiner Charakteristik s. bes. das Urteil seines Gegners, des Asinius Pollio, *Sen. Suas.* VI. §. 24 Burs.), st. 43 (VII. Id. Dec.), s. *Tuc. dial. de or.* 17; C. Julius Caesar, geb. 100 (IV. Id. Quint.), s. *Appian. B. C.* II, 106. *Macrob. Sat.* 1, 12, st. 44 (Id. Mart.); M. Licinius Crassus, geb. ungef. 113 v. Chr., s *Plut. Crass.* 17, st. 53; M. Antonius, geb. 86—82, s *Plut. Ant.* 86. *Appian. B. C.* V, 8, st. 30; C. Octavius, C. F. C. N., geb. 63 (IX. Kal. Oct.), s. *Suet. Aug.* 5. 31 u. ö., *Dio* LVI. 30, durch seine Mutter

Atia, welche eine Tochter der Julia, der jüngern Schwester des Cäsar, war, mit Cäsar verwandt und daher von ihm adoptiert, st. 14 n. Chr. (XIV. Kal. Sept.), s. *Suet.* 100; M. Ämilius Lepidus, Sohn des Konsuls vom Jahre 78, starb 12.

2) Die Namen der Konsuln finden sich teils in den Verzeichnissen der Fasti Consulares, so weit diese erhalten sind, und des Cassiodor, teils in den Erwähnungen der Schriftsteller, welche überhaupt die Quellen für diesen Zeitraum bilden. Im gegenwärtigen Jahre wurde Lepidus zum grossen Gegner Sullas durch den Einfluss des Pompejus gewählt, *Plut. Pomp.* 15.

3) Q. Sertorius stand in dem letzten Bürgerkriege auf Seiten der Marianer. Er wurde im J. 83 zum Prätor erwählt und ihm dann Spanien als Provinz angewiesen, wohin er im Jahre 82 abging, weil er sah, dass seine Partei in Italien unterliegen würde, s. *Plut. Sert.* 6. *Sall. fr. hist.* I. 58. Kr. *Iul. Exsuperant.* §. 7. 8. *Gerl.* Im Jahre 81 wird er durch den von Sulla gesandten Prokonsul C. Annius Luscus aus

a) Lepidus reizte noch vor dem Tode Sullas das Volk durch eine Rede auf, von der wir die Nachbildung des Sallust noch besitzen, s. *Sall. hist.* 1, 49 Kr. Auch machte er einen (vergeblichen) Versuch, das ehrenvolle Begräbnis des Sulla

zu verhindern, s. *Plut. Pomp.* 15. *Appian. B. C.* 1. 105. Die wichtigsten seiner den Umsturz der Sullanischen Verfassung bezweckten Gesetze (*Liv.* XC) waren die Zurückberufung der Verbannten, die Zurückerstattung des Grundbesitzes an

J.v.Ch.	J.d.St.	Äussere Geschichte.	Innere Geschichte.
78	676	Q. Metellus führt als Prokonsul den Krieg gegen Sertorius, ohne jedoch etwas gegen ihn auszurichten.[4]	
77	677	*D. Junius Brutus. Mam. Ämilius Lepidus Livianus.* Sertorius durch M. Perperna, den Legaten des Lepidus verstärkt.[5]	Lepidus vom Prokonsul Catulus an der milvischen Brücke und dann nochmals bei Cosa in Etrurien geschlagen. Gleichzeitig wird der Aufstand des M. Brutus im cisalpinischen Gallien durch Pompejus beendigt.[b]
76	678	*Cn. Octavius. C. Scribonius Curio.* Pompejus, zum Mitbefehlshaber gegen Sertorius ernannt,[6] macht erst einige Fortschritte, wird aber dann durch einen Verlust vor Lauro zum Rückzuge genötigt.[7]	

Spanien vertrieben; nach vielen Abenteuern aber, nachdem er erst eine Landung in Mauritanien versucht, dann sich für kurze Zeit in den Besitz der Pityusen gesetzt und sogar die Absicht gehabt hatte, sich auf den glücklichen (canarischen) Inseln niederzulassen, gelingt es ihm zunächst, in Mauritanien festeren Fuss zu fassen und sein Heer etwas zu verstärken, und von hier aus wird er noch im J. 81 von den Lusitaniern eingeladen, sich an ihre Spitze zu stellen, s. *Plut.* 6—10. *Flor.* III, 22. *Oros.* V, 23. Er brachte 2000 Mann aus Mauritanien mit; diese und 4700 Lusitanier machten anfangs sein Heer aus, s. *Plut. Sert.* 12. Seine Art Krieg zu führen s. ebendas. 13: Πλάνοις δὲ χρώμενος ἀεὶ καὶ κατηγκαίσοις ὁπότε ἀχολάζοι, ἀμάντων τε καὶ διωίμων τόπων ὑπαιιφίας προςτελίχει. Διὰ τῷ μὲν ειρημένην μάχης, ἅμα νεκωμένοις πάσχοισιν ἀνθρώποις, ἀλίσκεθαι συνέβαινεν, ὁ δὲ τῷ ψεύγειν εἶχε τὰ τῶν διωκόντων. Καὶ γὰρ ἐδρίως ἀπέκαντο καὶ αιτολογίας εἴργε καὶ φωπάτι μὲν ἐμιοδών ἦν, λείπει δὲ ἰδρυθέντα, πολιορκοῦντι δὲ ἄλλως ἐπιμαχόμενος ἀντιπολιόρκει τὰς τῶν ἀναγκαίων ἀπορίας. Die Quellen der Geschichte des ganzen Krieges sind *Plut. Sert.* und *Pomp. Appian. B. C.* I, 108—115, vgl. *Hisp.* 101. *Oros.* V, 23. *Liv.* XCI—XCIII (vom 91sten B. ist ein den Sertorianischen Krieg betreffendes Bruchstück des Livius selbst erhalten). *Sallust. hist. fragm.* 1, 61—83. II, 16—37. III, 1—7. *Kr. Flor.* III, 22. (*Eutr.* VI, 1. *Vell.* II, 30. *Val. Max.* VIII, 15. 8. IX, 1, 5. 3. 7. (*Aur. Vict.*) *de v. i.* 63).
Ehe Metellus in Spanien anlangte, hatte Sertorius sich durch ein glückliches Gefecht gegen einen Legaten des Annius die Landung erzwungen, und darauf im J. 80 dem Statthalter des jenseitigen Spaniens, Fufidius, einen Verlust beigebracht, s. *Plut. Sert.* 12. *Sall. hist.* I, 75.

4) Metellus kam, nachdem er im J. 80 Konsul gewesen, im J. 79 nach Spanien. Die Verlegenheit, in die ihn des

Sertorius Art der Kriegsführung setzt, ist *Plut. Sert.* 13. *Pomp.* 17 beschrieben. Er rief, von seinem Gegner bedrängt, den Statthalter des diesseitigen Spaniens, L. Domitius Ahenobarbus, herbei, s *Plut. Sert.* 12. *Sall. hist.* 1, 78, welcher aber nebst dem Legaten Thorius von dem Unterfeldherrn des Sertorius, Hirtulejus, am Anas geschlagen wurde, s. *Plut.* a. a. O. *Liv.* XC. *Flor.* III, 22, 7. Dieses Ereigniss setzt man ins J. 79; ins folgende Jahr ist wahrscheinlich die Niederlage des Legaten Valerius und des Prokonsuls der Gallia Narbonensis, L. Manilius, zu setzen, von denen der Letztere mit drei Legionen und 1500 Reitern dem ersteren zu Hilfe kam, aber so von Hirtulejus geschlagen wurde, dass er sich kaum allein nach Ilerda (Lerida) rettete, *Oros.* V, 23. Endlich machte Metellus (wahrscheinlich im Jahr 77) einen Versuch, einen festen Punkt im südlichen Lusitanien zu gewinnen, und belagerte deshalb Laugobriga, musste sich aber mit grossem Verluste zurückziehen, s. *Plut. Sert.* 13.

5) S. Anm. 6. Er soll 53 Kohorten mitgebracht haben, s. *Plut. Sert.* 15. Seine Soldaten zwangen ihn, sich dem Sertorius unterzuordnen, was er nur sehr ungern that, s. ebendas. Sertorius errichtete nunmehr aus den zahlreichen, bei ihm versammelten Römern einen Gegensenat von 300 Mitgliedern, s ebendas. 22. 23. 25. *Appian. B. C.* I, 108.

6) *Cic. Phil.* XI § 18: Sertorianum bellum a senatu privato (Pompeio) datum est, quia consules recusabant, cum L. Philippus pro consulibus cum eo mittere dixit, non pro consule. Er führte 30,000 Mann zu Fuss und 1000 Reiter nach Spanien, *Oros.* V, 23.

7) S. *Plut. Sert.* 13. *Frontin. Strat.* II, 5, 31. (Lauro lag nicht weit von dem heutigen Valencia). Pompejus überwinterte darauf östlich vom Iberus: Sertorius eroberte noch Contrebia (in Neucastilien), *Lic.* XCI

b) Auf Antrag des L. Philippus wurde der Interrex Appius Claudius neben dem Prokonsul Catulus beauftragt, die Stadt zu schützen, *Sall. hist.* 1, 56. Letzterer erwartete daher den Lepidus an der milvischen Brücke und schlug ihn daselbst zurück. Pompejus ging dann nach der Gallia cisalpina, schloss den M. Brutus in Mutina ein, nötigte ihn zur Übergabe und liess ihn, nachdem er ihm freien Abzug gestattet, töten.

J.v.Ch.	J.d.St.	Äussere Geschichte.	Innere Geschichte.
75	679	*L. Octavius. C. Aurelius Cotta.*	
		Die Unterbefehlshaber des Sertorius geschlagen;[8] die unentschiedenen Schlachten des Sertorius selbst gegen Pompejus und Metellus bei Sucro[9] und Saguntum.[10]	Durch die Lex Aurelia des Konsuls Cotta erhalten die Volkstribunen das Recht zurück, sich um andere Ehrenämter zu bewerben.[c]
74	680	*L. Licinius Lucullus. M. Aurelius Cotta.*	
		Verlust der Römer vor Calaguris.[11]	Dritter Mithridatischer Krieg.[12] Mithridates schlägt den Konsul Cotta bei Chalcedon und belagert hierauf Cyzicus, wird aber hier vom andern Konsul Lucullus eingeschlossen.[13]

8) Über die Rüstungen und Pläne des Sertorius für dieses Jahr erhalten wir durch das in neuerer Zeit aufgefundene Fragment des 91sten Buches des Livius genauere Auskunft. Hirtulejus sollte den Metellus bewachen, welcher in Lusitanien stand, wurde aber bei Italica (unweit Sevilla) und zum zweiten Male bei Segovia geschlagen. s. *Liv.* XCI. *Oros.* V, 23. *Flor.* III, 22. *Frontin. Strat.* II. 1, 2. C. Herennius und Perperna sollten die Küste in der Nähe des Ausflusses des Iberus schützen; auch sie wurden von Pompejus bei Valentia am Turia geschlagen. s. *Plut. Pomp.* 18. *Sall. hist.* II. 24. III. 1. 6. *Zonar.* X, 2.

9) 8. *Plut. Sert.* 19. *Plut. Pomp.* 19. *Liv.* XCII. Sertorius siegte auf seinem Flügel gegen den Pompejus; des Pompejus Legat, L. Afranius, siegte dagegen auf dem anderen Flügel und nahm das feindliche Lager, woraus er indes durch Sertorius wieder vertrieben wurde. Am andern Morgen, als Sertorius die Schlacht erneuern wollte, erschien Metellus. Sertorius löste daher nach seiner Weise sein Heer auf, wobei er ausrief: Ἀλλ' ἔγωγε τὸν παῖδα τοῦτον, εἰ μὴ παρῆν ἡ γραῦς ἐκείνη, πληγαῖς ἄν νουθετήσας εἰς Ῥώμην ἀπεστάλκειν (*Plut. Sert.* 19).

10) Es wurde eine Doppelschlacht geliefert, in welcher Pompejus geschlagen wurde, Metellus aber siegte, s. *Plut. Sert.* 21. *Liv.* XCII. Pompejus überwinterte darauf im Lande der Vaccäer und schrieb von hier aus an den Senat, Geld und Truppen fordernd, s. *Sall. hist.* III, 1. *Plut. Sert.* a. a. O.

11) 8. *Plut. Sert.* 21. *Liv.* XCIII und für dieses Jahr besonders *Appian. B. C.* I. 111—112. Pompejus belagerte erst Pallantia, musste aber die Belagerung aufgeben, und eben so mussten Metellus und Pompejus, nachdem sie sich vereinigt hatten und vor Calaguris gerückt waren, von hier zurückweichen, nachdem sie grossen Verlust erlitten hatten. Pompejus überwinterte darauf in Gallien.

12) Bithynien fällt in diesem Jahre durch den Tod des Nicomedes an die Römer, s. *Eutrop.* VI, 6. *Appian. B. C.* I, 111. Mithridates hatte schon lange zu einem neuen Kriege sich gerüstet; jetzt schloss er auch ein Bündnis mit Sertorius. *Plut. Sert.* 23, 24. Er fällt in Bithynien ein, unter dem Vorwande, des Nicomedes Sohn einsetzen zu wollen; s. *Sall. hist.* IV, 20 (Brief des Mithridates an Arsaces). Sein Heer zählte nach Plutarch (*Luc.* 7) 120,000 Mann nach römischer Art geübtes Fussvolk. 16,000 Reiter, 100 Sichelwagen; nach andern noch mehr. Die Hauptquellen für die Geschichte des ganzen Krieges sind *Plut. Luc.* und *Pomp. Appian. B. Mithr.* 68—121. *Memn. apud Phot.* p. 730 ff. ed. *Rothom.*; seit dem J. 69 besonders *Dio* XXXV—XXXVII. vgl. S. 80 Anm. 1.

13) Cotta sollte den Krieg zur See, Lucullus zu Lande führen, s. *Plut. Luc.* 6. *Cic. pro Mur.* § 33. Cottas Niederlage zu Wasser und zu Lande, s. *Plut.* 8. *Appian.* 71. Lucullus brachte nur eine Legion mit nach Cilicien; dort kamen die beiden Legionen des Fimbria und noch zwei andere hinzu. s. *Plut.* 7. *Appian.* 72. Er eilte nach der Niederlage des Cotta nach Cyzicus, wo Mithridates jenen schon belagerte, verschanzte sich im Rücken des Feindes und erschwerte ihm dadurch die Zufuhr.

c) S. *Asc. in Cornel.* p. 66 und 78 (Or.). (Schon im vorigen Jahre war vom Tribunen L. Sicinius ein Versuch gleicher Art gemacht worden; auch in den folgenden Jahren setzten die Angriffe auf die Sullanische Verfassung fort und der Senat konnte das Volk nur dadurch beschwichtigen, dass er es auf die Rückkehr des Pompejus aus Spanien vertröstete. *Sall. fr.* III, 82.)

Catulus war unterdes dem Lepidus nach Etrurien gefolgt; dahin kam jetzt auch Pompejus und beide schlugen den Lepidus bei Cosa, welcher sich darauf in Sardinien festzusetzen suchte, wo er aber vom Propätor Triarius zurückgewiesen wurde. Kurz darauf stirbt er. S. *Plut.* 16. *Appian.* 107. *Liv.* XC. *Gran. Lic.* p. 43 fg. *Flor.* III, 23. *Oros.* V, 22. *Cic. Cat.* III. §. 24. *Iul. Exuperant.* §. 6. Sein Legat M. Perperna ging nach Spanien zum Sertorius, s. *Plut. Sert.* 15. *Appian.* 107. *Sueton. Caes.* 5.

J.v.Ch.	J.d.St.	Äussere Geschichte.	
73	681	*M. Terentius Varro Lucullus. C. Cassius Longinus Varus.* Meutereien im Heere des Sertorius.[14]	Spartacischer Krieg. Der Prätor P. Varinius und mehrere Legaten desselben von Spartacus geschlagen.[15]	Mithridates flieht.[16]
72	682	*L. Gellius Poplicola. Cn. Cornelius Lentulus Clodianus.* Sertorius' Tod durch Meuchelmord;[17] Ende des Kriegs.[18]	Siege des Spartacus über die beiden Konsuln und über den Prok. C. Cassius.[19]	Lucullus folgt dem Mithridates nach Bithynien und nach dem Pontus.[20]
71	683	*P. Cornelius Lentulus Sura. Cn. Aufidius Orestes.* Spartacus vom Prätor M. Licinius Crassus besiegt.[21] Der letzte Rest seines Heeres von Pompejus aufgerieben.[22]		

---

14) S. *Plut. Sert.* 25. *Appian. B. C.* I. 112. 113. Der Urheber dieser Meutereien war Perperna. Infolge derselben (und nach Appian der durch die Meutereien veranlassten Grausamkeiten des Sertorius) machen die Römer jetzt Fortschritte. Doch sind wir über die Ereignisse der J. 73 und 72 nicht näher unterrichtet.

15) Die Hauptquellen für diesen Krieg sind *Plut. Crass.* 8—11. *Appian. B. C.* 116—120. *Sall. hist. fr.* III, 67—81. *Kr. Oros.* V. 24. Spartacus, ein Thracier von Geburt, jetzt römischer Sklav und Gladiator, flieht aus Capua mit 70 Genossen auf den Vesuv. Dort schliesst ihn Claudius, der Legat des Varinius (*Liv.* XCV.), ein, wird aber von Spartacus umgangen und geschlagen, *Plut.* 8. *Frontin. Strat.* I. 5, 21. Hierdurch erhalten die Gladiatoren Waffen, und zugleich vermehrt sich auf die Nachricht von diesem Siege ihre Zahl durch neuen Zulauf von Sklaven sehr schnell. Crixus und Oenomaus werden zu Unterfeldherren des Spartacus bestellt, *Appian.* 116. Darauf wird auch Varinius geschlagen. *Plut.* 9. *Appian.* 116. *Liv.* XCV (vergl. *Sall. hist. fr.* III. 77). Des Spartacus Heer war nach *Appian.* 116 jetzt schon 70,000 Mann stark.

16) S. *Appian. Mithr.* 72—76. *Plut. Luc.* 9—11. Die Flucht geschah im Jahre 73. s. *Plut.* 11. *Appian.* 76. *Eutrop.* VI, 6. *Sall. hist.* IV. 19. 14. Sein Belagerungsheer betrug nach *Appian.* 72. *Plut.* 11 nicht weniger als 300,000 Mann. Ein Teil desselben wurde eingeschifft und mit diesem segelte der König nach Parium; der andere Teil floh nach Westen, wurde aber am Aesepus von Lucullus ereilt und ein grosser Teil desselben niedergemacht, s. *Appian.* 76. *Plut.* 11. *Memnon apud Phot.* p. 739 ed. *Rothom.* (40. *Or.*). Von Parium aus schickte der König 50 Schiffe mit 10,000 Mann unter einem ihm von Sertorius geschickten Feldherrn nach dem westlichen Meere, um dort zu kreuzen. Diese Flotte wurde von Lucullus auf einer wüsten Insel bei Lemnos angegriffen und vernichtet. s. *Plut.* 12. *Appian.* 77. *Memn.* p. 740 (42). Der König selbst segelte nach Nicomedia; von hier zog er sich durch den Bosporus zurück, erlitt aber darauf Schiffbruch und rettete kaum seine Person nach Amisus in Pontus. *Plut.* 13. *Appian.* 76. 78. *Memn.* p. 739. 740.

17) S. *Plut. Sert.* 26. *Appian. B. C.* I. 113. *Sall. hist.* III. 3.

18 Perperna wird gänzlich geschlagen, *Appian. B. C.* 1. 114—115. Darauf wurden Tormes, Uxama, Clunia, Valentia, Turia, Calaguris, in welche Städte sich der Rest der Feinde geflüchtet hatte, teils durch Pompejus, teils durch seine Legaten erobert. s. *Flor.* III. 22. *Oros.* V. 23. und damit der Krieg beendigt, nach *Appian. B. C.* I. 108. *Eutrop.* VI. 1. im 8ten. nach *Liv.* XCVI. *Oros.* a. a. O. im 10 ten Jahre.

19) Spartacus wollte jetzt sein Heer nach Gallien führen, um sich dort mit ihm in Sicherheit niederzulassen. Crixus trennte sich von ihm und wurde vom Konsul Gellius am Garganus gänzlich geschlagen, *Plut.* 9. *Appian.* 117. *Oros.* a. a. O. *Liv.* XCVI. Beide Konsuln wollten darauf den Spartacus einschliessen, wurden aber einer nach dem andern geschlagen, *Appian.* 117. *Oros.* a. a. O. *Tac. Ann.* III, 73, dann beide im Picenischen, *Appian.* a. a. O. Spartacus setzte seinen Weg nach den Alpen fort und stiess bei Mutina auf den Prokonsul (*Oros.* a. a. O.) C. Cassius, den Konsul vom J. 73, den er ebenfalls schlug. *Liv.* XCVI. *Oros.* a. a. O. *Flor.* III, 20. 10. Hierdurch übermütig gemacht, drang sein Heer auf die Rückkehr und bedrohte nun Rom. 120,000 Mann stark, *Appian.* 117.

20) Lucullus belagerte in diesem Jahre Amisus, Cotta Heraclea. s. *Plut.* 14. *Appian.* 68. *Memn.* p. 741.

21) Crassus drängt den Spartacus nach Bruttium herunter. Spartacus will nach Sicilien übersetzen, um dort den Sklavenkrieg wieder zu erwecken, wird aber von den cilicischen Seeräubern betrogen. Von Crassus durch einen Graben eingeschlossen, bricht er durch. Ein Teil seines Heeres, welcher sich getrennt hatte, wird geschlagen und aufgerieben. s. *Plut.* 11. *Liv.* XCII und besonders *Frontin. Strat.* II. 4, 7. 5, 34. Spartacus geht zunächst nach Bruttium zurück; als er aber hier zwei römische Unterfeldherrn, L. Quinctius und den Quästor Tremellius Scrofa, geschlagen hat, *Plut.* 11, geht er, von seinem Heere gezwungen, nach Lucanien, wo er den Crassus angreift und geschlagen wird. Nach *Liv.* XCVII und *Oros.* a. a. O. fielen 60,000. Nach *Appian.* 120. *Oros.* a. a. O. wurden 6000 Gefangene auf der Strasse zwischen Rom und Capua ans Kreuz geschlagen.

22) *Plut. Crass.* 11. *Plut. Pomp.* 21. *Cic. de imp. Cn. Pomp.* §. 30 (: bellum exspectatione eius (Pompeii) attenuatum atque imminutum est, adventu sublatum ac sepultum). Pom-

J.v.Ch.	J.d.St.	Äussere Geschichte.	Innere Geschichte.
71	683	Niederlage des Mithridates bei Cabira. Mithridates flieht zu seinem Schwiegersohn, dem Könige Tigranes von Armenien.²³	
70	684	*Cn. Pompejus Magnus. M. Licinius Crassus.* Lucullus erobert Pontus²⁴ und ordnet die Verhältnisse der Provinz Asien.²⁵	Durch die Lex Pompeia tribunicia wird die tribunicische Gewalt in ihrem früheren Umfange wieder hergestellt.ᵈ Durch die Lex Aurelia des Prätors L. Aurelius Cotta werden die Gerichte zwischen Senatoren, Rittern und den Ärartribunen geteilt.ᵉ
69	685	*Q. Hortensius. Q. Caecilius Metellus.* Lucullus schlägt den Tigranes bei Tigranocerta und erobert diese Stadt.²⁶	
68	686	*L. Caecilius Metellus. Q. Marcius Rex.* Tigranes und Mithridates am Flusse Arsanias geschlagen.²⁷	

pejus rechnete sich dieses geringfügige Verdienst zum grossen Ruhme an.

23) Mithridates hatte während des Aufenthaltes des Lucullus vor Amisus in Cabira ein neues Heer von 40,000 Mann Fussvolk und 4000 (8000) Reitern gesammelt. Lucullus zog nun gegen ihn. Die Römer wurden erst in einem Reitertreffen geschlagen, siegten aber dann in zwei Treffen, welche Unterbefehlshaber beider Teile einander lieferten, und Mithridates entschloss sich darauf zum Rückzug, welcher durch die Ungeduld und Feigheit seiner Soldaten zur Flucht ausartete, so dass nur er selbst mit 2000 Reitern sich zum Tigranes rettete, s. *Plut.* 15—17. *Appian.* 80. 82. *Memn.* p. 741. Lucullus nimmt darauf Cabira und verfolgt den König bis nach Talaura in Kleinarmenien, kehrt aber darauf nach Pontus zurück. s. *Plut.* 18. 19.

24) S. *Appian.* 82. 83. *Plut.* 19. 23. *Memn.* p. 744. 749.

25) Die Not von Asien schrieb sich von den 20.000 Talenten her, welche ihnen Sulla zur Strafe aufgelegt hatte, s. S. 82. Anm. 9. und welche durch den Wucher der römischen Ritter, die sich die abscheulichsten Bedrückungen erlaubten, bis zu 120,000 angewachsen waren, *Plut.* 20. Lucullus traf Einrichtungen, dass die Schuld binnen 4 Jahren bezahlt sein sollte, und steuerte auch sonst der Willkür der Ritter, s. *ibendas.* vergl. *Cic. Acad.* II. §. 3.

26) Um die Auslieferung des Mithridates zu verlangen, wurde P. Clodius im Jahre 70 an Tigranes abgeschickt. Tigranes hatte sich seines Schwiegervaters bisher gar nicht angenommen und ihm seit seiner Flucht zwar eine militärische Bedeckung gegeben, ihn aber nicht an seinen Hof gelassen. Nach jener Forderung des Clodius versöhnte und vereinigte er sich mit ihm. s. *Plut.* 19. 21—22. *Memn.* p. 744. 752. *Appian.* 82. Tigranes, der König der Könige, herrschte über Armenien, Mesopotamien, Syrien, einen Teil von Cappadocien und Cilicien, s. *Plut.* 21. *Appian.* 67. 105. *Syr.* 69. *Strab.* XI. 14, 15, *Justin.* XL, 1. Lucullus bricht mit 12,000 Mann zu Fuss und nicht völlig 3000 Reitern von Pontus auf. s. *Plut.* 24. vergl. *Appian.* 84, setzt bei Melita über den Euphrat, und dringt mit grosser Schnelligkeit bis über den Tigris und bis nach Tigranocerta vor, welches er belagert. Tigranes rückt zum Entsatz seiner Stadt mit einem Heere von 20,000 Bogenschützen und Schleuderern, 55,000 Reitern, 150,000 Mann zu Fuss heran, wird am Flusse Nicephorius gänzlich geschlagen, s. *Plut.* 24—28. *Appian.* 84—85. *Memn.* p. 752—753. Der Schlachttag war der 6te Oktober. s. *Plut.* 27. Die Eroberung von Tigranocerta wurde dem Lucullus unstreitig leicht, zumal ihn die wider ihren Willen dorthin geführten Einwohner der Stadt selbst unterstützten. s. *Plut.* 29. *Appian.* 85. *Dio* XXXV. 2. Tigranes und Mithridates, welcher letztere bei der Schlacht nicht zugegen gewesen war, suchten dann den Partherkönig Phraates zur Teilnahme am Kriege zu bewegen. und auch Lucullus liess ihm Bündnis antragen; allein Phraates gab beiden Teilen Versprechungen und blieb vor der Hand neutral, *Sall. hist.* IV, 12. *Dio* XXXV. 1. 3. *Plut.* 30. *Appian.* 87.

27) Lucullus drang gegen Artaxata vor; die Feinde hatten von neuem sich gerüstet, und Mithridates befehligte ein wohlgeübtes Heer von 70,000 Mann zu Fuss und 35,000 Reitern; Lucullus sollte beim Übergange über den Arsanias umzingelt werden, er schlug aber die Feinde, so viele ihm davon stand hielten. s. *Plut.* 31. vergl. *Appian. Mithr.* 87. *Dio* XXXV. 4—5.

d) *Vell.* II, 30: Hoc consulatu Pompeius tribuniciam potestatem restituit, cuius Sulla imaginem sine re reliquerat, vgl. *Cic. de legg.* III. §. 22. 26, *Plut. Pomp.* 21. 22. *Cic. Verr. Act.* I. §. 43—45.

e) *Ascon. in Pis.* p. 16. *Or. in Cornel.* p. 67. *Or.* u. ö.

Über die Unzufriedenheit mit den senatorischen Gerichten und ihre Ursachen s. *Cic. Verr. Act.* I. §. 43—55. *Act.* II. *L.* III. §. 100—101 u. ö. Die Tribuni aerarii werden *Cic. pro Cluent.* §. 130. *Vell.* II, 32. *Liv.* XCVII. nicht genannt. Über sie s. *Varr. de l. l.* V, 181. *Fest. s. v. Aerarii* p. 2⁵.

Äussere Geschichte.

J.v.Ch.	J.d.St.	
68	686	Lucullus, durch sein meuterisches Heer am weiteren Vordringen gehindert, wendet sich nach Mesopotamien und erobert Nisibis.[28]
67	687	*C. Calpurnius Piso. M'. Acilius Glabrio.* Mithridates schlägt ein römisches Heer unter Triarius bei Zela und erobert Pontus.[29] Lucullus zieht gegen ihn, wird aber durch die wieder ausbrechende Meuterei seiner Truppen gehindert, etwas gegen ihn auszurichten.[30] Pompejus wird durch die Lex Gabinia mit dem Oberbefehl gegen die Seeräuber beauftragt und vernichtet dieselben.[31]
66	688	*M'. Aemilius Lepidus. L. Volcatius Tullus.* Pompejus, durch die Lex Manilia zum Oberbefehlshaber gegen Mithridates und Tigranes ernannt,[32] schlägt den ersteren am Euphrat.[33]

---

28) S. *Plut.* 32. *Dio* XXXV, 6—7. Die Eroberung geschah erst im Winter. s. *Dio* a. a. O. Die Eroberung von Nisibis wird von Plutarch (33) als der Wendepunkt des Glücks des Lucullus bezeichnet.
29) S. *Dio* XXXV, 9—13. *Appian.* 88—89. *Plut.* 35. Nach Appian und Plutarch fielen in dieser Schlacht 24 Tribunen und 150 Centurionen.
30) Die Meuterei des Heeres hatte schon im vorigen Jahre begonnen, als die Truppen sich weigerten, dem Lucullus weiter nach Osten zu folgen, s. Anm. 28. Der Grund derselben lag teils in der Verwilderung der Fimbrianischen und Valerischen Legionen (s. S. 86 Anm. 13), teils in der Missgunst, die vorzüglich die Ritter gegen ihn in Rom erweckt hatten (den Grund des Hasses der Ritter s. o. Anm. 25), und die zur Folge hatte, dass der Prokonsul von Cilicien Q. Marcius Rex ihm die verlangte Hilfesendung verweigerte, und dass man den M'. Acilius Glabrio zu seinem Nachfolger bestimmte, teils in den Aufwiegelungen des P. Clodius, s. die angef. Stellen, teils endlich in dem Charakter des Lucullus, welcher den Truppen nicht mit der nötigen Klugheit und namentlich nicht mit der durch die Zeit geforderten Milde und Nachsicht begegnete, s. *Dio* XXXV, 16. Die Folge war, dass Mithridates beinahe sein ganzes früheres Reich wieder eroberte *Dio* XXXV, 17.
31) *Plut. Pomp.* 24: 'Ἐγένοντο δ' οὖν αἱ μὲν λῃστρίδες νῆες ὑπὲρ χιλίας, αἱ δὲ ἁλοῦσαι πόλεις ὑπ' αὐτῶν τετρακόσιαι. Die Seeräuber beherrschten jetzt das ganze mittelländische Meer, so dass die Schiffahrt selbst im Winter nicht sicher war. Am meisten beunruhigten sie die Römer und Italien, und ihr Übermut ging so weit, dass sie sogar Cajeta, Misenum und Ostia plünderten; viele vornehme Römer und Römerinnen (Antonia, Cäsar, Clodius) fielen in ihre Hände und mussten sich durch schweres Lösegeld loskaufen; schon im J. 103 wurde M. Antonius der Redner als Prokonsul gegen sie geschickt; sie verstärkten sich besonders durch ihr Bündnis mit Mithridates. Der Prokonsul P. Servilius Vatia (Isauricus) führte darauf 78—75 den Krieg gegen sie, zwar mit Glück, aber ohne dauernden Erfolg; darauf ward M. Antonius, der Sohn des Redners, im Jahre 74 von ihnen besiegt; zwei Prätoren, Sextilius und Bellienus, fielen in ihre Hände. Diese und viele andere Züge zur Schilderung des Unwesens, welches die Seeräuber trieben, findet sich *Dio* XXXVI, 3—5. *Plut. Pomp.* 24. *Appian. Mithr.* 92—93. *Cic. de imp. Cn. Pomp.* §. 32—33. 54—55. Ihre Hauptsitze waren Creta und Cilicien. Nach Creta wurde daher im Jahre 68 der Prokonsul Q. Caecilius Metellus geschickt; dieser eroberte bis 67 die Insel und erwarb sich dadurch den Beinamen Creticus, s. *Dio fragm.* 111 und XXXVI, 1—2. *Appian. Sic. et Cret.* 6. Um aber dem Kriege mit einem Male ein Ende zu machen, machte der Volkstribun A. Gabinius den Vorschlag, dass dem Pompejus (dessen Name zwar nicht genannt, der aber allein gemeint war) der Oberbefehl über alle Meere und über alle am Meere gelegenen Provinzen bis 50 Millien ins Land hinein auf drei Jahre übertragen und ihm gestattet werden sollte, sich 15 Legaten zu wählen, und dass er hierzu mit 200 Schiffen, so vielen Truppen, als zur Bemannung nötig wären, und mit 6000 Talenten ausgerüstet werden sollte. Der Vorschlag ging trotz des Widerstandes mehrerer unter den Optimaten nicht nur durch, sondern erhielt auch noch mehrere, die Macht des Pompejus vergrössernde Zusätze. S. *Dio* XXXVI, 6—19. *Plut. Pomp.* 25. *Appian. Mithr.* 94. *Vell.* II, 31. Pompejus verteilte die Legaten nach allen Gegenden des Mittelmeeres, und reinigte dann zunächst das westliche Meer binnen 40 Tagen, und in fast eben so kurzer Zeit (in 49 Tagen, *Cic.*) das östliche Meer. Die Seeräuber wurden nach ihrem Schlupfwinkel, nach Cilicien, zusammengetrieben und dort in einer Seeschlacht geschlagen; die Gefangenen wurden, um die Erneuerung ihres Gewerbes zu verhüten, in mehrere Städte des Inlands verteilt. S. *Plut.* 26—27. *Appian.* 94—96. *Dio* XXXVI, 20. *Cic.* a. a. O. §. 35 bis 36. Pompejus blieb, teils um die Unterbringung der Piraten zu leiten, teils wegen eines Streites mit Metellus Creticus, dem er die Ehre, Creta unterworfen zu haben, entziehen wollte, den Winter über in Cilicien, s. die folg. Anm.
32) S. *Plut. Pomp.* 30. *Dio* XXXVI, 25—26. *Appian. M.* 97. *Liv. C. Vell.* II, 33, 1. Der Urheber des Gesetzes war der Volkstribun C. Manilius. Die Gegner waren dieselben, wie bei der Lex Gabinia. Dagegen hatte das jetzige Gesetz in dem Prätor Cicero einen sehr beredten und in Cäsar einen bei dem Volke sehr beliebten Fürsprecher. Jener hielt die noch erhaltene Rede pro lege Manilia oder, wie sie mit den Alten richtiger zu nennen ist, de imperio Cn. Pompei.
33) Mithridates hatte jetzt wieder ein Heer von 30,000 M. zu Fuss und 2000 (3000) Reitern, s. *Plut. Pomp.* 32. *Appian.* 97. Pompejus wünschte ihm vorzüglich den Weg über den Euphrat zum Tigranes abzuschneiden. Nach manchen Hin-

J.v.Ch.	J.d.St.	Äussere Geschichte.	Innere Geschichte.
66	688	Mithridates flieht in seine bosporanischen Besitzungen;[34] Tigranes unterwirft sich.[35]	
65	689	*L. Aurelius Cotta. L. Manlius Torquatus.* Pompejus dringt durch Albanien und Iberien bis zum Phasis vor. in der Absicht, den Mithridates am Bosporus aufzusuchen, wird aber durch die Schwierigkeiten des Zugs genötigt umzukehren.[36]	
64	690	*L. Julius Cäsar. C. Marcius Figulus.* Er durchzieht Asien, und gelangt	
63	691	*M. Tullius Cicero. C. Antonius.* bis nach Palästina,[37] wo er vor Jerichow die Nachricht vom Tode des Mithridates erhält.[38] Er ordnet die Angelegenheiten Asiens[39] und bereitet sich zur Rückkehr.	Die Catilinarische Verschwörung durch Cicero entdeckt und unterdrückt.[f]

und Hermärschen kam es zu der obigen Schlacht, aus welcher sich Mithridates nur mit wenigen rettete, s. *Dio* XXXVI. 28—32. *Plut.* 32. *Appian.* 97—101. Über den Ort der Schlacht (Pompejus bezeichnete ihn nachher durch eine daselbst angelegte Stadt Nicopolis) s. besonders *Appian.* 105.

34) S. *Dio* XXXVI. 33. *Plut.* 32. *Appian.* 101.

35) Tigranes war hauptsächlich durch einen Aufstand seines Sohnes zur Unterwerfung geneigt gemacht worden. Er kam daher demütig bittend zu Pompejus, der bereits bis in die Nähe von Artaxata vorgedrungen war, und erhielt Verzeihung; jedoch musste er die gemachten Eroberungen aufgeben und 6000 Talente bezahlen, s. *Dio* XXXVI. 34—36. *Appian.* 104—105. *Plut. Pomp.* 33. *Cic. pro Sext.* §. 58. 59.

36) S. *Dio* XXXVII, 1—5. *Plut.* 34—35.

37) S. *Plut.* 38—40. *Dio* XXXVII, 6—7. *Appian.* 107. *Ioseph. Antiquit. Iud.* XIII und XIV und *Ios. Bell. Iud.* I.

38) Mithridates hatte wieder ein Heer von 36,000 Mann zusammen und wollte mit diesem durch Scythien, Thracien,

Macedonien, Pannonien und Germanien und dann durch Gallien über die Alpen nach Italien marschieren und die Römer dort angreifen. Die Zurüstungen und die damit verknüpften Erpressungen und Grausamkeiten erregten eine Empörung, an deren Spitze sich sein Sohn Pharnaces stellte. Mithridates, von allen verlassen, tötet sich selbst, s. *Appian.* 107—113. *Dio* XXXVII, 11—14. *Plut.* 41. 42. *Ios. Bell. Iud.* I, 6. *Antiq. Iud.* XIV, 3. vgl. *Cic. pro Mur.* §. 34.

39) Das Wesentliche dieser Einrichtungen ist: Pontus wurde (schon im Winter 65/64) zur Provinz eingerichtet und zu Bithynien geschlagen; die Provinz Cilicien, welche zuerst von Servilius Isauricus eingerichtet worden war, s. S. 89 Anm. 31, erweitert; Syrien neu gegründet, s. *Vell.* II, 38. 40. Ferner erhielt durch ihn Tigranes Armenien, Pharnaces den Bosporus, Ariobarzanes Cappadocien, Antiochus Asiaticus oder Commagenus (dem eigentlich die Herrschaft über Syrien gebührte) Seleucia, Dejotarus wurde als Tetrarch von Galatien bestätigt, den Attalus machte er zum Könige von Colchis, s. *Appian.* 114, vgl. *Eutrop.* VI, 14.

f) (Schon vor dem Ausbruch des Kampfes mit der Catilinarischen Verschwörung hatte Cicero mehreren Angriffen auf die Verfassung von Seiten der Volkspartei begegnen müssen. So hatte der Volkstribun P. Servilius Rullus ein Ackergesetz vorgeschlagen, welches für die Masse des Volks sehr lockend war, aber mehrere sehr verderbliche und gefährliche Bestimmungen enthielt. Gegen dieses trat Cicero am 1. Jan. mit der erhaltenen ersten Rede *de lege agr.* im Senate und wenige Tage später mit der zweiten und dritten Rede *de lege agr.*, von welcher letzteren nur Bruchstücke erhalten sind, vor dem Volke auf, wodurch das Gesetz vereitelt wurde, vgl. *Cic. in Pis.* §. 4. *Plut. Cic.* 12. Auch die Anklage des Rabirius, für welchen Cicero die Rede *pro Rabirio perduellionis reo* hielt, war gegen die Verfassung gerichtet, *Dio* XXXVII, 26—28.) Catilina hatte schon 2 Jahre früher an einer Verschwörung Anteil genommen, welche ihr Werk mit der Ermordung der Konsuln des J. 65 beginnen sollte, aber durch eine Übereilung des Catilina vereitelt wurde, s. *Sall. Cat.* 18. *Suet. Caes.* 9. Für die Verschwörung des J. 63 sind die Hauptquellen *Sallust. Bell. Cat.* und *Cic. Catil.* I. II. III. IV, vergl. *Dio* XXXVII, 29—42. *Plut. Cic.* 10. 14. 15. 21. 22. *Liv.* CII und Cicero in

vielen gelegentlichen Erwähnungen, namentlich in den Reden *pro Mur., pro Sull., pro Flacc., pro Planc.,* in *Pison.* Die Verschworenen waren meist junge Leute von Adel, welche aber ihr Vermögen durch Verschwendung zu Grunde gerichtet hatten und deswegen eine Umwälzung der bestehenden Verhältnisse wünschten; sie rechneten dabei auf den Pöbel. Catilina hoffte, nachdem seine Bewerbung um das Konsulat des Jahres 63 fehlgeschlagen war, s. *Sall.* 17—23. für das Jahr 62 zum Konsul gewählt zu werden, s. *ebend.* 26. Cicero erhielt seine ersten bestimmteren Nachrichten durch die Fulvia, welche sie wiederum von dem Mitverschworenen Q. Curius erhielt, s. *ebend.* Er brachte die Sache den 21. Oktober im Senat zum Vortrag, s. *Cic. Cat.* I. §. 4. 7. *Sall.* 29, wo dann der in besonders gefährlichen Lagen übliche Beschluss gefasst wurde: viderent consules etc. Durch die erste der vier erhaltenen Catilinarischen Reden, welche noch *Cic. pro Sull.* §. 52 am 8. November gehalten wurde, bewog er Catilina zur Flucht aus der Stadt, s. *Cic. ad Att.* II, 1, 3, die zweite hielt er am folgenden Tage vor dem Volke, s. *ebend.* Dann bekam er durch die allobrogischen Gesandten bestimmte Beweise in die Hand, welche er am 3. Dezbr. dem Senat vorlegte (auch dem

J.v.Ch.	J.d.St.	Äussere Geschichte.	Innere Geschichte.
62	692	D. *Junius Silanus*. L. *Licinius Murena*. Rückkehr und	Vorschlag des Tribunen Metellus Nepos, dass Pompejus an der Spitze seiner Legionen zurückkehren solle, vom Senat vereitelt.[e]
61	693	M. *Pupius Piso Calpurnianus*. M. *Valerius Messalla Niger*. Triumph des Pompejus.[40]	Blütezeit der römischen Litteratur. A. Ciceronischer Zeitabschnitt.[h]
			Beredsamkeit: Q. Hortensius, M. Tullius Cicero.[i]
			Geschichtschreibung: C. Julius Cäsar, Cornelius Nepos, C. Sallustius Crispus.[k]
			Andere Gattungen der Prosa: M. Terentius Varro, Cicero, Cäsar.[l]
			Didaktische Poesie: T. Lucretius Carus.[m]

40) Der Triumph wurde den 29. und 30. September gefeiert, da ein Tag nicht hinreichte, um alle Schätze zu zeigen. Grosse Tafeln nannten die Länder, über welche P. triumphierte, und besagten, dass er 1000 feste Schlösser, fast 900 Städte und 800 Schiffe genommen, 39 Städte neu gegründet, die Zölle von 50 Millionen auf 85 (Drachmen *Appian*.) gebracht und den Schatz mit 20,000 Talenten bereichert habe, s. *Appian*. 116—117. *Dio* XXXVII, 21. *Plut*. 45. *Plin. N. H.* XXXVII, 5—7, 22 ff. Er triumphierte ohne sein Heer, welches er in Brundisium bereits entlassen hatte, s. Anm. g.

Volke gab er in der dritten noch erhaltenen Rede an demselben Tage Nachricht davon); worauf die Verschworenen P. Lentulus Sura, C. Cethegus, P. Gabinius Capito, L. Statilius und Ceparius in Haft genommen wurden, s. *Sall*. 39—74 Über diese wird dann den 5. Dezbr. (s. *Cic. ad Att.* II, 1) im Senat beraten und besonders auf Anraten des M. Cato das Todesurteil ausgesprochen, welches auch sogleich vollzogen wird, s. *Sall*. 48—55. Catilina wird mit dem von Mallius gesammelten Heere von dem Legaten des anderen Konsuls C. Antonius, vom M. Petrejus, bei Pistoria geschlagen, s. *Sall*. 56 bis 61. (Cäsar hatte gegen das Todesurteil gestimmt, s. *Sall*. 51.)

g) S. *Plut. Cat.* 26—29. *Plut. Cic.* 23. *Dio* XXXVII, 43. *Suet. Caes.* 16. Der Vorschlag wurde unter Mitwirkung des Cäsar zu dem Zwecke gemacht, um den Pompejus mit der Senatspartei zu verfeinden und auf die Volkspartei herüberzuziehn.

h) S. *Vell.* I, 17: Oratio ac vis forensis perfectumque prosae eloquentiae decus — ita universa sub principe operis sui erupit Tullio, ut delectari ante cum paucissimis, mirari vero neminem possis, nisi aut ab illo visum, aut qui illum viderit.

i) Hortensius, geb. 114, s. *Cic. Brut.* §. 229, tritt zuerst als Redner auf im Jahre 95, s. *ebendas.*, Konsul im Jahr 69, stirbt im J. 50, s. *ebendas.* §. 2, vgl. *Cic. ad fam.* VIII, 13. *Cic. ad Att.* VI, 1, 3. Man zählt von ihm 21 Reden, von denen aber nichts (nicht einmal Bruchstücke von irgend einigem Belang) erhalten ist. *Cic. Brut.* §. 302: attulerat — duas quidem res, quas nemo alius, partitiones, quarum et de rebus dicturus esset, et collectiones. — Von Cicero (s. S. 84 Anm. 1) werden 116 Reden erwähnt, von denen 57 erhalten sind.

k) Caesar „summus auctorum", *Tac. Germ.* 28. Seine 7 Bücher Commentarii de bello Gallico sind wahrscheinlich im J. 51, die drei Bücher de bello civili im J. 48 verfasst. Über seine historische Darstellung vgl. *Cic. Brut.* §. 262. Cornelius Nepos verfasste ausser einigen andern minder erheblichen historischen Schriften ein Hauptwerk de viris illustribus, s. *Gell.* XI, 9. Aus diesem Werk ist uns in den unter seinem Namen noch vorhandenen Lebensbeschreibungen ein Teil erhalten. Er war ein Freund und Zeitgenosse des Cicero und

Atticus, s. *Cic. ad Att.* XVI, 5, 5. Sonst ist uns über seine Lebensumstände nichts Genaueres bekannt. Sallustius, geb. 86, s. *Euseb. Chron. Ol.* CLXXIII, 3, Volkstribun im J. 52, s. *Ascon. Arg. or. pr. Mil.*, aus dem Senat gestossen im J. 50, s. *Dio* XL, 63, Prätor im J. 46, s. *Hirt. de bell. Afr.* 8. 34. 97, gest. im J. 34, s. *Euseb. Chron. Ol.* CLXXXVI, 2. Er schrieb: Bellum Catilinarium, B. Ingurthinum, und Historiarum l. V, vom J. 78 (s. *Hist. fr.* I, 1) bis wahrscheinlich 66 v. Chr. reichend. Diese letztern sind bis auf einige nicht unbedeutende Fragmente verloren gegangen.

l) Varro, geb. 116, gest. 28, s. *Plin. N. H.* XXIX, 5. Nach *Gell.* III, 10, 17 hatte er etwa im 80sten Jahre bereits 490 Schriften verfasst. Von seinen Schriften sind nur 3 Bücher de re rustica und 6 Bücher de lingua latina (ursprünglich 24) erhalten. Von den noch eingegangenen werden besonders häufig die 25 B. rerum humanarum antiquitates und die 16 B. rerum divinarum ant. erwähnt. Ciceros philosophische Schriften sind meist genannt *de divin.* II. §. 1—4; mit Ausnahme der Bücher de republica (im J. 54) sind sie sämtlich verfasst, nachdem er sich nach dem Tode des Pompejus von den öffentlichen Angelegenheiten zurückgezogen hatte, s. *ebend.* Ausserdem gehören hierher seine rhetorischen Schriften, nämlich: l. II de inventione rhetorica, von ihm in früher Jugend verfasst, s. *de or.* I. §. 5, l. III de oratore, im J. 55, Brutus und Orator, beide im J. 46 geschrieben, s. *de div.* II. §. 4, und seine Briefe an Atticus, an seinen Bruder Quintus und an dem Cicero gerichteten, aber verloren gegangenen Bücher de analogia (*Cic.*: „de ratione latine loquendi") hierher, s. *Cic. Brut.* §. 253. *Sueton. Caes.* 56. *Plin. N. H.* VII, 30. *Quint.* I, 7, 34.

m) geb. 99, gest. durch Selbstmord 55 (dieses Jahr bezeugt Donat in der Vita des Vergil, während nach Hieronymus sein Geburtsjahr 95 und sein Todesjahr 52 ist), verfasste in 6 Büchern ein noch erhaltenes Gedicht de rerum natura, welches die Epicureische Physik in kräftiger, altertümlicher Sprache darstellt und schon von den Alten sehr geschätzt wurde, s. *Gell.* I, 21, 7. *Macrob. Sat.* VI, 1. 2.

J.v.Ch.	J.d.St.	Innere Geschichte.
61	693	*Lyrische Poesie:* C. Valerius Catullus.ⁿ *Mimographen:* D. Laberius, P. Syrus.º

n) geb. auf der Halbinsel Sirmio auf dem See Bennacus unweit Verona, s. *Euseb. Chron. Ol.* CLXXIII, 2, soll im 30sten Jahre gestorben sein, s. *ebendas. Ol.* CLXXX, 4, er lebte aber bis ungefähr 40 v. Chr., s. *Carm.* 113. 52. 1. Von ihm giebt es noch 116 Gedichte, bes. Elegieen und Epigramme.

o) Laberius, gest. 43, s. *Eus. Chron. Ol.* CLXXXIV, 2. P. Syrus überlebte den Laberius, s. *ebendas.* Über beide s. bes. *Macrob. Sat.* II, 7. Unter des letzteren Namen haben wir noch eine Sammlung aus seinen Mimen gezogener Sittensprüche.

b) 60 — 44.

J.v.Ch.	J.d.St.	Äussere Geschichte.	Innere Geschichte.
60	694	*L. Afranius. Q. Caecilius Metellus Celer.*	Pompejus (durch den Widerstand der Optimaten gegen die Bestätigung seiner Anordnungen in Asien und gegen ein von ihm veranlasstes Ackergesetz gereizt),ᵃ Cäsar und Crassus verbünden sich zur gegenseitigen Förderung ihrer Macht (das erste Triumvirat.)ᵇ
59	695	*C. Julius Cäsar. M. Calpurnius Bibulus.*	Cäsar lässt als Konsul durch das Volk (mit Übergehung des Senats) dem Pompejus seine Wünsche gewährenᶜ und sich selbst das cisalpinische Gallien nebst Illyrien als Provinz übertragen;ᵈ der Senat fügt noch das transalpinische Gallien hinzu.ᵉ

a) Die Gegner des Pompejus waren vorzüglich M. Crassus, L. Lucullus und Q. Metellus Creticus, seine persönlichen Feinde, ausserdem der Konsul Metellus Celer und M. Cato, s. *Dio* XXXVII, 49 — 50. *Appian. B. C.* II, 8. *Plut. Luc.* 42. *Plut. Pomp.* 46. *Plut. Cat.* 31. *Vell.* II, 40. *Flor.* IV, 2, 9. *Suet. Caes.* 19. *Cic. ad Att.* 1, 18, 5. 19, 4. 20, 5. II, 1, 9. Über das vom Tribunen L. Flavius vorgeschlagene Ackergesetz s. bes. *Cic. ad Att.* 1, 19, 4.
b) Cäsar kam im Juni aus Spanien, welches er als Statthalter verwaltet hatte, vor Rom an, und gab den Triumph auf, um nicht die Zeit für die Bewerbung um das Konsulat zu versäumen, s. *Dio* XXXVII, 54. *Appian.* a. a. O. *Plut. Caes.* 13 — 14. *Plut. Cat.* 31. *Plut. Pomp.* 47. *Plut. Crass.* 14. *Suet. Caes.* 18. *Cic. ad Att.* II, 1, 9. Die Nobilität setzte durch, dass Bibulus zu seinem Kollegen ernannt wurde, s. *Dio App. Plut.* a. a. O. *Vell.* II, 41. *Suet. Caes.* 19. Das Triumvirat (Τρικάρανον) von Varro benannt, s. *Appian.* II, 9) wurde entweder vor den Wahlen (s. *Dio* 55. *Plut. Appian.* a. a. O.) oder nach denselben (s. *Suet. Caes.* 19) geschlossen, blieb aber vor

der Hand noch geheim, s. *Dio* 57, daher es auch Cicero in diesem Jahre nicht erwähnt.
c) Es wurden sonach einesteils die Anordnungen des Pompejus in Asien bestätigt, anderteils Ländereien unter das Volk, insbesondere unter die Veteranen des Pompejus verteilt. Die Ausführung des Ackergesetzes sollte 20 Legaten anvertraut werden. S. *Dio* XXXVIII, 1 — 7. *Appian.* II, 10. *Plut. Cat.* 31 — 33. *Vell.* II, 44. *Suet. Caes.* 20. *Cic. ad Att.* II. 16, 1. 18, 2. Um die Verbindung noch mehr zu befestigen, verheiratete sich Pompejus mit Cäsars Tochter Julia, s. *Plut. Pomp.* 47, 48. *Dio* XXXVII, 9. *Cic. ad Att.* II, 17, 1 u. ö.
d) S. *Dio* XXXVIII, 8. *Appian.* 13. *Vell.* II, 44. *Cic. in Vat.* §. 35. Cato nennt diese Provinz die Akropolis von Italien. s. *Plut. Crass.* 14. *Cat.* 33.
e) S. die Anm. d angef. Stellen. *Suet. Caes.* 22: veritis patribus, ne, si ipsi negassent, populus et hanc daret. — Bibulus setzte den Massregeln des Cäsar durch Edikte und durch die Auspicien einen, jedoch völlig fruchtlosen Widerstand entgegen.

J.v.Ch.	J.d.St.	Äussere Geschichte.	Innere Geschichte.
58	606	*L. Calpurnius Piso Caesoninus. A. Gabinius.* Gallischer Krieg.[1] Cäsar schlägt und vertreibt die Helvetier[2] und die Deutschen unter Ariovist[3] aus Gallien.	P. Clodius Volkstribun. Seine verderblichen Gesetze;[f] Verbannung des Cicero.[g]
57	607	*P. Cornelius Lentulus Spinther. Q. Caecilius Metellus Nepos.* Die Belgier unterworfen.[4]	Ciceros Zurückberufung.[h]

---

1) Die Hauptquelle für die Geschichte dieses Krieges sind Cäsars eigno Kommentarien über denselben, s. S. 91 Anm. k, welche in einem 8 ten Buche von Hirtius bis auf den Anfang des Bürgerkrieges fortgeführt worden sind. Am Ende dieses Buches fehlt indes einiges.
2) *Caes.* I, 1—30. Die Zahl der Helvetier betrug 368,000, unter diesen 92,000 Waffenfähige, s. I, 29. Sie waren nach 3 jähriger Vorbereitung sämtlich aus ihrer Heimat aufgebrochen und wollten zuerst bei Genf über die Rhone gehen. Nachdem dieser Plan durch die Gegenanstalten des Cäsar vereitelt war, gingen sie durch das Gebiet der Sequaner nach dem Arar (Saone). Hier überraschte Cäsar einen Teil derselben noch auf dem diesseitigen Ufer, trieb ihn auseinander, setzte über den Fluss und folgte ihnen bis nach Bibracte, wo er sie schlug. Die Übriggebliebenen ergaben sich und wurden nach ihrer Heimat zurückgeschickt. Cäsar hatte in diesem Jahre 6 Legionen, s. I, 7. 10.
3) *Caes.* I, 31 — 54. Dem Ariovist war durch die Parteiungen in Gallien der Weg dorthin gebahnt worden. Häduer auf der einen und Arverner und Sequaner auf der andern Seite machten sich den Vorrang unter den gallischen Völkern streitig. Letztere, im Begriff zu unterliegen, riefen die Deutschen herbei, denen die Häduer mit ihrer Partei unterlagen.

Ariovist hatte einen Teil des Gebiets der Sequaner in Besitz genommen, und nach und nach sammelten sich daselbst 120,000 Deutsche, s. I, 52. Cäsar besetzte schnell Vesontio (Besançon), fand, von hier aus nach Osten vorrückend, nach 7 Tagemärschen die Feinde in der Nähe des Rheins (im oberen Elsass), und schlug sie gänzlich, so dass nur wenige über den Rhein entkamen. Ein weiterer Zuzug der Sueven, welcher schon bis an den Rhein gelangt war, trat nunmehr sogleich seinen Rückzug an.
4) S. *Caes.* II. Die Belgier hatten sich zum Schutz ihrer Unabhängigkeit vereinigt. Für Cäsar, der diese Vereinigung eine Verschwörung gegen das römische Volk nennt, war dies ein hinreichender Grund, sie mit Krieg zu überziehen, s. II, 1. Nachdem er zwei neue Legionen geworben, s. II, 2, rückt er sogleich in das Gebiet der belgischen Remer, welche römisch gesinnt sind, befestigt eine Brücke über die Axona (Aisne), und bezieht jenseits ein festes Lager (bei Pont à Vere). Die Feinde, gegen 300,000 Mann stark (s. II, 4), greifen die Besatzung der Brücke im Rücken Cäsars an, werden aber mit grossem Verluste zurückgeschlagen. Sie zerstreuen sich nun, und Cäsar unterwirft einzeln die Bellovaci, Nervii, diese nach einem blutigen und gefährlichen Kampfe, und die Aduatici. Im Winter darauf wurde sein Legat Serv. Galba

---

f) S. *Dio* XXXVIII, 13. *Cic. pro Sest.* §. 55 ff. *Cic. in Pis.* §. 9 und *Asc. z. d. St.* Durch eins dieser Gesetze wurde die *Lex Fufia et Aelia* (s. S. 67 Anm. g) aufgehoben und somit der Einfluss der Auspicien auf die Volksversammlung vereitelt; durch ein anderes wurde die Bedeutung der Censur vernichtet, indem den Censoren verboten wurde, ihre Strafen anders als nach vorheriger Verurteilung im Gericht zu verhängen. Letzteres Gesetz wurde zwar 52 aufgehoben, indes die Bedeutung der Censur blieb vernichtet, s. *Dio* XL, 57. Durch ein drittes wurde bestimmt, dass das Getreide, statt nach dem Graechischen Gesetze zu einem niedrigen Preise, umsonst unter das Volk verteilt werden sollte, s. *Cic. pro Sest.* a. a. O. und *Schol. Bob. z. d. St.* Alle diese Gesetze waren darauf berechnet, teils das Volk für das nachfolgende Verfahren gegen Cicero zu gewinnen, teils den Einfluss der Nobilität immer mehr zu verringern.
g) Über die Ursachen der Feindschaft des Clodius gegen Cicero s. *Cic. ad Att.* I, 13, 3. 14, 5. 16, 1—10. Vgl. *Dio* XXXVII, 46. Clodius wünschte seit mehreren Jahren Tribun zu werden, musste aber dazu vorerst Plebejer sein. Deshalb suchte schon im J. 60 der Tribun C. Herennius seine Adoption zu bewirken, s. *Cic. ad Att.* I, 18, 4. Im J. 59 wird er wirklich Plebejer, s. *Cic. pro dom.* §. 41: Hora fortasse sexta diei

questus sum in iudicio, cum C. Antonium, collegam meum, defenderem, quaedam de re publica. — Hora nona illo ipso die tu os adoptatus. *Cic. pro Sest.* §. 15—16. *Cic. ad Att.* II. 7, 2. 8, 1. *Dio* XXXVIII, 12. *Plut. Cat.* 33. *Plut. Caes.* 14. Nachdem er Tribun geworden, gab er das Gesetz (*Vell.* II, 45): qui civem Romanum indemnatum interemisset, ei aqua et igni interdiceretur, cujus verbis etsi non nominabatur Cicero, tamen solus potebatur, vgl. *Dio* XXXVIII, 14. *Cic. pro dom.* 43 ff. *Cic. in Pison.* §. 30. Cicero floh, und nach seiner Flucht wurde er durch ein Gesetz 400 Millien von Rom verbannt, und sein Haus und einige Villen niedergerissen. *Cic. pro dom.* §. 43—64. *Cic. pro Planc.* §. 86 bis 90. 95—103. Dass die Triumvirn im geheim Exil Schuld waren, sagt er *in Pison.* §. 79. *ad Att.* IV, 1, 1. 2, 5 vergl. *ebendas.* III, 8, 4. u. oft, *Plut.* XXXVII, 1. XXXIX, 11. Es ist indes zu bemerken, dass Cäsar ihm vorher einige Wege der Rettung eröffnete, s. *Cic. ad Att.* II, 5, 1. 18, 3. 19, 5. *Plut. Cic.* 30, Cicero von ihm aber als seiner unwürdig verschmäht wurden. Die Zeit seiner Verbannung ist Ende März.
h) Cicero verdankte seine Rückkehr teils dem Umstande, dass Clodius sich mit Pompejus verfeindet hatte, s. *Dio* XXXVIII, 30. *Plut. Pomp.* 49. *Cic. pro Mil.* §. 18. 37 und *Asc. z. d. St. Cic. pro dom.* §. 66. *Cic. ad Att.* III, 8, 4. *Cic.*

J.v.Ch.	J.d.St.	Äussere Geschichte.	Innere Geschichte.
56	698	*Cn. Cornelius Lentulus Marcellinus. L. Marcius Philippus.* Veneter. Uneller und andere Völker an der Küste des celtischen Gallicus⁵ und die Aquitanier unterworfen.⁶	Erneuerung des Bundes zwischen den Triumvirn zu Luca.¹
55	699	*Cn. Pompejus Magnus II. M. Licinius Crassus II.* Die Usipeter und Tenctorer fallen in Gallien ein und werden von Cäsar geschlagen.⁷ Cäsars erster Zug nach Deutschland⁸ und nach Britannien.⁹	Die Konsuln lassen sich, Pompejus Spanien, Crassus Syrien, auf 5 Jahre übertragen und dem Cäsar seine Provinz auf weitere 5 Jahre verlängern.ᵏ

in seinen Winterquartieren im Gebiet der Nautuates, Veragri und Seduni angegriffen, schlug aber die Feinde zurück, s. III, 1—6.

5) *Caes.* III, 7—19. Das Hauptvolk, welches auch die Empörung begonnen hatte, waren die Veneti in der Bretagne. Sie wurden besonders durch ein Seetreffen, welches Dec. Brutus gewann, unterworfen.

6) *Caes.* III, 20—27. Cäsar machte darauf noch einen Feldzug gegen die Moriner und Menapier im belgischen Gallien, jedoch ohne erheblichen Erfolg, s. III, 27—28.

7) *Caes.* IV, 1—15. Die Usipetes und Tencteri waren 430,000 (nach einer anderen weniger beglaubigten Lesart 180,000) Mann stark, s. IV, 15. Von den Sueven gedrängt, waren sie über den Rhein gegangen und standen diesseits des Rheins im Gebiete der Menapier. Cäsar besiegte sie, indem er sie überraschte, nachdem er vorher ihre Gesandten, die zu ihm gekommen waren, verhaftet hatte; weshalb Cato im Senat verlangte, man solle den Cäsar den arglistig getäuschten Fein-

den ausliefern, s. *Plut. Caes.* 22. *Plut. Cat.* 51. *Appian. Celt.* 18. *Suet. Caes.* 24.

8) S. *Caes.* IV, 16—17. Die Brücke, welche Cäsar über den Rhein schlug, ist dem Zusammenhang zufolge wahrscheinlich zwischen Bonn und Coblenz zu suchen. Cäsar machte einen kurzen Streifzug von 18 Tagen und kehrte zurück, nachdem er von einigen Völkern das Versprechen, Geiseln zu schicken, erlangt hatte.

9) S. *Caes.* IV, 18—36. Er fuhr von dem Lande der Moriner aus, s. IV, 22 (wahrscheinlich in der Gegend von Boulogne), erzwang die Landung, schlug, als die Britannier, durch einen Sturm, welcher seine Schiffe beschädigte und seine Reiter an der Landung hinderte, ermutigt, den Widerstand erneuten, die Feinde zurück und ging dann mit einigen Geiseln wieder nach Gallien. Der Zweck beider Züge nach Germanien und Britannien war, einstweilen die Nachbarvölker zu schrecken, und ausserdem sein Andenken in Rom durch die Kühnheit der Unternehmungen anzufrischen, was auch

pro *Sest.* §. 69. *Cic. in Pis.* §. 29, teils der Hoffnung der Nobilität, dass er nach seiner Rückkehr als ihr Verfechter auftreten würde. Schon im J. 58 wurden mehrere Versuche zu seiner Rückberufung gemacht, die aber noch nicht zum Ziele führten, s. *Cic. pro dom.* §. 70—71. *Cic. post red. in sen.* §. 4. *Cic. in Pis.* §. 29. *Cic. pro Sest.* §. 69—70. *Plut. Cic.* 33. Cicero hielt sich bis zum Dezember in Thessalonika auf, dann ging er nach Dyrrhachium, wo er seine Zurückberufung erwartete. Am 1. Jan. 57 bewirkte der antretende Konsul Lentulus den Beschluss seiner Zurückberufung im Senat; derselbe sollte aber nach dem Votum des Pompejus auch durch das Volk bestätigt werden. Diese Bestätigung wurde aber bis zum 4. August durch Clodius verzögert, wo sie endlich in den Conturiatcomitien erfolgte. S. *Dio* XXXIX, 7—11. *Plut. Cic.* 33. *Appian.* B. C. II, 16. *Cic. ad Att.* IV, 1. Nach seiner Rückkehr bewirkte er, dass dem Pompejus die Aufsicht über die Getreidezufuhr mit dem Rechte eines Prokonsuls auf 5 Jahre übertragen wurde, s. *Cic. ad Att.* IV, 1, 6—7. pro *dom.* §. 6—31. *Dio* XXXIX, 9. *Appian.* II, 18. *Plut. Pomp.* 40. Auch dem Cäsar näherte er sich und benahm sich überhaupt, den Umständen nachgebend, mit grösserer Vorsicht. Vergl. hierüber bes. *ad Fam.* I, 7. 9. *ad Att.* IV, 2. 4.

i) Die Triumvirn wurden hierzu durch die Umstände getrieben. Im Dezember 57 hatte der Tribun P. Rutilius Lupus im Senat den Antrag auf Aufhebung des Julischen Ackergesetzes gemacht, s. *Cic. ad Quint. fr.* II, 1, 1: im April kündigte selbst Cicero, seiner Verhältnisse für einen Augenblick uneingedenk, einen gleichen Antrag an, s. *Cic. ad Fam.* I, 9, 8. *Cic. ad Quint. fr.* II, 5. und L. Domitius Ahenobarbus erklärte bei seiner Bewerbung um das Konsulat für das Jahr 55 sogar, dass er als Konsul dem Cäsar Heer und Provinzen zu entziehen gedenke, s. *Suet. Caes.* 24, und endlich war Pompejus jetzt mit Clodius verfeindet und vielen Anfechtungen von Seiten der Senatspartei ausgesetzt. Daher diese Zusammenkunft, welche so zahlreich besucht war, dass 120 Liktoren und 200 Senatoren dabei zugegen gewesen sein sollen. s. *Plut. Caes.* 21. *Plut. Pomp.* 51. *Appian.* II, 17. *Suet. Caes.* n. a. O. Ihre Beschlüsse finden sich an denselben Stellen angeführt, und es gehören auch den nachfolgenden Massregeln, s. die folg. Anm. k.

k) Pompejus und Crassus verschoben die Wahlen bis in dieses Jahr, weil die Konsuln des vorigen ihnen Hindernisse in den Weg legten. Ihre übrigen Mitbewerber traten zurück; nur Domitius (s. die vorherg. Anm. i), von seinem Schwager

als Republik. Zweiter Abschnitt. 78—31. 95

J.v.Ch.	J.d.St.	Äussere Geschichte.
54	700	*L. Domitius Ahenobarbus. App. Claudius Pulcher.* Cäsars zweiter Feldzug nach Britannien.[10] Die Römer in ihren Winterlagern von den Galliern angegriffen.[11] — Crassus beginnt den parthischen Krieg mit einem Einfalle in Mesopotamien.[12]
53	701	*Cn. Domitius Calvinus. M. Valerius Messalla.* Nervier, Senonen, Carnuten, Menapier und Trevirer von neuem unterworfen.[14] Zweiter Zug Cäsars nach Deutschland.[15] Das Land der Eburonen verwüstet.[16] — Niederlage und Tod des Crassus.[13]

gelang, s. *Vell.* II, 46. *Flor.* III, 10, 16 u. ö. Nach der Rückkehr aus Britannien werden die Moriner unterworfen und das Land der Menapier verwüstet, *Caes.* IV, 37—38.

10) *Caes.* V, 2, 5—23. Die Abfahrt geschah jetzt von Portus Iccius (wahrscheinlich ebenfalls bei Boulogne, obwohl von dem Abfahrtsorte im vorigen Jahre zu unterscheiden) mit 5 Legionen und 2000 Reitern auf 600 Last- und 28 Kriegsschiffen, s. V, 2. 8. Die Britannier stellen sich unter den Oberbefehl des Cassivellaunus, den Cäsar jenseits der Themse angreift und weiter verfolgt, bis er sich zu unterwerfen verspricht und Geiseln stellt. Vgl. *Cic. ad Att.* IV, 17, 3: confecta Britannia, obsidibus acceptis, nulla praeda, imperata tamen pecunia.

11) *Caes.* V, 24—58. Über die Verteilung der Truppen in die Winterlager s. V, 24. Der Aufstand der Gallier ging von den Trevirern aus, bei denen schon zu Anfang des Jahres eine den Römern feindliche, jedoch damals von Cäsar unterdrückte Bewegung stattgefunden hatte, s. V, 2—4. Der Eburone Ambiorix beginnt die Feindseligkeiten. Die Legaten im Gebiet der Eburonen, Q. Titurius Sabinus und L. Aurunculejus Cotta, werden von ihm getäuscht und bewogen, ihr Lager zu verlassen, worauf sie überfallen und ihre Truppen niedergemacht werden, s. V, 27—37. Hierauf wird Q. Cicero im Gebiet der Nervier angegriffen und hart bedrängt. Cäsar, welcher auf seiner Reise nach Italien in der Gegend der Alpen war, als er vom Aufstande hörte, s. *Dio* XL, 5. 9. *Plut. Caes.* 24, wurde jetzt durch Q. Cicero von der Gefahr benachrichtigt, und rettete ihn, s. *Caes.* V, 37—52. Auch Labienus im Gebiete der Trevirer wird angegriffen: es gelingt ihm aber, den Inducioimarus selbst, den Anführer der Trevirer, bei einem Ausfall zu töten, s. V, 53—58.

12) Die Hauptquellen für die Geschichte dieses Krieges sind *Plut. Crass.* 17—33. *Dio* XL, 12—15. 16—21. Vergl. *Justin.* XLII, 4. *Flor.* III, 11. *Vell.* II, 46. *Oros.* VI, 13. Crassus ging noch vor Ablauf seines Amtsjahres nach der Provinz (Mitte November, s. *Cic. ad Att.* IV, 13), unter böser Vorzeichen und unter den Verwünschungen des Tribunen Ate-

Cato aufgemuntert, gab seine Absicht nicht auf; wurde aber nebst seinem Anhange am Wahltage mit Gewalt von dem Marsfelde vertrieben, und darauf ging die Wahl jener von statten. Cato selbst bewarb sich um die Prätur; auch er wurde mit Gewalt verdrängt und an seiner Stelle P. Vatinius gewählt. S. *Plut. Cat.* 41—42. *Plut. Pomp.* 52. *Dio* XXXIX, 32. *Liv.* CV. *Vell.* II, 46. *Cic. ad Fam.* 1, 9, 19. *Val. Max.* VII, 5, 6 (: Non Catoni tum praetura, sed praeturae Cato

jus. s. *Cic.* a. a. O. *Plut.* 19. *Dio* XXXIX, 39. Das Ergebnis des diesjährigen Feldzuges ist, dass fast ganz Mesopotamien erobert wird, s. *Plut.* 17. *Dio* XL, 12—15.

13) Crassus trat in diesem Jahre den Feldzug an, nachdem er den Winter in Syrien, statt mit Rüstungen und Erkundigungen, mit Plünderungen zugebracht hatte. Sein Heer betrug nach Plutarch (20) 7 Legionen, 4000 Reiter und eben so viele Leichtbewaffnete. Sein Quästor C. Cassius riet, den Euphrat herabzuziehen und Seleucia zu nehmen (vergl. *Flor.* III, 11, 6). Crassus vertraute sich aber dem Araber Ariamnes an, welcher ihn einen weiten Weg durch die Wüste an den Fluss Bilecha (*Plut.* 23) in die Nähe des Feindes führte. Seine Niederlage s. *Plut.* 18—27. *Dio* XL, 16—24. Die Fechtart der Parther bezeichnet Vergil (*Georg.* III, 31) so: Fidentemque fuga Parthum versisque sagittis. Von Phraates flieht unter grossen Verlusten; Crassus wird von dem feindlichen Feldherrn Surenas zu einem Gespräch eingeladen und getötet, s. *Plut.* 28—33. *Dio* XL, 25—27, am 9. Juni, s. *Ovid. Fast.* VI, 465. Nur ein kleiner Teil des Heeres (nach *Appian. B. C.* II, 18 nicht volle 1000 von 100,000) rettete sich, hauptsächlich durch das Verdienst des Cassius, s. *Plut.* 29. *Dio* XL, 25, welcher auch in dem nächsten Jahre (bis 51) Syrien vor den Einfällen der Parther schützte, s. *Dio* XL, 28—30. *Vell.* II, 46.

14) *Caes.* V, 1—8. Die Treviren wurden durch Labienus unterworfen. (Cäsar befehligte jetzt 10 Legionen, da er zwei neue in der Gallia cisalp. geworben, eine von Pompejus entlehnt und die 5 Kohorten der Legion, von welcher 5 im Lande der Eburonen gefallen waren, verdoppelt hatte, s. *Caes.* VI, 1).

15) Die Treviren waren von den Sueven unterstützt worden, daher Cäsar zum zweiten Male auf einer Brücke, die nahe bei dem Orte, wo die vom Jahre 55 gestanden hatte, nur etwas südlicher, erbaut wurde, über den Rhein. Die Sueven hatten sich in das Innere des Landes zurückgezogen, Cäsar ging also zurück, brach aber die Brücke nicht ganz ab und liess eine Besatzung bei derselben zurück, s. *Caes.* VI, 9—10. 29.

16) *Caes.* VI, 29—43. Für den nächsten Winter wurden 2 Legionen in das Gebiet der Trevirer, 2 in das der Lingonen,

negatus est). Die oben genannten Volksbeschlüsse wurden auf Antrag der Tribunen C. Trebonius gefasst, s. *Plut. Cat.* 43. *Plut. Pomp.* 52. *Plut. Caes.* 28. 36. *Plut. Crass.* 15. *Dio* XXXIX, 33—36. *Appian.* II, 18. *Liv.* CV. Andere minder bedeutende Gesetze dieses Jahres s. *Dio* XXXIX, 37. Pompejus ging übrigens nicht nach seiner Provinz, sondern liess sie durch seine Legaten verwalten, s. *Dio* XXXIX, 39. *Caes. B. C.* VI, 1. *Caes. B. C.* I, 85. *Plut. Pomp.* 52. 53.

J.v.Ch.	J.d.St.	Äussere Geschichte.	Innere Geschichte.
52	702	Cn. *Pompejus Magnus III.*, erst allein, dann in den letzten 5 Monaten mit *Q. Cäcilius Metellus Pius Scipio*. Im Winter und in Cäsars Abwesenheit neuer fast allgemeiner Aufstand der Gallier; der Arverner Vercingetorix an der Spitze.[17] Cäsar bahnt sich den Weg zu seinen Legionen,[18] sucht den Feind in der Nähe von Avaricum auf, belagert und erobert diese Stadt,[19] wendet sich dann gegen Gergovia, die Hauptstadt der Arverner,[20] wird hier durch einen verunglückten Angriff auf die Stadt zum Rückzug genötigt,[21] schlägt aber dann die Feinde im Gebiete der Lingonen,[22] schliesst sie in Alesia ein und zwingt sie hier zur Unterwerfung.[23]	Am 20. Januar P. Clodius von T. Annius Milo erschlagen.[l] Pompejus wird, um die Ordnung in Rom herzustellen, zum alleinigen Konsul erwählt und dadurch zum Wiederanschluss an die Senatspartei bewogen.[m] Er schärft die Gesetze gegen Gewalt und Amtserschleichung,[n] erneuert die gesetzliche Bestimmung, dass niemand sich abwesend um den Konsulat bewerben solle, wobei jedoch Cäsar ausgenommen wird, und verordnet, dass die gewesenen Magistrate immer erst nach 5 Jahren ihre Statthalterschaften antreten sollen.[o]

---

die übrigen 6 in das der Senonen nach Agendicum (Sens) in die Winterquartiere gelegt, s. VI, 44.

17) Zuerst greifen die Carnuten zu den Waffen und töten die Römer in Genabum (Orleans oder Gien), s. *Caes.* VII, 1 bis 3. Vercingetorix bringt noch vor Cäsars Ankunft mehrere Völker zum Abfall und bedroht sogar die Provinz, s. VII, 4—7.

18) Cäsar schützt zuerst die Provinz, macht dann mit geringer Mannschaft selbst einen Einfall in das Gebiet der Arverner und gelangt durch das Gebiet der Häduer, welche bisher noch nicht offen abgefallen waren, zu den 2 Legionen im Gebiet der Lingonen, wo er auch die übrigen Legionen an sich zieht, s. VII, 7—10.

19) *Caes.* VII, 10—31.

20) *Caes.* VII, 32—36.

21) *Caes.* VII, 37—53. Während dieser Belagerung fallen auch die Häduer von Cäsar ab, s. VII, 37—40. 42—43.

22) *Caes.* VII, 54—67. Cäsar hatte jetzt die Richtung nach dem Lande der Sequaner genommen, um auf diesem Wege sich nach der Provinz zurückzuziehen. s. VII, 66. Um ihn nicht entkommen zu lassen, ging Vercingetorix von seinem Plane, die Römer durch Mangel zu bezwingen, ab und griff den Cäsar an. s. VII, 66—67. Der Ort der Schlacht war 2 Tagemärsche von Alesia, s. das. 68.

23) *Caes.* VII, 68—90. Vercingetorix hatte 80,000 M., s. VII, 71, und ausserdem kamen auf sein Aufgebot von den übrigen gallischen Völkern 240,000 Mann und 8000 Reiter, s. VII, 76. Letztere griffen die Verschanzungen der Römer von aussen an, während Vercingetorix Ausfälle machte. Bei einem dritten Angriff werden die Gallier gänzlich geschlagen; Vercingetorix liefert sich selbst dem Feinde aus. s. VII, 89, vergl. *Flor.* III, 10, 26. *Dio* XL. 41.

---

l) In den letzten Jahren war die Unordnung und Verwirrung in Rom fortwährend gestiegen, besonders infolge davon, dass die Konsulwahlen (auf Betrieb des Pompejus) verhindert wurden, s. *Plut. Caes.* 28. *Appian.* II, 19. *Dio* XL, 45. *Cic. ad fam.* VII, 11. *ad Att.* IV, 15. 16. 18. Durch die Ermordung des Clodius (auch jetzt im Monat Januar waren die neuen Konsuln noch nicht ernannt) erreichte die Verwirrung ihre höchste Stufe. Über diese s. *Cic. pro Milone* und *Ascon. in dieser Rede. Dio* XL, 48—49. *Appian.* II, 20—22. Das Volk war über den Tod seines Parteiführers aufs äusserste erbittert und verbrannte seinen Leichnam in der Curia Hostilia, welche selbst mit abbrannte.

m) *Vell.* II, 47: Tertius consulatus soli Cn. Pompeio — delatus est. Cuius ille honoris gloria veluti reconciliatis sibi optimatibus maxime a C. Caesare alienatus est; vergl. *Dio* XL. 50. Sein Konsulat begann den 25. Februar, s. *Ascon. Argum. in Mil.* p. 37. Über dasselbe im allgemeinen s. *Dio* XL, 50. *Appian.* II, 23—25. (Das Band zwischen Pompejus und Cäsar war schon in den letzten Jahren durch den Tod der Julia, der Gemahlin des Pompejus, im J. 54, s. *Plut. Pomp.* 53. *Dio*

XXXIX, 64. *Appian.* II, 19, und durch den Tod des Crassus im J. 53, s. o. Anm. 13, gelockert worden).

n) Die Schärfung bestand besonders darin, dass das Gerichtsverfahren abgekürzt wurde, indem dasselbe im ganzen auf 3 Tage beschränkt und dem Ankläger nur eine Zeit von 2 Stunden, dem Verteidiger von 3 Stunden gestattet wurde, s. *Ascon. in Mil.* 37. 39. 40. *Cic. Brut.* §. 324. *Tac. de or.* 38. Das Gesetz de vi war besonders gegen Milo gerichtet, dessen sich Pompejus zu entledigen wünschte, und den deshalb auch Cicero durch seine Beredsamkeit nicht zu retten vermochte, s. *Cic. pro Mil.* §. 15. *Schol. Bob.* p. 276. *Schol. Gronov.* p. 443. *Cic. Phil.* II, §. 22. *Plut. Cic.* 35. *Dio* XL, 53—54. *Vell.* a. a. O. Ausser Milo wurden auch noch andere verdammt, s. *Dio* XL, 52. 55.

o) S. *Dio* XL, 56. Er hatte anfänglich in dem ersteren Gesetze den Cäsar nicht ausgenommen, dieser liess sich aber bei ihm in Erinnerung bringen, und deshalb liess Pompejus durch die Tribunen diese Ausnahme zu seinem Gesetz hinzufügen, s. *Suet. Caes.* 28. *Cic. ad Att.* VIII, 3, 3. *Cic. Phil.* II. §. 24. Durch das andere Gesetz wurde namentlich auch Cicero

als Republik. Zweiter Abschnitt. 78—81.

J.v.Ch.	J.d.St.	Äussere Geschichte.	Innere Geschichte.
51	703	*Servius Sulpicius Rufus. M. Claudius Marcellus.* Einzelne den Aufstand erneuernde Völker, die Bituriger, Carnuten, Bellovaker und mehrere Völker im Süden besiegt und unterworfen.²⁴ Hiermit	
50	704	*C. Ämilius Paullus. L. Claudius Marcellus.* die Unterwerfung von Gallien vollendet.²⁵	Der Konsul Marcellus übergiebt in den letzten Tagen des Jahres dem Pompejus das Schwert zur Verteidigung Roms gegen Cäsar.ᵖ
49	705	*L. Claudius Marcellus. C. Cornelius Lentulus Crus.*	Bürgerkrieg zwischen Pompejus und Cäsar.ᵠ Cäsar überschreitet den Rubicon und erobert Italien in 60 Tagen;ʳ Pompejus flieht

24) *Hirt. bell. Gall.* VIII. 1—48.   25) *Hirt.* 46. 49.

betroffen, welcher infolge desselben, weil nicht genug gewesene Konsuln und Prätoren vorhanden waren, die vor 5 Jahren ihr Amt bekleidet hatten, wider seinen Willen die Provinz Cilicien übernehmen musste, s. *Plut. Cic.* 36. *Cic. ad Att.* V, 1, 1. (Cicero kam am 25. Novbr. des J. 50, also unmittelbar vor dem Ausbruch des Bürgerkriegs wieder in Brundisium an, s. *ad Fam.* XVI, 9, 1. *ad Att.* VII, 2—8).

p) Die Gegner Cäsars hatten in den letzten Jahren wiederholte Versuche gemacht, Senatsbeschlüsse zu seinen Ungunsten zustande zu bringen, insbesondere wollte man ihm in seiner Statthalterschaft einen Nachfolger bestellen; indessen waren alle diese Versuche teils durch die Unschlüssigkeit des Pompejus teils durch die Gegenwirkung seiner Anhänger Cäsars vereitelt worden. Am 30. Septbr. des J. 51 hatte der Senat zwar beschlossen, dass der Gegenstand am 1. März des künftigen Jahres zum Beschluss gebracht werden sollte, s. *Cic. ad Fam.* VIII, 8. *Appian.* II, 26. *Dio* XL, 59. Im J. 50 wurde aber die Beschlussfassung immer durch den Konsul Paullus und durch den Volkstribunen C. Curio verhindert, welche beide von Cäsar bestochen waren, s. *Vell.* II, 48. *Suet. Caes.* 29. *Dio* XL, 60. 63. *Appian.* II, 27. *Plut. Caes.* 29. *Pomp.* 58. *Cic. ad Fam.* VI, 3, 4. Nur so viel wurde durchgesetzt, dass dem Cäsar auf künstliche Weise 2 Legionen entzogen wurden, s. *Hirt. Bell. Gall.* VIII, 55. *Caes. B. C.* I, 4. Über den oben erwähnten Akt des Marcellus s. *Appian.* a. a. O. 31. *Dio* XL, 64—66. *Plut. Pomp.* 58—59.

q) (Die erste Scene dieses zweiten Bürgerkrieges geht bis zu des Pompejus Niederlage und Tod im J. 48. Die Hauptquelle sind die Kommentarien des Cäsar über diesen Krieg in 3 Büchern. Doch verdienen hier die, freilich zum grössten Teile auf Cäsar begründeten Darstellungen anderer eine grössere Berücksichtigung als beim gallischen Kriege. Daher vergl. *Dio* XLI—XLII, 5. *Appian. B. C.* II, 32—85. *Plut. Caes.* 30 bis 48. *Plut. Pomp.* 59—80. *Oros.* VI, 15. *Suet. Caes.* 31 bis 35. *Lucan. Parsal.* und *Ciceros Briefe.*) Curio war nach jenem Schritte des Konsuls Marcellus, s. Anm. p, zu Cäsar gereist, welcher sich in dieser Zeit im cisalpinischen Gallien aufhielt, s. *Hirt. Bell. Gall.* VIII, 50. Er kam mit einem

Briefe Cäsars zurück und überreichte denselben am 1. Januar im Senat, konnte aber nicht erreichen, dass über denselben zur Beratung geschritten wurde. (In diesem Briefe hatte Cäsar sich bereit erklärt, das Heer mit Ausnahme von 2 Legionen zu entlassen und sich mit der Provinz Gallia cisalpina nebst Illyrien zu begnügen, bis er zum Konsul ernannt würe, s. *Appian.* 32. *Plut. Caes.* 31. *Plut. Pomp.* 59). Man fasst darauf den durch die Intercession der Tribunen M. Antonius und Q. Cassius vergeblich gehinderten Beschluss: uti ante certam diem Caesar exercitum dimittat, si non faciat, eum adversus rempublicam facturum videri (*Caes. B. C.* I, 2). Am 6. Januar wird darauf beschlossen: Deut operam consules, praetores, tribuni plebis. quique pro consulibus sint ad urbem, ne quid respublica detrimenti capiat (5), und dem Pompejus die Verteidigung der Republik übertragen. Antonius und Cassius flüchten zum Cäsar, s. *Caes.* I, 1—6. vergl. *Cic. ad Fam.* XVI, 11, 2. 3. (*Cic.* a. a. O.: Pompeii nostri, qui Caesarem sero coepit timere. Pompejus musste schon jetzt manche Demütigung erfahren, s. *Appian.* 37. *Plut. Caes.* 33. *Plut. Pomp.* 60). Auch nachher wurden die Friedensunterhandlungen noch fortgesetzt, meist von Cäsar, der indes dabei keinen anderen Zweck gehabt zu haben scheint, als sich den Schein der Friedensliebe zu geben. So kurz nach dem Übergange über den Rubicon durch L. Cäsar, s. *Caes.* I, 7—11, später vor Brundisium durch Cn. Magius, s. *ebendas.* I, 24. 26, auch von Rom aus, s. I, 32, dann in Illyrien durch L. Vibullius Rufus, s. *ebendas.* III, 10, durch P. Vatinius, s. *ebendas.* III, 19, und endlich noch einmal durch den Schwiegervater des Pompejus, Scipio, s. *ebendas.* III. 57—58. Immer vergeblich.

r) S. *Caes.* I, 6—31. Er hatte, als er den Rubicon überschritt (Iacta alea est! s. *Appian.* 32. *Plut. Caes.* 32. *Plut. Pomp.* 60 u. a.), bei Cäsar und Dio findet sich nichts hiervon), die 13te Legion bei sich, s. *Caes.* I, 7 (aus 5000 M. 32. *Plut. Pomp.* 60); indes war schon vor Corfinium die 12te Legion zu ihm gestossen, gleich darauf kam auch die 8te nach, s. *Caes.* I, 11. 15. 18. und ausserdem vermehrte sich sein Heer täglich durch neue Werbungen und durch die über-

J.v.Ch.	J. d. St.	
49	705	übers Meer nach Griechenland." Hierauf besiegt Cäsar das Heer des Pompejus in Spanien unter den Legaten Afranius und Petrejus bei Ilerda.' In Rom wird er zum Diktator und zum Konsul für das nächste Jahr ernannt." Niederlage des Curio in Afrika."
48	706	*C. Julius Cäsar II. P. Servilius Vatia Isauricus.* Cäsar setzt nach Epirus über und sucht den Pompejus in Dyrrhachium einzuschliessen," erleidet aber durch einen Ausfall des Pompejus einen bedeutenden Verlust und zieht sich darauf nach

gehenden Pompejaner, so dass er vor Brundisium 6 Legionen bei sich hatte, s. *ebendus.* 25. Er nimmt Ariminum, Arretium, Pisaurum, Fanum, Ancona, Iguvium, Auximum, Asculum, Sulmo, Corfinium, wo Domitius mit 30 Kohorten stand, und folgt dann, Rom vor der Hand bei Seite lassend (Warum? s. *Dio* XLI, 10), dem Pompejus nach Brundisium und belagert dieses, während Pompejus die Anstalten zur Überfahrt nach Griechenland macht und wirklich übersetzt. Die 60 Tage nennt Plutarch, *Caes.* 35. *Pomp.* 63, und ausserdem ergeben sie sich aus *Cic. ad Att.* IX, 8, 15. 10. X, 4, 7. Cäsar ordnete darauf an, dass in Brundisium eine Flotte gerüstet werden sollte, und schickte den Valerius nach Sardinien, den Curio nach Sicilien, s. *Caes.* I. 29—31.

s) Pompejus hatte nur die Consuln erhaltenen, zur unzuverlässigen 2 Legionen, s. S. 97 Anm. p. und was er ausserdem durch die augenblicklichen Anwerbungen noch zusammenbrachte. Ein grosses Gewicht in den Augen der Pompejaner hatte der Übertritt des Labienus zu ihrer Partei, s. Hirt. *B. G.* VIII, 52. *Dio* XLI, 4. *Plut. Caes.* 34. *Plut. Pomp.* 64. *Cic. ad Att.* VII, 11. 12. 13 u. ö. Er verliess daher Rom, indem er zugleich alle Gutgesinnten aufforderte, ihm zu folgen. (Die allgemeine Verwirrung bei der Flucht s. *Dio* XLI, 7—9.) Hierauf ging er zuerst nach Campanien und dann nach Brundisium. s. *Caes.* I, 14. 24. 25—31. Seine Flucht wurde schon von den Alten verschieden beurteilt, s. *Plut. Pomp.* 63. Seinen Plan bezeichnet Cicero mit gehässigen Worten, aber doch richtig so: suffocare urbem et Italiam fame, *Cic. ad Att.* IX, 7. Er verwandte deshalb besondere Aufmerksamkeit auf Verstärkung der Flotte, welche bis zu 600 Schiffen vermehrt wurde, s. *Appian.* 49. *Caes.* III, 3. *Dio* XLI, 52. *Plut. Pomp.* 64. *Cat.* 54. unter dem Oberbefehl des M. Bibulus, s. *Caes.* III, 5. *Plut. Pomp.* und *Plut.* a. a. O. *Dio* XLI, 44. Sein Landheer s. Anm. w. Seine Winterlager erstreckten sich vor der Landung Cäsars von Dyrrhachium, wo er landete, bis Beröa und Thessalonika. *Caes.* I, 5. *Vell.* II, 51. *Dio* XLI, 18. 43. XLIII, 44. *Plut. Pomp.* 64. *Appian.* a. a. O.

t) Von Brundisium aus ging Cäsar erst auf kurze Zeit nach Rom, s. *Caes.* I, 32—33, wo er sich den Inhalt des sanctius aerarium trotz des Widerstandes des Tribunen Metellus aneignete, s. *Cic. ad Att.* X, 4, 8. *Appian.* II, 41. *Dio* XLI, 17. *Plut. Caes.* 35. *Pomp.* 62. (nach *Plin. N. H.* XXXIII, 17 fand er dort 25,000 Barren (lateres) Gold, 35,000 Barren Silber und 40 Millionen Sestertion.) Auf dem Wege nach Spanien wurde er eine Zeit lang vor Massilia aufgehalten, welches ihm den Eintritt versagte. Er liess deshalb die Stadt von der Seeseite durch D. Brutus, von der Landseite durch C. Trebonius belagern, s. *Caes.* I. 34—36. Über den Krieg in Spanien s. I, 37—55. 59—87. II. 17—21. Der Grund, weshalb er nach Spanien ging, war (*Suet.* 34): ire se ad exercitum sine duce et inde reversurum ad ducem sine exercitu. Seine Gegner, Petrejus und Afranius, hatten 5 Legionen, nebst 80 Kohorten und 5000 Reitern aus der Provinz, s. I, 39. Cäsar eine Zeitlang in grossem Gedränge, weil es ihm an Zufuhr fehlte; auch waren einige Treffen wenigstens zweifelhaften Ausgangs, s. I, 36—52. Der Eindruck hiervon wird von Cäsar (I, 53) selbst geschildert, vgl. *Dio* XLI, 22. *Cic. ad Att.* X, 8—18. Allein die Feinde fürchteten nachher, selbst von der Zufuhr abgeschnitten zu werden, wollten sich nach Celtiberien zurückziehen, wurden aber abgeschnitten und ergaben sich endlich. Cäsar entlässt sie. Auch das übrige Spanien unter M. Varro ergiebt sich, s. II, 17—21. Nun ergaben sich auch die Massilienser. Sie waren noch während Cäsars Aufenthalt in Spanien wiederholt geschlagen worden, und unterwarfen sich jetzt dem Cäsar, als derselbe auf der Rückreise vor der Stadt anlangte, s. I, 56—58. II, 1—6. 22.

u) Cäsar erfuhr in Massilia, dass er vom Prätor M. Lepidus zum Diktator ernannt sei, s. *Caes.* II. 21. *Dio* XLI. 26. *Appian.* II, 48. In Rom angelangt, hielt er als Diktator die Consularcomitien, s. *Caes.* III, 1, während die Gegenpartei in Thessalonika, um nicht gegen das Herkommen zu fehlen, sich begnügte, die Consuln des J. 49 auch für das folgende Jahr das Imperium als Prokonsuln und in gleicher Eigenschaft auch die übrigen Magistrate ihr Amt fortführen zu lassen, s. *Dio* 43. Er traf sodann eine billige Einrichtung hinsichtlich des Schuldenwesens, *Caes.* III, 1. *Dio* 37—38. rief die meisten Verbannten zurück, verlieh der Gallia transpadana das römische Bürgerrecht, *Dio* 36, und legte darauf (nach 11 Tagen) die Diktatur nieder, *Caes.* III, 2. *Appian.* 48. *Plut. Pomp.* 65. *Dio* 39.

v) Curio setzte von Sicilien nach Afrika über und fand dort den P. Attius Varus in Utica, welcher ein Bündnis mit dem Könige Juba geschlossen hatte. Infolge seiner Unvorsichtigkeit wurde er durch den letzteren getäuscht und geschlagen, s. *Caes.* II, 23—44. 14: Quibus rebus accidit, ut pauci milites patresque familiae — in Siciliam incolumes pervenirent.

w) Tag der Abfahrt: prid. Non. Ian., *Caes.* III, 6. Er setzte mit 5 Legionen (15,000 Mann) und 500 Reitern über, *Caes.* III, 2, und landete am acroceraunischen Vorgebirge. Pompejus hatte 9 Legionen, und mit 2 andern rückte Scipio aus Syrien heran, ausserdem hatte er 7000 Reiter und eine grosse Anzahl Truppen der Bundesgenossen aus dem ganzen Osten des Reichs, s. III, 4—5. Cäsar hatte sich mit grosser

als Republik. Zweiter Abschnitt. 78—31.

J.v.Ch.	J.d.St.	Äussere Geschichte.	Innere Geschichte.
48	706	. . . .	. Thessalien zurück.ˣ Schlacht bei Pharsalus.ʸ Pompejus in Ägypten getötet.ᶻ Cäsar wird zum Diktator auf ein Jahr ernannt und durch sonstige Ehren ausgezeichnet.ᵃᵃ
47	707	*C. Julius Cäsar Dikt. II. M. Antonius Mag. eq.* Der alexandrinische Krieg²⁶ durch den Sieg über Ptolemäus am Nil beendigt.²⁷ Phar-	Unruhen in Rom und in Italien und Meutereien unter den Truppen.ᵇᵇ Cäsar kehrt im September nach Italien zurück, dämpft die Meuterei der Soldaten, wird zum Konsul für das Jahr 46

26) S. *Caes. de B. C.* III, 106—112. (*Hirt.*) *de bell. Alex.* Vgl. *Dio* XLII, 7—8. 34—44. *Plut. Caes.* 49—50. *Appian. B. C.* II, 88—90. *Flor.* IV, 2, 54—60. *Liv.* CXII. *Oros.* VI, 15—16. *Suet. Caes.* 35. Cäsar war dem Pompejus nach Ägypten gefolgt und wurde hier in einen Krieg verwickelt; er warf sich zum Vollstrecker des Testamentes des verstorbenen Königs auf und verletzte dadurch (und durch die Begünstigung der Cleopatra, *Dio* 34. *Plut.* 49) die Ägyptier. Achillas zieht von Pelusium, wo er den Eingang des Landes gegen Cleopatra bewacht hatte, mit 20,000 Mann (*Caes.* III, 110)

Kühnheit der Gefahr ausgesetzt, von Bibulus, welcher das Meer bewachte (s. o. Anm. s), unterwegs angegriffen zu werden. Jetzt nahm er Oricum, III, 11, Apollonia, und hierauf ergab sich ihm ganz Epirus III, 12. 16. Pompejus eilte nun von Candavia, wo er sich eben befand, herbei, und beide lagern sich am Apsus einander gegenüber. III, 11. 19. Durch des Bibulus Tod (III, 18) hatte die Flotte des Pompejus ihren Oberbefehlshaber verloren, und so gelang es dem M. Antonius leichter, dem Cäsar noch 4 Legionen zuzuführen, s. III, 25 bis 29. vergl. *Dio* 48. (Während M. Antonius in Brundisium zögerte, soll Cäsar selbst versucht haben, auf einem Kahn nach Brundisium überzusetzen, s. *Dio* 46. *Appian.* 57. *Plut. Caes.* 39 u. ö., wovon Cäsar nichts erwähnt.) Pompejus zieht sich nun zurück und lagert sich in der Nähe von Dyrrhachium, III, 30.

x) S. *Caes.* III, 41—72. Die Mutlosigkeit der Truppen des Cäsar nach diesem Unfall s. *Appian.* 63.

y) *Caes.* III, 73—99. die Schlacht selbst, III, 90—99. Als Pompejus dem Cäsar nach Thessalien folgte, hatte er den sehr richtigen Plan, eine Schlacht zu vermeiden und den Cäsar durch Mangel zu bezwingen, er wurde aber durch die Vorwürfe der Optimaten gezwungen, die Schlacht anzunehmen, s. *Caes.* III, 82. 86. *Appian.* 67. *Plut. Pomp.* 67. Ausser den Hilfsvölkern hatte Cäsar 22,000 Mann, die 1000 Reiter mit eingeschlossen, Pompejus mehr als noch einmal so viel, worunter 7000 Reiter; im ganzen standen auf beiden Seiten 70,000, (nach andern 400,000 Mann). So *Appian.* 70. *Plut. Caes.* 42. und damit ungefähr übereinstimmend nach *Caes.* III, 88. 89. Pompejus hatte vorzüglich auf die Reiter gerechnet, welche den Feind im Rücken angreifen sollten. Diese Hoffnung schlug aber durch eine geschickte Vorkehrung des Cäsar fehl, so dass vielmehr er selbst im Rücken angegriffen wurde. Nach *Caes.* III, 99 fielen von des Pompejus Seite 15,000, auf seiner Seite 200; dagegen nach *Appian.* (82) 1200 Cäsarianer und

gegen Alexandrien und nötigt den Cäsar, sich in einem kleinen Stadtteile zu verschanzen, s. *Caes.* a. a. O.

27) Nachdem Cäsar lange Zeit den Kampf gegen die weit überlegenen Feinde mit Mühe, obwohl meist glücklich bestanden hatte, kam endlich Mithridates der Pergamener mit Truppen aus Syrien und Cilicien, s. *B. Al.* 26 (schon vorher hatten rhodische Schiffe eine Legion aus Asien gebracht, s. *ebendas.* 9, und zu gleicher Zeit mit jenem Landheer kam auch Zufuhr zur See, s. *ebendas.* 25. *Dio* 40). Ptolemäus ging ihm entgegen; dem Cäsar gelang es aber, sich vorher mit Mithridates nach Asinius Pollio (s. *ebend. Plut. Caes.* 46) 6000 Pompejaner. Die übrigen ergaben sich bis auf wenige, welche entkamen. (Im Widerspruch mit Cäsar wird von *Dio* (61) versichert, dass der Kampf erst nach langem Schwanken und nach hartnäckigster Gegenwehr des Pompejus entschieden worden sei.)

z) Pompejus floh nach Larissa, von hier nach Amphipolis und dann nach Mitylene, wo er seine Gemahlin Cornelia abholte, und entschloss sich endlich, nachdem er in Cypern und Syrien abgewiesen worden, in Aegypten zu landen. Der vorige König, Ptolemäus Auletes, war besonders durch ihn wieder auf den Thron hergestellt worden; er hoffte daher, von dessen Kindern, Ptolemäus und Cleopatra, die in der Herrschaft gefolgt waren, jetzt den Dank dafür zu ernten. Zwischen diesen war es aber zum Bürgerkrieg gekommen, und Ptolemäus stand eben seinem Heere bei Pelusium. Bei ihm liess sich Pompejus anmelden. Man holte ihn auf einem Kahne vom Ufer; unterwegs aber tötete ihn Septimius, s. *Caes.* III, 102. 103. *Appian.* 81. 83—86. *Plut. Pomp.* 82—90. *Dio* XLII, 1—5. Sein Todestag ist der 29. September, s. *Vell.* II, 53. *Plut.* 79. *Dio* XLII, 5.

a) S. *Dio* XLII, 18—21. vgl. *Plut. Caes.* 51. *Anton.* 8. *Liv.* CXII. Sein Magister Equitum war M. Antonius. Die sonstigen Ehren und Rechte: Man wählte ihn zum Konsul auf 5 Jahre, wovon er aber keinen Gebrauch machte, übertrug ihm das Recht über Krieg und Frieden, die Befugnis, die Statthalter in allen prätorischen Provinzen zu ernennen, und errichtete ihm Statuen u. s. w., *Dio* 20.

bb) Cäsar hatte zuletzt am 13. Dezember 48 aus Alexandrien geschrieben; seit Mitte März bis Mitte Juni war man ganz ohne Nachricht über ihn, *Cic. ad Att.* XI, 17, 3. In Rom gab es im J. 47 gar keine Magistrate ausser dem Magister Equitum und 5 Volkstribunen, *Dio* XLII, 27. Im J. 48 Aufstand des Prätors M. Caelius. Derselbe sucht in Rom durch Aufhebung des Gesetzes des Cäsar über das Schuldenwesen.

13*

J.v.Ch.	J.d.St.	Äussere Geschichte.	Innere Geschichte.
47	707	naces, König von Bosporus, bei Zela geschlagen.²⁸ Zu Ende des Jahres Konsuln: Q. *Calenus. P. Vatinius.*	ernannt," und bricht im Dezember nach Afrika auf, wo die Pompejaner unter Metellus Scipio *Fufius* wieder ein Heer gesammelt haben. Afrikanischer Krieg.ᵈᵈ
46	708	. . . .	*C. Julius Cäsar III. M. Ämilius Lepidus.* Der afrikanische Krieg durch die Schlacht bei Thapsus" beendet." Cäsars Ernennung zum

zu vereinigen, und nun schlug er in einer Schlacht am Nil den König, welcher umkam, und beendigte dadurch den Krieg, s. *B. Al.* 26—33. Alexandria ergab sich den 27. März des unverbesserten Kalenders, nach einem alten Calendarium (*Corp. I. L. I.* p. 304).
28) S. (*Hirt.*) *de bell. Al.* 34—41. 65—78. Vgl. *Dio* XLII, 45—48. *Plut. Caes.* 50. *Appian. B. C.* II, 91. *Appian. Mithr.* 120, *Flor.* IV, 2, 61—63. *Oros.* VI, 16. *Suet. Caes.* 35. Pharnaces (vgl. S. 90 Anm. 38 und 39) war während des Bürgerkriegs in Asien vorgedrungen und hatte Kleinarmenien und einen Teil von Cappadocien und Pontus erobert, hatte den

s. S. 98 Anm. u, und durch andere Neuerungen Unruhen zu erregen, und ruft den Milo aus Massilia herbei. Beide werden aber aus Rom vertrieben und finden in Unteritalien ihren Tod. S. *Caes. B. C.* III, 20—22. *Dio* XLII, 22—25. *Vell.* II, 68. *Liv.* CXI. Vergl. *Cic. ad Fam.* VIII, 17. Im J. 47 erneuert der Volkstribun P. Dolabella die Schuldgesetze die Cälius, indes wird seinen Bestrebungen durch Antonius und durch die Nachricht von Cäsars Rückkehr ein Ziel gesetzt, s. *Dio* XLII, 29—33. *Plut. Ant.* 9. *Appian.* 91. *Liv.* CXIII. Über die Meutereien der Truppen s. Anm. cc.
cc) Cäsar langt im September in Italien an, s. *Cic. ad Fam.* XIV, 20 u. 22. Vgl. *ad Att.* XI, 25, 2. Die Meuterei der Truppen, welche in Campanien standen (die 12. und 10. Legion), war schon im August ausgebrochen; Antonius hatte vergeblich gesucht sie zu beschwichtigen; auch die Boten Cäsars, M. Gallius und C. Sallustius Crispus, richteten nichts gegen sie aus; sie rückten gegen die Stadt; dort brachte sie Cäsar durch seine geschickte Behandlung wieder zur Besinnung, und begleiteten ihn nunmehr nach Afrika. S. *Dio* XLII, 30. 52—55. *Appian.* 92—94. *Plut. Caes.* 51. *Suet. Caes.* 70. *Cic. ad Att.* IX, 21, 2. *Liv.* CXIII. (*Hirt.*) *B. Al.* 65. *Polyaen. Strat.* VIII, 23. 15. *Front. Strat.* I, 9. 4. Seine Ernennung zum Konsul für 46, s. *Plut. Caes.* 51. *Dio* XLIII, 1. (Nach eben diesen Stellen wird er zugleich wieder zum Diktator, also zum dritten Male, ernannt; es ist indes aus Inschriften und Münzen nachgewiesen, dass seine letzte lebenslängliche Diktatur nicht die fünfte, sondern die 4 te war, s. *Corp. J. L.* I. p. 451 ff.) Er belohnte nunmehr seine Anhänger durch Ehrenstellen, machte für den Rest des Jahres 47 Q. Fufius Calenus und P. Vatinius zu Konsuln, Sallust zum Prätor, liess für das folgende Jahr 10 Prätoren statt 8 (s. S. 84 Anm. r) und je 16 Pontifices, Augures und Aufscher der sibyllinischen Bücher (s. ebend.) wählen, und nahm statt der gefallenen oder noch im Kriege gegen ihn befindlichen Pompejaner Ritter,

Statthalter von Asien Domitius bei Nicopolis (vgl. S. 90 Anm. 33) geschlagen und darauf ganz Cappadocien und Pontus erobert, s. *Dio* 46, Cäsar beendigte den Krieg durch die eine Schlacht bei Zela. Daher sein Veni. Vidi, Vici. s. *Suet.* 37. *Appian. B. C.* II, 91. *Plut.* 50. *Dio* 48. *Flor.* §. 63. Pharnaces wurde von Asander, welcher sich in seiner Abwesenheit seines colchischen Reichs bemächtigt hatte, getötet, s. *Dio* 47. *Appian. Mithr.* 120. Der Schlachttag war der 2. August nach dem in der vorigen Anm. 27 erwähnten Kalender. Colchis wurde dem Mithridates geschenkt, s. *Appian. B. Al.* 78. *Appian. Mithr.* 121. Vgl. *Cic. pro Deiot.*

Centurionen und andere Männer von niedrigem Range in den Senat auf, s. *Dio* XLII. 51. 52. 55. *Suet.* 41. *Macrob. Saturn.* II. 3.
dd) Nach der Schlacht bei Pharsalus fanden sich flüchtige Pompejaner in Dyrrhachium ein. woselbst Cato mit 15 Kohorten zurückgeblieben war: so Labienus, Q. Metellus Scipio, L. Afranius, D. Lälius. C. Cassius, Cn. Pompejus der Sohn, M. Octavius u. a. In Corcyra, wo man einen Rat hielt, wurde der Beschluss gefasst, nach Afrika zu gehen (den Grund s. S. 98 Anm. v), und dort versammelte sich nach und nach ein Heer von 10 Legionen unter dem Oberbefehl des Scipio, wozu noch 4 numidische Legionen des Juba, viele Reiterei und 120 Elefanten hinzukamen. Die Flotte betrug etwa 300 Schiffe. Cato verteidigte Utica. S. *Dio* XLII, 10—14. *Plut. Cat.* 55 bis 58. *Appian.* 87. (*Hirt.*) *B. Afric.* 1. 19. Für die Geschichte des afrikanischen Krieges ist die Hauptquelle: (*Hirtii*) *commentariorum de b. Africano lib. sing.*, vgl. *Dio* XLIII. 1—13. *Appian.* 95—100. *Plut. Cat.* 58—73. *Caes.* 52—54. Cäsar kam den 19. Dezember in Lilybäum an, *B. Afr.* 1, schiffte dort den 27. Dezember 6 Legionen und 2000 Reiter ein, ebendas. 3, landet mit 3000 Mann zu Fuss und 150 zu R. bei Adrumetum, da die übrigen Schiffe durch den Wind zerstreut wurden, ebendas. 3, zieht sich aber von da nach Ruspina zurück, und schlägt am 1. Januar 46 sein Lager aufschlägt. ebend. 6. Die übrigen Truppen finden sich nachher auch grösstenteils ein, s. ebendas. 11, und ausserdem schickt er noch nach mehreren Legionen, welche auch eintreffen, ebendas. 34. 44. 53. so dass er zuletzt 12 Legionen hatte, s. ebendas. 60. 81.
Ein Treffen, welches Cäsar zu Anfang dem Labienus lieferte. der jetzt in Scipios Abwesenheit den Oberbefehl über die in Adrumetum und der Gegend zahlreich versammelten Truppen hatte, war wenigstens zweifelhaften Ausgangs, s. *B. Afr.* 12—18. vgl. *Dio* 2. *Appian.* 95. *Plut. Caes.* 52. (Hier war es, wo Cäsar einen fliehenden Fahnenträger anhielt und

J.v.Ch.	J. d.St.		Innere Geschichte.
46	708		Diktator auf 10 Jahre und sonstige Ehrenbezeigungen;" seine Triumphe, seine Spiele" und seine neuen Einrichtungen.ʰʰ **Spanischer Krieg.**ⁱⁱ
45	709		*C. Julius Cäsar Dikt. III.* und alleiniger Kons. IV. *M. Aemilius Lepidus Mag. eq.* Schlacht bei Munda und damit Ende des spanischen Kriegs und der Bürgerkriege überhaupt.ᵏᵏ Cäsar wird für immer zum Diktator, Imperator und Präfectus morum, auf 10 Jahre

ihn umdrehte mit den Worten: Ἐπείσθη εἶναι οἱ πολέμιοι, *Plut. a. a. O.).* Cäsar erobert darauf eine Anzahl Küstenstädte in der Umgegend und lagert sich bei Uzitta dem Scipio gegenüber, giebt aber bei Juba's Ankunft diese feste Stellung auf und wendet sich gegen Thapsus, um den Feind zu einer Schlacht zu nöthigen, welche darauf den Krieg entscheidet. Die Schlacht, s. *ebendas.* 80—86. Von den Feinden fallen 10,000, auf seiner Seite 50, s. *ebendas.* 86 (nach *Plut. Caes.* 53 fallen von den Feinden 50,000). Tag der Schlacht: der 6. April, nach dem oben (S. 100 Anm. 27) genannten Kalender und *Ovid. Fast.* IV, 377. Ein kleiner Teil der Besiegten geht nach Spanien. Scipio tötet sich selbst, s. *Plut. Cat.* 59—70. Dio 10—13. *Appian.* 97—100. *B. Afr.* 80. *Horat. Carm.* II, 1. 23. Auch Juba und Afranius. *B. Afr.* 94. worauf Numidien zur Provinz gemacht und dem Sallust als Prokonsul übergeben wird, s. *ebendas.* 97. Dio 14. Er selbst verlässt Afrika an den Iden des Juni, *B. Afr.* 98. In Rom kam er erst Ende Juli an, s. *ebendas.*
ff) S. *Dio* XLIII, 14. *Sueton.* 76. *Cic. ad Fam.* IX, 15, 5. Man feierte in Rom ein 40 tägiges Dankfest. gestattete ihm bei dem Triumph 72 Liktoren und den Gebrauch von weissen Pferden; ferner sollte er im Senat neben den Konsuln auf einem kurulischen Stuhle sitzen, sollte immer seine Stimme zuerst geben; es sollte ihm eine Statue mit der Inschrift „Halbgott", welche ihn auf der Erdkugel stehend darstellte, errichtet werden u. s. w. Dio und *Suet.* a. a. O.
gg) Seine Triumphe. s. Dio XLIII. 19—22. *Appian.* 101 bis 102. *Plut. Caes.* 55. Man sah dabei 65,000 Talente und 2822 goldne Kronen. 20,414 Pfund schwer, vorübertragen. *Appian.* 102. (In seinen sämtlichen Kriegen helief sich die Beute nach *Vell.* II, 56 auf 600 Mill. Sesterien, vgl. *Suet.* 54. Über die Scherze seiner Soldaten beim Triumphzuge s. *Dio* 20. *Suet.* 49). Er baute alsdann dem Volke ein neues Forum und auf demselben einen vor der Schlacht bei Pharsalus gelobten Tempel der Venus, *Dio* 22. *Appian.* 102. *Plin.* XXXV, 45, 156 u. 5. Ferner gab er dem Volke ein grosses Mahl, wo dasselbe an 22,000 Triclinien bewirtet wurde. s. Dio 21. 22. *Plut. Caes.* 56. *Lic.* CXV. *Suet.* 38, feierte zu Ehren seiner Tochter Spiele, s. Dio *Appian. Liv.* a. a. O. *(Hirt.) B. Hisp.* 1, und schenkte jedem vom Volke 100 Denare nebst Getreide und Öl, jedem Soldaten 5000 Denare, den Reitern das Doppelte, den Kriegstribunen und Anführern der Reiterei das Vierfache, *Dia* 21. *Appian.* 102. *Sueton.* 38.
hh) Er verordnete, dass kein Statthalter eine prätorische Provinz länger als 1 und eine konsularische länger als 2 Jahre behalten sollte, s. *Cic. Phil.* I. §. 26. V. §. 7. VIII. §. 28. *Dio* XLIII, 25, dass die Gerichte bloss von Senatoren und Rittern sollten ausgeübt werden, s. *Cic. Phil.* I. §. 19. 20. *Suet.* 41. Dio 25 u. dgl. m. Besonders bemerkenswert ist noch seine

Verbesserung des Kalenders. Derselbe war durch die Unordnung. mit welcher die Pontifices oft aus Privatrücksichten die Schaltmonate anordneten oder versäumten, s. *Cic. Legg.* II. §. 29. *Dio* XI, 62. *Suet.* 40. *Censorin.* 20, in Verwirrung geraten. Cäsar liess daher in diesem Jahre ausser dem üblichen Schaltmonate von 23 Tagen noch 67 Tage (zwischen November und Dezember) einschieben, und bestimmte das Jahr zu 365 Tagen 6 Stunden (so dass also jedes 4 te Jahr 1 Tag einzuschalten war), wobei er sich des Sosigenes und des Flavius bediente, s. *Suet. und Cens.* a. a. O. *Dio* XLIII, 26. *Plut. Caes.* 59. *Macrob. Sat.* I, 14. *Plin. N. H.* XVIII, 57, 211.
ii) Cäsar liess nach Beendigung des Krieges gegen Afranius und Petrejus den Q. Cassius Longinus (vgl. S. 98 Anm. q.) als Statthalter in Spanien zurück, s. *Caes. B. C.* II, 21. Cassius machte sich durch Habsucht und Grausamkeit verhasst, und selbst von seinen 5 Legionen fiel die Hälfte von ihm ab, s. *(Hirt.) Bell. Al.* 48—64. *Dio* XLII. 15—16. Auch sein Nachfolger C. Trebonius konnte Spanien nicht beruhigen. Man lud deshalb die Pompejaner aus Afrika nach Spanien ein, welche der Cn. Pompejus im J. 47 absendeten, der aber erst im J. 46 landete, s. *(Hirt.) Bell. Afr.* 22. *Dio* XVII, 56. XLIII, 29. *Plut. Cat.* 59. Pompejus wurde zum Oberfeldherrn ernannt; nach der Schlacht bei Thapsus kamen auch S. Pompejus, Attius Varus und T. Labienus mit Mannschaft, und das Heer betrug 11, ja nachher 13 Legionen. s. *Cic. Fam.* VI, 18 *(Hirt.) B. Hisp.* 7. 30. Die Legaten des Cäsar, Q. Pedius und Q. Fabius Maximus, vermochten den Feinden nicht zu widerstehen, s. *Bell. Hisp.* 2. *Dio* XLIII, 21. Die Geschichte dieses Krieges ist trotz der Verworrenheit und Unklarheit dieser Schrift am meisten aus dem kritiklos überarbeiteten dem Hirtius beigelegten Bellum Hispanicum zu entnehmen, vergl. *Dio* XLIII, 28—42. *Appian. B. C.* II, 103—106. *Plut. Caes.* 56. *Vell.* II, 55. Cäsar war am 23. September d. J. noch in Rom, s. *Cic. Fam.* VI, 14. Bald nachher brach er auf und reiste in 27 Tagen von Rom bis Obuco, 300 Stadien von Corduba, s. *Appian.* 102. *Dio* XLIII, 32. Der Kampf drehte sich lange um eine Anzahl Städte der Baetica, besonders um Ulia, Corduba, Ategua, s. *Bell. Hisp.* 3—27.
kk) Pompejus war endlich nach seinem letzten Standlager bei Ucubis aufgebrochen und war nach Munda (auf der Strasse von Cordova nach Gibraltar, nördlich von Ronda) gezogen, wo er sich aufstellte, um eine Schlacht zu liefern. Cäsar folgte, und es kam zur Schlacht, welche erst spät am Abend zu Gunsten Cäsars entschieden ward, s. *Bell. Hisp.* 28—31. *Dio* XLIII, 36—38. Tag der Schlacht: die Liberalien, s. *B. Hisp.* 31. *Plut. Caes.* a. a. O., d. h. der 17. März, s. *Ovid. Fast.* III, 715. Es sollen 33,000 Pompejaner, unter ihnen Labienus und Attius Varus, und 1000 Cäsarianer gefallen sein, *B. Hisp.* 31. *Plut. a. a. O.* Cäsar sagte von dieser Schlacht: ὡς πολλάκις

J.v.Ch.   J.d.St.   Innere Geschichte.

| 15 | 709 | zum Konsul ernannt; auch erhält er das Recht, alle bisher vom Volke gewählten Magistrate zu ernennen."
| 44 | 710 | |

Consules Suffecti: *R. Fabius Maximus* und *C. Caninius.* *C. Trebonius.*
C. Julius Cäsar Dikt. IV. und Kons. V. *M. Antonius Kons.*
Cäsar rüstet zu einem Feldzug gegen die Parther,^mm wird aber an den Iden des März von Verschwornen, M. Brutus und Cassius an der Spitze, ermordet.^nn

μὴν ἀγωνίσαιτο περὶ νίκης, νῦν δὲ πρῶτον περὶ ψυχῆς. *Plut.* a. a. O. vgl. *Appian.* 104. Hierauf wurden die noch Widerstand leistenden Städte unterworfen. Cn. Pompejus floh, wurde aber ergriffen und getötet; Sextus rettete sich in das Land der Cajetaner, *Bell. Hisp.* 32. 36—40. *Dio* XLIII, 40. XLV. 10. *Appian.* 105. Cäsar triumphierte und liess auch die Legaten Q. Pedius und Fabius Maximus triumphieren, s. *Dio* XLIII, 42. *Appian.* a. a. O. *Liv.* CXVI. Der Senat dekretierte ein Dankfest von 50 Tagen, s. *Dio* a. a. O.

ll) Diktator auf Lebenszeit: s. *Dio* XLIV, 8. XLVI. 17. *Appian.* 106. *Plut. Caes.* 57; Imperator, sogar mit dem Recht, diesen Titel, der in dieser Eigenschaft vor den Namen gesetzt wurde, auf seine Nachkommen zu vererben, s. *Dio* XLIII, 44. *Suet.* 76; Praefectus morum, s. *Dio* XLIV, 5. *Suet.* 76; Konsul auf 10 Jahre, s. *Dio* XLIII, 45. *Appian.* 107. *Suet.* 76. Von letzterer Ernennung machte er jedoch keinen Gebrauch, s. *Appian.* a. a. O.; daher er noch in demselben Jahre andere Konsuln wählen liess, das erste Beispiel, dass die Konsuln im Laufe des Jahres ihr Amt niederlegen und neue an ihre Stelle treten, was nachher in der Kaiserzeit regelmässig geschah, s. *Dio* XLIII, 46. *Suet.* 76, 80. *Plut. Caes.* 58. *Cic. ad Fam.* VII, 30, 1. Er erhielt ferner das Recht, alle Magistrate zu ernennen. s. *Dio* XLIII, 47, 49, 51. *Suet.* 41, 76. Auch wurden 6 Ädilen statt 4 ernannt, s. *Dio* XLIII, 51. Über die ihm erwiesenen Ehrenbezeigungen, nämlich die Befugnis, bei allen feierlichen Gelegenheiten das Triumphalgewand und den Lorbeerkranz immer zu tragen, sein Bild auf die Münzen zu setzen, die Errichtung zahlreicher Bildsäulen mit göttlichen Ehren verbunden, die Benennung des Monats Julius und der Tribus Julia, und vieles andere ist am ausführlichsten *Dio* XLIII, 42—XLIV, 11. Bemerkenswert ist noch die Wiederherstellung von Corinth und Carthago, wenn auch Cäsars Plan zum Teil erst durch Augustus seine vollständige Verwirklichung gefunden zu haben scheint, s. *Dio* XLIII, 50. *Appian. Pun.* 136. *Plut. Caes.* 57. *Suet.* 42. *Strab.* XVII, p. 833.

mm) Seine Kriegspläne: *Dio* XLIII. 51. LI, 22. *Appian. B. C.* II, 110. *Plut. Caes.* 58. Der 4te Tag nach den Iden des März war zum Aufbruch bestimmt, s. *Appian.* 111. Um die Ruhe während seiner Abwesenheit zu sichern, hatte er die Magistrate auf weitere 2 Jahre (d. h. 43 und 42) bestimmt, zu Konsuln für 43 C. Vibius Pansa und A. Hirtius, für 42 Decimus Brutus und L. Munatius Plancus. s. *Dio* XLIII. 51. *Appian.* *Suet.* 76. *Cic. ad Att.* XIV, 6. XV, 6. Auch die Statthalter wurden von ihm ernannt: C. Asinius Pollio im jenseitigen Spanien, s. *Appian. B. C.* IV. 84. *Cic. Fam.* X, 31 u. ö., M. Lepidus im diesseitigen Spanien und im narbonensischen Gallien, *Dio* XLIII. 51. XLV, 10. *Appian. B. C.* II. 107. *Vell.* II. 63. L. Munatius Plancus im transalpinischen Gallien mit Ausnahme der Narbonensis und Belgiens, *Cic. ad Fam.* X, 1—20. *Cic. Phil.* III, §. 38, M. Brutus in Macedonien, *Appian. B. C.* III. 2. IV, 57. *Cic. Phil.* II, §. 97. *Flor.* IV. 7. 4. C. Cassius in Syrien, s. *Appian.* und *Flor.* a. a. O. *Cic. Phil.* XI. §. 30.

nn) Es hatte dem Cäsar in der öffentlichen Meinung geschadet, dass er mehrere Male die Absicht verraten hatte, den königlichen Titel anzunehmen. Er hatte nämlich zwei Volkstribunen bestraft, welche ein seiner Statue auf der Rednerbühne aufgesetztes Diadem entfernten; ferner hatte an den Luperkalien M. Antonius, sein Vertrauter, ihm das Diadem wiederholt angeboten, und endlich hatten (wie man annahm, auf seine Veranstaltung) die Aufseher der sibyllinischen Bücher den Ausspruch verkündet, dass nur durch einen König die Parther besiegt werden könnten, s. *Dio* XLIV. 9—11. *Appian. B. C.* II, 108—109. *Suet.* 79. *Plut. Caes.* 60—61. *Plut. Ant.* 12. *Cic. Phil.* XIII. §. 31. *Vell.* II, 68. *Val. Max.* V. 7. 2. Indes wurden die Verschworenen durch sehr verschiedenartige Motive geleitet. Ihre Zahl betrug mehr als 60, s. *Suet.* 80. Ein Teil derselben ist aufgezählt *Appian. B. C.* II, 113, vergl. *Cic. Phil.* II, §. 26—27, 30. Man bemerke noch ausser den beiden oben genannten vorzüglich Decimus Brutus. Cäsars Tod. *Dio* XLIV, 12—20. *Appian.* 111—123. *Plut. Caes.* 60 bis 66. *Plut. Brut.* 14—17. *Suet.* 80—82. *Vell.* II. 56. Tag desselben: *Suet.* 81. *Plut. Caes.* 63. *Plut. Brut.* 14, 35, 40. *Appian.* 149. *Ovid. Fast.* III. 697. *Val. Max.* VIII, 11, 2. *Cic.* a. a. O. Ciceros Urteil über den Mord, s. *Cic. ad Att.* XIV, 21: Acta enim illa res est animo virili, consilio puerili; quis enim hoc non vidit, regni heredem (M. Antonium) relictum? vergl. XV, 4, 11 u. ö.

c) 44—31.

| J.v.Ch. | J.d.St. | Innere Geschichte. |

44 | 710 | *M. Antonius. P. Cornelius Dolabella.*
Durch Senatsbeschluss vom 17. März werden die Anordnungen des Cäsar für giltig erklärt und den Verschworenen Amnestie verwilligt.[a] C. Octavius kommt nach Rom und beginnt dem Testamente Cäsars gemäss seine Stellung als dessen Adoptivsohn (daher sein jetziger Name C. Julius Cäsar Octavianus) geltend zu machen.[b] Antonius lässt sich vom Volke das cisalpinische Gallien als Provinz übertragen und zieht die in Macedonien lagernden Legionen des Cäsar an sich.[c] Octavian gewinnt einen Teil der Veteranen und 2 von den Legionen des Antonius für sich und tritt als offener Gegner des Antonius auf. Letzterer zieht nach Oberitalien und belagert D. Brutus in Mutina, Octavian folgt ihm dahin. **Mutinensischer Krieg.**[d]

a) Die Verschworenen zogen sich nach der That, weil sich alles aus Furcht in die Häuser flüchtete, auf das Kapitol zurück, wo sie auch die nächsten Tage blieben. Antonius benahm sich anfänglich mit grosser Vorsicht, weil er auf der einen Seite die Senatspartei, auf der andern den Lepidus fürchtete, der mit seinen Legionen vor Rom stand und sich vermittelst derselben leicht der Herrschaft bemächtigen konnte. Daher die obigen Beschlüsse, welche einen vermittelnden Charakter haben, ihm aber zugleich durch die Anerkennung der Acta Caesaris eine grosse Gewalt in die Hand geben. Daher auch an demselben Tage in einer Volksversammlung seine und des Lepidus Versöhnung mit den Verschworenen. Daneben wusste er sich aber in den ersten Tagen (wahrscheinlich schon in der Nacht vom 15. zum 16. März) des Staatsschatzes (700 Mill. Sestertien) und des Nachlasses des Cäsar au Geld (25 Mill. Drachmen) und an Papieren zu bemächtigen, s. *Cic. Phil.* I. §. 17. II. §. 93. V. §. 10. 15 u. 6. *Appian. B. C.* II, 125. III, 52. *Dio* XLV, 24. *Plut. Cic.* 43. *Plut. Ant.* 15. 16. Über die Geschichte dieser Tage s. *Appian. B. C.* II, 118—148. *Dio* XLIV, 20—50. *Plut. Cic.* 42. *Plut. Ant.* 14. 15. *Plut. Brut.* 18—20. *Cic. a. a. O.* in den philippischen Reden und in den Briefen. Die Verschworenen blieben noch einige Zeit in Rom, ohne jedoch öffentlich hervorzutreten. Dec. Brutus war indes schon am 19. April bei den Legionen im cisalpinischen Gallien eingetroffen, um diese ihm von Cäsar angewiesene Provinz zu behaupten, s. *Cic. ad Att.* XIV, 13, 2; M. Brutus und C. Cassius verliessen Rom nach dem 12. April, oder vor dem 19. April, s. *ad Att.* XIV, 5. 6. 7. *ad Fam.* XI, 1, und hielten sich seitdem an verschiedenen Orten in Italien auf, eine günstige Gelegenheit erwartend.

b) Octavian kommt von Apollonia, wo er den Cäsar erwartete, um ihn auf dem Feldzuge nach Parthien zu begleiten, nach Rom Ende April s. *Cic. Phil.* XIV, 5. 3. 10, 3. XV, 2, 3. Er gewinnt das Volk dadurch, dass er von seinem Vermögen die Legate auszahlt, und durch Spiele. S. *Appian. B. C.* III, 9—23. *Dio* XLV, 1—9. *Plut. Ant.* 16. *Suet. Oct.* 10. *Nicol. Damasc. Vit. Caes.* bei Müller *fr. hist. Gr.* vol. III. S. 427 ff. Vergl. die folg. Anm. d.

c) Anfänglich traf er mehrere Anordnungen im Interesse der Senatspartei, um sich dieselbe geneigt zu machen. Dahin gehört die Abschaffung der Diktatur für immer, die Bestrafung des Aufruhr stiftenden Pseudo-Marius, die Zusage einer Beschränkung rücksichtlich der Ausführung der Acta Caesaris

und A. Indessen trieb er schon in dieser Zeit vielfachen Missbrauch mit den (angeblichen) Anordnungen des Cäsar. S. *Cic. Phil.* I. §. 3—5. 18—32. II. §. 89—100. 105—110. V. §. 7. 10. 12, vergl. *ad Att.* XIV 10. 12. 13. *Appian.* III, 2 bis 5. 25. 51. *Dio* XLIV, 53. XLV, 9. In der 2ten Hälfte des April und der ersten des Mai machte er darauf eine Reise nach Campanien zu den Veteranen, s. *Cic. Phil.* II. §. 100 bis 105. Zweck, *Cic. ad Att.* XIV, 21, 2 (vom 11. Mai): illum cicturos veteranos, ut acta Caesaris sancirent idque se facturos esse iurarent. Während seiner Abwesenheit hatte sich Dolabella feindlich gegen ihn erwiesen, indem er die göttliche Verehrung Cäsars mit Gewalt unterdrückte, s. *Cic. Phil.* I. §. 5, 30. II. §. 107. *ad Att.* XIV, 15. 16. 18. 19. *ad Fam.* IX. 14; jetzt aber nach seiner Rückkehr wurde derselbe wieder von ihm gewonnen und veranlasst, Syrien, welches Cäsar dem Cassius zuerteilt hatte, vom Senat zu verlangen, und als dieser es abschlug, es sich vom Volke geben zu lassen, und Antonius forderte dann Macedonien, erst ohne Legionen, und dann mit denselben, und als er dies erlangt, liess er sich vom Volke statt dessen das cisalpinische Gallien übertragen, s. *Appian.* III, 7—8. 16. 25. 27. 30. 63. *Dio* XLV, 9. 20. XLVI, 23. *Vell.* II, 60. Überdem liess er durch das Volk die Dauer der prokonsularischen Verwaltung der Provinzen auf 6 Jahre verlängern, s. *Cic. Phil.* I. §. 19. 24. II. §. 100. V. §. 8. VIII. §. 28. *Dio* XLV, 12—13. *Plut. Ant.* 16. *Cic. Phil.* III. §. 4—5. 31. VIII. §. 27. Am 9. Oktbr. (*Cic. ad Fam.* XII, 23) ging er darauf nach Brundisium zu den 4 Legionen, welche er aus Macedonien hatte kommen lassen; er entfremdete sich aber diese Legionen durch Kargheit und Strenge, daher 2 derselben zu Octavian übergingen; dagegen hatte er noch eine, Alaudae genannt, und neu geworben, so dass er vor Mutina 6 Legionen zählte, s. *Appian.* III, 40. 43—45. 46. *Dio* XLV, 12—13. *Plut. Ant.* 16. *Cic. Phil.* III. §. 4—5. 31. VIII. §. 27.

d) Die Händel zwischen Octavian und Antonius bis zu der Zeit, wo Octavian gegen ihn das Schwert erhob, s. *Appian.* III, 28—39. *Dio* XLV, 8—9. *Plut. Anton.* 16. *Suet. Oct.* 10. *Nic. Dam. a. a. O.* 28—31. Als Antonius zu den Legionen nach Brundisium ging, sammelte auch Octavian ein Heer aus den Veteranen des Cäsar in Campanien, welches bald darauf durch die abgefallenen Legionen des Antonius (s. die vorige Anm. c) bedeutend verstärkt wurde. Antonius ging von Brundisium (s. *ebendas.*) zuvörderst mit einer Legion nach Rom, wo er am 28. Novbr. eine Senatssitzung hielt, dann nach Ober-

Innere Geschichte.

41	710	Cicero leitet zu Gunsten Octavians die Angelegenheiten in Rom."
		M. Brutus geht im September nach Macedonien, C. Cassius nach Syrien.'
43	711	*C. Vibius Pansa. A. Hirtius. — C. Julius Cäsar Octavianus. Q. Pedius.*

Antonius von Octavian und Hirtius geschlagen und damit Dec. Brutus entsetzt." Antonius vereinigt
P. Ventidius. C. Carrinas.
sich mit M. Ämilius Lepidus, C. Asinius Pollio, L. Munatius Plancus.^h Octavian marschiert mit seinem Heere nach Rom und lässt sich dort das Konsulat übertragen.'

---

italien gegen D. Brutus s. *Cic. Phil.* III. §. 19—26. Hierhin folgte ihm Octavian, der zunächst noch die Rolle eines Vorfechters der Senatspartei spielte. S. *Appian.* III, 40—42. 45. 47—48. 51. *Dio* XLV, 11—15. XLVI. 29. *Cic. ad Att.* XVI, 8. *ad Fam.* X, 28. XII, 25. *Phil.* III. §. 3—S. 38 bis 39. IV. §. 4—6, V. §. 43—51. XI. §. 28.

e) Cicero verliess Rom bald nach der Senatssitzung vom 17. März, s. *Cic. ad Att.* XIV, 5. 6. 7. im Juli beschliesst er, nach Griechenland zu reisen, s. ebend. XIV, 7. 13, 4. 16, 3. Den 28. Juli ist er in Rhegium, den 1. August in Syracus. er wird auf der weitern Fahrt nach Leucopetra verschlagen, am 6. August, und entschliesst sich auf die Nachricht von einer kräftigen von Piso den 1. Aug. im Senat gehaltenen Rede zur Rückkehr nach Rom, wo er am letzten August eintrifft, s. *Cic. ad Fam.* VII, 19. XII. 25. *ad Att.* XVI, 7. *Phil.* I. §. 1—10. Die erste Philippica ist am 2. September gehalten, die zweite nach dem 19. September geschrieben als Erwiderung auf eine heftige Rede, welche Antonius an diesem Tage gegen ihn gehalten hatte, s. *Cic. Phil.* V. §. 19. *ad Fam.* XII. 2. 25. Im Oktober verliess er darauf Rom wieder, vergl. *Cic. ad Att.* XII, 23 mit XV, 13, den 9. Dezember kehrte er zurück, s. *Cic. ad Fam.* XI, 5. und hielt dann am 20. Dezember die dritte und vierte phil. Rede, jene im Senat. diese vor dem Volke, s. *Cic. ad Fam.* XI, 6. XII, 22. 25. Im Januar 43 schreibt er: Ego ut primum occasio data est, meo pristino more rem publicam defendi, me principem senatui populoque Romano professus sum, *Cic. ad Fam.* XII, 24. Vergl. *Appian.* III, 66 und die folgende Anm. g.

f) S. *Cic. ad Att.* XVI, 7, 5. *Phil.* X. §. 8. *ad Fam.* XII, 2. 3.

g) Über die Ereignisse dieser Zeit s. ausser den philippischen Reden und einigen Briefen des Cicero *Appian.* P. C. III. 50—72. *Dio* XLV, 18—XLVI, 38. In den ersten Tagen des Jahres, 1.—4. Jan., wurden die am 20. Dezbr. (s. *Cic. Phil.* III. u. IV.) in Vorschlag gebrachten Ehren für Octavian und seine Truppen, so wie für D. Brutus, bestätigt, zugleich aber auch beschlossen, an Antonius erst eine Gesandtschaft zu schicken, s. *Cic. Phil.* V. (gehalten den 1. Jan., s. §. 1.) VI. (geh. den 4. Jan., s. §. 3.) *Appian.* 50—61. *Dio* XLV. 18 bis XLVI, 29. Die dem Antonius gestellten Bedingungen s. *Cic. Phil.* VI. §. 4. 5. *Appian.* 61. Übrich darauf rückte Hirtius ins Feld, s. *Cic. Phil.* VII. §. 11. 12 (diese Rede ist noch im Jan. gehalten, wie sich aus den Umständen ergiebt, vergl. auch §. 1). Pansa folgte den 20. März, vergl. *Cic. ad Fam.* XII. 25 mit X, 6. *Phil.* XIII. §. 16. Mittlerweile waren die ersten

Gesandten zurückgekommen, man wollte (Ende März) noch eine zweite Gesandtschaft schicken, was aber vereitelt wurde, s. *Cic. Phil.* XII. vergl. *Dio* XLVI. 32, obgleich man schon im Februar, wenn auch nicht nach Ciceros Absicht den Krieg, so doch den Tumult erklärt hatte, s. *Cic. Phil.* VIII. vergl. *Appian.* 63. *Dio* XLVI, 29. 31 und *Cic. Phil.* XIV. §. 6. Hirtius und Octavian vereinigten sich und lagerten bei Forum Gallorum an der Scultenna, als Pansa mit 4 neu geworbenen Legionen herbeikam; Antonius legte sich in einen Hinterhalt und schlug den Pansa mit Verlust zurück, Hirtius aber, der dem Pansa mit 2 Veteranenlegionen entgegengegangen war, griff den Antonius an und schlug ihn, während zu gleicher Zeit Octavian einen Angriff des Antonius auf das Lager glücklich abwehrte, s. *Cic. ad Fam.* X. 30. *Appian.* 66—70. *Dio* XLVI, 37. *Cic. Phil.* XIV. §. 27. Dies geschah am 16. April. s. *Cic. a. a. O.* §. 1. Die Schlacht bei Mutina ist wahrscheinlich auf den 26. oder 27. April zu setzen, vergl. *Cic. ad Fam.* XI, 9 mit 13. Antonius floh mit dem Rest der Truppen. D. Brutus war frei. Hirtius fiel in der letzten Schlacht, Pansa starb bald an den in der ersten Schlacht empfangenen Wunden. S. *Appian.* 71 bis 76. *Dio* XLVI, 38—39.

h) Der Oberbefehl für die Verfolgung des Antonius wurde dem D. Brutus übertragen, nicht zugleich dem Octavian, und jenem auch die Legionen des Pansa überwiesen, s. *Appian.* III. 80. *Dio* XLVI, 40. vgl. *Cic. ad Fam.* XI, 19. 20, 4. Über die Flucht des Antonius und die Verfolgung des Brutus s. den Briefwechsel zwischen Cicero und Brutus in folgender Ordnung: *Cic. ad Fam.* XI, 9. 10. 11. 18. 19. 20. 23. 12. 14. 26. 21. 13. 15. 25. 22. Brutus konnte und Octavianus wollte die Verbindung des Legaten Ventidius und seiner 3 Legionen mit Antonius nicht verhindern, s. XI, 10. 13, 2. vgl. X, 24, 6. Antonius vereinigte sich mit Lepidus bei Forum Voconii am Fluss Argens den 29. Mai, s. ebendas. X, 23, 2. *Appian.* III. 83—84. *Dio* XLVI, 42. 51—52, und beide wurden darauf am 30 Juni für Feinde des Vaterlands erklärt. s. *Cic. ad Fam.* XII, 10, 1. Brutus vereinigte sich wahrscheinlich den 4. Juni mit Plancus, s. ebendas. X. 23, 3. XI, 25. *Dio* XLVI. 53, und dieses beiden hatten 13 Legionen, worunter aber nur 4 aus Veteranen bestanden, s. *Cic. ad Fam.* X, 24. 3. Ungefähr im September gingen Asinius und Plancus zu Antonius und Lepidus über, s. *Appian.* III, 96. 97. *Dio* XLVI. 53. *Vell.* II. 63. *Plut. Ant.* 18. Deren Heer zählte nach *Appian.* III, 84. 97 über 15 Legionen; nach *Plut. Ant.* 18 waren es 17.

i) Nach der Schlacht bei Mutina glaubte man des Octavian nicht mehr zu bedürfen und verletzte ihn daher mehr-

J.v.Ch.	J.d.St.	Innere Geschichte.
43	711	Des D. Brutus Tod." Das zweite Triumvirat zwischen Octavianus, Antonius und Lepidus.' Proskriptionen. Ciceros Tod."
42	712	*M. Ämilius Lepidus. L. Munatius Plancus.* Philippensischer Krieg. M. Brutus und C. Cassius in der Doppelschlacht bei Philippi geschlagen."

fach durch Zurücksetzungen, s. *Appian.* III, 80—81. *Dio* XLVI. 40—41. *Vell.* II, 62. *Liv.* CXIX. *Cic. ad Fam.* XI, 20. 1. 21. 2. Auf die Nachricht von der Vereinigung des Antonius und Lepidus ernannte man ihn mit D. Brutus zum Feldherrn gegen diese, s. *Dio* XLVI, 42. 51. *Appian.* 81. Aber Octavian hielt es nunmehr an der Zeit, seine Rolle zu wechseln. Er hatte schon mit Antonius und Lepidus Verhandlungen angeknüpft und rückte gegen Rom mit 8 Legionen, liess sich und Q. Pedius zu Konsuln machen, und trat alsdann entschieden als Rächer des Cäsar auf, indem er durch die Lex Pedia seines Kollegen ausserordentliche Gerichte zur Bestrafung der Mörder und Mitwisser des Mordes anordnen liess. 8. *Suet. Aug.* 25. *Appian.* III, 86—95. *Dio* XLVI, 42 bis 49. *Vell.* II, 65. 69. *Liv.* CXX. Sein Konsulat beginnt den 19. August, s. *Tac. Ann.* I, 9. *Suet. Aug.* 100. *Macrob. Sat.* I, 12. *Dio* LV, 6. LVI, 30.

k) Nach dem Verrat des Plancus floh Brutus. Er wurde aber auf seinem Wege nach Macedonien von seinen Truppen verlassen und getötet, s. *Appian.* III, 97—98. *Dio* XLVI. 53. *Vell.* II, 64. *Liv.* CXX.

l) Octavian rückte dem Antonius und seinen Verbündeten nach dem cisalpinischen Gallien entgegen. Durch Vermittelung des Lepidus kam es zu einem Vergleich zwischen den beiden Gegnern und zu dem obigen Triumvirat, welches nach *Appian.* IV, 2 auf einer Insel des Lavinius, nach *Dio* XLVI, 55 auf einer kleinen Insel bei Bononia (im Rhenus?) s. *Plin.* XVI. 65, 161. III. 20, 115. *Silius It. Pun.* VIII. 601) zunächst auf 5 Jahre geschlossen wurde. Antonius sollte das cis- und transalpinische Gallien, Octavian Afrika, Sicilien, Sardinien und die umliegenden Provinzen, Lepidus Spanien und das narbonensische Gallien verwalten; zunächst sollten die ersteren beiden den Krieg gegen M. Brutus und C. Cassius beenden und Lepidus in Rom bleiben. Alle Magistrate sollten durch sie eingesetzt werden. Sie nannten sich Tresviri reipublicae constituendae. 8. *Appian. B. C.* IV, 2—7. *Dio* XLVI. 54—56. Vgl. *Suet. Aug.* 27. *Plut. Ant.* 19. Die Legionen der Triumvirn beliefen sich auf 43, s. *Appian.* IV, 3. 65. Octavian legte sein Konsulat nieder, und da Pedius bald darauf starb, so folgten P. Ventidius und C. Carrinas, s. *Appian.* IV, 6. *Dio* XLVII, 15. *Vell.* II, 65.

m) Ehe die Triumvirn nach Rom kamen, liessen sie 17 ihrer Feinde proskribieren, *Appian.* IV, 6. Nach ihrer Ankunft erliessen sie das Proskriptionsedikt, s. *ebendas.* IV, 8 — 11. (Auf jeden Kopf war ein Preis von 25,000 Denaren oder, wenn ihn ein Sklave brachte, von 10,000 und die Freiheit gesetzt, s. *ebendas.* IV, 11.) Die Zahl der Proskribierten wird auf 300 (oder 130, *Liv.* CXX, 132, *Oros.* VI, 18; 140, *Flor.* IV, 6) Senatoren und 2000 Ritter angegeben, *Appian.* IV. 5. Unter

diesen waren auch L. Paullus, der Bruder des Lepidus, L. Cäsar, der Oheim des Antonius u. a. Verwandte der Triumvirn. 8. *Appian.* IV, 1—51. *Dio* XLVII, 1—17. *Plut. Ant.* 19—21. *Suet.* 27. Unter jenen 17 war auch Cicero, welcher nebst seinem Bruder und seinem und seines Bruders Sohne gerichtet wurde. Er wollte von Cajeta aus zu Brutus fliehen, gab aber, als er durch widrige Winde an die Küste zurückgeworfen wurde, seinen Plan auf, wurde von den ausgeschickten Reitern ergriffen, von Herennius getötet, und sein Kopf auf den Rostris in Rom aufgesteckt, s. *Plut. Cic.* 46—49. *Livius* bei *Senec. Suasor.* VI. §. 17—18 (ed. Bursian). *Appian.* IV, 19 bis 20. *Dio* XLVII, 8. *Liv.* CXX. *Vell.* II, 66.

n) Vgl. S. 104 Anm. f. Brutus und Cassius gingen zunächst nach Athen. Brutus wurde hier durch M. Appulejus mit Geld unterstützt, dann überliess ihm Q. Hortensius die Provinz Macedonien mit einer Legion; die aus Macedonien zum Dolabella abgehende Legion und die unter P. Vatinius in Illyricum stehenden 3 Legionen wurden für ihn gewonnen. Die Provinz Macedonien war vom Senat auf Veranlassung des M. Antonius vor dessen Zug nach Oberitalien (s. Anm. d) dem C. Antonius übertragen worden. Dieser wurde jetzt von Brutus in Apollonia eingeschlossen und gefangen genommen, worauf Brutus IV, 57. *Dio* XLVII, 20—25. *Plut. Brut.* 24—28. Nun wurde ihm (Ende März 43) auch vom Senat die Statthalterschaft von Macedonien nebst Illyricum und Griechenland mit sehr ausgedehnten Vollmachten übertragen, s. *Cic. Phil.* X. Vgl. *Dio* 22. *Plut.* 27. *Appian.* IV, 58. Cassius ging von Athen nach Asien (*Dio*) und von hier nach Syrien, wo er sich, durch günstige Umstände unterstützt, in Besitz von 8 Legionen setzt. Im Januar 43 bricht Dolabella (s. Anm. c) nach Syrien auf, s. *Cic. ad Fam.* XII, 14. 5, lässt zuerst den C. Trebonius in Asien ermorden, s. *Cic. Phil.* XI. §. 4—9. *Appian.* III, 26. *Dio* XLVII, 29, und wirft sich darauf mit 2 Legionen nach Laodicea, wo ihn Cassius belagert. Er tötet sich selbst, als er keine Rettung sieht. S. *Appian.* III, 77 — 78. IV, 57—64. *Dio* XLVII. 20—31. *Cic. ad Fam.* XII, 11. 12. 13. 14. Auf die Nachricht von des Trebonius Ermordung wurde Dolabella vom Senat für einen Feind des Vaterlands erklärt, und Syrien, jedoch wie es scheint, erst nach der Schlacht von Mutina, dem Cassius vom Senat übertragen, s. *Cic. Phil.* XI. *Dio* XLVII, 28. 29. vgl. *Cic. ad Fam.* XII, 14, 6. *Appian.* IV, 58. *Vell.* II. 62. Brutus ruft darauf den Cassius nach Smyrna (*Plut.*), wo beide Imperatoren zusammentreffen, s. *Appian.* IV, 63. 65. *Plut.* 28—30. *Dio* XLVII, 32. Nach dieser Vereinigung trennten sich beide wieder, und Cassius unterwarf Rhodus, Brutus Lycien, s. *Appian.* IV, 65—82. *Dio* XLVII. 32 bis 34. *Plut. Brut.* 30—33. Dann trafen sie wieder in Sardes

J.v.Chr.	J.d.St.	Äussere Geschichte.	Innere Geschichte.
42	712		Die geringen Ueberreste der republikanischen Partei flüchten sich nach Sicilien zu S. Pompejus.*
41	713	P. Servilius Vatia Isauricus II. L. Antonius Pietus.	Antonius geht nach dem Osten, um diesen wieder zu unterwerfen; Octavian kehrt nach Italien zurück," wo er durch die Intriguen der Fulvia, der Gemahlin des M. Antonius, und des L. Antonius in den perusinischen Krieg verwickelt wird." L. Antonius wird in Perusia eingeschlossen und
40	714	Cn. Domitius Calvinus II. C. Asinius Pollio. Die Parther fallen in Syrien ein, erobern es und dringen in Kleinasien vor.¹	gezwungen, sich zu ergeben." M. Antonius kommt nach Italien. Brundisinischer Vertrag.°

1) S. *Dio* XLVIII, 24—26. 27. *Vell.* II. 78. *Flor.* IV. 9. *Plut. Ant.* 33. Die Anführer dieses Zuges waren T. Labienus, ein Römer von des Brutus Partei, Sohn des bekannten Legaten Cäsars, und Pacorus, Sohn des Königs Orodes.

(*Plut.*) zusammen und zogen nach Philippi, wo sie sich, 19 Legionen und 20,000 Reiter stark (s. *Appian.* IV. 88. 108), in günstigen Stellungen lagerten; auch die Flotte wurde in der Nähe aufgestellt. Die Feinde lagerten sich, ungefähr ebenso stark (*Appian.* a. a. O., anders *Dio* XLVII. 38), ihnen gegenüber. In einer ersten Schlacht, bei welcher Octavian abwesend oder wenigstens krank war (die verschiedenen Angaben über Octavian s. *Appian.* IV. 110. *Dio* XLVII, 37. 45. *Plut. Brut.* 41. *Plut. Ant.* 22. *Vell.* II. 70), siegte Brutus über des letztern Heer, Cassius aber wurde von Antonius geschlagen und tötete sich selbst. Zu einer zweiten Schlacht wurde Brutus durch den Ungestüm seines Heeres gezwungen. Die Schlacht ging verloren, und Brutus tötete sich selbst; das Heer fiel oder ging über oder zerstreute sich oder ging zum S. Pompejus nach Sicilien (s. die folg. Anm. o). S. *Appian.* IV, 86—138. *Dio* XLVII. 35—49. *Plut. Brut.* 34—53. *Plut. Ant.* 22 *Vell.* II, 69—72. Die Zeit beider Schlachten war der Spätherbst 42. s. *Appian.* IV. 122.

o) S. Pompejus hatte sich nach der Schlacht bei Munda in die Gebirge geflüchtet und dort mehr und nach Anhang gefunden. Jetzt hatte Lepidus einen Vertrag mit ihm abgeschlossen, der auch vom Senate bestätigt wurde, wodurch ihm die Rückkehr gestattet und für seine Güter Ersatz zugesichert wurde, s. *Dio* XLV, 9—10. *Appian.* B. C. IV, 83—84. III, 4. 57. vgl. *Cic. ad Att.* XIV, 13. 2. 22. 5. XV, 20. 3. XVI, 4. *ad Fam.* XI, 1, 3. *Phil.* V. §. 39. 41. XIII. §. 9—10. Pompejus war aber vorsichtig genug, um nicht nach Rom zurückzukehren; er wartete den Erfolg des Krieges gegen Antonius, gegen welchen ihm der Oberbefehl zur See gegeben hatte, in Massilia ab, und warf sich dann auf Sicilien, wo er den Statthalter Bithynicus vertrieb, s. *Dio* XLVII, 12. XLVIII. 17. *Appian.* 84. Hier kam L. Statius Murcus, Legat der Verschworenen, mit 80 Schiffen zu ihm, und viele andere Flüchtlinge, s. *Dio* XLVIII, 19. *Appian.* V, 2. 25. *Vell.* II, 72.

p) S. *Dio* XLVIII, 1—3. *Appian.* V, 1—12. *Plut. Ant.* 23—29. Antonius trifft in Cilicien mit Cleopatra zusammen. s. *Plut. Ant.* 25—29. *Dio* XLVIII, 8—11. *Socrat. Rhod.* b. *Athen.* IV. p. 147 E.

q) Octavian hatte 28 Legionen zu befriedigen, welche Ländereien erhalten sollten, s. *Appian.* V. 5. 6. vergl. 22. L. Antonius verlangte zuerst, dass die Verteilung der Ländereien an die Veteranen seines Bruders ihm überlassen worden sollte, und suchte dieses für sich zu gewinnen, dann warf er sich zum Beschützer der von ihren Äckern um der Veteranen willen Vertriebenen auf (s. *Dio* 6), und gab vor, die Sache der Freiheit gegen die Triumvirn zu verteidigen. S. *Appian.* V. 12—23. *Dio* XLVIII, 3—12. *Vell.* II, 74.

r) S. *Appian.* V. 24—51. *Dio* XLVIII, 12—15. *Vell.* II. 74. Zur Zeitbestimmung s. *Appian.* V. 34. 47. *Dio* XLVIII. 15.

s) S. *Appian.* V, 52—65. *Dio* XLVIII, 27—28. *Plut. Ant.* 30—31. *Vell.* II, 76. 78. Antonius war zweifelhaft, ob er durch den perusinischen Krieg seine Verbindung mit Octavian als aufgelöst betrachten sollte; er näherte sich daher dem S. Pompejus, *Appian.* V, 52. *Dio* XLVIII. 15. 27. nahm Domitius Ahenobarbus bei sich auf, *Appian.* V. 55. *Dio* XLVIII, 16. *Vell.* II, 76. und belagerte Brundisium, wohin ihm Octavian entgegenrückte, s. *Appian.* V. 53. M. Cocceius Nerva vermittelte jedoch eine Versöhnung, welche durch die Verheiratung des Antonius mit Octavia, der Schwester Octavians (Fulvia starb zu eben dieser Zeit, *Appian.* V. 59, *Dio* XLVIII, 28) befestigt wurde, s. *Appian.* V, 64 Man vereinigte sich über eine gegenseitige Amnestie, und machte eine neue Teilung, nach welcher der Westen dem Octavian, der Osten dem Antonius gehören und Scodra die Grenze beider Hälften ausmachen sollte, s. *Appian.* V, 64—65. *Dio* XLVIII, 28. *Plut.* 31. Lepidus sollte Afrika behalten, wohin ihn Octavian mit 6 Legionen vor der Ankunft des Antonius in Italien geschickt hatte, s. *Appian.* V, 53.

J.v.Ch.	J.d.St.	Äussere Geschichte.	Innere Geschichte.
39	715	*L. Marcius Censorinus. C. Calvisius Sabinus.* Der Legat des Antonius, P. Ventidius, vertreibt die Parther aus Kleinasien und Syrien und	Die Triumvirn schliessen mit S. Pompejus den Vertrag von Misenum.¹ Erneuerung der Feindseligkeiten zwischen Octavian und Pompejus. Sicilischer Krieg. Octavian führt den Krieg mit geringem Glück."
38	716	*A. Claudius Pulcher. C. Norbanus Flaccus.* bringt ihnen eine bedeutende Niederlage bei.²	
37	717	*M. Agrippa. L. Caninius Gallus.*	M. Vipsanius Agrippa erhält den Oberbefehl im sicilischen Kriege und rüstet sich im Lucrinersee.ᵛ Das Triumvirat wird durch das tarentinische Bündnis erneuert."
36	718	*L. Gellius Poplicola. M. Cocceius Nerva.* Unglücklicher Feldzug des Antonius gegen die Parther.³	Der sicilische Krieg wird durch den Seesieg des Agrippa bei Naulochus entschieden.ˣ Lepidus verliert Heer und Provinzen.ʸ Octavian kehrt nach Rom zurück und macht den Anfang, Ruhe und Ordnung daselbst wieder herzustellen.ᶻ

2) S. *Dio* XLVIII, 39—41. XLIX. 19—22. *Plut. Ant.* 34. Der Tag der Schlacht der 9. Juni, s. *Oros.* VI, 18. *Dio* XLIX, 21. *Eutrop.* VII, 5. vgl. S. 95 Anm. 13. Ventidius war der erste, welcher über die Parther triumphierte, s. *Sueton.* bei *Gell. N. A.* XV, 4, und bis auf die Zeit Plutarchs auch der einzige, s. *Plut.* 34.
3) S. *Plut. Ant.* 37—51. *Dio* XLVIII, 24—31. *Flor.* IV, 10. *Liv.* CXXX. *Vell.* II, 82. Das Heer des Antonius betrug zusammen über 100,000 Mann. *Plut.* 37. *Flor. Liv. Vell.* a a. O. *Justin.* XLII, 5. Der König von Armenien, Ariavasdes, schloss ein Bündnis mit ihm; von dessen Lande aus rückte er in Media Atropatene ein und belagerte Phraata nach Zurücklegung eines langen Marsches. Der Legat Oppius Statianus sollte ihm die Belagerungsmaschinen nachführen, sein Heer wurde aber von den Feinden überfallen und vernichtet. Durch Mangel genötigt bricht Antonius nach einer fruchtlosen

t) S. *Appian.* V. 66—73. *Dio* XLVIII, 30—38. *Plut. Ant.* 32. *Vell.* II. 77. Nachdem Antonius den Pompejus aufgegeben hatte, s. *Appian.* V, 63. *Dio* XLVIII, 30, begann dieser die Feindseligkeiten mit der Eroberung von Sardinien durch Menodorus (Menas, *Dio*), s. *Appian.* V. 66. *Dio* XLVIII. 30. Das Volk hatte aber infolge der Einschliessung Italiens durch Pompejus und der neuen Auflagen der Triumvirn schwer zu leiden und drang daher auf eine Aussöhnung mit jenem, s. *Appian.* V, 67—68. *Dio* XLVIII. 31—34. *Vell.* 78. Die Bedingungen des Vertrags sind: Pompejus sollte Sardinien, Sicilien, Corsica und die übrigen benachbarten Inseln und ausserdem den Peloponnes (Achaja, *Dio*) erhalten; sollte die Sicherheit des Meeres aufrecht erhalten und Getreide nach Rom liefern; die Verbannten (mit Ausnahme der Mörder Cäsars) sollten nach Rom zurückkehren, s. *Appian.* V, 72. *Dio* XLVIII, 36. Zur Zeitbestimmung s. *Dio* XLVIII. 33. Die Konsuln wurden in dieser Zeit auf 8 Jahre (nach *Appian.* auf 4 Jahre) vorausbestimmt, s. *Dio* XLVIII, 35. *Appian.* V, 73.
u) S. *Appian.* V, 77—92. *Dio* XLVIII. 45—49. Über die Ursachen des Kriegs s. *Dio* XLVIII, 45. *Appian.* V, 77. 78.
v) S. *Appian.* V, 49—51. *Appian.* V, 92. 96. *Vell.* II. 79. Zur Zeitbestimmung s. *Dio* XLVIII, 49.
w) S. *Dio* XLVIII. *Appian.* V, 95. *Plut. Ant.* 35.
x) S. *Appian.* V, 96—122. *Dio* XLIX, 1—10. *Vell.* II, 79. Agrippa gewann zuerst einen Seesieg bei Mylä, *Appian.* V, 105—108. *Dio* XLIX. 3—4. und hierauf nach einigen Zwischenfällen (Octavian selbst erlitt einen nicht unbedeutenden Verlust durch eine missglückte Landung) den obengenannten entscheidenden Seesieg bei Naulochus, s. *Appian.* V. 117—121. *Dio* XLIX, 8—10. Nur 17 feindliche Schiffe entkamen; mit diesen floh Pompejus, fand aber im folgenden Jahre seinen Tod in Asien, s. *Appian.* V, 121. 133—145. *Dio* XLIX, 17. 18. Octavian wurde durch eine Flotte des Antonius unter Taurus und durch Lepidus, welcher selbst nach Sicilien kam, unterstützt, s. *Appian.* V, 95. 98. 104. *Dio* XLIX. 1.
y) S. *Appian.* V, 122—126. *Dio* XLIX, 8. 11—12. *Vell.* II, 80. Lepidus hatte schon vor der entscheidenden Schlacht mit Pompejus unterhandelt, s. *Dio* XLIX, 8. *Appian.* V, 123. Nach der Niederlage des Pompejus kam es zum Bruch zwischen ihm und Octavian. Sein Heer (22 Legionen stark, *Appian.* V, 123) fiel aber von Lepidus verlockt, von ihm ab, worauf ihn Octavian seiner bisherigen Macht und Würde entkleidete. Er blieb jedoch Pontifex maximus bis an seinen Tod (im J. 13). S. *Appian.* V. 131. *Dio* XLIX, 15. *Liv.* 15. *Suet. Oct.* 31. Octavian hatte jetzt 46 Legionen bei sich (*Appian.* V, 126), welche eine Meuterei machten; indes wusste Octavian dieselbe zu dämpfen, s. *Appian.* V, 126—129. *Dio* XLIX, 13—14.
z) Er ordnete das Schuldenwesen, erliess Abgaben. *Appian.* V, 130. *Dio* XLIX, 15. liess die Sklaven in den Heeren an einem Tage aufgreifen und ihren Herren zurückgeben. *Appian.* V, 131. überliess die laufenden Geschäfte zum Teil wieder den Magistraten, die bisher ausser den Konsuln fast gar nicht

14*

J.v.Ch.	J.d.St.	Äussere Geschichte.	Innere Geschichte.
35	710	*L. Cornificius. Sext. Pompejus Sext. F.* Octavian unterwirft einige illyrische Völker und Pannonien, welches er zur Provinz macht.[4]	
34	720	*L. Scribonius Libo M. Antonius II.* Dalmatien von Octavian unterworfen.[5]	
33	721	*C. Julius Cäsar Octavianus II. L. Volcatius Tullus.*	
32	722	*Cn. Domitius Ahenobarbus. C. Sosius.*	Der Senat beschliesst den Krieg gegen Cleopatra. Antonius zieht gegen Octavian heran und überwintert in Paträ.[aa]
31	723	*C. Julius Cäsar Octavianus III. M. Valerius Messalla Corvinus.*	Die Seeschlacht bei Actium am 2. September macht den Octavian zum Alleinherrscher Roms.[bb]

Belagerung von Phraata auf und gelangt mit einem Verluste von 20,000 Mann zu Fuss und 4000 zu Ross wieder in Armenien an, s. *Plut.* 51. Der Zug wurde erst im Spätjahr unternommen, s. *Plut.* 40. 51 *Dio* XLVIII, 31.

4) S. *Appian. III.* 15 - 24. *Dio* XLIX, 35 - 37. *Flor.* IV, 12. *Liv.* CXXXI. *Vell.* II, 78.
5) S. *Appian. III.* 25 - 27. *Dio* XLIX, 38. *Flor.* IV, 12. *Liv.* CXXXII. *Suet. Aug.* 20.

ernannt worden waren (*Dio* XLVIII, 43. XLIX. 15), schützte die Stadt durch Einführung einer Polizei, s. *Appian.* V, 132, u. a.

aa) Den grössten Anstoss gab in Rom des Antonius Verhältnis zur Cleopatra und die Willkür, mit welcher er mehrere Reiche des Ostens an sie und an ihre Kinder verschenkte, s. *Dio* XLIX, 32. 41. L., 1. 3. *Plut. Ant.* 54. Der Krieg wurde dem Namen nach nur der Cleopatra erklärt, s. *Dio* L., 4. 6. *Plut.* 60. Antonius zog nach Corcyra, um nach Italien überzusetzen, überwinterte aber alsdann, weil es hierzu zu spät war in Paträ. s. *Dio* L., 1 - 6. *Plut. Ant.* 55 - 60. *Suet. Aug.* 17.

bb) S. *Dio* L, 10 - LI, 5. *Plut. Ant.* 61 - 68. *Vell.* II, 84 - 86. *Flor.* IV, 11. *Oros.* VI. 10. *Liv.* CXXXII - CXXXIII. Octavian zog dem Antonius entgegen, und die beiderseitigen Heere lagerten sich am Eingang des ambracischen Meerbusens, das des Octavian nördlich an der Stelle, wo nachher zum Andenken des Sieges Nicopolis erbaut wurde, das des Antonius gegenüber bei Actium. Eben dort stellten sich auch die beiderseitigen Flotten auf. Nach Plutarch (61, vgl. 64) hatte Antonius 100,000 Mann zu Fuss, 12,000 Reiter, 500 Kriegsschiffe (zusammen 800 Schiffe, *ebendas.* 36); Octavian hatte 80,000 Mann zu Fuss, etwa auch 12,000 Reiter und 250 Schiffe, s. *Plut.* 61. *Oros.* a. a. O. Die Könige und Völker auf beiden Seiten s. *Plut.* 61. In einigen Vorgefechten war das Glück auf Octavians Seite, auch gingen mehrere zu ihm über, z. B. Domitius Ahenobarbus, s. *Dio* L, 13 - 14. *Plut.* 63.

Vell. II, 84. Auf den Wunsch der Cleopatra wurde die Entscheidung auf eine Seeschlacht gesetzt, welche besonders durch den geschickten Gebrauch, welchen Agrippa von den leichteren Schiffen des Octavian machte, und durch die vorzeitige, verräterische Flucht der Cleopatra gänzlich verloren ging, s. *Dio* L., 15. 32 - 35. *Plut.* 64 - 68. *Vell.* II. 85. Über den Tag der Schlacht s. *Dio* LI, 1. Das Landheer ergab sich alsdann ebenfalls, s. *Dio* LI. 1, aber erst, nachdem es 7 Tage vergeblich auf die Ankunft des Antonius gewartet hatte, s. *Plut.* 68. Dieser war, ehe noch die Schlacht entschieden wurde, der Cleopatra gefolgt; er ging dann zum L. Pinarius Carpus, welcher einige Legionen bei Paraetonium hatte, ihn aber zurückwies, hierauf nach Ägypten, wo er wieder die Cleopatra traf. *Dio* LI, 4. *Plut.* 69 - 73. Octavian folgte ihm erst bis nach Asien, kehrte aber wieder um und überwinterte in Samos. *Dio* LI, 4. *Plut.* 72. 73. Im folgenden Jahre lieferte Antonius dem Octavian bei Alexandrien noch eine Schlacht, in welcher seine Flotte überging und das Landheer geschlagen wurde, s. *Plut.* 76. *Dio* LI. 10. Auf die falsche Nachricht vom Tode der Cleopatra brachte er sich selbst eine Wunde bei, an der er starb, s. *Plut.* 76 - 77. *Dio* LI, 10. Diese selbst machte, als sie sich in ihrer Hoffnung, den Octavian zu gewinnen, getäuscht sah, ihrem Leben, wie man meist annimmt, durch einen Schlangenbiss, ein Ende, s. *Plut.* 78 - 85. *Dio* LI, 11 - 15. Ägypten Provinz, s. *Dio* LI, 17. *Vell.* II, 39. *Suet. Oct.* 18. *Strab.* XVII, 1. 11 ff. *Tac. Ann.* II, 59.

FÜNFTE PERIODE.

30 v. Chr. bis 476 n. Chr.

Rom unter Kaisern.

Des römischen Reichs Geschicke sind von nun an in Eines Hand gelegt, günstig oder ungünstig, je nach dem Willen und der Fähigkeit dieses Einen. Die republikanischen Formen und Einrichtungen werden beibehalten, und so übt namentlich der Senat noch eine Zeitlang einen nicht unbedeutenden Einfluss. Allein den mächtigsten und wenigstens in gewissen Beziehungen zugleich tüchtigsten Bestandteil des römischen Staates bildet das Heer. Aus dessen Mitte erheben sich zuerst die Prätorianer in Rom zu einem herrschenden Einfluss. Das übrige Heer wird noch eine Zeitlang im Zaume gehalten; bald aber reisst es alle Gewalt an sich, so dass die Kaiser nur durch das Heer herrschen; infolge dieses Verhältnisses kommt es zu Bürgerkriegen, die das Reich zerrütten; die allgemeine Erschlaffung erträgt endlich eine nach dem Muster der orientalischen Reiche eingerichtete Hofherrschaft, durch welche dem Soldatendespotismus ein Ende gemacht wird; eine Zeitlang wird die Streitkraft noch durch Werbungen unter den benachbarten jugendlichen Völkern aufrecht erhalten; eben diese Völker wenden sich aber zuletzt gegen den römischen Staat und machen der westlichen Hälfte desselben ein Ende.

Nach diesen Gesichtspunkten teilt sich die Kaisergeschichte in folgende drei Abschnitte:

Erster Abschnitt. Bis zum Tode des Kaisers Marc Aurel, 180 n. Chr. Das von Augustus mit Klugheit und Milde geordnete Verhältnis des Herrschers zu Senat, Heer und Volk wird durch die Grausamkeit und Willkür seiner Nachfolger Tiberius, Caligula, Claudius und Nero zerstört. Schon beherrschen daher die Prätorianer das Reich, und nach Neros Tode erheben sich auch die Legionen in den Provinzen und setzen Kaiser ab und ein. Allein Vespasian stellt das Werk des Augustus wieder her, welches auch von seinen Nachfolgern bis auf Marc Aurel, den einzigen Domitian ausgenommen, aufrecht erhalten wird. Die Legionen werden wieder an Disciplin gewöhnt; das Ansehen des Senats wird gehoben und geschützt und dadurch die Alleinherrschaft der Kaiser eben so sehr gemildert als gesichert. Stadt und Provinzen erfreuen sich in dieser Zeit der Ruhe und eines grossen Wohlstandes.

Zweiter Abschnitt. Bis zur Alleinherrschaft des Kaisers Constantinus, 324 n. Chr. Durch Commodus, Caracalla, Elagabal werden die Früchte der weisen Regierung der früheren Kaiser vernichtet und die Legionen wieder entzügelt. Die Folge davon ist ein allgemeiner Bürgerkrieg. Diocletian sucht zuerst eine neue Ordnung der Dinge herbeizuführen, indem er die Verwaltung neu organisiert und den Mittelpunkt des Reichs nach dem Osten verlegt. Indes vermag er sein Werk nicht fest zu begründen. Daher neue Bürgerkriege, aus denen Constantin als Sieger hervorgeht.

Dritter Abschnitt. Bis zum Untergange des abendländischen Reichs, 476 n. Chr. Constantin macht Konstantinopel zum Mittelpunkte des Reichs, verkleinert die Provinzen und die Legionen, und scheidet die Civilverwaltung gänzlich von der Führung der Heere. Seine Diener ordnet er nach neuen zahlreichen Rangstufen und unterscheidet sie durch Titel und Ehrenzeichen zu einem gesonderten, mit dem Hofe eng verknüpften Stande. Durch dies alles wird das Reich im Innern beruhigt und geordnet. Allein der Schwäche des Reichs kann dadurch nicht aufgeholfen werden. Dieselbe kommt bald unter seinen Nachfolgern zum Vorschein, und als die Ströme der Völkerwanderung die Grenzen durchbrechen, kann es sich nur durch Mietstruppen noch eine Zeitlang schützen. Die gänzliche

Trennung der orientalischen und occidentalischen Hälfte, welche nach dem Tode des Theodosius erfolgt, dient wenigstens dazu, jenen erstgenannten Teil, welcher durch seine Lage weniger ausgesetzt ist, vor der Hand zu erhalten. Das occidentalische Reich aber wird im Jahre 476 durch germanische Völker gestürzt, als man einen Versuch macht, ihren übermütigen, aus dem Gefühle ihres Übergewichts entsprungenen Forderungen zu widerstehen.

Die Litteratur nimmt unter Augustus einen neuen Aufschwung, der sich besonders in der Poesie bethätigt, dem wir aber auch den Historiker Livius verdanken. Nach Augustus tritt der Verfall der Litteratur ein. Seitdem entstehen fast nur noch wissenschaftliche Werke, meist rhetorischen und philosophischen Inhalts, und einige in wesentlichen auf Nachahmung älterer Muster beruhende Dichter- und Geschichtswerke (unter letzteren jedoch auch die des Tacitus); am meisten tritt durch ihre Bedeutung die Rechtswissenschaft hervor, welche gegen Ende des zweiten Jahrhunderts ihre höchste Blüte erreicht. Die Form ist anfangs noch immer gefällig und geschmackvoll, wenn auch ohne die frühere Einfachheit (so bis zu den Antoninen), bis sie nach und nach immer mehr ausartet.

Quellen. Von den bei den früheren Perioden schon genannten Quellen sind ausser den Kompendien zu benutzen: Vellejus Paterculus bis 30 n. Chr., Sueton (vergl. über ihn unten Abschnitt 1, b, Anm. k) bis 96. Plutarch in den Lebensbeschreibungen des Galba und Otho, und vorzüglich Cassius Dio bis 229, über dessen Werk s. die Anm. zur 4. Per. Die wichtigste Quelle des ersten Jahrh. n. Chr. ist Tacitus (s. unten Abschn. 1, b, Anm. h), dessen Annalen die Geschichte des Tiberius (mit einer vom 5ten Kapitel des 5ten Buches bis ins 6te Buch reichenden Lücke in den Jahren 29, 30 und 31) und der Jahre 47—66, die Historien die Geschichte des Jahres 69 und des grössten Teils vom Jahre 70 enthalten. Auch der Agricola und die Germania gewähren neuen geschichtliche Notizen von Wert, und der Dialogus giebt uns eine lebendige Anschauung der damaligen litterarischen Zustände. Ausserdem sind als die wichtigsten Quellenschriftsteller hervorzuheben: die Scriptores historiae Augustae (s. unten Abschn. 2, b, Anm. a) von 117 bis 285; neben ihnen die 8 Bücher τῆς μετὰ Μάρκον βασιλείας ἱστορία des Herodian (im 3ten Jahrhundert) bis 238; sodann seit Diocletian die (freilich mit grosser Vorsicht zu benutzenden) Panegyrici veteres (s. Abschn. 2, b, Anm. b); für Constantin den Grossen dessen Lebensbeschreibung von Eusebius; für die J. 353 bis 378 Ammianus Marcellinus (s. Abschn. 3, a, Anm. q); endlich Zosimus (aus dem 5. Jahrhundert), dessen Geschichte zwar mit der Kaiserzeit beginnt, aber erst seit 395 ausführlicher wird. Hierzu kommen noch als Quellen für einzelne Ereignisse oder auch für einzelne Notizen: Josephus (Archaeologia Iud. und bellum Iud., im 1. Jahrhundert); Plinius der Jüngere (Abschn. 1, b, Anm. i) in seinen Briefen und im Panegyricus des Trajan; des Eusebius Kirchengeschichte; von einem unbekannten Verfasser Excerpta de Constantio Chloro, Constantino magno et aliis imperatoribus; der Codex Theodosianus und die demselben angehängte Notitia dignitatum (s. Abschn. 3, a, Anm. e), und endlich die für diese Periode besonders wichtigen Münzen und Inschriften. Seit 410, wo uns die genannten Schriftsteller (mit Ausnahme der Excerpta, welche mehreres über Odoacer und Theoderich enthalten) verlassen, sind die einzigen fortlaufenden Nachrichten in den sogenannten Chronisten enthalten. Von diesen mögen ausser Hieronymus, dessen Übersetzung und Fortsetzung des Chronikon des Eusebius mit dem Jahre 378 abbricht, Prosper Aquitanicus und Prosper Tiro, welche beide die Chronik des Hieronymus bis 455 fortgeführt haben, (das Work des ersteren, dem auch ein Auszug aus Hieronymus vorausgeschickt ist, ist nach den Konsuln geordnet und führt deshalb den Namen Chronicon consulare, das des Prosper Tiro — übrigens ein auf keiner handschriftlichen Auctorität beruhender Name — wird wegen seiner Anordnung nach den Kaisern Chronicon imperiale genannt), ferner Idacius, dessen Fortsetzung des Hieronymus bis 465 n. Chr. reicht, Victor Tununensis, welcher 444 n. Chr. anfängt und 565 aufhört, und endlich das Chronicon Alexandrinum (oder Fasti Siculi, Chronicon Paschale, Chr. Constantinopolitanum), bis 628 n. Chr. reichend) genannt werden. Für die Berührungen Roms mit den Goten ist Jornandes oder Jordanis de origine actibusque Getarum, und mit den Vandalen und Goten das Work des Procopius ad καθ' αὐτῶν ἱστορίαι zu vergleichen. Für die inneren Zustände der 2ten Hälfte des 4ten Jahrh. sind noch von besonderem Werte die Briefe des Hieronymus († 420) und des Symmachus (seit 384 praefectus urbi) und das Leben des Hilarion von Hieronymus.

Stammtafel des Augustus.
(Gens Iulia und Claudia.)

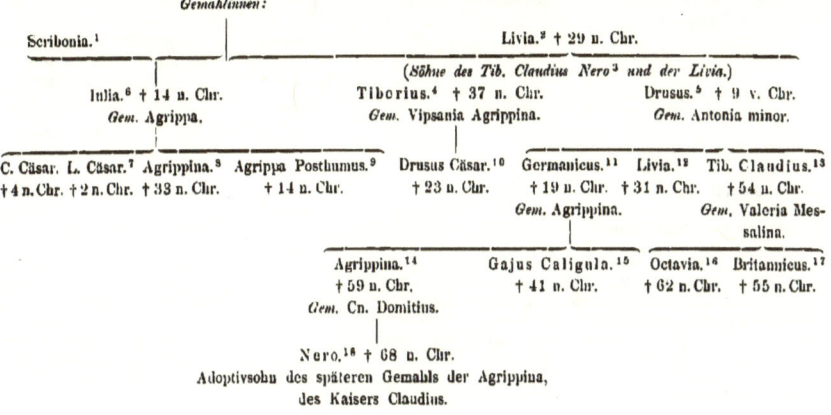

1) Octavian verheiratete sich mit ihr aus Politik im J. 40. s. *Dio* XLVIII, 16. *Appian. B. C.* V, 53; er verstiess sie im folgenden Jahre, nachdem sie ihm die Iulia geboren hatte, s. *Dio* XLVIII, 34.
2) Livia Drusilla, nach dem Tode des Augustus Iulia Augusta genannt, weil sie von jenem adoptiert worden war. Ihren zweiten Sohn von ihrem ersten Gemahl gebar sie „intra poenates Octaviani." Sie verheiratet sich mit Octavian im J. 38. s. *Dio* XLVIII, 43. 44. LVIII, 2. *Suet. Aug.* 62. *Tib.* 3. 1. *Vell.* II, 71. 75. 94. 95. *Tac. Ann.* V, 1 u. ö.
3) Über ihn s. *Suet. Tib.* 4. 6. *Dio* XLVIII, 15. 44. *Tac. Ann.* V, 1. *Vell.* II, 75. 77.
4) Tiberius Claudius Nero, geb. 42 v. Chr., s. *Suet. Tib.* 5.
5) Nero Claudius Drusus, geb. 38 v. Chr., s. Anm. 2.
6) Geb. 39, s. Anm. 1. Zuerst verheiratet mit M. Claudius Marcellus im J. 25, dem Schwestersohne des Octavian (auf den sich *Verg. Aen.* VI, 861—887. *Prop.* III, 18 beziehen); nach dessen Tode im J. 23, s. *Dio* LIII, 30. *Tac. Ann.* I, 3. II. 41. *Suet. Aug.* 63 u. ö., mit Agrippa, und endlich mit Tiberius seit dem J. 11, *Dio* LIV, 35; im Jahre 2 v. Chr. wurde sie wegen ihrer Sittenlosigkeit auf die Insel Pandateria verbannt, s. *Vell.* II, 100, und starb im J. 14 n. Chr., s. bes. *Tac. Ann.* I, 53.
7) Gaius geb. im J. 20 v. Chr., s. *Dio* LIV, 7. 8, Lucius im J. 17. s. *ebendas.* LIV, 18, in diesem Jahre beide von Augustus adoptiert, s. *ebendas.* Ihre ferneren Ehren s. *Monum. Ancyr. Tac. Ann.* I, 3. *Suet. Aug.* 64. Lucius stirbt 2 n. Ch. in Massilia, Gaius 4 n. Chr. in Lycien, s. *Suet. Aug.* 65. *Dio* LV, 11. *Tac. Ann.* 1. 3. *Vell.* II, 100. 102. *Cenotaph. Pisan.* (Nr. 642. 643 *Or.*).
8) Gemahlin des Germanicus. S. *Suet. Aug.* 64. *Tac. Ann.* VI, 25 (und I, 53. 69. II, 43. 54. 75. IV, 54. V, 3).
9) S. *Suet. Aug.* 65. *Tib.* 22. *Vell.* II, 104. 112. *Tac. Ann.* I, 3. 4. 5. 6. 111, 30.
10) S. *Suet. Tib.* 9. 39. 62. *Tac. Ann.* III, 75. IV, 7—8. Er war mit Livia (s. Anm. 12) verheiratet; von 2 Zwillingssöhnen aus dieser Ehe starb der eine 4 Jahre alt, der andere, Tiberius, wurde von C. Caligula ermordet, s. *Tac. Ann.* II, 84. IV, 15. *Suet. Tib.* 54. 76. *Suet. Cal.* 14. 23.
11) *Tac. Ann.* IV, 57. *Vell.* II, 103. *Dio* LV, 13. *Suet. Tib.* 15. Sein Tod *Tac. Ann.* 69—73. *Suet. Cal.* 1. 2.
12) Livia oder Livilla war zuerst mit C. Cäsar (s. Anm. 7), dann mit Drusus (Anm. 10) verheiratet, welchen sie in Gemeinschaft mit ihrem Ehebrecher Seianus ermordete; sie wird dann in Sejans Sturz verwickelt und hingerichtet. S. *Tac. Ann.* II, 84. LIV, 3. 43. *Suet. Tib.* 62. *Dio* LVIII, 11.
13) Geb. im J. 10 v. Chr., *Suet. Claud.* 2.
14) Die 6 den Vater überlebenden Kinder des Germanicus sind zusammen genannt *Suet. Cal.* 7. Agrippina, erst mit Cn. Domitius verheiratet, s. *Tac. Ann.* IV, 75. Ihr Tod *ebendas.* XIV, 8.
15) Geb. im J. 12 n. Chr. „pridie Kal. Sept", *Suet. Cal.* 8.
16) S. *Suet. Claud.* 27. *Suet. Ner.* 7. 35. *Tac. Ann.* XIV, 63.
17) S. *Suet. Claud.* 27. *Suet. Ner.* 7. 33. *Tac. Ann.* XIII, 16.
18) Nero Claudius Cäsar, „natus est post IX menses quam Tiberius excessit, XVIII. Kal. Ian.", *Suet. Ner.* 6.

Fünfte Periode. 30 v. Chr. bis 476 n. Chr. Rom unter Kaisern.

Erster Abschnitt. 30 v. Chr. bis 180 n. Chr.
a) 30 v. Chr. — 68 n. Chr.

J.v.Chr.	J.d.St.	Äussere Geschichte.	Innere Geschichte.
30	724	C. Julius Cäsar Octavianus (Augustus) Kaiser.[1]	Blütezeit der römischen Litteratur; Bi Augusteisches Zeitalter.[a] *Geschichtschreiber:* T. Livius, Trogus Pompejus.[b] *Dichter:* P. Vergilius Maro. Q. Horatius Flaccus. Albius Tibullus, S. Propertius, P. Ovidius Naso.[c]
29	725	Der Janustempel geschlossen.[2]	Octavian erhält vom Senat das ius tribunicium[d] und das Imperium; beides auf Lebenszeit.[e]

1) Hauptquelle *Cassius Dio* I.I — I.VI, daneben *Sueton. Aug.* und *Vell. Pat.* II, 86—123. Von besonderer Wichtigkeit ist noch das Monumentum Ancyranum, eine von ihm selbst verfasste und zum grossen Teil noch erhaltene Denkschrift über seine Acta. Vgl. *Tac. Ann.* I, 2: Postquam Bruto et Cassio caesis nulla jam publica arma, Pompejus apud Siciliam oppressus exutoque Lepido, interfecto Antonio ne Iulianis quidem partibus nisi Caesar dux reliquus: posito triumviri nomine consulem se ferens et ad tuendam plebem tribunicio iure contentum, ubi militem donis, populum annona, cunctos dulcedine otii pellexit, insurgere paullatim, munia senatus, magistratuum, legum in se trahere nullo adversante, cum ferocissimi per acies aut proscriptione cecidissent, ceteri nobilium quanto quis servitio promptior, opibus et honoribus extollerentur ac novis ex rebus aucti tuta et praesentia quam vetera et periculosa mallent.

2) S. *Dio* LI, 20. Vgl. *Liv.* I, 19. *Vell.* II, 38. Es geschah dies unter Augustus im ganzen dreimal, s. *Mon. Ancyr* Tab. II, 42. *Suet. Ner.* 22, zum 2ten Male im J. 25, s. *Dio* LIV, 36; wann zum 3 ten Male ist ungewiss, nach *Dio* LIV, 36 wurde die Schliessung im J. 10 v. Chr. beschlossen, aber wegen eines ausbrechenden Krieges nicht ausgeführt, nach *Oros.* VI, 22 geschah dies wahrscheinlich im J. 2 v. Chr.

a) *Suet. Aug.* 89: Ingenia seculi sui omnibus modis fovit. Recitantes et benigne et patienter audivit, nec tantum carmina et historias, sed et oratores et dialogos. Cf. *Tac. Ann.* I, 1. Ausser dem Augustus selbst machten sich als Gönner und Beförderer der Litteratur verdient: Cilnius Maecenas, C. Asinius Pollio und M. Valerius Messalla Corvinus.

b) Über Livius s. S. 7, Anm. Von des Trogus Pompejus „Historiae Philippicae et totius mundi origines et terrae situs" hat uns Iustin die Prologi und einen Auszug erhalten. Sein Zeitalter ergiebt sich aus *Iustin.* XLIII extr.

c) Vergil geb. zu Andes unweit Mantua 70 v. Chr., s. *Donat. Vita Virg. Hieronym. Chron. Ol.* CLXXVII, 3. gest. zu Brundisium 19 v. Chr., s. *Don.* a. a. O. *Hieron.* a. a. O. *Ol.* CXC, 2. Von ihm: Bucolica oder 10 Eklogen; Georgica lib. IV; Aeneis lib. XII. — Horaz geb. zu Venusia 65 v. Chr., s. *Suet. Vita Hor. Hieronym. Chron. Ol.* CLXXVIII, 4. Vgl. *Hor. Ep.* I, 20. 27. *Epod.* 13, 6. *Od.* III. 21, 1. gest. 8 v. Chr., s. *Don.* a. a. O. Von ihm: Satirae s. Sermones I, II; Epodon lib.; Odarum lib. I—III; Epistolarum lib. I; Od. lib. IV; Epist. lib. II (einschl. der Ars poetica). — Dem Tibull, für dessen Geburts- und Todesjahr sich keine bestimmten Angaben finden (aus einem Epigramm des Domitius Marsus (bei Tib. IV, 15) und aus *Ovid. Trist.* IV, 10, 51—54 vergl. *Tib.* I, 7, 9 ergiebt sich jedoch, dass er kurz nach Vergil als Iuvenis starb, und dass er etwas älter als Properz und Ovid ist), werden 4 Bücher Elegieen (darunter IV, 1 auch ein Panegyricus an seinen Gönner M. Valerius Messalla Corvinus) zugeschrieben, wovon jedoch Buch 3 und 4 nach der gewöhnlichen Annahme einen oder mehrere andere Verfasser haben. — Von des Properz Zeit weiss man nur, dass er ein älterer Zeitgenosse des Ovid und ein jüngerer des Tibull war, s. bes. *Ovid. Trist.* a. a. O.; sein Geburtsjahr wird auf Grund von IV, 1, 127 ff. mit *Ovid.* a. a. O. v. 45 mit Wahrscheinlichkeit in das J. 47 v. Chr. gesetzt. Von ihm 4 oder nach anderer Zählung 5 Bücher Elegieen. — Ovid geb. zu Sulmo 45 v. Chr., s. *Ovid. Trist.* IV, 10, 6, gest. 17 n. Chr., s. *Hieron. chron. Ol.* CXCIX, 1. Die Hauptstelle über sein Leben überh. *Trist.* IV, 10. Von ihm die 21 Heroiden (von denen jedoch nur 1, 2, 4, 5, 6, 7, 10, 11 als sicher echt anerkannt werden), 3 Bücher Amorum, die Medicamenta faciei, die 3 Bücher der Ars amandi und die Remedia amoris, die 15 Bücher der Metamorphosen und 6 Bücher der Fasten, die 5 Bücher Tristium und 4 Bücher Epistolae ex Ponto (wo er seit 8 n. Chr. im Exil lebte) und das ebenfalls aus dem Exil an einen ungenannten Feind und Gegner gerichtete Gedicht Ibis. — Ausser den angeführten wird noch mit Auszeichnung genannt: L. Varius, geb. um 82, gest. um 9 v. Chr., bes. als Verf. des Trauerspiels Thyestes gerühmt, u. a. Bemerkenswert ist noch, dass zu Augusts Zeiten der Pantomimus entstand und viel Beifall fand, s. *Suid.* s. v. Ὄρχησις. *Tac. Ann.* I, 54.

d) S. *Dio* LI, 19. *Tac. Ann.* I, 2. Von dem ius tribunicium, welches er jetzt erhielt, ist die tribunicia potestas zu unterscheiden, welche ihm im J. 23 übertragen wurde, s. *Dio* LIII, 32. *Tac. Ann.* I, 29. III, 56. vgl. *Suet.* 27. *Mon. Anc.* Tab. II. Z. 19.

e) S. *Dio* LII, 41. vgl. S. 102. Anm. II. und S. 113. Anm. h. Die übrigen ihm in dieser Zeit erzeigten Ehren sind *Dio* LI, 19 aufgezählt. Hervorzuheben ist noch, dass der Senat zu Anfang des Jahres 29 die Acta des Octavian beschwor, s. *Dio* LI, 20. was nachher öfter geschah, s. *Dio* LIII, 28. LIV, 10. *Tac. Ann.* I, 72.

J.v.Chr.	J.d.St.	Äussere Geschichte.	Innere Geschichte.
29	725	. . . .	Er ergänzt den Stand der Patricier und reinigt den Senat.ᶠ
28	726	. . . .	Er erhält den Titel Princeps Senatus und vernichtet die Handlungen des Triumvirats.ᵍ Die öffentliche Bibliothek im Tempel des Apollo wird begründet. ᵍ
27	727	. . . .	Er erhält den Titel Augustus; die Provinzen werden zwischen ihm und dem Senate getheilt.ʰ
26	728	Feldzug des Älius Gallus nach Arabien.	Das Pantheon von Agrippa erbaut.ⁱ
25	729	Krieg gegen die Asturer und Cantabrer.³	
23	731	. . . .	Dem Augustus wird die tribunicische Gewalt übertragen. ʰ
20	734	Die Parther schicken die beim Feldzuge des Crassus genommenen Feldzeichen zurück.⁴	
19	735	. . . .	Augustus erhält die Aufsicht über die Sitten, die konsularische und die gesetzgebende Gewalt.ᵏ
18	736		Seine Ehegesetze.ˡ

3) Über den Feldzug nach Arabien s. *Strab.* XVI. p. 280 bis 282; über den Krieg gegen Asturer und Cantabrer s. *Dio* LIII. 25—26. *Suet.* 21. *Vell.* II. 90. Die Cantabrer und Asturer empören sich in den nächsten Jahren immer wieder.
bis ihre Unterwerfung im Jahre 19 vollendet wird. s. *Dio* LIII. 29. LIV, 5, 11.
4) S. *Dio* LIV, 8. *Suet.* 21. *Vell.* II. 91. *Horat. Od.* III. 5. IV. 15. *Epp.* I, 13. *Ovid. Trist.* II. 227. *Monum. Ancyr.* T. IV. Z. 40 und zahlreiche Münzen.

f) *Mon. Ancyr.* T. II. Z. 2: In consulatu sexto censum populi collega M. Agrippa egi. lustrum post annum et quadragesimum feci: quo lustro civium Romanorum censita sunt capita quadragiens centum milia et sexaginta tria. Über die Reinigung des Senates, die ihm dazu diente, seinen Einfluss in demselben zu sichern, s. *Dio* LII, 42; sie wurde im J. 18 wiederholt und alsdann die Zahl der Mitglieder auf 600 herabgesetzt, s. *ebendas.* LIV, 13—14. Vgl. *Suet.* 35. 39. Die Ergänzung der sehr verminderten Patricier geschah durch die Lex Saenia. s. *Tac. Ann.* XI, 25. *Dio* LII. 42. Vergl. S. 101. Anmerk. hh. Den Census der Senatoren erhöhte er nach und nach von 400,000 zu 1.000.000 oder 1,200,000 Sesterzien, *Dio* LIV, 17. 26. *Hor. Epp.* 1, 1, 58 vgl. *Suet.* 41. *Dio* LV. 13. Über den Princeps senatus s. *Dio* LIII, 2. *Tac. Ann.* III. 28.
g) (Bibliotheca Palatina), s. *Dio* LIII, 1. *Suet.* 29. Schon vorher hatte Asinius Pollio eine bereits von Cäsar vorbereitete (*Suet. Caes.* 44) öffentliche Bibliothek im Atrium libertatis angelegt, *Isidor. Origg.* VI, 4. *Plin. N. H.* VII. 30, 115. XXXV. 2, 115. *Ovid. Trist.* III, 1, 71, und Augustus selbst hatte im Jahre 33 die Bibl. Octavia gegründet, s. *Dio* XLIX, 43. *Plut. Marc.* 30.
h) Die Veranlassung zu diesen Senatsbeschlüssen gab seine Erklärung, die Obergewalt niederlegen zu wollen, s. *Dio* LIII. 3—11. *Suet.* 28. Er nahm sie zunächst nur auf 10 Jahre wieder an und liess sie alle 10 Jahre von neuem übertragen: eine Sitte, die auch von den folgenden Imperatoren dem Scheine nach beibehalten wurde (decennalia, auch quinquennalia), *Dio* a. a. O. 16. Die Teilung der Provinzen geschah in der Weise, dass er alle diejenigen, welche zu ihrer Behauptung eines Heeres bedurften (für jetzt Hispaniae, Galliae, Syria, Cilicia, Aegyptus), sich vorbehielt und nur diejenigen deren Statthalter keiner Truppen bedurften (für jetzt Afrika, Numidia, Asia, Achaia, Dalmatia, Macedonia, Sicilia, Creta, Cyrene, Bithynia, Sardinia und Hispania Baetica), s. *Dio* LIII, 12—15. Die Statthalter in den kaiserlichen Provinzen heissen Legati oder auch Propraetores, die in den senatorischen Proconsules, *Dio* a. a. O. 13. *Suet.* 47; alle Beamte der Provinzen erhielten Gehalt, s. *Dio* a. a. O. 15. Über den Titel *Augustus*, s. *Dio* a. a. O. 16. *Suet.* 7. *Vell.* II. 91. *Ovid. Fast.* I, 587 ff. Der nächste wichtige Schritt zur Vervollständigung der Machtbefugnisse des Augustus war die Übertragung der tribunicischen Gewalt, über welche s. o. Anm.
i) S. *Dio* LIII, 27. *Plin. N. H.* XXXVI, 15. 102. (Über das, was die Freunde des August und er selbst überhaupt zur Verschönerung der Stadt thaten, s. bes. *Suet.* 28—30).
k) Augustus legte im Jahre 23 sein (11 tes) Konsulat nieder, s. *Dio* LIII, 32 (im ganzen hat er es 13 Mal bekleidet, s. *Tac. Ann.* I. 9) und weigerte sich in den nächsten Jahren es wieder anzunehmen, s. *Dio* LIV. 1. 6. 10, dabei hielt er sich fern von Rom, meist im Orient auf. Im J. 19 kehrte er endlich, durch Unruhen in Rom und durch die Bitten des Senats bewogen, zurück und empfing nun die oben genannten neuen Zugeständnisse, durch welche der Kreis seiner Vollmachten zum Abschluss gelangte, s. *Dio* LIV, 10. *Suet.* 28—30). Über die gesetzgebende Gewalt vgl. noch *Dio* LIII, 18 und die sog. Lex regia de imperio Vespasiani bei *Orell. Inscr.* I. S. 567.
l) Der Inhalt dieser Gesetze ist im allgemeinen, dass, um dem infolge der Sittenlosigkeit um sich greifenden Hange

J.v.Ch.	J.d.St.	Äussere Geschichte.	Innere Geschichte.
17	737		Die Säkularfeier.[m]
16	738	Die Germanen schlagen den römischen Legaten M. Lollius.[5]	
12	742	Beginn der Feldzüge des Drusus gegen die Germanen, des Tiberius gegen die Pannonier.[6]	Augustus wird Pontifex maximus.[n] Agrippas Tod.[o]
9	745	Drusus dringt bis an die Elbe vor, stirbt aber auf dem Rückzuge;[7] Tiberius kehrt nach Unterwerfung der Pannonier siegreich nach Rom zurück.[8]	
J.n.Ch.			
4	757	. . . .	Tiberius von Augustus, Germanicus von Tiberius adoptiert.[p]
9	762	Niederlage des P. Quintilius Varus im Teutoburger Walde durch Arminius und die Cherusker.[9]	
14	767	Tod des Augustus, den 19. August.[10] Tiberius Claudius Nero folgt.[11]	Das silberne Zeitalter der römischen Litteratur bis 180.

5) S. *Dio* LIV, 20. *Suet.* 23. *Vell.* II, 97. Augustus reiste darauf selbst nach dem Schauplatz des Krieges und ordnete die Vorteidigung der Grenze gegen Deutschland. *Dio* LIV, 25. Wahrscheinlich zog er jetzt die durch 8 Legionen beschützte Verteidigungslinie am Rhein, längs deren nachher eine Reihe von Kastellen erbaut wurde, welcher eine grosse Zahl der Rheinstädte ihren Ursprung verdankt, s. *Tac. Ann.* IV, 5. *Flor.* IV, 12. §. 26.

6) Drusus wurde beim Weggange des Augustus im J. 13 in Germanien zurückgelassen, s. *Dio* LIV, 25. Seine diesjährigen Feldzüge s. *Dio* LIV, 32 (*Oros.* VI, 21. *Liv.* CXXXVIII, *Flor.* IV, 12. §. 23 ff.). In diesem Jahre wurde das Gebiet der Sigambrer verwüstet, und die Frisen durch einen Angriff von der See her unterworfen; im nächsten Jahre wurden die Usipeter unterworfen und Drusus drang über die Lippe durch das Gebiet der Sigambrer und Cherusker bis an die Weser vor, s. *Dio* LIV, 33; im J. 10 plünderte er das Gebiet der Chatten, s. *ebendas.* LIV, 36. Über Tiberius s. Anm. 8.

7) S. *Dio* LV, 1. *Suet. Claud.* 1. *Liv.* CXL. *Vell.* II, 97. *Strab.* VII, 1, 3. *Val. Max.* V. 5, 3. *Plin. N. H.* VII, 20, 84.

8) Über die Kriege mit den Pannoniern und die sich damit verknüpfenden Kriege mit den Dalmatern seit dem J. 12 v. Chr. s. *Dio* LIV, 28. 31 (im J. 12). 34 (im J. 11). 36 (im J. 10). LV, 2 (im J. 9). Sie begannen dann wieder im J. 6 n. Chr. und dauerten, von Tiberius und Germanicus geführt, bis zum J. 9, wo die bekriegten Völker von neuem unterworfen wurden. S. *Vell.* II, 110—116. *Dio* LV. 29—34. LVI, 11—17. *Suet. Tib.* 16—17.

9) Nach des Drusus Tode (s. oben Anm. 7) war in den beiden nächsten Jahren Tiberius am Rhein, s. *Dio* LV, 6. 8. *Vell.* II, 97. (Wahrscheinlich ist in diese Jahre auch die Versetzung von 40,000 Sigambrern auf das linke Ufer des Rheins zu setzen, s. *Suet. Aug.* 21. *Tib.* 9. *Tac. Ann.* II, 40. XII, 39. *Eutr.* VII, 9). Dann wird ein neuer gewaltiger Ausbruch des Krieges im J. 1 n. Chr. erwähnt. *Vell.* II, 104. und vom J. 4 n. Chr. an befehligte Tiberius wieder bis zum J. 6 am Rhein und drang bis an die Elbe vor, s. *Vell.* II, 104. 106. 222. *Dio* LV, 28. Über die Niederlage des Varus s. *Vell.* II, 117—120. *Dio* LVI, 18—24. *Suet. Aug.* 23. *Tib.* 16—17. *Tac. Ann.* I, 61—62. *Strab.* VII, 1, 4. Hierauf eilte Tiberius nach dem Rhein, und im J. 11 machen Tiberius und Germanicus einen Einfall in Deutschland, jedoch ohne erheblichen Erfolg, s. *Dio* LVI, 25.

10) S. *Dio* LVI, 29—47. *Tac. Ann.* I, 5. *Vell.* II, 123. *Suet. Aug.* 100: XIV. Kal. Septbr. Er gab in einem Testament dem Tiberius den Rat, die Grenzen des römischen Reichs, nämlich Rhein, Donau und Euphrat, nicht zu überschreiten, *Tac. Ann.* I, 11. (Verschwörungen gegen das Leben des Augustus. *Dio* LIII, 24. LIV. 3. LV. 10. 14—21. *Suet.* 19. 56. *Vell.* II, 88. 91. 93. 100. *Sen. de clem.* I, 9. Urteile über ihn von zwei Seiten s. *Tac. Ann.* I, 9. 10.)

11) Von des Tiberius Regierung haben wir die Darstellung des Tacitus in den 6 ersten Büchern der Annalen. Nur

zur Ehelosigkeit Schranken zu setzen, für die Ehe- und Kinderlosigkeit Nachteile und Strafen, für fruchtbare Ehen Vorteile und Ehren (ius trium liberorum) bestimmt werden. Daher die Lex Iulia in diesem Jahre und im J. 9 n. Chr. die Lex Papia Poppaea. Das Nähere s. *Dio* LIV. 16. LV, 2. LVI, 1 bis 10. LVII, 15. *Tac. Ann.* III. 25. *Suet. Oct.* 34.

m) S. *Dio* LIV, 18. *Tac. Ann.* XI, 11. *Censorin.* 17. *Zosim.* II, 1—6. *Schol. Cruq. zu Hor. Carm. Saec.* Die nächste Säkularfeier wurde im Jahre 800 der Stadt begangen. *Tac. a. a. O.*

n) Nach dem Tode des Lepidus (vgl. S. 107 Anm. y). s. *Dio* LIV, 27. *Suet.* 31. *Ovid. Fast.* III. 415.

o) *Dio* LIV, 28—29. *Liv.* CXXXVIII. *Plin. N. H.* VII, 8. 46.

p) *Dio* LV, 13. *Tac. Ann.* I. 10. IV. 57. *Vell.* II, 103. Dubitaverat Augustus Germanicum, sororis nepotem et cunctis

J.n.Ch.	J.d.St.	Äussere Geschichte.	Innere Geschichte.
14	767	Aufstand der Legionen in Pannonien und in Deutschland, von Drusus, dem Sohne des Tiberius, und von Germanicus unterdrückt.[12] Einfall des Germanicus in das deutsche Gebiet.[13]	*Geschichtschreiber:* M. Velleius Paterculus; Valerius Maximus.[q] Der *Dichter* (M.) Manilius. *Rhetoren:* P. Rutilius Lupus; Annaeus Seneca.[r] Die Wahlen werden von den Centuriatkomitien auf den Senat übertragen.[s]
15	768	Neuer Einfall des Germanicus.[14]	
16	769	Germanicus dringt über die Weser und schlägt den Arminius in zwei Schlachten, wird aber aus Deutschland abberufen.[15]	Beginn der Anklagen wegen Hochverrats durch die sog. Delatoren.[t]
23	776	. . . .	Beginn des herrschenden Einflusses des Praefectus praetorio, L. Älius Seianus.[u] Die Macht der Prätorianer durch die Zusammenziehung in ein Lager erhöht.[v]
26	779	. . . .	Tiberius zieht sich nach Capreae zurück.[w]

wo in dem 5ten und 6ten Buche eine Lücke von etwa 2 Jahren ist, wird auf Cassius Dio (Buch 57—58) und auf Sueton (Vita Tiberii) durchgehend Rücksicht zu nehmen sein. Zur Charakteristik des Tiberius s. hauptsächlich *Tac. Ann.* VI. 51. Eine Übersicht über Ausdehnung und Verwaltung des Reichs in dieser Zeit giebt *Tac. Ann.* IV, 5—6.
12) Der Aufstand in Pannonien *Tac. Ann.* I, 16—30; in Deutschland *ebendas.* I, 31—49. Germanicus, dem von den laudatum, rei Romanae imponere, sed precibus uxoris evictus Tiberio Germanicum, sibi Tiberium adscivit. *Tac. Ann.* IV, 57.

q) Über Vellejus vgl. S. 8. Über ihn finden sich an folgenden Stellen seines geistvollen, aber durch grobe Schmeichelei entstellten Werkes Angaben, sein Leben betreffend: II, 101. 104. 111. 121. 124. Verfasst wurde das Werk im J. 29, um dem M. Vinicius beim Antritt seines Konsulats (im J. 30) übergeben zu werden. s. I, 13. II, 101. 113. 130, vgl. I, 8. 12. II. 7. 49. 65. Über Valerius Maximus vgl. ebenfalls S. 8. Sein Werk ist eine Sammlung von historischen Beispielen und, wie aus dem Eingang hervorgeht, zum Gebrauch für Redner gemacht; es ist in der Zeit des Tiberius und zwar ein Teil vor dem Tode der Livia, d. h. vor 29, s. VI, 1 init., der andere Teil kurz nach dem Sturze des Sejan verfasst, s. IX, 11. *Ext.* 4. — Ein vielerwähnter Geschichtschreiber der Zeit ist noch Cremutius Cordus, der unter Tiberius, wegen der Freisinnigkeit seines Werks angeklagt, sich selbst den Tod gab und dessen Werk, obgleich öffentlich verbrannt, heimlich aufbewahrt wurde, gleichwohl aber verloren gegangen ist; s. *Tac. Ann.* IV, 34—35. *Senec. Dial.* VII. c. 1 u. 22.

r) Manilius verfasste Astronomicon l. V; über seine Person ist man ganz auf unsichere Vermutungen beschränkt; sogar sein Name ist zweifelhaft und ihm vielleicht nur infolge einer falschen Erklärung von *Plin. N. H.* XXXV, 199 beigelegt; sein Zeitalter ergiebt sich wenigstens mit grosser Wahrscheinlichkeit aus Stellen wie IV, 764. Rutilius Lupus verfasste: de figuris scutentiarum et elocutionis libri duo, die aber nur mit vielen Lücken auf uns gekommen sind. Seine Zeit wird aus *Quint. Inst.* IX, 2, 102 und 3, 89 geschlossen.

Legionen statt des Tiberius die Herrschaft angetragen wurde, wies diesen Antrag standhaft zurück. s. *ebendas.* I, 35.
13) *Tac. Ann.* I, 50—51. Das Land der Marser wird geplündert.
14) S. *Tac. Ann.* I, 55—71. Segestes auf Seiten der Römer; das Gebiet der Chatten und Brukterer geplündert.
15) S. *Tac. Ann.* II, 5—26. Germanicus wird aus Noid von Tiberius abgerufen und im J. 17 nach dem Orient geschickt.

Über das Zeitalter des Rhetors Seneca aus Corduba ist die Hauptstelle *Controv. praef.* lib. 1, woraus hervorgeht, dass er ungefähr 54 v. Chr. geboren ist und dass er sein Werk Oratorum et rhetorum sententiae divisiones colores, bestehend aus 10 Büchern Controversiae und 1 Buch Suasoriae, wovon die letzteren und die Controversiae der Bücher I. II. VII. IX. X und Excerpta Controversiarum aus sämtlichen 10 Büchern, alles jedoch sehr verstümmelt, erhalten sind, in hohem Alter unter Tiberius, vielleicht sogar erst zu Anfang der Regierung des Caligula (s. *Suas.* II, §. 22. vgl. *Tac. Ann.* VI, 29). schrieb. Die Suasoriae (lib. I) sind nach den Controversiae verfasst s. *Controver.* 12.

s) *Tac. Ann.* I, 15 vgl. 81. *Vell.* II, 124. 126. (Caligula machte einen, indes von ihm selbst wieder aufgegebenen Versuch, die Wahlversammlungen wieder herzustellen, s. *Suet. Cal.* 10. *Dio* LIX, 9. 20.) Der Name Comitia consularia u. s. w. wurde auch beibehalten, wenn die Wahlen im Senat vor sich gingen, *Tac. Ann.* I, 81. II, 36. XI, 22. XV, 19; auch blieb eine Art Bestätigung durch das Volk in den Komitien bestehen, s. *Dio* LVIII, 20. *Plin. Paneg.* 63—65. 77.

t) *Tac. Ann.* II, 27: tum primum reperta sunt, quae per tot annos rem publicam exedere, vgl. *ebendas.* II, 50.

u) S. *Tac. Ann.* IV, 1.

Tac. Ann. IV, 2: Vim praefecturae, modicam antea, intendit dispersis per urbem cohortes una in castra conducendo: ut simul imperia acciperent numeroque et robore et visu inter se fiducia ipsis, in ceteros metus oreretur.

w) S. *Dio* LVIII, 4—13. *Suet. Tib.* 63. vgl. *Iuvenal. Sat.* X, 56 ff. Von einer Verschwörung des Sejan zum Sturz des

Fünfte Periode. 30 v. Chr. bis 476 n. Chr. Rom unter Kaisern.

J.n.Ch.	J.d.St.	Äussere Geschichte.	Innere Geschichte.
31	784	. . . .	Sejan wird gestürzt; Macro sein Nachfolger." Der Fabeldichter Phädrus.ʸ
37	790	Tod des Tiberius, den 16. März.¹⁶ Gajus Cäsar Caligula folgt.¹⁷	
41	794	Caligula am 24. Jan. ermordet.¹⁸ Es folgt Tib. Claudius, welcher, schwach und fast blödsinnig, von seinen Frauen Messalina und Agrippina, und von seinen Freigelassenen, Narcissus und Pallas, geleitet wird.¹⁹	
43	796	Die Unterwerfung Britanniens wird durch A. Plautius begonnen.²⁰	
48	801	Messalina wird getötet.²¹	Die Gallier der Transalpina erhalten das Bürgerrecht.ᵃ
49	802	Agrippina tritt an die Stelle der Messalina.²¹	Der Encyclopädist A. Cornelius Celsus, der Land-

wo er im J. 19 in Syrien stirbt, wie man meinte, von Cn. Piso auf Anstiften des Tiberius vergiftet. s. *Tac. Ann.* II. 43. 55. 69—72. Unter den Deutschen kamen bald darauf innere Kriege zum Ausbruch: Arminius besiegte seine Gegner Marboduus und Inguiomerus im J. 17, s. *ebendas.* II, 44—46, fiel aber selbst im J. 19 als Opfer des Neides und Verrats: „liberator haud dubie Germaniae et qui non primordia populi Romani sicut alii reges ducesque, sed florentissimum imperium lacessierit, proeliis ambiguus, bello non victus; septem et triginta annos vitae, duodecim potentiae explevit, caniturque adhuc barbaras apud gentes," *ebendas.* II. 88.

16) *Tac. Ann.* VI. 46—51. „XVII. Kal. Apr.", wahrscheinlich zuletzt noch, als er sich von einer Ohnmacht wieder zu erholen schien, von Macro erstickt, *ebendas.* 50. *Suet. Tib.* 73. *Cal.* 12.

17) Seine Geschichte s. *Dio* LIX. *Suet. Cal.* Vgl. *Ioseph. Archaeol.* XVIII. 6. 10 bis XIX. 2. 5 und *Philo in Flacc.* und *Legat. ad Guium.* Im Anfang erregte er erfreuliche Hoffnungen, die aber bald getäuscht wurden. Als Beispiel seiner Grausamkeit mag dienen, dass er alle seine Verwandten tötete oder verbannte, unter ihnen auch den Enkel des Tiberius, Sohn des Drusus (den ihm jener zum Mitregenten bestimmt hatte, s. *Dio* LIX. 1. 3. 8. *Suet.* 23. 29; nur Claudius liess er am Leben: „Claudium patruum non nisi in ludibrium reservavit," *Suet.* 23. Seine unsinnige Verschwendung ergiebt sich daraus, dass er im ersten Jahre den aufgesammelten Schatz des Tiberius von 575 Millionen Drachmen vergeudete. s. *Dio* LIX. 2. *Suet.* 37. Ein Kriegszug gegen Germanien und Britannien wurde im J. 30 unternommen, von dem er aber angeblich keine andern Trophäen als Muscheln mitbrachte, ein zweiter

Tiberius findet sich auch bei Tacitus eine Andeutung. s. *Tac. Ann.* VI. 8. 47.

x) Macro war das Werkzeug des Tiberius beim Sturze des Sejan gewesen und trat jetzt in dessen Stelle ein. Über ihn s. *Tac. Ann.* VI. 29. 48.

y) Phaedrus war ein Freigelassener des Augustus, aus Thracien oder Macedonien gebürtig, wurde durch Sejan ver-

gegen Britannien im J. 40, s. *Dio* LIX, 21—22. 25. *Suet.* 43 ff. *Tac. Agr.* 13. Noch mag bemerkt werden, dass er zuerst auch in Rom öffentlich göttliche Ehren forderte und erlangte, s. bes. *Dio* LIX, 28, *Suet.* 22. vgl. *Tac. Ann.* IV. 37. *Dio* LI, 20. Über seine Grausamkeit im allgemeinen s. bes. *Senec. de Ir.* III, 18—19.

18) Von den Tribunen der Cohortes praet. C. Chaerea und Cornelius Sabinus, s. *Dio* LIX, 29—30. *Suet. Cal.* 58—60. *Ios. Arch.* XIX, 1. 4—14. nach einer Regierung von 3 J. 9 Mon. 28 Tagen, in einem Alter von 29 Jahren, s. *Dio* LIX, 30. *Suet.* 59.

19) Die Geschichte seiner Regierung besitzen wir bei Tacitus vom Jahre 47 an, *Annal.* XI. XII. ferner bei *Dio* LX (vom J. 47 an nur im Auszug des Xiphilinus) und bei *Suet. Vita Claudii*, vergl. *Ioseph. Archaeol.* XIX. 3 fl. Claudius wurde durch die Prätorianer auf den Thron erhoben, da der Senat damit umging, die Republik herzustellen, s. *Dio* LX, 1. *Suet.* 10; „primus Caesarum fidem militis etiam praemio pignaratus." Zu seiner Charakteristik s. *Suet.* 2. 29. *Dio* 2. *Senec. Apocol.* Er war Freund und Kenner der Gelehrsamkeit. s. *Suet.* 41, 42, *Tac. Ann.* XI. 13. XIII. 3. Seine Grausamkeiten beginnen mit der Verschwörung des Vinicianus und M. Camillus im J. 42, s. *Dio* LX, 15—16 (Pätus und Arria). In bezug auf Pallas vgl. *Plin. Epp.* VII, 29. VIII, 6.

20) S. *Dio* LX, 19—22. 30. *Tac. Agr.* 13. 14. *Tac. Ann.* XII. 31—40. *Suet.* 17. Vespasian zeichnete sich bei diesem Kriege vorzüglich aus, s. *Tac. Agr.* a. a. O. *Ebendas.*: redacta paullatim in formam provinciae proxima pars Britanniae.

21) S. *Tac. Ann.* XI. 26—38. XII. 1—7. Messalina war in ihrer Verachtung des Claudius so weit gegangen, dass sie sich öffentlich mit Silius Silanus verheiratete; was den Anlass

bannt, und scheint seine Fabeln (5 Bücher) teils vor (L. 1 u. 2) teils nach seiner Rückkehr aus dem Exil geschrieben zu haben. Alles dies ist nur aus dem Prologen und Epilogen der einzelnen Bücher zu entnehmen, da unter den Alten nur Martial (III, 20) und sein Nachahmer, der viel spätere Fabeldichter Avianus (*Epist. ad Theodos.*) seiner gedenken.

z) *Tac. Ann.* XI, 23—25.

J.u.Ch.	J.d.St.	Äussere Geschichte.	Innere Geschichte.
54	807	Claudius durch Agrippina am 13. Oktober vergiftet.[22] Nero Claudius folgt.[23]	wirt L. Junius Moderatus Columella, der Geograph Pomponius Mela, der Geschichtsschreiber Q. Curtius Rufus;[aa] der Philosoph Annäus Seneca;[bb] der Epiker M Annäus Lucanus;[cc]

zu ihrem Sturz gab. „Versa ex eo civitas et cuncta feminae (Agrippinae) obediebant non per lasciviam, ut Messalina, rebus Romanis illudenti: adductum et quasi virile servitium; palam severitas ac saepius superbia; nihil domi impudicum, nisi dominationi expediret; cupido auri immensa obtentum habebat, quasi subsidium regno pararetur," *Tac. a. a. O. 7.* Der Agrippina Bestreben war darauf gerichtet, die Herrschaft mit Verdrängung des Sohnes des Claudius, des Britannicus, ihrem Sohne Nero zu verschaffen. Auf ihren Betrieb wird daher Nero im J. 50 von Claudius adoptiert, *Tac. Ann.* XII, 25, und im J. 53 mit der Octavia verheiratet. *ebendas.* XII, 58.

22) *Tac. Ann.* XII, 66—67. *Suet.* 44. 45. *Dio* LX, 34.
23) (Bis zum J. 66 ist *Tac. Ann.* XIII—XVI Hauptquelle; neben und nach ihm *Sueton. V. Neron.* und *Dio* LXI bis LXIII im Auszuge des Xiphilinus.) Nero wird von den Präfekten Burrus zu den Prätorianern geführt, während Britannicus von seiner Stiefmutter zu Hause gehalten wird, und von diesem auf das Versprechen eines gleichen Donativums, wie sie es von Claudius erhalten hatten, zum Kaiser ausgerufen. *Tac. Ann.* XII, 69. Er steht anfangs unter der Leitung des Praefectus praetorio Afranius Burrus und seines Lehrers Seneca (s. Anm. bb), welche die herrschsüchtige Agrippina verdrängen. Über Burrus und Seneca im allgemeinen s. *Tac. Ann.* XIII, 2. *Dio* LXI, 4. 5. Im Jahre 55 vergiftet er den Britannicus, s. *Tac. Ann.* XIII, 17, im Jahre 59 tötet er seine Mutter, *ebendas.* XIV, 1—12, besonders auf Betrieb seiner Buhlerin Poppäa Sabina, im J. 62 stirbt Burrus, wahrscheinlich auch von Nero vergiftet, *ebendas.* XIV, 51; an seine

Stelle tritt Sofonius Tigellinus ("validior in animo principis et intimis libidinibus assumptus;" XIV, 52: „Mors Burri infregit Senecae potentiam, quia nec bonis artibus idem virium erat altero velut duce amoto et Nero ad deteriores inclinabat,"); in demselben Jahre verstösst, verbannt, ermordet er seine Gemahlin Octavia, *ebendas.* XIV, 62 64 (auch die ludicia maiestatis wurden in diesem Jahre wieder eingeführt, *ebendas.* XIV, 48); im J. 64 lässt er, wie von den Alten meist angenommen wird, Rom anzünden, um sich an dem Schauspiel zu weiden und es schöner aufzubauen, und schiebt die Christen als Urheber des Brandes unter, s. *ebend.* XV, 38—45; im J. 65 nimmt er von einer Verschwörung gegen ihn Anlass. Seneca als Mitschuldigen zu töten, s. *ebendas.* XV, 60—64; im J. 66 „trucidatis tot insignibus viris ad postremum Nero virtutem ipsam exscindere concupivit interfecto Thrasca Paeto et Borea Sorano," *ebendas.* XVI. 21 - 35. Im J. 64 machte er zu Neapolis den Anfang, öffentlich als Schauspieler, Sänger und Wagenlenker aufzutreten, s. *ebendas.* XV, 33; im J. 67 trat er in Griechenland an mehreren Orten als Wettkämpfer auf, s. *Dio* LXIII. 8—21, *Sueton.* 20—25. — Bedeutendere Kriege sind unter ihm nur in Britannien, wo Suetonius Paulinus einen Aufstand unter der Königin Bonduica unterdrückt. s. *Tac. Ann.* XIV, 29—39. *Agric.* 15—16, und im Orient geführt worden, wo Corbulo Armenien und Syrien gegen den Partherkönig Vologeses schützt, s. *Tac. Ann.* XIII, 6—9. 35—41. XV, 1—18. 24—31. Über die elende Rolle, die der Senat bei diesen Greueln des Nero spielte, s. bes. *Tac. Ann.* XIV, 64.

aa) Von Celsus hat man noch 8 Bücher de medicina, den Überrest eines 20 Bücher enthaltenden Werkes de artibus. Columella bezeichnet ihn als seinen Zeitgenossen *de re rust.* I. 1. III. 17. Über seinen Wert vgl. *Quint. Inst.* X, 1, 124. XII, 11. 24. — Von Columella (aus Gades, zur Zeit des Claudius blühend, s. die eben angeführten Stellen seines Werks und III. 3. IV, 8) haben wir 12 Bücher de re rustica, von denen das 10 te Buch in Hexametern verfasst ist, und ein Buch de arboribus, wahrscheinlich Teil eines grösseren Werkes. Von Pomponius haben wir de situ orbis libri tres. Er war ebenfalls ein Spanier von Geburt, s. II, 6, und lebte unter Claudius, was aus den in seinem Buche vorkommenden Schmeicheleien gegen diesen Kaiser hervorgeht, s. bes. III, 6. — Von Curtius besitzen wir ein Werk De gestis Alexandri Magni regis Macedonum, ursprünglich in 10 Büchern, von denen die beiden ersten verloren gegangen und auch die übrigen nicht ohne Lücken erhalten sind. Die Zeitbestimmung beruht hauptsächlich auf X, 9 (28), welche Stelle am wahrscheinlichsten auf die Unruhen unmittelbar nach der Ermordung des Caligula bis zur Erhebung des Claudius bezogen wird.

bb) Der Sohn des Rhetors Seneca, s. Anm. r, in Corduba geboren, wurde im J. 42 unter Claudius auf Betrieb der Mes-

salina ins Exil geschickt, s. *Dio* LX, 8, im Jahr 49 durch Agrippina zurückgerufen. Über seine politische Rolle und seinen Tod im J. 65 im hohen Greisenalter (*Tac. Ann.* XV, 63) s. Anm. 23. Sein öffentliches Leben war nicht ohne Makel, s. *Tac. Ann.* XIII, 42 und die heftigen, übertriebenen Anklagen gegen ihn *Dio* LXI, 10. Seine zahlreichen Schriften sind: de ira libri III; de consolatione ad Helviam matrem liber; de consolatione ad Polybium liber; de consolatione ad Marciam liber; de providentia l.; de animi tranquillitate; de constantia sapientis; de brevitate vitae ad Paulinum; de vita beata ad Gallionem; de otio aut secessu sapientis; de beneficiis ll. VII; epistolae ad Lucilium; ἀποκολοκύντωσις s. ludus de morte Caesaris (über welche vergl. *Dio* LX, 35); quaestionum naturalium II. VII. Über den Wert dieser Schriften s. *Tac. Ann.* XIII, 3: fuit illi viro ingenium amoenum et temporis eius auribus accommodatum; *Quintil. Inst.* X, 1, 129: Multae in eo clarae sententiae, multa etiam morum gratia legenda, sed in eloquendo corrupta pleraque atque eo perniciosissima, quod abundant dulcibus vitiis.

cc) Aus Corduba gebürtig, verfasste Pharsalia, libb. X, wurde im J. 65 als Teilnehmer der Verschwörung des Piso im 27 sten Lebensjahre zum Tode verurteilt, s. *Suet. Vita Lucan.*

J.u.Ch.	J.d.St.	Äussere Geschichte.	Innere Geschichte.
68	821	Nero gestürzt; das Julisch-Claudische Kaiserhaus erlischt.²⁴	der Satirendichter A. Persius Flaccus und der Romanschriftsteller Petronius Arbiter;ᵈᵈ der Tragödiendichter Seneca.ᵉᵉ

24) Der Proprätor von Gallien, C. Julius Vindex, beginnt den Aufstand. Er erklärt den Galba, Prokonsul von Spanien, zum Kaiser. Nero flieht und tötet sich endlich selbst. s. *Dio* LXIII, 22—29. *Suet.* 40—49. *Tac. hist.* I, 4: Finis Neronis ut laetus primo gaudentium impetu fuerat, ita varios motus

animorum non modo in urbe apud patres aut populum aut urbanum militem, sed omnes legiones ducesque conciverat evulgato imperii arcano posse principem alibi quam Romae fieri.

und eine andere Lebensbeschreibung eines Ungenannten, *Tac. Ann.* XV, 49. 56. 70. XVI, 17. *Dio* LXII, 29. Über ihn urteilt *Quint. Inst.* X, 1, 90: Lucanus ardens et concitatus et sententiis clarissimus et, ut dicam, quod sentio, magis oratoribus quam poetis adnumerandus.

dd) Persius geb. 34 n. Chr., gest. 62. Von ihm 6 Satiren. S. *Sueton, Vita Persii*. Von Petronius besitzen wir Bruchstücke eines Romans, Satiricon genannt. Er ist wahrscheinlich derselbe, dessen Tacitus *Ann.* XVI, 17—20 unter Nero gedenkt.

ee) Unter dem Namen des Seneca haben wir 10 Tragödien: Hercules furens, Thyestes, Thebais oder Phoenissae, Hippolytus oder Phaedra, Oedipus, Troades oder Hecuba, Medea, Agamemnon, Hercules Oetaeus, Octavia. Die Octavia ist jedenfalls das Werk eines anderen und etwas späteren Verfassers; in betreff der übrigen Stücke ist es nicht unwahrscheinlich, dass sie den Philosophen Seneca zum Verfasser haben.

b) 68—180.

J.u.Ch.	J.d.St.	Äussere Geschichte.
68	821	Serv. Sulpicius Galba, Prokonsul von Spanien, wird durch die spanischen Legionen zum Kaiser ausgerufen:
69	822	M. Salvius Otho Titianus durch die Prätorianer zum Kaiser erhoben, Galba ermordet.¹ A. Vitellius von den germanischen Legionen als Kaiser ausgerufen; Otho wird bei Bedriacum geschlagen und tötet sich selbst.² Vitellius von T. Flavius Vespasianus, welchen die Truppen des Orients zum Kaiser erhoben haben, gestürzt und am 24. Dezember ermordet.³

1) S. *Plut. Vita Galbae. Dio* LXIII. 22—LXIV, 6. *Suet. Galb. Tac. hist.* I, 5—9. 13. 20. Er adoptiert, um sich gegen den Anführer der aufrührerischen germanischen Legionen, Vitellius, zu verstärken, den Piso. *Tac. hist.* I, 14—19, verletzt aber dadurch den Otho, der sich hierauf Rechnung gemacht hatte, und der nunmehr die Prätorianer besticht und einen Aufruhr in Rom erregt, in welchem Galba nebst Piso u. a. am 15. Januar ermordet wird, s. ebend. I, 21—49. Über die Ursachen seines Sturzes s. ebend. I, 7: Ipsa aetas Galbae irrisui ac fastidio erat adsuetis iuventae Neronis (er war 73 Jahre alt, s. I, 49. vergl. *Suet. Galb.* 4); I, 18: nocuit antiquus rigor et nimia severitas, cui iam pares non sumus, vergl. I, 49. Seine Herrschaft dauerte nach Dio (LXIV. 6) 9 Monate 13 Tage, nach Sueton (23) endete sie im 7ten Monat.

2) Othos Geschichte s. *Tac. hist.* I, 50—II, 51. vergl. *Plut. Otho, Suet. Otho, Dio* LXIV. 7—16. Otho war 37 Jahre alt, als er starb, und hatte 3 Monate u. 1 Tag die Herrschaft

geführt, s. *Suet.* 2. 11. *Plut.* 18. *Dio* LXIV. 15. (Die germanischen Legionen riefen, als sie den Vitellius zum Imperator zu machen im Begriff waren: ὑμῖν, τοῦτον ἐκόντων δείξομεν ἀνθρώποις πᾶσιν, ὡς Ἰβήρων καὶ Λυσιτανῶν ἀμείνους ἐσμὲν αὐτοκράτορα αἱρεῖσθαι. *Plut. Galb.* 22.)

3) Vitellius zog mit 60,000 Mann in Rom ein, s. *Tac. hist.* II, 87. verabschiedete die bisherigen Prätorianer und machte 20,000 neue. s. ebend. II. 67. 93. III, 36. *Suet. Vit.* 11. Seine Geschichte s. *Tac. hist.* II, 52—III zu Ende, vergl. *Dio* LXV. *Suet. Vitell.* Über seine Schwelgerei und seine Untähigkeit überhaupt s. *Tac. hist.* II. 62. 73. *Dio* LXV. 3. Vespasian, der in Judäa mit 3 Legionen Krieg führte, s. *Tac. hist.* II, 87. hatte Otho und Vitellius anerkannt, s. ebendas. I, 76. II. 73. wurde aber am 1. Juli in Alexandrien und am 3. Juli (s. ebend. II, 79) in Judäa von den Legionen zum Kaiser ausgerufen. Auch die Legionen Pannoniens und Mösiens erheben sich für ihn; diese dringen unter Anführung des An-

J u.Ch.	J. d. St.	Äussere Geschichte.	Innere Geschichte.
69	822	Vespasianus Kaiser.[4] Die Bataver empören sich unter Claudius Civilis. Empörung verbreitet sich nach glücklichen Gefechten des Civilis über einen Teil von Germanien und Gallien, wird aber	Vespasian besoldet Gelehrte und Schriftsteller.[a] Unter ihm: die epischen Dichter C. Silius Italicus und C. Valerius Flaccus;[b]
70	823	von Petilius Cerialis unterdrückt.[5] Jerusalem von Titus erobert und zerstört.[6]	der Altertums- und Naturforscher C. Plinius Secundus;[c]
79	832	Am 23. Juni stirbt Vespasian.[7] Sein Sohn Titus Flavius Vespasianus folgt.[8]	der Rhetor M. Fabius Quintilianus.[d]

tonius Primus in Italien ein und schlagen das Heer des Vitellius in der Schlacht bei Cremona, s. *ebendas.* II, 85. 96—101. III, 1 — 35. Hierauf wird Rom von Antonius eingenommen und Vitellius ermordet, *ebendas.* III, 36 bis zu Ende, beinahe 57 Jahre alt, s. III, 86. *Suet.* 3. 18. *Plut. Oth.* 18, am 21. oder 22. Dezbr. (nach einer Herrschaft von einem Jahre weniger 10 Tagen) *Dio* LXV, 22.

4) (*Tac. hist.* IV, 1 —V, 26 enthält ausser der Einleitung zur Geschichte der Zerstörung Jerusalems, wozu *Jos. bell. Jud.* zu vergleichen, und der Fortsetzung der Geschichte des Aufstandes des Civilis nur noch weniges aus dem Jahre 70; im übrigen sind wir an *Suet. Vesp.* und *Dio* LXVI, 1 —17 gewiesen.) *Suet. Vesp.* 1: Rebelliose trium principum et caede incertum diu et quasi vagum imperium suscepit firmavitque tandem gens Flavia; *Tac. hist.* IV, 3: quippe sumpta per Gallias Hispaniasque civilia arma, motis ad bellum Germanis, mox Illyrico, postquam Aegyptum, Iudaeam Syriamque et omnis provincias exercitusque lustraverant, velut expiato terrarum orbe cepisse finem videbantur. Über Vespasians Tüchtigkeit s. *ebend.* I, 50. II, 5. Über seinen Geiz vergl. *ebend.* II. 82. 84. *Suet.* 16: Sunt contra qui opinentur, ad manubias et rapinas necessitate compulsum summa aerarii fiscique inopia. de qua testificatus sit initio statim principatus professus quadringenties millies opus esse, ut res publica stare posset. Quod et veri similius videtur, quando et male partis optime usus est. Sein Hauptverdienst ist, dass er die Soldaten wieder an Zucht gewöhnte, s. *Tac. hist.* II, 82. *Suet.* 8, und dass er den Senatoren- und Ritterstand durch tüchtige Männer ergänzte und ihm dadurch wieder Achtung erwarb, s.

Suet. 9. Daher er auch alles gemeinschaftlich mit dem Senat verhandelte. s. *Dio* LXIV, 10. Bemerkenswert ist, dass seine Söhne sogleich nach Besiegung seines Gegners zu Cäsaren ernannt werden. s. *Dio* LXVI, 1.

5) 8. *Tac. hist.* IV. 12 — 37. 54 — 86. V, 14 — 26. Civilis gab sich anfangs den Schein, als trete er als Verfechter der Partei des Vespasianus auf. Mit den Batavern sind die Frisii. Bructeri. Teucteri und andere Germanen (IV. 21), nachher auch die Ubier. Tungrer, die Treviror und Lingonen (s. IV, 55) verbunden. Tacitus bricht bei der Erzählung von der Unterwerfung des Civilis und der deutschen Völker ab. Ganz Gallien und die Insel der Bataver selbst waren schon wieder unterworfen.

6) Über die früheren Schicksale Judäas s. *Jos. Archaeolog. Jud.* und *Bell. Jud.* I—II, 13. *Tac. hist.* V. 1 —10. Der jetzige Krieg war infolge der Bedrückungen des Prokurators Gessius Florus entstanden, wurde zuerst in dem Jahre 67 bis 69 von Vespasian geführt, welcher alles bis auf die Hauptstadt unterwarf, und dann von Titus durch die Eroberung von Jerusalem nach der hartnäckigsten Gegenwehr der Belagerten beendigt. s. *Jos. Bell. Jud.* II, 24 — VII u. *Vita*. *Tac. hist.* V, 10—13. *Sulpic. Sever. Chron.* II. 30 (welcher wahrscheinlich aus dem Historicn des Tacitus geschöpft hat). *Dio* LXVI, 4 bis 7. Der Tag der Eroberung: der 8. Gorpiaeus d. h. ung. der 8. September, s. *Jos. B. J.* VI, 8, 5.

7) 8. *Suet. Vesp.* 24. *Dio* LXVI, 17.

8) Über ihn s. *Suet. Tit.* und *Dio* LXVI, 18 — 26. *Suet.* 1: amor ac deliciae generis humani, vergl. *Tac. hist.* II, 2.

---

a) *Suet. Vesp.* 18. *Tac. Dial.* 9. Dies ist dann auch von mehreren der folgenden Kaiser geschehen, s. *Victor. Caes.* 14. *Capitolin. Ant. Pi.* 11. *Dio* LXXI, 31. *Lamprid. Alex. Sev.* 44 u. a.

b) Ersterer, Verfasser der Punica, libb. XVII, geb. 25, Konsul 68, gest. 100, s. *Plin. Epp.* III, 7, vergl. *Martial.* VII, 62. *Plin.* a. a. O.: Scribebat carmina maiore cura quam ingenio. Über das Leben des Valerius Flaccus, des Verfassers der Argonautica, libb. VIII, haben wir nur kurze Notizen bei Quintil. X, 1, 90 und *Martial.* I, 62. 77, woraus hervorgeht, dass er wahrscheinlich zu Patavium geboren ist und um 89 jung starb.

c) Des Plinius Werke sind von seinem Neffen und Adoptivsohn Plinius (s. S. 121 Anm. i), *Epp.* III, 5 aufgezählt. Erhalten ist Naturalis Historia. libb. XXXVII, eine grosse,

allgemeine Encyclopädie, „opus diffusum, eruditum, nec minus varium quam ipsa natura" *Plin. Epp.* a. a. O.), nach des Verf. eigner Erklärung (in der Praefatio) aus 2000 Werken geschöpft. Geb. 23, gest. 78 bei der Eruption des Vesuv (s. oben Anm. 9), *Plin. Epp.* a. a. O. und VI, 16. 20. Vergl. die kurze angebliche Vita des Sueton.

d) Geb. zu Calagurris in Spanien (wahrscheinlich um 42), kam 60 nach Rom und lehrte daselbst 20 Jahre, s. *Hieron. Chron. Ol.* CCXI und CCXVI, vergl. über seine Persönlichkeit *Plin. Epp.* VI, 32. *Juvenal.* VII, 180 —198. Sein treffliches Hauptwerk ist: Libri duodecim oratoriae institutionis. Ausserdem werden ihm noch 18 grössere und 145 kleinere Declamationes. von einigen auch der Taciteische Dialogus de oratoribus s. de causis corruptae eloquentiae (s. *Inst.* VI. *prooem.* §. 3), jedoch mit Unrecht, zugeschrieben.

J.n Ch.	J.d.St.	Äussere Geschichte.	Innere Geschichte.
79	832	Den 24. August werden Herculaneum und Pompeji durch den Ausbruch des Vesuv verschüttet."	
81	834	Den 13. September stirbt Titus.[10] Sein Bruder T. Flavius Domitianus folgt, der einzige Despot in einer langen Reihe trefflicher Fürsten.[11]	Der Dichter C. Papinius Statius.[e]
		Die Eroberungen des Cn. Julius Agricola in Britannien.[12]	
96	849	Den 18. September: Domitian wird ermordet.[13] Es folgt M. Coccejus Nerva,[14] und nach dessen	
98	851	am 27. Januar erfolgtem Tode[15] der von ihm adoptierte M. Ulpius Nerva Trajanus.[16]	
		Trajan macht durch zwei Kriege Dacien zur Provinz, ferner durch den parthischen Krieg Armenien, Assyrien, Mesopotamien; die Parther, von ihm besiegt, empören sich wieder.[17]	Trajan veranlasst durch ein gegen geheime Gesellschaften gerichtetes Gesetz Christenverfolgungen.[f]

9) S. *Dio* LXVI, 21—23. *Suet.* 8. und vorzüglich *Plin. Epist.* VI, 16, 20, welcher die merkwürdige Eruption und den bei dieser Gelegenheit erfolgten Tod seines Oheims, des ältern Plinius, ausführlich beschreibt.

10) S. *Suet.* 10—11. *Dio* LXVI, 26. Domitian blieb nicht ganz frei vom Verdacht, seinen Bruder vergiftet zu haben, s. *Dio* a. a. O. *Suet. Dom.* 2.

11) Die Geschichte seiner Regierung s. *Suet. Domit.* und *Dio* LXVII. Vergl. zu seiner Charakteristik *Tac. Agr.* 2—3, 42, 44, 45. Er war der erste Römer, welcher den Frieden vom Feinde (dem Dacier Decebalus) durch einen Tribut erkaufte, s. *Dio* LXVII, 7.

12) Vergl. über den Beginn des britannischen Krieges S. 116 Anm. 20. Den Oberbefehl in demselben übernimmt Agricola im J. 78, s. *Tac. Agr.* 9, und führt ihn bis 85, wo er aus Neid von Domitian abberufen wird, s. ebend. 39. *Dio* LXVI, 20. Er sichert die von ihm gemachten Eroberungen gegen die Einfälle der Pikten durch eine Befestigungslinie, die er vom Frith of Clyde zum Frith of Forth zieht.

13) S. *Dio* LXVII, 15—18. *Suet.* 17. *Philostrat. Vit. Apollon. Tyan.* VIII, 25. Sein Mörder war ein Freigelassener Stephanus; an der Verschwörung hatte auch seine Gemahlin Domitia Anteil, s. *Dio* und *Philostr.* a. a. O. Den Tag seines Todes s. *Suet.* 17. *Dio* LXVII, 18.

14) S. *Dio* LXVIII, 1—4. Er wurde vom Senat gewählt, und adoptierte den Trajan, als er sah, dass er selbst wegen seines Alters nicht imstande war, den Übermut der Prätorianer zu brechen, s. *Dio* LXVIII, 3. *Plin. Paneg.* 5. „Nunc demum" (so sagt Tacitus, *Agr.* 3, zu Anfang der Regierung Trajans) „redit animus; et quamquam primo etiam beatissimi

seculi ortu Nerva Caesar res olim dissociabiles miscuerit, principatum ac libertatem, augeatque quotidie felicitatem imperii Nerva Traianus nec spem modo ac votum securitas publica, sed ipsius voti fiduciam ac robur assumpserit, natura tamen infirmitatis humanae tardiora sunt remedia quam mala."

15) S. *Dio* LXVIII, 4.

16) Aus Italica in Spanien gebürtig, s. *Dio* LXVIII, 4. Seine Geschichte ist ausser *Dio* LXVIII, 5—33 aus dem freilich wenig Geschichtliches darbietenden Panegyricus des Plinius und aus zahlreichen Inschriften und Münzen zu schöpfen; auch hat die Säule des Trajan verhältnismässig grossen historischen Wert. Er deportierte die Delatoren, s. *Plin. Paneg.* 34, versprach, wie Nerva, keinen Senator zu töten und hielt dies Versprechen, s. *Dio* LXVIII, 5, und erwarb sich durch seine Tugenden den Beinamen Optimus. s. *Dio* LXVIII, 23. *Plin.* 88. *Eutrop.* VIII, 5: Huius tantum memoriae delatum est, ut usque ad nostram aetatem non aliter in senatu principibus acclametur uisi: Felicior Augusto, melior Traiano. Einen besonders deutlichen Beweis für seine Einfachheit, Gerechtigkeit und Weisheit liefern auch seine Briefe. die den Briefen des Plinius gewöhnlich als 10tes Buch derselben angefügt sind.

17) Durch den ersten dacischen Krieg (*Dio* LXVIII, 6—9) wurde Decebalus zur Unterwerfung gezwungen. im zweiten, während dessen auch die berühmte Brücke über die Donau geschlagen wurde (s. *Dio* LXVIII, 13), wurde Dacien zur Provinz gemacht (*Dio* LXVIII, 10—14). Der erste Krieg dauerte 2 Jahre. 101—102, der zweite 105—106 oder 107, vergl. *Julian. Caes.* 221. Über den parthischen Krieg (dessen Anfang nach Münzen am wahrscheinlichsten ins J. 114 gesetzt wird, s. *Eckhel Doctr. numm.* VI, p. 420) s. *Dio* LXVIII, 17—33.

e) Geb. um 61, gest. in Zurückgezogenheit um 96, beides zu Neapel. Diese und andere Lebensumstände müssen aus seinen Silvis gezogen werden (s. V, 3. III, 5, 32. 64 u. a.). Von ihm Silvarum (Gelegenheitsgedichte) libb. V, Thebaidos libb. XII, Achilleidos libb. II. Er ist der letzte in der Reihe der römischen Epiker.

f) S. die merkwürdigen Briefe des Plinius an Trajan und des Trajan an Plinius. *Plin. Epp.* X, 97, 98. Ausführlicher *Euseb. hist. eccl.* IV, 1—2. Man zählt übrigens diese Verfolgung als die 3te, die des Nero und Domitian als die 1te und 2te. so *Hieron. Chron.* Die nächsten Kaiser bis zu Ende des Abschnitts sind gegen die Christen günstig gesinnt, s. *Dio.* LXX. 3. LXXI, 10.

J.n.Ch.	J.d.St.	Äussere Geschichte.	Innere Geschichte.
98	851		Die Dichter Dec. Junius Juvenalis und M. Valerius Martialis.[g] der Geschichtschreiber C. Cornelius Tacitus;[h] die Rhetoren C. Plinius,[i] C. Suetonius Tranquillus;[k] die Gelehrten Terentianus Maurus. S. Julius Frontinus Julius Obsequens. L. Annäus Florus.[l]
117	870	Den 11. August: Trajan stirbt.[18] Es folgt T. Älius Hadrianus,[19] welcher die Eroberungen Trajans jenseits des Euphrat aufgiebt und in fast ungestörtem Frieden das von ihm selbst	

Eutrop. VIII. 3, vergl. *Tac. Ann.* II. 61; im J. 117, als die Parther sich wieder empörten, wurde er durch Krankheit abgehalten, den Krieg fortzusetzen.
18) Durch die Anm. 17 erwähnte Krankheit wurde er zur Rückkehr nach Italien bewogen, starb aber unterwegs in Selinus in Cilicien (auch Trajanopolis genannt) nach einer Regierung von 19 Jahren, 6 Monaten, 15 Tagen, s. *Dio* LXVIII. 33.
19) S. *Dio* LXIX. *Ael. Spart, Vit. Hadr. Eutrop.* VIII, 6—7. *Aur. Vict. Caesar.* 14. Hadrian war ebenfalls aus Ita-

lien gebürtig und mit Trajan verwandt; seine Adoption durch Trajan, welche ihn zum Nachfolger auf den Thron bestimmte, soll von dessen Gemahlin Plotina fingiert worden sein, s. *Dio* LXIX. 1. *Eutr.* 6. vergl. *Ael. Sp.* 4. In den letzten Jahren liess er sich durch Misstrauen zu mehreren Grausamkeiten verleiten. s. *Dio* LXIX. 2. 17. *Ael. Sp.* 20. 23, im ganzen aber war er eifrig bemüht, sich seinem Reiche wohlthätig zu erweisen.

g) Juvenal, geb. zu Aquinum um 50 (vielleicht ist aus *Sat.* XIII, 17 das Jahr 55 als Geburtsjahr zu entnehmen), im 80sten Jahre nach Ägypten verbannt, wo er starb (s. die angebl. Vita des Sueton, nebst noch 3 andern Lebensbeschreibungen alter Grammatiker), verfasste 16 Satiren, von denen jedoch die letzte verdächtig ist. Martialis aus Bilbilis in Spanien, geb. um 40, gest. um 100, verfasste etwa 1200 in 14 Büchern abgeteilte Epigramme, aus denen man seine Lebensumstände zu entnehmen genötigt ist.
h) Sein Geburtsjahr ist durch die neuesten Untersuchungen hauptsächlich auf Grund von *Plin. Epp.* VII, 20. VI, 30 und der sogleich zu nennenden Stellen über die von ihm bekleideten Ämter, jedoch nur vermutungsweise, auf das Jahr 54 oder 58 gesetzt worden, letzteres mit Hinzunahme der Stelle *Ann.* III, 20; Prätor im J. 88, s. *Ann.* XI, 11, Consul suff. im Jahre 97, s. *Plin. Epp.* II, 1, 6. Er schrieb im J. 98 in der ersten Zeit der Regierung des Trajan (wie aus c. 44 hervorgeht; daraus dass Nerva c. 3 nicht divus genannt wird, ist nicht zu folgern, dass Nerva bei der Abfassung noch nicht tot gewesen; dieses Prädikat ist eben so weggelassen *Plin. Pan.* 78, 10. *Epp.* IV, 9, 2. 17, 8. 22, 4) die Lebensbeschreibung seines Schwiegervaters Agricola (vergl. S. 120. Anm. 12), kurz darauf ebenfalls im Jahre 98 *de situ, moribus et populis Germaniae*, wie sich aus Kap. 37 dieser Schrift ergiebt, alsdann die Historien, die Geschichte der Kaiser von Galba bis zum Tode des Domitian enthaltend, s. *Agr.* 3. *Hist.* I. 1. 2. 73. *Ann.* XI, 11, wahrscheinlich in 14 Büchern, s. *Hieron. comment. in Zachar. proph.* c. 14, endlich nach den Historien, s. *Ann.* a. a. O., gegen Ende der Regierung des Trajan, s. *ebend.* II. 61, die Annalen, die Geschichte der Kaiser von Tiberius bis auf Neros Tod enthaltend, in 16 Büchern. Von den Historien sind die 4 ersten Bücher und ein Teil des 5ten, von den Annalen die 6 ersten und die 6 letzten Bücher übrig, jedoch

ist in jenen eine grosse Lücke von c. 5 des 5. Buches bis in das sechste Buch hinein, und von den letzten 6 Büchern fehlt der Schluss mit den Ereignissen von etwa 2 Jahren. Endlich wird ihm auch, wie es scheint, mit überwiegenden Gründen der Dialogus de oratoribus als frühere Schrift zugeschrieben. Sein Todesjahr lässt sich nicht ermitteln.
i) Vollständig C. Plinius Caecilius Secundus (vergl. S. 119 Anm. c), geb. zu Comum im J. 61 oder 62, s. *Epp.* VI, 20, 5. Kons. im J. 100, von 109 oder 110 an Statthalter von Bithynien und Pontus, welche Statthalterschaft sich aus seinen Briefen ergeben, s. bes. V, 8. VII, 27, 16. VIII, 11, 1, 23. III, 11. V, 15. X, 28. Er wetteiferte mit Tacitus als öffentlicher Redner. Erhalten sind von ihm 10 Bücher Briefe (von denen das 10te den Briefwechsel mit Trajan enthält) und der im J. 100 gehaltene Panegyricus auf Trajan. Sein Todesjahr ist nicht zu ermitteln.
k) Unter Domitian finden wir Sueton als Jüngling, s. *Suet. Ner.* 57. *Domit.* 12; er war mit dem jüngeren Plinius befreundet, von welchem er den Trajan empfohlen wird. s. *Epp.* I. 18. 24. III, 8. V. 11. IX. 34. X. 95. 96; unter Hadrian ist er Geheimschreiber, fällt aber in Ungnade, s. *Ael. Spartian. Hadr.* 11. Sein Todesjahr ist unbekannt. Seine Werke werden von Suidas aufgezählt; erhalten sind: die Vitae der 12 ersten Caesares von Julius Cäsar bis Domitian; liber de illustribus grammaticis, 1. de claris rhetoribus. Vitae poetarum: Vita Terentii, Horatii, Persii, Lucani, Juvenalis, Plinii maioris, c. T. verfälscht und verstümmelt.
l) Von des Terentianus Maurus Lebensumständen ist nichts mit einiger Bestimmtheit anzugeben, es ist deshalb die oben angenommene Zeitbestimmung auch nur eine Vermutung, der von anderen widersprochen wird. Sein Werk ist *de literis, syllabis, pedibus et metris carmen.* — Unter Frontins Namen (genannt *Plin. Epp.* IV, 8) sind erhalten: de aquaeductibus

J.n.Ch.	J.d.St.	Äussere Geschichte.	Innere Geschichte.
117	870	in allen seinen Teilen bereiste Reich ordnet und befestigt.[20]	
138	891	Den 10. Juli: Hadrian stirbt.[21] Es folgt der von ihm adoptierte T. Äl. Hadr. Antoninus Pius,[22] welcher nach einer glücklichen Regierung	M. Cornelius Fronto. Justinus. A. Gellius. Apulejus.[m]
161	914	den 6. März stirbt.[23] Es folgen die zwei von ihm adoptierten Augusti M. Aurelius Antoninus Philosophus und Lucius Verus, welche gegen die Parther und gegen deutsche Völker an der Donau langwierige Kriege führen.[24]	

20) *Eutrop.* VIII, 6: Traiani gloriae invidens statim provincias tres reliquit, quas Traianus addiderat, et de Assyria. Mesopotamia et Armenia revocavit exercitus ac finem imperii esse voluit Euphratem. Idem de Dacia facere conatum amici deterruerunt, vergl. *Ael. Sp.* 17. 20. *Tac. Ann.* 11, 61. Von den unter ihm geführten Kriegen ist der in Palästina gegen Barcochbah und die Juden geführte und mit einer gänzlichen Verwüstung endende (im J. 132—135, *Eus.*) bemerkenswert, s. *Dio* LXIX. 12—14. Seine merkwürdigen (im J. 120 beginnenden) Reisen s. *Ael. Sp.* 11—13. *Dio* LXIX. 9—11. In Britannien gab er die weiter nördlich gelegene Befestigungslinie des Agricola (S. 120, Anm. 12) auf und zog eine andere südlichere vom Solway Frith zur Mündung des Tyne laufende, aus Wall und Graben bestehende Linie, wozu später noch eine Mauer (die sog. Pictenmauer) hinzugefügt wurde. s. *Ael. Sp.* 11.
21) Das Datum s. *Ael. Sp.* 25. *Dio* LXIX, 23.
22) Hadrian adoptierte erst den Älius Verus Caesar, und dann nach dessen Tode den (Arrius) Antoninus, welcher wiederum den Annius Verus, den Sohn des verstorbenen Älius Verus, und den Marcus Antoninus adoptieren musste, s. *Ael. Sp. Hadr.* 23. 24. *Ver.* 6 u. ö. *Dio* LXIX, 23. Die Verwandtschaftsverhältnisse am kürzesten *Eutrop.* VIII. 10. Den Beinamen Pius erhielt der neue Kaiser besonders wegen der Pietät, mit der er das Andenken Hadrians ehrte und den Senat hinderte, ihn für einen Despoten zu erklären. s. *Jul. Capit. Ant. Pio* LXX, 1. Seine Regierung, s. *Jul. Capit. Ant. P. Eutrop.* VIII. 8. *Aurel. Vict.* 15 und die wenigen Bruchstücke *Dio* LXX.
23) Das Datum ergiebt sich aus *Dio* LXXI, 33, vgl. 34.
24) S. *Dio* LXXI. *Jul. Capit. V. Anton. Phil.* und *Veri; Vulc. Gall. V., Avidii Cassii. Eutrop.* VIII, 9—14. *Aurel. V.* 16. „Tuncque primum Romanum imperium duos Augustos habere coepit," *Hist. Aug. Ant. Phil.* 7. Des Marc Aurel Charakter ergiebt sich aus seinem Beinamen Philosophus, noch deutlicher aus seinen in der Briefsammlung des Fronto (s. Anm. m) enthaltenen Briefen und aus der von ihm verfassten Selbstschau (τῶν εἰς ἑαυτὸν βιβλία ιβ΄); in Bezug auf seine politische Stellung und Wirksamkeit ist noch bemerkenswert, dass er mehr als alle anderen Kaiser den Senat zu heben suchte. s. *Hist. Aug. Ant. Phil.* 10. Sein Kollege Verus hat das einzige Verdienst, dass er ihn nicht eben sehr hinderte. Der Partherkrieg, welcher von Verus geführt wurde, dauerte

urbis Romae libri II; Strategeticon libri IV. — Von Julius Obsequens, der nur vermutungsweise in diese Zeit gesetzt wird, ist nur ein Fragment *de prodigiis*, ein unkritischer Auszug aus Livius übrig, die Jahre 190—11 v. Chr. enthaltend. — Florus wird in der besten (Bamberger) Handschrift Julius Florus genannt, in den übrigen L. Annaeus Fl. In jener lautet der Titel seines Werks: Juli Flori Epitomae de Tito Livio bellorum omnium annorum DCC libri II; andere Handschriften nennen es: Epitome de gestis Romanorum und teilen es in 4 Bb. Über seine Zeit ist der Schluss seines Prooemiums das wichtigste Zeugnis, vergl. *Spartian. Hadr.* 16. In seiner geschmacklosen, überladenen Darstellung zeigt sich deutlich der beginnende gänzliche Verfall der römischen Litteratur.

m) Von Fronto, welcher unter Hadrian mit grosser Auszeichnung Beredsamkeit lehrte, s. *Dio* LXIX. 18, und auch in der Folge grosses Ansehn genoss, s. *Gell.* XIX, 8, gest. mutmasslich 165—169, besitzen wir eine kleine Schrift: *de differentiis vocabulorum*, und eine erst in neuerer Zeit aus Palimpsesten gewonnene, von Mai (Rom 1823) herausgegebene, nicht unbedeutende Anzahl von Briefen u. a. Bruchstücken. — Justin hat einen Auszug aus des Pompejus Trogus Historiae Philippicae et totius mundi origines et terrae situs. 44 Bb. gemacht. Die Zeit dieses Auszugs ergiebt sich aus der Dedication als die der Antonine. — Dass Gellius, der Verfasser der 20 Bb. noctes Atticae (von denen das 8te verloren ist), in dieselbe Zeit gehört, geht aus den häufigen Anführungen Frontos, den er als Lernender besucht, s. a. a. O. u. ö., und anderer Zeitgenossen hervor. — Apulejus, derselben Zeit als späterer Zeitgenosse angehörig, wie sich aus seinen Schriften ergiebt, aus Madaura gebürtig, bemerkenswert als einer der ersten Repräsentanten des stilus Afer und wegen seiner Hinneigung zum Neuplatonismus, hat Metamorphoseon s. de asino aureo libb. XI und ausserdem eine Reihe philosophischer und rhetorischer kleinerer Schriften verfasst. (Noch gehören wahrscheinlich in diese Zeit die 42 Fabeln des Fl. Avianus und die Disticha de moribus des Dionysius Cato. Beide Verfasser sind sonst unbekannt.)

Zweiter Abschnitt. 180—324 n. Chr.

J.n.Ch.	J.d.St.	Äussere Geschichte.
172	925	Lucius Verus stirbt,[25] worauf Marc. Aurel bis zu seinem
180	933	den 17. März erfolgten Tode allein regiert.[26]

4 Jahre, *Hist. Aug. Verus Imp.* 7, nämlich nach *Eus.* und den Inschr., 162—166; über ihn s. *Dio* LXXI, 1—2. *Hist. Aug. Ant. Phil.* 8—9. *Epp. Fronton. ad L. Verum*, I. p. 179. 183 ff. 318 ff. ed. Mai. Der Krieg gegen Marcomannen, Quaden, Jazygen u. a. Völker dauert erst von 167—175, wo Marc Aurel, der ihn selbst führt, durch die Empörung des Avidius Cassius im Orient abgerufen wird, dann wiederum von 178—180, wo er durch seinen Tod verhindert wird, ihn zu vollenden, obgleich ein ruhmvolles Ende nahe war, s. *Dio* LXXI. 3—5. 7—21. *Hist. Aug. Ant. Phil.* 12—17. 22—27. 25) S. *Hist. Aug. Ant. Phil.* 14. *Verus Imp.* 9. 11. *Entrop.* VIII. 10. 26) Das Datum s. *Dio* LXXI. 23; zu Vindobona, s. *Vict. Caes.* 16, 12.

Zweiter Abschnitt. 180—324 n. Chr.
a) 180—284.

J.n.Ch.	J.d.St.	Äussere Geschichte.	Innere Geschichte.
180	933	Commodus Antonius, der ausschweifende und grausame Sohn und Nachfolger des edeln Marc Aurel.	Eisernes Zeitalter der Litteratur.[a] Blüte der Jurisprudenz durch Papinianus, Paulus, Ulpianus, Modestinus.[b]
192	945	Commodus am 31. Dezember ermordet.[1]	
193	946	P. Helvius Pertinax; er wird den 28. März von den mit seiner Strenge unzufriedenen Prätorianern ermordet.[2]	Die Kirchenväter Q. Septimius Florens Tertullianus und M. Minucius Felix.[c]

1) Hauptquellen: *Dio* LXXII. *Herodian.* I. *Lamprid. Vit. Comm.* Commodus eilte nach dem Tode seines Vaters mit den Quaden Frieden zu machen, den er nach *Herod.* I, 6 mit Geschenken erkaufte, um in Rom seinen Lüsten leben zu können; durch einen von seiner Schwester Lucilla veranlassten Mordanfall noch mehr gereizt, s. *Dio* LXXII, 4. *Herod.* 8. *Lampr.* 4. *Amm. Marc.* XXIX. 1. 17. wütet er mit Grausamkeit gegen die angesehensten Römer. Das Ziel seines Ehrgeizes war, der erste unter den Gladiatoren zu sein, daher er auf den Beinamen Herkules, den er sich nebst vielen andern beilegte, vorzüglich stolz war, s. hierüber und über seine Grausamkeit und Wollust *Herod.* 14—15. *Dio* LXXII. 15—21. *Lampr.* 7 ff. Seine Buhlerin Marcia stiftete seine Ermordung an, als sie selbst von ihm bedroht wurde, s. *Dio* LXXII. 22. *Herod.* 16—17. *Lampr.* 17. (Diese Marcia soll den Christen Wohlwollen bewiesen und Schutz verliehen haben, s. *Dio* LXXII, 4.)
2) *Dio* LXXIII, 1—10. *Herod.* II. 1—5. *Capitolin. Vit. Pert.* Seine Regierung dauerte 87 Tage, *Dio* LXXIII, 10. ermordet V. Kal. Apr., s. *Capitolin.* 15.

a) Der politische Verfall des Reiches, der Mangel an Bildung und Interesse bei den meisten Kaisern, die Vermischung der römischen Sprache mit Provincialismen hatte natürlich auch den Verfall der Litteratur zur Folge. Sie bietet von jetzt an nur Sammlungen in einer unreinen Sprache (z. B. die Scriptores historiae Augustae), oder geschmacklose rhetorische Kunststücke (die besonders in den Rhetorschulen Galliens ausgehen) dar. Nur wenige haben sie durch Studium zu einer grössern Annäherung an die Muster des goldenen Zeitalters gebracht (Lactantius, Ausonius, Claudius Claudianus).
b) Ämilius Papinianus (s. *Spart. Sever.* 21. *Carac.* 8. *Zosim.* I, 9. *Dio* LXXVI, 10. 14. LXXVII, 1. 4), Julius Paulus, Domitius Ulpianus und Herennius Modestinus (s. *Lamprid. Sept. Ser.* 26. 68 u. ö.) wurden nebst Gajus durch eine Konstitution der Kaiser Theodosius II. und Valentinian III. zu den höchsten juristischen Autoritäten ernannt, s. *Cod. Theod.* I, 4. Mit diesen Juristen schwand übrigens die Blüte der Jurisprudenz, die sich von nun an als Wissenschaft nur noch in Auszügen und Sammlungen thätig zeigte (Codex Gregorianus und Hermogenianus um 300. Codex Theodosianus, von Theodosius II. so benannt, und die verschiedenen Sammlungen aus der Zeit des Kaiser Justinian).
c) Tertullian ist der erste lateinische Kirchenschriftsteller. Presbyter in Carthago, der Urheber des sogenannten Stilus

J.n.Ch.	J.d.St.	Äussere Geschichte.	Innere Geschichte.
193	946	M. Didius Salvius Julianus erkauft den Thron von den Prätorianern, wird aber vom Senat abgesetzt und am 1. Juni ermordet.[3] Es folgt bis 211 der thätige und kräftige L. Septimius Severus.[4]	Der Dichter Q. Serenus Sammonicus.[d]
201	954	Severus macht einen glücklichen Feldzug gegen die Parther.[5]	Die Sammler C. Julius Solinus; Nonius Marcellus; Censorinus; Apicius.[e]
208	961	Bis 211 Feldzüge des Severus in Britannien.[6]	
211	964	Am 4. Februar: Severus stirbt.[7] Es folgen seine Söhne M. Aur. Antoninus Bassianus Caracalla und P. Septimius Ant. Geta.[8]	
212	965	Geta wird von seinem Bruder ermordet, Caracalla Alleinherrscher.[9]	Alle Freien im römischen Reiche erhalten das römische Bürgerrecht.[f]

3) *Dio* LXXIII, 11 - 17. *Herod.* II, 6 — 12. *Spartian. Vit. Jul.* Julian kaufte die Herrschaft für etwa 300 Millionen Sesterzien (25,000 an jeden Prätorianer), s. *Dio* LXXIII. 11, vgl. *Spartian.* 3. *Dio* LXXIII, 11: ὥσπερ γὰρ ἐν ἀγορᾷ καὶ ἐν πωλητηρίῳ τινὶ καὶ αὐτή, (ἡ Ῥώμη) καὶ ἡ ἀρχὴ αὐτῆς πᾶσα ἀπεκηρύχθη. Severus nimmt in Pannonien den Purpur an. marschiert gegen Rom, entwaffnet die Prätorianer und entlässt sie; der Senat setzt den Julian ab und lässt ihn am 1. Juni ermorden, nach einer Herrschaft von 66 Tagen, *Dio* LXXIII. 17.

4) S. *Dio* LXXIV *Herod.* III. *Spartian. Vit. Ser.* Neben ihm bis 194 C. Pescennius Niger und bis 197 D. Clodius Albinus, jener von den Provinzen des Orients, dieser in Britannien als Kaiser anerkannt. Severus gründete seine Herrschaft besonders auf seine militärische Macht, daher er auch die alten Prätorianer aus Rom verwies und sie in vierfacher Zahl (50,000 Mann stark). aus allen Legionen ausgewählt, wieder zusammensetzte, s. *Dio* LXXIV, 2. *Herod.* III. 8, S. 13, 9; noch härter als bisher bewies er sich, als er in Albinus seinen letzten Gegner besiegt hatte, s. *Dio* LXXV, 7. Besonders verhasst machte ihn sein Günstling Plautianus, s. *Dio* LXXV, 14—16. LXXVI, 1—4. *Herod.* III, 10—12. Dabei war er aber ausnehmend thätig und seine Herrschaft diente dazu, das Ansehn des Reichs an den Grenzen herzustellen.

5) Er eroberte Ctesiphon, dagegen machte er nach diesem Feldzuge einen vergeblichen Angriff auf Atra in Arabien, s. *Dio* LXXV. 9—12. *Herod.* III. 9—10.

6) *Dio* LXXVI, 11—15. *Herod.* III. 14—15. Die Caledonier und Mäaten hatten die römische Grenzlinie überschritten, vgl. S. 122. Anm. 20; Severus wollte sie züchtigen und die ganze Insel unterwerfen; er starb aber, ehe er seinen Plan ausgeführt hatte, und Caracalla schloss darauf sogleich Frieden.

7) *Dio* LXXVI, 15. *Herod.* III, 15. *Spart. Sev.* 19. Er starb zu Eboracum, s. *Spart.* a. a. O.

8) S. *Herod.* IV. *Dio* LXXVII—LXXVIII, 9. *Spart. V. Carac.* und *Get.* Über den Ursprung seines Beinamens Caracalla oder Caracallus s. *Dio* LXXVIII, 3. *Spart. Cor.* 9. Andere Beinamen s. *Dio* LXXVIII. 9, darunter auch der zweideutige Beiname Geticus, s. *Spart. Get.* 6.

9) Die Ermordung des Geta im Schosse seiner Mutter s. *Dio* LXXVII, 1 — 2. *Herod.* IV. 4. Caracalla eilt nach dieser That in das Lager der Prätorianer, um einem Aufstande derselben zuvorzukommen, und gewinnt sie durch die ausschweifendsten Versprechungen. Er sagt ihnen: Εἷς γὰρ, ἔχηεἰν, ἐξ ὑμῶν εἰμὶ καὶ δι᾿ ὑμᾶς μόνους ζῆν ἐθέλω, ἵν᾿ ὑμῖν πολλὰ χαρίζωμαι. ὑμέτεροι γὰρ οἱ θησαυροὶ πάντες εἰσὶ (*Dio* LXXVII, 3, vergl. *Herod.* IV, 4, 7). Darauf werden diejenigen, welche es mit Geta gehalten haben sollten, in grosser Anzahl ermordet, s. *Dio* LXXVII. 4—6. *Herod.* IV, 6. unter ihnen auch Papinianus, s. *Dio* LXXVII. 1. 3. *Spart. Carac.* 4. 8. Um die Soldaten befriedigen zu können, tötet er die reichsten Bürger, erhöht die Abgaben und giebt allen Freien im ganzen Reiche das römische Bürgerrecht, um auch von ihnen jene Abgaben beziehen zu können. s. *Dio* LXXVII. 9. Mit dem Heere macht er dann seit 213 weite Züge durch einen grossen Teil des Reichs, auch nach Parthien, welches er plündert, nachdem er den König Artabanus durch falsche Vorspiegelungen getäuscht hat, s. *Dio* LXXVII. 22—23. LXXVIII. 1. *Herod.* IV. 10—11.

Afer, starb zwischen 216 und 220, s. *Hieronym. Catal. Script.* 53. Seine (von 197—210 verfassten) Schriften sind: Apologeticus adv. gentes, libri II ad nationes, de testimonio animae, ad Scapulam, adv. Iudaeos, adv. Praxeam, adv. Marcionem libri V, adv. Valentinianos, de praescriptione haereticorum etc.

d) Von ihm haben wir ein Gedicht in Hexametern de medicina parvo pretio parabili.

e) Von Solinus haben wir unter dem Titel Polyhistor ein Werk, das grossenteils ein Auszug des Plinius *N. H.* ist, von Nonius im Glossarium de compendiosa doctrina in 19 Abschnitten. Beider Zeitalter ist nicht genau zu bestimmen. Censorinus schrieb sein Werk de die natali ad Q. Caerellium im J. 238, s. *Cap.* 21. Unter des Apicius Namen besitzen wir de re culinaria libb. X.

f) S. die obige Anm. 9.

Zweiter Abschnitt 180—324.

J.n.Ch.	J.d.St.	Äussere Geschichte.
217	970	Am 8. April, Caracalla durch Macrinus getötet.¹⁰ Opilius Macrinus folgt bis
218	971	8. Juni, wo er von Elagabalus geschlagen und auf der Flucht bald darauf getötet wird.¹¹ Es folgt Bassianus Elagabalus, welcher
222	975	den 11. März ermordet wird.¹² Alexander Severus folgt.¹³
226	979	Artaxerxes stürzt den Partherkönig Artabanus und gründet das neupersische Reich der Sassaniden.
233	986	Alexander bekriegt den Artaxerxes mit zweifelhaftem Erfolg.¹⁴
235	988	Den 19. März wird Alexander während eines Krieges gegen die Deutschen am Rhein in einem Aufstande des C. Jul. Verus Maximinus getötet.¹⁵ Dieser, ein roher Soldat, bemächtigt sich der Herrschaft und setzt den Krieg gegen die Deutschen fort.¹⁶
238	991	Gegenkaiser: Gordianus¹⁷ und Clodius Pupienus Maximus und Cälius Balbinus,¹⁸ ersterer von dem Heere in Afrika, die beiden andern vom Senate ernannt. Gordianus nebst

10) Macrinus, ein Maure von Geburt, von niedriger Herkunft, jetzt Praefectus praetorio, erfuhr durch einen glücklichen Zufall, dass auch seinem Leben von Caracalla Gefahr drohe, und liess ihn daher auf einer Reise zwischen Carrhae und Edessa ermorden, s. Herod. IV, 12—13. Dio LXXVIII, 4—6, am 8ten April, s. Dio LXXVIII, 5, 6, Spart. 7. Er wurde darauf unter die Götter versetzt, weil man die noch immer für ihn eingenommenen Soldaten fürchtete, s. Dio LXXVIII, 9. Capitol. Macrin. 5.

11) S. Herod. IV, 14—V, 4. Dio LXXVIII, 11—41. Capitolin. V. Macr. und Lamprid. V. Ant. Diadumen. Macrinus zog zunächst gegen den Partherkönig Artabanus, der in Mesopotamien eingefallen war, und sich jetzt nach einer zweifelhaften Schlacht (durch das Gold des Macrinus bewogen, Dio) Septimius Severus. Gem. Julia, deren Schwester Julia Mäsa.

wieder zurückzog, s. Herod. IV, 14—15. Dio LXXVIII. 26 bis 27. Macrinus erhob dann seinen Sohn Diadumenus zum Cäsar, gab ihm den Namen Antoninus und nahm die Ann. 9 erwähnten neuen Auflagen des Caracalla zurück, s. Dio LXXVIII. 18. 19. Das Heer aber liess sich von der Julia Maesa gewinnen und rief deren Enkel Elagabal zum Kaiser aus, welchen jene für einen Sohn des noch immer vom Heere geliebten Caracalla ausgab. Den Tag der Schlacht s. Dio LXXVIII, 39. 41. Macrinus wurde nebst seinem Sohne Diadumenus in Chalcedon oder, nachdem er daselbst gefangen genommen worden, auf dem Transport in Cappadocien ermordet. — Die Verwandtschaft zwischen Septimius Severus, Caracalla, Elagabal und Alexander Severus ist folgende (s. Herod. V, 3. Dio LXXVIII, 30. Capit. Macr. 9):

Caracalla.	Geta.	Soämis.	Mammäa,
		Gem. Varius Marcellus.	Gem. Genesius Marcianus.
		Elagabal.	Alexander Severus.

12) S. Dio LXXIX. Herod. V, 5—8. Lamprid. V. Heliogab. Seine Namen Elagabalus (Ἐλαιαγάβαλος, Ἐλεγάβαλος eig. der Name des Sonnengottes, dessen Priester der nachmalige Kaiser zu Antiochia gewesen war), Bassianus, Varius, Antoninus, s. Capitol. Macr. 8, Avitus, Assyrius, Sardanapalus, Tiberinus, s. Dio LXXIX, 1. Er wurde, nachdem er aller Religion und Sitte durch die sinnlosesten Willkürlichkeiten und Ausschweifungen Hohn gesprochen hatte, nebst seiner Mutter von den Prätorianern ermordet, weil er das Leben seines Vetters und Nachfolgers bedrohte. Seinen Todestag s. Dio LXXIX, 3.

13) Alexander hiess eigentlich Alexianus, sein Name wurde aber bei seiner Adoption durch Elagabalus abgeändert, s. Dio LXXIX, 17—18. Herod. V, 7. Über ihn enthält Dio im 80sten Buche nur noch einige Worte (Dio zog sich nach seinem zweiten Konsulat im Jahre 229 in seine Vaterstadt Nicäa zurück und verfasste daselbst sein Geschichtswerk). Über seine ganze Regierung s. Herod. VI. Lamprid. V. Alex. Sev. Herodian stellt ihn als wohlwollend, aber zugleich als schwach und gegen seine herrsch- und habsüchtige Mutter Mammäa zu nachgiebig dar, s. bes. VI, 9, 7; Lampridius und die lateinischen Kompendien preisen ihn in jeder Beziehung, wahrscheinlich weil er sich gegen die Christen wohlwollend und geneigt bewies.

14) S. Dio LXXX. 3—4. Herod. VI, 2—5. Lamprid. 50—56. Über den Ursprung des neupersischen Reichs vergl. noch Agathias IV, p. 134.

15) S. Herod. VI, 7—9. Lamprid. 59—68. Das, 64: Hactenus imperium populi Romani eum principem habuit, qui diutius imperaret, post eum continuatim tricennium sex semestribus, aliis annuis, plerisque per biennium, ad summum per tricennium imperantibus usque ad eos principes, qui latius imperium tetenderunt, Aurelianum dico et deinceps.

16) S. Herod. VII—VIII, 5. Capitolin. Maximini duo (Maximinus hatte auch seinen Sohn zum Imperator ernennen lassen) und Maximin. iun. Capitol. M, d. 1: Hic de vico Thraciae vicino barbaris, barbaro etiam patre et matre natus. — Et in prima quidem pueritia fuit pastor.

17) S. Herod. VII, 4—9. Capitol. Gordiani tres.

18) S. Herod. VII, 10. Capitolin. Max. et Balb.

| J.n.Ch. | J.d.St. | Äussere Geschichte. | Innere Geschichte. |

238	991	seinem Sohne (Gordianus II.) fällt. Maximinus von seinen Legionen.[19] Pupienus und Balbinus von den Prätorianern ermordet.[20] Es folgt M. Antonius Gordianus III.[21]
241	994	Gordianus führt bis 243 den persischen Krieg mit Glück durch seinen Präfekten und Schwiegervater Timisitheus.[22]
243	996	Timisitheus stirbt; der Präfekt M. Julius Philippus, erst Mitkaiser, dann
244	997	nach Gordians Ermordung alleiniger Kaiser.[23]
249	1002	Philipp von Decius bei Verona geschlagen und getötet.[24]
		C. Messius Decius, der grausame Verfolger der Christen, regiert	Der Kirchenvater Thascius Cäcilius Cyprianus.[g]
251	1004	bis wo er in einer Schlacht gegen die Goten durch Verrat des Gallus nebst seinem Sohne fällt.[25]
		C. Vibius Trebonianus Gallus und Hostilianus Kaiser; letzterer von ersterem ermordet; schimpflicher Friede mit den Goten; Rom und das römische Reich 15 Jahre lang durch die Pest verheert.[26]
253	1006	Gallus von Ämilianus,[27] Ämilianus von P. Licinius Valerianus gestürzt, welcher seinen Sohn Gallienus zum Mitkaiser ernennt.[28]
		Im Osten dringt Sapores, der Perserkönig, bis nach Syrien und Cappadocien vor und setzt den Cyriades, einen zu ihm geflüchteten Römer, zum Kaiser ein; am Rhein machen die Deutschen plündernde Einfälle, von den Donaugegenden her die Goten, Scythen und andere verwandte Völker.[29]

---

19) S. *Herod.* VIII, 1—5. *Capitol. Max. d.* 17—26.
20) S. *Herod.* VIII, 8. *Capit. Max. et Balb.* 14—15.
21) Gordianus, der Sohn einer Tochter des Gordianus I., s. *Herod.* VII, 10, 8. *Capit. Gord.* 22. war auf Verlangen des Volks neben Maximus und Balbinus zum Cäsar ernannt worden, jetzt wählten die Prätorianer ihn, den 13 jährigen, s. *Herod.* VIII, 8, 8, vergl. *Capit.* a. a. O. 22, zum Augustus, „quia non erat alius in praesenti," *Capit. Max, et Balb.* 14. Über ihn s. *Herod.* VII, 10. VIII, 8. *Capit. Gord.* 17—34. Er ward erst von seiner Mutter, dann von seinem vortrefflichen Schwiegervater Timisitheus geleitet, s. *Capit.* a. a. O. 23. Über seine grosse Beliebtheit bei Heer und Volk s. ebend. 31.
22) S. *Capit. Gord.* 23—28.
23) S. *Capit. Gord.* 28—31. (Die Geschichte der Scriptores historiae Augustae hat von hier an bis auf Valerian eine Lücke.) *Zosim.* I, 19—21. *Vict. Caes.* 28. *Eutr.* IX, 3. *Zon.* XII, 19. Mit den Persern machte er sogleich nach dem Tode des Gordian Frieden. Die christl. Schriftsteller (Eusebius, Zonaras u. a.) erzählen, dass er Christ geworden sei. Er war aus Arabia Trachonitis.
24) S *Zosim.* I, 21—22 und die Anm. 23 angef. St.

25) S. *Zosim.* I, 23. *Zon.* XII, 20. *Iordan, de reb. Get.* 18 *Vict. Caes.* 29. *Eutr.* IX, 4.
26) S. *Zosim.* I, 24—28. *Zon.* XII, 21. *Vict.* 30. *Eutr.* IX, 5.
27) S. *Zosim.* I, 28. 29. *Zon.* XII, 21, 22. *Vict. Caes.* 31.
28) S. *Zosim.* I, 29—40. *Zon.* XII, 22—25. *Trebell. Poll. Valerian, Gallieni duo,* XXX *tyr. Vict.* 32—33. *Eutrop.* IX, 7—11. *Oros.* VII, 22. Valerian war eifrig bemüht, den Zustand des Reichs zu verbessern, vermochte es aber nicht, s. *Zosim.* I, 29. *Poll. Valer.*; Gallienus aber war, wenn auch nicht untüchtig, doch träge und der Wollust ergeben.
29) Die Deutschen drangen bis Tarraco in Spanien vor, s. *Oros.* VII, 22. *Eutr.* IX, 8. *Vict. Caes.* 33; die Alemannen wurden, 300,000 Mann stark, bei Mailand, bis wohin sie vorgedrungen waren, von Gallienus geschlagen, s. *Zon.* 21; über die Verheerungen der Donauvölker (*Βογαροί, Γόρθοι, Καίρποι, Οὐρουγοῦνδοι, Zosim.* I, 31) in Asien, Thracien, Italien, Macedonien und Achaja, s. *Zosim.* I, 27—35. 37. *Zon.* XII, 23. *Poll. Gall. duo* 5, 6 u. ö. Die Perser hatten nach *Zosim.* I, 27. *Zon.* 23 im ersten Jahre des Valerianus ihre Eroberungen begonnen. „Ita quasi ventis undique saevientibus parvis maxima ima summis orbe toto miscebantur", *Vict. Caes.* 33.

---

g) Cyprian war anfangs Rhetor in Carthago, etwa seit 245 Christ, 248 Bischof in Carthago, starb 258 als Märtyrer. s. *Vita et passio Cypriani per Pontium eius diaconum scripta* (vor den Ausgaben des Cypr.). Er schrieb mehrere kleine Schriften apologetischen und paränetischen Inhalts und ausserdem 81 Briefe.

Zweiter Abschnitt. 180—324.

J.n.Ch.	J.d.St.	Äussere Geschichte.	Innere Geschichte.
260	1013	Valerianus zieht gegen Sapores, wird aber besiegt und gefangen.[30] Fast in allen Provinzen empören sich die Truppen gegen Gallienus und erheben ihre Anführer zu Kaisern, deren man dreissig, die sogen. dreissig Tyrannen, zählt.[31]	
268	1021	Gallienus vor Mediolanum ermordet.[32] M. Aurelius Claudius (Gothicus) stellt das Ansehen des Kaisertums im Innern und durch einen glücklichen Krieg gegen die Goten auch nach aussen her.[33]	
270	1023	Claudius stirbt. Es folgt L. Domitius Aurelianus,[34] der das von Claudius begonnene Werk der Wiederherstellung des Friedens und des Ansehns des römischen Reichs mit Kraft und Glück fortführt.[35]	
271	1024	. . . .	Rom wird mit einer neuen Mauer umgeben.[h]
272	1025	Zenobia wird besiegt und der Orient dem röm. Reiche wieder unterworfen.[36]	
273	1026		
274	1027	Gallien wird durch die Besiegung des Tetricus beruhigt.[37]	
275	1028	Aurelian wird auf einem Kriegszuge gegen die Perser von einem Freigelassenen getötet.[38]	

30) Valerian zog im J. 257 von Rom aus, nahm Antiochien wieder, ward aber dann geschlagen und bei einer Zusammenkunft mit Sapores von diesem ergriffen und darauf in Persien in schimpflicher Gefangenschaft gehalten, s. *Poll. Valerian*. *Zosim.* I, 36. *Zon.* XII, 23. Darauf nahm Macrianus im Orient den Purpur an (im J. 261, s. *Poll. Gall. d.* 1), wurde aber in Illyrien von Aureolus geschlagen, s. *Poll. Gall. d.* 1-2. Der Krieg gegen die Perser wurde hierauf von dem Palmyrener Odenathus mit Glück geführt, welcher deshalb im J. 264 von Gallienus zum Augustus ernannt wurde, s. *ebend.* 10. 12; derselbe wird aber 267 von einem Verwandten Mäonius getötet, worauf Zenobia für ihre beiden minderjährigen Söhne Herennius und Timolaus den Krieg und die Herrschaft des Orients mit gleicher Kraft fortführt, s. *ebend.* 13 und *XXX tyr.* 15—17. 30. *Zosim.* I, 39. 44. *Zon.* 24.

31) S. *Poll. Gallieni duo* und *XXX tyr. Zosim.* I, 38—40. *Zon.* 24. 25. *Oros.* VII. 22. *Vict.* 33. Die Alten zählen 30 Tyrannen, und Trebellius Pollio hat sie einzeln mit kurzen Notizen über sie aufgeführt. Mit Recht hat man aber ihre Zahl auf 18 oder 19 zurückgeführt.

32) Im Kampfe gegen Aureolus, einen der 30) Tyrannen. S. *Poll. Gall. d.* 14—18. *Claud.* 4—5. *Zon.* XII, 25. *Zosim.* I, 40. *Vict. Caes.* 33. *Vop. Aurelian.* 16.

33) S. *Zosim.* I, 41—46. *Zon.* I, 26. *Poll. Claud. Vict.* 34. *Eutr.* IX, 11. Der Senat bestätigte seine Wahl den 24. März, 4. *Poll.* 4. Er starb zu Sirmium an der Pest vor Ablauf des zweiten Jahres seiner Herrschaft, s. *Zon.* und *Eutr.* a. a. O.

34) Über des Aurelian Regierung s. *Vopisc. Aurel. Zosim.* I, 47—62. *Eutr.* IX, 13—15. *Vict. Caes.* 35. Über seinen Charakter s. *Vop.* 6: severitatis immensae, disciplinae singularis, gladii exserendi cupidus, vergl. *ebend.* 21. 36. 39.

35) Nach seinem Tode sagt Tacitus im Senat: Ille nobis Gallias dedit, ille Italiam liberavit; ille Vindelicis ingum barbaricae servitutis amovit; illo vincente Illyricum restitutum est, redditae Romanis legibus Thraciae; ille (pro pudor) Orientem foutino pressum iugo in nostra iura restituit; ille Persas insultantes adhuc Valeriani nece fudit, fugavit, oppressit etc., *Vop.* 41, vergl. die folg. Anmerkk. 36—38. Er trat seine Herrschaft zu Sirmium an und beruhigte nach einer kurzen Anwesenheit in Rom Pannonien und schlug die Alemannen (oder Marcomannen). *Vop.*), s. *Zosim.* I, 48—49. *Vop.* 18—21. mit welchem Kriege er noch im Januar 271 beschäftigt war.

36) S. *Vop.* 22—31. *Zosim.* I, 50—61. Zenobia wurde bei Emesa geschlagen, darauf in Palmyra eingeschlossen und bei einem Versuche, zu fliehen, gefangen genommen. Auf dem Marsche gegen Zenobia schlug Aurelian auch die Goten, s. *Vop.* 22; 'auch auf dem Rückwege gewann er Siege über die Barbaren an der Donau.

37) S. *Poll. XXX tyr.* 24. *Vop. Aur.* 32. *Zosim.* I, 61. *Eutr.* 13. *Vict.* a. a. O. Tetricus war einer der 30 Tyrannen. Bei dieser Gelegenheit gab Aurelian, um die Grenze desto besser verteidigen zu können, das jenseits der Donau liegende Dacien auf, *Eutr.* 15.

38) S. *Vop.* 35—36. *Zosim.* I, 62, nach einer Regierung von 6 Jahren weniger einige Tage, s. *Vop.* 37. Seine Ermordung geschah zu Cänophrurium zwischen Konstantinopel und Heraclea, s. *Vop.* 35. *Eutr. Vict.*

h) S. *Plin. N. H.* III, 5, 66. *Vop. Aur.* 21. 39. *Zosim.* 1, 49. *Vict. Caes.* 35. *Eutr.* IX, 15. Nach *Vop.* a. a. O. soll die Mauer 50 (röm.) Meilen enthalten haben; in der That enthielt sie aber nach den neueren Messungen nur etwa 21. Zosimus (a. a. O.) sagt uns, dass sie unter Probus vollendet wurde.

J.n.Ch.	J.d.St.	Äussere Geschichte.	Innere Geschichte.
275	1028	M. Claudius Tacitus vom Senat zum Kaiser ernannt.	
276	1029	Tacitus stirbt.[39] Es folgt M. Annius Florianus[40] und nach dessen baldigem Tode M. Aurelius Probus, ein ausgezeichneter Kaiser,[41] welcher	
277	1030	die Deutschen aus Gallien vertreibt, sie in ihrem eigenen Lande angreift, und	
278	1031	die erweiterte Donau- und Rheingrenze durch eine Mauer schützt.[42]	
279	1032	Rätien, Illyricum, Thracien, und	
280	1033	den Orient durch glückliche Kriege beruhigt, daselbst dem Empörer Saturninus und	
281	1034	die Gegenkaiser Proculus und Bonosus überwindet,[43] aber	
282	1035	im August von den mit seiner Strenge unzufriedenen Truppen getötet wird.[44]	
		M. Aurelius Carus von den Truppen zum Kaiser erhoben, macht seine Söhne Carinus und Numerianus zu Cäsaren.[45]	
284	1037	Carus stirbt auf einem Feldzuge gegen die Perser; Numerianus getötet.[46]	Die Dichter M. Aurelius Olympius Nemesianus und T. Calpurnius.[i]

---

39) Das über die Ermordung des Aurelian unzufriedene Heer fordert den Senat auf, ihm einen neuen Kaiser zu schicken. Der Senat zögert, wählt aber endlich nach 6 Monaten am 25. September den Tacitus. s *Vop. Aurel.* 40—41. *Tac.* 1—7, welcher sein Geschlecht von dem berühmten Geschichtschreiber Tacitus ableitete, dessen Werke daher nach einer Verordnung von ihm in allen Bibliotheken aufgestellt und jährlich 10mal von staatswegen abgeschrieben werden sollten, s. *ebend.* 10. Nach *Eutr.* IX, 16. *Vict. Caes.* 36 starb er eines natürlichen Todes; nach *Zosim.* 1, 63. *Zon.* XII. 28 ward er ermordet; *Vop. Tac.* 12 erwähnt beide Angaben, ohne sich für eine zu entscheiden. Die Dauer seiner Herrschaft betrug 6 Monate.

40) Florian, der Bruder des Tacitus, wurde nach 2 Monaten (2 Monaten 20 Tagen *Eutr.*) zu Tarsus, wo er dem Probus gegenüberstand, von seinen eigenen Soldaten getötet, s. *Vop. Flor.* 1. *Zosim.* I, 64.

41) S. *Vopisc. Prob. Saturn. Procul. Bonos. Zosim.* 1, 64 bis 71. *Eutr.* IX, 17. *Vict. Caes.* 37. Er war aus Sirmium gebürtig, s. *Vop. Prob.* 3. (Er ist auch der Begründer des Weinbaus an der Donau und am Rhein. s. *Vop.* 18. *Eutr.* 17. *Vict.*)

42) S. *Zosim.* 1, 67—68. *Vop.* 13—15. Zosimus nennt als die deutschen Völkerschaften die Logionen (*Λογίωνες*), Franken, Burgunder und Vandalen. (Die Franken werden schon unter Gallien erwähnt, s. *Poll. Gall. duo* 7. *Vop. Aur.*) Probus nahm ihnen 70 Städte ab und drängte sie über den Neckar und die Elbe zurück. (Das Andenken der zwar schon früher angelegten, aber von ihm hergestellten und verstärkten sog. Teufelsmauer hat sich auch durch ihre eigenen Überreste erhalten.)

43) S. *Zosim.* 1, 66. 69—71. *Vop. Prob.* 16—18 und *Sat. Proc. Bon.* Er verpflanzte Bastarner u. a. Völker nach Thracien, um diese Gegenden wieder zu bevölkern, und verteilte auch Barbaren unter das Heer. s. *Vop. Prob.* 14. 18. *Zosim.* 1, 71. (Unter den letzteren waren auch die Franken, über deren abenteuerlichen Seezug aus dem Pontusgegenden nach ihrer Heimat s. *Zosim.* a. a O. *Eumen. Pan.* X, 18.)

44) Probus hielt seine Soldaten, um den nachteiligen Folgen ihres Müssiggangs vorzubeugen, während des Friedens zu öffentlichen Arbeiten an; dies und seine Äusserung, dass er einst gar keiner Soldaten mehr zu bedürfen hoffe, reizte sie gegen ihn auf, so dass sie ihn in der Nähe von Sirmium bei einem Tumult töteten, s. *Vop.* 21.

45) S. *Vopisc. Car. Numerian. Carin. Eutrop.* IX, 18 bis 19. *Vict. Caes.* 38. *Zon.* XII, 30.

46) Carus schlug erst die Scythen aus Illyricum heraus und trat dann seinen Zug gegen Osten an, auf dem er bis nach Ctesiphon vordrang, s. *Vop. Car.* 7—8. Er wurde von einem Blitz getötet oder fand während eines Unwetters durch Verrat seinen Tod, s. *Vop.* 8. Sein Tod muss wegen des Datums einiger Gesetze im Justinianischen Kodex in den Dezember 283 oder Januar 284 gesetzt werden. Numerianus wurde auf der Rückreise durch seinen Schwiegervater, den Präfekten Aper, getötet, im Monat September, s. *Vopisc. Numerian.* 12. Die Truppen ernennen darauf den Diocletian zum Kaiser, *Vopisc. Num.* 13—16, am 17. September. *Chronic. Alex.*

i) Von Nemesianus, aus Carthago, haben wir ein Gedicht Cynegetica und Reste eines andern, Ixeutica. Er wird zur Zeit des Numerian erwähnt, s. *Vopisc. Num.* 11. Calpurnius aus Sicilien, hat 11 Eclogen den Namen gegeben. Sein Zeitalter wird nur durch Vermutung bestimmt; andere setzen ihn unter Claudius.

Zweiter Abschnitt. 180—324 n. Chr.

b) 284—324.

J.n.Ch.	J.d.St.	Äussere Geschichte.	Innere Geschichte.
284	1037	C. Aurelius Valerius Diocletianus (Jovius) Kaiser, sichert die Grenzen des Reichs und giebt dem Staate im Innern eine neue Organisation, durch welche die Macht des Oberhaupts verstärkt und Ordnung und Friede gesichert, zugleich aber auch der Grund zu den nachmaligen häufigen Teilungen des Reichs und zu dem übergrossen Druck der Abgaben gelegt wird.[1]	Die Scriptores historiae Augustae[a] und die sogen. Panegyristen in Gallien.[b] Die Rhetoren Aquila Romanus und Rufinianus.[c] Die Kirchenväter Arnobius und L. Caelius Lactantius Firmianus.[d]
285	1038	Carinus bei Margus von seinen eigenen Truppen getötet.[2] M. Aur. Valerianus Maximianus (Herculius), ein roher, aber erfahrener Krieger, von Diocletian zum Cäsar ernannt, besiegt die Bagauden in Gallien, und	

---

1) Über Diocletians Regierung s. *Vict. Caes.* 39. *Eutr.* IX. 19—28. *Panegyr.* X. II. III. IV. V. *Lactant. de mortibus persec.* 7 ff. *Zon.* XII, 31—32. *Oros.* VII, 25. und über die Christenverfolgungen noch insbes *Eus. Hist. Eccl.* VII. VIII. Für die Zeitbestimmungen sind ausser Lactantius und den Gesetzen des Diocletian die Chronikenschreiber, und zwar jetzt Idatius und das Chron. Alex. die Hauptgrundlage. *Vict.* a. a. O. §. 2: se primum omnium Caligulam post Domitianumque dominum palam dici passus et adorari se appellarique uti deum; ebend. §. 31: Hinc denique parti Italiae invectum tributorum ingens malum. Nam — quo exercitus atque imporator, qui semper aut maxima parte aderant, ali possent, pensionibus inducta lex nova. Quae sane illorum modestia tolerabilis in perniciem processit his tempestatibus, vergl. hierzu bes. *Lactant.* a. a. O. 7—8. *Zon.* 31.

2) S. V*op. Carin.* 18. *Vict.* a. a. O. §. 9—12. *Eutr.* 20. 22.

---

a) Diese Scriptores historiae Augustae enthalten die Kaisergeschichte von Hadrian bis auf Carinus (mit einer kleinen Lücke, s. S. 126. Anm. 23). Dem Älius Spartianus werden beigelegt: die Biographieen des Hadrianus, Helius Verus, Didius Julianus. Septimius Severus, Pescennius Niger, Caracallus, Geta; die fünf ersten sind an Diocletian, die beiden letzten an Constantin gerichtet; dem Julius Capitolinus: Antoninus Pius, M. Antoninus Philosophus. C. Verus. Pertinax, Albinus. Macrinus, die beiden Maximini, die drei Gordiani, Maximus und Balbinus; dem Vulcacius Gallicanus: Avidius Cassius; dem Helius Lampridius: Commodus, Diadumenus, Heliogabalus, Alexander Severus; dem Trebellius Pollio: Valerianus pater et filius, die beiden Gallieni, die 30 Tyrannen und Claudius; dem Flavius Vopiscus: Aurelianus, Tacitus, Florianus, Probus, Firmus, Saturninus, Proculus, Bonosus, Carus, Numerianus Carinus. Die Zeit der Abfassung der einzelnen Biographieen fällt in die Jahre von 292 bis etwa 327; am frühesten sind geschrieben: Älius, Didius, Severus, Niger, Marcus Antoninus, Verus und Macrinus, am spätesten: Heliogabalus, Alexander, Claudius, die beiden Maximini, die drei Gordiani und Geta. Ihre Quellen, die sie oft wörtlich ausschreiben, sind vor allen Marius Maximus, ein viel gelesener Biograph (vgl. *Amm. Marc.* XXVIII, 4, 14). Iunius Cordus, die Selbstbiographieen des Hadrianus, Severus und Balbinus, die diurna und die acta urbis et senatus. Sie sind ohne allen künstlerischen Wert, aber als Geschichtsquelle wichtig und interessant, zumal da in ihnen eine grosse Menge amtlicher Schriften und Urkunden wörtlich enthalten ist, die indes nur zum Teil als authentisch angesehen werden können.

b) Seit der Zeit des Diocletian entstanden in Gallien mehrere Rednerschulen (z. B. zu Treviri, Augustodunum, Burdigala), aus denen zahlreiche Lobreden auf die herrschenden Kaiser hervorgingen, alles Nachahmungen der Lobrede des jüngern Plinius auf Trajan, zum Teil in einer fliessenden Sprache, aber ohne Wort und voll der niedrigsten Schmeicheleien. So von Claudius Mamertinus (?), panegyricus Maximiano Augusto dictus. II. (nach einer andern Zählung I.) vom Jahre 289, panegyricus genethliacus Maximiano Augusto dictus. III. (II.) vom Jahre 291; von Eumenius, pro instaurandis scholis Augustodunensibus oratio, IV. (III.) vom Jahre 297, paneg. Constantio Caesari recepta Britannia dictus, X. (IV.) vom Jahre 296, paneg. Constantino Aug. dictus, IX. (VI.) vom Jahre 310, gratiarum actio Constantino Augusto Flaviensium nomine dicta, VIII. (VII.) vom Jahre 311; von unbekannten Verfassern paneg. Maximiano et Constantino dictus, V. (V.) vom Jahre 307, paneg. Constantino Aug. dictus, VI. (VIII.) vom Jahre 313; von Nazarius paneg. Constantino Aug. dictus, VII. (IX.) vom Jahre 321. Einer spätern Zeit gehören an: Mamertini pro consulatu gratiarum actio Juliano Augusto dicta, XI. (X.) vom Jahre 362; Latini Pacati Drepanii panegyricus Theodosio Augusto dictus, XIII. (XI.) vom Jahre 391; die Fragmente der panegyrischen Reden des Q. Aurelius Symmachus und des D. Magnus Ausonius paneg. s. gratiarum actio pro consulatu ad Gratianum Augustum, aus der zweiten Hälfte des 4 ten Jahrhunderts.

c) Die Schriften dieser beiden Grammatiker sind gleichen Inhalts mit der des Rutilius Lupus, s. S. 115. Anm. r. Dass Rufinianus unter Constantin lebte, ergiebt sich aus der Inschrift *Orell.* I. Nr. 1181. Aquila ist etwas älter, wie sich daraus ergiebt, dass er von jenem im Eingange genannt wird.

d) Arnobius, Rhetor in Sicca, schrieb um 303 Disputationes adv. gentes libri VII. Über seine Zeit s. *Hieronym.*

130   Fünfte Periode. 30 v. Chr. bis 476 n. Chr. Rom unter Kaisern.

J.n.Ch.	J.d.St.	Äussere Geschichte.	Innere Geschichte.

286   1039   die einfallenden Burgunder, Alemannen u. a. deutsche Völker, worauf ihn Diocletian zum Augustus erhebt.³

292   1045   Diocletian und Maximian ernennen Galerius Maximianus und Fl. Constantius Chlorus zu Cäsaren. Das Reich wird in vier Teile geteilt.⁴

297   1050   Die Perser von Galerius geschlagen und zum Frieden genötigt.⁵

303   1056   . . . .   Die Christenverfolgungen werden durch ein Edikt vom 24. Februar geschärft.⁶

305   1058   Am 1. Mai. Diocletian legt in Nicomedien, Maximianus in Mailand die Herrschaft nieder.⁶ Constantius und Galerius nehmen die Würde der Augusti an; letzterer ernennt Fl. Valerius Severus und Maximinus Daza zu Cäsaren.⁷

306   1059   Den 25. Juli: Constantius stirbt zu Eboracum. Sein Sohn Fl. Constantinus folgt ihm als Cäsar; Severus von Galerius zum Augustus erhoben.⁸ Aufstand in Rom, infolge

---

3) S. *Vict.* §. 17—19. *Eutr.* 20. *Paneg.* II, 4—5. Aus der letzten Stelle geht hervor, dass die bagaudische gallische Bauern waren, die das schwere Joch, welches sie lange getragen, abzuschütteln suchten, vergl. auch *Paneg.* V. S. — *Vict.* §. 18: Huic postea cultu numinis Herculii cognomentum accessit, uti Valerio Iovium, vergl. *Paneg.* II.

4) S. *Vict.* §. 30 ff.: quoniam bellorum moles, de qua supra memoravimus, acrius urgebat, quasi partito imperio cuncta, quae trans Alpes Galliae sunt (wahrscheinlich auch Spanien, vergl. *Lact.* a. a. O. 81. Constantio commissa, Africa Italiaque Herculio. Illyricique ora adusque Ponti fretum Galerio, cetera Valerius retentavit. Vergl. *Eutr.* 22. *Lact.* 8. Constantius war der Enkel des Claudius von dessen Tochter, s. *Poll. Claud.* 13. Er unterwarf im J. 296 seiner Herrschaft auch Britannien, wo sich im J. 287 Carausius und dann nach dessen Ermordung Allectus als Kaiser aufgeworfen hatten, s. *Vict.* §. 20 bis 21. 39—42. *Eutr.* 21. 22. *Paneg.* X. II.

5) S. *Eutr.* 24—25. *Vict.* 33—36.

6) S. *Lact.* a. a. O. 17—19. Diocletian ging nach Salona, wo er im 8ten Jahre (nach *Zosim.* II. 7 im 3ten, nach dem Chronisten im Jahre 316) darauf starb. Maximianus nach Lucanien, s. *Vict. Epit.* 39. §. 6—7. *Lact.* a. a. O. 42. *Zon.* XII. 32. Maximianus dankte sehr ungern ab, s. *Vict. Caes.*

Catal. scr. 79 und *Chronic. z. J.* 327. Lactantius, Schüler des Arnobius, wurde von Diocletian als Lehrer der Rhetorik nach Nicomedien in Bithynien berufen, s. *Instit.* V. 2, und war seit 317 Lehrer des Cäsar Crispus, s. *Hieron. Chron. z. J.* 318. Von ihm Institutionum divinarum libri VII, und ausser mehreren andern kleinen Schriften die für die Geschichte wichtige *de mortibus persecutorum*, welche in den nächsten Jahren nach 313 geschrieben sein muss. Gestorben um 330.

39. 48 und bes. die merkwürdigen Wendungen des Lobredners nach dem zweiten Auftreten des Maximianus. *Paneg.* V. 8—9.

7) Über diese ganze Zeit bis zum Ende der Bürgerkriege im J. 324 s. *Lact.* a. a. O. 19 bis zu Ende (bis zum J. 313 reichend) *Zosim.* II. 7—27. *Pancgyr.* VI—IX. *Euseb. Hist. Eccl.* VIII—X. und *Vita Const. Eutrop.* X, 1—6. *Aur. Vict.* 40—41. *Excerpta auctoris ign. de Constantio* etc. §. 1—29. *Zon.* XII. 32. XIII, 1. Severus erhielt jetzt Italien (und Afrika). Dazu Ägypten und Syrien. s. *Eutr.* 2. *Vict. Caes.* 40, 1. *Exc. de Const.* §. 5. 9.

8) S. *Lact.* 24—25. *Zosim.* II. 9. 10. *Paneg.* V. 5. IX, 8. *Exc. de Const.* §. 2—4. Constantinus (natus Helena matre vilissima in urbe Naiso, *Exc. de Const.* §. 2) hatte lange im Heere des Galerius gedient, der ihn trotz der Bitten seines Vaters zurückzuhalten suchte. Allein Constantin floh und gelangte bei seinem Vater kurz vor dessen Tode an. Nach diesem Ereignis ernannte ihn das Heer zum Kaiser, und Galerius sah sich genötigt, ihn, wenn auch ungern, wenigstens als Cäsar anzuerkennen. Des Constantius Lob: vir egregius et praestantissimae civilitatis, divitiis provincialium ac privatorum studens, fisci commoda non admodum affectans, dicensque melius publicas copias a privatis haberi, quam intra unum claustrum reservari. *Eutr.* 1. (Nach *Socr. Hist. Eccl.* I. 2 starb Constantius den 25. Juli.)

e) S. *Lact. de m. pers.* 12. 13. *Euseb. II. Eccl.* VIII. 2. Es folgte kurz darauf noch ein zweites, drittes und viertes Edikt, s. *Euseb.* a. a. O. VIII. 2. 6. Die Verfolgung begann mit der Zerstörung der Kirche in Nicomedien; den Edikten zufolge sollten alle Christen mit Gewalt zum Götzendienste gezwungen werden. Nur in Gallien waren die Christen von Verfolgungen frei, weil Constantius gegen sie wohlwollend gesinnt war, s. *Lact.* a. a. O. 15. 16.

J.n.Ch.	J.d.St.	Äussere Geschichte.	Innere Geschichte.
306	1059	dessen Maxentius, der Sohn des Maximianus, und dann auch Maximianus selbst sich zu Kaisern aufwerfen.⁹	
307	1060	*Erster Bürgerkrieg.* Severus' und Galerius' vergebliche Versuche, den Maxentius und Maximianus zu verdrängen; Severus fällt in die Hände seiner Feinde.¹⁰ Sechs Augusti: Galerius, Maximinus, Constantinus, Licinius, Maximianus, Maxentius.¹¹	
310	1063	Maximian stirbt.¹²	
311	1064	Galerius stirbt.¹³	
312	1065	*Zweiter Bürgerkrieg.* Maxentius an der milvischen Brücke von Constantinus geschlagen, ertrinkt im Tiber.¹⁴	
313	1066	*Dritter Bürgerkrieg.* Maximinus bei Adrianopel von Licinius geschlagen, tötet sich auf der Flucht.¹⁵	Den Christen wird durch das Mailänder Edikt im ganzen Reiche Duldung zugestanden.ᶠ
314	1067	*Vierter Bürgerkrieg* zwischen Licinius und Constantinus. Licinius bei Cibalis und Adrianopel geschlagen und zum Frieden genötigt.¹⁶	

9) Der hauptsächlichste Grund der Empörung in Rom war die schwere Schatzung, welche Galerius auch über Rom verhängte, s. *Lact.* 23. Über den Hergang dabei s. die in der folg. Anm. citierten Stellen.
10) S. *Zosim.* II, 9—10. *Lact.* 26—27. *Exc. de Const.* §. 6—7.
11) Licinius wurde von Galerius an Stelle des Severus zum Augustus erhoben. Seine Erhebung gab den Anlass, dass auch die drei Cäsaren denselben Titel annahmen, s. *Lact.* 32.
12) Maximianus Here. wollte seinen Sohn in Rom stürzen; da aber das Heer sich für letztern entschied, sah er sich in die Notwendigkeit versetzt, zu Constantin zu fliehen, s. *Lact.* 29. *Eutr.* 3. Er versuchte nachher Diocletian zur Rückkehr auf den Thron zu bewegen und unterhandelte auch mit Galerius, aber vergeblich. Endlich gewann er in Constantins Abwesenheit einen Teil von dessen Heere für sich, warf sich nach Massilia, ward aber genötigt, sich zu ergeben, und ward bei einem nochmaligen Versuche gegen das Leben des Constantin getötet, s. *Paneg.* IX, 14—20. *Lact.* 29—30. *Zosim.* II, 12. *Eutr.* 3.
13) S. *Lact.* 33—35. Am letzten Tage des April gab er, durch die Schmerzen seiner letzten Krankheit bewogen, noch ein Edikt, worin er die Verfolgungen gegen die Christen zurücknahm. Dieses Edikt steht *Lact.* 34. *Eus. H. Eccl.* VIII, 37. Nach des Galerius Tode drohte ein Krieg zwischen Licinius und Maximinus auszubrechen, der aber noch durch einen Vertrag über eine neue Teilung beigelegt wurde. s. *Lact.* 36. *Eus. H. Eccl.* IX, 6. 10.
14) S. *Paneg.* VI. VII, 21 ff. *Zosim.* II, 14—17. *Lact.* 43—44. Constantin hatte (nach seiner eignen eidlichen Versicherung) vor dem Zuge eine Vision, worin ihm am Himmel das Kreuz mit der Aufschrift τούτῳ νίκα erschien, s. *Euseb. Vit. Const.* I, 28—31. Er liess daher eine Fahne mit diesem Kreuz vor dem Heere hertragen, und auch die Soldaten trugen dieses Zeichen auf ihren Schilden, s. ebend. und *Lact.* 44. Er hatte nach *Zosim.* II, 15 (vgl. Paneg. VI. 3) ein Heer von 90,000 Mann zu Fuss und 8000 Reiter gegen 170,000 des Maxentius. Dem Siege an der milvischen Brücke gingen zwei andere in Oberitalien, bei Turin und Verona, gegen die Feldherren des Maxentius voraus. Constantin schaffte die Prätorianer ab, s. *Vict.* 40. 27. *Paneg.* VI. 21. (Der Tag der letzten Schlacht ist der 25. Oktober. s. *Lact.* 44.) Nach einigem Aufenthalt in Rom kam er in Mailand mit Licinius zusammen, gab ihm seine Schwester Constantia zur Frau und schloss mit ihm ein Bündnis. s. *Lact.* 45. *Exc. de Const.* §. 13.
15) S. *Lact.* 45—48. *Zosim.* II, 17. Der Tag der Schlacht war der 30. April, s. *Lact.* 46. 47. Maximinus starb auf der Flucht in Tarsus.
16) S. *Zosim.* II, 18—20. *Exc. de Const.* §. 15—18. Licinius musste Pannonien, Dalmatien, Dacien, Macedonien und Griechenland dem Constantin abtreten, s. *Eutr.* 5. *Exc.* §. 18. *Sozom. H. Eccl.* 1, 2.

f) Constantin gewährte den Christen sogleich beim Beginn seiner Herrschaft Schutz, und auch Maxentius und Maximianus machten in Italien und Afrika der Verfolgung ein Ende, s. *Lact.* a. a. O. 24. *Euseb. H. E.* VIII, 14. Auch im Orient hörte die Verfolgung, aber nur auf kurze Zeit auf, s. die obige Anm. 13. Das Mailänder Toleranzedikt s. *Lact.* 48. *Euseb. H. E.* X. 5. Durch weitere Gesetze entband Constantin nachher die christlichen Geistlichen von den Municipalämtern, erlaubte Vermächtnisse an katholische Kirchen, verordnete die Feier des Sonntags u. dergl., *Cod. Theod.* XVI, 2, 1. 2. 2, 4. *Cod. Justin.* I. 2. 1. III, 12, 3. Der letzte Kampf zwischen Constantin und Licinius war gewissermassen zugleich ein Kampf zwischen Christentum und Heidentum und der Sieg Constantins also zugleich ein Sieg des Christentums.

J.n.Ch.	J.d.St.	Äussere Geschichte.
323	1076	**Fünfter Bürgerkrieg.** Licinius wird von Constantin bei Adrianopel und Chalcedon geschlagen und fällt in seine Hände.
324	1077	Licinius wird zu Thessalonica getötet.[17]

17) S. *Zosim.* II, 21—28. *Ecc. de Const.* §. 21—29. *Vict. Epit.* 41, 5—7. (Nach des Idatius Chronicon wurde die erste Schlacht den 3. Juli, die zweite den 18. September geliefert.) Licinius ergab sich nach der Schlacht bei Chalcedon nach vorhergegangenen Unterhandlungen und nachdem er von Constantin Versicherungen über seine Zukunft empfangen hatte, aber „contra religionem sacramenti Thessalonicae privatus occisus est", *Eutr.* 6. „Eo modo respublica unius arbitrio geri coepit, liberis Caesarum nomina diversa retentantibus", *Vict. Caes.* 41, 10.

Dritter Abschnitt. 324 bis 476 n. Chr.

a) 324—395.

J.n.Ch.	J.d.St.	Äussere Geschichte.	Innere Geschichte.
324	1077	Constantin der Grosse Alleinherrscher.[1]	Constantin der Begründer einer neuen Epoche dadurch, dass er das Christentum zur Staatsreligion macht,[a] den Sitz seines Hofes nach Constantinopel verlegt,[b] die Einteilung und Verwaltung des Reichs neu organisiert[c] und hierfür einen zahl-

1) *Eutr.* X. 7: Vir primo imperii tempore optimis principibus, ultimo medis comparandus. Minder günstig *Vict. Epit.* 41, 16. Das Urteil der Geschichte über ihn muss besonders auf seine Thätigkeit für die innere Umgestaltung des römischen Reichs gegründet werden, s. Anm. a—e. An seinem Privatcharakter werden die oben Anm. 17 und die in der nächsten Anm. enthaltenen Mordthaten stets als ein untilgbarer Flecken haften. Die Quellen für seine fernere Geschichte sind *Zosim.* II. 29—39. *Eutr.* X, 7—8. *Vict. Caes.* 41, 10—21. *Epit.* 41, 8—17. *Exc. de Const. etc.* §. 30—35. *Euseb. Vit. Const.*

a) Während er bisher den Christen nur Duldung zugestanden hatte, legte er von jetzt an, besonders durch den Bau zahlreicher christlicher Kirchen, seine eigene Gesinnung klar an den Tag, s. *Eus. V. Const.* IV, 28. II, 24—42. 48—60. III, 25 ff. IV. 41 ff. Kurz vor seinem Tode verbot er die heidnischen Opfer, s. *Eus.* a. a. O. II, 45, vgl. *Cod. Theodos.* XVI, 10, 2.
b) Diese Massregel (wie auch die nächstfolgenden) war durch Diocletian vorbereitet, welcher Nicomedien zum Sitze eines Hofes gemacht hatte. Die neuen Regierungsformen konnten nicht wohl in dem Mittelpunkte der alten Republik, wo sich noch immer republikanische Erinnerungen und Formen erhalten hatten, ihren Hauptsitz haben. Über die Gründung von Constantinopel s. bes. *Zosim.* II, 30—32. 35. *Euseb. V. Const.* III, 48. IV, 58—60. Die Einweihung geschah nach Idatius und Chron. Alex. den 11. Mai 330.
c) Das ganze Reich ward in 4 Praefekturen (Oriens, Illyricum, Italia, Galliae), 13 Diöcesen und 117 Provinzen eingeteilt. Über jede Präfektur ward ein Praefectus praetorio gesetzt; neben diesen 4 Präfekten stand noch der Praefectus urbis Romae und (jedoch erst seit 360) der Präfekt von Constantinopel; jede Diöcese hatte einen Vicarius (ausnahmsweise auch Comes genannt). jede Provinz einen Rektor (auch Correctores, Consulares, Praesides genannt). Alle die Genannten waren aber nur Civilbeamte: ihnen waren Rechtspflege, Finanzen, Postwesen, Polizei u. dgl. übertragen. Eine Menge Unterbeamter in mehreren Abstufungen war ihnen beigegeben. An der Spitze des Heeres standen ein Magister peditum und ein Magister equitum, unter diesen standen zunächst die Comites und Duces. Die Legionen waren in die Legiones oder Numeri Palatini und in die Limitanei eingeteilt, und, wie nicht ohne Grund aus *Amm.* XIX. 2, 14 geschlossen wird, viel zahlreicher, aber auch kleiner als ehedem. Den Mittelpunkt der ganzen Regierung und Verwaltung machten aber die 7 Hofstellen aus, die des Praepositus sacri cubiculi, des Magister officiorum, des Quaestor, des Comes sacrarum largitionum, des Comes rerum privatarum divinae domus, der Comites domesticorum equitum et peditum, von denen jeder wiederum eine zahlreiche Beamten- und Dienerklasse unter sich hatte.

J.n.Ch.	J.d.St.	Äussere Geschichte.	Innere Geschichte.
324	1077		reichen, nach einer genauen Rangordnung gegliederten Beamtenstand schafft.[d] Infolge hiervon Erhöhung der Abgaben.[e]
325	1078	. . . .	Die Kirchenversammlung in Nicäa.[f]
326	1079	Constantin lässt seinen Sohn Crispus und seine Gemahlin Fausta ermorden.[2]	
335	1088	Constantin teilt das Reich unter seine Söhne und Neffen.[3]	
337	1090	Er stirbt zu Nicomedien den 22. Mai.[4] Die drei Söhne Constantins des Grossen, Constantinus, Constantius und Constans teilen als Augusti das Reich unter sich; ihre Verwandten werden bis auf Gallus und Iulianus, die Brudcrssöhne Constantius des Grossen, getötet.[5]	
338	1091	Beginn des Krieges gegen die Perser.[6]	

2) S. *Zosim.* II. 29. *Eutr.* X, 6. *Vict: Caes.* 41, 10. *Epit.* 41, 11—12. Crispus wurde zu der Zeit, wo Constantinus zu Rom die Vicennalien feierte (*Zosim.*), zu Pola in Istrien ermordet (*Amm.* XIV, 12. 20), nach Zosimus auf die Verleumdung seiner Mutter, nach Victor „incertum qua caussa."

3) Ausser seinen 3 Söhnen, Constantinus, Constantius und Constans, erhielten die Brudcrssöhne des Constantin, Dalmatius und Annibalianus, jeder einen Teil. S. *Exc. de Const. etc.* §. 35: Gallias Constantinus minor regebat, Orientem Constantius, Africam, Illyricum et Italiam Constans, ripam Gothicam Dalmatius tuebatur. Vergl. *Euseb. Vit. Cons.* IV, 51. *Zosim.* II, 39. *Eutr.* X, 9. *Vict. Caes.* 41, 14. *Epit.* 41, 15. 20.

4) S. *Euseb. Vit. Const.* IV, 61—70. *Eutr.* X, 8. *Vict. Caes.* 41, 15. Er starb, als er auf einem Zuge gegen die Perser begriffen war. Kurz vor seinem Tode liess er sich von Eusebius, Bischof von Nicomedien, taufen.

5) Constantius war es, welcher zuerst nach Constantinopel eilte, und, anscheinend von den Soldaten gezwungen, seine Verwandten töten liess, s. *Zosim.* II, 40. *Julian. ad S. P. Q. Athen.* I. p. 406 ff. (*ed. Pet.*). Die Quellen für die Geschichte bis zu Constantius' Tode sind *Zosim.* II, 40—55. *Eutr.* X, 9—15. *Vict.* 41, 22—42. *Epit.* 41, 18—42. Seit 353 vorzüglich *Ammian. Marc.* XIV—XXI. Die Jahreszahlen bis 353 beruhen vornämlich auf *Hieronym. Chron.* und *Idat. Fast.* (Eutrop. und Victor lassen die Schuld der Ermordung wenigstens zweifelhaft.)

6) Der Krieg wird bis 363 fast ununterbrochen und zwar fast immer unglücklich für die Römer geführt. Der König der Perser war Sapores.

— Wir schöpfen dies alles hauptsächlich aus den dahin einschlagenden Verordnungen im Codex Theodosianus und aus der Notitia dignitatum et administrationum omnium tam civilium quam militarium in partibus orientis et occidentis, einer Art von Staatskalender aus der Zeit Theodosius II., worin die Würdenträger und Beamten mit ihren Insignien aufgezählt sind.

d) In der Notitia dignitatum werden die 4 Rangklassen erwähnt: Illustres, Spectabiles, Clarissimi, Perfectissimi. Die Illustres bestanden aus den Praefecti practorio, den Magistri peditum und equitum und den Inhabern der Ämm. e genannten 7 Hofstellen; zu den Spectabiles gehörten unter andern die Vicarii, die Comites und Duces; die Statthalter der Provinzen waren grossenteils Clarissimi, zum Teil auch Perfectissimi. Eine fünfte nicht in der Notitia enthaltene Rangklasse bildeten die Egregii. Über diese Rangklassen alle erhob noch das Konsulat, die Nobilissimat und das Patriciat, vgl. *Eus. V. Const.* IV, 1. (Selbst innerhalb jener Rangklassen gab es noch Unterschiede, s. *Eus.* a. a. O. *Cod. Just.* XII,

24, 7.) Vgl. *Cod. Theod.* VI, 5, 2: Si quis igitur indebitum sibi locum usurpaverit, nulla se ignoratione defendat, sitque plane sacrilegii reus, qui divina praecepta neglexerit.

e) Ausser den schon bisher eingeführten Steuern wurde das Kopfgeld (erfunden von Diocletian, s. *Lact. de m. pers.* 7. vgl. 23) und das sog. Chrysargyrum wieder eingehoben; zum Behuf des ersteren wurde alle 15 Jahre das Grundeigentum von neuem abgeschätzt und danach ein neuer Kataster angefertigt (daher die Aera indictionum, welche in Perioden von 15 Jahren vom 5. September 312 an gezählt wird); das Chrysargyrum ward alle 4 Jahre mit grosser Willkür erhoben. Das Drückende der Abgaben wird von vielen Schriftstellern beklagt, s. z. B. *Zosim.* II, 38. *Vict. Caes.* 41, 20. Durch die Trennung der Militär- und Civilgewalt und die Verkleinerung und Verteilung der Legionen wurde ferner auch die Streitkraft des Reichs geschwächt, s. *Zos.* II, 33.

f) Auf diesem Concil wurde unter dem Vorsitz des Kaisers die Lehre des Arius als ketzerisch verdammt, s. *Euseb. Vit. Const.* II, 61—73. III, 5—21. *Theodoret. H. E.* I, 4 ff.

J.n.Chr.	J.d.St.	Äussere Geschichte.	Innere Geschichte.
340	1093	Constantius überzieht seinen Bruder Constans mit Krieg, wird aber ermordet.[7]	
350	1103	Constans im Krieg gegen den Gegenkaiser Magnentius ermordet.[8]	
351	1104	Constantius schlägt den Magnentius bei Mursa. Gallus zum Cäsar ernannt.[9]	
353	1106	Magnentius stirbt.[10]	Constantius verbietet den heidnischen Kultus gänzlich.[g]
354	1107	Constantius lässt den Gallus töten.[11]	
355	1108	Julian zum Cäsar ernannt. Seine glücklichen Kriege in Gallien gegen Alamannen und Franken.	
357	1110	Die Alamannen bei Argentoratum geschlagen.[12]	
360	1113	Julian wird von den Truppen zum Augustus ausgerufen, zieht gegen Constantius, welcher auf dem Marsche gegen ihn	
361	1114	den 5. Oktober zu Mopsucrenä stirbt.[13] Flavius Iulianus Alleinherrscher.[14]	

7) S. *Zosim.* II, 41. *Eutr.* X, 9. *Vict. Epit.* 41, 21. Nach Zosimus war jedoch Constans der Urheber des Krieges. Constantin wurde bei Aquileja (*Eutr.*) durch Meuchelmörder getötet.

8) S. *Zosim.* II. 42. *Eutr.* X, 9. *Vict. Caes.* 41, 23.

9) S. *Zosim.* II, 54. *Eutr.* X. 12. *Vict. Caes.* 42, 8. *Epit.* 42, 1.

10) Er tötete sich selbst, von allen verlassen, in Lugdunum. S. *Zosim.* II, 45—53. *Vict. Caes.* 42. 1—9. vergl. *Julian. Orat.* I.

11) S. *Amm.* XIV, 11. *Jul. ad S. P. Q. Athen.* I. p. 400 bis 502.

12) Über die ausgezeichneten Kriegsthaten Julians in Gallien besitzen wir die ausführliche Darstellung *Amm.* XVI. 1 bis XVIII, 2, welche nur wenig durch die übrigen Ereignisse dieser Jahre unterbrochen ist. Die Schlacht bei Strassburg ist *ebend.* XVI, 12 beschrieben. Julianus selbst erzählt seine Thaten in der an die Athenienser gerichteten, in der vorigen Anm. 11 genannten Epistel. (Ebendaselbst giebt er auch Nachricht über seine Schicksale vor seiner Erhebung zum Cäsar, s. p. 502 ff. vergl. *Amm.* XV, 2, 7—9, 8, 1 ff.)

13) Über Julians Erhebung zur Würde des Augustus, welche durch eine unbillige Forderung des Constantius herbeigeführt wurde, s. *Amm.* XX, 4—5. *Julian. ad S. P. Q. Athen.* I. p. 521 ff. Er schrieb darauf an Constantius und ersuchte ihn, seine Erhebung anzuerkennen, wurde aber damit abgewiesen. s. *Amm.* XX, 7—8. vgl. *Jul. a. a. O.* p. 523 ff. Er brach dann mit seinem Heere auf und gelangte im nächsten Jahre bis nach Naissus in Moesien, wo er den Tod des Constantius erfuhr. Constantius war auf seinem Marsche gegen Julian bis nach Mopsucrenae in Cilicien gekommen, wo er starb, s. *Amm.* XXI. Über seinen Tod s. *ebendas.* XXI, 15. Über dessen Charakter s. *Amm. ebend.* 16. §. 15. Über seine Grausamkeit insbes. s. *Amm.* XIV, 5. XV, 1, 3. Vergl. *Eutr.* X, 15. *Vict. Caes.* 42, 22 bis zu Ende. *Epit.* 42. 18—21.

14) Folgendes ist die kurze, aber treffende Schilderung, welche Eutrop, sein Begleiter auf dem persischen Feldzuge, von Julians Charakter giebt (X. 16): Vir egregius et rem publicam insigniter moderaturus. si per fata licuisset. Liberalibus disciplinis apprime eruditus, graecis doctior atque adeo. ut latina eruditio nequaquam cum graeca scientia convenirct, facundia ingenti et prompta, memoriae tenacissimae, in quibusdam philosopho propior. In amicos liberalis, sed minus diligens, quam tantum principem decuit: fuerunt enim nonnulli, qui vulnera gloriae eius inferrent. In provinciales instissimus et tributorum, quatenus fieri possct, repressor, civilis in cunctos, mediocrem habens aerarii curam, gloriae avidus ac per eam animi plerumque immodici, [nimius] religionis Christianae insectator, perinde tamen ut cruore abstineret. Marco Antonino non absimilis, quem etiam aemulari studebat. Hiermit stimmen Ammian (besond. XXV, 4. vergl. XXII, 4. 7, 3—4), Zosimus, Victor u. a. überein, vorzüglich aber auch seine Schriften (die Caesares, die Reden, Briefe und der Misopogon). Anders freilich die christlichen Schriftsteller, z. B. Gregor von Nazianz, Cyrillus. Seine Thätigkeit vom Antritt der Alleinherrschaft bis zum persischen Kriege ist beschrieben *Amm.* XXII—XXXIII, 1.

---

g) S. *Cod. Theod.* XVI, 10, 2—4. Die Heiden pflegten sich jetzt auf dem Lande zu verbergen, daher Pagani genannt (zuerst im Jahre 308, s. *Cod. Theod.* XVI, 2, 18).

J.n.Ch.	J. d. St.	Äussere Geschichte.	Innere Geschichte.
361	1114		Julianus (Apostata) sucht das Heidentum herzustellen.ʰ
			Fl. Eutropius; S. Aurelius Victor; S. Rufus.ⁱ
			Der Grammatiker Älius Donatus.ᵏ
363	1116	Julian stirbt auf einem Feldzuge gegen die Perser, den 26. Juni.¹⁵	
		Sein von den Truppen ernannter Nachfolger, Flavius Iovianus,¹⁶ schliesst einen schimpflichen Frieden mit Sapor,¹⁷ und	Jovian hebt die nachteiligen Verordnungen Julians gegen das Christentum wieder auf.ˡ
364	1117	stirbt auf der Rückreise den 16. Februar.¹⁸	
		Ihm folgt Fl. Valentinianus, welcher seinen Bruder Valens zum Mitkaiser ernennt und ihm den Osten anvertraut.¹⁹ Valentinian, streng, grausam, aber tapfer, schützt die Gren-	Valentinian verkündet in seinem Reiche Religionsfreiheit, während der Arianer Valens die Athanasianer verfolgt.ᵐ

---

15) S. *Amm.* XXIII, 2. — XXV, 4. Er brach don 5. März von Antiochien auf, s. ebend. XXIII, 2, 6, und nachdem er den Procopius über Armenien nach Assyrien abgeschickt hatte, verfolgte er den Lauf des Euphrat, während dieser Strom seine Flotte trug. Auf einem ehedem von Trajan und Severus gegrabenen Kanale bringt er die Flotte nach dem Tigris (s. ebend. XXIV, 6, 1), setzt über diesen, kann aber Ctesiphon trotz einer gewonnenen Schlacht nicht nehmen. Sein Ungestüm verleitet ihn, die Flotte zu verbrennen und den Feind weiter ins Inland zu verfolgen, wo er dann bald Mangel zu leiden anfängt. Er eilt darauf nach dem Tigris und sucht diesen aufwärts verfolgend nach Corduena zu entkommen. Auf diesem Rückzuge wird er verwundet und stirbt an den Wunden, s. ebend. XXV. 5, 1.

h) Er entzog den Christen die ihnen bisher erteilten Vorrechte und verbot ihnen, als öffentliche Lehrer der Nationallitteratur aufzutreten; dagegen suchte er das Heidentum auch durch Übertragung christlicher Einrichtungen und Grundsätze zu heben, s. *Amm.* XXII, 5, 13. 10. 7. XXV, 4, 20. *Oros.* VII, 30. *Cod. Theod.* X, 3, 1. *Julian, Epp.* 42. 49. 52. *Sozom.* II. E. V, 16. *Greg. Nazianz. ad Iul. or.* III.

i) Über Eutrops Leben ist die einzige sichere Stelle in seinem Breviarium selbst X, 16, woraus wir sehen, dass er den persischen Feldzug unter Julian mitmachte; ferner sagt er, dass er sein Werkchen auf Befehl des Valens verfasst habe (vgl. *Amm.* XXIX, 1, 36). Dasselbe ist gegen das Ende, wo er Ereignisse erzählt, die er selbst erlebte oder denen er wenigstens ganz nahe stand, von höherem Werte. — Von den 4 dem Aurelius Victor beigelegten Schriften, nämlich de origine gentis Romanae, de viris illustribus, de Caesaribus und Epitome, ist nur die dritte demjenigen zuzuschreiben, welcher *Amm.* XXI, 10, 6 als Geschichtschreiber und als Konsular und Praefectus urbi erwähnt wird, vgl. die Inschriften *Orell.* J. *Sel.* II. Nr. 3715. *Corn. J. Lat.* VI. 1186 und bei ihm selbst XVI, 12. XX, 5. XXVIII, 2. XL, 16. XLI. 10. XLII, 20. Dieselbe schliesst mit Constantius' Tode. Die zweite und vierte

16) S. *Amm.* XXV, 5 — 10. *Eutr.* X. 17 — 18 (bis zu Ende). *Vict. Epit.* 44. Vergl. *Themist. Paneg. in Iovian.*

17) *Amm.* XXV, 7, 5 — 8, 3. Durch diesen Frieden ging das unter Diocletian Gewonnene (s. S. 130. Anm. 5) und ausserdem die Städte Nisibis, Singara, die Festung Castra Maurorum für die Römer verloren.

18) S. *Amm.* XXV, 10, 12 — 17. *Eutr.* X, 18. *Eutr.:* Decessit imperii mense septimo. XIV. Kal. Martias.

19) (Nächst Ammianus ist für die Geschichte dieser beiden Kaiser noch *Vict. Epit.* 45 — 46. *Zosim.* III, 36 — IV, 24 zu vergleichen.) Valentinian tritt seine Regierung den 26. Februar an, und macht Valens den 28. März zu seinem Mitregenten, s. *Amm.* XXVI. 1 — 2. 4 — 5 „participem quidem habens einen andern unbekannten Verf.; die erste ist ein dem Victor später untergeschobenes Produkt mit zahlreichen Fälschungen von Citaten. — Von S. Rufus, welcher auch Rufus Festus oder Festus Rufus genannt wird, erfahren wir durch ihn selbst, dass er sein Breviarium rerum gestarum populi Romani auf Befehl des Valens verfasst habe. Unter seinem Namen existiert auch noch ein Werkchen de regionibus urbis Romae.

k) Von Donat haben wir Ars grammatica tribus libris comprohensa und einen Auszug seines Kommentars zu fünf Komödien des Terenz. Andere Grammatiker aus dieser und der folgenden Zeit sind: Fab. Maximus Victorinus, S. Pompejus Festus, Fl. Mallius Theodorus, Fl. Sosipater Charisius, Diomedes und im 6. Jahrh. Priscianus.

l) Über seine Hinneigung zu dem Christentume s. *Amm.* XXV. 10, 15. Vergl. *Sozom.* VI, 3. *Theodoret.* V, 20. Indes mochte die Lage des Reichs ihm nicht erlauben, die Gesetze Constantius' gegen das Heidentum zu erneuern, vergl. *Themist. or. cons. ad Iov.*

m) S. *Amm.* XXX, 9, 5. *Cod. Theod.* IX, 16, 9. Vergl. die folg. Anm. r. Über Valens s. *Socrat. H. E.* IV, 32. *Sozom.* VI, 36.

Fünfte Periode. 30 v. Chr. bis 476 n. Chr. Rom unter Kaisern.

J.n.Ch.	J.d.St.	Äussere Geschichte.	Innere Geschichte.
364	1117	zen von Gallien und Britannien vor feindlichen Einfällen.²⁰	
366	1119	Die Alamannen geschlagen.²¹	
367	1120	Valentinian ernennt seinen Sohn Gratianus zum Augustus.²²	
370	1123	. . .	Valentinian richtet Schulen ein.ⁿ Hieronymus und Ambrosius.ᵒ D. Magnus Ausonius.ᵖ Ammianus Marcellinus.ᵠ
375	1128	Valentinian stirbt auf einem Zuge gegen die Quaden und Sarmaten, den 17. November.²³ Der vierjährige Valentinian II. wird neben Gratian zum Augustus des Occidents erhoben.²⁴	
376	1129	Die Westgoten (Thervingi) unter Alavivus und Fritigern, vor den Hunnen fliehend, werden, 200,000 Mann stark, in das römische	

legitimum potestatis, sed in modum adparitoris morigerum." s. XXVI, 4, 3.

20) Zur Chatakteristik des Valentinian s. *Amm.* XXVII, 7, 4—9. 9, 4. XXIX, 3. 9 bes. XXX, 7—9. *Vict. Epit.* 45. 4—6. Über die Lage der Grenzländer bei seinem Regierungsantritt s. *Amm.* XXVI, 4, 5: Gallias Raetiasque simul Alamanni populabantur, Sarmatae Pannonias et Quadi, Picti Saxonesque et Scotti et Atacotti Britannos acrumnis vexavere continuis, Austoriani Mauricaeque aliae gentes Africani solito acrius incursabant, Thracias et diripiebant praedatorii globi Gothorum. Persarum rex manus Armeniis iniectabat. Über die Franken und Sachsen s. XXVII, 8, 5. Valentinian verwandte seine besondere Aufmerksamkeit auf die Anlegung einer Linie von Vesten längs dem Rhein und der Donau, s. *ebend.* XXVIII, 2, 1. XXIX, 6, 2. XXX, 7, 6.

21) S. *Amm.* XXVI, 5, 9. 14. XXVII, 1—2. Die Hauptschlacht geschah „prope Catalaunos". XXVII, 2. 5. Der Krieg

war aber damit noch nicht beendigt. Valentinian setzte im Jahre 368 über den Rhein und schlug dieselben Feinde bei Solicinium (Schwetzingen), s. *ebend.* XXVII, 10. Vergl. auch noch XXIV, 4. XXX, 3. u. 5.

22) S. *Amm.* XXVII, 6. Ein Urteil über Gratian s. *ebend.* XXXI, 10. 18: praeclarae indolis adulescens, facundus et moderatus et bellicosus et clemens, ad aemulationem lectorum progrediens principum, dum etiamtum lanugo genis inserperet speciosa, ni vergens in ludibriosos actus natura, laxantibus proximis, semet ad vana studia Caesaris Commodi convertisset, licet hic inormentus. Vergl. *Vict. Epit.* 47. (Ihm ist der Panegyricus des Ausonius (XII.) gewidmet).

23) S. *Amm.* XXIX, 6. XXX, 5—6.

24) Valentinian war der Bruder Gratians, aber von einer andern Mutter, Justina. Seine Erhebung geschah durch die Höflinge, bes. Merobaudes, ward aber von Gratian gern und bereitwillig anerkannt, s. *Amm.* XXX, 10, 4—6.

n) S. *Cod. Theod.* XIV, 9, 1. 2, vergl. *ebend.* XIII, 3, 6—10.

o) Sophronius Eusebius Hieronymus aus Stridon lebte seit 386 als Vorsteher einer Mönchsgesellschaft in Bethlehem, starb 420. Er verfasste zahlreiche exegetische Schriften, und übersetzte das Chronikon des Eusebius und führte es bis 379 fort. Ausserdem haben wir von ihm 116 Briefe. — Ambrosius war seit 374 Bischof von Mailand, starb 397, ein eifriger Gegner des Arianismus. Seine Schriften, dogmatischen und exegetischen Inhalts, und 92 Briefe, sind von geringem Werte.

p) Ausonius aus Burdigala war Konsul im Jahre 379 und dankte dem Gratian dafür in dem oben Anm. 22 genannten Panegyricus. Seine zahlreichen dichterischen Arbeiten bestehen aus Epigrammen, Briefen, Epitaphien u. a.; unter seinen 20 Idyllen ist die 10 te, mit der Überschrift Mosella, durch dichterischen Wert ausgezeichnet. Sein Tod wird ins Jahr 392 gesetzt.

q) Über ihn ist ausser dem, was wir in seinen Schriften lesen, nichts bekannt. Aus diesen ersehen wir, dass er den Magister militum Ursicinus auf mehreren seiner Züge als Protector domesticus begleitete, s. XIV, 9, 1. 11. 5. XV, 5, 22. XVI, 10, 21. XVIII, 6, und den persischen Feldzug des Julian mitmachte, s. XXIII, 5. 7. XXV, 10, 1. Seit Valentinians Regierungsantritte scheint er den Kriegsdienst verlassen und sich in Rom aufgehalten zu haben; dass er sich überhaupt in Rom aufgehalten, geht aus einem von Henricus Valesius mitgeteilten Brief des Libanius an ihn hervor. Daraus, dass er XXVI, 5, 14 das Konsulat des Neotherius erwähnt, ergiebt sich, dass er dieses Buch erst nach 390 geschrieben haben kann. Er nennt sich selbst vornehm von Geburt, s. XIX, 8, 6, und einen Griechen, XXXI, 16, 9. Von seinen 31 Büchern der Kaisergeschichte besitzen wir noch die 18 letzten. Vergl. oben S. 110. Er schliesst dieselbe mit den Worten: Haec ut miles quondam et Graecus a principatu

Dritter Abschnitt. 324—476 n. Chr. 137

J.n.Ch.	J. d. St.	Äussere Geschichte.	Innere Geschichte.
376	1129	Gebiet aufgenommen.²⁵ Ihnen folgen Ostgoten (Greuthungi) unter Alatheus und Saphrax.²⁶ Jene, von Lupicinus betrogen, greifen zu den Waffen und plündern das römische Gebiet.²⁷	
377	1130	Die Feldherren des Valens, Profuturus und Trajanus, suchen die auch durch Hunnen und Alanen verstärkten Feinde einzuschliessen. Unentschiedene Schlacht bei Salices. Fortgesetzte Plünderungen.²⁸	
378	1131	Valens erleidet den 9. August eine gänzliche Niederlage bei Hadrianopel und fällt.²⁹ Die Süddonauländer, bis auf wenige feste Städte, den Goten preisgegeben.³⁰	
379	1132	Theodosius, von Gratian zum Kaiser des Ostens ernannt,³¹ führt den Krieg gegen die Goten mit Kraft und Glück.	
381	1134	. . . .	Theodosius verfolgt die Arianer und die Heiden.ʳ Q. Aurelius Symmachus.ˢ

25) Über diesen ersten Stoss der Völkerwanderung s. *Amm.* XXXI. Vergl. *Zosim.* IV, 20—24. *Jord. de r. Get.* 23—26. *Oros.* VII, 33. Die Grenze der Goten war nach Norden und Osten der Don, jenseits desselben wohnten die Alanen, s. *Amm.* XXXI, 2, 13. Auf die letztern warfen sich die Hunnen (von denen Ammian eine sehr lebendige Schilderung giebt, s. XXXI, 2, 1—10. Vergl. *Jord.* 24). Die Alanen werden geschlagen, und der Rest vereinigt sich mit den Hunnen, s. *Amm.* XXXI, 3, 1. Diesseits des Don herrschte der Amalinger Hermanrich, dessen Herrschaft sich bis zum baltischen Meerbusen erstreckte, s. *Jord.* 23. Er tötete sich bei der Annäherung des Feindes. Sein Nachfolger Vithimiris wird geschlagen und fällt; Athanarich, der Westgotenfürst, sucht dem Feinde den Übergang über den Dniester in sein Reich zu verwehren, wird aber getäuscht und flieht, seine Westgoten aber gehen mit Erlaubnis des Valens über die Donau, s. *Amm.* XXXI, 3—4.

26) S. *Amm.* XXXI, 4, 12. 5, 3.

27) Lupicinus enthielt den Westgoten aus Habsucht die Lebensmittel vor und versuchte sich der Personen der Hauptaufführer in Marcianopel zu bemächtigen, s. *Amm.* XXXI, 5, 1—8. Die Plünderungen s. *ebend. Kap.* 6.

28) S. *Amm.* XXXI. 7, 8. 4—9, 5. Salices (in der Nähe der südlichsten der Donaumündungen), *Ammian.* XXXI, 7, 5. Hunnen und Alanen, s. *ebend.* XXXI, 8, 4.

29) S. *Amm.* XXXI, 11—13. Der Tag der Schlacht s. *Amm.* XXXI, 12, 10. 13, 18: Constat vix tertiam evasisse exercitus partem. Verschiedene Nachrichten über des Valens Todesart s. *Amm.* XXXI, 13, 12—17. 14. 1. Sein Charakter s. *ebend.* XXXI, 14, 1—7.

30) Nach der Schlacht wurde Hadrianopel von den Goten gestürmt, aber vergebens, s. *ebend.* XXXI. 15, dann Perinth ebenso vergebens, s. *ebend.* XXXI, 16, 1—2. Auch von Constantinopel mussten sie zurückweichen, *ebend.* XXXI. 16, 3—7, 7: exinde digressi sunt effusorie per Arctoas provincias, quas peragravere licenter ad usque radices Alpium Iuliarum.

31) Theodosius wurde von Spanien, wo er als Privatmann lebte, herbeigeholt, s. *Vict. Epit.* 47, 3. nach den Chroniken „XIV. Kal. Febr." Über seinen Charakter fällt der sonst gegen ihn parteiisch gesinnte Zosimus folgendes, wie es scheint, richtige Urteil (IV, 50): ἥ ἐστι ὢν ἐπιεικής, φρόνημά τι πάσῃ καὶ οἷς προεῖπον ἐγκείμενος λυπηρὸν μὲν αὑτὸν οὐδενὶ ᾔ δέος ἐνόντος ἐναχθέσθαι ἐπιδίδου τῇ φύσει, καθιστάμενος δὲ εἰς ἀνάγκην πολεμεῖν κατά τι τὰ καθιστώτα προσδοκώμενον ἀπεττίθετο μὲν τὴν ῥᾳθυμίαν καὶ τῇ τρυφῇ χαίρειν εἰπὼν εἰς τὸ ἀνδρωδέστερον καὶ ἐπίπονον καὶ πληπαθὲς ἀνεχώρει. vergl. *Vict. Epit.* 48, 8 ff. Die Geschichte seiner Regierung ist von Zosimus (IV, 24—50) und Victor in der Epitome beschrieben; für die Kenntnis der innern Zustände und für die Ausführung des einzelnen in seiner Geschichte sind die Sophisten Libanius und Themistius, der Rhetor Pacatus, ferner Claudian, Chrysostomus, Ambrosius, Synesius und Symmachus hier zu da zu benutzen.

s) Symmachus war 370 Prokonsul von Afrika, 384 Praefectus urbi, 391 Konsul, ein eifriger Anhänger des Heidentums und der heidnischen Gelehrsamkeit; daher er auch in dem in der vorherg. Anm. r. aufgeführten Briefe des Theodosius Verordnungen, obgleich vergeblich, abzuwehren suchte. Er schrieb Reden und Briefe, von letzteren sind 10 Bücher vorhanden, von ersteren nur Bruchstücke von 9 Reden, welche in der neuesten Zeit von Mai entdeckt worden sind. Vgl. über ihn *Amm.* XXI. 12. 24. XXVII. 3. 3. *Orell. J Scl.* Nr. 1186. 1187.

Caesaris Nervae exorsus adusque Valentis interitum pro virium explicavi mensura, opus veritatem professum, nunquam, ut arbitror, scieus silentio ausus corrumpere vel mendacio.

r) Bis 381 war die Duldung, welche Valentinian 1. ausgesprochen und verordnet hatte, aufrecht erhalten worden. Von jenem Jahre an schritt Theodosius in seinen Verordnungen gegen das Heidentum nach und nach vor, bis er endlich 392 alle Arten des Götzendienstes bei den schwersten Strafen verbot, s. *Cod. Theod.* XVI, 1. 10, 7. 10. 11. 12. Vergl. *Symm. Epp.* X, 61. *Libanius, ὑπὲρ τῶν ἱερῶν. Socrat. H. E.* V, 16. *Zosim.* IV. 33. 37. 59.

Peter, Röm. Zeittaf. 6. Aufl. 18

J.n.Ch.	J.d.St.	Äussere Geschichte.
382	1135	Die Westgoten unterwerfen sich und erhalten Wohnsitze in Thracien und Mösien; 40,000 derselben treten in das Heer des Theodosius ein.[32]
383	1136	Maximus wird von dem Heere in Britannien zum Kaiser ausgerufen und nach Ermordung Gratians von Theodosius anerkannt. Valentinian II. soll Italien und Afrika behalten.[33]
387	1140	Maximus fällt in Italien ein; Valentinian II. flieht;
388	1141	Theodosius schlägt den Maximus und lässt ihn hinrichten.[34]
392	1145	Valentinian II. wird durch Arbogastes getötet, welcher den Eugenius zum Kaiser macht.[35]
394	1147	Eugenius von Theodosius geschlagen und getötet;[36] worauf Theodosius mit seinen beiden Söhnen Arcadius und Honorius das Reich allein beherrscht.
395	1148	Den 17. Jan. Theodosius der Grosse stirbt, das Reich wird unter seine beiden Söhne geteilt. Beide Hälften werden hiermit für immer getrennt.[37]

32) S. *Zosim.* IV, 25—33, *Chron. Idat. Marcell. Jord. de r. Get.* 27—28. *Ammian.* XXXVII, 9—10. *Oros.* VII, 34. *Vict. Epit.* 48, 5. Vergl. *Themist. or.* XIV. Die in das Heer aufgenommenen Goten heissen Foederati, s. *Jord.* a. a. O. 28. *Pacat. Paneg.* XIII, 32.

33) S. *Zosim.* IV, 35, 37. Vgl. die folg. Anm. 34.

34) Die ausführlichste Darstellung der Empörung und Besiegung des Maximus ist in dem kurz darauf in Rom gehaltenen Panegyricus des Pacatus (s. S. 129. Anm. b) enthalten, XIII, 23—40. Vergl. *Zosim.* IV, 42—47. *Oros.* VII, 34—35. *Vict. Epit.* 48, 6. Maximus hatte seinen Sohn Victor zum Cäsar erhoben und ihn in Gallien gelassen. Gegen diesen wurde der Magister militum Arbogastes, ein Franke, geschickt, der ihn tötete. Valentinian ward darauf wieder in die Herrschaft des Westens eingesetzt.

35) S. *Zosim.* IV, 53—54. Valentinian wurde zu Vienna getötet, als er es versuchte, dem Übermut des Arbogastes

(s. die vorherg. Anm. 34), der in Gallien nach Willkür schaltete, entgegenzutreten. Nach *Marcell. Chron.* vgl. *Epiphan. de pond. et mens.* 20 geschah es am 16. Mai.

36) S. *Zosim.* IV, 55—58. Vergl. *Claudian. de III. cons. Hon.* 63—105. *de IV. cons. H.* 70—117. *Oros.* VII, 35. (*Ambros. Ep.* 62. *Augustin. de civ. d.* V, 26. *Sozomen. H. E.* VII, 24. *Theodoret.* V, 24.) Die Schlacht geschah unfern Aquileja, Eugenius ward gefangen und getötet. Arbogastes tötete sich darauf selbst.

37) S. *Zosim.* IV, 59. Er starb in Mailand den 17. Januar, s. *Socr. H. E.* V, 26, VI, 1. *Chron. Alex.* Arcadius war bereits im J. 383, s. *Socr.* V, 10. *Idat. Fast.*, Honorius im J. 393 zum Augustus ernannt worden, s. *Socr.* V, 25. *Prosper.* und *Marcellin.* vgl. *Zosim.* IV, 59. Honorius war jetzt 12 Jahre alt, s. *Chron.* zum J. 383. Zu seinem Anteil gehörte ausser Italien, Gallien, Britannien, Spanien und Afrika auch Dalmatien, Noricum, Pannonien und Rätien, s. *Zosim.* V, 46. 48.

b) 395—476.

J.n.Ch.	J.d.St.	Äussere Geschichte.	Innere Geschichte.
395	1148	Honorius schlägt seinen Wohnsitz in Mailand auf. Stilicho regiert statt seiner das Reich.[1]	Der Dichter Claudius Claudianus.[a]

1) Über Honorius' Regierung sind ausser Zosimus, dessen Geschichte im Jahre 410 abbricht, noch besonders Claudian (s. unten Anm. a), Olympiodor (bei Photius, Cod. 80), Jordanes und Procopius (de bello Vandalico) zu benutzen. Stilicho war nach *Olympiod.* p. 179 ed. *Rothom. Claudian. d. III. cons. H.* 153. *de IV. cons. H.* 432 auch zum Vormund des

Arcadius bestimmt, vgl. *Zosim.* V, 4. 34. Indes bemächtigte sich im Osten Rufinus der Herrschaft, und nachdem dieser noch im Jahre 395 auf Veranstalten Stilichos gestürzt war, s. *Claudian. in Rufin. libri II. Zosim.* V, 7. trat der Eunuch Eutropius an seine Stelle.

a) Claudian war aus Alexandrien, s. *Ep.* 1. 20. V, 3, ein Günstling Stilichos, dessen Ruhm in vielen seiner Gedichte verkündigt wird; er war ein für seine Zeit vortrefflicher Dichter, von dem wir Idyllen, Epigramme, Briefe und Gedichte

J.n.Ch.	J.d.St.	Äussere Geschichte.	Innere Geschichte.
396	1149	Der Anführer der Westgoten, Alarich, plündert Griechenland, wird aber	Der Kirchenvater Aurelius Augustinus.[b]
397	1150	durch Stilicho daraus verdrängt.[2]	Aurelius Macrobius.[c]
402	1155	Alarich fällt in Italien ein, wird aber	Paulus Orosius.[d]
403	1156	von Stilicho bei Pollentia und bei Verona besiegt und zum Rückzuge nach Illyricum gezwungen.[3] Honorius verlegt seinen Wohnsitz nach Ravenna.[4]	Der Dichter Claudius Rutilius Namatianus.[e]
406	1159	Radagas fällt mit verschiedenen germanischen Völkern in Italien ein, wird aber bei Florenz von Stilicho eingeschlossen, und kommt mit einem grossen Teile seines 200,000 Mann starken Heeres um.[5] Vandalen, Alanen, Sueven, Burgundionen überschwemmen Gallien.[6]	

2) Alarich, ein Anführer der Foederati im Osten, war durch Rufinus zu diesem Zuge veranlasst worden; Stilicho hatte ihn schon am Berge Pholoe in Elis eingeschlossen, allein Alarich entkam nach Illyrien, dessen Statthalterschaft ihm von dem Kaiser des Ostens übertragen wurde, s. *Zosim.* V. 5—6. *Claudian. de laud. Stil.* I. 172—186. *de IV. cons. H.* 459 bis 487. *Chron. Marc.*
3) (Zosimus erwähnt diesen Zug nicht.) S. *Claud. de bell. Get.* und *de VI. cons. H. Oros.* VII, 37. *Iord.* 29—30.
4) S. *Zosim.* V. 30. wo jedoch dieses Ereignis etwas später angesetzt wird. Dass es aber jetzt stattfand, geht daraus hervor, dass von jetzt an die Gesetze im Cod. Theod. in der Regel von Ravenna datiert sind. Ravenna, in der alten Zeit ähnlich gelegen wie jetzt Venedig, empfahl sich durch seine Festigkeit.

5) S. *Oros.* VII, 37. *August. de civ. d.* V, 23. *Zosim.* V. 26. *Olympiod.* p. 180. ed. *Rotham.* Die Völker, die mit ihm kamen, waren Vandalen, Alanen. Sueven und Burgundionen. Das Jahr ist nach *Cod. Theod.* VII, 13. 16 und *Marcell. Chron.* bestimmt. Wurde, wie Prosper Tiro sagt, nur der dritte Teil aufgerieben, so sind in den in der Anm. 6 zu erwähnenden Völkern gleichen Namens wahrscheinlich die beiden andern Drittteile zu erkennen.
6) S. *Zosim.* IV, 3. *Oros.* VII. 38. *Gregor. Turon.* II, 9. Nach Zosimus wie nach den Chroniken geschah es noch im Jahre 406, nach den letzteren am letzten Tage dieses Jahres. Die Burgundionen erhielten im J. 413 feste Wohnsitze am Rhein, s. *Prosper. Aq.*, wie es scheint, mit Worms als Hauptstadt. Über die anderen oben genannten Völker s. Anm. 9.

besonders panegyrischen Inhalts besitzen (Panegyricus in Probini et Olybrii consulatum, in Rufinum lib. II, de tertio consulatu Honorii panegyris etc.). Honorius und Arcadius liessen ihm ein Standbild errichten, dessen Inschrift s. *Orell. Inscr.* Nr. 1182.
b) Augustin, der geistvollste der lateinischen Kirchenväter, erst Manichäer, dann, nachdem er 387 von Ambrosius bekehrt war, der Manichäer und der Pelagianer eifrigster Gegner, von 395 bis 430 Bischof zu Hippo Regius. Von seinen zahlreichen Schriften sind am meisten bemerkenswert: de civitate dei libb. XXII, de doctrina christiana libb. IV, confessiones libb. XIII, retractationes libb. II.
c) Ob Macrobius der im *Cod. Theod.* VI, 8, 1 erwähnte Praepositus cubiculi gleichen Namens sei, ist nicht sicher zu entscheiden. Die Personen, welche in den Saturnalien als redend eingeführt werden. finden wir in Inschriften *Orell.* Nr. 1120. 1137. 1188. Aus den Schriften selbst ergiebt sich, dass er unter Theodosius dem Jüngern lebte. Er schrieb:

Commentariorum in somnium Scipionis libri II. conviviorum Saturnaliorum libri VII, de differentiis et societatibus Graeci Latinique verbi.
d) Er schrieb unter dem Titel: *Historiarum libri VII adversus paganos* auf die Aufforderung des Augustinus einen Abriss der Weltgeschichte bis 417 n. Chr., d. h. bis auf seine Zeit, mit dem Zwecke zu beweisen, dass des Elends und Blutvergiessens vor Einführung des Christentums noch mehr gewesen sei als nachher, s. *Oros. praef. Augustin. Ep.* 166. 169, 13. *Marcellin. Chron. zum J.* 416.
e) Er verfasste Itinerarium oder, wie er sein Gedicht selbst genannt zu haben scheint, de reditu libri II, von denen das zweite zum grossen Teil verloren ist. Sein Vaterland war wahrscheinlich Pictavium in Gallien, s. I. 208; er war von vornehmer Herkunft, s. I. 575 ff. und hatte selbst die Praefectura urbis bekleidet. s. I, 467 ff. Die Abfassungszeit seines Gedichts ist 416, s. I. 135 ff.

18*

J.n.Ch.	J.d.St.	Äussere Geschichte.
408	1161	Alarich wieder in Italien und, nachdem Stilicho ermordet worden, vor Rom. Die Plünderung wird durch Gold losgekauft.[7]
409	1162	Alarich zum zweiten Male vor Rom. Er macht Attalus zum Kaiser.[8]
410	1163	**Die Vandalen, Sueven, Alanen lassen sich in Spanien nieder.**[9] Alarich zum dritten Male vor Rom. Er erobert und plündert es, stirbt aber bald darauf, als er im Begriff ist, nach Sicilien und Afrika überzusetzen.[10]
412	1165	Ataulf, der Nachfolger Alarichs, geht mit den Westgoten nach Gallien, wo
415	1168	**Wallia das westgotische Reich mit der Hauptstadt Tolosa stiftet.**[11]
423	1176	Honorius stirbt.[12] Johannes nimmt den Purpur.[13]
425	1178	Valentinian III. Kaiser. Statt seiner regiert seine Mutter Placidia.[14]
429	1182	Auf Einladung des Statthalters von Afrika, Bonifacius, setzen die Vandalen unter Geiserich nach Afrika über und gründen daselbst das Vandalenreich.[15]
449	1202	Die Sachsen unter Hengist und Horst setzen nach Britannien über und erwerben sich daselbst die Herrschaft.[16]
451	1204	Attila, der Hunnenkönig, fällt mit Hunnen, Ostgoten, Gepiden, Herulern, Skiren u. a.

---

7) Stilicho hatte mit Alarich unterhandelt, um sich seiner zu einem Kriege gegen das Ostreich zu bedienen. Als er selbst am 23. August (s. *Zosim.* V, 34) durch die Intriguen des Eunuchen Olympius gestürzt und getötet worden war, nahm Alarich dies zum Anlass, um an Honorius grosse Forderungen zu stellen, und rückte, als diese verweigert wurden, gegen Rom, welches, durch die Belagerung hart gedrängt, unterhandeln musste. S. *Zosim.* V, 32—42. Vergl. *Olympiod.* p. 180. *Sozom.* IX, 6. Über Stilichos Ermordung vgl. noch *Oros.* VII, 38. Die Stadt kaufte sich mit 6000 Pfund Gold, 30,000 Pfund Silber, 4000 seidenen Gewändern, 3000 Stück feinen Scharlachtuchs und 3000 Pfund Pfeffer los. s. *Zosim.* V, 41.

8) Honorius fuhr fort, die Anerbieten Alarichs zu Unterhandlungen zu verwerfen; daher dieser zweite Zug mit dem oben angegebenen Resultate. Attalus, welcher den Honorius mit verdrängen hellen sollte, wurde nachher von Alarich selbst aufgegeben, nachdem ein Versuch auf Ravenna missglückt war. S. *Zosim.* V, 43 bis zu Ende. *Olympiod.* p. 181. *Sozom.* IX, 8. 9. *Procop. b. Vand.* I, 2.

9) S. *Zosim.* VI, 5. *Oros.* VII, 40. *Proc. de b. Vand.* I, 3. Über ihre dortigen Sitze s. *Prosp. Tir.*: Gallaeciam Wandali occupant eo Suevi, sitam in extremitate Oceani maris occidua, Alani Lusitaniam et Carthaginiensem provinciam et Wandali, cognomine Silingi, Baeticam sortiuntur. Die Burgundionen nahmen ihre Sitze am Rhein, s. *Prosp. Aquit.* und *Cassiod.* (Die ferneren Schicksale dieser Völker, welche besonders durch ihre Verhältnisse zu den Westgoten herbeigeführt werden, gehören nicht hierher.)

10) S. *Proc. de b. Vand.* I, 2. *Oros.* VII, 39—40. *Iord. de r. Get.* 30. Alarich wurde von seinen Goten im Flussbette des Busentinus samt seinen Schätzen begraben.

11) Ataulf, der Schwager Alarichs, war von diesem vor seinem zweiten Zuge gegen Rom herbeigerufen worden. Er hatte bei der Einnahme Roms Placidia, die Schwester des Honorius, zur Gefangenen gemacht, und nahm jetzt im Einverständnis mit Honorius nebst seinen Westgoten Wohnsitze in Gallien am Fusse der Pyrenäen, woselbst er die Placidia heiratete. Sein (zweiter) Nachfolger Wallia wird aber als der eigentliche Stifter des Westgotenreichs angesehen, welches dem Namen nach von dem Kaiser abhängig, bald diesen unterstützte, bald Feindseligkeiten gegen ihn übte und besonders in Spanien seine Eroberungen ausbreitete. S. *Iord. de r. Get.* 31—46. *Oros.* VII. 43. *Olympiod.* p. 184—188 und die Chroniken.

12) Nach *Socr.* VII, 22 den 15ten. nach *Olymp.* p. 196 den 27sten August.

13) Der Primicerius Johannes erhielt durch die Abwesenheit der Placidia, welche, von ihrem Bruder verwiesen, mit ihrem Sohne Valentinian, dem nachmaligen Kaiser, sich nach Constantinopel begeben hatte, Gelegenheit sich des Purpurs zu bemächtigen. S. die Stellen in der folg. Anm.

14) Valentinian wurde durch die Feldherren des Kaisers des Ostreiches, Ardacurius und Aspar, auf den Thron eingesetzt. S. *Olympiod.* p. 192. 193. 196. 197. 200. *Proc. de b. Vand.* I. 3. *Sozom.* IX, 16. Valentinian stand im 7ten Jahre, s. *Olympiod.* p. 200. *Idat.* und *Marc. z. J.* 419.

15) Bonifacius, von seinem Nebenbuhler Aëtius bei der Kaiserin Placidia verleumdet, rief aus Zorn über das ihm geschehende Unrecht die Barbaren unter Geiserich herbei und suchte nachher, als seine eigne Sache sich aufklärte, seinen Fehler vergeblich wieder gut zu machen. S. *Procop. de b. V.* I, 3. 4, vergl. *Iord de r. G.* 33. Das Jahr beruht auf der Angabe des Idatius. Im J. 439 nahm Geiserich Carthago und beunruhigte darauf unaufhörlich die Inseln und die Küsten Italiens und Griechenlands.

16) Britannien wurde schon nach den Empörungen vom Jahre 407 von den römischen Kaisern aufgegeben. s. *Proc. b. Vand.* I, 2. *Zosim.* VI, 5. Über die oben erwähnte Einwanderung ist Beda im Chronikon und in seiner Kirchengeschichte Hauptquelle.

J.n.Ch.	J.d.St.	Äussere Geschichte.	Innere Geschichte.
451	1204	in Gallien ein, wird aber in den catalaunischen Feldern durch Aëtius und die verbündeten Westgoten und Franken zurückgeschlagen.[17]	
452	1205	Attila kommt nach Italien. Oberitalien wird geplündert.[18]	
453	1206	Attila stirbt. Von den unter seinem Oberbefehl vereinten Völkern nehmen die Ostgoten ihre Wohnsitze in Pannonien, die Gepiden in Mösien, die Heruler, Skiren u. a. an der Ostgrenze von Ialien.[19]	
455	1208	Valentinian III. wird getötet; sein Mörder Petronius Maximus besteigt den Thron. Die Vandalen landen in Ostia, Maximus wird getötet, Rom von den Vandalen geplündert.[20] Flav. Mäcius Avitus nimmt in Gallien den Purpur.[21]	Apollinaris Sidonius.f
456	1209	Ricimer, der Anführer der barbarischen Mietstruppen, stürzt den Avitus,	
457	1210	und setzt erst den Majorianus[22]	
461	1214	und nach dessen Sturz den Libius Severus zum Kaiser ein.	
465	1218	Severus stirbt.[23]	
467	1220	Procopius Anthemius wird von Leo I., dem Kaiser des oströmischen Reichs, im Einverständnis mit Ricimer zum Kaiser eingesetzt.[24]	

17) (Über die Unternehmungen, Wanderungen und Feindseligkeiten der Hunnen gegen das Ostreich bis zu dem Einfall in Gallien ist Priscus Hauptquelle. s. *Exc. Leg.* p. 47—76 *ed. Par.*) Über den obigen Einfall ist Jordanes Hauptquelle, *de r. Get.* 36—41. Vergl. *Gregor. Tur.* II, 5—7. *Sid. Apoll. Paneg. Avit.* und die Chroniken. Die Zahl der Gefallenen belief sich nach Jordanes (41) auf 162.000. nach Idatius und Isidor auf 300,000.

18) Die Bitten des römischen Bischofs, Leo des Grossen, und des Avienus sollen ihn zur Rückkehr bewogen haben. S. *Iord.* 42. *Proc. de b. V.* 1, 4. *Paul. Diac. de gest. Langob.* II. 14.

19) S. *Iord.* 49. 50.

20) S. *Proc. de b. V.* I. 4. 5. *Iord.* 45. *Sid. Apoll. Pan. Avit.* 441—450. Maximus (über dessen Privatleben vgl. *Sid. Apoll. Epp.* II. 13) war von Valentinian durch dessen an seiner Gemahlin verübte Gewaltthat gereizt worden. Nachdem er Valentinian getötet, zwang er dessen Witwe Eudoxia, seine Gattin zu werden, welche dann, um sich zu rächen, die Vandalen herbeirief.

21) Avitus ward besonders durch Theodorich, den König der Westgoten, unterstützt, s. *Sid. Ap. Paneg. Av.* 511.

Seine und seiner Nachfolger Erhebung und Schicksale werden von *Iord. de r. Get.* 45 und *de regn. succ. Procop. de b. V,* 7. 8. *Hist. misc.* l. XV und einzeln in den Chroniken erwähnt, auf welche Stellen daher nicht weiter verwiesen wird.

22) Majorian erhebt sich über die Reihe seiner Vorgänger und Nachfolger durch 9 heilsame Gesetze, die wir von ihm kennen, s. *Cod. Theod. nov. lib.* IV, und durch die kraftvollen, obgleich fruchtlosen Bestrebungen, das Ansehn des Reichs wieder herzustellen. Über den durch die Verbrennung seiner in den Häfen von Spanien gerüsteten und zur Abfahrt bereiten Flotte vereitelten Plan eines Angriffs auf das Vandalenreich s. *Prisc. Exc. Leg.* p. 42. *Sidon. Paneg. Maiorian. Proc. de b. Vand.* I, 5. 22. Nach *Idat. Chron.* wurde er von dem eifersüchtigen Ricimer getötet.

23) S. *Sid. Apoll. Paneg. Anthem.* 317. Nach seinem Tode führte Ricimer die Herrschaft, ohne zunächst den Thron wieder zu besetzen.

24) S. *Sid. Ap. Pan. Anthem. Epp.* I. 5. 9. Unter ihm ward mit den Streitkräften des Ostens ein Angriff auf Afrika gemacht, der aber misslang. s. *Proc. de b. V.* 1, 6. *Zon.* XIV, 1.

f) Von ihm sind panegyrische Gedichte auf Avitus (seinen Schwiegervater), Majorianus und Anthemius, ferner einige Epithalamien und 9 Bücher (in Prosa geschriebene) Briefe vorhanden. Aus seinen Schriften, die für die Geschichte seiner Zeit nicht unwichtig sind, ersehen wir, dass Anthemius ihn zum Konsul (im Jahre 467), zum Praefectus urbis und zum Patricius erhob, und dass er im Jahre 473 Bischof von Clermont wurde. Er ist um 484 gestorben. Sein geschraubter, geschmackloser und inkorrekter Stil kann eben so wie das Niedrige seiner Gesinnung als ein Beleg für die Entartung seiner Zeit gelten.

J.n.Ch.	J.d.St	Äussere Geschichte.
472	1225	Ricimer zieht gegen Anthemius, belagert und nimmt Rom, und macht Anicius Olybrius zum Kaiser. Ricimer und Olybrius sterben.[25]
473	1226	Glycerius nimmt den Purpur;
474	1227	Julius Nepos verdrängt Glycerius, wird aber
475	1228	von seinem Mag. mil. Orestes wieder verdrängt, welcher seinen Sohn Romulus Augustulus zum Kaiser macht.[26]
476	1229	Die an der Ostgrenze von Italien wohnenden Heruler, Skiren, Rugen, Turcilinger, die bisherigen Bundesgenossen Roms, wählen, als ihre ausschweifenden Forderungen nicht befriedigt werden, Odoacer zu ihrem Könige. Dieser belagert den Orestes in Pavia, nimmt die Stadt und tötet den Orestes; Romulus Augustulus kehrt in den Privatstand zurück; Odoacer König von Italien.[27]

25) Die Einsetzung des Olybrius geschah auch mit durch den Einfluss des Geiserich. s. Prisc. Exc. Leg. p. 72.

26) Über diese letzten Ereignisse sind noch einige Notizen in den gew. dem Ammianus Marcellinus angehängten sogenannten Excerpta Valesiana erhalten. Ausserdem und ausser Jordanes wird dieser letzten Ereignisse nur noch in der Chronik des Marcellinus gedacht.

27) S. die in der vorherg. Anm. 26 angef. Stellen, Cassiodor. Chron. z. d. J.: Nomen regis Odoacer assumpsit, cum tamen neque purpura nec regalibus uteretur insignibus.

www.ingramcontent.com/pod-product-compliance
Lightning Source LLC
Chambersburg PA
CBHW030020240426
43672CB00007B/1027